DICIONÁRIO VISUAL DE ARQUITETURA

FRANCIS D. K. CHING

wmf martinsfontes

Esta obra foi publicada originalmente em inglês com o título
VISUAL DICTIONARY OF ARCHITECTURE
por Van Nostrand Reinhold, Nova York.

1ª edição *1999*
2ª edição *2010*
5ª tiragem *2022*

Tradução
JULIO FISCHER

Revisões técnicas
Robinson Salata
Luiz Reynaldo de Azevedo Cardoso
Acompanhamento editorial
Luzia Aparecida dos Santos
Preparação do original
Ana Luiza França
Revisões
Solange Martins
Dinarte Zorzanelli da Silva
Produção gráfica
Geraldo Alves
Capa
Rex Design

Dados Internacionais de Catalogação na Publicação (CIP)
(Câmara Brasileira do Livro, SP, Brasil)

Ching, Francis D. K.
Dicionário visual de arquitetura / Francis D. K. Ching ; tradução Julio Fischer. – 2ª ed. – São Paulo : Editora WMF Martins Fontes, 2010.

Título original: Visual dictionary of architecture.
ISBN 978-85-7827-250-0

1. 1. Arquitetura – Dicionários I. Título.

10-01109 CDD-720.3

Índice para catálogo sistemático:
1. Arquitetura : Dicionários 720.3

Todos os direitos desta edição reservados à
Editora WMF Martins Fontes Ltda.
Rua Prof. Laerte Ramos de Carvalho, 133 01325-030 São Paulo SP Brasil
Tel. (11) 3293.8150 e-mail: info@wmfmartinsfontes.com.br
http://www.wmfmartinsfontes.com.br

É um grande prazer para mim ver a publicação da edição brasileira deste *Dicionário*. O fato de esta obra e muitos outros livros meus terem sido traduzidos para sete idiomas reflete a vitalidade da arquitetura como arte internacional, ultrapassando fronteiras culturais. Como arte e ciência, ela esteve presente desde o início da história e continua sendo parte vibrante e essencial de nossas vidas.

Como meus livros tratam primordialmente dos elementos e princípios fundamentais e atemporais da arquitetura, cabe discuti-los amplamente e através de exemplos que mostrem a diversidade de suas formas e a maneira pela qual responderam, através da história, às várias forças sociais, culturais e naturais.

Além disso, uma determinada arquitetura é especial quando é específica ao espaço e ao tempo em que se realiza. A arquitetura é, na verdade, um artefato cultural. Assim, espero que este livro seja uma obra de referência útil para os estudantes e profissionais da arquitetura, assim como para todos os interessados na ordenação do espaço construído. Além disso, recomendo a cada leitor que observe e compreenda este material à luz de sua própria experiência e perspectiva.

O autor

SUMÁRIO

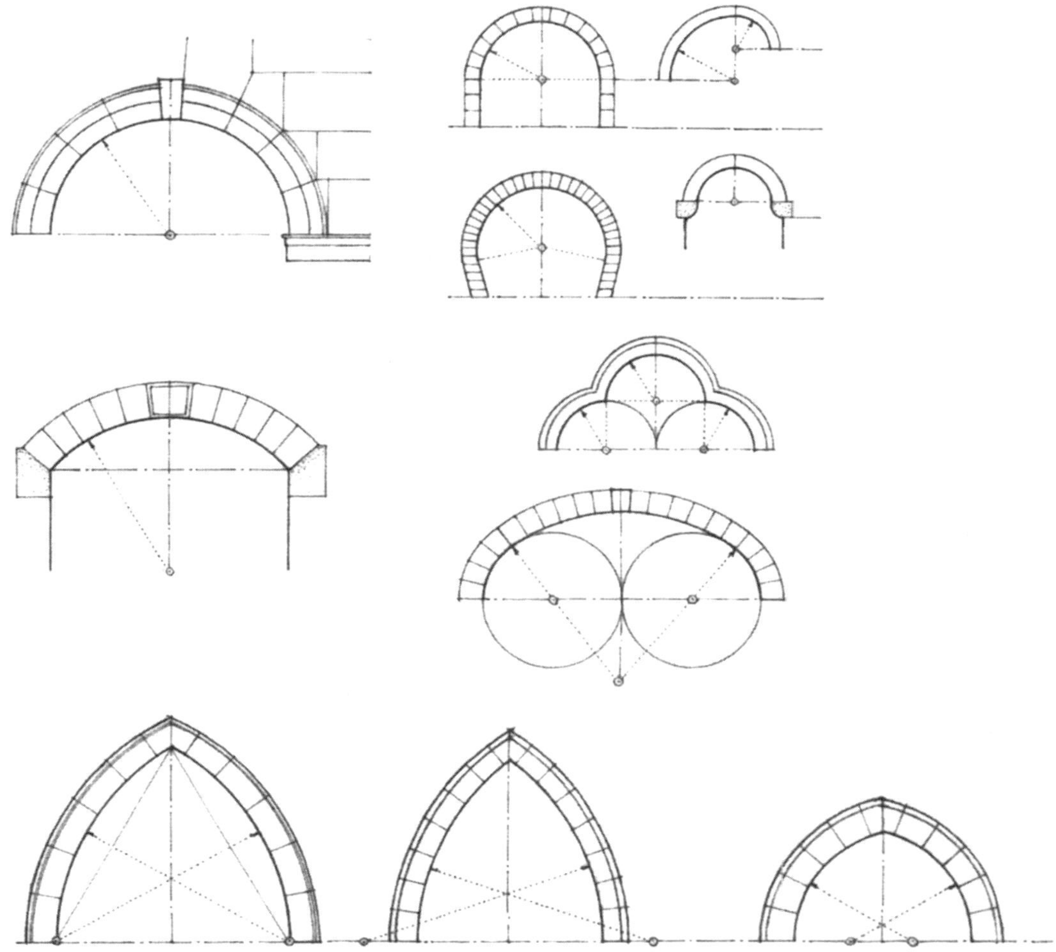

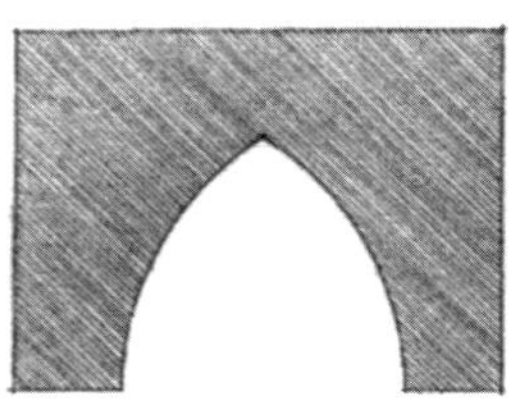

Uma imagem vale por mil palavras

Assim como uma única imagem pode valer por mil palavras, uma única palavra pode evocar mil imagens aos olhos da mente. Independentemente da força de uma palavra ou imagem isolada, no entanto, cada uma comunicará seu significado de modo mais eficaz se apresentada dentro de um conjunto. A relação simbólica entre comunicação gráfica e verbal é o fundamento deste dicionário visual de arquitetura.

Em lugar de uma listagem alfabética dos verbetes, tal como é encontrada na maioria dos dicionários, neste as informações são agrupadas em torno de aspectos básicos da arquitetura relacionados no sumário. Dentro de cada seção, as palavras estão localizadas em um contexto visual que as explica e esclarece melhor e que complementa seu significado.

O leitor pode utilizar este dicionário de diversas maneiras. Se souber o termo exato e quiser descobrir seu significado, poderá localizá-lo no índice remissivo. Ao procurar um determinado termo, o leitor sempre irá deparar com termos a ele relacionados, distribuídos em torno de uma ou mais ilustrações.

Caso o leitor não saiba o termo preciso, poderá recorrer ao tema geral, através do sumário ou do índice remissivo. Será possível então remeter-se à seção apropriada e percorrer as ilustrações em busca dos termos. Ao percorrer a página, se o leitor deparar com um verbete ou palavra desconhecidos empregados em uma definição poderá procurá-los no índice remissivo.

Incluídos no dicionário estão termos fundamentais relacionados ao projeto, história e tecnologia arquitetônicos. Uma vez que a arquitetura é uma arte visual, a maior parte dos verbetes presta-se naturalmente a uma representação gráfica. Algumas ilustrações são mais abstratas, porém estão incluídas no intuito de ajudar a esclarecer termos correlatos ou complementar o tratamento de um determinado tema. Outras foram incluídas simplesmente por seu interesse histórico.

Este é um livro destinado tanto a ser folheado pelo curioso como a servir de obra de referência ao estudante de arquitetura. A compilação de palavras e definições não pretende ser exaustiva. Antes, a seleção tem por objetivo ser abrangente o bastante para refletir a natureza rica, complexa e multidimensional da arquitetura.

A **arquitetura** é uma arte a ser aprendida por todos, pois diz respeito a todos. – John Ruskin • **Arquitetura** depende de Ordem, Arranjo, Eurritmia, Simetria, Propriedade e Economia. Todos esses aspectos devem ser estabelecidos com a devida referência a durabilidade, conveniência e beleza. A durabilidade estará garantida quando as fundações forem assentadas no terreno sólido e os materiais forem escolhidos com prudência e liberalidade; a conveniência, quando o arranjo dos ambientes for correto e não oferecer o menor obstáculo à sua utilização, e quando cada tipo de edifício for submetido à sua exposição própria e adequada; a beleza, quando o aspecto da obra for aprazível e de bom gosto, e quando seus elementos guardarem a devida proporção de acordo com os princípios corretos da simetria. – Vitrúvio • A **arquitetura** é o jogo primoroso, correto e magnífico de massas reunidas na luz. – Le Corbusier • Todo aquele que se inicia no estudo da **arquitetura** deve compreender que, embora uma planta possa ter uma beleza abstrata no papel, as quatro fachadas possam parecer bem equilibradas e o volume total bem proporcionado, o edifício propriamente dito pode revelar-se uma **arquitetura** pobre. O espaço interno, aquele espaço que não pode ser representado por completo sob forma alguma, que somente pode ser apreendido e sentido por meio da experiência direta, é o protagonista da **arquitetura**. Apreender o espaço, saber como percebê-lo, é a chave para o entendimento do edifício. – Bruno Zevi • A **arquitetura**, a pintura e a escultura são conhecidas como as belas artes. Elas apelam aos olhos da mesma forma como a música apela aos ouvidos. Contudo, a **arquitetura** não é julgada apenas com base no apelo visual. Uma construção afeta todos os sentidos humanos – som, olfato, tato, paladar e visão. – Forrest Wilson • Tornou-se claro para nós que a **arquitetura** é geralmente tida como um sistema altamente especializado munido de um conjunto de objetivos técnicos predeterminados, e não uma arte social e sensual sensível aos legítimos desejos e sentimentos humanos. Tal limitação se manifesta de modo mais alarmante no fato de basear-se em diagramas bidimensionais que enfatizam mais os aspectos quantificáveis da organização do edifício do que as qualidades policromáticas e tridimensionais da experiência arquitetônica como um todo. – Kent Bloomer & Charles Moore • A única maneira que se tem de construir, a única maneira pela qual se pode dar origem ao edifício é através do mensurável. É preciso obedecer às leis da natureza e empregar tijolos, métodos de construção e de engenharia. No final, porém, quando o edifício torna-se parte da vida, ele evoca qualidades não-mensuráveis, e o espírito de sua existência passa a predominar. – Louis Kahn • Os espaços construídos têm uma série de finalidades: abrigar as pessoas, suas atividades e haveres contra os elementos naturais, os inimigos humanos e animais, bem como contra as forças sobrenaturais; estabelecer um local; criar uma área humanizada e segura em um mundo profano e potencialmente perigoso; acentuar uma identidade social e indicar uma posição na sociedade; e assim por diante. Portanto, é possível compreender melhor a origem da **arquitetura** se adotarmos uma perspectiva mais ampla e considerarmos que os fatores socioculturais, em seu sentido mais abrangente, são mais importantes que o clima, a tecnologia, os materiais e a economia. Seja qual for a situação, é o intercâmbio de todos esses fatores que melhor explica a forma dos edifícios. Nenhuma explicação particular será suficiente, pois os edifícios – até mesmo as moradias aparentemente humildes – são mais que objetos ou estruturas materiais. São instituições; fenômenos culturais básicos. As pessoas concebem ambientes antes de construí-los. O pensamento ordena espaço, tempo, atividade, posição social, função e comportamento. Contudo, dar expressão física a idéias é algo valioso. Codificar idéias converte-as em mnemônica útil; as idéias ajudam o comportamento ao lembrarem às pessoas como agir, como se portar e o que se espera delas. É importante enfatizar que todos os ambientes construídos – edifícios, centros urbanos e paisagens – constituem uma forma de se ordenar o mundo por meio da ação de tornar visíveis os sistemas ordenativos. O passo essencial, portanto, é a ordenação ou a organização do ambiente. – Amos Rapaport • Ruskin disse: "As grandes nações escrevem suas autobiografias em três manuscritos: o livro de seus feitos, o livro de suas palavras e o livro de sua arte. Nenhum desses livros pode ser compreendido a menos que se leiam os outros dois, mas, dos três, o único digno de confiança é o último." De modo geral, acredito que isso seja verdade. Se me fosse necessário determinar qual dos dois estaria dizendo a verdade acerca da sociedade, se o discurso de um ministro da habitação ou as construções efetivas erguidas sob sua gestão, eu me fiaria nas construções. – Kenneth Clark • Exigimos de qualquer edifício que ele funcione a contento, que cumpra as finalidades a que foi destinado da melhor maneira possível; que ele fale com eficácia e diga aquilo que foi destinado a dizer com as palavras mais adequadas possíveis; que tenha um bom aspecto e nos seja agradável por sua presença, seja lá o que tenha a fazer ou a dizer. – John Ruskin • A **arquitetura** também existe sem necessariamente a assistência de um arquiteto; e os arquitetos criam, por vezes, edifícios que não são **arquitetura**. – Norval White • A **arquitetura** é produzida por pessoas comuns e para pessoas comuns; por conseguinte, ela deve ser facilmente compreensível a todos. – Steen Eiler Rasmussen

ARQUITETURA

A **ARTE**

arquitetura O produto ou resultado do trabalho arquitetônico: edifícios, coletivamente.

e a **CIÊNCIA**

arquitetura Um estilo ou método de construção característicos de um povo, local ou período.

de **PROJETAR**

arquitetura A profissão de projetar edifícios e outros ambientes habitáveis.

e **CONSTRUIR**

arquitetura A ação consciente de formar elementos que resultem em uma estrutura unificadora e coerente.

EDIFÍCIOS

arte
Uso consciente de habilidade, engenho e imaginação criativa na produção do que é belo, atraente e cujo significado transcende o comum.

estética
Ramo da filosofia que trata da natureza da arte, da beleza e do gosto, com vistas a estabelecer o significado e a validade dos julgamentos críticos de obras de arte.

beleza
Conjunto de qualidades em uma pessoa ou coisa que proporciona intenso prazer aos sentidos ou profunda satisfação à mente ou ao espírito, quer originados da harmonia de forma e cor, da mestria artística, da verdade, originalidade ou de outra propriedade, geralmente de impossível especificação.

gosto
Julgamento crítico, discernimento ou apreciação do que é predominantemente apropriado, harmonioso ou belo em uma cultura ou pessoa para um indivíduo.

encanto
Elevado grau de prazer ou satisfação.

comodidade
Algo de valor, uso ou conveniência.

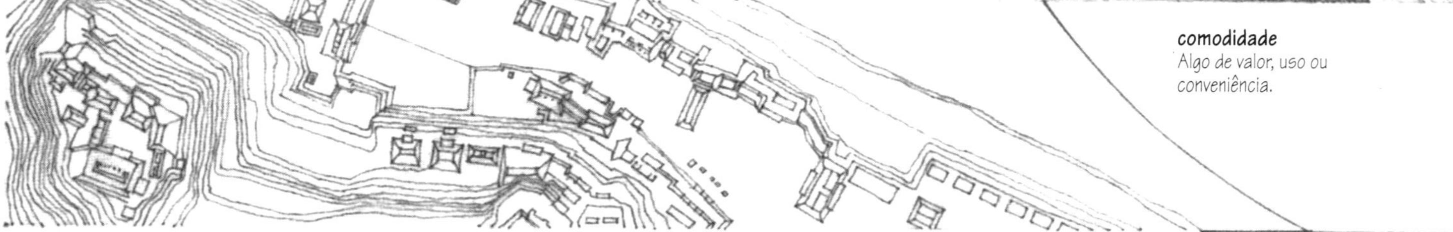

projeto de urbanização
Organização do ambiente físico através da arquitetura, engenharia, construção, paisagismo, desenho e planejamento urbanos.

desenho urbano
Aspecto da arquitetura e do planejamento urbano que trata do desenho de estruturas e espaços urbanos.

planejamento urbano
Atividade ou profissão dedicada à determinação da organização física e da condição futuras de uma comunidade, envolvendo uma avaliação das condições correntes, uma previsão das exigências futuras, um plano para o atendimento a tais exigências e propostas de programas legais, financeiros e de construção para implementar esse plano.

projeto de interiores
Arte, empresa ou profissão dedicada a planejar o desenho e supervisionar a execução de interiores arquitetônicos, incluindo esquemas de cor, mobiliário, acessórios e, por vezes, elementos arquitetônicos. Ver **decoração**.

planejamento espacial
Aspecto da arquitetura e do projeto de interiores que trata do planejamento, distribuição, desenho e criação de espaços no contexto de um edifício proposto ou existente.

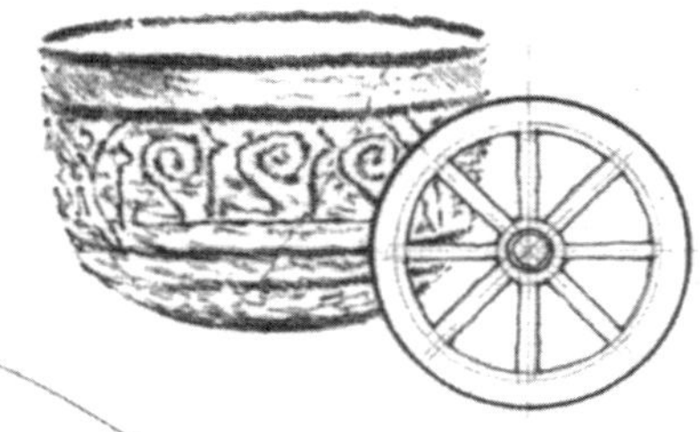

tecnologia
Ciência aplicada: ramo do conhecimento que trata da criação e uso de métodos técnicos e materiais, e a inter-relação destes com a vida, a sociedade e o meio ambiente.

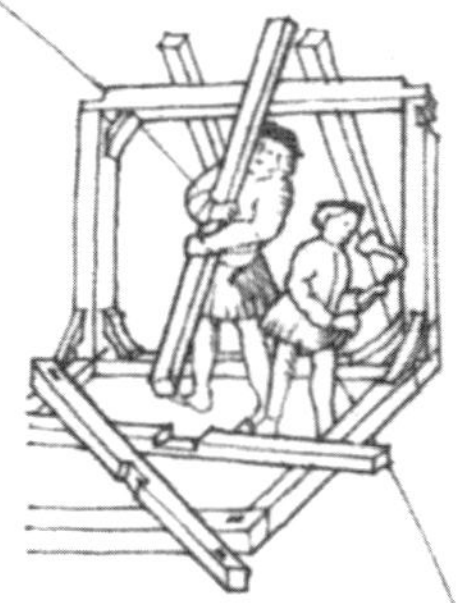

técnica
Ciência de uma arte ou das artes em geral.

tectônica
Ciência ou arte de moldar, ornamentar ou reunir os materiais de uma construção.

arquitetônica
Estrutura ou conceito unificador de uma obra artística.

ciência
Ramo do conhecimento que lida com um corpo de fatos ou verdades obtidos por meio de observação direta, investigação experimental e estudo metódico, sistematicamente organizados e que revelam a atividade de determinadas leis gerais.

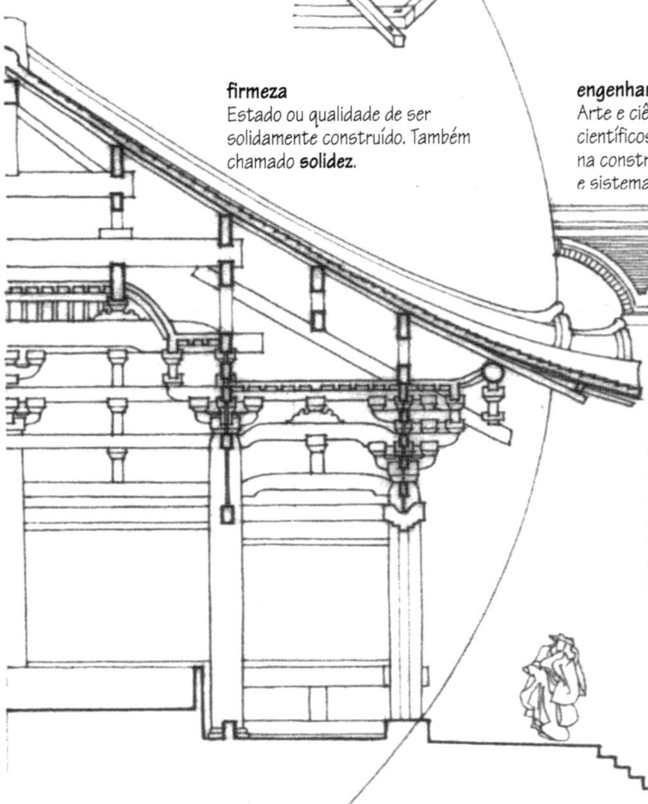

firmeza
Estado ou qualidade de ser solidamente construído. Também chamado **solidez**.

engenharia
Arte e ciência de se aplicar princípios científicos a finalidades práticas no projeto e na construção de estruturas, equipamentos e sistemas.

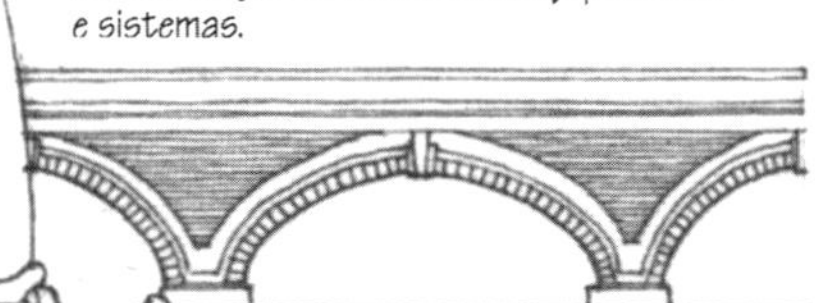

ciência comportamental
Qualquer uma das ciências, como a sociologia e a antropologia, empenhadas na descoberta de verdades gerais a partir da observação do comportamento humano na sociedade.

sociologia
Ciência das instituições sociais humanas e das relações: estudo da origem, desenvolvimento, estrutura, funcionamento e comportamento coletivo de grupos organizados de seres humanos.

antropologia
Ciência dos seres humanos: especificamente, estudo das origens, do desenvolvimento físico e cultural e das relações ambientais e sociais da humanidade.

paisagismo
Arte, empresa ou profissão dedicada a projetar, organizar ou modificar os elementos de uma paisagem por razões estéticas.

ABÓBADA

Estrutura arqueada construída em pedra, tijolo ou concreto armado, que forma o teto ou cobertura de um salão, uma sala ou outro espaço total ou parcialmente fechado.

fiada de fechamento
Fiada de pedra ou componente de fechamento no topo de uma abóbada de alvenaria.

fiada de nascença
Fiada horizontal que forma as impostas ou nascenças de uma abóbada de alvenaria. Também chamada **fiada de imposta**.

arco transversal
Arco com a finalidade de enrijecer uma abóbada cilíndrica ou sustentar uma abóbada de arestas.

vão de abóbada
Ala entre dois arcos transversais em uma estrutura abobadada.

Uma vez que se comporta como um arco que se estende em uma terceira dimensão, as paredes longitudinais de apoio devem ser providas de contrafortes para anular os esforços da ação de arqueamento.

contraforte
Suporte externo construído para estabilizar uma estrutura, mediante a oposição a esforços para fora, esp. um apoio projetado, construído internamente ou junto a uma parede externa de alvenaria.

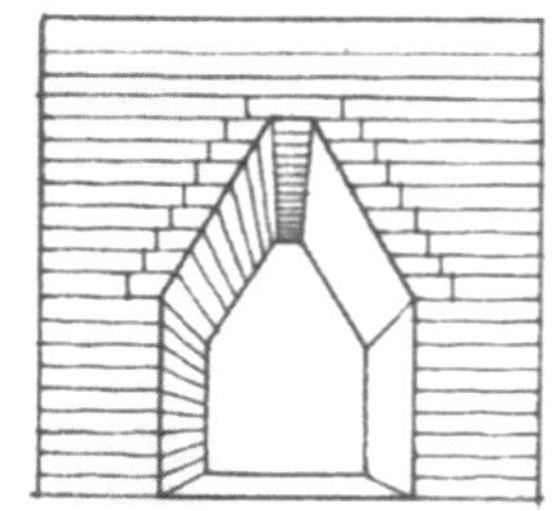

abóbada misulada
Abóbada formada por fiadas em balanço de alvenaria de pedra. A superfície escalonada resultante pode ser lisa ou curva, mas sem a incorrência de nenhuma ação de arco.

arcobotante
Barra inclinada de alvenaria apoiada em um segmento de arco e que transmite esforços para fora e para baixo a partir de uma cobertura ou abóbada, para um contraforte que, através de sua massa, transforma os esforços num esforço único vertical. Também chamado **botaréu**.

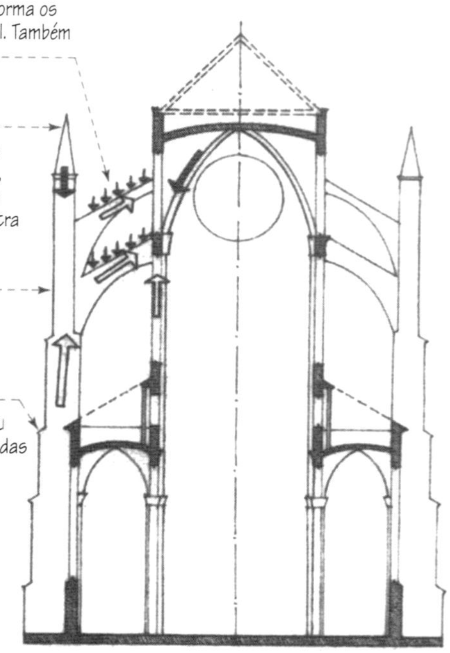

pináculo
Estrutura vertical subordinada que termina em uma pirâmide ou flecha, utilizada esp. na arquitetura gótica para acrescentar peso a uma pilastra de arcobotante.

pilastra de arcobotante
Parte de uma pilastra que se eleva para absorver os esforços de um arcobotante.

amortização
Topo inclinado em um contraforte ou pilar projetado, para o escoamento das águas pluviais.

bocel
Extremidade projetada de um contraforte.

pilar
Elemento vertical, distinto e delgado de alvenaria, embutido em uma parede ou pilastra e que sustenta ou dá a impressão de sustentar um arco ou uma abóbada nervurada.

pilar de abóbada
Pilar que conduz à nascença de uma nervura ou grupo de nervuras, que se ergue quer do chão quer de um consolo a uma altura maior, na face da alvenaria.

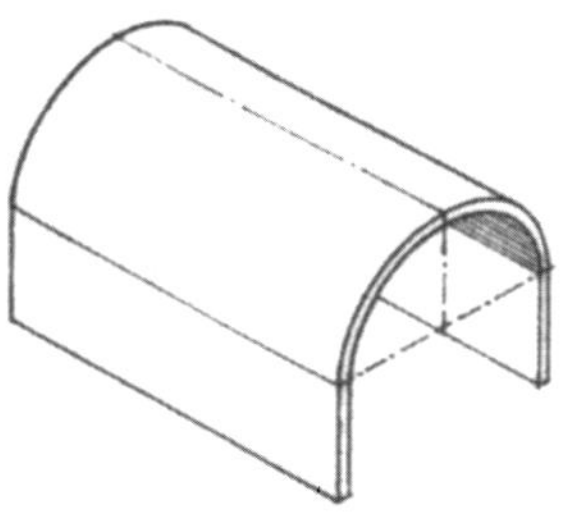

abóbada cilíndrica
Abóbada de seção transversal semicircular. Também chamada **abóbada de berço**.

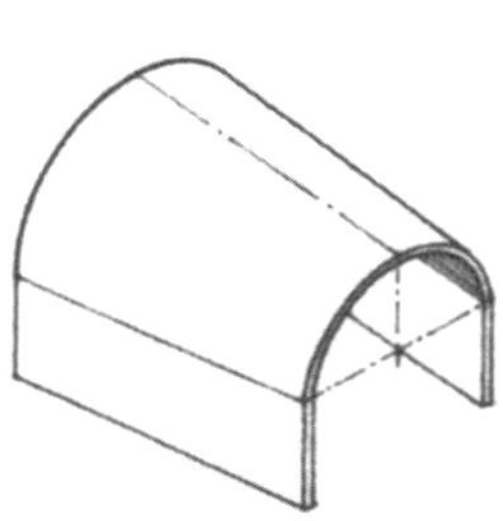

abóbada cônica
Abóbada de seção transversal circular, maior em uma extremidade do que em outra.

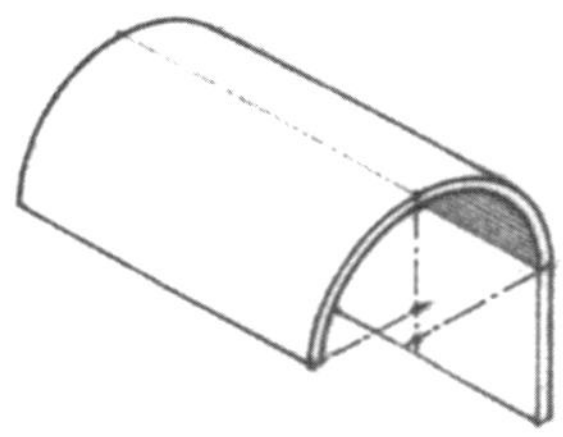

abóbada rampante
Abóbada que nasce de uma imposta maior em uma extremidade do que na outra.

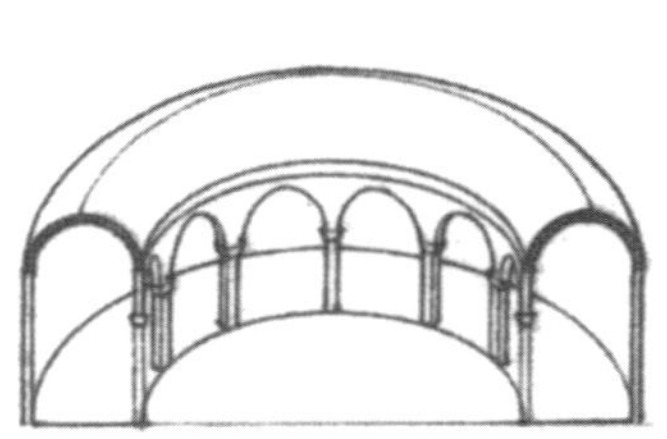

abóbada anular
Abóbada cilíndrica de planta circular, na forma de um anel.

aresta
Cada uma das linhas ou bordos curvos ao longo dos quais duas abóbadas entrecruzadas se interceptam.

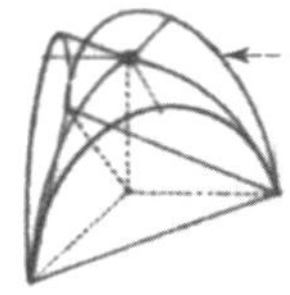

abóbada tripartite
Abóbada composta, utilizada para se cobrir um espaço triangular, formada pela intersecção de três abóbadas cilíndricas.

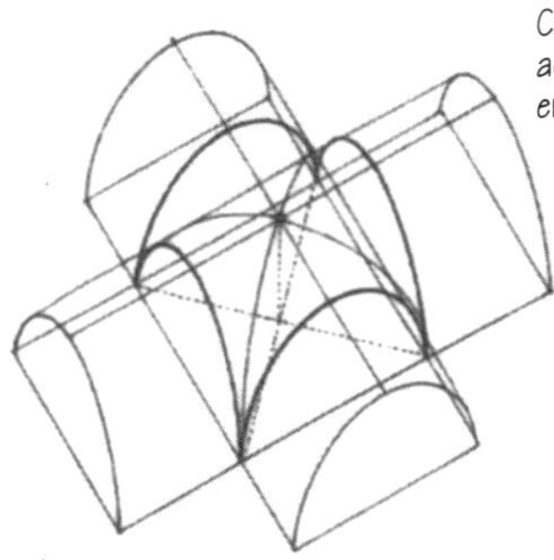

abóbada de arestas
Abóbada composta formada pela intersecção perpendicular de duas abóbadas, formando arestas diagonais arqueadas.

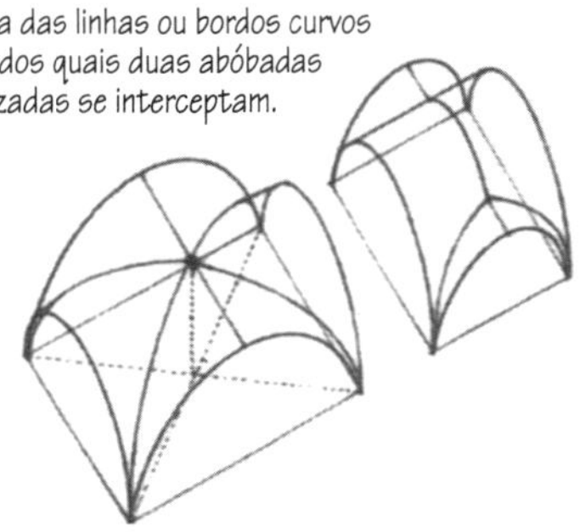

abóbada de cerne
Abóbada composta que tem uma abóbada central interceptada por abóbadas de altura menor. Também chamada **abóbada galesa**.

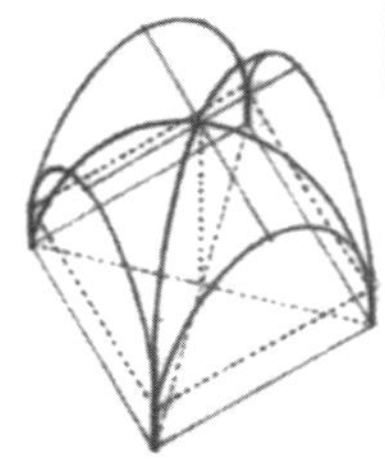

abóbada nivelada
Abóbada composta, com uma abóbada transversal mais estreita que nasce de um nível mais elevado, de modo que os topos ficam no mesmo nível.

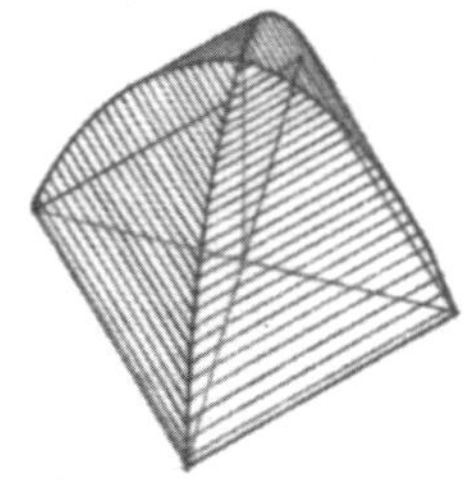

abóbada de claustro
Abóbada composta formada por quatro concavidades que se encontram ao longo de planos verticais diagonais.

trama
Superfície formada pelas nervuras de uma abóbada nervurada.

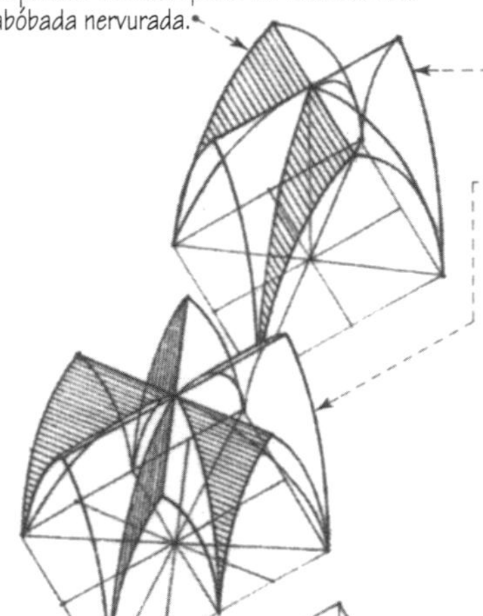

abóbada nervurada
Abóbada apoiada em, ou decorada com, nervuras diagonais arqueadas.

abóbada quadripartite
Abóbada nervurada, dividida em quatro partes por nervuras diagonais que se interceptam.

abóbada de seis painéis
Abóbada nervurada, dividida em seis compartimentos por duas nervuras diagonais e três nervuras transversais.

nervura
Cada uma das diversas peças em forma de arco que sustentam uma abóbada nas arestas, e que definem suas superfícies distintas ou dividem essas superfícies em painéis.

nervura transversal
Nervura que corre pelo eixo longitudinal de uma abóbada nervurada e que a divide em vãos ou compartimentos. Também chamada **arc doubleau**.

tiercerão
Nervura que nasce de um ponto de apoio em cada um dos lados das ogivas ou nervuras transversais de uma abóbada nervurada. Também chamada **nervura intermediária**.

nervura da parede
Nervura junto a uma parede, paralela ao eixo longitudinal de uma abóbada nervurada.

rosão
Projeção ornamental arredondada, como um fecho de abóbada esculpida cobrindo a intersecção de ogivas.

pendentivo
Ornamento suspenso a partir da armação de um telhado, abóbada ou teto. Também chamado **pendente**.

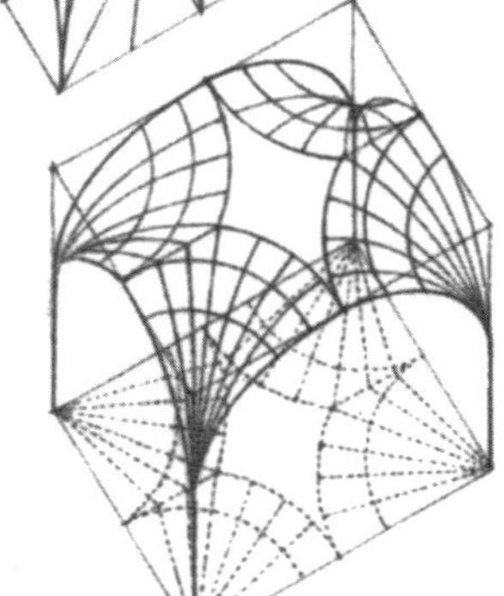

abóbada em leque
Abóbada composta por uma série de secções conoidais, normalmente quatro, que nascem das quinas do compartimento abobadado, normalmente decorada com nervuras que se irradiam da nascença, como a estrutura de um leque.

fecho
Peça situada no topo de um arco ou na intersecção de duas ou mais nervuras de uma abóbada. Também chamado **fecho de abóbada**.

nervura de topo
Nervura horizontal que marca o topo de um compartimento abobadado.

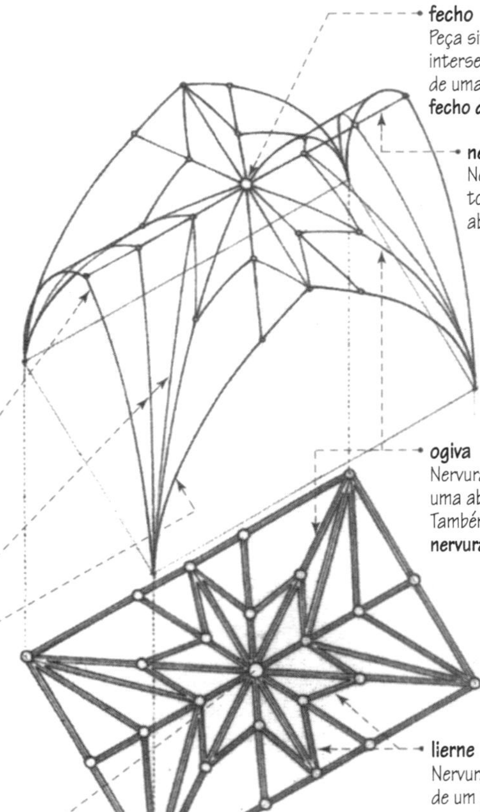

ogiva
Nervura que cruza o compartimento de uma abóbada nervurada na diagonal. Também chamada **nervura diagonal** e **nervura de aresta**.

lierne
Nervura ornamental que não nasce nem de um ponto de nascença nem de uma nervura de topo ou um rosão.

abóbada de estrela
Abóbada cujas nervuras, liernes ou tiercerões estão dispostos na forma de uma estrela. Também chamada **abóbada estelar**.

Construção efetuada de uma certa quantidade de diversos produtos naturais ou fabricados, como pedra, tijolo ou bloco de concreto, normalmente com o uso de argamassa como agente aglutinante.

pano
Extensão de uma parede de alvenaria entre as aberturas e os cantos, normalmente composta essencialmente de tijolos ao comprido.

junta vertical
Junta entre duas peças de alvenaria, perpendicular à face da parede.

junta de pressão
Junta vertical formada mediante a aplicação de argamassa à extremidade de uma peça de alvenaria, a qual é fixada no lugar pela pressão contra a última peça de alvenaria assentada.

junta de alvenaria
Junta vertical entre duas subparedes de alvenaria.

junta horizontal
Junta formada entre duas fiadas de alvenaria.

leito
Lado inferior de um tijolo ou outra peça de alvenaria, ou a camada de argamassa sobre a qual é assentada uma peça de alvenaria.

junta de elevação
Junta horizontal mais grossa que o usual a fim de nivelar a fiada acima.

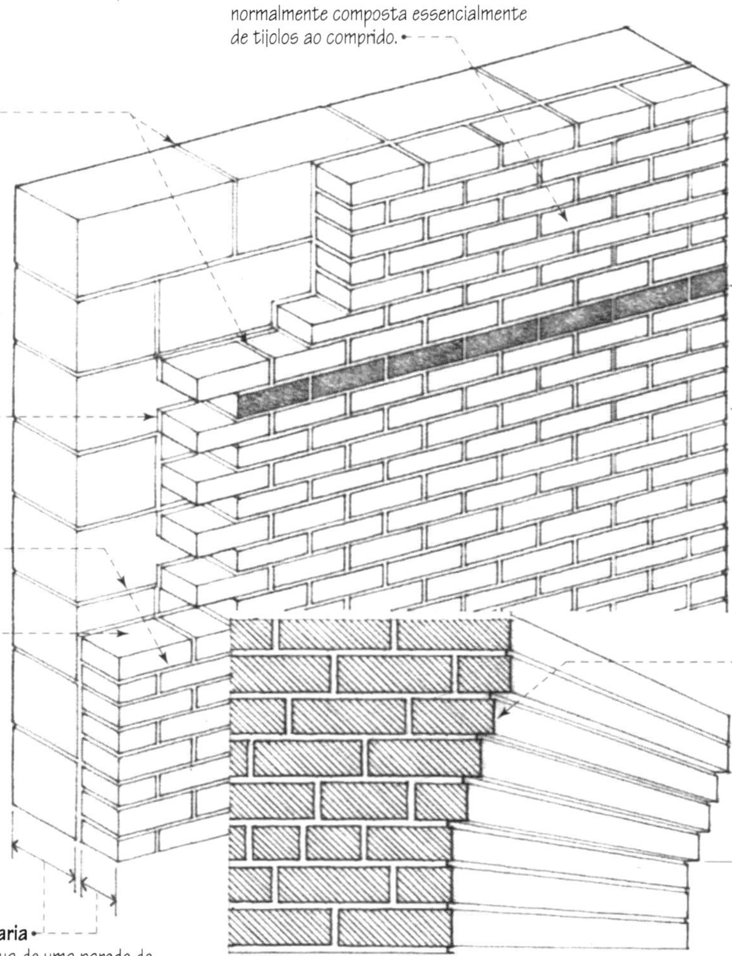

fiada
Fileira contínua de tijolos ou telhas, normalmente horizontais e de mesma altura de um extremo ao outro, como as que compõem uma parede ou um telhado.

tijolo de fecho
Última peça de alvenaria assentada em uma fiada.

balanço
Tijolo ou pedra que se projeta de uma parede, normalmente para sustentar um peso.

balanceamento
Arranjo de tijolos ou pedras sobrepostos em que cada fiada projeta-se da face vertical de uma parede para além da fiada imediatamente abaixo.

subparede de alvenaria
Seção vertical contínua de uma parede de alvenaria com espessura definida e que, quando justaposta a outra, compõe uma única parede.

rejuntamento
Camada de argamassa aplicada à superfície de uma junta de alvenaria após o assentamento desta, a fim de dar um acabamento à junta ou consertar alguma imperfeição.

junta refeita
Processo de raspar a argamassa imperfeita de uma junta de alvenaria, preenchendo-a com argamassa nova e talhando-a com uma ferramenta.

rejuntamento saliente
Junta refeita com um filete ornamental de cal ou massa de enchimento a se projetar da junta.

junta de imitação
Imitação do rejuntamento saliente, com um filete feito da argamassa da junta.

rejuntamento cheio
Rejuntamento com juntas rentes de argamassa comum. Também chamado **rejuntamento raso**.

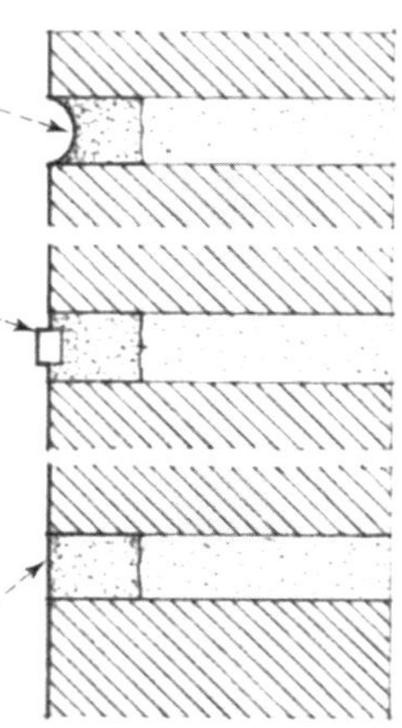

junta talhada
Junta de argamassa resistente às intempéries, comprimida e moldada com qualquer ferramenta, exceto colher de pedreiro.

junta alisada
Junta cujo acabamento é efetuado mediante a remoção do excesso de argamassa com uma colher de pedreiro.

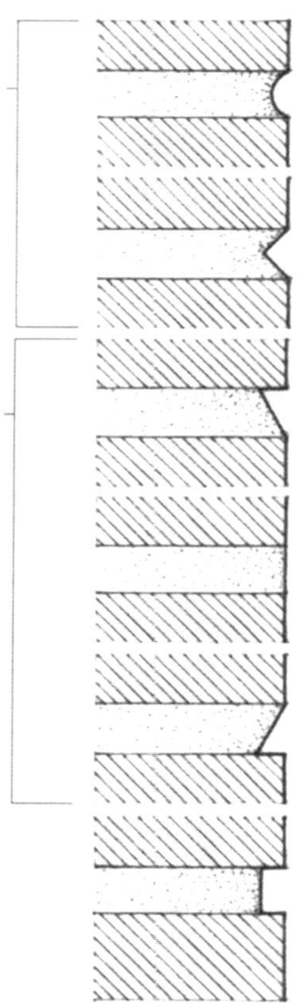

junta côncava
Junta de argamassa curva e oca formada por uma barra cilíndrica.

junta em V
Junta de argamassa angular e oca formada por uma junteira em forma de V.

junta oblíqua
Junta de argamassa alisada mediante a pressão da colher de pedreiro na extremidade superior, formando uma superfície em declive que permite o pronto escorrimento de água. Também chamada **junta em bisel**.

junta cheia
Junta de argamassa cuja extremidade é rente com a alvenaria. Também chamada **junta rasa**.

junta cortada
Junta de argamassa com a extremidade inferior recuada e que apresenta uma inclinação no sentido oposto àquela da junta oblíqua.

junta escavada
Junta de argamassa formada pela remoção desta a uma determinada profundidade, com uma ferramenta de extremidade quadrada, antes do endurecimento.

alvenaria sólida
Parede construída de tijolos ou outras unidades sólidas de alvenaria assentadas contiguamente com todas as juntas preenchidas solidamente com argamassa e as subparedes adjacentes unidas por peripianos de alvenaria ou barras metálicas.

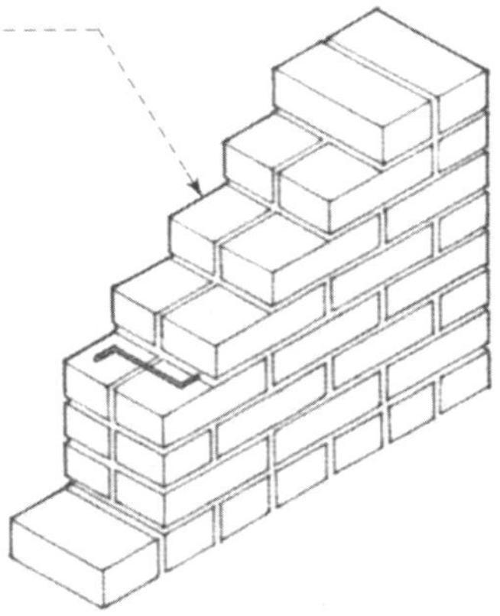

parede econômica
Parede de tijolo de pequena espessura – em torno de 102 mm –, revestida e reforçada em determinados intervalos com pilastras de de maior espessura – em torno de 200 mm – para sustentarem as tesouras do telhado.

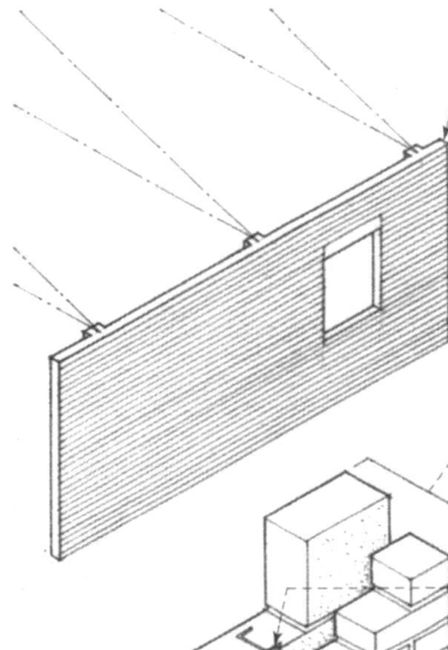

parede dupla
Parede de alvenaria com o paramento e o suporte completamente separados, a não ser por barras metálicas, e que compreendem um espaço interno cuja finalidade é evitar a penetração de água.

paramento
Camada ornamental ou protetora, como a subparede externa de uma parede de alvenaria.

suporte
Algo que forma a parte posterior ou que dá suporte, solidez ou proteção pela retaguarda, como a subparede interna de uma parede de alvenaria.

dreno
Pequena abertura em uma parede dupla, um muro de arrimo ou outra construção, destinada a eliminar a umidade acumulada, em decorrência, por exemplo, de condensação ou vazamento. Também chamado **barbacan**.

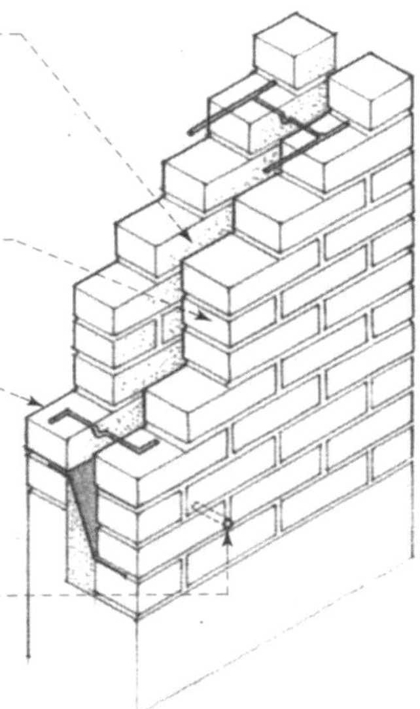

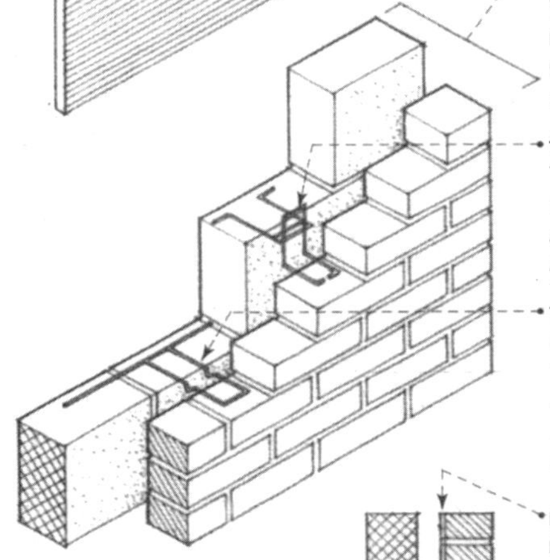

parede composta
Parede de alvenaria que apresenta no mínimo uma subparede diferente de outra no que se refere ao tipo ou qualidade das unidades de alvenaria ou da argamassa.

tirante ajustável
Tirante metálico composto por duas unidades engatadas que lhe permitem adaptar-se a juntas horizontais em alturas diferentes.

tirante
Qualquer um dos diversos dispositivos metálicos resistentes à corrosão, utilizados para se unir duas partes de uma estrutura, como as subparedes de uma parede de alvenaria.

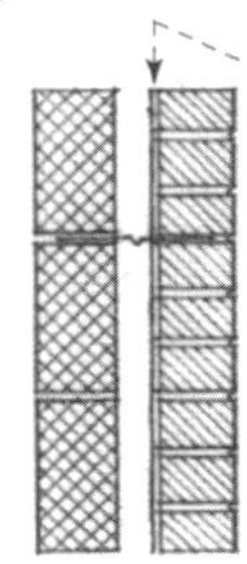

revestimento interno
O revestimento aplicado a uma parte não exposta de uma parede – por exemplo, na subparede externa de uma parede dupla –, a fim de se eliminar a umidade e o ar de seu interior.

parede guarnecida
Parede com revestimento de alvenaria ligado a um suporte, de modo a exercerem uma ação conjunta quando submetidas a uma carga.

revestimento aderido
Revestimento sustentado por um suporte e preso a este por meio de um material aderente.

revestimento
Paramento não estrutural de tijolo, pedra, concreto ou telha, afixado a um suporte para fins de ornamentação, proteção ou isolamento.

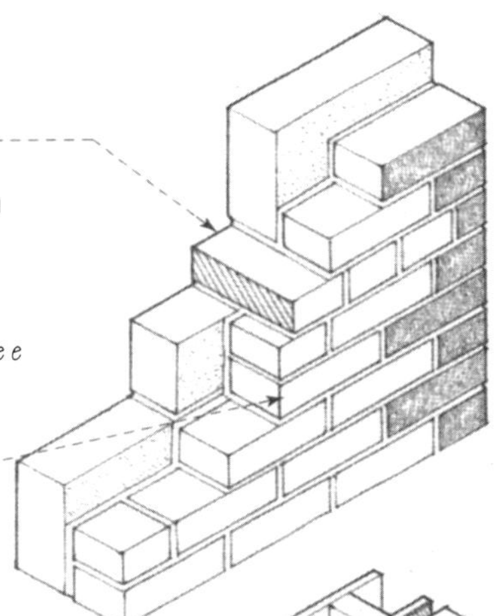

parede revestida
Parede com um paramento não estrutural afixado mas não preso a uma estrutura de suporte.

revestimento ancorado
Revestimento sustentado por um suporte e fixo a este por meio de fechos mecânicos.

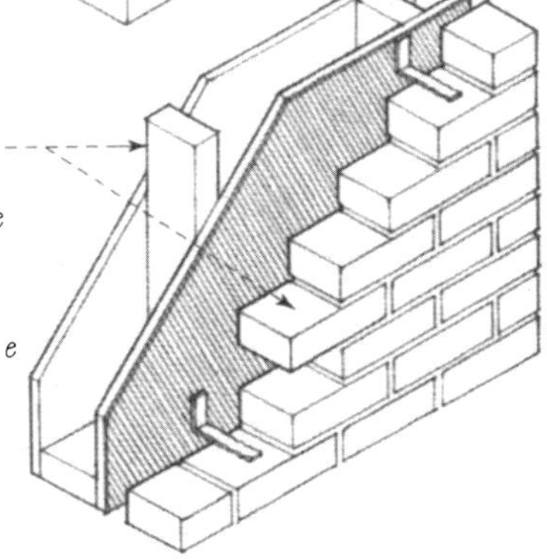

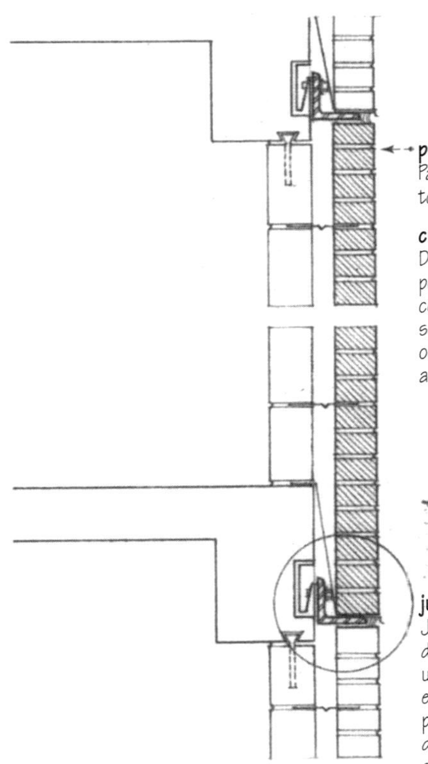

parede painel
Parede externa não estrutural de alvenaria, totalmente apoiada em cada pavimento.

cunha de expansão
Dispositivo utilizado para se erguer uma pedra aparelhada ou um painel de concreto armado, que consiste em uma série de unidades que se encaixam para ocupar um recesso em cauda de andorinha escavado na pedra ou no painel.

junta macia
Junta compressível diretamente abaixo de uma plataforma de sustentação ou um ângulo de descarga, que permite a expansão e a contração de uma parede painel e impede a transmissão do peso das fiadas superiores à alvenaria que está embaixo.

argamassa
Mistura plástica de cal ou cimento, ou uma combinação de ambos, com água e areia, utilizada como material aglutinador em uma alvenaria.

argamassa de cimento
Argamassa obtida mediante a mistura de cimento portland, areia e água.

argamassa de cimento e cal
Argamassa de cimento com adição de cal, a fim de aumentar sua plasticidade e retenção de água.

cimento de alvenaria
Mistura patenteada de cimento portland e outros ingredientes, como cal hidratada, plasticizantes, agentes admissores de ar e gesso, que requer apenas o acréscimo de areia e água para se transformar em argamassa de cimento. Também chamada **argamassa pronta** e **argamassa industrializada**.

argamassa de epóxi
Argamassa composta por resina de epóxi, um catalisador e um agregado fino.

argamassa antimancha
Argamassa com baixo conteúdo de álcalis livres a fim de minimizar o surgimento de eflorescências ou manchas na alvenaria adjacente pela migração de materiais solúveis.

argamassa de cal
Mistura de cal, areia e água raramente utilizada devido à lentidão de seu endurecimento e à baixa resistência à compressão.

cal
Substância sólida branca ou branco-acinzentada cáustica e inodora, obtida mediante o aquecimento de carbonato de cálcio, sob a forma de conchas ou pedra calcária, a uma alta temperatura. Também chamada **cal viva** e **cal virgem**.

cal hidratada
Pó macio e cristalino obtido mediante a ação da água sobre a cal e utilizado na fabricação de argamassa, gesso e cimento. Também chamada **hidróxido de cálcio** e **cal apagada** e **cal extinta**.

verde
Diz-se do concreto ou argamassa recém-assentada mas não solidificada por completo.

mistura rica
Mistura de concreto ou argamassa fácil de se manusear e espalhar em função de seu teor relativamente elevado de cimento ou cal. Também chamada **mistura gorda**.

mistura pobre
Mistura de concreto ou argamassa difícil de se manusear e espalhar em função da pouca quantidade de cimento ou cal. Também chamada **mistura magra**.

plasticizante
Aditivo utilizado para facilitar o manuseio de um concreto ou argamassa com o uso de pouca água.

argamassa tipo M
Segundo classificação americana, argamassa de alta resistência, cujo uso é recomendado em alvenarias reforçadas subterrâneas ou em contato com a terra, como fundações e muros de arrimo sujeitos à ação de geadas ou a grandes cargas laterais ou de compressão.

argamassa tipo S
Segundo classificação americana, argamassa de resistência média, cujo uso é recomendado em alvenarias em que a força de amarração e a força lateral são mais importantes do que a força de compressão.

argamassa tipo N
Segundo classificação americana, argamassa de resistência média, cujo uso é recomendado em caráter geral nas alvenarias aparentes acima do solo em que não são necessárias uma força de compressão e uma força lateral de grande intensidade.

argamassa tipo O
Segundo classificação americana, argamassa de baixa resistência, cujo uso é adequado em paredes internas não estruturais e divisórias.

argamassa tipo K
Segundo classificação americana, argamassa de resistência muito baixa, cujo uso é adequado somente em paredes internas não estruturais e quando permitido pelo código de edificações.

graute
Argamassa de cimento bastante fluida que escorre com facilidade sem a segregação de seus ingredientes, utilizada para preencher cavidades estreitas de uma alvenaria e consolidar os materiais adjacentes em uma massa sólida.

aderência
Aderência de argamassa ou graute aos elementos de alvenaria ou aos reforços de aço no seu interior.

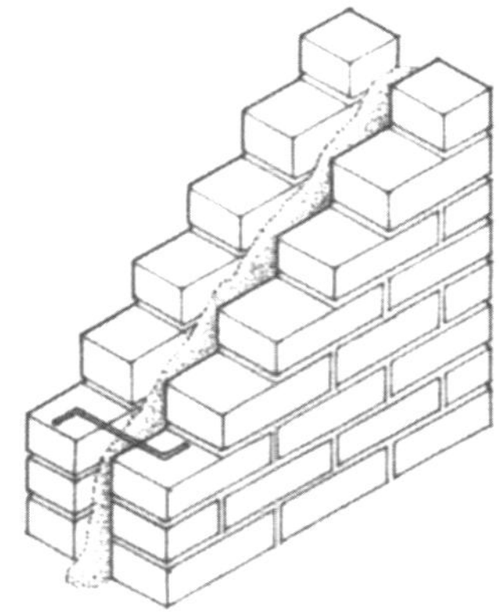

alvenaria grauteada
Parede construída de tijolos ou blocos de concreto, com todos os espaços internos preenchidos com graute à medida que sua elevação avança.

grauteamento a meia altura ou respaldo
Técnica para se grautear uma parede de alvenaria construída um pavimento por vez em alturas nunca superiores a 1,80 m.

grauteamento por elevação
Técnica para se grautear uma parede de alvenaria em alturas nunca superiores a seis vezes a largura do espaço a ser grauteado, ou a um máximo de 203 mm, à medida que a parede vai sendo erguida.

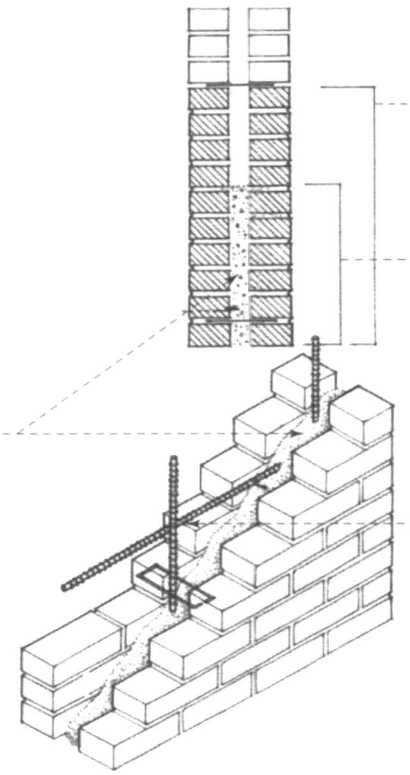

grauteamento total
Altura total de alvenaria a ser grauteada antes da elevação da próxima etapa de alvenaria adicional, e que consiste em uma ou mais alturas de grauteamento.

altura de grauteamento
Incremento na altura de grauteamento, dentro do grauteamento total.

inspeção
Qualquer uma das diversas aberturas temporárias na base de uma parede de alvenaria, suficientemente largas para permitir a remoção de fragmentos ou obstruções de uma cavidade antes de se lançar o graute.

alvenaria grauteada reforçada
Parede de alvenaria construída com barras horizontais e verticais de aço, inteiramente embutidos em graute para a obtenção de uma maior rigidez e resistência a cargas laterais dos ventos e sísmicas. Também chamada **alvenaria cintada** ou **alvenaria armada**.

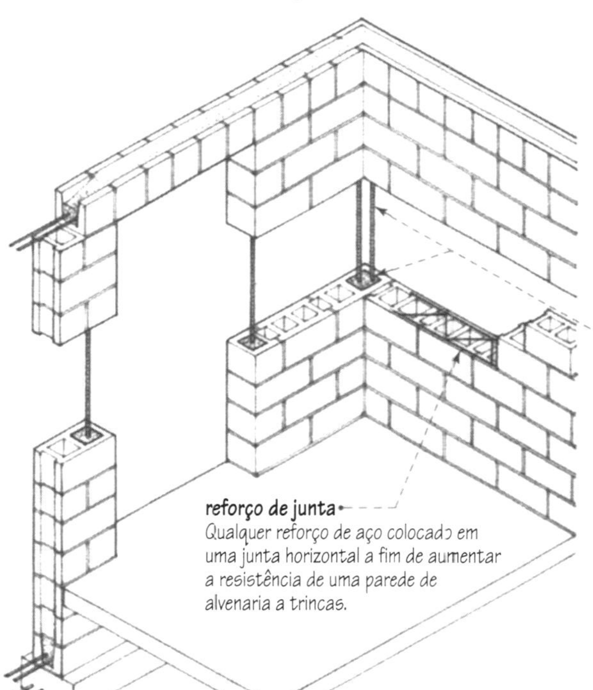

alvenaria de blocos vazados
Alvenaria construída com blocos ocos assentados com argamassa, com as subparedes adjacentes ligadas por blocos peripianos ou barras metálicas.

alvenaria de blocos vazados armada
Parede de alvenaria de blocos vazados com determinados furos dos blocos continuamente preenchidos com concreto ou graute, nos quais fica embutido o aço de reforço a fim de se aumentar a rigidez e resistência a cargas laterais dos ventos ou sísmicas. Também chamada **alvenaria armada**.

reforço de junta
Qualquer reforço de aço colocado em uma junta horizontal a fim de aumentar a resistência de uma parede de alvenaria a trincas.

pedregulho
Fragmentos brutos de pedras quebradas.

embrechar
Incrustar pequenas lascas de pedra nas juntas de argamassa de um aparelho irregular a fim de se obter o posicionamento desejado das pedras maiores e contribuir para a estética.

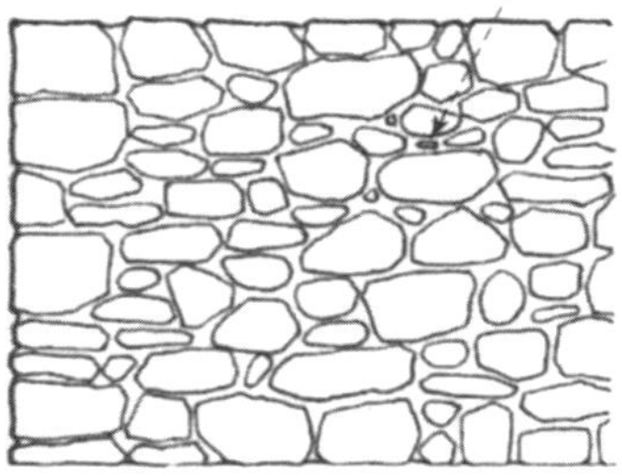

aparelho de pedregulho irregular
Parede de pedregulhos com leitos ou fiadas descontínuos, mas aproximadamente nivelados.

aparelho de pedregulho poligonal
Parede de pedregulhos com leitos aproximadamente nivelados e colocados, a determinados intervalos, em fiadas contínuas e niveladas.

aparelho de pedregulho regular
Parede de pedras aparelhadas em quadrado, de tamanhos diversos e alinhadas a cada terceira ou quarta pedra.

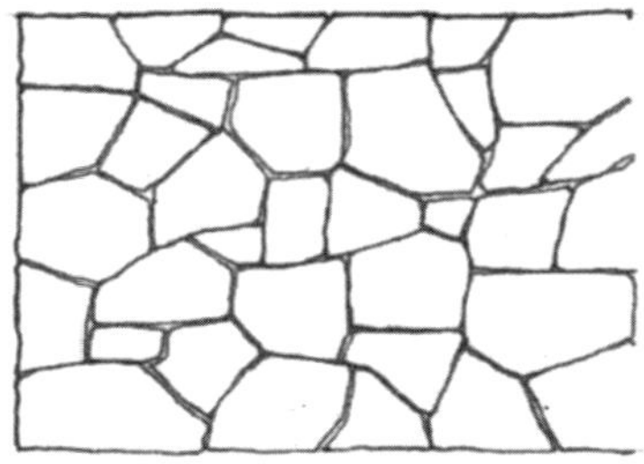

ciclópica
Diz-se da alvenaria formada por blocos grandes e irregulares de pedras perfeitamente encaixadas umas às outras, sem o uso de argamassa.

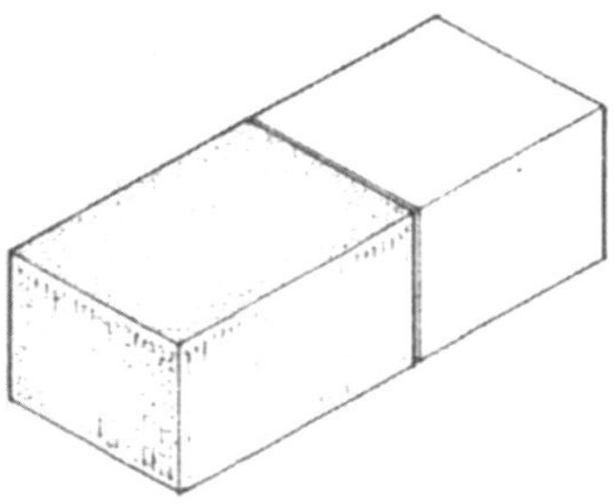

pedra de cantaria
Pedra para construção aparelhada em quadrado, cuidadosamente desbastada em todas as faces adjacentes àquelas de outras pedras, de modo a permitir a existência de juntas de argamassa muito delgadas. Também chamada **silhar**.

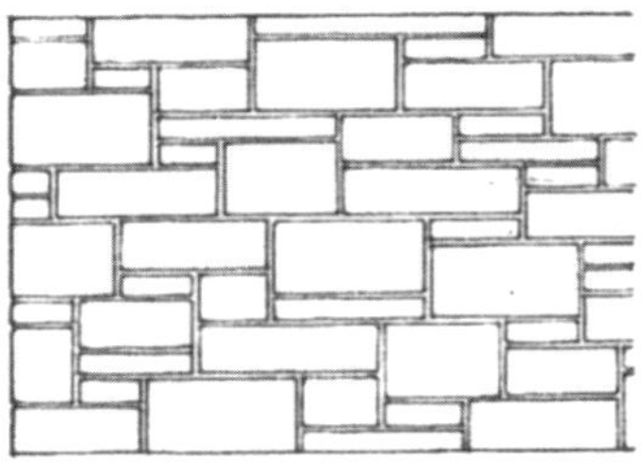

aparelho irregular de cantaria
Parede de alvenaria de cantaria construída em fiadas descontínuas.

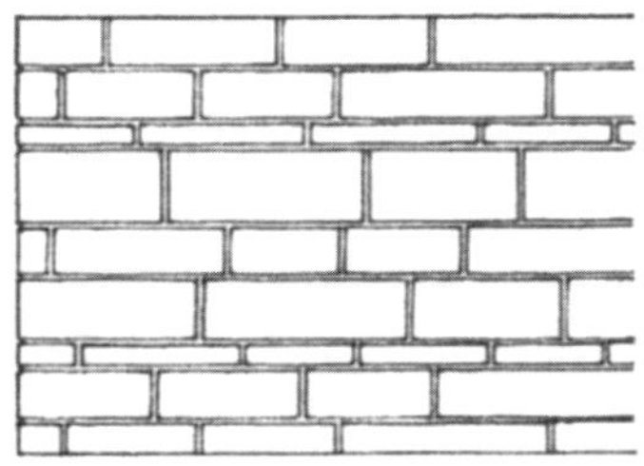

aparelho de cantaria regular
Parede de alvenaria de cantaria construída com pedras de mesma altura em cada fiada, mas cada fiada de altura diferente.

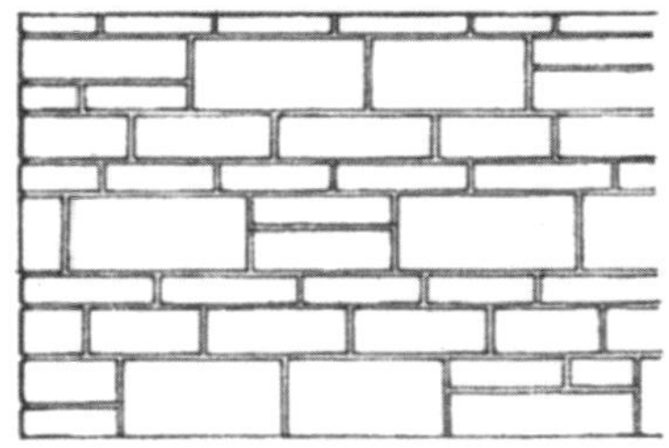

intervalo irregular
Alvenaria de cantaria formada por fiadas horizontais de alturas diversas, sendo que qualquer uma destas pode decompor-se, a determinados intervalos, em duas ou mais fiadas.

pedra angular
Quina externa de uma parede de alvenaria ou uma das pedras ou tijolos que formam tal quina, normalmente diferenciadas das superfícies adjacentes através de seu material, textura, cor, tamanho ou projeção. Também chamada **quina**.

peripiano
Pedra grande que cobre toda a espessura de uma parede e fica exposta em ambas as faces. Também chamado **travadouro**.

juntoura
Pedra utilizada para unir o paramento de uma parede de alvenaria a seu suporte. Também chamada **juntoira**.

aparelho alternado
Arranjo de pedras angulares ou de jamba assentadas alternadamente na horizontal e na vertical.

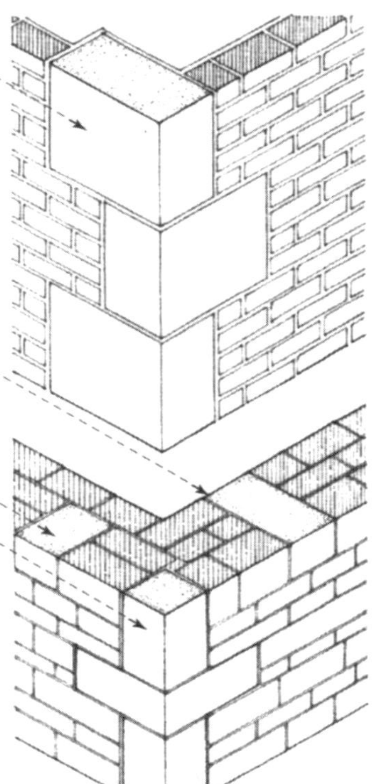

aparelho misto
Aparelho em que os tijolos peripianos e ao comprido se alternam verticalmente.

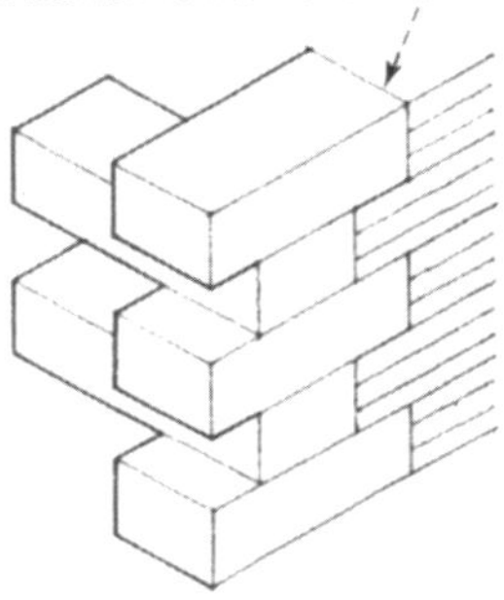

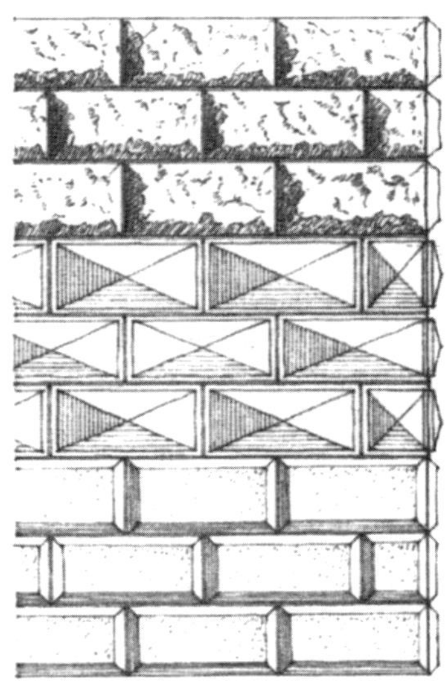

aparelho em pedra
Alvenaria de cantaria em que são realçadas ou contrastadas de alguma outra forma as faces visíveis das pedras desbastadas em relação às juntas horizontais e normalmente as verticais, que podem ser entalhadas ou chanfradas.

junta rústica
Junta de argamassa entre pedras recuadas com relação às faces adjacentes entre desenhos entalhados ou chanfros.

rústico
Que tem superfícies brutas e irregulares e juntas entalhadas ou chanfradas.

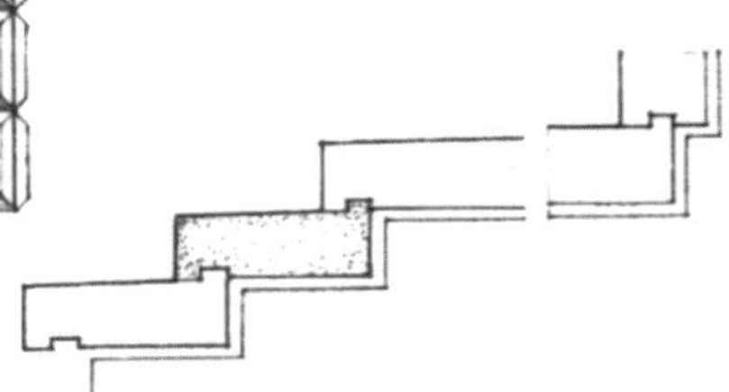

junta de encaixe
Junta de um aparelho de cantaria formada mediante o encaixe de uma projeção existente em uma pedra em um sulco escavado na pedra seguinte. Também chamada **junta intertravada**.

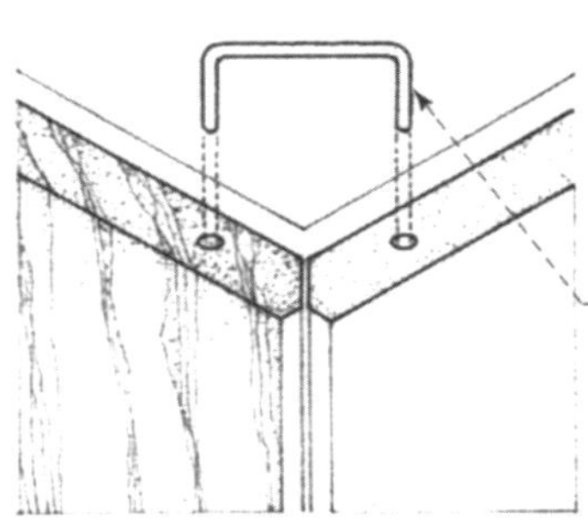

grampo metálico
Barra ou haste de ferro com as extremidades dobradas, utilizadas para unir duas unidades de uma alvenaria de pedra.

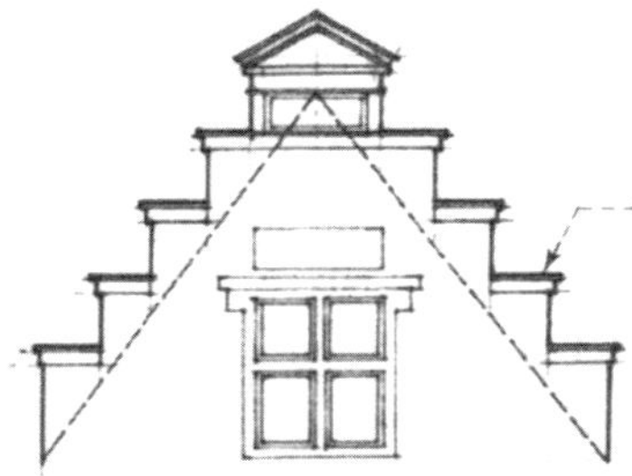

redente
Qualquer um dentre uma série de projeções em forma de degrau que rematam uma empena de alvenaria acima da superfície de um telhado. Também chamado **degrau**.

empena escalonada
Empena provida de redentes ou degraus.

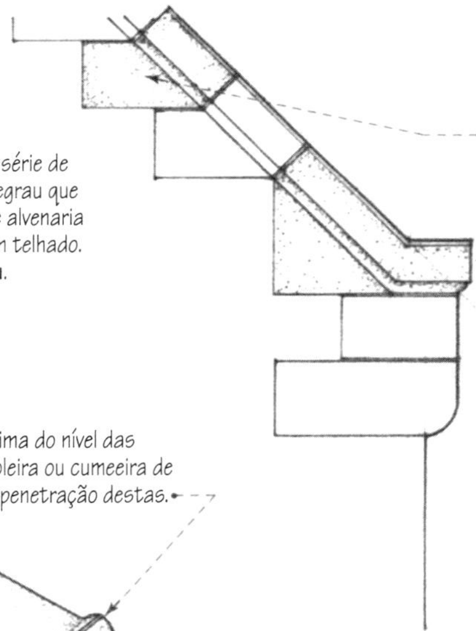

pedra de remate
Pedra que fecha uma estrutura, como uma pedra de cumeeira.

pedra com corte ajustado
Qualquer pedra com uma face em declive para sustentar ou formar a cimalha de uma empena. Também chamada **bloco esconso**.

modilhão esconso
Pedra suspensa na base da cimalha de uma empena e que normalmente serve de obstáculo para calhas ou cornijas de parede.

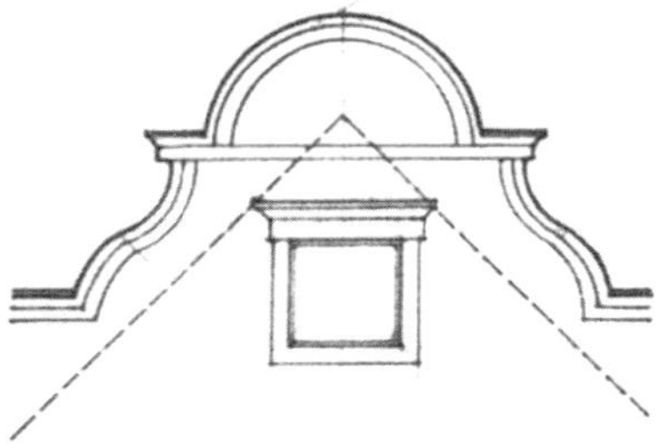

frontão
Remate de uma parede de empena que oculta as declividades de um telhado, esp. aquelas com uma silhueta ornamental.

junta tipo sela
Junta vertical erguida acima do nível das águas pluviais em uma soleira ou cumeeira de pedra, a fim de impedir a penetração destas.

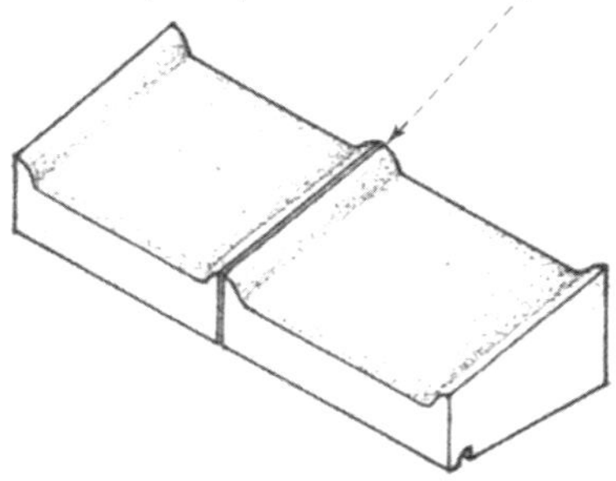

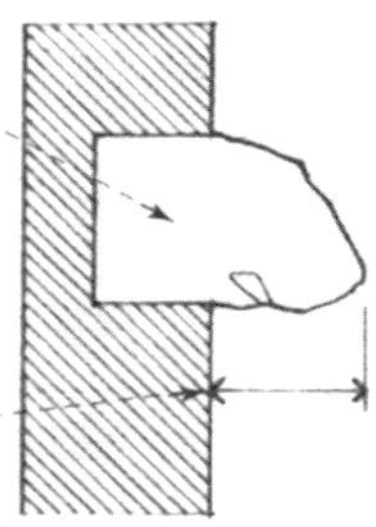

bossa
Pedra superficialmente aparelhada e instalada no lugar para ser posteriormente entalhada.

chumbar
Fixar uma viga ou pedra em uma ou ambas as suas extremidades.

saliência
Parte de uma pedra ou tijolo que se projeta de uma parede.

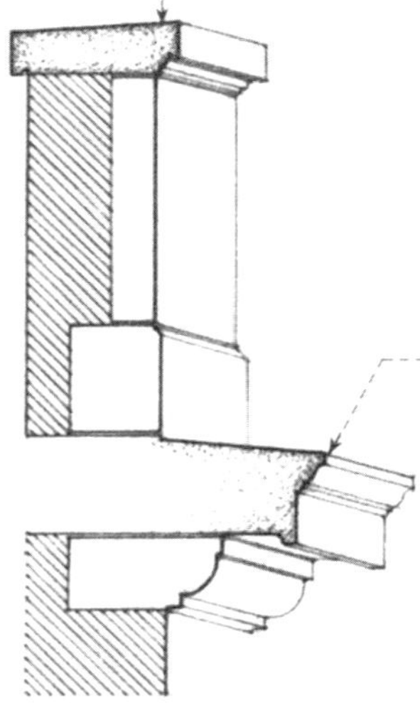

pedra de cimalha
Pedra que forma uma cimalha.

pingadouro de pedra
Moldura de pedra utilizada como pingadouro – por exemplo, em uma cornija acima de uma janela ou uma entrada.

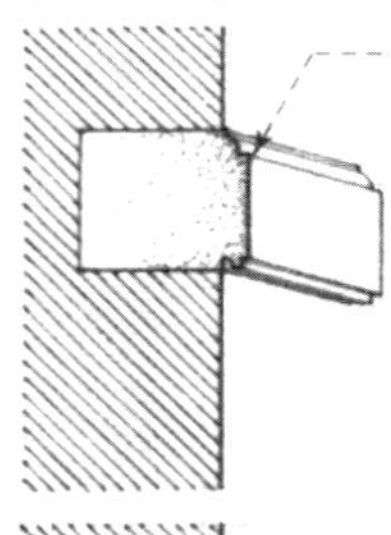

cornija
Fiada de tijolos ou pedras rente à face de uma edificação ou projetando-se desta, normalmente moldada de modo a marcar uma divisão na parede.

cordão
Cornija, esp. quando apresenta pouca ou nenhuma projeção.

pingadouro
Moldura ou calha acima de uma porta ou janela, esp. que se estendem horizontalmente ao longo da parte superior do vão e que descem verticalmente a uma pequena distância nas laterais.

pedra de umbral
Pedra ou uma das pedras que formam o umbral do vão de uma porta ou janela. Também chamada **pedra de jamba**.

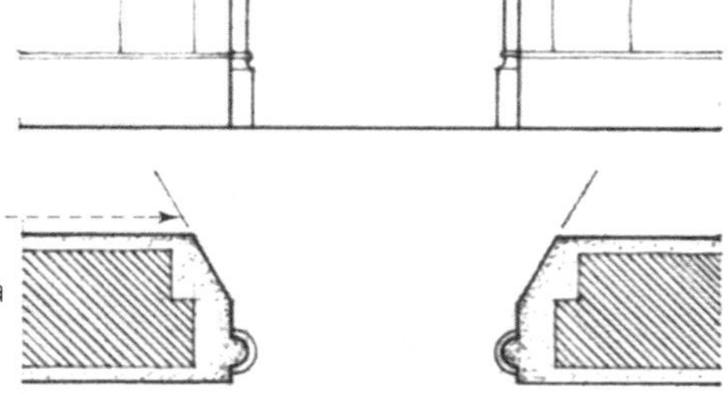

vão alargado
O alargamento em ângulo do vão de uma porta ou janela em direção à face interna da parede.

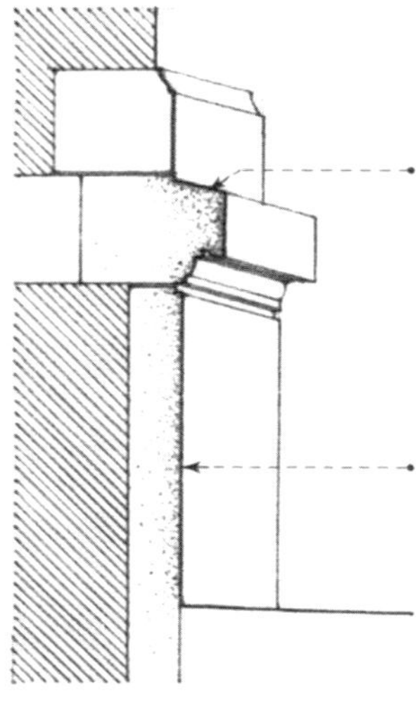

moldura horizontal
Fiada ou faixa, esp. de alvenaria, que apresentam uma forma ou posição diferenciadas. Também **moldura linear**.

pingadouro
Cornija ou moldura projetada, cuja localização permite-lhe desviar de uma edificação as águas pluviais. Também chamada **pingadeira**.

afinamento
Base ou ressalto formado por um recesso na face de uma parede.

plinto
Fiada contínua, normalmente projetada, de pedras que forma a base ou o alicerce de uma parede.

unidade de alvenaria de concreto
Bloco de alvenaria de cimento Portland, agregado fino e água, pré-moldado em diferentes formas.

bloco ao comprido
Unidade de alvenaria de concreto com dimensões nominais de 203 x 203 x 406 mm no padrão americano, que correspondem às dimensões 19 x 19 x 39 cm no padrão brasileiro.

bloco de divisória
Unidade de alvenaria de concreto utilizada na construção de paredes não estruturais, normalmente com espessura nominal entre 102 e 152 mm no padrão americano, que correspondem a 9 e 14 cm no padrão brasileiro.

bloco de cantos arredondados
Unidade de alvenaria de concreto com uma ou mais quinas arredondadas.

bloco de canto
Unidade de alvenaria de concreto com uma face transversal maciça, utilizada para se construir a extremidade ou o canto de uma parede.

meio-bloco de canto
Unidade de alvenaria de concreto utilizado nos cantos das paredes para se manter a horizontalidade das fiadas, com o aspecto de componentes de mesmo comprimento ou com metade do comprimento.

bloco de canto de dois furos
Unidade de alvenaria de concreto com ambas as faces transversais maciças, utilizada na construção de pilares de alvenaria.

bloco de pilastra
Qualquer uma dentre uma série de unidades de alvenaria utilizadas na construção de uma pilastra de alvenaria simples ou reforçada.

bloco de cimalha
Unidade maciça de alvenaria utilizada na construção da fiada superior ou de remate de uma parede de alvenaria.

bloco de caixilho
Unidade de alvenaria de concreto com um entalhe ou orifício em uma das faces, onde se encaixam o umbral de uma porta ou o caixilho de uma janela. Também chamado **bloco de umbral** ou **bloco de jamba**.

bloco de soleira ou peitoril
Unidade de alvenaria de concreto com uma inclinação de escoamento destinada a eliminar de uma soleira ou peitoril as águas pluviais.

inclinação de escoamento
Superfície superior inclinada de modo a verter, de uma edificação, as águas pluviais.

bloco de remate
Unidade de alvenaria de concreto com o topo (sobreleito) maciço para utilização como superfície de apoio na fiada de remate de um muro de fundação. Também chamado **bloco de sobreleito maciço**.

bloco de junta de controle
Qualquer uma dentre uma série de unidades de alvenaria de concreto utilizadas na construção de uma junta de controle vertical.

bloco de viga de amarração
Unidade de alvenaria de concreto utilizada na construção de uma viga de amarração, cuja seção apresenta um recesso no qual é possível alojar a armadura de aço a ser embutida no graute. Também chamado **bloco canaleta**.

bloco de concreto
Unidade de alvenaria, de concreto oco ou maciço, amiúde chamado incorretamente de bloco de cimento.

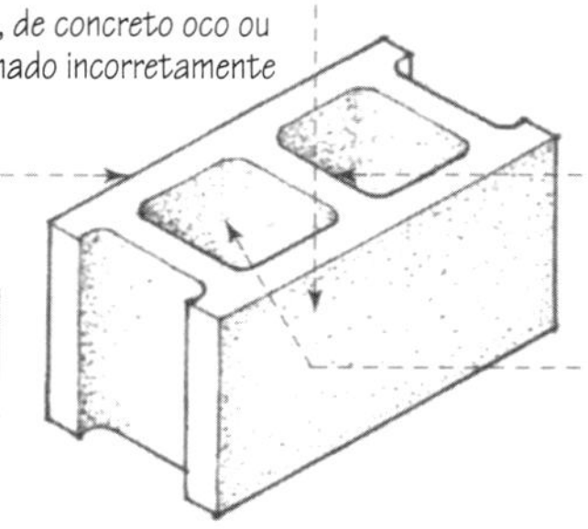

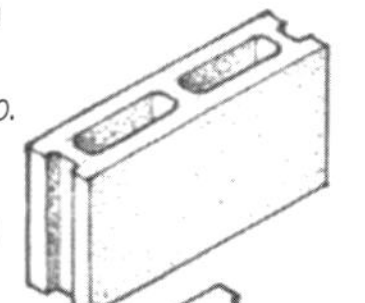

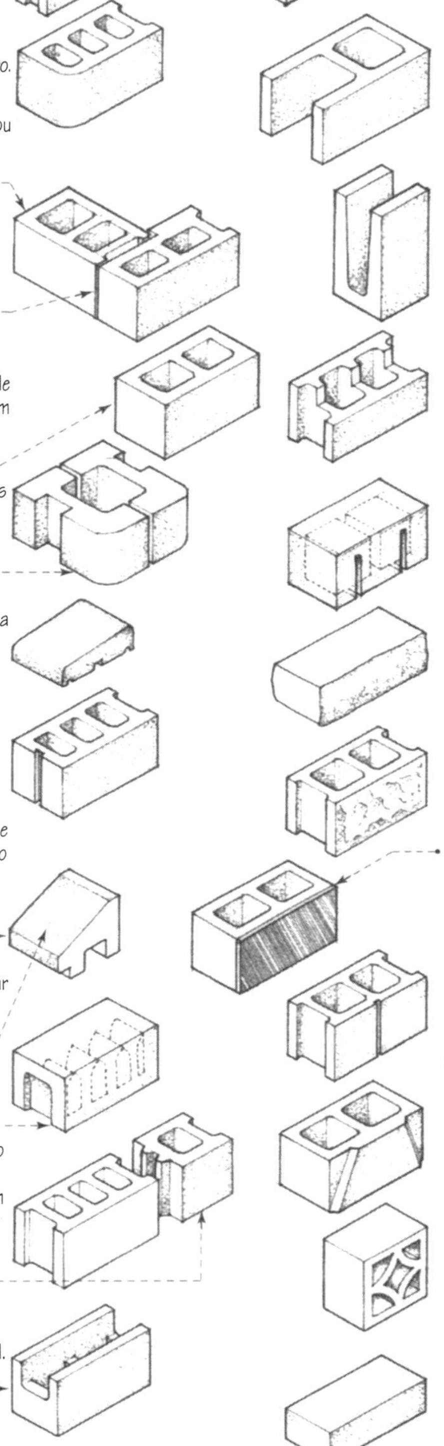

viga de amarração
Fiada de alvenaria grauteada e armada de modo a funcionar como uma viga, uma trave horizontal ou uma fiada de sustentação de elementos estruturais. Também **cinta**.

paramento
Uma das duas faces longitudinais de uma unidade de alvenaria de concreto.

alma
Uma das paredes transversais que interligam as faces de uma unidade de alvenaria vazada.

furo
Espaço vazado de uma unidade de alvenaria de concreto. Também chamado **célula**.

bloco de extremidade vazada
Unidade de alvenaria de concreto com uma face transversal vazada, na qual é possível alojar uma armadura vertical de aço a ser embutida em argamassa.

bloco de lintel
Unidade de alvenaria de concreto utilizada na construção de uma viga de amarração, com uma seção em forma de U na qual é possível alojar uma armadura de aço a ser embutida em argamassa. Também chamado **bloco canaleta** ou **bloco U**.

bloco peripiano
Unidade de alvenaria de concreto que tem parte de uma das faces removida a fim de receber tijolos peripianos em uma parede de alvenaria contígua.

unidade de alvenaria absorvente de som
Unidade de alvenaria de concreto com um topo (sobreleito) maciço, uma face provida de fendas e, por vezes, um enchimento fibroso, para uma absorção sonora maior.

bloco *slump*
Unidade de alvenaria de concreto com uma face e textura superficial irregulares causadas pelo abatimento de uma mistura úmida durante a cura.

bloco de face cortada
Unidade de alvenaria de concreto cortada no sentido longitudinal por uma máquina após a cura, de modo a produzir uma face de textura bruta e quebrada.

bloco de paramento
Unidade de alvenaria de concreto com uma face especial de cerâmica, vitrificada ou polida.

bloco estriado
Qualquer uma dentre uma série de unidades de alvenaria de concreto com um ou mais sulcos verticais que simulam juntas escavadas.

bloco sombreado
Qualquer uma dentre uma série de unidades de alvenaria cujo paramento apresenta um desenho de recessos chanfrados.

bloco de tabique
Unidade de alvenaria de concreto utilizada na arquitetura popular, com um desenho decorativo de aberturas transversais para admissão de ar e proteção contra a luz solar. Também chamado **elemento vazado**.

tijolo de concreto
Unidade de alvenaria maciça, cujas dimensões via de regra não ultrapassam 102 x 102 x 305 mm, conforme padrão americano.

tijolo sílico-calcário
Tijolo resistente, de cor clara, fabricado através da modelagem de uma mistura de areia úmida e cal extinta sob alta pressão, e a cura em um forno a vapor.

unidade de alvenaria sólida
Unidade de alvenaria cuja área líquida de uma seção transversal em qualquer plano paralelo à superfície de apoio equivale a 75% ou mais da área bruta da seção transversal medida no mesmo plano.

unidade de alvenaria de blocos vazados
Unidade de alvenaria cuja área líquida de uma seção transversal em qualquer plano paralelo à superfície de apoio é inferior a 75% da área bruta da seção transversal medida no mesmo plano.

área bruta de seção transversal
Área total da seção transversal de uma unidade de alvenaria vazada perpendicular à direção da carga, incluindo os espaços de células e recessos, exceto quando esses espaços se destinam a ser ocupados por partes de uma alvenaria contígua.

área líquida de seção transversal
Área bruta da seção transversal de uma unidade de alvenaria vazada menos a área dos furos não argamassados dos espaços celulares.

espessura equivalente
Espessura que seria obtida caso a quantidade de concreto contida em uma unidade de alvenaria vazada fosse remoldada sem nenhum espaço celular, utilizada para se determinar a resistência ao fogo de uma parede construída com esse material.

absorção
Volume de água absorvido por uma unidade de alvenaria de concreto quando imerso na água, expressa em litros por metro cúbico de concreto.

Grau N
Segundo padrão americano, uma especificação de unidade de alvenaria de concreto estrutural própria para uso geral, em paredes externas acima e abaixo do solo.

Grau S
Segundo padrão americano, uma especificação de unidade de alvenaria de concreto estrutural cujo uso se restringe a áreas acima do solo – em paredes externas com revestimentos protetores contra intempéries ou em paredes não expostas a intempéries.

Tipo I
Segundo padrão americano, uma unidade de alvenaria de concreto fabricado para um limite específico de conteúdo de umidade a fim de minimizar a retração de secagem que pode ocasionar trincas.

Tipo II
Segundo padrão americano, uma unidade de alvenaria de concreto não fabricada para um limite específico de conteúdo de umidade.

bloco de peso normal
Unidade de alvenaria de concreto fabricado com areia, pedregulho ou outro agregado denso, cujo peso é superior a 200 kg/m^3.

bloco leve
Unidade de alvenaria de concreto fabricado com um agregado leve, como argila, carvão apagado ou escória expandida, cujo peso é inferior a 200 kg/m^3.

amarração superficial
Amarração de uma parede de alvenaria de concreto obtida mediante o assentamento das unidades sem argamassa e aplicação, com colher de pedreiro, de um composto semelhante ao estuque, formado por cimento Portland branco e fibra de vidro.

AMBIENTE

Porção de espaço dentro de uma edificação, separada de outros espaços semelhantes por paredes ou divisórias.

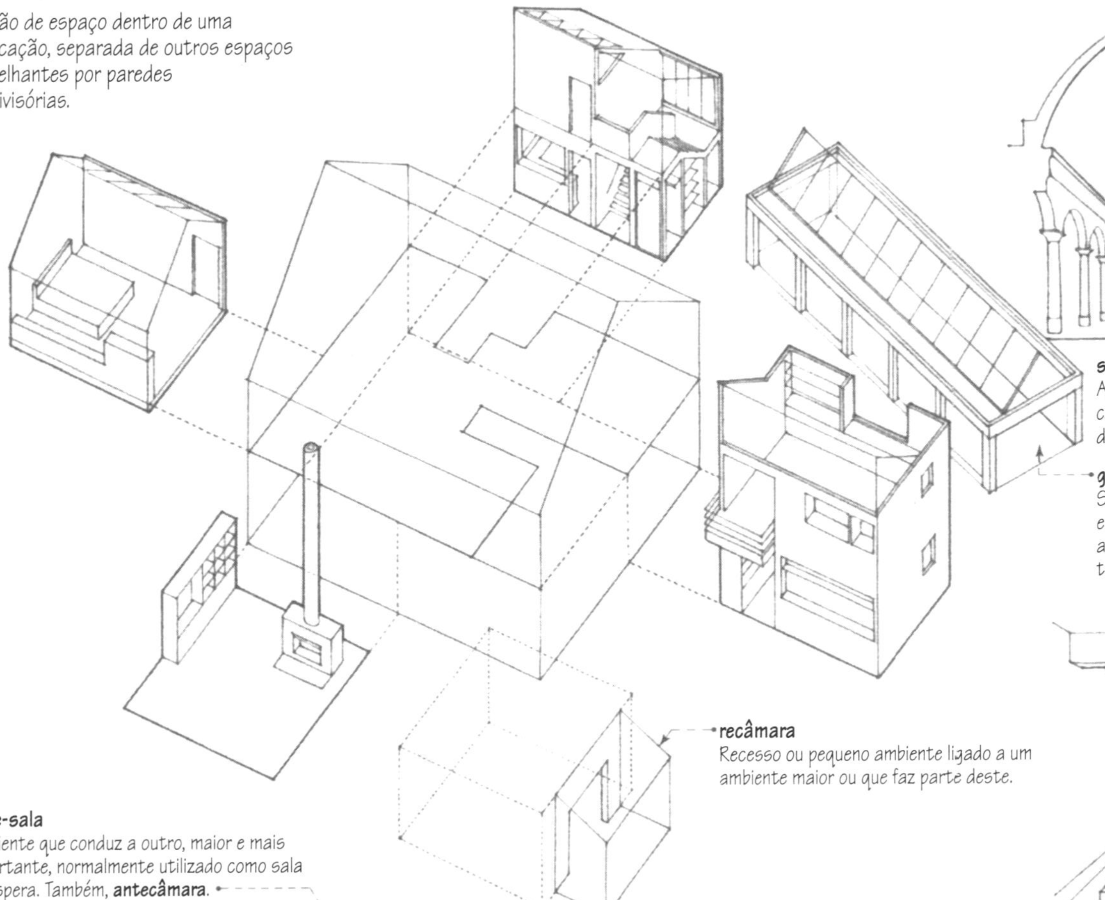

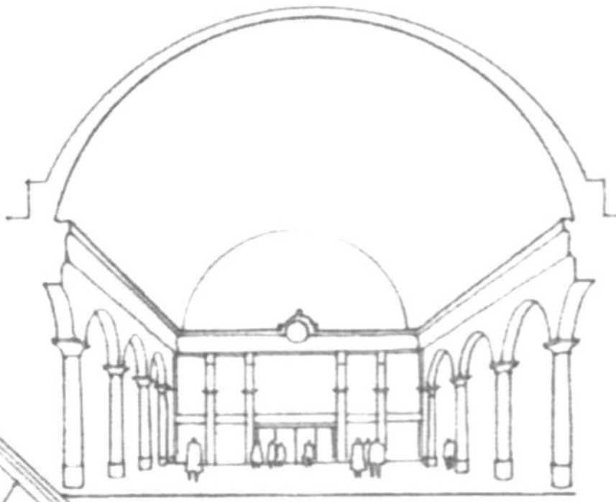

salão
Ambiente de dimensões amplas com capacidade para abrigar atividades destinadas a um grande número de pessoas.

galeria
Sala ou salão longo e relativamente estreito, para uso público e com importância arquitetônica em razão de sua escala ou tratamento decorativo.

recâmara
Recesso ou pequeno ambiente ligado a um ambiente maior ou que faz parte deste.

enfiada
Disposição decorativa de entradas que interligam uma sucessão de ambientes, de modo a propiciarem uma visão de toda a extensão da suíte.

ante-sala
Ambiente que conduz a outro, maior e mais importante, normalmente utilizado como sala de espera. Também, **antecâmara**.

hallway
Termo inglês que designa um corredor ou passagem de uma casa, hotel ou outro tipo de edifício.

corredor
Passagem ou galeria estreita que interliga diferentes partes de uma edificação, esp que dá acesso a diversos ambientes ou apartamentos.

suíte
Série ou agrupamento de ambientes interligados e distribuídos de modo a serem utilizados em conjunto.

planta fechada
Planta baixa composta por diferentes espaços ou ambientes inteiramente fechados e ligados por corredores.

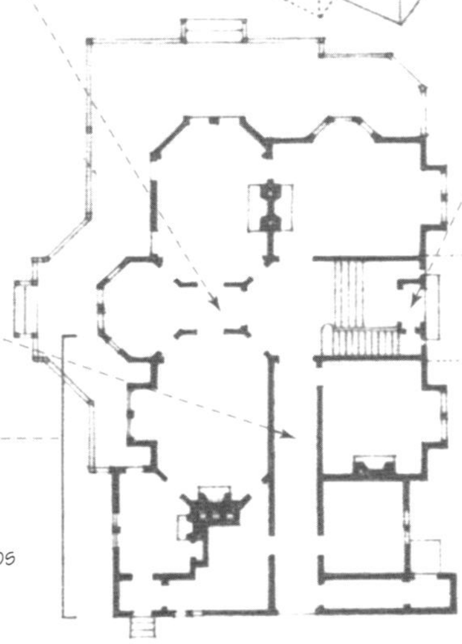

vestíbulo
Pequeno ambiente de entrada ertre a porta da rua e o interior de uma casa ou edifício.

agrupamento funcional
Conjunto de peças de mobiliário distribuídas de acordo com sua função e finalidade.

ajustagem perfeita
Correspondência estreita, freqüentemente compacta, entre agrupamentos funcionais e a forma ou estrutura de um espaço fechado.

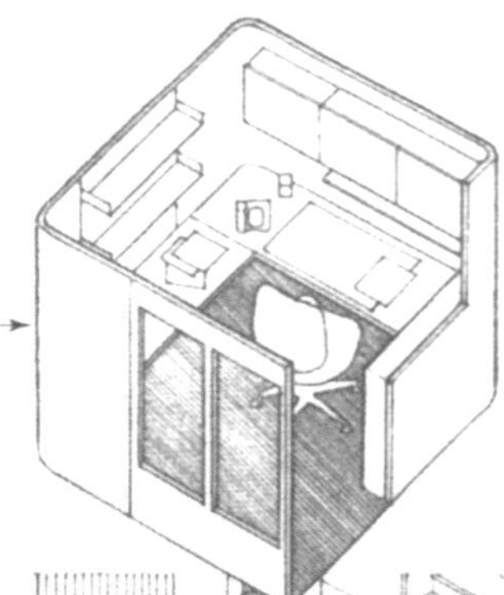

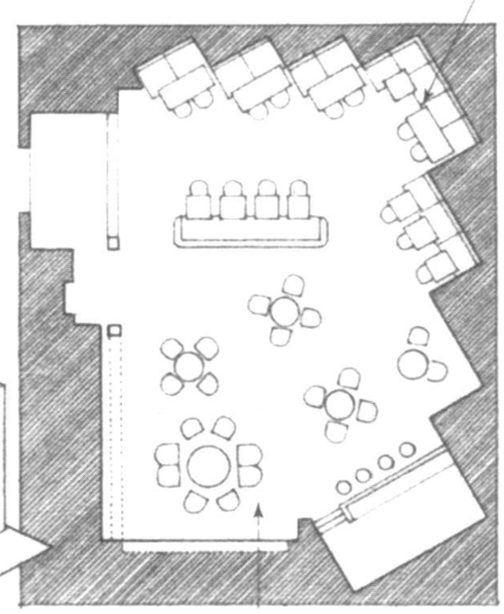

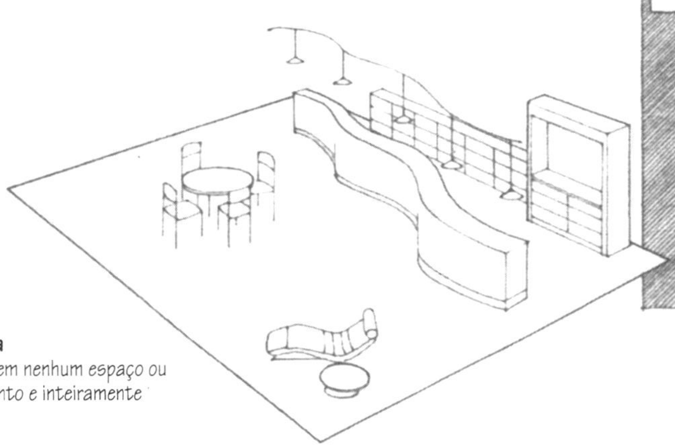

planta aberta
Planta baixa sem nenhum espaço ou ambiente distinto e inteiramente fechado.

ajustagem folgada
Distribuição livre de agrupamentos de mobiliário que não corresponde necessariamente à forma ou à estrutura do espaço circundante.

massa
Volume físico ou a magnitude de um corpo sólido.

espaço
Campo tridimensional que abriga objetos e eventos e tem posição e direção relativas, esp. uma porção desse campo separada para uma finalidade particular.

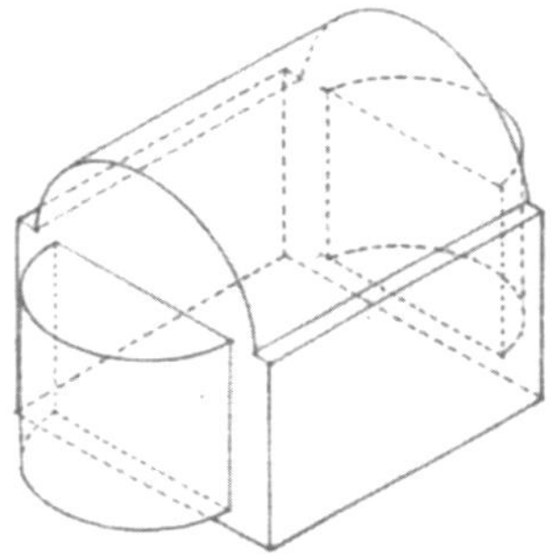

espaço euclideano
Espaço bi ou tridimensional comum ao qual as definições e os axiomas de Euclides se aplicam. Também chamado **espaço cartesiano**.

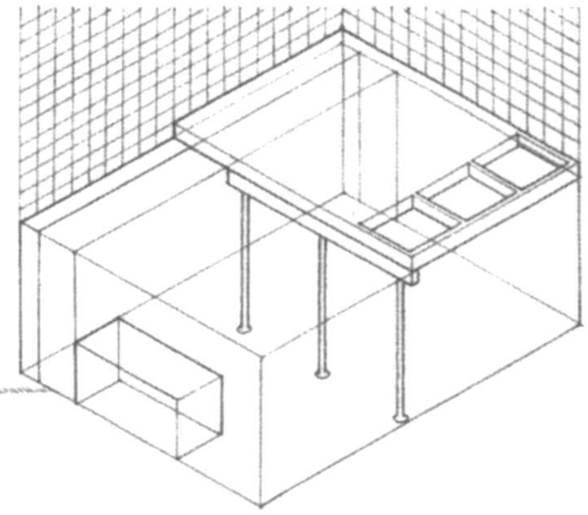

espaço livre
Ambiente vazio contido em uma massa ou delimitado por esta.

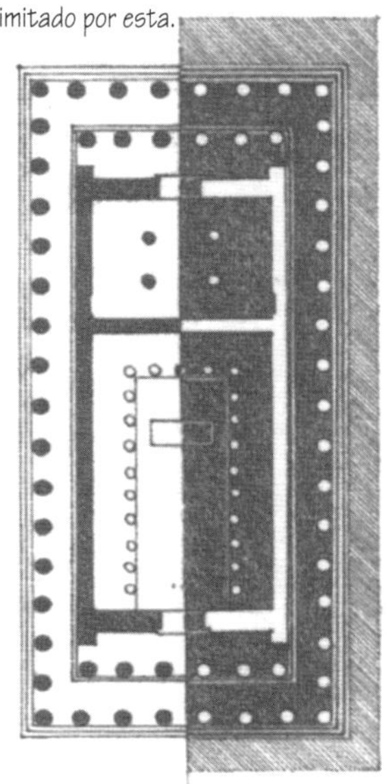

lugar
Ambiente físico com características particulares ou que é utilizado para uma finalidade particular.

ambiente
Atmosfera ou caráter de um espaço ou local.

animado
Pleno de vida, movimento ou ânimo.

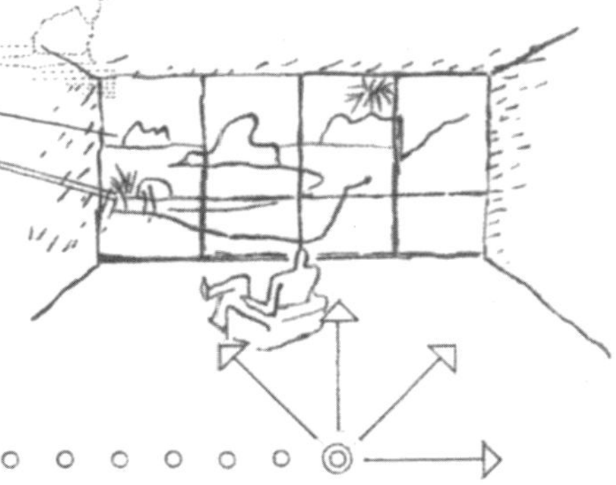

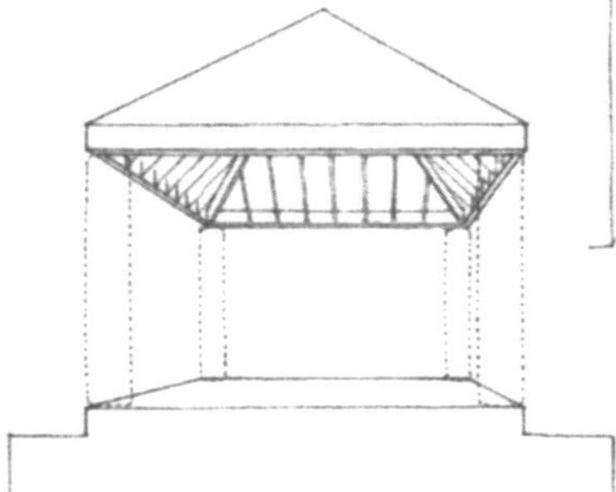

refúgio
Local que oferece proteção ou segurança contra o perigo ou o sofrimento; também local de repouso e tranqüilidade.

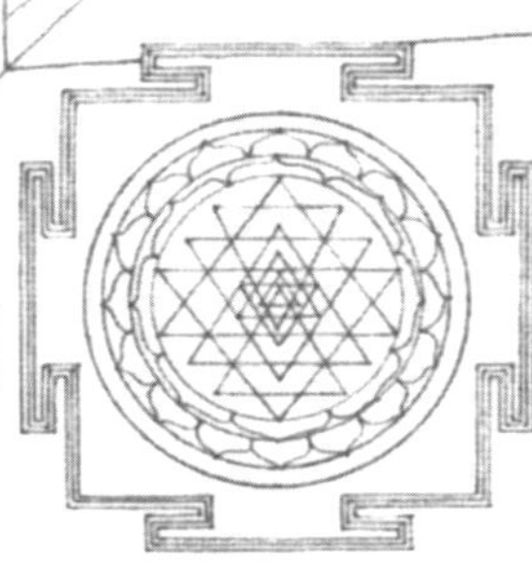

centro
Ponto ou local no qual o interesse, a atividade ou a emoção estão concentrados.

foco
Ponto central de atração, atenção ou atividade.

vista
Panorama que se pode contemplar a partir de um determinado local.

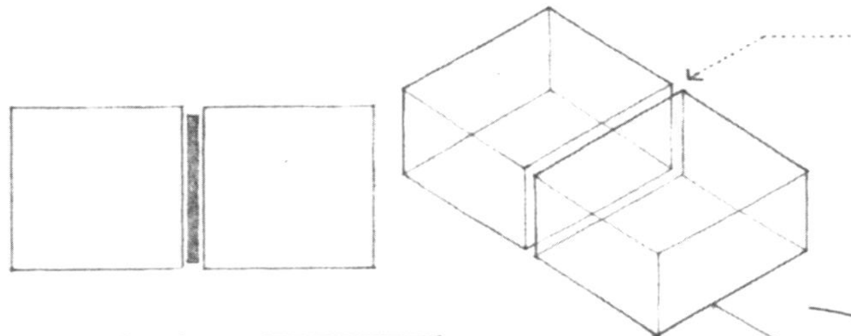

espaços adjacentes
Dois espaços contíguos, esp. quando possuem um limite ou divisa em comum.

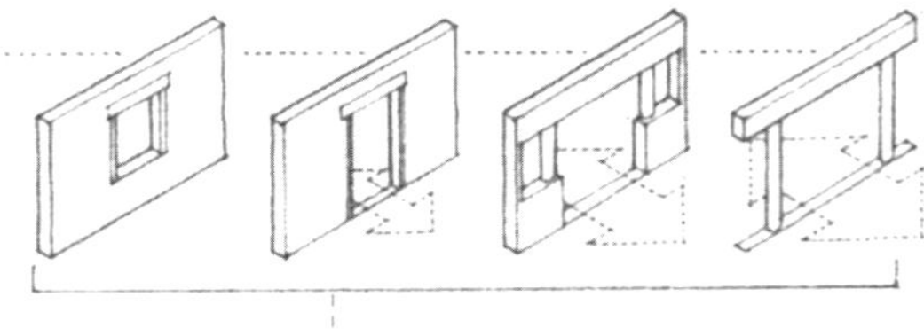

transição
Movimento, passagem ou mudança de uma forma, estado ou local para outro.

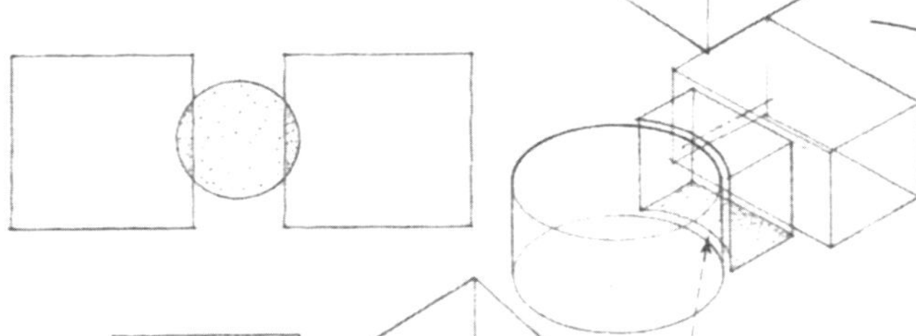

espaços interligados
Dois espaços unidos ou ligados por um terceiro espaço intermediário.

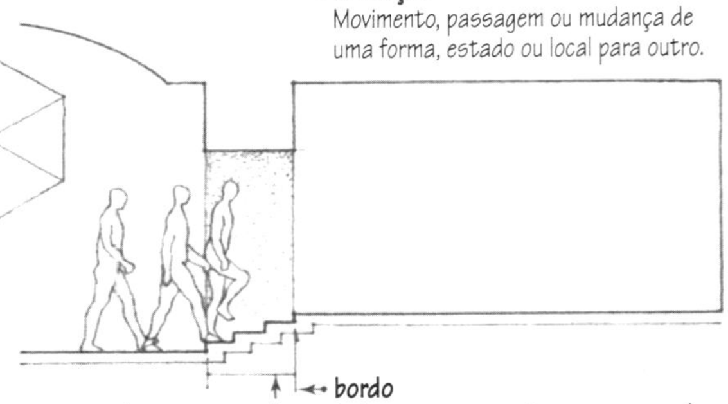

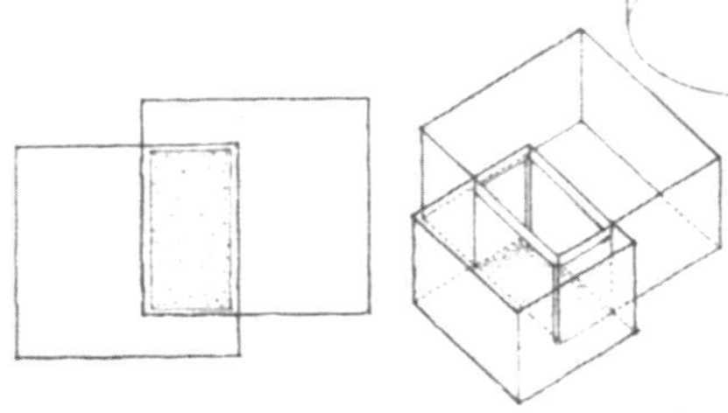

espaços comunicantes
Dois espaços que se entremesclam ou que se encaixam um no outro, de modo a formarem um espaço ou zona comum.

interstício
Pequeno espaço intermediário entre diferentes coisas ou partes.

espaço intermediário
Espaço que ocupa um local ou posição intermédia, esp. para servir de ligação entre diferentes formas, estruturas ou funções.

bordo
Linha ou parte estreita em que uma área começa ou termina.

limiar
Local ou ponto de entrada ou início.

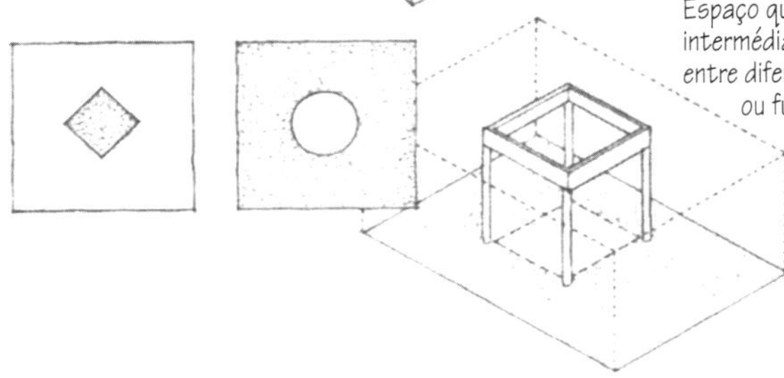

espaço embutido
Espaço envolvido ou incorporado como parte essencial de um espaço maior.

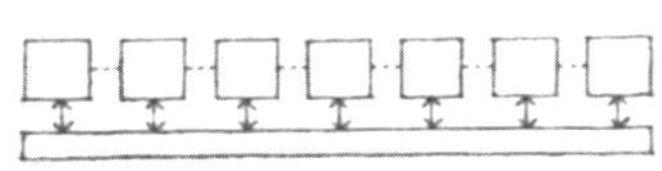

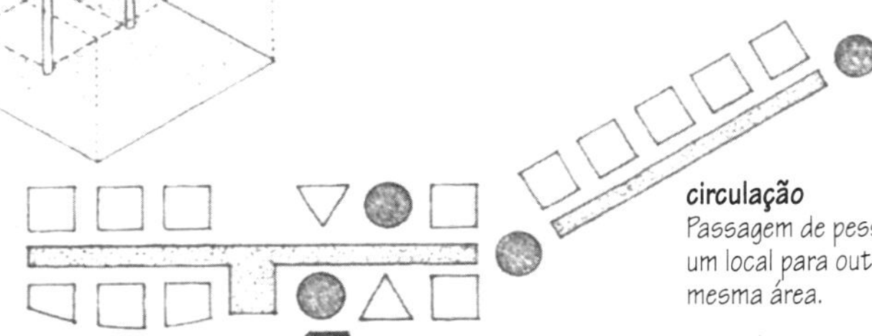

organização linear
Espaços que se estendem, estão distribuídos ou interligados ao longo de uma linha, caminho ou galeria.

circulação
Passagem de pessoas ou coisas de um local para outro ou através de uma mesma área.

caminho
Rota ou percurso ao longo do qual se dá um movimento.

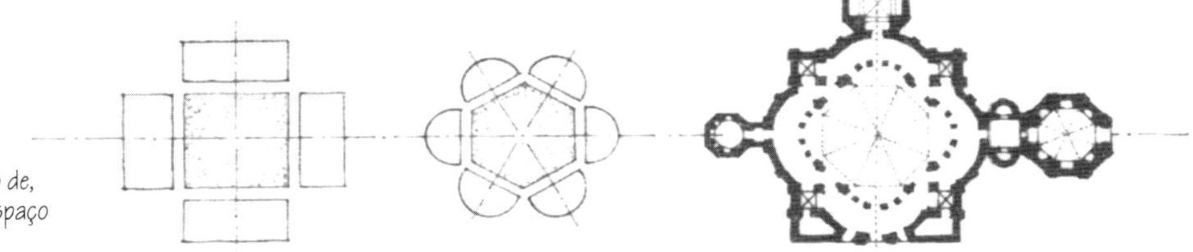

organização centralizada
Espaços agrupados em torno de, ou que convergem para, um espaço central grande ou dominante.

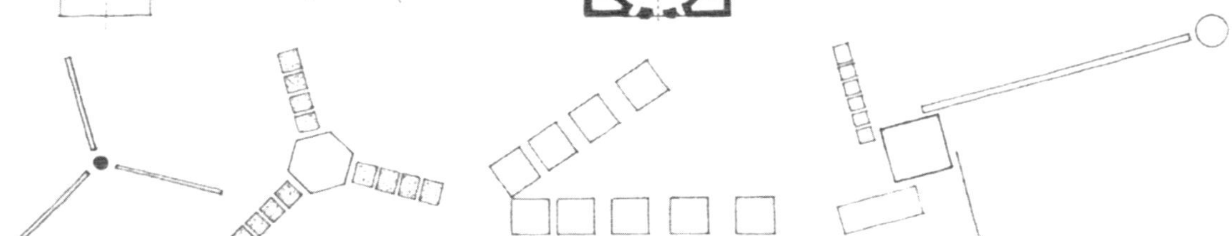

organização radial
Espaços distribuídos como raios a partir de um espaço central ou núcleo.

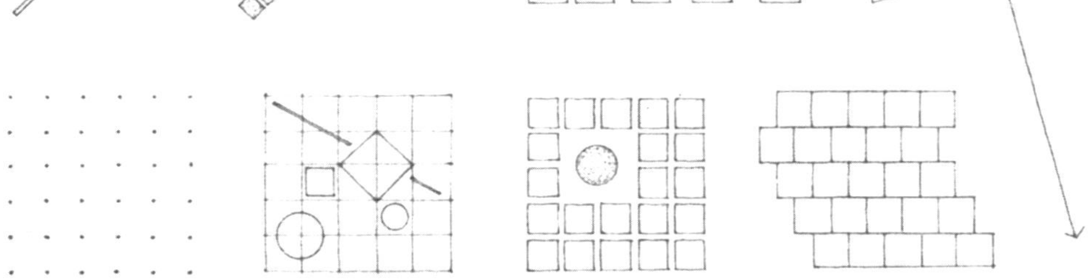

organização em grade
Espaços organizados com referência a um sistema retangular de linhas e coordenadas.

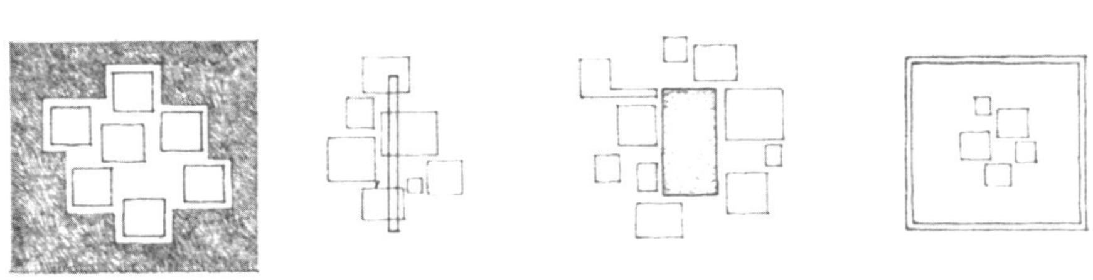

organização por agrupamento
Espaços agrupados, selecionados ou reunidos muito próximos uns dos outros e relacionados mais pela proximidade que pela geometria.

ARCO

Estrutura curva para cobrir um vão, destinada a suportar uma carga vertical basicamente através de compressão axial.

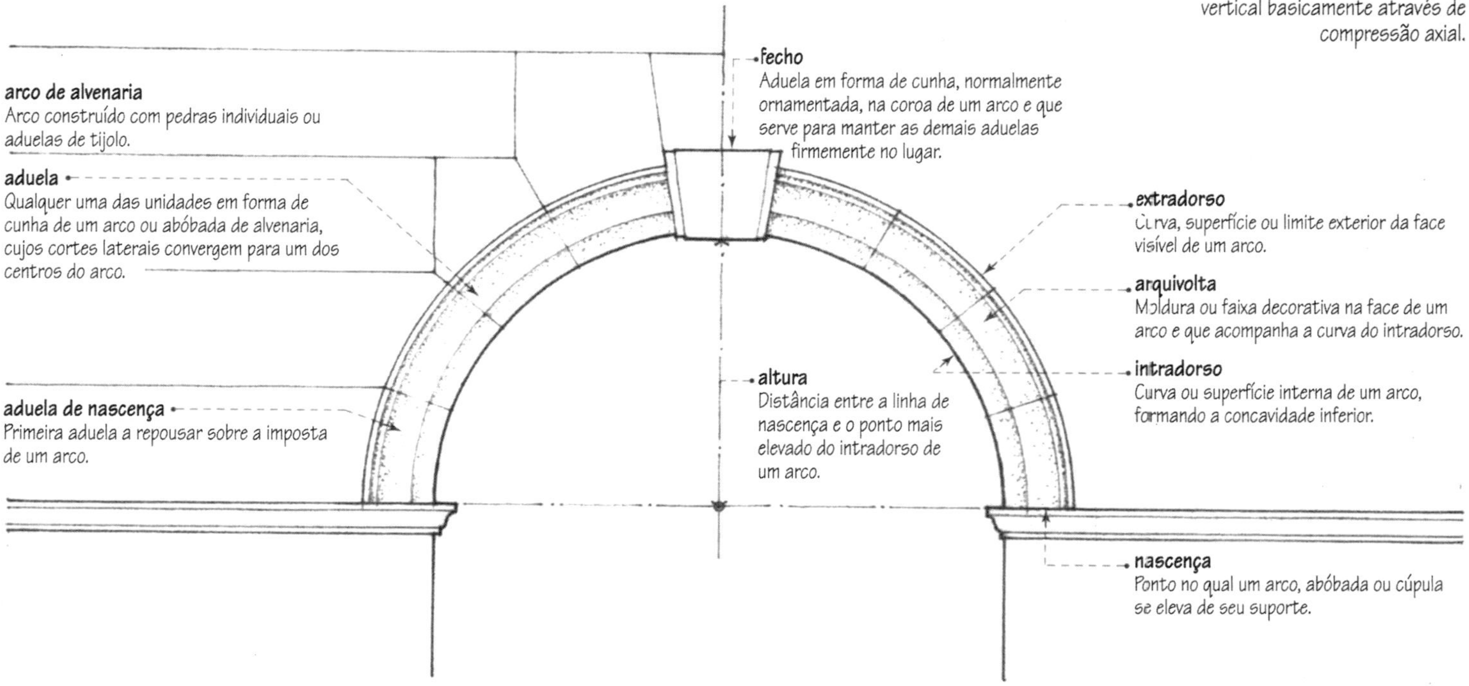

arco de alvenaria
Arco construído com pedras individuais ou aduelas de tijolo.

aduela
Qualquer uma das unidades em forma de cunha de um arco ou abóbada de alvenaria, cujos cortes laterais convergem para um dos centros do arco.

aduela de nascença
Primeira aduela a repousar sobre a imposta de um arco.

fecho
Aduela em forma de cunha, normalmente ornamentada, na coroa de um arco e que serve para manter as demais aduelas firmemente no lugar.

altura
Distância entre a linha de nascença e o ponto mais elevado do intradorso de um arco.

extradorso
Curva, superfície ou limite exterior da face visível de um arco.

arquivolta
Moldura ou faixa decorativa na face de um arco e que acompanha a curva do intradorso.

intradorso
Curva ou superfície interna de um arco, formando a concavidade inferior.

nascença
Ponto no qual um arco, abóbada ou cúpula se eleva de seu suporte.

coroa
Parte ou ponto mais elevado de uma construção convexa, como um arco, abóbada ou pista de rolamento.

saimel
Cada um dos lados de um arco, descendo em curva da coroa até a imposta.

imposta
Parte mais elevada de uma parede, normalmente na forma de um bloco, capitel ou moldura, de onde nasce um arco.

tímpano
Área de formato triangular, por vezes ornamentada, entre o extradorso de dois arcos adjacentes ou entre o extradorso esquerdo ou direito de um arco e a estrutura retangular à sua volta.

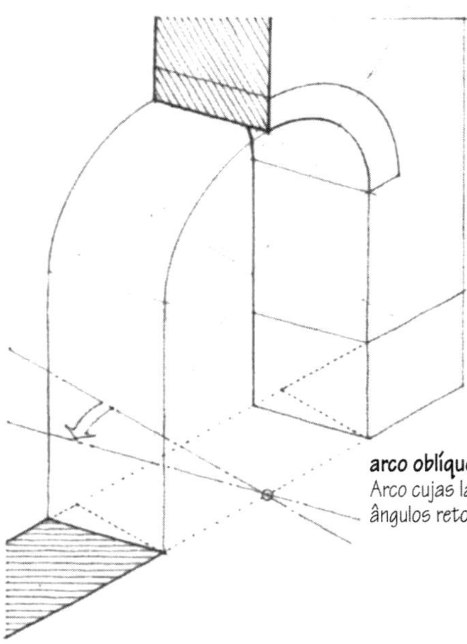

arco oblíquo
Arco cujas laterais ou jambas não formam ângulos retos com a face de suas paredes.

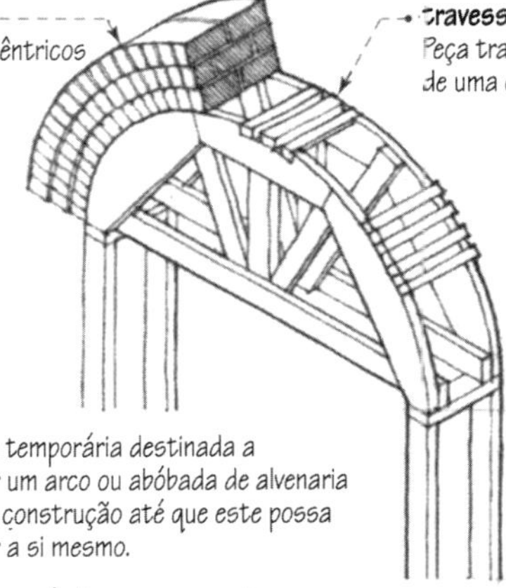

ordem
Qualquer um dos diversos anéis concêntricos de alvenaria que formam um arco, especialmente quando cada qual se projeta à frente do anel que está embaixo.

travessa
Peça transversal que interliga as nervuras de uma cambota.

cambota
Estrutura temporária destinada a sustentar um arco ou abóbada de alvenaria durante a construção até que este possa sustentar a si mesmo.

tábua de cambota
Tábua utilizada como cambota para um arco reto, ligeiramente abaulada, de modo que permita a fixação do arco. Também chamada **tábua de cimbre**.

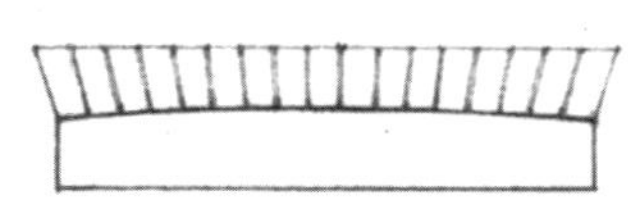

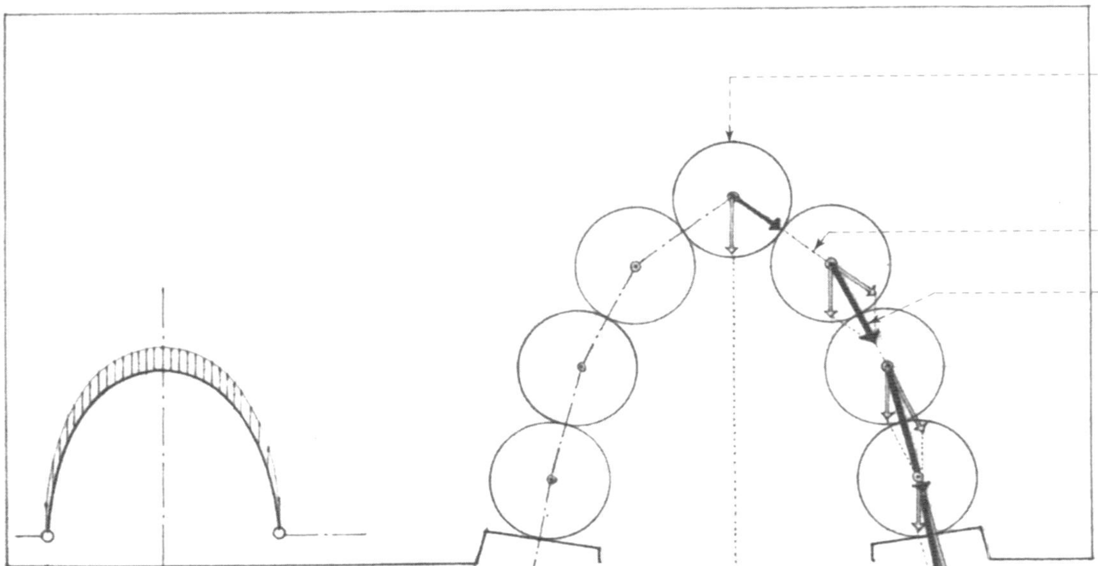

ação do arco
Modo pelo qual um arco transforma as forças verticais de uma carga suportada em componentes inclinados e os transmite para os apoios situados nas extremidades laterais da estrutura.

eixo do arco
Linha mediana de uma estrutura em arco.

linha da força resultante
Conjunto de resultantes das forças e do peso impostos por cada trecho de uma estrutura em arco sobre o trecho imediatamente abaixo. Para eliminar-se a flexão em toda a extensão do arco, a linha de força resultante deve coincidir com o eixo deste.

arco funicular
Arco cuja forma é projetada de modo a desenvolver apenas compressão axial mediante uma determinada carga. Tal forma pode ser encontrada invertendo-se a forma funicular de um cabo que sustente um padrão de carga similar. Como qualquer estrutura funicular, o arco funicular está sujeito a inclinar-se caso o padrão de carga se modifique.

Catenária invertida é a forma funicular de um arco que sustenta uma carga vertical uniformemente distribuída ao longo do eixo do arco.

Parábola é a forma funicular de um arco que sustenta uma carga vertical uniformemente distribuída sobre sua projeção horizontal.

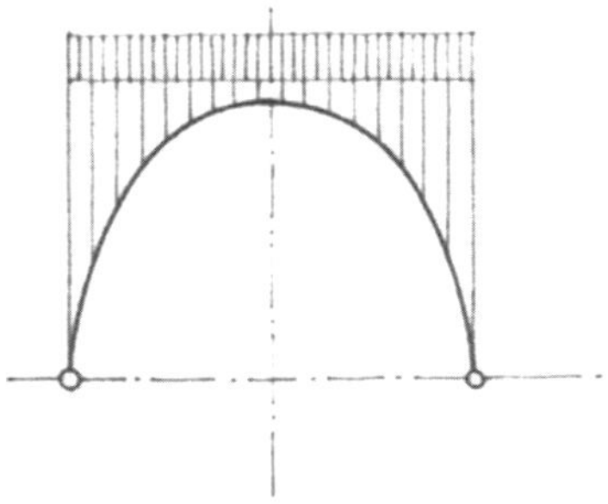

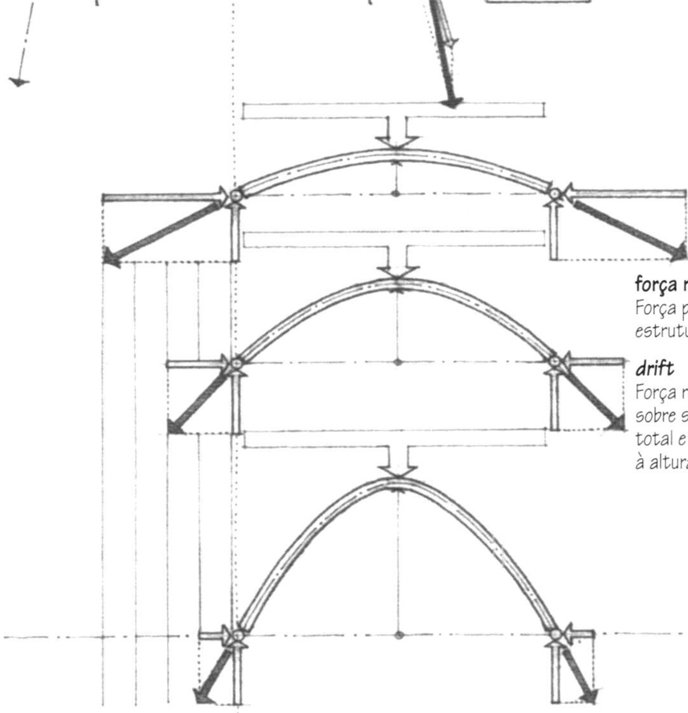

força resultante
Força para fora exercida por uma parte da estrutura contra outra.

drift
Força resultante de uma estrutura em arco sobre seus apoios proporcional à carga total e ao vão, e inversamente proporcional à altura.

arco rígido
Estrutura* em arco feita de madeira, aço ou concreto armado e construída como um corpo rígido capaz de suportar esforços de flexão.

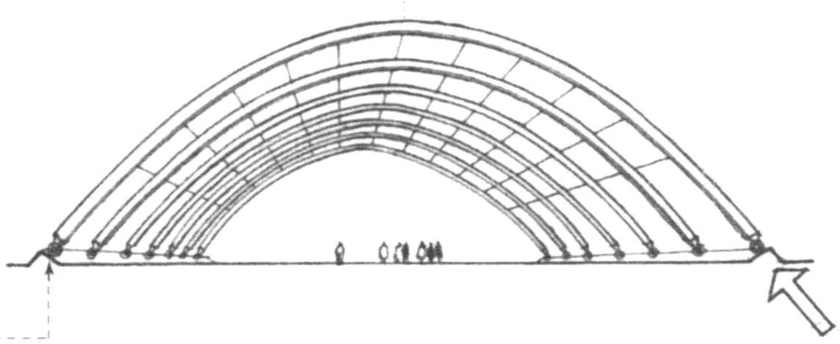

arco fixo
Estrutura fixa em forma de arco.

arco biarticulado
Uma estrutura biarticulada em forma de arco.

arco triarticulado
Estrutura triarticulada em forma de arco.

* *Ver* **Estrutura**.

apoio
Parte de uma estrutura que recebe e suporta a força resultante de um arco, abóbada ou montante.

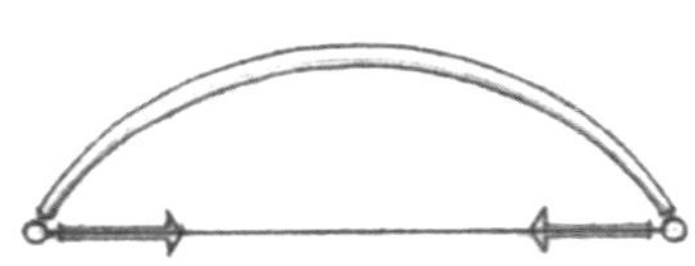

tirante de união
Tirante de ferro ou aço que atua como um tirante estrutural, sobretudo para impedir que as extremidades inferiores de um arco se afastem.

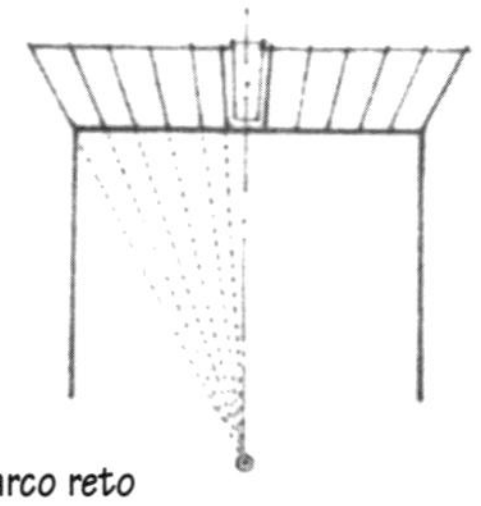

arco reto
Arco que apresenta um intradorso horizontal e cujas aduelas irradiam-se de um centro situado abaixo, freqüentemente construído com um ligeiro abaulamento para garantir o efeito de arco.

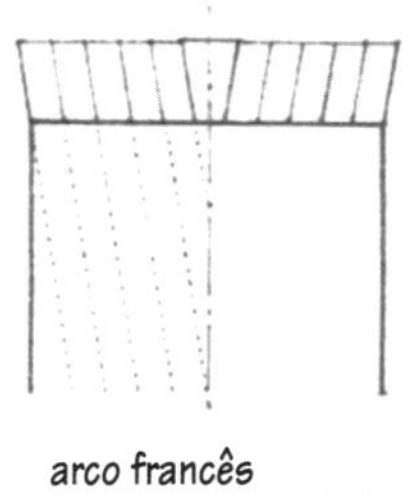

arco francês
Arco reto cujas aduelas apresentam a mesma inclinação em ambos os lados do centro.

arco triangular
Forma primitiva de arco, que consiste em duas pedras apoiadas uma na outra diagonalmente sobre um vão.

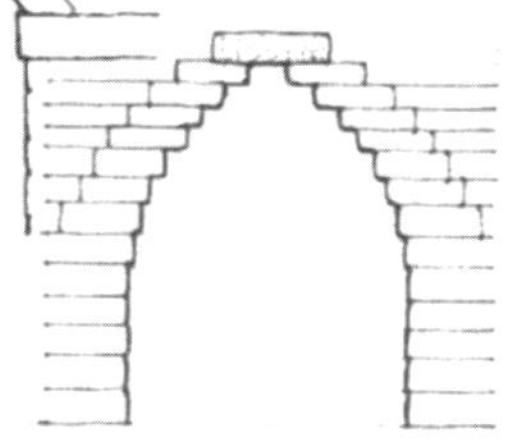

arco em balanço
Falso arco construído através de balanços sucessivos em cada lado de uma abertura até o encontro destes em um ponto intermediário, no qual é colocada uma pedra de remate para completar a obra. É possível suavizar o contorno escalonado, mas não se tem nenhuma ação de arco.

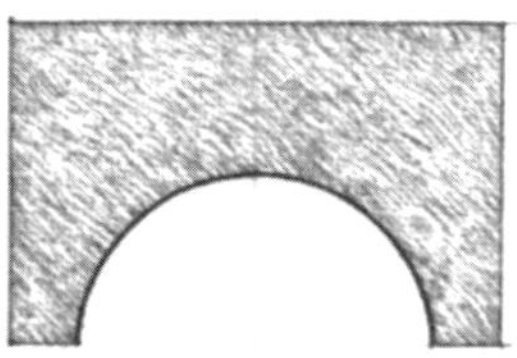

arco redondo
Arco cujo intradorso é continuamente curvo, esp. um arco semicircular.

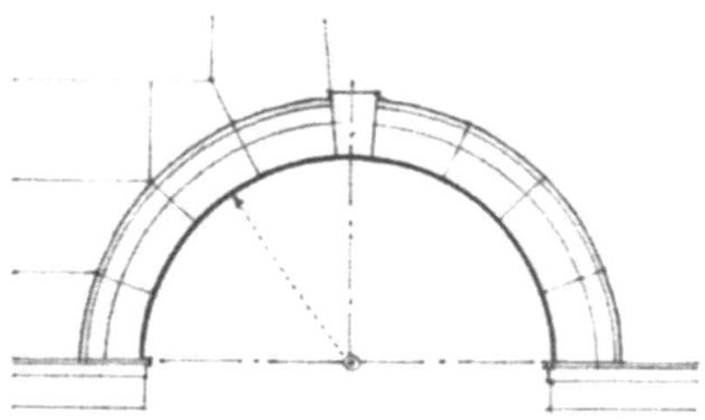

arco romano
Arco com um intradorso semicircular.

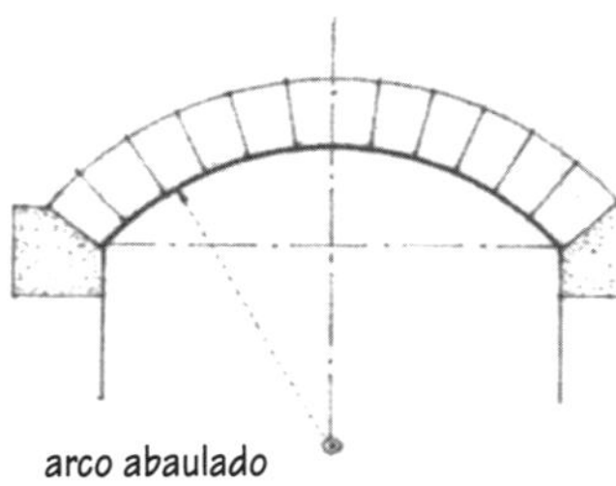

arco abaulado
Arco traçado a partir de um ou mais centros abaixo da linha de nascença.

imposta oblíqua
Pedra ou fiada de alvenaria com uma face inclinada contra a qual se apóia a extremidade de um arco abaulado.

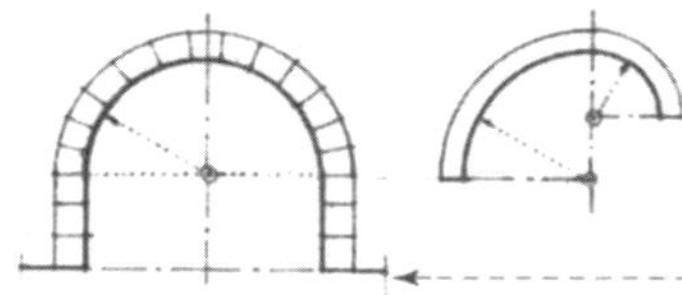

arco ascendente
Arco com uma imposta mais elevada que a outra. Também, **arco rampante**.

arco de volta inteira
Arco apoiado em impostas tratadas como prolongamentos da arquivolta.

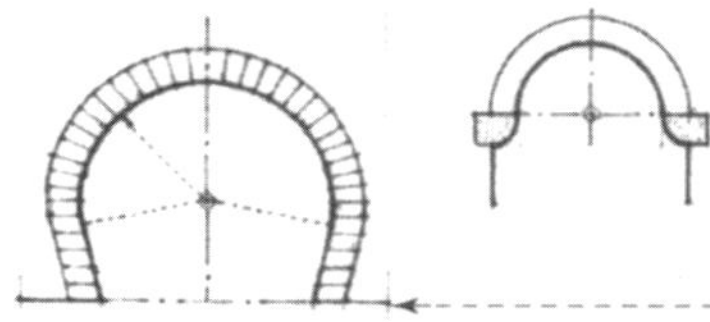

arco em sino
Arco redondo apoiado em dois consolos grandes e de faces curvas.

arco em ferradura
Arco cujo intradorso se alarga acima da nascença antes de estreitar-se para formar uma coroa redonda. Também chamado **arco mourisco**.

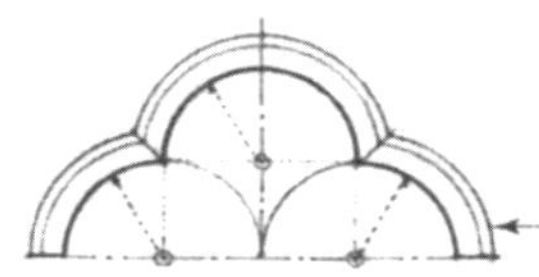

arco em trifólio
Arco cujo intradorso é formado por três ogivetas redondas ou apontadas.

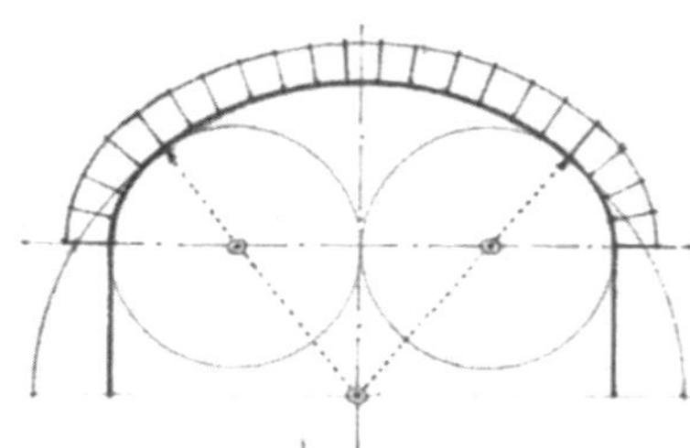

alça de cesto
Arco de três centros dotado de uma coroa cujo raio é bem maior que o das duas curvas externas. Também chamado asa de cesto.

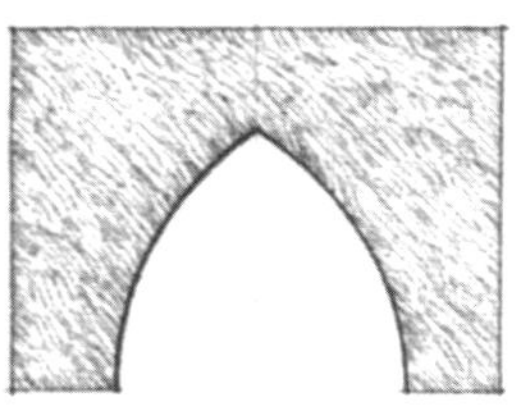

arco apontado
Arco cuja coroa é pontiaguda.

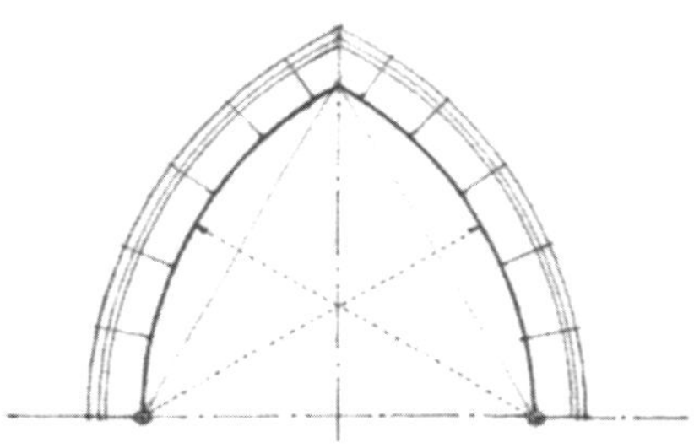

arco eqüilátero
Arco apontado com dois centros e cujos raios são iguais ao vão.

arco gótico
Arco apontado com dois centros e raios iguais.

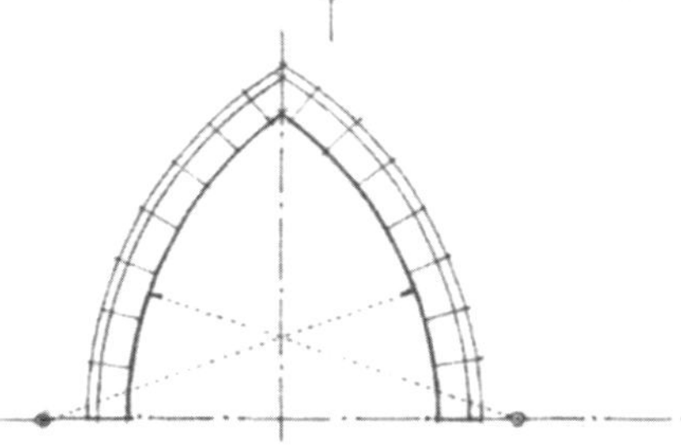

arco lanceolado
Arco apontado com dois centros e cujos raios são maiores que o vão.

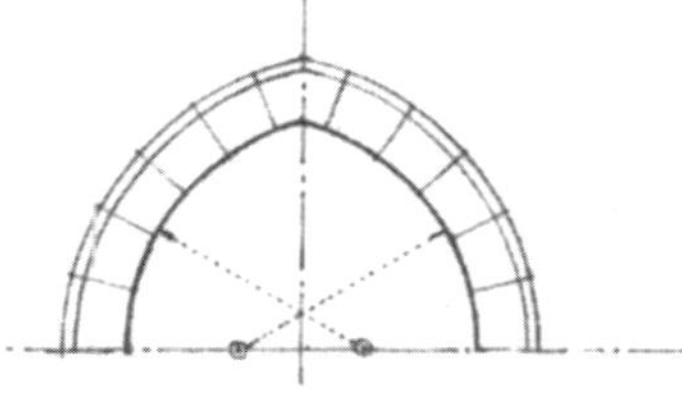

arco em gota ou pingente
Arco apontado com dois centros e cujos raios são menores que o vão.

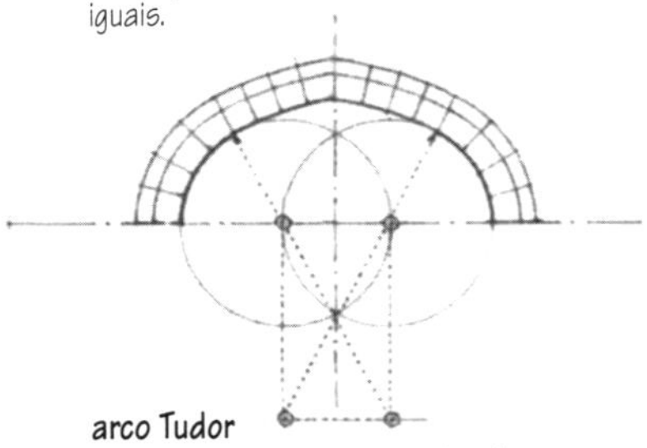

arco Tudor
Arco com quatro centros, cujas duas curvas internas apresentam um raio muito maior do que as duas externas.

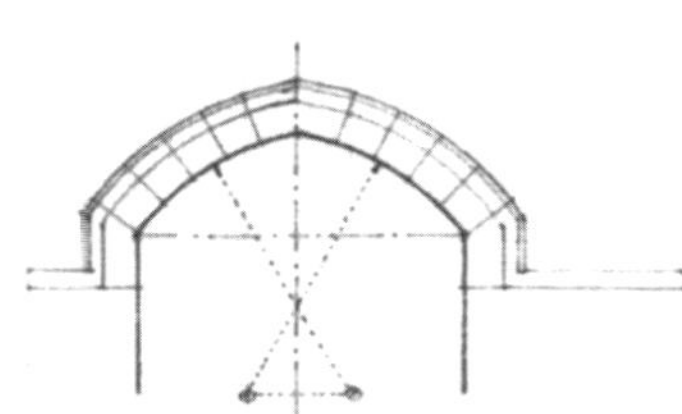

arco abatido
Arco cuja altura é menor que metade do vão.

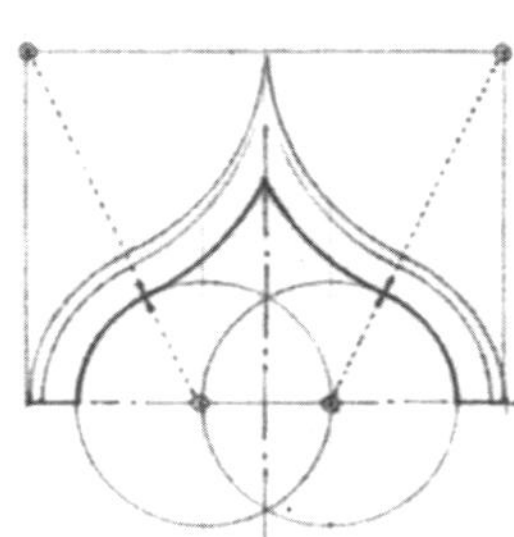

arco ogiva
Arco apontado do qual cada saimel é uma curva dupla com o lado côncavo na parte mais elevada.

Forma de energia associada ao movimento aleatório de átomos ou moléculas, capaz de ser transmitida por convecção, condução ou radiação, e que provoca elevação de temperatura, fusão, expansão ou evaporação de substâncias.

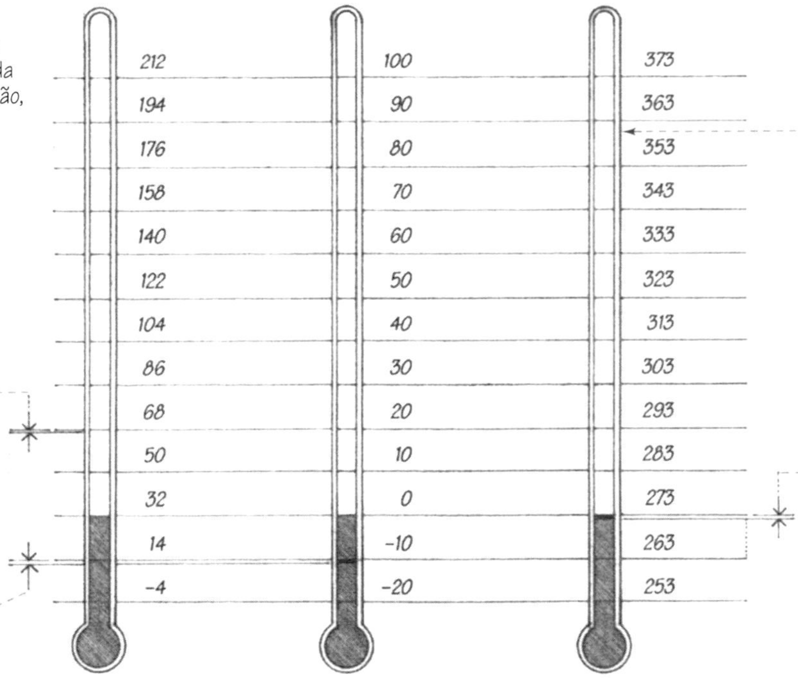

temperatura
Medida da quantidade de calor ou de frio de uma substância, objeto ou ambiente com referência a um determinado valor padrão.

termômetro
Instrumento utilizado para se medir a temperatura que consiste normalmente em um tubo de vidro com uma escala numerada e um bulbo contendo um líquido – por exemplo, o mercúrio –, que se eleva e cai de acordo com as mudanças de temperatura.

unidade térmica inglesa
Quantidade de calor necessária para elevar a temperatura de uma libra (0,4 kg) de água em 1°F. Sigla: **Btu**.

termia
Unidade de calor igual a 100.000 unidades térmicas inglesas.

kelvin
Unidade básica de temperatura no Sistema Internacional de Medidas, equivalente a 1/273,16 vezes o ponto tríplice da água. Símbolo: **K**.

ponto tríplice
Temperatura e pressão particulares nas quais os estados líquido, gasoso e sólido de uma substância podem existir em equilíbrio.

caloria
Unidade de calor igual à quantidade de calor necessária para elevar em 1°C a temperatura de 1 grama de água a uma pressão de 1 atmosfera, equivalente a 4,186 joules. Abreviação: **cal**. Também chamada **grama-caloria** e **pequena caloria**.

quilocaloria
Unidade de calor igual à quantidade de calor necessária para elevar em 1°C a temperatura de 1 quilograma de água a uma pressão de 1 atmosfera, equivalente a 1.000 calorias. Abreviação: **cal**. Também chamada **quilograma-caloria** e **grande caloria**.

escala Farenheit
Escala de temperaturas na qual 32°F representam o ponto de congelamento e 212°F, o ponto de ebulição da água sob uma pressão atmosférica padrão.

Quando se conhece a temperatura em graus Farenheit, primeiro subtraem-se 32 de tal valor e então multiplica-se o resultado por 5/9 para encontrar o equivalente em Celsius.

escala Celsius
Escala de temperaturas dividida em 100 graus, na qual 0°C representa o ponto de congelamento e 100°C, o ponto de ebulição da água sob uma pressão atmosférica padrão. Também chamada **escala centígrada**.

Quando se conhece a temperatura em graus Celsius, primeiro multiplica-se tal valor por 9/5 e somam-se 32 ao resultado para encontrar o equivalente em Farenheit.

escala Kelvin
Escala de temperatura absoluta cujo ponto zero corresponde a –273,16°C.

escala absoluta
Escala de temperaturas baseada no zero absoluto e cujas unidades de escala equivalem, em magnitude, a graus centígrados.

zero absoluto
O limite hipotético da baixa temperatura física, caracterizado por uma total ausência de calor, equivalente a –273,16°C ou –459,67°F.

temperatura absoluta
Temperatura apontada em uma escala absoluta.

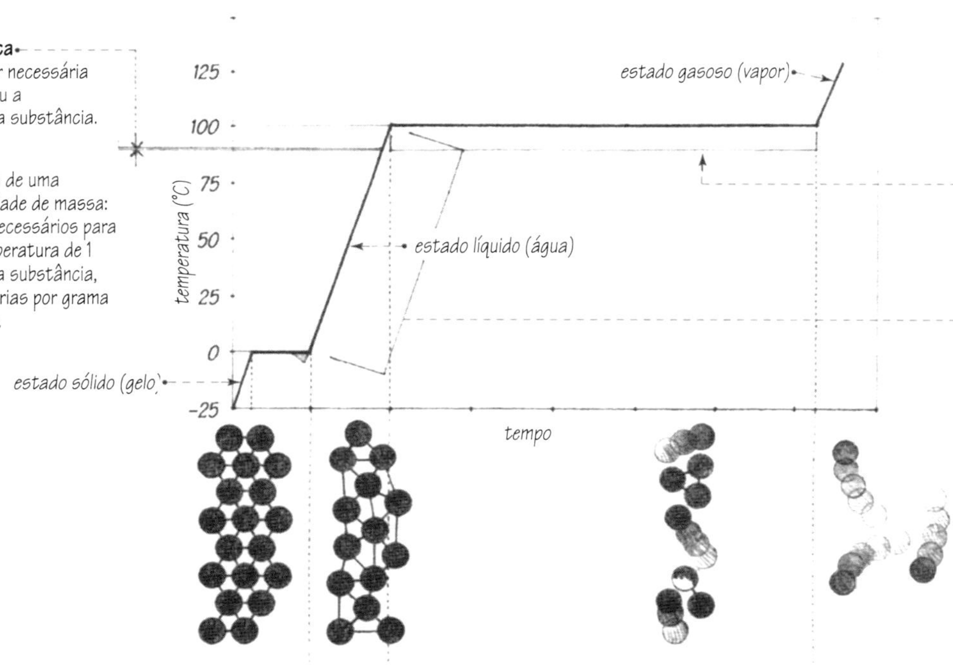

capacidade térmica
Quantidade de calor necessária para elevar em 1 grau a temperatura de uma substância.

calor específico
Capacidade térmica de uma substância por unidade de massa: o número de Btus necessários para elevar em 1°F a temperatura de 1 libra de determinada substância, ou o número de calorias por grama por grau centígrado.

calor latente
Quantidade de calor absorvida ou emitida por uma substância durante uma mudança de estado a uma temperatura e pressão constantes.

calor sensível
Quantidade de calor absorvida ou emitida por uma substância durante mudança de temperatura sem mudança de estado.

condução
Transmissão de calor das partículas mais quentes para as partículas mais frias de um meio ou de dois corpos em contato direto, e que ocorre sem um deslocamento perceptível das próprias partículas.

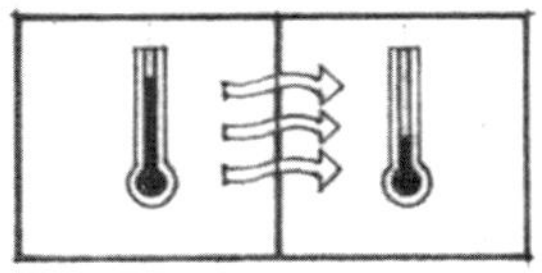

convecção
Transmissão de calor através do movimento circular das partículas aquecidas de um líquido ou gás devido a uma variação de densidade e da ação da gravidade.

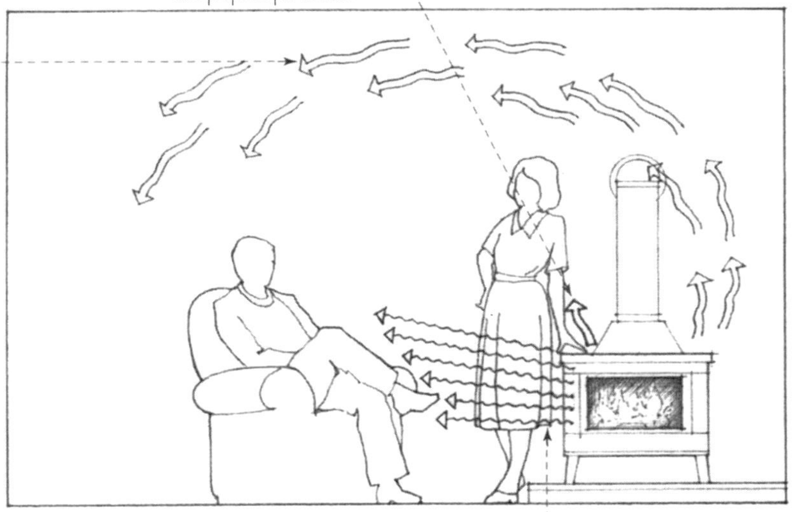

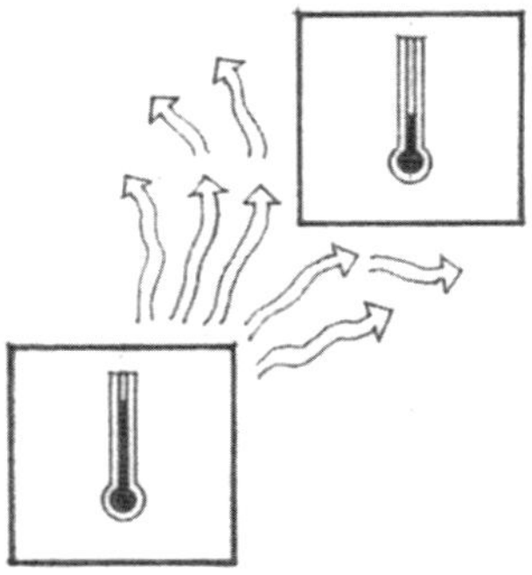

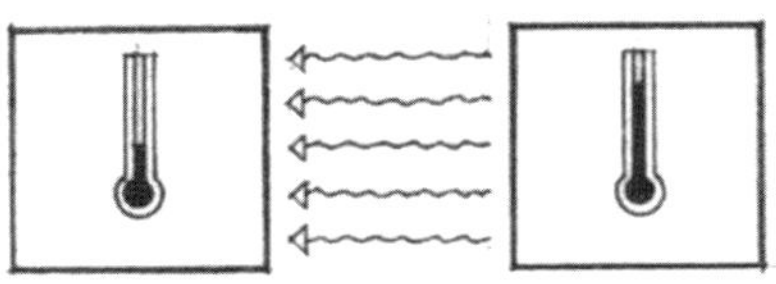

irradiação
Processo pelo qual a energia, em forma de ondas ou partículas, é emitido por um determinado corpo, atravessa um meio ou espaço intermediário e é absorvida por um outro corpo.

condutividade térmica
Quantidade de calor que atravessa, por unidade de tempo, uma unidade de área de um determinado material quando a diferença de temperatura através de sua densidade é de uma unidade de temperatura.

condutância térmica
Quantidade de calor que atravessa, por unidade de tempo, uma unidade de área de um determinado material quando a diferença de temperatura através de uma densidade específica do material é de uma unidade de temperatura.

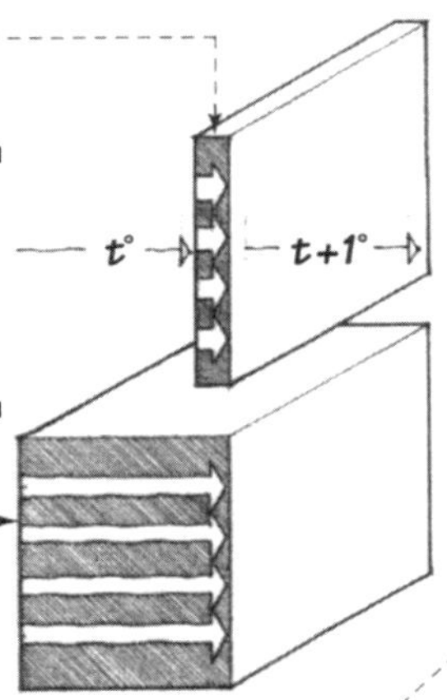

resistência térmica
Recíproca da condutância térmica, expressa em termos da diferença de temperatura necessária para provocar a passagem de calor através de uma unidade de área de um material de determinada espessura, à velocidade de uma unidade de calor por unidade de tempo.

valor-R
Medida da resistência térmica de um determinado material, utilizada esp. para qualificar o desempenho do isolamento térmico. O valor-R total de um elemento ou instalação de uma construção é a soma dos valores-R de cada camada do elemento ou instalação.

$$C = 1/R$$

transmitância térmica
Quantidade de calor que atravessa, por unidade de tempo, uma unidade de área de um elemento ou instalação de um edifício quando a diferença entre as temperaturas do ar de cada um dos lados do elemento ou instalação é de uma unidade de temperatura. Também chamada **coeficiente de transmissão térmica**.

valor-U
Medida da transmitância térmica de um elemento ou instalação de um edifício, equivalente à recíproca do valor-R total do elemento ou instalação.

$$1/R(total) = U$$

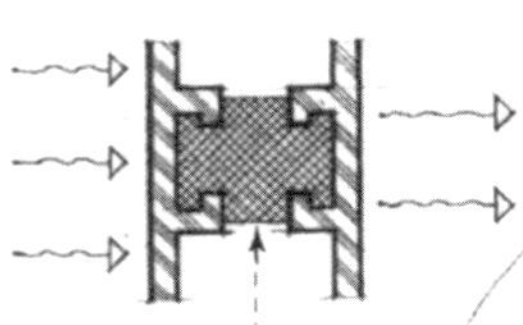

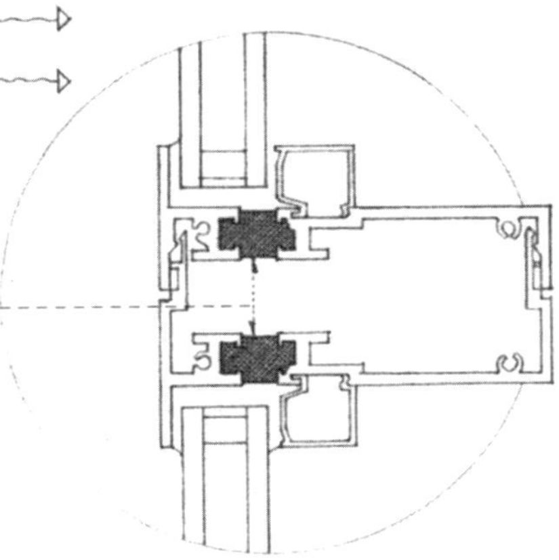

anteparo térmico
Elemento de baixa condutividade térmica colocado em uma instalação qualquer a fim de reduzir o fluxo de calor entre materiais altamente condutores. Também chamado **barreira térmica**.

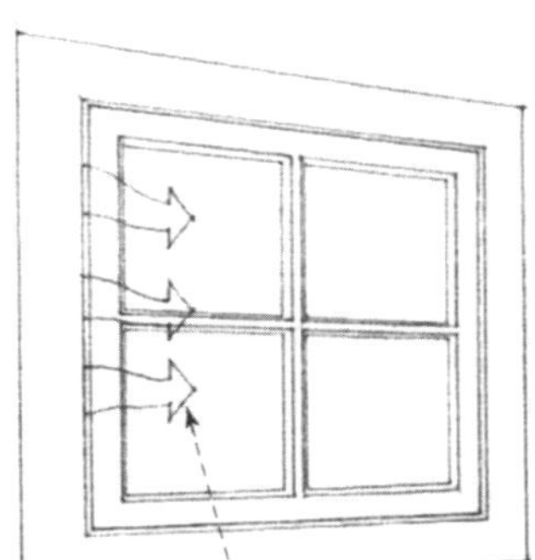

infiltração
Fluxo do ar externo para um espaço interno através de rachaduras em torno de janelas, portas ou outras aberturas na fachada de um edifício.

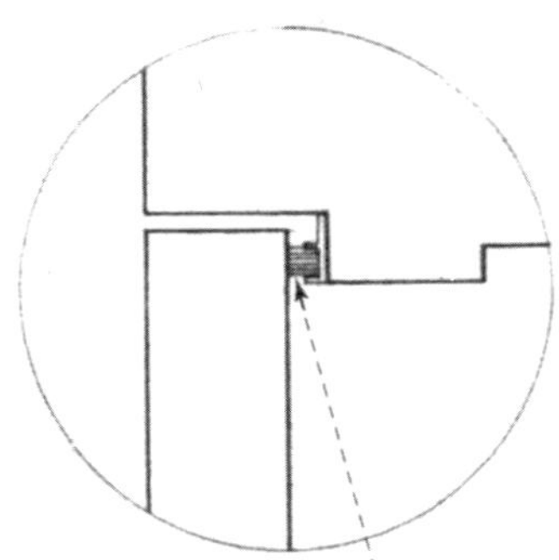

faixa de vedação
Faixa de metal, feltro, vinilo ou espuma de borracha, colocada entre o batente de uma porta ou janela e seu caixilho, que funciona como um lacre contra a infiltração de águas pluviais sopradas pelo vento e de ar. Também chamada **faixa de lacração**.

lã mineral
Qualquer um dos diversos materiais fibrosos leves e inorgânicos utilizados esp. para isolamento térmico e, por vezes, acústico, como a lã de vidro.

lã de vidro
Fibras de vidro torcidas semelhantes à lã e utilizadas para isolamento térmico e em filtros de ar.

fibra de vidro
Material que consiste em filamentos de vidro extremamente finos, urdidos de modo a formarem um tecido, aglomerado para uso como isolante térmico e acústico, ou embutido para reforçar diferentes materiais.

Fiberglass
Nome comercial de uma marca de fibra de vidro.

lã de escória
Lã mineral produzida através do sopro de vapor ou ar sobre escória ou rocha derretida.

ventilação
Vão necessário à circulação do ar entre o isolamento e o forro da cobertura.

isolamento com manta
Isolante térmico fibroso e flexível de lã de vidro ou lã mineral, fabricado em diferentes espessuras e comprimentos, com larguras de 406 mm ou 610 mm de modo a se encaixarem entre vigotas, barrotes e caibros em construções com estrutura de madeira leve, por vezes revestido com um retardador de vapor de papel kraft, folha de metal ou folha de plástico. O isolamento com manta é também um componente das construções à prova de som.

papel kraft
Papel resistente, normalmente pardo, processado a partir de polpa de madeira e colado com resina.

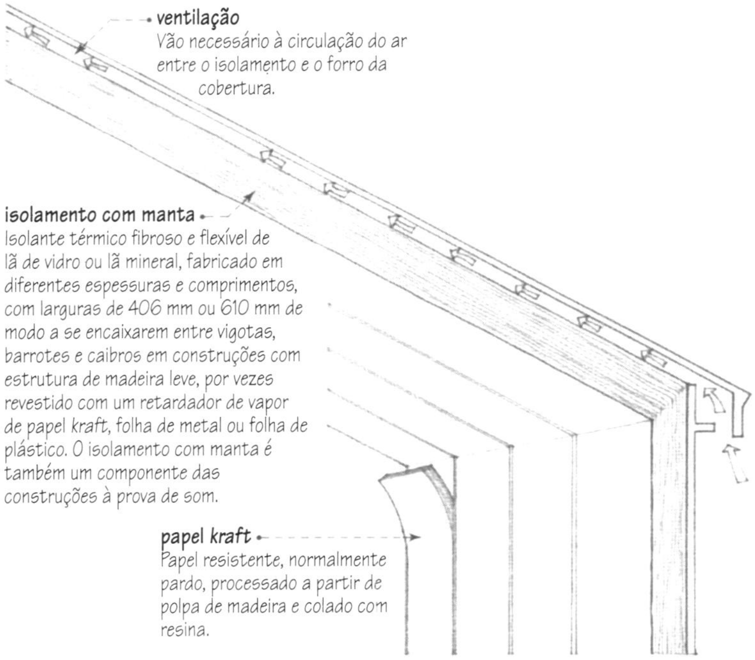

isolante térmico
Material que oferece alta resistência ao fluxo do calor, como lã mineral, vermiculita ou plástico esponjoso, fabricado na forma de mantas, chapas ou material para enchimento.

climatização
Recursos utilizados para tornar uma casa ou edifício resistente ao frio ou às tempestades – por exemplo, através da aplicação de isolamento térmico, da instalação de janelas protetoras ou da vedação de juntas.

plástico esponjoso
Plástico, como poliuretano ou polistireno, transformado em material leve e celular pela introdução de bolsas de gás ou ar e utilizado como isolante térmico. Também chamado **plástico espumoso**, **plástico expandido** e **espuma de plástico**.

espuma de poliuretano
Poliuretano rígido expandido com uma estrutura de células fechadas e utilizado para isolamento térmico.

polistireno moldado
Espuma de polistireno rígida com uma estrutura de células abertas, utilizada para isolamento térmico.

polistireno extrudado
Espuma de polistireno rígida com uma estrutura de células fechadas, utilizada para isolamento térmico.

Styrofoam
Nome comercial de uma marca de plástico esponjoso fabricado a partir do polistireno.

espuma de vidro
Vidro celular fabricado através da transformação do vidro derretido em espuma e a moldagem do mesmo em placas ou blocos para uso em isolamento térmico.

lã vegetal
Aparas finas de madeira, normalmente de pinho ou fibras de madeira quimicamente tratadas, utilizadas como material isolante, aglutinante de gesso e em embalagens.

placa isolante rígida
Placa isolante não estrutural, pré-fabricada, de plástico esponjoso ou vidro celular. O isolamento de vidro celular é resistente ao fogo, impermeável à umidade e dimensionalmente estável, mas tem um valor de resistência térmica inferior ao dos isolantes de plástico esponjoso, que são inflamáveis e devem ser protegidos por uma barreira térmica quando utilizados nas superfícies internas de uma edificação. Os isolantes rígidos com estruturas de células fechadas, como de polistireno extrudado e vidro celular, são resistentes à umidade e podem ser utilizados em contato com a terra.

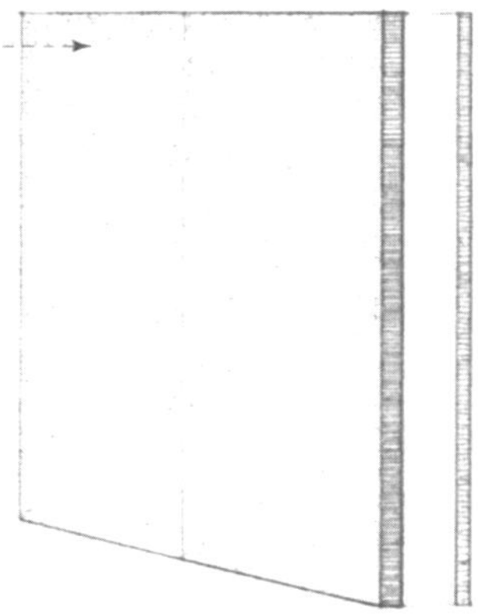

placa de fibra
Chapa isolante feita de fibras de madeira ou de cana comprimidas e aglutinadas de modo a formarem folhas rígidas, utilizadas como um acabamento econômico de paredes ou como forro de teto.

placa de fibra para revestimento
Placa de fibra isolante tratada com, ou impregnado de, asfalto com vistas à resistência contra a água, e utilizada principalmente para revestir paredes com estrutura de madeira leve.

isolante esponjoso aplicado no local
Isolante térmico composto por um plástico esponjoso, como poliuretano, o qual é borrifado ou injetado em uma cavidade onde adere às superfícies circundantes.

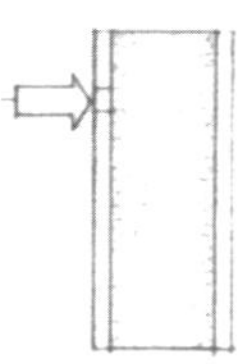

isolante para enchimento
Isolante térmico composto por fibras de lã mineral, vermiculita ou perlita granulares, ou fibras celulósicas tratadas, despejado manualmente, ou soprado através de um bocal, em uma cavidade, ou sobre uma membrana de suporte.

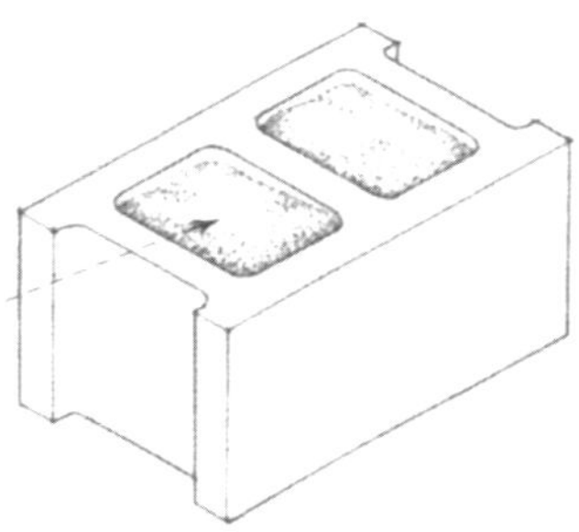

isolante refletor
Isolante térmico composto por um material de alta refletividade e baixa emissividade, como folha de alumínio com verso de papel ou placa de gesso com verso laminado, utilizado conjuntamente com um espaço de ar confinado a fim de reduzir a transmissão de calor por irradiação.

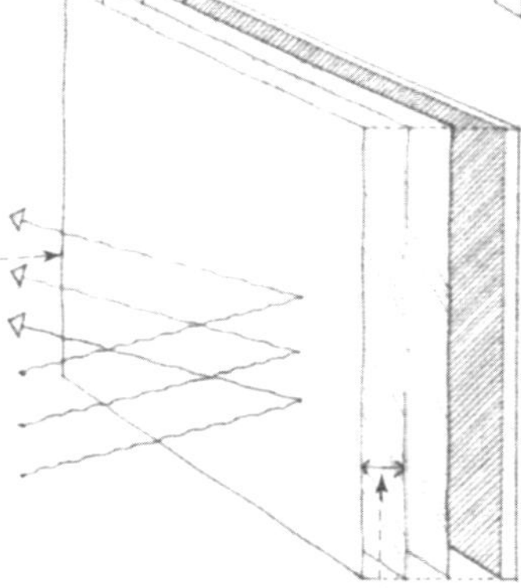

espaço de ar confinado
Espaço interno não ventilado, no qual o ar, portanto, se mantém inerte

emissividade
Capacidade de uma superfície para emitir calor por irradiação, igual à razão entre a energia radiante emitida e aquela emitida por um corpo preto à mesma temperatura.

conforto térmico
Conforto humano determinado pela capacidade do corpo de dissipar o calor e a umidade que produz por meio do metabolismo.

temperatura efetiva
Temperatura que representa o efeito conjunto da temperatura ambiente, da umidade relativa e do movimento do ar na sensação de frio ou calor sentida pelo corpo humano, equivalente à temperatura de bulbo seco do ar inerte, a 50% de umidade relativa, que induz uma sensação idêntica.

temperatura de bulbo úmido
Temperatura registrada pelo termômetro de bulbo úmido em um psicrômetro.

ponto de orvalho
Temperatura na qual o ar torna-se saturado de água e vapor. Também chamado **temperatura de ponto de orvalho**.

zona de conforto
Intervalo de variação de temperatura de bulbo seco, umidade relativa, temperatura média radiante e movimento do ar julgada confortável por uma maioria de americanos e canadenses testados. Essa zona de conforto varia conforme o clima, a estação do ano, o tipo de vestimenta usada e o nível de atividade do indivíduo. Também chamada **zona de bem-estar**.

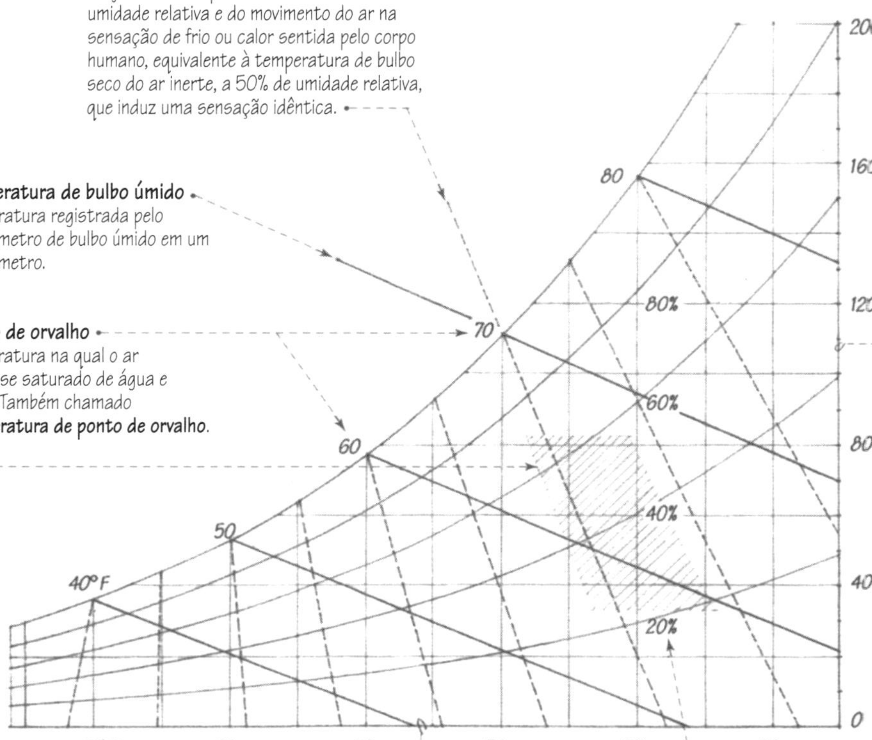

grau de umidade
Razão entre a massa de vapor d'água e a massa de ar seco em uma mistura de ar e vapor d'água. Também chamado **razão de mistura**.

entalpia
Medida do calor total contido em uma substância, equivalente à energia interna desta somada ao produto de seu volume por sua pressão. A entalpia do ar é igual ao calor sensível do ar e o vapor d'água mais o calor latente do vapor d'água, e é expressa em quilojoules por quilograma de ar seco. Também chamado **teor térmico**.

diagrama psicrométrico
Diagrama que traduz as leituras de bulbo úmido e bulbo seco de um psicômetro relativamente a umidade, umidade absoluta e ponto de orvalho.

temperatura de bulbo seco
Temperatura registrada pelo termômetro de bulbo seco em um psicrômetro.

psicrômetro
Instrumento para se medir a umidade atmosférica, que consiste em dois termômetros, um dos quais de bulbo seco e o outro com bulbo úmido e ventilado, de modo que o resfriamento resultante da evaporação o leve a registrar uma temperatura inferior à do termômetro seco. A diferença entre as temperaturas indicadas pelos dois termômetros é uma medida da umidade atmosférica.

umidade relativa
Razão entre a massa de vapor d'água efetivamente presente no ar e o máximo que o ar poderia conter à mesma temperatura, expresso em termos de porcentagem.

umidade absoluta
Massa de vapor d'água presente em uma unidade de volume de ar.

umidade específica
Razão entre a massa de vapor d'água no ar e a massa total da mistura de água e vapor d'água.

higrômetro
Qualquer um dos diferentes instrumentos utilizados para medir a umidade atmosférica.

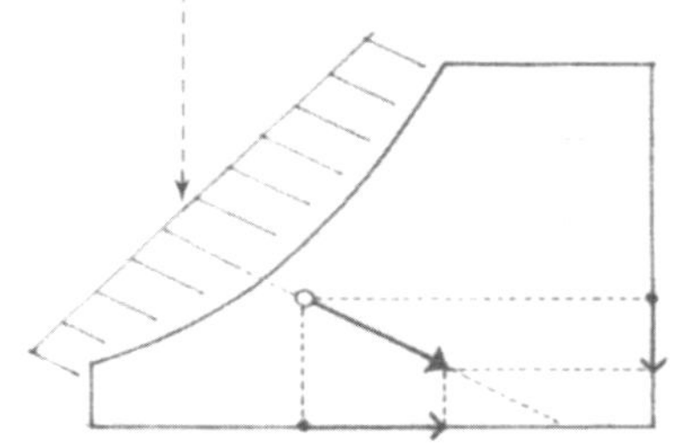

aquecimento adiabático
Elevação de temperatura que se dá sem o acréscimo ou a subtração de calor, como quando o excesso de vapor d'água no ar se condensa e o calor latente de vaporização do vapor d'água é convertido em calor sensível no ar.

temperatura média radiante
Soma das temperaturas das paredes, do piso e do teto de um ambiente, calculada segundo o ângulo sólido subtendido por cada um no ponto de medição. A temperatura média radiante é importante para o conforto térmico, uma vez que o corpo humano recebe calor radiante das superfícies circundantes, ou perde calor para estas, quando a temperatura média radiante das mesmas é significativamente superior ou inferior à temperatura do ar.

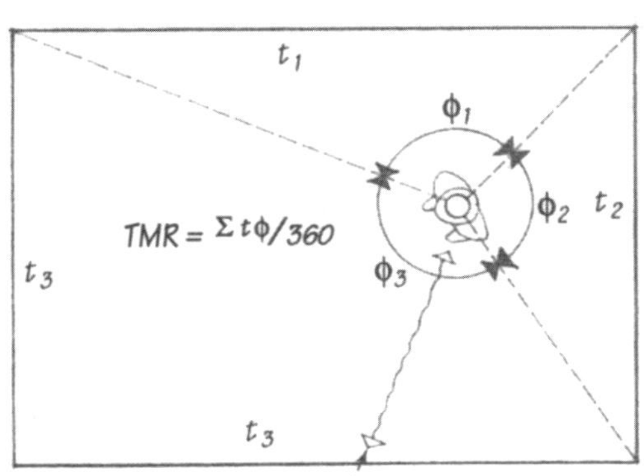

calor radiante
Energia térmica transmitida pela irradiação de ondas eletromagnéticas em contraposição ao calor transmitido por condução ou convecção.

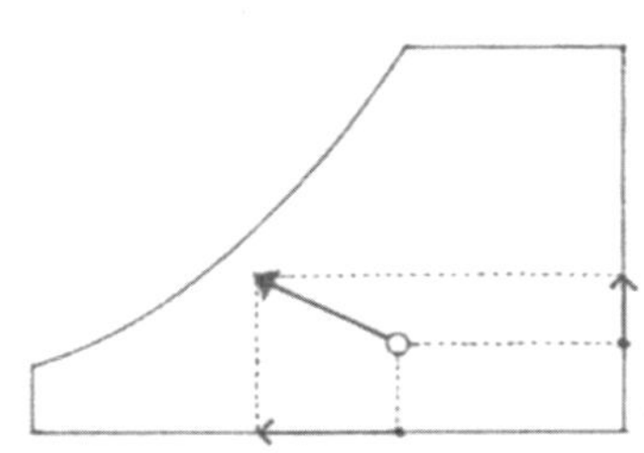

resfriamento por evaporação
Queda de temperatura que se dá sem o acréscimo ou a subtração de calor, como quando a água se evapora e o calor sensível do líquido é convertido em calor latente do vapor. Também chamado **resfriamento adiabático**.

virola
Bucha protetora de metal laminado que atravessa a parede de uma chaminé, para sustentar a extremidade de um cano de fogão.

cano de fogão
Conduto, normalmente em metal laminado, que serve de chaminé de fogão ou que liga um fogão ao fumeiro de uma chaminé.

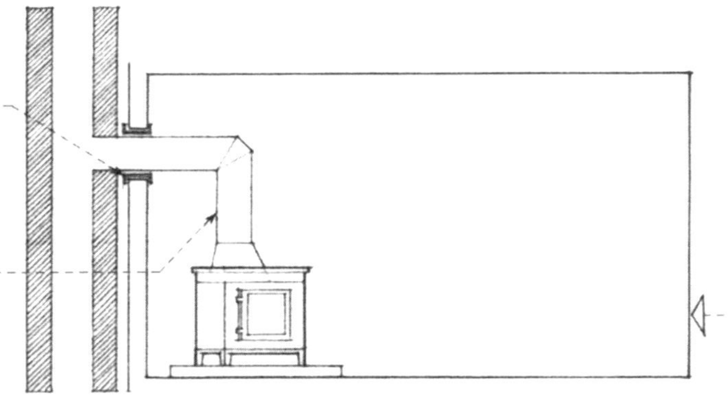

sistema mecânico
Qualquer um dos sistemas que fornecem serviços essenciais a um edifício, como suprimento de água, recolhimento de esgoto, energia elétrica, calefação, ventilação, ar condicionado, transporte vertical ou combate a incêndios.

calefação ambiente
Aquecimento de uma área limitada, como uma sala, esp. por meio de uma fonte de calor instalada naquele espaço.

forno Franklin
Forno de ferro fundido que se assemelha a uma lareira aberta, mas com as laterais, o fundo, o topo e a base fechados e a frente completamente aberta ou apta a ser vedada com portas.

calefação central
Sistema mecânico que fornece calor a todo um edifício a partir de uma única fonte, através de uma rede de condutos ou tubulações.

respiradouro
Cano através do qual os produtos da combustão são carregados de um forno ou outro aparelho para o exterior.

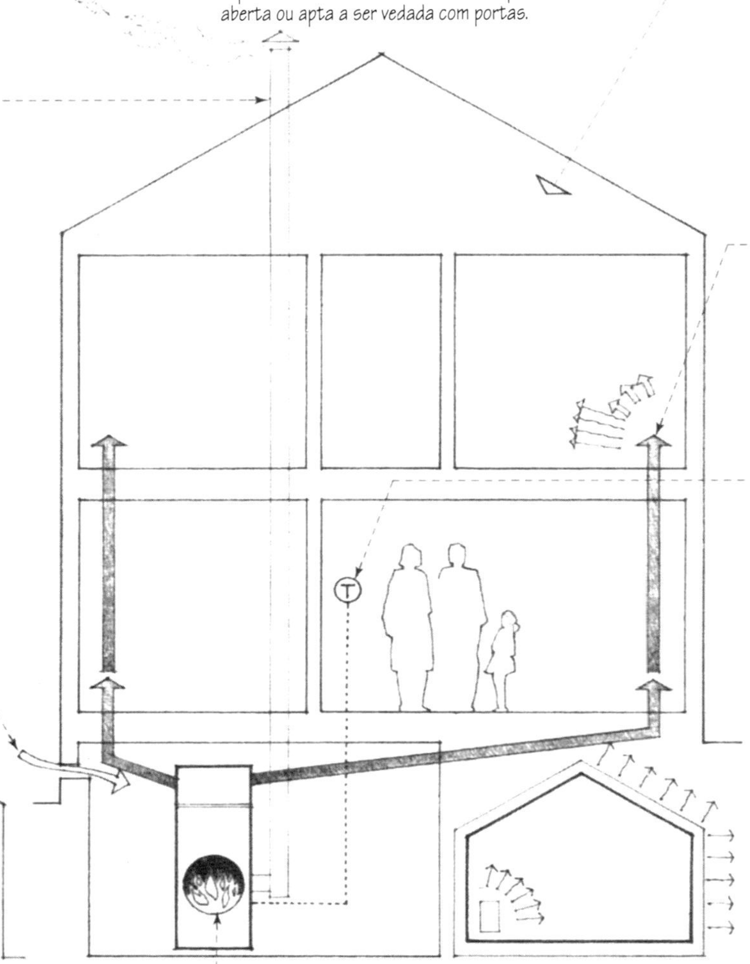

meio calefator
Substância fluida, como ar quente, água quente ou vapor, capaz de transmitir o calor de uma determinada fonte para o espaço circundante.

termostato
Dispositivo que responde automaticamente a mudanças de temperatura e ativa interruptores que controlam equipamentos como fornalhas, refrigeradores e ares-condicionados.

par térmico
Dispositivo para medição de temperatura, em que dois metais dessemelhantes, como cobre e ferro, são ligados de modo que uma diferença de potencial gerada entre os pontos de contato constitui uma medida da diferença de temperatura entre esses pontos.

elemento bimetálico
Material produzido mediante a união de duas tiras metálicas de expansão diferentes, utilizado em dispositivos indicadores e controladores de temperatura.

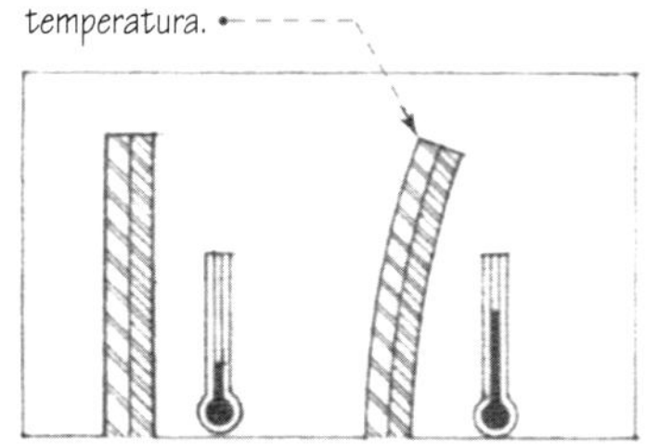

ar de combustão
Ar necessário para a ignificação de um combustível em um forno.

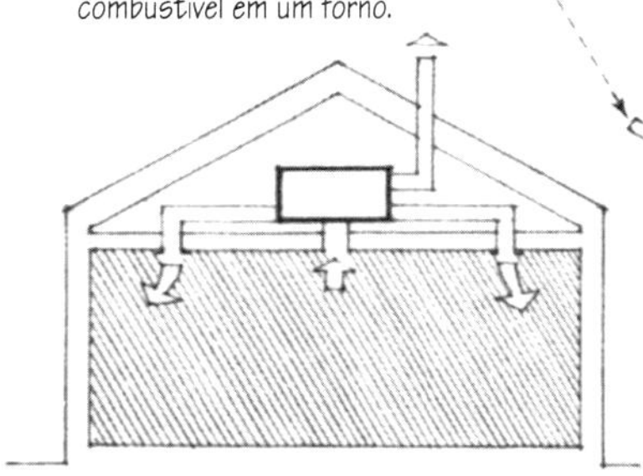

fornalha horizontal
Destinada a ser instalada em um sótão ou um porão de pequena altura.

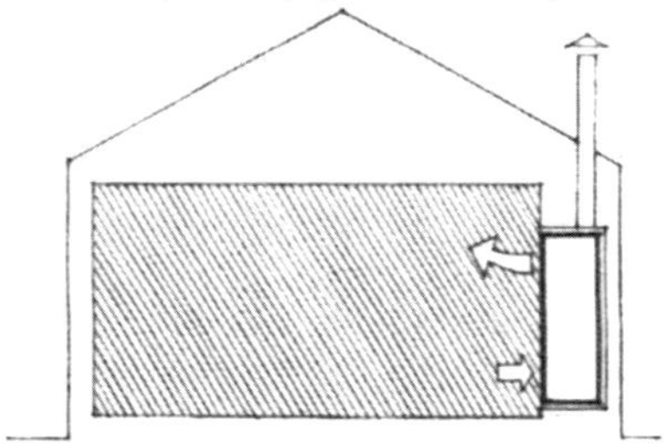

fornalha de parede
Instalada em uma parede, ou num recesso desta, que fornece diretamente ar aquecido para o espaço sem o uso de condutos.

fornalha
Aparato destinado à produção de calor – por exemplo, para aquecer uma residência ou produzir vapor.

fornalha elétrica
Aquela na qual o calor requerido é produzido através da eletricidade.

fornalha a gás
Aquela que se utiliza de gás como combustível.

combustor de óleo
Fornalha ou caldeira que queima óleo combustível.

combustor de conversão
Combustor destinado a ser instalado em uma fornalha que originalmente utilizava outro combustível.

carga de aquecimento
Índice de perda de calor líquido de um espaço fechado, expresso em Btus por hora e utilizado como base para a escolha de um aparato ou sistema de calefação.

grau-dia de aquecimento
Grau-dia abaixo da temperatura padrão de 19°C, utilizado para calcular o consumo de combustível ou energia por um sistema de calefação.

grau-dia
Unidade que representa 1 grau de desvio da temperatura externa média diária com relação a uma determinada temperatura padrão.

calefação por ar quente insuflado
Sistema para a calefação de um edifício através do ar aquecido em uma fornalha e distribuído por um ventilador, através de uma rede de condutos, aos registros ou difusores.

sistema pleno ampliado
Sistema de calefação perimétrico no qual um conduto principal transmite ar quente a uma série de ramificações, cada qual servindo a um único registro de piso.

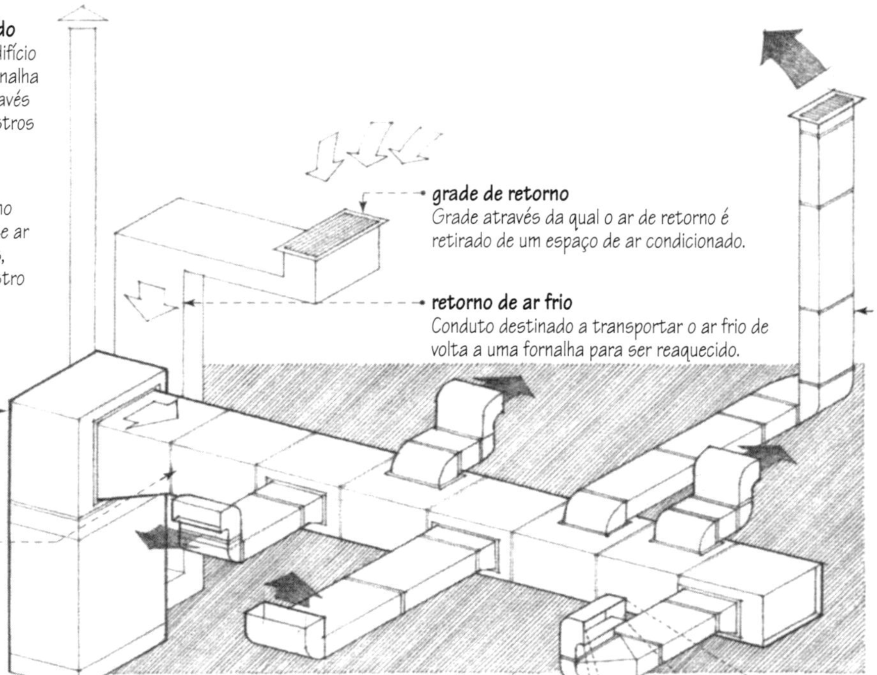

grade de retorno
Grade através da qual o ar de retorno é retirado de um espaço de ar condicionado.

retorno de ar frio
Conduto destinado a transportar o ar frio de volta a uma fornalha para ser reaquecido.

conduto
Tubo ou canal de metal laminado ou fibra de vidro destinado a conduzir o ar aquecido ou condicionado. Também chamado **duto** e **aeroduto**.

rede de condução
Sistema de condutos, conectores e registros utilizado para se transportar o ar em um sistema de calefação, ventilação ou condicionamento de ar.

coifa
Câmara no topo de uma fornalha de ar quente e da qual saem os dutos principais. Também chamada **plenum**.

duto principal
Conduto destinado a transmitir o ar quente de uma fornalha para uma chaminé ou um conduto secundário.

chaminé
Conduto vertical destinado a transportar o ar quente de um duto principal até o registro de um piso superior.

chase
Espaço ou recesso contínuo aberto em uma parede ou ao longo de um piso destinado a alojar condutos ou canais. Também chamado **shaft**.

conduto de distribuição
Aquele provido de uma série de saídas, permitindo múltiplas conexões.

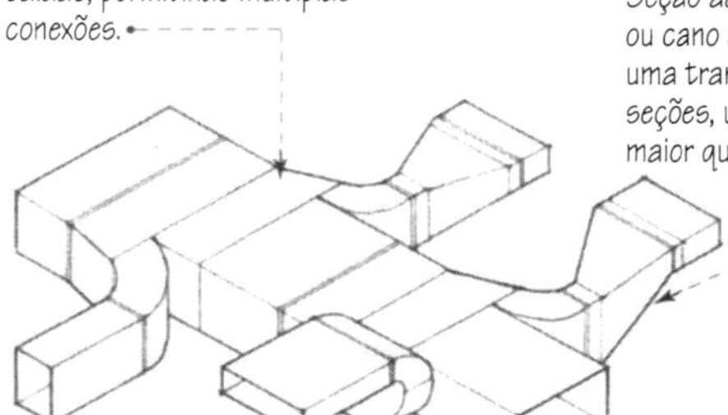

junção
Seção adelgaçada de um conduto ou cano de fornalha que forma uma transição entre duas seções, uma das quais com área maior que a outra.

junção tipo bota
Peça de um conduto que forma uma transição entre duas seções de formas diferentes.

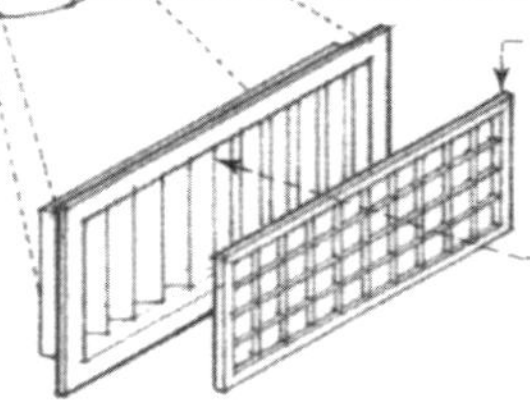

grade
Tela gradeada ou perfurada para cobrir, ocultar ou proteger uma abertura em uma parede, piso ou teto.

registro
Dispositivo utilizado para controlar o fluxo de ar quente ou condicionado emitido por uma saída, composto por uma grade com um certo número de lâminas paralelas que permitem ser ajustadas de modo a se sobreporem, fechando a abertura.

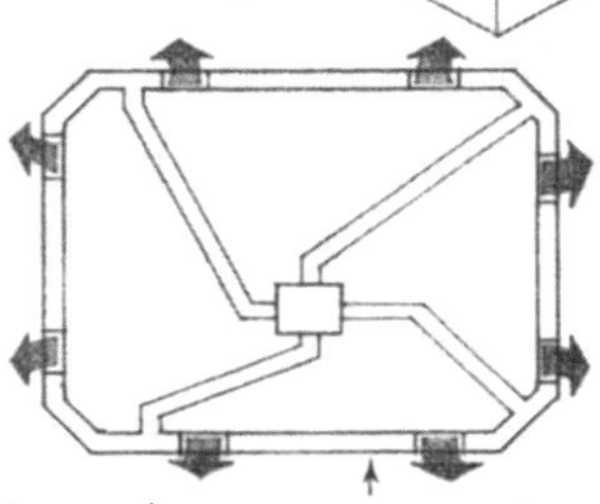

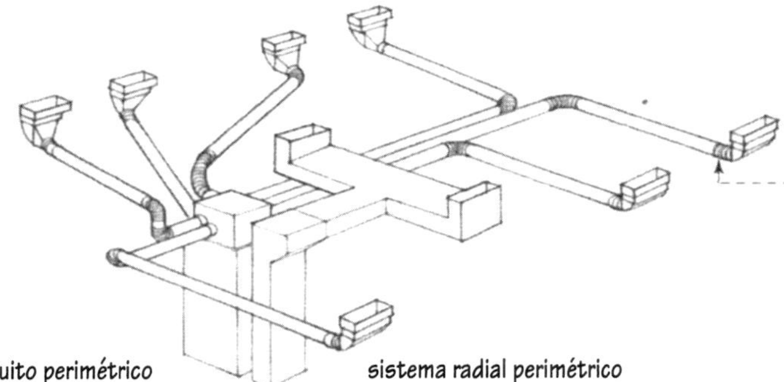

conduto flexível
Acessório maleável e hermético instalado entre dois condutos, ou entre um ventilador e um conduto, para evitar a transmissão de ruídos e vibrações ao longo da rede de condução.

calefação perimétrica
Sistema de aquecimento que distribui o ar quente por registros instalados no piso, ou próximo a este, ao longo das paredes externas.

sistema de circuito perimétrico
Sistema de calefação perimétrica no qual um circuito de condutos, normalmente embutido em uma laje de concreto no nível do solo, distribui o ar aquecido a cada registro de piso.

sistema radial perimétrico
Sistema de calefação perimétrico no qual um duto principal que sai de uma fornalha situada no centro carrega o ar quente diretamente até cada registro de piso.

revestimento de conduto
Cobertura de fibra de vidro utilizada para revestir a parte interna de um conduto a fim de diminuir os ruídos e servir como isolante térmico.

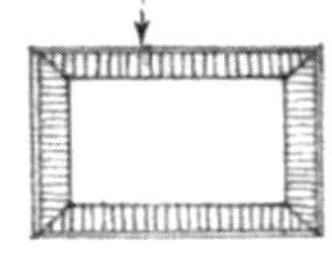

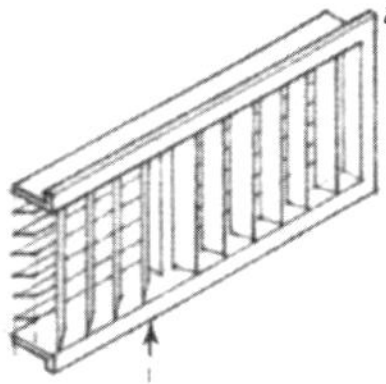

difusor
Dispositivo, instalado em uma saída, provido de frasquias em diferentes ângulos para defletir o ar aquecido ou condicionado em várias direções.

percurso
Distância percorrida por uma corrente de ar projetada entre uma saída e um ponto no qual sua velocidade se reduz a um valor específico.

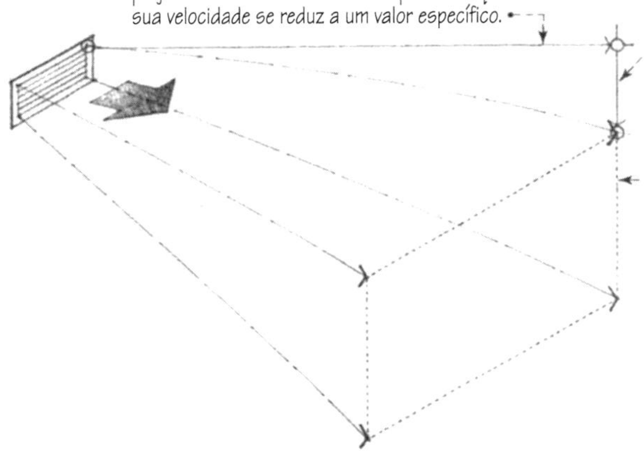

velocidade limite
Velocidade média de uma corrente de ar projetado no fim do percurso.

queda
Distância vertical à qual uma corrente de ar projetado horizontalmente cai com relação à elevação de sua saída, medida no fim do percurso.

amplitude
Extensão em que uma corrente de ar projetado se difunde no fim do percurso.

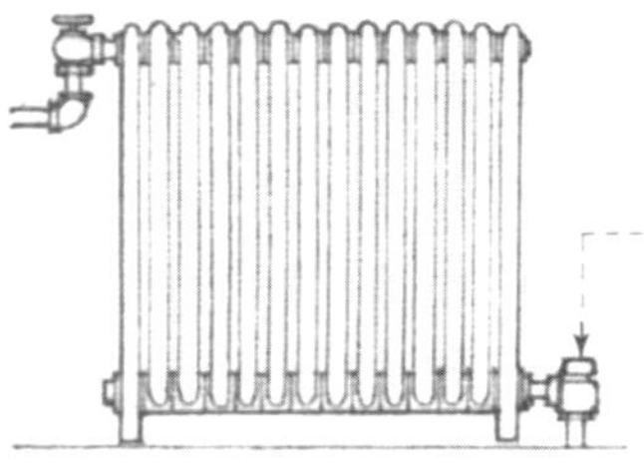

radiador
Aparelho que consiste em uma série ou uma serpentina de tubos por onde passa água quente ou vapor.

válvula de retorno
Válvula que permite a eliminação do ar e da umidade condensada de um radiador e impede o escape de vapor. Também chamado **sifão de vapor**.

válvula de expurgo
Válvula destinada a drenar um tubo, um radiador ou um tanque. Também chamada **válvula de sangria**.

tubo Venturi em T
Acessório especial utilizado em um sistema unitubular, destinado a induzir o fluxo de água de uma ramificação de retorno para a tubulação principal de fornecimento.

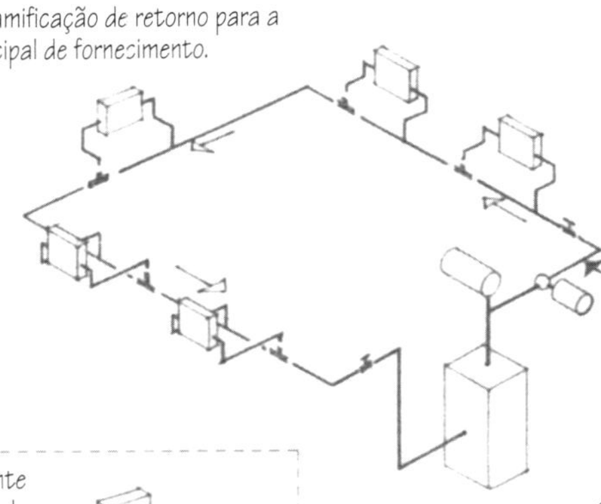

calefação por água quente
Sistema de aquecimento de edifícios que se utiliza da água aquecida em uma caldeira, a qual circula, pela ação de uma bomba, por tubos até seus radiadores ou convectores.

calefação a vapor
Sistema de aquecimento de edifícios que se utiliza do vapor gerado em uma caldeira, o qual circula por tubos até seus radiadores.

sistema unitubular
Sistema de calefação por água quente no qual uma única tubulação leva a água aquecida proveniente de uma caldeira a cada radiador ou convector sucessivamente.

sistema bitubular
Sistema de calefação por água quente no qual um primeiro tubo fornece a água aquecida proveniente de uma caldeira aos radiadores ou convectores e um segundo tubo leva a água de volta à caldeira.

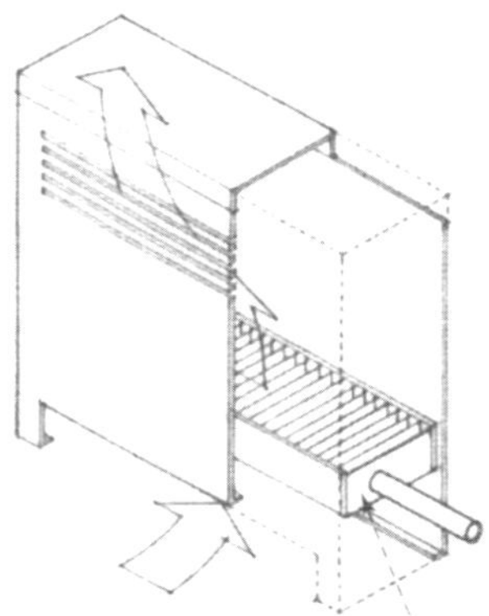

convector
Aparelho de calefação no qual o ar aquecido pelo contato com um radiador circula por convecção.

retorno invertido
Sistema de dois tubos de água quente no qual os comprimentos dos tubos de fornecimento e retorno de cada radiador ou convector são quase iguais.

retorno direto
Sistema de dois tubos de água quente no qual o tubo de retorno de cada radiador ou convector faz o percurso mais curto de volta à caldeira.

retorno seco
Tubo de retorno de um sistema de calefação a vapor que transporta ar e água de condensação. Também chamado **retorno de condensado**.

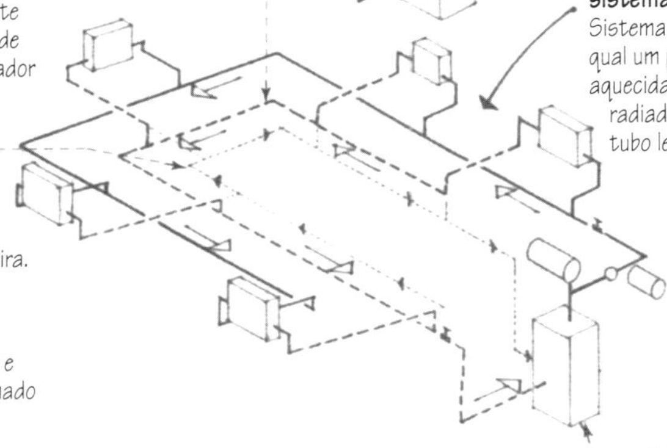

radiador de palheta
Tipo de radiador que possui tubos horizontais com palhetas verticais pouco espaçadas entre si a fim de maximizar a transmissão de calor para o ar circundante.

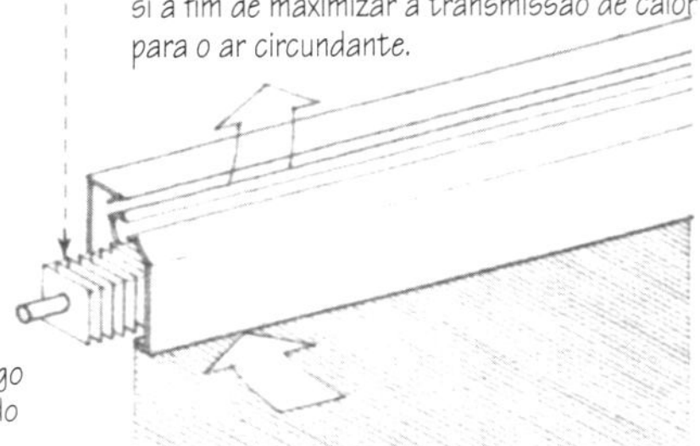

aquecedor de rodapé
Convector hidráulico ou elétrico longo e estreito, destinado a ser instalado ao longo da base de uma parede.

válvula de segurança
Válvula de descarga que se abre quando ativada por um gás ou pela pressão do vapor acima de um nível predeterminado, permitindo o escape do gás ou do vapor até que a pressão deste seja reduzida a um nível seguro e aceitável.

válvula de descarga
Válvula que se abre quando ativada pela pressão estática acima de um nível predeterminado a fim de reduzir a pressão a que está submetida. Também **válvula de alívio**.

torneira-dreno
Pequena bica ou válvula destinada a drenar ou aliviar a compressão de tubos, radiadores e caldeiras. Também **torneira de alívio**.

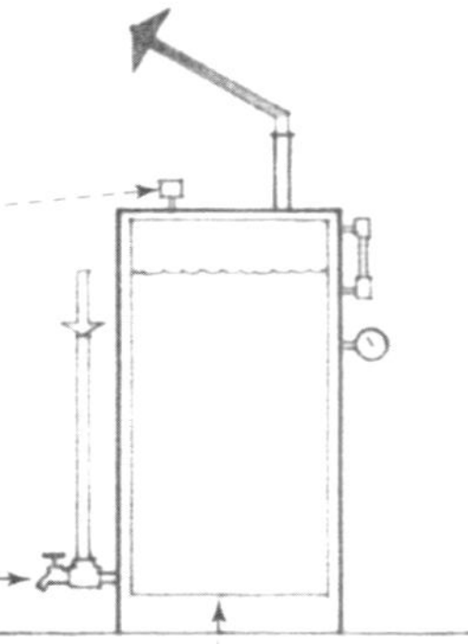

caldeira
Recipiente ou conjunto de recipientes fechados, guarnecidos de tubos, em que se dá o aquecimento de água ou a geração de vapor para o suprimento de calor ou energia.

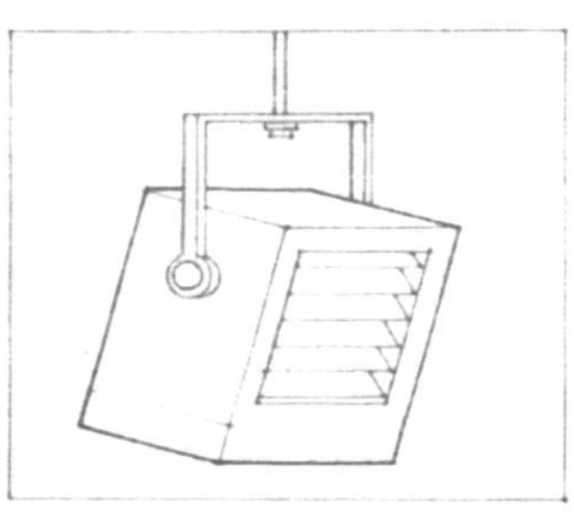

aquecedor individual
Aquecedor de ambiente autônomo, alimentado a eletricidade ou gás, composto por um dispositivo de aquecimento, um ventilador e uma saída direcional.

aquecedor de ambiente
Aparelho utilizado na calefação do ambiente no qual está localizado, esp. aquele desprovido de qualquer conduto externo de aquecimento ou de conexão a uma chaminé.

aquecedor de quartzo
Aquecedor de ambiente com dispositivos de aquecimento confinados em tubos de vidro quartzoso que produzem radiação infravermelha diante de um fundo refletor.

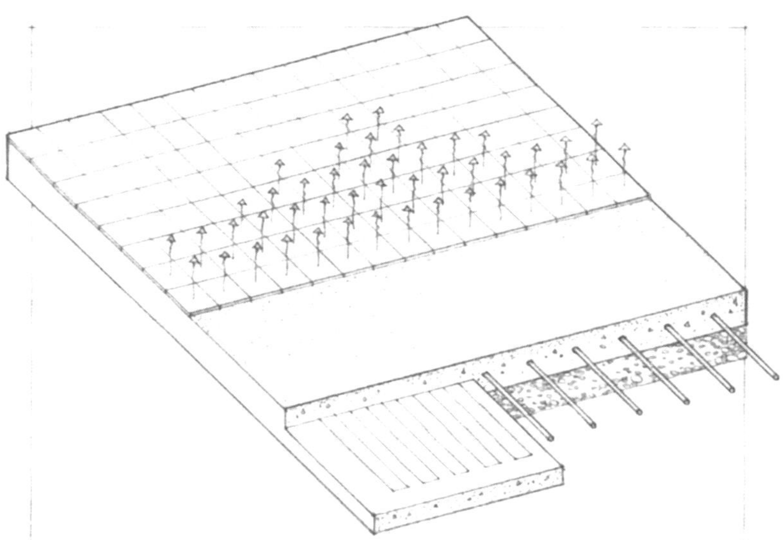

calefação radiante
Sistema de aquecimento que se dá mediante a irradiação a partir de uma superfície, esp. uma superfície aquecida por meio de resistência elétrica ou água quente. Também chamado **radiador de superfície**.

calor elétrico
O calor gerado pela resistência de um condutor ao fluxo de uma corrente elétrica.

calefação por painel
Calefação radiante de um ambiente ou edifício por meio de painéis instalados nas paredes, pisos, rodapés ou tetos contendo condutores, tubos de água quente e condutos de ar quente.

condicionamento de ar
Sistema ou processo para o controle simultâneo da temperatura, umidade, pureza, distribuição e movimento do ar em um espaço interno, esp. para fins de refrigeração.

ar condicionado
Qualquer aparelho ou aparato utilizado para controlar, esp. para reduzir, a temperatura e a umidade de um ambiente.

condicionador de ar
Aparelho de ar condicionado montado em fábrica, provido de ventilador, filtros, compressor, condensador e bobinas evaporadoras para refrigeração. Para calefação, o aparelho pode funcionar como uma bomba de calor ou conter dispositivos auxiliares de aquecimento.

carga
Demanda a que está submetido um sistema de calefação, ventilação ou ar-condicionado com vistas a manter as condições de conforto térmico desejadas em um edifício.

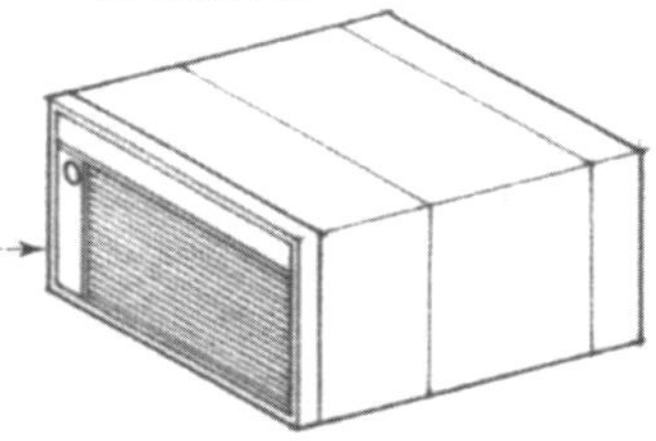

carga de resfriamento
Índice horário de ganho de calor de um ambiente, expresso em Btus por hora, e utilizado como base para a escolha de um aparelho ou sistema de condicionamento de ar.

grau-dia de resfriamento
Grau-dia acima da temperatura padrão de 24°C, utilizado para se calcular as exigências de condicionamento e refrigeração do ar.

meio refrigerador
Substância fluida, como água resfriada ou ar frio, para a eliminação de calor – por exemplo, dos espaços internos de uma edificação.

tonelada de refrigeração
Efeito refrigerante obtido quando 1 tonelada de gelo a 0°C se derrete, convertendo-se em água, à mesma temperatura em 24 horas, equivalente a 12.000 Btus/h (3,5 kW).

razão de rendimento de energia
Índice da eficiência de um aparelho de refrigeração, que expressa as Btus removidas por watt de energia elétrica consumido.

refrigeração por compressão
Processo de refrigeração que se dá através da vaporização e da expansão de um refrigerante líquido.

válvula de expansão
Válvula que reduz a pressão e a temperatura de evaporação de um refrigerante enquanto este flui para o evaporador.

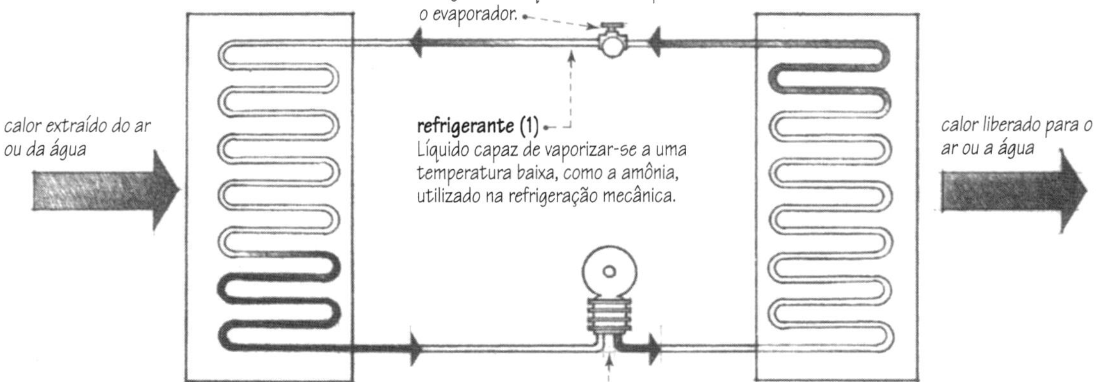

refrigerante (1)
Líquido capaz de vaporizar-se a uma temperatura baixa, como a amônia, utilizado na refrigeração mecânica.

evaporador
Componente de um sistema de refrigeração no qual o refrigerante absorve calor de um meio refrigerador e passa do estado líquido para o gasoso.

compressor
Bomba ou outra máquina destinada a reduzir o volume e aumentar a pressão de um gás.

condensador
Dispositivo destinado a converter um vapor ou um gás ao estado líquido ou sólido.

refrigerante (2)
Agente fluido utilizado para reduzir a temperatura de um sistema abaixo de um valor determinado, através da remoção do calor produzido no funcionamento do sistema.

amortecedor de calor
Meio ou ambiente destinado a absorver ou dissipar o calor indesejado. Também chamado **armadilha de calor**.

bomba de calor
Dispositivo que utiliza um refrigerante compressível para transferir calor de um reservatório para outro, sendo o processo reversível, de modo que permite ser utilizado tanto para aquecer como para resfriar um edifício.

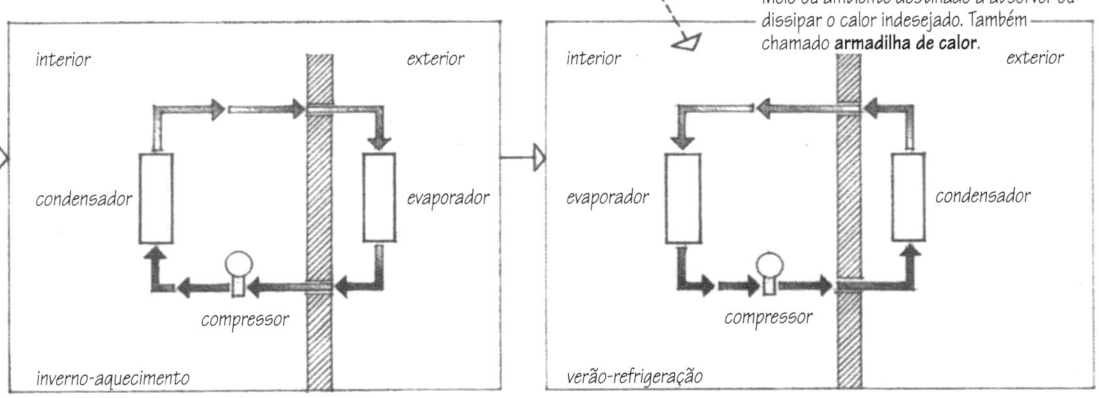

refrigeração por absorção
Processo de refrigeração que se utiliza um gerador e um absorvente em lugar de um compressor para a transferência de calor.

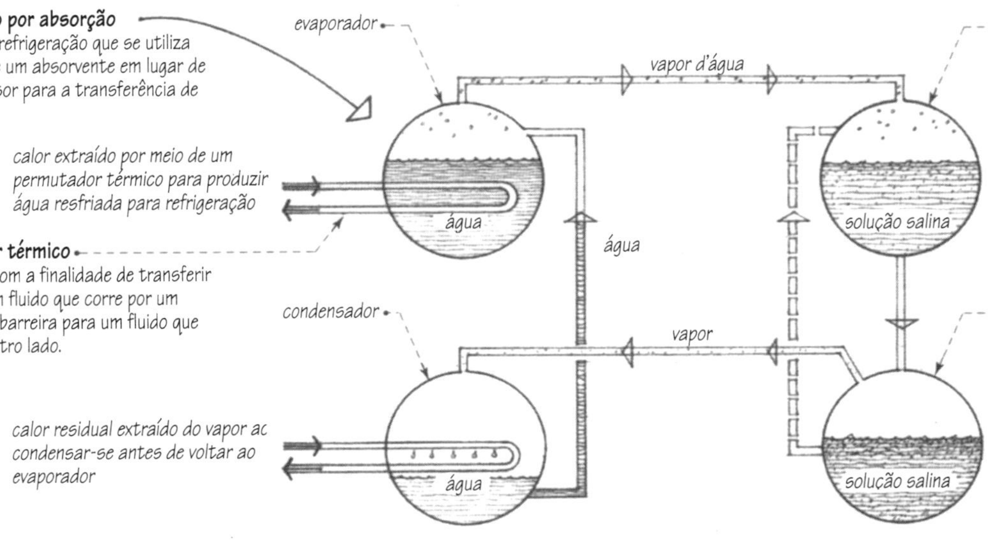

permutador térmico
Dispositivo com a finalidade de transferir o calor de um fluido que corre por um lado de uma barreira para um fluido que corre pelo outro lado.

absorvente
Componente de um sistema de absorção-refrigeração que se utiliza de uma solução salina para retirar vapor d'água do evaporador, resfriando, no processo, a água remanescente.

gerador
Componente de um sistema de absorção refrigeração que se utiliza de uma fonte de calor para remover o excesso de vapor d'água de uma solução salina.

ar-condicionado central
Sistema de ar-condicionado que trata o ar em um local central e distribui o ar tratado para todo um edifício por meio de ventiladores e uma rede de condução.

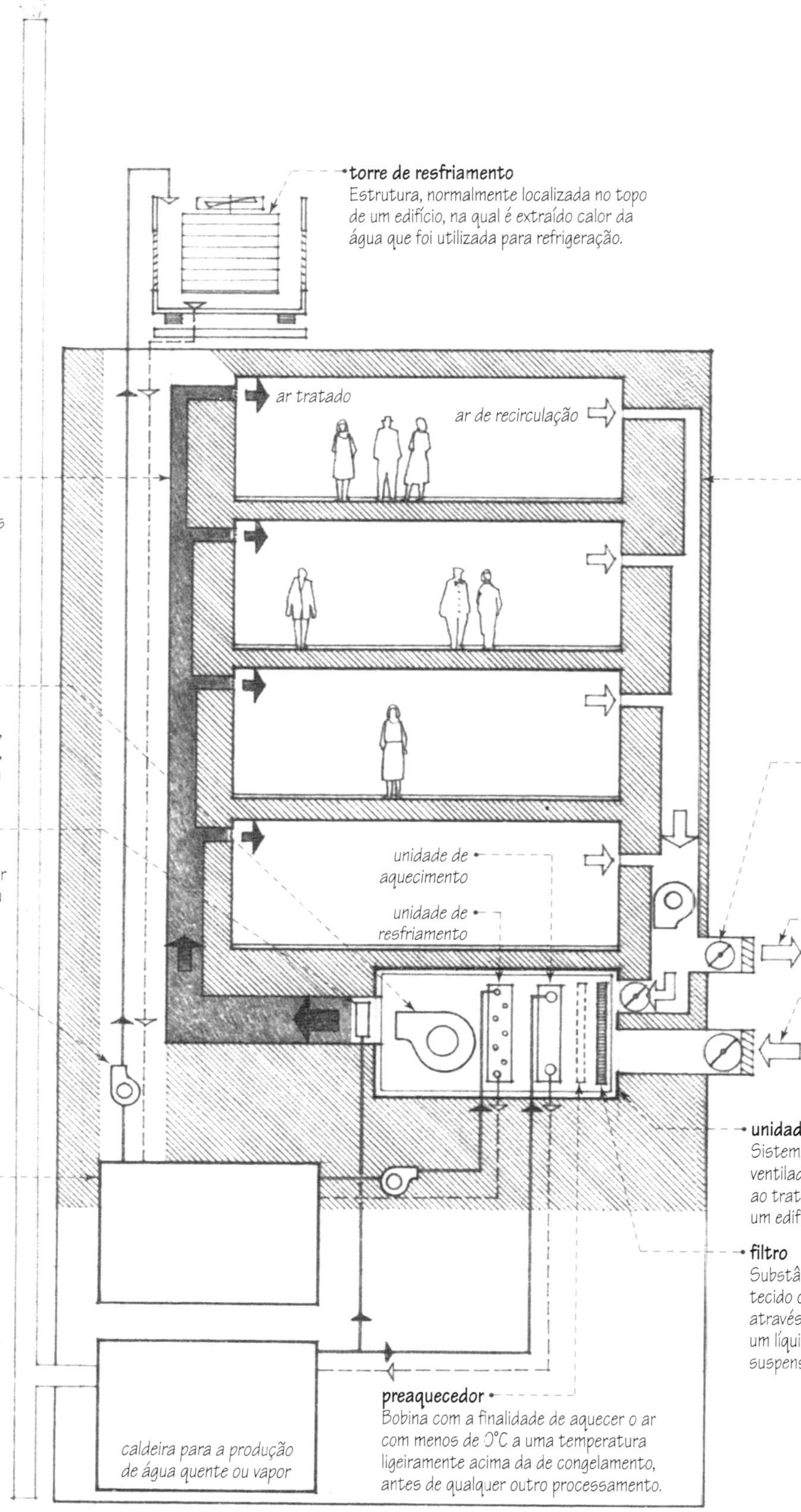

torre de resfriamento
Estrutura, normalmente localizada no topo de um edifício, na qual é extraído calor da água que foi utilizada para refrigeração.

ar de insuflamento
Ar tratado emitido por um sistema de ar condicionado aos ambientes por ele servidos.

insuflador
Ventilador para o fornecimento de ar a uma pressão moderada, na forma de ventilação forçada, em um sistema de calefação ou de condicionamento.

umedecedor
Dispositivo com a finalidade de manter ou elevar o nível de vapor d'água no ar de um ambiente ou edifício.

bomba
Máquina que eleva, transfere ou comprime líquidos ou gases através da sucção ou da pressão produzida por um pistão, um êmbolo ou conjunto de palhetas rotativas.

instalação de resfriamento de água
Ambiente contendo um ou mais resfriadores e bombas para o condicionamento do ar de um edifício.

resfriador
Aparelho que faz uso do ciclo de refrigeração por compressão para resfriar a água utilizada para refrigerar um edifício.

ar de recirculação
Ar conduzido de um ambiente de ar tratado de volta à instalação central, para processamento e recirculação.

registro
Chapa móvel utilizada para regular a tiragem em uma saída de ar, um aeroduto ou o fumeiro de uma lareira.

ar de exaustão
Ar expelido de um espaço interno para o exterior.

ar fresco
Ar do exterior absorvido para ser tratado por um sistema de ar-condicionado. Também chamado **ar externo** ou **ar exterior**.

unidade de manejo de ar
Sistema de condicionamento de ar que contém os ventiladores, filtros e demais componentes necessários ao tratamento e à distribuição do ar tratado para todo um edifício ou para áreas específicas de seu interior.

filtro
Substância ou massa porosa, como um tecido ou uma camada de carvão, através da qual se faz passar um gás ou um líquido a fim de remover impurezas suspensas ou recuperar sólidos.

preaquecedor
Bobina com a finalidade de aquecer o ar com menos de 0°C a uma temperatura ligeiramente acima da de congelamento, antes de qualquer outro processamento.

sala de equipamentos mecânicos
Qualquer ambiente que abriga a maquinaria e os equipamentos – instalados em caráter permanente – dos sistemas mecânicos de um edifício.

sistema totalmente hidráulico
Sistema de condicionamento de ar no qual a água quente ou resfriada é conduzida por tubos até unidades de radiação nos ambientes por ele atendidos, onde o ar é levado a circular localmente.

sistema de tubulação dupla
Sistema totalmente hidráulico no qual uma das tubulações fornece a água quente ou resfriada para unidades de radiação, enquanto o outro a leva de volta à caldeira ou à instalação de resfriamento de água.

sistema de tubulação quádrupla
Sistema totalmente hidráulico no qual circuitos de tubulação de água quente e água resfriada se encarregam simultaneamente da calefação e da refrigeração, conforme as necessidades das diferentes áreas de um edifício.

sistema totalmente aéreo
Sistema de condicionamento de ar no qual ventiladores centrais distribuem o ar tratado aos espaços por ele servidos por meio de uma rede de condução.

sistema de conduto único
Sistema totalmente aéreo no qual um único conduto transporta o ar tratado até os espaços por ele servidos.

sistema de volume de ar constante
Sistema totalmente aéreo no qual um termostato mestre regula automaticamente a quantidade de ar tratado fornecido para cada área.

sistema de volume de ar variável
Sistema totalmente aéreo no qual um recipiente de volume variável controlado termostaticamente regula a quantidade de ar tratado fornecido para cada área.

sistema de duplo conduto
Sistema totalmente aéreo no qual condutos separados de adução de ar quente e frio se encontram em um recipiente misturador onde o ar é misturado antes de ser distribuído para cada área.

sistema de reaquecimento terminal
Sistema totalmente aéreo no qual uma bobina de reaquecimento regula a temperatura do ar que é fornecido a cada área individualmente controlada.

sistema de água e ar
Sistema de condicionamento do ar no qual condutos de alta velocidade fornecem o ar tratado em uma instalação central para cada área, onde este se mistura com o ar do ambiente e é aquecido ou resfriado adicionalmente em uma unidade de indução ou uma unidade de radiação.

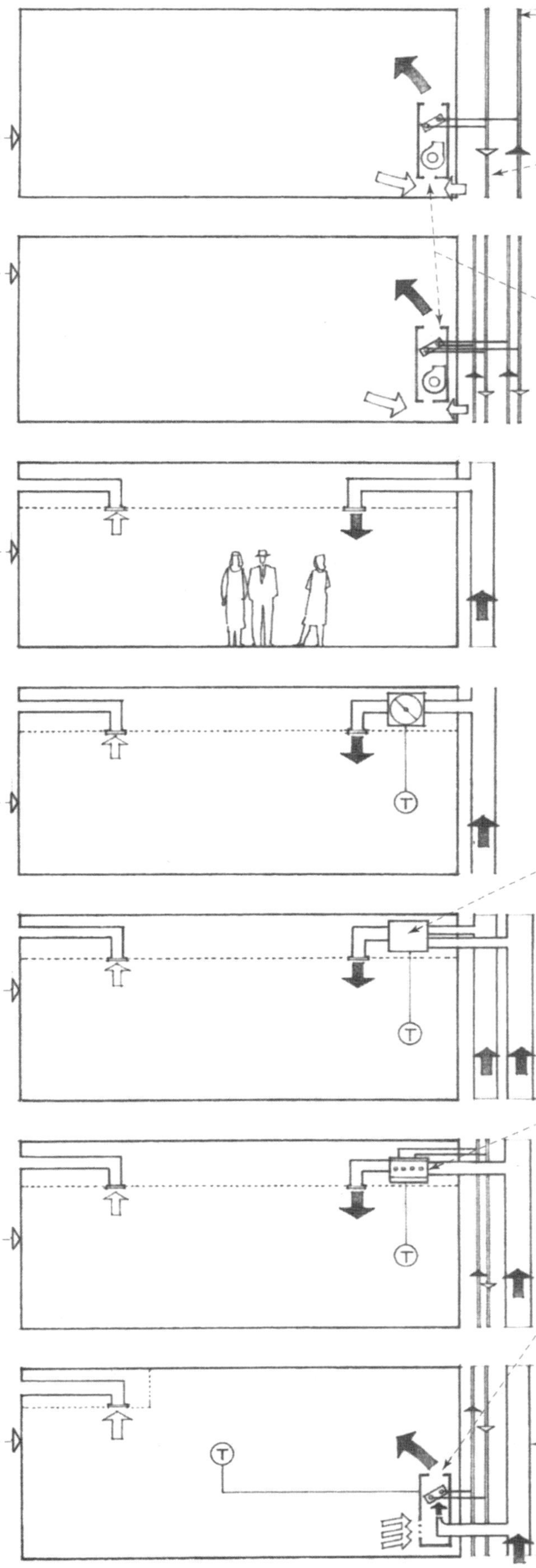

tubulação de adução
Tubulação destinada a transportar o ar quente ou resfriado proveniente da caldeira ou de uma instalação de resfriamento de água a uma unidade de radiação. Também chamado **tubulação de alimentação**.

tubulação de retorno
Tubulação destinada a transportar água de uma unidade de radiação para a caldeira ou à instalação de resfriamento de água.

terminal
Qualquer um dos diferentes dispositivos utilizados para a emissão de ar de calefação ou refrigeração em um espaço.

unidade de radiação
Terminal que contém um filtro de ar, bobinas de aquecimento ou resfriamento e um ventilador centrífugo para absorver uma mistura de ar do ambiente e ar do exterior.

bobina
Série de canos ou tubos interligados e distribuídos em fileiras ou camadas, normalmente com palhetas afixadas para a dissipação de calor.

sistema multiárea
Unidade central de condicionamento de ar capaz de atender mais de uma área simultaneamente.

área
Espaço ou grupo de espaços de um edifício cuja temperatura e qualidade do ar é controlada por um único controle. Também chamada **zona**.

recipiente misturador
Câmara destinada a dosar e misturar ar quente e frio sob controle termostático, com vistas à obtenção da temperatura desejada.

bobina de reaquecimento
Bobina elétrica ou de água quente utilizada para elevar a temperatura do ar no conduto de adução de um sistema de condicionamento de ar.

unidade de indução
Terminal no qual o ar primário succiona o ar do ambiente através de um filtro, e a mistura percorre bobinas aquecidas ou resfriadas pela água secundária proveniente de uma caldeira ou de uma instalação de resfriamento de água.

conduto de alta velocidade
Tubulação pequena, capaz de conduzir o ar primário a uma velocidade igual ou superior a 730 m por minuto.

ar primário
Ar tratado fornecido a alta pressão e alta velocidade por uma unidade central de condicionamento de ar.

respiradouro
Abertura – por exemplo, em uma parede –, que serve de saída para o ar, a fumaça e substâncias semelhantes.

ventilar
Fornecer a um ambiente ar fresco para substituir o ar que foi usado ou contaminado. Também **arejar**.

ventilação natural
Processo de se ventilar um espaço através do movimento natural do ar, e não por meios mecânicos.

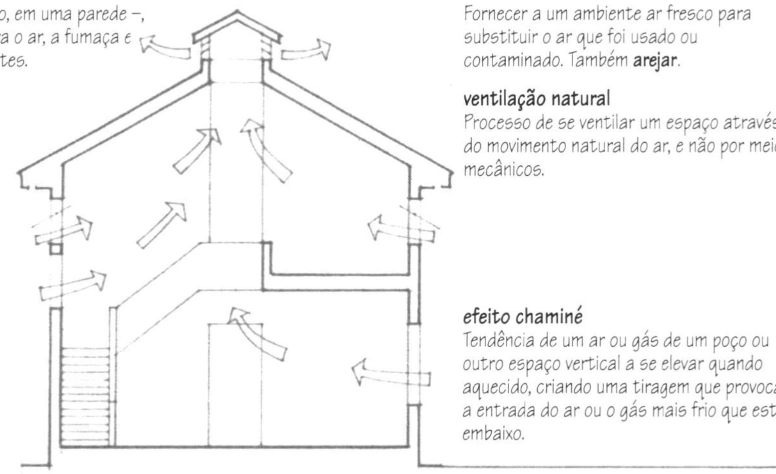

efeito chaminé
Tendência de um ar ou gás de um poço ou outro espaço vertical a se elevar quando aquecido, criando uma tiragem que provoca a entrada do ar ou o gás mais frio que está embaixo.

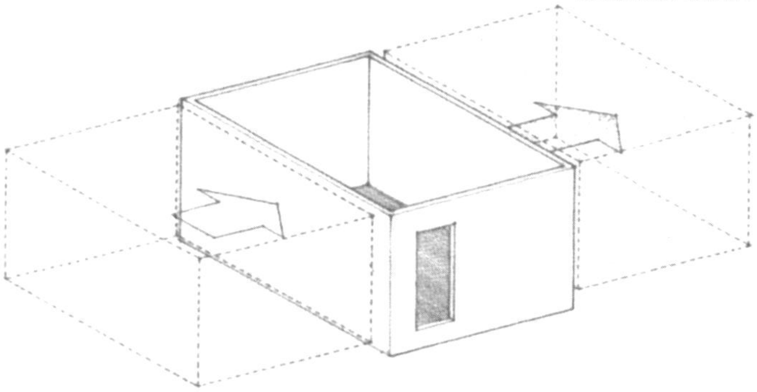

troca de ar
Substituição do volume de ar contido em um ambiente por um volume equivalente de ar fresco durante um determinado período de tempo. A expressão **trocas de ar por hora** é freqüentemente utilizado para especificar padrões de ventilação.

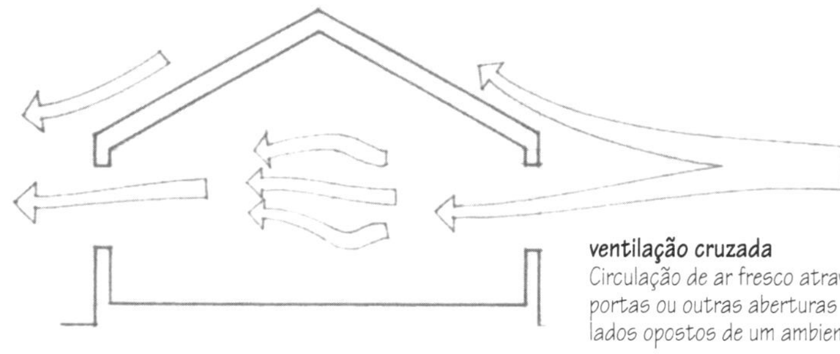

ventilação cruzada
Circulação de ar fresco através de janelas, portas ou outras aberturas situadas nos lados opostos de um ambiente.

ventilador
Aparelho a motor cuja finalidade é substituir o ar estagnado por ar fresco.

circulador de ar
Aparelho a motor cuja finalidade é substituir o ar estagnado por ar fresco.

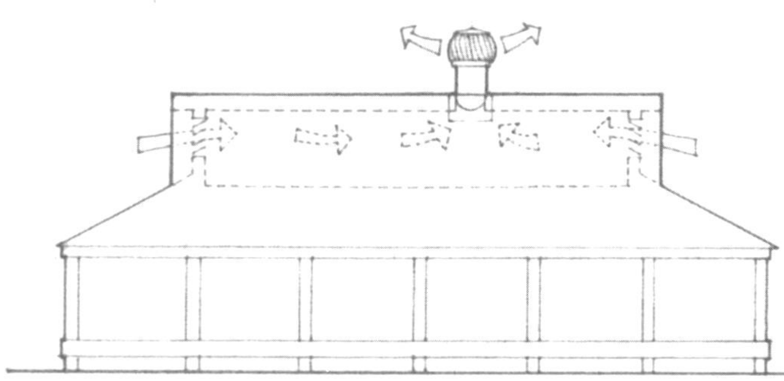

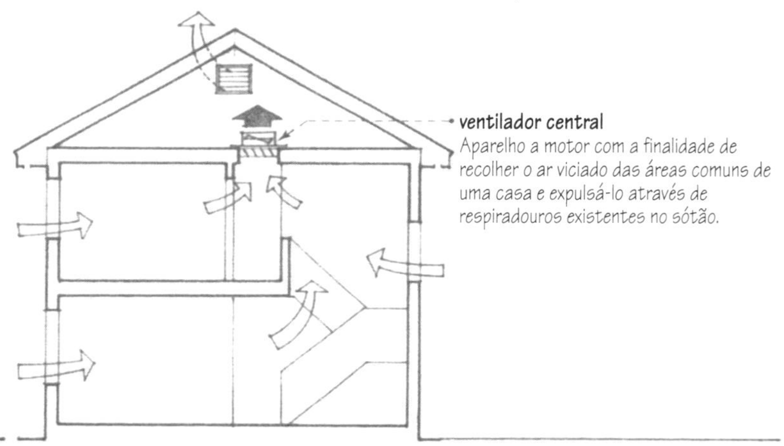

ventilador central
Aparelho a motor com a finalidade de recolher o ar viciado das áreas comuns de uma casa e expulsá-lo através de respiradouros existentes no sótão.

ventilação mecânica
Processo de fornecer ar fresco a uma construção, ou de remover dele o ar viciado, através de meios mecânicos, como ventiladores.

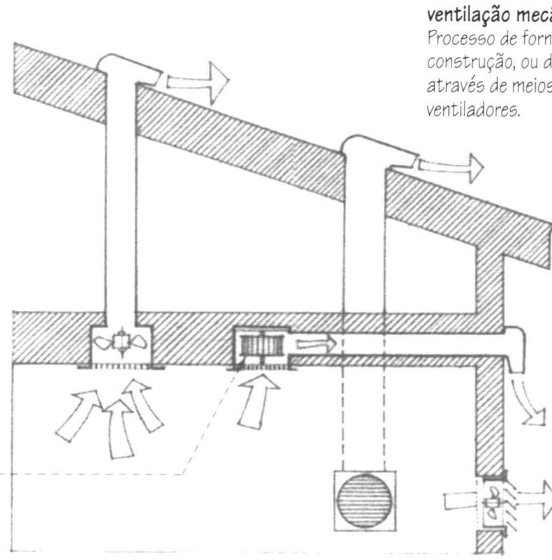

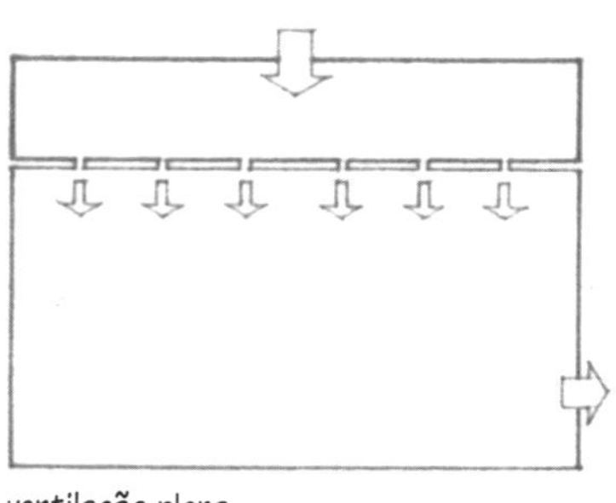

ventilação plena
Sistema de ventilação mecânica no qual o ar fresco é impelido para o interior do espaço a ser ventilado a partir de uma câmara (**câmara plena**), a uma pressão ligeiramente superior à atmosférica, de modo a expelir o ar viciado. Também chamada **ventilação forçada** ou **pressurizada**.

ventilador
Aparelho que faz girar uma série de lâminas ou pás em torno de um eixo a fim de produzir uma corrente de ar.

exaustor
Ventilador destinado a arejar um ambiente fechado através do recolhimento e a expulsão do ar interno.

ventilador centrífugo
Aparelho que recebe ar ao longo de seu eixo e o emite radialmente.

Qualquer uma das forças a que está submetida uma estrutura.

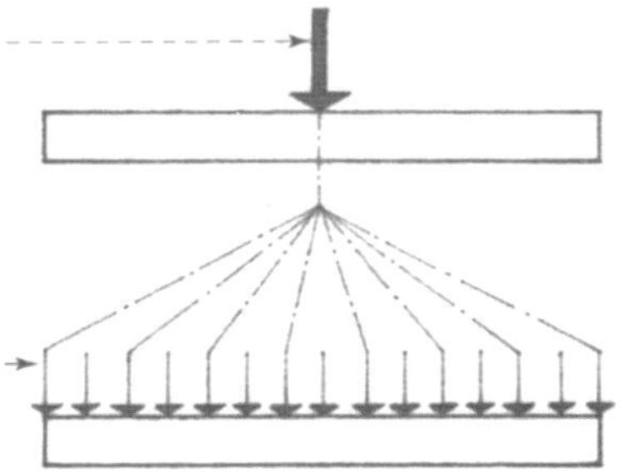

carga concentrada
Carga que atua sobre uma área muito pequena ou um ponto específico de um elemento estrutural de sustentação.

carga distribuída
Carga dispersa pela extensão ou área de um elemento estrutural de sustentação.

carga uniformemente distribuída
Carga distribuída de intensidade uniforme.

carga estática
Carga aplicada lentamente a uma estrutura até atingir seu valor máximo sem variar rapidamente de intensidade ou posição. Quando submetida a uma carga estática, uma estrutura responde lentamente e sua deformação atinge um ponto máximo quando a força estática é máxima.

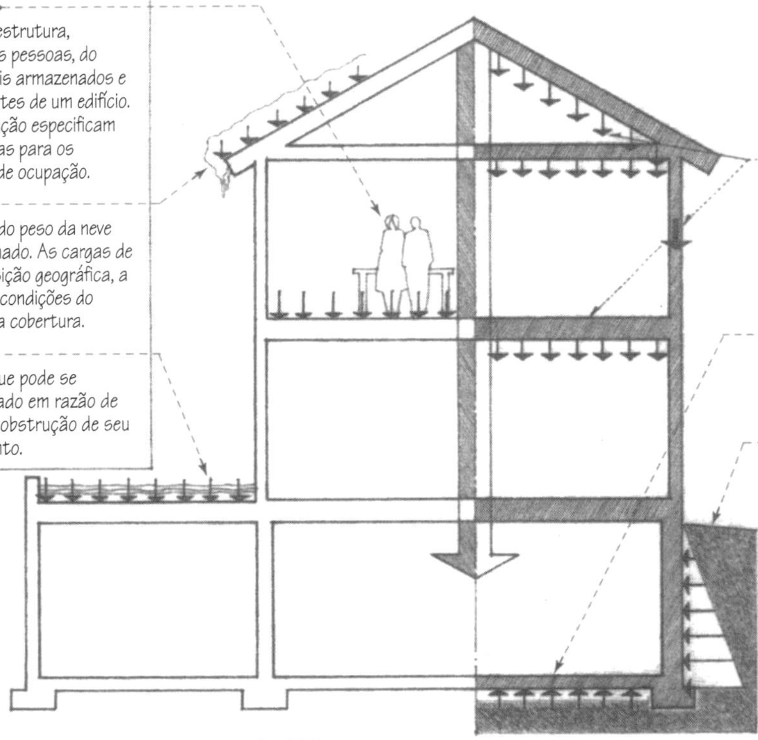

carga de ocupação
Carga viva sobre uma estrutura, resultante do peso das pessoas, do mobiliário dos materiais armazenados e outros itens semelhantes de um edifício. Os códigos de construção especificam as cargas vivas mínimas para os diversos usos e tipos de ocupação.

carga de neve
Carga viva resultante do peso da neve acumulada em um telhado. As cargas de neve variam com a posição geográfica, a exposição do local, as condições do vento e a geometria da cobertura.

carga de água
Carga viva da água, que pode se acumular em um telhado em razão de sua forma, declive ou obstrução de seu sistema de escoamento.

carga viva
Qualquer carga móvel sobre uma estrutura, resultante da ocupação, do acúmulo de neve e água ou de equipamentos móveis. Uma carga viva atua geralmente em sentido vertical descendente, mas pode agir horizontalmente, ou refletir a natureza dinâmica de uma carga móvel.

carga morta
A carga estática que atua em sentido vertical descendente sobre uma estrutura, que compreende o peso próprio desta e o peso dos elementos de construção, acessórios e equipamentos permanentemente vinculados a ela.

pressão da água
Força ascendente de um lençol freático contra um sistema de fundação. Também, **empuxo devido a água**.

pressão da terra
A força horizontal exercida por uma massa de solo sobre uma estrutura vertical de retenção. Também, **empuxo devido à terra** ou **ao solo**.

carga de acomodação
Carga imposta a uma estrutura pelo rebaixamento de uma parte do solo de sustentação e a acomodação diferencial de sua fundação. Também, **carga de recalque diferencial**.

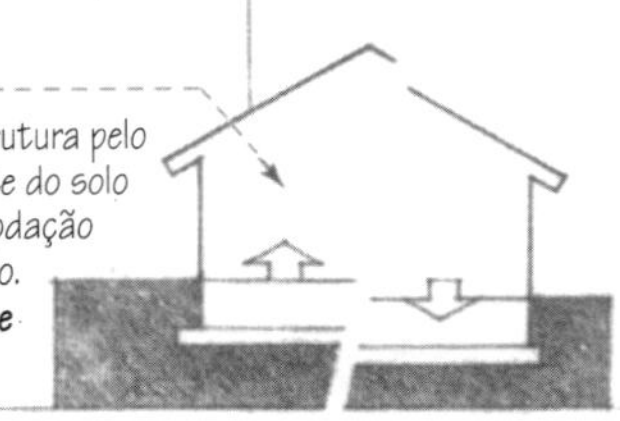

carga equivalente
Carga que substitui, em um código de edificações, uma carga efetiva, calculada com base em dados estatísticos referentes a determinados tipos de imóvel. No que diz respeito à segurança, a carga equivalente é normalmente um múltiplo da carga que produziria o colapso ou uma deflexão inaceitável da estrutura.

combinação de cargas
Carga morta e duas ou mais cargas vivas admitidas como a atuar simultaneamente sobre uma estrutura quando é cabível supor que seu efeito combinado seja inferior à soma de suas ações isoladas.

1,00 (cargas mortas + vivas + de neve)

0,75 (cargas mortas + vivas + de neve + de vento ou sísmica)

redução de carga
Redução na solicitação admitida, permitida pelos códigos de edificação para certas combinações de cargas, baseada no pressuposto de que nem todas as cargas vivas irão atuar simultaneamente sobre uma estrutura em seu nível máximo. Após terem sido consideradas todas as combinações de cargas possíveis, uma estrutura é projetada de modo a sustentar a mais intensa, porém realista, distribuição, concentração e combinação de cargas.

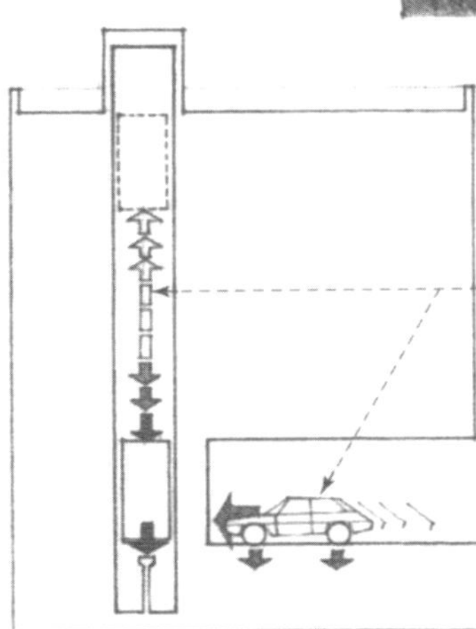

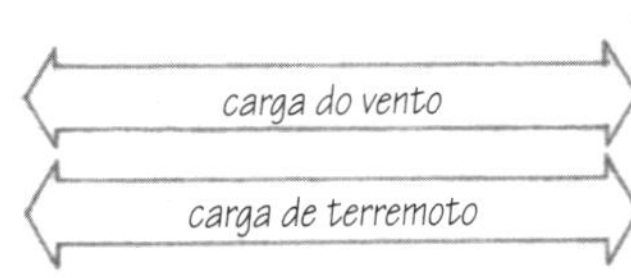

carga móvel
Carga cinética de curta duração devida a veículos, equipamentos e máquinas móveis. Os códigos de edificação tratam essa carga como estática, compensando sua natureza dinâmica através do aumento da carga estática. Também, **carga de impacto**.

coeficiente de impacto
Coeficiente pelo qual o efeito de uma carga estática é multiplicado para se obter uma aproximação com o efeito da aplicação dinâmica da mesma carga.

carga dinâmica
Carga aplicada subitamente a uma estrutura, via de regra com rápidas mudanças de magnitude e localização. Quando submetida a uma carga dinâmica, uma estrutura desenvolve forças inerciais em relação à sua massa, e sua deformação máxima não corresponderá necessariamente à intensidade máxima da força aplicada.

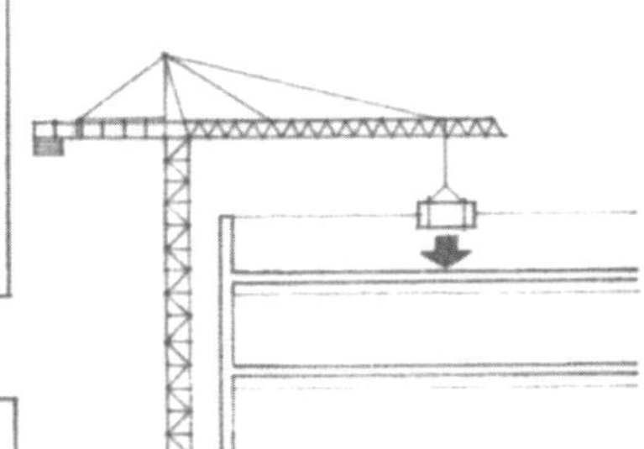

tensão de construção
Tensão induzida em uma peça ou elemento de construção pelas cargas aplicadas durante o processo de edificação.

travamento de construção
Travamento temporário requerido para firmar as peças ou elementos de uma construção até a fixação definitiva destes. Também chamado **escoramento**.

carga de construção
Carga temporária atuante sobre uma estrutura durante sua edificação – por exemplo, devido ao vento ou o peso de equipamentos de construção e materiais estocados.

carga lateral
Carga que atua horizontalmente sobre uma estrutura – por exemplo uma carga de vento ou de terremoto.

carga de terremoto
Forças exercidas sobre uma estrutura por um terremoto.

terremoto
Série de vibrações longitudinais e transversais induzidas à crosta terrestre pelo movimento abrupto de placas geológicas ao longo de falhas. Os choques de um terremoto se propagam pela superfície da terra na forma de ondas e são atenuados logaritmicamente com a distância em relação a sua fonte.

epicentro
Ponto situado diretamente acima do hipocentro, do qual as ondas de choque de um terremoto aparentemente emanam.

hipocentro
Ponto de origem de um terremoto. Também chamado **foco**.

falha
Fenda na crosta terrestre acompanhada por um deslocamento do plano da ruptura.

placa geológica
Qualquer um dos imensos segmentos móveis em que está dividida a crosta terrestre.

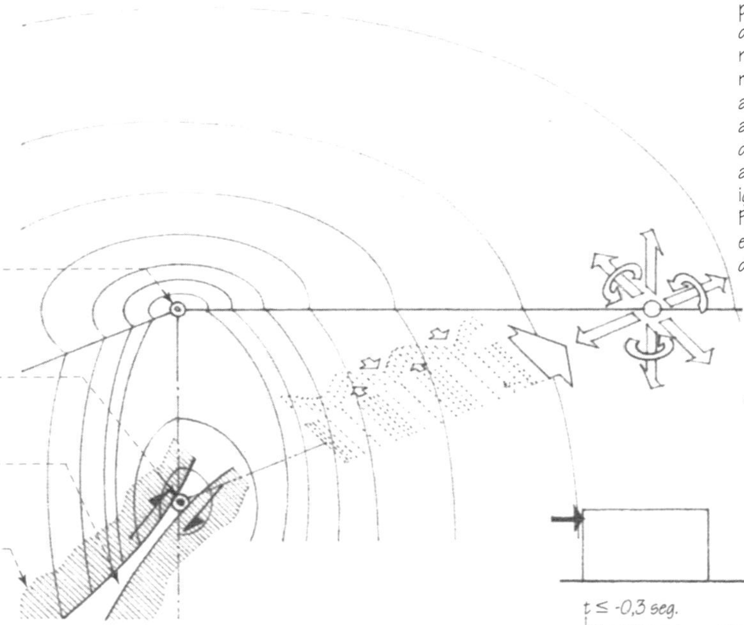

sísmico
Relativo a, ou causado por, um terremoto ou vibração da terra.

força sísmica
Qualquer uma das forças geradas pelos movimentos vibratórios do solo em um terremoto. Embora tais movimentos sejam de natureza tridimensional, seus componentes horizontais são considerados os mais importantes para um projeto estrutural; os elementos de sustentação de cargas verticais de uma estrutura normalmente têm uma reserva considerável de resistência para suportarem um montante adicional destas cargas. Durante um terremoto, a massa de uma estrutura desenvolve uma força de inércia resistindo à aceleração do solo. De acordo com a Segunda Lei de Newton, tal força é igual ao produto da massa com a aceleração. Para fins de projeto, uma força lateral estatisticamente equivalente, o esforço cortante da base, é calculada por meio de uma fórmula.

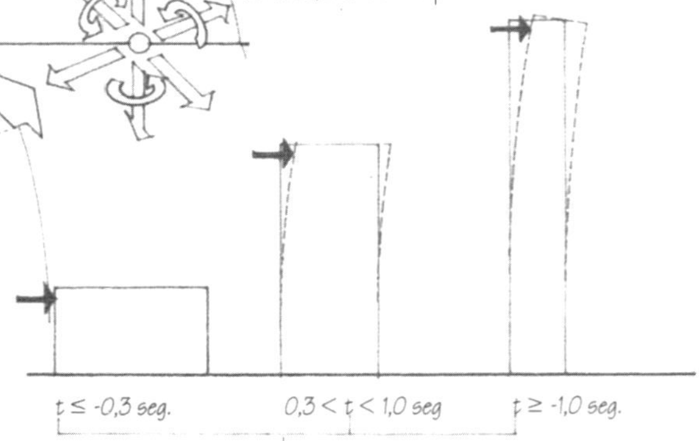

vibração
Movimento periódico – oscilatório, alternado ou de outra natureza – de um corpo ou meio elástico quando retirado de uma posição ou estado de equilíbrio.

movimento periódico
Qualquer movimento que se repete da mesma forma a intervalos idênticos de tempo.

movimento harmônico
Movimento periódico que consiste em um ou mais movimentos vibratórios simétricos ao longo de uma região de equilíbrio, como a vibração da corda de um instrumento musical.

período
Tempo necessário para um ciclo completo de uma onda ou oscilação.

período natural
Tempo necessário para que um corpo submetido a uma força vibracional execute uma oscilação na direção em estudo.
O período natural de vibração de uma estrutura varia de acordo a altura a que se ergue da base e sua dimensão paralela à direção das forças aplicadas. Uma estrutura relativamente rígida tende a oscilar rapidamente e apresenta um período de vibração curto, ao passo que uma estrutura mais flexível tende a oscilar lentamente e seu período é mais longo. Também chamado **período fundamental**.

amplitude
Afastamento máximo com relação à posição intermediária durante um período de uma oscilação.

deslocamento
Deflexão ou movimento lateral de uma estrutura devido a ventos, terremotos ou a cargas verticais assimétricas.

oscilação
Cada um dos movimentos de um corpo oscilante entre um limite extremo e outro.

oscilar
Mover-se de um lado a outro, como um pêndulo, entre dois extremos.

centro de massa

peso morto total

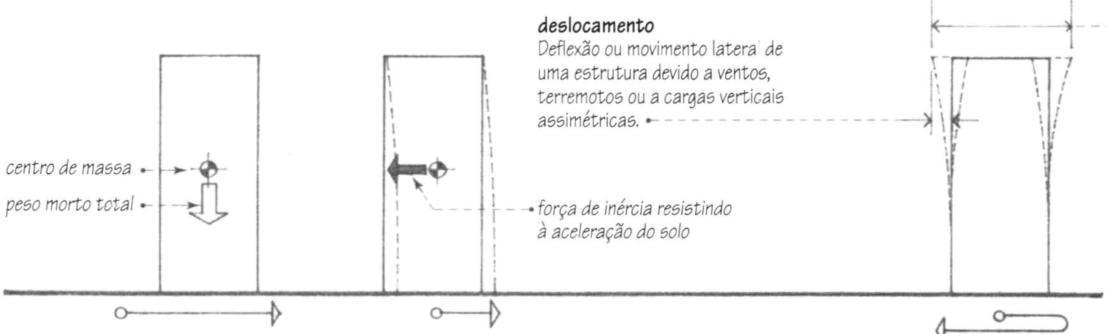

força de inércia resistindo à aceleração do solo

ressonância
Vibração de amplitude excepcionalmente larga em um sistema, causada por uma força vibratória relativamente pequena e de período idêntico ou quase idêntico ao período natural de vibração do sistema.

aceleração do solo
Grau de mudança na velocidade do movimento do solo em relação ao tempo. As acelerações altas são as mais nocivas a uma estrutura, que deve procurar acompanhar as rápidas mudanças no movimento do solo durante um terremoto.

amortecimento
Absorção ou dissipação de energia visando diminuir as oscilações ou ondas sucessivas de uma estrutura vibratória.

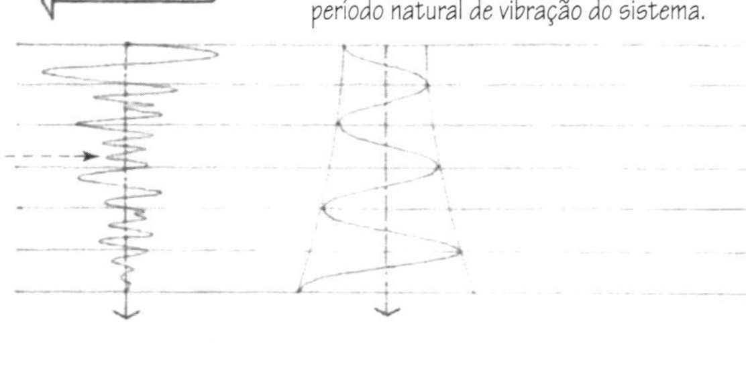

fator de zona sísmica
Coeficiente utilizado para se ajustar o esforço cortante da base à possível atividade e intensidade sísmicas de uma região geográfica. Existem cinco zonas sísmicas nos Estados Unidos, sendo a zona 0 a menos ativa e a zona 4, uma área próxima a uma grande falha.

coeficiente sísmico
Coeficiente utilizado para se ajustar o esforço cortante da base segundo a relação entre o período natural de vibração de uma estrutura e aquele do solo sobre o qual ela repousa. Quando esses períodos são semelhantes, o esforço cortante da base é elevado a fim de refletir a semelhança das ressonâncias destrutivas que ocorrem na estrutura. Também chamado **coeficiente de esforço cortante da base**.

coeficiente do terreno
Coeficiente que traduz a natureza e o perfil do solo de um alicerce, normalmente baseado em investigações geotécnicas. Os movimentos de terra são potencialmente maiores nos solos aluviais do que nas áreas rochosas ou solos diluvianos.

liquefação
Perda repentina de resistência ao esforço cortante de um solo não coeso, levando a massa do solo a se comportar como um líquido.

coeficiente de importância

coeficiente de peso
Carga morta total de um edifício, incluindo o peso de mobílias, materiais armazenados, equipamentos permanentes e cargas de neve pesadas. O esforço cortante da base é diretamente proporcional à massa de um edifício; quanto maior a massa, maior o esforço cortante da base.

$$\frac{CZS}{R_w} P = V$$

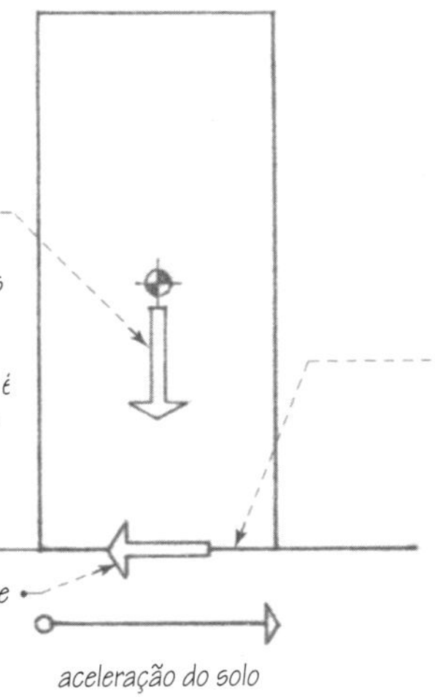

coeficiente de tipo de construção
Coeficiente utilizado para se ajustar o esforço cortante da base ao tipo de construção e a seus materiais, e à capacidade de absorção de energia dos sistemas estruturais e laterais de resistência a cargas utilizados. O esforço cortante da base é inversamente proporcional à capacidade de absorção de energia de uma estrutura; quanto maior a rigidez ou ductilidade da estrutura, menor o esforço cortante da base.

coeficiente de força horizontal
Coeficiente utilizado no cálculo da força sísmica lateral atuante sobre elementos estruturais, componentes não-estruturais ou suas ligações, de acordo com o peso e a função.

cortante de pavimento
Força de cisalhamento total em qualquer plano horizontal de uma estrutura submetida a cargas laterais, distribuída conforme os diversos elementos de resistência a cargas, proporcionalmente à rigidez destes. A cortante de pavimento é cumulativa e aumenta de um valor mínimo na parte superior a um máximo, na base.

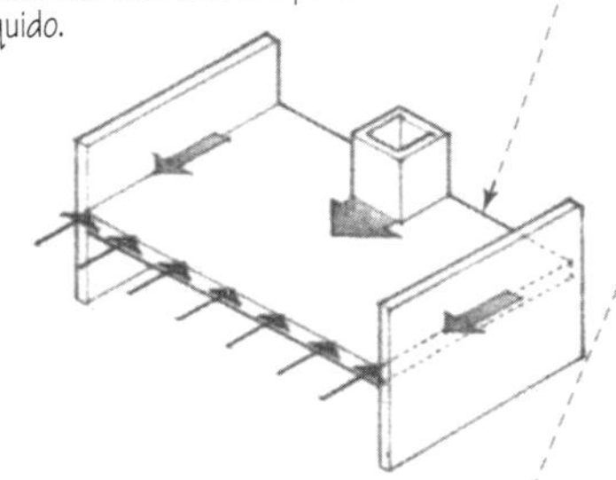

distância entre construções
Intervalo necessário para se evitar o contato entre estruturas distintas em caso de deflexões causadas por movimentos sísmicos ou ventos.

base
Nível no qual se admite que os movimentos de um terremoto sejam transmitidos a uma estrutura.

esforço cortante da base
Força de cisalhamento desenvolvida na base de uma estrutura pela tendência de sua massa superior se manter em repouso enquanto essa base é deslocada pelos movimentos do solo durante um terremoto. O esforço cortante da base é o valor mínimo admitido para a força sísmica lateral total sobre uma estrutura, e presume-se que atue não simultaneamente na direção de cada um dos eixos principais da estrutura. É calculado multiplicando-se a carga morta total da estrutura por uma série de coeficientes que traduzem o caráter e a intensidade dos movimentos sísmicos, a massa e a rigidez da estrutura e o modo como estas se distribuem, o tipo de solo que abriga as fundações e a existência de mecanismos amortecedores na estrutura.

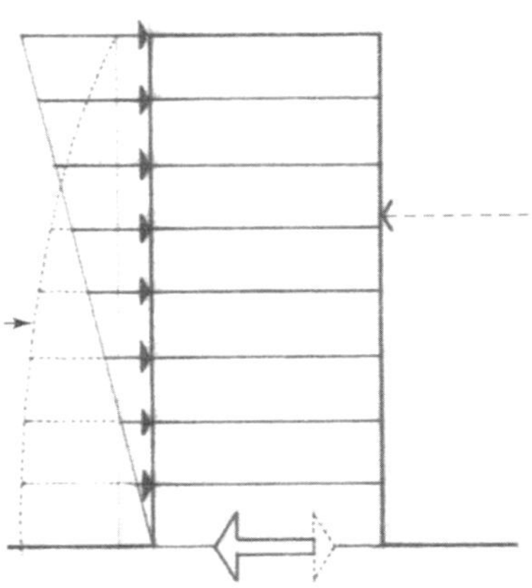

distribuição do esforço cortante da base
Modo pelo qual o esforço cortante da base se distribui pela altura de um edifício de acordo com o deslocamento que ocorreria durante um terremoto. Em um edifício no formato de um retângulo regular, com pesos e alturas idênticos em cada piso e sem irregularidades de rigidez ou massa, o esforço cortante da base é distribuído para cada diafragma horizontal acima da base proporcionalmente ao peso do pavimento em cada nível e a sua distância com relação à base. Isso resulta em uma configuração triangular de cargas – que variam de zero, na base, até um valor máximo, no topo. Nas estruturas que possuem um período natural superior a 0,7 segundos, considera-se que uma parte do esforço cortante da base total se concentre no topo da estrutura, a fim de se computar o efeito de cordel de chicote das forças sísmicas. Nas estruturas de formato ou sistemas estruturais irregulares, a distribuição das forças laterais deve ser determinada de acordo com a rigidez relativa dos níveis de piso adjacentes e as características dinâmicas da estrutura.

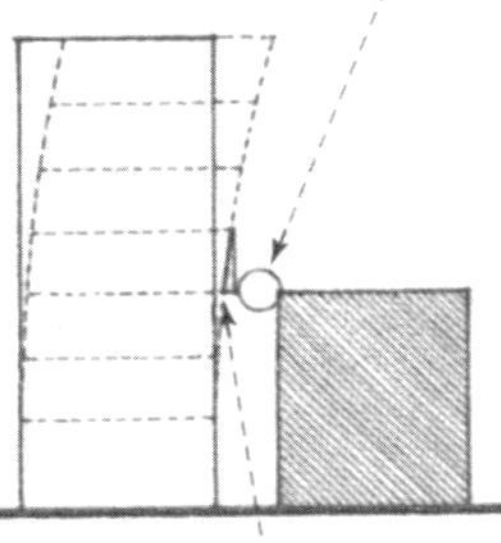

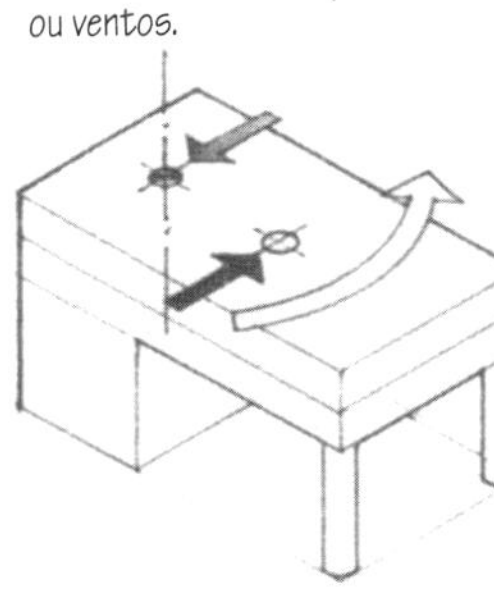

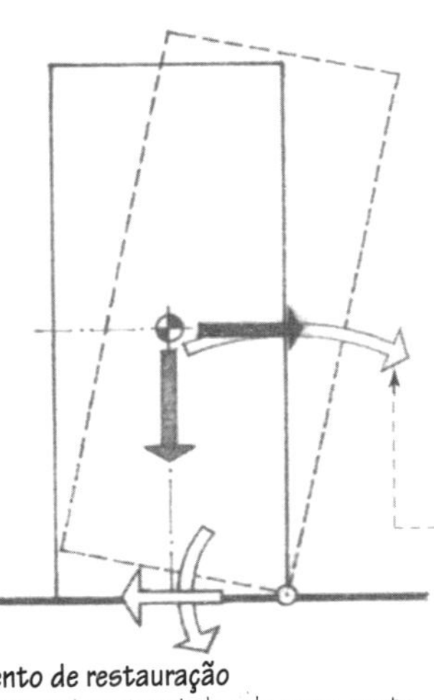

momento de tombamento
Momento externo gerado na base de uma estrutura por uma carga lateral aplicada a uma determinada distância acima do solo. Para que haja um equilíbrio, o momento de tombamento deve ser contrabalançado por um momento de restauração externo e um momento resistente interno criado por forças desenvolvidas em colunas e paredes.

deslocamento de pavimento
Movimento horizontal de um nível de uma estrutura relativamente ao nível que está acima ou abaixo dele.

índice de deslocamento
Razão máxima entre deslocamento de pavimento e altura de pavimento permitida por um código de edificações a fim de minimizar os danos causados aos componentes de uma construção ou a estruturas adjacentes. Também chamado **limitação de deslocamento**.

torção horizontal
Torção resultante de uma carga lateral que atua sobre uma estrutura cujos centros de massa e de resistência não são coincidentes. Para se evitar os efeitos destrutivos das torções, as estruturas submetidas a cargas laterais devem ser dispostas e fixadas simetricamente, com seus centros de massa e de resistência o mais coincidentes possível. Nos arranjos assimétricos, os elementos de fixação devem ser distribuídos de modo que suas resistências correspondam à distribuição da massa.

momento de restauração
Momento resistente criado pela carga morta de uma estrutura que atua em torno do mesmo ponto de rotação que o movimento de tombamento. Via de regra os códigos de edificação exigem que o momento de restauração seja no mínimo 50% maior que o momento de tombamento. Também chamado **momento de recuperação**, **momento de restabelecimento** e **momento estabilizador**.

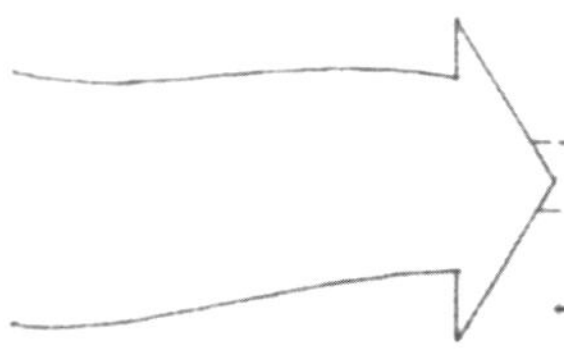

carga do vento
Qualquer uma das forças exercidas pela energia cinética de uma massa de ar em movimento, que resulta em pressão sobre determinadas partes de uma estrutura e, em outras, sucção.

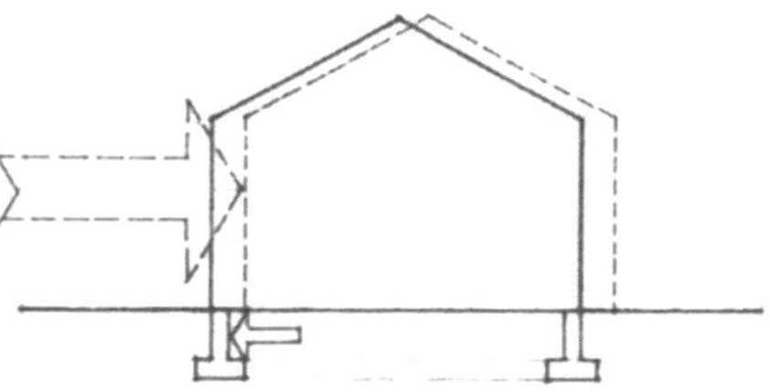

deslizamento
Movimento horizontal de uma estrutura em resposta a uma carga lateral.

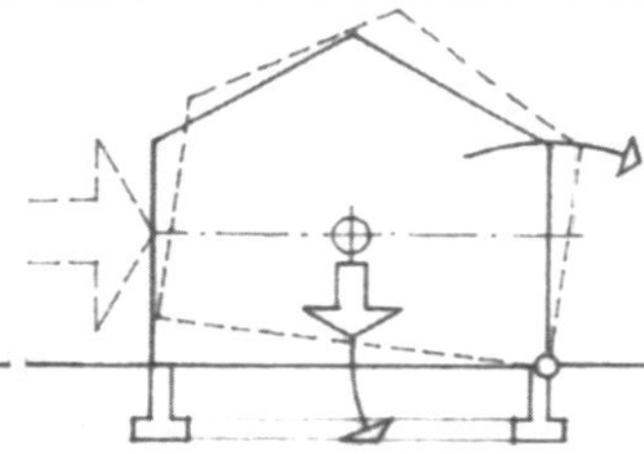

soerguimento
Elevação de uma estrutura ou parte desta em conseqüência de um momento de tombamento ou da sucção do vento.

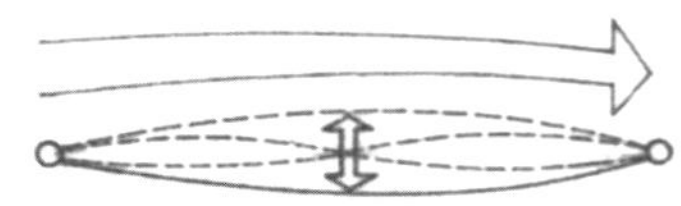

oscilação aerodinâmica
Rápidas oscilações de uma estrutura de cabos ou de membrana causadas pelos efeitos aerodinâmicos do vento.

equação de Bernoulli
Expressão da conservação de energia em um fluxo aerodinâmico, que estabelece que a soma da razão entre pressão e densidade com o quadrado da velocidade dividido por 2 e o produto da constante gravitacional pela altura se mantém constante. Também chamada **teorema de Bernoulli**.

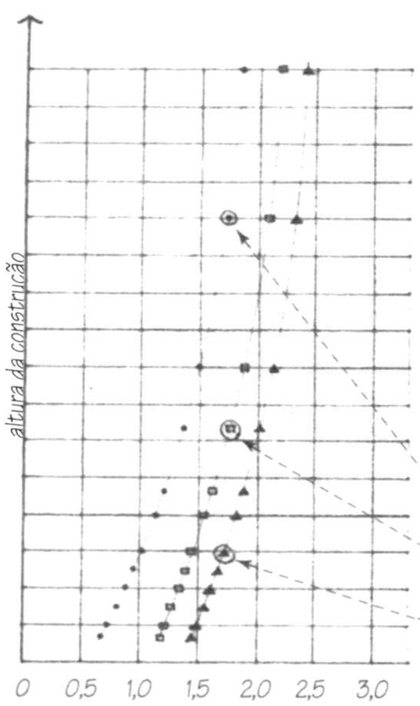

pressão dinâmica do vento
Pressão exercida por uma massa de ar em movimento, calculada através da equação de Bernoulli e igual ao produto da densidade do ar pelo quadrado da velocidade em uma determinada altura dividido por 2.

fator de altura
Coeficiente que aumenta a pressão do vento admitida, de modo a computar o aumento da velocidade do vento com a altura acima do solo.

fator de rajada
Coeficiente que aumenta a pressão do vento admitida, de modo a computar os efeitos dinâmicos das rajadas de vento.

condição de exposição
Uma das quatro condições que modificam a pressão do vento admitida segundo os obstáculos existentes na área circundante a uma edificação.

exp. A: áreas urbanas com edifícios e grande altura ou terrenos acidentados e íngremes;

exp. B: sítios urbanos, áreas arborizadas ou terrenos com pequenas elevações e depressões

exp. C: terrenos planos e abertos com obstruções mínimas;

exp. D: terrenos planos e livres de obstruções voltados para grandes massas de água.

Quanto mais aberto um local, maiores a velocidade do vento e a resultante pressão do vento admitida.

pressão do vento admitida
Valor mínimo admitido para a pressão estática equivalente nas superfícies externas de uma estrutura, resultante de uma velocidade crítica do vento, igual à pressão de estagnação do vento modificada por uma série de coeficientes adotados para se computar os efeitos da condição de exposição, da altura da construção, das rajadas de vento e da geometria e orientação da estrutura sobre o fluxo do ar que sopra.

$$P = C_e C_q q_s I$$

coeficiente de pressão
Coeficiente que altera a pressão do vento admitida a fim de traduzir o modo como a geometria e a orientação das diferentes partes de uma estrutura alteram os efeitos de um fluxo de ar. Os coeficientes voltados para o interior ou positivos resultam em pressão do vento, enquanto os coeficientes voltados para o exterior ou negativos resultam em sucção do vento.

velocidade fastest-mile
A velocidade média de uma coluna de ar com 1 milha de comprimento que passa por sobre um determinado ponto, medida em milhas por hora.

sucção do vento
Pressão negativa exercida pelo vento sobre as laterais e as superfícies verticais a sotavento de um edifício, e na direção normal às superfícies a barlavento da cobertura com um declive inferior a 30°.

coeficiente de importância
Coeficiente utilizado para se aumentar os valores admitidos para as forças do vento ou sísmicas atuantes sobre um edifício em razão de sua extensa ocupação, suas dimensões potencialmente arriscadas ou sua natureza essencial na esteira de um furacão ou terremoto.

pressão de estagnação do vento
Equivalente estático da pressão dinâmica do vento adotado como referência no cálculo da pressão do vento estimada e especificado em quilogramas por metro quadrado, e igual a 0,00256 vezes o quadrado da velocidade básica do vento naquela localização geográfica. A velocidade do vento tende a zero quando a massa de ar em movimento se divide para fluir em torno de uma obstrução. Uma vez que a soma das pressões estática e dinâmica se mantém constante num fluxo aerodinâmico, toda a energia do fluxo nesse ponto de estagnação ocorre em forma de pressão estática.

velocidade básica do vento
Velocidade do vento adotada no cálculo da pressão de estagnação do vento, normalmente a velocidade fastest-mile extrema registrada em um determinado local a uma altura padrão de 10 m e baseada em um intervalo de ocorrência médio de 50 anos. Também, **velocidade do ar admitida**.

sotavento
Direção para a qual o vento sopra.

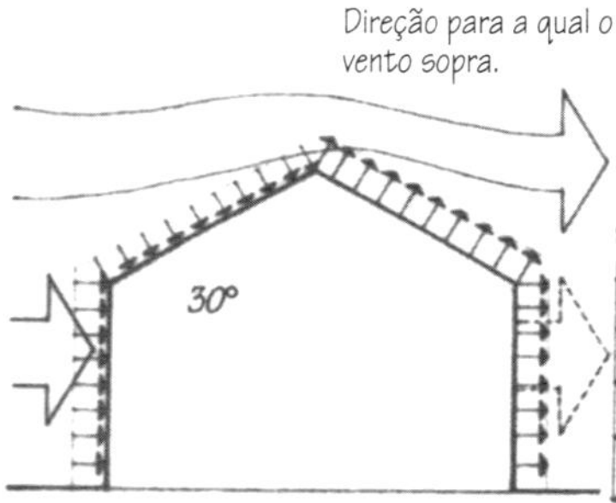

barlavento
Direção de onde o vento sopra.

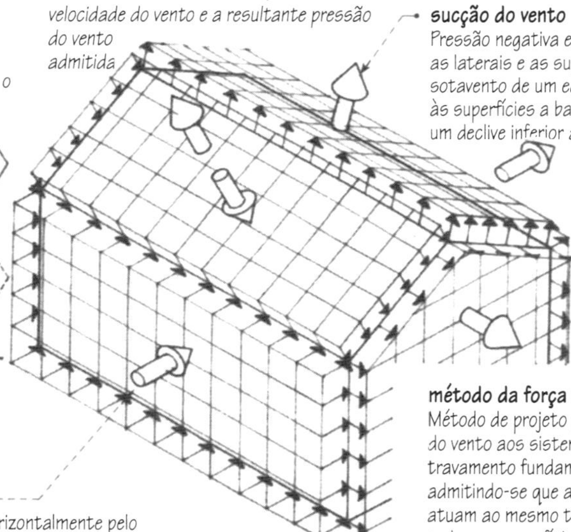

pressão do vento
Pressão exercida horizontalmente pelo vento sobre as superfícies verticais a barlavento de uma edificação, e na direção normal às superfícies do telhado a barlavento com um declive superior a 30°.

método da força normal
Método de projeto para se aplicar a pressão do vento aos sistemas estruturais e de travamento fundamentais de uma edificação, admitindo-se que as pressões do vento atuam ao mesmo tempo na direção normal a todas as superfícies externas. Pode-se utilizar o método em qualquer estrutura, sendo indispensável nas rígidas e que formam empenas.

Os edifícios altos e delgados, as estruturas de formas inusitadas e as estruturas leves e flexíveis sujeitas a oscilações exigem ensaios em túnel aerodinâmico ou modelagem em computador para verificar como respondem à distribuição da pressão do vento.

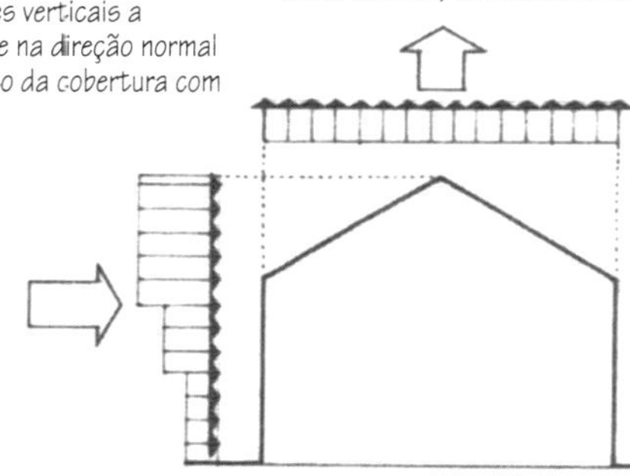

método da área projetada
Método de projeto utilizado para se aplicar a pressão do vento admitida aos sistemas estruturais e de travamento fundamentais de um edifício, em que o efeito total do vento é considerado uma combinação entre uma pressão horizontal simples voltada para dentro ou positiva, atuando sobre toda a área vertical projetada, e uma pressão para fora ou negativa atuando sobre toda a área horizontal projetada. É possível utilizar esse método para qualquer estrutura com altura inferior a 61 metros, exceto naquelas rígidas e que formam empenas.

Construção que serve de moradia.

abrigo
Algo sob o qual, atrás ou dentro do qual uma pessoa está protegida das intempéries e outras condições adversas.

cabana
Moradia ou abrigo simples, esp. aquela feita de materiais naturais.

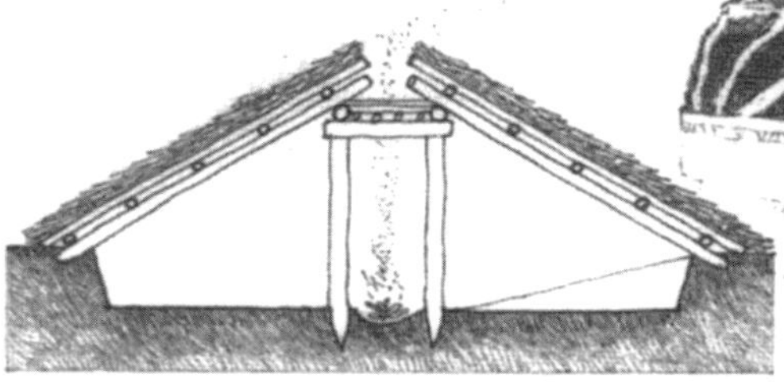

tepi
Tenda dos índios norte-americanos feita normalmente de peles de animais colocadas sobre uma estrutura cônica de longas estacas, com uma abertura no topo para ventilação e uma aba móvel à guisa de porta.

wigwam
Habitação dos índios norte-americanos, normalmente de forma esférica ou oval, formada por estacas recobertas por cascas de árvores, esteiras de palha ou peles de animais.

moradia semi-subterrânea
Forma primitiva de abrigo que consiste em um buraco escavado na terra, sobre o qual é instalado um telhado.

palafita
Casa, dos tempos pré-históricos, construída sobre estacas ou outros suportes sobre as águas de um lago.

yurt
Habitação circular, semelhante a uma tenda, dos nômades mongóis, composta de uma parede cilíndrica de estacas agrupadas de modo a formarem uma rótula, com uma cobertura cônica de estacas, ambas cobertas por tecido ou peles de animais.

hogan
Habitação dos índios navajo, normalmente construída de terra e troncos, e coberta com barro e sapé.

casa de sapé
Casa construída com tiras de sapé, assentadas como uma alvenaria e utilizada esp. pelos colonos das Grandes Planícies quando havia escassez de madeira.

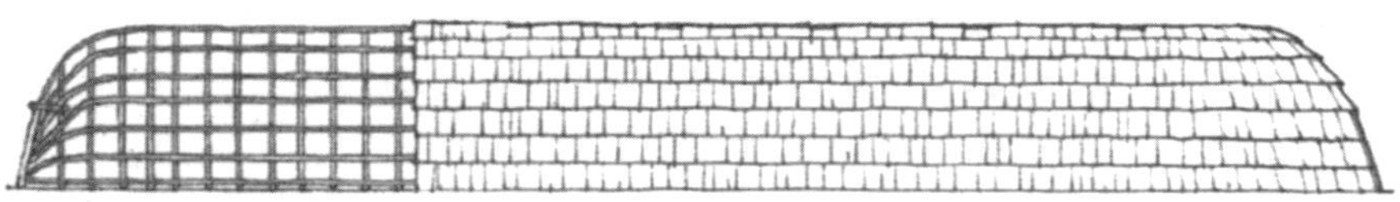

casa comprida
Habitação comunal, característica de muitas culturas primitivas, esp. as dos iroqueses e de vários outros índios norte-americanos, que consiste em uma estrutura de madeira coberta com cascas de árvore e que muitas vezes chega a atingir por volta de 30 m de comprimento.

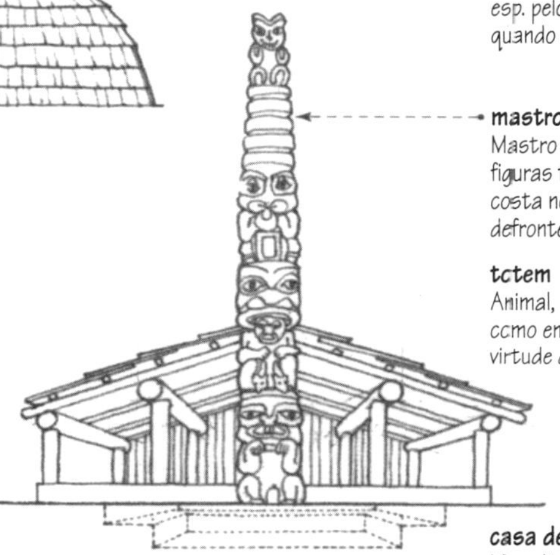

mastro totêmico
Mastro ou estaca entalhado e pintado com figuras totêmicas, erguido pelos índios da costa noroeste dos Estados Unidos, esp. defronte a suas casas.

totem
Animal, planta ou objeto natural que serve como emblema de uma família ou clã em virtude de uma relação ancestral.

casa de tábuas
Moradia grande, normalmente retangular, construída de tábuas de madeira pelos índios e, com menos freqüência, pelos esquimós.

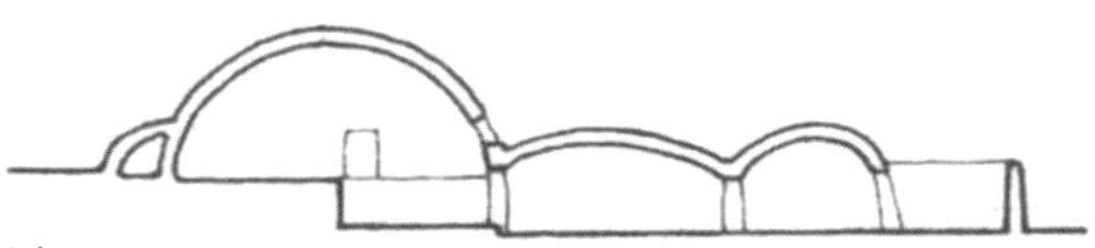

iglu
Habitação típica dos esquimós, normalmente construída em blocos de neve endurecidos ou gelo, na forma de uma cúpula, ou, quando permanente, em sapé, madeira ou pedra.

pueblo
Habitação e estrutura defensiva comunais dos índios pueblo, do sudoeste dos EUA, construída em adobe ou pedra, normalmente com vários pavimentos e terraços, cujo acesso se dá através das coberturas planas das câmaras através de escadas. As estruturas tipo pueblo eram construídas no chão do deserto, em vales ou nas escarpas mais defensáveis das mesas.

mesa
Elevação natural de topo plano delimitada por uma ou mais escarpas abruptas, comum nas regiões áridas e semi-áridas do sudoeste dos EUA e no México.

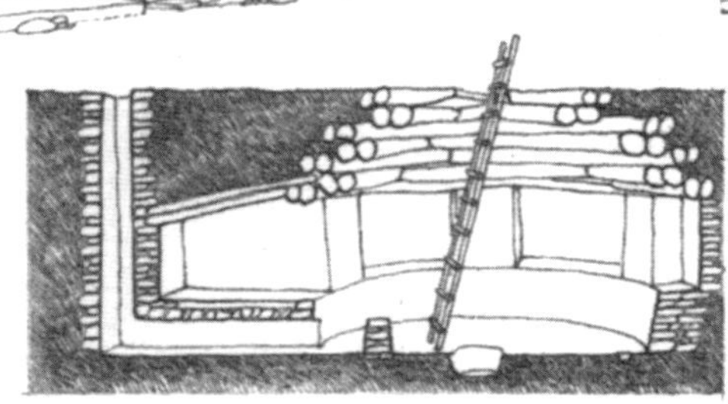

kiva
Grande câmara subterrânea ou semi-subterrânea em um vilarejo dos índios pueblo, utilizada pelos homens para cerimônias ou assembléias religiosas.

trullo
Abrigo circular de pedra da região da Apúlia, no sul da Itália, coberto com uma estrutura cônica de alvenaria seca provida de mísulas, normalmente caiada e pintada com figuras ou símbolos. Muitos trulli têm mais de 1.000 anos de idade e ainda estão em uso na atualidade, via de regra localizados entre as vinhas para servir de depósitos ou de moradias temporárias durante a colheita.

complúvio
Abertura no telhado de uma casa romana da Antigüidade, através da qual as águas pluviais escorriam para dentro de uma cisterna colocada no átrio.

despluviado
Provido de telhados inclinados na direção do complúvio.

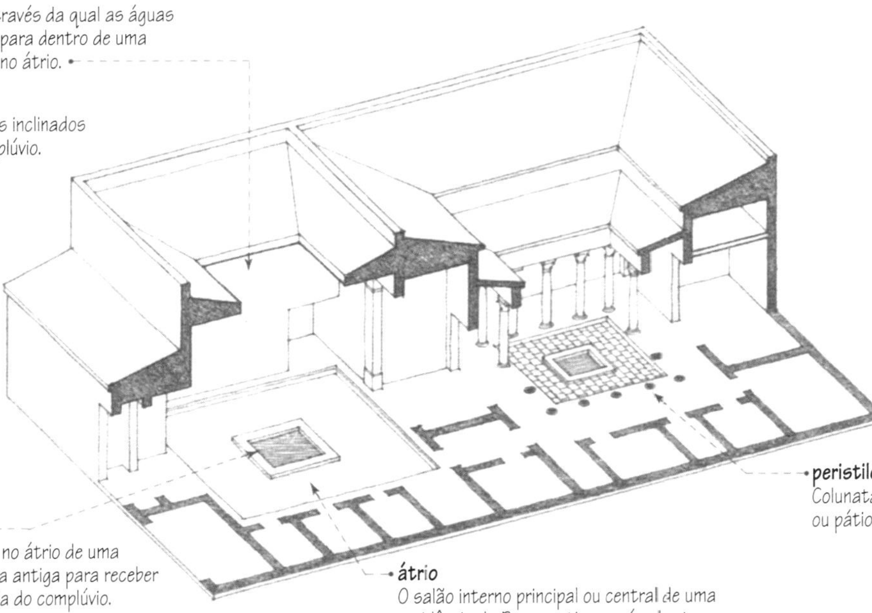

implúvio
Cisterna colocada no átrio de uma residência da Roma antiga para receber a água que escorria do complúvio.

átrio
O salão interno principal ou central de uma residência da Roma antiga, a céu aberto no centro e normalmente com um tanque destinado a recolher as águas pluviais. Também chamado **cavédio**.

peristilo
Colunata em torno de uma edificação ou pátio.

shoin-zukuri
Estilo cerimonial de arquitetura residencial japonesa do período Kamakura, cujo nome deriva do *shoin*, ou compartimento-gabinete característico, e é marcado por uma distribuição hierárquica dos cômodos públicos e privados.

zashiki
Sala de estar; o cômodo principal de uma casa japonesa tradicional, usado para receber visitas. Sua importância é evidente na presença de um *tokoma*, um *tana* e um *shoin*.

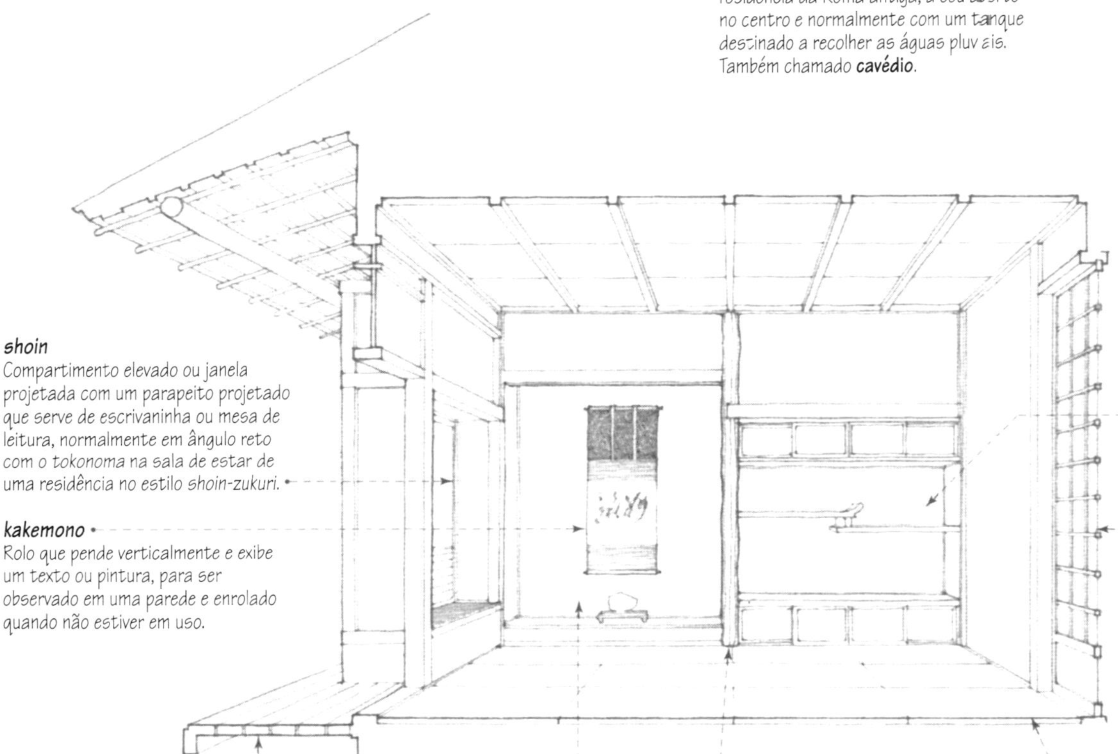

shoin
Compartimento elevado ou janela projetada com um parapeito projetado que serve de escrivaninha ou mesa de leitura, normalmente em ângulo reto com o *tokonoma* na sala de estar de uma residência no estilo *shoin-zukuri*.

kakemono
Rolo que pende verticalmente e exibe um texto ou pintura, para ser observado em uma parede e enrolado quando não estiver em uso.

tana
Na arquitetura residencial japonesa, um recesso com prateleiras embutidas, normalmente contíguo a um *tokonoma*.

shoji
Cada um de uma série de painéis deslizantes translúcidos utilizados na arquitetura japonesa entre o externo e o interno ou entre dois espaços internos, que consiste em uma estrutura leve de madeira revestida em um dos lados com papel arroz; a parte inferior é ocasionalmente preenchida por uma placa fina de padeira.

engawa
Prolongamento do piso em um ou mais lados de uma casa em estilo japonês, normalmente defronte a um jardim e que serve de passagem ou área de estar.

tokonoma
Recesso de decoração; uma alcova de pouca profundidade, ligeiramente elevada, para a exibição de um *takemono* ou um arranjo floral. Um dos lados do recesso é delimitado pela parede externa do cômodo através da qual entra a luz, ao passo que o lado interno é contíguo ao *tana*. Em sua qualidade de centro espiritual de uma casa japonesa tradicional, o *tokonoma* se localiza em seu cômodo mais formal.

tokobashira
Coluna que marca a frente da divisória entre o *tokonoma* e o *tana*, por vezes de uma bela madeira, com fibras e formato especiais.

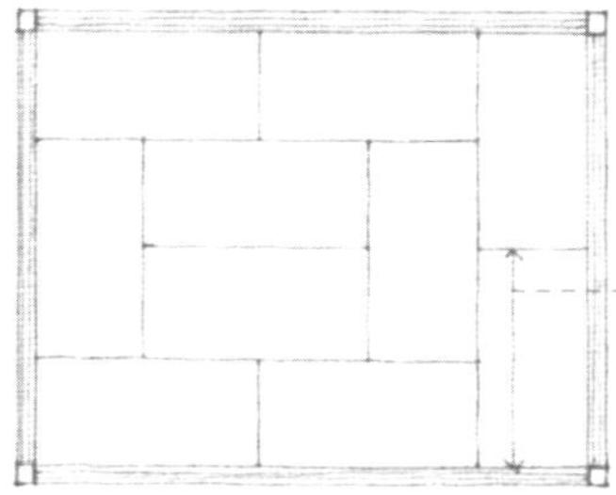

tatame
Esteira espessa de palha coberta com juncos lisos, interligados e amarrados com tiras simples ou decoradas de seda, algodão ou juta, para revestimento de piso e um padrão para se determinar as dimensões de um cômodo em uma tradicional casa japonesa. O tatame media 0,9 m x 1,8 m, mas suas dimensões reais variavam de acordo com a região e o método de determinação de intercolúnios.

ken
Unidade linear para se regular os intercolúnios em uma construção japonesa tradicional, que inicialmente correspondia a 1,8 m, mas que foi variando posteriormente segundo as dimensões dos ambientes, tal como determinadas pelos tatames.

moradia isolada
Casa sem parede-meia com outra.

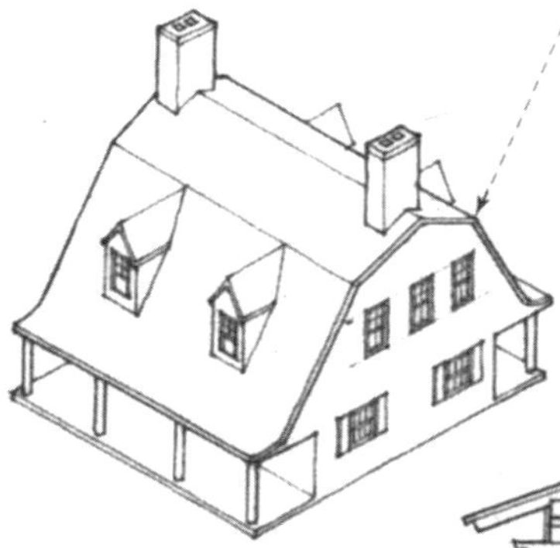

colonial holandês
Diz-se da arquitetura residencial dos colonos holandeses de Nova York e Nova Jersey no século XVII, normalmente caracterizada por telhados esconsos com beirais curvos apoiados em pórticos situados nos lados maiores.

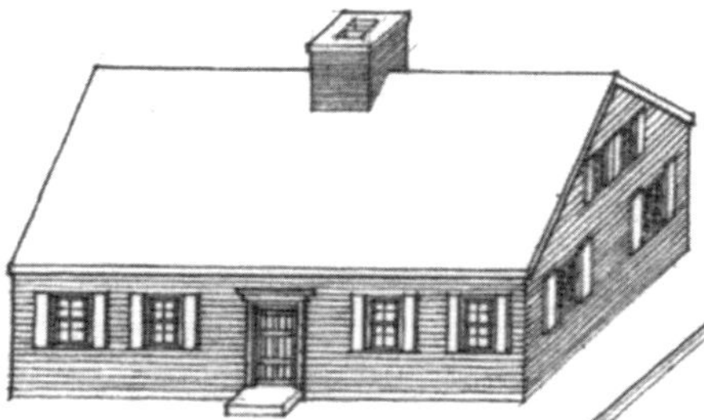

Cape Cod
Estilo de chalé desenvolvido principalmente em Cape Cod, Massachusetts, no século XVIII e início do XIX; caracteristicamente uma casa retangular, de um pavimento ou um pavimento e meio, de estrutura de madeira e paredes brancas de sarrafos ou tabuinhas, telhado de duas águas com beiral baixo e via de regra sem água-furtada, uma grande chaminé central e uma porta principal localizada em um dos lados maiores.

saleiro
Tipo de casa de estrutura de madeira encontrado na Nova Inglaterra, EUA, geralmente com dois pavimentos inteiros de altura na frente e um nos fundos, o telhado com aproximadamente a mesma declividade em ambas as direções, ficando a cumeeira voltada para a fachada principal da moradia.

bangalô
Derivação do bangalô indiano, popular esp. no primeiro quartel do século XX, normalmente com um pavimento ou um pavimento e meio, um telhado de duas águas apoiado em uma série de cachorros e um grande pórtico, via de regra construído com materiais rústicos.

vila
Conjunto de três ou mais residências isoladas, de um pavimento e unifamiliares, organizadas com equipamentos e acessórios comuns, de propriedade comum.

Escola dos Prados
Grupo de arquitetos do início do século XX nos EUA, notadamente Frank Lloyd Wright, que projetava casas e outras edificações com uma ênfase nas linhas horizontais em correspondência à planura dos prados do meio-oeste norte-americano.

casa em desnível
Casa com um ou mais ambientes acima ou abaixo dos cômodos adjacentes, com os níveis dos pisos normalmente separados entre si por meio pé-direito.

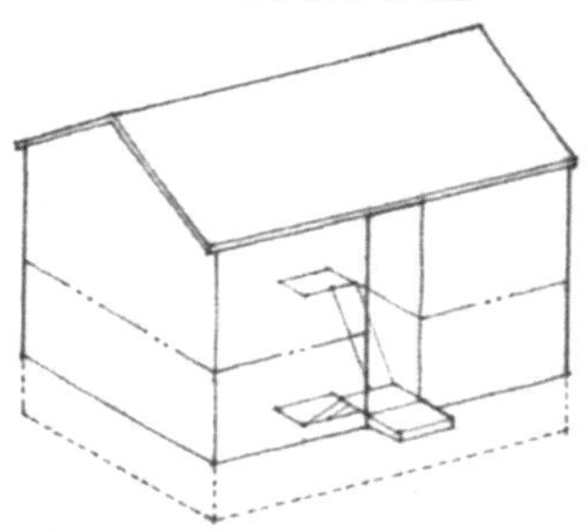

casa em dois níveis
Sobrado de dois andares com o nível inferior situado abaixo do nível do solo e uma entrada na cota intermediária entre os dois níveis de piso.

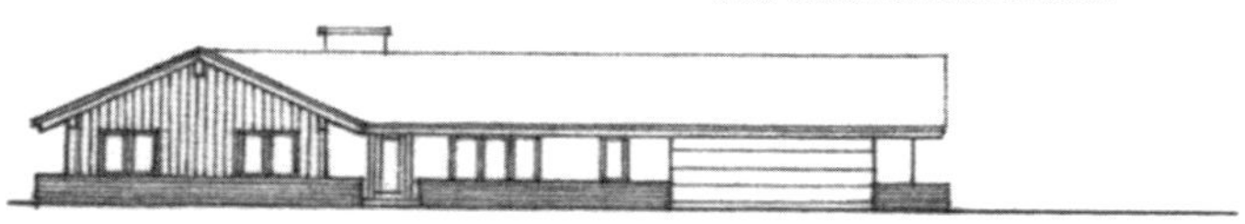

rambler
Termo inglês que designa uma residência térrea, com telhado de pequena inclinação, construída esp. nos subúrbios norte-americanos.

unidade
Casa que integra um condomínio fechado, normalmente com uma planta e um aspecto comuns a algumas ou todas as moradias do local.

casa geminada
Casa unida por uma parede-meia a outra casa ou fileira de casas.

dúplex
Casa com dois apartamentos separados para duas famílias, um sobrado de dois pavimentos com um apartamento completo em cada um e duas entradas independentes.

tríplex
Edificação com três apartamentos ou um apartamento com três pisos.

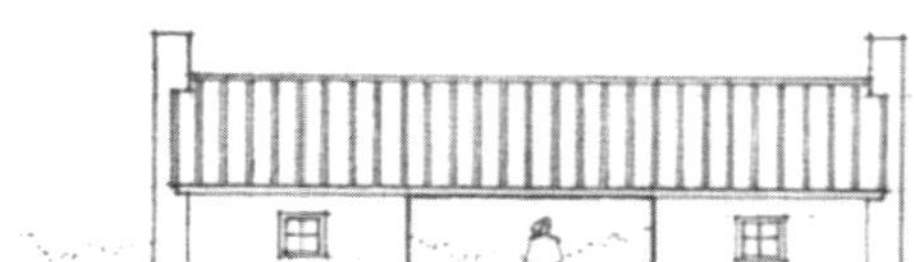

dogtrot
Breezeway que interliga duas partes de uma casa.

breezeway
Pórtico ou passagem provida de telhado, aberto nas laterais, destinado a interligar duas construções ou duas partes de uma construção.

multifamiliar
Destinado ou adequado ao uso por várias famílias.

unidade residencial
Casa, apartamento, conjunto de cômodos ou um único cômodo, ocupado ou destinado a ser ocupado como moradia separada.

condomínio
Prédio de apartamentos, um edifício comercial ou outro complexo de unidades múltiplas, cujas unidades constituem propriedades particulares, cada proprietário recebendo uma escritura referente à unidade individual adquirida, que inclui o direito de vender ou hipotecar o imóvel, sendo ele co-proprietário de todos os elementos comuns, como halls de entrada, elevadores, sistemas mecânicos, de encanamento e outros equipamentos.

cooperativa habitacional
Edifício de propriedade de uma corporação sem fins lucrativos, responsável pela administração do mesmo e pela venda de cotas, mediante as quais os cooperativados adquirem o direito de ocupar as unidades do imóvel.

casa urbana
Cada casa de uma fileira em um sítio urbano, interligadas por paredes laterais comuns.

brownstone
Termo inglês que designa construção, casa geminada, com fachada de arenito pardo.

rua de cocheiras
Rua com pequenos apartamentos que constituem cocheiras reformadas.

casa geminada
Cada uma dentre uma fileira de casas com, no mínimo, uma parede-meia com uma residência vizinha, via de regra todas elas com plantas, fenestração e tratamento arquitetônico uniformes ou quase uniformes.

crescente
Rua curva, normalmente com fachadas sólidas de desenho arquitetônico unificado.

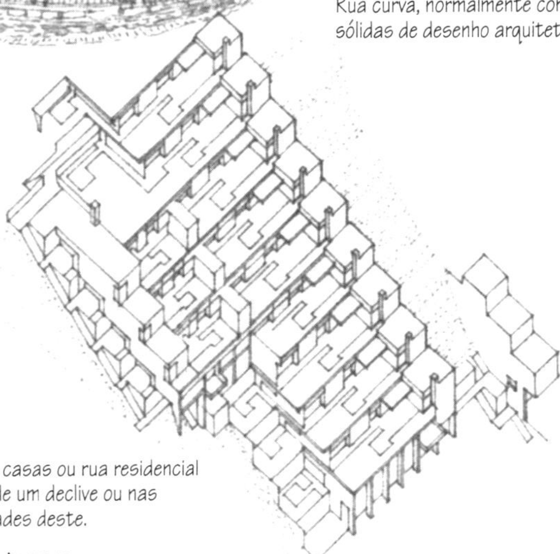

terraço
Fileira de casas ou rua residencial no topo de um declive ou nas proximidades deste.

casa em terraço
Cada uma dentre uma fileira de casas localizada em um terraço.

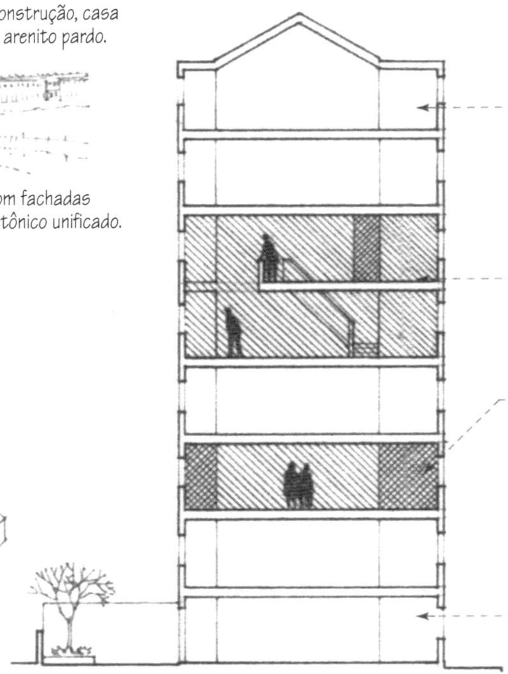

cobertura
Apartamento ou casa no último piso de um edifício, freqüentemente recuado das paredes externas e que dá para um terraço.

apartamento dúplex
Apartamento cujos cômodos se distribuem por dois pisos interligados. Também chamado **dúplex**.

apartamento
Partição de um edifício ou conjunto de cômodos que constituem uma residência particular.

walk-up
Termo inglês que designa um apartamento acima do nível térreo em um edifício sem elevadores.

apartamento térreo
Apartamento no nível térreo de um edifício, que tem acesso a um quintal ou jardim.

edifício de apartamentos
Construção que contém uma série de apartamentos individuais. Também chamado **edifício** e **prédio**.

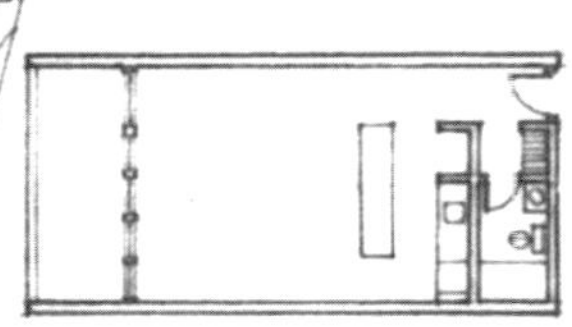

apartamento conjugado
Apartamento que consiste em um cômodo único, multifuncional, uma cozinha ou uma pequena copa-cozinha, e um banheiro. Também chamado **conjugado**, **quarto-e-sala** e **quitinete**.

conjunto residencial
Grupos de edificações, esp. casas, construídos próximos uns dos outros de modo a formarem unidades relativamente compactas em um terreno de grandes dimensões, a fim de se preservar espaços abertos maiores do que o quintal individual para atividades recreativas comuns.

área pública
Terreno que pertence aos habitantes de uma comunidade e é utilizado por eles conjuntamente, via de regra uma praça ou parque centrais de uma cidade.

tensões de membrana
Tensões de compressão, tração e cisalhamento que atuam no plano da superfície de uma casca estrutural.
Uma casca é capaz de suportar forças relativamente grandes, quando aplicadas de maneira uniforme. Dada sua pouca espessura, no entanto, apresenta pouca resistência à flexão e é imprópria para cargas concentradas.

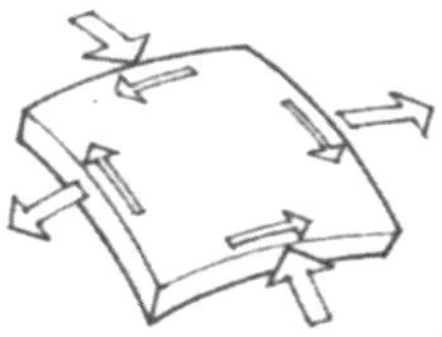

casca delgada
Casca estrutural construída de concreto armado.

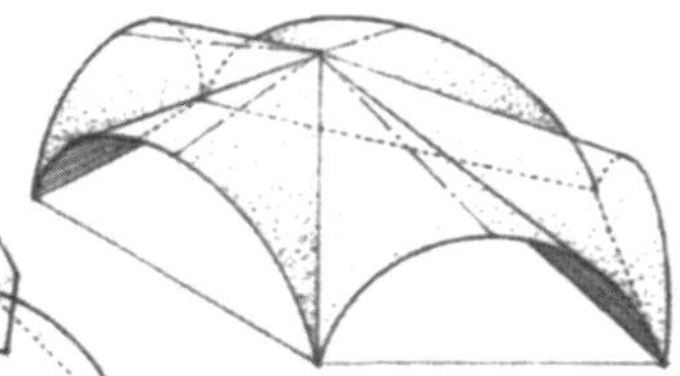

Placa estrutural delgada e curva cuja forma é determinada para transmitir as forças aplicadas através das tensões de compressão, tração e de cisalhamento que atuam no plano de sua superfície.

superfície translacional
Superfície gerada pelo deslocamento de uma curva plana ao longo de uma linha reta ou outra curva plana.

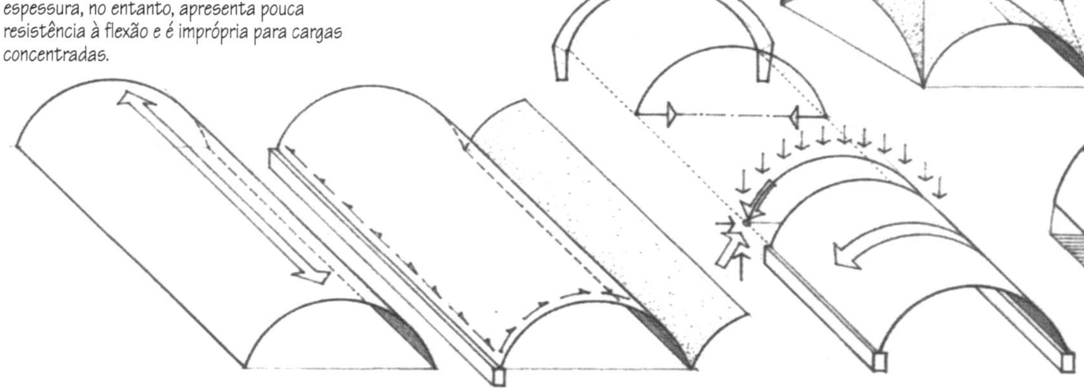

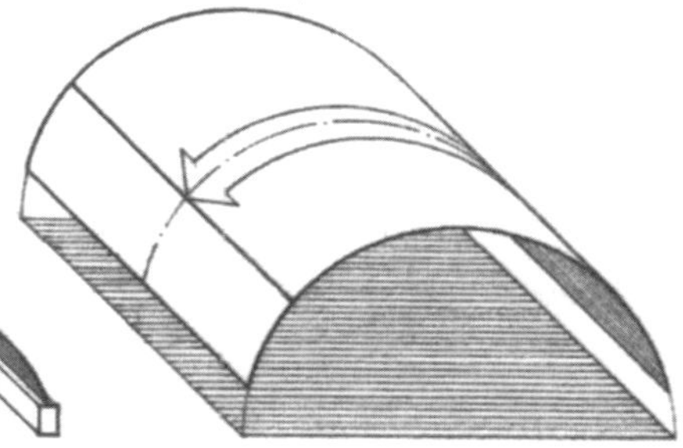

casca cilíndrica
Casca estrutural rígida em forma de cilindro.

Se o comprimento de uma casca cilíndrica for três ou mais vezes superior a seu vão transversal, ela se comportará como uma viga de seção curva que corre no sentido longitudinal. Os bordos são reforçados com vigas ou cascas adjacentes.

Se ela for relativamente curta, exibirá uma ação semelhante à de um arco. Serão necessários tirantes de união, estruturas rígidas transversais ou peças afins para anular os esforços da ação de arqueação voltados para fora.

superfície cilíndrica
Superfície gerada pelo deslocamento de uma linha reta ao longo de uma curva plana ou vice-versa. Dependendo da curva, uma superfície cilíndrica poderá ser circular, elíptica ou parabólica. Dada sua geometria de linha reta, é possível considerar uma superfície cilíndrica tanto uma superfície translacional como uma superfície regrada.

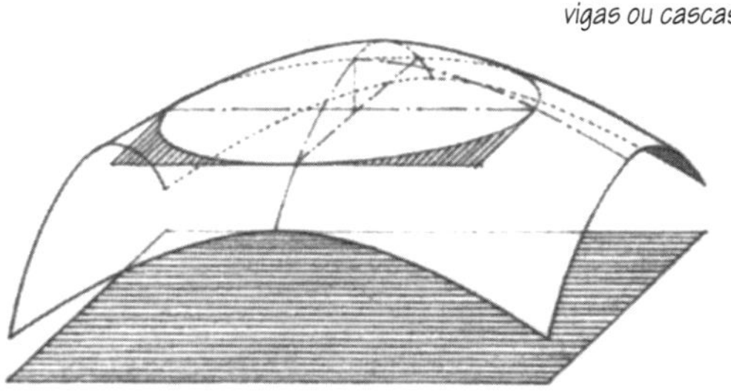

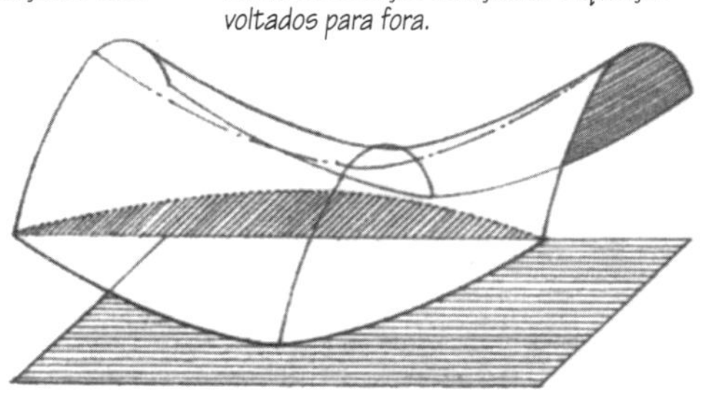

parabolóide elíptico
Superfície gerada pelo deslocamento de uma parábola perpendicular de curvatura descendente ao longo de uma parábola vertical de curvatura descendente. Suas seções horizontais são elipses, enquanto suas seções verticais são parábolas.

parabolóide hiperbólico
Superfície gerada pelo deslocamento de uma parábola de curvatura descendente ao longo de uma parábola de curvatura ascendente ou pelo deslocamento de um segmento de reta com as extremidades inclinadas. Pode-se considerá-la tanto uma superfície translacional como uma superfície regrada.

parabolóide
Superfície cujas intersecções com quaisquer planos são ou parábolas e elipses ou parábolas e hipérboles.

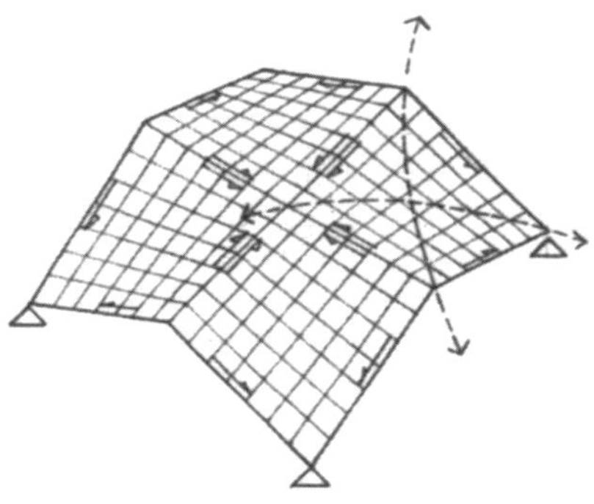

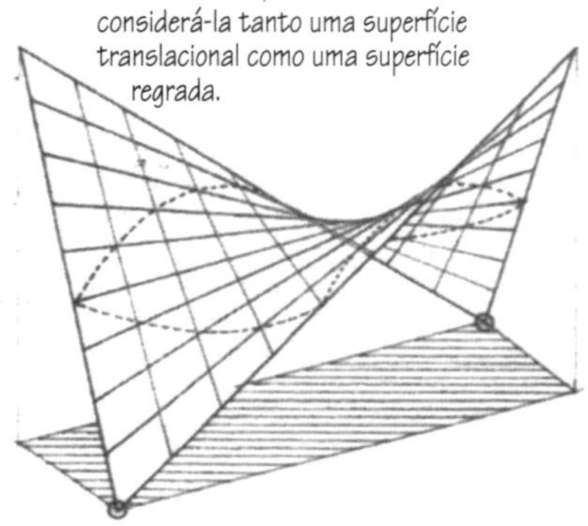

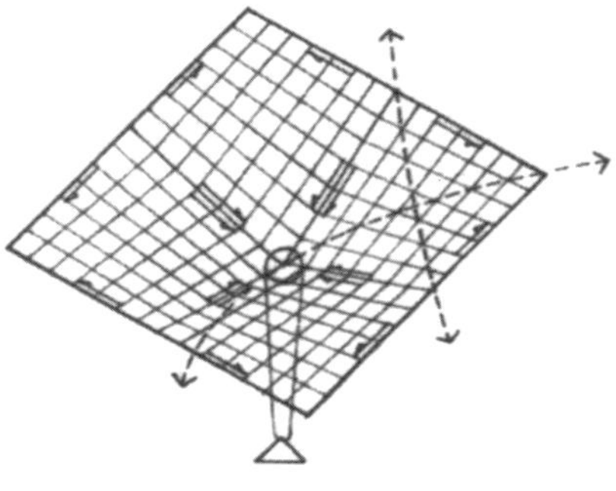

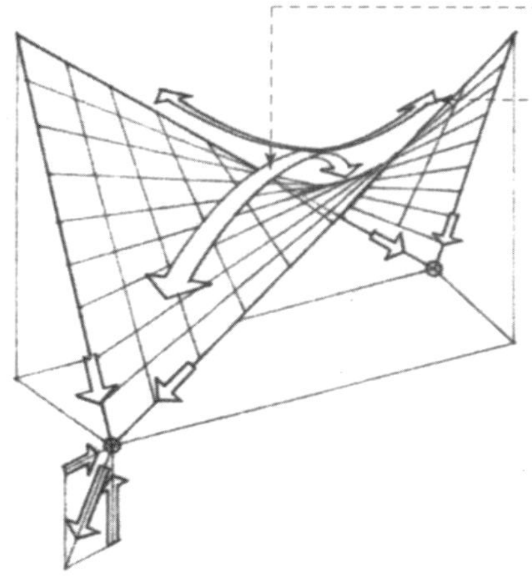

superfície em sela
Superfície com uma curvatura ascendente em uma direção e uma curvatura descendente da direção perpendicular.
Em uma casca estrutural em forma de sela, as regiões de curvatura descendente exibem uma ação semelhante à de um arco, enquanto as regiões de curvatura ascendente se comportam como uma estrutura em cabos. Se os bordos da superfície não forem apoiados, também um comportamento de viga poderá apresentar-se.

anticlíneo
Que tem curvaturas opostas em um ponto determinado. Também, **anticlinal**.

superfície regrada
Superfície gerada pelo movimento de uma linha reta. Em razão da geometria dessa linha reta, geralmente é mais fácil formar e construir uma superfície regrada do que uma superfície rotacional ou translacional.

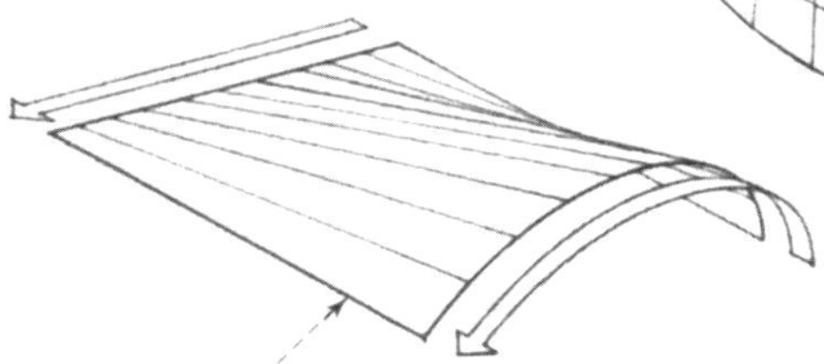

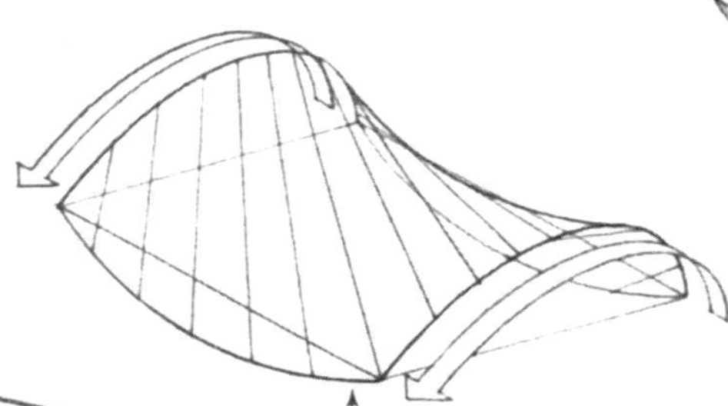

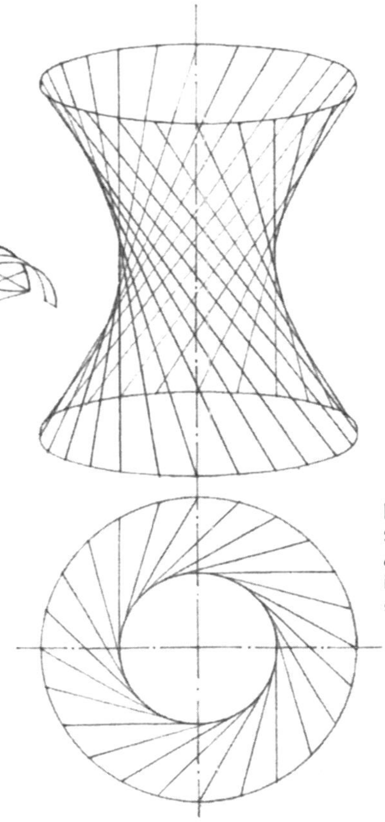

conóide
Superfície regrada gerada pelo deslocamento de uma linha reta com uma extremidade situada em um segmento de seta e a outra, em uma curva plana. Dependendo da curva, um conóide pode ser circular, elíptico ou parabólico.

hiperbolóide
Superfície que tem um centro definido, com determinadas seções planas que são hipérboles e outras que são círculos ou elipses.

hiperbolóide de folha única
Superfície regrada gerada pelo deslocamento de um segmento de reta inclinado por dois círculos horizontais; suas seções verticais são hipérboles.

superfície rotacional
Superfície gerada pela rotação de uma curva plana em torno de um eixo. Também chamada **superfície de revolução**.

sinclíneo
Que tem curvaturas semelhantes em um ponto determinado. Também, **sinclinal**.

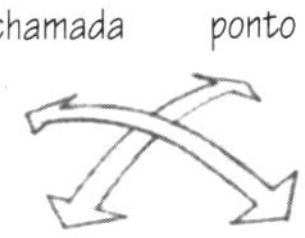

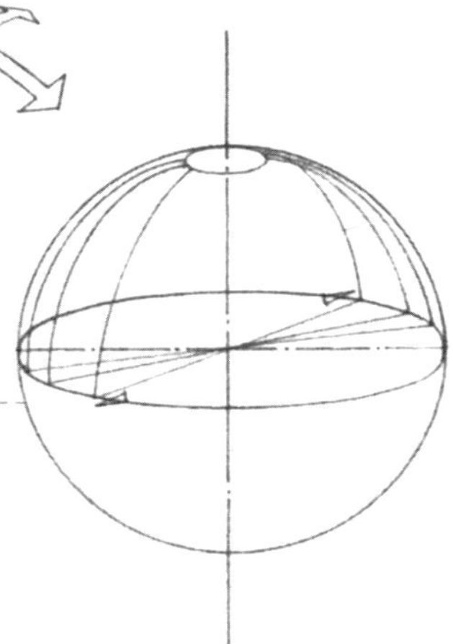

superfície esférica
Superfície rotacional gerada pela rotação de um arco circular em torno de um eixo vertical.

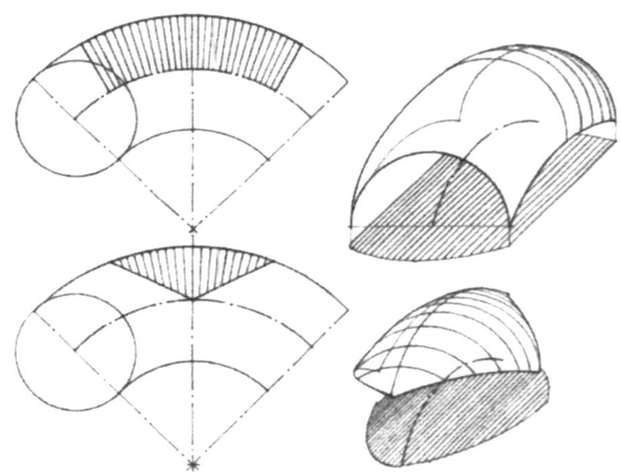

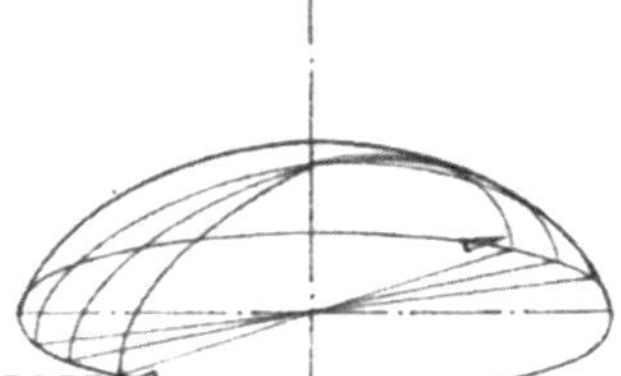

superfície elíptica
Superfície rotacional gerada pela rotação de uma meia-elipse em torno de um eixo vertical.

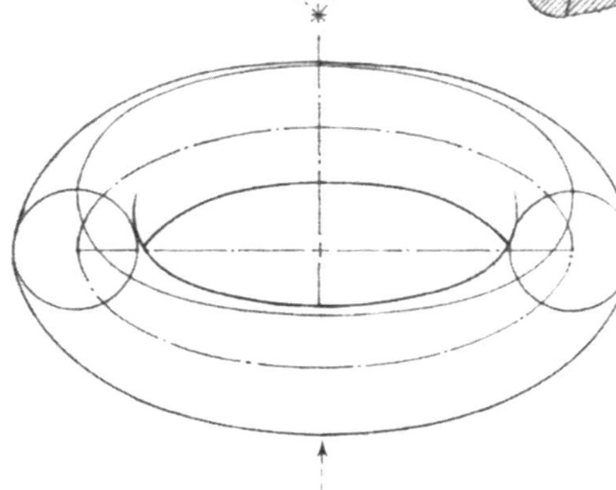

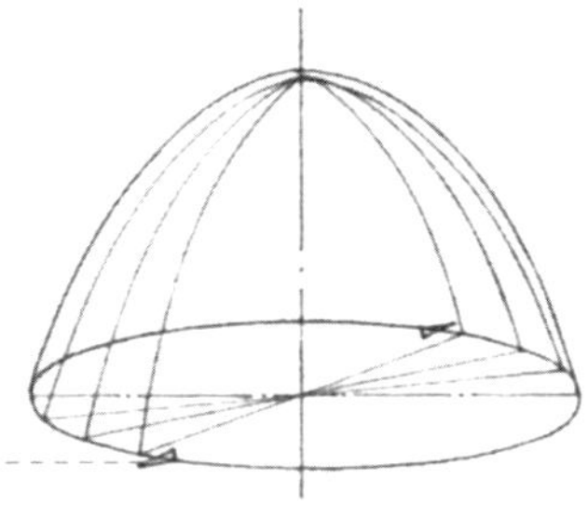

superfície parabólica
Superfície rotacional gerada pela rotação de uma parábola em torno de um eixo vertical.

toro
Superfície em forma de rosca gerada pela rotação de um círculo em torno de uma linha externa situada em seu plano. Também chamado **toróide**.

Qualquer um dos diversos materiais duros, quebradiços e não condutivos formados pela ligadura iônica de um metal e um não-metal, como tijolos, concreto e pedras naturais.

cerâmica
Qualquer um dos diversos artefatos produzidos mediante o cozimento do barro ou materiais similares em um forno, como tijolos, telhas e vasos.

artefato de barro
Cerâmica pouco cozida, opaca e não vítrea.

faiança
Cerâmica bem cozida, opaca e vitrificada.

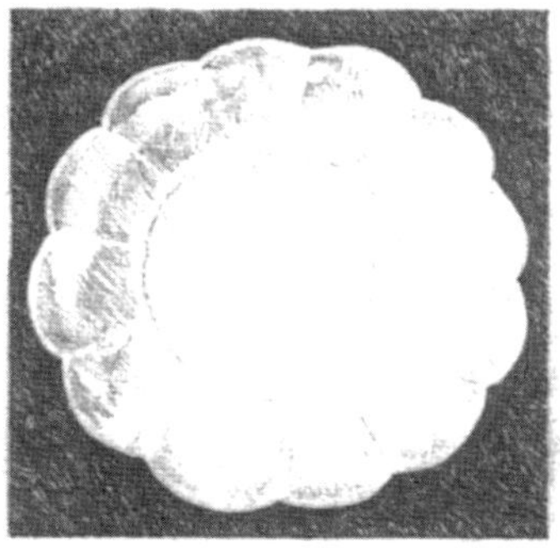

porcelana (1)
Material cerâmico duro, rígido e translúcido que consiste essencialmente em caulim, feldspato e quartzo, cozido a uma temperatura muito elevada. Também os artefatos produzidos com esse material.

porcelana (2)
Material cerâmico translúcido, cozido duas vezes em alta temperatura até adquirir o aspecto de um mármore branco (*biscuit*), e cozido depois a uma temperatura mais baixa para ser vitrificado. Também os artefatos produzidos com esse material.

caulim
Argila fina e branca utilizada na fabricação da porcelana e do cimento portland branco. Também chamado **caulino** e **barro branco**.

esmalte
Revestimento vítreo, de ordinário opaco, com fins decorativos ou de proteção, aplicado mediante fusão à superfície de artefatos de metal, vidro ou argila.

esmalte de porcelana
Revestimento opaco e vítreo aplicado a metais mediante a fusão a uma temperatura elevada.

cozimento
Processo para endurecer ou vitrificar cerâmicas mediante o aquecimento das peças em um forno a uma temperatura específica.

vitrificar
Tornar vítrea a superfície de um artefato de argila mediante seu cozimento a uma temperatura específica.

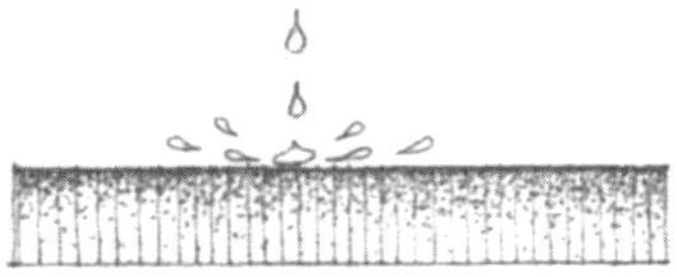

bem cozido
Artefato cozido a uma temperatura elevada, próxima à de vitrificação, e que apresenta uma absorção relativamente baixa e uma alta resistência à compressão.

vítreo
Superfície que se assemelha ao vidro quer em termos de transparência, rigidez, fragilidade e lustro, quer por apresentar pouca ou nenhuma porosidade.

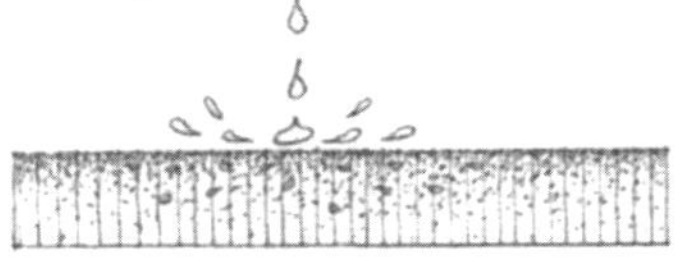

cozimento brando
Artefato cozido a uma temperatura baixa, o qual apresenta uma absorção relativamente elevada e baixa resistência à compressão.

semivítreo
Superfície que apresenta um coeficiente de absorção de água moderado, ligeiramente inferior a 6%.

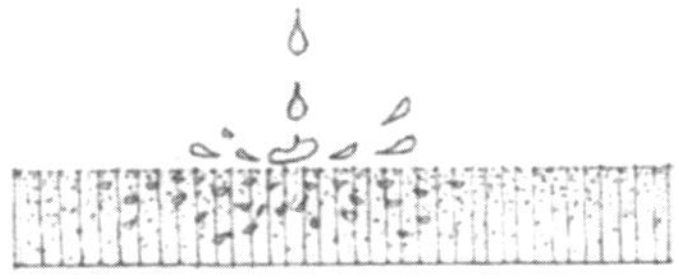

não vítreo
Superfície cujo índice de absorção de água é superior a 7%.

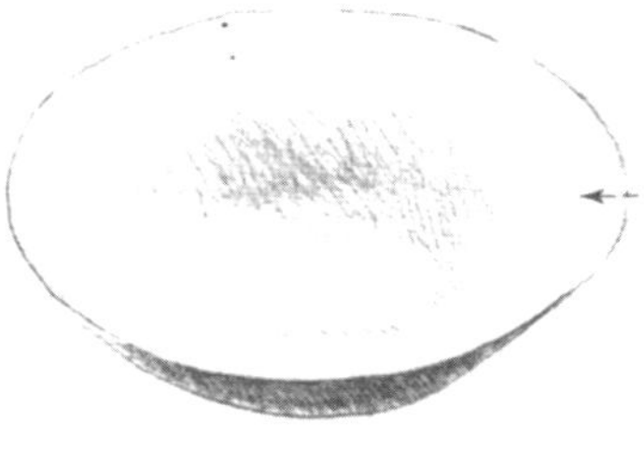

liga cerâmica
Liga termoquímica entre materiais, resultante da exposição a temperaturas próximas à do ponto de fusão da mistura.

corpo
Parte estrutural de um artefato de cerâmica ou a argila ou a mistura de que é feito.

ab scoitar
Cozido duas vezes para endurecer um corpo de argila.

biscuit
Termo francês que designa um objeto de porcelana cozido duas vezes, mas não vitrificado.

vitrificado por fusão
Objeto cozido de modo a obter-se a fusão de uma cobertura vitrificada a um corpo de argila.

cobertura vitrificada
Camada vítrea ou revestimento fundido a um corpo de argila a fim de colorir, decorar, fortalecer ou tornar à prova d'água sua superfície.

frita
Material fundido ou parcialmente fundido que constitui a base para se introduzir ingredientes solúveis ou instáveis em coberturas vitrificadas ou esmaltes.

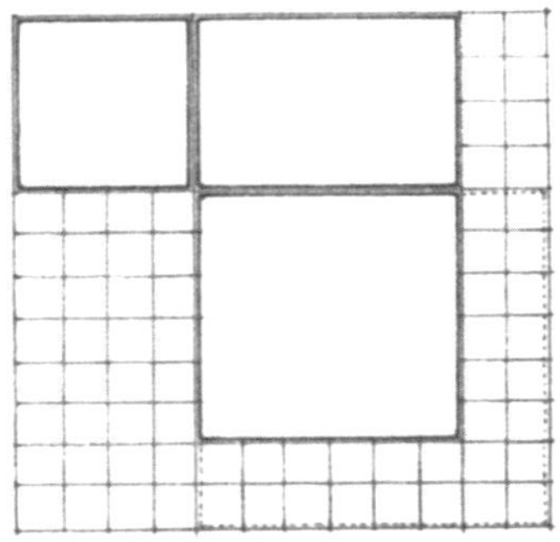

ladrilho de cerâmica
Qualquer uma das diversas lajotas de argila cozidos empregados no revestimento de paredes e pisos.

azulejo
Ladrilho de cerâmica com um corpo não vítreo e uma face vitrificada, fosca ou cristalina, utilizado para revestir paredes internas e pisos submetidos a cargas leves.

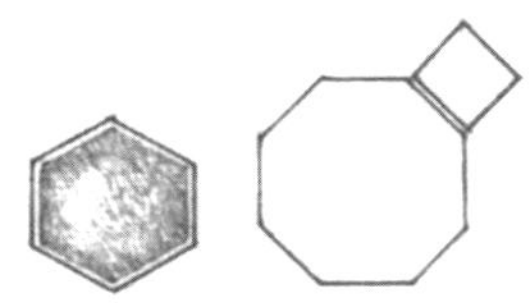

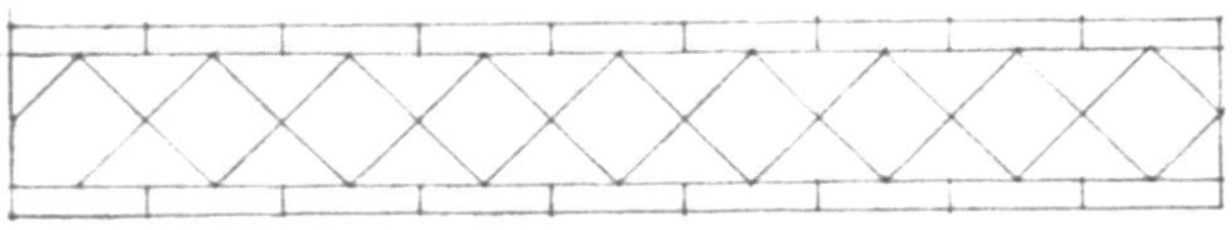

peças de acabamento
Azulejos de formato especial destinados a rematar uma quina ou canto. Dividem-se em **faixas** (acabamento da parte superior) e **calhas** (cantos).

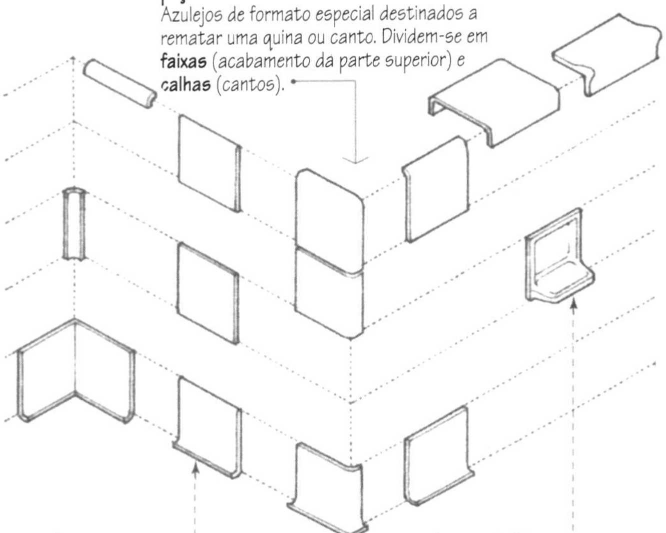

rodapé
Ladrilho revestido instalado no encontro entre um piso e uma parede, destinado a evitar o acúmulo de sujeira e facilitar a limpeza.

acessório sanitário
Qualquer uma das peças cerâmicas ou não-cerâmicas destinadas a serem afixadas a ou inseridas em um painel de azulejos, como barras, saboneteiras etc.

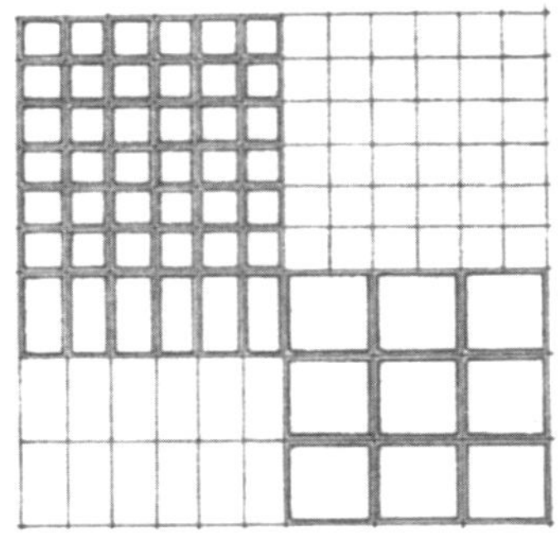

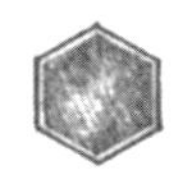

pastilha
Ladrilho de cerâmica pequeno com um corpo de porcelana ou argila natural, vitrificado para o revestimento de paredes ou não vitrificado para o uso em pisos e paredes, e normalmente afixados na face frontal ou posterior a folhas de papel grosso de modo a facilitar o manuseio e acelerar a instalação.

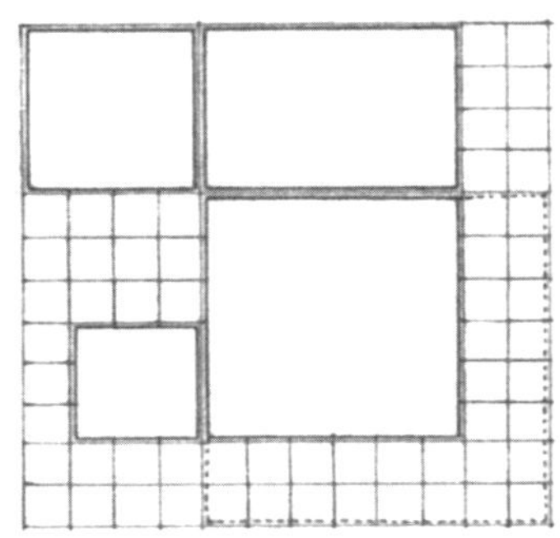

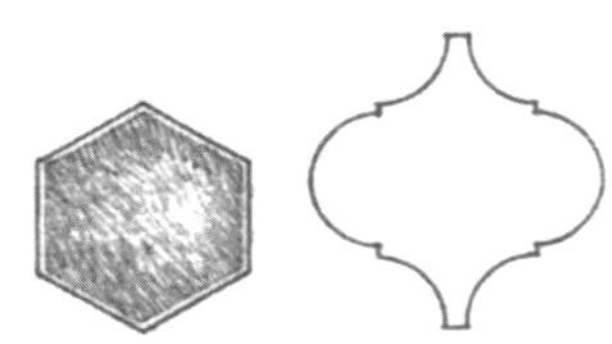

lajota
Ladrilho de cerâmica não vitrificado para revestimento de pisos, de composição semelhante à da pastilha, porém mais grossa e de área superficial maior.

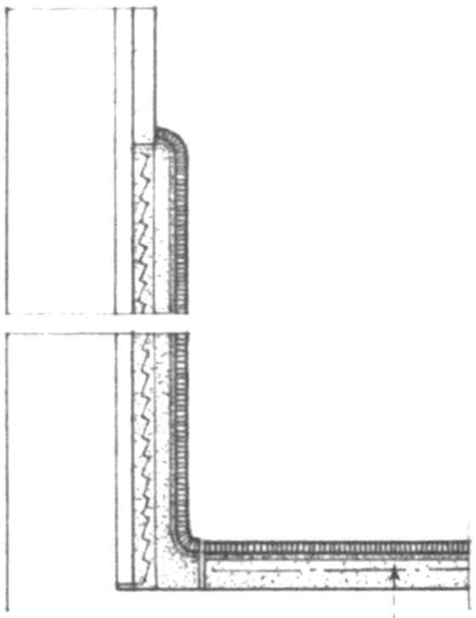

assentamento em argamassa grossa
Processo de assentamento em que os ladrilhos de cerâmica são aplicados sobre uma camada de argamassa de cimento portland com espessura entre 19 e 38 mm, que permite a obtenção de inclinações e planos precisos na obra finalizada.

argamassa de cimento portland
Mistura, preparada no canteiro, de cimento portland, areia, água, e, por vezes, cal hidratada, que se utiliza para nivelar ou assentar ladrilhos cerâmicos no processo com argamassa grossa.

argamassa de fixação
Fina camada de argamassa para fixar os ladrilhos de cerâmica a uma base.

assentamento em argamassa fina
Processo de assentamento em que os ladrilhos de cerâmica são afixados a um fundo contínuo e firme com uma fina camada de argamassa aplicada a seco, argamassa de cimento portland e látex, argamassa de epoxi ou algum adesivo orgânico com espessura entre 0,8 e 3,2 mm.

pasta de rejuntamento
Mistura cimentosa ou resinosa destinada a preencher as juntas entre os ladrilhos de cerâmica.

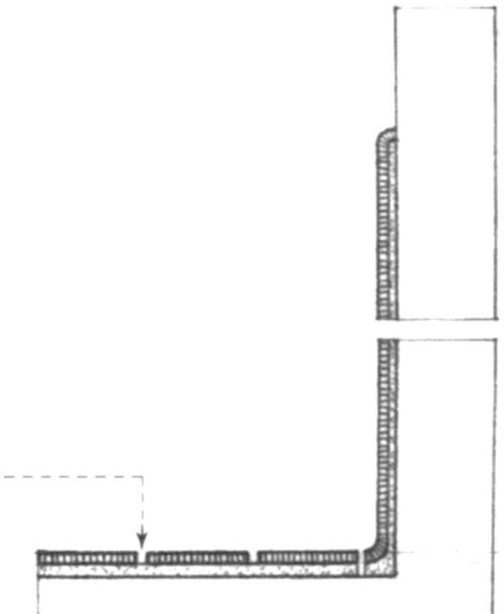

tijolo furado
Bloco de argila cozida que apresenta orifícios ou canais, utilizado na construção de paredes externas e internas.

tijolo furado fino ou interno
Tijolo próprio para paredes de alvenaria não expostas a geadas, ou para aquelas expostas porém protegidas por um revestimento de 75 mm ou mais de pedra, tijolo maciço, terracota, ou outro tipo de alvenaria.

tijolo furado largo ou externo
Tijolo próprio para paredes de alvenaria expostas a intempéries ou geadas.

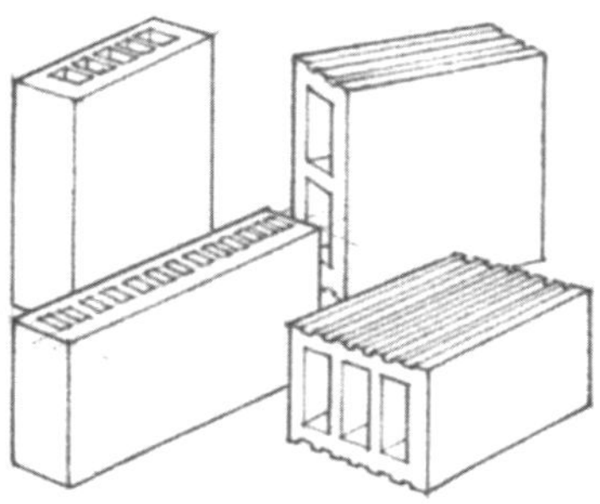

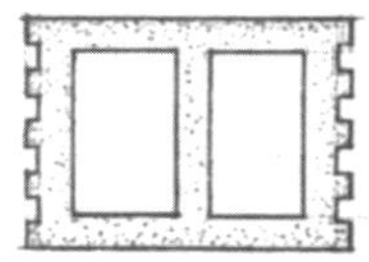

bloco
Qualquer um dos diferentes materiais ocos feitos de barro cozido, concreto ou gesso, utilizados na construção de paredes, pisos e coberturas ou em peças de aço à prova de fogo.

tijolo furado de revestimento
Tijolo furado com uma superfície vitrificada, usado no revestimento de paredes divisórias e externas, em áreas sujeitas a grande deterioração, problemas de umidade e rígidas exigências de saneamento.

FTS
Segundo classificação americana, tijolo furado de revestimento, próprio para paredes de alvenaria externas, internas e divisórias em que são aceitáveis uma absorção moderada, uma ligeira variação das dimensões exteriores, pequenos defeitos no acabamento superficial e limites médios de variação cromática.

FTX
Segundo classificação americana, tijolo furado de revestimento liso, próprio para paredes expostas de alvenaria – exteriores, interiores e divisórias –, que exigem baixa absorção e resistência a marchas, e em que um elevado grau de perfeição mecânica, uma variação mínima das dimensões superficiais e um limite estreito de variação cromática são desejados.

terracota
Argila cozida, dura, de coloração marrom-avermelhado quando não vitrificada, usada para revestimentos e ornatos arquitetônicos, bem como na feitura de materiais de construção e objetos como vasos e esculturas.

terracota arquitetônica
Terracota bem cozida, vitrificada ou não, modelada manualmente ou prensada mecanicamente para se criar um revestimento cerâmico para paredes ou elementos ornamentais.

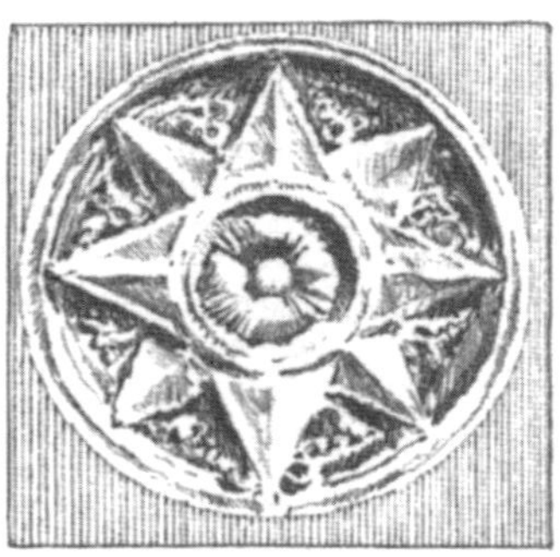

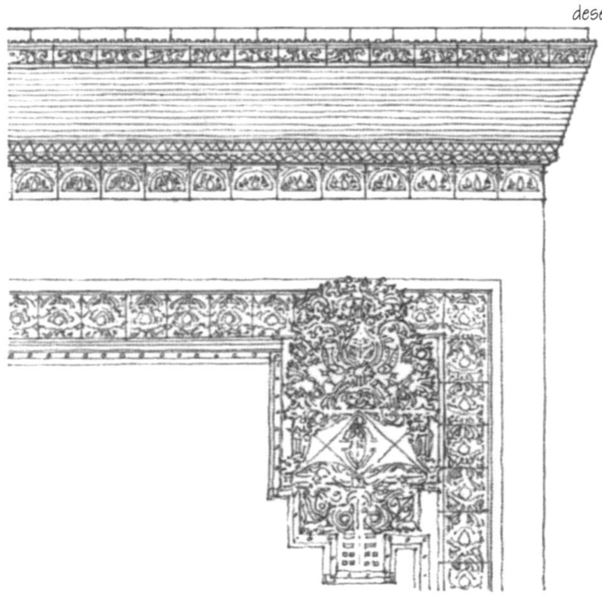

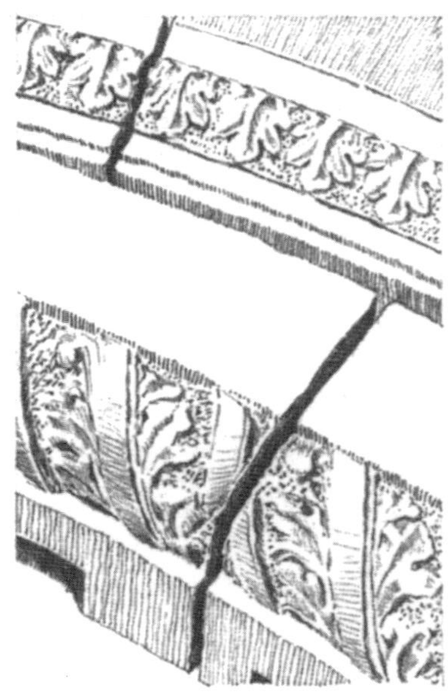

adobe
Tijolo seco ao sol feito de argila e palha, de larga utilização nos países com pouco índice de precipitação.

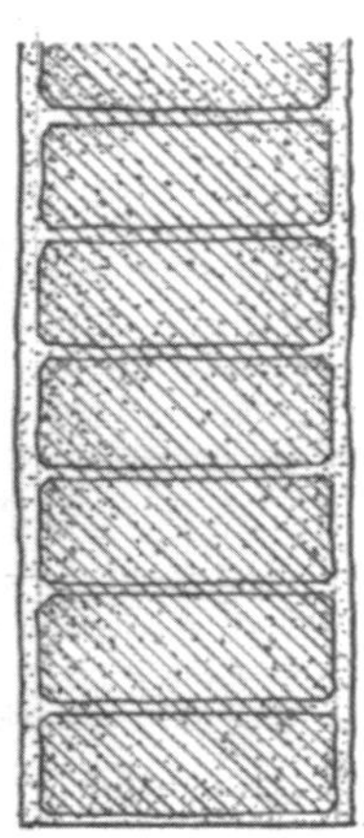

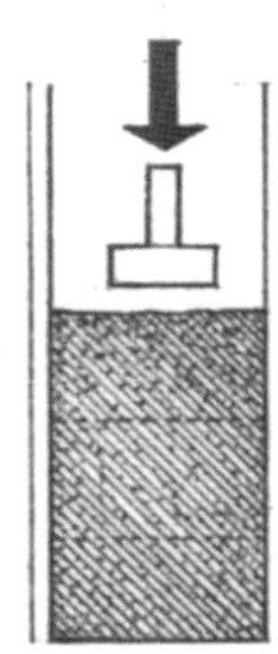

taipa
Mistura rígida de barro, areia, ou outro agregado, e água, socada e seca dentro de fôrmas e utilizada como material de construção. Também chamada ***pisé*** e ***pisé de terre***.

Elemento estrutural rígido, relativamente delgado, destinado basicamente a suportar cargas axiais, compressivas, aplicadas em suas extremidades.

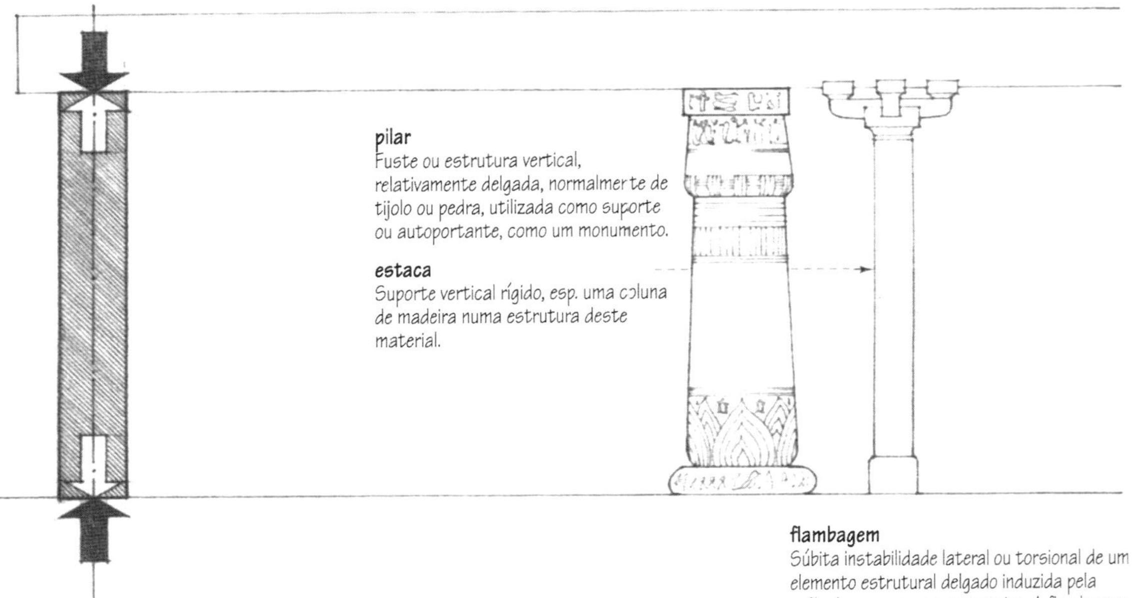

pilar
Fuste ou estrutura vertical, relativamente delgada, normalmente de tijolo ou pedra, utilizada como suporte ou autoportante, como um monumento.

estaca
Suporte vertical rígido, esp. uma coluna de madeira numa estrutura deste material.

flambagem
Súbita instabilidade lateral ou torsional de um elemento estrutural delgado induzida pela ação de uma carga compressiva. A flambagem pode ocorrer muito antes de atingida a tensão de deformação do material.

carga de flambagem
Carga axial em que uma coluna começa a se defletir lateralmente e perde sua estabilidade.

Submetida a uma carga de flambagem, uma coluna não pode gerar as forças internas necessárias ao restauramento de sua condição linear original. Qualquer carga adicional levaria a coluna a se defletir ainda mais, até a flexão causar o rompimento da coluna. Na prática, a maioria das colunas está sujeita tanto à compressão como à flexão, devido a variações nas propriedades dos materiais, à curvatura inicial de fabricação ou alguma excentricidade na aplicação das cargas. Tal flexão normalmente leva a flambagem efetiva a ser ligeiramente inferior à carga crítica de flambagem.

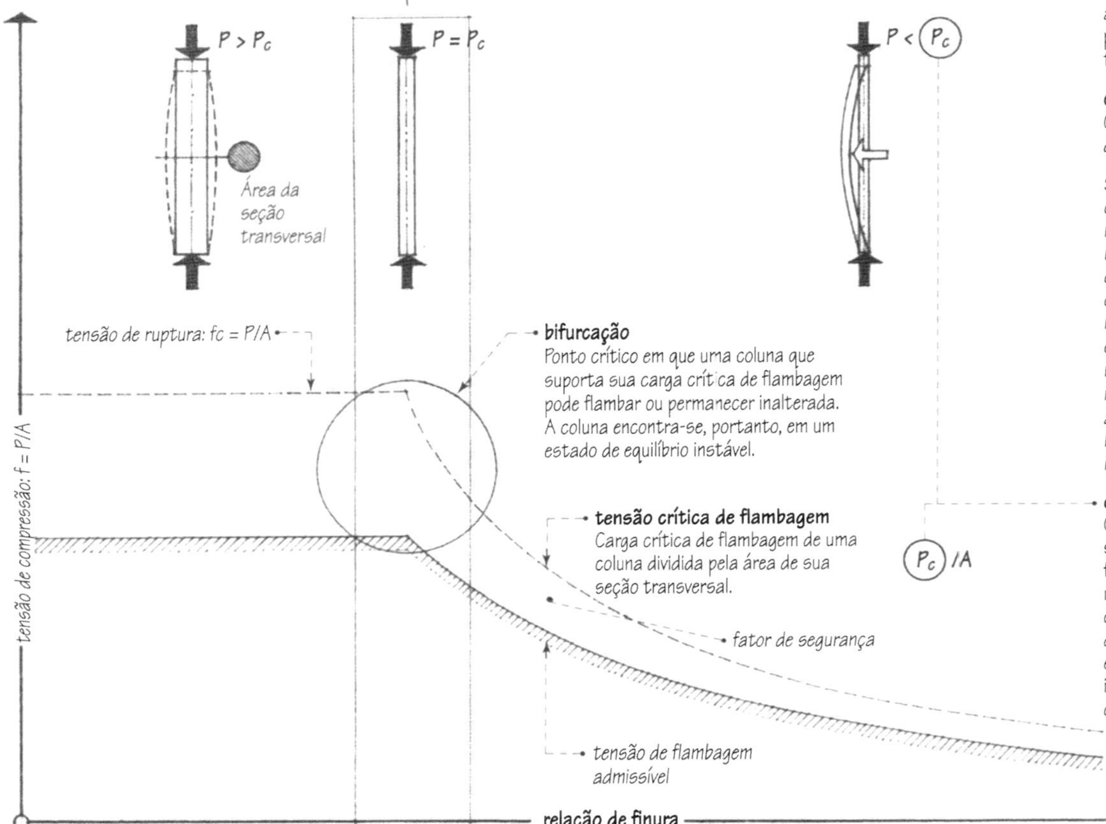

bifurcação
Ponto crítico em que uma coluna que suporta sua carga crítica de flambagem pode flambar ou permanecer inalterada. A coluna encontra-se, portanto, em um estado de equilíbrio instável.

tensão crítica de flambagem
Carga crítica de flambagem de uma coluna dividida pela área de sua seção transversal.

tensão de flambagem admissível

carga crítica de flambagem
Carga axial máxima que pode teoricamente ser aplicada a uma coluna sem causar sua flambagem. A carga crítica de flambagem de uma coluna é inversamente proporcional ao quadrado de seu comprimento efetivo, e diretamente proporcional ao módulo de elasticidade do material e ao momento de inércia da seção transversal. Também chamada **carga de flambagem de Euler**.

relação de finura
Razão entre o comprimento efetivo de uma coluna e seu raio de rotação. Também chamada **razão de adelgaçamento**.

$L_e / (r)$

$r = \sqrt{I/A}$

Quanto maior a relação de finura, menor será a tensão crítica que causará a flambagem. Um dos objetivos fundamentais ao projetar-se uma coluna é reduzir sua relação de finura mediante a minimização de seu comprimento efetivo ou a maximização do raio de rotação de sua seção transversal.

coluna curta
Coluna larga, mais sujeita a entrar em colapso pela compressão do que pela flambagem. O colapso ocorre quando a solicitação direta por parte de uma carga axial excede a resistência à compressão do material na seção transversal. Uma carga excêntrica, no entanto, pode produzir flexão e resultar em uma distribuição desigual de esforços na seção.

coluna intermediária
Coluna com um modo de avaria entre aquele de uma coluna curta e o de uma longa, via de regra parcialmente não-elástica por compressão e parcialmente elástica por flambagem.

coluna longa
Coluna delgada, mais sujeita a ser avariada pela flambagem do que pela compressão. Também chamada **coluna esbelta**.

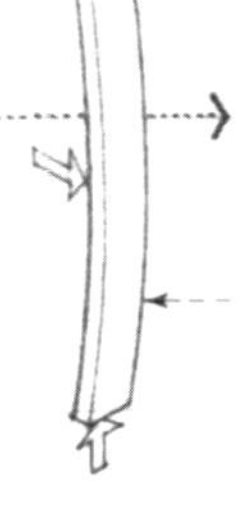

raio de rotação
Distância radial entre um eixo qualquer e um ponto no qual poderia ser concentrada a massa de um corpo sem alterar seu momento de inércia em torno do referido eixo. Para uma seção estrutural, o raio de rotação é igual à raiz quadrada do cociente entre o momento de inércia e a área.

Quanto maior o raio de rotação de uma seção estrutural, maior é a resistência dessa seção à flambagem. O objetivo, ao se determinar a forma da seção de uma coluna, é dotá-la dos raios de rotação necessários em torno dos diferentes eixos. Em uma seção transversal assimétrica, o empenamento tenderá a ocorrer em torno dos eixos mais fracos ou na direção da dimensão menor.

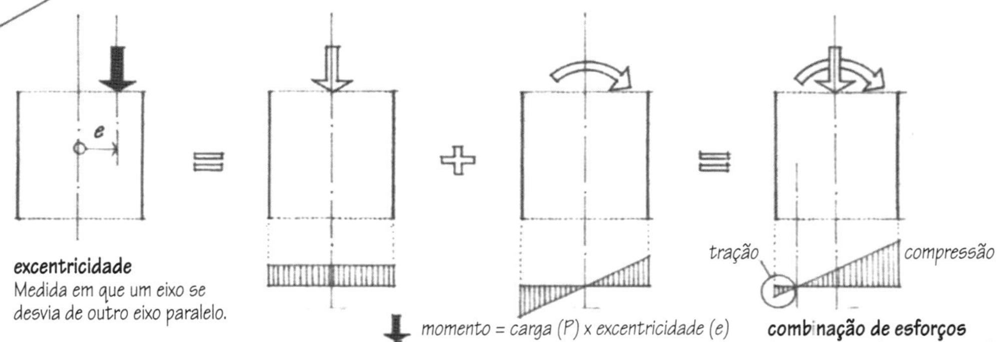

excentricidade
Medida em que um eixo se desvia de outro eixo paralelo.

combinação de esforços
Conjunto de esforços de tração e compressão resultantes da sobreposição de esforços axiais e de flexão em uma seção transversal de um elemento estrutural, que atuam na mesma direção e são iguais, em qualquer ponto, a sua soma algébrica.

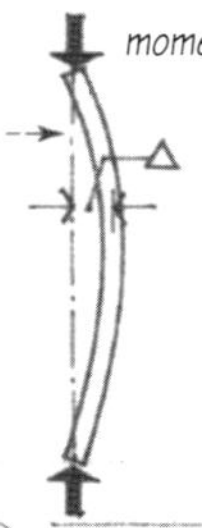

efeito delta-P
Momento adicional desenvolvido em um elemento estrutural à medida que seu eixo longitudinal se desvia da linha de ação de uma força compressiva, e que é igual ao produto da carga pela deflexão do elemento em qualquer ponto.

regra do terço central
Proposição de que uma carga compressiva deve localizar-se no terço intermediário da seção horizontal de uma coluna ou parede para evitar o surgimento de esforços de tração na referida seção.

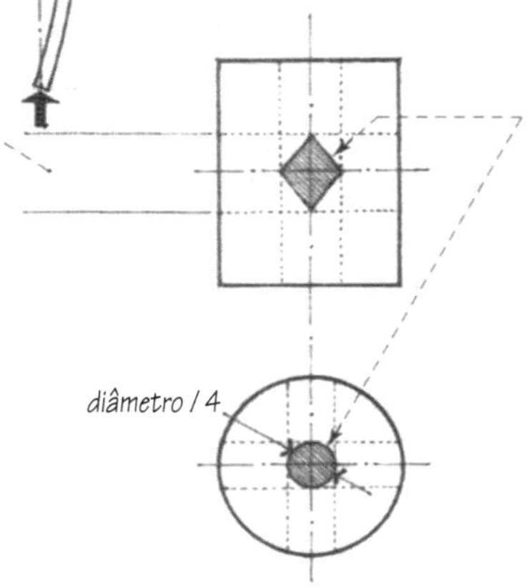

núcleo
Área central de qualquer seção horizontal de uma coluna ou parede, em cujo interior deve passar a resultante de todas as cargas compressivas caso a referida seção esteja submetida exclusivamente a esforços de compressão. Uma carga compressiva aplicada além dessa área causará o desenvolvimento de esforços de tração na seção.

ponto nuclear
Ponto em qualquer um dos lados do eixo centroidal de uma coluna horizontal ou seção de parede que define os limites do núcleo.

comprimento efetivo
Distância entre os pontos de inflexão em uma coluna sujeita a flambagem. O comprimento efetivo de uma coluna determina sua carga crítica de flambagem. Quando essa porção de uma coluna se flamba, toda ela entra em colapso.

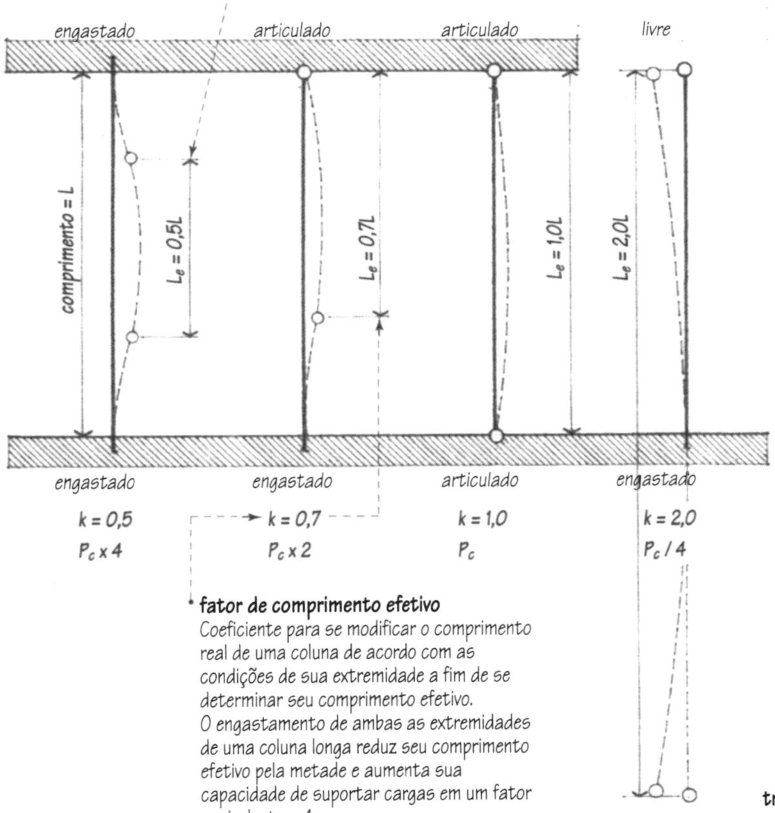

fator de comprimento efetivo
Coeficiente para se modificar o comprimento real de uma coluna de acordo com as condições de sua extremidade a fim de se determinar seu comprimento efetivo.
O engastamento de ambas as extremidades de uma coluna longa reduz seu comprimento efetivo pela metade e aumenta sua capacidade de suportar cargas em um fator equivalente a 4.

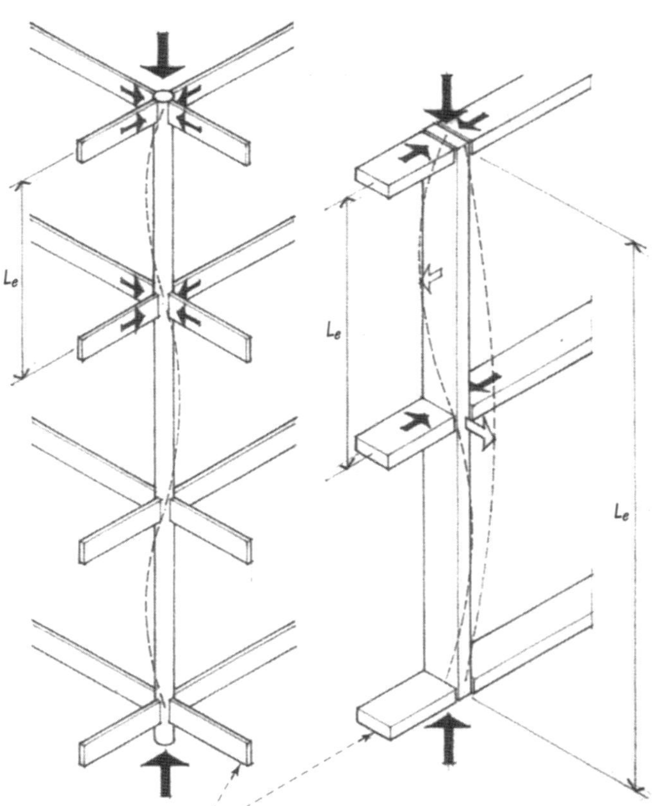

travamento lateral
Travamento de uma coluna ou outro elemento de compressão a fim de reduzir seu comprimento efetivo. O travamento lateral será mais eficaz quando ocorrer em mais de um plano.

comprimento não-travado
Distância entre os pontos em que um elemento estrutural é travado, para evitar a flambagem, em uma direção normal ao seu comprimento.

Material de construção artificial, semelhante à rocha, obtido mediante a mistura de cimento com diversos agregados minerais, com água suficiente para promover sua solidificação e aglutinar toda a massa.

cimento natural
Calcário argiloso natural que, quando calcinado e finamente pulverizado, produz um cimento hidráulico.

pozolana
Material silicioso, como poeira de borralho, que reage quimicamente com cal queimada na presença de umidade para formar um cimento de solidificação lenta, cujo nome se deve à antiga cidade de Pozzuoli, próxima ao Vesúvio.

silicioso
Que contém sílica ou algum silicato.

poeira de borralho
Finas partículas de cinza recolhidas dos gases liberados por um forno de combustível sólido.

cimento
Mistura calcinada de argila e calcário, finamente pulverizada e utilizada como ingrediente de concretos e argamassas. Muitas vezes o termo é empregado para designar o concreto.

silicato tricálcico
Composto que constitui cerca de metade do volume do cimento Portland e é responsável pela pega ou o ganho antecipado de resistência do cimento.

silicato dicálcico
Composto que constitui cerca de um quarto do volume do cimento Portland e é responsável pelo amadurecimento ou o ganho de resistência a longo prazo do cimento.

aluminato tricálcico
Composto que constitui cerca de um décimo do volume de cimento Portland e é responsável pela pega precoce do cimento.

cimento Portland
Cimento hidráulico produzido mediante a queima de uma mistura de argila e calcário em um forno rotativo e a pulverização da escória – ou clinker – resultante de modo a convertê-la em um pó muito fino, cujo nome deriva de sua semelhança com um calcário extraído da ilha de Portland, na Inglaterra.

cimento hidráulico
Cimento capaz de endurecer e se solidificar mediante uma reação com a água.

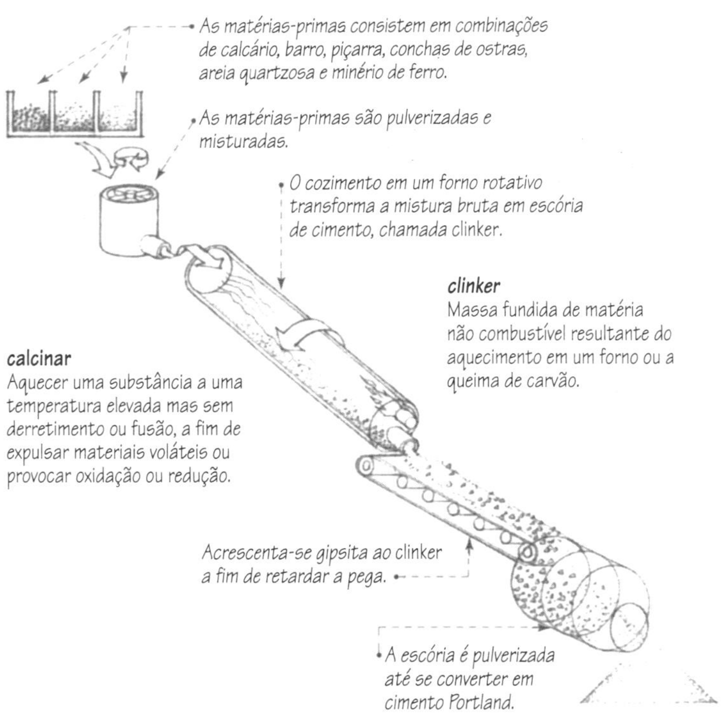

clinker
Massa fundida de matéria não combustível resultante do aquecimento em um forno ou a queima de carvão.

calcinar
Aquecer uma substância a uma temperatura elevada mas sem derretimento ou fusão, a fim de expulsar materiais voláteis ou provocar oxidação ou redução.

Tipo I: normal
Cimento Portland utilizado na construção, não apresenta as qualidades características dos demais tipos. Também, **cimento Portland comum**, conf. classificação brasileira.

Tipo II: moderado ou modificado
Cimento Portland que apresenta conteúdo reduzido de aluminato tricálcico, o que o torna mais resistente aos sulfatos e o leva a gerar menos calor de hidratação; usado na construção, quando é necessária resistência à ação de sulfatos moderados ou quando o calor acumulado pode ser prejudicial, como na construção de grandes embarcadouros e muros de contenção pesados. Também, **Portland de moderada resitência aos sulfetos**, conf. classificação brasileira.

Tipo III: de alta resistência inicial
Cimento Portland de pulverização muito fina, com conteúdo maior de silicato tricálcico, provocando cura mais rápida e ganho de resistência mais cedo que o Portland normal; usado quando se deseja a remoção antecipada das formas ou em construções erguidas em clima frio para reduzir o tempo necessário de proteção contra as baixas temperaturas.

Tipo IV: de baixo calor de hidratação
Cimento Portland com reduzido conteúdo de silicato tricálcico e conteúdo maior de silicato dicálcico, gerarando menos calor de hidratação do que o Portland normal; usado na construção de estruturas de concreto de grande porte.

Tipo V: resistente a sulfatos
Cimento Portland com conteúdo reduzido de aluminato tricálcico, o que diminui a necessidade de gipsita, sulfato acrescentado ao cimento para retardar seu tempo de pega; usado quando é preciso resistência à reação severa a sulfatos.

cimento Portland com ar incorporado
Cimento Portland do Tipo I, II ou II, ao qual foi misturada pequena quantidade de agente incorporador de ar durante sua fabricação; designado pelo sufixo A, como Tipo IA, Tipo IIA ou Tipo IIIA, conf. classificação americana.

cimento Portland branco
Cimento Portland produzido a partir de matérias-primas com baixo teor de óxidos de ferro e de manganês, as substâncias que conferem ao concreto sua cor acinzentada; usado em concretos pré-moldados, na fabricação de terrazzos, rebocos e pastas de rejuntamento. Também **cimento branco**.

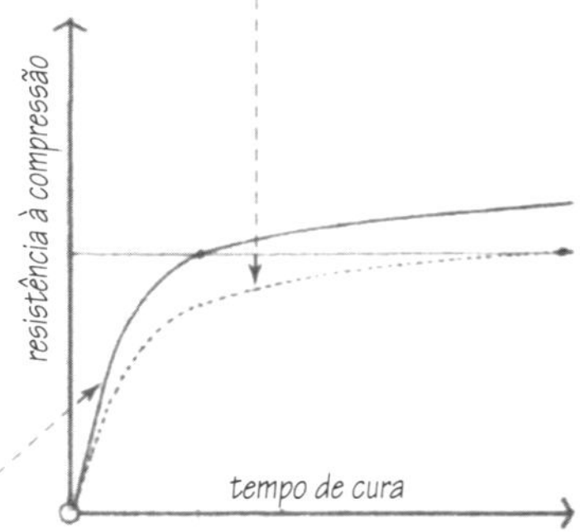

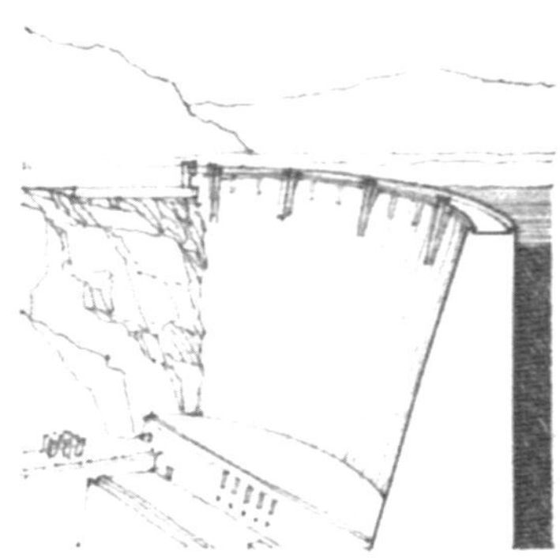

ação do sulfato
Reação expansiva que ocorre quando o cimento de um concreto ou argamassa entra em contato com sulfatos dissolvidos na água ou no solo do terreno.

ar incorporado
Bolhas de ar esféricas e microscópicas, geralmente com diâmetros entre 0,1 e 1,0 mm, dispersas propositadamente em uma mistura de concreto ou argamassa por um agente admissor de ar.

água de amassamento
Água utilizada em uma mistura de concreto ou argamassa, excluindo toda aquela absorvida pelo agregado, e livre de substâncias prejudiciais como material orgânico, barro e sais. A água potável é geralmente indicada.

pasta de cimento
Mistura de cimento e água para revestimento e para promover a pega e a coesão de partículas em uma mistura de concreto ou argamassa.

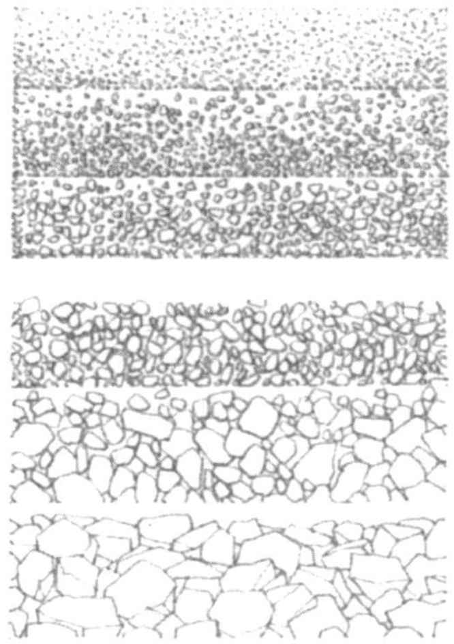

agregado
Qualquer um dos vários materiais minerais duros e inertes, como areia e cascalho, misturados a uma pasta de cimento na fabricação do concreto ou argamassa. Uma vez que o agregado representa de 60 a 80% do volume do concreto, suas propriedades são importantes para a rigidez, o peso e a resistência ao fogo do concreto endurecido. O agregado deve ser duro, dimensionalmente estável e isento de barro, limo e materiais orgânicos que possam impedir a pasta de cimento de manter coesas suas partículas.

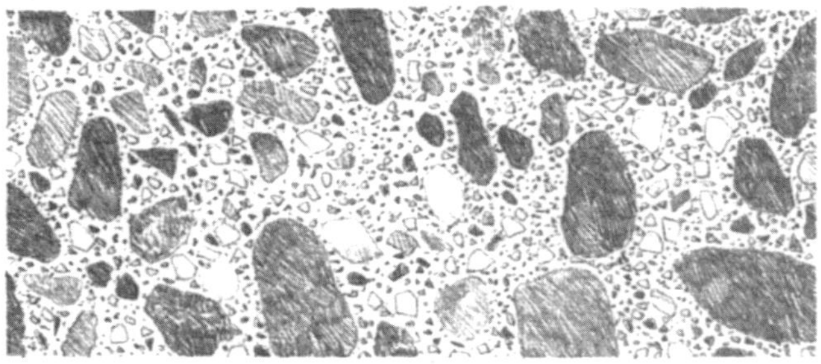

concreto leve
Fabricado com um agregado de baixa densidade específica e cujo peso é inferior ao do concreto normal, que tem cerca de 2.400 kg/m³.

concreto estrutural leve
Fabricado com agregado forte e leve, como piçarra expandida ou a ardósia expandida, cujo peso varia entre 1.362 e 1.840 kg/m³ e cuja resistência à compressão é comparável à do concreto normal.

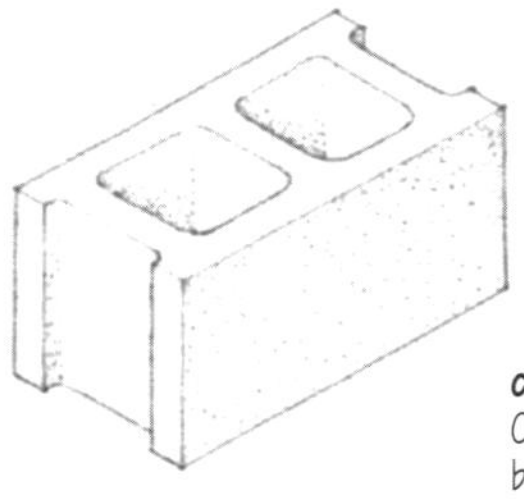

concreto isolante
Concreto leve, de peso inferior a 960 kg/m³, e baixa condutividade térmica, fabricado com um agregado leve, como a perilita, ou com um agente espumante ou agente químico gerador de gás que infunde na mistura uma estrutura celular homogênea.

agregado fino
Consiste em areia cujas partículas têm tamanho inferior a 6,4 mm; especificamente a porção de agregado que passará por uma peneira de 9,5 mm, passará quase inteiramente por uma peneira nº 4 (4,8 mm) e que ficará predominantemente retida em uma peneira nº 200 (74 μ).

agregado grosso
Consiste em pedras e pedregulhos triturados ou escória de alto-forno, cujas partículas são maiores que 6,4 mm; especificamente, a porção de agregado que fica retida em uma peneira nº 4 (4,8 mm). O tamanho máximo do agregado grosso no concreto armado é limitado pelo tamanho da seção e o espaçamento das barras de armação.

agregado graduado
Aquele cuja distribuição por tamanho de partículas é caracterizado por uma gradação uniforme. O agregado graduado requer uma quantidade mínima de pasta de cimento para preencher os vazios e circundar as partículas.

distribuição por tamanho de partículas
Variação no tamanho das partículas de um material granular, expresso quer em termos da percentagem cumulativa por peso de partículas menores ou maiores que um orifício específico de peneira, quer em termos da percentagem por peso das partículas que variam entre orifícios específicos de peneira.

gradação uniforme
Distribuição por tamanho de partículas na qual as partículas agregadas variam uniformemente do fino ao grosso sem a predominância de nenhum tamanho ou grupo de tamanhos.

piçarra expandida
Agregado forte e leve obtido mediante a descamação da argila ou da piçarra. Também chamada **argila expandida**.

ardósia expandida
Agregado forte e leve obtido mediante a descamação da ardósia.

descamação
Fragmentação superficial de determinados minerais, quando aquecidos, em agregados em forma de escama.

perlita
Vidro vulcânico expandido pelo calor de modo a formar partículas esféricas leves, utilizadas como agregado não-estrutural e como isolante térmico que preenche os vazios.

vermiculita
Mica expandida pelo calor de modo a formar fios muito leves, com o aspecto de vermes, utilizada como agregado leve não estrutural e como isolante térmico que preenche os vazios.

aditivo
Qualquer substância que não cimento, água ou agregado, acrescida a uma mistura de concreto ou argamassa a fim de alterar suas propriedades ou aquelas do produto endurecido.

- **agente incorporador de ar**
  Aditivo que espalha o ar admitido em uma mistura de concreto ou argamassa para aumentar sua trabalhabilidade, melhorar a resistência do produto curado a rachaduras induzidas por ciclos de degelo ou a descamação causada por agentes químicos descongelantes, e, em grandes quantidades, para produzir um concreto isolante leve.
- **acelerador**
  Aditivo que acelera a pega e o aumento de resistência de uma mistura de concreto, argamassa ou revestimento.
- **retardador**
  Aditivo que retarda a pega de uma mistura de concreto, argamassa ou revestimento a fim de propiciar um tempo maior para se instalar ou trabalhar a mistura.
- **agente de ação superficial**
  Aditivo destinado a reduzir a tensão superficial da água de amassamento em uma mistura de concreto, facilitando dessa forma a secagem e a ação penetrante da água ou ajudando na emulsificação ou dispersão de outros aditivos da mistura.
- **agente redutor de água**
  Aditivo destinado a reduzir a quantidade de água de amassamento necessária para a plasticidade desejada de uma mistura de concreto ou argamassa. A redução da proporção água/cimento por esse método geralmente resulta num aumento de resistência. Também chamado **superplastificante**.
- **agente colorante**
  Pigmento ou tintura acrescido a uma mistura de concreto a fim de alterar ou controlar sua cor. Também chamado **colorante** e **corante**.

dosagem racional
Seleção mais econômica e proporcional de cimento, água e agregado para produzir um concreto ou argamassa com as propriedades necessárias de plasticidade, resistência, durabilidade e impermeabilidade à água. Também chamada **traço racional**.

lei de Abrams
Lei que postula que, com componentes, cura e condições de ensaio dados, a resistência do concreto à compressão é inversamente proporcional à relação entre as quantidades de água e cimento; desenvolvida por D. A. Abrams em 1919 a partir de experiências efetuadas no instituto Lewis, de Chicago.

relação água/cimento
Relação entre as quantidades de água de amassamento e cimento em um volume unitário de mistura de concreto ou argamassa, expressa preferencialmente em termos de peso como uma fração decimal, porém muitas vezes em termos de litros de água por sacos de cimento de 50 kg. A relação água/cimento controla a resistência, a durabilidade e a impermeabilidade à água do concreto endurecido.

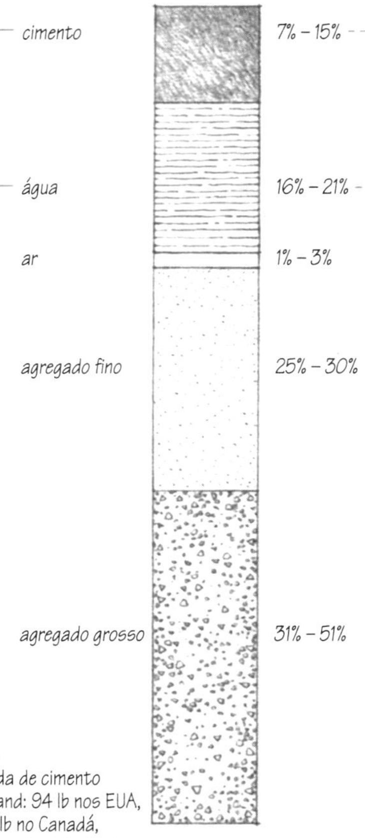

conteúdo de cimento
Quantidade de cimento por volume unitário de mistura de concreto ou argamassa, expressa preferencialmente em quilos por metro cúbico, porém muitas vezes em sacos de cimento por metro cúbico de mistura.

conteúdo de água
Quantidade de água por volume unitário de mistura de concreto ou argamassa, expressa preferencialmente em quilos por metro cúbico, porém muitas vezes em litros por metro cúbico de mistura.

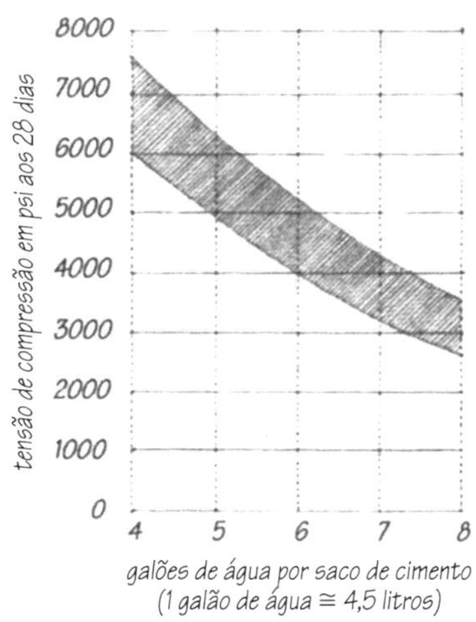

saco
Medida de cimento Portland: 94 lb nos EUA, 87,5 lb no Canadá, 112 lb na Grã-Bretanha e 50 kg nos países que adotam o sistema métrico.

consistência
Capacidade relativa do concreto ou argamassa recém-misturados de fluir, medida normalmente através do ensaio de abatimento no caso do concreto e do ensaio de consistência no caso da argamassa. A consistência depende largamente da proporção entre pasta de cimento e agregado em uma mistura.

plasticidade
Facilidade com que o concreto ou a argamassa recém-misturada pode ser manuseada, depositada em fôrmas, compactada e retocada. A plasticidade depende em parte da relação água/cimento e, em parte, da gradação do agregado de uma mistura. Também, **trabalhabilidade**.

ensaio de abatimento
Método para se determinar a consistência e a plasticidade do concreto recém-misturado mediante a medição do abatimento sofrido por uma massa de concreto fresco, ensaiada. Também chamado ***slump test***.

abatimento
Medida da consistência e plasticidade de um concreto recém-misturado, expresso como a diferença vertical, em centímetros, entre a altura do cone e a altura da massa de uma amostra, após ter sido colocada no mesmo apisoado de uma forma predeterminada, e solta sob a ação da gravidade, com a subseqüente retirada do cone. Também chamada ***slump***.

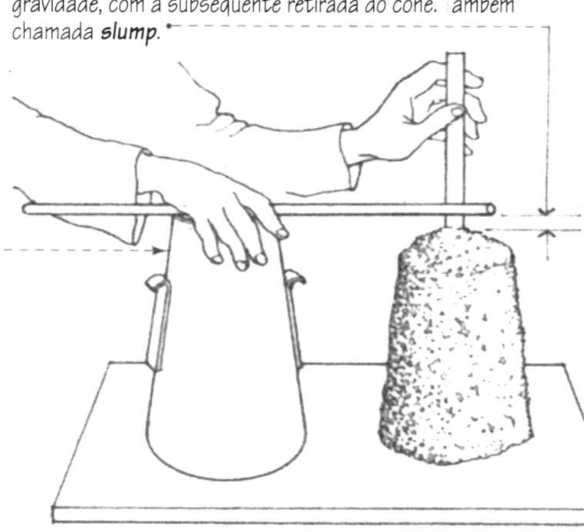

cone
Peça tronco-cônica em metal laminado, as extremidades abertas, 305 mm de altura, diâmetro da base igual a 203 mm e, do topo, igual a 102 mm, utilizado para moldar uma amostra do concreto recém-misturado para o ensaio de abatimento.

mistura plástica
Mistura de concreto ou argamassa que flui morosamente sem se desagregar e que é moldada com facilidade.

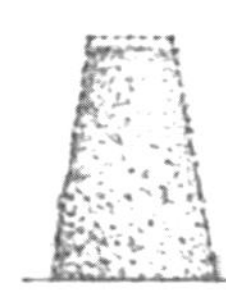

mistura seca
Mistura de concreto ou argamassa que contém pouca água ou excesso de agregado em relação aos demais componentes, e que sofre pouco ou nenhum abatimento.

mistura úmida
Mistura de concreto ou argamassa com um conteúdo de água relativamente elevado e consistência fluida, que resulta em um produto de baixa resistência, durabilidade e impermeabilidade à água. Também chamada **mistura fluida**.

ensaio de compressão
Procedimento que visa determinar a resistência à compressão de um lote de concreto mediante a utilização de uma prensa hidráulica para se medir a carga máxima que um cilindro de ensaio é capaz de suportar em compressão axial até se romper.

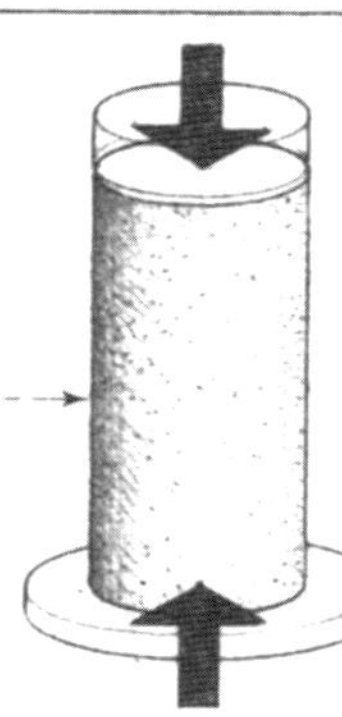

cilindro de ensaio
Peça de concreto com 152 mm de diâmetro, 305 mm de altura, moldada a partir de um lote representativo e curada em um laboratório ou no canteiro de obras mediante condições controladas.

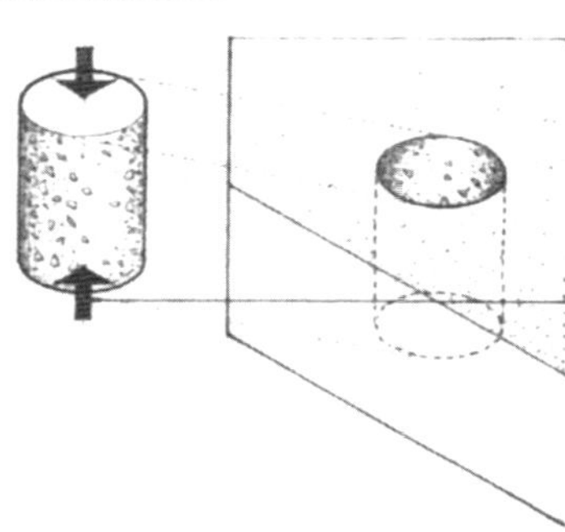

ensaio de testemunho
Ensaio de compressão de um cilindro extraído de uma estrutura endurecida de concreto, normalmente por meio de uma perfuração da mesma.

revestimento de fôrma
Material destinado a revestir a face interna de uma fôrma, selecionado especialmente para conferir um acabamento liso ou decorado à superfície de concreto.

desmoldante
Qualquer um dos diversos materiais, como óleo ou silicone, destinados a impedir a aderência do concreto a uma superfície. Também chamado **agente de separação**.

painel de fechamento
Divisória que fecha a extremidade de uma fôrma ou que impede a passagem do concreto recém-lançado em uma junta de construção. Também, **topo de parede**.

rasgo
Ranhura ou canal longitudinal formado em uma sapata de concreto, ou outro elemento que se solidificou, que aumenta a resistência ao cisalhamento para o concreto recém-lançado.

cinta
Peça de reforço destinada a impedir que as fôrmas de uma coluna ou os topos das fôrmas de uma parede se afastem quando submetidos à pressão fluida do concreto recém-lançado. Também, **colarinho** e **gravata**.

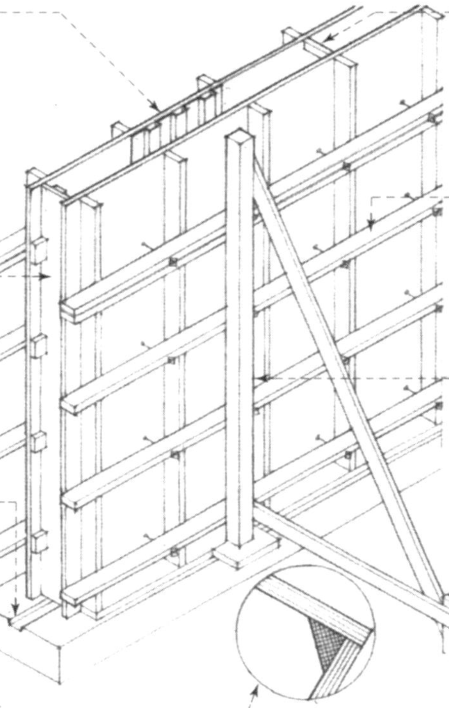

espaçador
Tirante, normalmente de madeira, destinado a espaçar e manter afastadas as fôrmas de uma parede ou sapata. Também chamado **distanciador**.

travessão
Viga horizontal de madeira ou aço destinada a reforçar diversos elementos verticais, como em fôrmas, estacas laminares ou para reter a terra na extremidade de um aterro. Também chamada **longarina**.

guia
Suporte vertical para alinhar e reforçar os travessões. Também chamado **apaumador**.

cimbramento
A estrutura temporária de que se necessita para sustentar o concreto recém-lançado, incluindo as fôrmas e todas as peças de escoramento, travamento e ferragens.

fôrma
Tabuado ou folhas de madeira, metal, plástico ou fibra de vidro destinados a conter e conferir uma forma desejada ao concreto recém-lançado até que este se consolide e adquira resistência o bastante para ser autoportante.

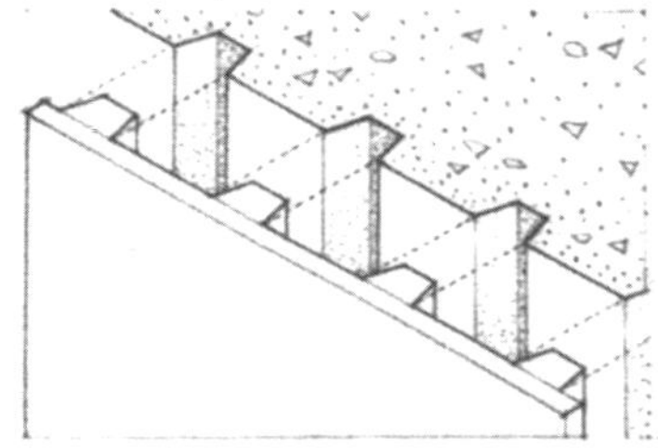

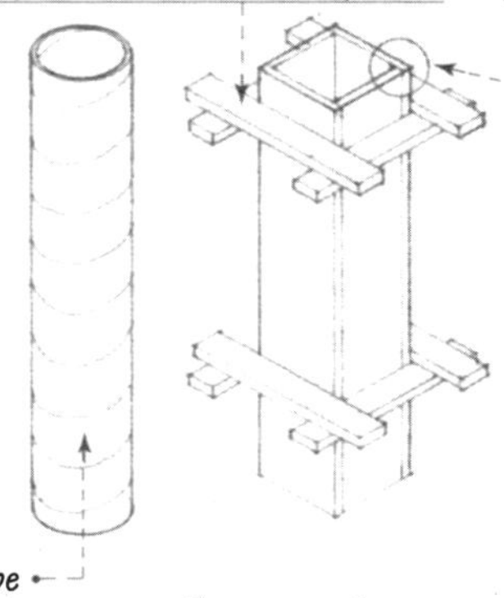

Sonotube
Nome comercial de uma fôrma para colunas cilíndricas feita de papel comprimido, impregnado de resina. Também chamada **fôrma de papelão**.

tira de chanfradura
Tira de madeira ou outro material afixada a fim de produzir um canto suave, arredondado ou chanfrado na parte externa de uma peça de concreto.

tira de ranhura
Tira de madeira ou outro material afixada à face interna de uma fôrma para produzir uma ranhura na superfície de um elemento de concreto.

guia
Sarrafo de madeira afixado à parte interna de uma fôrma para indicar o topo de uma camada de concreto.

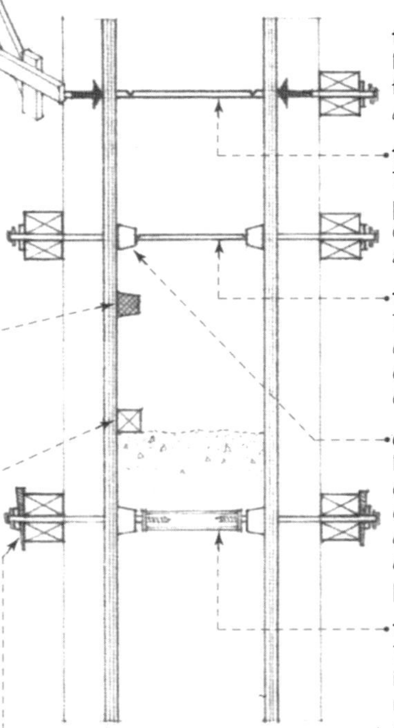

tirante
Peça metálica destinada a impedir que as fôrmas se abram mediante a pressão fluida do concreto recém-lançado. Também, **tensor**.

tirante de estalo
Tirante provido de entalhes ou rugas que permite que suas extremidades sejam quebradas abaixo da superfície de concreto após a remoção das formas.

tirante de cone
Tirante provido de cones em cada extremidade na parte interna das fôrmas e que permitem que atue também como espaçador.

cone
Pequena peça tronco-cônica de madeira, aço ou plástico afixada a um tirante a fim de espaçar e afastar as formas de uma parede, deixando uma depressão nitidamente delineada na superfície de concreto, a qual é preenchida ou deixada à mostra.

tirante-fêmea
Tirante que consiste em parafusos longos inseridos através da fôrma e rosqueados nas extremidades de uma haste interna. Após a retirada da fôrma os parafusos são removidos, ao passo que a haste interna permanece no concreto.

cunha
Qualquer uma dentre uma variedade de peças chanfradas destinadas a apertar uma fôrma e transferir a força de uma gravata para os travessões.

caranguejo
Peça para sustentar e manter uma armadura de aço em sua posição adequada antes e durante o lançamento do concreto. Pode ser feito em alturas variadas, dependendo da posição da armadura.

supaimir
Cadeira de maior altura para sustentar as barras de topo em uma viga ou laje de concreto.

cavalete
Caranguejo largo para sustentar e espaçar as barras da base em uma viga ou laje de concreto.

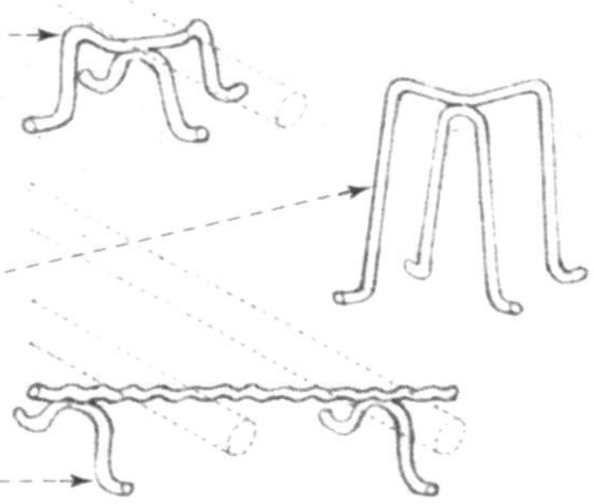

fôrma trepante
Fôrma que pode ser erguida verticalmente para sucessivos lançamentos de concreto durante a construção de um edifício de pavimentos múltiplos.

altura
Nível de um volume de concreto lançado em uma forma de uma só vez.

fôrma deslizante
Fôrma que pode ser deslocada lenta e continuamente à proporção que o concreto vai sendo lançado durante a construção de um pavimento ou edifício de concreto.

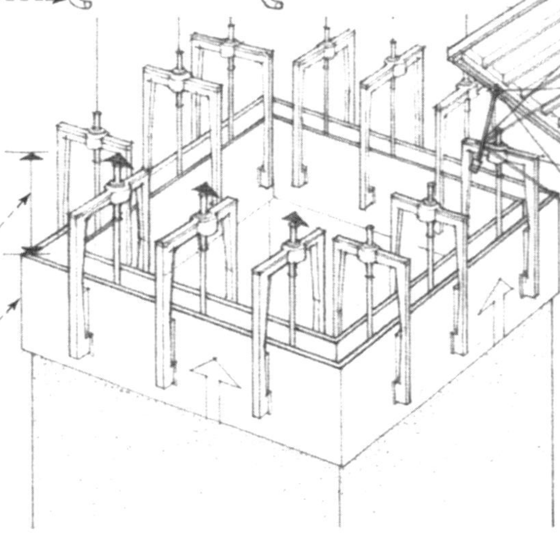

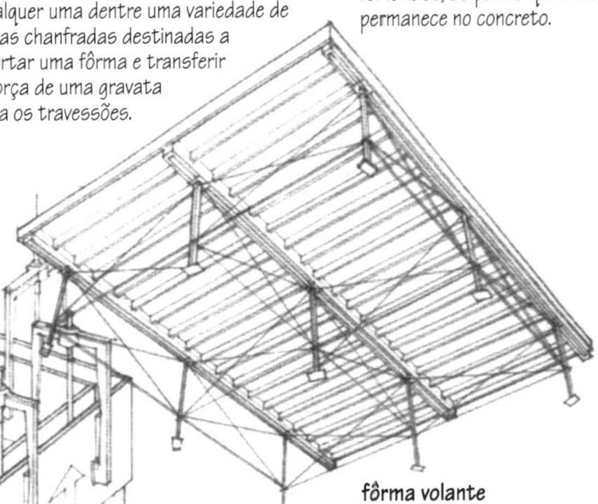

fôrma volante
Forma grande que pode ser deslocada por um guindaste, usada na construção de pisos e coberturas de concreto em edifícios de pavimentos múltiplos.

concreto moldado no local
Concreto lançado, curado e acabado em sua posição definitiva como parte de uma estrutura. Também chamado **concreto moldado *in loco***.

tempo de agitação e lançamento
Período compreendido entre o primeiro contato da água de amassamento com o cimento e o término do lançamento do concreto recém-misturado de um caminhão ou veículo-betoneira.

concreto previamente misturado
Concreto misturado em uma usina para ser entregue por um caminhão-betoneira em um canteiro de obras.

concreto parcialmente misturado
Concreto que já passou por uma mistura inicial em uma usina e que é misturado mais completamente em um veículo-betoneira em seu percurso até o canteiro de obras.

concreto misturado em trânsito
Concreto seco dosado em uma fábrica e misturado em um veículo-betoneira no percurso até o canteiro de obras.

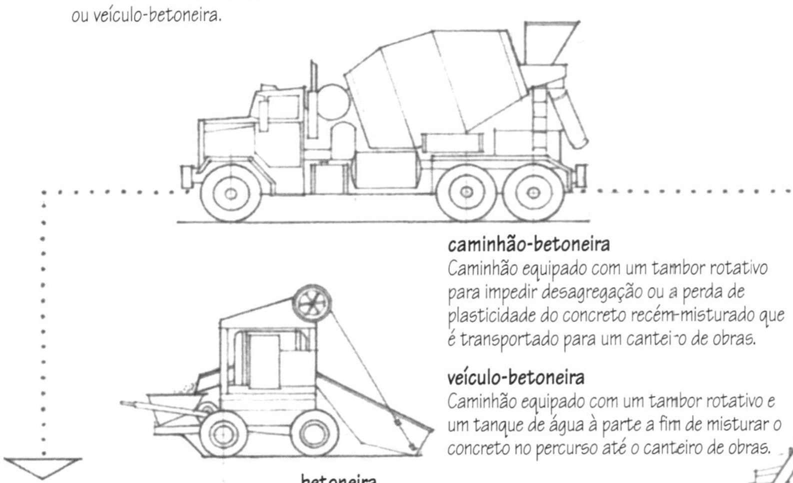

caminhão-betoneira
Caminhão equipado com um tambor rotativo para impedir desagregação ou a perda de plasticidade do concreto recém-misturado que é transportado para um canteiro de obras.

veículo-betoneira
Caminhão equipado com um tambor rotativo e um tanque de água à parte a fim de misturar o concreto no percurso até o canteiro de obras.

concretagem
Processo de lançar e adensar o concreto recém-misturado em uma fôrma ou na posição definitiva em que ele deverá endurecer.

betoneira
Máquina provida de um tambor rotativo, normalmente motorizada, para misturar cimento, agregado e água na fabricação do concreto. Também chamada **misturador**.

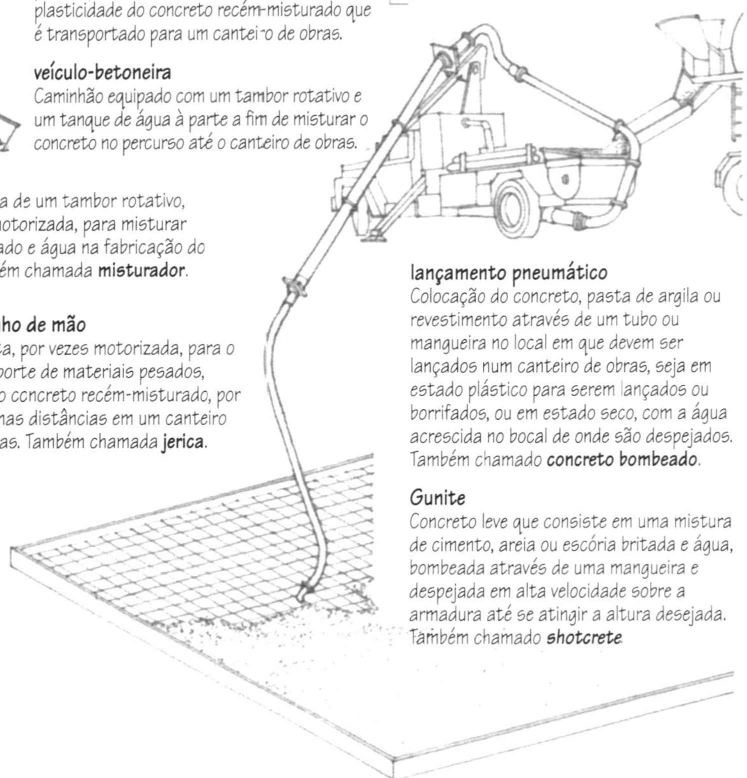

lançamento pneumático
Colocação do concreto, pasta de argila ou revestimento através de um tubo ou mangueira no local em que devem ser lançados num canteiro de obras, seja em estado plástico para serem lançados ou borrifados, ou em estado seco, com a água acrescida no bocal de onde são despejados. Também chamado **concreto bombeado**.

Gunite
Concreto leve que consiste em uma mistura de cimento, areia ou escória britada e água, bombeada através de uma mangueira e despejada em alta velocidade sobre a armadura até se atingir a altura desejada. Também chamado **shotcrete**.

concretagem direta
Descarregamento do concreto recém-misturado diretamente de um misturador, carrinho de mão ou caçamba de guindaste para uma fôrma.

queda livre
Descida do concreto recém-misturado por uma fôrma sem a ajuda de um escoadouro.

tramonha
Tubo de escoamento dotado de um funil no topo, destinado a conter e direcionar um fluxo descendente de concreto recém-misturado de modo a impedir desagregação.

calha
Canal ou tubo inclinados para se conduzir materiais fluidos a um nível inferior por meio da gravidade. Também chamada **canoura**.

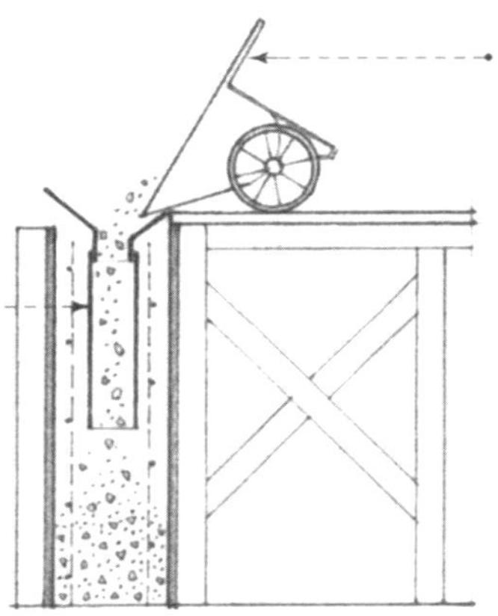

carrinho de mão
Carreta, por vezes motorizada, para o transporte de materiais pesados, como o concreto recém-misturado, por pequenas distâncias em um canteiro de obras. Também chamada **jerica**.

adensamento
Processo de eliminação de vazios, afora os do ar admitido, do concreto recém-lançado, que garante um contato rente do concreto com as superfícies da fôrma e a armadura imersa.

padejamento
Adensamento do concreto recém-lançado através do movimento repetido de inserção e retirada de uma ferramenta chata, semelhante a uma pá.

apiloamento
Adensamento do concreto recém-lançado através do movimento repetido de inserção e retirada de uma haste.

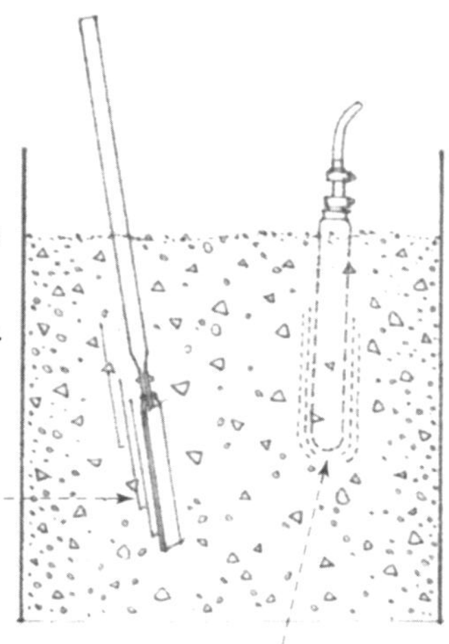

vibração
Adensamento do concreto recém-lançado mediante oscilações de freqüência moderadamente alta de um vibrador.

vibrador
Dispositivo oscilante, elétrico ou pneumático, destinado a agitar e adensar o concreto recém-lançado.

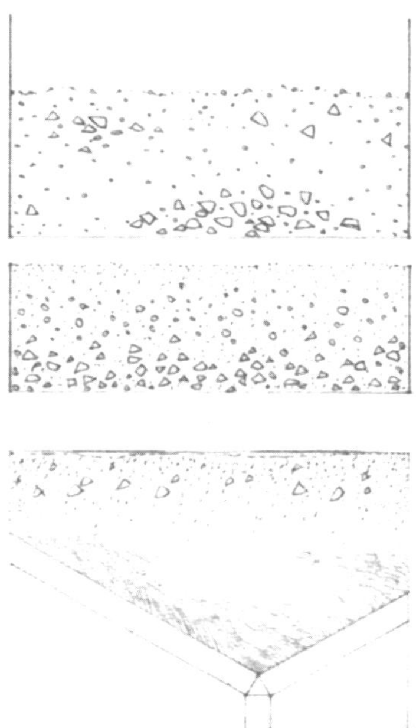

desagregação
Separação do agregado grosso da argamassa ou a separação da água dos demais componentes do concreto recém-misturado, resultante de um excesso de movimento horizontal, da queda livre da mistura ou do excesso de vibração após o lançamento.

estratificação
Separação de uma mistura de concreto excessivamente úmida ou excessivamente vibrada em camadas horizontais com a migração de materiais cada vez mais leves em direção ao topo.

exsudação
Emergência do excesso de água de amassamento para a superfície do concreto recém-lançado, resultante do assentamento de partículas sólidas no interior da massa.

nata de concreto
Depósito leitoso contendo cimento e partículas diminutas de agregado na superfície do concreto novo, causado pela exsudação do excesso de água de amassamento, o excesso de diligência na mistura ou acabamento inadequado.

acabamento
Processo de nivelar, alisar, compactar e tratar uma superfície de concreto recém-lançado visando produzir a textura e o aspecto desejados.

régua de alisamento
Peça de madeira ou metal para alisar uma superfície fresca de concreto imediatamente após o seu nivelamento.

régua de nivelamento
Régua de madeira ou metal deslocada sobre uma laje de concreto recém-lançado a fim de promover o seu nivelamento.

guia
Faixa na extremidade de uma forma que serve como indicador para a obtenção de uma superfície verdadeiramente nivelada em uma laje de concreto recém-lançado.

desempenadeira
Peça chata para espalhar e alisar uma superfície fresca de concreto, estuque ou argamassa. Também chamada **talocha**.

bull float
Desempenadeira provida de uma lâmina grande e plana presa a um cabo longo.

acabamento de desempenadeira
Acabamento de textura fina obtida mediante o alisamento de uma superfície de concreto, argamassa ou estuque frescos com um desempenador de madeira.

acabamento polvilhado a seco
Acabamento colorido pelo salpicamento de mistura seca de cimento, areia e pigmento sobre concreto seco após nivelamento e evaporação total da água, mesclando-se a mistura à superfície com uma desempenadeira. Também, **acabamento queimado**.

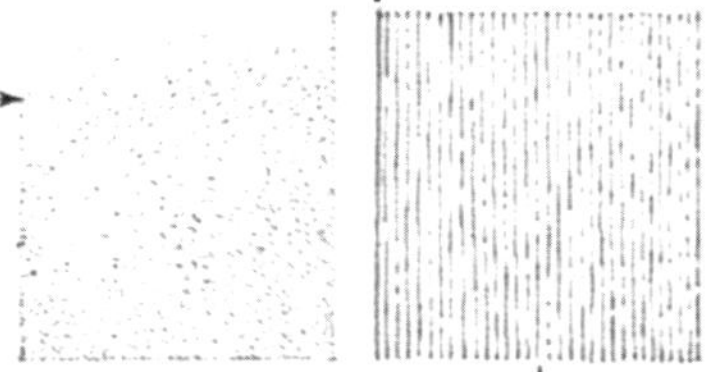

acabamento estriado
Obtido mediante a penteadura de uma superfície de concreto recém-alisada com uma vassoura ou um pincel duro. Também chamado **acabamento ranhurado**.

concreto arquitetônico
Obra de concreto aparente que exige um cuidado especial na escolha dos materiais, das formas, na concretagem e no acabamento a fim de se obter o aspecto desejado.

concreto bruto
Aquele deixado em seu estado natural após a remoção da forma, esp. quando a superfície de concreto traz marcados a textura, as juntas e os reforços do tabuado da fôrma. Também conhecido em sua denominação francesa, ***béton brut***.

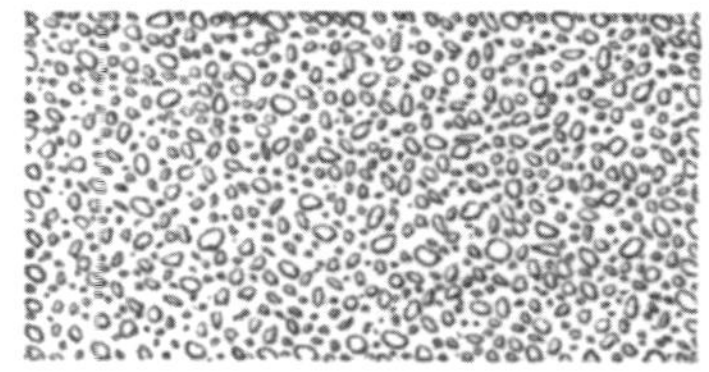

acabamento de agregado aparente
Acabamento decorativo produzido com jato de areia, causticação ou a escovação de uma superfície de concreto após o início da pega a fim de se remover a camada externa de pasta de cimento e deixar o agregado aparente.

colher de pedreiro
Qualquer uma das diversas peças de mão com lâmina chata utilizadas para aplicar, espalhar, trabalhar ou alisar um material plástico, como concreto, argamassa e gesso.

colher mecânica
Máquina portátil provida de colheres de aço instaladas em braços radiais que giram em torno de um eixo vertical, utilizada para alisar, compactar e dar o acabamento a uma superfície de concreto fresco.

colher de canto
Colher de pedreiro com um gume longo e recurvo para arredondar os cantos de uma laje de concreto fresco ao início da pega.

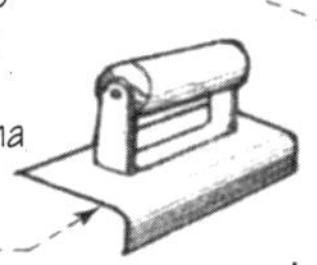

acabamento de colher
Acabamento denso e homogêneo obtido mediante o alisamento de uma superfície de concreto ou argamassa fresca com uma colher de pedreiro de aço.

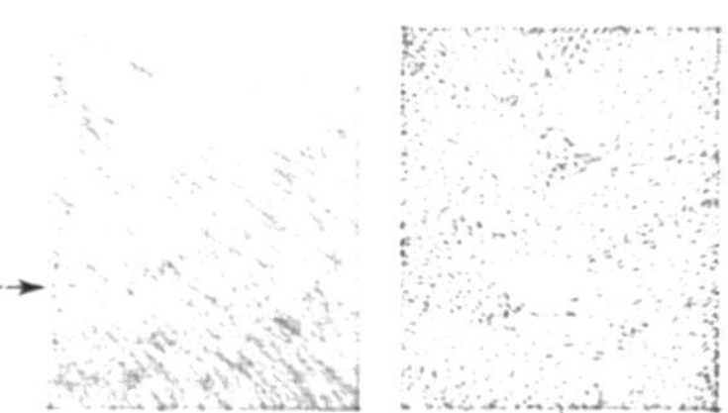

acabamento en círculos
Acabamento texturizado conferido a uma superfície fresca de argamassa ou concreto, obtido mediante a aplicação da colher de pedreiro em um movimento circular contínuo.

acabamento apicoado
Acabamento de textura tosca obtido através do desbastamento de uma superfície de concreto ou pedra com um martelo elétrico provido de uma cabeça retangular com uma face corrugada, serrada ou dentada. Também, **apicoado**.

serra de piso
Serra elétrica rotativa sobre rodas, equipada com uma lâmina de carbureto de silício ou diamante, utilizada para cortar uma junta de controle em uma laje de concreto endurecido.

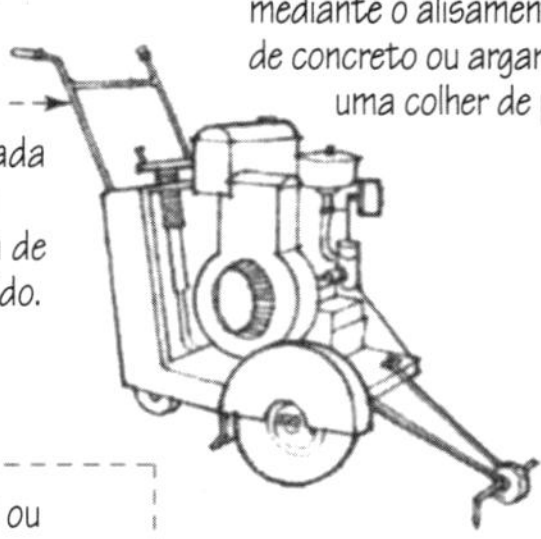

pega
Passagem do concreto, argamassa, gesso ou cola para um estado rígido ou duro devido a uma alteração física ou química.

curar
Manter o concreto ou a argamassa recém-colocados na temperatura e umidade necessárias durante os sete primeiros dias que se seguem a seu lançamento, moldagem ou acabamento a fim de garantir uma hidratação satisfatória dos materiais cimentosos e o endurecimento adequado.

ninhos
Vazios em uma superfície de concreto moldada causados pela desagregação durante o lançamento ou por insuficiência de adensamento.

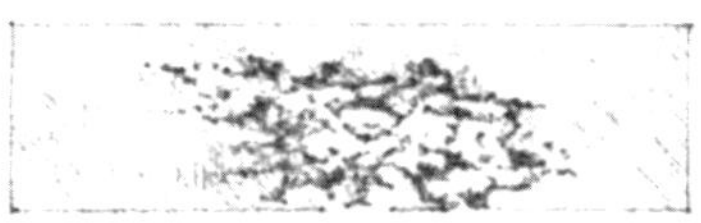

lascadura
Quebra ou escamadura de uma superfície de concreto endurecido ou alvenaria causada por ciclos de congelamento-degelo ou a aplicação de sais de degelo. Também chamada **descamação**.

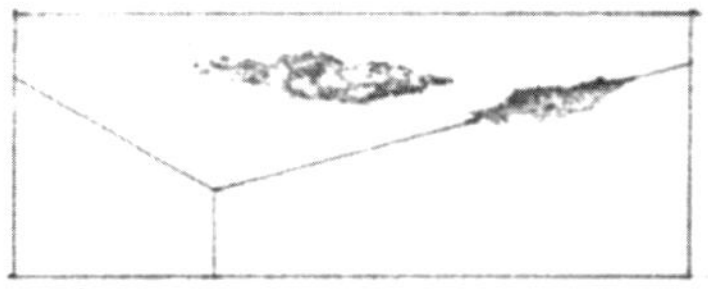

fissuração
O aparecimento de numerosas rachaduras finas na superfície recém-endurecida de uma laje de concreto como resultado de uma rápida retração de secagem.

calor de hidratação
Calor gerado pelo processo de hidratação, por exemplo durante a pega e a cura de uma mistura de concreto.

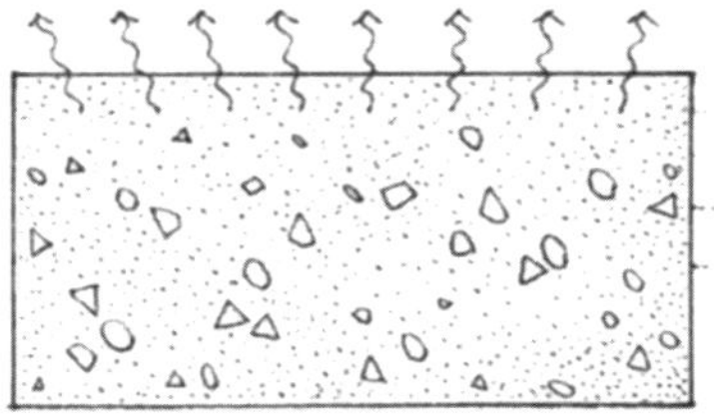

hidratação
Processo pelo qual uma substância combina-se quimicamente com a água, como o que ocorre quando o cimento é misturado com ela.

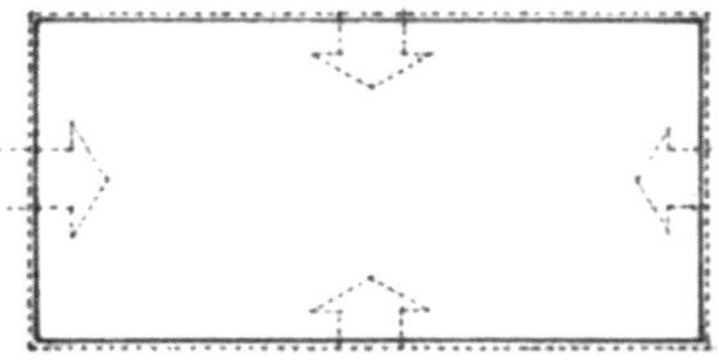

retração de secagem
Redução no volume de concreto, argamassa ou gesso, causada pela perda de umidade.

retração de pega
Redução no volume de concreto antes de sua pega final, causada pela hidratação da pasta de cimento.

Concreto reforçado com uma armadura de aço embutida de tal maneira que os dois materiais atuam conjuntamente na resistência aos esforços.

concreto simples
Concreto desprovido de reforço ou reforçado apenas para resistir à retração de secagem ou tensões térmicas.

ferrocimento
Material composto por uma argamassa de cimento e areia, reforçada por uma tela de arame previamente instalada em um molde.

concreto reforçado com fibra
Concreto reforçado com fibras de vidro ou plástico dispersas em direções aleatórias.

gfrc
Abreviação de *glass-fiber-reinforced concrete* (concreto reforçado com fibra de vidro).

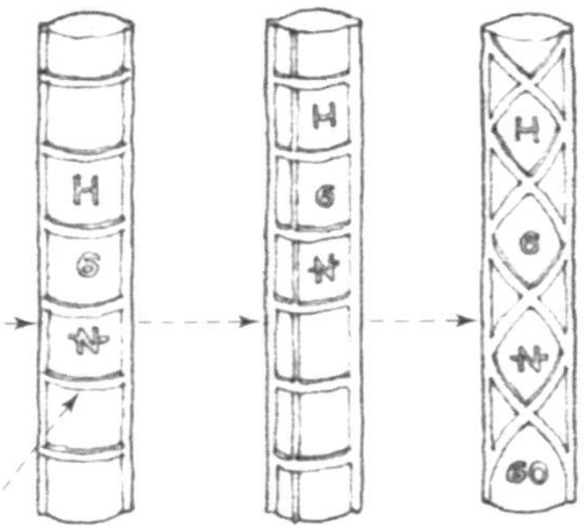

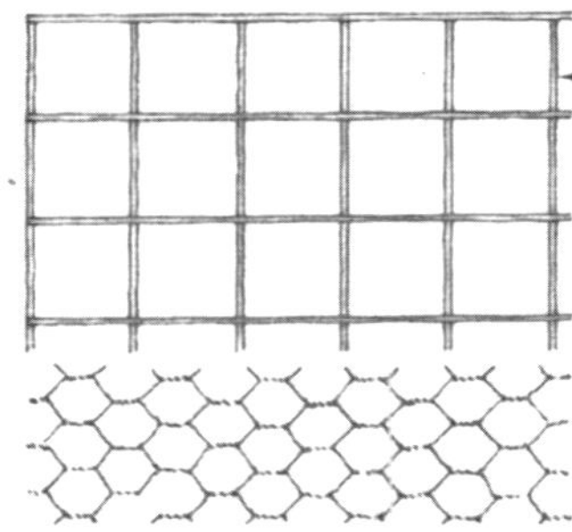

armadura
Sistema de barras, cordões ou arames de aço cuja finalidade é absorver os esforços de tensão, cisalhamento e, por vezes, de compressão em um elemento ou estrutura de concreto. Também chamada **armação**.

barra de reforço
Barra de aço cuja finalidade é reforçar o concreto, normalmente especificada por um número equivalente a seu diâmetro em oitavos de polegada.

barra deformada
Barra de reforço laminada a quente, com deformações na superfície, visando aumentar sua aderência com o concreto.

esteira de aço
Trama formada por arames ou barras de aço longitudinais e transversais soldadas em todos os pontos de interseção, normalmente especificada por seu tamanho e o diâmetro do arame. Também chamada **tela de arame soldado** e **malha de arame soldado**.

tela de arame trançado
Tela de arames de aço estirados a frio, trançados mecanicamente de modo a formarem aberturas hexagonais.

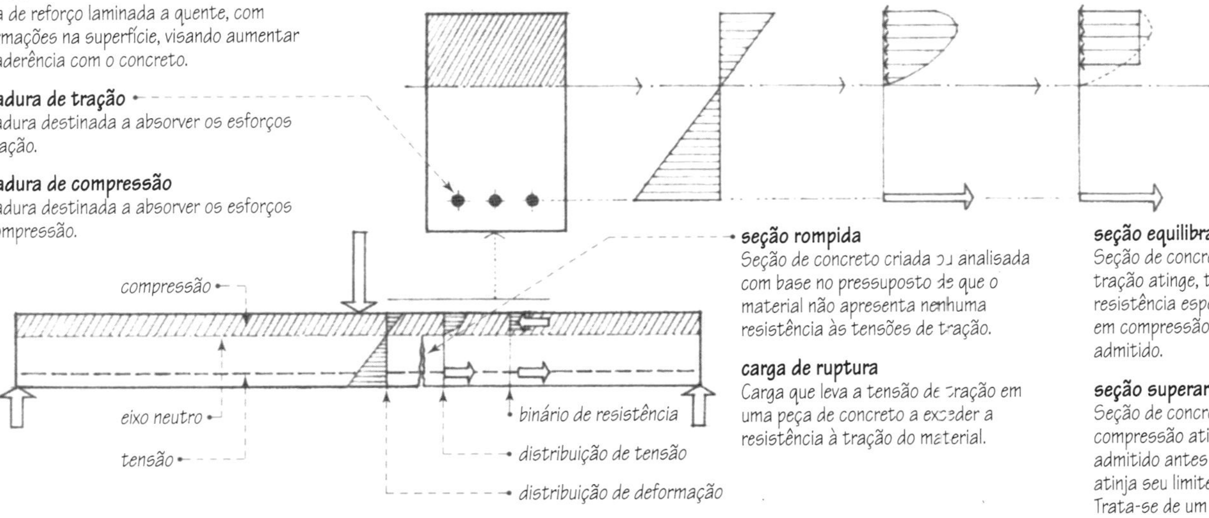

armadura de tração
Armadura destinada a absorver os esforços de tração.

armadura de compressão
Armadura destinada a absorver os esforços de compressão.

seção rompida
Seção de concreto criada ou analisada com base no pressuposto de que o material não apresenta nenhuma resistência às tensões de tração.

carga de ruptura
Carga que leva a tensão de tração em uma peça de concreto a exceder a resistência à tração do material.

seção equilibrada
Seção de concreto em que a armadura de tração atinge, teoricamente, seu limite de resistência especificado quando o concreto em compressão atinge seu limite de ruptura admitido.

seção superarmada
Seção de concreto na qual o concreto sob compressão atinge seu limite de ruptura admitido antes que a armadura de tração atinja seu limite de resistência especificado. Trata-se de um quadro perigoso, uma vez que pode ocasionar uma ruptura instantânea, e imprevista, da seção.

seção subarmada
Seção de concreto na qual a armadura de tração atinge seu limite de resistência especificado antes que o concreto sob compressão atinja seu limite de ruptura admitido. Trata-se de um quadro desejável, uma vez que a ruptura da seção seria precedida por grandes deformações, num aviso antecipado do colapso iminente.

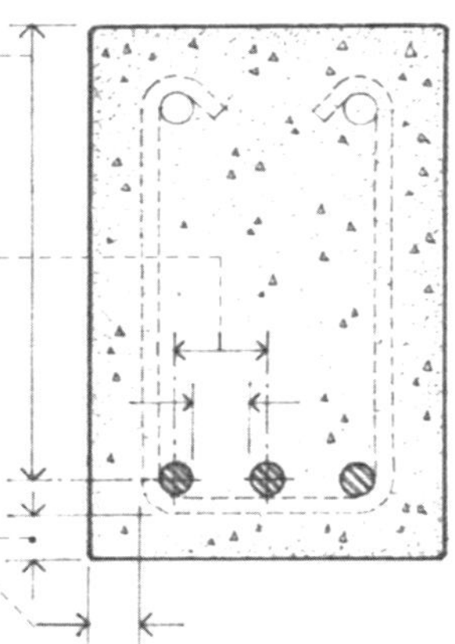

altura efetiva
Altura de uma seção de concreto medida entre a face de compressão e o centróide da armadura de tração.

espaçamento entre barras
Distância entre as barras de reforço medida centro a centro, sendo a distância livre resultante entre as barras regulada pelo diâmetro destas, a dimensão máxima do agregado bruto e a densidade da seção de concreto.

recobrimento
Quantidade de concreto necessária para se proteger do fogo e da corrosão a armadura de aço, medida entre a superfície desta e a superfície externa da seção de concreto.

área efetiva de concreto
Área de uma seção de concreto entre a face de compressão e o centróide da armadura de tração.

área efetiva da armadura
Produto da área da seção transversal direita da armadura pelo cosseno do ângulo entre sua direção e a direção na qual sua eficácia é considerada.

percentagem de armadura
Razão entre a área efetiva da armadura e a área efetiva de concreto em qualquer seção de um elemento de concreto armado, expressa em termos de uma percentagem.

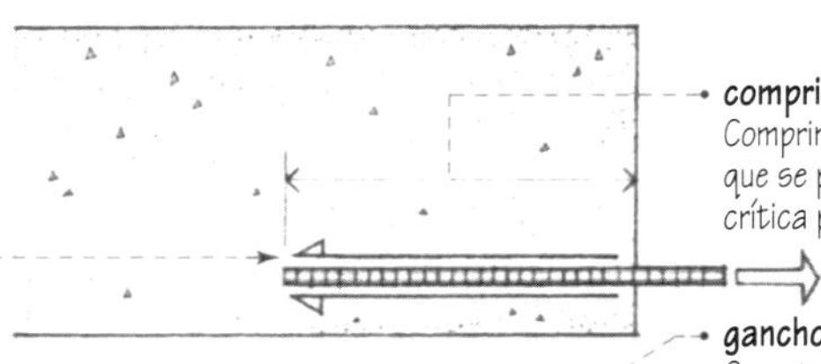

aderência
Adesão entre dois materiais – por exemplo, entre o concreto e as barras de reforço da armadura.

tensão de aderência
Força adesiva por unidade de área de contato entre uma barra de reforço e o concreto envolvente, desenvolvida em qualquer seção de um elemento que apresenta uma flexão.

comprimento de ancoragem
Comprimento de armadura embutida que se prolonga além de uma seção crítica para fins de ancoragem.

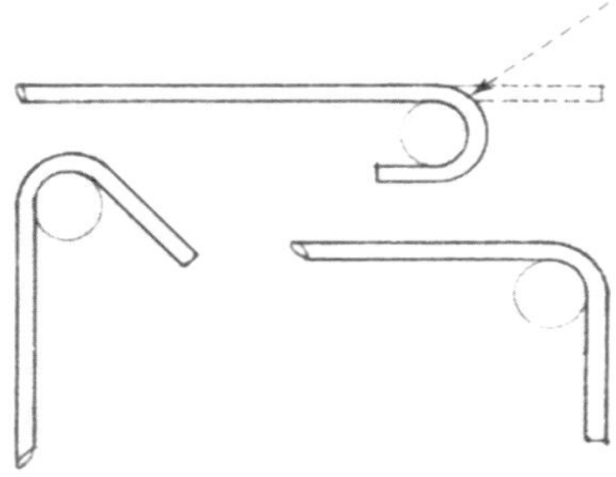

gancho
Curvatura impressa à extremidade de uma barra de tensão para desenvolver um comprimento de ancoragem equivalente, usada quando não há espaço para o desenvolvimento de um comprimento de ancoragem adequado.

gancho padrão
Curvatura de 90°, 135° ou 180° impressa à extremidade de uma barra de reforço segundo padrões industriais, cujo raio baseia-se no diâmetro da barra.

ancoragem
Qualquer um dentre uma série de meios, como comprimento de ancoragem ou barras dobradas, destinados a gerar tensão ou compressão em uma barra de reforço em cada lado de uma seção crítica a fim de impedir falta de aderência ou a ocorrência de fendas.

seção crítica
Seção de um elemento de concreto fletido em um ponto de tensão máxima, um ponto de inflexão ou um ponto do trecho em que não é mais necessário o uso de barras de tensão para resistir aos esforços.

cavalete
Barra longitudinal dobrada para cima ou para baixo nos pontos de inversão de momento em uma viga de concreto armado.

barra superior
Qualquer uma das barras longitudinais que atuam como armadura de tração na seção de uma viga ou laje de concreto de modo a resistir a momentos negativos.

viga de concreto armado
Viga de concreto projetada para a ação conjunta da armadura longitudinal e transversal de modo a resistir às forças aplicadas.

armadura longitudinal
Armadura essencialmente paralela à superfície horizontal de uma viga ou ao eixo maior de uma viga ou coluna de concreto.

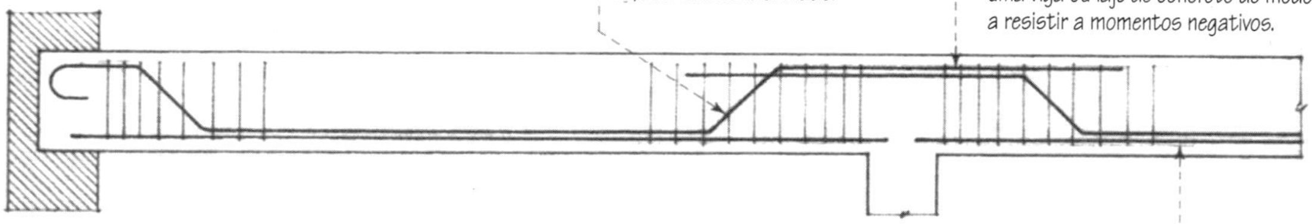

armadura transversal
Armadura que consiste em barras ou estribos dobrados, colocada em uma viga de concreto para resistir à tração diagonal.

barra dobrada
Barra longitudinal dobrada a um ângulo de 30° ou mais com o eixo de uma viga de concreto, de modo a interceptar perpendicularmente a rachadura que poderia se dar devido à tensão diagonal.

barra inferior
Qualquer uma das barras longitudinais que atuam como armadura de tração na seção de uma viga ou laje de concreto de modo a resistir a momento positivos.

viga alta
Viga de concreto armado com uma razão altura/vão superior a 2:5 para os vãos contínuos ou a 4:5 para os vãos simples, sujeita a uma distribuição não-linear de tensões e a empenamentos laterais.

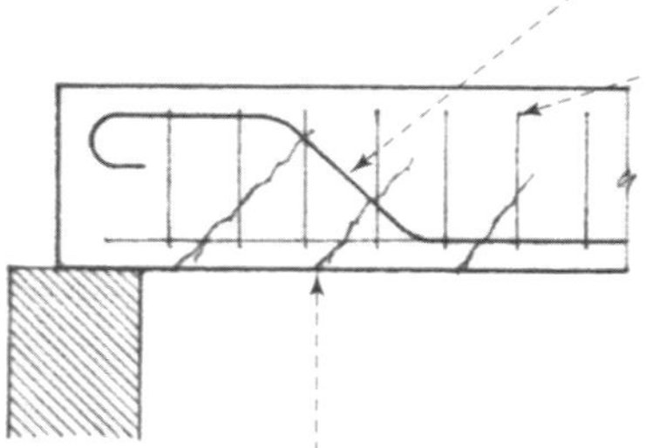

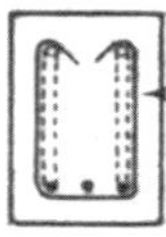

estribo
Qualquer uma das barras em forma de U ou circuito fechado instaladas perpendicularmente à armadura longitudinal de uma viga de concreto com a finalidade de resistir ao componente vertical da tração diagonal.

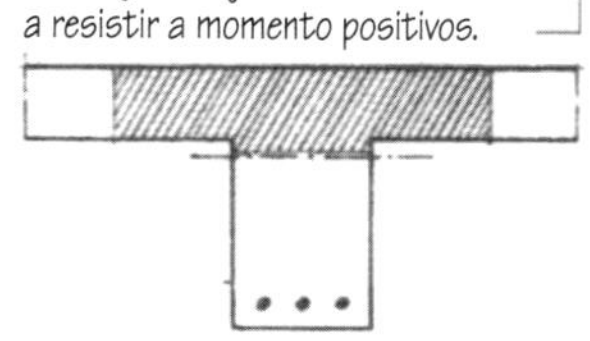

viga em T
Peça monolítica de concreto armado na qual uma parte da laje situada em cada lado da viga atua como um flange na resistência às tensões de compressão, enquanto a parte da viga que se projeta abaixo da laje atua como um braço ou haste na resistência aos esforços de flexão e de cisalhamento.

tração diagonal
Principais esforços que atuam diagonalmente ao eixo longitudinal de uma viga.

armadura vertical
Reforço longitudinal instalado em uma coluna de concreto para absorver as tensões de compressão, resistir aos esforços de flexão e reduzir os efeitos de deformações e retrações na coluna. A área efetiva da seção transversal de uma armadura vertical não deve ser inferior a 0,01 nem superior a 0,08 vezes a área bruta da seção transversal da coluna, com um mínimo de quatro barras de 5 mm para as colunas estaiadas e um mínimo de seis barras de 5 mm para as colunas em espiral*.

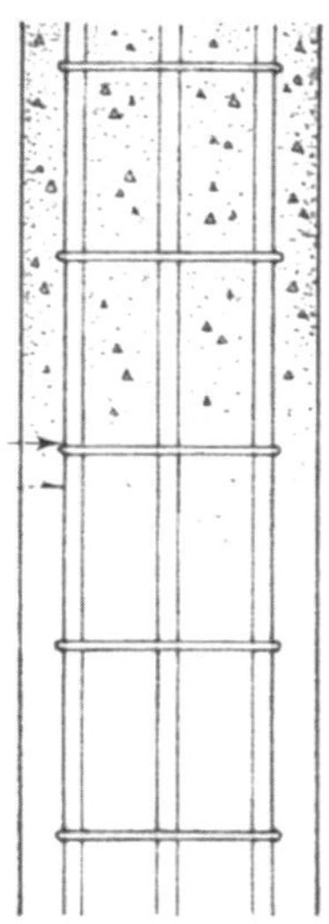

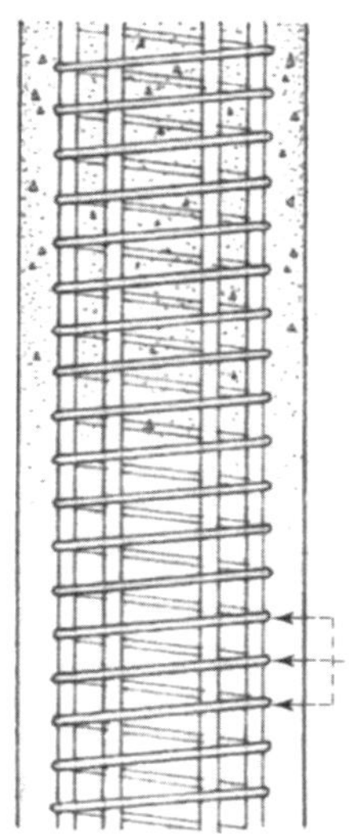

coluna de concreto armado
Coluna de concreto projetada para atuar conjuntamente com armaduras vertical e lateral na resistência às forças aplicadas. As colunas de concreto armado que constituem o principal apoio de um piso ou cobertura devem ter um diâmetro mínimo de 254 mm ou, se forem de seção retangular, uma espessura mínima de 203 mm e uma área bruta mínima de 61.935 mm².

armadura lateral
Armadura em espiral composta por tirantes laterais instalados em uma coluna de concreto a fim de prender lateralmente a armadura vertical e impedir empenamentos.

armadura helicoidal
Armadura lateral que consiste em uma espiral contínua e de espaçamento regular, mantida firmemente em posição por espaçadores verticais. Uma armadura helicoidal deverá ter um diâmetro mínimo de 9,5 mm, com um espaçamento centro-a-centro das espirais de, no máximo, 1/6 do diâmetro do núcleo, e um espaçamento livre entre as espirais nunca superior a 76 mm nem inferior a 35 mm ou 1½ vezes o tamanho do agregado grosso.

emenda por trespasse
Junta destinada a transferir as tensões de tração ou compressão de uma barra longitudinal para outra, formada pela sobreposição das extremidades destas por uma extensão especificada em termos de diâmetro de barra.

emenda de topo
Junta destinada a transferir as tensões de tração ou compressão de uma barra longitudinal para outra, criada pela junção das extremidades destas e sua conexão de uma forma segura.

emenda soldada
Junta de topo obtida mediante a soldagem a arco das extremidades contíguas de duas barras de reforço.

emenda de compressão
Junta de topo criada pela conexão das extremidades contíguas de duas barras de reforço através de um prendedor mecânico – por exemplo, uma luva de aperto.

dobragem de deslocamento
Dobra que desloca um trecho de uma barra longitudinal para uma posição paralela à da barra original, utilizado esp. em armaduras verticais de colunas de concreto.

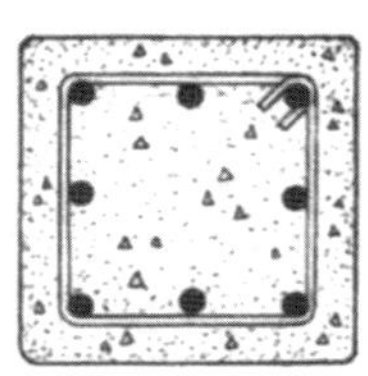

coluna estaiada
Coluna de concreto armada com barras verticais e tirantes laterais individuais. Os tirantes deverão ter um diâmetro mínimo de 3/8 de polegada (9,5 mm), espaçados entre si em, no máximo, 48 diâmetros de tirante, 16 diâmetros de barra ou na dimensão mínima da seção da coluna. Cada barra longitudinal de canto e alternada deverá ser sustentada lateralmente pela dobragem de um tirante a um ângulo incluído inferior a 135°, sendo que nenhuma barra deve distar além de 152 mm dessa barra apoiada.

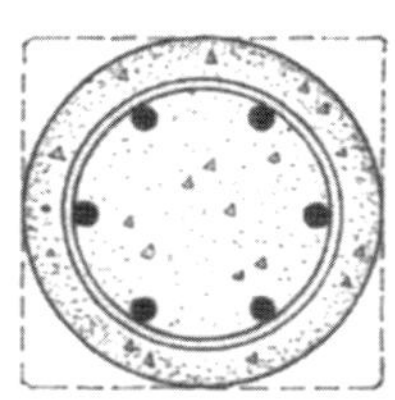

coluna espiral
Coluna de concreto com armadura helicoidal envolvendo o núcleo circular armado com barras verticais.

coluna mista
Coluna estrutural de aço encerrada em um concreto de, no mínimo, 64 mm de espessura, e armada com uma esteira de aço.

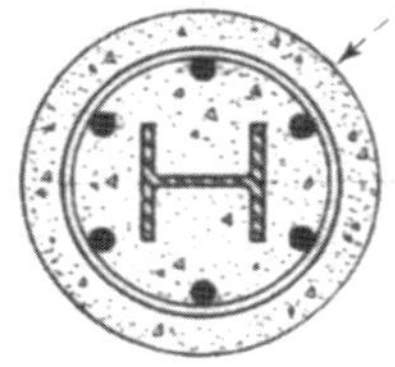

coluna composta
Coluna estrutural de aço totalmente encerrada em um concreto reforçado com armaduras vertical e helicoidal.

* Devem ser observadas também as prescrições das Normas Técnicas (No Brasil, a NBR 6118 da ABNT). (N. do R.T.)

laje de concreto armado
Estrutura plana e rígida de concreto projetada para atuar conjuntamente com armaduras principais e secundárias.

armadura principal
A armadura destinada a absorver as tensões geradas por cargas aplicadas e momentos.

armadura contra esforços de contração
A armadura instalada perpendicularmente à armadura principal em uma laje de sentido único para absorver os esforços resultantes de contrações ou mudanças de temperatura. Também chamada **armadura contra esforços de temperatura** e **armadura de distribuição**.

revestimento externo
Fina camada de concreto de alta qualidade assentada sobre uma superfície de concreto para formar a superfície de um piso.

camada adesiva
Fina camada de argamassa espalhada por uma superfície de concreto já existente, a qual é umedecida e preparada antes do assentamento de uma nova laje de concreto.

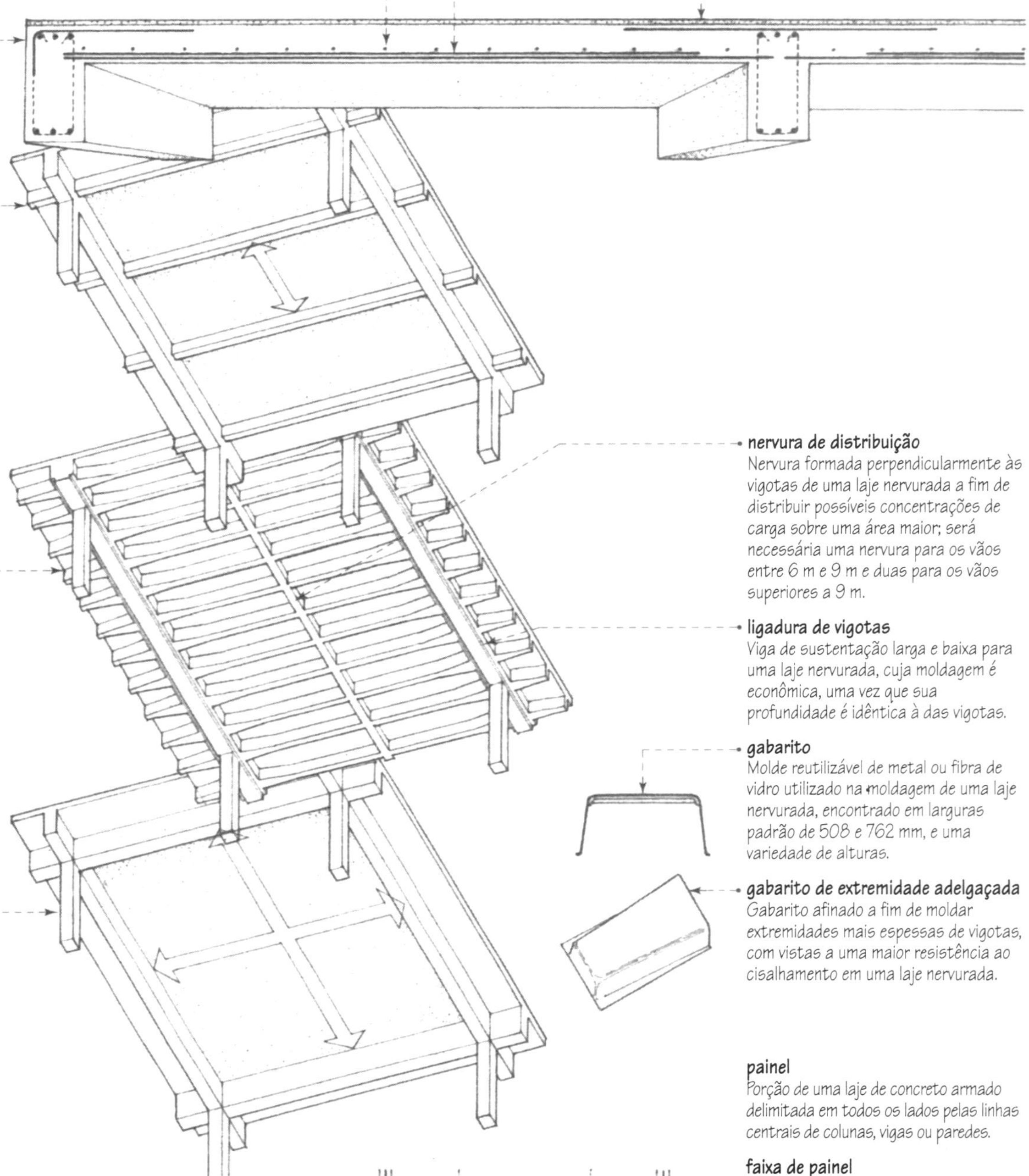

laje unidirecional
Laje de concreto com espessura uniforme, armada em uma única direção e moldada integralmente com vigas de sustentação paralelas. Trata-se de um tipo de laje indicada apenas para vãos relativamente pequenos.

laje de vigas e vigotas
Laje de sentido único apoiada em vigas secundárias, por sua vez apoiadas em vigas ou vigotas principais.

nervura de distribuição
Nervura formada perpendicularmente às vigotas de uma laje nervurada a fim de distribuir possíveis concentrações de carga sobre uma área maior; será necessária uma nervura para os vãos entre 6 m e 9 m e duas para os vãos superiores a 9 m.

laje nervurada
Laje de concreto armado moldada integralmente com uma série de vigotas dispostas a pouca distância entre si e apoiadas, por sua vez, em um conjunto de vigas paralelas. As lajes nervuradas são projetadas como uma série de vigas em T paralelas, e são econômicas para os vãos médios, com cargas vivas entre leves e médias.

ligadura de vigotas
Viga de sustentação larga e baixa para uma laje nervurada, cuja moldagem é econômica, uma vez que sua profundidade é idêntica à das vigotas.

gabarito
Molde reutilizável de metal ou fibra de vidro utilizado na moldagem de uma laje nervurada, encontrado em larguras padrão de 508 e 762 mm, e uma variedade de alturas.

gabarito de extremidade adelgaçada
Gabarito afinado a fim de moldar extremidades mais espessas de vigotas, com vistas a uma maior resistência ao cisalhamento em uma laje nervurada.

laje bidirecional
Laje de concreto com espessura uniforme, armada em duas direções e moldada integralmente com vigas de apoio nas extremidades ou paredes de sustentação nos quatro lados. As lajes de duplo sentido são econômicas para os vãos médios com cargas entre médias e pesadas.

laje contínua
Laje de concreto armado que se extende como uma unidade estrutural por sobre três ou mais apoios em uma determinada direção. Uma laje contínua tenderá a estar sujeita a momentos de flexão menores do que uma série de lajes isoladas apoiadas simplesmente

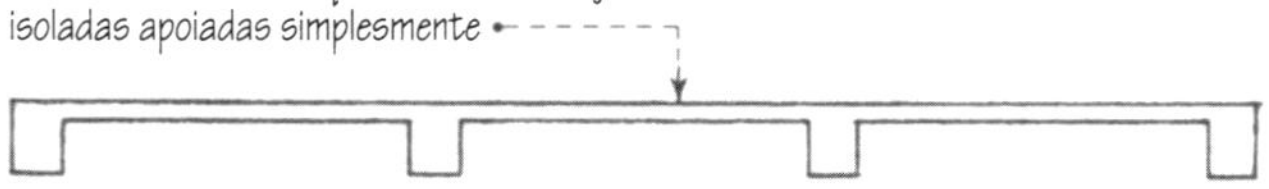

painel
Porção de uma laje de concreto armado delimitada em todos os lados pelas linhas centrais de colunas, vigas ou paredes.

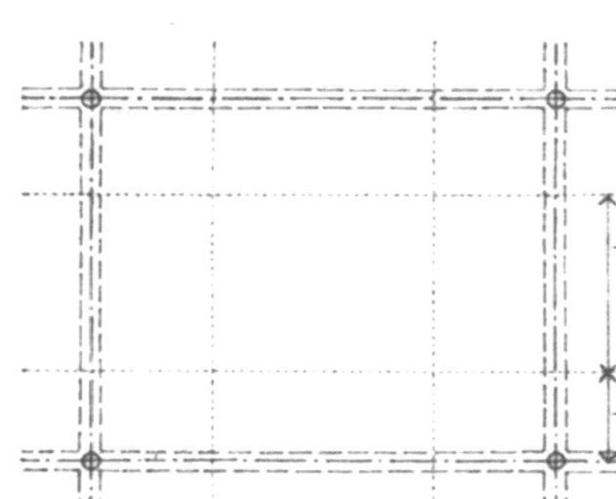

faixa de painel
Faixa que corre em cada direção de uma laje bidirecional, no interior da qual os momentos por unidade de comprimento são admitidos como constantes.

faixa central
Faixa de painel com meio painel de largura e cuja linha central coincide com a linha central do painel.

faixa de coluna
Faixa de painel que ocupa os quartos de painéis adjacentes situados em ambos os lados da linha central de uma coluna.

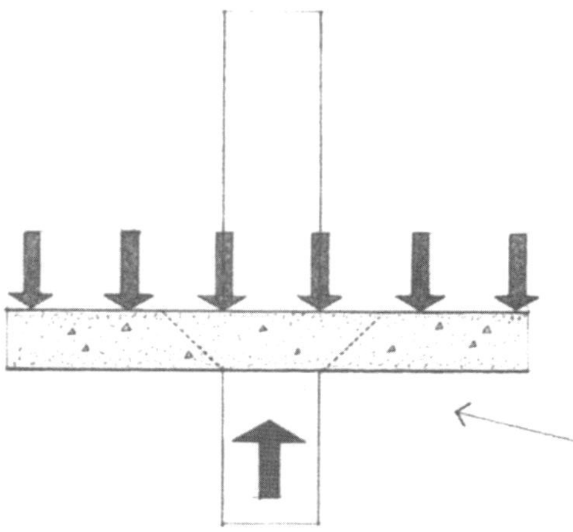

cisalhamento por punção
Tensão de cisalhamento potencialmente intensa desenvolvida pela força de reação de uma coluna sobre uma laje de concreto armado.

cabeça de cisalhamento
Região, tensionada em excesso, de uma laje de concreto armado acima de uma coluna de apoio.

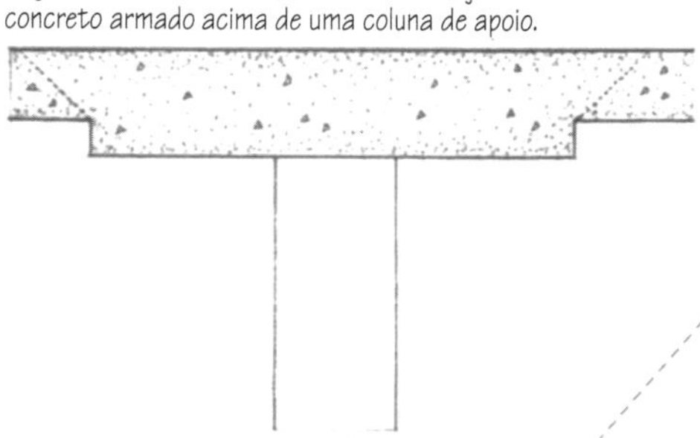

rebaixo
Parte de uma laje lisa em torno de uma coluna ou capitel de coluna que apresenta uma espessura maior a fim de aumentar sua resistência ao cisalhamento.

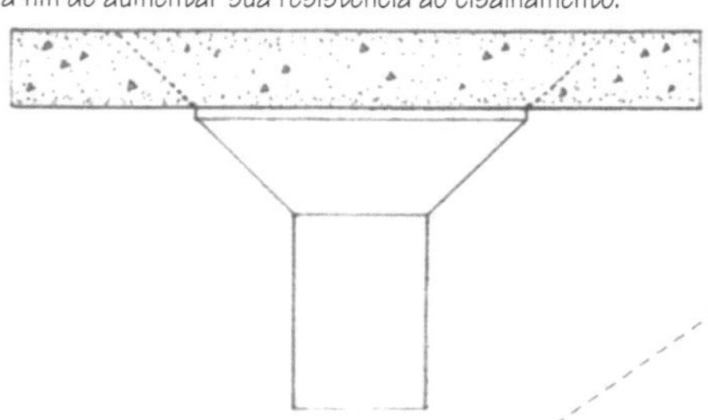

capitel de coluna
Topo de uma coluna que sustenta uma laje lisa, alargada para aumentar a área de cisalhamento da chapa.

painel externo
Painel de uma laje lisa que possui no mínimo um lado não adjacente a outro painel.

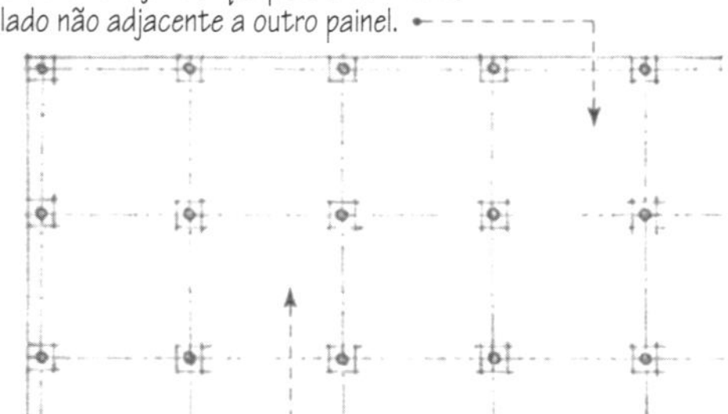

painel interno
Qualquer painel de uma laje lisa delimitado nos quatro lados por outros painéis.

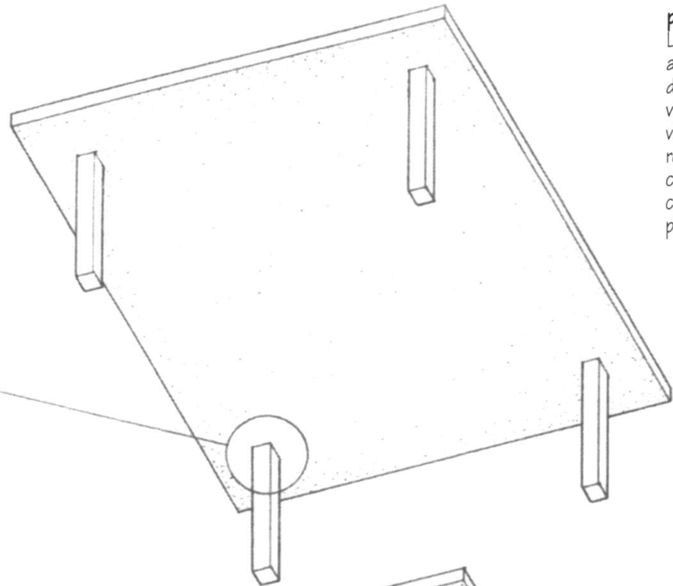

placa lisa
Laje de concreto de espessura uniforme, armada em duas ou mais direções e apoiada diretamente por colunas, sem vigas ou vigotas. As chapas lisas são indicadas para vãos pequenos a médios, com cargas vivas relativamente leves. Uma vez que não há capitéis de coluna ou rebaixos, é o cisalhamento que determina a espessura da placa lisa.

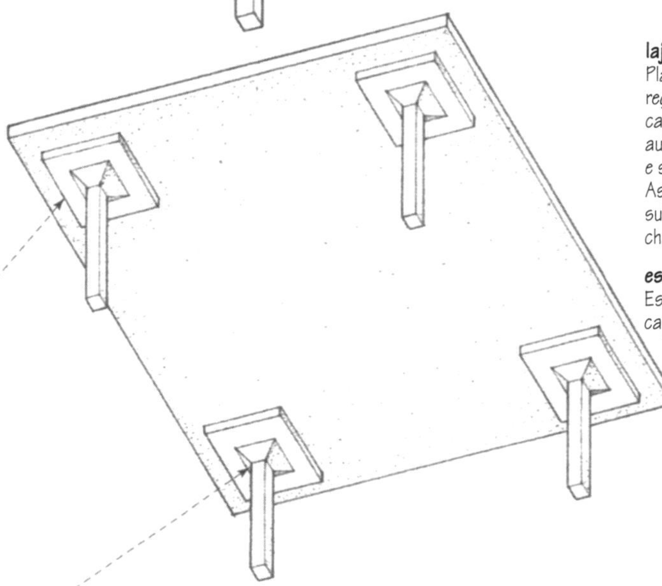

laje lisa
Placa lisa cuja espessura é aumentada na região das colunas de apoio por meio de capitéis de coluna e rebaixos com vistas a aumentar sua resistência ao cisalhamento e sua capacidade de resistir a momentos. As lajes lisas são adequadas para os vãos submetidos a cargas intensas. Também chamada **laje cogumelo**.

estrutura em cogumelo
Estrutura de uma laje lisa que se utiliza de capitéis de coluna e rebaixos.

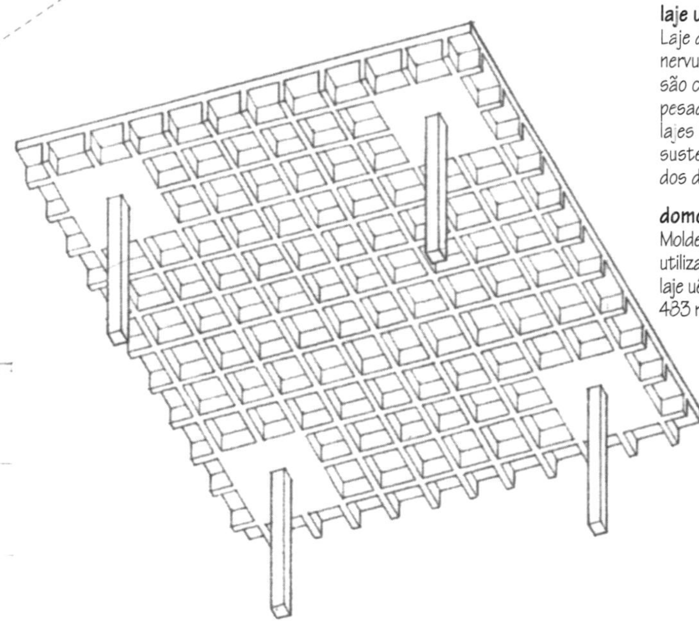

laje uêifel
Laje de concreto bidirecional reforçada com nervuras em duas direções. As lajes uêifel são capazes de suportar cargas mais pesadas e cobrir vãos maiores do que as lajes lisas. É possível moldar vigas de sustentação e rebaixos mediante a omissão dos domos em áreas escolhidas.

domo
Molde quadrado, de metal ou fibra de vidro, utilizado na moldagem das nerguras de uma laje uêifel, encontrado em larguras padrão de 433 mm e 762 mm e uma variedade de alturas.

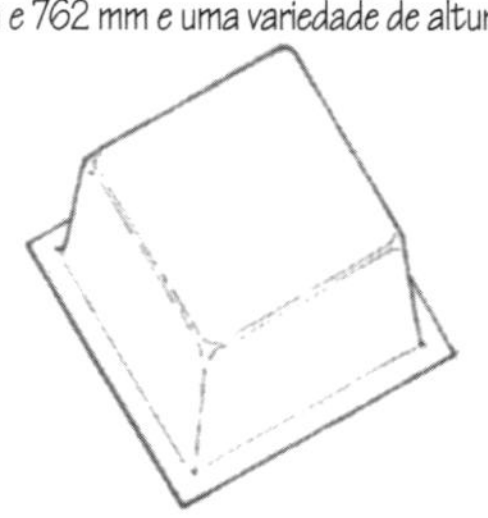

concreto premoldado
Peça ou produto de concreto moldado e curado em um local diverso daquele onde será instalado em uma estrutura.

laje maciça lisa
Prancha de concreto premoldado e protendido, indicada para vãos pequenos e cargas de piso e cobertura uniformemente distribuídas.

laje vazada
Prancha de concreto premoldado e protendido, vazada internamente para reduzir seu peso morto. As lajes vazadas são indicadas para vãos entre médios e longos, e cargas de piso e cobertura uniformemente distribuídas.

revestimento externo
Camada de concreto armado moldada com a finalidade de formar uma unidade estrutural composta com uma laje de concreto premoldado de piso ou de cobertura.

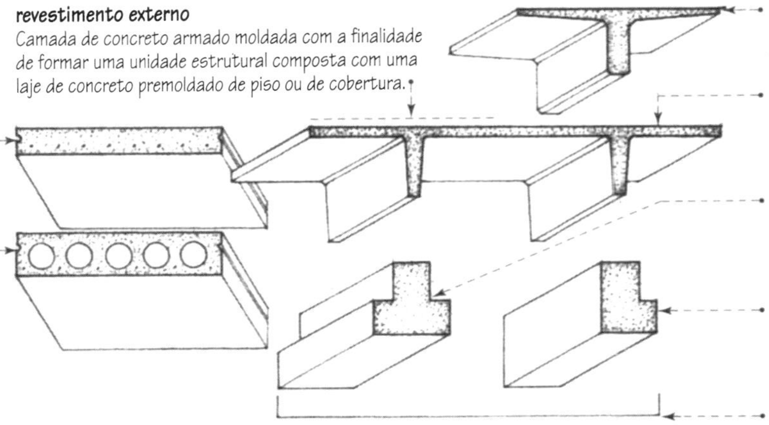

laje em T
Laje de concreto premoldado e protendido cuja seção transversal tem a forma de um T largo.

laje em duplo T
Laje de concreto premoldado e protendido com duas abas e uma seção transversal larga, na forma de duas letras T maiúsculas.

T invertido
Viga dentada premoldada e protendida cuja seção transversal se assemelha a uma letra T maiúscula invertida.

viga em L
Viga dentada premoldada e protendida, cuja seção transversal assemelha-se a uma letra L maiúscula.

viga dentada
Viga de concreto armado com abas salientes para o apoio das extremidades de traves ou lajes.

concreto protendido
Concreto reforçado mediante o pré ou pós-tensionamento de cabos de protensão de aço de alta resistência, dentro de seu limite elástico, a fim de resistirem ativamente a uma carga de serviço. As tensões de tração nos cabos de protensão são transferidas para o concreto, colocando toda a seção transversal de uma peça flexionada em compressão. As tensões de compressão resultantes anulam as tensões de tração e flexão geradas pela carga aplicada, permitindo que o elemento protendido se deflita menos, suporte uma carga maior ou cubra um vão maior do que uma peça de mesmo tamanho, proporção e carga armada da forma usual.

protender
Introduzir tensões internas em um elemento de concreto a fim de se anular as tensões que irão resultar de uma carga aplicada.

pré-tensão
Protensão de uma peça de concreto mediante o tensionamento dos cabos de protensão antes da moldagem do concreto. Inicialmente os cabos são estirados entre dois blocos de ancoragem até o desenvolvimento de uma força de tração pretederminada. A seguir, o concreto é moldado em uma fôrma, envolvendo cabos de protensão até seu pleno endurecimento. Por fim, os cabos são cortados e os esforços de tração destes são transferidos para o concreto por meio de tensões de aderência.

cabo de protensão
Cordão ou barra de aço de alta resistência utilizado na protensão do concreto.

cordoalha
Cabo composto por arames de aço de alta resistência retorcidos em torno de um núcleo.

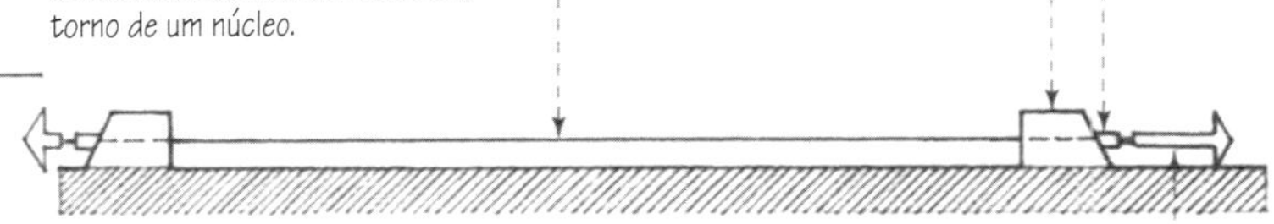

leito de moldagem
Longa laje horizontal sobre a qual é possível protender, dar forma e moldar uma série peças de concreto simultaneamente. Também chamada **pista de protensão**.

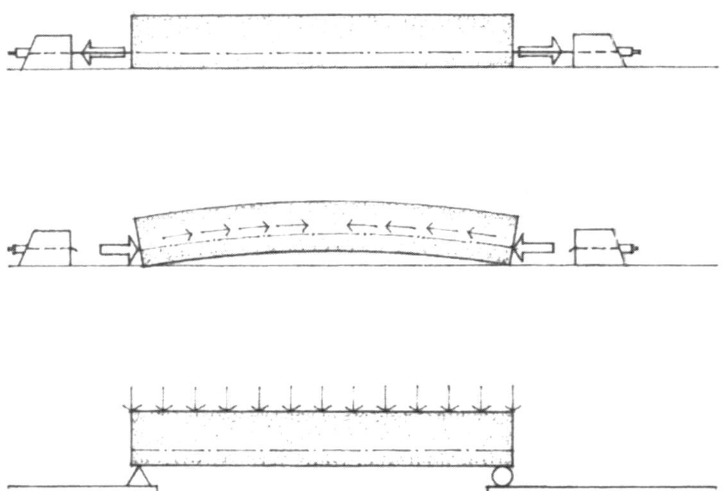

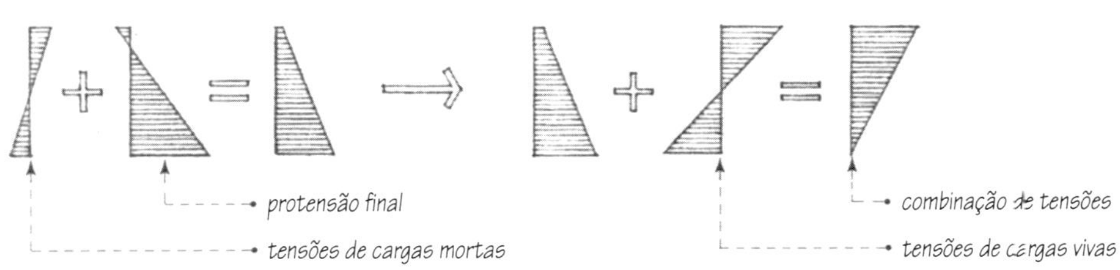

bloco de ancoragem
Estrutura utilizada na fixação dos cabos para a protensão de uma peça de concreto.

cone de ancoragem
Dispositivo utilizado para se fixar no lugar um cabo de protensão estirado e transmitir a força de protensão ao concreto, quer permanentemente em uma peça pós-tensionada, quer temporariamente, durante o endurecimento de uma peça de concreto pré-tensionado.

tração hidráulica
Tração exercida temporariamente por um macaco na protensão de uma peça de concreto.

macaco
Aparelho hidráulico utilizado para se estirar e tensionar os cabos na protensão de uma peça de concreto.

protensão inicial
Tração transmitida pelos cabos de protensão a uma peça de concreto no momento de seu estiramento.

perda de protensão
Redução da protensão inicial, resultante dos efeitos conjuntos de deformações, contrações ou reduções elásticas do concreto, relaxamentos do aço da armadura,.perdas por atrito resultantes da curvatura dos cabos de protensão colgados e afrouxamento das ancoragens.

protensão final
Tensão interna existente em uma peça de concreto protendido após a ocorrência de todas as perdas de protensão.

protensão efetiva
Protensão final de uma peça de concreto protendido, incluindo o efeito do peso da peça, mas excluindo o efeito de qualquer carga sobreposta.

protensão parcial
Protensão de uma peça de concreto até um nível de tensão tal que as tensões nominais ocorrem sob as cargas projetadas ou de serviço.

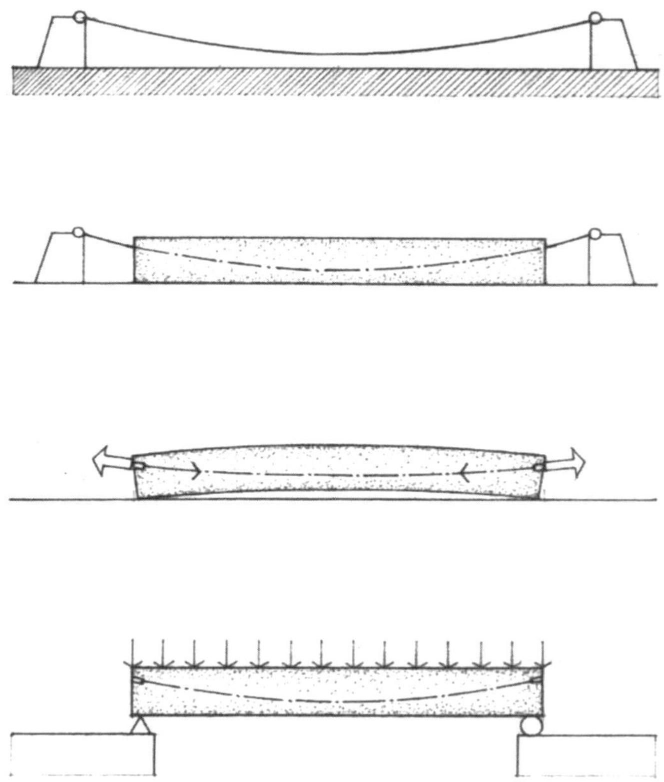

pós-tensionamento
Processo de protender uma peça de concreto mediante o tensionamento dos cabos de protensão após o endurecimento do concreto. Cabos de protensão não tensionados são instalados em bainhas antes do lançamento do concreto nas fôrmas. Após o endurecimento do concreto, os cabos são presos em uma extremidade e tensionados com um macaco contra o concreto na outra, até o desenvolvimento da força necessária. Em seguida, os cabos são ancorados na extremidade onde foram estirados pelo macaco e este é retirado.

pós-tensionamento com aderência
Processo de pós-tensionamento em que os cabos de protensão aderem ao concreto envolvente através da injeção de pasta de cimento nos espaços anulares à sua volta.

pós-tensionamento sem aderência
Processo de pós-tensionamento no qual os espaços anulares em torno dos cabos de protensão não são argamassados com pasta de cimento, permitindo o movimento destes relativamente ao concreto que os envolve.

bainha
Tubo que envolve os cabos de protensão de uma peça pós-tensionada a fim de evitar sua aderência ao concreto durante a concretagem.

pré-pós-tensionamento
Processo de se protender uma peça de concreto mediante o pré-tensionamento de alguns de seus cabos de protensão, e o pós-tensionamento de outros.

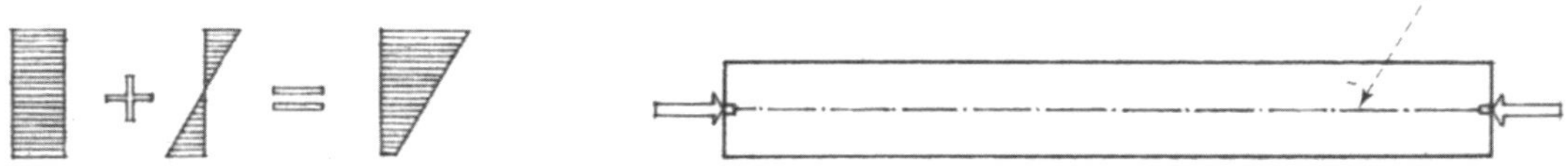

cabo de protensão concêntrico
Cabo de protensão com uma trajetória reta e coincidente com o eixo centroidal de uma peça de concreto protendido. Quando tensionado, o cabo produz uma tensão de compressão, uniformemente distribuída ao longo da seção, que anula a tensão de tração gerada por flexão.

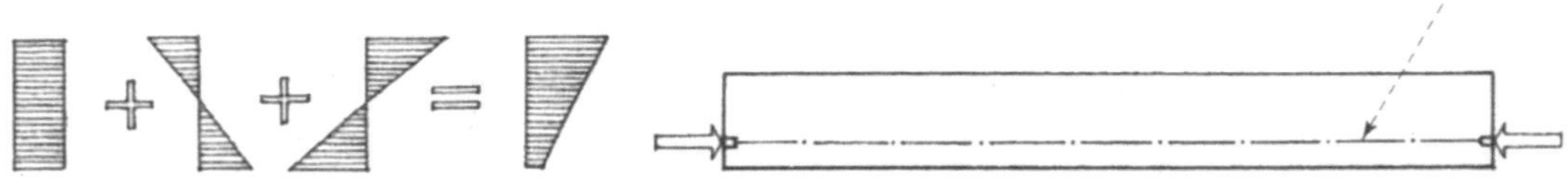

cabo de protensão excêntrico
Cabo de protensão com uma trajetória reta não-coincidente com o eixo centroidal de uma peça de concreto protendido. Quando tensionado, o cabo produz uma força de protensão excêntrica que reduz a tensão de compressão ao longo da seção até aquela produzida unicamente por flexão.

equilíbrio de carga
Conceito de se protender uma peça de concreto com os cabos de protensão colgados, resultando, teoricamente, em um estado de deflexão zero sob uma determinada condição de carregamento.

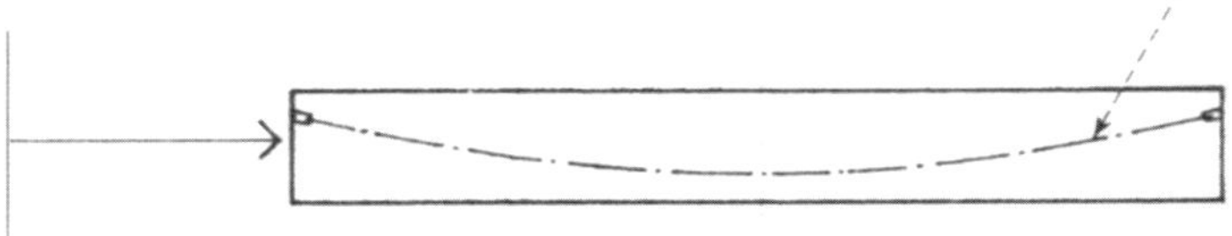

cabo de protensão colgado
Cabo de pós-tensionamento com uma trajetória parabólica que reflete o diagrama de momentos de um carregamento por gravidade uniformemente distribuído. Quando tensionado, o cabo produz uma excentricidade variável, que responde à variação no momento de flexão aplicado ao longo da extensão da peça.

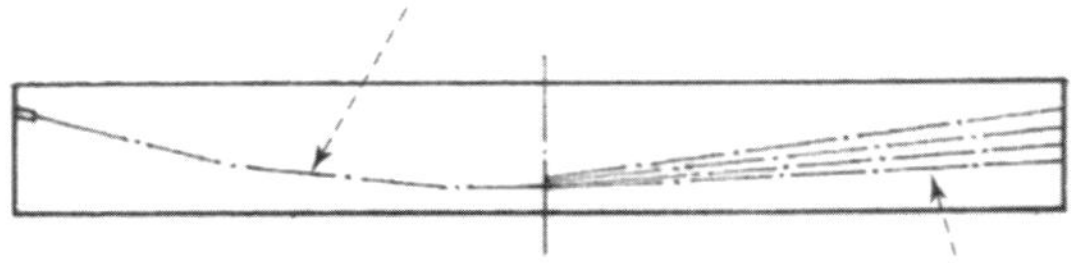

cabo de protensão rebaixado
Cabo de protensão que se aproxima da curvatura de um cabo colgado, mas com segmentos retilíneos, utilizado no processo de pré-tensionamento desde que a força de protensão não admita a colgadura do cabo.

cabo de protensão em harpa
Cada um dentre uma série de cabos de protensão rebaixados com inclinações diferentes.

Arte, ciência ou profissão de construir.

arquiteto
Indivíduo que se dedica à profissão da arquitetura, normalmente com formação e experiência no projeto e construção de edifícios.

engenheiro
Pessoa com formação e qualificação em, e que exerce profissionalmente, qualquer um dos diferentes ramos da engenharia, como a estrutural, a mecânica ou a elétrica.

legalizado
Autorizado legalmente pelo governo ou outra autoridade constituída para exercer determinada atividade ou profissão. Também, **registrado**.

proprietário
Pessoa ou organização que dispõe do direito legal sobre uma propriedade – normalmente o cliente do arquiteto e uma das partes do acordo proprietário-arquiteto.

consultor
Pessoa ou organização contratada para fornecer assessoria especializada quanto a aspecto específico de um projeto, como acústica ou iluminação.

incorporador
Pessoa ou organização que investe em um terreno e o desenvolve, esp. por dar início e implementar projetos imobiliários para patrimônio próprio, administração ou revenda.

empreiteiro(a)
Pessoa ou organização contratada para fornecer os materiais e executar os serviços envolvidos em um projeto de construção em um tempo e ritmo determinados. Também a pessoa ou organização contratada diretamente por um proprietário para administrar e supervisionar um projeto de construção, incluindo os serviços prestados por subempreiteiros. Também chamado **construtor(a)**.

subempreiteiro
Pessoa ou organização contratada por um empreiteiro para fornecer uma parte dos serviços de um projeto de construção.

seguro
Garantia da propriedade, vida ou integridade de um indivíduo contra perdas e danos provocados em situações específicas como retribuição de um pagamento proporcional ao risco envolvido.

afiançado
Que tem um compromisso monetário à parte de garantir que todas as obrigações estabelecidas em um contrato serão cumpridas. Esse compromisso também é designado pela expresão em inglês *performance bond*.

financeira
Instituição, normalmente um banco comercial, que fornece um financiamento a longo prazo para um projeto imobiliário.

gerenciador
Pessoa ou organização contratada pelo proprietário para assessorar e coordenar todas as fases de um projeto imobiliário, desde a avaliação do custo do empreendimento e da viabilidade de decisões de projeto à administração de suas fases de licitação, adjudicação e construção.

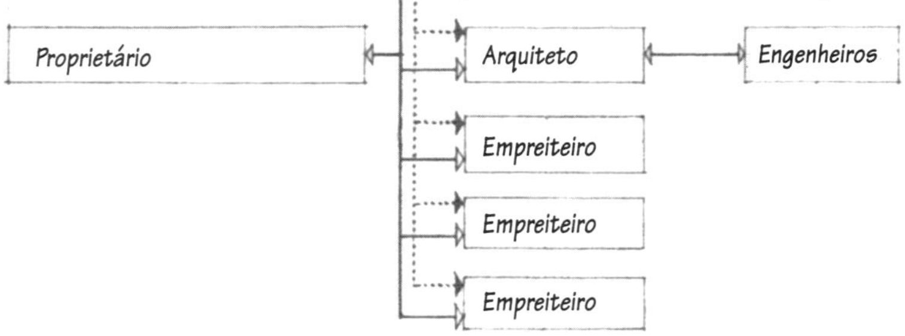

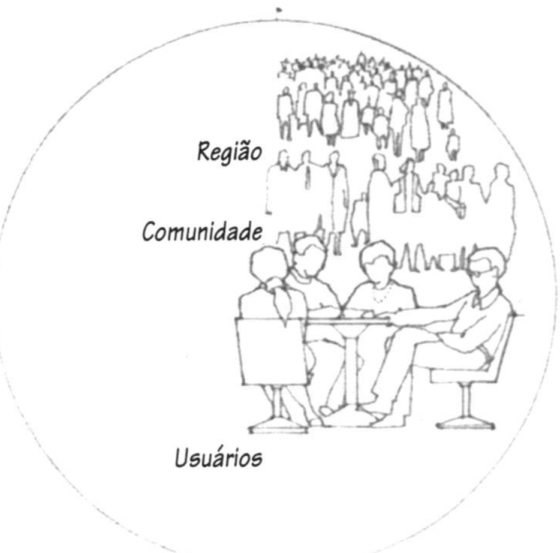

Proprietário — projeto-construção — Arquiteto — Engenheiros; Subempreiteiro; Subempreiteiro; Subempreiteiro

projeto-construção
Regime mediante o qual uma pessoa ou organização é contratada diretamente por um proprietário para projetar e construir um imóvel.

turn-key
Termo inglês que designa um regime mediante o qual uma pessoa ou organização projeta e constrói um imóvel para venda ou aluguel. Também chamado **chave-na-mão**.

investidor imobiliário
Pessoa ou organização que incorpora e constrói imóveis para venda ou aluguel posteriores.

Processo de construir, desde a preparação do terreno, passando pela elevação e montagem até os estágios de acabamento.

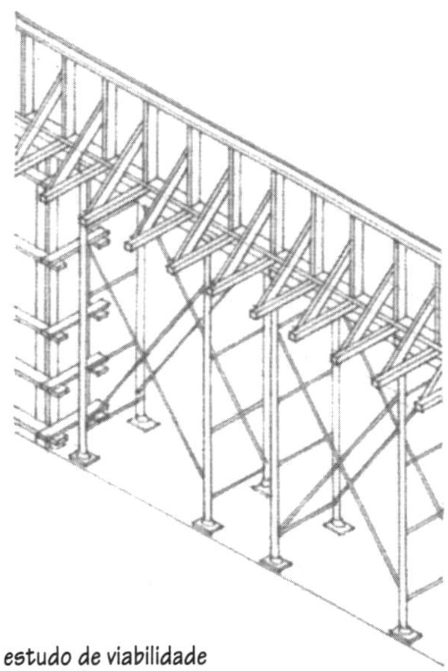

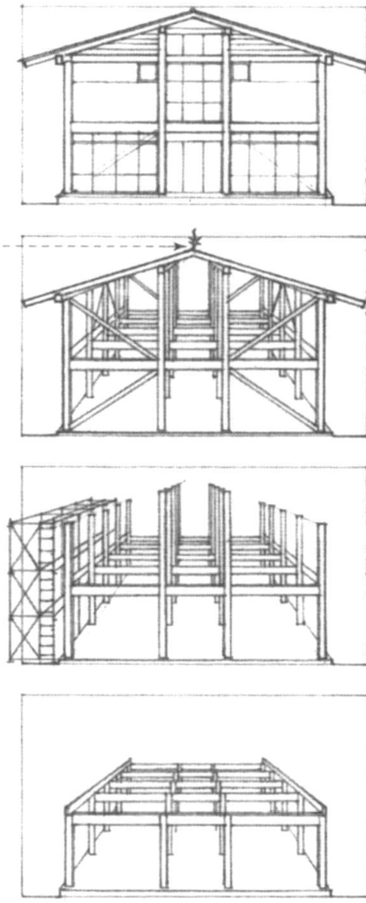

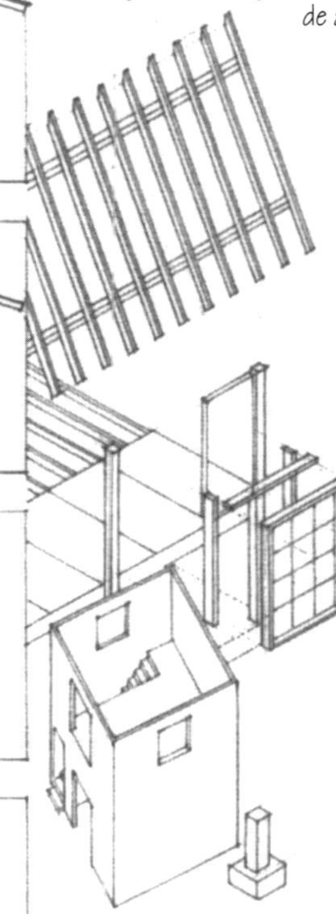

rematar
Instalar o elemento estrutural mais alto em uma construção ou completar a última fiada de uma parede de alvenaria.

cimbramento
Estrutura provisória destinada a suportar uma estrutura em construção a qual ainda não é capaz de ser autoportante. Também chamado **escoramento**.

andaime
Armação ou plataforma provisória onde se apóiam pedreiros e materiais quando em uma altura acima do piso ou do chão durante a construção ou reforma de um edifício.

estudo de viabilidade
Exame e análise detalhados empreendidos a fim de determinar a adequação financeira, técnica, ou de outra ordem, de um projeto de construção proposto.

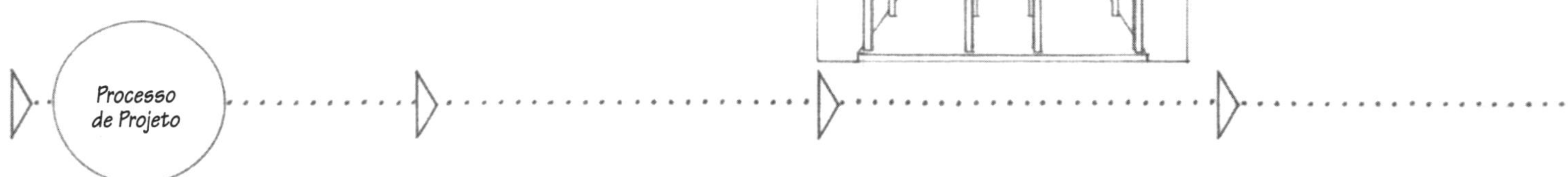

licitação
Processo competitivo de propor a execução de uma obra descrita em um contrato por uma soma específica. Também chamada **concorrência**.

adjudicação
Aceitação formal de uma proposta submetida a licitação.

contrato
Acordo legal, normalmente por escrito, entre duas ou mais partes, para a feitura ou não-feitura de algo específico.

ordem de início
Comunicado por escrito emitido por um proprietário autorizando um(a) empreiteiro(a) a dar início ao trabalho e estabelecendo a data em que isso se dará.

alvará
Autorização por escrito para o início da construção de um projeto imobiliário de acordo com desenhos e especificações aprovados, emitida pelo órgão público competente, depois que as plantas tenham sido registradas e analisadas.

fiscal de obras
Pessoa designada pelo poder público para administrar e observar o cumprimento das cláusulas de um código de edificações.

executar
Construir, por meio da elevação, posicionamento, montagem e reforço de materiais ou peças.

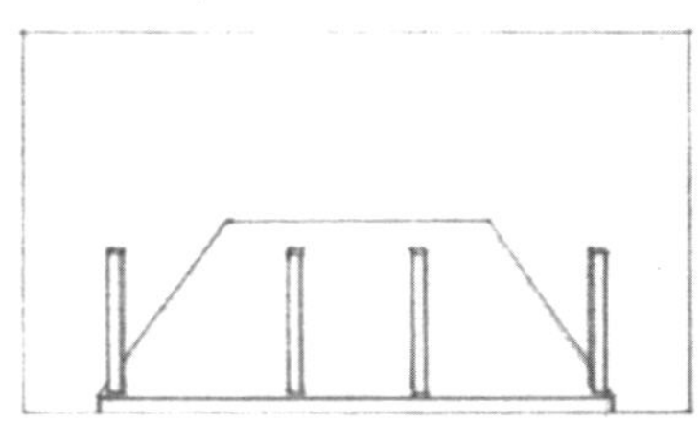

habite-se
Documento emitido pelo poder municipal atestando que todas ou uma parte específica de uma construção estão de acordo com as cláusulas do código de edificações e autorizando a ocupação para o uso a que foi destinada.

avaliação pós-ocupação
O processo de diagnosticar os aspectos funcionais e comportamentais de um edifício pronto a fim de se acumular informações para atividades de planejamento e projeto futuras.

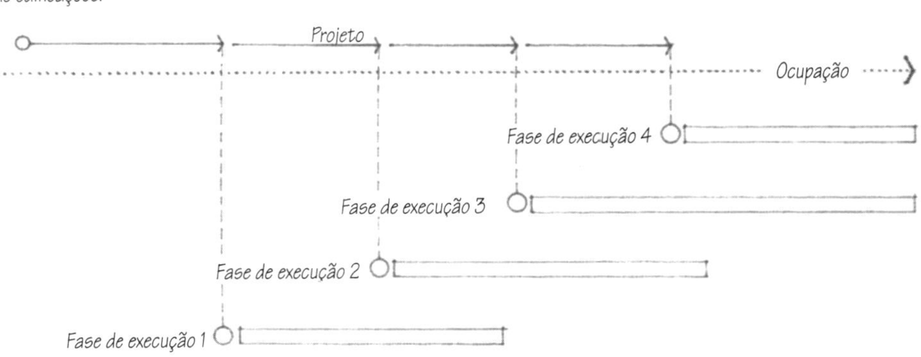

fast-track
Expressão inglesa que se refere ao cronograma de um empreendimento em que as fases de projeto e execução se sobrepõem a fim de se reduzir o tempo total exigido para sua conclusão.

CPM – Método do Caminho Crítico
Sigla norte-americana que designa um método de planejamento, cronograma e gerenciamento de uma obra, que combina todas as informações importantes em um fluxograma, incluindo a seqüência e a duração ideal de atividades, o significado relativo de cada evento e a coordenação necessária para a conclusão do empreendimento no prazo desejado.

Modo pelo qual os materiais são ordenados, montados e unidos num todo.

construção industrializada
Processo construtivo que se utiliza de um elevado grau de pré-fabricação na produção de unidades ou componentes padronizados a fim de acelerar a construção e montagem de uma obra.

pré-fabricar
Fabricar ou produzir anteriormente, esp. unidades ou componentes padronizados para uma construção e montagem rápidas.

montar
Erguer por meio da reunião de partes diferentes e por vezes padronizadas.

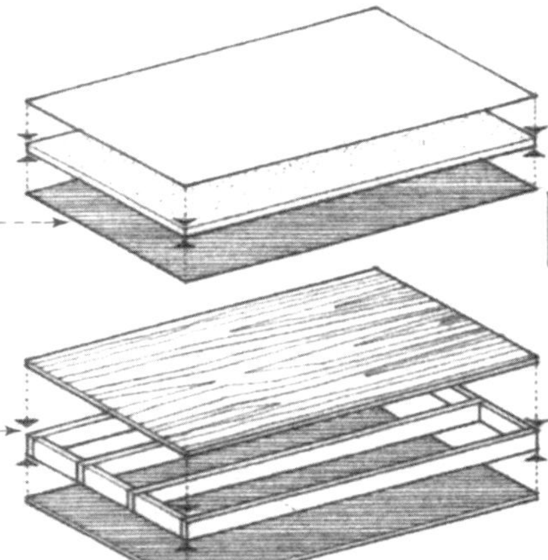

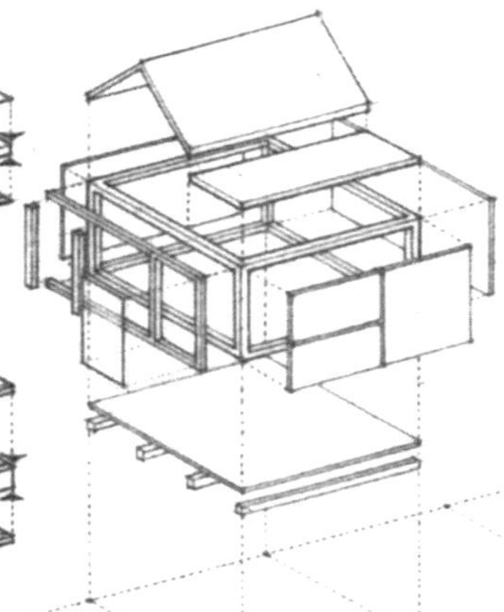

painel
Parte pré-fabricada de piso, parede, teto ou cobertura, tratada como um elemento avulso na construção e montagem de um edifício.

painel sanduíche
Peça estrutural que consiste em um núcleo de material relativamente leve encerrado entre duas placas de um material de alta resistência, o que resulta geralmente em uma relação rigidez/peso muito favorável.

painel estrutural
Revestimento de compensado colado a longarinas de madeira, usado como peça de pisos, coberturas ou paredes sujeitas a flexão. Esses revestimentos e as longarinas atuam como uma série de vigas em L, com o compensado resistindo a quase todos os esforços de flexão. Pode-se incluir um contraventamento transversal para sustentar as extremidades das faces e ajudar a distribuir as cargas concentradas.

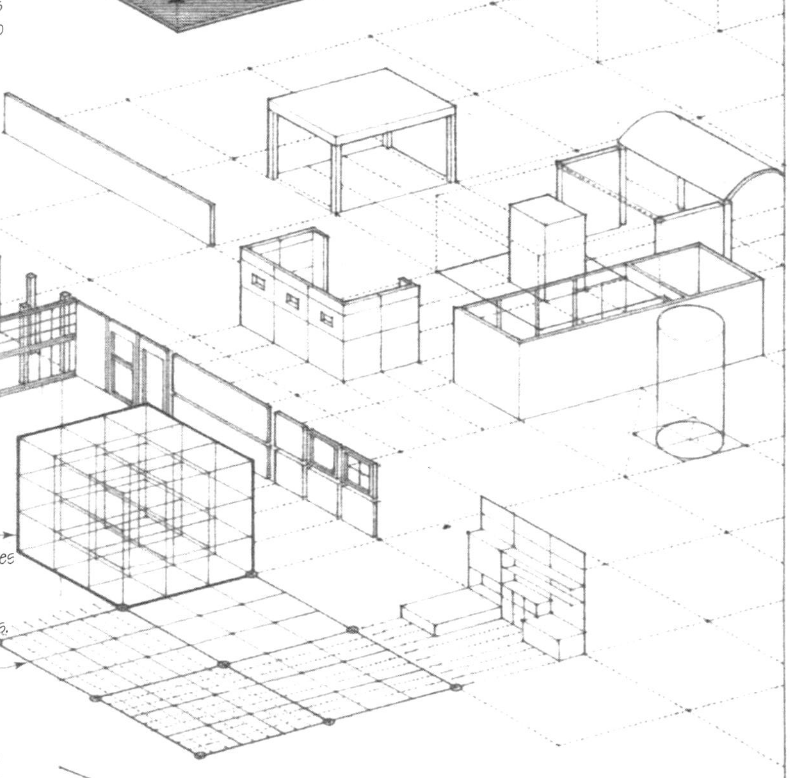

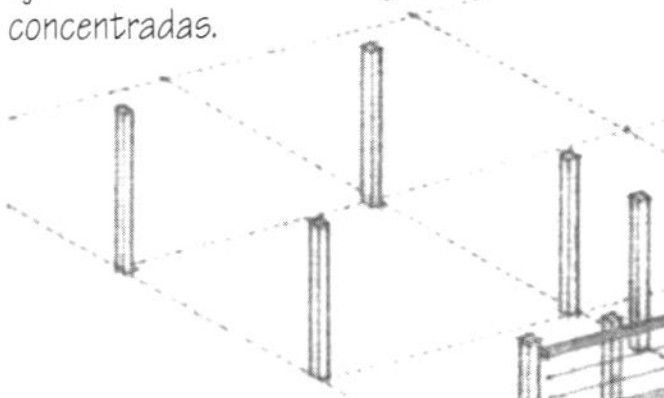

projeto modular
Planejamento e projeto que se utiliza de módulos pré-fabricados ou de coordenação modular com vistas à facilidade de montagem, à flexibilidade de arranjos e à variedade de aplicações.

módulo
Qualquer um dentre uma série de componentes padronizados, via de regra intercambiáveis, utilizados na montagem de elementos de tamanhos, complexidade ou função diferentes.

coordenação modular
Correlacionamento das dimensões de uma estrutura com os tamanhos unitários de seus componentes, normalmente com a ajuda de um quadriculado de planejamento baseado em um módulo de 100 mm cúbicos.

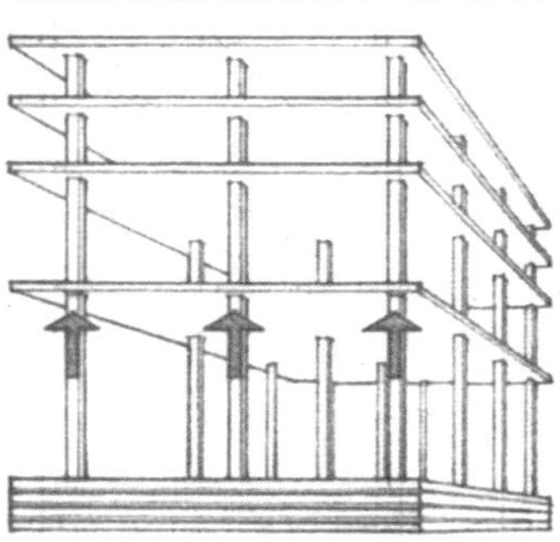

construção por laje pré-moldada elevada
Técnica utilizada na construção de edifícios de pisos múltiplos na qual todas as lajes horizontais são moldadas no chão e, depois de curadas, erguidas e colocadas em posição por macacos hidráulicos.

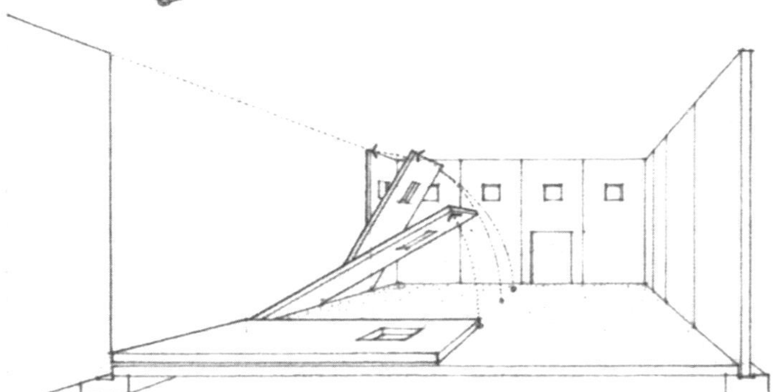

painel pré-moldado elevado
Método de se moldar painéis de parede de concreto armado no canteiro de obras em uma posição horizontal, erguendo-os depois até sua posição própria.

documentação contratual
Documentos legais que compreendem o contrato de uma construção, incluindo o acordo proprietário-empreiteiro(a), as condições de contrato e os desenhos e especificações do projeto, bem como todos os adendos, modificações e quaisquer outros itens cuja inclusão seja especificada.

projeto
Desenhos e as especificações indicando em detalhe os requisitos para a execução de um empreendimento imobiliário.

caderno de encargos
Parte do projeto que consiste numa descrição detalhada da natureza técnica dos materiais empregados, os padrões e a qualidade da execução da obra a ser contratada.

sistema padrão
Nos Estados Unidos, um formato desenvolvido pelo Instituto de Especificações da Construção para se coordenar especificações, registrar dados técnicos, literatura especializada e orçamento da construção, organizado em 16 divisões baseadas numa inter-relação entre material, item ou função. Também chamado **Masterformat**.

Divisão 1	*Requisitos gerais*
Divisão 2	*Terraplenagem*
Divisão 3	*Concreto*
Divisão 4	*Alvenaria*
Divisão 5	*Metais*
Divisão 6	*Madeira e plásticos*
Divisão 7	*Isolamento térmico e contra umidade*
Divisão 8	*Portas e janelas*
Divisão 9	*Acabamentos*
Divisão 10	*Especialidades*
Divisão 11	*Equipamentos*
Divisão 12	*Fornecimentos*
Divisão 13	*Construções especiais*
Divisão 14	*Sistemas transportadores*
Divisão 15	*Equipamentos mecânicos*
Divisão 16	*Equipamentos elétricos*

especificação de desempenho
Especificação que estipula de que modo um componente ou sistema particular deve funcionar sem indicar os meios a serem empregados para se obter tais resultados. Também, **requisito de desempenho**.

memorial descritivo
Especificação que estipula as quantidades e qualidades exatas dos materiais a serem fornecidos e de que modo eles serão utilizados em uma construção.

especificação por referência
Memorial que remete a uma especificação padrão para indicar as propriedades desejadas em um material ou componente, e os métodos de ensaio necessários para se obter um determinado desempenho dos produtos. Também, **similaridade**.

especificação por marcas
Memorial que estipula o uso de produtos, sistemas ou processos específicos, sem admitir substituições.

código de edificações
Código que regula o projeto, a execução, alterações e reformas de edifícios, adotado pelo poder municipal, responsável também pelo seu cumprimento, para salvaguardar a segurança, a saúde e o bem-estar públicos.

Um código de edificações geralmente estipula padrões mínimos de materiais e métodos de construção, especificações de segurança estrutural e contra fogo, bem como outras exigências baseadas no tipo de edifício e de ocupação, valendo-se amiúde das normas técnicas estabelecidas por associações comerciais e entidades técnicas como, no caso do Brasil, a Associação Brasileira de Normas Técnicas (ABNT).

código padrão
Nos EUA, código de edificação desenvolvido por uma organização de estados, entidades de classe e associações comerciais para ser adotado pelas comunidades locais.

BOCA (código nacional dos EUA)
Código de edificações desenvolvido e publicado pela Building Officials and Code Administrators International, Inc. (BOCA), adotado principalmente no nordeste dos EUA.

Uniform Building Code
Código de edificações norte-americano desenvolvido e publicado pela International Conference of Building Officials (ICBO), adotado principalmente no centro e no oeste dos EUA.

Standard Building Code
Código de edificações norte-americano desenvolvido e publicado pela Southern Building Code Conference (SBCC), adotado principalmente no sudeste dos EUA.

código de energia
Nos EUA, código que estabelece padrões mínimos de conservação energética no projeto de edifícios.

American with Disabilities Act
Decreto do congresso norte-americano que se tornou lei em 1992, estabelecendo padrões de projeto para todas as edificações exceto residências unifamiliares, garantindo o acesso de deficientes físicos. No Brasil também foi instituída legislação a esse respeito.

zoneamento
Regulamento sobre a divisão de uma área urbana em zonas, limitando altura, porte, densidade e uso de edifícios, bem como quaisquer comodidades subsidiárias, como áreas de estacionamento; instrumento vital na implementação de um plano diretor. Também chamado **código de zoneamento**.

convênio restritivo
Acordo com uma cláusula que restringe a ação de todas as partes do mesmo; por exemplo, um convênio entre proprietários especificando o uso que se pode dar às suas propriedades, sendo ilegais as restrições de ordem racial ou religiosa.

irregular
Material, tipo de construção, ocupação ou uso em desacordo com as exigências estipuladas em um código de construção. Também, **não-conformidade**.

autorização especial
Alvará oficial que permite realizar algo proibido pelas normas oficiais, para se construir de uma forma ou para uma finalidade normalmente interditadas por um código de edificações ou zoneamento.

construção não combustível
Aquela dotada de uma estrutura de aço, concreto ou alvenaria, bem como de paredes, pisos e uma cobertura feitos de material não combustível.

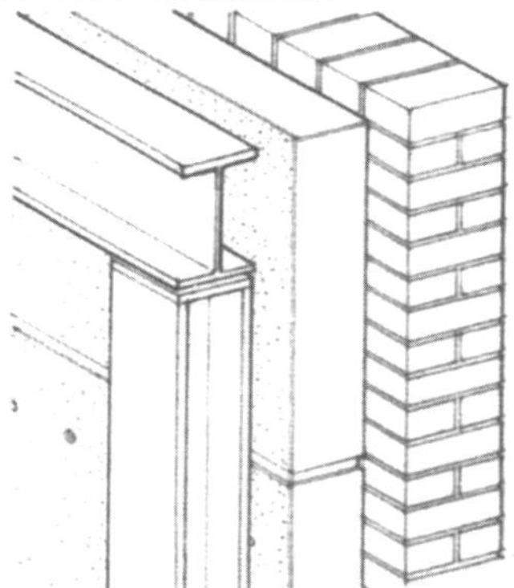

construção não combustível protegida
Construção não combustível cuja estrutura e componentes principais apresentam graus de resistência ao fogo no mínimo iguais àqueles especificados pelas autoridades competentes.

construção não combustível desprotegida
Construção não combustível isenta de exigências em termos de resistência a incêndios, exceto quanto a paredes contra fogo, áreas para saída de emergência e passagens verticais.

tipo de construção
Nos EUA, uma classificação de um edifício de acordo com a resistência ao fogo de seus principais componentes: estrutura, paredes externas estruturais e não-estruturais, paredes estruturais internas, pisos e tetos, telhados e áreas para saída de emergência e passagens verticais. Embora os códigos apresentem diferenças em termos dos detalhes de suas exigências, todos eles limitam a área e a altura dos edifícios de acordo com a construção e a finalidade pretendida.

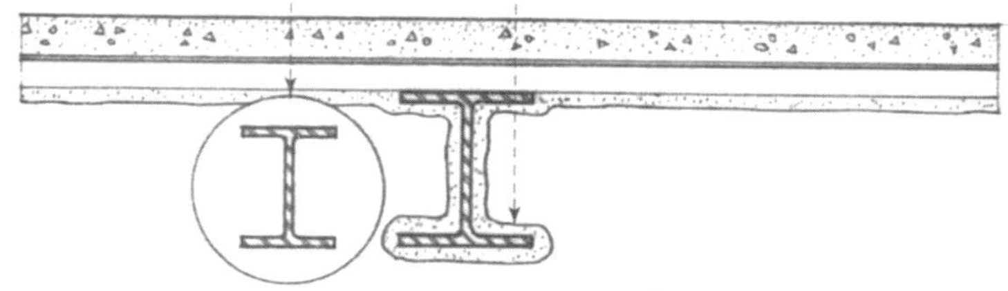

construção combustível
Qualquer edifício que não preencha as exigências de uma construção não combustível.

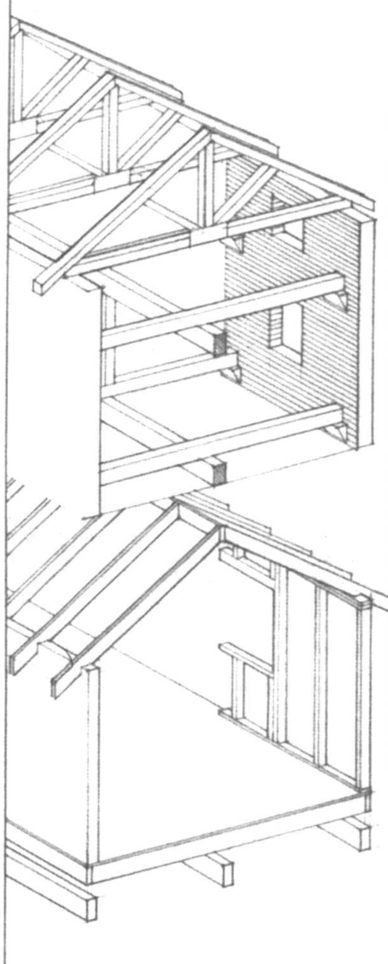

construção comum
Tipo de construção que dispõe de paredes externas não combustíveis e uma estrutura interna total ou parcialmente construída de madeira leve.

construção comum protegida
Construção comum cuja estrutura e componentes principais apresentam graus de resistência ao fogo no mínimo iguais àqueles especificados pelas autoridades competentes.

construção comum desprotegida
Construção comum isenta de qualquer exigência com respeito à estrutura interna em termos da resistência a incêndios, exceto quanto à existência de paredes contra fogo, áreas para saída de emergência e passagens verticais.

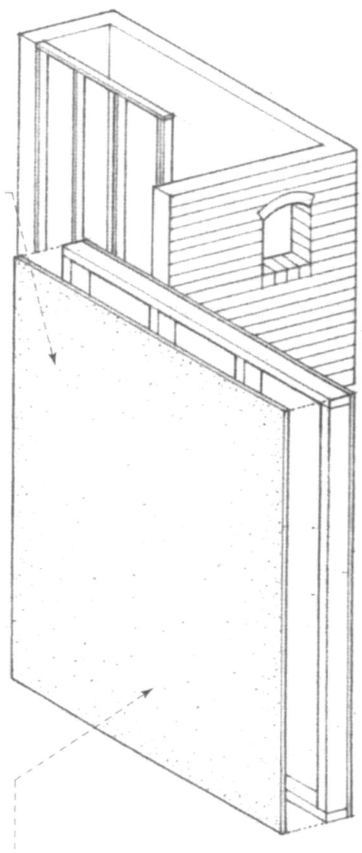

construção em madeira pesada
Tipo de construção com paredes externas não combustíveis e uma estrutura interna de madeiras e chapas de tamanhos mínimos especificados.

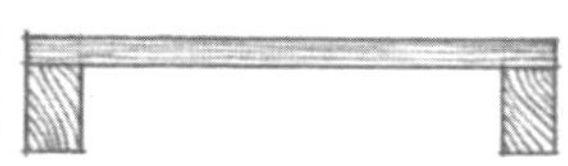

construção com estrutura em madeira leve
Tipo de construção com uma estrutura de peças de madeira que não atendem às exigências de uma construção em madeira pesada.

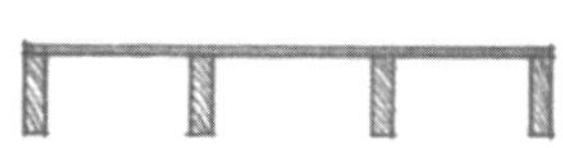

construção com estrutura em madeira leve protegida
Construção cuja estrutura em madeira leve e principais componentes apresentam graus de resistência ao fogo no mínimo iguais àqueles especificados pelas autoridades competentes.

construção com estrutura em madeira leve não protegida
Construção com estrutura em madeira isenta de qualquer exigência com respeito à resistência a incêndios, exceto quanto à existência de paredes contra fogo, áreas de saída de emergência e passagens verticais.

Fenômeno da luz e da percepção visual que pode ser descrito em termos da percepção, por parte de um indivíduo, do matiz, da saturação e da claridade em termos dos objetos, e do matiz, da saturação e da luminosidade em termos das fontes de luz.

espectro
Distribuição da energia emitida por uma fonte radiante, organizada em ordem de comprimentos de onda, esp. a faixa de cores produzida quando a luz solar é refratada e decomposta por um prisma, e que se compõe das cores vermelha, laranja, amarela, verde, azul, anil e violeta.

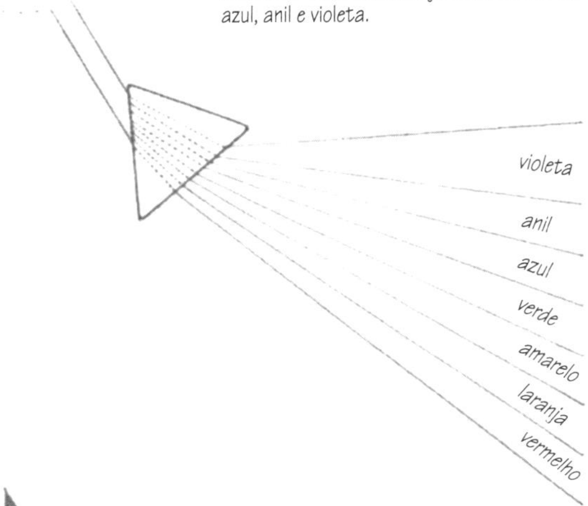

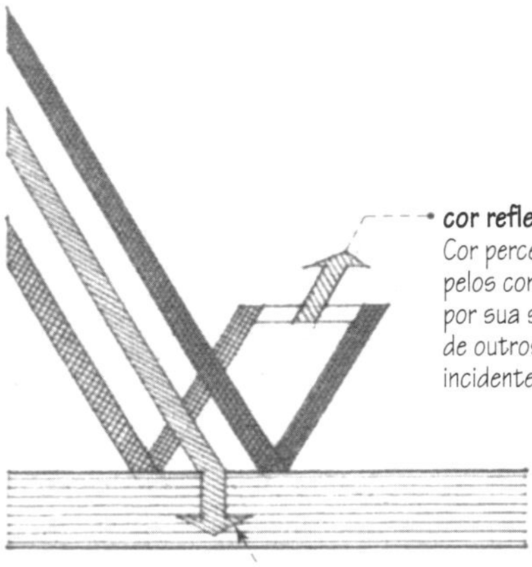

cor refletida
Cor percebida de um objeto, determinada pelos comprimentos de onda da luz refletida por sua superfície após a absorção seletiva de outros comprimentos de onda da luz incidente.

absorção seletiva
Absorção de determinados comprimentos de onda da luz incidente sobre uma superfície colorida, enquanto o restante é refletido ou transmitido.

cor subtrativa
Cor produzida mediante a mistura de pigmentos nas cores ciano, amarelo e magenta, sendo que cada um dos quais absorve determinados comprimentos de onda. Uma mistura equilibrada dessas cores primárias colorantes ou subtrativas resulta teoricamente no preto, uma vez que absorverá todos os comprimentos de onda da luz visível.

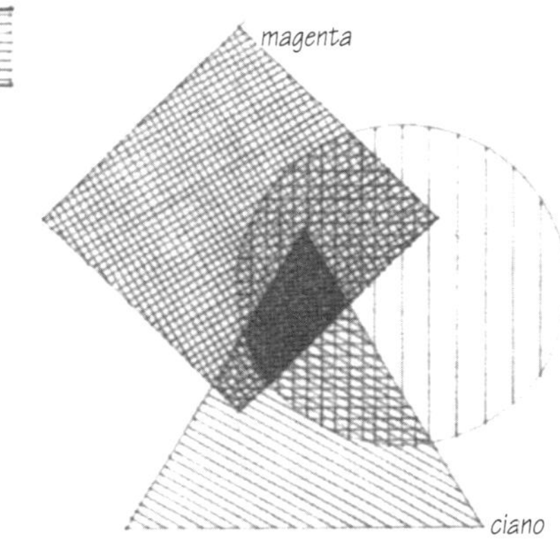

cor aditiva
Cor produzida mediante a combinação de luzes cujos comprimentos de onda correspondem às cores vermelho, verde e azul. Essas cores primárias claras ou aditivas contêm todos os comprimentos de onda necessários à produção de uma luz incolor ou branca.

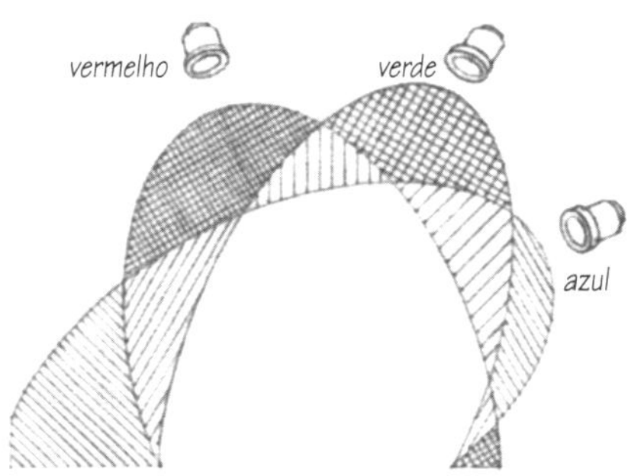

clara
Cor que possui alta claridade e baixa saturação.

brilhante
Cor que apresenta alta claridade e forte saturação.

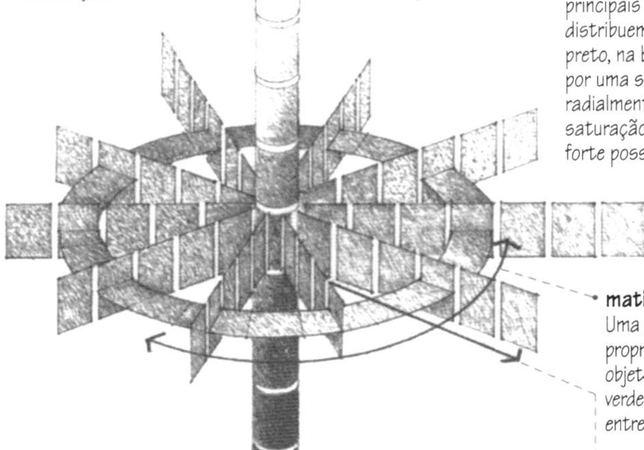

escura
Cor que apresenta baixa claridade e baixa saturação, refletindo apenas uma pequena fração da luz incidente.

carregada
Cor que apresenta baixa claridade e forte saturação.

escala de cinzas
Escala de cores acromáticas composta por diversas, normalmente dez, gradações iguais que vão do branco ao preto.

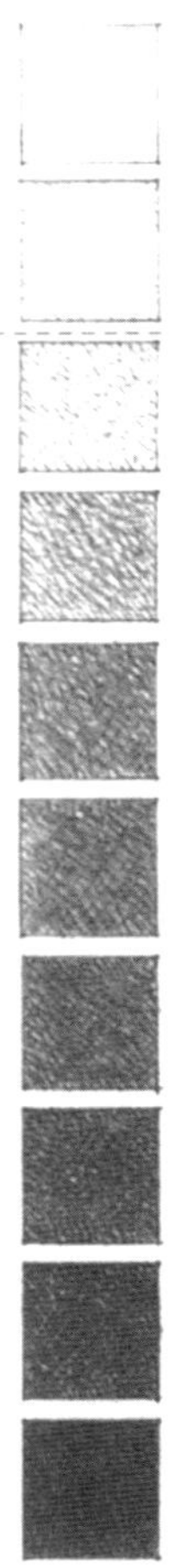

Sistema de Munsell
Sistema para a especificação de cores, mediante a disposição destas em três escalas ordenadas de etapas visuais uniformes segundo matiz, croma e valor, desenvolvido por Albert H. Munsell em 1898. Os matizes se distribuem num circuito em torno de um eixo central (círculo de cores), percorrendo um espectro de cinco matizes principais e cinco secundários. Os valores se distribuem segundo uma escala vertical desde o preto, na base, até o branco, no topo, passando por uma série de cinzas. Os cromas se distribuem radialmente a partir do eixo central, de saturação zero, avançando até a saturação mais forte possível para o matiz e o valor de cada cor.

matiz
Uma das três dimensões da cor: a propriedade da luz segundo a qual a cor de um objeto é classificada como vermelha, amarela, verde ou azul, ou ainda uma cor intermediária entre qualquer par contíguo destas.

saturação
Uma das três dimensões da cor: a pureza ou a vivacidade de um matiz. Também chamada **intensidade**.

croma
Grau em que uma cor difere de um cinza de mesma claridade ou luminosidade, e que corresponde à saturação da cor percebida.

claridade
Dimensão da cor segundo a qual um objeto parece refletir mais ou menos a luz incidente, e que varia do preto ao branco para as cores de superfície e do preto ao incolor para as cores volumétricas transparentes.

valor
Grau em que uma cor parece refletir mais ou menos a luz incidente, e que corresponde à claridade da cor percebida.

luminosidade
Dimensão de uma cor relacionada à luminância e segundo a qual os estímulos visuais são ordenados de maneira contínua entre o muito escuro e o muito claro.
O branco puro possui luminosidade máxima e o preto puro, luminosidade mínima.

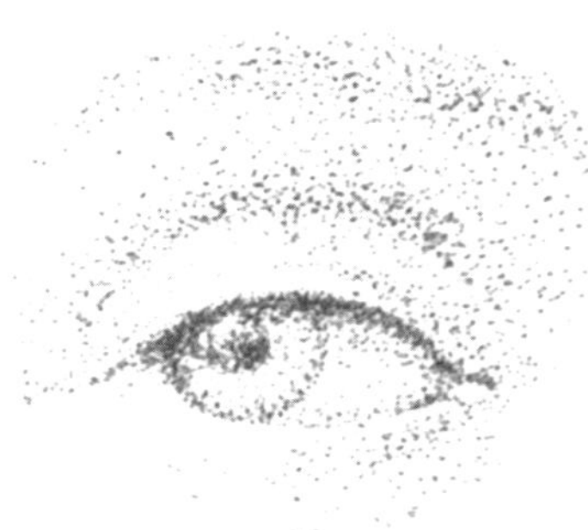

mistura óptica
Fusão de pontos ou riscos em cores puras quando vistos de uma certa distância para produzir um matiz freqüentemente mais luminoso do que aquele que se pode obter a partir de um pigmento previamente misturado.

quente
Cor que tende para o vermelho, o laranja ou o amarelo, ou que é dominada por estes.

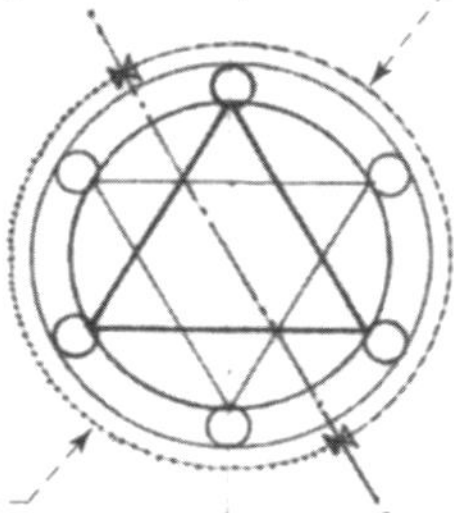

fria
Cor que tende para o verde, o azul ou o violeta, ou que é dominada por estes.

roda de cores
Escala circular das cores do espectro, em que as cores complementares são apresentadas opostamente entre si. Também chamada **círculo de cores**.

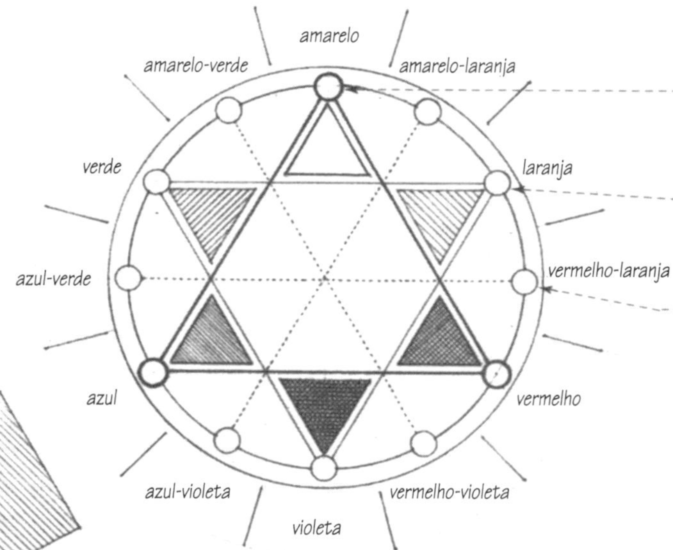

cor primária
Qualquer uma dentre um conjunto de cores, como vermelho, amarelo e azul, consideradas como geradoras de todas as outras cores.

cor secundária
Cor, como o laranja, o verde ou o violeta, obtida mediante a mistura de duas cores primárias.

cor terciária
Cor, como o marrom, obtida mediante a mistura de duas cores secundárias, ou de uma cor secundária com uma das primárias que a constituem.

cor projetiva
Cor quente que parece mover-se em direção ao observador, criando uma ilusão de espaço.

cor recessiva
Cor fria que parece afastar-se do observador, criando uma ilusão de espaço.

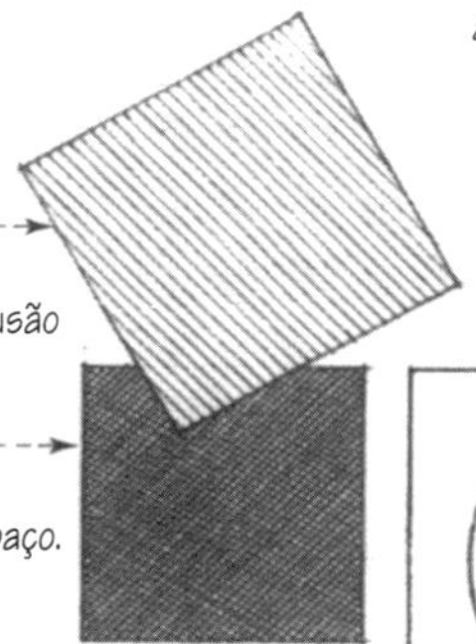

esquema de cores
Arranjo ou padrão de cores concebido como a formar um todo integrado.

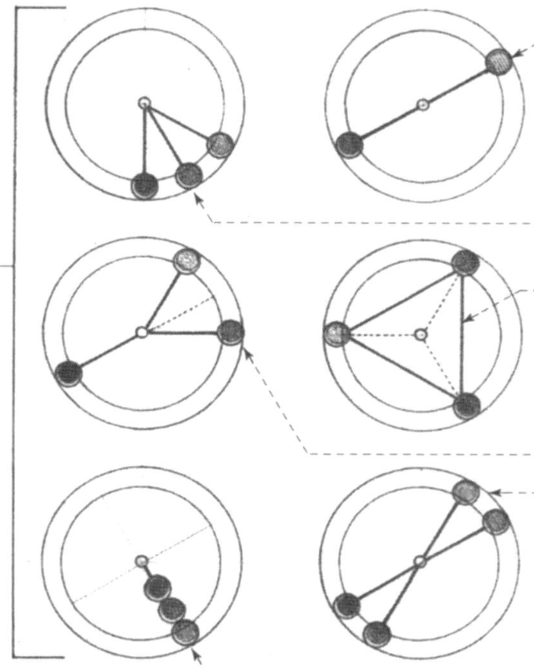

cor complementar
Cada uma dentre um par de cores opostas em uma roda de cores, percebidas como a complementar-se ou realçar-se mutuamente.

cor análoga
Uma dentre duas ou três cores intimamente relacionadas em uma roda de cores.

tríade
Combinação de três cores formando um triângulo eqüilátero em uma roda de cores.

complementaridade dividida
Combinação de uma cor e as duas contíguas à sua cor complementar em uma roda de cores.

complementaridade dupla
Combinação entre duas cores análogas e suas cores complementares em uma roda de cores.

monocromático
O que apresenta uma única cor ou exibe diferentes intensidades e variedades de um mesmo matiz.

policromático
O que apresenta ou exibe uma variedade de cores.

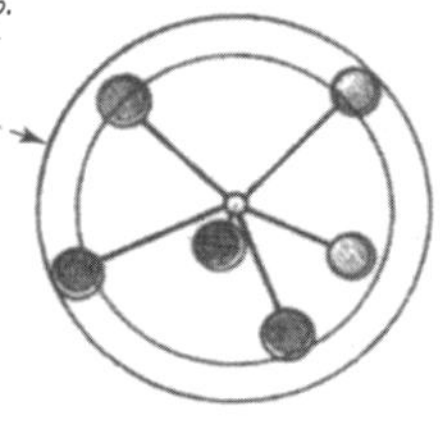

diluída
Cor de valor relativamente claro, produzida mediante sua mistura com o branco.

triângulo de cores
Diagrama triangular desenvolvido por Faber Birren para descrever a relação entre um matiz puro, o branco e o preto, que se combinam para produzir novas tonalidades, meios-tons e cinzas. É possível conceber subjetivamente todas as cores como uma mistura das cores primárias psicológicas – vermelho, amarelo, verde e azul – e o par acromático preto e branco.

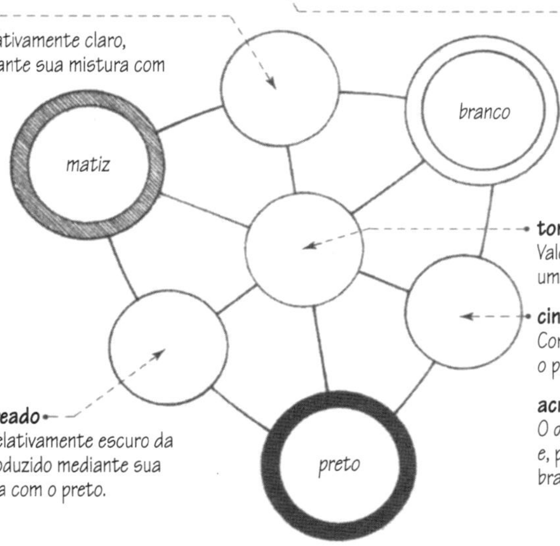

tonalidade
Valor intermediário de uma cor, entre uma cor diluída e um sombreado.

cinza
Cor acromática entre o branco e o preto.

acromático
O que não possui saturação nenhuma e, portanto, matiz algum, como o branco, o preto ou o cinza.

sombreado
Valor relativamente escuro da cor, produzido mediante sua mistura com o preto.

Estrutura abobadada de planta circular e que normalmente apresenta a forma de uma porção esférica, construída de modo a exercer esforços iguais em todas as direções.

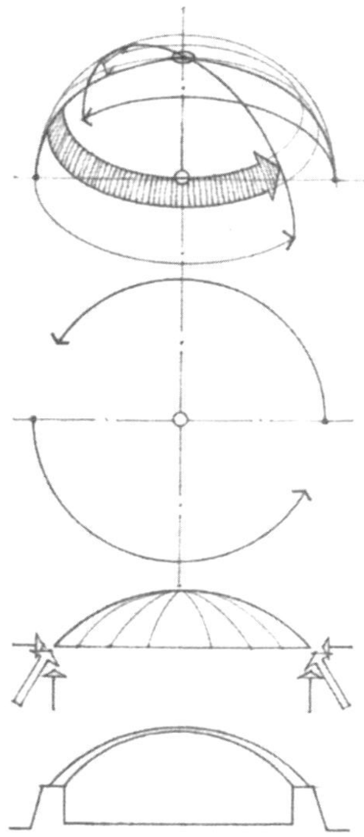

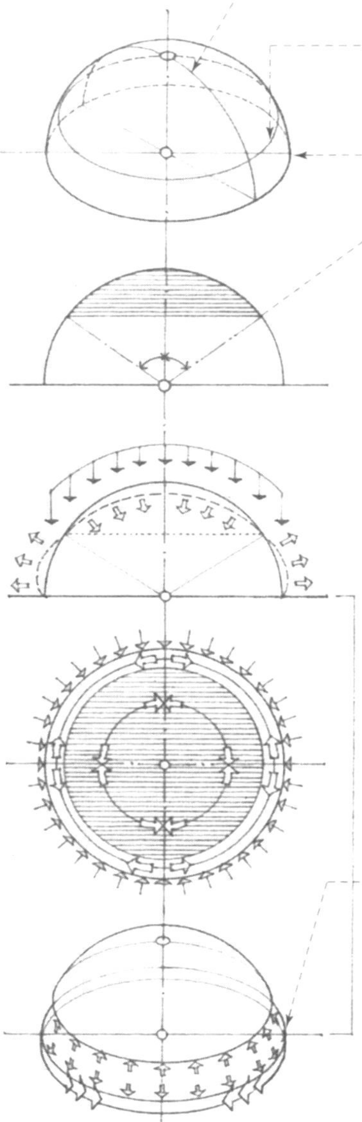

linha meridiana
Linha curva que define um corte vertical ao longo do eixo de uma superfície rotacional.

paralelo
Linha circular que define um corte horizontal perpendicular ao eixo de uma superfície rotacional.

cúpula semicircular
Cúpula com a forma de um hemisfério.

Em um ângulo entre 45° e 60° do eixo vertical, verifica-se uma transição de tensões meridianas para tensões paralelas na maioria das condições de carga.

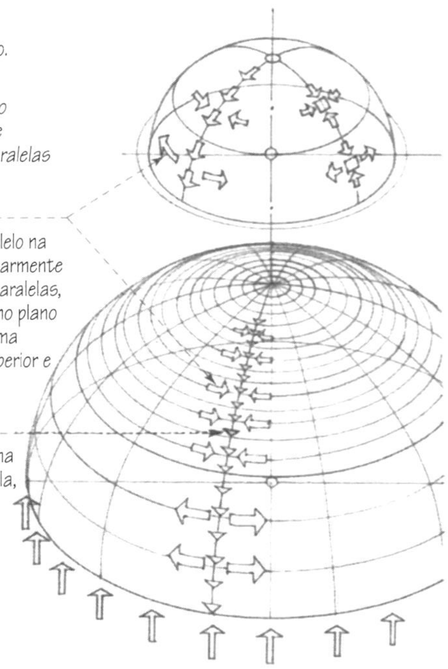

tensão paralela
Tensão que atua ao longo de um paralelo na estrutura de uma cúpula, perpendicularmente às tensões meridianas. As tensões paralelas, que impedem o movimento para fora no plano das faixas meridianas na casca de uma cúpula, são compressivas na área superior e trativas na área inferior.

tensão meridiana
Tensão que atua ao longo de uma linha meridiana da estrutura de uma cúpula, sempre compressiva mediante uma carga totalmente vertical.

cúpula-pires
Cúpula com a forma de um segmento de esfera, cujo centro está bem abaixo da linha de nascença. As cúpulas-pires são particularmente sensíveis ao empenamento mediante a ação de uma carga externa.

anel de contraventamento
Anel que circunda a base de uma cúpula a fim de conter os componentes das tensões meridianas dirigidas para fora. Em uma cúpula de concreto, esse anel é mais espesso e armado para compensar as tensões causadas pelas deformações elásticas diferentes do anel e da casca.

grande círculo
Círculo do maior diâmetro que se pode traçar em uma esfera.

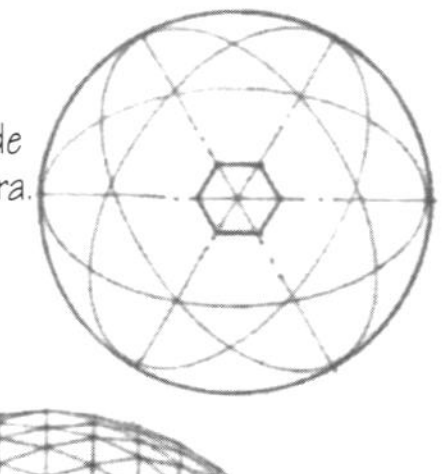

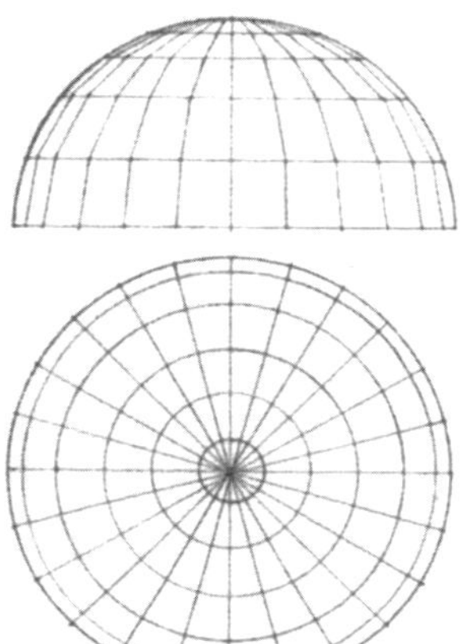

cúpula radial
Cúpula construída com tesouras de aço ou madeira distribuídas radialmente e interligadas por anéis poligonais em diferentes alturas.

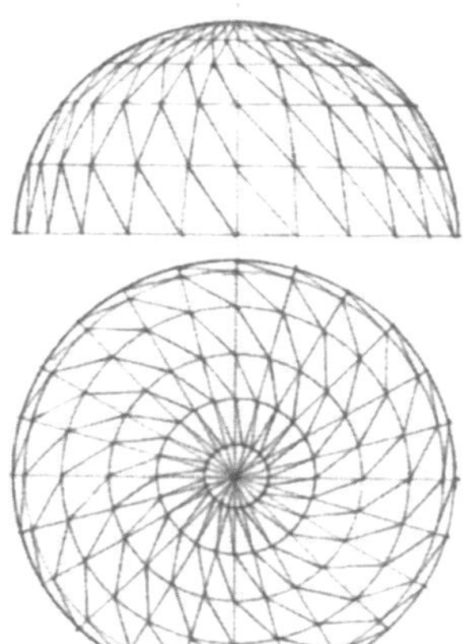

cúpula Schwedler
Cúpula de aço cujos elementos correspondem às linhas de latitude e longitude, com um terceiro conjunto de diagonais completando a triangulação.

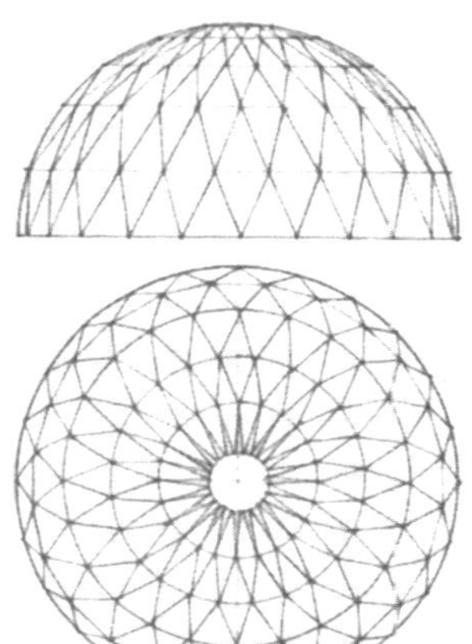

cúpula treliçada
Estrutura de cúpula em aço cujos elementos correspondem aos círculos de latitude, com dois conjuntos de diagonais em lugar das linhas de longitude, formando uma série de triângulos isósceles.

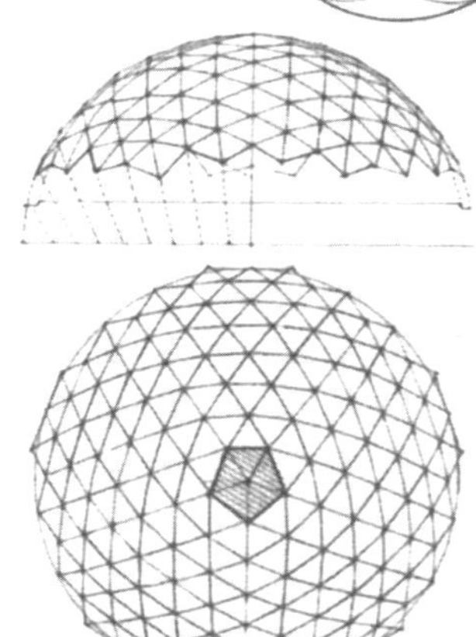

cúpula geodésica
Cúpula de aço cujos elementos estão dispostos segundo três grupos principais de grandes círculos que se interceptam a 60°, subdividindo a superfície da cúpula em uma série de triângulos esféricos eqüiláteros.

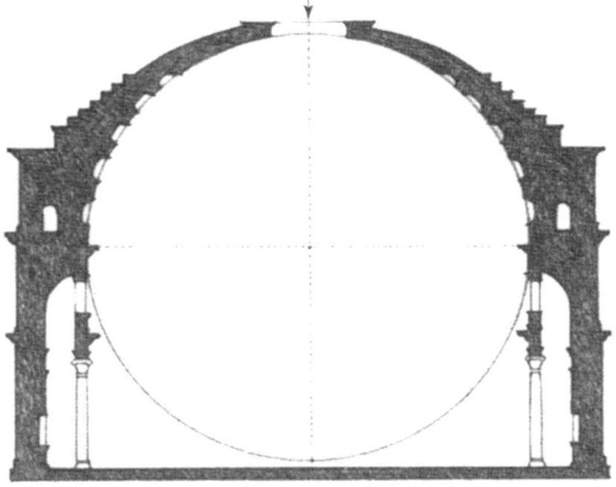

óculo
Abertura circular, esp. na coroa de uma cúpula.

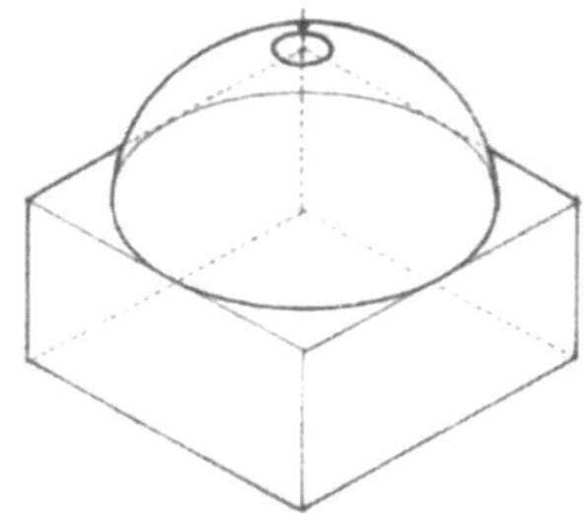

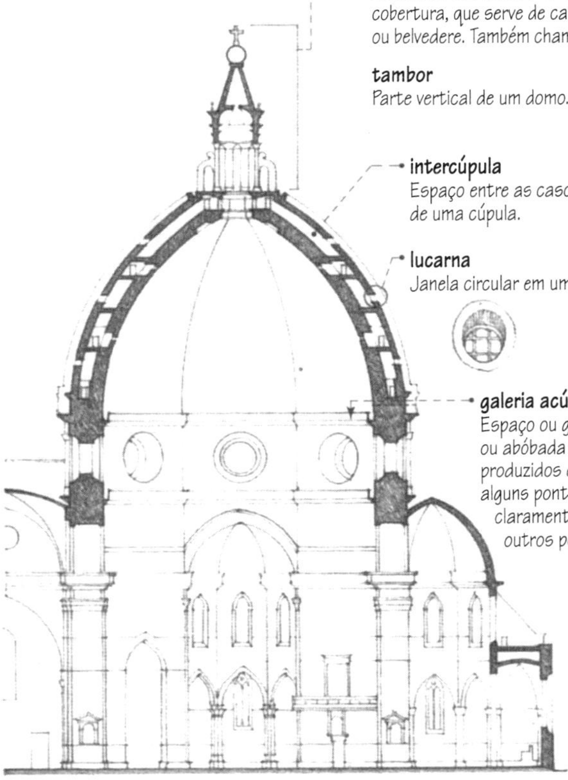

lanterna
Superestrutura que coroa uma cobertura ou cúpula, dotada de paredes vazadas para deixar entrar a luz e o ar.

domo
Estrutura leve sobre uma cúpula ou cobertura, que serve de campanário, lanterna ou belvedere. Também chamado **zimbório**.

tambor
Parte vertical de um domo.

intercúpula
Espaço entre as cascas interna e externa de uma cúpula.

lucarna
Janela circular em um telhado ou flecha.

galeria acústica
Espaço ou galeria abaixo de uma cúpula ou abóbada em que os sons baixos produzidos em qualquer um dentre alguns pontos determinados são claramente audíveis em determinados outros pontos distantes.

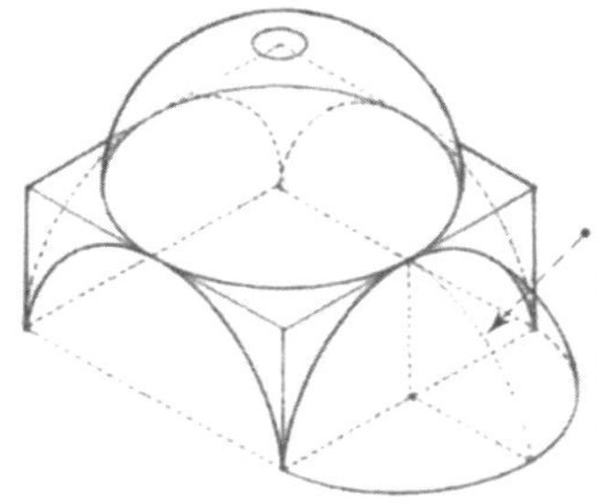

semicúpula
Metade de uma cúpula, formada por um corte vertical, como a que cobre uma abside semicircular.

cul-de-four
Termo francês que designa uma semicúpula ou uma abóbada de um-quarto de esfera, como a que cobre uma abside ou nicho.

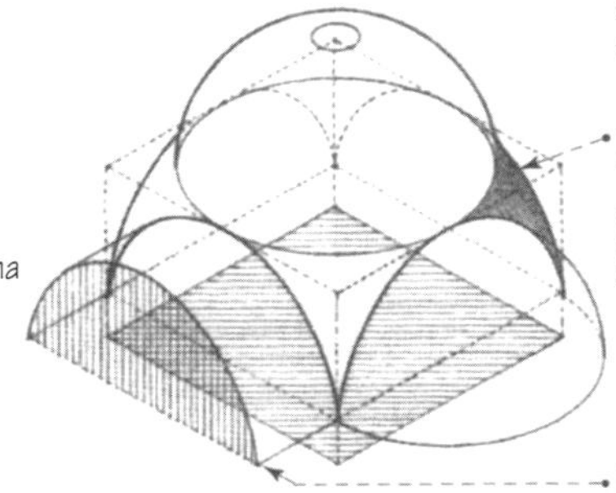

pendentivo
Triângulo esférico que forma a transição do plano circular de uma cúpula para o plano poligonal de sua estrutura de sustentação. Também chamado **pendente**.

luneta
Área no plano de uma parede delimitada por um arco ou abóbada, contendo uma janela, pintura ou escultura.

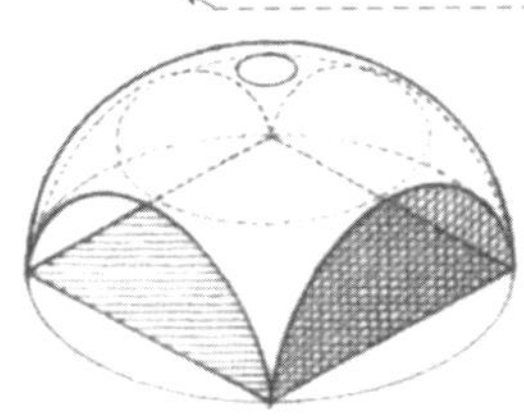

cúpula em vela
Cúpula esférica formada pela remoção de quatro segmentos, de tal modo que ela se funde com seus pendentivos e se apóia num plano quadrangular.

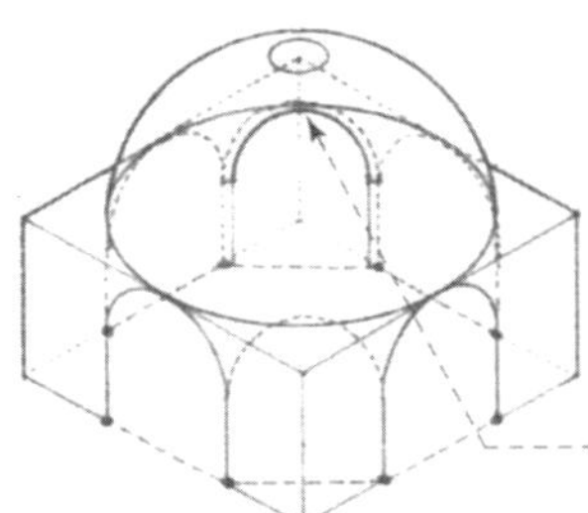

tromba
Arco ou modilhão construído diagonalmente na quina superior interna de uma torre quadrada para sustentar a lateral de uma estrutura octogonal sobreposta.

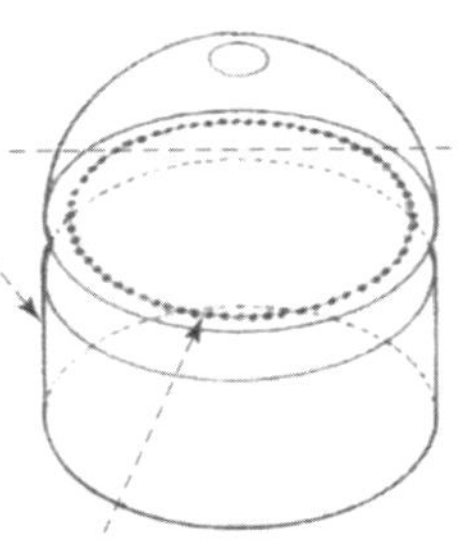

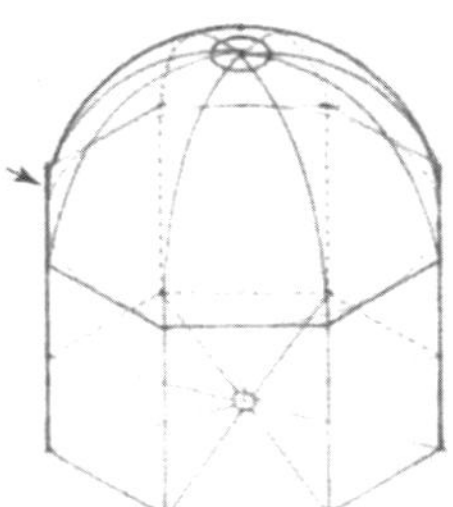

tambor
Construção cilíndrica ou facetada, normalmente provida de janelas, que sustenta uma cúpula.

tolobata
A subestrutura que sustenta uma cúpula ou um domo.

cinta
Faixa, anel ou corrente colocada em torno de uma estrutura para amarrar suas partes, por exemplo em torno da nascença de uma cúpula.

Criação e organização dos elementos formais de uma obra de arte.

forma
Aspecto externo e estrutura de algo, que se distinguem de sua substância ou material.

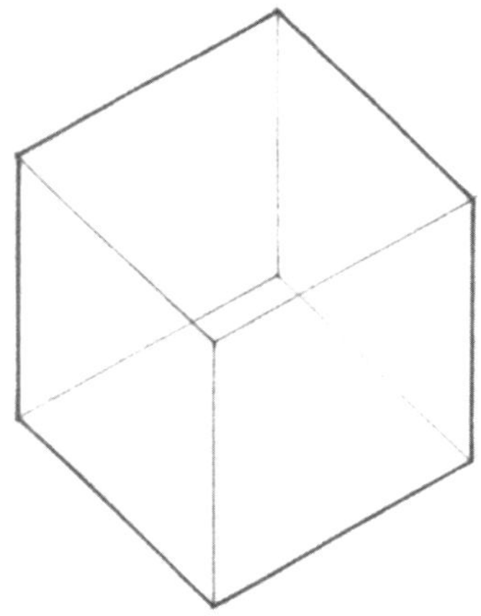

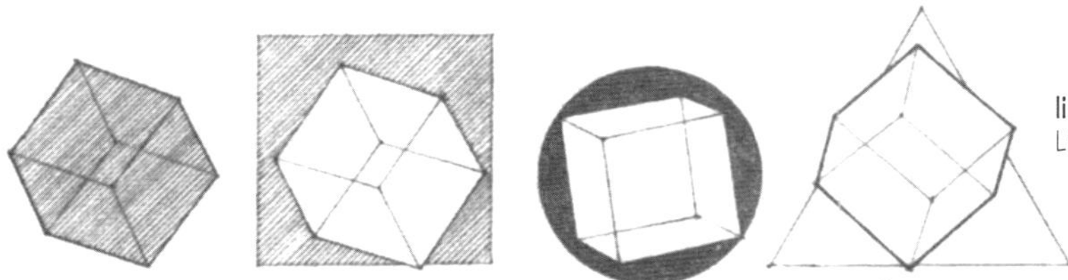

linha
Limite ou o contorno de uma forma.

figura
Contorno ou a configuração superficial de uma forma. Enquanto a forma geralmente se refere ao princípio que confere unidade a um todo, e inclui amiúde um sentido de massa ou volume, a figura sugere um contorno com alguma ênfase na área ou massa delimitada.

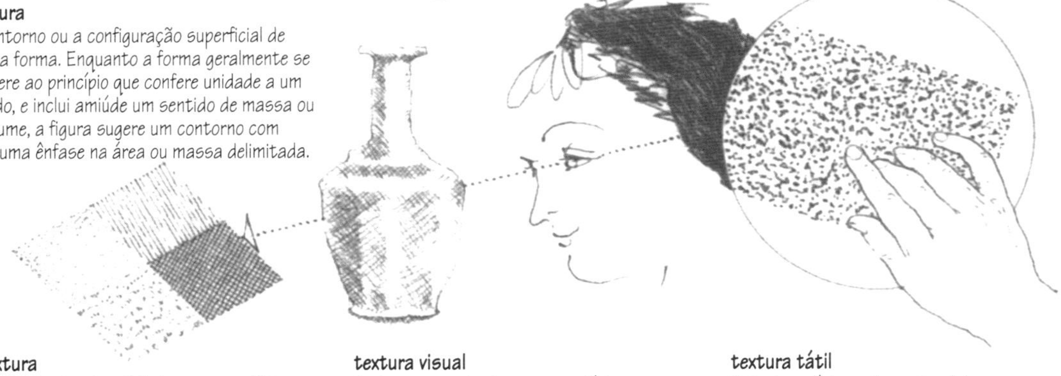

textura
Qualidade visual e tátil de uma superfície, afora sua cor ou forma.

textura visual
Textura aparente de uma superfície, resultante da combinação e da inter-relação entre cores e valores tonais.

textura tátil
Estrutura física e dimensional de uma superfície, afora sua cor ou forma.

orgânico
Formas e figuras de contornos irregulares que se assemelham àqueles das plantas ou animais vivos.

não figurativo
Figuras e formas que não representam objetos naturais ou reais.

geométrico
Figuras e formas que se assemelham a ou que utilizam os elementos retilíneos ou curvilíneos simples da geometria.

abstrato
Figuras e formas dotadas de um conteúdo intelectual e afetivo apoiado exclusivamente em suas linhas e cores intrínsecas, bem como na relação destas entre si.

símbolo
Algo que representa determinada coisa por associação, semelhança ou convenção, e cujo significado provém principalmente da estrutura na qual aparece.

signo
Insígnia ou figura com um significado convencional e utilizada no lugar de uma palavra ou frase para exprimir uma idéia complexa. Também chamado **sinal**.

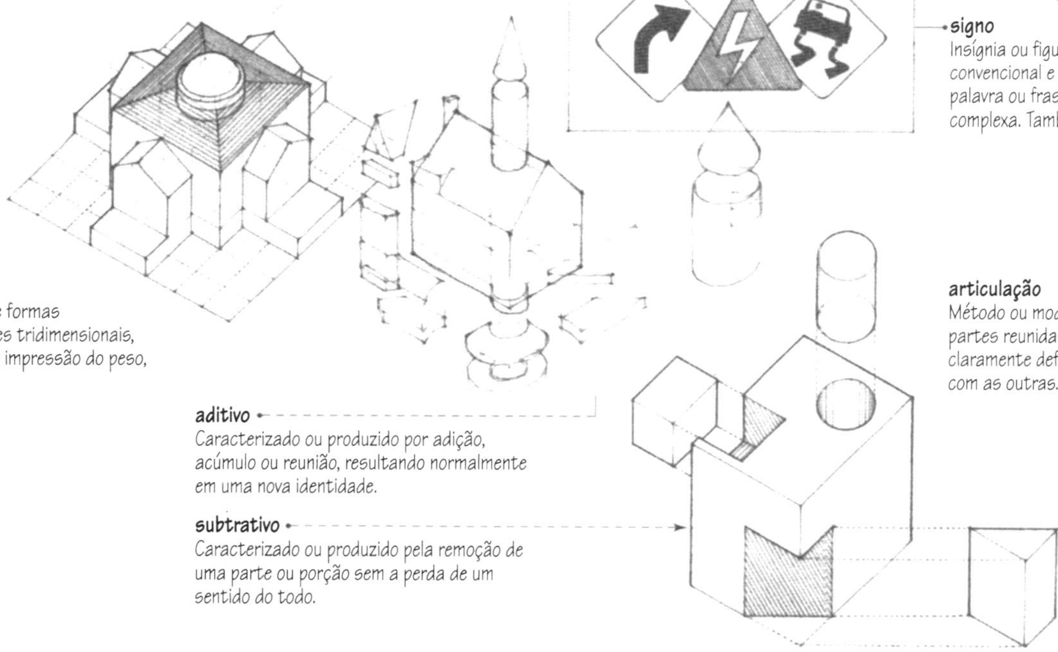

perspectiva
Composição unificada de formas bidimensionais ou volumes tridimensionais, esp. quando transmite a impressão do peso, densidade e porte.

articulação
Método ou modo de junção no qual as partes reunidas se mantêm nítida e claramente definidas em relação umas com as outras.

aditivo
Caracterizado ou produzido por adição, acúmulo ou reunião, resultando normalmente em uma nova identidade.

subtrativo
Caracterizado ou produzido pela remoção de uma parte ou porção sem a perda de um sentido do todo.

conteúdo
Significado ou sentido de uma obra de arte, em contrapartida à sua forma.

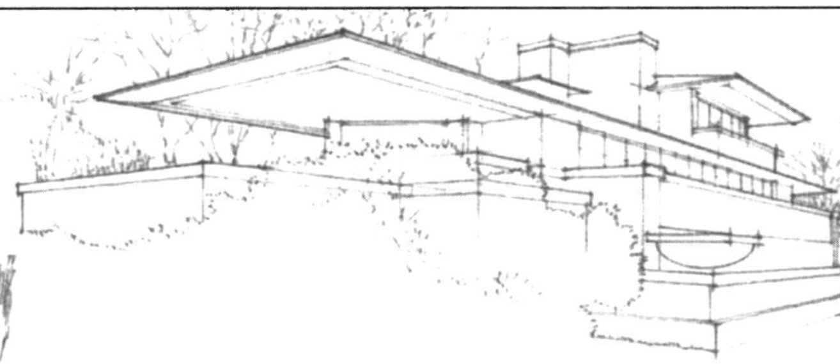

forma
Modo de se arranjar e coordenar as partes de uma composição, de modo que produza uma imagem coerente.

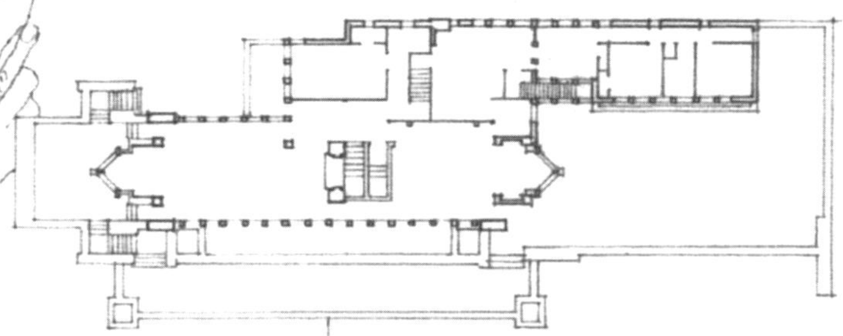

organização
Arranjo sistemático de partes interdependentes ou coordenadas em uma unidade coerente ou todo funcional.

detalhe
Parte individual, minúscula ou subsidiária de um todo.

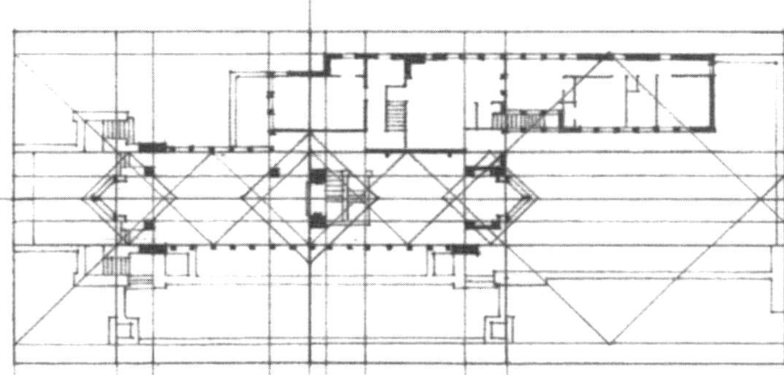

estrutura
Organização de elementos ou partes em um sistema complexo, dominado pelo caráter geral do todo.

textura
Estrutura característica conferida a uma superfície ou substância por meio do tamanho, forma, organização e proporcionamento das partes.

trama
Estrutura subjacente formada por partes interligadas.

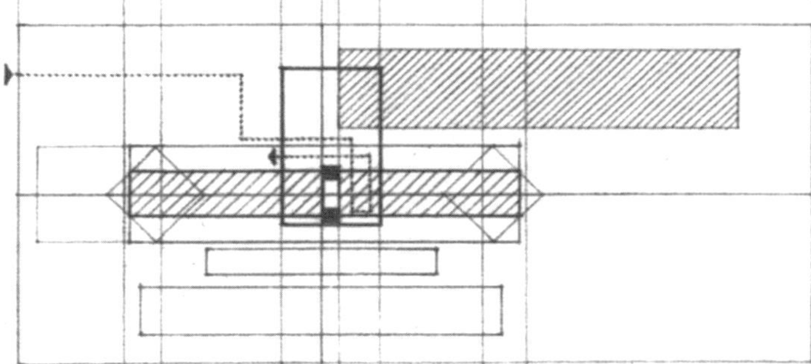

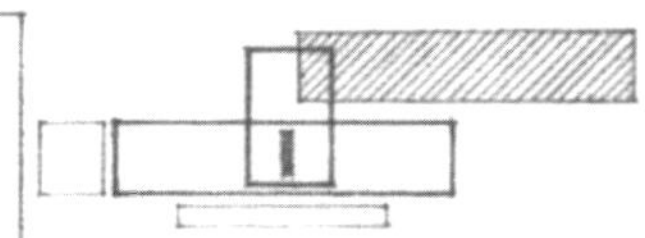

partido
Esquema básico ou conceito de um projeto arquitetônico, representado por um diagrama.

diagrama
Desenho, não necessariamente figurativo, que esboça, explica ou esclarece o arranjo e as relações entre as partes de um todo.

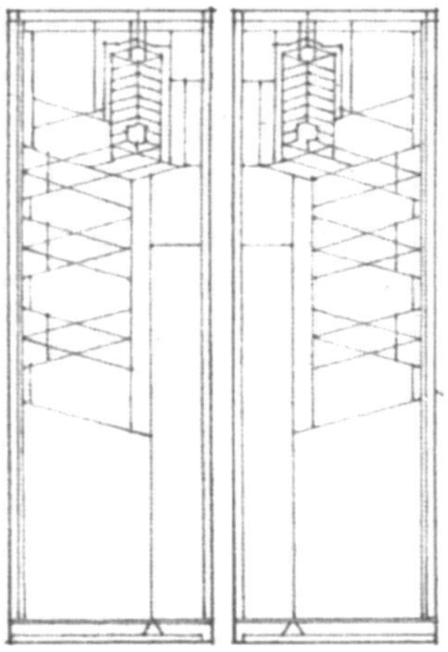

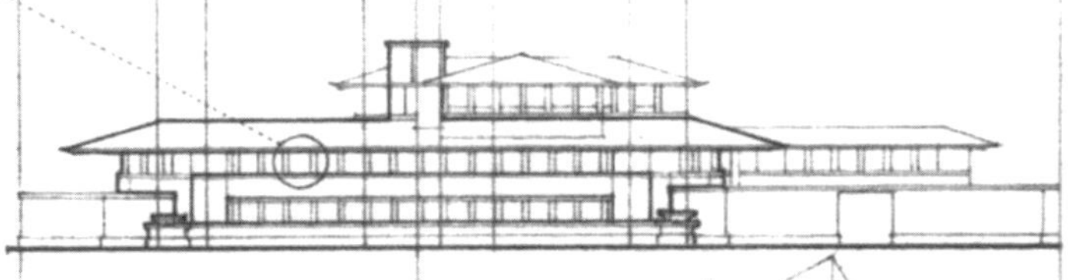

composição
Arranjo de partes ou elementos em uma proporção ou relação adequadas, de modo a formarem um todo unificado.

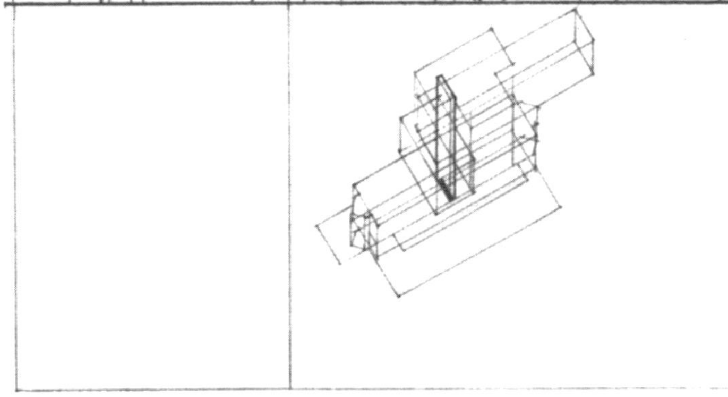

padrão
Desenho artístico ou decorativo, esp. aquele que apresenta um arranjo característico e é considerado uma unidade, do qual é possível transmitir uma idéia através de um fragmento.

princípio organizador
Conceito fundamental e abrangente de percepção visual para se estruturar uma composição estética.

ordem
Condição de um arranjo lógico, harmonioso ou abrangente no qual cada elemento de um grupo está disposto de maneira adequada em relação aos demais elementos e a sua finalidade.

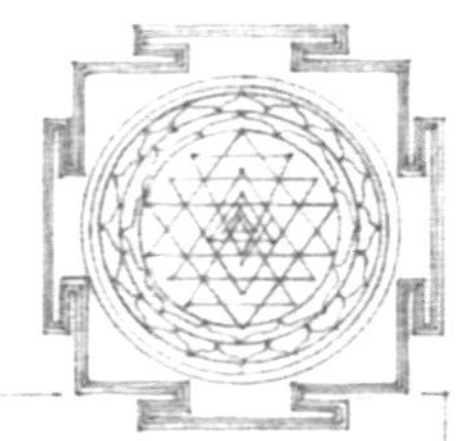

harmonia
Arranjo ordenado, aprazível ou congruente dos elementos ou partes de um todo artístico.

repouso
Harmonia no arranjo das partes ou cores que resulta relaxante para o olho.

coerente
Lógica ou esteticamente ordenado ou integrado para ser inteligível ou reconhecível.

unidade
Estado ou qualidade de estar combinado em um, como a ordenação de elementos em um trabalho artístico que constitui um todo harmonioso ou que produz um efeito único.

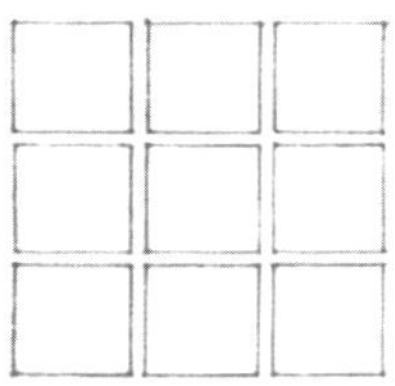

uniformidade
Estado ou qualidade de ser idêntico, homogêneo ou regular.

homogêneo
Uniforme em toda a sua estrutura ou composto de partes de mesma natureza ou tipo.

regular
Formado ou arranjado de maneira uniforme ou invariável.

monotonia
Estado ou qualidade de pouca variedade.

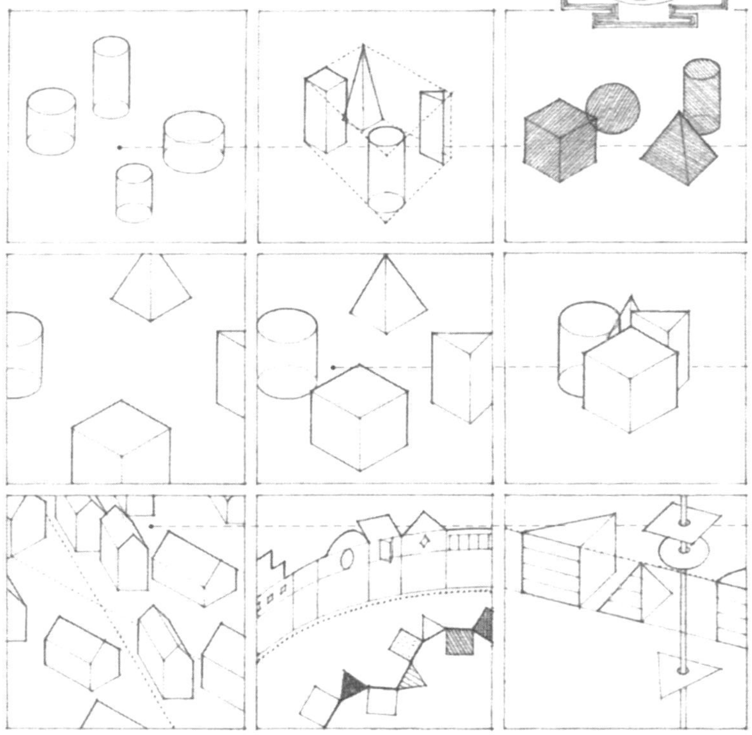

concordância
Correspondência de formas, tamanhos ou cores entre os elementos de uma obra de arte.

semelhança
Estado ou qualidade de se assemelhar em termos de substância, essência ou características.

proximidade
Vizinhança de lugar, ordem ou relação.

continuidade
Estado ou qualidade de ser contínuo, como no caso de uma linha, uma borda ou uma direção.

alinhamento
Arranjo ou ajuste segundo uma linha reta.

complexidade
Estado ou qualidade de ser um todo composto por partes complexas, intrincadas ou interligadas.

colagem
Composição artística de elementos normalmente diversos numa justaposição inusitada ou inesperada.

variedade
Estado ou qualidade de possuir variadas ou diferentes formas, tipos ou características.

ênfase
Realce ou proeminência conferidos a determinado elemento de uma composição através de contraste, anomalia ou contraponto.

contraste
Oposição ou justaposição de elementos dessemelhantes em uma obra de arte a fim de realçar as propriedades de cada elemento e produzir uma expressividade mais dinâmica.

hierarquia
Sistema de elementos distribuídos, classificados e organizados um acima do outro segundo sua importância ou significado.

oposição
Estado ou posição de estar colocado defronte um objeto ou em posições análogas com relação a um espaço ou objeto intermediário.

justaposição
Estado ou posição de estar colocado muito próximo ou lado a lado, de modo a permitir a comparação ou o contraste.

tensão
Equilíbrio delicado mantido por uma obra de arte entre forças ou elementos oponentes, causando freqüentemente ansiedade ou perturbação.

contradição
Estado ou condição de ser oposto a, discrepante ou logicamente incongruente com.

anomalia
Desvio com relação a forma, ordem ou arranjo normais ou esperados.

essência
Idéia principal, parte fundamental ou o aspecto proeminente de uma narrativa ou conceito.

proeminente
Que sobressai ou é notável.

contraponto
Elemento ou tema paralelo, porém contrastante de uma narrativa ou conceito.

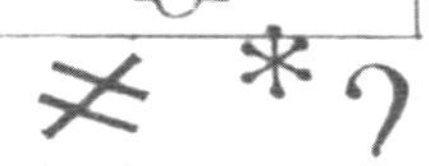

caos
Estado de absoluta desordem ou confusão.

equilíbrio
Estado de repouso ou estabilidade entre elementos contrastantes ou forças oponentes.

equilíbrio dinâmico
Distribuição equilibrada de peso, relações ou forças.

contrapeso
Peso ou força que serve para contrabalançar. Também, **peso de compensação**.

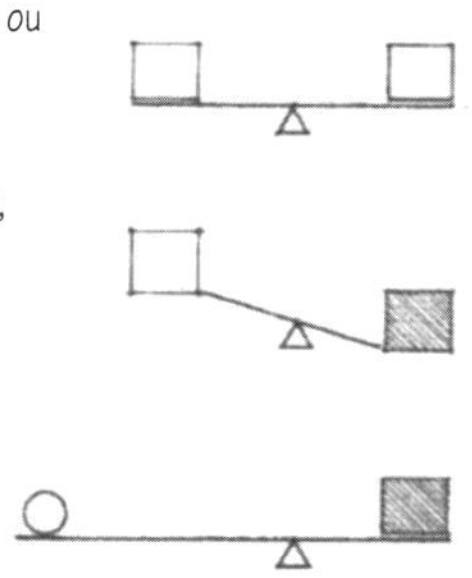

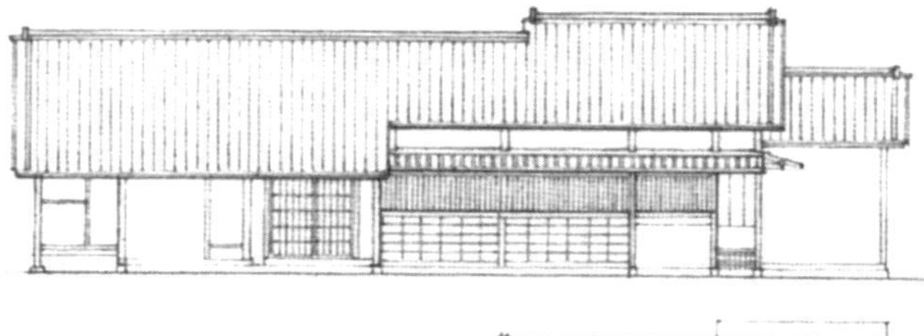

harmonia
Arranjo ou proporção agradável ou equilibrado das partes ou elementos de um desenho ou composição.

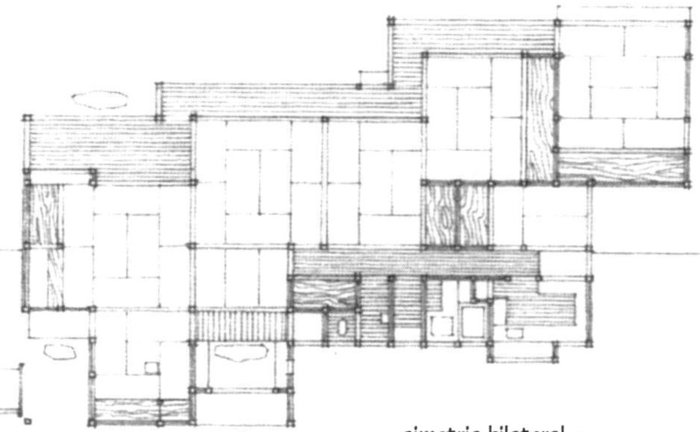

simetria
Exata correspondência de tamanhos, formas e arranjo das partes nos lados opostos de uma linha ou plano divisório, ou em torno de um centro ou eixo.

simetria bilateral
Simetria resultante do arranjo de partes semelhantes nos lados opostos de um eixo mediano.

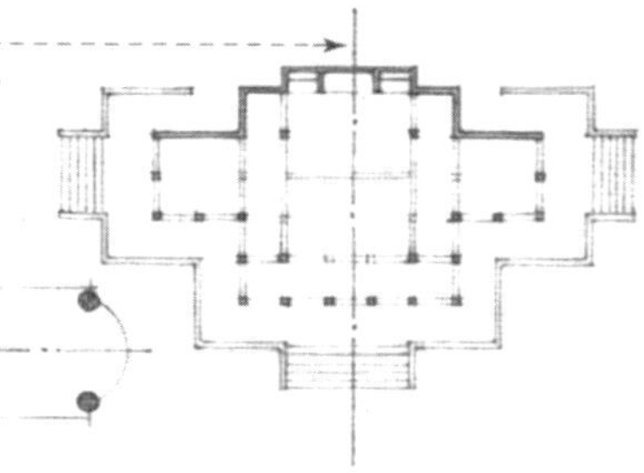

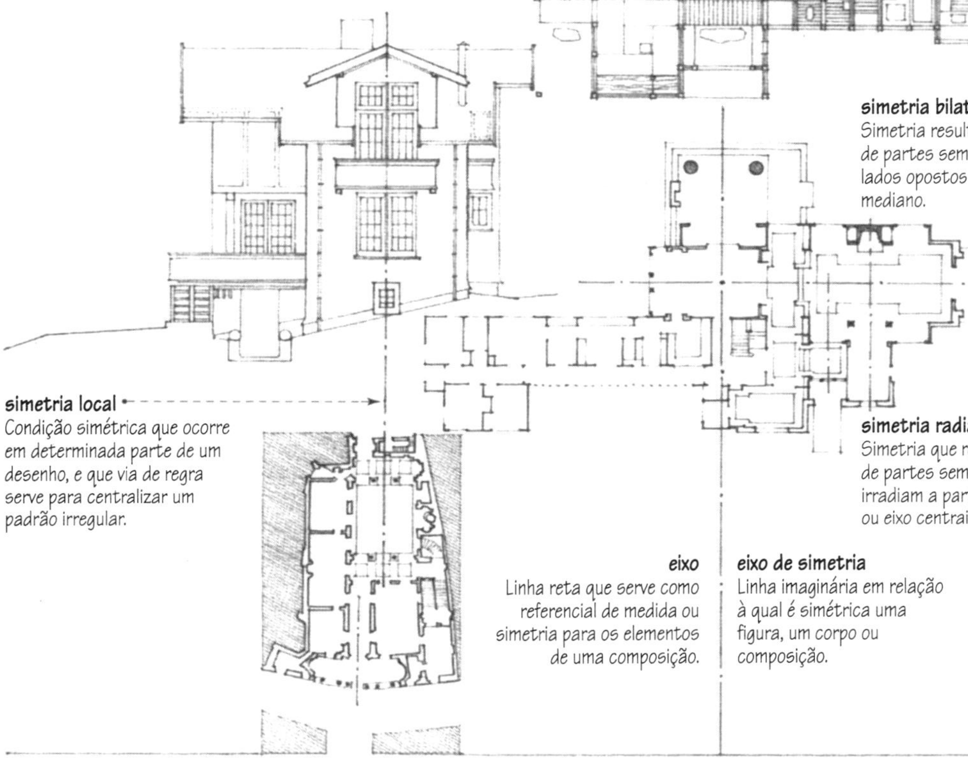

simetria local
Condição simétrica que ocorre em determinada parte de um desenho, e que via de regra serve para centralizar um padrão irregular.

simetria radial
Simetria que resulta do arranjo de partes semelhantes, que se irradiam a partir de um ponto ou eixo centrais.

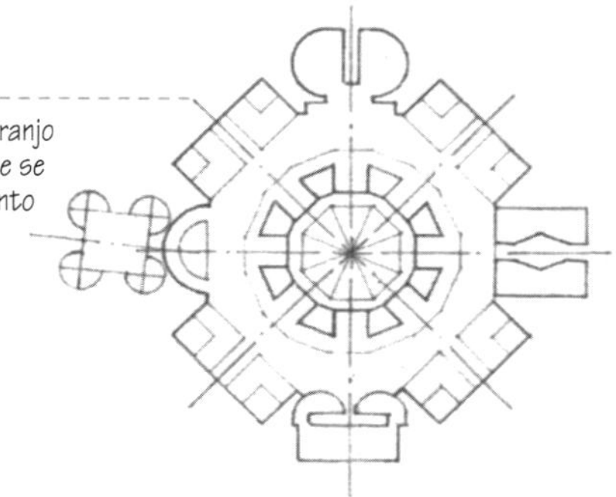

eixo
Linha reta que serve como referencial de medida ou simetria para os elementos de uma composição.

eixo de simetria
Linha imaginária em relação à qual é simétrica uma figura, um corpo ou composição.

movimento
Qualidade ou caráter rítmico de uma composição, que sugere movimento através da representação de gestos ou da relação entre os elementos estruturais.

direção
Linha ao longo da qual algo se move, aponta ou está voltado, com referência ao ponto para o qual está direcionado.

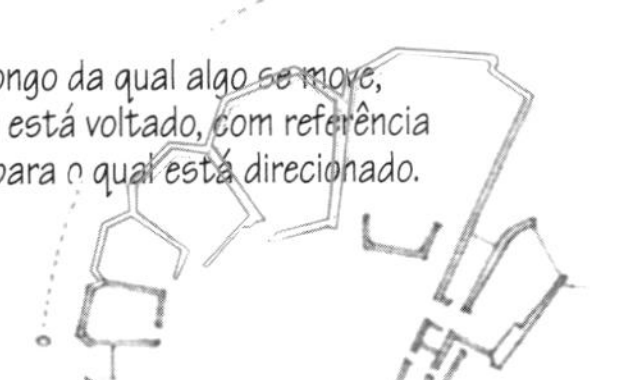

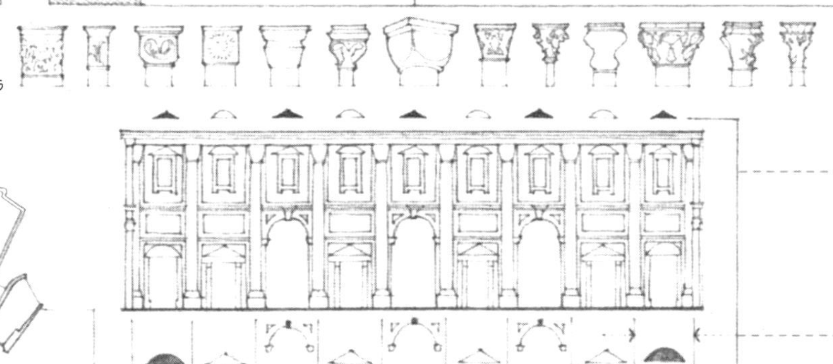

ritmo
Movimento caracterizado por uma repetição ou alternância padronizada de elementos ou motivos formais na mesma forma ou em uma forma modificada.

repetição
Ato ou processo de repetir elementos ou motivos formais em um desenho.

intervalo
Espaço entre dois objetos, pontos ou estados.

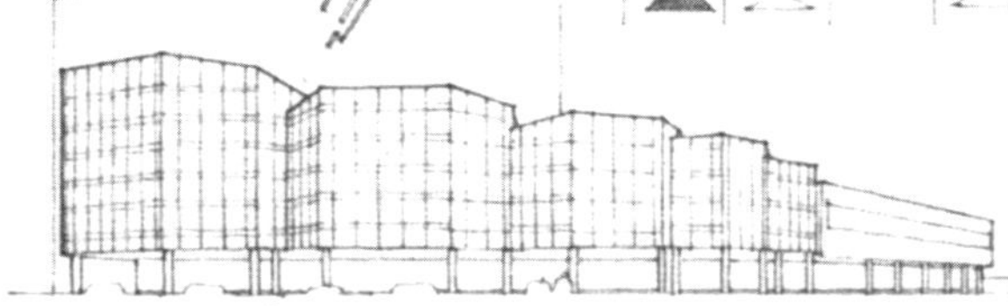

gradação
Processo de mudança que se dá por graus ou por uma série de estágios graduais sucessivos.

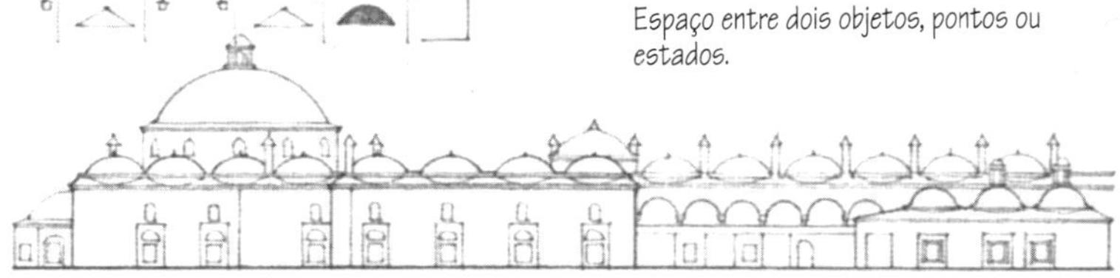

concatenação
Série de coisas ou eventos encadeados ou interligados.

proporção (1)
Relação comparativa, adequada ou harmônica entre duas partes ou entre uma parte e o todo com respeito a magnitude, quantidade ou grau.

$$A/B = B/(A+B)$$

proporção (2)
Igualdade entre duas razões de modo que o primeiro dos quatro termos dividido pelo segundo equivale ao terceiro divido pelo quarto.

seção áurea
Proporção entre as duas dimensões de uma figura plana ou as duas divisões de uma linha, na qual a razão entre a menor e a maior é a mesma que a razão entre a maior e o todo: uma razão de aproximadamente 0,618 para 1,000.

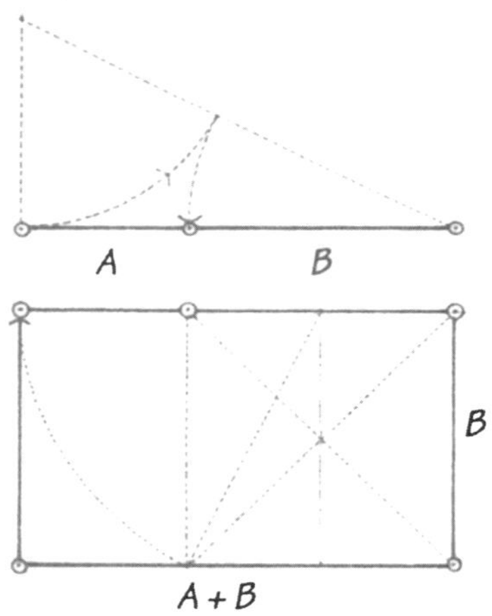

eurritmia
Harmonia de proporções ou movimento.

razão
Relação de grandeza, quantidade ou grau entre duas ou mais coisas semelhantes.

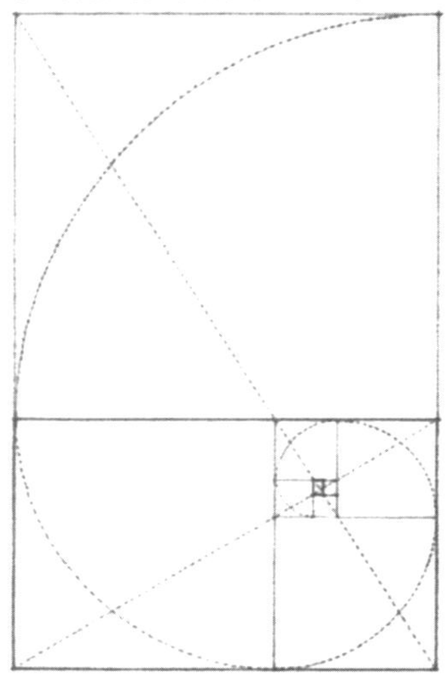

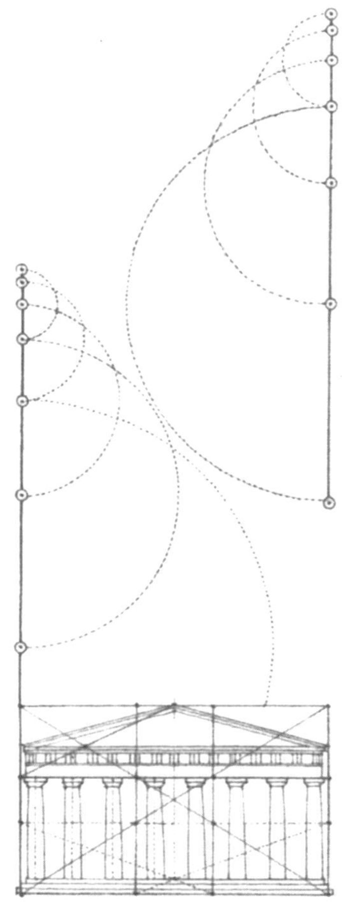

1, 1, 2, 3, 5, 8, 13, 21...

1/1, 1/2, 2/3, 3/5, 5/8, 8/13...

série de Fibonacci
Seqüência infinita de números em que os dois primeiros termos são 1 e 2, e cada termo sucessivo equivale à soma dos dois imediatamente anteriores. Também chamada **seqüência de Fibonacci**.

série harmônica
Série na qual os termos se encontram em progressão harmônica.

1, 1/3, 1/5, 1/7, 1/9

progressão harmônica
Seqüência de números cujos recíprocos formam uma progressão aritmética.

escala
Determinado tamanho, extensão ou graduação proporcional, normalmente julgado em relação a algum padrão ou ponto de referência.

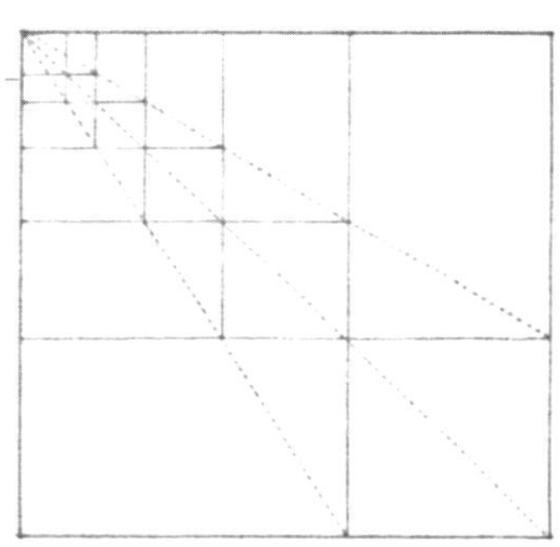

escala humana
Tamanho ou proporção de um elemento arquitetônico ou espacial, ou de uma peça de mobiliário, em relação às dimensões estruturais ou funcionais do corpo humano.

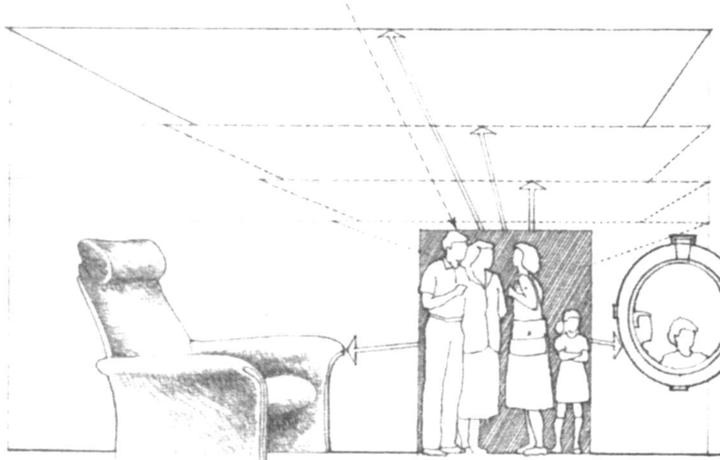

módulo
Unidade de medida utilizada para padronizar as dimensões dos materiais de construção ou regular as proporções de uma composição arquitetônica.

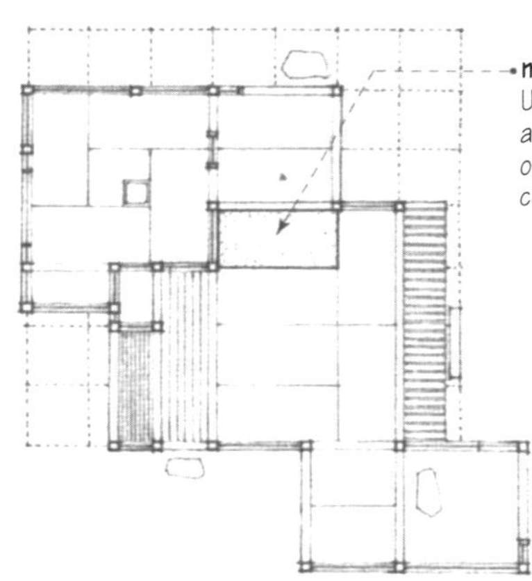

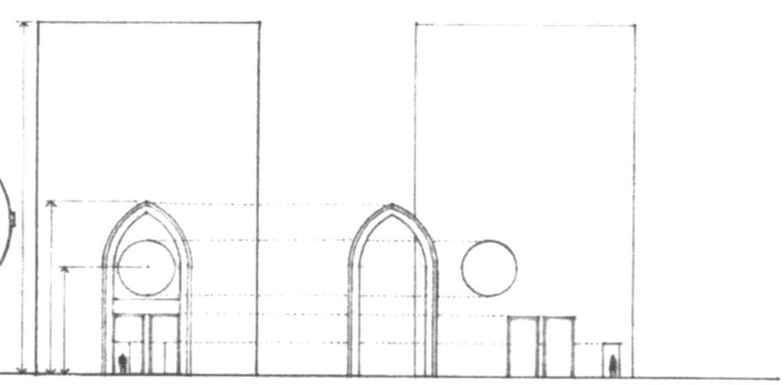

escala mecânica
Tamanho ou proporção de algo relativamente a um padrão de medida aceito.

escala visual
Tamanho ou proporção que um elemento arquitetônico aparenta ter relativamente a outros elementos ou componentes de tamanho conhecido ou pressuposto.

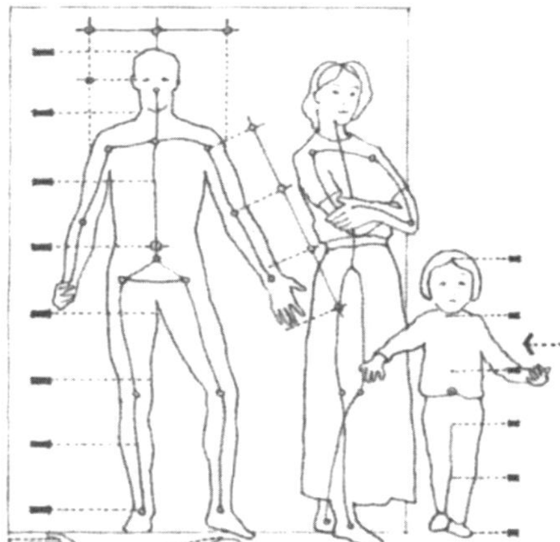

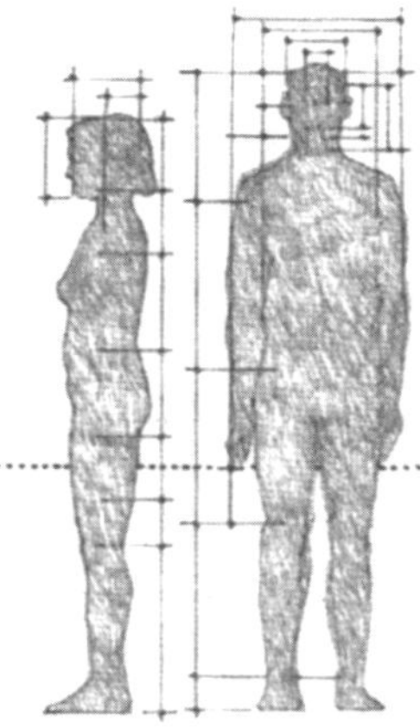

ergonomia
Ciência aplicada que trata das características humanas que devem ser consideradas no projeto de equipamentos e sistemas de modo que as pessoas e as coisas possam interagir com eficácia e segurança. Também chamada **engenharia humana**.

antropometria
Medição e estudo do tamanho e das proporções do corpo humano.

antropomorfizar
Atribuir uma forma ou características humanas a coisas ou seres não-humanos.

dimensão estrutural
Qualquer uma das dimensões do corpo humano e de suas partes.

dimensão funcional
Qualquer uma das dimensões determinadas por posições e movimentos corporais, como alcance dos braços, distância entre os pés durante o andar ou espaço livre.

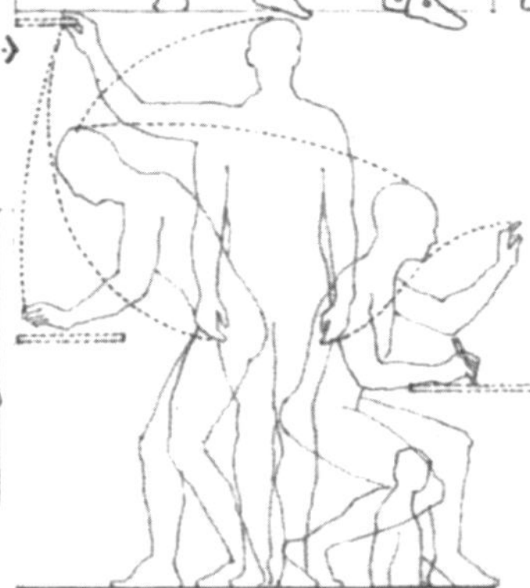

adequação estática
Correspondência entre o tamanho e a postura de um corpo humano e um elemento arquitetônico ou peça de mobiliário.

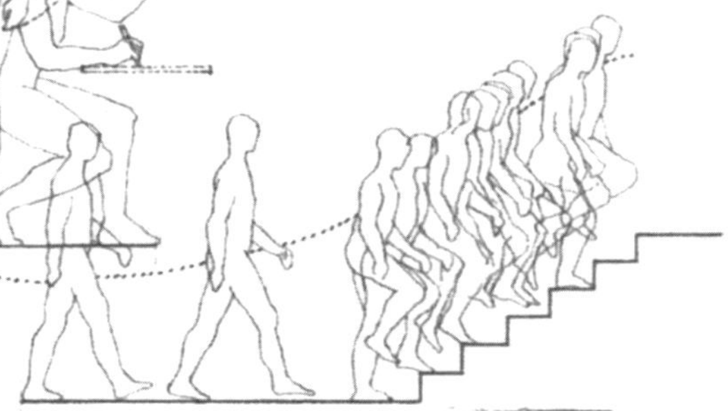

adequação dinâmica
Correspondência entre a experiência sensorial da presença e do movimento corporal e o tamanho, a forma e as proporções de um espaço.

cinestesia
Experiência sensorial da posição, presença ou movimento corporal, originária sobretudo do estímulo das terminações nervosas nos músculos, tendões e juntas.

tátil
Relativo a ou baseado no sentido do tato.

olfativo
Relativo a ou baseado no sentido do olfato.

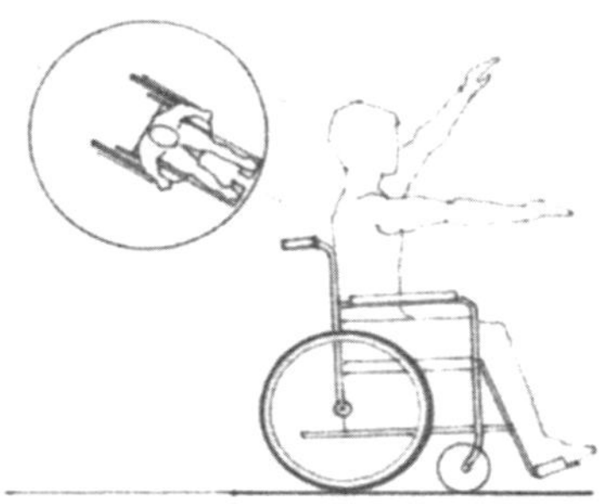

acesso
Capacidade, liberdade ou permissão para entrar ou usar.

livre acesso
Espaços, edifícios e instalações plenamente acessíveis e utilizáveis por qualquer indivíduo, incluindo os deficientes físicos.

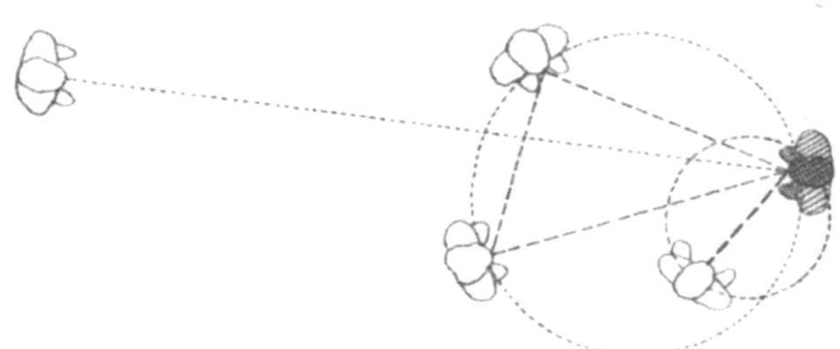

proxemia
Estudo da função simbólica e comunicativa da separação espacial mantida pelos indivíduos em diversas situações sociais e interpessoais, e de como a natureza e o grau desse arranjo espacial estão relacionados a fatores ambientais e culturais.

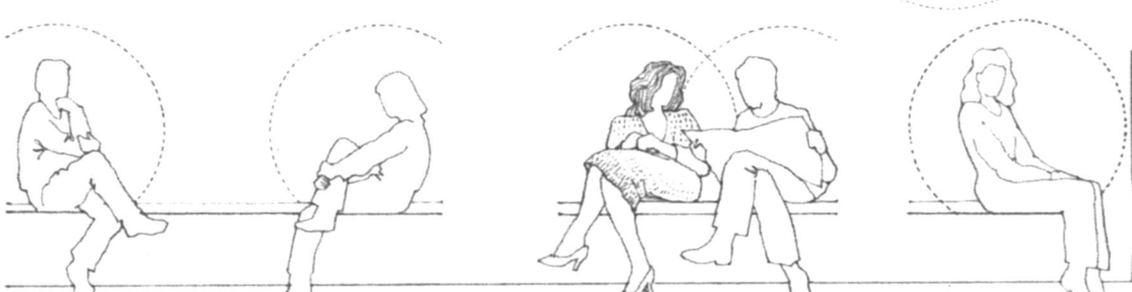

territorialidade
Padrão de comportamento associado à definição e à defesa de um território ou domínio.

espaço pessoal
Distância variável e subjetiva na qual um indivíduo se sente confortável ao conversar com outro. Também chamado **distância pessoal**.

projetar
Conceber ou idealizar a forma e a estrutura de um edifício ou outra construção.

processo de projeto
Atividade intencional, voltada para a concepção de um plano para transformar uma situação existente em um estado futuro pretendido, esp. o processo cíclico e iterativo que compreende as seguintes fases:

início
Identificação de um problema e de seu contexto social, econômico e físico.

preparação
Coleta e a análise de informações e estabelecimento de metas e critérios para uma solução aceitável.

síntese
Descoberta de contingências e oportunidades e a proposição de soluções hipotéticas possíveis e alternativas.

avaliação
Simulação, teste e modificação de alternativas aceitáveis de acordo com metas e critérios específicos.

ação
Escolha e implementação da solução mais adequada.

reavaliação
Verificação do grau em que uma solução implementada e em uso corresponde às metas e critérios estabelecidos.

processo
Série sistemática de ações ou observações que conduzem ou estão voltadas para um fim específico.

fase
Estágio particular em um processo de mudança ou desenvolvimento.

programa
Procedimento para a solução de um problema, esp. uma exposição indicando o contexto, as condições, os requisitos e os objetivos de um projeto.

implementar
Assegurar a execução de algo através de um plano ou procedimento claramente definidos.

comunicar
Expressar, transmitir ou trocar idéias, informação ou impressões por meio da escrita, da fala, ou de sistemas comuns de signos ou símbolos, esp. de um modo claro e prontamente inteligível.

proposta
Plano apresentado para apreciação, aprovação ou ação.

idealizar
Formar na mente uma idéia ou concepção.

conceber
Formar de maneira artística ou engenhosa.

arquitetar
Formar na mente através de novas combinações ou aplicações de idéias ou princípios pré-existentes.

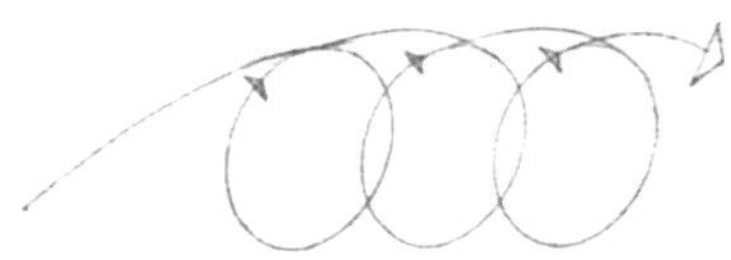

dinâmica
Padrão de mudança, crescimento ou desenvolvimento de um objeto ou fenômeno.

prazo
Data-limite estipulada para se concluir um projeto.

feedback
Termo inglês que designa um parecer sobre uma ação ou processo que determina uma volta a uma fase precedente para fins de alteração ou correção.

selecionar
Escolher, entre um certo número de alternativas, com base na adequação ou preferência.

discernimento
Capacidade mental para perceber diferenças, compreender relações ou divisar alternativas.

função
Ação natural ou própria para a qual determinada coisa é projetada, usada ou existe.

finalidade
Razão pela qual determinada coisa existe, é feita ou usada.

fator de conforto
Qualquer elemento que propicie ou aumente o bem-estar, a conveniência ou o prazer.

economia
Uso e gerenciamento criterioso, parcimonioso e eficaz de recursos.

hipótese
Levantamento de uma suposição experimental para ser desenvolvida e se testar suas conseqüências lógicas ou empíricas.

alternativa
Uma das proposições ou linhas de ação a serem escolhidas entre um conjunto de duas ou mais possibilidades mutuamente exclusivas.

esboço
Versão preliminar de um plano ou projeto.

avaliar
Determinar o significado, o valor ou a qualidade de, normalmente através do exame e do estudo criteriosos.

critério
Padrão, norma ou princípio em que é possível basear um julgamento ou uma decisão.

dado
Fato ou proposição pressuposta, fornecida ou, ainda, determinada, a partir da qual é possível tirar conclusões ou tomar decisões.

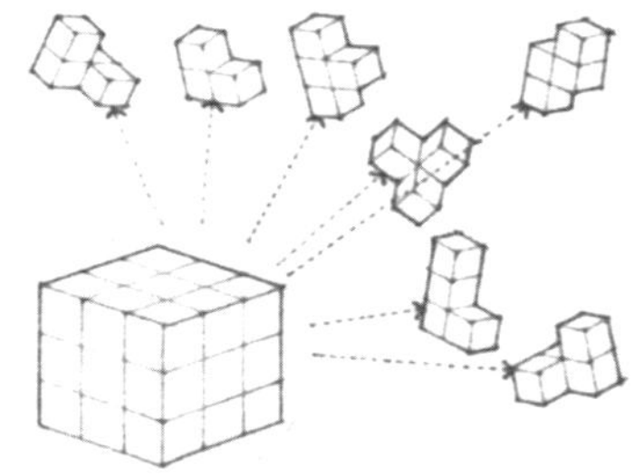

análise
Separação de um todo entre as partes ou elementos que o compõem, esp. como método para se estudar a natureza do todo e determinar suas características essenciais e as relações entre estas.

síntese
Combinação de partes ou elementos separados, normalmente díspares, de modo a formarem um todo único ou coerente.

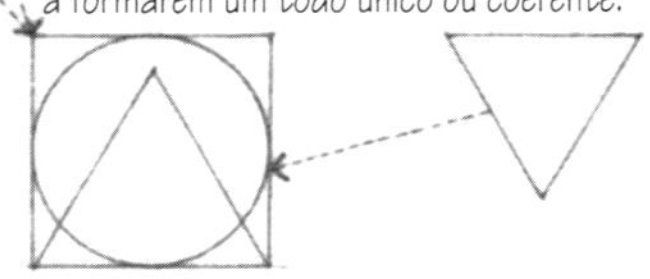

desenvolver
Elaborar, expandir ou realizar as capacidades ou possibilidades de algo, de modo a levá-lo gradativamente a um estado mais pleno, mais avançado ou eficaz.

modificar
Alterar a forma, o caráter ou as qualidades, a fim de imprimir uma nova orientação a algo ou atender a um novo fim.

refinar
Aprimorar ou elaborar a fim de tornar mais apurado ou preciso.

inflexão
Curvatura, dobra ou mudança semelhante na forma de uma configuração, por cujo intermédio é indicada uma mudança de relação com algum contexto ou condição.

transformação
Processo de alterar a forma ou a estrutura através de uma série de permutações e manipulações discretas em resposta a um contexto ou conjunto de condições específicos sem uma perda de identidade ou conceito.

simular
Criar um modelo ou maquete de algo antecipadamente para fins de ensaio e avaliação.

maquete
Representação em miniatura, normalmente em escala, para mostrar o aspecto ou a construção de algo.

protótipo
Modelo, em escala natural, de um edifício ou estrutura, construída para fins de estudo, ensaio ou didáticos.

ensaio
Submissão de um sistema ou processo a condições ou operações tais que permitam uma avaliação crítica de suas capacidades ou desempenho, para a subseqüente aceitação ou rejeição dos mesmos.

razão
Faculdade ou poder de compreender, inferir ou pensar de uma forma ordenada e racional.

visualizar
Formar ou evocar uma imagem mental de algo.

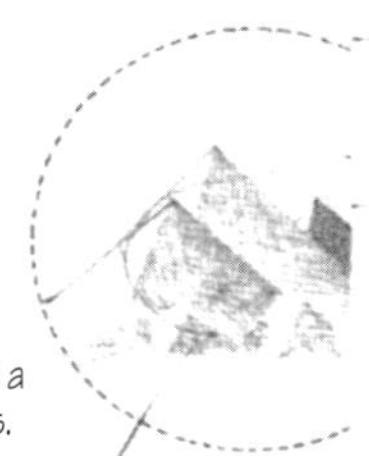

associação
Poder de reproduzir imagens guardadas na memória mediante a sugestão de imagens associadas.

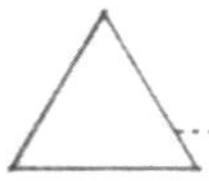

projetar
Considerar que uma idéia ou conceito possui alguma forma de realidade objetiva fora da mente.

animar
Permear com uma forma, substância, qualidade ou distinção particular.

concentrar
Dirigir os esforços ou a atenção de.

cativar
Atrair e absorver intensamente mediante influência ou poder.

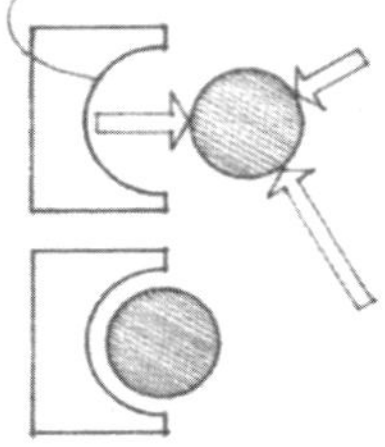

prática
Ação concreta ou aplicação de princípios, enquanto contraparte da teoria.

real
Que tem uma existência objetiva, comprovável e independente, em oposição ao artificial ou ilusório.

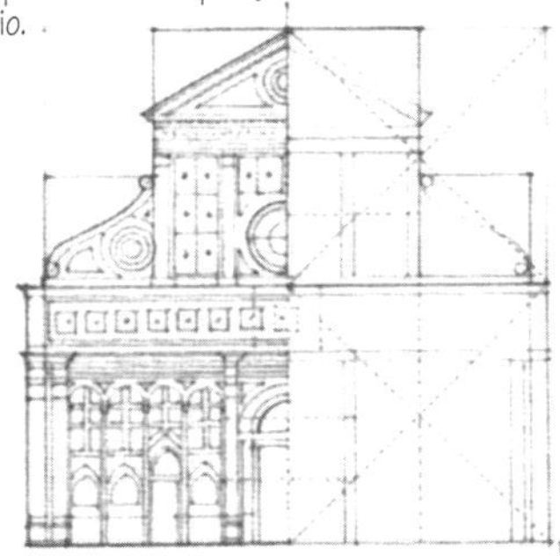

tipologia
Classificação ou estudo sistemático de tipos de acordo com características estruturais.

tipo
Certo número de coisas consideradas como a formar um grupo em razão de atributos ou características comuns.

arquétipo
Modelo ou padrão original do qual são copiadas ou no qual se baseiam todas as coisas de mesma espécie.

éctipo
Reprodução de um original.

protótipo
Exemplar primeiro e típico que exibe as características essenciais de uma classe ou grupo e com base no qual os estágios futuros se baseiam ou são julgados.

fantasia
Artifício da mente por cujo intermédio são evocadas visões, esp. invenções mentais extravagantes, lúdicas e caracteristicamente afastadas da realidade.

imaginar
Formar uma imagem mental de uma possibilidade futura.

imaginação criativa
Poder de recombinar experiências anteriores na criação de novas imagens voltadas para uma meta específica ou que ajudam na solução de um problema.

visão
Ato ou poder de antecipar aquilo que poderá vir a ser.

perspectiva
Faculdade de enxergar as coisas em suas verdadeiras relações ou de avaliar seu significado relativo.

enfoque
Modo ou forma particular de ver ou considerar algo.

aspecto
Modo segundo o qual uma coisa pode ser vista ou considerada.

teoria
Pensamento ou especulação abstratos que resultam em um sistema de hipóteses ou princípios utilizados na análise, explicação ou previsão de fenômenos, e propostos ou seguidos como a base da ação.

abstrato
Pensamento sem referência à realidade concreta ou algum exemplo particular.

princípio
Lei, verdade ou pressuposto fundamental e abrangente que governa a ação, o procedimento e a combinação.

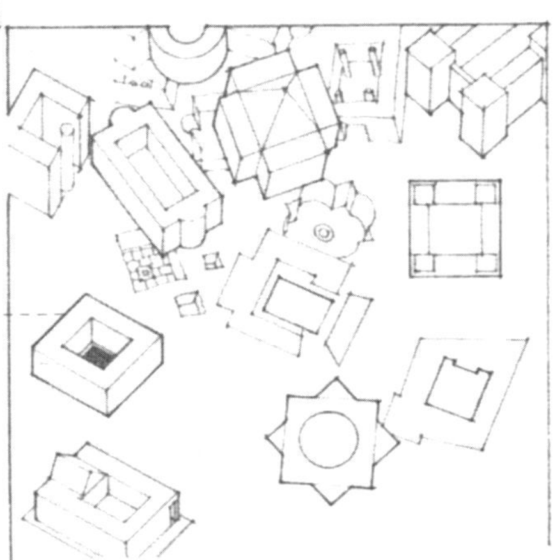

modelo
Exemplo que serve de padrão a ser imitado na criação de algo.

imagem
Representação mental de algo anteriormente percebido na ausência do estímulo original.

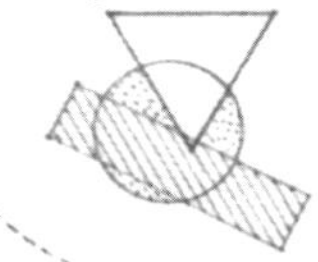

metáfora
Objeto, atividade ou idéia utilizada em lugar de outra a fim de sugerir uma semelhança entre elas.

analogia
Semelhança entre coisas de resto dessemelhantes, uma inferência lógica baseada no pressuposto de que se duas coisas são sabidamente iguais em determinados aspectos, elas provavelmente serão semelhantes em outros aspectos.

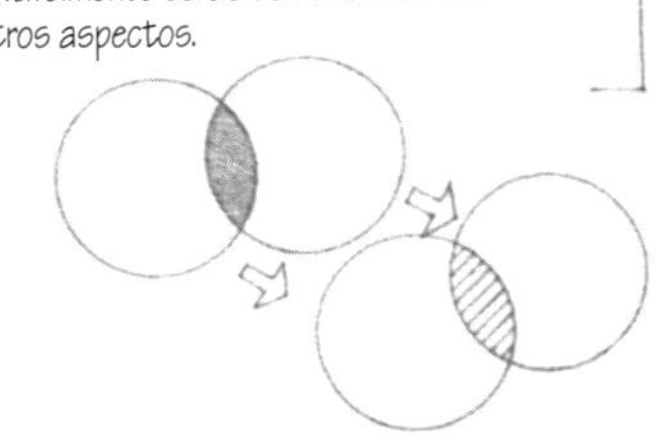

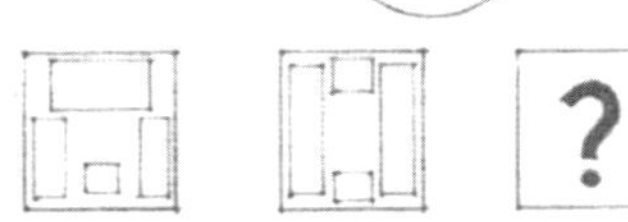

conexão
Relações ou associações contextuais, causais ou lógicas de algo observado ou imaginado.

criatividade
Capacidade de transcender conceitos, padrões ou relações tradicionais e de lançar idéias, formas ou interpretações novas e significativas.

originalidade
Capacidade criativa de imaginar ou expressar de uma forma independente e individual.

imaginação
Faculdade de formar imagens mentais ou conceitos daquilo que não está presente aos sentidos ou que não é perceptível na realidade.

idéia
Pensamento ou noção que resulta de uma percepção, compreensão ou atividade mental.

conceito
Imagem ou formulação mental acerca do que algo é ou deveria ser, esp. uma idéia generalizada a partir de características ou casos particulares.

conceito de projeto
Conceito referente a forma, estrutura e características de um edifício ou outra construção, representado graficamente por meio de diagramas, plantas ou outros desenhos.

esquema
Padrão organizacional ou estrutura subjacentes de um desenho.

croqui
Esquema original de um projeto, apresentado na forma de um esboço que indica seu caráter específico, a ser desenvolvido detalhadamente em estudos posteriores.

sinergia
Estudo ou uso do processo criativo, quando aplicado à formulação e solução de problemas, e envolvendo o uso de metáforas e analogias no intercâmbio informal entre os componentes de um grupo pequeno de indivíduos.

intuição
Poder ou faculdade de conhecer algo sem um pensamento racional e inferências evidentes.

especulação
Meditação ou reflexão sobre um tema ou idéia, que resulta em uma conclusão deduzida a partir de elementos incompletos e inconclusivos.

ambigüidade
Estado ou qualidade de ser sucetível à incerteza de significado ou à multiplicidade de informações.

argúcia
Aptidão para fazer descobertas desejáveis e inesperadas, por vezes até mesmo ao acaso.

casual
Circunstância, qualidade ou característica fortuita.

EDIFÍCIO

Estrutura fechada, relativamente permanente, construída sobre um pedaço de terra para ser habitável.

O edifício é um abrigo contra a chuva, o sol e o vento. Isso pressupõe a existência de uma Cobertura e de Paredes para sustentá-lo. Se as paredes fecham por completo o espaço interno, haverá Portas para o acesso e Janelas para a iluminação. Coberturas e paredes, portas e janelas são os elementos essenciais de um edifício.

As coberturas podem ser planas, inclinadas ou curvas: de uma inclinação única é chamada de Telhado de Uma Água. Quando duas coberturas inclinadas repousam sobre paredes paralelas apoiadas uma na outra, elas se encontram em uma cumeeira horizontal no topo e formam uma Empena em cada extremidade. Se duas paredes formarem um ângulo projetado, suas coberturas se interceptam em uma linha chamada Esconso. Se as paredes se encontram em um ângulo recuado, a linha de intersecção inclinada recebe o nome de Vale. As paredes circulares sustentam coberturas cônicas ou cupulares.

Quando se tem mais de um pavimento, a cobertura plana do pavimento inferior se converte no Piso do pavimento superior. Quando a cobertura se prolonga para além da parede que a sustém, a projeção é chamada de Beiral. Quando a parede também se projeta para sustentar o prolongamento da cobertura, tal projeção é chamada de Cornija, cujo principal elemento, que se projeta como uma prateleira e arremata a parede no alto, é a Coroa.

As paredes geralmente são construídas com maior largura na parte inferior, para se fixarem melhor no solo. Essa projeção é a Base. Uma projeção similar no topo recebe o nome de Capa ou, se se projeta muito, Cornija. Uma parede baixa é chamada de Parapeito. Uma pequena fração de parede cujo comprimento equivale aproximadamente à sua espessura é o Poste e, se sustenta algo, o Pedestal; o trecho entre seu topo e sua base é o Dado. Um Poste alto é o Pilar se for quadrado e Coluna, se for redondo. Os topos de pilares e colunas são Capitéis, e a parte entre estes e a base, Fuste. O elemento superior plano de um capitel é o Ábaco.

Uma viga que cobre o espaço entre dois pilares ou colunas, ou entre um pilar ou coluna e uma parede, é Arquitrave ou Epistilo. Entre a arquitrave e a cornija, encontra-se geralmente uma pequena faixa de parede: o Friso. A arquitrave, o friso e a cornija constituem o Entablamento. Uma sucessão de colunas compõe uma Colunata. Os espaços entre pilares e colunas são, por vezes, cobertos por Arcos, cuja sucessão constitui uma Arcada.

O espaço entre duas paredes paralelas é, por vezes, coberto por uma espécie de arco contínuo, Abóbada, em vez de piso ou cobertura.

A Parede, o Pilar e a Coluna, com ou sem o pedestal, são os principais elementos de sustentação; o Friso e a Cornija, juntamente com o telhado que se apóia neles, são a principal parte da carga que eles sustentam. A Arquitrave, os Arcos e os Tímpanos formam parte da carga com relação ao que está abaixo deles, mas são elementos de sustentação com relação ao que está acima.

Além de valioso como abrigo, um edifício pode ser um objeto primoroso e encantador em si mesmo, e os arquitetos são construtores que, ao conferirem a um edifício proporções adequadas e detalhes elegantes, e ao empregarem materiais belos, fazem-no valioso em si mesmo, independentemente de sua função.

– William Robert Ware
The American Vignola

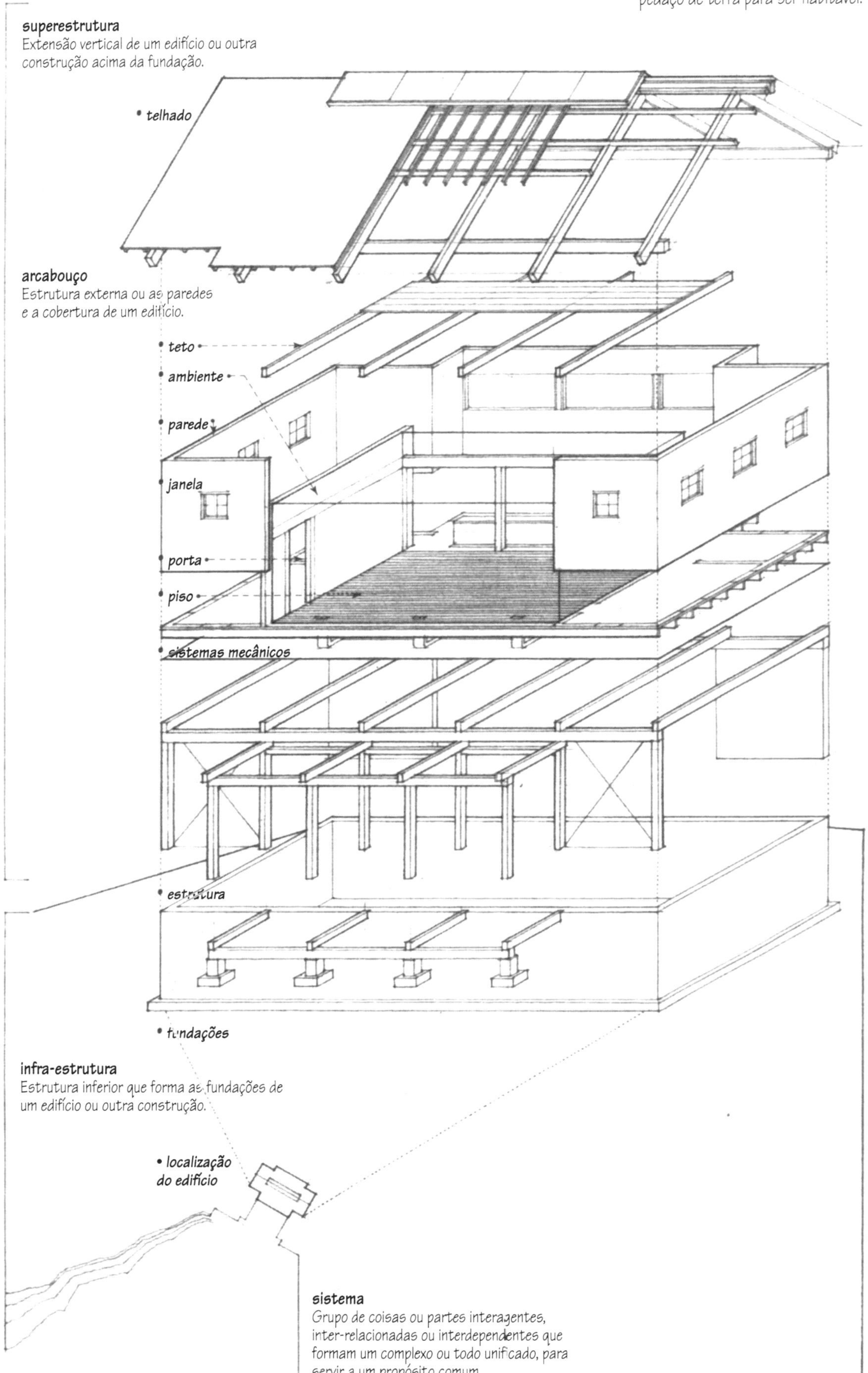

arranha-céu
Edifício de altura excepcional e numerosos pavimentos sustentado por uma estrutura de aço ou concreto a partir da qual as paredes são suspensas.

palácio
Edifício, esp. um de grandes dimensões, estrutura maciça ou aspecto imponente.

prédio de grande altura
Edifício com um número relativamente grande de pavimentos e equipado com elevadores.

pavimento
Divisão horizontal completa de um edifício, dotada de um piso contínuo ou quase contínuo e compreendendo o espaço entre dois níveis adjacentes. Também, **piso**.

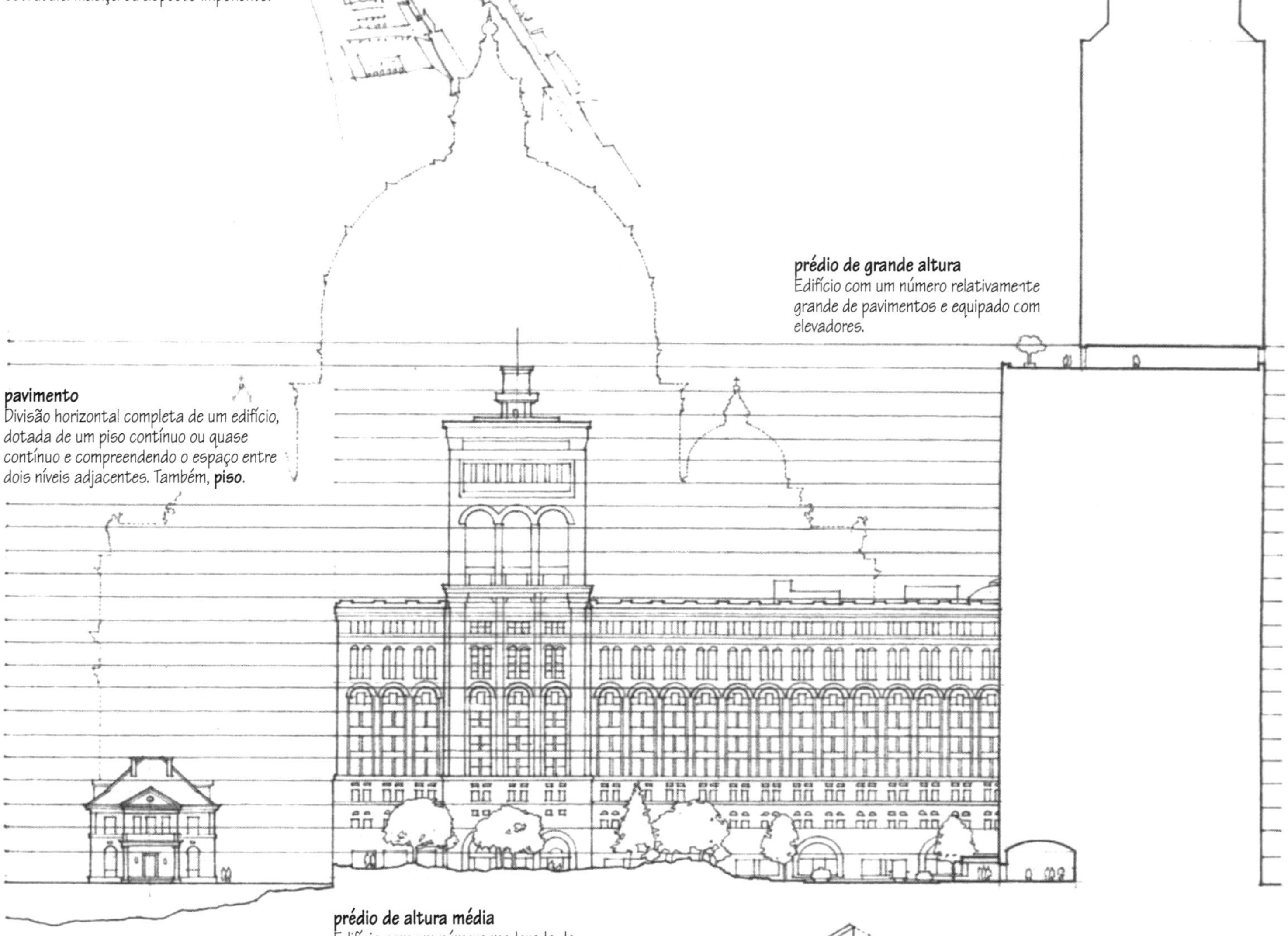

sobrado
Edifício com dois ou três pavimentos e normalmente sem elevador.

prédio de altura média
Edifício com um número moderado de pavimentos, normalmente entre 5 e 10, e equipado com elevadores.

oficina
Um dos pavimentos superiores de um armazém ou fábrica, normalmente não dividido em ambientes e por vezes convertido ou adaptado para outros fins, como alas residenciais, estúdios de arte ou galerias de exposição.

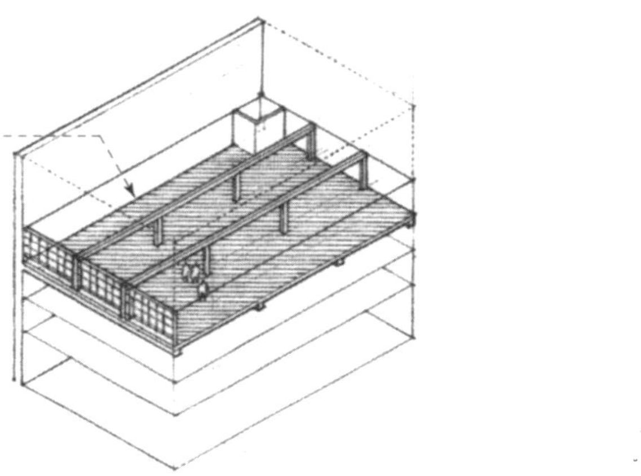

prédio de oficinas
Edifício que possui diversos pavimentos com grandes áreas não divididas em ambientes, originalmente alugadas para indústrias leves e freqüentemente adaptados para fins residenciais.

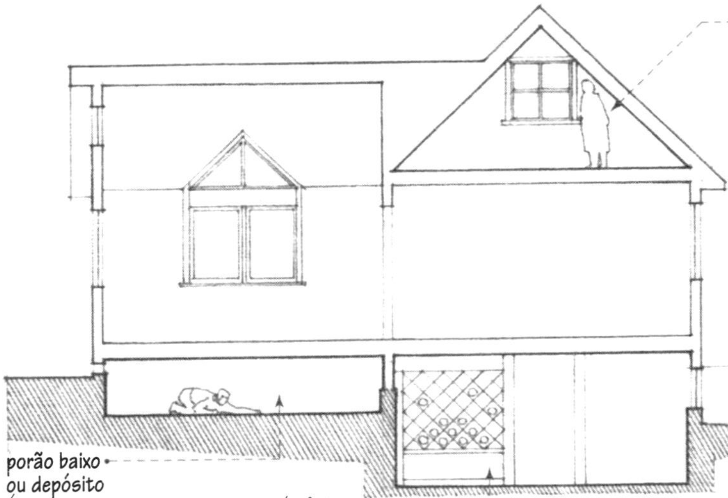

sótão
Ambiente ou espaço diretamente abaixo da cobertura de uma construção, uma casa.

casa esconsa
Espaço útil na parte interna de uma cobertura inclinada, normalmente provido de janelas de lucarna para a iluminação.

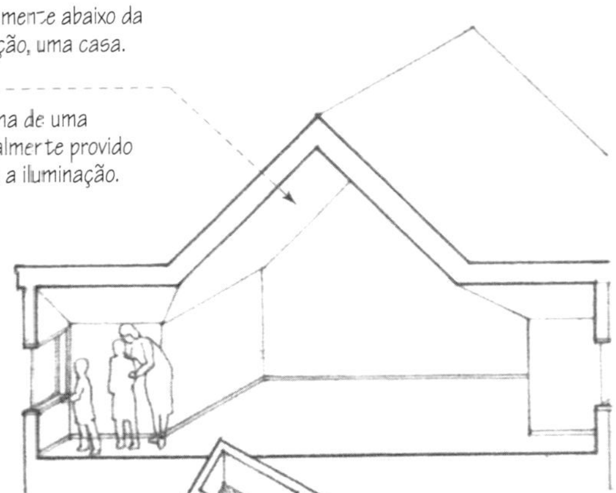

porão baixo ou depósito
Área de uma construção cuja altura é inferior à altura humana, mas ao qual se tem acesso rastejando-se, um espaço abaixo do primeiro, delimitado pelas paredes da fundação.

porão
Ambiente ou conjunto de ambientes destinado à armazenagem de alimentos, combustíveis etc., total ou parcialmente subterrâneo e normalmente sob uma construção.

abrigo subterrâneo
Porão ou outro espaço subterrâneo que funciona como refúgio durante tempestades violentas como ciclones, tornados ou furacões.

alçapão
Porta horizontal ou inclinada sobre uma escadaria que dá acesso a um porão.

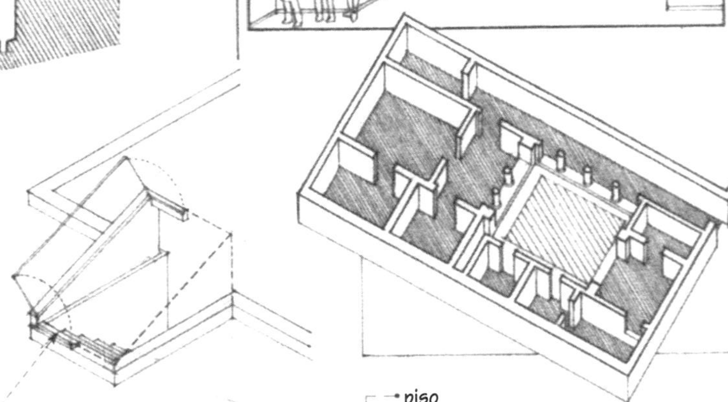

piso
Superfície contínua de suporte que se estende horizontalmente por toda uma construção, provida de um certo número de ambientes e que constitui um mesmo nível na estrutura.

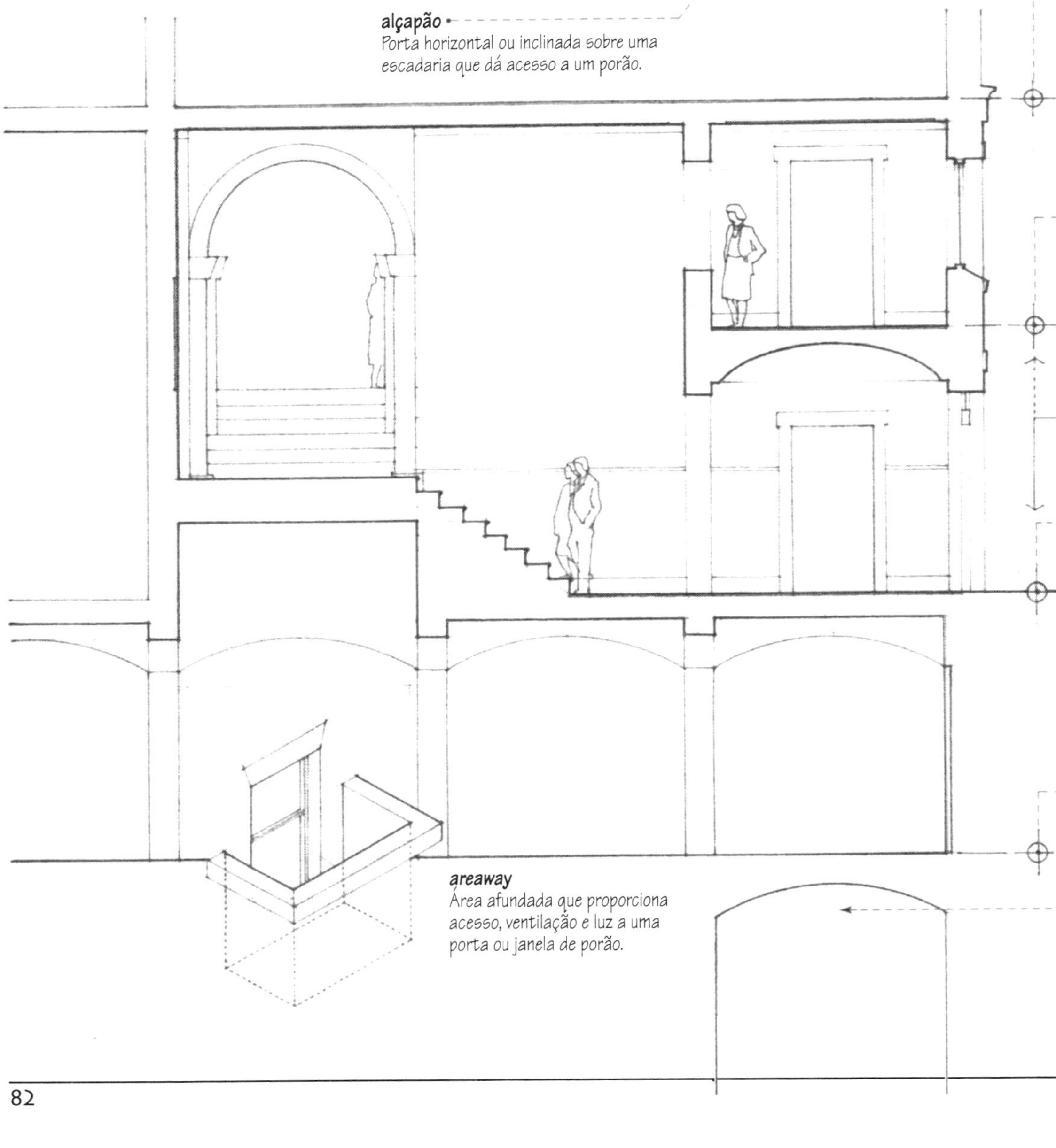

mezanino
Pavimento baixo ou parcial entre dois pisos principais de um edifício, esp. um que se projeta como um balcão e compõe-se com o pavimento que está abaixo.

primeiro piso
Pavimento térreo de um edifício. Por vezes, o termo designa o pavimento imediatamente acima do piso térreo.

piso térreo
Piso de um edifício que se encontra ao nível do solo ou mais próximo deste.

subsolo
Pavimento de um edifício total ou parcialmente abaixo do nível do solo.

areaway
Área afundada que proporciona acesso, ventilação e luz a uma porta ou janela de porão.

segundo subsolo
Qualquer pavimento ou piso abaixo do subsolo principal de uma construção.

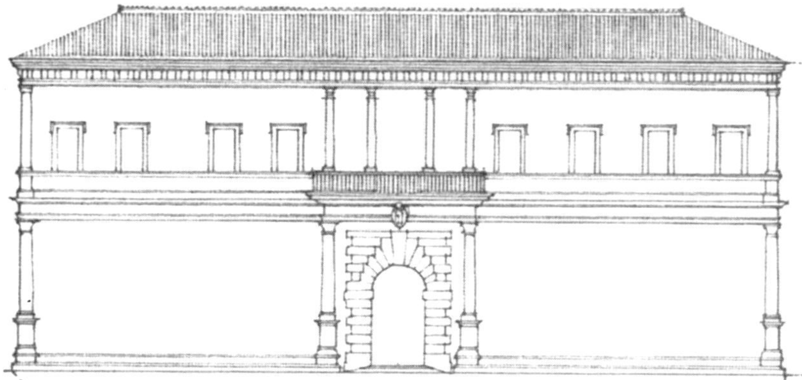

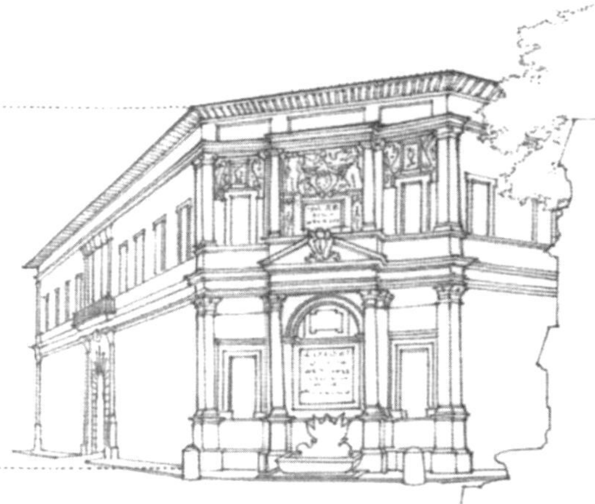

fachada
Frente de um edifício ou qualquer uma de suas laterais que dão para uma via ou espaço público, esp. aquelas que se distinguem por seu tratamento arquitetônico.

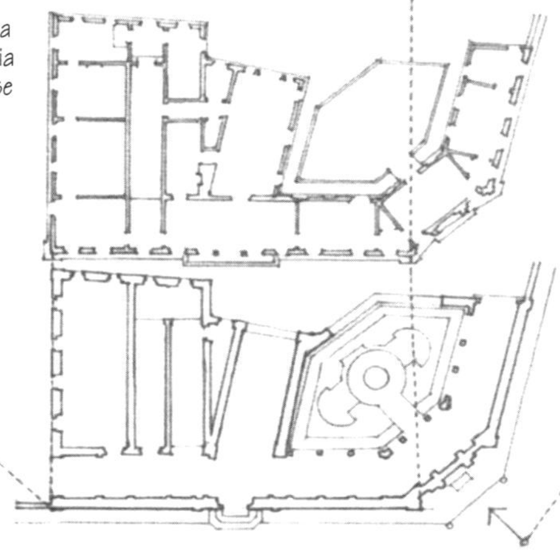

frontispício
Fachada principal, ou parte de uma fachada, normalmente tratada como um elemento à parte do projeto e realçada por meio de ornamentação.

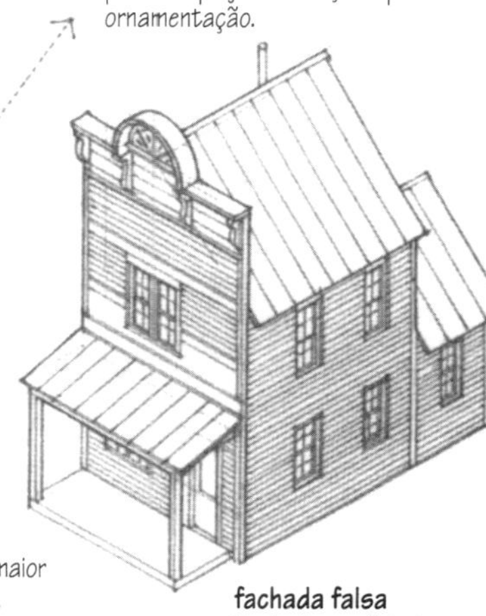

fachada falsa
Fachada que falseia o tamanho ou a importância de uma construção.

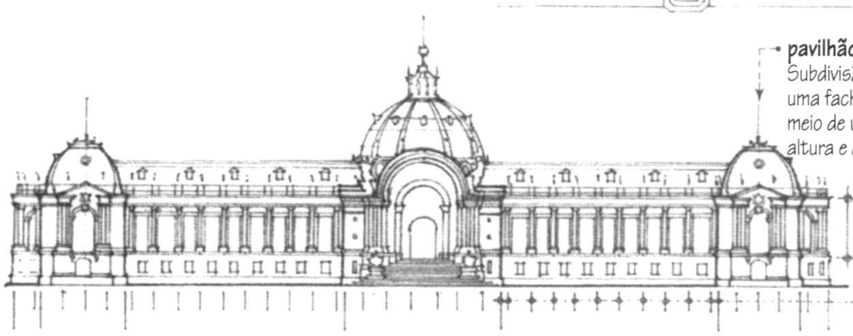

pavilhão
Subdivisão projetada, central ou lateral, de uma fachada, normalmente acentuada por meio de uma decoração mais elaborada ou maior altura e distinção na silueta da construção.

pavimento
Divisão arquitetônica de vulto, como a de uma fachada ou da parede de uma nave.

compartimento
Qualquer uma dentre uma série de divisões principais de uma parede, cobertura ou outra parte de um edifício, delimitada por suportes verticais ou transversais.

pavimento cego
Grande divisão horizontal de uma parede desprovida de janelas externas.

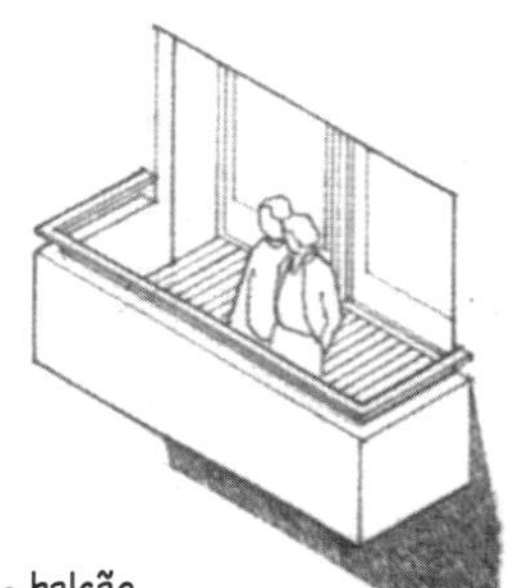

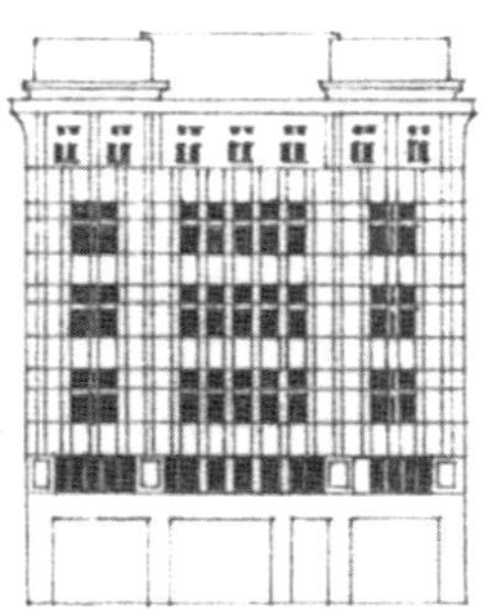

cego
Recesso em uma parede com o aspecto de uma janela (**janela cega**) ou porta (**porta cega**), inserido para completar uma série de janelas ou por questões de simetria do projeto.

balcão
Plataforma elevada projetando-se da parede de um edifício e delimitada por um corrimão ou parapeito.

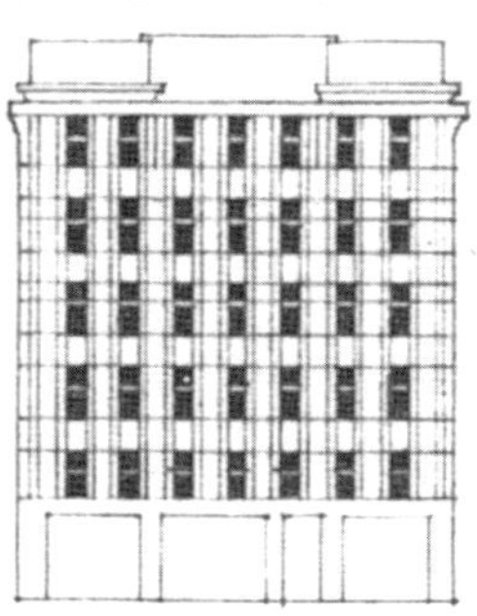

fenestração
Desenho, proporção e disposição das janelas e demais aberturas externas de uma construção.

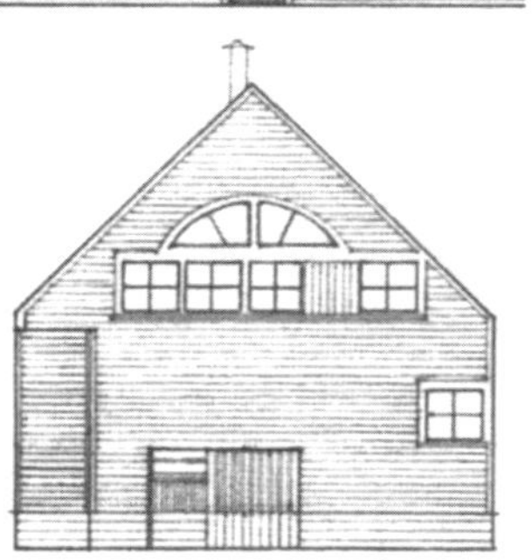

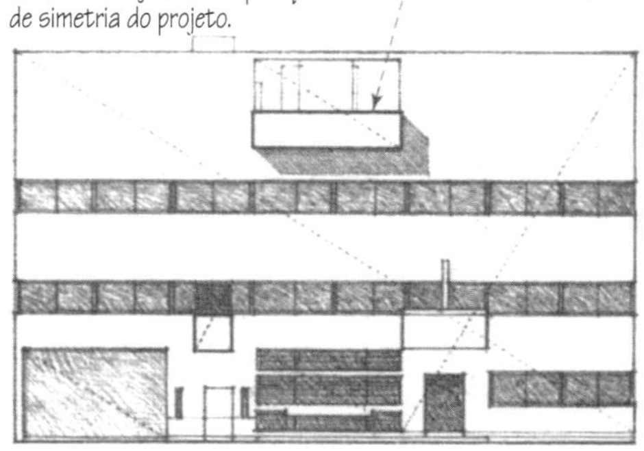

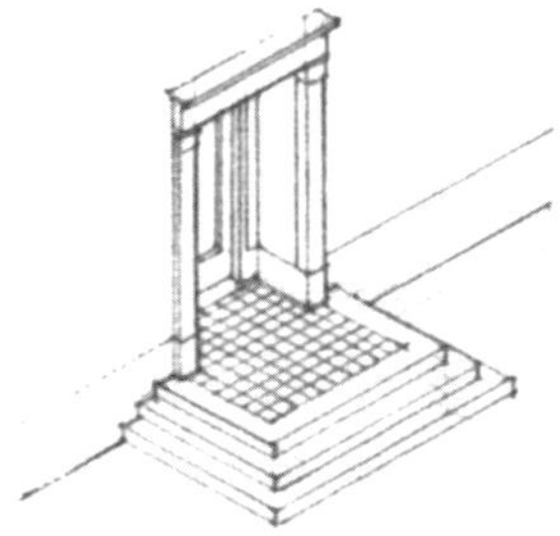

pátio de entrada
Plataforma, por vezes elevada e provida de degraus, por vezes também coberta, à entrada de uma casa.

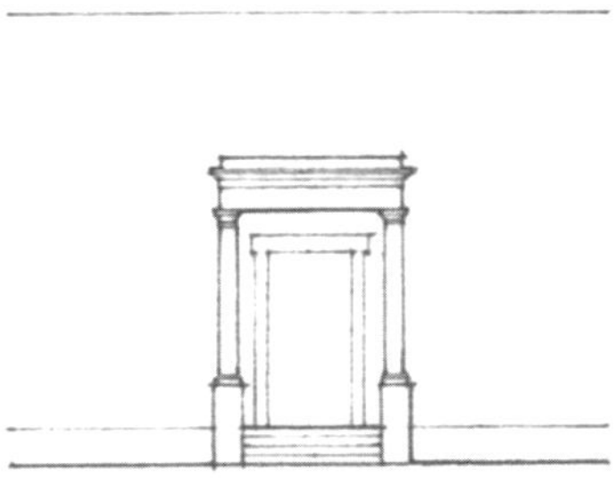

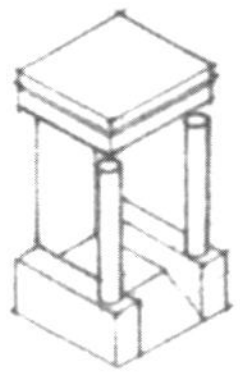

adro
Apêndice externo de um edifício formando uma entrada ou vestíbulo coberto.

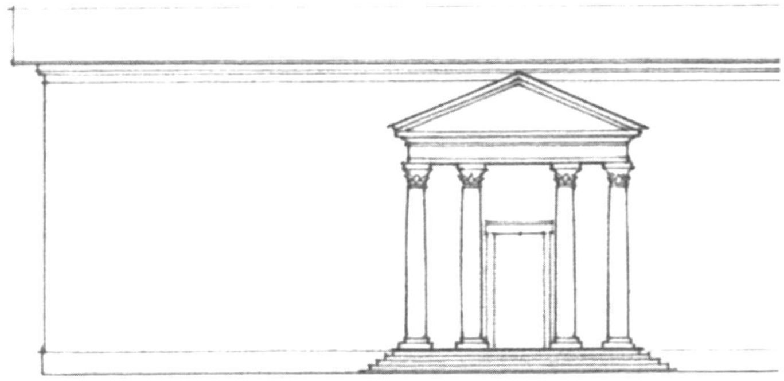

pórtico
Adro com teto sustentado por colunas e que freqüentemente conduz à entrada de um edifício.

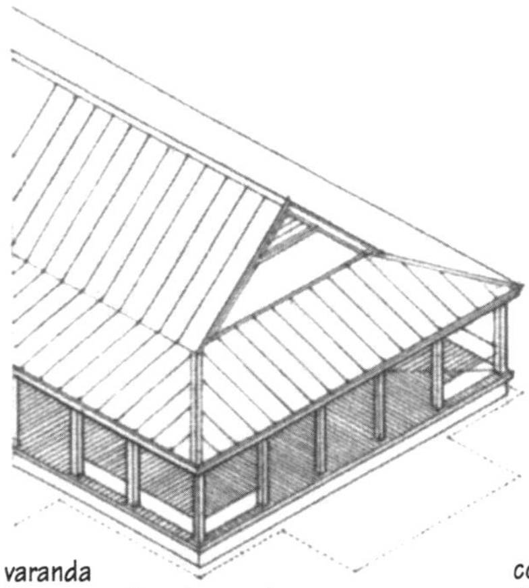

varanda
Pórtico grande e aberto, coberto e parcialmente delimitado, estendendo-se ao longo da fachada principal e das laterais de uma casa. Também, **alpendre**.

lanai
Termo havaiano, que designa um alpendre, plenamente mobiliado e que é usado como sala de estar.

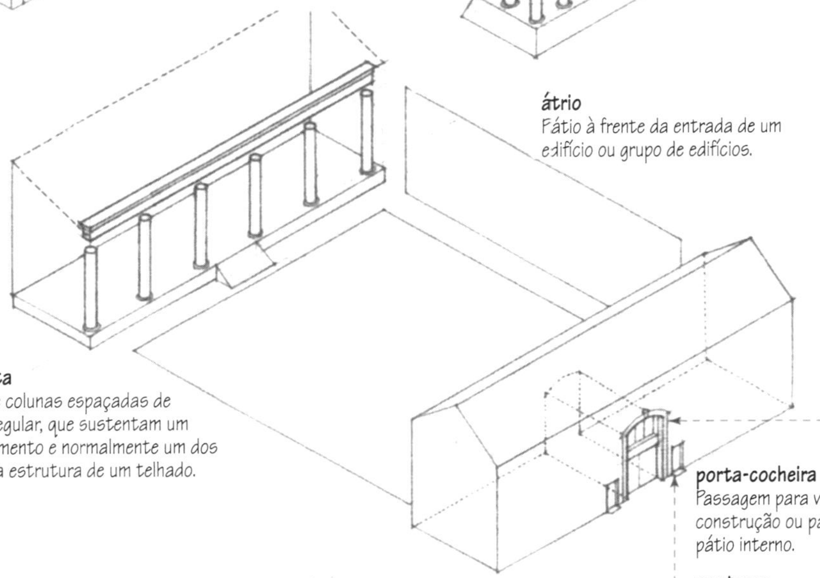

átrio
Pátio à frente da entrada de um edifício ou grupo de edifícios.

colunata
Série de colunas espaçadas de forma regular, que sustentam um entablamento e normalmente um dos lados da estrutura de um telhado.

porta-cocheira
Passagem para veículos que atravessa uma construção ou parede externa e dá para um pátio interno.

posterna
Entrada privativa ou lateral, por exemplo, uma para pedestres ao lado de uma porta-cocheira.

porta-cocheira
Cobertura projetando-se por sobre a entrada que dá acesso a uma construção, destinada a proteger aqueles que entram ou saem de seus veículos.

terraço
Área aberta, via de regra pavimentada, ligada a uma casa ou edifício e que serve como ambiente de estar a céu aberto.

deque
Adro ou plataforma aberta e descoberta que se prolonga de uma casa ou outra construção, normalmente executado em tábuas de madeira. Também chamado pelo termo em inglês *deck*.

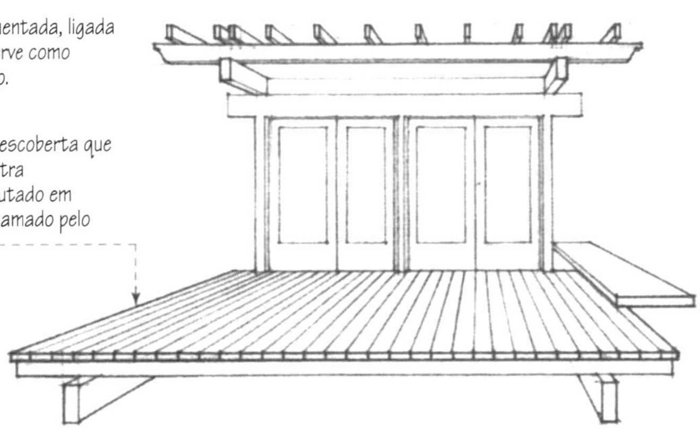

portal
Porta, portão ou entrada, esp. de caráter grandioso, enfatizados pelo tamanho e o tratamento arquitetônico imponente.

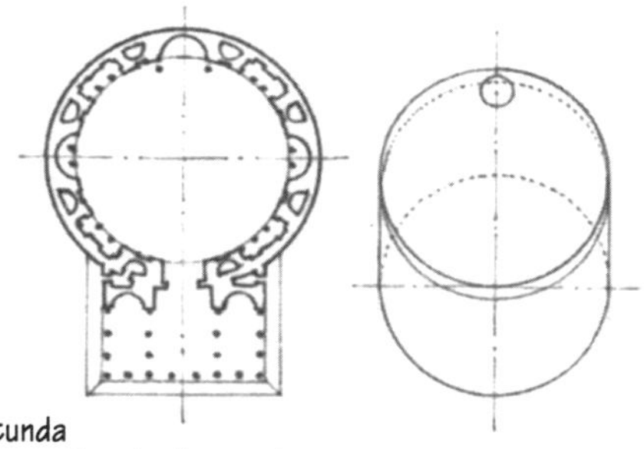

rotunda
Construção redonda e cupular ou um espaço circular grande e alto em uma construção tal, encimada por uma cúpula.

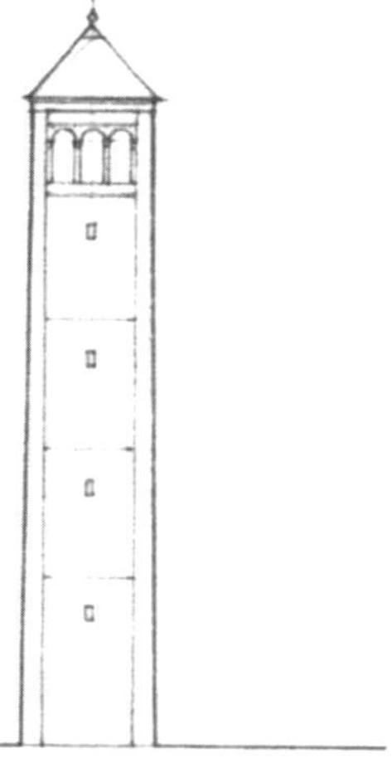

torre
Edifício ou estrutura alta proporcionalmente a sua dimensão lateral, quer isolada ou fazendo parte de uma construção maior.

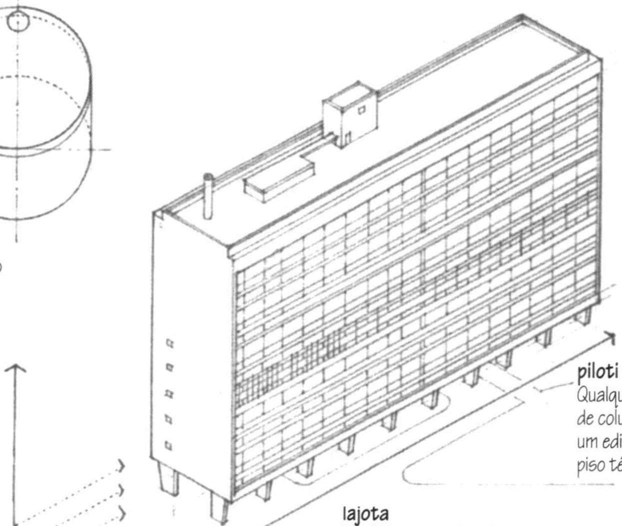

lajota
Edifício retangular de pouca largura em relação a seu comprimento e altura.

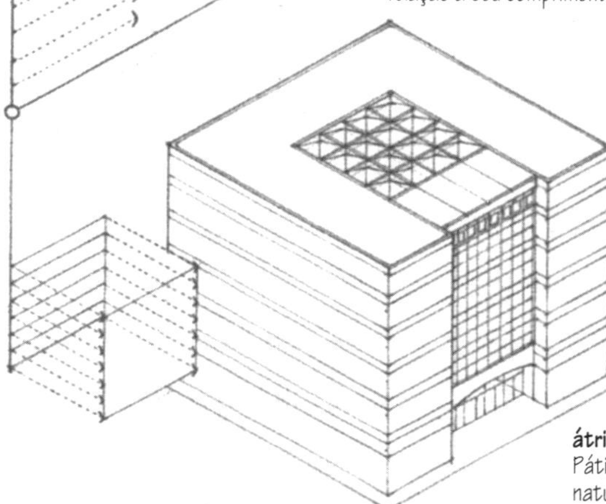

bloco
Grande edifício dividido em uma série de apartamentos, escritórios ou lojas.

piloti
Qualquer um de uma série de colunas que sustentam um edifício acima de um piso térreo aberto.

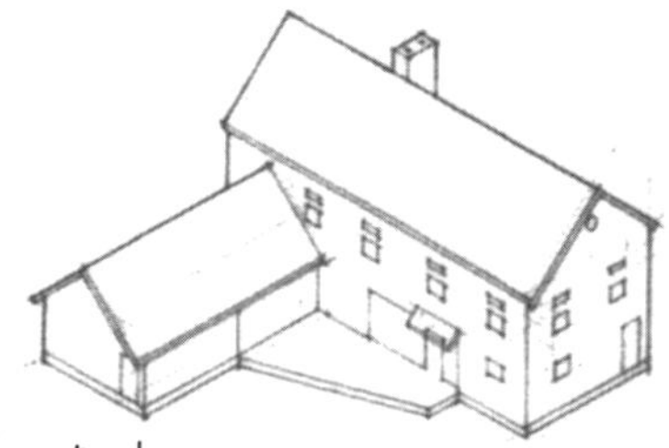

cotovelo
Ala que forma um ângulo reto com a construção.

ala
Parte de um edifício que se projeta da parte central ou principal deste ou subordinado a ela.

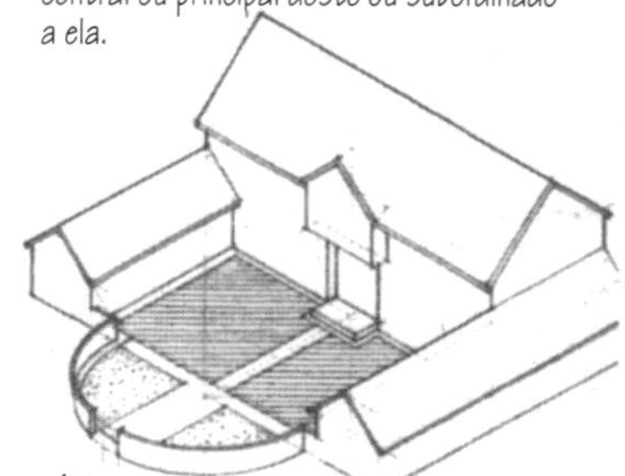

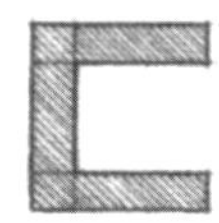

pátio
Área a céu aberto, cercada em sua maior parte ou na totalidade por paredes ou edifícios.

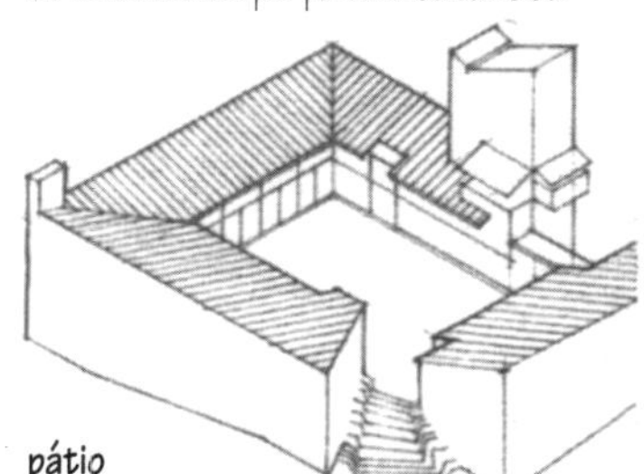

átrio
Pátio central iluminado por luz natural em uma construção, esp. um grande espaço interno com telhado de vidro e cercado por vários pavimentos de galerias.

pátio
Área adjacente a um edifício ou no interior deste, esp. uma cercada nos quatro lados.

pátio interno
Área, esp. de uma casa, delimitada por construções baixas, arcadas ou paredes.

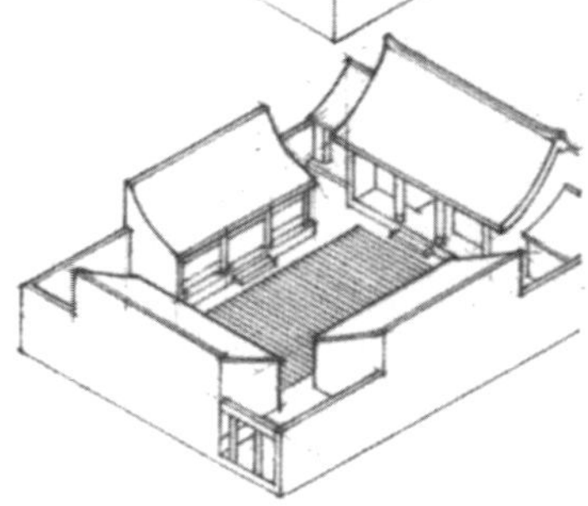

átrio
Pátio aberto, iluminado por luz natural, a cuja volta se ergue uma casa ou edifício.

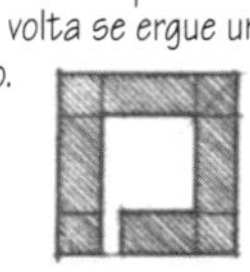

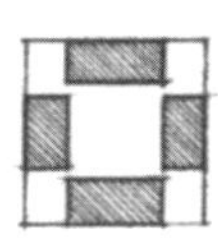

loggia
Espaço provido de uma colunata ou arcada no corpo do edifício, mas que dá para o ar livre num dos lados, normalmente em um pavimento superior e dando para um pátio aberto.

piano nobile
Pavimento principal de um grande edifício como um palácio ou uma vila, provido de áreas de recepção e salas de jantar, normalmente um andar acima do piso térreo.

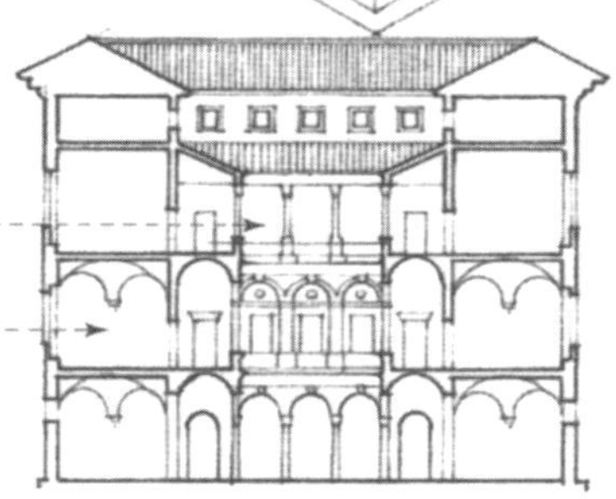

cortil
Pátio espaçoso ou principal de um palácio italiano.

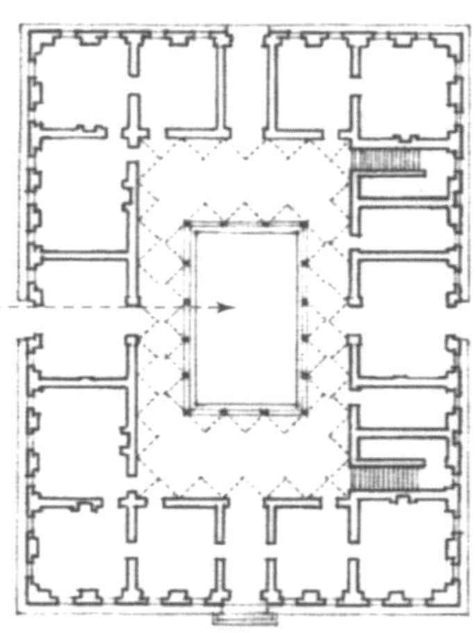

palácio
Edifício público ou residência particular grande e imponente.

reivindicar
Afirmar ou pedir reconhecimento ou posse.

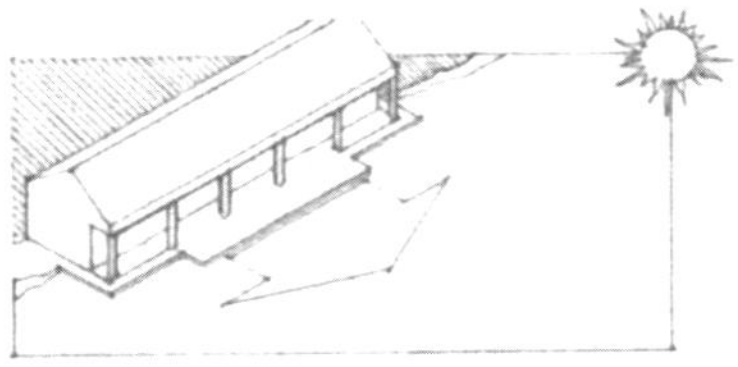

dar para
Estar voltado ou abrir-se para uma determinada direção.

orientação
Posição de um edifício em um terreno em relação ao norte verdadeiro, aos pontos cardeais, a um local ou referência específica, ou às condições locais de luz solar, vento e escoamento.

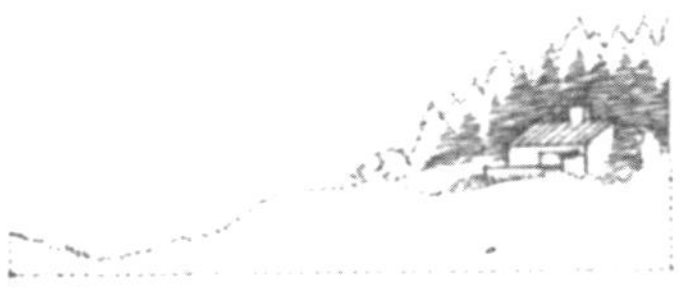

fundir
Combinar, misturar ou unir gradativamente, por etapas, de modo a obscurecer identidades ou distinções.

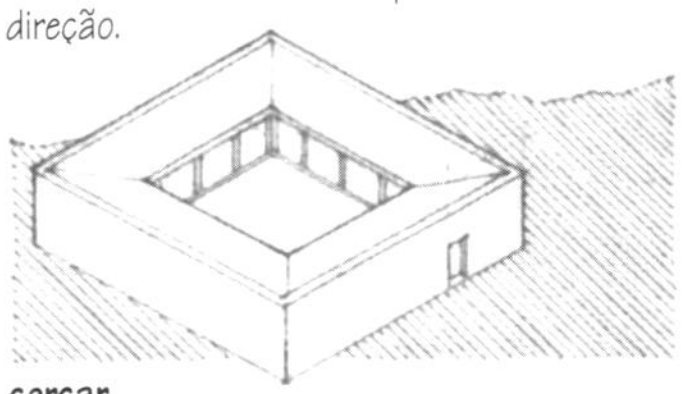

cercar
Delimitar ou fechar em todos os lados.

folly
Termo inglês que designa uma estrutura extravagante, construída para chamar a atenção, tornar mais interessante uma paisagem ou celebrar uma pessoa ou acontecimento.

pavilhão
Construção pequena, normalmente decorativa, em um jardim.

praça
Espaço público e aberto de uma cidade ou vilarejo.

piazza
Espaço público e aberto de uma cidade ou vilarejo, esp. na Itália.

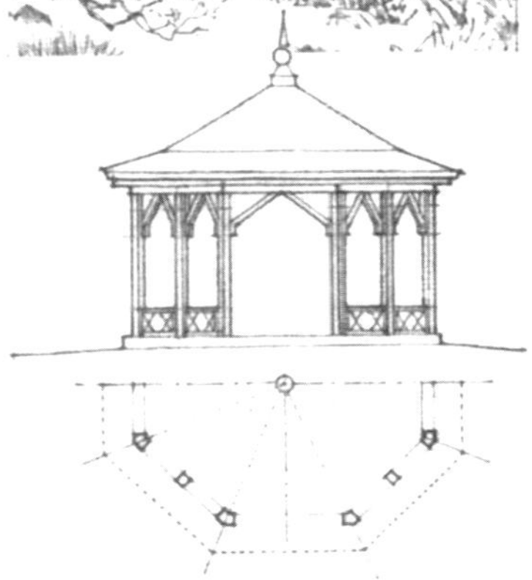

quiosque
Estrutura coberta independente, via de regra aberta em todos os lados, que constitui um local de descanso e de sombra em um parque ou jardim.

quadrilátero
Espaço ou pátio quadrado ou quadrangular cercado por um ou mais edifícios, como em um campus universitário.

galeria
Passeio, pátio ou centro de compras espaçoso e fechado, normalmente provido de uma cobertura abobadada e repleto de estabelecimentos comerciais.

passeio
Área utilizada para se caminhar ou passear, esp. em um espaço público, por lazer ou para desfiles.

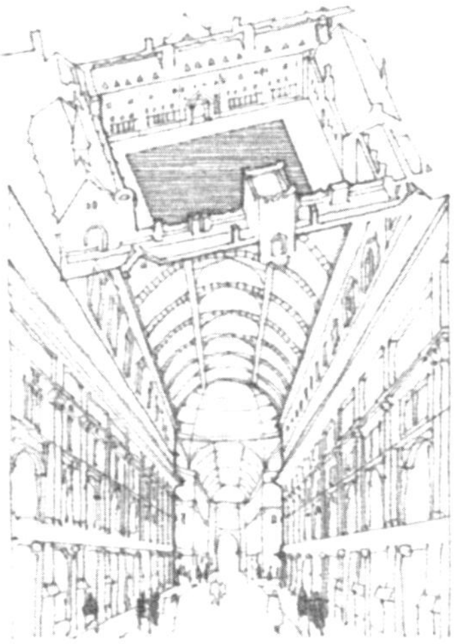

aléia
Passeio amplo margeado por árvores.

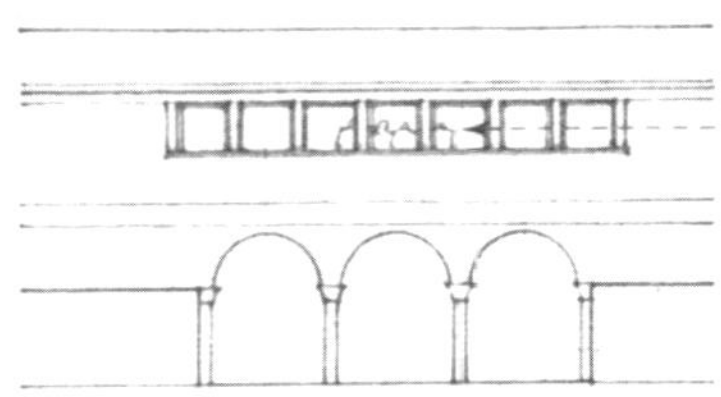

mirante
Construção, ou parte de uma construção, destinadas e situadas de modo a propiciar uma visão de um panorama agradável.

topiaria
Arte de podar ou decorar plantas de modo a criar configurações ornamentais e extravagantes.

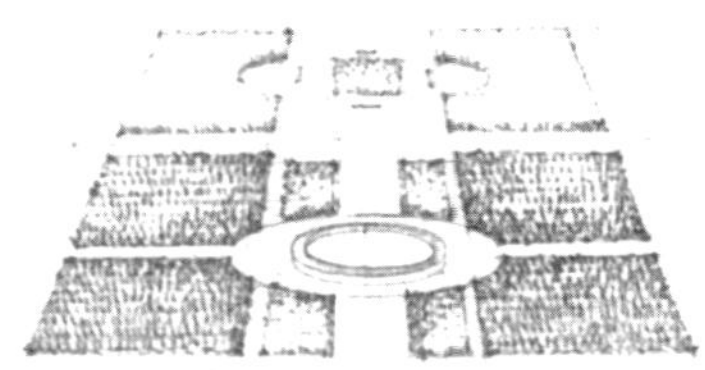

parterre
Arranjo ornamental de canteiros de flores de diferentes formas e tamanhos.

caramanchão
Abrigo composto de arbustos e galhos ou de um gradeado entrelaçado por trepadeiras e flores.

treliça
Estrutura que sustenta uma grade vazada, utilizada como tela ou suporte para trepadeiras ou plantas em crescimento.

grade
Estrutura formada por ripas entrecruzadas e dispostas de modo a formar um padrão regular de espaços abertos. Também denominada **ripado**.

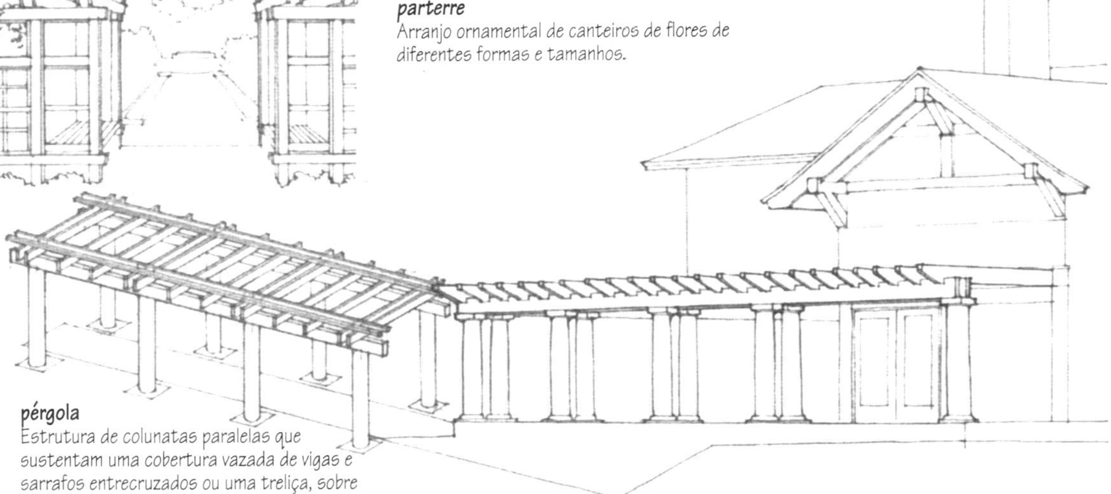

pérgola
Estrutura de colunatas paralelas que sustentam uma cobertura vazada de vigas e sarrafos entrecruzados ou uma treliça, sobre a qual se direciona o crescimento de trepadeiras.

Ciência que trata dos fenômenos físicos resultantes da existência e da interação entre cargas elétricas.

carga elétrica
Propriedade intrínseca da matéria que dá origem a todos os fenômenos elétricos, que ocorre em duas formas – às quais atribui-se arbitrariamente os sinais algébricos positivo e negativo –, e que é medida em coulombs. As cargas opostas se atraem, ao passo que as semelhantes se repelem.

coulomb
Unidade das cargas elétricas no Sistema Internacional, que corresponde à quantidade de eletricidade transferida ao longo de um condutor por uma corrente de 1 ampère no intervalo de 1 segundo. Símbolo: **C**.

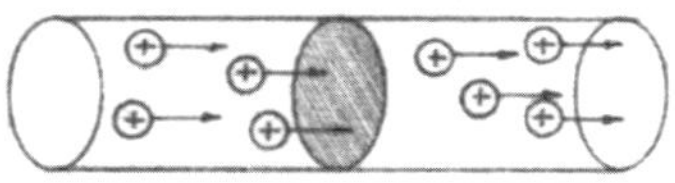

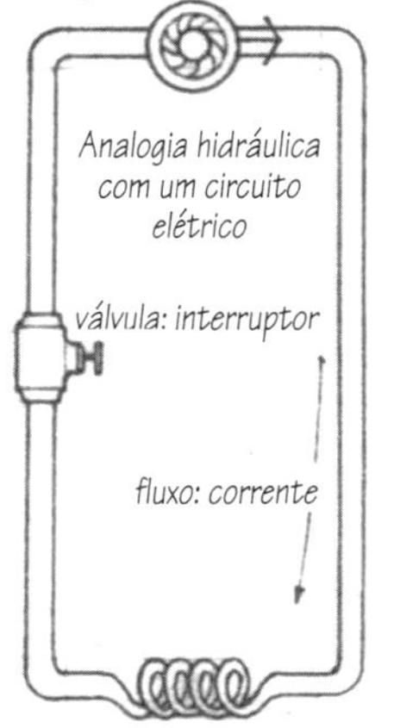

$$W = V \times A$$

potência
Produto da diferença de potencial pela corrente em um circuito de corrente contínua. Em um circuito de corrente alternada, a potência é igual ao produto da voltagem eficaz pela corrente eficaz e pelo cosseno do ângulo de fase entre a corrente e a voltagem.

watt
Unidade da potência no Sistema Internacional, equivalente a 1 joule por segundo ou à potência representada por uma corrente de 1 ampère que percorre uma diferença de potencial de 1 volt. Símbolo: **W**.

wattagem
Volume de potência, esp. a potência necessária para o funcionamento de um aparelho elétrico, expressa em watts.

quilowatt
Unidade de potência, igual a 1.000 watts. Símbolo: **kW**.

quilowatt-hora
Unidade de energia, igual àquela transferida ou expandida por 1 quilowatt em 1 hora; uma unidade comum de consumo de energia elétrica. Símbolo: **kWh**.

força eletromotriz
Energia por unidade de carga, seja ela química, mecânica ou de outra natureza, disponível para conversão em energia elétrica ou vice-versa, em um dispositivo de conversão, como uma bateria, um gerador ou motor. Abreviação: **fem**.

diferença de potencial
Diferença de voltagem entre dois pontos, que representa o trabalho envolvido na transferência de uma unidade de carga de um ao outro ponto.

potencial
Trabalho necessário para deslocar uma unidade de carga de um ponto de referência a um ponto determinado.

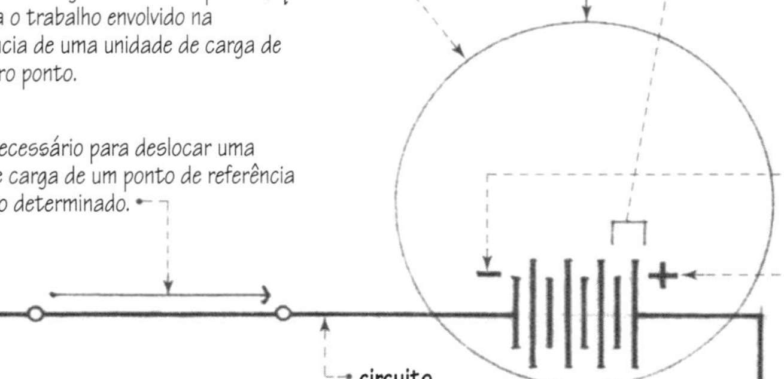

voltagem
Diferença de potencial ou a força eletromotriz expressas em volts; análoga à pressão num fluxo de água.

volt
Unidade, no Sistema Internacional, da diferença de potencial e da força eletromotriz, definida como a diferença de potencial elétrico entre dois pontos de um condutor percorrido por uma corrente constante de 1 ampère quando a potência dissipada entre os pontos equivale a 1 watt. Símbolo: **V**.

corrente
Intensidade do fluxo de uma corrente elétrica em um circuito por unidade de tempo, medida em ampères.

Antes que a natureza da eletricidade fosse plenamente compreendida, pressupunha-se que uma corrente direta fluía de um ponto positivo para um negativo. Tal convenção ainda hoje é utilizada, embora os elétrons corram no sentido oposto, do negativo para o positivo.

ampère
Unidade básica, no Sistema Internacional, da corrente elétrica, equivalente ao fluxo de 1 coulomb por segundo ou à corrente invariável produzida por 1 volt aplicado ao longo de uma resistência de 1 ohm. Símbolo: **A**.

amperagem
Intensidade de uma corrente elétrica medida ou expressa em ampères; análoga à vazão de água.

bateria
Grupo de duas ou mais células voltaicas interligadas a fim de produzir uma corrente elétrica.

circuito
O trajeto completo de uma corrente elétrica, incluindo a fonte de energia elétrica.

série
Arranjo dos componentes de um circuito elétrico no qual a mesma corrente percorre cada componente sucessivamente sem ramificar-se.

paralelo
Arranjo dos componentes de um circuito elétrico no qual todos os terminais positivos estão ligados a um condutor e todos os terminais negativos, a um segundo condutor, sendo aplicada a mesma voltagem a cada componente.

resistência
Oposição de um condutor ao fluxo de uma corrente, causando a transformação de parte da energia elétrica em calor; normalmente medida em ohms. Símbolo: **R**.

ohm
Unidade de resistência no Sistema Internacional, equivalente à resistência de um condutor no qual uma diferença de potencial de 1 volt produz uma corrente de 1 ampère. Símbolo: **W**.

lei de Ohm
Lei segundo a qual a corrente elétrica é diretamente proporcional, em qualquer circuito, à voltagem e inversamente proporcional à resistência.

$$I = V/R$$

lei de Joule
Princípio de que o grau de produção de calor por uma corrente direta é diretamente proporcional à resistência do circuito e ao quadrado da corrente.

célula voltaica
Dispositivo para converter energia química em energia elétrica, normalmente composto por um receptáculo com eletrodos em um eletrólito. Também chamada **célula elétrica** e **pilha galvânica**.

eletrólito
Meio condutor não metálico através do qual a corrente é transportada pelo movimento de íons.

eletrodo
Condutor através do qual uma corrente penetra ou sai de um meio não metálico.

anodo
Terminal negativo de uma célula primária ou acumulador.

catodo
Terminal positivo de uma célula primária ou acumulador.

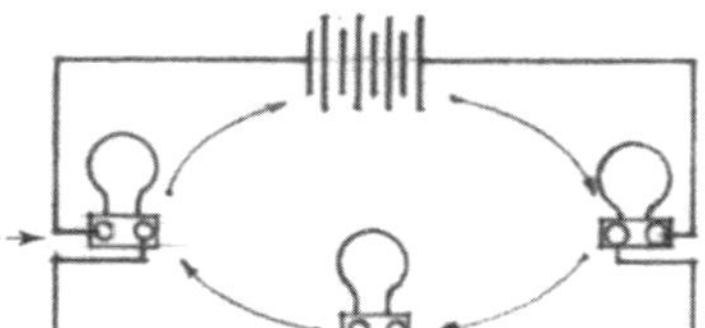

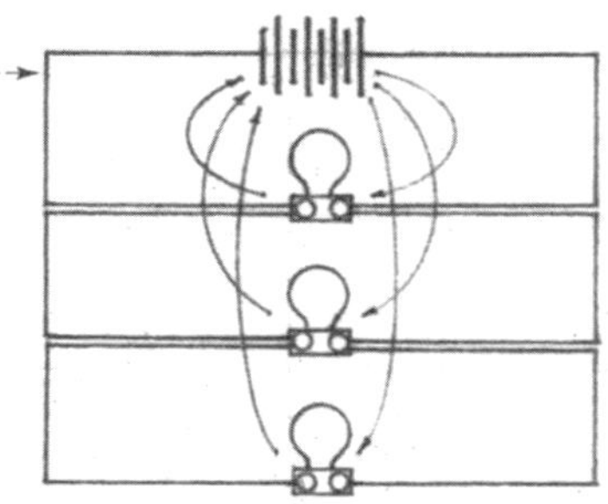

resistividade
Resistência, por unidade de comprimento, de uma substância com uma seção de área unitária. Também chamada **resistência específica**.

condutividade
Medida da capacidade de uma substância para conduzir uma corrente elétrica, igual à recíproca da resistividade da mesma substância. Também chamada **condutância específica**.

gerador
Máquina que converte energia mecânica em energia elétrica.

alternador
Gerador que produz uma corrente alternada.

motor elétrico
Máquina que converte energia elétrica em energia mecânica.

armadura
Principal enrolamento portador de corrente de um motor ou gerador no qual é induzida uma força eletromotriz. Também chamada induzido.

escova
Condutor de cobre ou carbono cuja finalidade é manter o contato elétrico entre as partes fixas e móveis de um motor ou gerador.

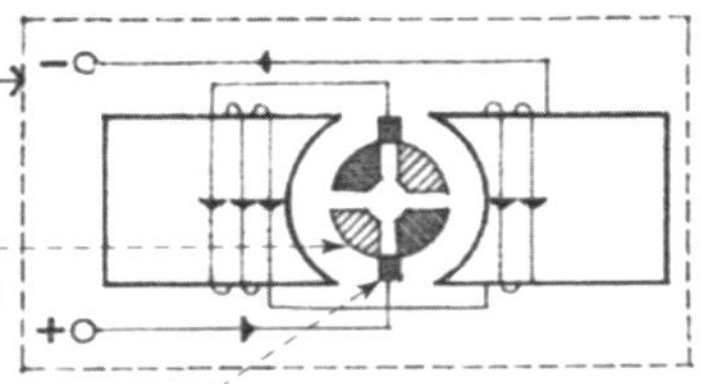

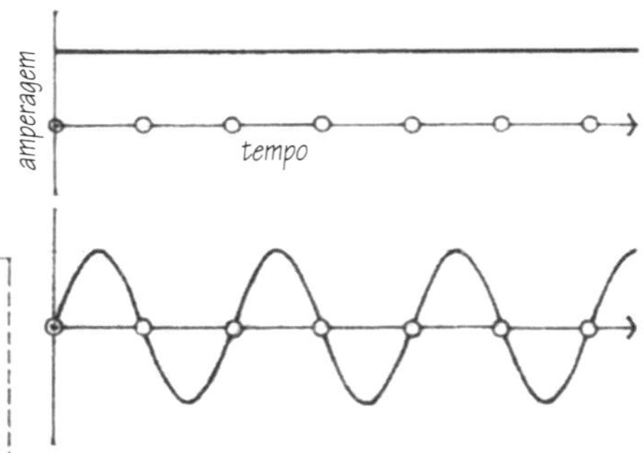

corrente contínua
Corrente elétrica cujo fluxo se dá em um único sentido e cuja intensidade é invariável ou varia muito pouco. Sigla: **CC** ou **DC**.

corrente alternada
Corrente elétrica cujo sentido se inverte a intervalos regulares e cuja intensidade varia senoidalmente. Sigla: **CA** ou **AC**.

volt-ampère
Unidade de medida elétrica, igual ao produto de 1 volt por 1 ampère, equivalente a 1 watt nos sistemas de corrente contínua e uma unidade de potência aparente nos sistemas de corrente alternada. Sigla: **VA**.

núcleo
Massa de ferro ou outro material ferroso de um eletroímã, bobina de indução ou transformador, cuja função é concentrar e intensificar o campo magnético resultante de uma corrente em uma bobina à sua volta.

bobina
Condutor enrolado em espiral a fim de introduzir uma indutância em um circuito.

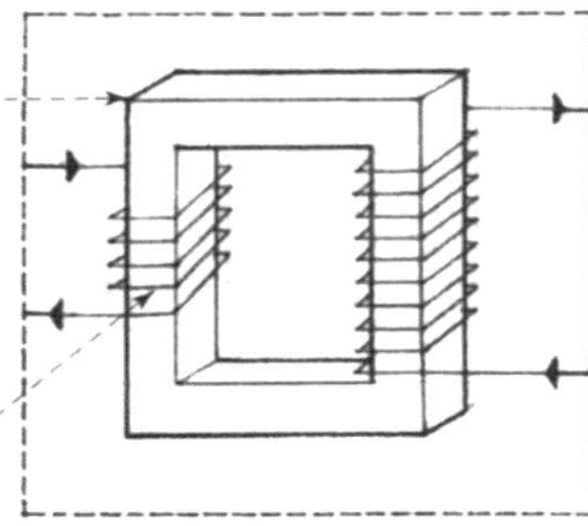

transformador
Aparelho elétrico formado por duas ou mais bobinas em torno do mesmo núcleo, que emprega o princípio da indução mútua para converter as variações da corrente alternada de um primeiro circuito em variações de voltagem e corrente num circuito secundário.

transformador elevador de tensão
Transformador com menos espiras na primeira bobina do que na segunda, e que serve para converter baixas voltagens em altas.

transformador abaixador de tensão
Transformador com um número maior de espiras na primeira bobina do que na segunda, e que serve para transformar voltagens altas em baixas.

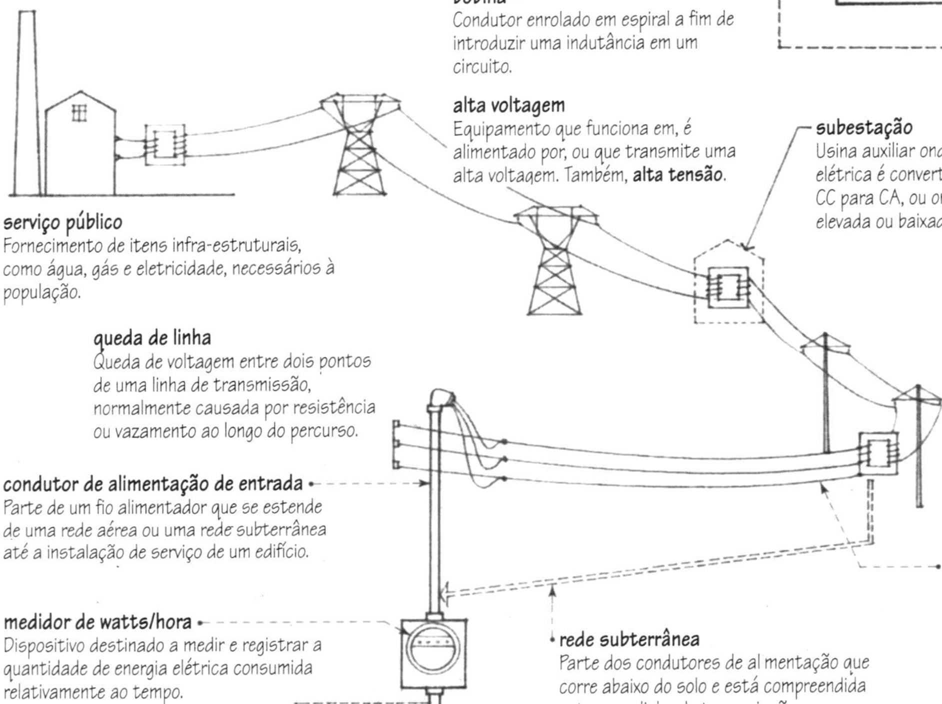

serviço público
Fornecimento de itens infra-estruturais, como água, gás e eletricidade, necessários à população.

alta voltagem
Equipamento que funciona em, é alimentado por, ou que transmite uma alta voltagem. Também, **alta tensão**.

subestação
Usina auxiliar onde a corrente elétrica é convertida, por exemplo de CC para CA, ou onde a voltagem é elevada ou baixada.

queda de linha
Queda de voltagem entre dois pontos de uma linha de transmissão, normalmente causada por resistência ou vazamento ao longo do percurso.

voltagem de linha
Voltagem fornecida por uma linha de transmissão, medida no ponto de utilização.

condutor de alimentação
Cada um dos muitos condutores que se estendem de uma linha de transmissão ou transformador principais à instalação de serviço de uma edificação.

condutor de alimentação de entrada
Parte de um fio alimentador que se estende de uma rede aérea ou uma rede subterrânea até a instalação de serviço de um edifício.

rede aérea
Parte suspensa dos condutores de alimentação compreendida entre o poste mais próximo e um edifício.

medidor de watts/hora
Dispositivo destinado a medir e registrar a quantidade de energia elétrica consumida relativamente ao tempo.

rede subterrânea
Parte dos condutores de alimentação que corre abaixo do solo e está compreendida entre uma linha de transmissão ou um transformador principal e um edifício.

cabine do transformador
Compartimento resistente ao fogo que abriga um transformador e um equipamento auxiliar para um edifício de grande porte, normalmente localizado no térreo ou no subsolo, e ventilado diretamente pelo ar externo.

sala de comando
Sala que contém a instalação de serviço de um grande edifício. Também chamada **sala de distribuição**.

instalação de serviço
Equipamento necessário para controlar, medir e zelar pelo fornecimento de energia elétrica de um edifício localizado próximo à entrada dos condutores de alimentação, e que normalmente consiste de um disjuntor principal e comutadores, fusíveis e interruptores de circuito secundários.

alimentador
Qualquer um dos condutores que se estendem de uma instalação de serviço aos diversos pontos de distribuição de um edifício.

gerador de emergência
Gerador destinado a produzir energia durante uma eventual pane no fornecimento. Também chamado **gerador de reserva**.

fornecimento de energia ininterruptível
Sistema de emergência destinado a fornecer energia automática e instantaneamente quando de uma pane no fornecimento normal.

quadro de distribuição
Um dentre um grupo de painéis em que estão instalados interruptores, dispositivos de corrente excessiva, instrumentos de medição e condutores gerais para o controle e a proteção de um certo número de circuitos elétricos. Também chamado **painel de distribuição** e **quadro de força**.

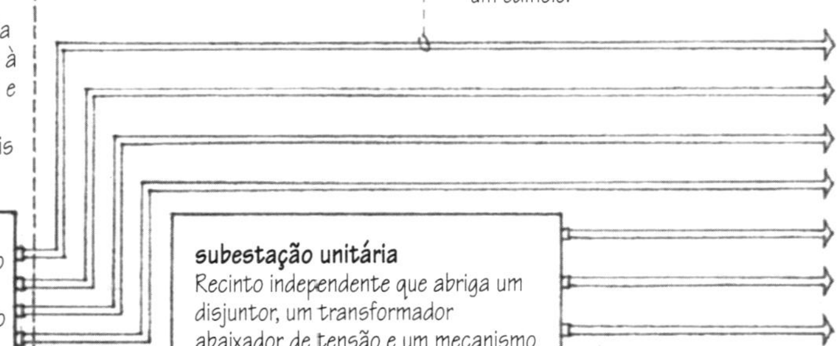

subestação unitária
Recinto independente que abriga um disjuntor, um transformador abaixador de tensão e um mecanismo de distribuição para um certo número de circuitos elétricos.

fase
Parte fracional de um período ou ciclo ao longo do qual se verifica um avanço de tempo, medida a partir de um ponto referencial específico e expressa normalmente em termos de um ângulo.

terra
Ligação condutora entre um circuito ou aparelho elétrico e o solo ou outro ponto de potencial zero. Também chamada **massa** e **ligação à terra**.

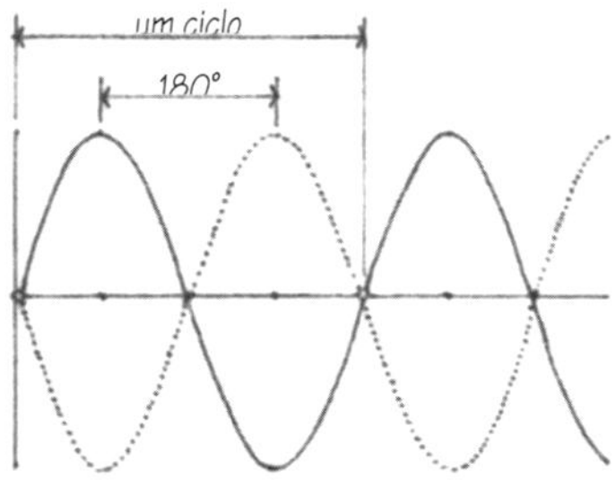

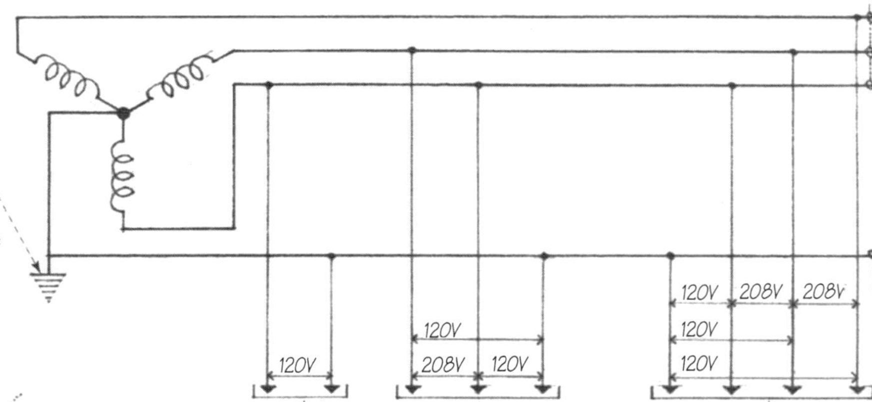

monofásico
Circuito energizado por uma corrente alternada com uma fase ou com fases diferindo em 180°.

bifásico
Circuito energizado por duas correntes ou voltagens alternadas cujas fases diferem em um quarto de um ciclo de 90°.

trifásico
Combinação de três circuitos energizados por correntes ou voltagens alternadas cujas fases diferem em um terço de um ciclo ou 120°.

eletrizado
Eletricamente ligado a uma fonte de voltagem ou eletricamente carregado de modo a apresentar um potencial diferente daquele da terra. Também, **ligado**, **vivo** e **energizado**.

morto
Não ligado eletricamente a uma fonte de voltagem. Também, **desligado**.

neutro
Não carregado eletricamente.

falha
Defeito localizado no isolamento ou na continuidade de um condutor ou no funcionamento de um sistema elétrico.

curto-circuito
Quadro anormal, normalmente acidental, de baixa resistência entre dois pontos de um circuito elétrico e que resulta em uma corrente excessiva. Também chamado **curto**.

fusível
Dispositivo que contém uma tira ou arame de metal fundível que se derrete sob a ação do calor produzido por uma corrente excessiva, interrompendo, dessa forma, o circuito.

metal fundível
Qualquer uma dentre várias ligas metálicas cujo ponto de fusão está abaixo de 70°C, utilizados como solda e em uma série de dispositivos de segurança. Também chamado **liga fusível**.

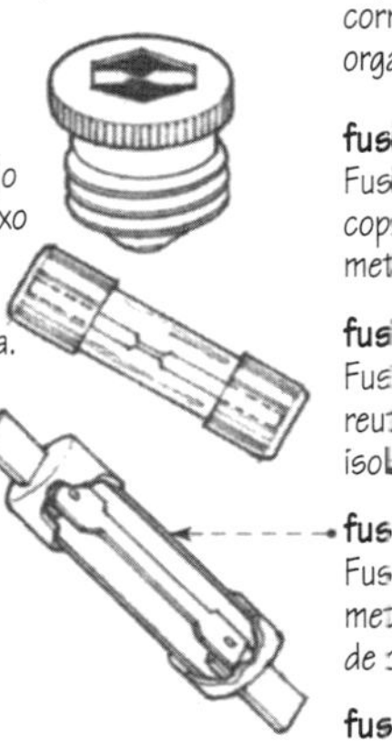

choque
Espasmos musculares causados por uma corrente elétrica ao passar por um organismo vivo.

fusível de rosca
Fusível que contém um elo fundível em um copo de porcelana provido de uma base metálica rosqueada.

fusível de cartucho
Fusível que possui uma liga fundível, reutilizável ou não, encerrada em um tubo isolante de fibra.

fusível de lâmina de faca
Fusível de cartucho que possui uma lâmina metálica em ambas as extremidades a fim de conectar a liga fundível da parte interna.

fusível de retardamento
Fusível que retarda a abertura para permitir a passagem de uma sobrecarga momentânea, por exemplo, no acionamento de um motor.

chave geral
Principal interruptor de todo o sistema elétrico de um edifício com excessão de qualquer sistema de força de emergência. Também chamada **chave seletora de funções** e **interruptor de derivação**.

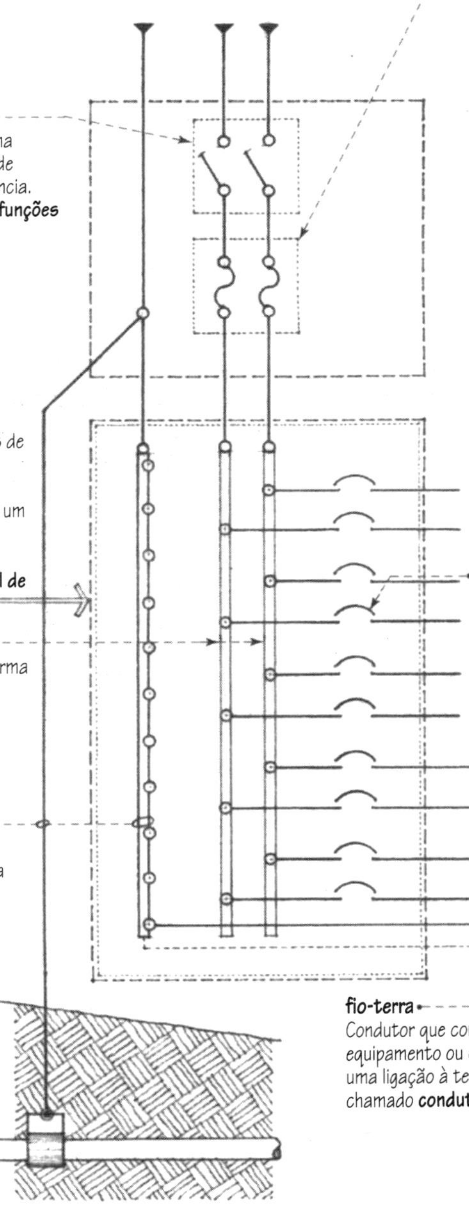

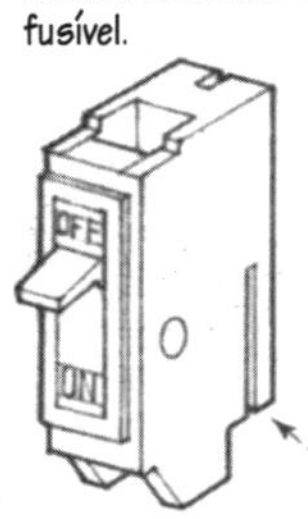

painel
Quadro no qual estão afixados os comutadores, fusíveis e interruptores de circuito destinados a controlar e proteger uma série de circuitos derivados semelhantes, instalado em um pequeno compartimento e acessível apenas na parte da frente. Também chamado **quadro de ligações** e **painel de instrumentos**.

condutor geral
Condutor pesado, normalmente na forma de uma barra sólida de cobre, usada para coletar, transportar e distribuir correntes elétricas grandes. Também chamado **barramento**, **barra ônibus**, **barra coletora** e **barra geral**.

condutor ligado à terra
Qualquer condutor de um sistema elétrico propositalmente conectado a uma ligação à terra.

interruptor de circuito
Comutador que interrompe automaticamente um circuito elétrico a fim de evitar que uma corrente excessiva danifique seus aparatos ou que ocasione um incêndio. É possível tornar a fechar e reutilizar um interruptor de circuito sem substituir nenhum de seus componentes. Também chamado **interruptor** e **disjuntor**.

vazamento para a terra
Ligação à terra momentânea, normalmente acidental, de um condutor.

interruptor de vazamento para a terra
Interruptor de circuito que detecta as correntes causadas por vazamentos para a terra e corta instantaneamente a força antes que algum acidente possa ocorrer.

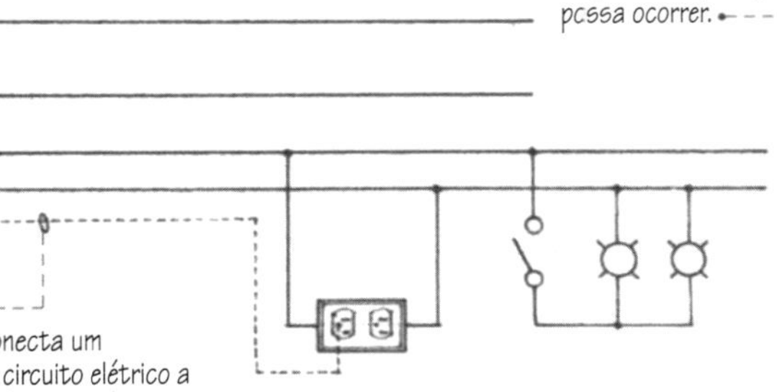

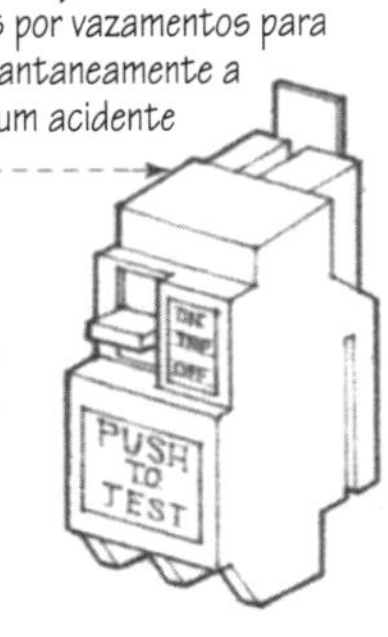

eletrodo à terra
Condutor, como uma haste metálica de terra, uma placa de terra ou um conduto de água fria, firmemente enterrado no solo a fim de estabelecer uma ligação à terra.

fio-terra
Condutor que conecta um equipamento ou circuito elétrico a uma ligação à terra. Também chamado **condutor ligado à terra**.

haste-suporte
Qualquer uma das diversas hastes condutoras instaladas no topo de uma estrutura e ligadas ao solo a fim de desviar dela as descargas atmosféricas.

pára-raios
Dispositivo destinado a proteger um equipamento elétrico de danos causados por descargas atmosféricas ou outras correntes de alta voltagem, que se utiliza de aberturas de chispas para conduzir a corrente ao solo sem passar pelo equipamento.

abertura de chispas
Espaço entre dois terminais ou eletrodos através do qual pode passar uma descarga elétrica a uma voltagem prescrita. Também chamada **distância de explosão**.

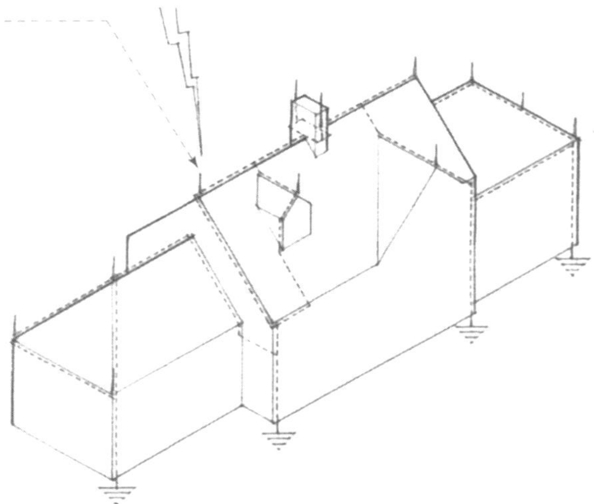

carga
Potência fornecida por um gerador ou transformador, ou a energia consumida por um aparelho ou equipamento.

carga ligada
Carga total de um sistema ou circuito elétrico se todo os aparatos e equipamentos interligados forem energizados simultaneamente.

demanda máxima
Carga máxima fornecida a um sistema ou circuito elétrico em um intervalo de tempo específico.

fator de demanda
Razão entre a demanda máxima e a carga ligada de um sistema elétrico, usada no cálculo da capacidade necessária do sistema para o caso de apenas uma parte da carga ligada ser aplicada a qualquer momento.

fator de diversidade
Razão entre a soma das demandas máximas das diversas partes de um sistema elétrico e a demanda máxima do conjunto.

fator de carga
Razão entre a carga média de um sistema elétrico ao longo de um intervalo de tempo específico e a carga máxima verificada no mesmo período.

circuito derivado
Parte de um sistema elétrico que se estende do equipamento final de hipercorrente que protege um circuito às saídas de que este dispõe.

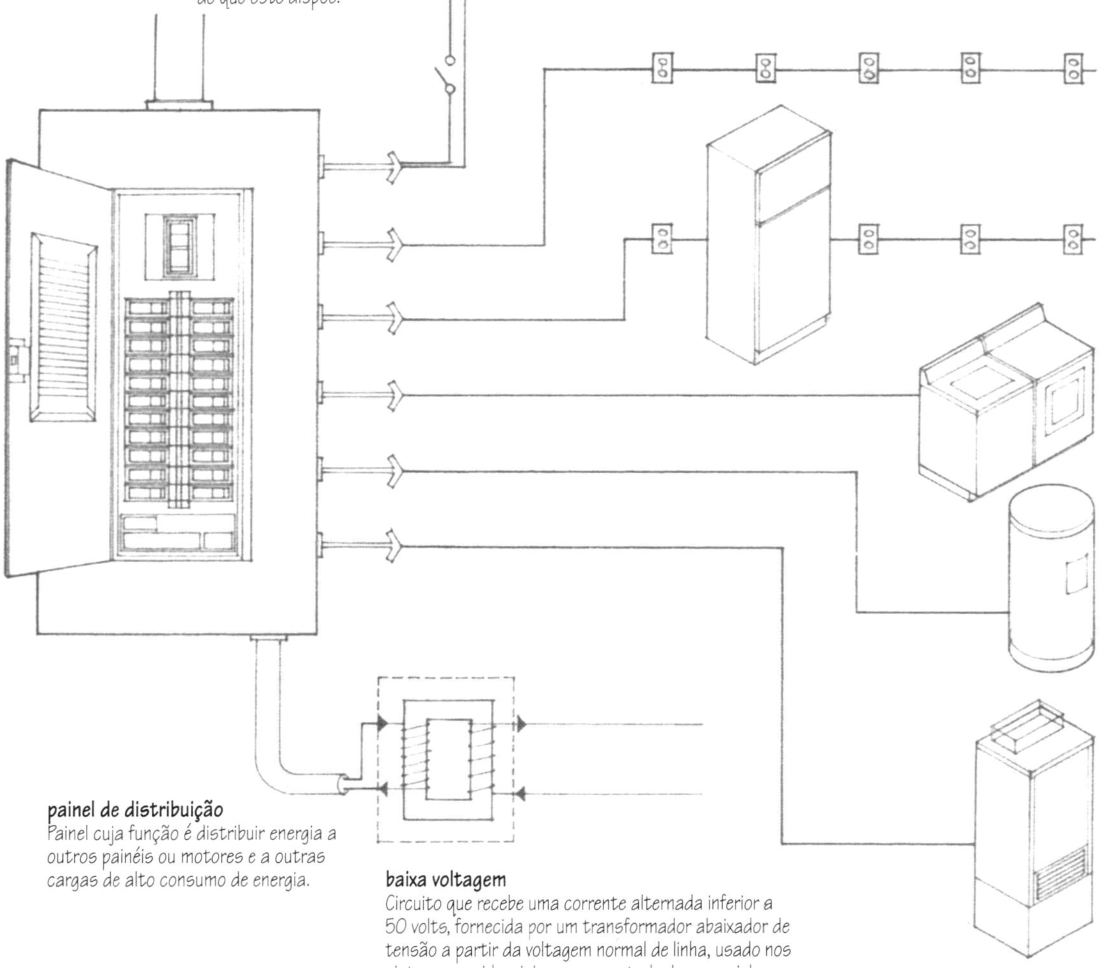

circuito de uso geral
Circuito derivado que transmite corrente a uma série de tomadas para iluminação e aparelhos elétricos.

circuito de aparelhos
Circuito derivado que transmite corrente a uma ou mais tomadas destinadas exclusivamente a aparelhos elétricos.

circuito individual
Circuito derivado que transmite corrente a um único aparelho elétrico.

painel de distribuição
Painel cuja função é distribuir energia a outros painéis ou motores e a outras cargas de alto consumo de energia.

baixa voltagem
Circuito que recebe uma corrente alternada inferior a 50 volts, fornecida por um transformador abaixador de tensão a partir da voltagem normal de linha, usado nos sistemas residenciais para o controle de campainhas, interfones, sistemas de aquecimento e refrigeração, e equipamentos de iluminação remota.
Os circuitos de baixa voltagem não exigem uma tubulação protetora.

cabo
Condutor único isolado ou um feixe amarrado ou revestido de condutores isolados entre si.

cabo armado
Cabo elétrico composto por dois ou mais condutores isolados protegidos por um invólucro metálico flexível enrolado helicoidalmente. Também chamado **cabo BX**.

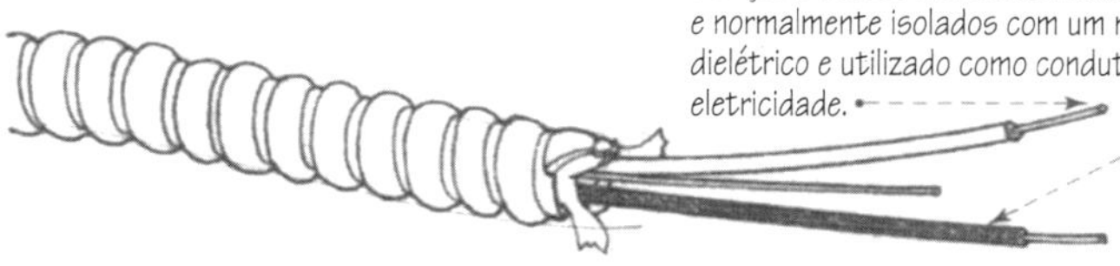

cabo de isolamento mineral
Cabo elétrico composto por uma bainha tubular de cobre contendo um ou mais condutores embutidos em um mineral isolante e refratário altamente comprimido.

cabo de isolamento não metálico
Cabo elétrico composto por dois ou mais condutores isolados encerrados em uma bainha não metálica, resistente à umidade e retardadora de chamas. Também chamado cabo Romex.

cabo coaxial
Cabo para a transmissão de sinais telefônicos, digitais ou televisivos de alta freqüência, composto por um tubo condutor isolado que guarda um núcleo condutor isolado.

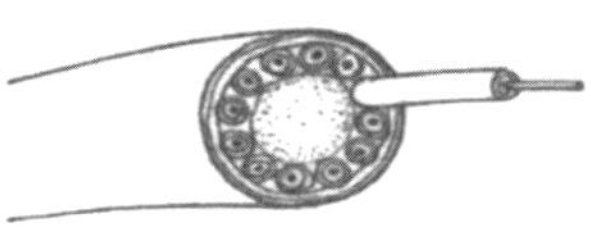

cabo blindado
Cabo elétrico protegido por um envólucro metálico a fim de reduzir os efeitos dos campos elétricos ou magnéticos externos.

conduíte
Tubo, cano ou duto destinado a abrigar e proteger fios ou cabos elétricos. Também, **eletroduto**.

conduíte metálico rígido
Conduíte tubular metálico, de grande espessura, instalado mediante seu atarrachamento diretamente em um cubo rosqueado com contraporcas e isoladores de bucha.

tubulação elétrica metálica
Conduíte tubular de aço, de pouca espessura, instalado através de compressão ou acopladores de parafuso fixador.

conduíte metálico flexível
Conduíte metálico flexível, enrolado helicoidalmente e empregado em ligações com motores ou outros equipamentos vibracionais. Também chamado **conduíte Greenfield**.

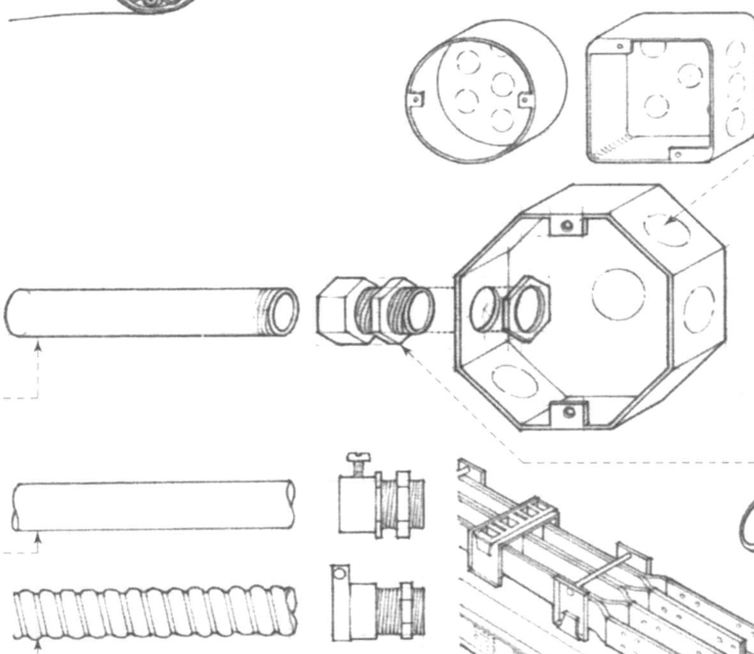

eletroduto
Canaleta expressamente destinada a conter e proteger fios e cabos elétricos. Também chamado **canal condutor** e **canaleta**.

eletroduto aparente
Canal condutor que se mantém visível na construção, destinado a ambientes secos, não sujeitos a riscos ou à corrosão.

eletroduto de saídas múltiplas
Canal condutor aparente destinado a abrigar os fios elétricos de um circuito e uma série de receptáculos.

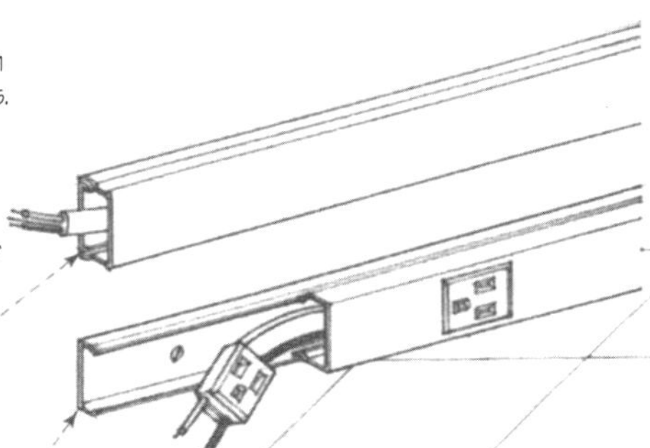

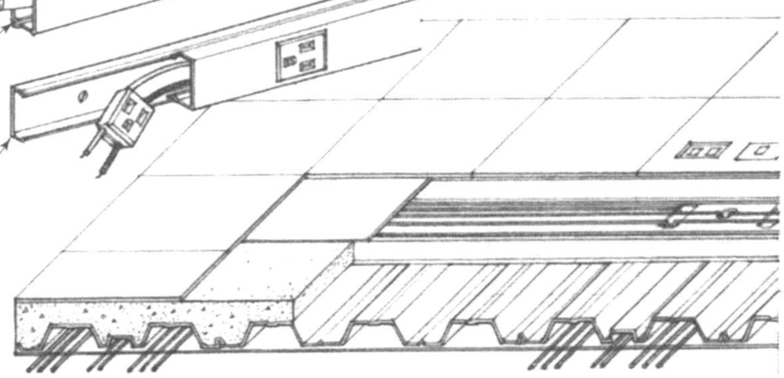

eletroduto sob o piso
Canal condutor próprio para ser instado sob um piso, normalmente utilizado em edifícios comerciais para permitir uma flexibilidade no posicionamento de tomadas elétricas, de sinais e de telefone.

fio
Filamento metálico ou um feixe retorcido ou trançado desses filamentos, ambos flexíveis e normalmente isolados com um material dielétrico e utilizado como condutores de eletricidade.

condutor(a)
Substância, corpo ou dispositivo que conduz calor, som ou eletricidade.

isolante
Material que é um condutor ineficaz de eletricidade, utilizado para separar ou ajudar os condutores a evitar um fluxo indesejado de corrente.

voltagem de ruptura
Voltagem mínima aplicada na qual um material isolante se rompe, permitindo a passagem de corrente.

força dielétrica
Máxima voltagem que se pode aplicar a um determinado material sem ocasionar seu rompimento, normalmente expressa em volts ou quilovolts por unidade de espessura.

dielétrico(a)
Material ou substância não condutor.

caixa de junção
Receptáculo destinado a abrigar e proteger fios ou cabos elétricos ligados ao se conectar ou derivar circuitos elétricos.

face móvel
Painel de um invólucro ou caixa que pode ser facilmente removido, quer perfurando, serrando ou cortando, para dar acesso ao seu interior.

anel isolante
Arruela de borracha ou plástico inserida num orifício de uma peça metálica para impedir a ligação à terra de um fio que atravessa tal orifício.

bucha
Revestimento isolante e protetor para um ou mais condutores que passam por um orifício.

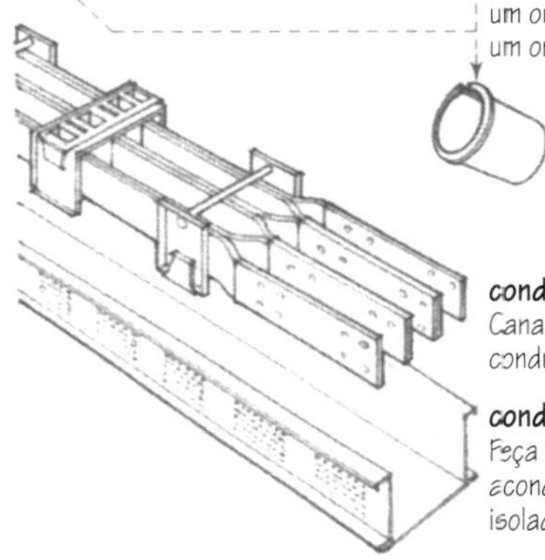

conduto
Canal fechado destinado a acondicionar condutores ou cabos.

conduto geral
Peça rígida de metal destinada a acondicionar um grupo de barras-ônibus isoladas entre si e do invólucro.

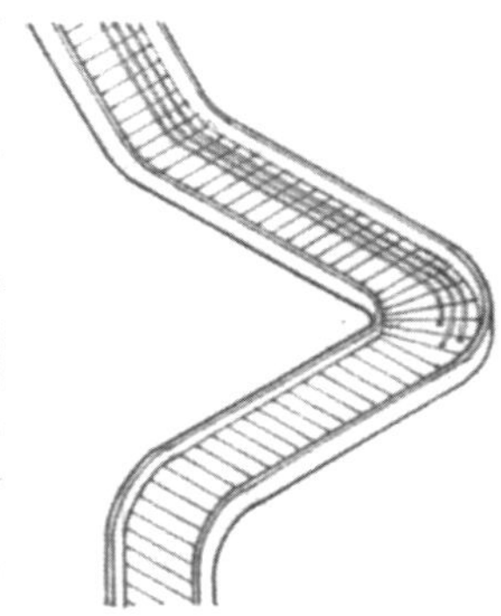

porta-cabos
Estrutura aberta de metal destinada a sustentar condutores elétricos isolados.

interruptor pneumático
Comutador no qual a interrupção de um circuito acontece no ar. Também, **chave pneumática**, **comutador pneumático** e **chave seca.**

interruptor de faca
Forma de interruptor pneumático em que uma lâmina de cobre articulada é colocada entre dois gumes de contato. Também chamado **chave de faca**.

interruptor de flutuador
Comutador controlado por um condutor que flutua em um líquido. Também chamado **chave de flutuador**.

interruptor de mercúrio
Comutador especialmente discreto, que introduz ou interrompe um circuito elétrico mediante o deslocamento de um tubo lacrado de vidro contendo mercúrio, de modo a cobrir ou descobrir os contatos. Também chamado **chave de mercúrio**.

interruptor de chave
Comutador que funciona apenas mediante a introdução de uma chave.

redutor de luz
Reostato ou dispositivo semelhante destinado a regular a intensidade de uma luz elétrica sem afetar significativamente sua distribuição espacial. Também chamado **escurecedor**.

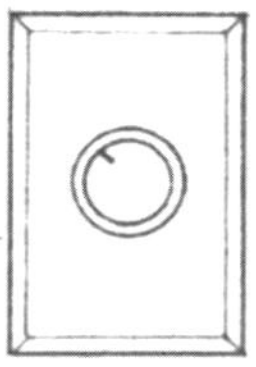

reostato
Resistor destinado a regular uma corrente elétrica por meio de resistências variáveis.

ligação de isolador aberto
Sistema obsoleto de ligação que consiste em condutores individuais isolados presos a botões e tubos de porcelana e apoiados nestes.

tubo isolador
Tubulação flexível, não-metálica e resistente ao fogo para condutores nas ligações de isolador aberto. Também chamado **bainha isolante** e **tubo flexível**.

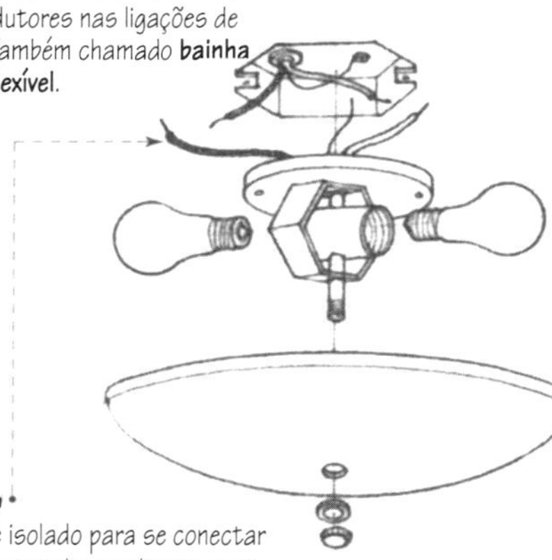

cabo de contato
Condutor flexível e isolado para se conectar eletricamente um aparato a outro ou a um circuito. Também chamado **cabo condutor**.

fio enroscado
Condutor pequeno e flexível utilizado para ligar um terminal estacionário a outro com um movimento de alcance limitado. Também chamado **cabo flexível de ligação**.

terminal
Peça ou dispositivo condutor destinado a estabelecer uma ligação elétrica com um aparato.

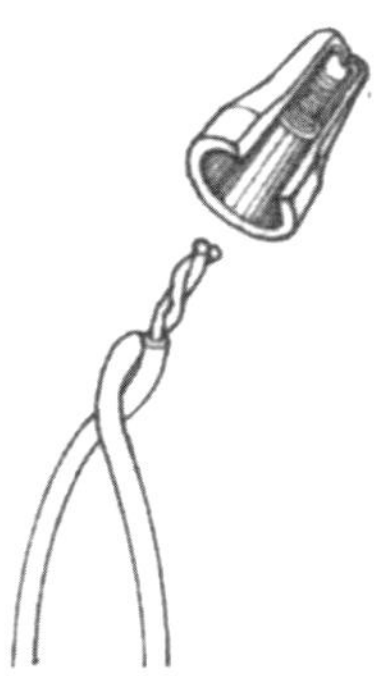

placa
Chapa protetora que envolve uma tomada ou um interruptor. Também chamado **espelho**.

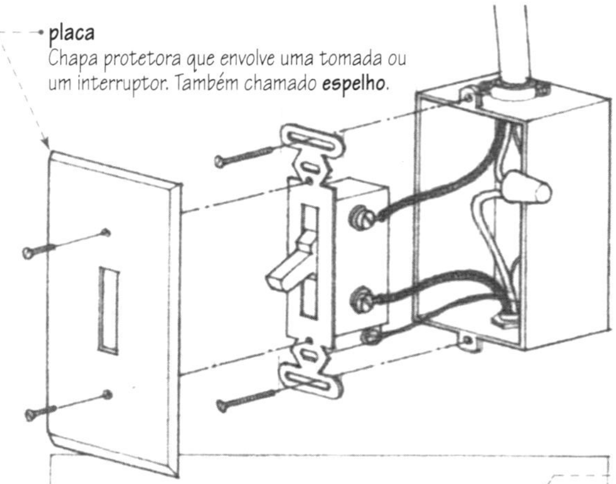

interruptor
Dispositivo para criar, interromper ou direcionar uma corrente elétrica. Também chamado **comutador** e **chave**.

chave articulada
Interruptor no qual uma alavanca ou um botão que se movem através de um pequeno arco provocam a abertura ou o fechamento dos contatos em um circuito elétrico. Também chamada **chave reversível**.

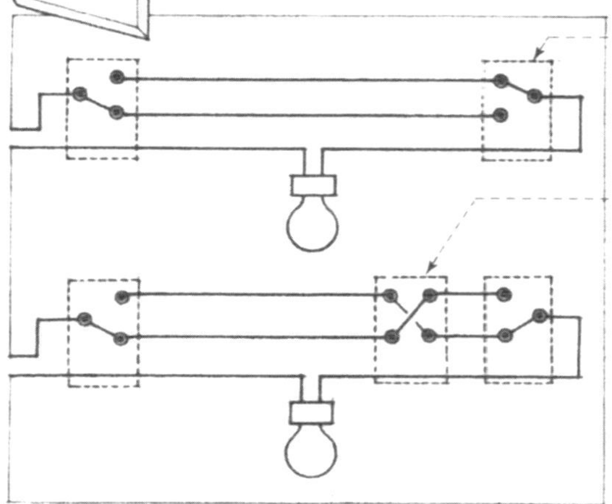

chave tripolar
Comutador monopolar de dupla ação empregado conjuntamente com outro para controlar a iluminação a partir de duas posições. Também, **interruptor de três vias**.

chave de duplo contato bipolar
Comutador utilizado conjuntamente com duas chaves tripolares para controlar a iluminação a partir de três posições.

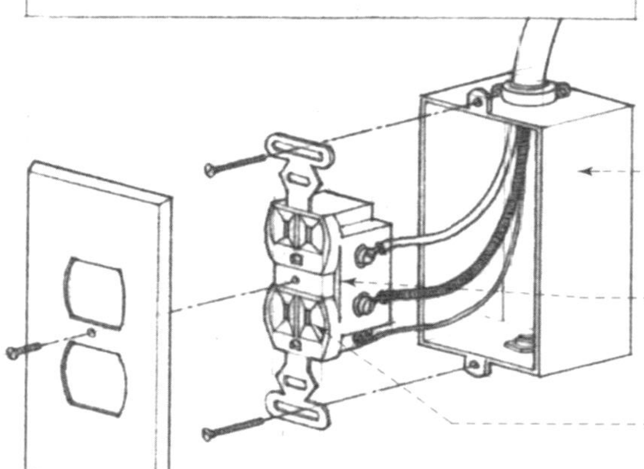

tomada
Ponto de um circuito em que é colhida a energia para alimentar um aparelho ou aparato elétrico.

caixa de tomadas
Caixa de distribuição destinada a facilitar a ligação de um dispositivo elétrico ou um receptáculo a uma fiação.

tomada de parede
Tomada instalada em uma parede e que comporta dois ou mais receptáculos para luminárias portáteis ou aparelhos.

receptáculo
Dispositivo fêmea ligado a um circuito de alimentação e equipado para receber um plugue.

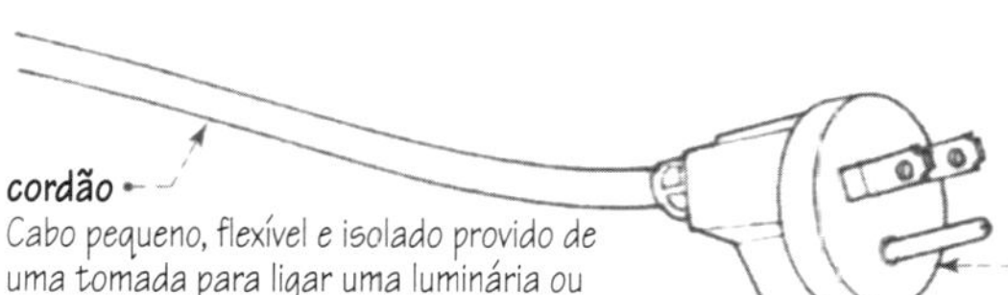

cordão
Cabo pequeno, flexível e isolado provido de uma tomada para ligar uma luminária ou aparelho a um circuito de alimentação.

cone isolante
Conector de plástico que contém uma guarnição metálica rosqueada que permite seu atarrachamento às extremidades entrelaçadas de dois ou mais condutores.

conector
Qualquer uma das diferentes peças usadas para unir dois ou mais condutores sem uma junção permanente.

tomada de terra
Tomada com um contato adicional para uma ligação à terra.

plugue
Dispositivo macho, com um, dois ou mais pinos, para estabelecer uma ligação elétrica com um circuito através de sua inserção em um receptáculo.

plugue de terra
Plugue provido de um pino para uma ligação à terra.

polarizado
Configurado de tal forma que o encaixe de plugue e um receptáculo se dá exclusivamente de uma maneira.

Plataforma ou cabine para o transporte de passageiros ou cargas de um nível a outro de um edifício.

ascensor
Elevador.

elevador de passageiros
Ascensor para uso exclusivo de passageiros.

elevador de carga
Ascensor destinado ao transporte de volumes pesados, no qual o ascensorista e o pessoal necessário para seu carregamento e descarregamento são os únicos passageiros admitidos.

monta-cargas
Elevador pequeno destinado ao transporte de alimentos, pratos ou outros materiais entre os pavimentos de uma edificação.

grupo de elevadores
Fileira de elevadores em um edifício de grande porte, controlados por um sistema operacional único e que respondem a um único botão de chamada.

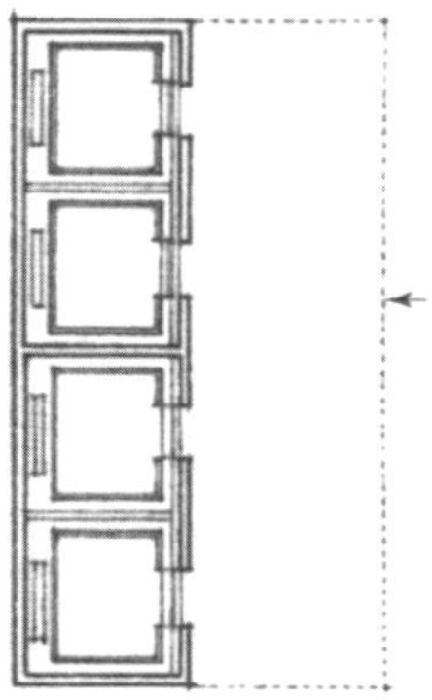

altura de transporte
Distância vertical percorrida por uma cabine de elevador entre o pavimento mais baixo e o mais alto da caixa. Também chamada **altura de percurso**.

elevador elétrico
Sistema ascensor que consiste em uma cabine instalada em trilhos de guia, sustentada por cabos de içamento e operada por uma maquinaria elétrica. Também chamado **elevador de tração**.

espaço livre inferior
Distância vertical entre o piso do poço de um elevador e a parte inferior da plataforma da cabine quando ela está apoiada no amortecedor e este em sua compressão máxima.

bulkhead
Estrutura quadrada no topo de um edifício que dá acesso a uma caixa de escada ou de elevador.

compartimento das máquinas
Estrutura que abriga a maquinaria do elevador no topo de um edifício.

espaço livre superior
Distância vertical entre o topo da cabine de um elevador e a obstrução superior mais próxima quando o piso da cabine está no mesmo nível que o pavimento mais alto.

viga de máquina
Uma das pesadas vigas de aço que sustentam a maquinaria de içamento de um elevador.

caixa do elevador
Espaço vertical fechado por onde trafegam um ou mais elevadores.

pavimento
Parte de um piso, adjacente a um fosso de elevador, usada para o embarque e o desembarque de passageiros e cargas.

freio de segurança
Dispositivo mecânico, acionado por um regulador de velocidade, destinado a reduzir a marcha e deter uma cabine de elevador no caso de rapidez excessiva ou queda livre, que obstrui os trilhos de guia através da introdução de cunhas.

porta de segurança
Porta entre a caixa do elevador e o pavimento, normalmente fechada exceto quando o primeiro está parado junto ao segundo.

poço do elevador
Trecho da caixa do elevador compreendido entre o nível do pavimento mais inferior e o fundo da caixa.

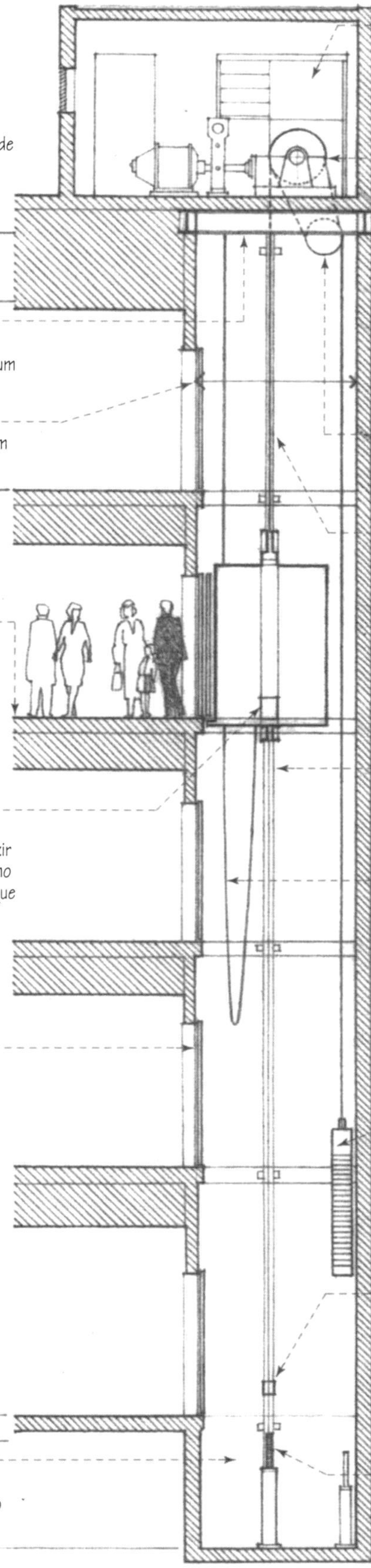

painel de controle
Painel que contém interruptores, botões e outros equipamentos que controlam os dispositivos elétricos.

maquinaria elevadora
Maquinaria para provocar a subida e descida de uma cabine de elevador, que consiste em um motor-gerador, uma máquina de tração, um regulador de velocidade, um freio, um eixo de transmissão, uma roldana motriz e engrenagens, caso sejam utilizadas. Também chamada **maquinaria**, ou **máquina, de içamento** e **maquinaria**, ou **máquina, de guindagem**.

polia motriz
Roda ou disco com a borda raiada, utilizada para o içamento. Também **polia de tração**.

polia secundária
Polia cuja finalidade é retesar e direcionar os cabos de um elevador. Também chamada **polia intermediária**.

cabo de içamento
Um dos cabos ou cordões de aço utilizados para fazer subir e descer uma cabine de elevador. Também chamado **cabo de guindagem** e **cabo de tração**.

trilho de guia
Um dos trilhos verticais de aço que controlam o deslocamento de uma cabine de elevador ou de um contrapeso. Também **guia**.

cabo de comando
Um dos cabos elétricos que ligam uma cabine de elevador a uma tomada elétrica fixa situada na caixa.

contrapeso
Peso que equilibra outro peso, como os blocos retangulares de ferro fundido instalados em uma estrutura de aço para contrabalançar a carga imposta pela cabine de um elevador à maquinaria de guindagem.

interruptor de limite de carga
Chave que corta automaticamente a corrente que alimenta um motor elétrico quando um objeto movido por este, como uma cabine de elevador, transpõe um determinado ponto. Também chamado **chave de limite de carga** ou **limitador final**.

amortecedor
Pistão ou um dispositivo de mola cuja finalidade é absorver o impacto de uma cabine de elevador ou um contrapeso em sua descida, instalado no limite inferior extremo do trajeto.

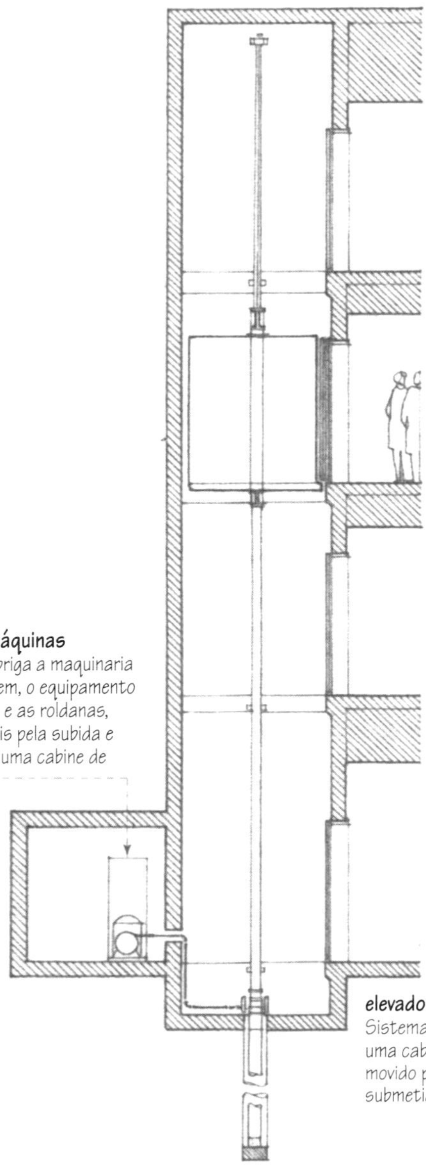

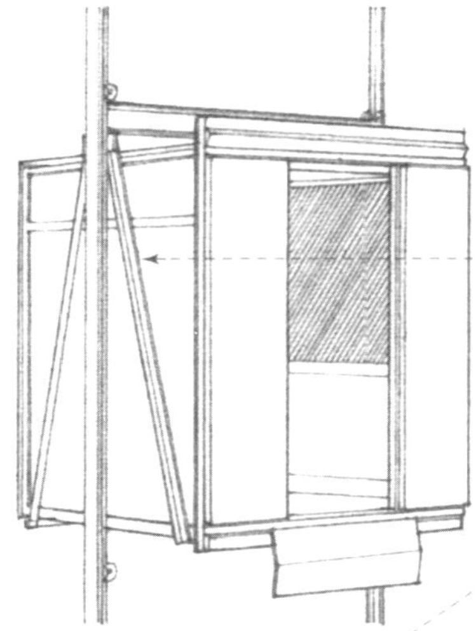

cabine
Unidade transportadora de cargas de um elevador, que consiste em uma armação do carro, uma plataforma, um revestimento metálico leve e as portas.

armação do carro
Estrutura de aço da cabine de um elevador, à qual são afixados a plataforma, os estribos, o mecanismo do freio de segurança, os cabos de içamento e o equipamento de controle.

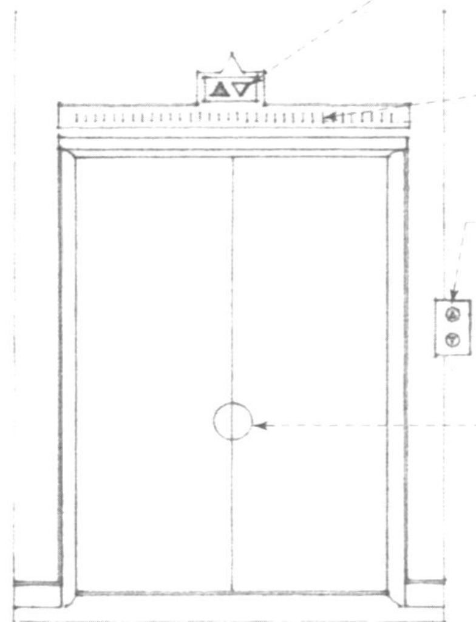

lanterna
Luz, normalmente acima da entrada de um elevador, em cada piso de um edifício de pavimentos múltiplos, que sinaliza a chegada da cabine.

indicador de posição
Aparato de sinalização de uma cabine ou de uma plataforma que indica visualmente o pavimento em que se encontra a cabine.

botão de chamada
Botão que é pressionado para se chamar um elevador.

entretravamento
Dispositivo de segurança para evitar o movimento de uma cabine de elevador antes que a porta de segurança esteja travada na posição de fechamento. Também chamado **entrefechamento** e **fecho mecânico**.

contato de porta
Dispositivo de segurança para evitar o movimento de uma cabine de elevador antes que sua porta, única ou dupla, esteja perfeitamente fechada.

casa de máquinas
Sala que abriga a maquinaria de guindagem, o equipamento de controle e as roldanas, responsáveis pela subida e descida de uma cabine de elevador.

elevador hidráulico
Sistema de elevador que consiste em uma cabine apoiada em um pistão que é movido por, ou se move contra, um líquido submetido a pressão.

cabeceira
Parte horizontal do corrimão na extremidade superior ou inferior de uma escada rolante.

placa-pente
Parte denteada do patamar de ambas as extremidades de uma escada ou uma passarela rolante, cuja função é mesclar-se à superfície raiada dos degraus ou da passarela.

escada rolante
Escadaria acionada mecanicamente, que consiste em degraus presos a uma correia de circulação contínua, utilizada para transportar passageiros para cima e para baixo entre dois pavimentos. Também chamada **escada mecânica**.

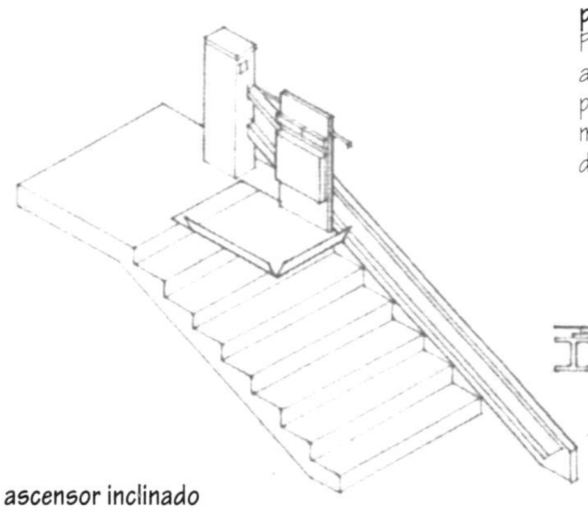

ascensor inclinado
Cadeira ou plataforma instalada em um trilho de guia de aço e movida por um motor elétrico, utilizada para fazer subir ou descer uma pessoa ou uma carga por uma escadaria. Também chamado ***stair lift***.

esteira rolante
Superfície de movimento contínuo acionada mecanicamente, semelhante a uma correia transportadora, utilizada para transportar pedestres horizontalmente ou ao longo de pequenas inclinações.

transportador
Qualquer uma das diversas modalidades de transporte de massa, como esteiras rolantes ou veículos automáticos, utilizados para levar pessoas de um lado a outro em aeroportos ou áreas urbanas congestionadas.

Energia proveniente do sol, sob a forma de radiação solar.

altitude
Elevação angular de um corpo celeste acima do horizonte.

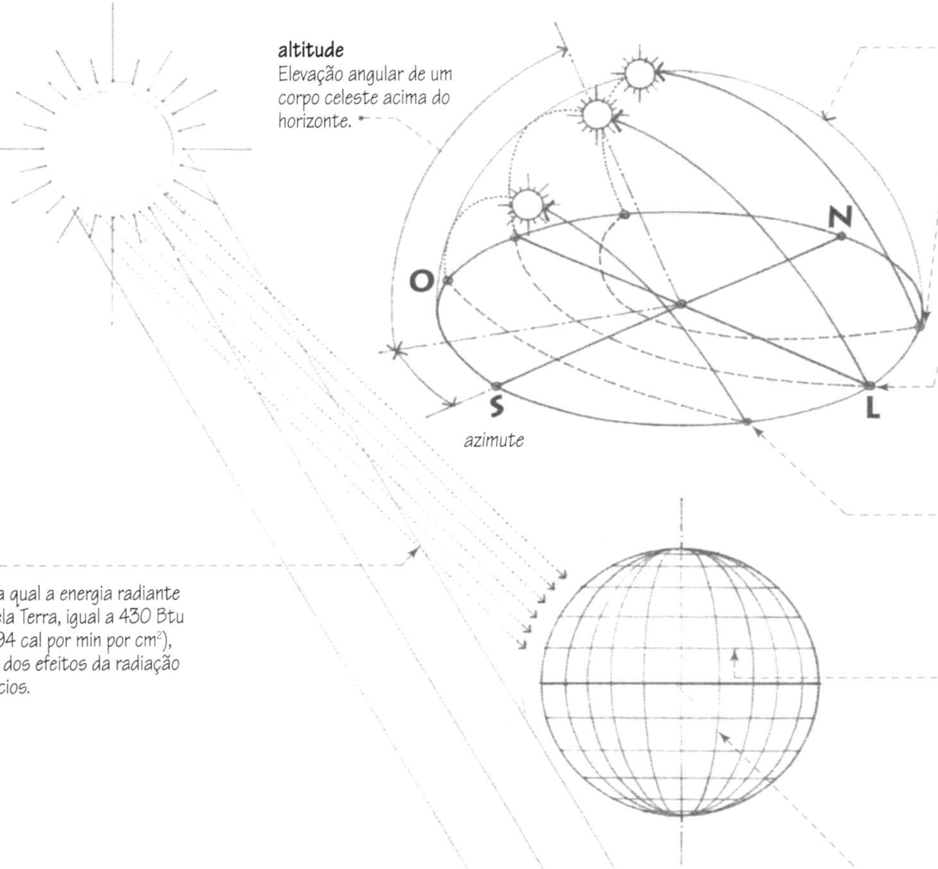

diagrama de trajetória solar
Representação gráfica da trajetória do sol na abóboda celeste projetada em um plano horizontal.

solstício de verão
Época do ano, aproximadamente ou em 22 de dezembro, quando o sol atinge seu ponto meridional máximo na esfera celeste, marcando o início do verão no hemisfério Sul.

equinócio
Cada uma das duas épocas do ano em que o sol cruza o plano do equador celeste e quando a duração do dia e da noite é aproximadamente igual, e que ocorrem em torno de 21 de março (**equinócio de outono** ou **ponto de Libra** no hemisfério Sul) e 23 de setembro (**equinócio de primavera** ou **ponto vernal** no hemisfério Sul).

solstício de inverno
Época do ano, aproximadamente ou em 21 de junho, em que o sol atinge seu ponto setentrional máximo na esfera celeste, marcando o início do inverno no hemisfério Sul.

constante solar
Velocidade média na qual a energia radiante do sol é recebida pela Terra, igual a 430 Btu por hora por pé² (1,94 cal por min por cm²), utilizada no cálculo dos efeitos da radiação solar sobre os edifícios.

latitude
Distância angular, ao norte ou ao sul, de um ponto sobre a superfície da Terra com relação ao equador, medida em graus ao longo do meridiano que passa por esse ponto.

meridiano
Grande círculo sobre a superfície da Terra, que passa pelos dois pólos geofísicos.

longitude
Distância angular, a leste ou a oeste, sobre a superfície da Terra, medida entre o meridiano referencial de Greenwich, Inglaterra, e o meridiano de um determinado ponto, expressa quer em graus ou em uma diferença de tempo correspondente.

casa solar
Casa destinada a absorver e armazenar o calor solar a fim de se complementar ou substituir os métodos de calefação convencionais.

sistema de aquecimento solar
Sistema de calefação que se utiliza da energia solar como a fonte principal de calor.

sistema de aquecimento solar ativo
Sistema de aquecimento solar que se utiliza de recursos mecânicos, como coletores solares, ventiladores ou bombas para coletar, armazenar e distribuir a energia solar.

coletor solar
Aparelho ou sistema cuja finalidade é utilizar a radiação solar para aquecer um meio absorvente através do qual circula um meio condutor, como o ar ou a água. Também chamado **coletor**.

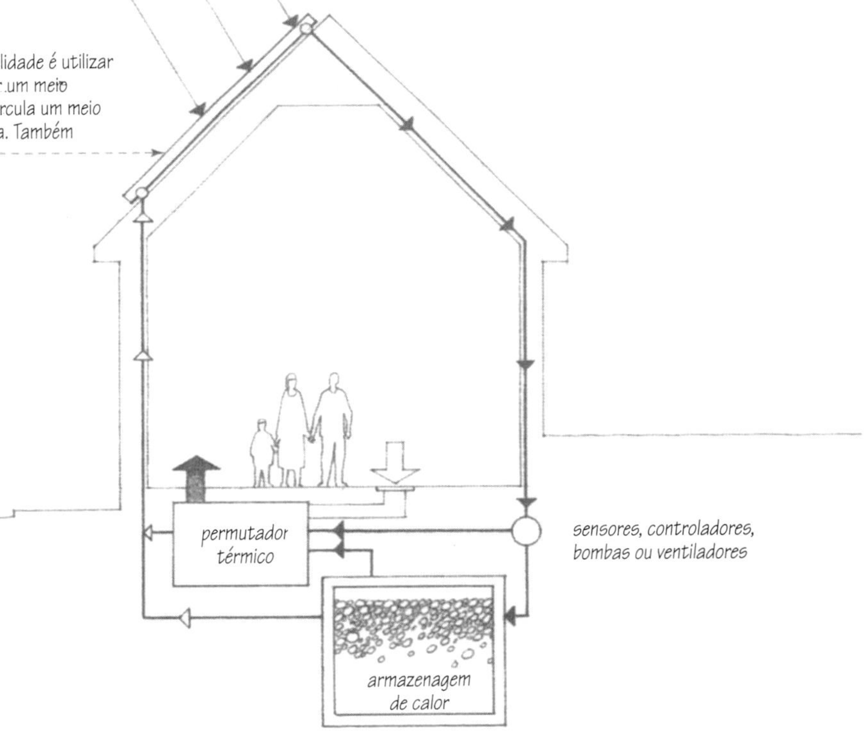

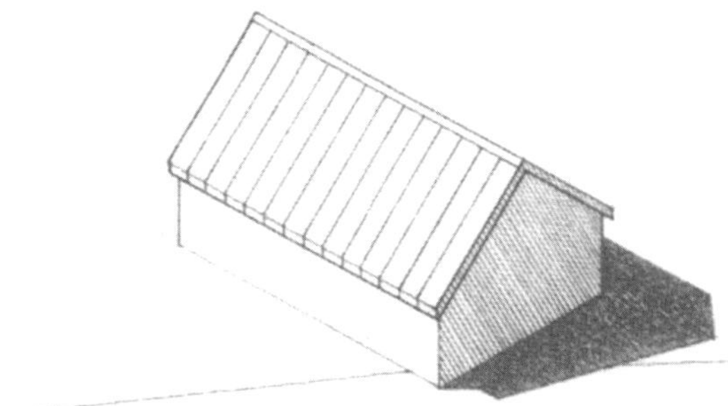

orientação solar
Posição de um edifício em relação à trajetória do sol, quer para se maximizar a quantidade de calor obtida da radiação solar durante os meses mais frios, quer para se minimizar a quantidade de calor obtida nos meses mais quentes.

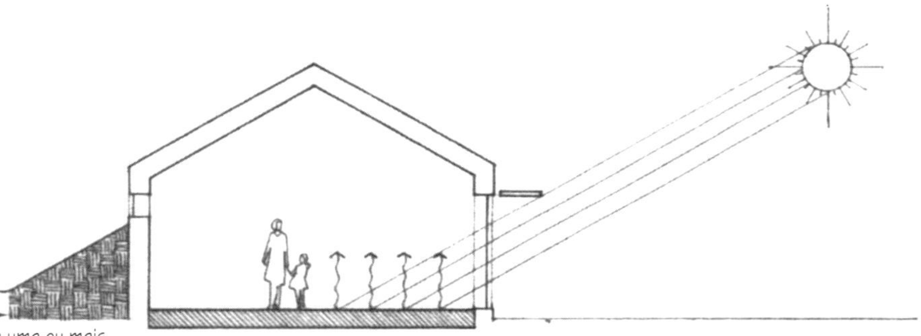

aquecimento solar passivo
Sistema de aquecimento solar que se utiliza do desenho e da construção de um edifício, bem como do fluxo natural do calor, para coletar, armazenar e distribuir a energia solar, com um emprego mínimo de ventiladores ou bombas.

releixo
Banco de terra situado junto a uma ou mais paredes externas de uma construção a fim de protegê-la contra as temperaturas extremas.

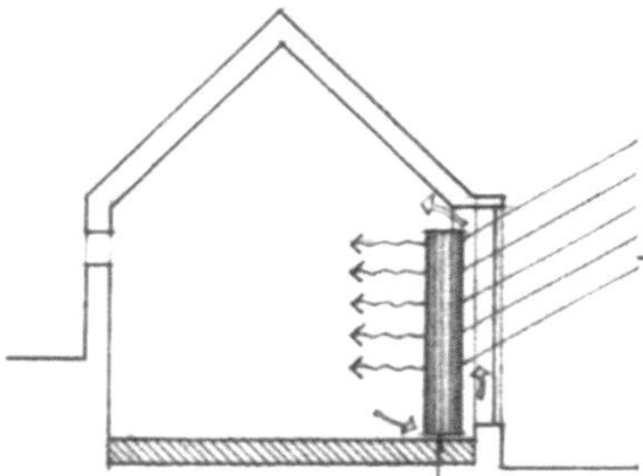

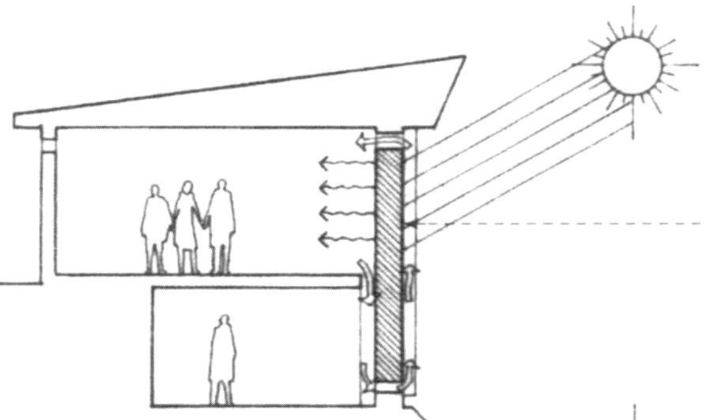

parede Trombe
Parede externa de alvenaria revestida de vidro na face exposta, que absorve o calor solar para irradiá-lo para o interior de uma edificação, normalmente após um intervalo de várias horas.

parede cilíndrica
Série de tonéis pretos cheios d'água empilhados, colocada na parte interna de uma parede envidraçada para absorver o calor solar e, em seguida, emiti-lo lentamente para o interior de um edifício.

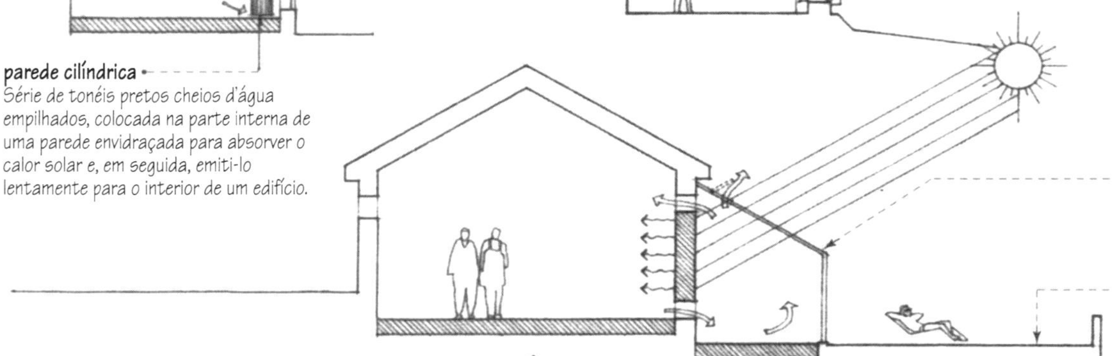

solário (1)
Varanda, sala ou galeria com paredes de vidro, utilizada para banhos de sol ou exposição terapêutica à luz solar.

jardim de inverno
Varanda ou sala com paredes de vidro, orientada de modo a absorver grandes quantidades de luz solar.

solário (2)
Cobertura, balcão ou terraço a céu aberto, utilizado para banhos de sol.

regulador solar
Cada um dentre uma série de dispositivos externos utilizados para se controlar a quantidade de calor e luz solares que penetram por uma janela, e que consistem em aletas horizontais ou verticais móveis, controlados manualmente ou acionados automaticamente pelo tempo ou por controles fotoelétricos.

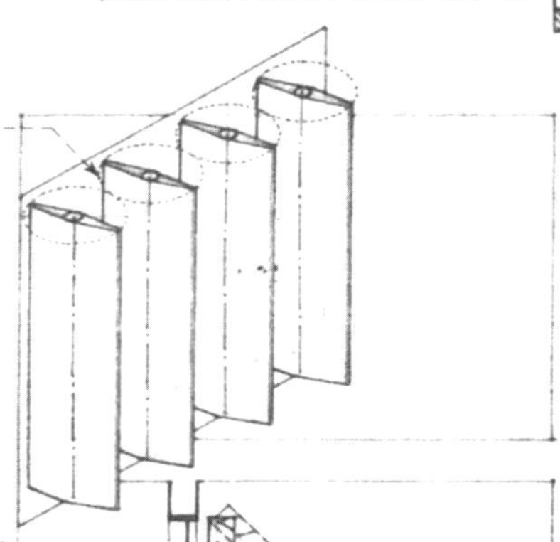

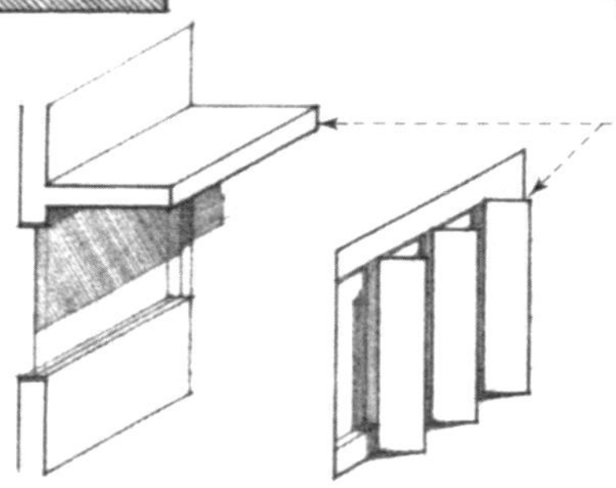

quebra-sol
Qualquer um dentre uma série de dispositivos externos que consistem em lâminas horizontais ou verticais, inclinadas para proteger uma janela da incidência direta da luz solar.

persiana externa
Anteparo de palhetas, cujos braços metálicos permitem sua inclinação de modo a proteger uma janela da luz solar e da claridade diretas, preservando, ao mesmo tempo, a visão do exterior e permitindo a entrada de uma suave luz difusa.

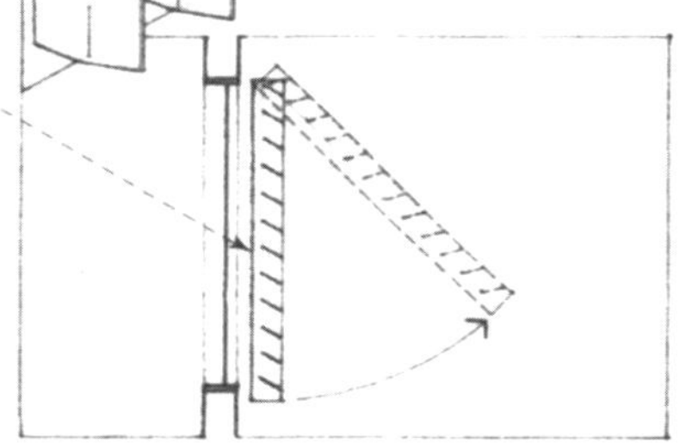

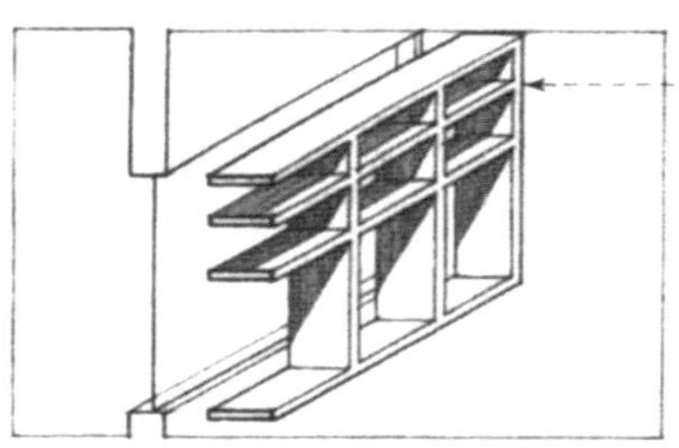

brise-soleil
Anteparo, normalmente de palhetas, colocado na parte externa de um edifício a fim de proteger as janelas da incidência direta da luz solar.

veneziana móvel
Veneziana externa controlada manual ou eletricamente para proteger da luz solar e da claridade diretas o interior de uma construção.

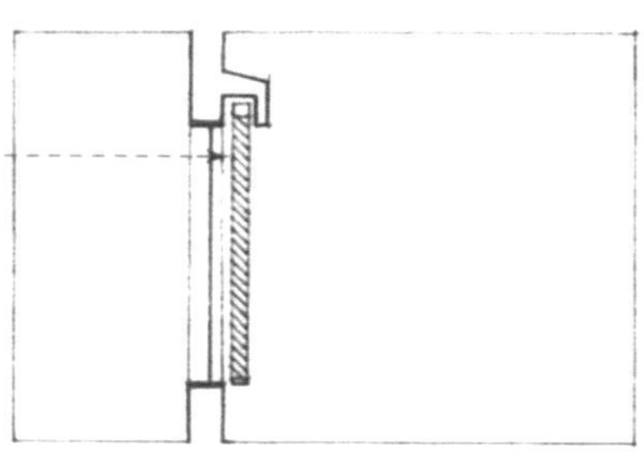

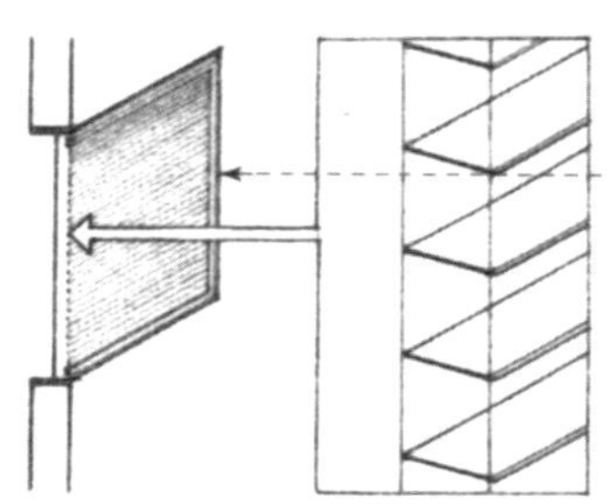

tela solar
Painel de palhetas externas em miniatura destinado a proteger uma janela da luz solar e da claridade diretas, permitindo, ao mesmo tempo, um elevado grau de visibilidade, iluminação natural, ventilação, privacidade visual durante o dia e proteção contra os insetos.

Lanço ou série de degraus que permitem que se passe de um patamar a outro em uma edificação.

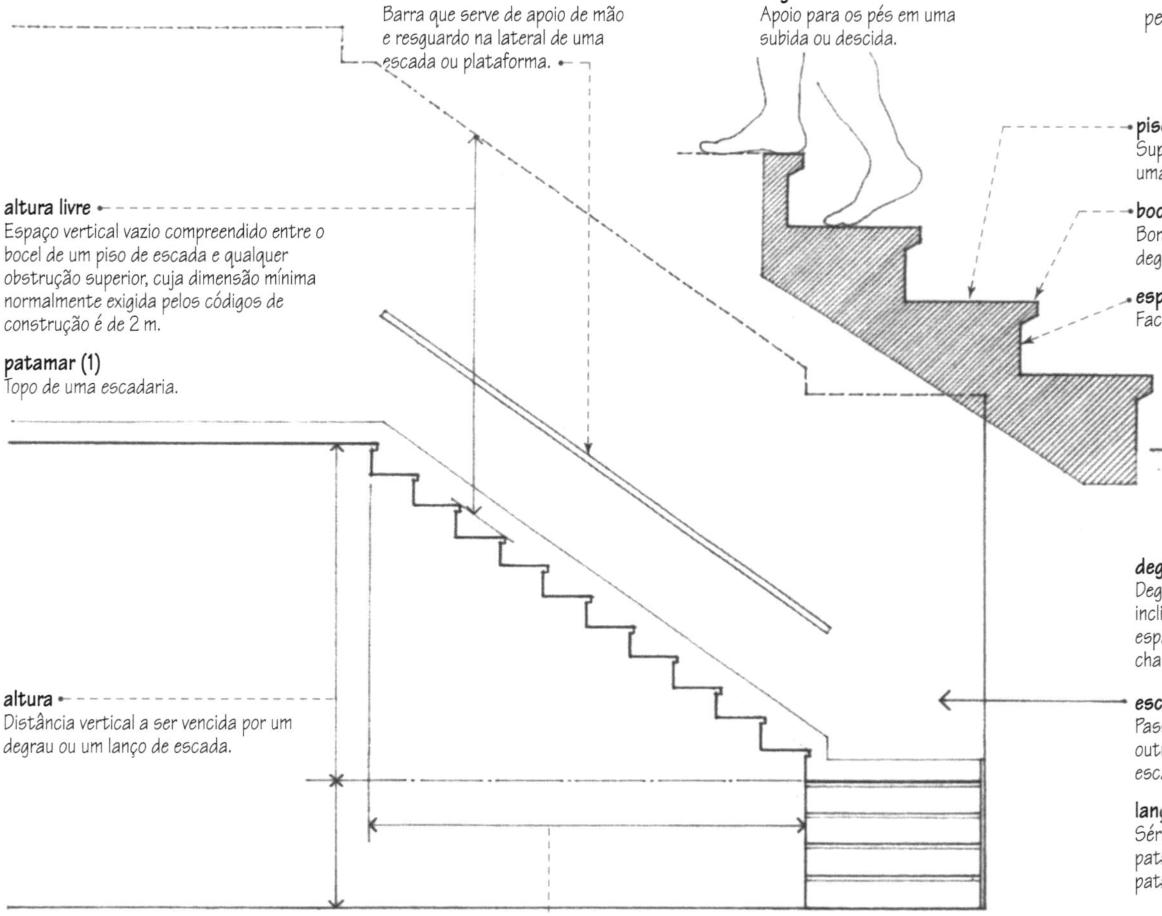

corrimão
Barra que serve de apoio de mão e resguardo na lateral de uma escada ou plataforma.

degrau
Apoio para os pés em uma subida ou descida.

piso
Superfície horizontal superior do degrau de uma escada, sobre o qual se apóia o pé.

bocel
Bordo, normalmente arredondado, de um degrau, que se projeta para além do espelho.

espelho
Face vertical do degrau de uma escada.

altura livre
Espaço vertical vazio compreendido entre o bocel de um piso de escada e qualquer obstrução superior, cuja dimensão mínima normalmente exigida pelos códigos de construção é de 2 m.

patamar (1)
Topo de uma escadaria.

degrau entalhado
Degrau cujo espelho apresenta uma inclinação para dentro a fim de aumentar o espaço para o pé no degrau abaixo. Também chamado **degrau angulado**.

altura
Distância vertical a ser vencida por um degrau ou um lanço de escada.

escadaria
Passagem de um nível de um edifício para outro através de um ou mais lanços de escada.

lanço
Série contínua de degraus entre um piso ou patamar de uma edificação e o piso ou patamar seguinte.

caixa de escada
Vão ou poço vertical que contém uma escadaria. Também chamado **poço de escada**.

vão da escada
Distância horizontal entre o primeiro e o último espelho de uma escadaria.

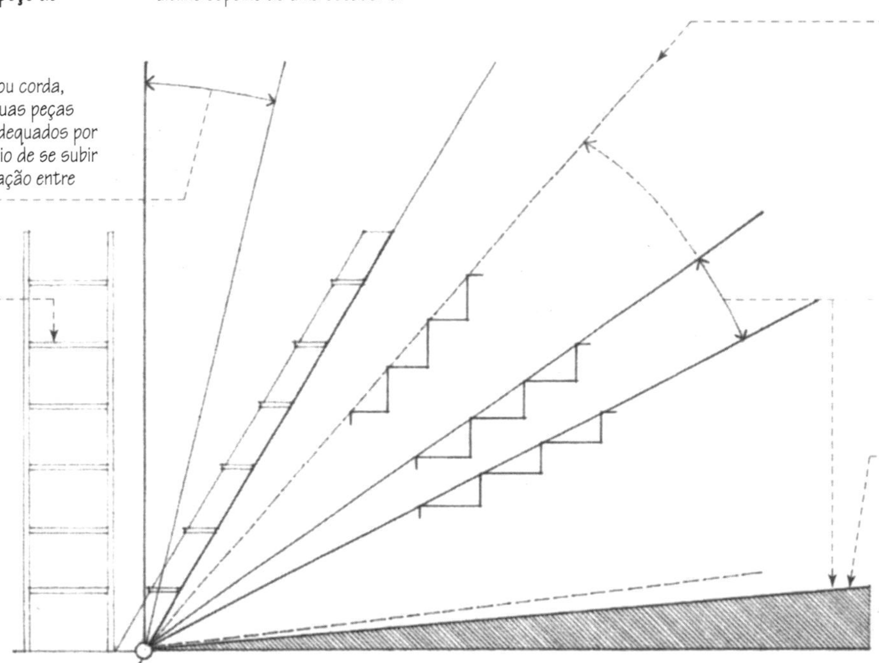

ângulo crítico
Ângulo de inclinação além do qual uma escada é considerada incômoda ou insegura, normalmente 50°.

escada de mão
Estrutura de madeira, metal ou corda, normalmente composta por duas peças laterais unidas a intervalos adequados por barras, e que constitui um meio de se subir ou descer segundo uma inclinação entre 75° e 90°.

razão espelho/piso
Razão preferencial entre o espelho e o piso de um degrau, especificada por qualquer uma dentre duas fórmulas:
E + 2P = 24 a 25;
E × P = 72 a 75. [Em polegadas.]

barra
Cada uma das travessas, normalmente arredondadas, que formam os degraus de uma escada de mão.

ângulo preferencial
Para um lanço de escadas, qualquer ângulo de inclinação entre 28° e 36° ou, no caso de uma rampa, um ângulo de inclinação inferior a 5°.

rampa
Piso, passeio ou via inclinada que liga dois níveis.

escada de navio
Escada dobradiça fixa com ângulo de inclinação entre 55° e 70°, normalmente provida de corrimões.

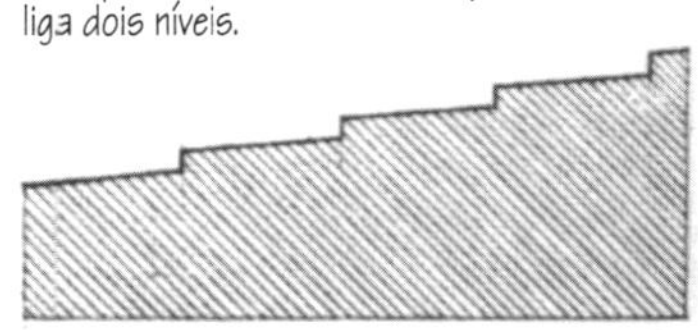

rampa escalonada
Série de rampas unidas por degraus.

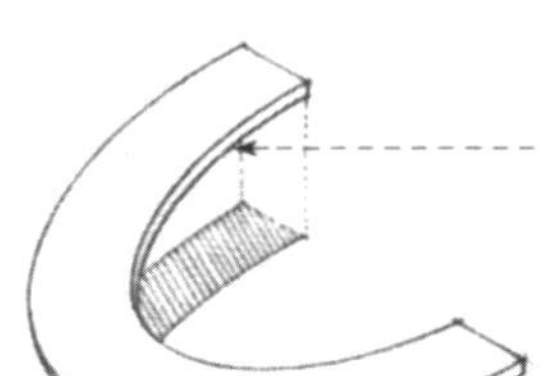

rampa em curva
Rampa de linha de percurso curvilínea.

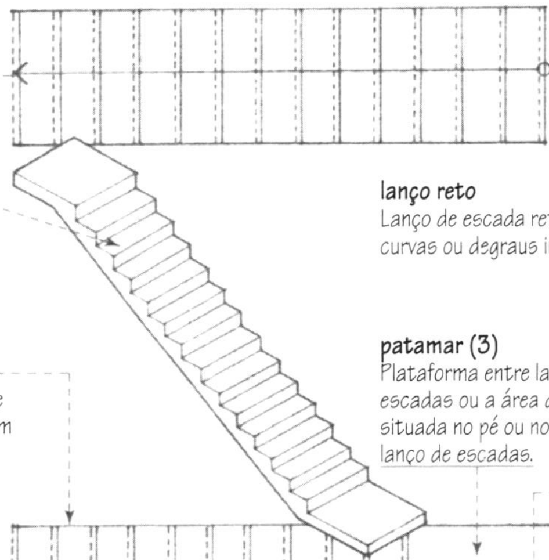

escada reta
Escada que se estende de um nível a outro sem curvas ou degraus ingrauxidos.

degrau comum
Degrau de um lanço reto de escada.

lanço reto
Lanço de escada reto, sem curvas ou degraus ingrauxidos.

patamar (3)
Plataforma entre lanços de escadas ou a área do piso situada no pé ou no topo de um lanço de escadas.

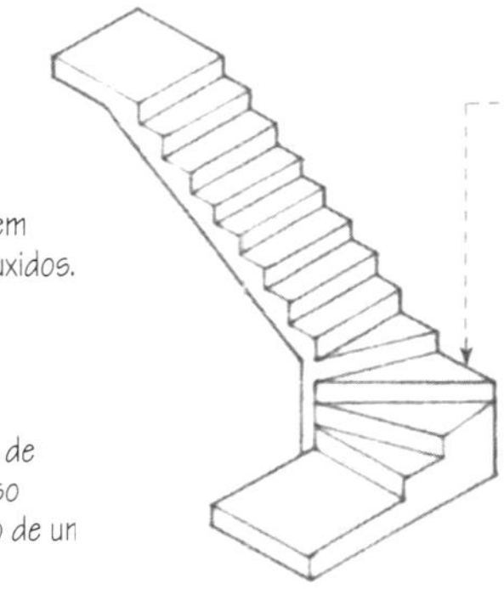

degrau ingrauxido
Degrau cujo formato se assemelha em maior ou menor escala ao de uma cunha, cuja finalidade é criar uma mudança de direção.

kite wider
Degrau central de três ingrauxidos que perfazem uma volta de 90°.

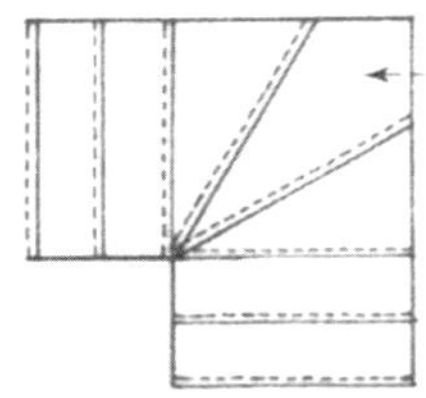

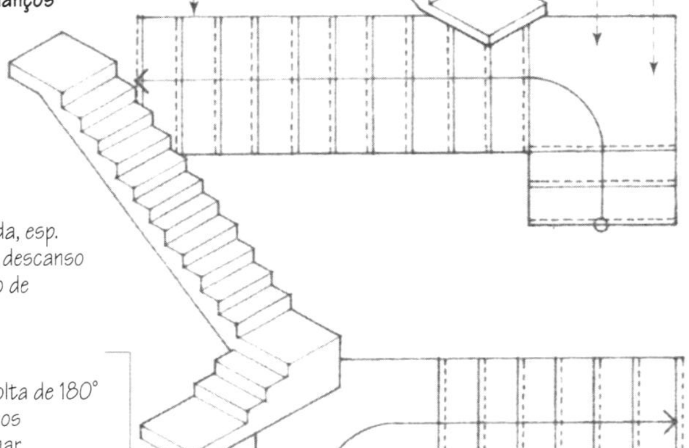

escada em quarto de volta
Escada que faz uma volta em ângulo reto e consiste em dois laços retos ligados por um patamar intermediário ou uma série de degraus ingrauxidos. Também chamada **escada em L** ou **escada de lanços perpendiculares**.

quarterspace landing
Patamar quadrado que liga dois lanços de escada. Também **quarterpace landing**.

linha de percurso
Linha paralela ao corrimão e distante cerca de 0,50 m da linha central deste, ao longo da qual o comprimento de um degrau ingrauxido é o mesmo que o de um degrau comum.

patamar (2)
Degrau ou plataforma elevada, esp. aquela que serve de local de descanso no final de um pequeno lanço de escadas.

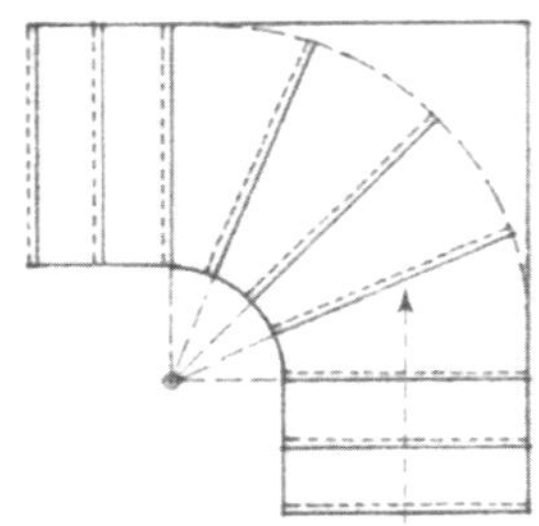

degrau compensado
Cada um dentre uma série de degraus ingrauxidos dispostos de modo tal a apresentarem aproximadamente a mesma largura na parte interna da escada que os degraus comuns adjacentes. Também **dancing step** e **dancing wider**.

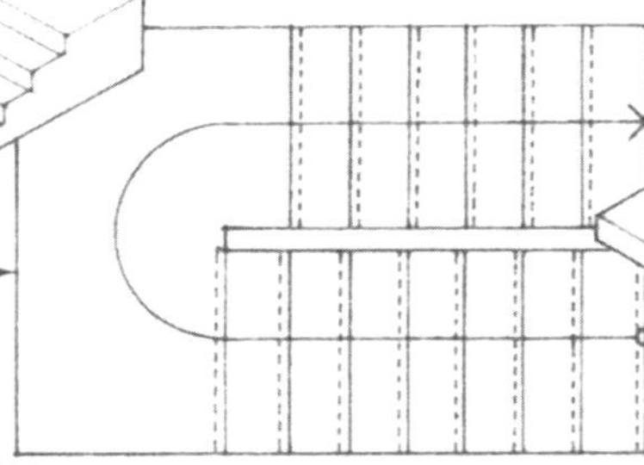

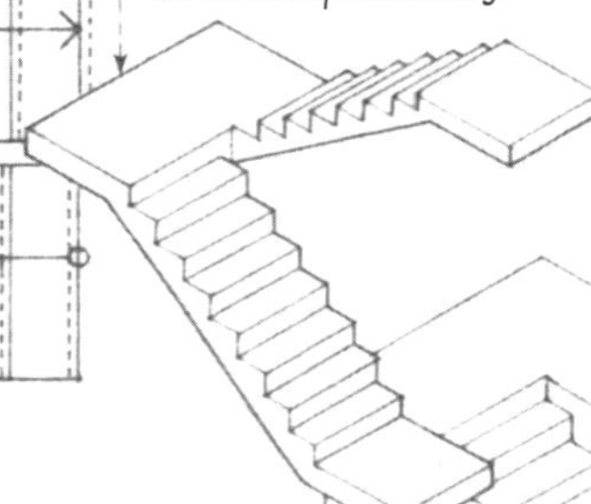

escada em meia-volta
Escada que descreve uma volta de 180° ou é composta por dois lanços perpendiculares a um patamar intermediário.

escada em dois sentidos com patamar
Escada em meia-volta composta por dois lanços retos contíguos, ligados por um patamar intermediário.

halfspace landing
Patamar que liga dois lanços de uma escada em meia-volta. Também **halfpace landing**.

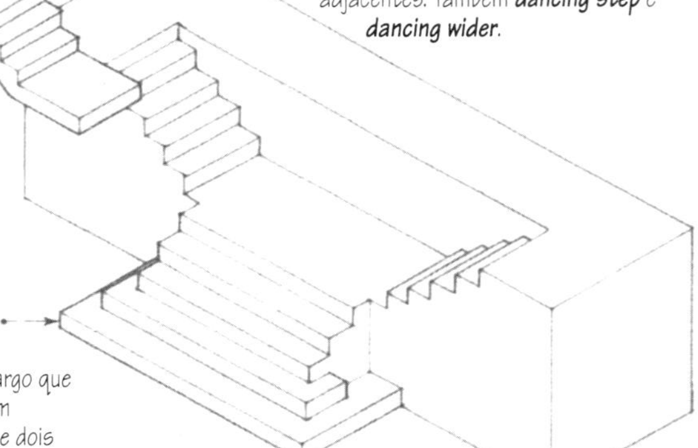

escada de corrimões alternados
Escada com um lanço largo que vai do piso principal a um patamar intermediário, e dois lanços laterais que vão desse patamar até o piso superior.

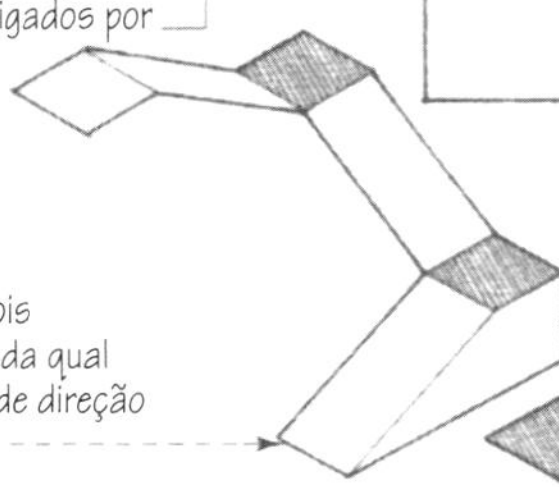

escada em L dupla
Escada em meia-volta com dois patamares intermediários, cada qual determinando uma mudança de direção de 90°.

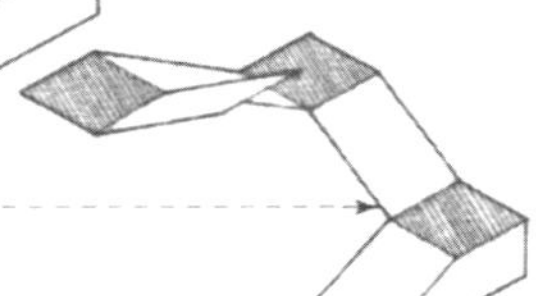

escada em três-quartos de volta
Escada que exige três-quartos de volta para se subir ou descer.

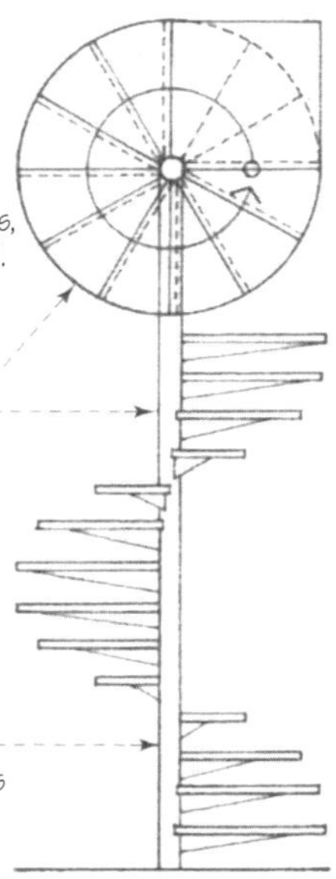

lanço curvo
Qualquer lanço de escada construído predominantemente com degraus ingrauxidos, como uma escada geométrica ou em caracol.

escada circular
Lanço curvo de planta circular.

escada em caracol
Escada circular com pisos em forma de cunha que se desenvolvem em torno de um pilar central que lhes serve de apoio.

mastro
Pilar central de onde irradiam-se os degraus ingrauxidos de uma escada em caracol. Também chamado **pilar de caracol**.

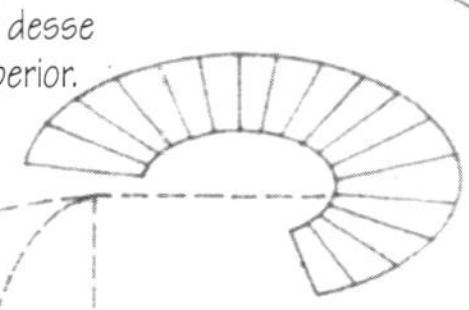

escada elíptica
Lanço curvo de escada cuja caixa tem um formato elíptico.

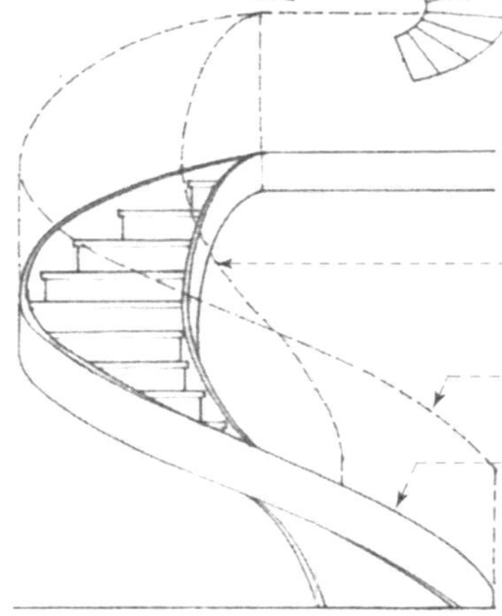

escada curva de bomba
Lanço curvo de escada construído em torno de um poço circular ou elíptico (que recebe o nome de **bomba** ou **luz**) sem o uso de mastros, freqüentemente sem patamares entre os pisos. Também chamada **escada curva de luz**.

wreathe
Trecho curvo de um corrimão.

wreathe piece
Trecho curvo do banzo de uma escadaria.

banzo
Cada uma das tábuas inclinadas que correm ao longo de uma escada para sustentar ou encobrir os bordos dos pisos e espelhos.

banzo interno
Banzo instalado junto a uma parede, via de regra provido de entalhes ou encaixes. Também chamado **banzo da parede**.

dormente
Viga inclinada em que se apóiam os degraus de uma escada. Também **perna**.

escada em caixa
Escada com um banzo engastado em ambos os lados, de modo a permitir seu acabamento total ou parcial antes de sua instalação em seu local definitivo.

banzo engastado
Banzo provido de uma série de encaixes em que são engastadas as extremidades de espelhos e pisos.

apron piece
Travessão em que se apóiam as estremidades dos dormentes, banzos e os barrotes dos patamares. Também chamado ***pitching piece***.

bloco de ancoragem
Placa para a fixação de uma peça inclinada, como um dormente, e que absorve o empuxo desta.

piso do patamar
Tábua diretamente sobre o último espelho de um lanço de escadas, cujo bordo se projeta à mesma distância que os bocéis dos pisos abaixo.

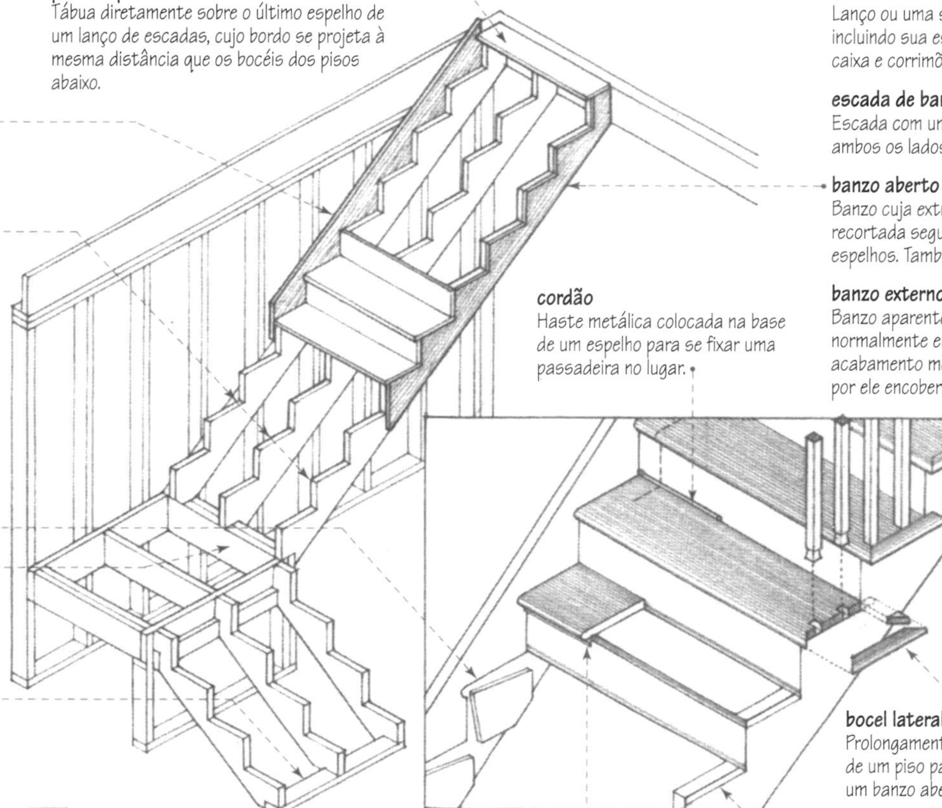

cordão
Haste metálica colocada na base de um espelho para se fixar uma passadeira no lugar.

escadaria
Lanço ou uma série de lanços de escada, incluindo sua estrutura de sustentação, caixa e corrimões.

escada de banzo aberto
Escada com um banzo aberto em um ou ambos os lados.

banzo aberto
Banzo cuja extremidade superior é recortada segundo o perfil dos pisos e espelhos. Também **banzo recortado**.

banzo externo
Banzo aparente de uma escadaria, normalmente em material e com um acabamento melhores do que as pernas por ele encobertas.

bocel lateral
Prolongamento do bocel arredondado de um piso para além da superfície de um banzo aberto.

consolo
Peça ornamental que preenche o ângulo formado por um espelho e o bordo projetado de seu piso.

banzo recortado e juntado em meia-esquadria
Banzo aberto em que as bordas verticais dos recortes são juntadas aos bordos dos espelhos da escada.

balaustrada
Barreira composta por um corrimão apoiado em pontaletes ou balaústres espaçados entre si. Também chamada **guarda-corpo** e **parapeito**.

pontalete
Suporte vertical, como aqueles utilizados em uma janela ou balaustrada.

balaústre
Cada um dos apoios de um corrimão dispostos a pouca distância entre si.

pingente de mastro
Projeção ornamental de um mastro dirigida para baixo, normalmente através de um sofito.

curva ascendente
Pequena inclinação côncava, como a que liga as partes superior e inferior de um corrimão na altura do patamar.

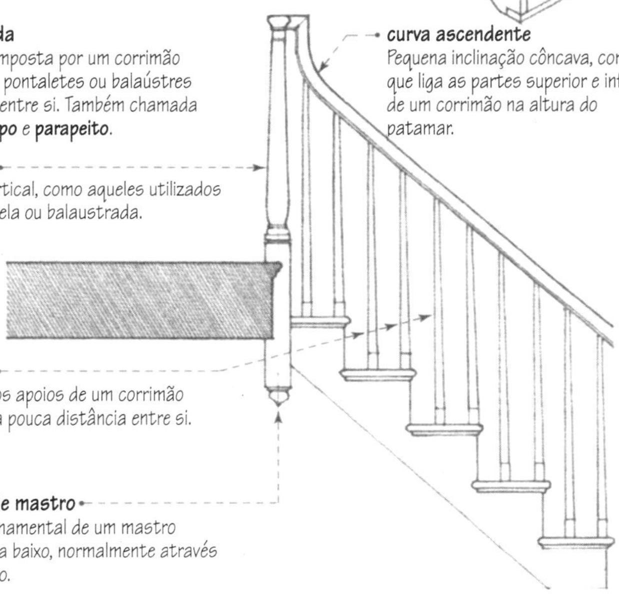

voluta
Remate, horizontal e em espiral, da extremidade inferior de um corrimão.

degrau em voluta
Primeiro degrau, ou degrau de convite, em que uma ou ambas as extremidades do espelho terminam em uma voluta.

capitel do mastro
Peça de remate de um mastro, normalmente emoldurada ou moldada de uma forma decorativa.

mastro
Pilar que sustenta uma das extremidades de um corrimão, na base ou no topo de um lanço de escada. Também chamado **pilar de corrimão**.

bocel de segurança
Bocel com uma superfície abrasiva e não deslizante nivelada com a superfície do piso.

piso de segurança
Piso com uma superfície áspera para evitar deslizamentos.

cintura
Espessura mínima de uma laje de escada em concreto armado.

degrau suspenso
Degrau que se projeta de uma parede sem nenhum apoio real ou aparente em sua extremidade externa. Também chamado **degrau em balanço**.

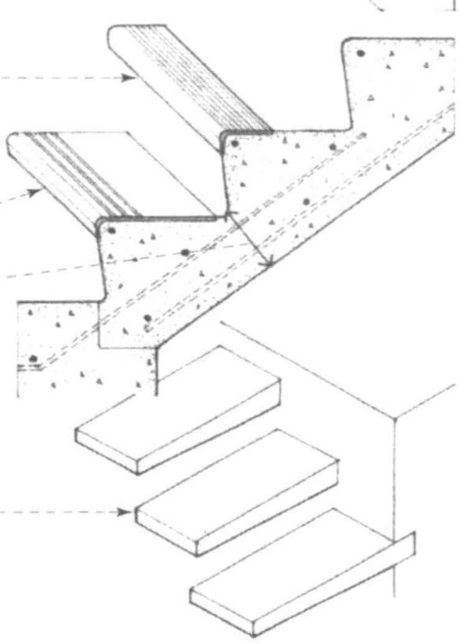

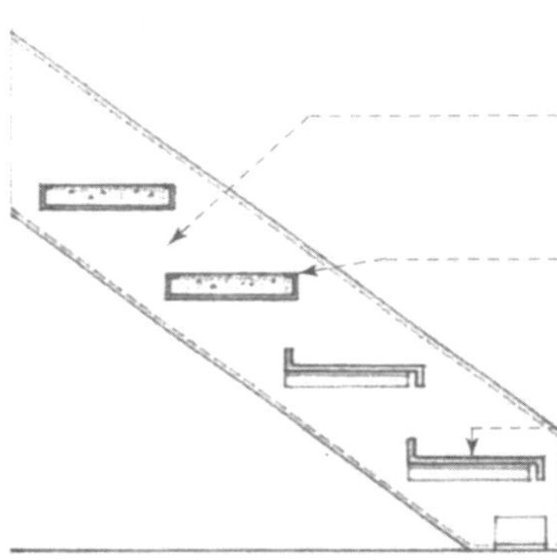

escada de espelho vazado
Escada com espaços abertos entre os pisos sucessivos, que permite a passagem de luz pelo alto.

espelho vazado
Espaço aberto entre dois pisos sucessivos.

pan tread
Fôrma de aço em que é depositado um enchimento de concreto e que serve de piso ou uma combinação de piso e espelho.

piso de chapa
Piso fabricado a partir de uma chapa metálica, normalmente com um motivo em relevo para resultar em uma superfície não deslizante.

ESTRUTURA

Conjunto estável de elementos projetados e construídos de modo a atuarem como um todo no suporte e na transmissão de cargas aplicadas ao solo, sem que as tensões admissíveis para cada peça sejam excedidas.

estrutura linear
Peça estrutural cujo comprimento domina suas duas outras dimensões.

estrutura superficial
Peça estrutural cujo comprimento e largura dominam sua espessura.

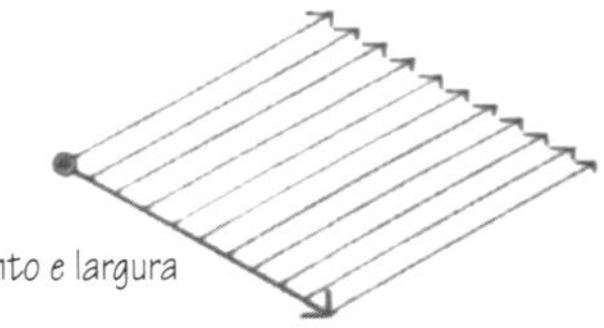

rígido(a)
Estrutura ou elemento estrutural cuja forma não sofre nenhuma mudança perceptível sob a ação de uma carga aplicada ou de cargas variáveis.

estrutura de volume ativo
Estrutura ou elemento estrutural que redireciona as forças externas basicamente através do volume e da continuidade de seu material, como uma viga ou uma coluna.

estrutura vetorialmente ativa
Estrutura que redireciona as forças externas basicamente através da composição entre elementos de tração e de compressão, como uma treliça.

estrutura de ação superficial
Estrutura que redireciona as forças externas basicamente ao longo da continuidade de uma superfície, como uma placa ou uma casca.

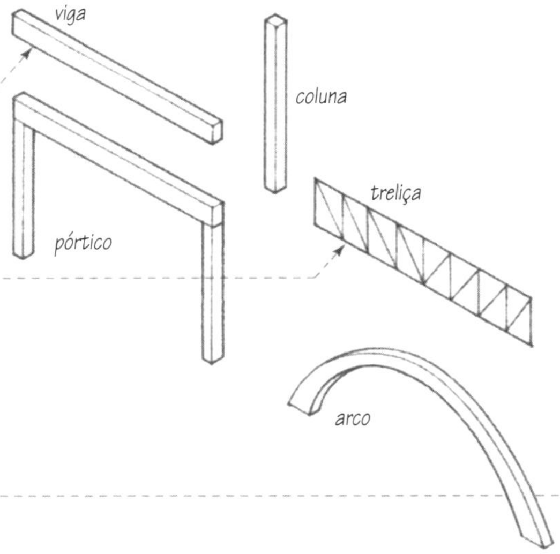

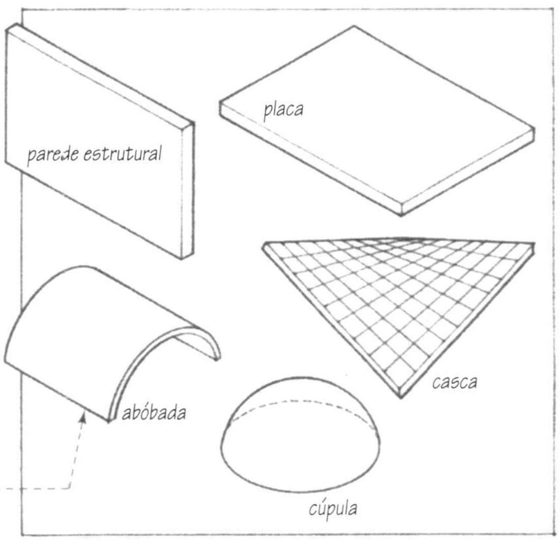

flexível
Estrutura ou elemento estrutural caracterizados por uma ausência de rigidez e cujo formato responde às mudanças de carregamento.

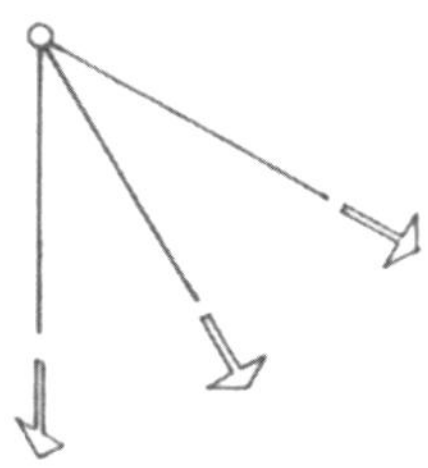

estrutura de forma ativa
Estrutura ou elemento estrutural que redirecionam as forças externas basicamente através do formato de seu material, como um arco ou um cabo.

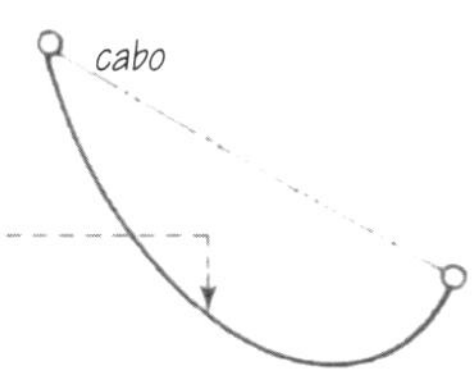

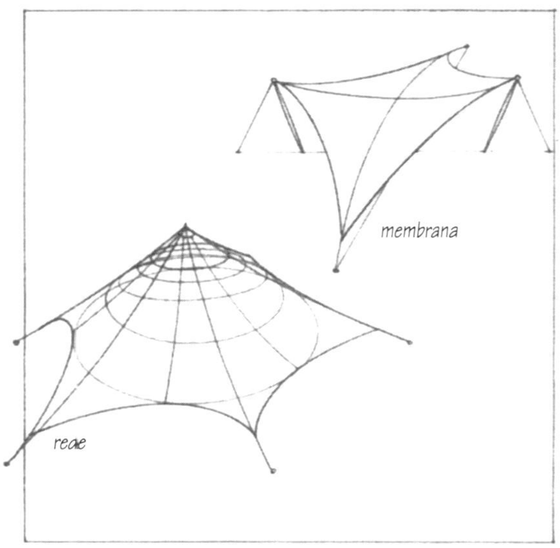

elemento estrutural
Cada uma das partes em que é possível decompor uma estrutura através de sua análise, provida de um caráter unitário e que exibe um comportamento singular quando submetida a uma carga aplicada. Também chamado **peça estrutural**.

elemento de compressão
Peça estrutural submetida basicamente a forças de compressão.

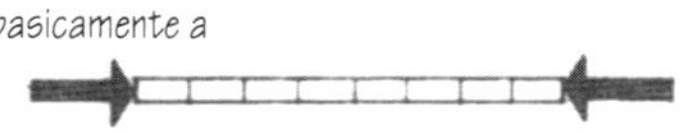

escora
Peça estrutural destinada basicamente a resistir à compressão longitudinal.

elemento de tração
Peça estrutural submetida basicamente a forças de tração.

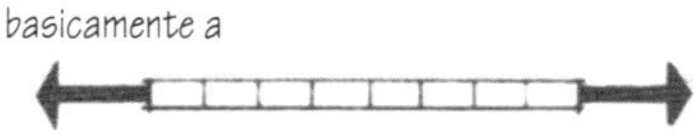

tirante
Elemento de tração destinado a impedir que duas peças estruturais se afastem uma da outra.

elemento de flexão
Peça estrutural submetida basicamente a forças transversais.

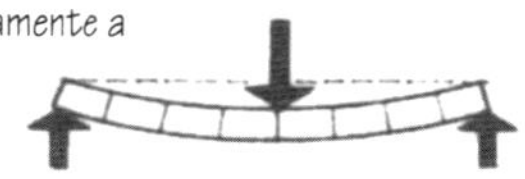

direção única
Estrutura ou peça estrutural provida de um mecanismo portante de carga que atua em uma única direção.

dupla direção
Estrutura ou peça estrutural provida de um mecanismo portante de carga que atua em duas ou mais direções.

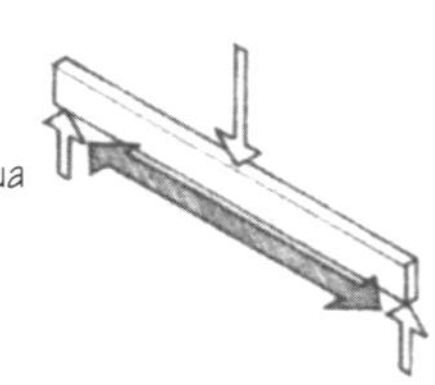

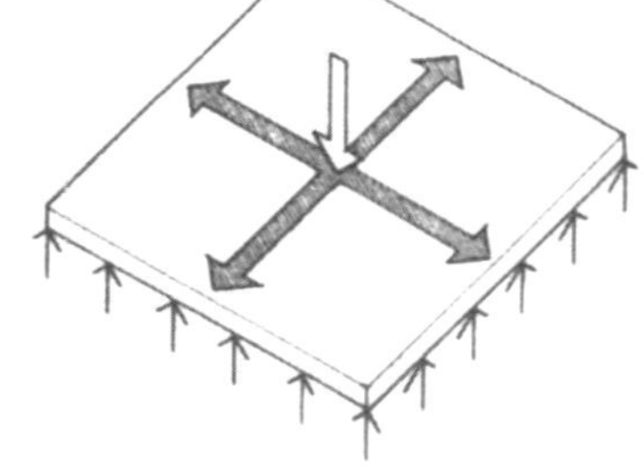

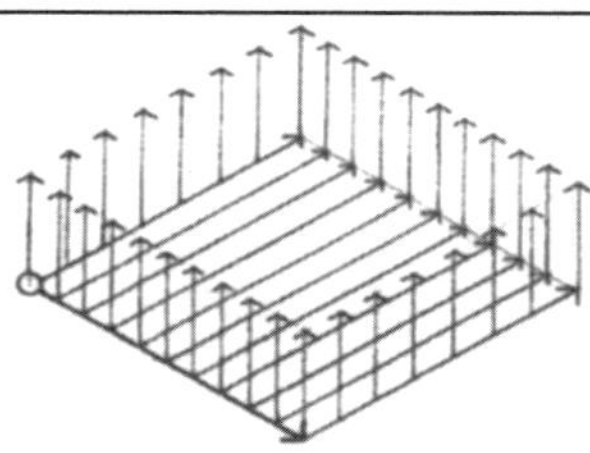

unidade estrutural
Estrutura independente ou conjunto de elementos estruturais que formam um volume espacial.

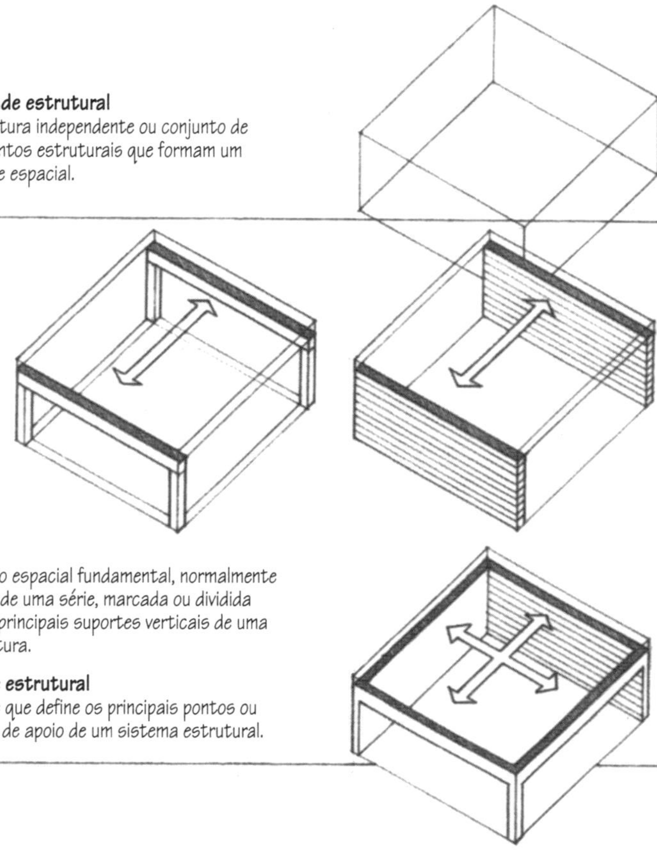

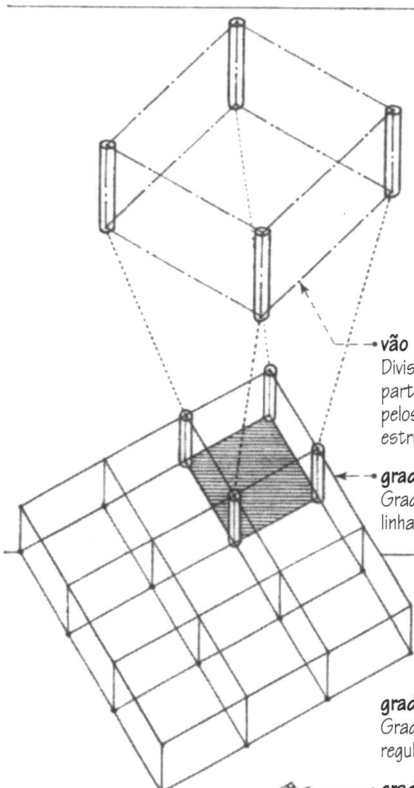

vão
Divisão espacial fundamental, normalmente parte de uma série, marcada ou dividida pelos principais suportes verticais de uma estrutura.

grade estrutural
Grade que define os principais pontos ou linhas de apoio de um sistema estrutural.

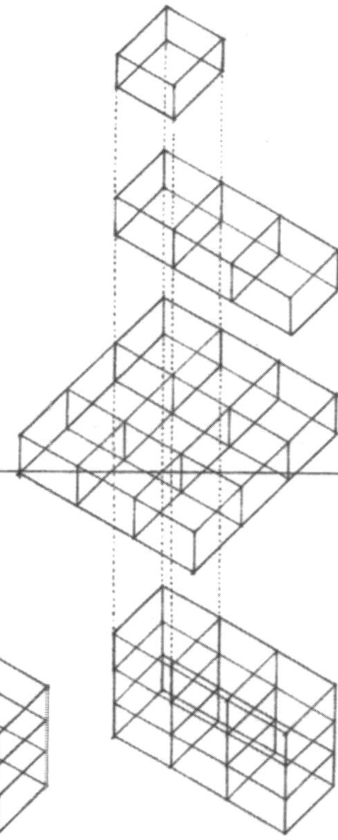

grade regular
Grade estrutural com vãos que se repetem regularmente em duas direções.

grade dupla
Padrão estrutural que consiste em duas grades afastadas entre si, criando espaços intersticiais entre os vãos.

intersticial
Que forma um espaço intermediário.

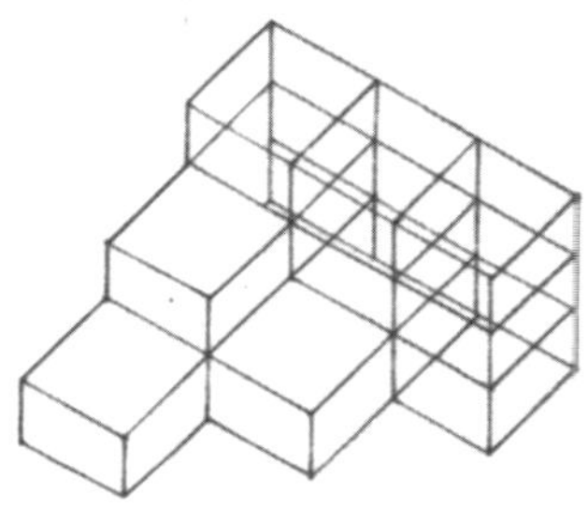

grade deslizada
Grade estrutural com pontos ou linhas de apoio espaçados uniformemente em uma direção, mas variadamente em outra.

padrão estrutural
Disposição dos principais apoios verticais de uma estrutura, que influencia a escolha de um sistema adequado de criação de vãos e estabelece as possibilidades de organização de espaços e funções.

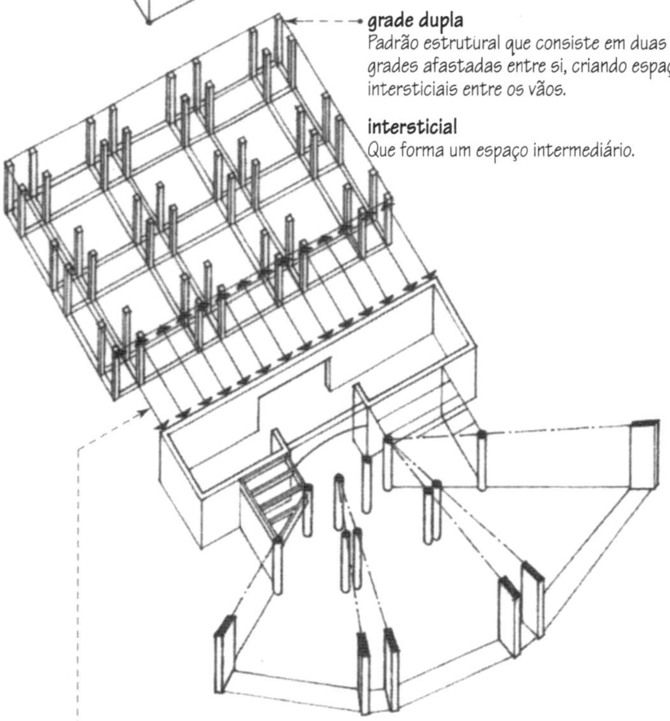

estrutura de transição
Estrutura que atua como uma intermediação entre dois ou mais padrões estruturais.

grade irregular
Grade estrutural com vãos de formato irregular dispostos em uma ou mais direções.

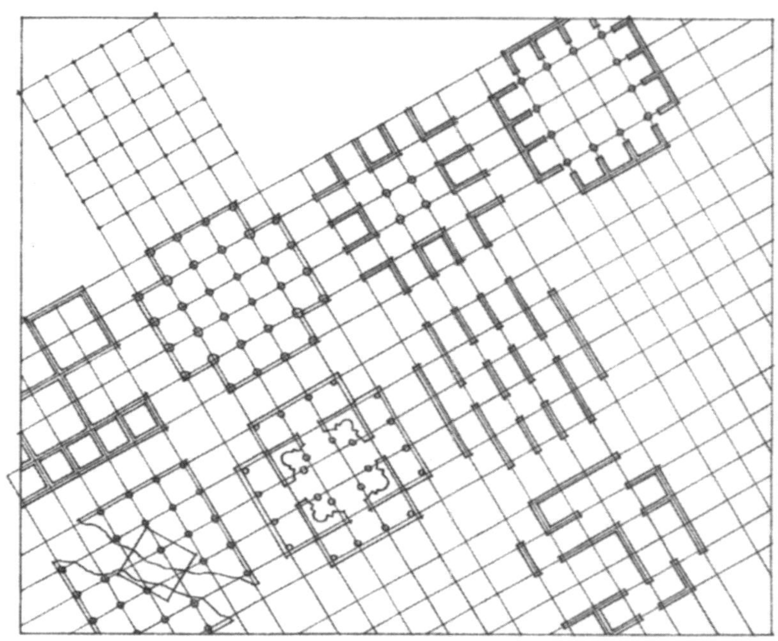

projeto estrutural
Processo de distribuir, interligar, dimensionar e proporcionar os elementos de um sistema estrutural destinado a suportar com segurança um determinado conjunto de cargas sem exceder as tensões admissíveis dos materiais empregados.

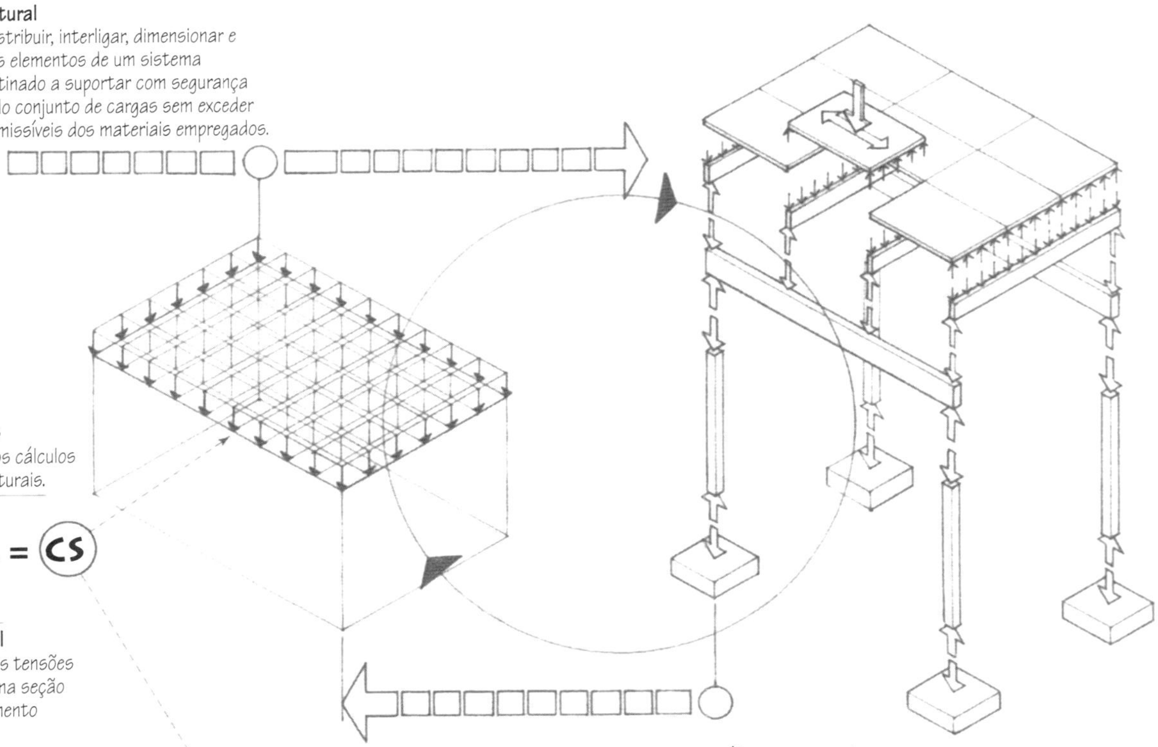

método das tensões admissíveis
Método para se dimensionar e proporcionar um elemento estrutural, baseado no pressuposto de que a carga de serviço não irá tensionar o material além de suas tensões admissíveis.

carga de projeto
Carga utilizada nos cálculos de projetos estruturais.

CP = CA = CS

carga admissível
Carga que induz as tensões admissíveis em uma seção crítica de um elemento estrutural.

carga de serviço
Carga máxima que se pode sensatamente exigir que uma estrutura suporte durante sua vida útil. Os códigos de edificação especificam cargas de serviço mínimas para diferentes usos, ocupações, tipos de construção e condições ambientais. Também chamada **carga útil** e **carga de trabalho**.

análise estrutural
Processo de se determinar a capacidade de uma estrutura ou qualquer uma de suas peças componentes para suportar um certo conjunto de cargas sem danos sofridos pelo material ou deformações excessivas, dados a distribuição, o formato e as dimensões dos elementos, os tipos de conexões e suportes utilizados e as tensões admissíveis dos materiais empregados. Esse procedimento também é conhecido como **cálculo estrutural**.

método do limite de ruptura
Método para se dimensionar e proporcionar um elemento estrutural, baseado no pressuposto de que uma carga-limite não irá tensionar o material para além de seu limite de ruptura.

método de limite
Projeto estrutural baseado em qualquer limite escolhido de utilidade, como limite elástico, limite plástico ou limite de fadiga.

CP = CF = CS x FS

fator de carga
Carga de projeto igual à carga de serviço multiplicada por um fator de segurança. Também chamada **carga-limite** e **carga máxima**.

fator de segurança
Razão entre a tensão máxima capaz de ser suportada por um elemento estrutural e a tensão máxima calculada para o mesmo no uso para o qual foi projetado.

avaria estrutural
Qualquer condição, como rompimento, empenamento ou deformação plástica, que torna um conjunto, elemento ou junta estrutural incapaz de desempenhar a função de sustentação de carga para a qual foi projetada.

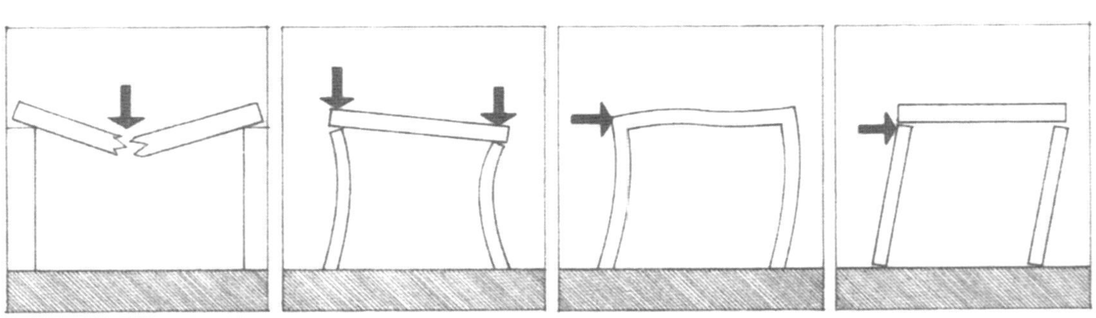

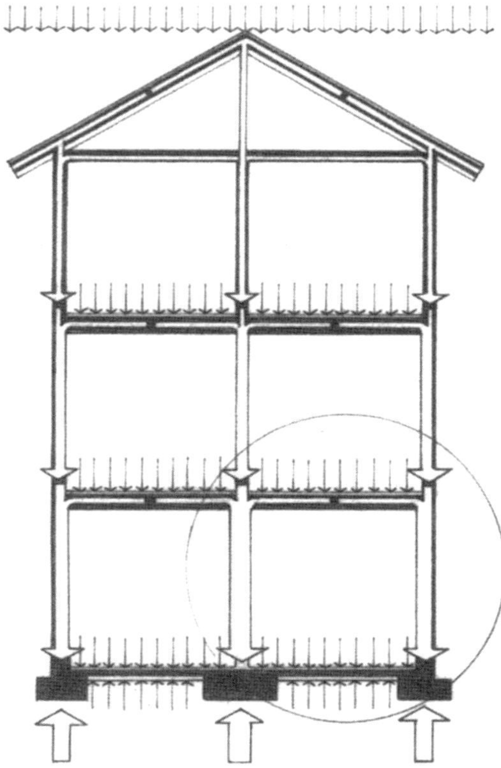

percurso de carga
Processo de se determinar o modo como uma estrutura recolhe, transmite e redireciona as cargas resultantes de forças externas, através da hierarquia de seus elementos, até as fundações e o solo. A análise normalmente tem início no nível da cobertura, com os elementos menores efetivamente absorvendo a carga, e prossegue com o traçado das cargas através de cada peça coletora. As reações de cada elemento às suas cargas convertem-se em forças que atuam sobre as peças que o apóiam. Também chamado **fluxo de carga**.

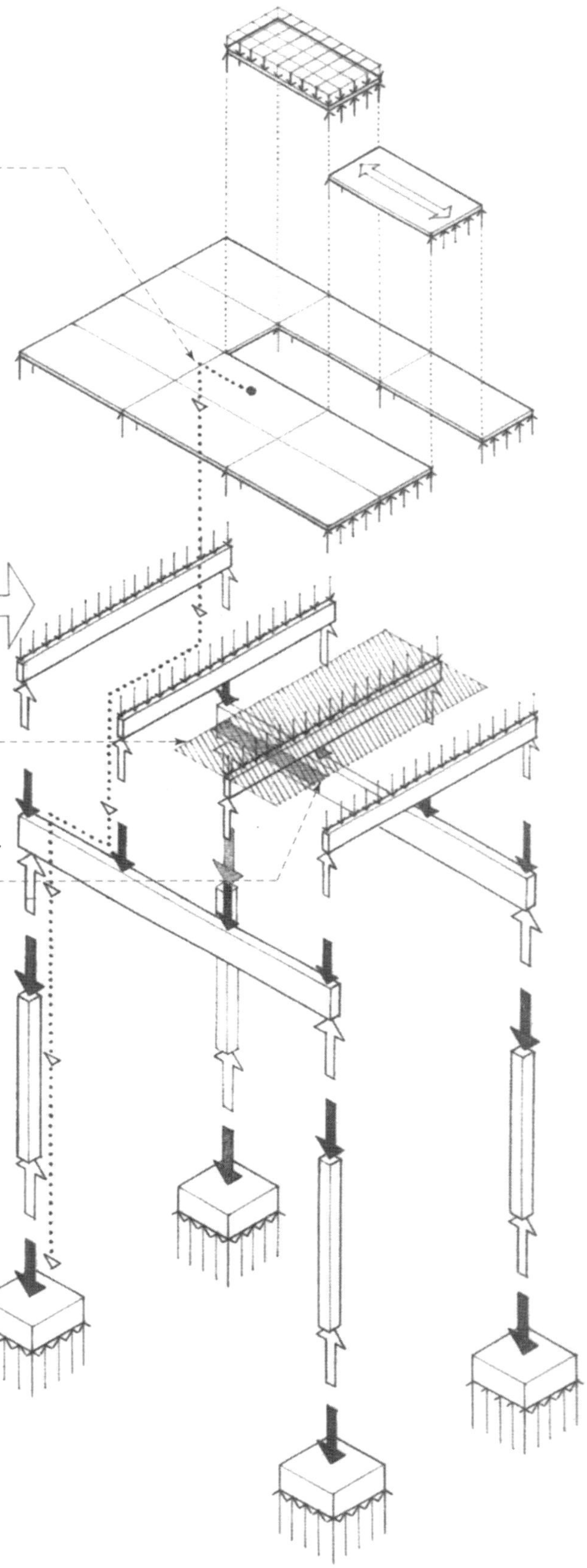

área contribuinte
Parte de uma estrutura que contribui para a carga sobre um elemento ou peça estrutural.

contribuinte
Que se encaminha para algo mais abrangente.

carga contribuinte
Carga que atua sobre um elemento ou peça estruturais coletada de sua área contribuinte.

faixa de carga
Área contribuinte por comprimento unitário de uma peça estrutural de apoio.

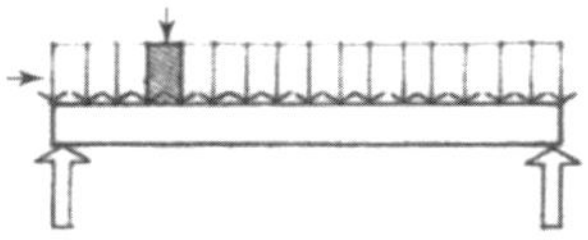

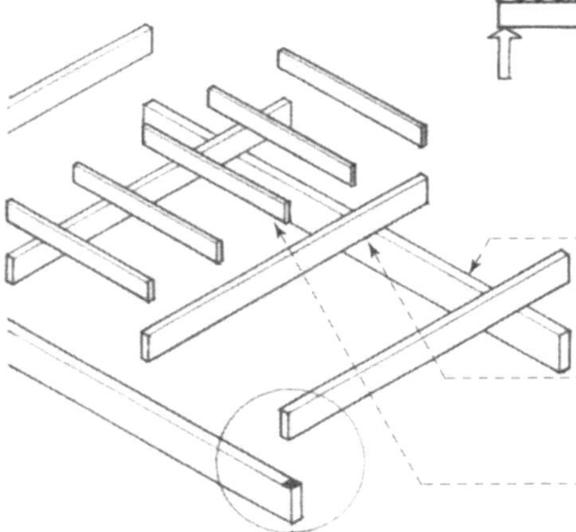

elemento principal
Peça estrutural que é essencial para a estabilidade de um todo estrutural.

elemento secundário
Qualquer peça estrutural apoiada em um elemento principal.

elemento terciário
Qualquer peça estrutural apoiada em um elemento secundário.

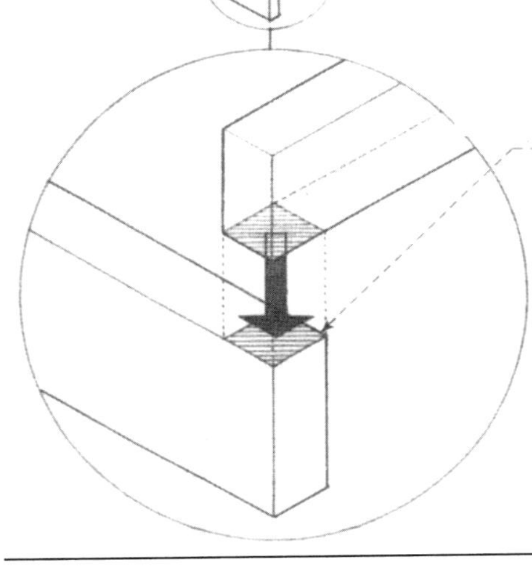

apoio
Ponto, superfície ou massa que suporta um peso, esp. a área de contato entre um elemento de sustentação, como uma viga ou treliça, e uma coluna, parede ou outro suporte subjacente.

tensão de apoio
Tensão desenvolvida entre um elemento de sustentação e um suporte subjacente, igual ao quociente entre a magnitude das forças transmitidas e a área de contato entre os dois elementos.

condição de apoio
Modo pelo qual um elemento estrutural é suportado e ligado a outros elementos, afetando a natureza das forças reativas desenvolvidas na peça carregada. Também chamado **vínculo**.

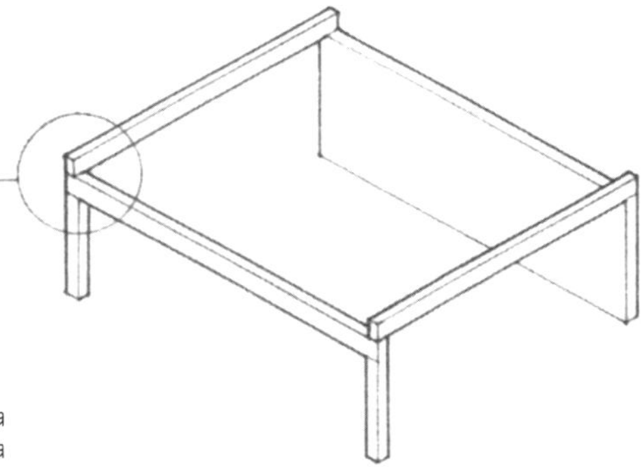

ponto de apoio
Ponto de um elemento estrutural no qual sua reação a uma carga é transmitida como uma força a uma peça de sustentação.

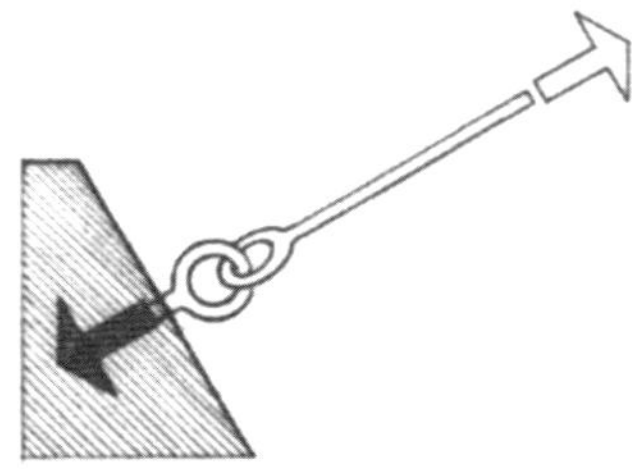

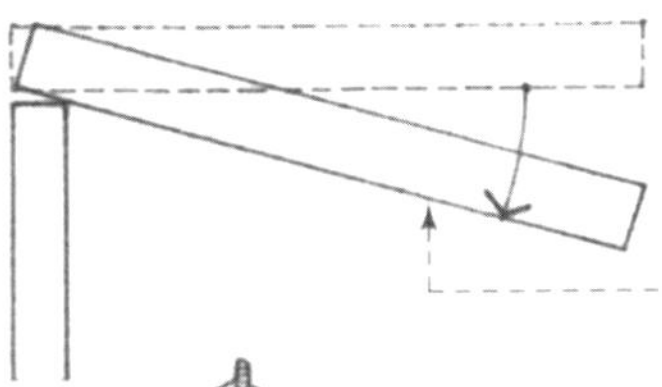

elemento livre
Elemento estrutural com a faculdade de girar livremente em torno de um ponto de apoio.

apoio em rolete
Apoio estrutural que permite a rotação, mas que resiste à translação em uma direção perpendicular em direção ou contrária a sua face. Também chamado **junta de rolete**.

apoio em cabo
Ancoragem de cabo que permite a rotação, mas resiste à translação somente na direção deste.

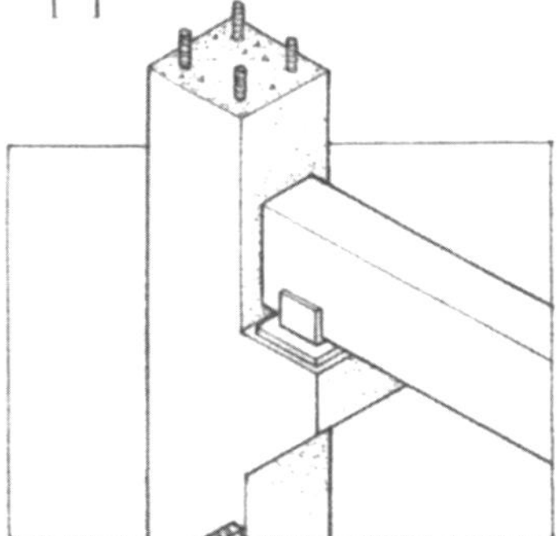

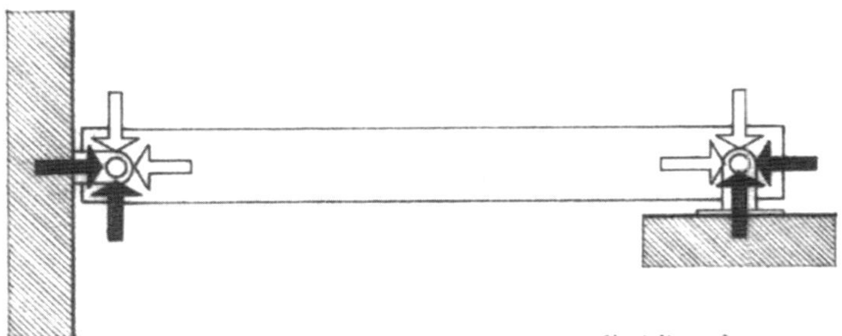

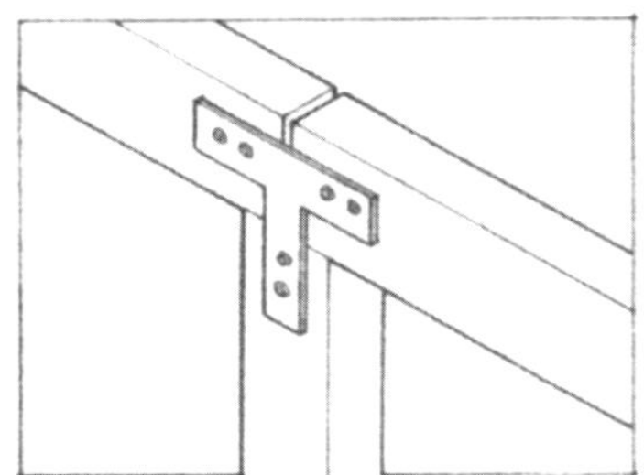

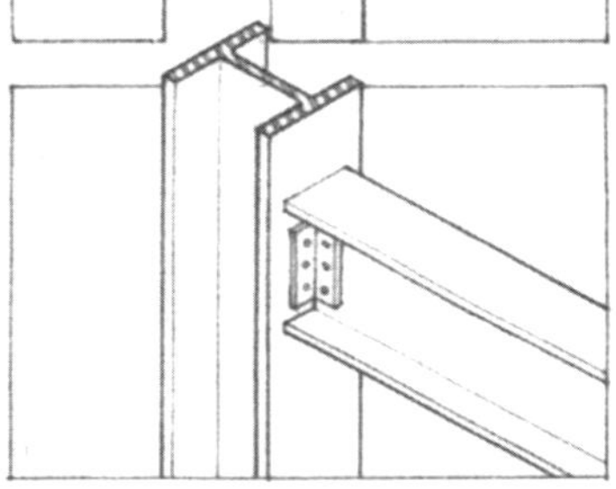

junta de pino
Conexão estrutural que permite a rotação, mas resiste à translação em qualquer direção. Também chamada **junta de gonzo** e **junta de charneira**.

pino
Haste delgada introduzida através de orifícios em partes adjacentes a fim de fixá-las umas às outras ou permitir seu movimento, relativamente umas às outras, em um único plano.

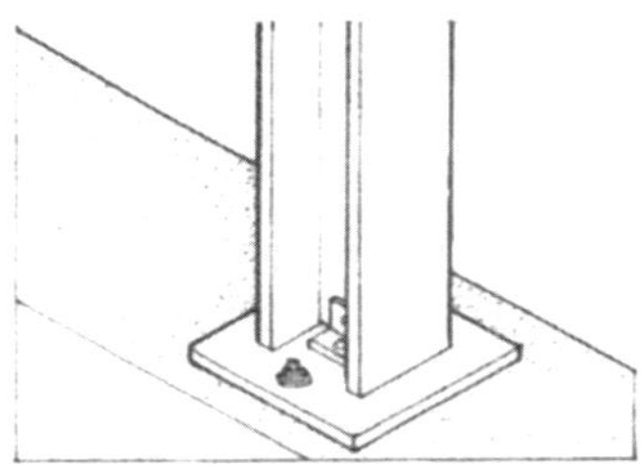

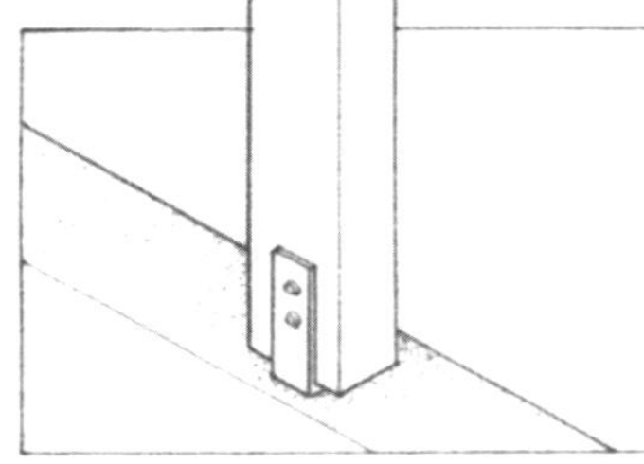

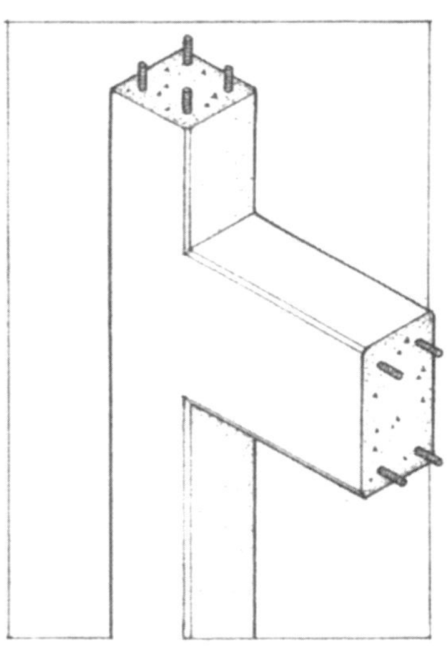

junta rígida
Conexão estrutural que mantém a relação angular entre os elementos reunidos, impede a rotação e a translação em qualquer direção e proporciona força e resistência ao momento. Também chamada **conexão fixa**, **junta fixa** e **conexão rígida**.

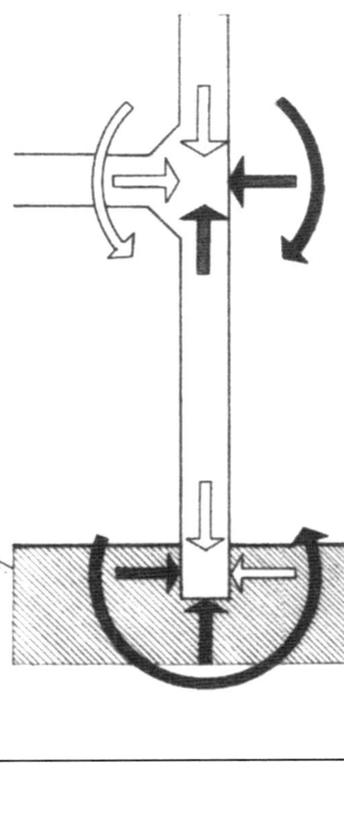

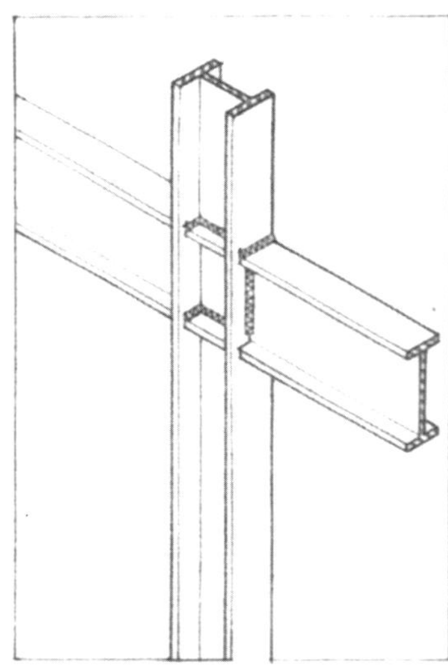

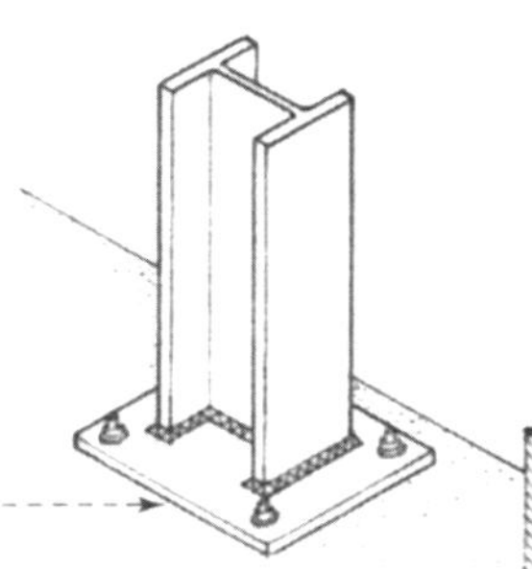

conexão de extremidade fixa
Junta rígida que conecta a extremidade de um elemento estrutural a um suporte.

ancoragem
Meio de prender um elemento estrutural a outro ou ao seu alicerce, via de regra para resistir a forças horizontais e de soerguimento.

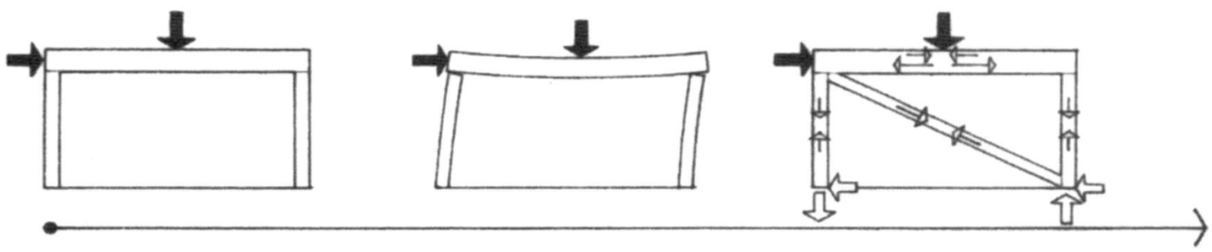

estabilidade
Capacidade de uma estrutura, quando tem sua condição de equilíbrio perturbada por uma carga aplicada, de desenvolver forças internas ou momentos que restauram sua condição original.

estabilidade lateral
Capacidade de uma estrutura para resistir às forças laterais, sem se deformar, tombar, empenar ou desmoronar.

deslocamento lateral
Deformação e distorção de um sistema estrutural por forças laterais.

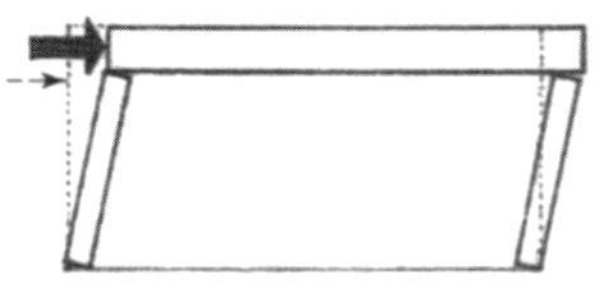

mecanismo de colapso
Configuração instável de elementos estruturais, suscetível de tombar ou desmoronar sob a ação de carga aplicada, sem mudança no comprimento de um elemento individual.

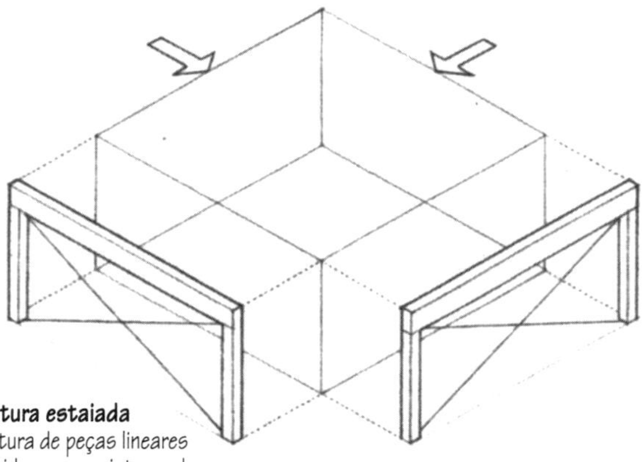

estrutura estaiada
Estrutura de peças lineares enrijecida por um sistema de elementos diagonais.

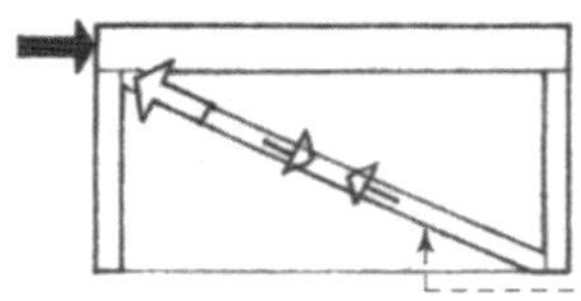

contraventamento lateral
Estabilização de sistema estrutural contra as forças laterais por meio de contraventamento lateral ou transversal. Também chamado **estaiamento lateral**.

escora ou estronca
Elemento estrutural usado para se posicionar, apoiar, enrijecer ou imobilizar as peças de um sistema estrutural.

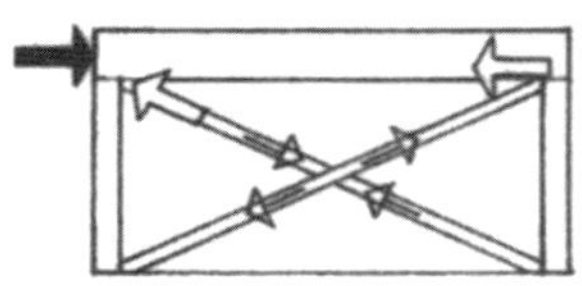

contraventamento diagonal
Sistema de elementos inclinados usados para fixar os ângulos entre as peças de um sistema estrutural e garantir a estabilidade lateral do conjunto. Também chamado **estaiamento diagonal**.

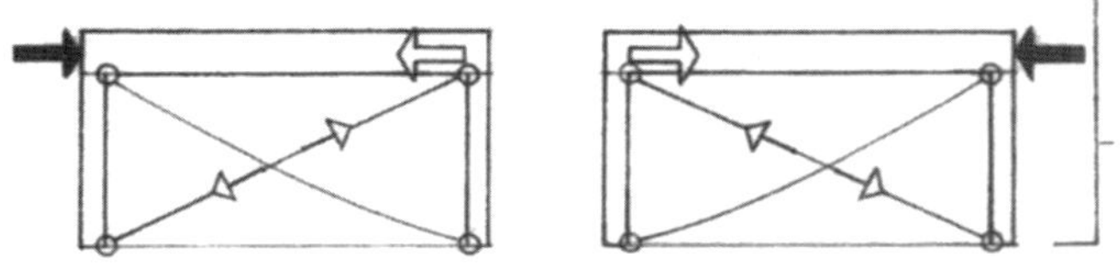

tirante
Peça diagonal usada para se enrijecer uma estrutura contra as forças laterais, que funciona à tração.

contraventamento transversal
Par de braçadeiras transversais usado para estabilizar um sistema estrutural contra as forças laterais. Quando se empregam cabos, são necessários dois para estabilizar a estrutura contra as forças laterais provenientes de qualquer uma das duas direções. Para cada direção, um cabo atuará com eficácia na tensão, enquanto o outro irá deformar-se. Caso sejam usados elementos rígidos, um certo grau de redundância estará envolvido, já que um único elemento é capaz de estabilizar a estrutura. Também chamado **estaiamento em X** e **contraventamento em X**.

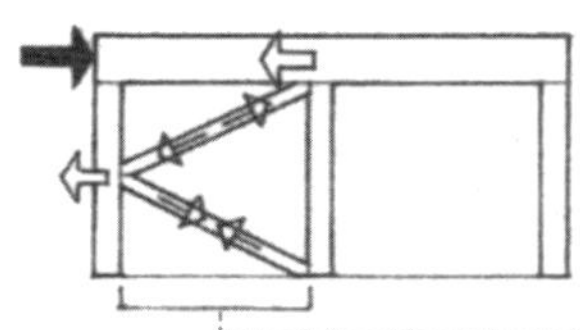

contraventamento em K
Par de escoras diagonais usadas para estabilizar um sistema estrutural contra a ação de forças laterais, e que se encontram em algum ponto ao longo do comprimento de uma peça da estrutura.

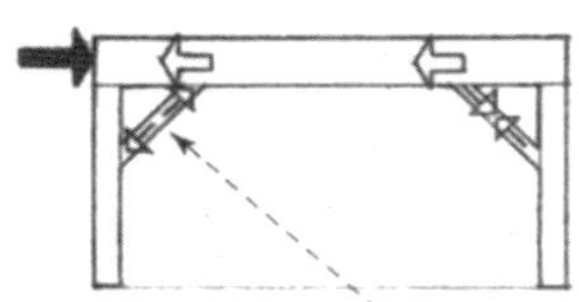

escora de joelho
Peça diagonal utilizada para travar a quina entre duas peças reunidas, presa a cada uma ao longo de seu comprimento.

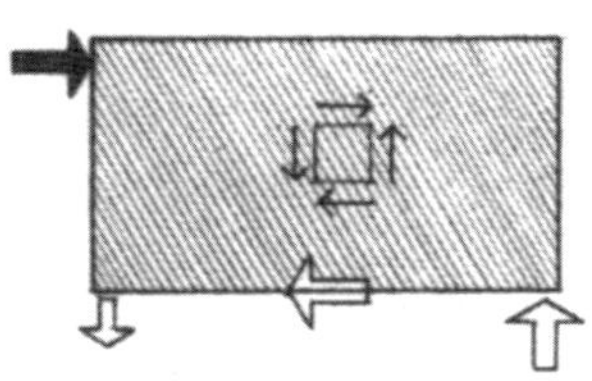

diafragma
Elemento estrutural rígido, relativamente delgado, capaz de suportar o cisalhamento quando carregado em uma direção paralela a seu plano.

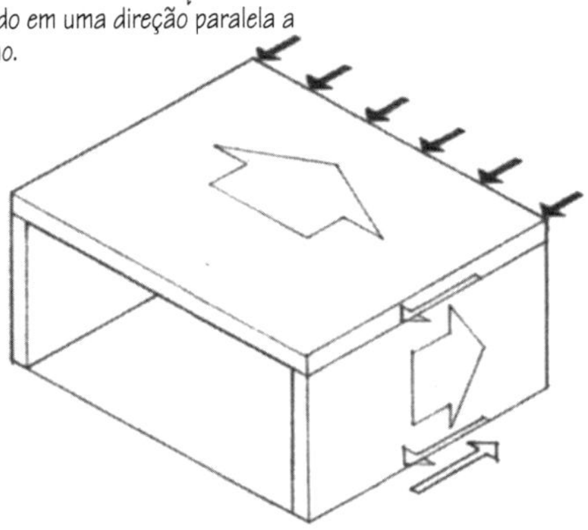

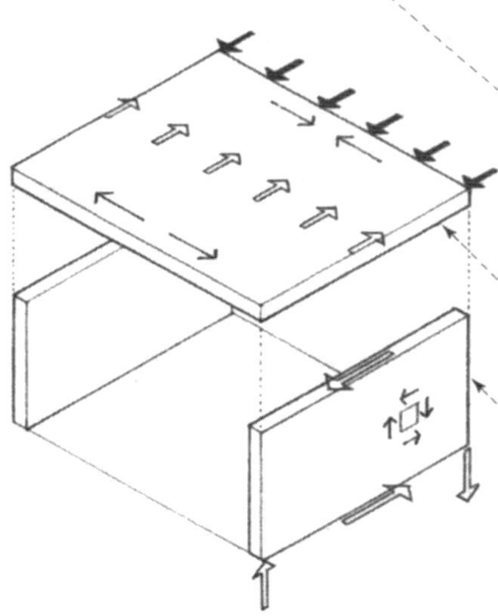

diafragma horizontal
Plano rígido, de piso ou cobertura, que atua como uma viga delgada e larga na transferência de forças laterais a paredes de cisalhamento verticais, estruturas estaiadas ou rígidas.

parede de cisalhamento
Diafragma vertical que atua como uma viga em balanço larga e delgada na trasferência de cargas laterais aos alicerces.

estrutura regular
Sistema estrutural caracterizado pela configuração simétrica de sua massa e dos elementos laterais de resistência a forças, e que não apresenta nenhuma descontinuidade significativa de rigidez ou resistência.
Os efeitos das forças laterais sobre as estruturas regulares podem ser determinados por métodos estáticos.

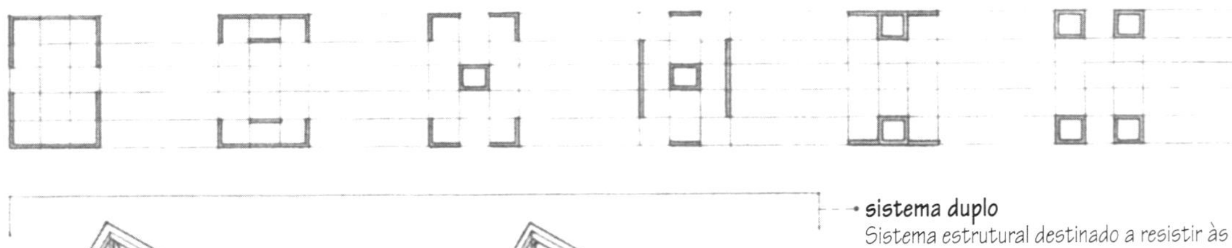

sistema duplo
Sistema estrutural destinado a resistir às forças laterais, que combina a ductilidade de uma estrutura resistente a momento com a rigidez de uma parede de cisalhamento.

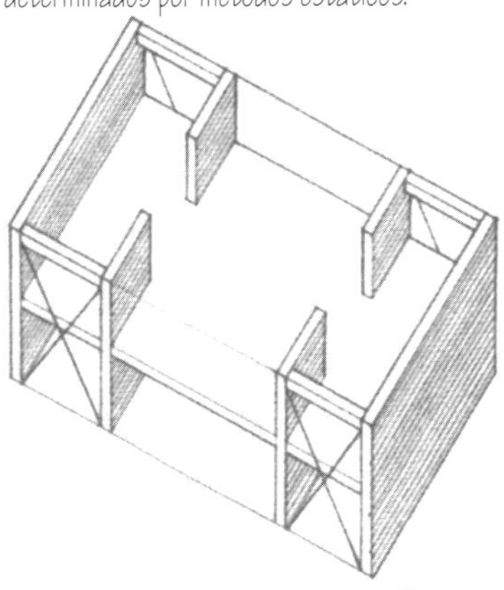

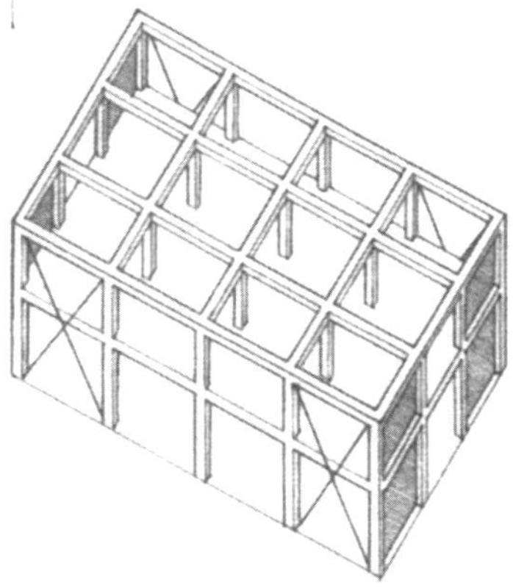

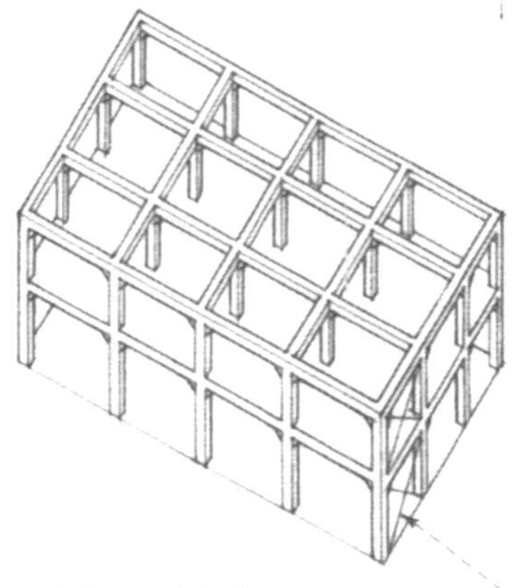

sistema de paredes de sustentação
Sistema estrutural que consiste em elementos verticais planos para a sustentação das cargas gravitacionais e paredes de cisalhamento ou estruturas estaiadas para resistirem às forças laterais.

pórtico múltiplo
Sistema estrutural que consiste em uma distribuição tridimensional de elementos lineares interligados, que funciona como uma unidade completa e autônoma no apoio a cargas gravitacionais e paredes de cisalhamento ou estruturas estaiadas para a resistência às forças laterais.

estrutura resistente a momento
Pórtico múltiplo projetado para resistir às forças laterais basicamente através da flexão de seus elementos e juntas.

contraventamento excêntrico
Sistema estrutural destinado a resistir às forças laterais, e que combina a ductilidade de uma estrutura resistente a momento com a rigidez de uma estrutura estaiada. Também chamado **estaiamento excêntrico**.

estrutura irregular
Sistema estrutural caracterizado por qualquer uma dentre uma série de irregularidades planas ou verticais, como um pavimento dúctil ou frágil, uma parede de cisalhamento ou um diafragma descontínuos, ou a distribuição assimétrica da massa ou dos elementos laterais de resistência a cargas. Geralmente, as estruturas irregulares exigem uma análise dinâmica a fim de se determinar os efeitos torsionais das forças laterais.

centro de resistência
Centróide dos elementos verticais de um sistema de resistência às forças laterais, através do qual atua a reação de cisalhamento às forças laterais. Também chamado **centro de rigidez**.

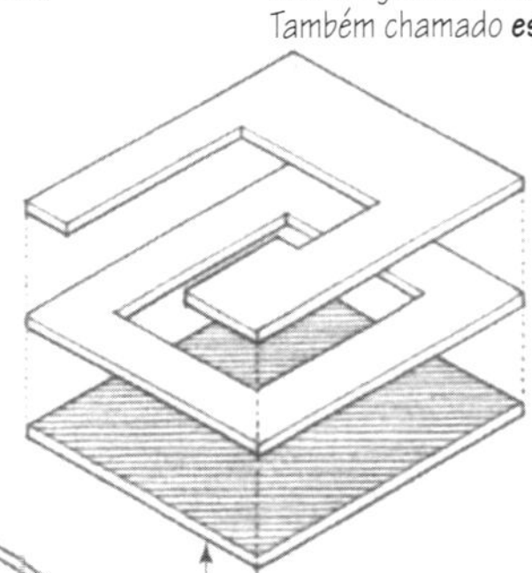

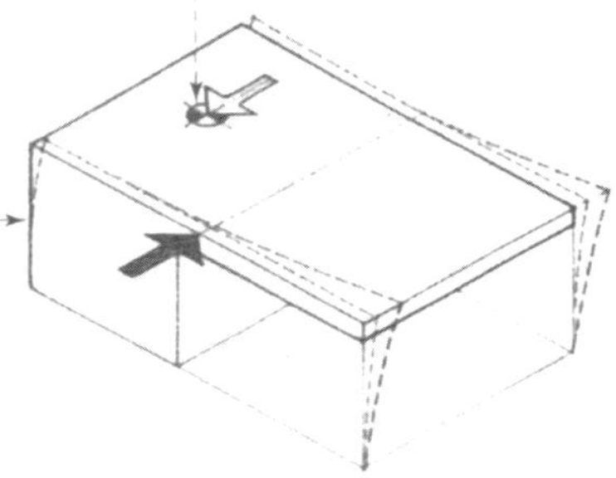

irregularidade torsional
Distribuição assimétrica da massa ou dos elementos laterais de resistência a cargas, resultando em centros de massa e resistência não-coincidentes, e que faz com que o deslocamento lateral em uma extremidade seja superior à média dos deslocamentos laterais em ambas as extremidades.

diafragma descontínuo
Diafragma horizontal com uma grande área recortada ou aberta, ou uma rigidez significativamente inferior àquela do pavimento acima ou abaixo.

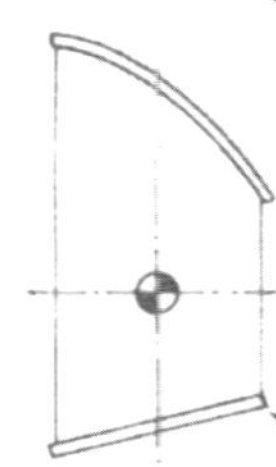

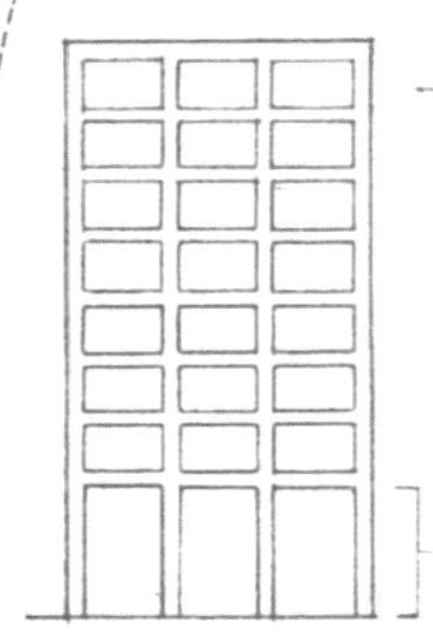

sistema não paralelo
Sistema estrutural cujos elementos de resistência às forças laterais não são paralelos nem simétricos em relação aos principais eixos ortogonais do sistema.

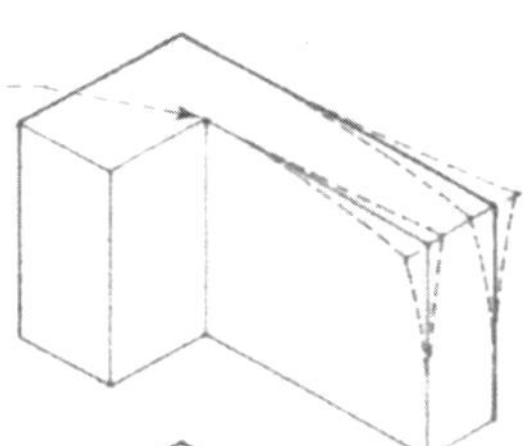

canto reentrante
Configuração em planta de uma estrutura e seu sistema lateral de resistência a cargas cujas projeções para além de uma quina são significativamente maiores do que a dimensão em planta na direção dada. Um canto reentrante tende a produzir movimentos diferenciais entre diferentes partes da estrutura, resultando em concentrações localizadas de tensões na quina. As soluções incluem a instalação de juntas sísmicas para se separar a estrutura em formas mais simples, amarrar a estrutura com mais rigidez na quina, ou a chanfradura da mesma.

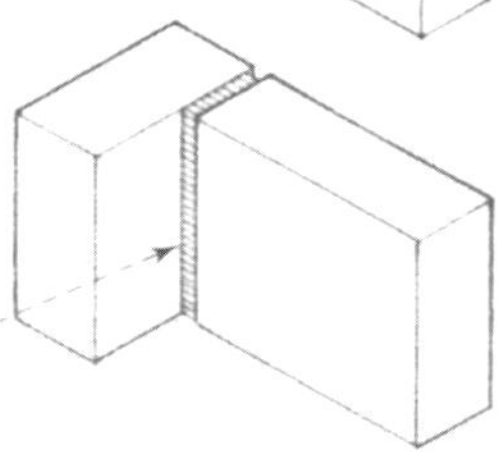

pavimento dúctil
Pavimento cuja rigidez lateral é significativamente inferior àquela dos pavimentos que estão acima.

pavimento frágil
Pavimento cuja resistência lateral é significativamente inferior àquela dos pavimentos que estão acima.

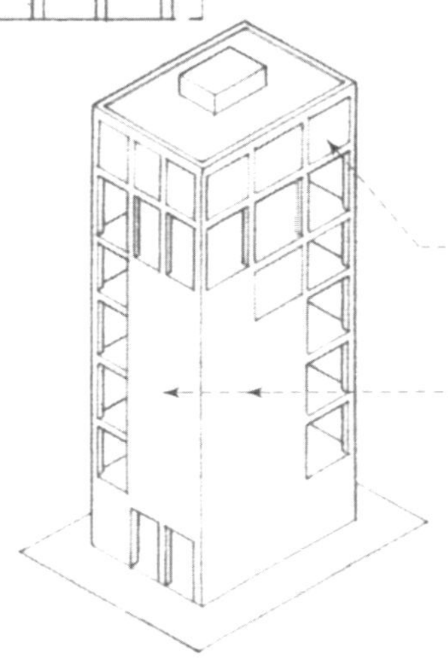

massa irregular
Pavimento cuja massa efetiva é significativamente maior que aquela de um piso adjacente.

junta sísmica
Junta que separa fisicamente duas massas adjacentes de uma estrutura de modo a permitir a ocorrência de movimentos vibratórios livres em cada uma, independentemente uma da outra.

parede de cisalhamento descontínua
Parede de cisalhamento que apresenta um grande recuo ou uma mudança significativa em sua dimensão horizontal.

estrutura tubular
Estrutura de grande altura delimitada por sistemas resistentes às forças laterais, contraventada internamente por diafragmas rígidos de piso. Quanto à resistência às forças laterais, as estruturas tubulares atuam como uma viga em caixão em balanço.

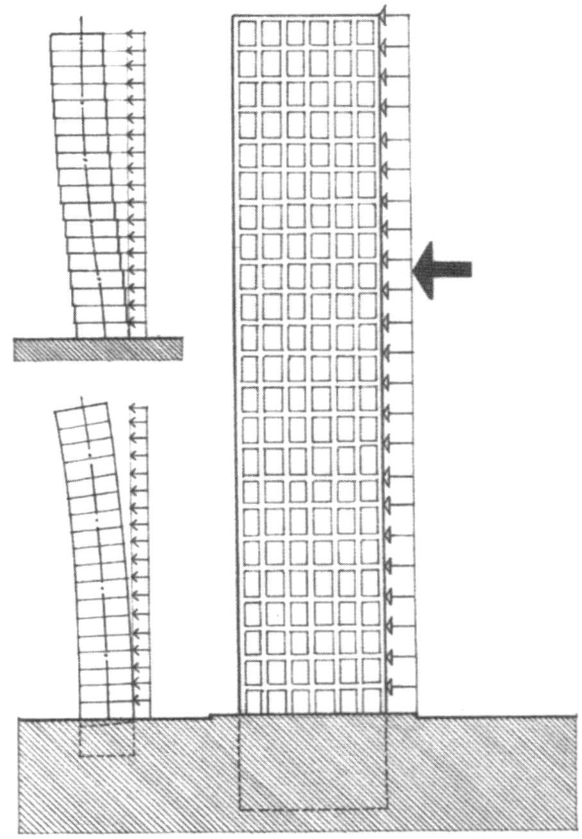

estrutura tubular perfurada
Estrutura tubular delimitada por paredes de cisalhamento com menos de 30% da área superficial perfurada por orifícios.

tubo travejado
Estrutura tubular com colunas perimetrais pouco espaçadas entre si e rigidamente conectadas por largas vigas de tímpano.

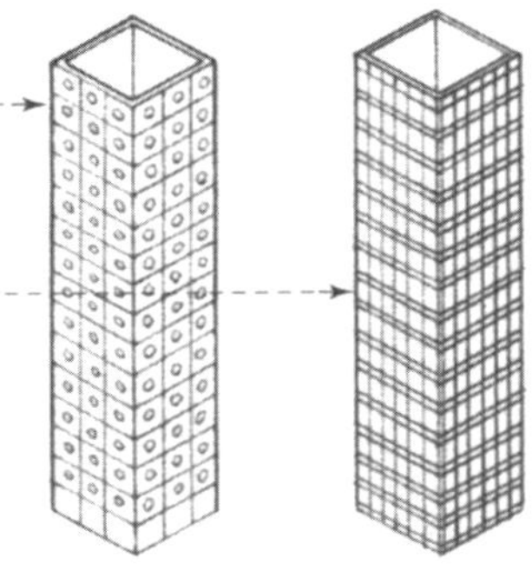

tubo estaiado
Estrutura tubular amarrada por um sistema de contraventamentos diagonais.

tubo armado
Estrutura tubular estaiada cujas paredes são compostas por armações treliçadas de colunas com grande espaçamento entre si, amarradas por contraventamento diagonal ou transversal.

tubo armado treliçado
Estrutura tubular estaiada delimitada por armações de diagonais pouco espaçadas entre si e sem nenhuma coluna vertical.

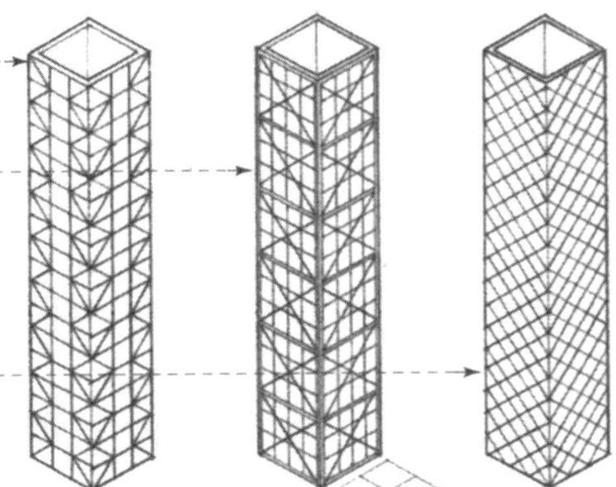

tubos amarrados
Conjunto de tubos presos diretamente um ao outro para formarem uma estrutura modular que se comporta como uma viga em caixão multicelular que se projeta do solo em balanço. Por vezes são instalados mais tubos na parte inferior de uma estrutura alta, onde uma maior resistência às forças laterais se faz necessária.

estrutura tubo em tubo
Estrutura tubular em que um tubo interno estaiado é acrescido ao tubo perimetral a fim de aumentar sua resistência ao cisalhamento para fazer frente às forças laterais.

alma estaiada
Alma interior de serviço, estaiada com vistas a uma maior resistência às forças laterais.

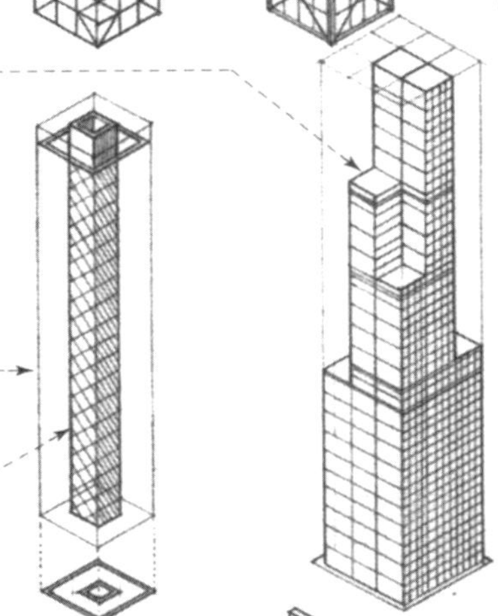

amortecimento
Recurso ou meio que provocam uma redução na amplitude de sucessivas oscilações ou ondas.

mecanismo amortecedor
Qualquer um dentre uma série de dispositivos viscoelásticos normalmente instalados nas juntas estruturais com a finalidade de absorverem a energia gerada pelas forças do vento ou de terremotos, reduzirem progressivamente ou eliminarem os movimentos vibratórios ou oscilatórios e impedirem a ocorrência de ressonâncias destrutivas.

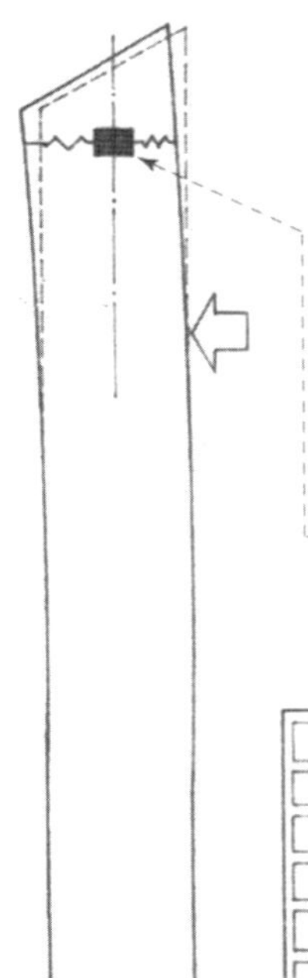

amortecedor de massa dinâmico
Massa pesada instalada sobre roletes e presa à parte superior de um edifício de grande altura, com mecanismos amortecedores que se utilizam de molas, e que apresenta uma tendência inercial a manter-se em repouso, anulando e dissipando, dessa forma, qualquer movimento da construção.

amortecimento interno
Amortecimento que sucede naturalmente quando uma estrutura sofre uma deformação elástica ou plástica, por exemplo em decorrência do atrito interno de um material tensionado (**amortecimento por histerese**), do atrito entre duas partes móveis (**amortecimento por atrito**), ou da resistência viscosa de um fluido, como o ar (**amortecimento viscoso**).

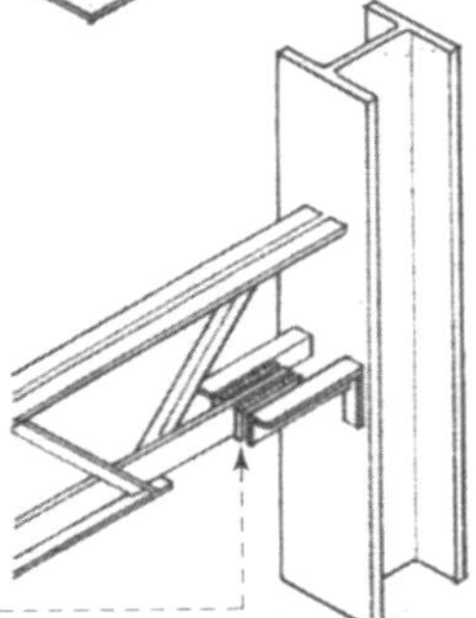

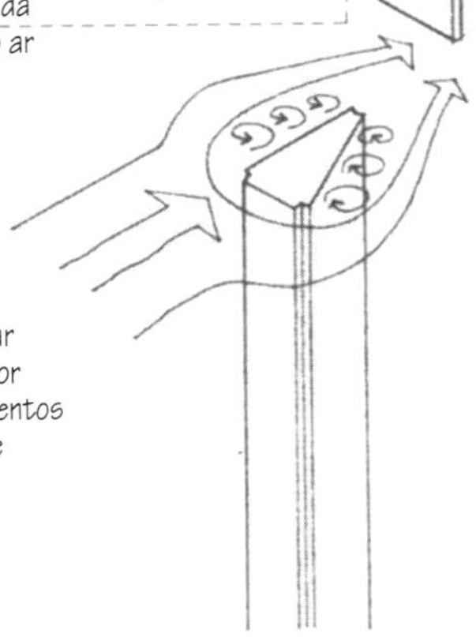

amortecimento aerodinâmico
Formato de um edifício alto visando criar turbulências que geram soerguimento por vento cruzado para se opor a deslocamentos por vento cruzado durante os ventos de grande altura.

turbulência
Movimento irregular da atmosfera, caracterizado por correntes ascendentes/descendentes.

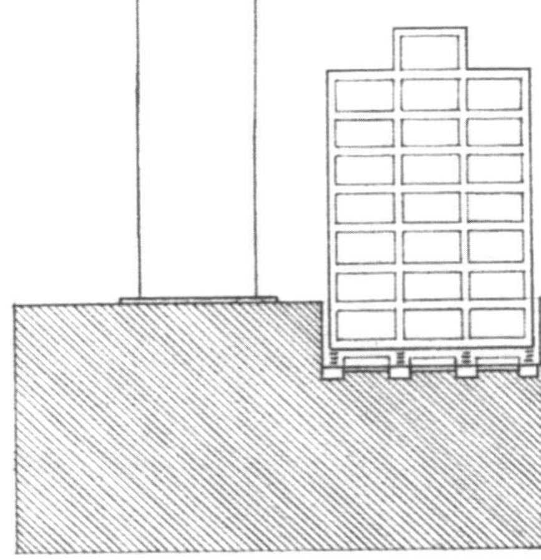

isolamento de base
Isolamento da base de um edifício com relação ao solo através de mecanismos amortecedores a fim de se permitir à superestrutura flutuar como um corpo rígido e alterar o período natural de vibração da estrutura, de modo que este seja diferente daquele do solo, impedindo-se, dessa forma, a ocorrência de ressonâncias destrutivas.

estrutura articulada
Estrutura composta por partes relativamente delgadas, destinada a dar forma e sustentar um edifício ou uma parte deste, como o piso ou a cobertura.

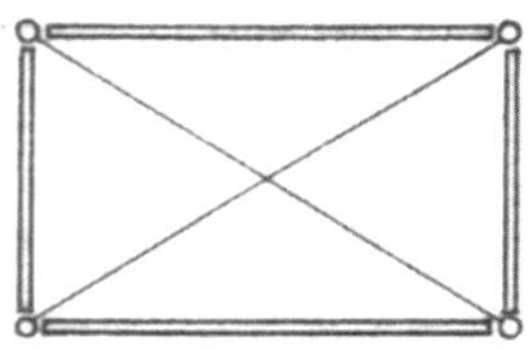
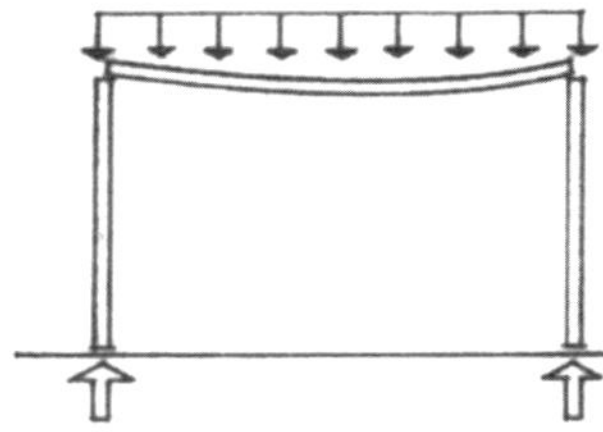
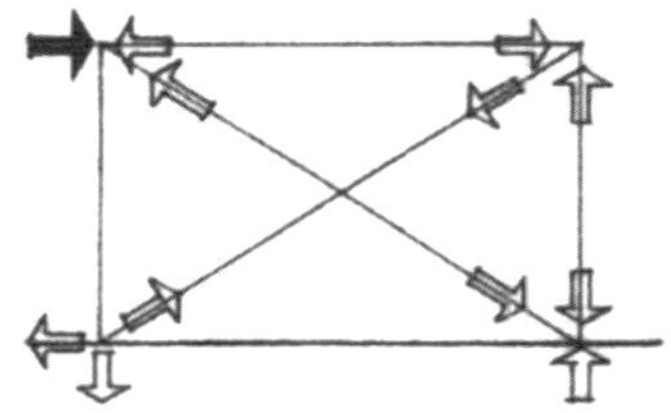

estrutura estaiada
Estrutura cuja resistência às forças laterais é obtida mediante a adoção de tirantes diagonais ou de outro tipo.

articulação plástica
Articulação virtual que se desenvolve quando todas as fibras de uma seção transversal de uma peça estrutural cedem por completo.

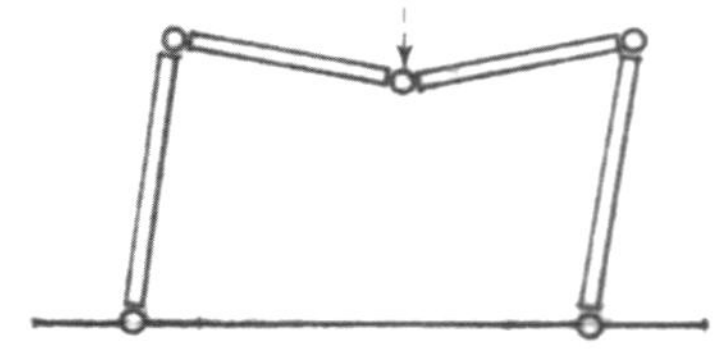

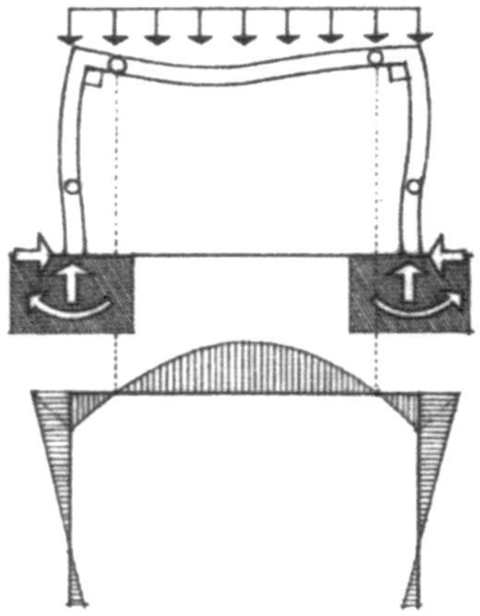
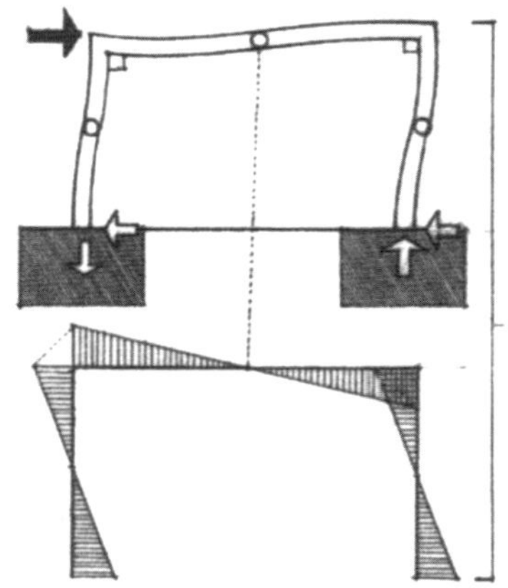

estrutura rígida
Estrutura de peças lineares rigidamente ligadas nas juntas. As cargas aplicadas produzem forças axiais, de empenamento e de cisalhamento em todas as peças da estrutura, uma vez que as juntas rígidas impedem a livre rotação de suas extremidades. Além disso, as cargas verticais geram esforços horizontais na base da estrutura. Uma estrutura rígida é estaticamente indeterminada e sua rigidez se restringe a seu plano. Também chamada **estrutura resistente a momento**.

estrutura fixa
Estrutura rígida ligada a seus suportes com juntas fixas. As estruturas fixas são mais resistentes à deflexão do que as articuladas, mas são também mais sensíveis a dilatações e contrações térmicas.

deslocamento lateral
Deslocamento horizontal produzido em uma estrutura rígida por cargas laterais ou por carregamento vertical assimétrico. Também chamado **vaivém**.

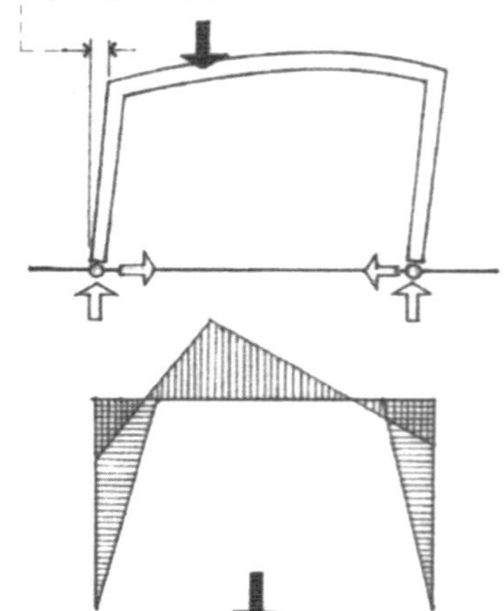

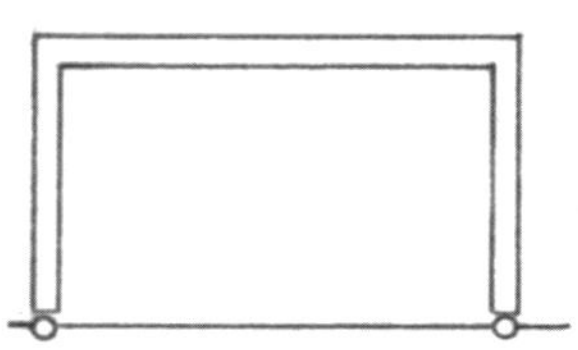
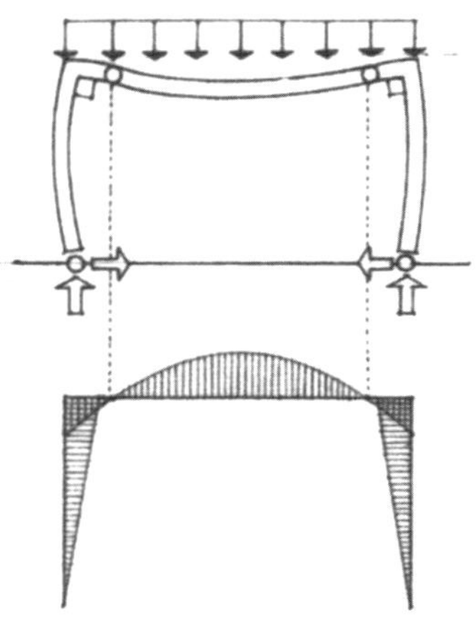
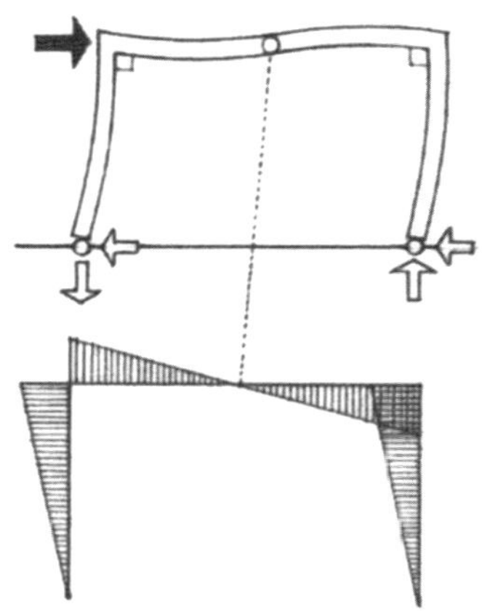

estrutura articulada
Estrutura rígida ligada a seus suportes por duas juntas de pino ou articulações. Esse tipo de junta impede o desenvolvimento de grandes tensões de empenamento, uma vez que permite a rotação da estrutura como uma unidade quando solicitada por carregamentos, e seu ligeiro flexionamento quando tensionada por mudanças de temperatura.

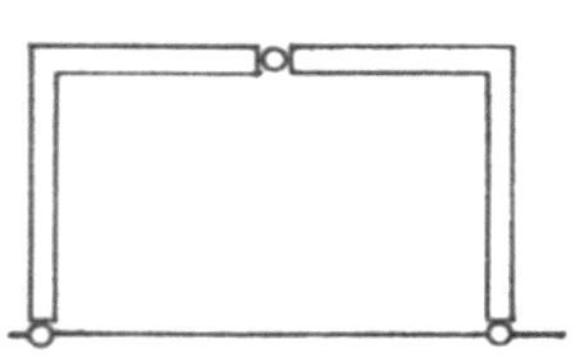
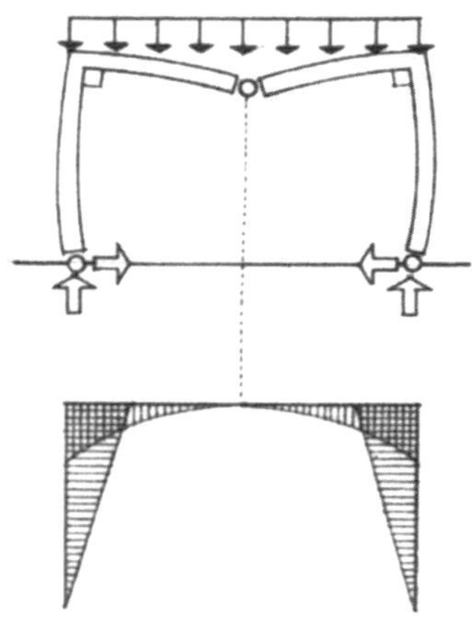
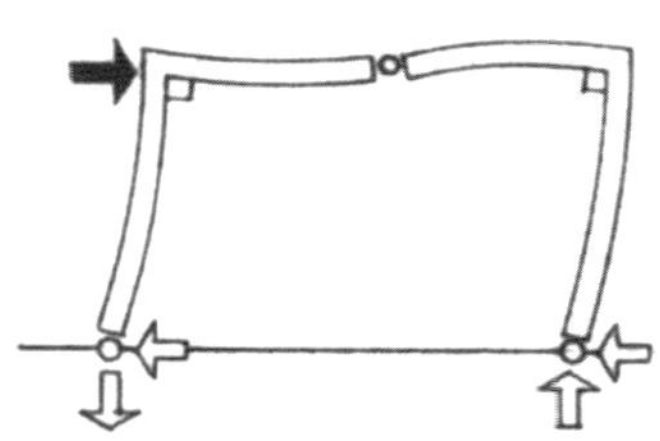
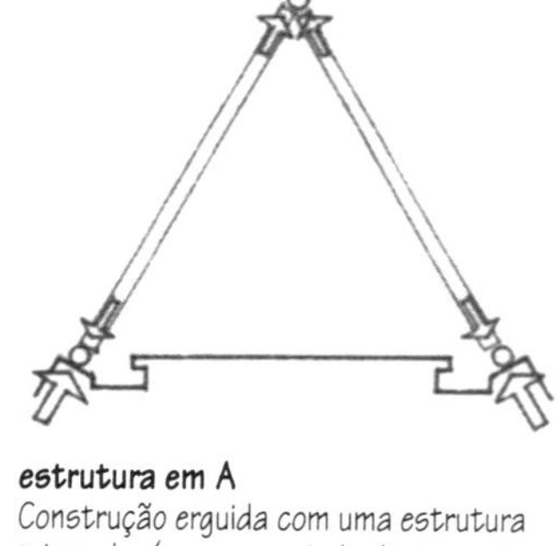

estrutura triarticulada
Conjunto estrutural formado por duas partes rígidas unidas entre si e a seus suportes por juntas de pino ou articulações. Embora mais sensível à deflexão que uma estrutura fixa ou articulada, a estrutura triarticulada é afetada ao mínimo por carregamentos e tensões de origem térmica. As três articulações permitem, ainda, a análise da estrutura como estaticamente determinada.

estrutura em A
Construção erguida com uma estrutura triangular íngreme apoiada diretamente em uma fundação.

joelho
Junção entre o topo e qualquer uma das peças verticais de um cavalete.

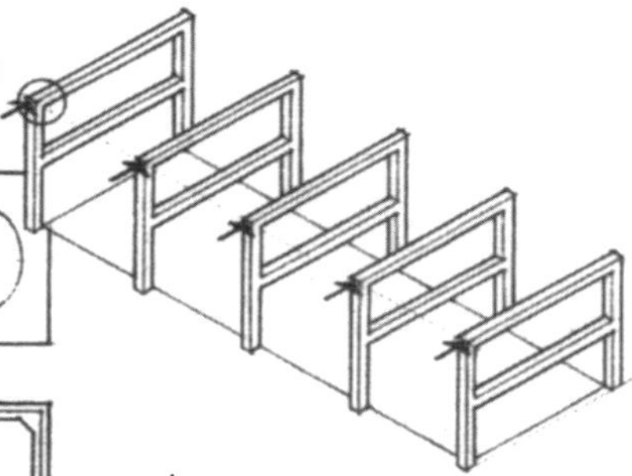

cavalete
Estrutura estaiada ou rígida destinada a suportar cargas verticais e laterais no sentido transversal.

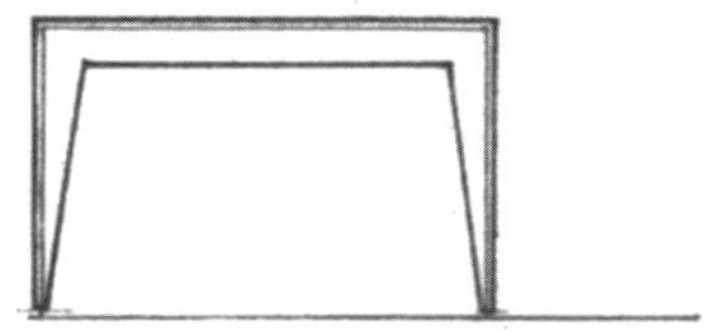

pórtico
Estrutura rígida, formada por duas colunas e uma viga, que define um vão único. Também chamada **estrutura de vão único**.

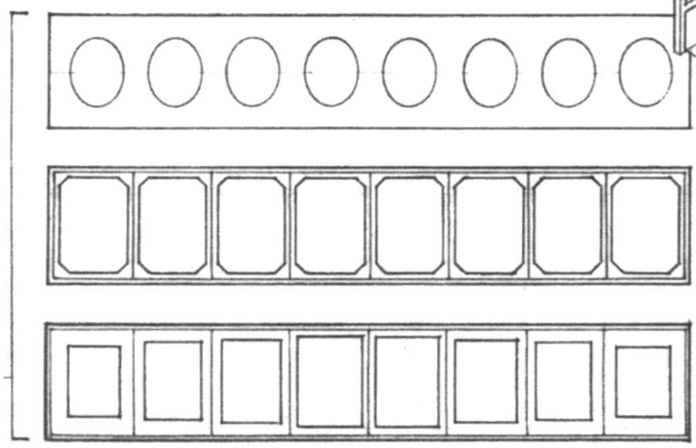

estrutura Vierendeel
Estrutura em viga com uma trama de peças verticais rigidamente presas a cordas paralelas superiores e inferiores. Não se trata de uma estrutura verdadeiramente, uma vez que suas peças sofrem a ação de forças de empenamento não axiais. Também chamada **viga Vierendeel**.

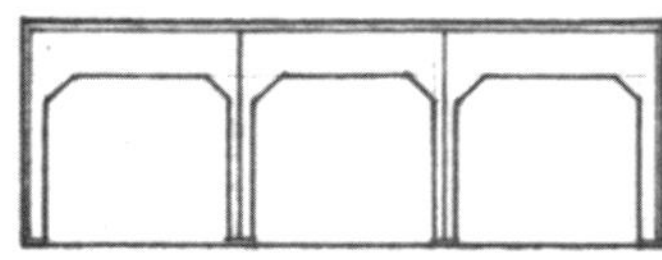

estrutura de vãos múltiplos
Estrutura rígida formada por uma viga contínua sustentada por três ou mais colunas e rigidamente ligada a estas.

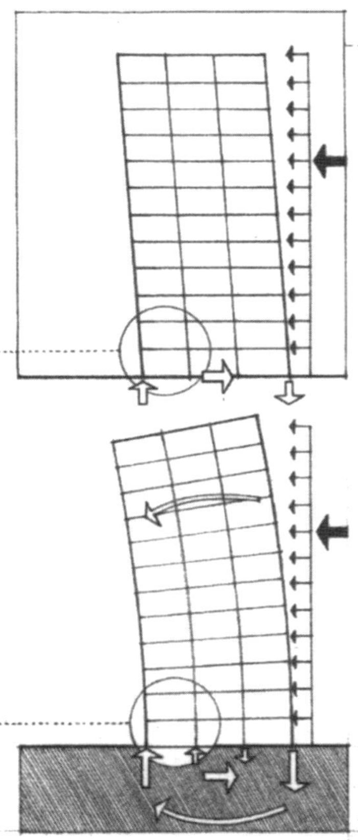

estrutura de pavimentos múltiplos
Série vertical de estruturas rígidas sobrepostas.

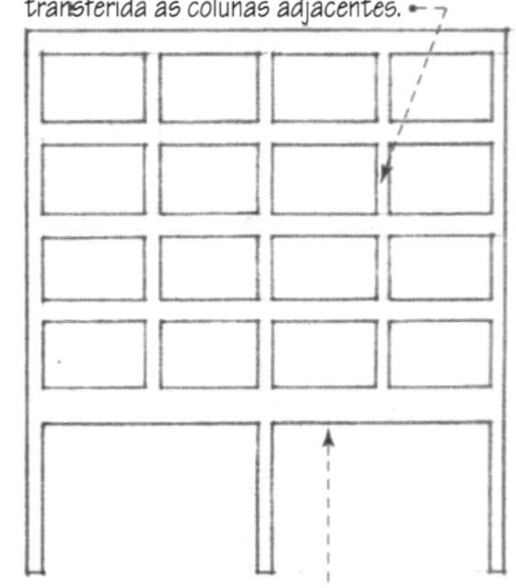

coluna de transferência
Coluna descontínua de uma estrutura de pavimentos múltiplos, sustentada em algum nível intermediário em que sua carga é transferida às colunas adjacentes.

viga de transição
Viga que sustenta uma coluna de transmissão de esforço.

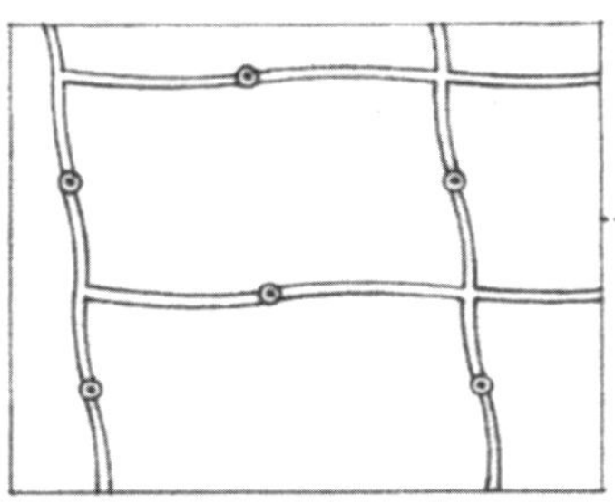

método do pórtico
Método para se analisar uma estrutura de pavimentos múltiplos. O método do pórtico admite a ocorrência de um ponto de inflexão no centro de todas as peças da estrutura e que esta atua como uma série de pórticos independentes aos quais o cisalhamento lateral total em cada nível é distribuído proporcionalmente à área de piso sustentada por cada coluna. É possível inserir juntas de pino ou articulações imaginárias em cada ponto de inflexão, transformando o pórtico em uma estrutura estaticamente determinada.

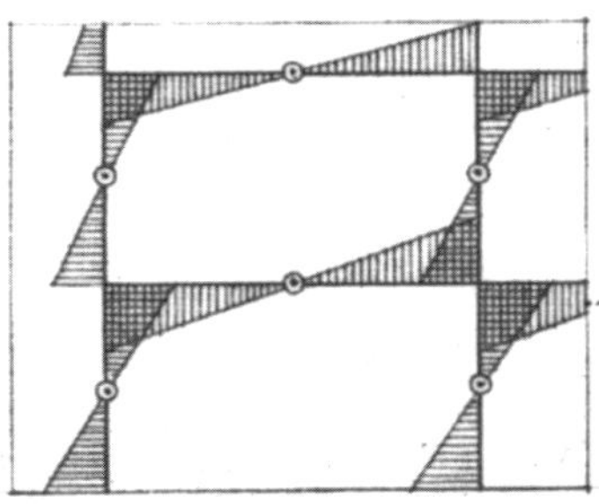

método cantilever
Método para se analisar uma estrutura de pavimentos múltiplos. O método cantilever admite a ocorrência de um ponto de inflexão no centro de todas as peças da estrutura e que a força axial em cada coluna de um pavimento é proporcional à sua distância horizontal com relação ao centróide de todas as colunas naquele nível. É possível inserir juntas de pino ou articulações imaginárias em cada ponto de inflexão, tornando a estrutura estaticamente determinada.

método da distribuição de momentos
Método para se analisar uma estrutura indeterminada através de um processo iterativo de se fixar uma junta rígida no espaço, determinando-se os momentos na extremidade fixa da junta e depois soltando-se esta para permitir sua rotação, estudando-se depois a transferência dos momentos e rotações para outras juntas. Nesse método, as juntas são chamadas "nós".

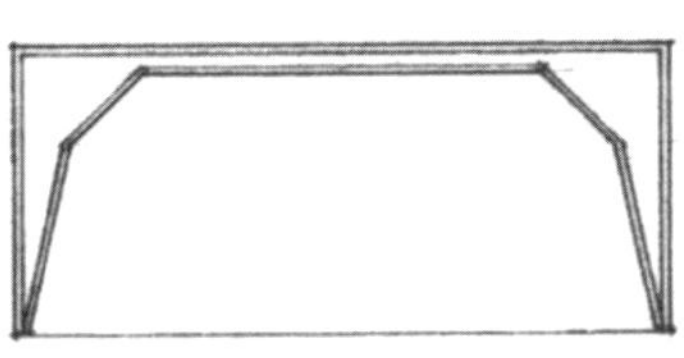

estrutura indeterminada
Aquela que dispõe de um número de peças, conexões ou apoios superior ao mínimo necessário para sua estabilidade, resultando em uma quantidade de forças desconhecidas maior do que as equações estáticas existentes para sua determinação.

grau de indeterminação
Diferença entre o número de forças desconhecidas de uma estrutura indeterminada e o número de equações estáticas existentes para sua determinação.

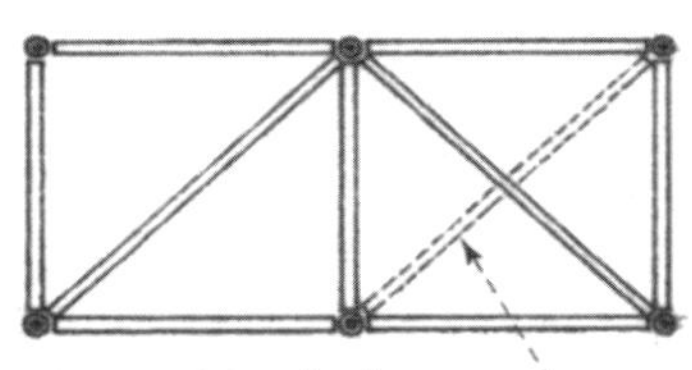

estrutura determinada
Aquela que permite ser analisada completamente através dos princípios da estática.

redundância
Peça, conexão ou suporte estrutural desnecessário a uma estrutura estaticamente determinada.

grau de redundância
Número de peças que excedem aquele exigido para a estabilidade de uma estrutura estaticamente determinada.

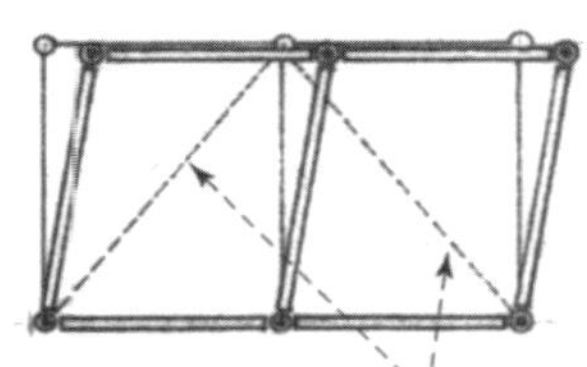

grau de liberdade
Número de peças necessárias para estabilizar um mecanismo não estável.

projeto estrutural
Plano que determina o processo ou modo de se reunir peças relativamente delgadas para dar forma e estabilidade a uma estrutura.

trama
Estrutura de partes relativamente delgadas, reunidas para sustentar, definir ou delimitar. Também chamado **estrutura**.

construção por trama
Sistema de construção que se utiliza de uma estrutura de vigas e colunas para transmitir as cargas de uma construção às fundações.

construção em estrutura leve
Sistema de construção que se utiliza de peças pouco espaçadas entre si, de madeira ou metal leve, revestidas, para compor os elementos estruturais de uma construção.

Ver estrutura em balão
armação do piso
armação em plataforma
armação do telhado

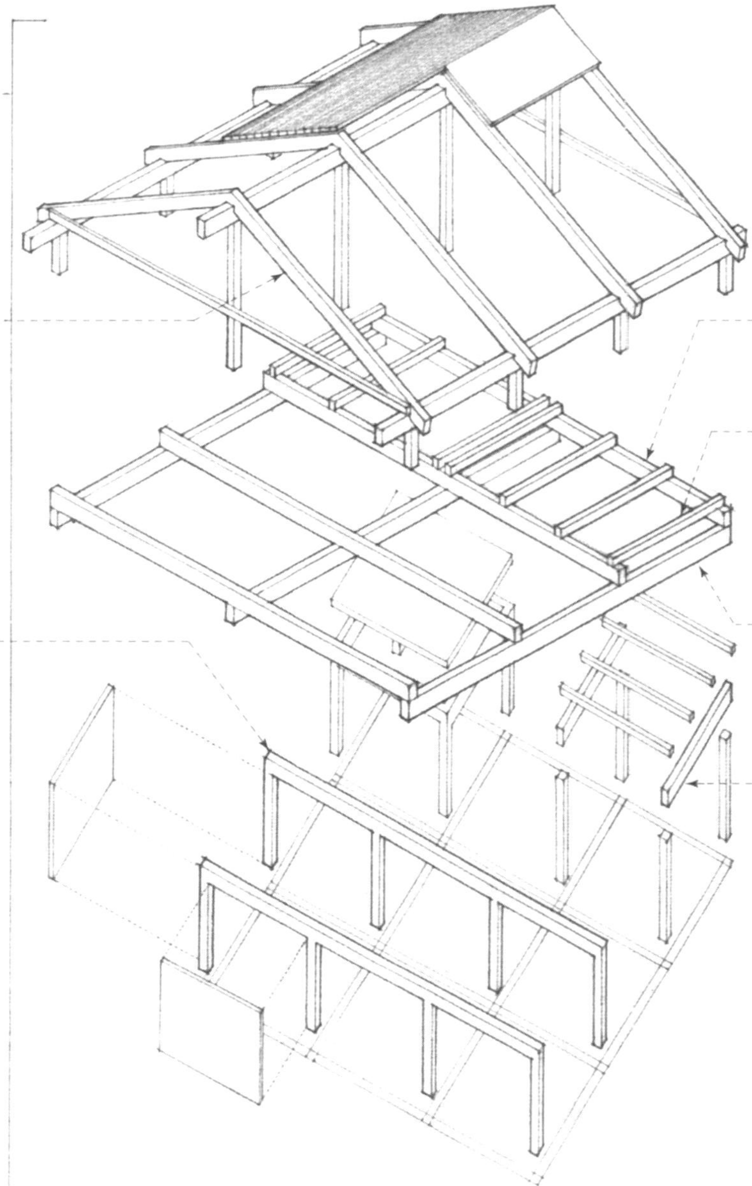

estrutura de tábuas e vigas
Estrutura de piso ou cobertura que consiste numa trama de vigas de madeira para sustentar tábuas ou um tabuleiro de madeira.

viga mestra
Qualquer viga de grandes dimensões de uma estrutura que sustenta vigas ou travesas secundárias.

viga secundária
Qualquer viga que transmite sua carga a uma viga mestra.

viga terciária
Qualquer viga que transmite sua carga a uma viga secundária.

estrutura de colunas e vigas
Estrutura de parede que consiste em colunas verticais e vigas horizontais, destinada a suportar cargas de piso e de cobertura. Também chamada **estrutura de colunas e dintéis**.

longarina
Viga mestra longa, destinada a suportar cargas concentradas em pontos isolados ao longo de sua extensão. Também chamada **travessão** e **longerão**.

traveado
Sistema de construção que faz uso de vigas ou travessas.

arcual
Sistema de construção que faz uso de arcos ou formas arqueadas.

construção em estrutura suspensa
Sistema de construção que se utiliza de uma estrutura composta por colunas de madeira de grande resistência, firmemente cravadas no solo à maneira de um alicerçe de cais.

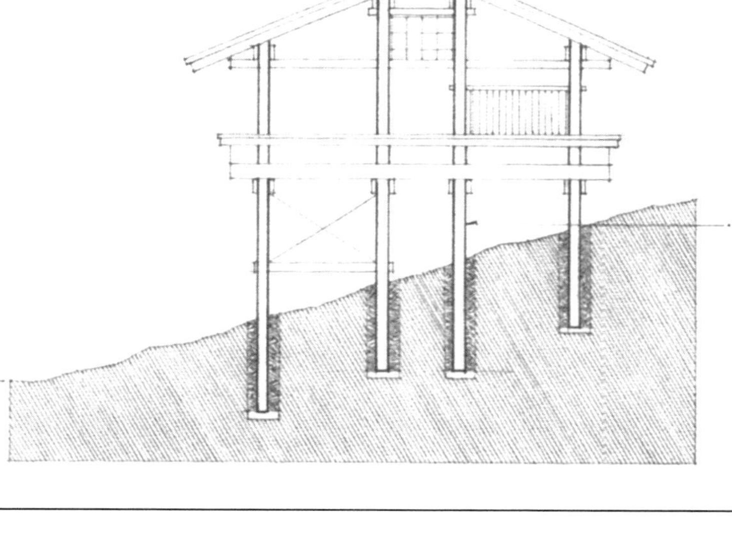

casa suspensa
Casa com estrutura suspensa.

estaca
Peça cilíndrica longa, normalmente delgada, de madeira ou metal.

piloti
Uma das diversas estacas ou colunas destinadas a suportar uma estrutura acima do nível do solo ou da água.

estrutura estaiada
Aquela que consiste numa trama rígida e reforçada de vigas sólidas fixas a colunas que sobem por toda a altura da estrutura, com montantes da altura de um pavimento preenchendo os interstícios. Também chamada **estrutura cheia**.

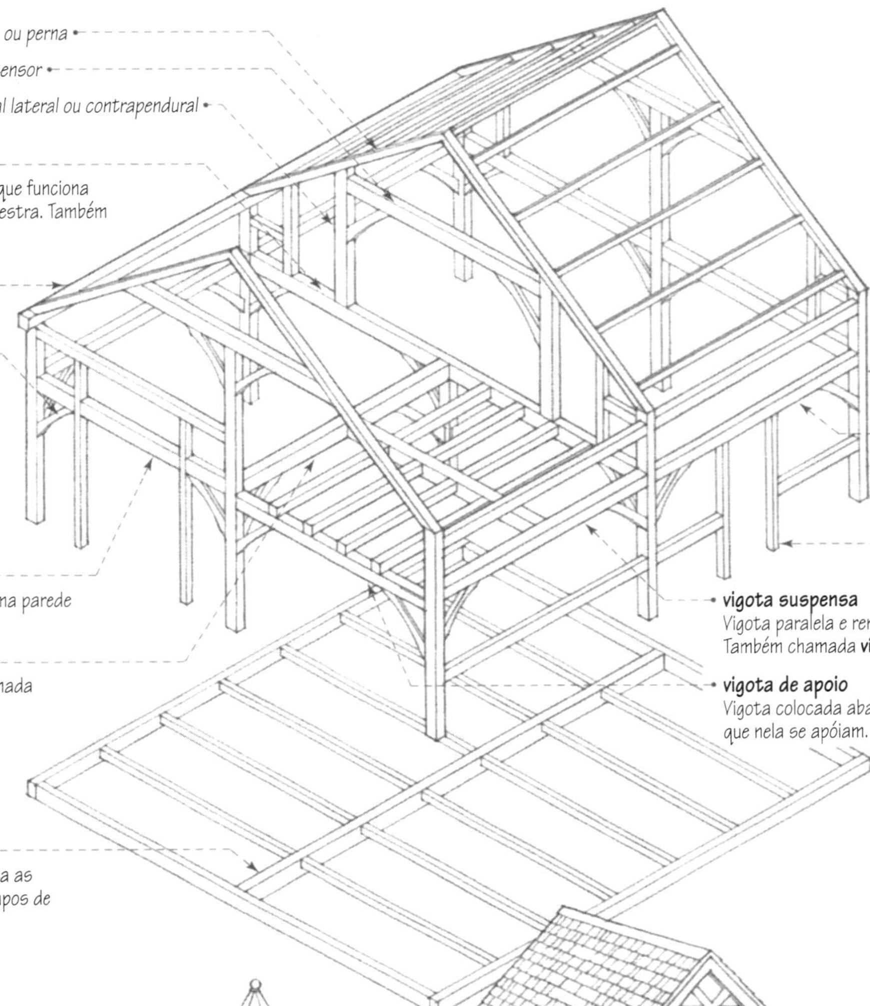

summer
Peça de madeira pesada que funciona como viga ou longarina mestra. Também chamado **summertree**.

vigota
Peça de madeira que liga as colunas de uma estrutura estaiada em um nível intermediário acima do nível do chão.

vau frontal
Summer que sustenta uma parede sobre um vão.

vigota suspensa
Vigota paralela e rente às vigotas do piso. Também chamada **vigota em nível**.

trave
Travessa ou uma ala formada por travessas.

vigota de apoio
Vigota colocada abaixo das vigotas do piso que nela se apóiam.

viga de amarração
Viga mestra que sustenta as extremidades de dois grupos de vigotas do piso.

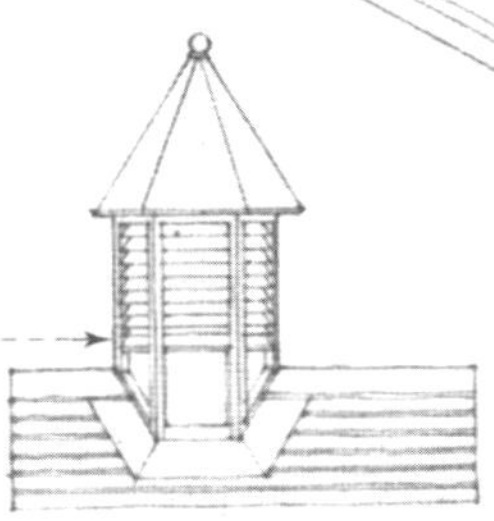

tabique de tijolos
Aquele com uma estrutura de madeira e os espaços intermediários preenchidos com tijolos.

madeiramento aparente
Construção em que a estrutura de madeira fica à mostra.

louvre
Lanterna ou pequena torre no telhado de um edifício medieval, com aberturas providas de adufas para a saída de fumaça e a entrada de ar.

sollar
Termo que designa um cômodo ou apartamento no piso superior de uma residência medieval inglesa. Também **soller**.

telhado de folhas
Designação genérica dos telhados que utilizam materiais como junco, e folhas de palmeira, amarrados entre si de modo a verterem as águas pluviais e, por vezes, fornecerem um isolamento térmico.

ressalto
Pavimento superior de um edifício que se projeta além do pavimento que está embaixo.

prumo
Divisão vertical principal de uma parede, esp. na estrutura de um tabique de tijolos

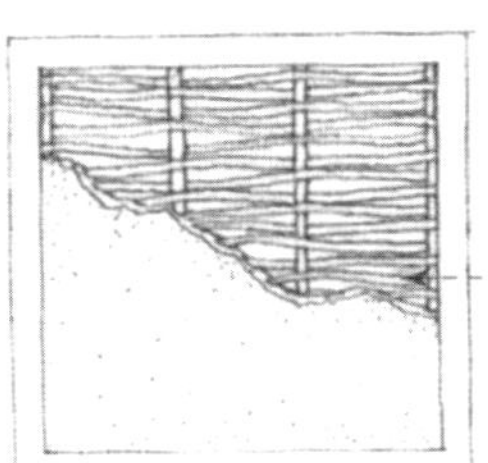

pau-a-pique
Método de construção de paredes que consiste em uma caniçada coberta com barro ou argila.

caniçada
Estrutura de gravetos ou estacas entrelaçados com ramos, galhos e juncos finos, utilizada na construção de paredes e cercas.

madeiramento
Conjunto das pequenas peças de madeira inseridas entre os elementos principais de um tabique de tijolos para reforçar a estrutura e firmar os tijolos de enchimento.

enchimento a tijolo
Alvenaria utilizada para preencher os espaços entre as peças de um tabique de tijolos.

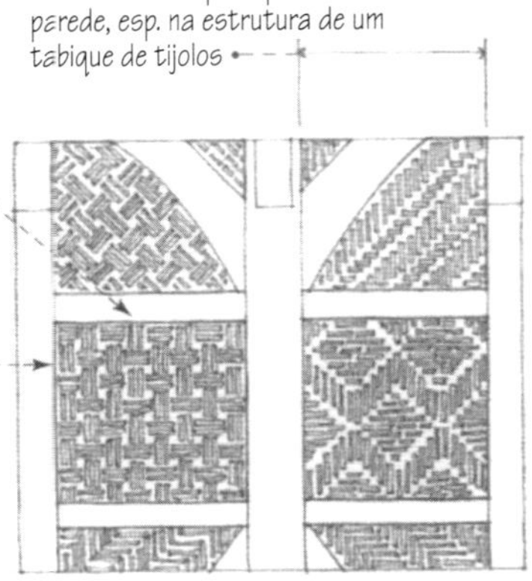

Sistema estrutural que se utiliza de cabos como principal meio de sustentação.

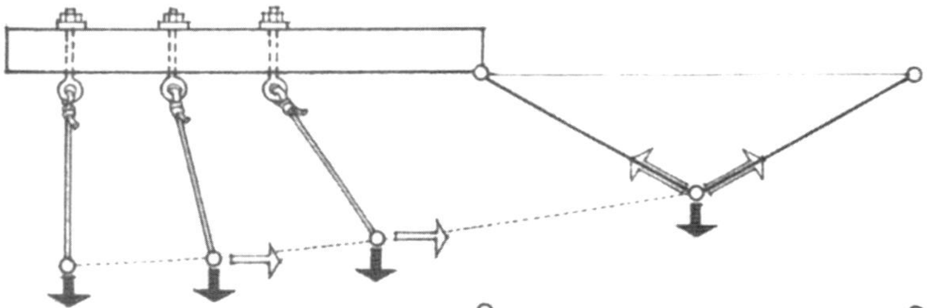

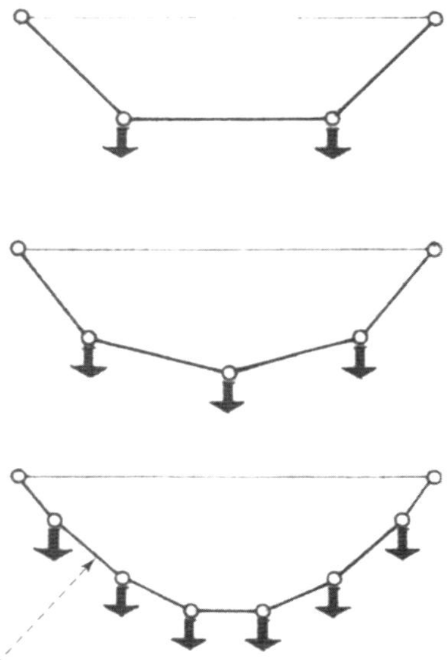

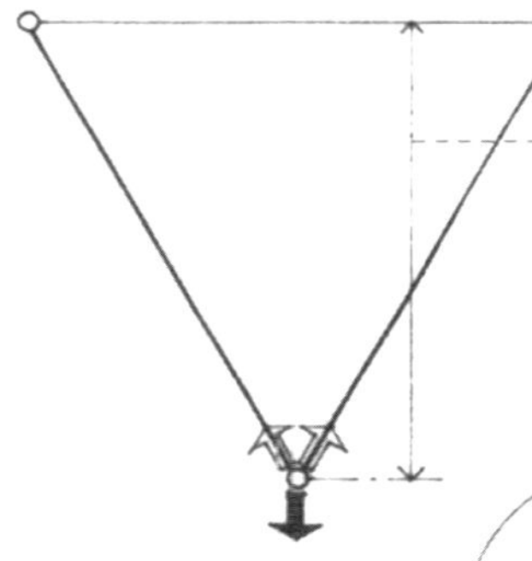

flecha
Distância vertical entre os suportes e o ponto mais baixo de uma estrutura de cabo.

À medida que a flecha de um cabo aumenta, as forças internas desenvolvidas neste diminuem.

cabo
Elemento estrutural flexível, como uma cordoalha de aço ou uma corrente metálica, de grande resistência à tração, mas que não oferece a menor resistência à compressão ou à flexão.

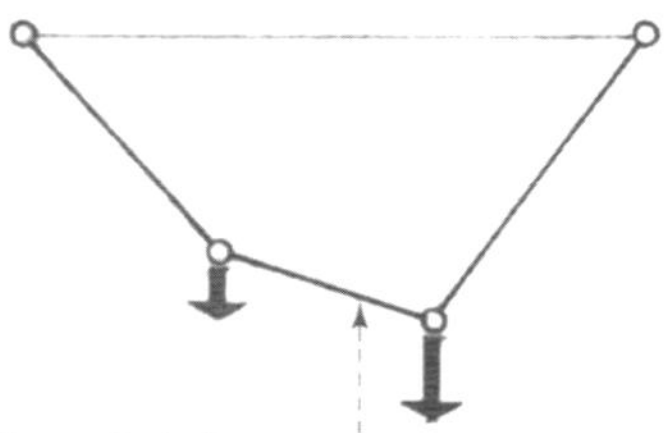

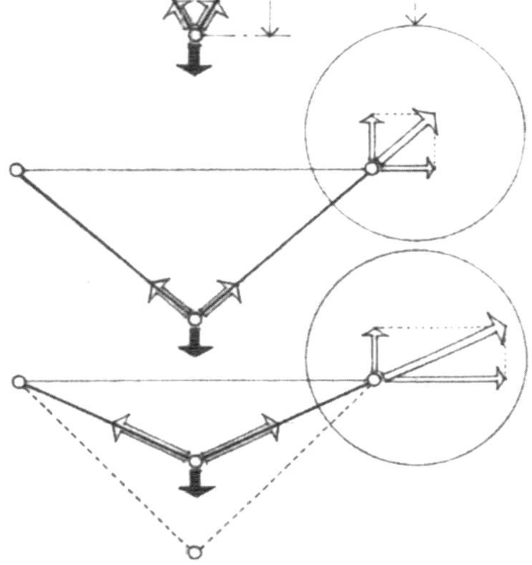

forma funicular
Forma assumida por um cabo que se deforma livremente em resposta direta à magnitude e à localização de forças externas. Um cabo sempre adapta sua forma, de modo a ficar absolutamente tensionado mediante a ação de uma carga aplicada.

polígono funicular
Forma assumida por um cabo que se deforma livremente em resposta direta a um conjunto de cargas concentradas.

curva funicular
Forma assumida por um cabo que se deforma livremente em resposta direta a uma carga uniformemente distribuída.

catenária
Curva assumida por um cabo perfeitamente flexível e uniforme suspenso livremente a partir de dois pontos não situados na mesma vertical. Mediante uma carga uniformemente distribuída em uma projeção horizontal, a curva tende para uma parábola.

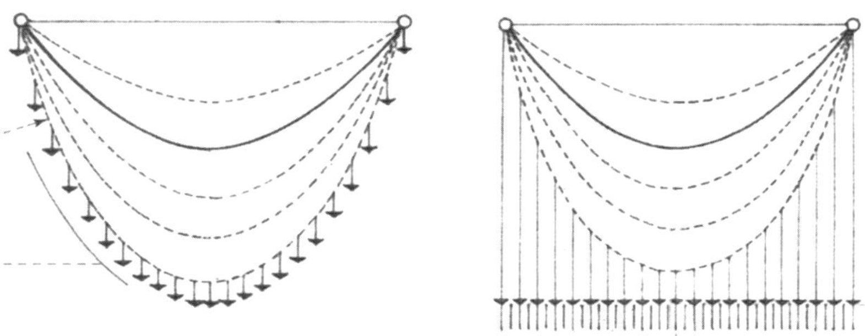

estrutura funicular
Estrutura projetada para sustentar uma determinada carga quer por compressão ou por tensão axial. Para qualquer condição de carga dada existe uma única forma funicular geral. Se o padrão de carga se modifica, a estrutura é induzida à flexão.

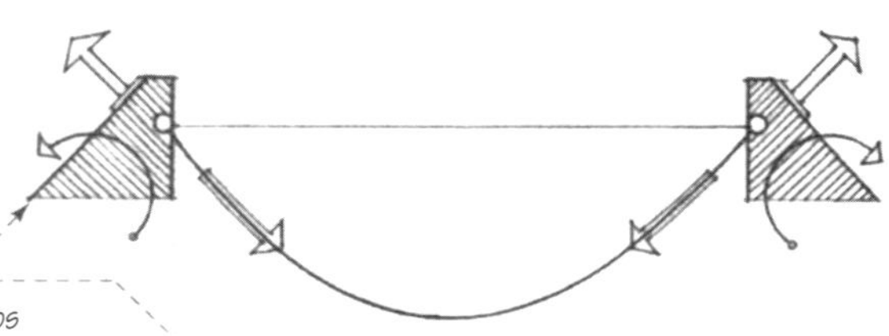

Escoras, hastes de compressão ou similares são elementos necessários para conter e absorver os componentes horizontais da tração exercida sobre os cabos.

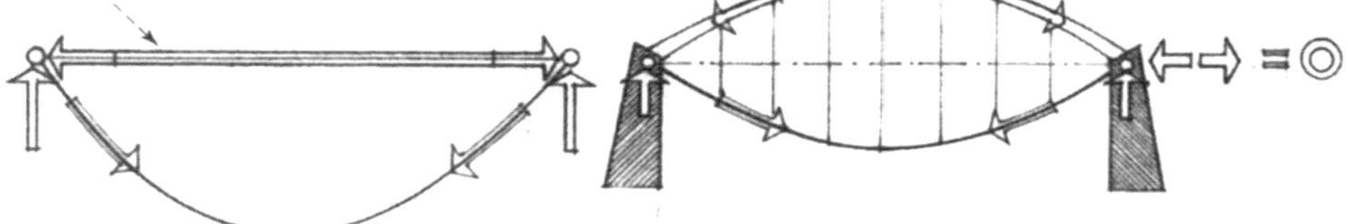

estrutura lenticular
Estrutura em forma de lente em que os esforços para fora de um arco são contrabalançados pelas tensões para dentro de um cabo, resultando na ausência de forças laterais efetivas nos suportes.

estrutura suspensa
Estrutura de cabos suspensos e pré-tensionados colocados entre elementos de compressão a fim de sustentar diretamente as cargas aplicadas.

ponte suspensa
Ponte com uma plataforma suspensa a partir de cabos erguidos em torres e firmemente ancorados em escoras situadas nas extremidades. Também chamada **ponte pênsil**.

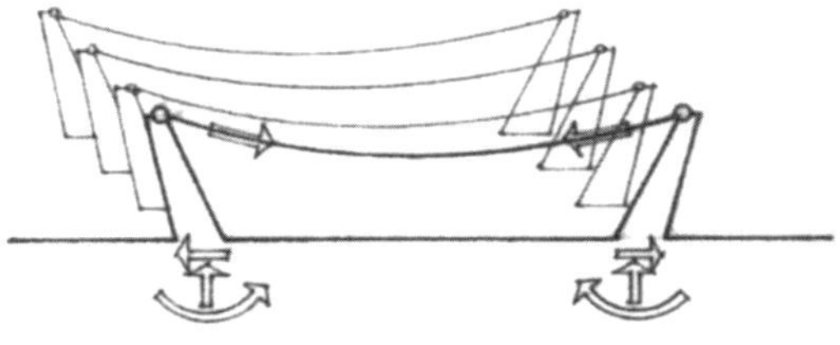

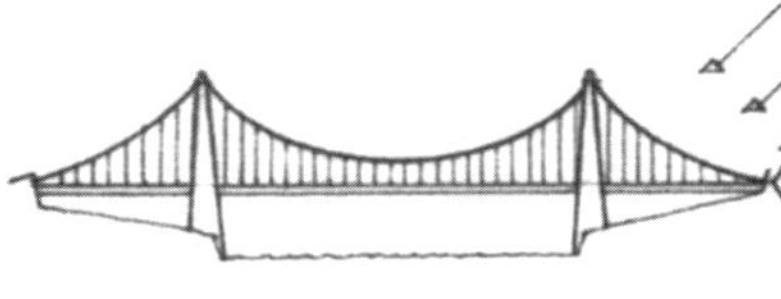

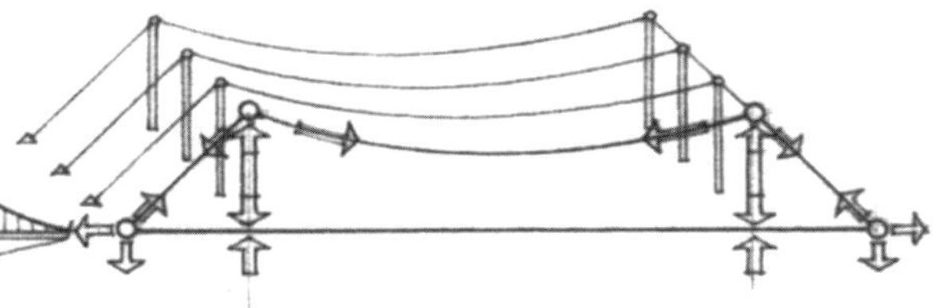

estrutura de curvatura única
Estrutura suspensa que se utiliza de uma série de cabos paralelos para sustentar vigas ou chapas que formam uma superfície. As estruturas de curvatura única são suscetíveis a oscilações induzidas pelos efeitos aerodinâmicos do vento. É possível reduzir essa tendência pelo aumento da carga morta sobre a estrutura ou a ancoragem dos cabos principais ao solo com cabos de estai transversais.

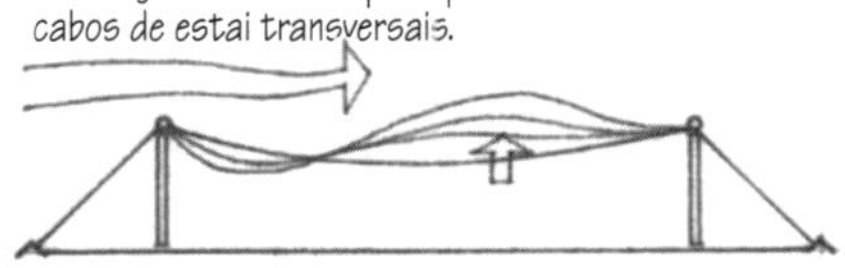

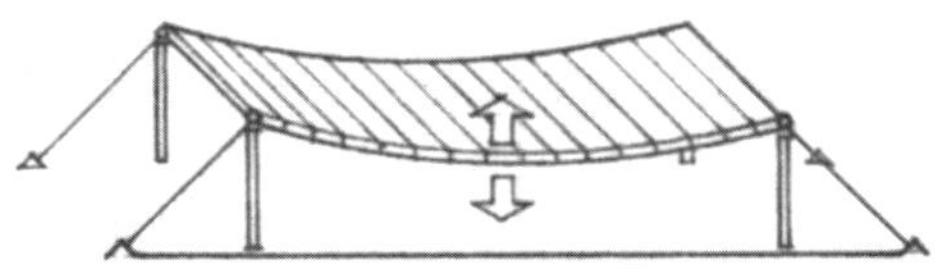

cabo de estai
Cabo para a absorção do componente horizontal da tração em uma estrutura suspensa ou estaiada por cabos e a transmissão da força para uma fundação no solo. Também chamado **cabo de retenção**.

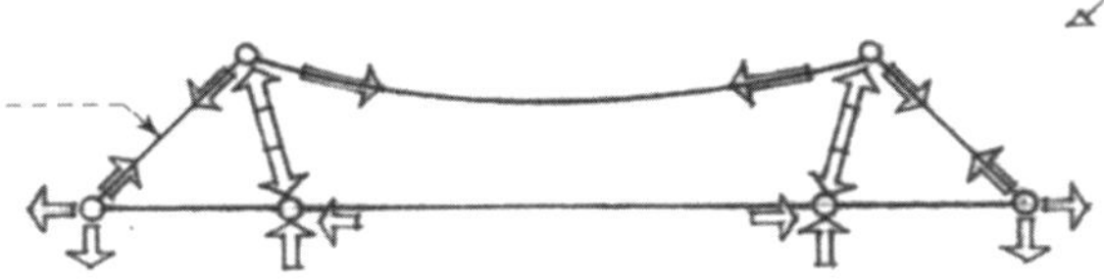

mastro
Elemento vertical ou inclinado de compressão em uma estrutura suspensa ou estaiada por cabos, que sustenta a soma dos componentes verticais das forças nos cabos principais e de estai. A inclinação do mastro permite-lhe absorver parte da tração horizontal do cabo e reduzir a força nos cabos de estai.

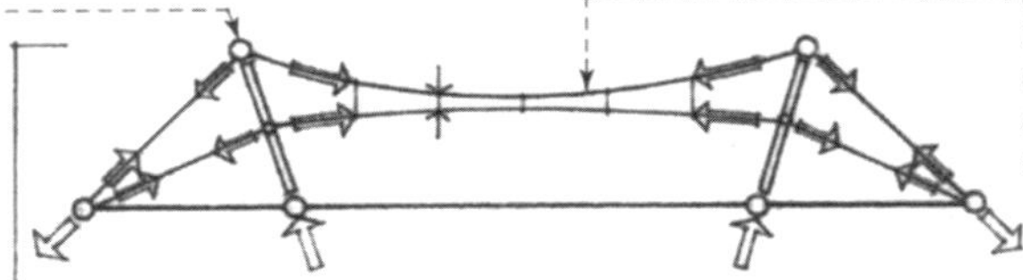

estrutura de cabo duplo
Estrutura suspensa que possui conjuntos de cabos superiores e inferiores de curvaturas diferentes, pré-tensionados por tirantes ou hastes de compressão a fim de tornar o sistema mais rígido e resistente a oscilações mecânicas.

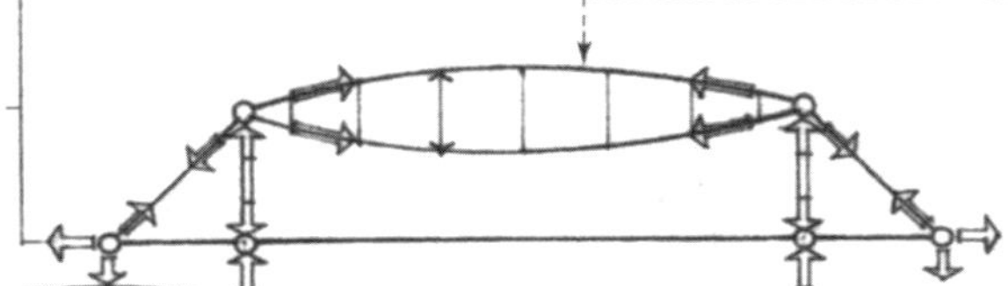

cabo principal
Um dos cabos pré-tensionados que sustentam diretamente a carga de uma estrutura suspensa.

cabo secundário
Um dos cabos pré-tensionados utilizados para estabilizar uma estrutura suspensa contra as oscilações aerodinâmicas, e cuja curvatura normalmente é oposta àquela dos cabos principais.

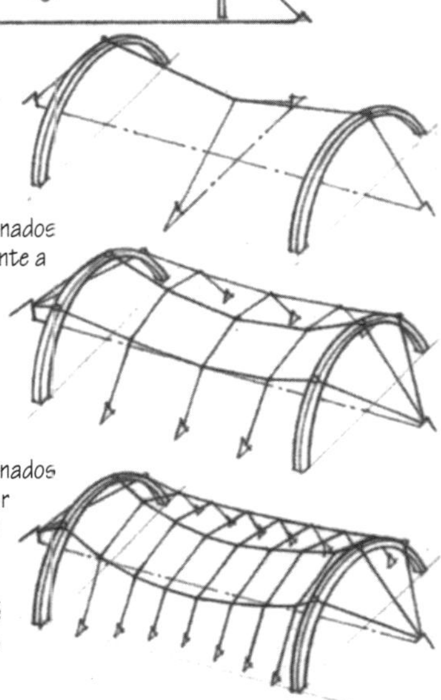

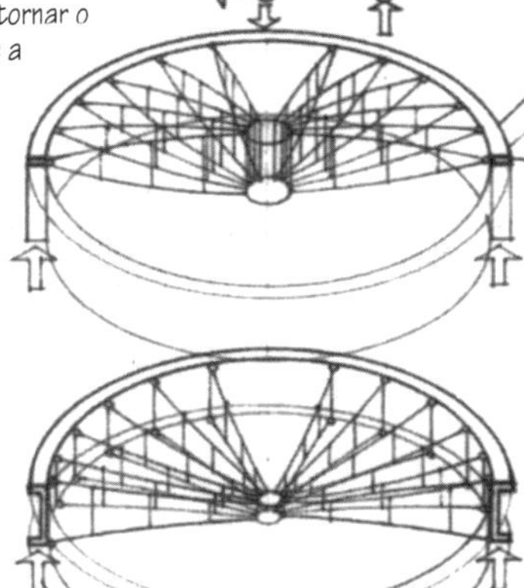

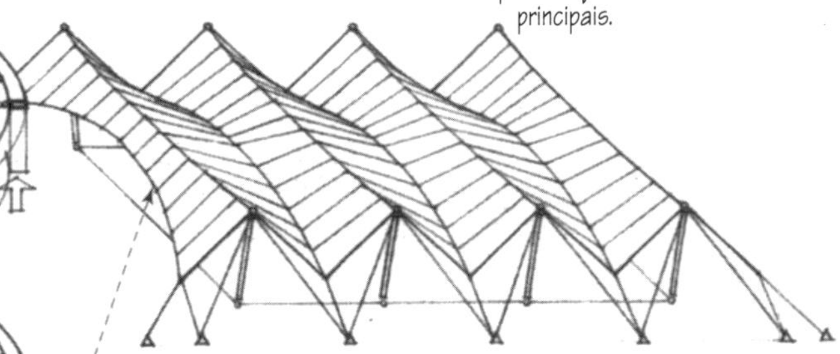

estrutura de curvatura dupla
Estrutura suspensa composta por um campo de cabos entrecruzados de curvaturas diferentes e, via de regra, opostas. Cada grupo de cabos tem um período natural de vibração distinto, formando, assim, um sistema auto-amortecedor, mais resistente às oscilações aerodinâmicas.

cabo de ancoragem
Cabo para se ancorar um conjunto de cabos secundários de uma estrutura suspensa.

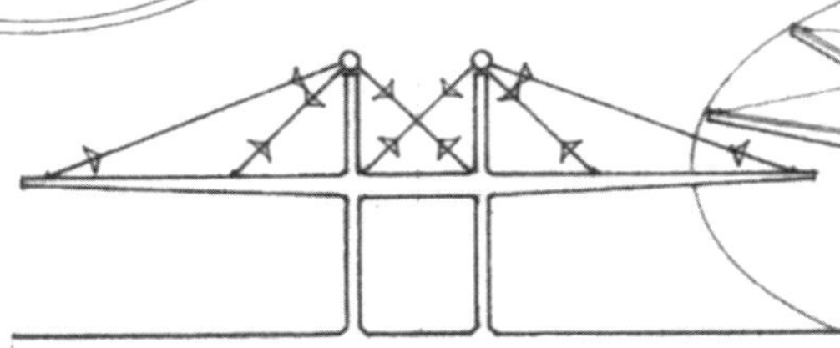

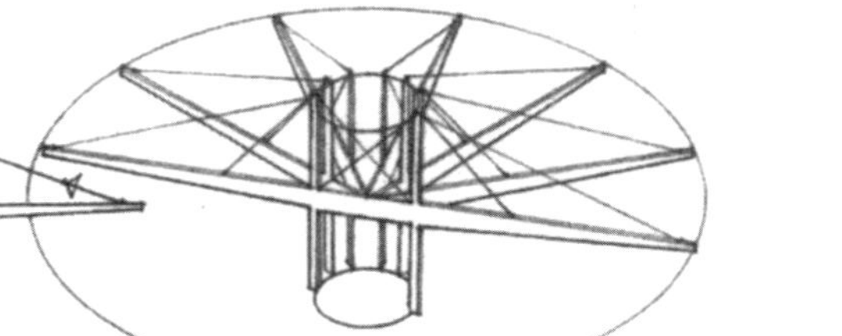

estrutura estaiada por cabos
Estrutura com mastros verticais ou inclinados a partir dos quais se estendem cabos a fim de sustentar elementos horizontais organizados segundo um padrão paralelo ou radial.

Peças, dispositivos de fixação e acessórios metálicos utilizados na construção.

ferragens brutas
Parafusos, pregos e demais peças metálicas que ficam ocultas na construção quando finalizada.

ferragens de acabamento
Ferragens que ficam à mostra, e com finalidades tanto decorativas como utilitárias, tais como fechaduras, dobradiças e outros acessórios de portas, janelas e peças de marcenaria. Também chamadas **ferragens arquitetônicas**.

ferragens de porta
Peças de acabamento necessárias para se pendurar e operar uma porta.

mola aérea
Dispositivo hidráulico ou pneumático destinado a controlar o fechamento de uma porta e impedir que bata com força.

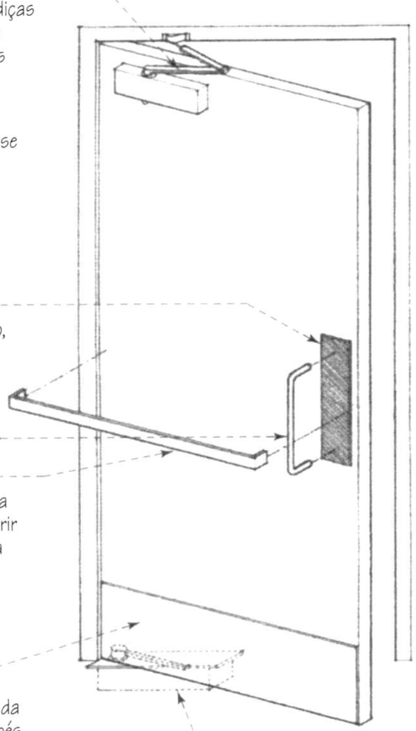

placa protetora
Chapa de proteção em metal ou plástico, instalada verticalmente na couceira de fechamento de uma porta.

puxador
Peça utilizada para se abrir uma porta.

puxador de barra
Barra instalada transversalmente a uma porta envidraçada, que serve para se abrir e fechar a mesma, além de fornecer uma proteção ao vidro.

placa de rodapé
Chapa metálica protetora presa à base da porta, cuja finalidade é resistir a pontapés e arranhões.

mola de pino
Amortecedor de porta instalado em um recesso no piso.

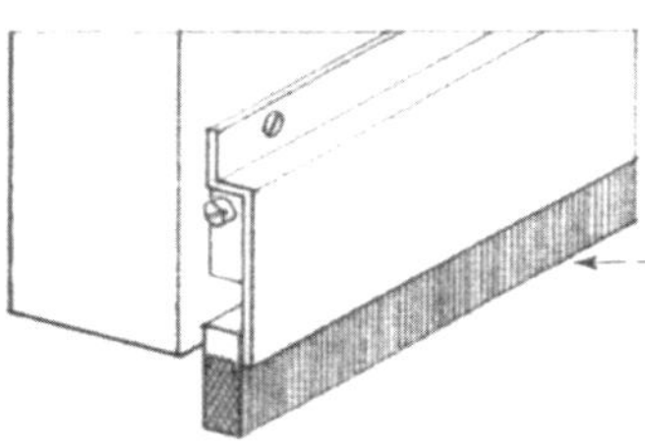

rodapé automático
Barra horizontal colocada na base de uma porta e que cai automaticamente quando esta se fecha, a fim de vedar o espaço entre a base e a soleira e reduzir a transmissão de som.

tranca superior oculta
Tranca de porta oculta no topo do batente.

amortecedor posterior
Dispositivo de um amortecedor hidráulico destinado a reduzir a velocidade de abertura de uma porta.

aldrava
Anel, barra ou maçaneta articulada que se utiliza para bater à porta.

placa
Pequena chapa de identificação colocada na porta de entrada de uma casa ou ambiente, onde se lê o nome do ocupante, o número da casa ou apartamento, ou outro tipo de informação semelhante.

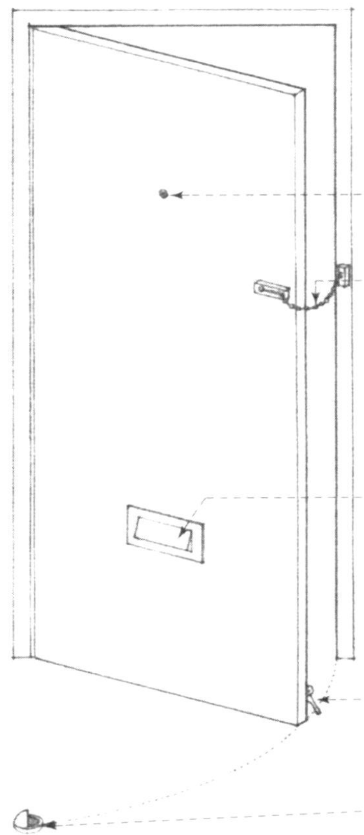

olho mágico
Orifício de vigia, utilizado em uma porta de entrada ou de uma cela de prisão.

fecho de segurança com corrente
Pequena corrente com um encaixe deslizante e removível, que pode ser instalada entre a face interna de uma porta e a ombreira a fim de evitar que a porta se abra além de alguns centímetros sem a remoção da corrente.

fenda para correspondência
Pequena abertura em uma porta ou parede externa, normalmente com uma vedação articulada, através da qual é entregue a correspondência.

retentor
Dispositivo utilizado para manter uma porta aberta, na forma de um calço ou um pequeno peso. Também chamado **encosto**.

calço
Aro, protetor, amortecedor ou disco saliente cuja finalidade é absorver impactos ou evitar os danos causados a uma porta por batidas violentas.

lado
Posição das dobradiças de uma porta, em termos de direita e esquerda, quando vistas do exterior da edificação ou ambiente para os quais conduz a entrada.

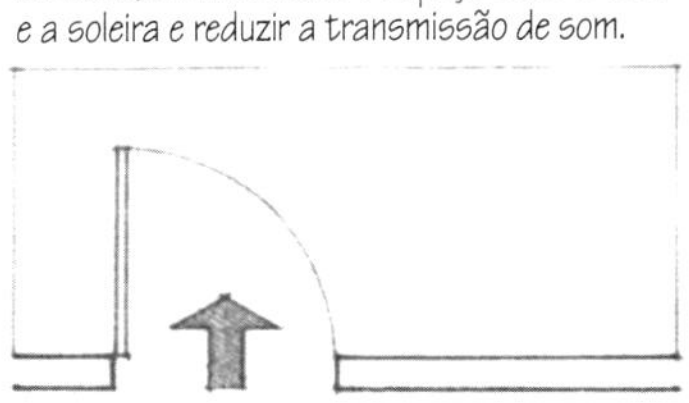

lado esquerdo
Que tem as dobradiças à esquerda de uma porta que se abre para dentro quando vista do exterior da edificação ou ambiente para os quais conduz a entrada.

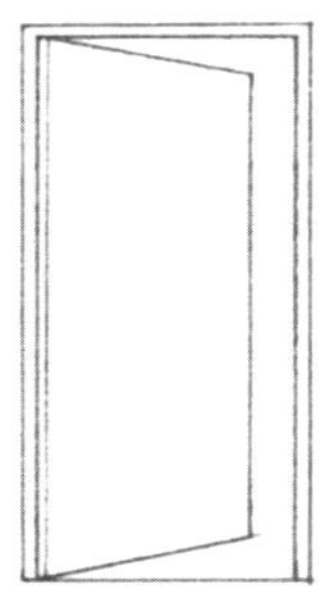

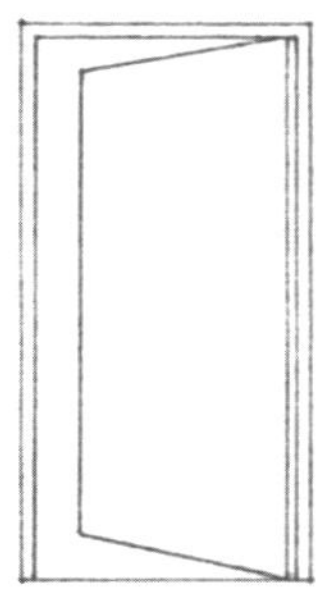

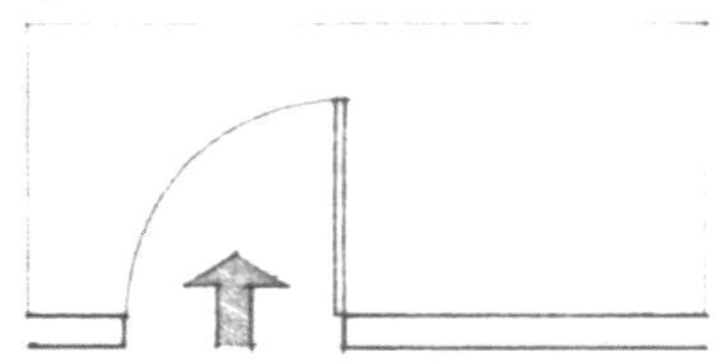

lado direito
Que tem as dobradiças no lado direito de uma porta que se abre para dentro quando vista do exterior do edifício ou ambiente para os quais conduz a entrada.

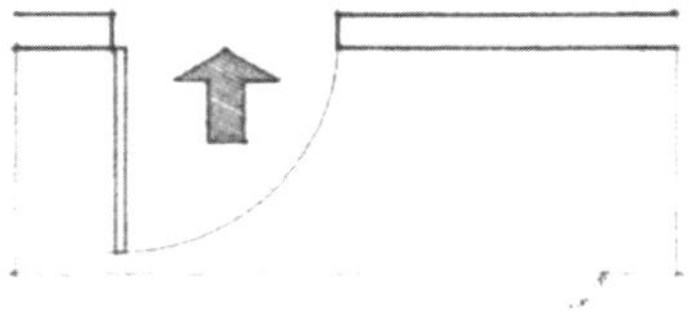

lado esquerdo reverso
Que tem as dobradiças à esquerda de uma porta que se abre para fora quando vista do exterior da edificação ou ambiente para os quais conduz a entrada.

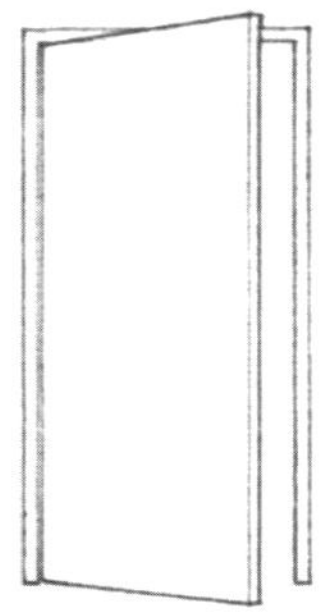

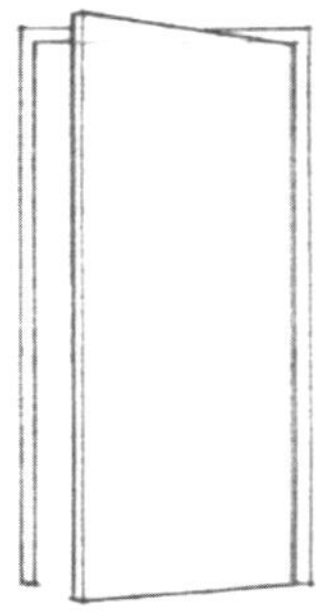

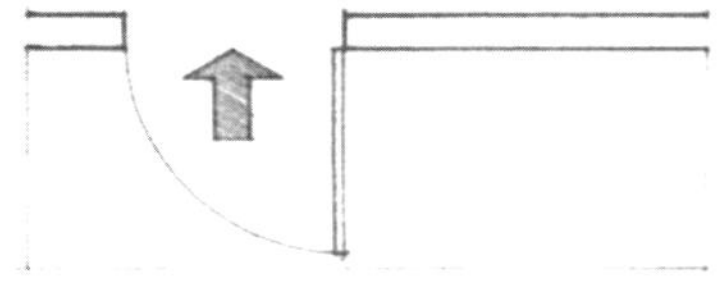

lado direito reverso
Que tem as dobradiças no lado direito de uma porta que se abre para fora quando vista do exterior do edifício ou ambiente para os quais conduz a entrada.

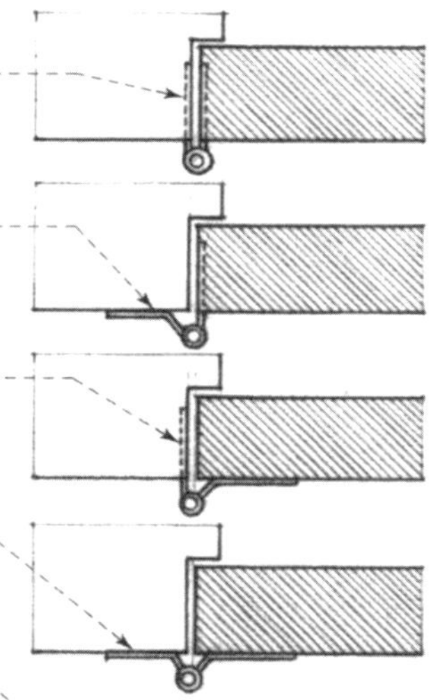

dobradiça de encaixe
Gonzo encaixado entre as superfícies articuladas de uma porta e sua ombreira.

dobradiça de meio encaixe
Dobradiça onde uma das chapas é encaixada no bordo de uma porta e a outra na superfície aparente do batente.

dobradiça de meia superfície
Dobradiça onde uma das chapas é encaixada no batente e a outra na face da porta.

dobradiça de flapes
Dobradiça com duas chapas afixadas às superfícies adjacentes de uma porta e um batente.

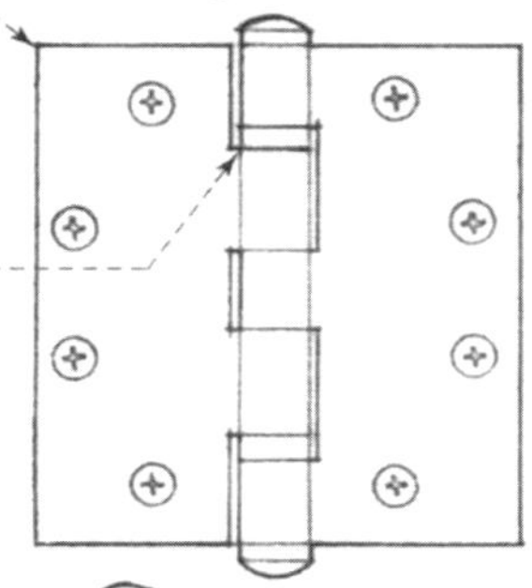

dobradiça padrão
Dobradiça de encaixe, fabricada de modo a encaixar-se em rebaixos executados na porta e no batente e cuja disposição de orifícios corresponde à disposição dos orifícios de portas e batentes metálicos ocos.

dobradiça de rolamento de esferas
Dobradiça equipada com rolamentos de esferas entre as articulações, a fim de reduzir a fricção e garantir um funcionamento fácil.

dobradiça com pino de segurança
Dobradiça com um pino removível.

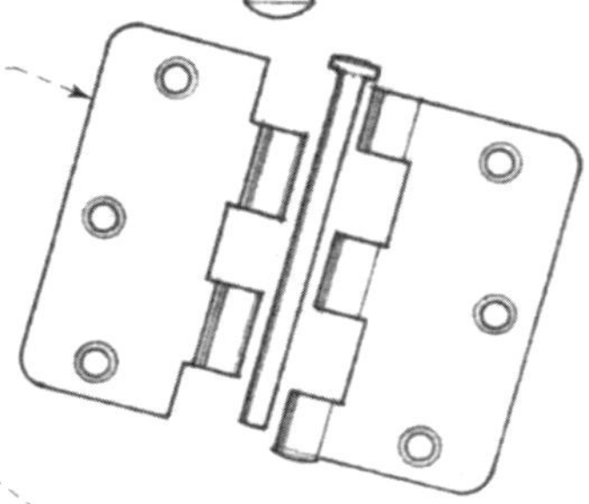

dobradiça de pino frouxo
Dobradiça com um pino removível que permite desmontar a porta mediante a separação das duas chapas.

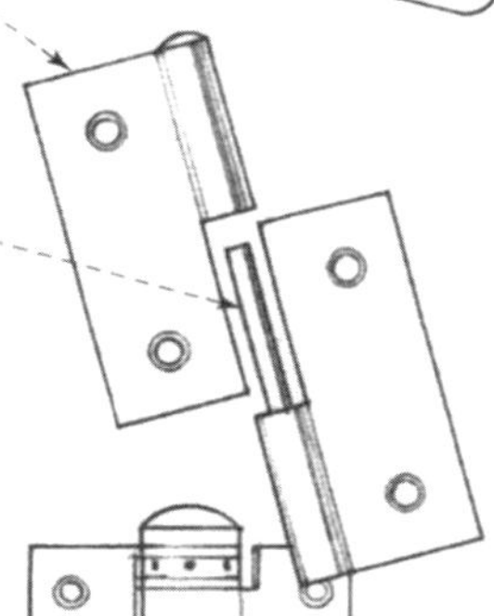

dobradiça de junta frouxa
Dobradiça cuja articulação é formada por duas metades, uma de cada chapa, com a metade superior removível do pino. Também **dobradiça desmontável**.

moente
Pino ou parafuso em torno do qual gira a fêmea de uma dobradiça.

fêmea da dobradiça
Peça cilíndrica oca dentro da qual gira o moente de uma dobradiça.

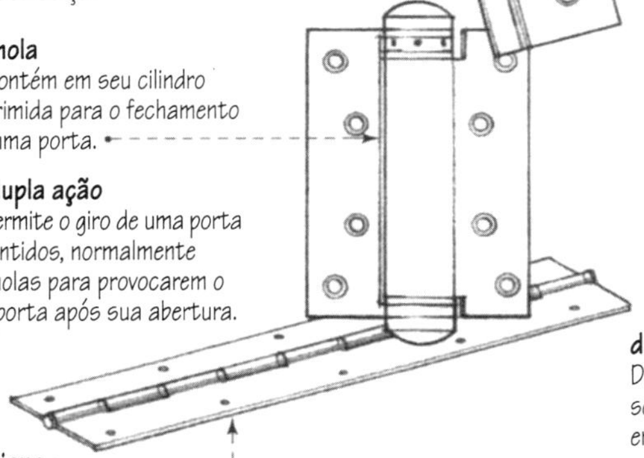

dobradiça de mola
Dobradiça que contém em seu cilindro uma mola comprimida para o fechamento automático de uma porta.

dobradiça de dupla ação
Dobradiça que permite o giro de uma porta em ambos os sentidos, normalmente guarnecida de molas para provocarem o fechamento da porta após sua abertura.

dobradiça de piano
Dobradiça longa e estreita que corre por toda a extensão de duas superfícies às quais suas chapas estão afixadas. Também chamada **dobradiça contínua**.

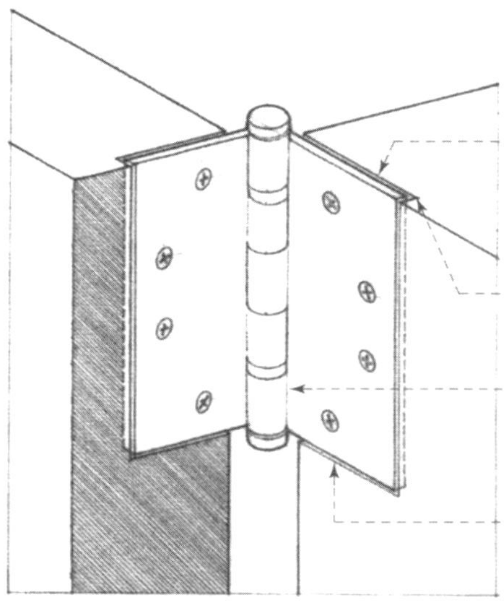

dobradiça
Dispositivo articulado, normalmente composto por duas chapas unidas por um pino, por meio do qual uma porta ou portinhola oscilam, giram ou se movem.

chapa
Cada uma das peças planas e chatas de uma dobradiça que são presas às superfícies adjacentes unidas e articuladas por meio desta. Também chamada **asa**.

recesso
Entalhe efetuado em uma superfície para acomodar a chapa de uma dobradiça.

articulação
Junta cilíndrica saliente de uma dobradiça através da qual passa o pino.

dobradiça de topo
Dobradiça composta por duas chapas fixas às superfícies adjacentes de uma porta e uma ombreira.

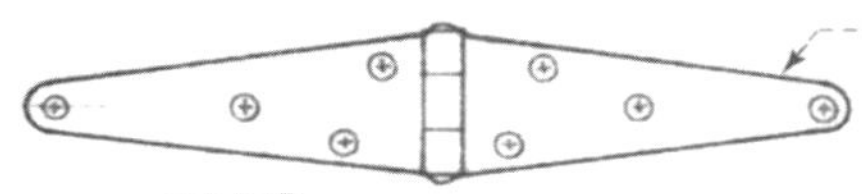

dobradiça de tira
Dobradiça com duas chapas alongadas a serem afixadas às faces adjacentes de uma porta e uma ombreira.

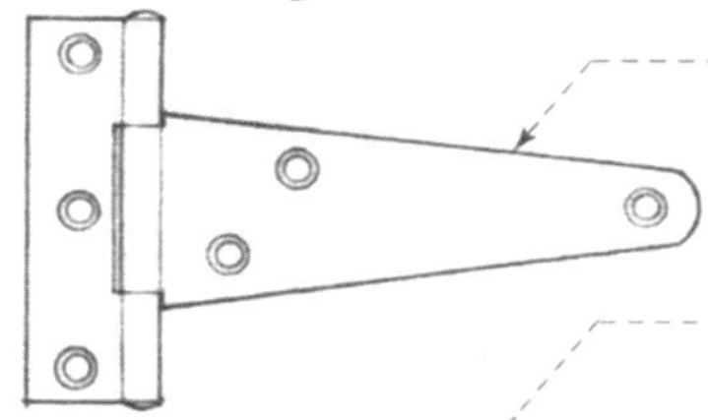

dobradiça em T
Dobradiça de tira em forma de T em que a peça vertical é a parte fixa e a aba longa funciona como chapa móvel.

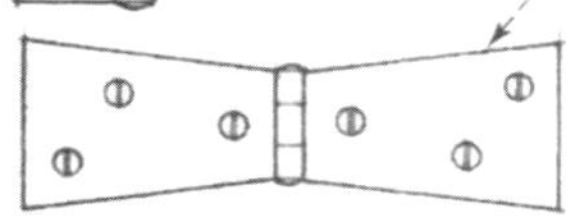

dobradiça em cauda de andorinha
Dobradiça cujas chapas são mais estreitas em sua junção do que nas extremidades.

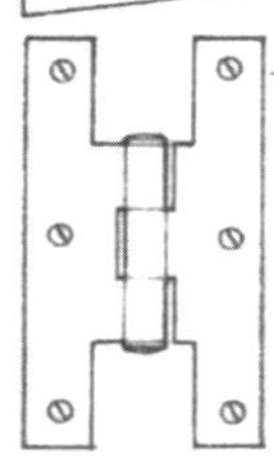

dobradiça parlamento
Dobradiça em forma de H com uma articulação projetada, que permite a uma porta manter uma distância com relação à parede quando plenamente aberta.

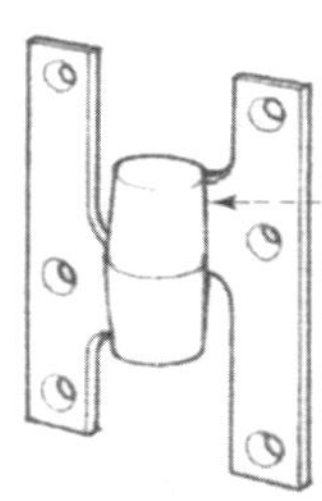

macho-fêmea
Dobradiça com uma única articulação.

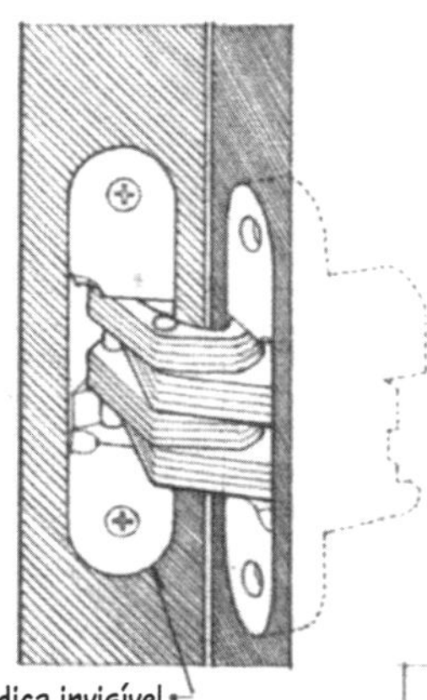

dobradiça invisível
Dobradiça composta por uma série de chapas planas que giram em torno de um pino central, com os rebordos embutidos no bordo da porta e no batente de modo a ficar oculta quando esta se encontra fechada. Também chamada **dobradiça oculta**.

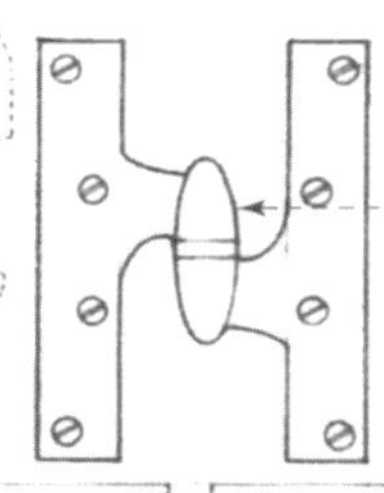

dobradiça de articulação oval
Macho-fêmea com uma articulação oval. Também chamada **dobradiça oval**.

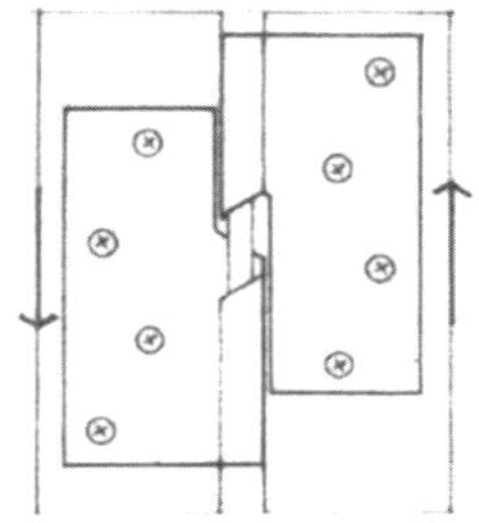

dobradiça de gravidade
Dobradiça que se fecha automaticamente pela ação da gravidade.

dobradiça de elevação
Dobradiça de gravidade que provoca uma ligeira elevação da porta quando aberta.

fechadura
Dispositivo para imobilizar uma porta, gaveta ou tampa quando fechadas, que consiste em uma cavilha ou combinação de cavilhas impulsionadas e retiradas por um mecanismo operado por uma chave ou uma combinação.

fechadura de sobrepor
Fechadura afixada à superfície de uma porta e não embutida em seu bordo.

fechadura tubular
Fechadura instalada no interior de dois orifícios perfurados em ângulos retos entre si, um através da face de uma porta e o outro no bordo desta.

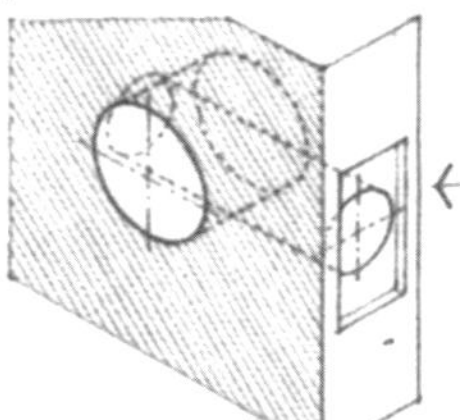

fechadura unitária
Fechadura instalada no interior de um entalhe retangular efetuado no bordo de uma porta.

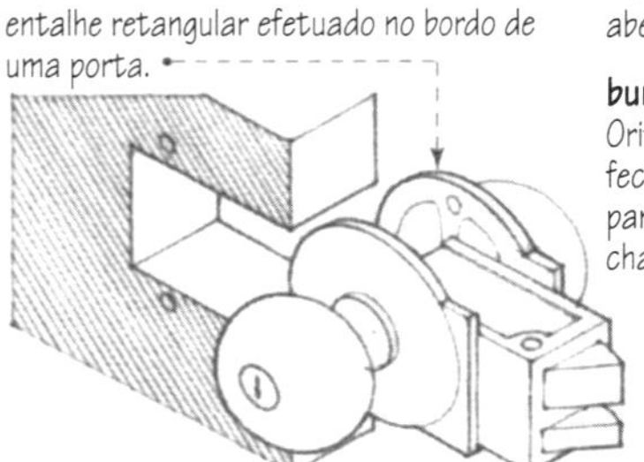

fechadura para perfil
Fechadura encaixada em entalhe no bordo de uma porta, ficando seu mecanismo coberto em ambos os lados.

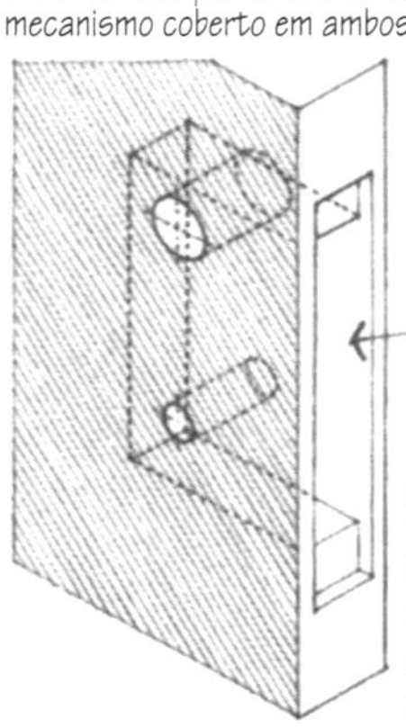

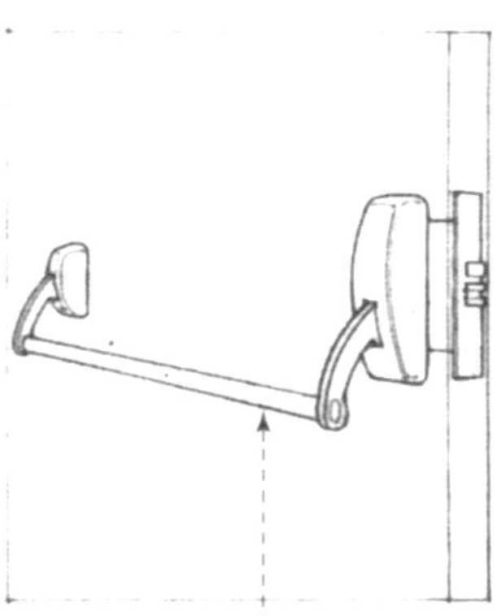

barra antipânico
Barra horizontal que atravessa o interior de uma porta de saída de emergência, situada na altura da cintura, e que abre o trinco quando pressionada.

fechadura completa
Conjunto de peças que compõem uma fechadura pronta para ser utilizada, incluindo maçanetas, espelhos e contra-espelhos e o mecanismo de fechadura.

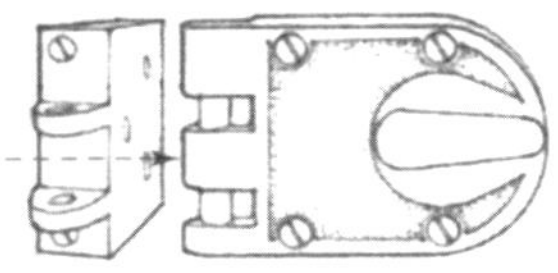

maçaneta de bola
Maçaneta esférica por meio da qual uma porta é aberta ou fechada.

buraco da fechadura
Orifício em uma caixa de fechadura ou um espelho para se inserir uma chave.

espelho
Chapa protetora ou ornamental em torno do buraco da fechadura, da maçaneta de porta, de um puxador de gaveta ou de um interruptor de luz.

eixo
Barra na qual estão instaladas as maçanetas e que ativa o trinco ou a lingüeta de uma fechadura.

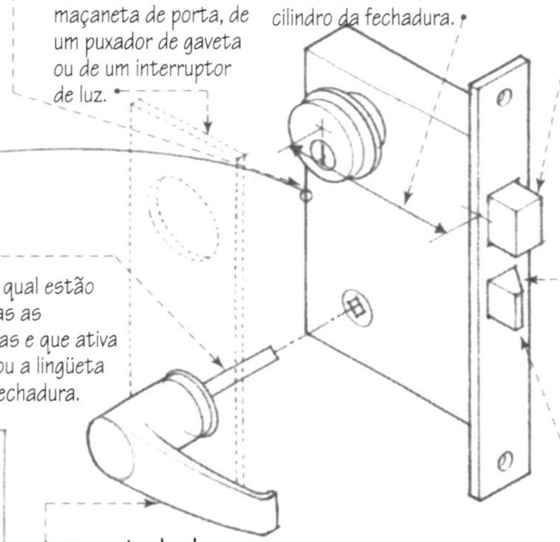

maçaneta de alavanca
Maçaneta horizontal para se acionar a lingüeta de uma fechadura.

contra-testa
Chapa instalada no umbral de uma porta, com orifícios para receber a extremidade de uma lingüeta quando a porta está fechada.

aba
Extremidade ou rebordo projetados de uma contra-testa.

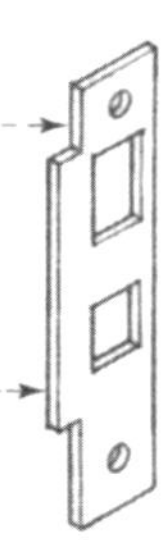

contra-testa com caixa
Caixa metálica embutida em um recesso de um umbral destinada a receber a lingüeta de uma fechadura quando a porta está fechada.

trinco
Dispositivo destinado a manter uma porta fechada e que consiste essencialmente em uma barra que cai ou desliza para dentro de uma ranhura ou orifício.

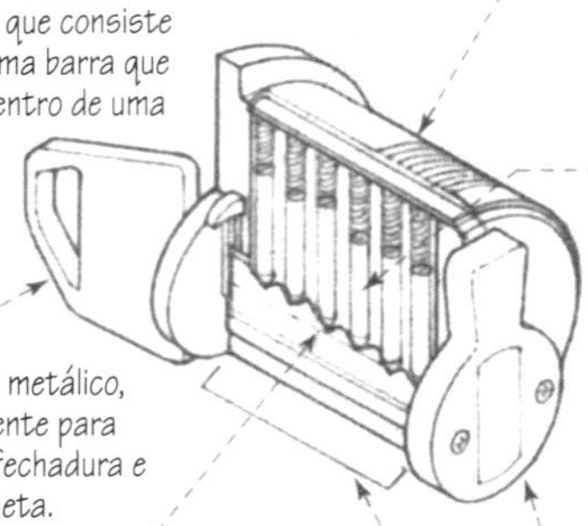

chave
Pequeno instrumento metálico, recortado especialmente para encaixar-se em uma fechadura e movimentar sua lingüeta.

pua
Cada uma das lâminas salientes, recortadas para se encaixarem nos pinos e acionarem a lingüeta, o trinco ou ambos.

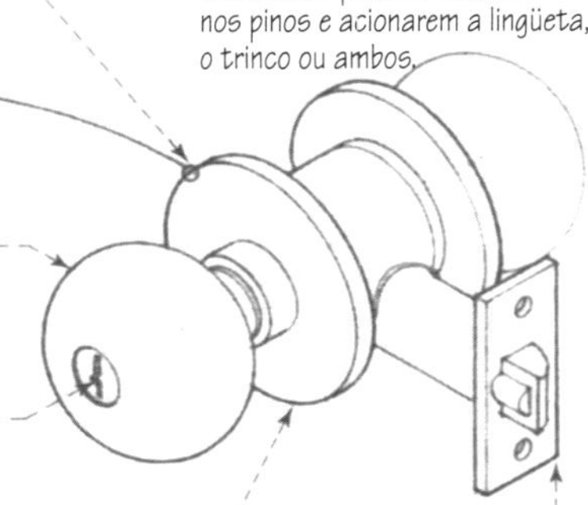

roseta
Chapa ornamental posicionada em torno do eixo de uma maçaneta de bola na face de uma porta.

backset
Distância horizontal entre a face de uma fechadura através da qual passa a lingüeta e a linha central da haste da maçaneta, do buraco da fechadura ou do cilindro da fechadura.

testa
Placa ou superfície através da qual passa a lingüeta de uma fechadura. Também chamada **chapa de testa**.

lingüeta
Barra ou haste metálica no mecanismo de uma fechadura, que é projetada ou retirada através do giro de uma maçaneta ou uma chave.

lingüeta de embeber
Lingüeta com uma cabeça quadrangular que é movimentada através do giro de uma maçaneta ou de uma chave e não pela ação de molas. Também chamada **fechadura de embeber**.

chanfro (1)
Extremidade oblíqua de uma lingüeta de trinco que atinge a contra-testa.

lingüeta de trinco
Lingüeta com uma cabeça chanfrada e que é acionada por uma mola, exceto quando retraída por uma maçaneta ou impelida em direção à contra-testa ao se fechar a porta.

lingüeta de topo
Lingüeta nivelada com a face ou o bordo de uma porta.

lingüeta de extensão
Lingüeta de topo encaixada em um recesso de uma porta e que desliza para dentro de um bocal na travessa ou na soleira.

coordenador
Dispositivo destinado a assegurar que a folha inativa de uma porta de duas folhas possa fechar-se antes da folha ativa.

cilindro
Dispositivo cilíndrico destinado a reter a lingüeta de uma fechadura até que os pinos sejam impelidos para fora de seu trajeto.

pino
Peça de obstrução de uma fechadura que impede que a lingüeta seja impelida ou recolhida a não ser pela ação de uma chave.

percussor de alavanca
Pino metálico chato com um movimento pivotante ativado pelo giro de uma chave.

ressalto
Disco ou cilindro de forma irregular, que gira ou desliza a fim de imprimir movimento a um rolete que se move contra sua extremidade ou a um pino livre para se movimentar em um sulco em sua face.

rasgo de chaveta
Fenda em uma fechadura destinada a receber e guiar uma chave.

guarda
Aresta saliente de metal na fechadura ou no buraco da fechadura, que impede a introdução de qualquer chave desprovida do entalhe correspondente.

fechadura reversível
Fechadura com uma lingüeta de trinco que pode ser invertida de modo a permitir sua instalação quer numa porta de direita ou esquerda.

chanfro (2)
Lado de uma fechadura voltada para a mesma direção que o chanfro da extremidade da lingüeta de trinco.

chanfro normal
Chanfro de uma lingüeta ou fechadura de uma porta que dá para o interior do edifício ou ambiente para os quais esta conduz.

chanfro invertido
Chanfro de uma lingüeta ou fechadura de uma porta que dá para o exterior do edifício ou ambiente para os quais esta conduz.

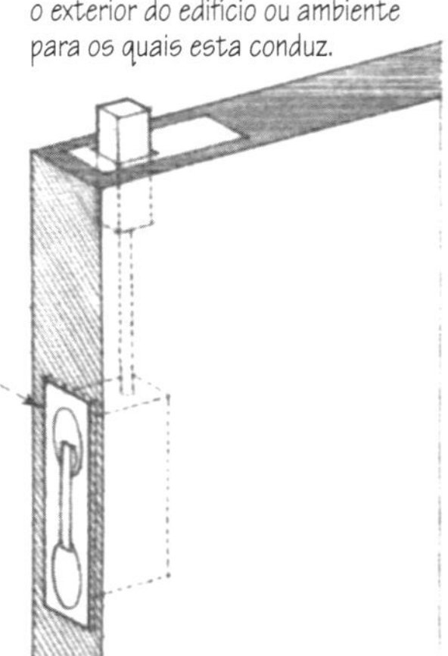

polegada
Unidade de medida convencional, adotada internacionalmente na classificação dos pregos. Símbolo: ″.

prego
Haste metálica reta e delgada, com uma das extremidades pontiaguda e a outra mais larga e achatada, que é cravada na madeira ou outros materiais de construção como peça de fixação.

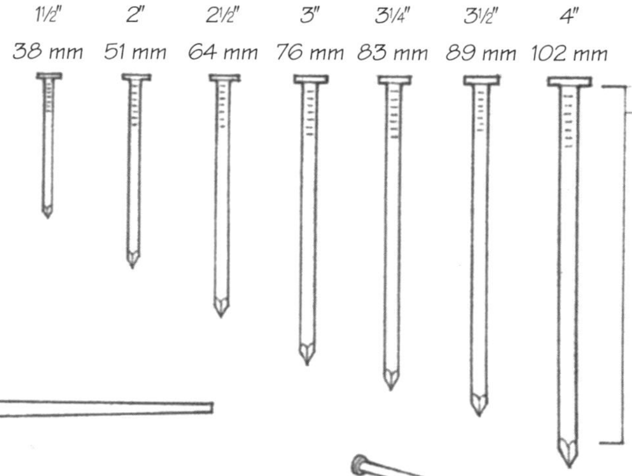

prego cortado
Corpo retangular adelgaçado com uma ponta cega, recortado a partir de uma peça de ferro ou aço laminado.

prego de arame
Produzido por corte e conformação de uma peça de arame de seção circular ou elíptica.

prego comum
Corpo delgado, cabeça achatada e ponta em forma de diamante. Também, **ponta de Paris**.

prego de caixa
Cabeça chata e corpo mais delgado que o prego comum, porém de mesmo comprimento.

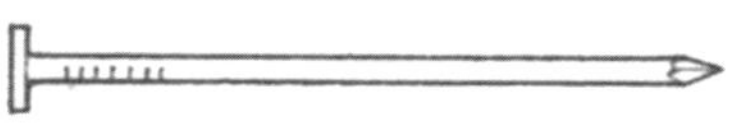

prego de forro
Cabeça pequena e cônica, e corpo mais delgado que o prego comum de mesmo comprimento, usado no acabamento de trabalhos em que a cabeça pode ficar visível.

prego de acabamento
Corpo delgado e cabeça pequena, em forma de barril, a qual é cravada até ligeiramente abaixo da superfície e recoberta com algum tipo de massa.

preguilho
Prego pequeno para acabamento.

prego de duas cabeças
Usado na construção de estruturas temporárias, como andaimes e fôrmas, tendo no corpo um flange cuja finalidade é evitar que seja cravado por inteiro, deixando a cabeça livre para ser puxada. Também, **prego de forma** ou **prego de andaime**.

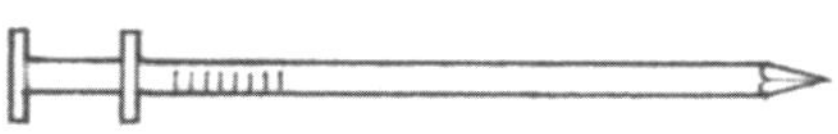

prego para concreto
De aço temperado com corpo raiado ou filetado e ponta em forma de diamante, para ser cravado em superfícies de concreto ou alvenaria. Também **prego de alvenaria**.

prego de piso
Para fixar tábuas de piso, com cabeça pequena e cônica, corpo mecanicamente deformado e ponta cega em diamante.

prego anelado
Corpo com sulcos concêntricos para aumentar seu poder de retenção.

prego de telhado
Corpo farpado, filetado ou revestido de cimento, cabeça grande e chata, utilizado para fixar chapas de ardósia e congêneres.

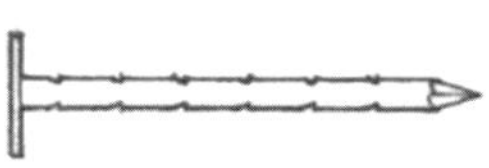

prego rosqueado
Corpo rosqueado. Pode ser cravado com um martelo e removido com uma chave de fenda. Também chamado **prego de rosca**.

Ação de firmar ou unir duas ou mais partes ou elementos – por exemplo, prendendo-os com um grampeador mecânico, colando-os com uma substância adesiva, ou soldando-os.

corpo
Parte reta e estreita de um prego ou parafuso, entre a cabeça e a ponta.

prego de 2½ polegadas
Prego com 64 mm de comprimento.

prego de 3½ polegadas
Prego com 89 mm de comprimento.

prego caibral
Pesado e longo (102 a 356 mm) para peças de madeira pesadas. Mais grosso que o comum. Também, **pregão** e **prego de caverna**.

punção
Prego caibral de corpo redondo, introduzido em orifícios pré-perfurados em peças de madeira pesada. Também, **toca-pinos**.

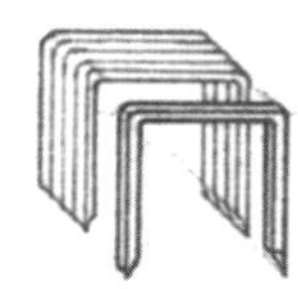

grampo
Peça metálica em U, com extremidades pontiagudas, usada para fixar materiais laminados ou prender um ferrolho, pino ou parafuso.

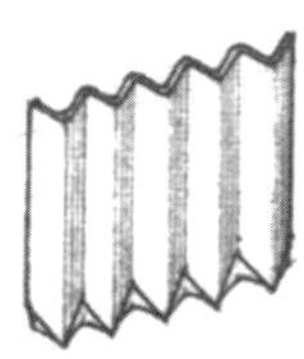

prendedor ondulado
Peça de aço laminado corrugado com extremidade ondulada afiada, para unir duas peças de madeira – p. ex., em uma junta a meia-esquadria. Também, **prendedor corrugado**.

ponta arredondada
Ponta aguda e cônica de prego ou parafuso.

ponta de diamante
Ponta aguda e piramidal de prego ou parafuso.

ponta de cinzel
Ponta de prego ou parafuso com duas faces planas e inclinadas em ângulo agudo.

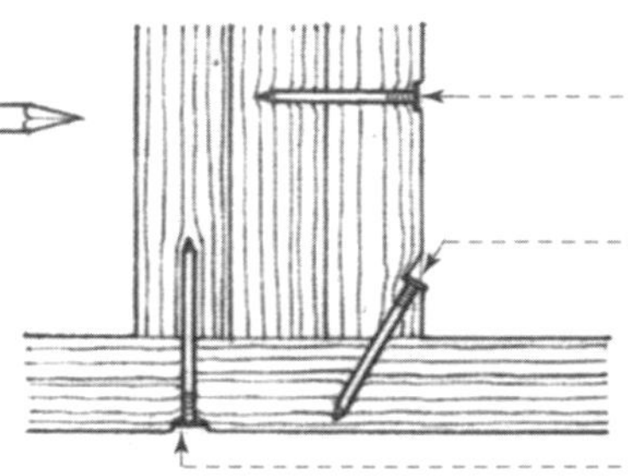

cravadura perpendicular
Fixação efetuada cravando-se um prego perpendicularmente à face do trabalho.

cravadura oblíqua
Fixação efetuada cravando-se um prego obliquamente às superfícies a serem unidas. Podem-se cravar outros pregos, em ângulos opostos, para aumentar o poder de retenção.

cravadura de topo
Fixação efetuada cravando-se um prego na extremidade da tábua, na direção das fibras da madeira, oferecendo pouca resistência à sua remoção.

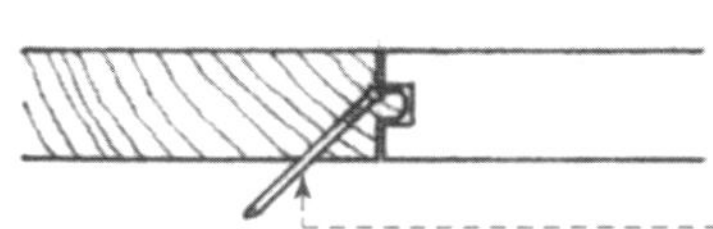

cravadura cega
Fixação efetuada de modo que as cabeças dos pregos não ficam visíveis na superfície do trabalho.

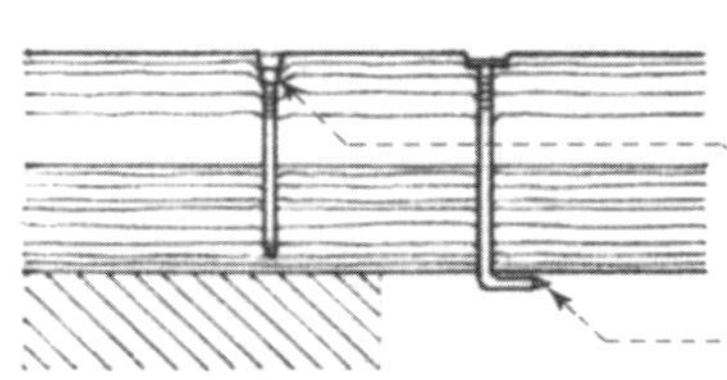

embutir
Cravar a cabeça de um prego ligeiramente abaixo da superfície com um toca-pregos.

rebitar
Fixar um prego ou parafuso dobrando com martelo a parte excedente.

tala de pregação
Tira de madeira ou outro material relativamente dúctil, que é presa a uma superfície rija – de aço ou de concreto, por exemplo –, de modo a permitir a fixação de objetos a essa superfície.

parafuso
Peça metálica de fixação com um corpo filetado helicoidalmente e uma cabeça fendida, destinada a ser introduzida em uma peça de madeira, ou de outro material, através de seu rosqueamento – por exemplo, com uma chave de fenda.

rosca
Filete helicoidal ou espiral de um parafuso ou uma porca.

passo
Distância entre dois pontos correspondentes e adjacentes na rosca de um parafuso ou porca.

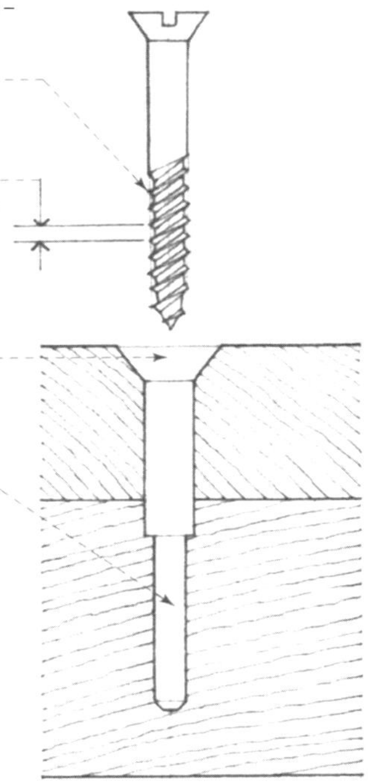

escarear
Alargar a parte superior de um orifício aberto, para que a cabeça do parafuso fique ao nível ou abaixo da superfície.

orifício piloto
Orifício-guia utilizado para inserção de um prego ou parafuso, ou para se abrir um orifício maior.

roscar
Escavar uma rosca em um orifício.

espanar
Desgastar ou danificar a rosca de um parafuso ou de uma porca por aplicar-lhes torque demasiado.

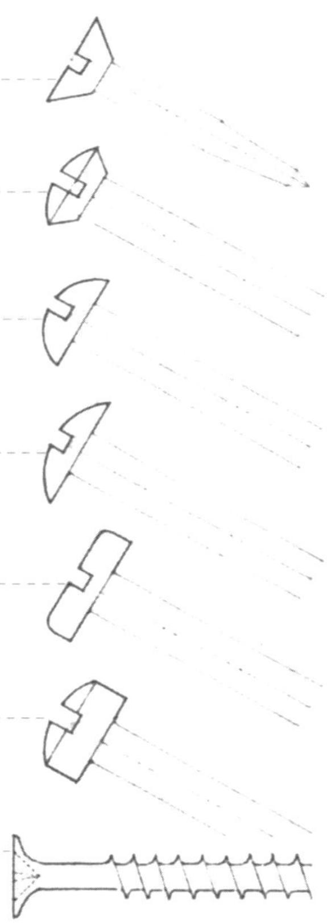

cabeça plana
Cabeça de parafuso que apresenta uma superfície superior plana sobre uma base cônica.

cabeça oval
Cabeça de parafuso que apresenta uma forma esférica de pouca altura sobre uma base cônica.

cabeça boleada
Cabeça de parafuso que apresenta uma forma esférica sobre uma base plana. Também, **cabeça redonda** e **cabeça de botão**.

cabeça de armação
Cabeça de parafuso que apresenta uma forma esférica de pouca altura sobre uma base plana.

cabeça cilíndrica
Cabeça de parafuso que apresenta uma forma cilíndrica com o bordo superior arredondado.

cabeça oval cilíndrica
Cabeça de parafuso cilíndrica, com uma superfície superior ligeiramente arredondada sobre uma base plana.

cabeça de corneta
Cabeça de parafuso que apresenta uma superfície superior plana e cuja base tem a forma da campânula de uma corneta.

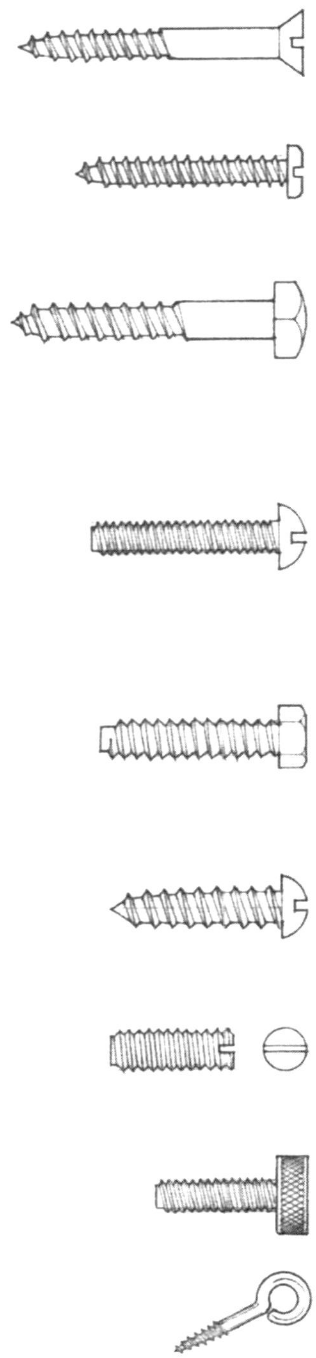

parafuso de madeira
Parafuso com uma cabeça fendida e uma ponta filetada, que lhe permite formar sua própria rosca de encaixe ao ser introduzido na madeira com o uso de uma chave de fenda.

parafuso-verruma
Parafuso de rosca com acabamento grosseiro, destinado a perfurar sua rosca-fêmea correspondente ao ser introduzido. Também chamado **parafuso macho**.

tira-fundo
Parafuso pesado de rosca com acabamento grosseiro, provido de uma cabeça quadrada ou hexagonal que é acionada por uma chave inglesa, utilizado em áreas inacessíveis para a colocação de uma porca ou em locais em que seria necessário um parafuso de porca excepcionalmente longo para penetrar uma junta por inteiro. Também, **saca-fundo**.

parafuso de máquina
Peça metálica de fixação utilizada com uma porca ou introduzida em um orifício pré-existente, que apresenta um corpo inteiramente rosqueado e uma cabeça fendida ou Phillips para que possa ser girada com uma chave de fenda. Também chamado **parafuso para metal** e **parafuso de fenda**.

parafuso de cabeça
Peça metálica de fixação utilizada em maquinaria, que apresenta um corpo inteiramente rosqueado e que é firmado por uma rosca-fêmea existente no orifício no qual é introduzido. Também chamado **parafuso de tampa**.

parafuso para chapa de metal
Parafuso de rosca com acabamento grosseiro, destinado a fixar chapas metálicas e outros materiais de pouca espessura.

parafuso de trava
Parafuso, normalmente sem cabeça, rosqueado firmemente através de um orifício de uma peça em uma segunda peça a fim de evitar seu movimento relativo. Também chamado **parafuso de fixação**.

parafuso de mão
Parafuso de cabeça achatada e serrilhada, que permite ser girado utilizando-se o polegar e o indicador. Também chamado **parafuso de orelhas**.

pitão
Parafuso com cabeça em forma de anel. Também chamado **parafuso de olhal** e **parafuso de argola**.

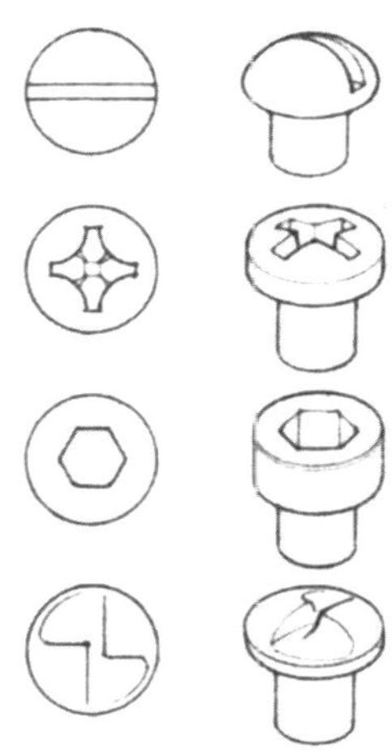

cabeça fendida
Cabeça de parafuso que apresenta uma fenda única, e que é girada por uma chave de fenda.

cabeça Phillips
Cabeça de parafuso com duas fendas parciais que se entrecruzam em ângulos retos, e que é girada por uma chave Phillips.

cabeça Allen
Cabeça de parafuso com um rebaixo central hexagonal e que é girada por uma chave Allen.

cabeça de segurança
Cabeça de parafuso desenhada para resistir à remoção por chave de fenda ou chave Phillips.

parafuso de porca
Pino ou haste metálica com rosca, normalmente com uma cabeça em uma das extremidades, destinada a ser inserida, através de orifício, em peças a serem unidas, e fixada por uma porca.

parafuso de carroceria
Parafuso de porca, de cabeça redonda sobre uma base plana e um rebaixo quadrado para evitar sua rotação, próprio para os locais em que a cabeça pode ser de difícil acesso durante a fixação.

parafuso de máquina
Parafuso de porca, de cabeça quadrada ou hexagonal sobre uma base plana, que é rotacionado através de uma chave inglesa ou uma chave de porca.

cabeça quadrada
Cabeça de parafuso de formato quadrado, girada com chave inglesa.

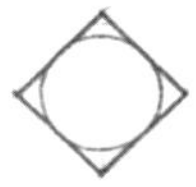

pescoço
Parte do corpo de um parafuso próxima à cabeça, apresenta formato especial. Também, **colar**.

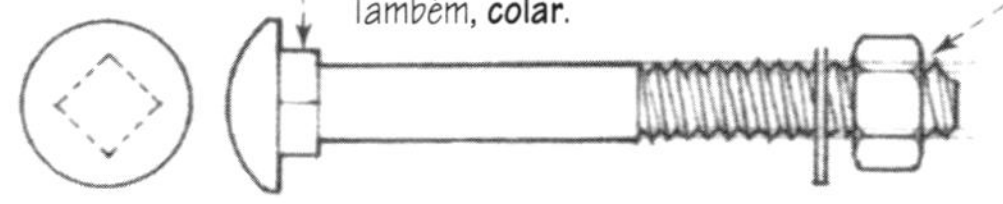

cabeça sextavada
Cabeça de parafuso com formato hexagonal, destinada a ser girada com uma chave de porca ou uma chave inglesa.

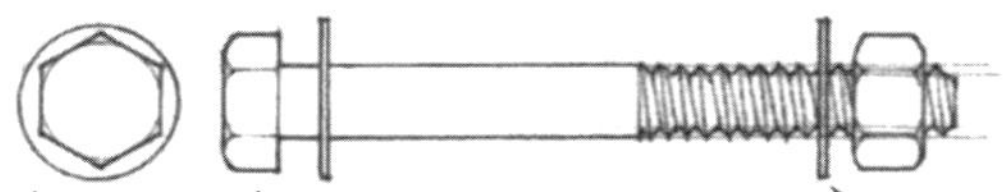

parafuso de fogão
Parafuso de máquina pequeno e com rosca, de acabamento grosseiro.

parafuso-J
Haste metálica em forma de J, com rosca em uma das extremidades para receber uma porca.

parafuso-U
Haste metálica dobrada em forma de um U, com ambas as extremidades rosqueadas.

parafuso de olhal
Parafuso com uma cabeça em forma de anel para receber um gancho ou uma corda. Também chamado **parafuso de ilhó** ou **pitão**.

manilha
Peça de ligação em forma de U, fixa por um parafuso de porca ou um pino que atravessa dois orifícios localizados nas extremidades dos dois braços.

esticador
Luva metálica com rosca interna, em cada extremidade, utilizada para unir e tensionar duas peças – por exemplo, as extremidades rosqueadas de duas hastes ou cabos fixos. Também, **parafuso-tensor** e **tensor de rosca**.

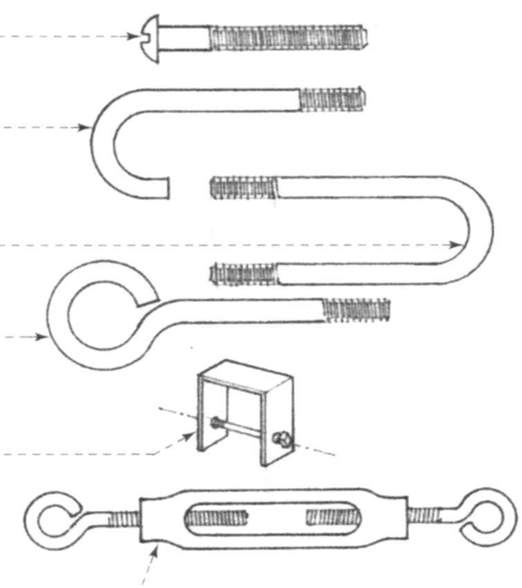

parafuso de expansão
Peça de fixação com uma bainha bipartida que se expande mecanicamente para prender-se às laterais de um orifício aberto na alvenaria ou no concreto.

Molly
Nome comercial de um parafuso de expansão com uma bainha bipartida, à guisa de luva, e rosqueada de tal modo que, ao ser girado o parafuso, as extremidades da bainha se aproximam e as laterais se abrem a fim de se fixarem a um orifício aberto na alvenaria ou à superfície interna de uma parede oca.

luva de expansão
Luva de chumbo ou plástico inserida em um orifício pré-existente e expandida mediante a introdução de um parafuso em sua parte interna. Também chamada **escudete de expansão** e **bucha**.

parafuso com ação de cotovelo
Peça de fixação provida de dois braços articulados que, pela ação de uma mola, se fecham ao atravessarem um orifício pré-existente e se abrem ao saírem do mesmo, de modo a se prenderem à superfície interna de uma parede oca.

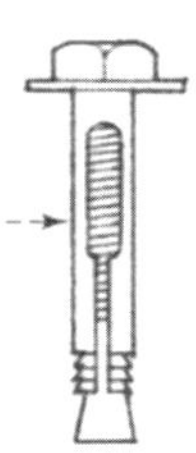

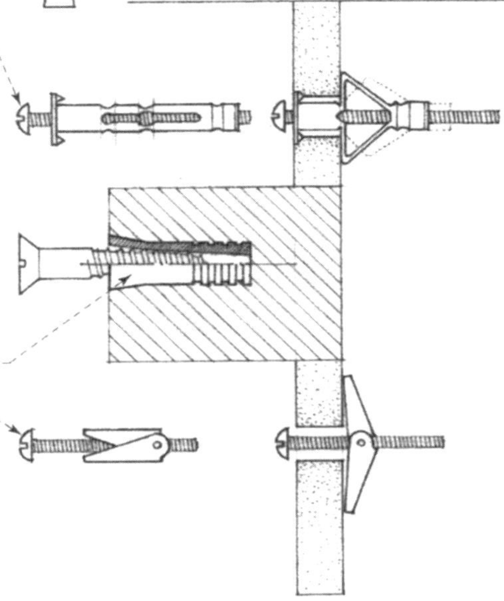

espaçamento entre fileiras
Distância de centro a centro entre duas ou mais fileiras de parafusos.

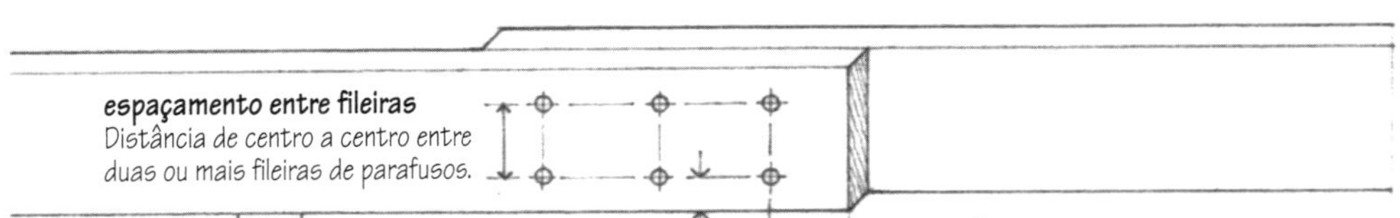

porca
Bloco metálico, quadrado ou sextavado, com um centro vazado e provido de rosca, para ser atarrachado a um parafuso a fim de firmá-lo.

contraporca
Porca especialmente forjada para criar atrito adicional entre ela e um parafuso. Também, **porca de embuchamento** e **porca de segurança**.

porca acastelada
Fendas radiais externas permitindo a inserção de um pino de travação ou um arame em seu corpo e no orifício do parafuso. Também, **porca entalhada**.

porca de remate
Base hexagonal e topo esférico usada para cobrir a extremidade rosqueada de um parafuso. Também chamada **porca esférica**.

porca-borboleta
Duas abas chatas, permitindo que seja apertada com o polegar e o indicador. Também, **porca de orelhas** e **porca de mão**.

arruela
Disco perfurado de metal, borracha ou plástico, usado sob a cabeça de porca ou parafuso, ou em junta, para distribuir a pressão, evitar vazamentos ou reduzir atrito.

arruela de segurança
Feita para evitar o deslocamento de uma porca por haver folgas. Também, **arruela de fixação**.

arruela indicadora de carga
Arruela provida de pequenas protuberâncias que, à medida que o parafuso é apertado e se diminui o intervalo entre a cabeça ou a porca e a arruela, sofrem um progressivo achatamento que indica a tensão na cavilha.

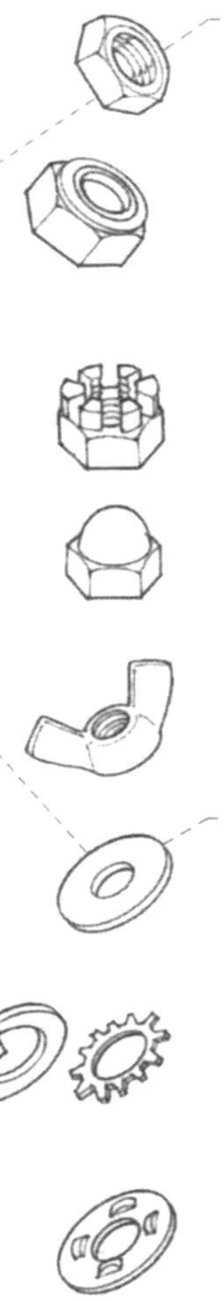

escarear
Aumentar o diâmetro de parte da extensão de um orifício aberto para que este abrigue a cabeça ou a porca de um parafuso.

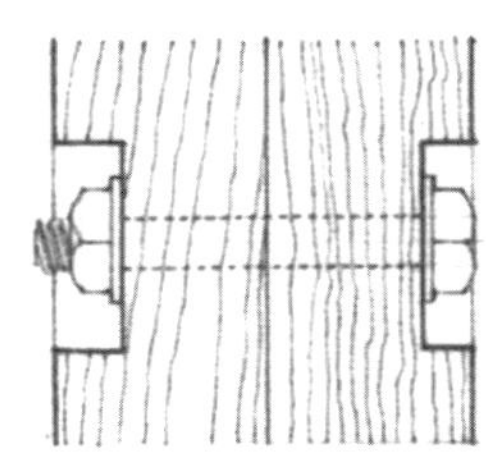

distância de topo
Distância entre a extremidade de uma tábua e o centro do orifício do parafuso mais próximo.

distância de bordo
Distância entre o bordo de uma tábua e o centro do orifício do parafuso mais próximo.

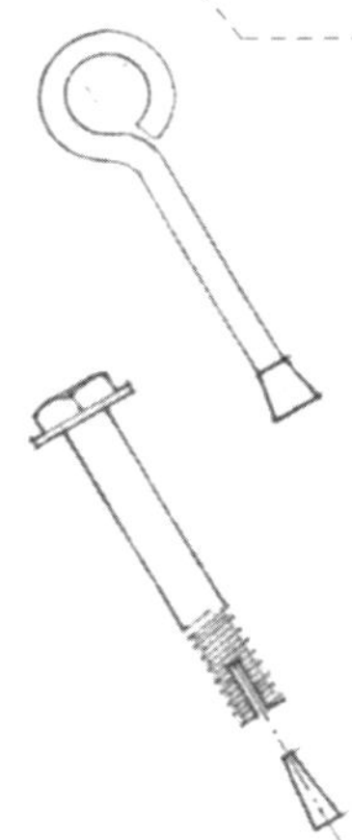

parafuso chumbador
Peça de fixação com a ponta em forma de cunha em torno da qual é despejado concreto ou chumbo para ancorá-la. Também chamado **chumbador**.

parafuso fendido
Peça de fixação com a ponta fendida para receber uma cunha em forma de cauda-de-raposa ao ser atarraxado em um furo cego.

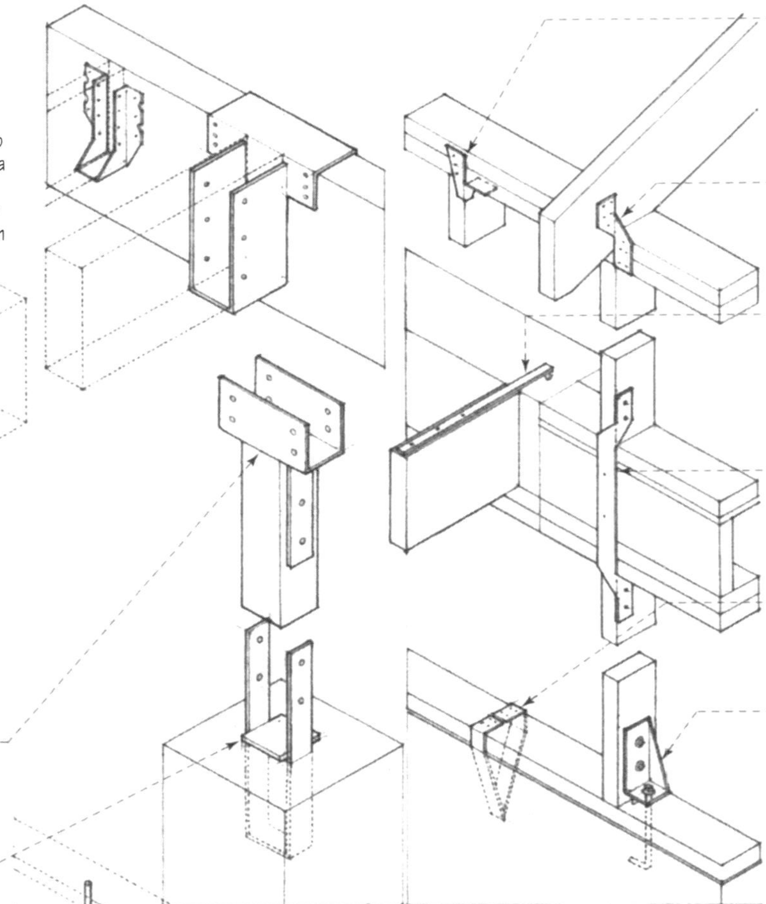

alça
Qualquer um dos vários consolos metálicos em forma de U utilizado para apoiar a extremidade de uma viga, trave de fixação, terça ou tesoura em uma longarina ou parede. A peça apoiada transfere sua reação para a alça pela ação do escoramento, mas a transferência de carga para a peça de sustentação se dá através de cisalhamento em seus pregos especiais de fixação. Também chamada **estribo**, **suspensor** e **braçadeira de suspensão**.

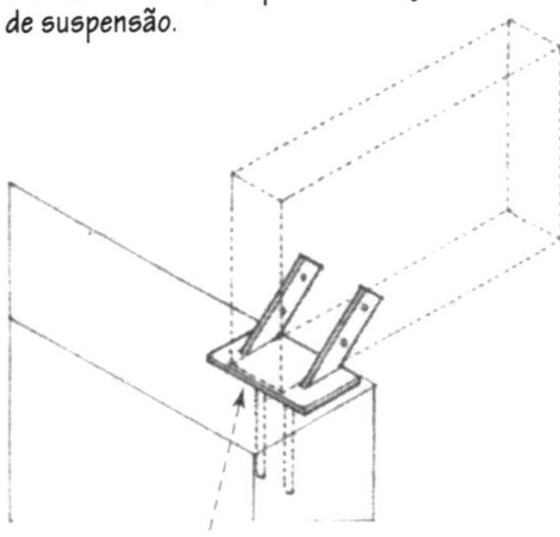

calço
Consolo metálico em forma de U utilizado para ancorar uma viga de madeira em um suporte de concreto.

cornija de coluna
Consolo metálico em forma de U utilizado para apoiar uma viga de madeira em uma coluna de sustentação. Também chamado **coroamento de coluna**.

base de coluna
Consolo metálico em forma de U utilizado para apoiar e ancorar uma coluna de madeira em sua base ou fundação. Também chamada **soco de coluna**.

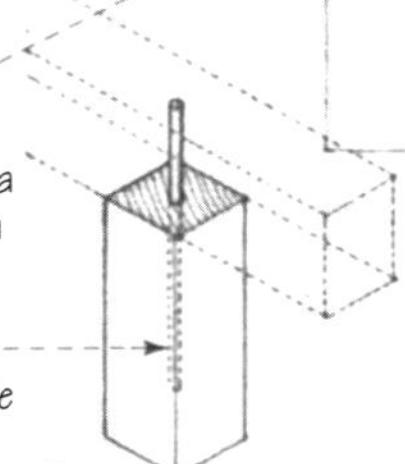

tarugo
Pino cilíndrico que se encaixa hermeticamente nos orifícios de duas peças adjacentes para impedi-las de se soltarem ou para alinhá-las. Também chamado **pino-guia**.

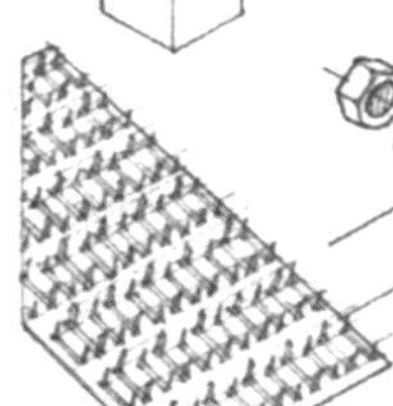

placa dentada
Chapa de metal laminado puncionada de modo a resultar em uma grade de dentes protuberantes e pouco espaçados, usada como tala de emenda na fabricação de tesouras de madeira leve. Também, **gang nai**.

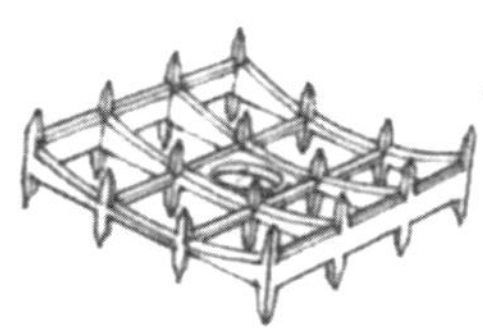

grade de pregões
Grelha de cravos, plana ou curvada em uma única direção, utilizada para emendar madeiras pesadas, fixa no lugar por um único parafuso. A junta resultante é resistente ao afrouxamento provocado por vibrações, impactos e cargas laterais reversíveis.

junta de armação
Um entre vários conectores de metal laminado, utilizado para unir componentes de madeira leve para estruturas através de pregos especiais colocados lateralmente contra a posição de arrancamento.

junta de tempestade
Conector para estrutura utilizado para unir um caibro ou tesoura a um frechal e firmá-los de modo a resistirem aos ventos laterais e ascendentes, bem como às forças sísmicas.

junta de trave
Tira metálica de junção utilizada para fixar as vigas de piso ou de cobertura a uma parede de concreto ou alvenaria, e destinada a absorver os esforços de ventos laterais e de forças sísmicas.

junta de piso
Tira metálica de junção utilizada para firmar o piso de uma estrutura de madeira leve contra a ação de forças sísmicas ou de ventos ascendentes.

junta de soleira
Junta de estrutura destinada a fixar uma soleira a uma laje de concreto ou viga de fundação.

parafuso prendedor
Peça metálica destinada a firmar uma estrutura de madeira contra a ação de forças sísmicas ou de vento ascendente, que consiste em uma cantoneira de aço reforçada, parafusada a um caibro vertical e presa por uma haste com rosca chumbada a uma fundação de concreto. Também chamado **parafuso de sujeição**.

conector de madeiras
Anel, chapa ou grade metálico destinado a transferir os esforços de cisalhamento entre as faces de duas peças de madeira e utilizado com um único parafuso que serve para firmar e unir o conjunto. Os conectores de madeiras são mais eficazes do que o parafuso ou tira-fundos utilizados isoladamente, uma vez que aumentam a área de distribuição da carga sobre a madeira.

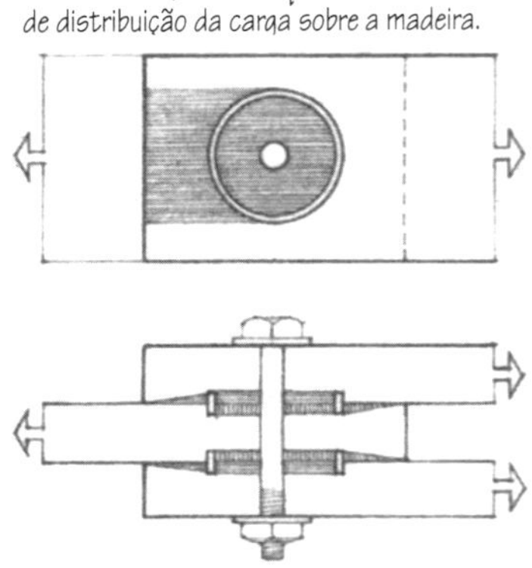

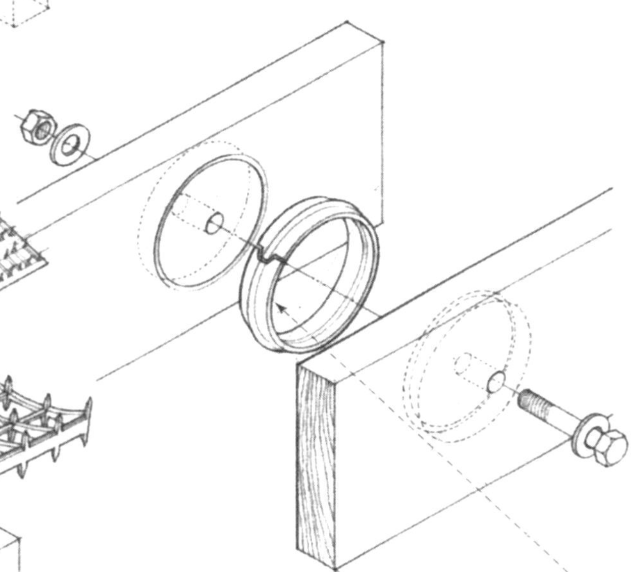

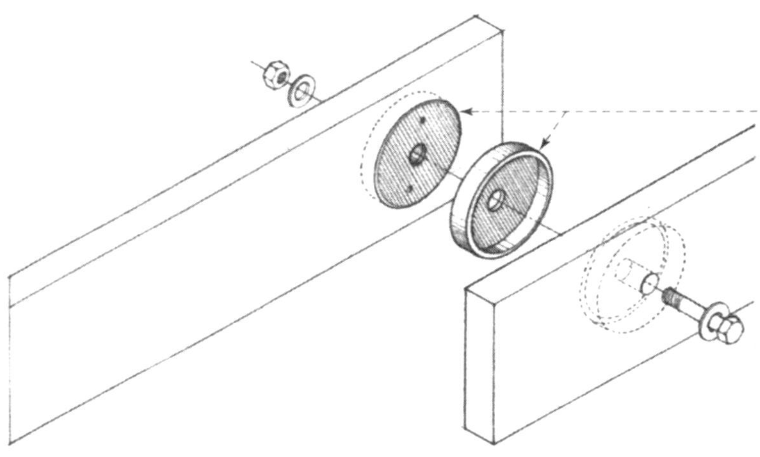

chapa de cisalhamento
Conector para madeira composto por uma placa circular de ferro maleável inserida em uma fenda correspondente, alinhado com a face de uma tábua e fixo no lugar por um único parafuso.
As chapas de cisalhamento são utilizadas aos pares, dorso com dorso, a fim de desenvolverem uma resistência ao cisalhamento em junções madeira-madeira desmontáveis, ou isoladamente em uma junção madeira-metal.

aro fendido
Tipo de conector de madeiras que consiste em um anel metálico inserido em sulcos correspondentes talhados nas faces das peças a serem reunidas e mantido em posição por um único parafuso. A fenda macho e fêmea do anel permite que este se deforme ligeiramente sob a ação da carga a que está submetido e mantenha sua ação de transferir os esforços de cisalhamento em todas as superfícies, ao passo que o corte transversal chanfrado facilita a inserção e garante uma junção hermética depois que o anel se acomoda por completo nos sulcos.

soldar
Unir duas peças metálicas mediante a aplicação de qualquer uma das diferentes soldas não-ferrosas, normalmente uma liga de estanho e alumínio, a uma temperatura inferior a 427°C.

solda
Qualquer uma das diferentes ligas fundíveis aplicadas em estado de fusão à junta entre duas partes metálicas a fim de uni-las sem aquecer as partes ao ponto de fusão. A solda fundida escorre em direção à junta por atração capilar.

soldagem forte
Junção de duas peças metálicas mediante a aplicação de qualquer uma dentre várias soldas não ferrosas, normalmente uma liga de cobre e zinco, a uma temperatura superior a 427°C.

soldagem
Processo utilizado para unir duas peças metálicas mediante seu aquecimento até o ponto de fusão de ambos, por vezes com a aplicação de pressão e o acréscimo de um metal de soldagem intermediário. Também chamada **soldadura**.

soldagem a gás
Qualquer um dentre um grupo de processos de soldagem que se utilizam do calor produzido pela combustão de oxigênio e um gás combustível, como o acetileno.

soldagem a arco
Qualquer um dentre um grupo de processos de soldagem que se utilizam do calor de um arco entre um eletrodo e o metal básico. Também, **soldagem elétrica** e **arco-soldagem**.

metal de soldagem
Metal acrescido durante um processo de soldagem e cujo ponto de fusão pode ser aproximadamente igual ou inferior àquele dos metais a serem soldados.

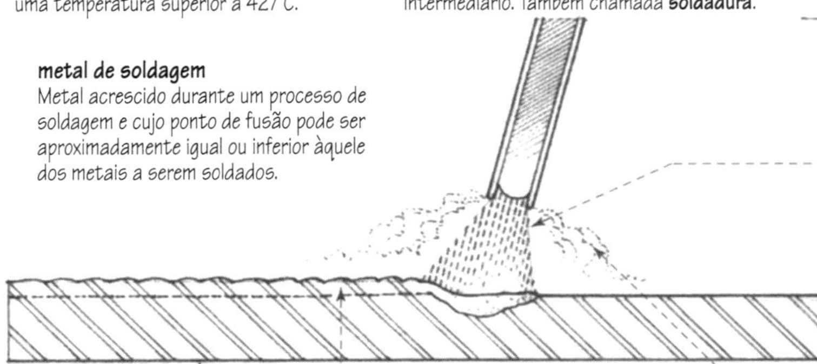

metal básico
Metal principal a ser soldado ou cortado, em contraposição ao metal de soldagem.

leito de soldagem
Depósito contínuo de metal fundido.

arco elétrico
Descarga luminosa e ininterrupta de eletricidade que atravessa um intervalo em um circuito ou entre dois eletrodos. Também chamado **arco voltaico**.

soldagem a arco com eletrodo metálico protegida
Método de soldagem elétrica que se utiliza de um eletrodo metálico fungível que libera um gás inerte para formar uma camada protetora em torno do arco. Tal camada protege a área de soldagem do oxigênio e do nitrogênio existentes no ar e que causariam uma rápida oxidação do metal líquido.

soldagem em ângulo
Aquela em que uma seção transversal triangular une duas superfícies em um ângulo reto na parte interna.

soldagem de sobreposição
Aquela efetuada ao longo das linhas de junção de duas peças metálicas que se sobrepõem. Também chamada **soldagem de bordas sobrepostas**.

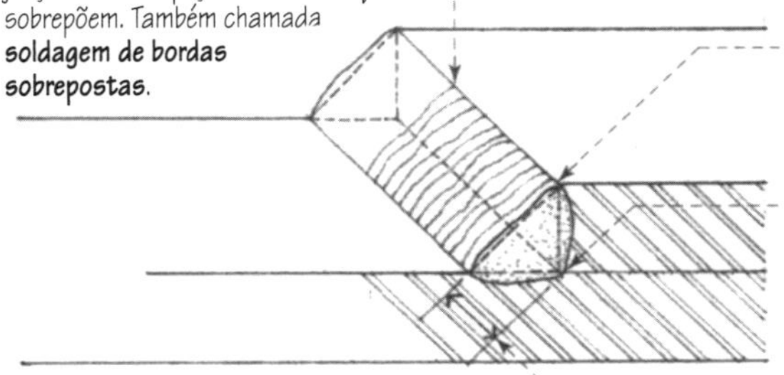

talão
Junção entre o metal básico e a face de uma soldagem.

raiz
Ponto em que a parte posterior ou a base de uma soldagem encontra o metal básico.

garganta
Distância entre a raiz de uma soldagem e a face do metal básico.

vareta de soldagem
Arame ou haste de metal de soldagem utilizada nos processos de soldagem a gás e com o uso de solda, bem como nos processos de soldagem a arco em que o eletrodo não fornece o metal de soldagem.

fundente
Substância – por exemplo, uma resina – aplicada para se remover óxidos e evitar a oxidação adicional de superfícies metálicas a serem unidas mediante soldagem.

soldagem a arco protegida por gás inerte
Método de soldagem elétrica no qual a área de soldagem é protegida pelo fluxo contínuo de um gás inerte liberado por uma fonte externa, enquanto o metal de soldagem provém de um eletrodo metálico fungível ou por uma vareta de soldagem à parte.

soldagem a arco com fundente
Método de soldagem elétrica que se utiliza de um eletrodo tubular de aço com um núcleo de fundente em evaporação que forma uma camada protetora gasosa em torno da área de soldagem.

soldagem a arco submerso
Método de soldagem elétrica em que a área de soldagem é protegida por um lençol de metal granular fundível que, ao derreter, forma uma camada de escória protetora. O metal de soldagem pode ser fornecido por um eletrodo fungível ou por uma vareta de soldagem à parte.

soldagem de topo
Aquela efetuada entre duas peças metálicas unidas a topo.

soldagem de penetração parcial
Soldagem de topo cuja profundidade é inferior à espessura da menor das duas peças que se pretende unir.

soldagem de penetração total
Soldagem de topo cuja profundidade equivale à espessura da menor das duas peças a serem unidas.

soldagem pudlada
Aquela efetuada mediante a abertura, por aquecimento, de um orifício em uma peça de metal laminado e o preenchimento deste com uma pequena porção de metal em estado de fusão.

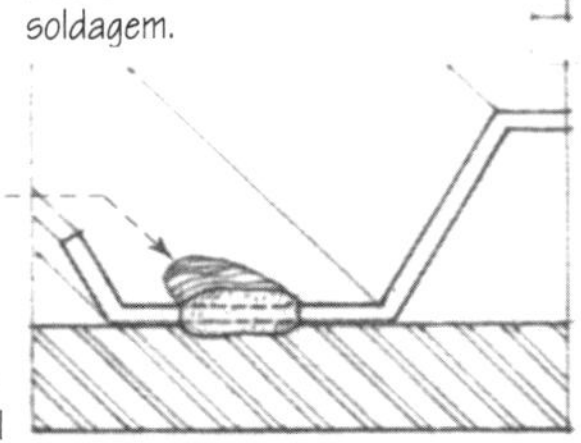

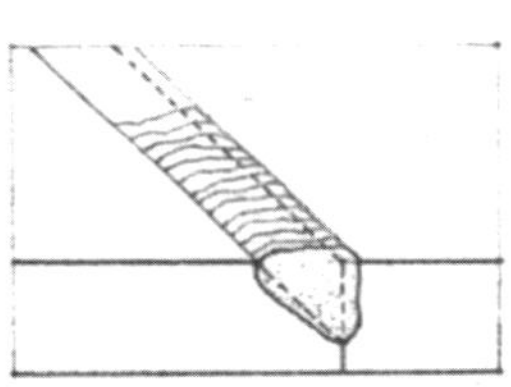

soldagem de obliqüidade única
Soldagem de ranhura na qual a extremidade de uma das peças tem um dos lados chanfrado.

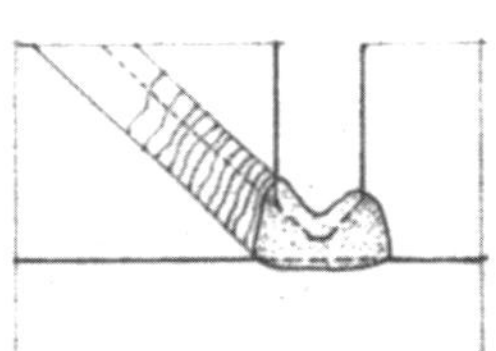

soldagem de chanfro duplo
Soldagem de ranhura em que a extremidade de uma das peças a serem unidas tem ambos os lados chanfrados.

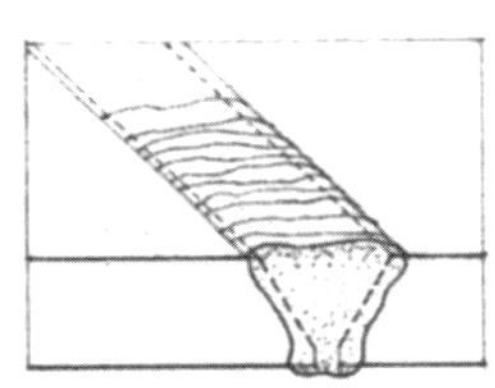

soldagem em V
Soldagem de ranhura na qual o bordo de cada peça a ser unida é chanfrado a partir da mesma face.

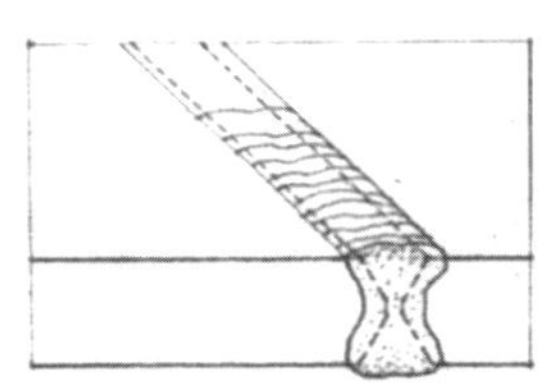

soldagem em duplo V
Soldagem de ranhura na qual o bordo de cada peça a ser unida é chanfrada a partir de ambas as faces.

soldagem por resistência
Qualquer um dentre um grupo de processos de soldagem que se utilizam do calor gerado pela resistência à passagem de uma corrente elétrica.

soldagem de ranhura
Soldagem efetuada em uma fenda produzida, antecipadamente, entre duas peças metálicas vizinhas.

rebite
Pino metálico com cabeça em uma das extremidades, utilizado para unir duas ou mais chapas fazendo-se perpassar seu corpo por um orifício em cada peça e martelando-se a outra extremidade de modo a formar uma segunda cabeça.

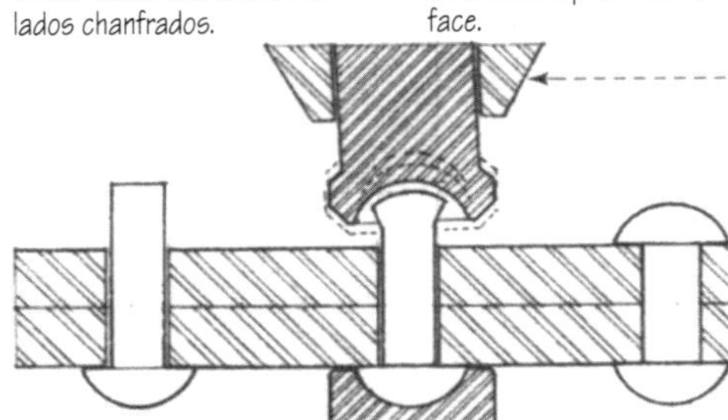

rebitador pneumático
Martelo mecânico utilizado com um estampador de rebites para formar a segunda cabeça de um rebite.

estampador de rebites
Ferramenta para dar forma à segunda cabeça de um rebite. Também chamado **punção de contra-rebites**.

mandril
Ferramenta metálica de seção circular, destinada a alargar ou alinhar os orifícios que deverão receber rebites ou parafusos de porca. Também, **escareador**.

punção de alinhamento
Mandril destinado a alinhar os orifícios que deverão receber rebites ou parafusos de porca. Também, **punceta de alinhamento**.

rebitador
Ferramenta destinada a receber e prender a cabeça de um rebite enquanto a segunda cabeça está sendo formada.

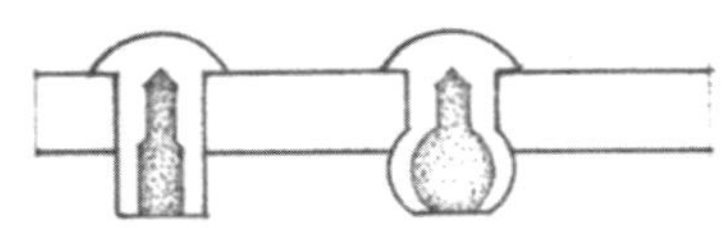

rebite explosivo
Aquele destinado a uma junta acessível por um único lado apenas, cujo corpo abriga em seu interior um explosivo que é detonado ao se martelar sua cabeça, levando-o a expandir-se no lado inacessível do orifício.

FORÇA

Influência exercida sobre um corpo que produz ou tende a produzir uma alteração na forma ou no movimento deste.

vetor
Quantidade dotada de magnitude e direção, representada por uma seta cujo comprimento é proporcional à magnitude e cuja orientação no espaço corresponde à direção.

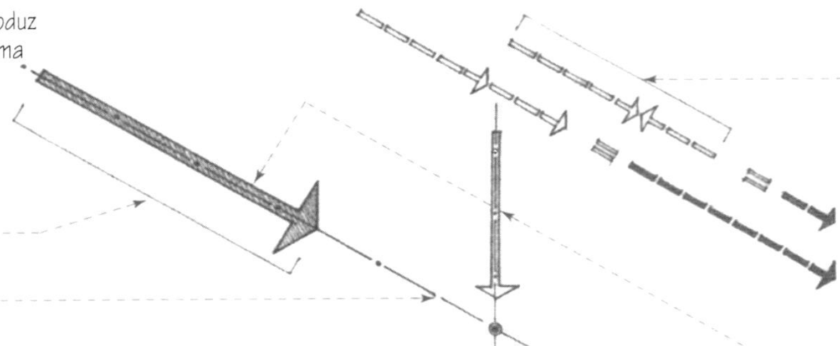

linha de ação
Linha de comprimento indefinido da qual um vetor de força constitui um segmento. Uma força atuante sobre um corpo rígido pode ser considerada como a atuar em qualquer ponto de sua linha de ação sem que o efeito externo da força se altere.

componentes de uma força
Duas ou mais forças concorrentes nas quais é possível decompor uma força e que têm um efeito líquido equivalente àquele da força inicial sobre um corpo rígido. Por uma questão de conveniência para a análise estrutural, tais forças são normalmente as componentes retangulares ou cartesianas da força inicial.

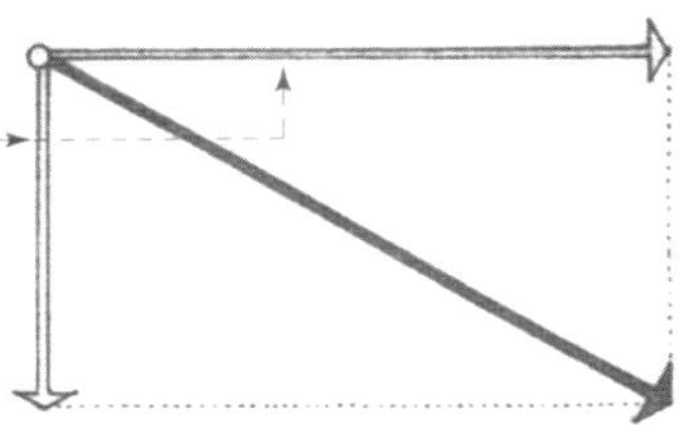

momento
Tendência de uma força para produzir a rotação de um corpo em torno de um ponto ou uma linha, cuja magnitude é igual ao produto da força pelo braço de momento e que atua no sentido horário ou anti-horário.

centro de momento
Ponto no qual o eixo de um momento intercepta o plano das forças que provocam o momento.

braço de momento
Distância perpendicular entre a linha de ação de uma força e o ponto ou linha em torno do qual ocorre o momento.

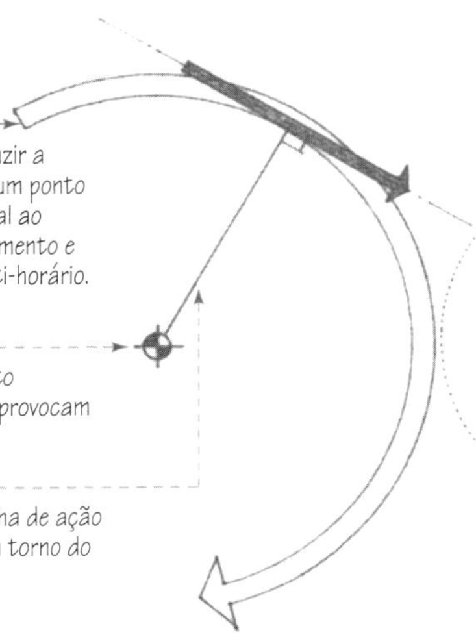

binário de forças
Sistema de forças composto por duas forças iguais e paralelas que atuam em sentidos opostos e que tendem a produzir rotação mas não translação. A magnitude do momento de um binário de forças é igual ao produto de uma das forças pela distância perpendicular entre as duas forças.

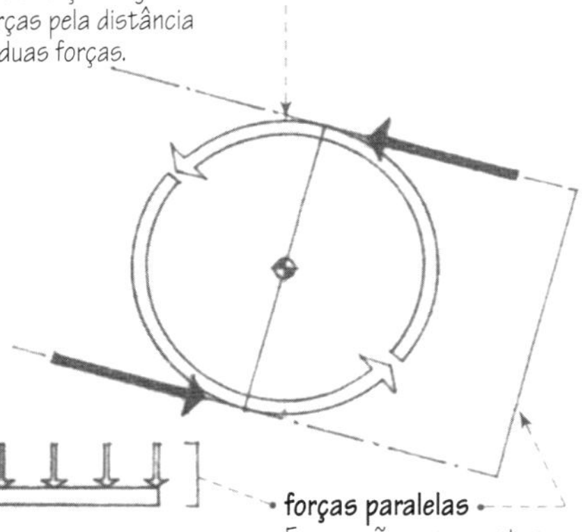

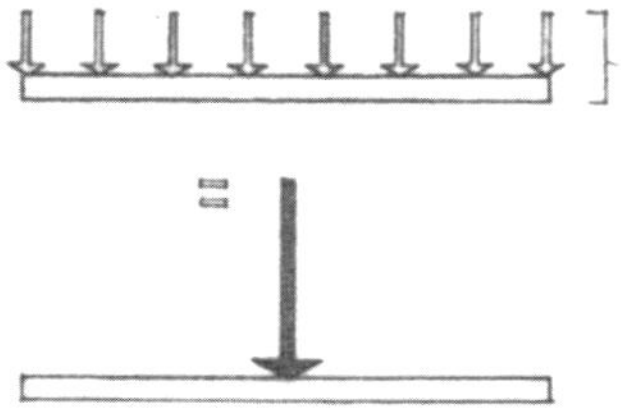

forças paralelas
Forças não concorrentes que têm linhas de ação paralelas.

forças não concorrentes
Forças cujas linhas de ação não se interceptam em um ponto comum e cuja soma vetorial é uma força unitária que provocaria a mesma translação e rotação de um corpo do que o conjunto de forças originais.

forças colineares
Forças concorrentes que têm a mesma linha de ação e cuja soma vetorial equivale à soma algébrica da magnitude das forças e atua ao longo da mesma linha de ação.

forças coplanares
Aquelas que atuam em um mesmo plano.

forças concorrentes
Aquelas cujas linhas de ação interceptam-se em um ponto comum e cuja soma vetorial pode ser determinada mediante a aplicação da lei do paralelogramo.

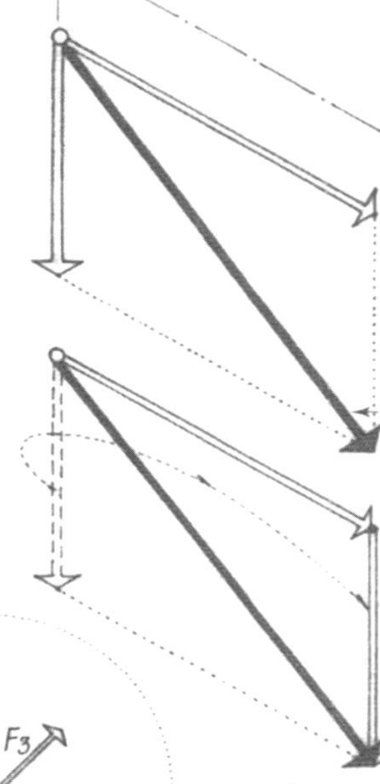

lei do paralelogramo
Proposição de que a soma vetorial de duas forças concorrentes pode ser determinada pela diagonal de um paralelogramo com lados adjacentes que representam os dois vetores de força que se pretende somar.

soma vetorial
Vetor único, equivalente a, e que produz sobre um corpo o mesmo efeito que, a aplicação de dois ou mais vetores dados. Também chamada **resultante**.

método da triangulação
Técnica gráfica para se determinar a soma vetorial de duas forças concorrentes mediante o deslocamento de um vetor de força paralelamente a si próprio até que sua extremidade traseira coincida com a dianteira do outro, completando-se o triângulo com um vetor que representa a resultante.

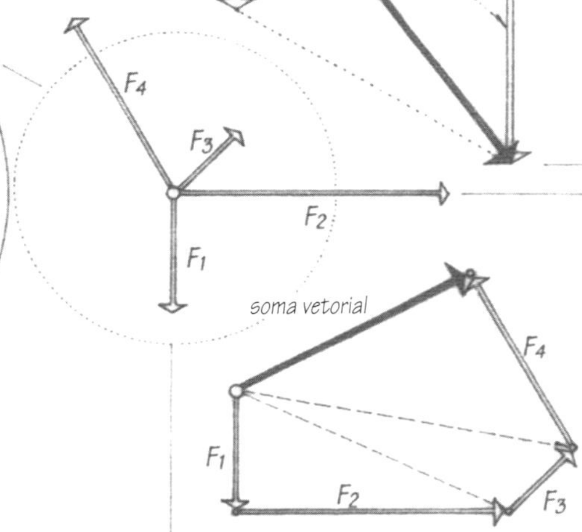

método do polígono
Técnica gráfica para se determinar a soma vetorial de um sistema coplanar composto por diversas forças concorrentes, mediante o desenho em escala de cada vetor de força sucessivamente, com a extremidade traseira de cada um coincidindo com a dianteira do antecessor, completando-se o polígono com um vetor que representa a resultante, a qual se estende da extremidade traseira do primeiro vetor à dianteira do último.

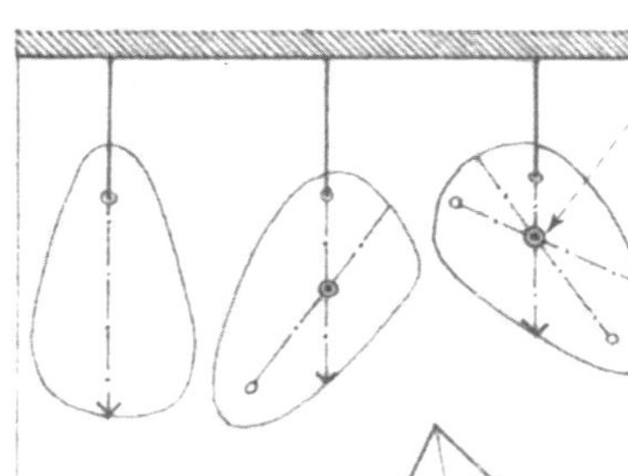

centro de gravidade
Ponto no qual pode-se considerar estar concentrado o peso total de um corpo, de modo que, caso seja ele apoiado nesse ponto, permanecerá em equilíbrio em qualquer posição; coincidente com o centro de massa em um campo gravitacional uniforme. Uma força cuja linha de ação atravessa o centro de gravidade de um corpo afeta apenas seu equilíbrio translacional, permanecendo o corpo em equilíbrio rotacional.

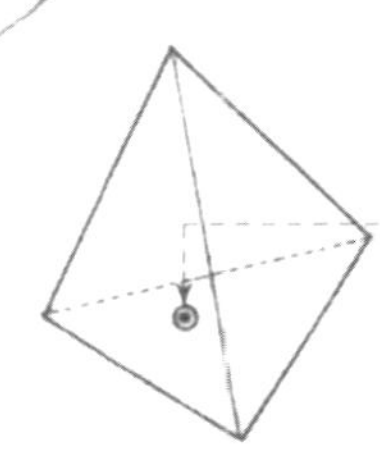

centro de massa
Ponto no qual pode-se considerar estar concentrada a massa total de um corpo, de modo que o momento em torno de qualquer linha passando pelo ponto é igual a zero.

centróide
Centro de uma figura uni ou bidimensional, em torno do qual a soma dos deslocamentos de todos os pontos da figura é igual a zero.

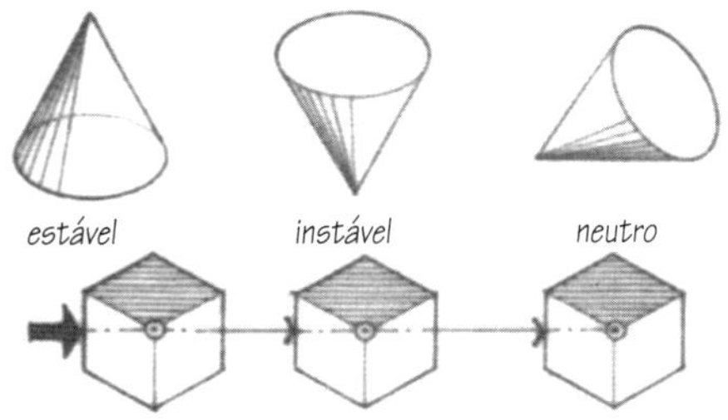

translação
Movimento uniforme de um corpo em linha reta, sem rotação ou deslocamento angular.

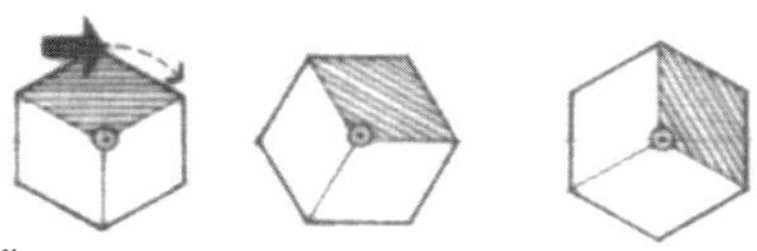

rotação
Movimento circular de um corpo em torno de um eixo.

alavanca
Elemento rígido que gira em torno de um fulcro a fim de exercer uma pressão ou sustentar um peso em um segundo ponto através de uma força aplicada em um terceiro.

fulcro
Ponto ou apoio em torno do qual gira uma alavanca.

vantagem mecânica
Razão entre a força de reação e a força aplicada a um mecanismo.

estaticamente equivalente
Que tem o mesmo efeito translacional e rotacional sobre um corpo.

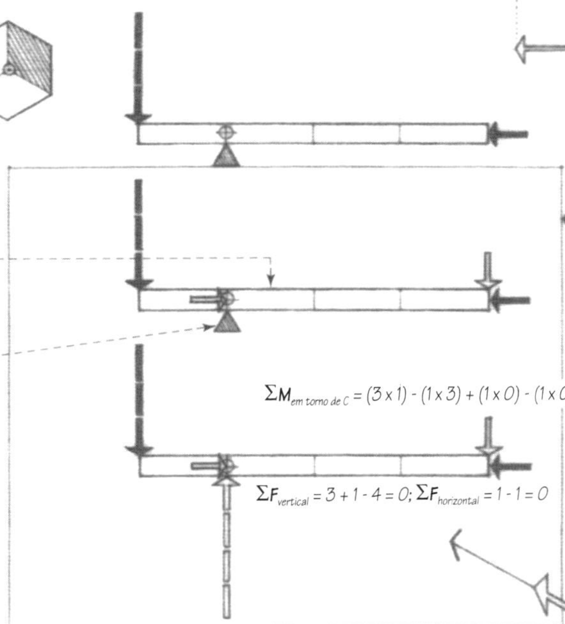

$\Sigma M_{em\ torno\ de\ C} = (3 \times 1) - (1 \times 3) + (1 \times 0) - (1 \times 0) = 0$

$\Sigma F_{vertical} = 3 + 1 - 4 = 0; \Sigma F_{horizontal} = 1 - 1 = 0$

1 primeira lei do movimento de Newton
Lei física segundo a qual um corpo se mantém em repouso ou em movimento com uma velocidade constante a menos que uma força externa venha a atuar sobre ele. Também chamada **lei da inércia**.

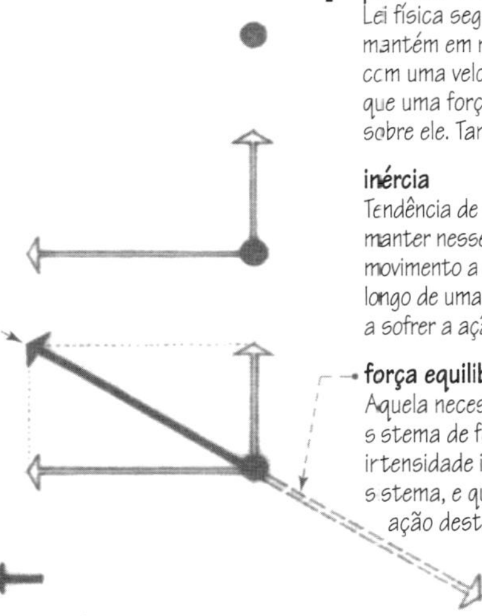

inércia
Tendência de um corpo em repouso a se manter nesse estado ou de um corpo em movimento a conservar sua velocidade ao longo de uma linha reta a menos que venha a sofrer a ação de uma força externa.

força equilibrante
Aquela necessária para equilibrar um sistema de forças concorrentes, de intensidade igual à da resultante do sistema, e que atua na mesma linha de ação desta, mas em sentido oposto.

equilíbrio
Condição de estabilidade ou repouso resultante da ação idêntica de forças opostas. Para que um corpo rígido esteja em equilíbrio, duas condições são necessárias.
Em primeiro lugar, a soma vetorial de todas as forças atuantes sobre ele deve ser igual a zero, assegurando um equilíbrio transacional:
$\Sigma F_x = 0; \Sigma F_y = 0; \Sigma F_z = 0$.
Depois, a soma algébrica de todos os momentos das forças em torno de qualquer ponto ou linha deve ser igual a zero, assegurando um equilíbrio rotacional:
$\Sigma M = 0$.

2 segunda lei do movimento de Newton
Lei física segundo a qual a soma das forças atuantes sobre um corpo é igual ao produto da massa do corpo pela aceleração produzida pela força, com o movimento no mesmo sentido que o da resultante das forças.

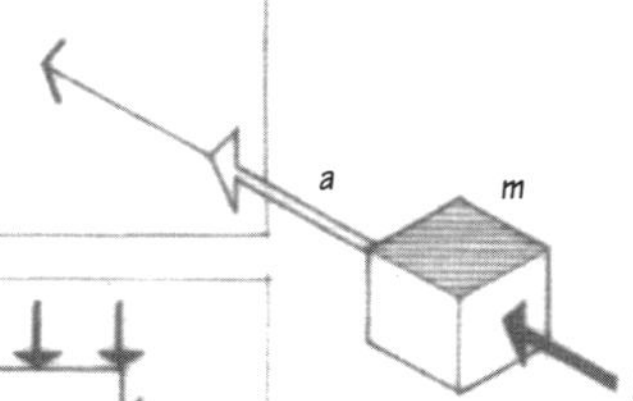

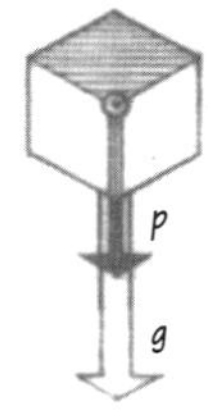

força (F) = massa (**m**) x aceleração (**a**)

massa (**m**) = F/a = peso (**p**)/força da gravidade (**g**)

diagrama de corpo livre
Representação gráfica do sistema completo de forças aplicadas e reativas que atuam sobre um corpo ou uma parte isolada de uma estrutura. Cada parte elementar de um sistema estrutural apresenta reações necessárias a seu equilíbrio, da mesma forma como o sistema como um todo apresenta, em seus suportes, reações que servem para manter o equilíbrio do conjunto. Também chamado **diagrama de equilíbrio**.

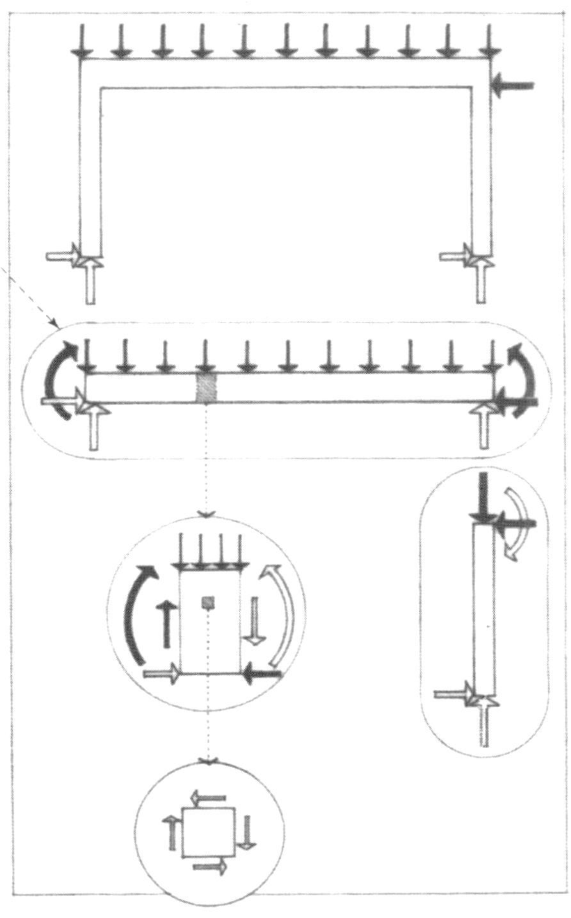

mecânica
Ramo da física que trata dos efeitos das forças sobre os corpos ou sistemas materiais e que compreende a estática e a dinâmica.

estática
Ramo da mecânica que trata das relações entre forças na produção do equilíbrio entre corpos ou sistemas materiais.

dinâmica
Ramo da mecânica que trata do movimento e do equilíbrio de corpos ou sistemas materiais submetidos à ação de forças.

3 terceira lei do movimento de Newton
Lei física segundo a qual para cada força que atua sobre um corpo corresponde outra força, exercida por este, de mesma intensidade e em sentido oposto, ao longo da mesma linha de ação da força original. Também chamada **lei da ação e reação**.

força aplicada
Força externa que atua diretamente sobre um corpo.

força de reação
Força externa gerada pela ação de um corpo sobre outro.

FORTIFICAÇÃO

Construção militar defensiva erguida com o objetivo de fortalecer uma posição.

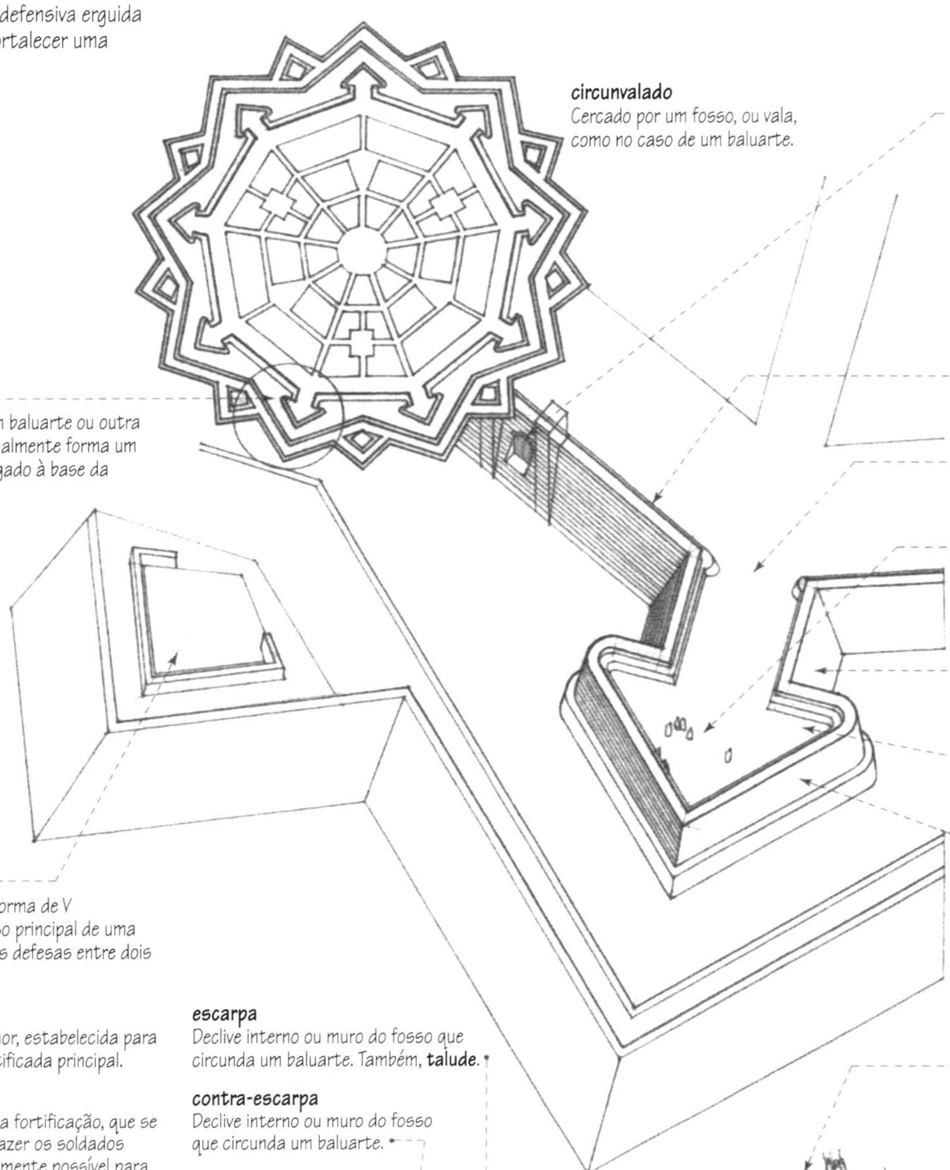

circunvalado
Cercado por um fosso, ou vala, como no caso de um baluarte.

porta de surtida
Abertura de uma fortificação que permite a um grande número de tropas deslocar-se rapidamente da posição sitiada e atacar os sitiantes.

casamata
Abrigo ou câmara subterrânea de um baluarte, provida de frestas para artilharia.

bastião
Parte projetada de um baluarte ou outra fortificação, que normalmente forma um pentágono irregular ligado à base da construção principal.

cortina
Muro de fechamento que liga dois bastiões ou torres.

garganta
Passagem posterior para o interior de um bastião ou antefortificação semelhante.

terrapleno
Plataforma mais elevada ou superfície horizontal de um baluarte, onde são instalados os canhões.

flanco
Parte de um bastião que se estende entre a cortina e a face.

ombro
Ângulo entre a face e o flanco de um bastião.

revelim
Antefortificação em forma de V exteriormente ao fosso principal de uma fortaleza, que cobre as defesas entre dois bastiões.

face
Cada um dos dois lados externos que formam o ângulo saliente de um bastião.

antefortificação
Posição defensiva menor, estabelecida para além de uma área fortificada principal.

esplanada
Declive à frente de uma fortificação, que se estende de modo a trazer os soldados inimigos o mais diretamente possível para a linha de fogo. Também chamada **glacis**.

escarpa
Declive interno ou muro do fosso que circunda um baluarte. Também, **talude**.

contra-escarpa
Declive interno ou muro do fosso que circunda um baluarte.

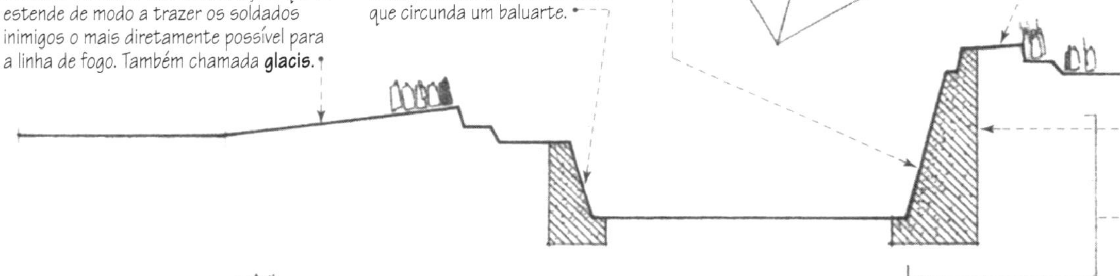

parapeito
Muro defensivo ou uma elevação de terra ou pedra que protege os soldados do fogo do inimigo.

cordão
Sucessão projetada de pedras abaixo do parapeito de um baluarte.

releixo
Saliência entre o declive externo de um baluarte e o fosso de uma fortificação.

baluarte
Volumoso banco de terra erguido à guisa de fortificação em torno de um local, e normalmente encimado por um parapeito.

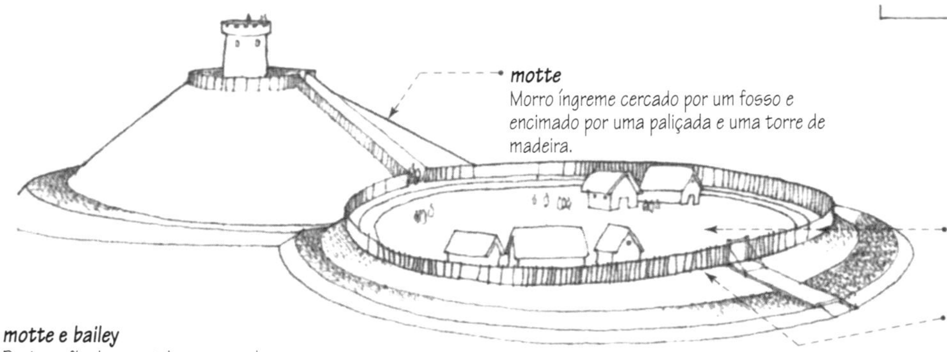

motte
Morro íngreme cercado por um fosso e encimado por uma paliçada e uma torre de madeira.

bailey
Termo inglês que designa o muro de um castelo ou o pátio por ele delimitado.

motte e bailey
Designação dos castelos normandos erguidos entre os séculos X e XII, que consistem num *motte* situado em um *bailey*.

paliçada
Cercado composto por moirões firmemente cravados no solo para fins de delimitação ou defesa.

moirão
Pau ou estaca pontiagudo. Também chamado **mourão**.

torre de menagem
Estrutura central ou torre mais sólida de um castelo medieval, utilizada como habitação, esp. em tempos de cercos. Também chamada **torreão**.

capela
Apêndice ou local privativo de culto dentro de um complexo mais amplo.

castelo
Grupo de edificações fortificado, que normalmente domina a região a seu redor e de propriedade de um príncipe ou um nobre nos tempos feudais.

cidadela
Fortaleza em uma posição dominante ou próxima a uma cidade, utilizada no controle dos habitantes e para fins defensivos durante um ataque ou cerco.

torre de tiro
Pequena torre que integra uma estrutura maior e freqüentemente nasce a uma certa altura do chão.

guarita
Pequena torre de tiro suspensa na parede externa de uma torre, normalmente em uma quina ou próximo a uma entrada.

câmara
Aposento privativo de uma dama em um castelo medieval.

posterna
Portinhola ou porta dos fundos de um forte ou castelo.

necessarium
Termo latino que designa a latrina de um castelo ou monastério medievais. Também **garderobe**.

brattice
Na arquitetura medieval, uma fortificação temporária em madeira erguida no topo de uma muralha durante um cerco.

praça de armas
Espaço aberto no interior de um castelo ou entre seus muros.

barbacã
Antefortificação situada no acesso a um castelo ou cidade, esp. um posto de observação na entrada ou na ponte levadiça. Também chamada **antemuro**.

circunvalação
Muro fortificado que circunda um castelo ou cidade, ou o local assim delimitado.

ameias
Nome que se dá a um parapeito com uma alternância regular de ameias propriamente ditas e merlões, originalmente para fins defensivos, mas utilizado posteriormente como motivo decorativo.

chemin-de-ronde
Termo francês que designa um corredor contínuo que funciona como um meio de comunicação na parte posterior do baluarte de um muro fortificado.

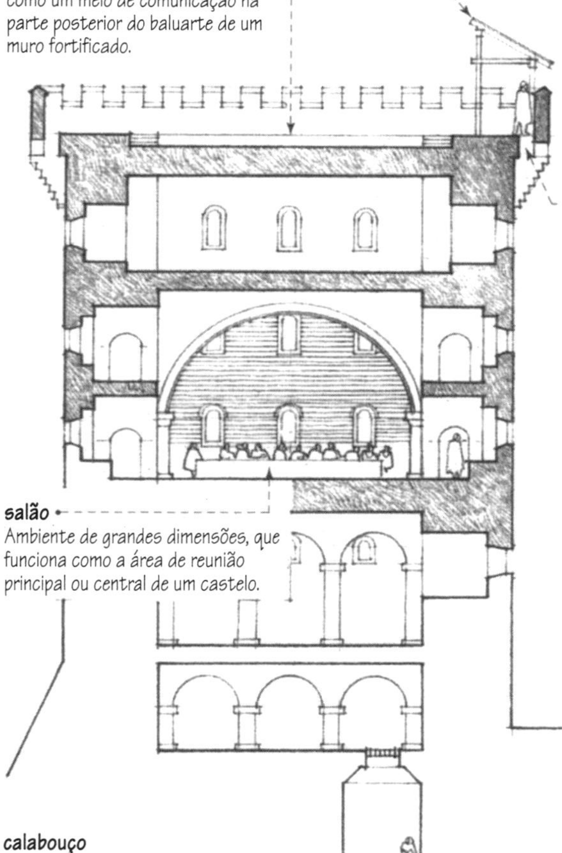

balestreiro
Galeria ou parapeito projetado no topo da parede externa de um castelo, sustentado por arcos de balanceamento e provido de aberturas no piso, através das quais era possível lançar pedras, chumbo derretido ou óleo fervente sobre um inimigo que estivesse embaixo.

salão
Ambiente de grandes dimensões, que funciona como a área de reunião principal ou central de um castelo.

calabouço
Prisão ou cela escura, normalmente subterrânea, como as de um castelo medieval. Também chamada **masmorra**.

oubliette
Termo francês que designa um calabouço secreto provido de uma única abertura no teto, através da qual eram lançados os prisioneiros.

ameia
Cada uma das partes salientes separadas por merlões.

merlão
Cada uma dos espaços reentrantes que separam uma ameia da outra.

ameiado
Provido de ameias.

troneira
Abertura, como uma seteira ou um merlão, através da qual é possível lançar mísseis. Também chamada **bombardeira** e **canhoneira**.

seteira
Abertura pequena ou estreita na parede externa de uma fortificação para o lançamento de mísseis. Também chamada **bombardeira**.

olho
Pequena abertura na parede externa de um castelo medieval utilizada como janela ou seteira.

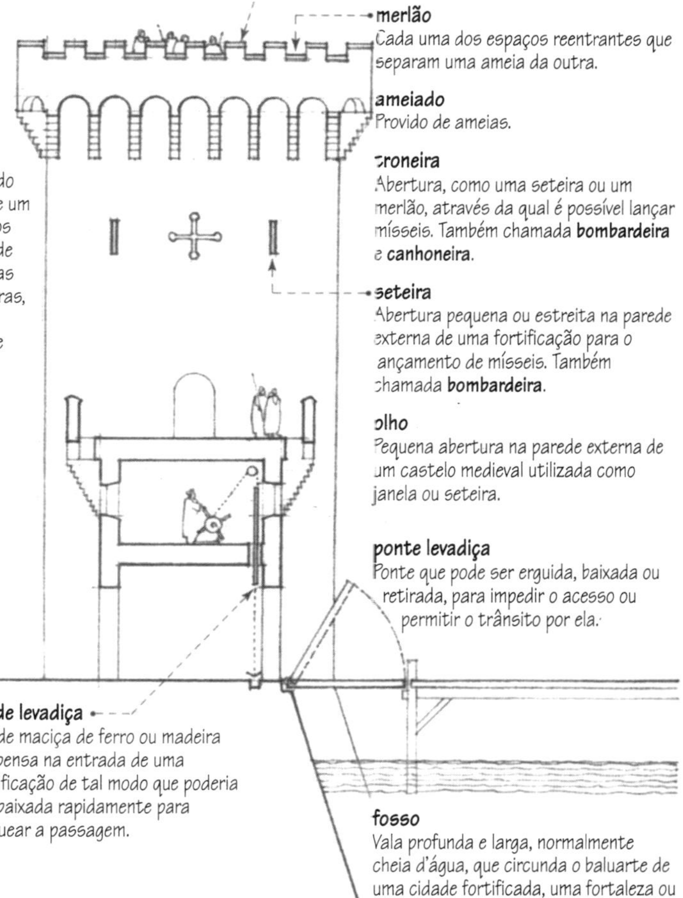

ponte levadiça
Ponte que pode ser erguida, baixada ou retirada, para impedir o acesso ou permitir o trânsito por ela.

grade levadiça
Grade maciça de ferro ou madeira suspensa na entrada de uma fortificação de tal modo que poderia ser baixada rapidamente para bloquear a passagem.

fosso
Vala profunda e larga, normalmente cheia d'água, que circunda o baluarte de uma cidade fortificada, uma fortaleza ou castelo, a fim de protegê-los dos invasores.

FUNDAÇÃO

Parte mais baixa de um edifício ou outra construção, parcial ou totalmente abaixo da superfície do solo, destinada a sustentar e firmar a superestrutura, bem como transmitir suas cargas diretamente ao solo. Também chamada **alicerce**.

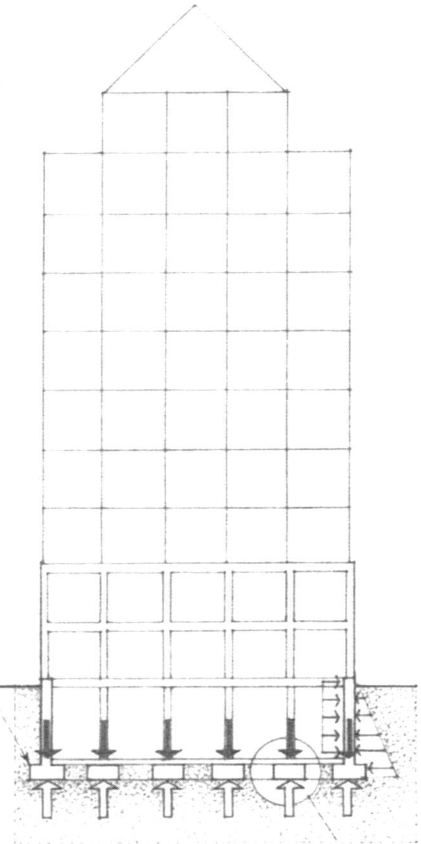

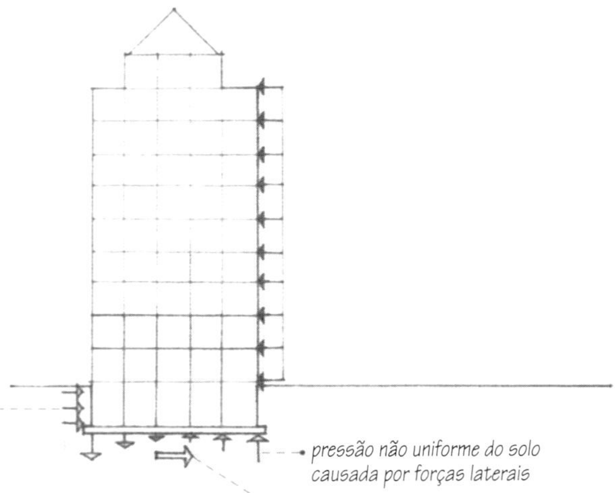

pressão não uniforme do solo causada por forças laterais

resistência ao cisalhamento gerada pela fricção entre as sapatas e o solo

fundação rasa
Alicerce colocado imediatamente abaixo da parte mais inferior de uma subestrutura e que transmite as cargas de uma edificação diretamente ao solo, que as suporta, por pressão vertical.

sapata
Parte de uma fundação apoiada diretamente no solo, situada abaixo da linha de geada e alargada a fim de distribuir sua carga por uma área maior.

empuxo passivo da terra
Componente horizontal da resistência desenvolvida por uma massa de solo contra o movimento horizontal de uma estrutura vertical pelo solo.

empuxo ativo da terra
Componente horizontal do empuxo exercido por uma massa de solo sobre uma estrutura de sustentação vertical.

pressão do solo
Pressão efetiva desenvolvida entre uma sapata e a massa de solo que a suporta, que equivale ao quociente entre a intensidade das forças transmitidas e a área de contato. Também chamada **pressão de contato**.

tensão admissível
Pressão unitária máxima que uma fundação pode exercer vertical ou lateralmente em uma massa de solo que a sustenta. Na ausência de investigações geotécnicas e ensaios de solo, as tensões admissíveis para as diferentes categorias de solos são valores fixos autorizados pelos códigos de edificação. Também chamada **pressão admissível do solo**.

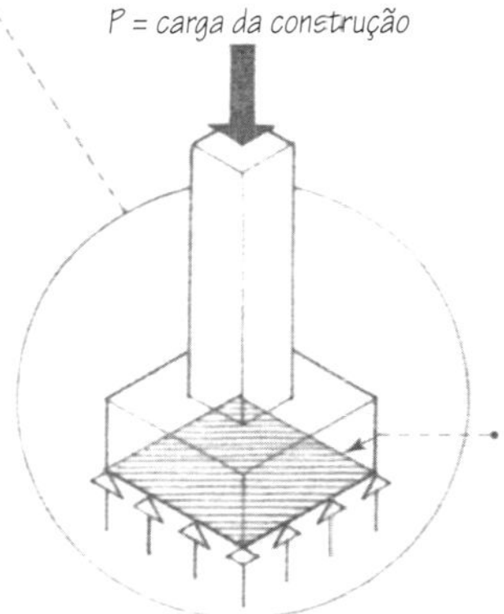

acomodação
Assentamento gradativo de uma estrutura à medida que o solo abaixo de sua fundação vai-se consolidando sob a ação da carga.

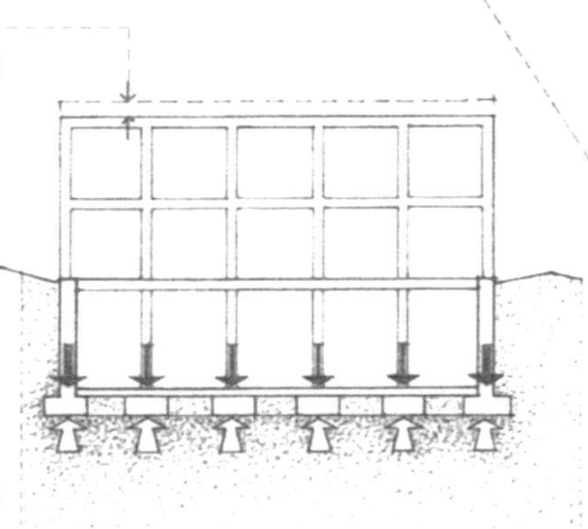

consolidação
Redução gradativa do volume de uma massa de solo, resultante da aplicação de uma carga sustentada e um aumento da tensão de compressão.

consolidação primária
Redução no volume de uma massa de solo mediante a ação de uma carga sustentada, devido sobretudo a uma expulsão da água existente nos vazios da massa resultante da compressão, e uma transferência da carga, que passa da água do solo para os sólidos do solo. Também, **compressão primária**.

consolidação secundária
Redução no volume de uma massa de solo mediante a ação de uma carga sustentada, devido sobretudo ao ajuste da estrutura interna da massa de solo depois que a maior parte da carga tenha sido transferida da água do solo para os sólidos do solo.

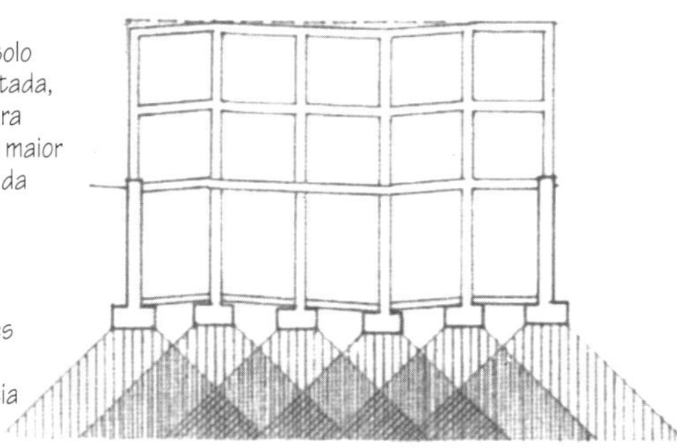

acomodação diferencial
Movimento relativo de diferentes partes de uma estrutura, causado por uma acomodação irregular ou uma deficiência na fundação. Também chamado **recalque diferencial**.

Sapatas muito próximas entre si ou sapatas adjacentes localizadas em níveis diferentes podem dar origem a tensões no solo sobrepostas.

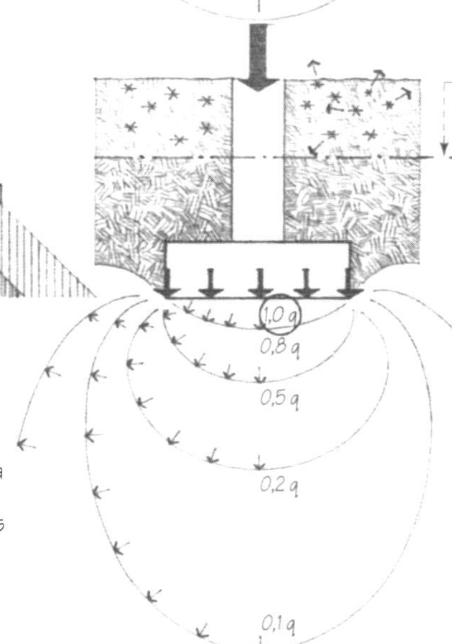

linha de geada
Profundidade máxima na qual o solo se congela ou uma geada penetra o solo.

levantamento por geada
Soerguimento do solo causado pelo congelamento da umidade interna.

empolamento por geada
Amaciamento do solo resultante do degelo de água subterrânea congelada.

arqueação
Transferência de tensões de uma parte fofa de uma massa de solo para partes adjacentes da mesma, menos fofas ou mais compactas.

muro de fundação
Muro situado abaixo do piso térreo, destinado a suportar e fixar a superestrutura. Também chamado **muro de arrimo** ou **cortina**.

laje de piso
Laje de concreto colocada sobre uma base densa ou compactada e apoiada diretamente no solo, via de regra armada com uma trama de aço soldado ou uma grade de barras de aço no intuito de controlar qualquer rachadura causada por retrações de secagem ou tensões térmicas. Cargas pesadas ou concentradas exigem sapatas separadas ou integrais. Nos solos problemáticos, a laje deve ter a configuração de um radier ou um radier flutuante. Também chamada **laje de fundo**.

lastro
Camada de materiais granulares brutos colocada e compactada sobre um solo não revolvido ou preparada para impedir o afluxo capilar de umidade para uma laje de piso de concreto. Também chamado **elegimento**.

substrato
Algo que subjaz ou serve de base ou fundamento.

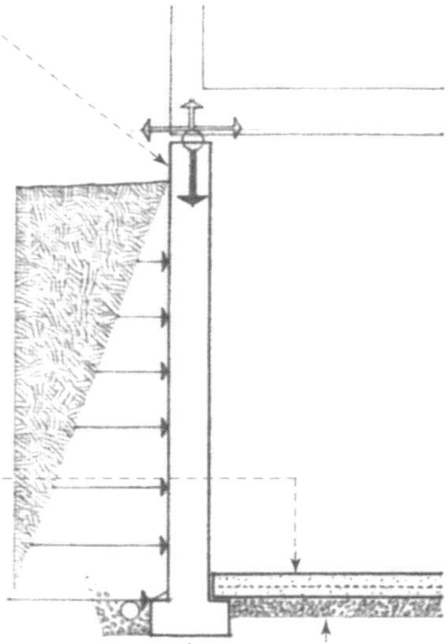

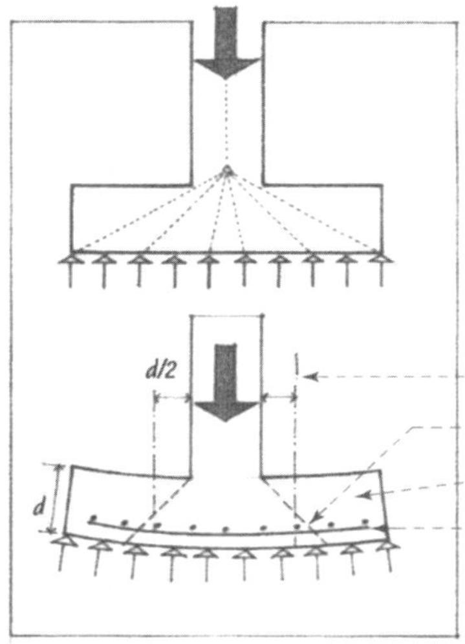

sapata de alicerce
Sapata de concreto que se estende lateralmente a fim de distribuir a carga por uma área suficientemente larga para que a pressão admissível do solo não seja excedida.

- seção crítica adotada para cisalhamento
- esforço cortante de penetração efetivo
- compressão
- tração

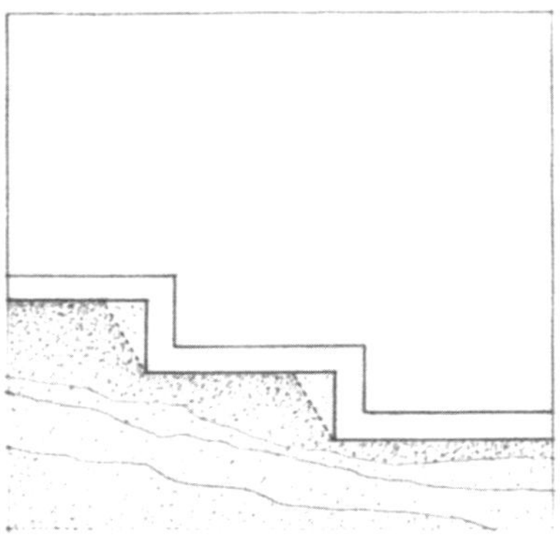

sapata escalonada
Sapata contínua que muda de nível em degraus a fim de acomodar uma estrutura inclinada.

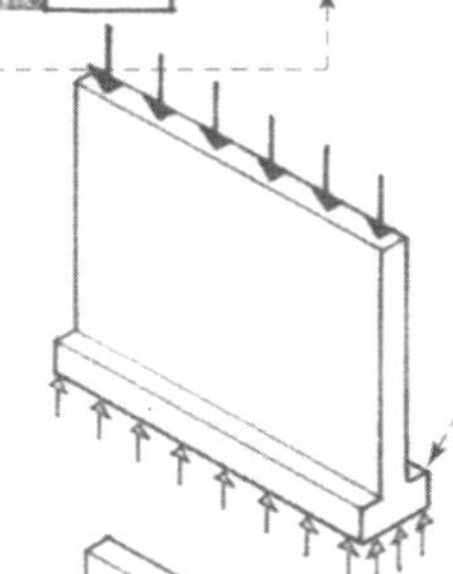

sapata corrida
Sapata contínua de um muro de fundação ou uma parede.

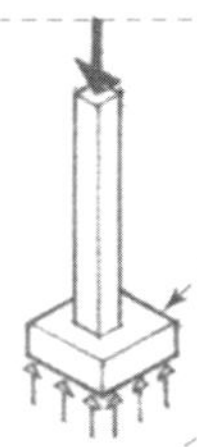

sapata isolada
Sapata individual que sustenta uma coluna ou pilastra independentes.

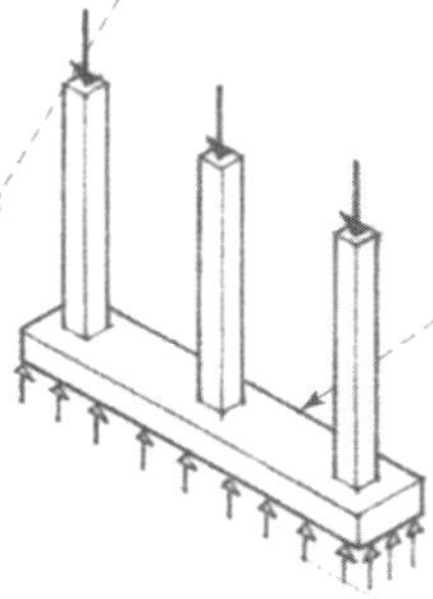

sapata contínua
Sapata de concreto armado que se prolonga para sustentar um renque de colunas.

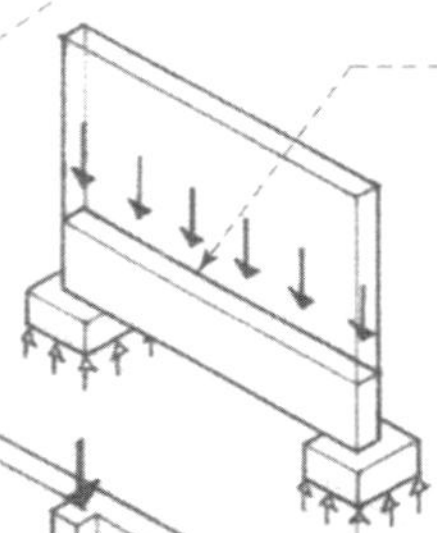

viga baldrame
Viga de concreto armado que sustenta uma superestrutura no nível do solo, ou próximo a este, e transfere a carga para sapatas isoladas.

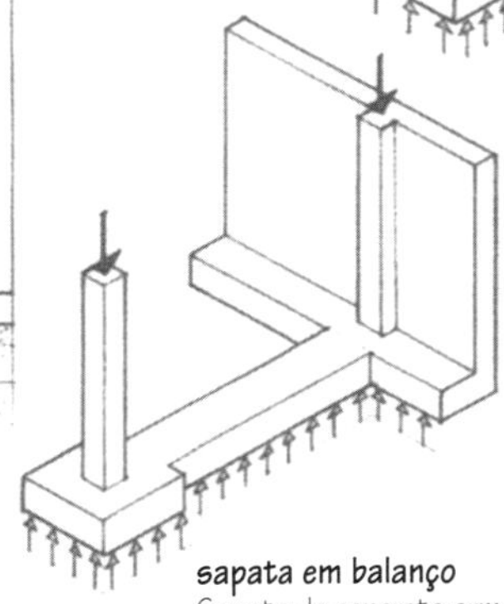

sapata em balanço
Sapata de concreto armado ligada através de um tirante horizontal a outra sapata a fim de equilibrar uma carga assimetricamente aplicada, como no perímetro de um canteiro de obras. Também chamada **sapata cantilever**.

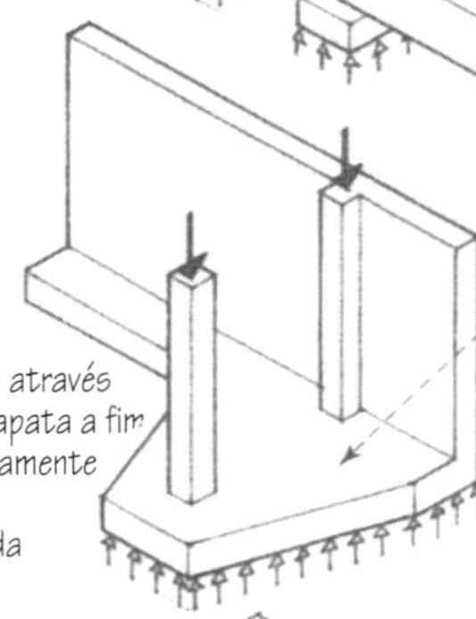

sapata mista
Sapata de concreto armado para uma coluna perimetral ou um muro de fundação, que se prolonga para sustentar a carga de uma coluna interna.

Para evitar a rotação ou a acomodação diferencial, as sapatas contínuas e em balanço são proporcionadas de modo a gerarem uma pressão uniforme no solo.

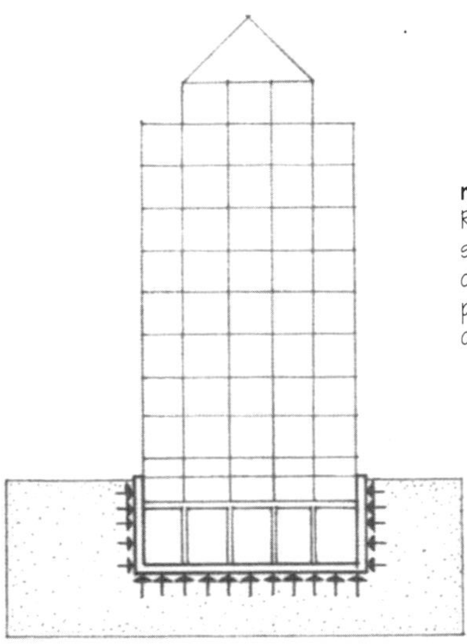

fundação flutuante
Alicerce utilizado em solos fofos, feito de uma sapata do tipo radier flutuante colocado a uma profundidade tal que o peso do solo escavado é igual ou superior ao peso da construção sustentada.

radier flutuante
Radier que atua como uma sapata em um solo fofo, normalmente para toda uma construção, instalado de forma tal que o peso da terra removida excede o peso da construção.

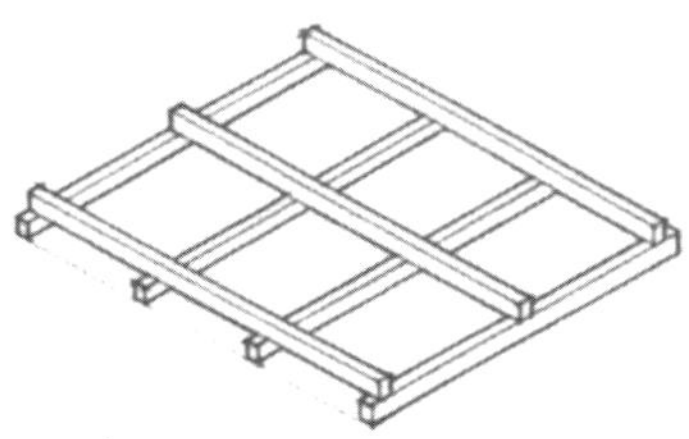

grade
Estrutura de vigas entrecruzadas destinada a espalhar cargas pesadas sobre grandes áreas.

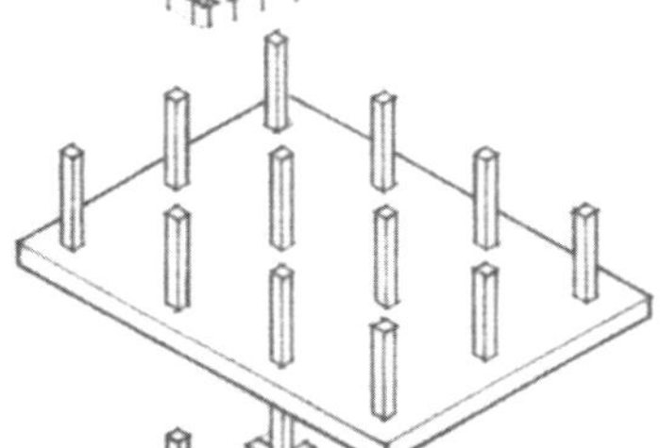

radier
Sapata espessa, semelhante a uma laje, de concreto armado que sustenta um grande número de colunas ou todo um edifício.

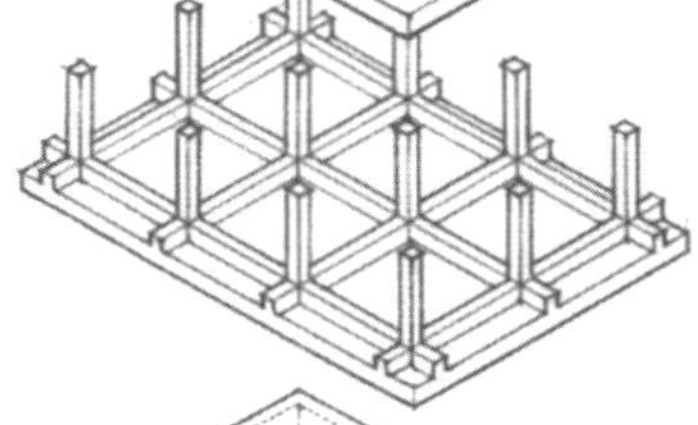

radier nervurado
Radier reforçado por uma grade de nervuras acima ou abaixo da laje.

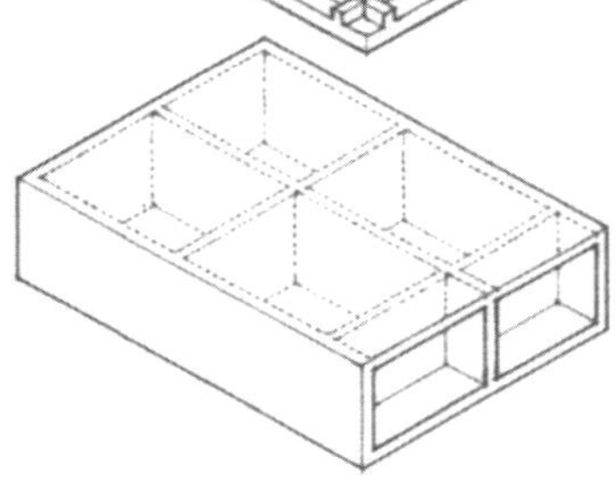

radier celular
Estrutura composta, formada por lajes de concreto armado e paredes subterrâneas, que funciona como um radier.

fundação profunda
Sistema de alicerce que se estende por um solo instável abaixo a fim de transferir as cargas da edificação a um estrato de apoio bem abaixo da superestrutura.

fundação de estacas
Sistema de estacas, cabeçotes de cravação e tirantes horizontais destinado a se transferir as cargas de uma edificação para uma camada de apoio adequada, utilizado esp. quando a massa de solo imediatamente abaixo da construção é inadequada para suportar a carga direta das sapatas.

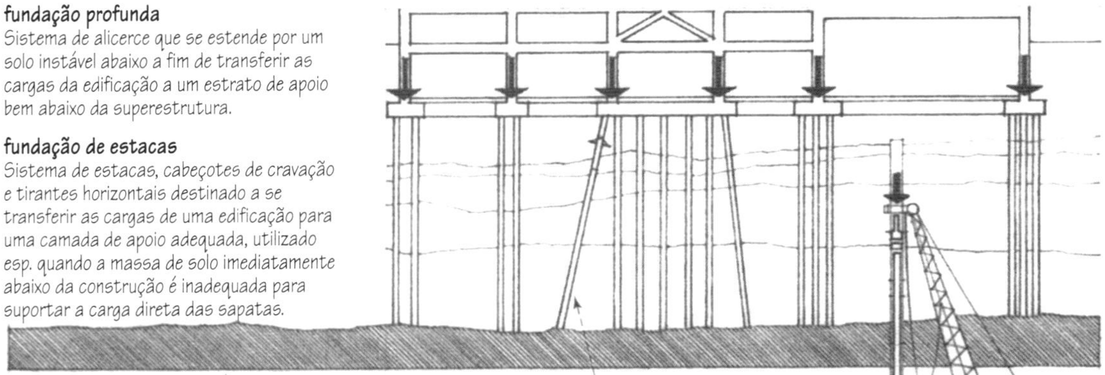

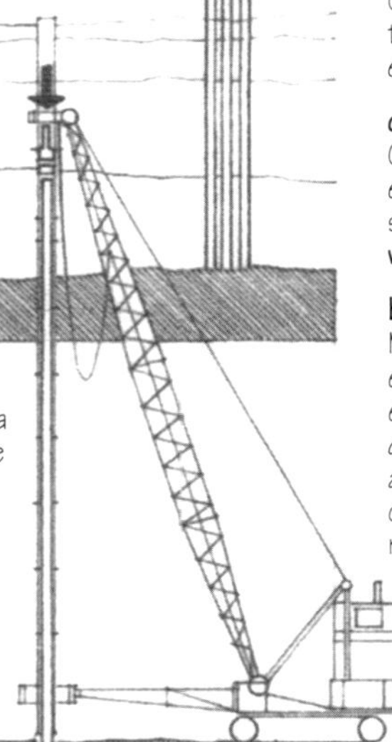

martelo ou pilão
Componente de um bate-estacas, que transfere a força motriz para a cabeça da estaca.

capacete
Capitel para proteger a cabeça de uma estaca, durante a operação de cravação no solo. Também chamado **amortecedor de vibrações**.

bate-estacas
Máquina utilizada para o cravamento de estacas, normalmente composta por uma estrutura alta que suporta uma maquinaria destinada a erguer e posicionar uma estaca antes de socá-la no solo, um maço e trilhos ou guias verticais para orientar o movimento deste.

camada de apoio
Camada de solo e rocha que dá sustentação a uma sapata, ou para a qual é transferida a carga de uma edificação através de uma estaca ou um tubulão.

estaca inclinada
Aquela que é levada a formar um ângulo específico com relação à vertical para exercer uma resistência contra forças laterais.

anel de proteção
Faixa de aço que envolve a cabeça de uma estaca de madeira para evitar que ela se rache ao ser cravada no solo.

estaca
Coluna longa e delgada de madeira, aço ou concreto armado, introduzida verticalmente no solo, por vezes com uso de um bate-estacas, para fazer parte de um alicerce.

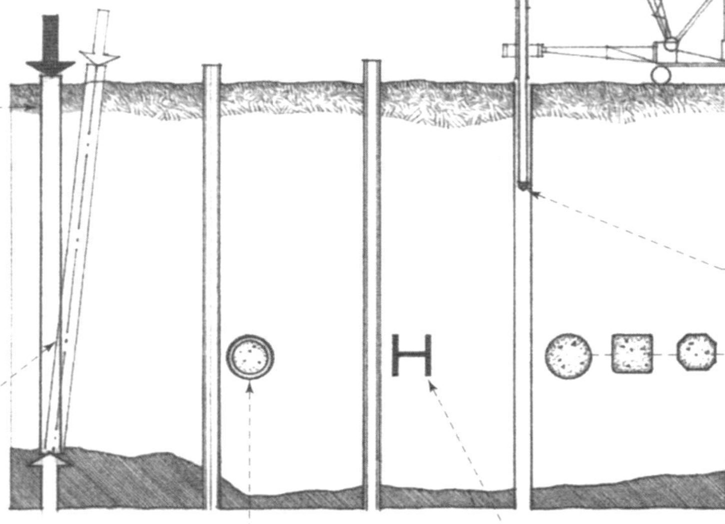

estaca de ponta
Estaca cujo apoio depende principalmente da resistência do solo ou rocha abaixo de sua ponta. A massa de solo circundante proporciona um certo grau de estabilidade para a longa peça de compressão.

carga admissível de estaca
Cargas axial e lateral máximas permitidas para uma estaca, determinadas por fórmula dinâmica de estacas, ensaio de carga estática ou uma investigação geotécnica do solo que abrigará o alicerce.

excentricidade de estaca
Desvio de uma estaca com relação à sua localização planejada ou à vertical, e que resulta em uma redução de sua carga admissível.

tolerância de estaca
Desvio permitido de uma estaca com relação à vertical, que não exige uma redução na carga admissível.

estaca de madeira
Tora normalmente introduzida no solo como uma estaca de atrito, muitas vezes guarnecida por uma ponteira de aço e uma argola metálica para impedir que sofra rupturas ou rachaduras.

ponteira
Base rija, pontiaguda ou arredondada, de uma estaca, destinada a perfurar o solo.

estaca de concreto premoldado
Coluna de concreto premoldado, normalmente protendido, de seção circular, quadrada ou poligonal e por vezes com um núcleo oco, introduzida no solo por um bate-estacas até encontrar a resistência necessária.

estaca tubular
Tubo de aço cheio de concreto, introduzido no solo com a extremidade inferior aberta ou fechada por uma placa ou ponta de aço pesado. Quando de extremidade aberta exige inspeção e escavação antes de ser preenchida com concreto.

estaca em H
Peça de aço em H introduzida na terra como estaca, por vezes embutida em concreto, até abaixo do lençol freático para evitar corrosão. As peças podem ser soldadas umas às outras para formar estacas de qualquer tamanho.

estaca composta
Aquela que é composta por dois materiais, por exemplo uma estaca de madeira com uma parte superior em concreto para evitar a deterioração do trecho situado acima do nível do lençol freático.

fórmula dinâmica de estacas
Qualquer uma dentre uma série de fórmulas que permitem calcular a carga axial admissível em uma estaca com base na energia necessária para que se crave a ponteira de uma estaca a uma profundidade específica do subsolo.

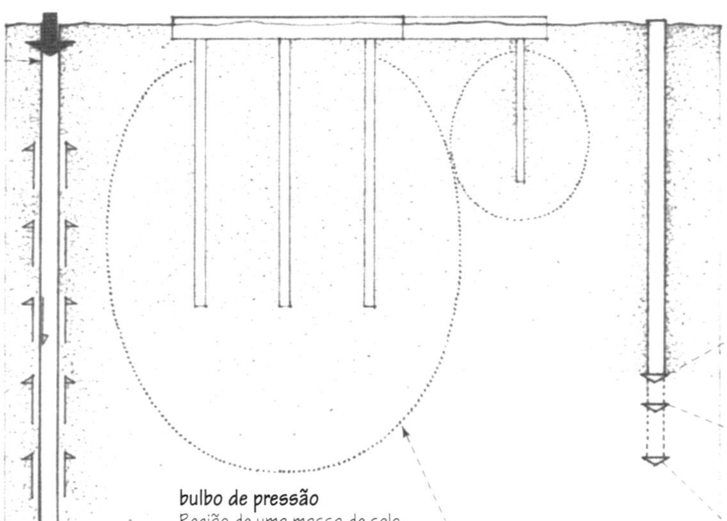

estaca de atrito
Estaca cujo apoio depende sobretudo da resistência de atrito da terra circundante.

atrito superficial
Aquele desenvolvido entre os lados de uma estaca e o solo no qual esta foi introduzida, limitado pela aderência do solo às faces da estaca e a força de cisalhamento da massa de solo circundante.

atrito negativo
Carga adicional em uma estaca, resultante da acomodação de um aterro e que tende a impelir a estaca a uma profundidade maior no solo.

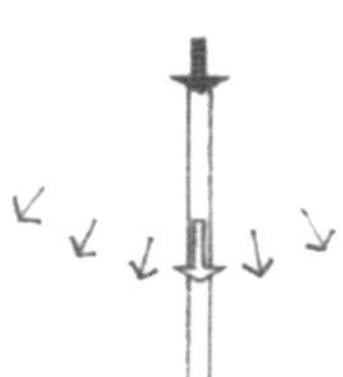

ensaio de carga estática
Ensaio para se determinar a carga axial admissível em uma estaca isolada, normalmente uma fração da carga necessária para se atingir um ponto de deformação, um limite de resistência ou um ponto de nega.

limite de resistência
Ponto no qual a carga de uma estaca provoca acomodação específica após aplicada por um período dado de tempo.

ponto de nega
Ponto no qual nenhuma acomodação adicional ocorre depois de uma estaca ser carregada por um período dado de tempo.

bulbo de pressão
Região de uma massa de solo carregada delimitada por uma isóbara arbitrariamente escolhida, por exemplo a partir de uma ou várias estacas de atrito.

isóbara
Linha que liga os pontos de mesma pressão. Também chamada **linha isobárica**.

ponto de deformação
Ponto no qual um acréscimo na carga da estaca produz um aumento desproporcional de acomodação. Também chamado **limite de resistência**.

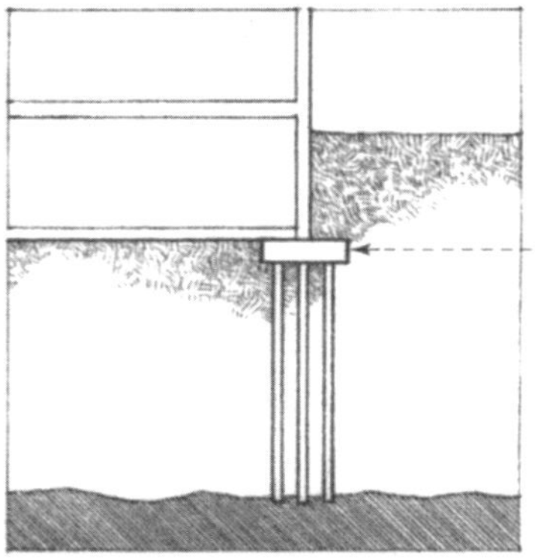

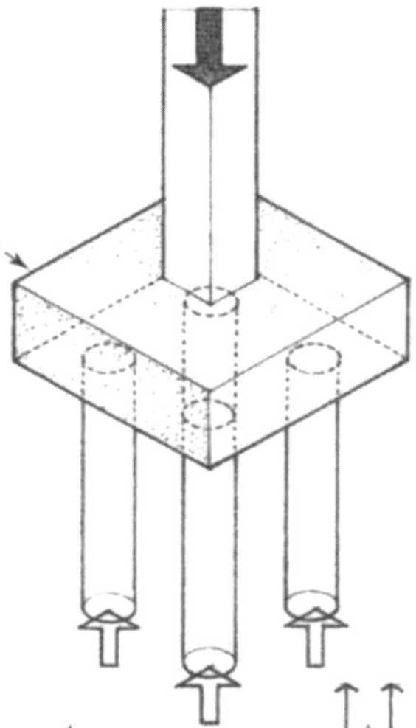

bloco
Laje ou placa de concreto armado que une as cabeças de um conjunto de estacas para distribuir a carga de uma coluna ou viga-mestra uniformemente entre as estacas.

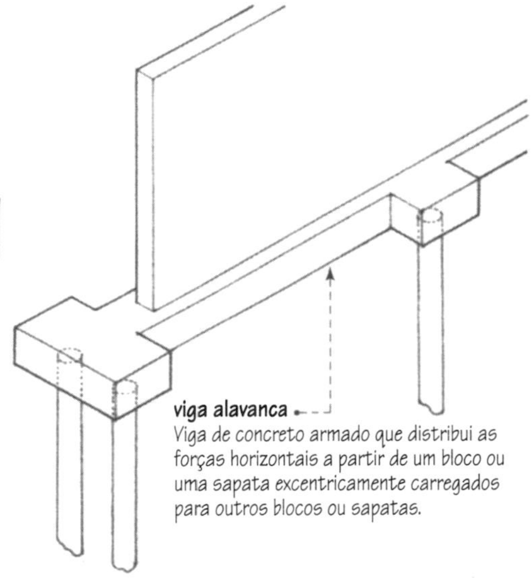

viga alavanca
Viga de concreto armado que distribui as forças horizontais a partir de um bloco ou uma sapata excentricamente carregados para outros blocos ou sapatas.

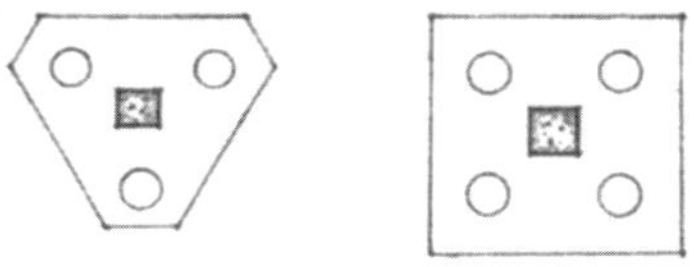

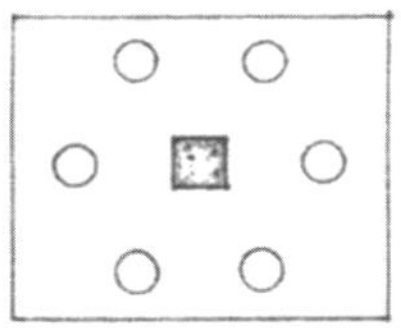

exemplos de arranjos de estacas

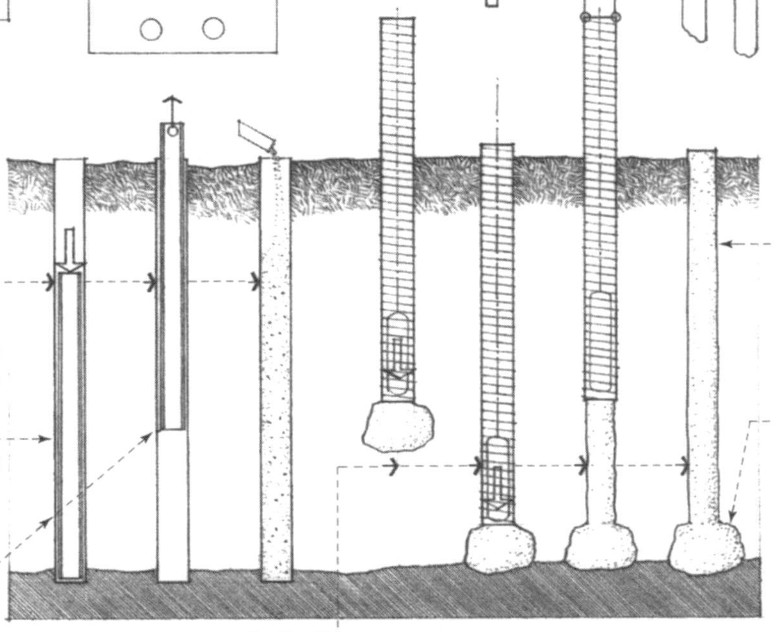

estaca de concreto moldada no local
Estaca construída mediante o lançamento de concreto em um poço escavado no solo.

estaca encamisada
Estaca de concreto construída mediante o cravamento de um tubo ou molde no solo até encontrar este a resistência necessária, com seu subseqüente preenchimento com concreto. Também chamada **estaca encerrada**.

tubo
Peça cilíndrica de aço, por vezes corrugada ou adelgaçada para aumentar sua rigidez, cravada ou lançada em posição para servir de forma para uma estaca de concreto moldada *in loco*. Também, **molde** ou **camisa**.

mandril
Tubo ou núcleo de aço pesado inserido em um molde de paredes delgadas para evitar seu rompimento no processo de cravação, e que é retirado antes do lançamento do concreto no molde.

estaca tipo Franki
Estaca de concreto construída através da cravação de uma bucha de concreto no solo juntamente com um tubo de aço até a primeira encontrar a resistência necessária, com o subseqüente lançamento de concreto no local enquanto o tubo é retirado.

estaca tipo Franki
Estaca de concreto moldada *in loco* com um pé mais largo para aumentar sua área de sustentação e fortalecer a camada de apoio por meio da compressão, formado por meio da expulsão do concreto da base do molde para o solo circundante.

bulbo
Protuberância moldada ou formada na base de uma estaca tipo Franki destinada a aumentar sua área de sustentação e fortalecer a camada de apoio por meio da compressão. Também chamado **pedestal**.

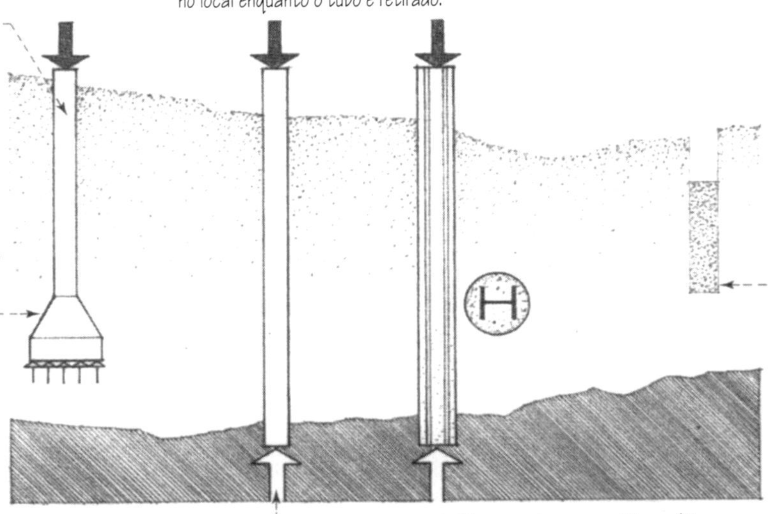

estaca escavada
Fundação em concreto moldada *in loco*, produzida mediante a abertura de um poço no solo – quer com uma grande sonda ou por escavação manual – até uma camada de apoio adequada, e seu preenchimento com concreto.

tubulão
Estaca escavada, esp. quando a perfuração tem um diâmetro igual ou superior a 610 mm, para permitir a inspeção do fundo.

base
Base alargada de um tubulão para alargar sua área de sustentação.

alargador
Peça afixada a uma perfuratriz de solo provida de lâminas que se estendem para escavar uma base de tubulão.

estaca de areia
Base para uma sapata num solo fofo, produzida mediante a compactação de areia em uma cavidade deixada por uma estaca de madeira.

tubulão cravado
Tubulão que é introduzido em uma camada de rocha sólida, perfurando-a, em lugar de ser provido de base.

tubulão cravado com perfil metálico
Tubulão cravado com um núcleo constituído por uma peça em H de aço colocada em um tubo preenchido de concreto.

GEOMETRIA

Ramo da matemática que trata das propriedades e medidas de pontos, linhas, ângulos e sólidos, e das relações entre estes, deduzidas a partir das condições que os definem por meio de determinadas propriedades admitidas do espaço.

ponto
Elemento geométrico adimensional, que não apresenta propriedades mas apenas localização – por exemplo a intersecção de duas linhas.

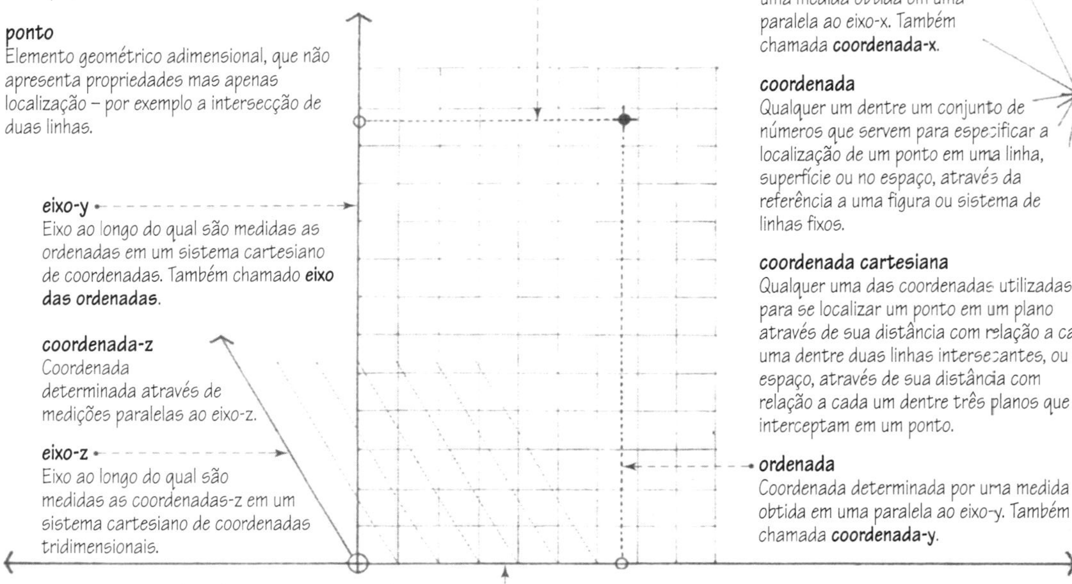

eixo-y
Eixo ao longo do qual são medidas as ordenadas em um sistema cartesiano de coordenadas. Também chamado **eixo das ordenadas**.

coordenada-z
Coordenada determinada através de medições paralelas ao eixo-z.

eixo-z
Eixo ao longo do qual são medidas as coordenadas-z em um sistema cartesiano de coordenadas tridimensionais.

abscissa
Coordenada determinada por uma medida obtida em uma paralela ao eixo-x. Também chamada **coordenada-x**.

coordenada
Qualquer um dentre um conjunto de números que servem para especificar a localização de um ponto em uma linha, superfície ou no espaço, através da referência a uma figura ou sistema de linhas fixos.

coordenada cartesiana
Qualquer uma das coordenadas utilizadas para se localizar um ponto em um plano através de sua distância com relação a cada uma dentre duas linhas intersecantes, ou no espaço, através de sua distância com relação a cada um dentre três planos que se interceptam em um ponto.

ordenada
Coordenada determinada por uma medida obtida em uma paralela ao eixo-y. Também chamada **coordenada-y**.

sistema de coordenadas retangulares
Sistema cartesiano no qual os eixos ou planos de coordenadas são perpendiculares entre si.

eixo-x
Eixo ao longo do qual são medidas as abscissas ou coordenadas-x em um sistema cartesiano de coordenadas. Também chamado **eixo das abscissas**.

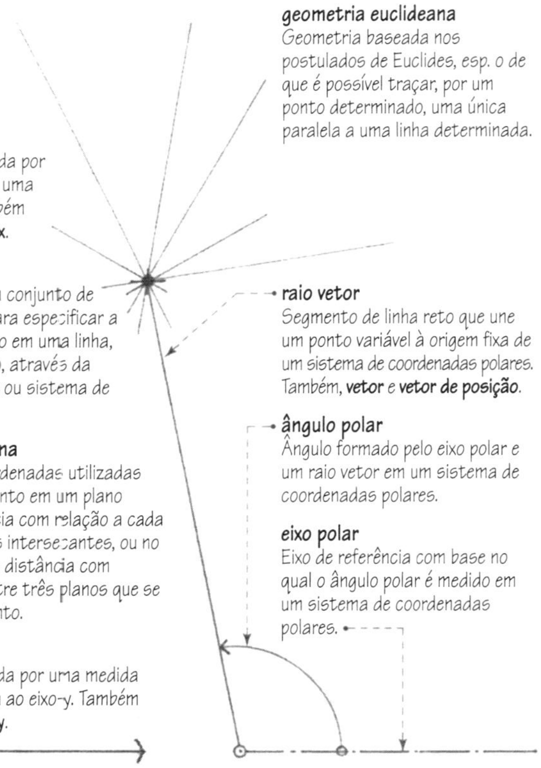

geometria euclideana
Geometria baseada nos postulados de Euclides, esp. o de que é possível traçar, por um ponto determinado, uma única paralela a uma linha determinada.

raio vetor
Segmento de linha reto que une um ponto variável à origem fixa de um sistema de coordenadas polares. Também, **vetor** e **vetor de posição**.

ângulo polar
Ângulo formado pelo eixo polar e um raio vetor em um sistema de coordenadas polares.

eixo polar
Eixo de referência com base no qual o ângulo polar é medido em um sistema de coordenadas polares.

sistema de coordenadas polares
Sistema utilizado para se localizar um ponto em um plano através de seu raio vetor e seu ângulo polar.

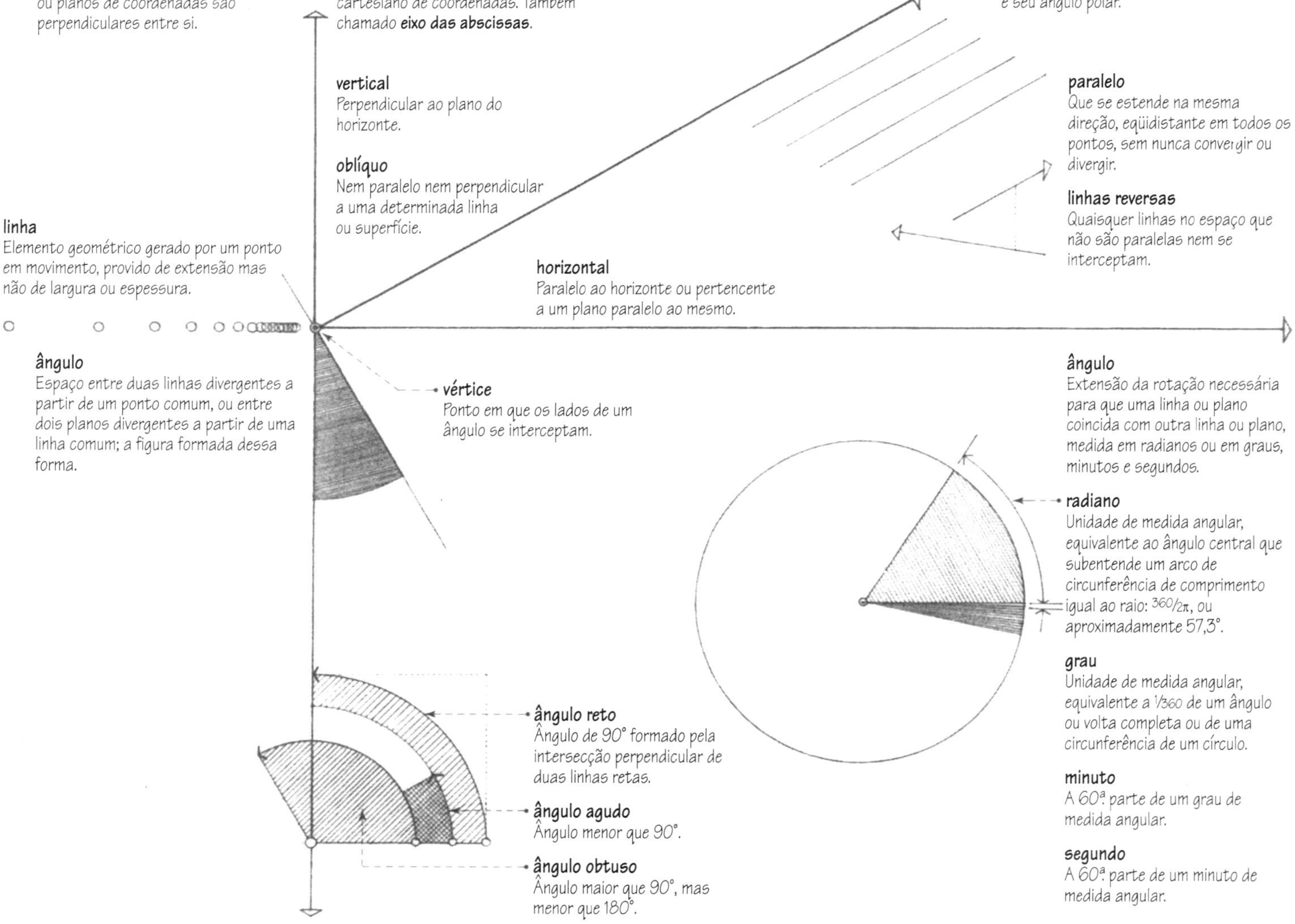

vertical
Perpendicular ao plano do horizonte.

oblíquo
Nem paralelo nem perpendicular a uma determinada linha ou superfície.

paralelo
Que se estende na mesma direção, eqüidistante em todos os pontos, sem nunca convergir ou divergir.

linhas reversas
Quaisquer linhas no espaço que não são paralelas nem se interceptam.

linha
Elemento geométrico gerado por um ponto em movimento, provido de extensão mas não de largura ou espessura.

horizontal
Paralelo ao horizonte ou pertencente a um plano paralelo ao mesmo.

ângulo
Espaço entre duas linhas divergentes a partir de um ponto comum, ou entre dois planos divergentes a partir de uma linha comum; a figura formada dessa forma.

vértice
Ponto em que os lados de um ângulo se interceptam.

ângulo reto
Ângulo de 90° formado pela intersecção perpendicular de duas linhas retas.

ângulo agudo
Ângulo menor que 90°.

ângulo obtuso
Ângulo maior que 90°, mas menor que 180°.

ângulo
Extensão da rotação necessária para que uma linha ou plano coincida com outra linha ou plano, medida em radianos ou em graus, minutos e segundos.

radiano
Unidade de medida angular, equivalente ao ângulo central que subentende um arco de circunferência de comprimento igual ao raio: $360/2\pi$, ou aproximadamente 57,3°.

grau
Unidade de medida angular, equivalente a $1/360$ de um ângulo ou volta completa ou de uma circunferência de um círculo.

minuto
A 60ª parte de um grau de medida angular.

segundo
A 60ª parte de um minuto de medida angular.

altura (1)
Distância vertical entre um nível determinado e um ponto fixo acima deste.

base
Linha ou superfície que constitui a parte de uma figura geométrica que mais se aproxima da horizontal ou na qual se presume estar apoiada, e a partir da qual é possível traçar uma altura.

vértice
Em uma figura plana, o ponto oposto à base e o mais afastado desta.

altura (2)
Distância perpendicular entre a base de uma figura geométrica e o vértice oposto ou o lado ou superfície paralela oposta.

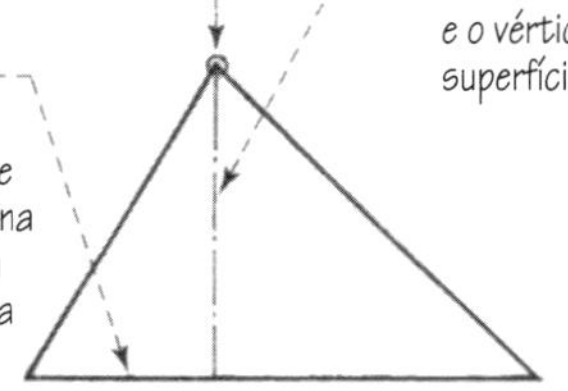

triângulo
Polígono com três lados e três ângulos.

isósceles
Que tem dois lados de mesmo tamanho.

agudo
Composto apenas por ângulos agudos.

obtuso
Que tem um ângulo obtuso.

escaleno
Que tem três lados diferentes.

coincidentes
Que ocupam o mesmo lugar no espaço ou no tempo.

congruentes
Coincidentes em todos os pontos quando em sobreposição.

semelhantes
Que têm os lados correspondentes proporcionais e os ângulos correspondentes iguais.

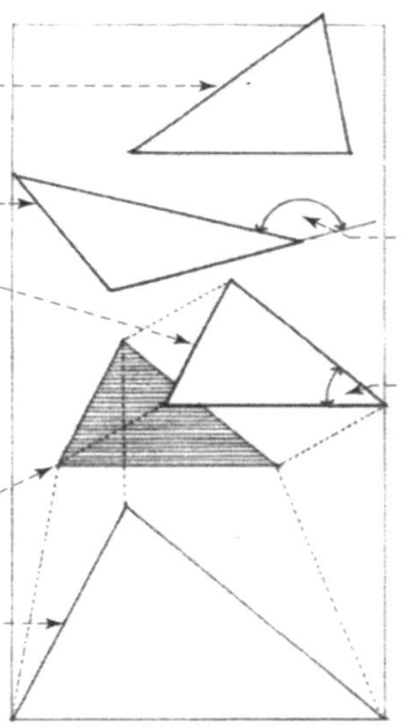

reentrante
Voltado para dentro, como o ângulo interior de um polígono maior que 180°.

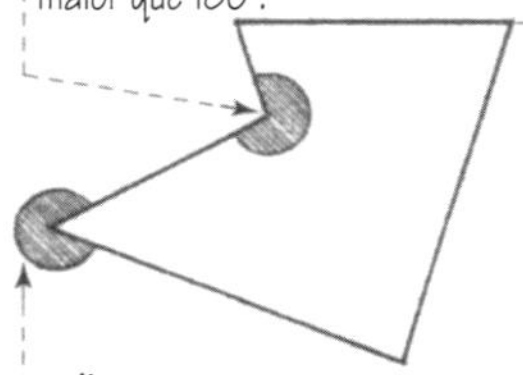

saliente
Ângulo ou parte que se projeta para fora.

ângulo externo
Aquele formado entre qualquer lado de um polígono e o prolongamento de um lado adjacente.

ângulo interno
Aquele formado no interior de um polígono entre dois lados adjacentes.

chanfro
Linha ou superfície oblíqua, como aquela formada ao se cortar fora o canto de um quadrado ou cubo.

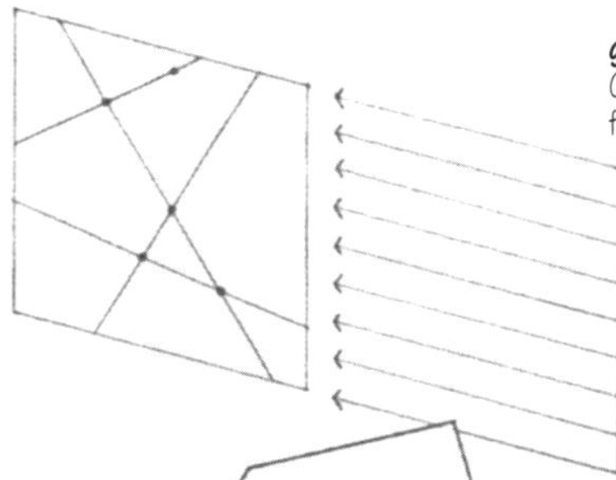

geometria plana
O ramo da geometria que trata das figuras planas.

plano
Superfície gerada por uma linha reta que se desloca a uma velocidade constante em relação a um ponto fixo, de tal modo que uma linha reta unindo dois de seus pontos quaisquer estará inteiramente contida nessa superfície.

figura
Combinação de elementos geométricos dispostos em uma forma ou configuração particulares.

quadrilátero
Polígono com quatro lados e quatro ângulos.

polígono
Figura plana fechada com três ou mais lados retilíneos.

retilíneo
Que forma, é formado ou caracterizado por linhas retas.

retangular
Que possui extremidades, superfícies ou faces que se encontram em ângulos retos.

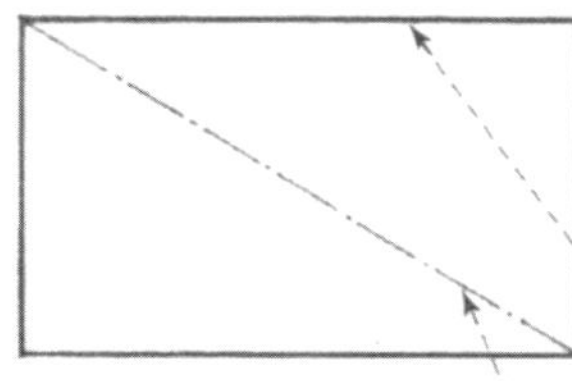

aspecto proporcional
Em qualquer configuração retangular, a razão entre a dimensão maior e a menor.

retângulo
Paralelogramo com quatro ângulos retos e esp. com lados de comprimentos diferentes.

diagonal
Linha que une dois ângulos ou vértices não adjacentes de um polígono ou poliedro.

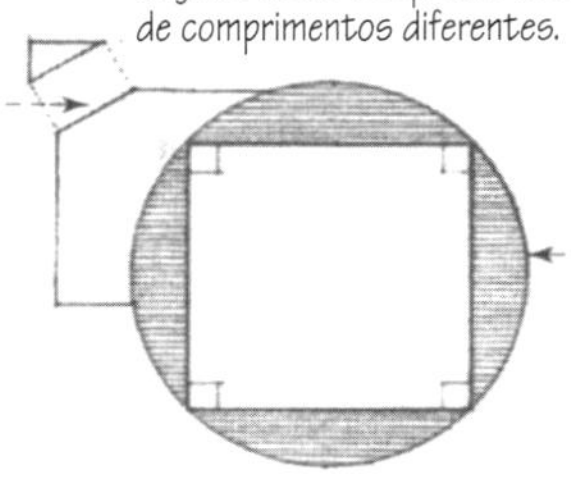

quadrado
Polígono regular com quatro lados iguais e quatro ângulos retos.

trigonometria
Ramo da matemática que trata das propriedades dos triângulos, das funções trigonométricas e de suas aplicações.

função trigonométrica
Função de um ângulo, como seno ou cosseno, expressa em termos da razão entre os lados de um triângulo retângulo.

seno
Função trigonométrica definida como a razão entre o lado oposto de um determinado ângulo e a hipotenusa.

cosseno
Função trigonométrica definida como a razão entre o lado adjacente a um determinado ângulo e a hipotenusa.

tangente
Função trigonométrica definida como a razão entre o lado oposto a um determinado ângulo e o lado adjacente a este.

secante
Função trigonométrica definida como a razão entre a hipotenusa e o lado adjacente a um determinado ângulo.

cossecante
Função trigonométrica definida como a razão entre a hipotenusa e o lado oposto a um determinado ângulo.

cotangente
Função trigonométrica definida como a razão entre o lado oposto a um determinado ângulo e o lado adjacente a este.

triângulo retângulo
Aquele que possui um ângulo reto.

hipotenusa
Lado oposto ao ângulo reto de um triângulo retângulo.

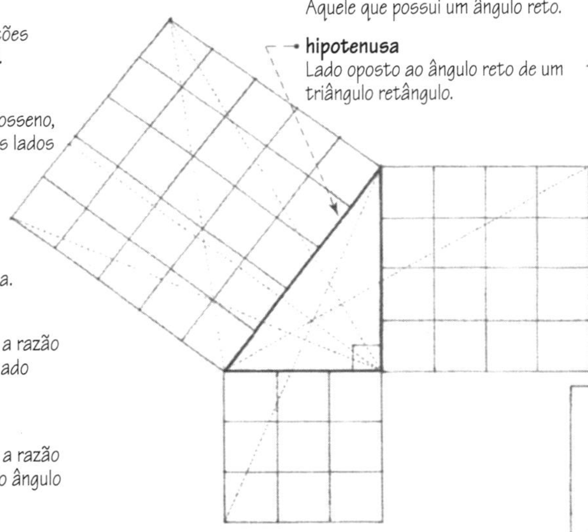

teorema de Pitágoras
Teorema de que o quadrado do comprimento da hipotenusa de um triângulo retângulo é igual à soma do quadrado do comprimento dos dois outros lados.

regular
Que tem todos os lados iguais (**eqüilátero**) e todos os ângulos iguais (**eqüiângulo**).

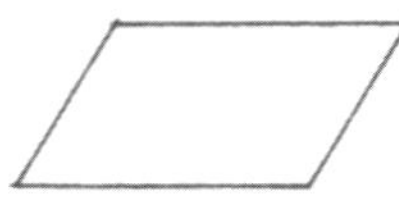

paralelogramo
Quadrilátero com os dois pares de lados opostos paralelos entre si.

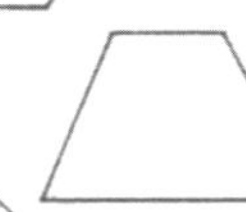

trapézio
Quadrilátero em que apenas dois lados são paralelos.

trapezóide
Quadrilátero sem nenhum lado paralelo ao outro.

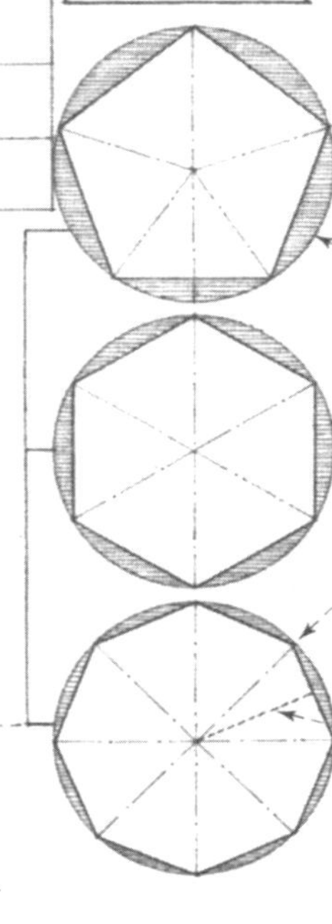

pentágono
Polígono com cinco lados e cinco ângulos.

hexágono
Polígono com seis lados e seis ângulos.

octógono
Polígono com oito lados e oito ângulos.

apótema
Perpendicular a um dos lados de um polígono regular traçada a partir de seu centro.

círculo
Curva plana e fechada da qual cada ponto é eqüidistante de um ponto fixo localizado em seu interior.

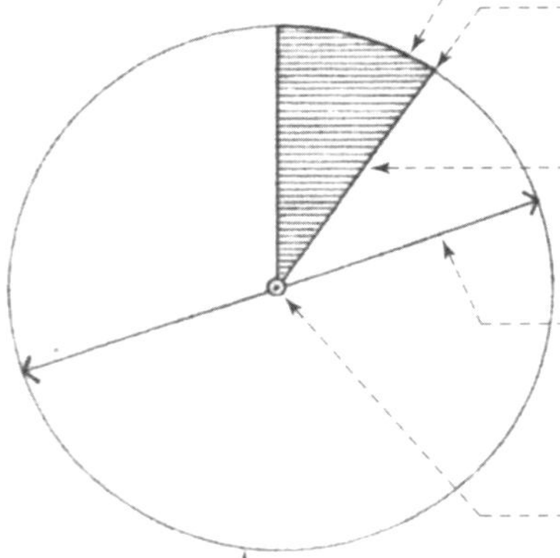

circunferência
Contorno de uma figura curvilínea fechada, esp. o perímetro de um círculo.

pi
Símbolo π, que representa a razão entre a circunferência de um círculo e o seu diâmetro, uma constante de valor aproximado igual a 3.14159.

arco
Qualquer segmento da circunferência de um círculo.

raio
Linha reta que se estende entre o centro de um círculo ou uma esfera e a circunferência ou superfície delimitadora.

setor
Figura plana delimitada por dois raios e o segmento de circunferência compreendido entre eles.

diâmetro
Linha reta que passa pelo centro de um círculo ou esfera e encontra a circunferência ou superfície delimitadora em cada extremidade.

centro
Ponto no interior de um círculo ou esfera eqüidistante de todos os pontos da circunferência ou superfície, ou o ponto no interior de um polígono regular eqüidistante dos vértices.

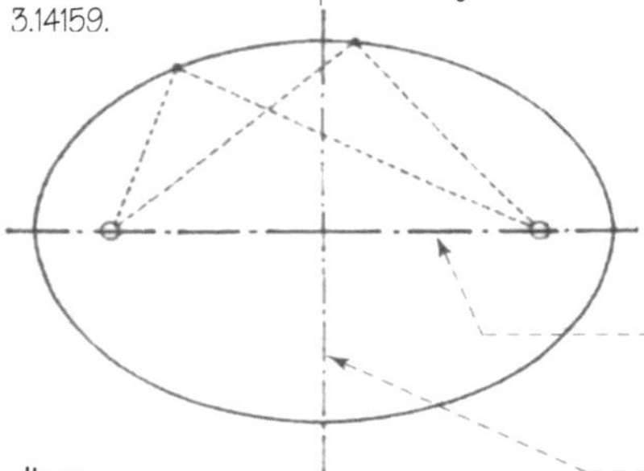

elipse
Curva plana fechada gerada por um ponto que se desloca de modo tal que a soma de suas distâncias com relação a dois pontos fixos, os focos, é uma constante.

eixo maior
Eixo que passa pelos dois focos de uma elipse.

eixo menor
Em uma elipse, o eixo perpendicular ao eixo maior e que o intercepta em um ponto eqüidistante dos focos.

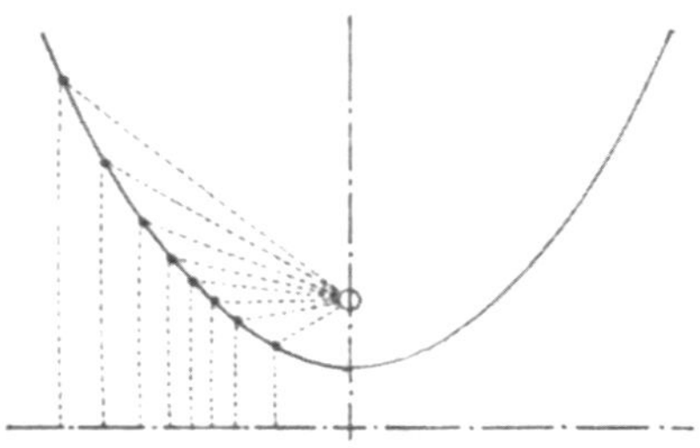

parábola
Curva plana gerada por um ponto que se desloca de modo tal que se mantém eqüidistante com relação a uma linha e um ponto fixos não pertencentes a esta.

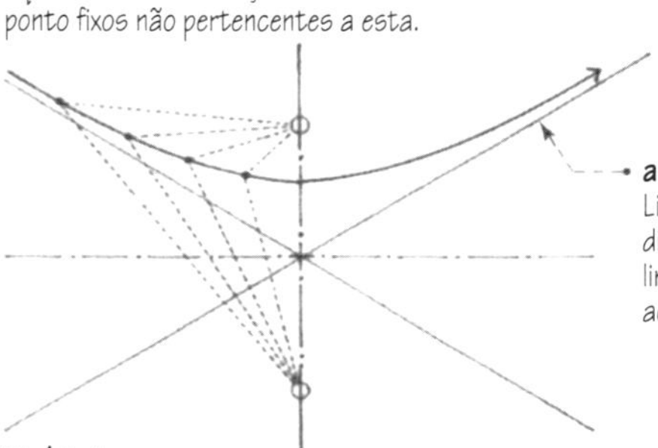

hipérbole
Curva plana gerada por um ponto que se desloca de modo tal que a diferença entre as distâncias com relação a dois pontos fixos situados no plano se mantém constante.

assíntota
Linha reta que delimita uma curva tal que a distância perpendicular entre a curva e a linha tende a zero quando a primeira tende ao infinito.

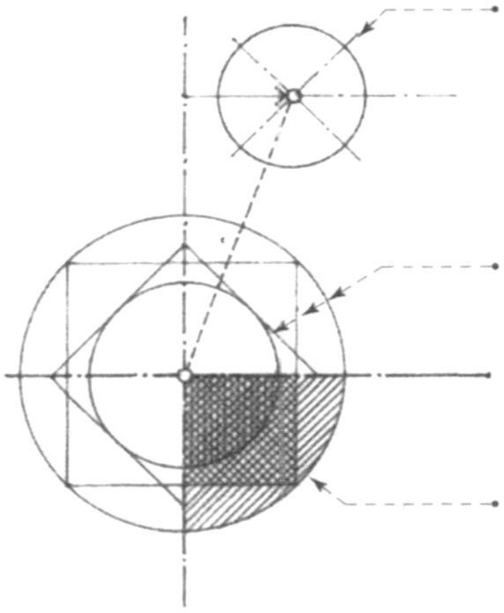

excêntrico (1)
Que não tem o mesmo centro ou eixo geométrico.

excêntrico (2)
Que não está centrado no ponto central.

concêntricos(as)
Figuras, como círculos ou esferas, que têm um centro comum.

eixo geométrico
Linha imaginária que divide ao meio uma figura plana.

quadrante
Arco de 90°, ou qualquer um dos quatro quartos em que uma figura plana é dividida por duas linhas perpendiculares, numerados em sentido horário a partir do superior direito.

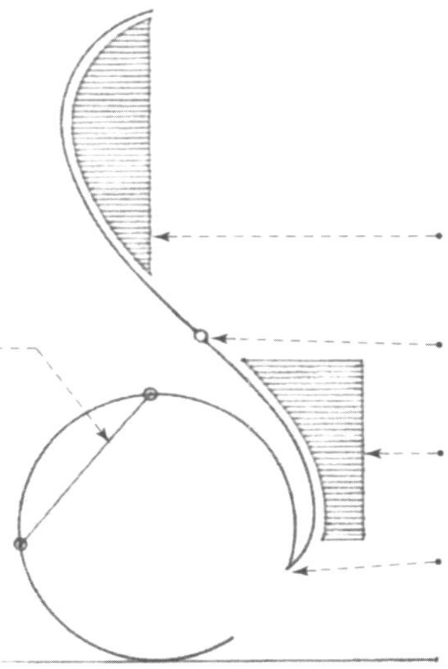

curva
Linha que se dobra continuamente, sem ângulos.

côncavo
Curvado para dentro, como o interior de um arco circular ou uma esfera oca.

inflexão
Mudança de curvatura, passando do côncavo para o convexo, ou vice-versa.

corda
Segmento de reta compreendido entre dois pontos de uma curva.

convexo
Curvado ou arredondado para fora, como a parte externa de um círculo ou esfera.

cúspide
Ponto em que dois segmentos de curva se encontram e se tangenciam.

tangente
Que toca em um único ponto, como uma linha reta em relação a uma curva, ou em contato ao longo de uma única linha, como um plano e um cilindro.

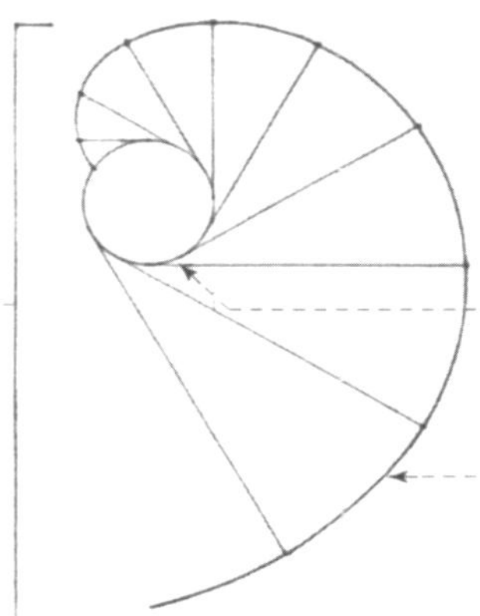

espiral
Curva plana gerada por um ponto que se desloca em torno de um ponto fixo, aproximando-se e afastando-se dele constantemente em seu percurso.

evoluta
Lugar geométrico dos centros de curvatura de outra curva ou a linha envolvente das normais a esta.

involuta
Curva descrita por um ponto em um fio quando este é mantido retesado e desenrolado com relação a um cilindro estacionário.

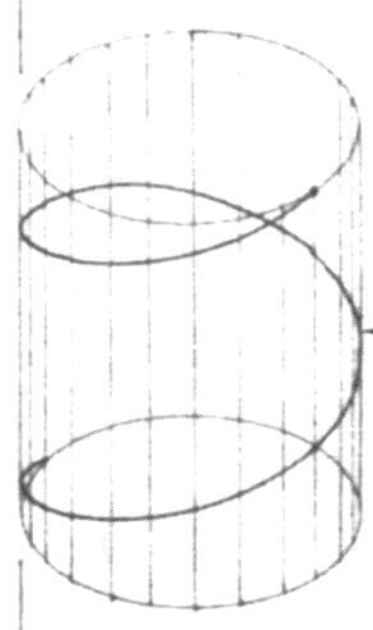

espiral
Curva tridimensional traçada em um cone ou cilindro mediante a rotação de um ponto que cruza suas secções direitas a um ângulo oblíquo constante.

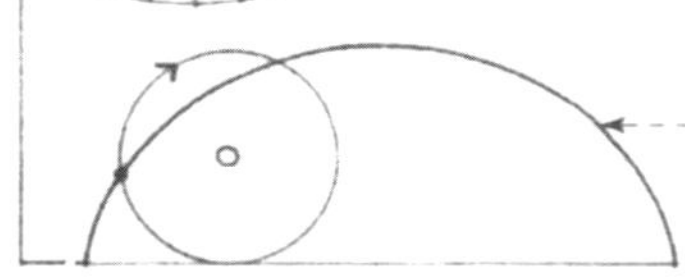

ciclóide
Curva gerada por um ponto na circunferência de um círculo ao girar ao longo de uma linha reta.

esferóide
Figura geométrica sólida de formato semelhante ao de uma esfera, como um elipsóide.

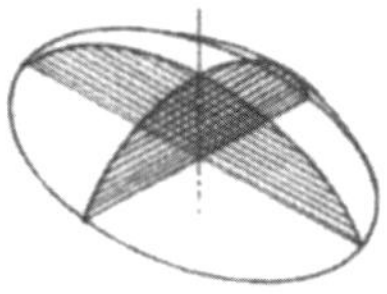

elipsóide
Figura sólida da qual todas as secções planas são elipses.

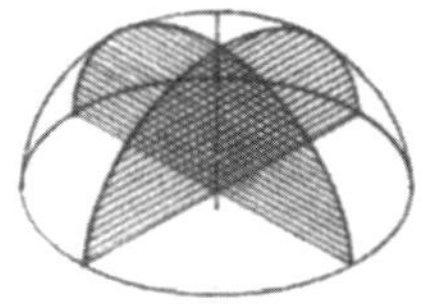

esferóide prolato
Esferóide gerado pela rotação de uma elipse em torno de seu eixo maior. Também chamado **esferóide alongado**.

prolato
Alongado no sentido do diâmetro polar.

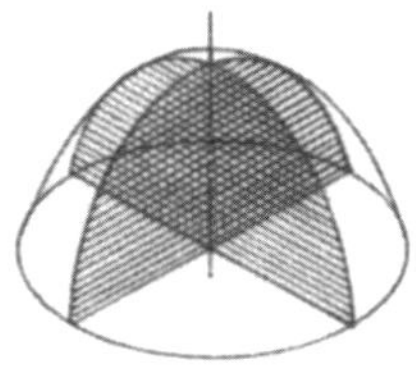

esferóide oblato
Esferóide gerado pela rotação de uma elipse em torno de seu eixo menor.

oblato
Achatado nos pólos.

geometria no espaço
Ramo da geometria que estuda as figuras sólidas e o espaço tridimensional. Também chamada **geometria espacial**, **geometria tridimensional** e **geometria sólida**.

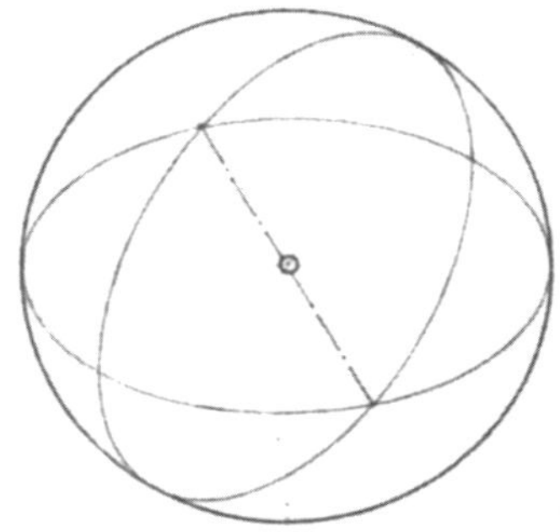

esfera
Sólido gerado pela rotação de um semicírculo em torno de seu diâmetro, e cuja superfície é eqüidistante do centro em todos os pontos.

cilindro
Sólido delimitado por dois planos paralelos e uma superfície gerada por uma linha reta que se desloca paralelamente a uma linha reta fixa e que intercepta uma curva plana e fechada em um dos planos.

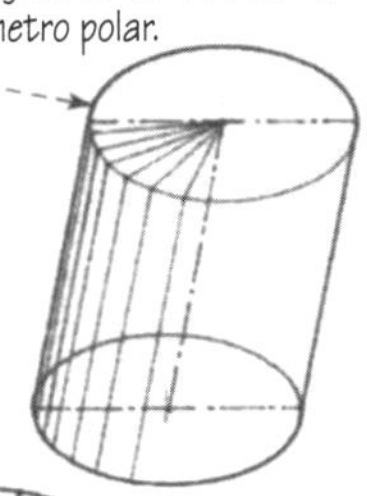

cilindro circular reto
Cilindro gerado pela rotação de um retângulo em torno de seu eixo geométrico.

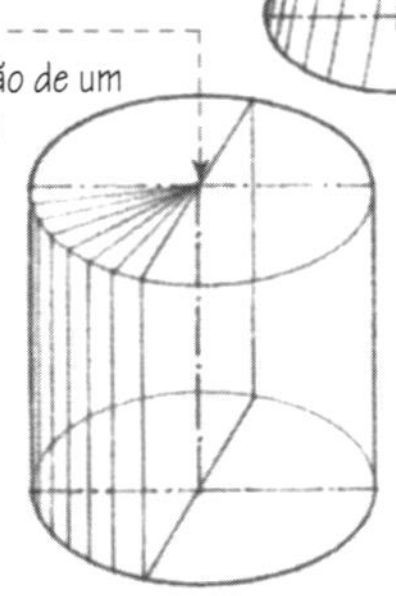

cone
Sólido cuja superfície é gerada por uma linha reta, a geratriz, que atravessa um ponto fixo, o vértice, e se desloca ao longo da intersecção com uma curva fechada e plana, a diretriz.

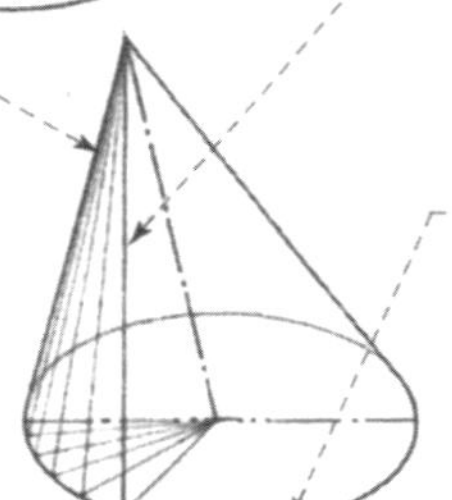

cone circular reto
Cone gerado pela rotação de um triângulo retângulo em torno de um de seus lados.

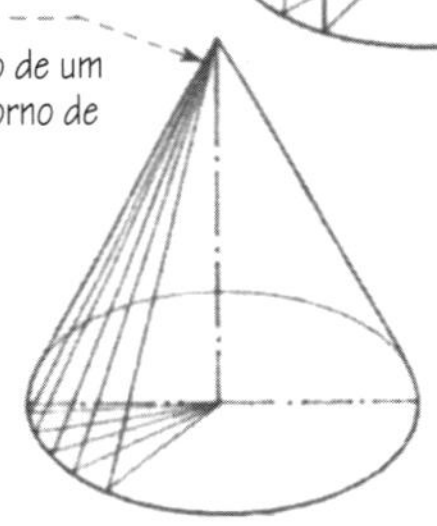

sólido
Figura geométrica que possui as três dimensões: largura, altura e profundidade. Também chamado **corpo**.

volume
Dimensão de um objeto tridimensional ou a extensão de espaço que ele ocupa, medidas em unidades cúbicas.

superfície
Qualquer figura dotada de apenas duas dimensões, como um lugar geométrico bidimensional plano ou curvo dos pontos que definem o limite de um sólido.

geratriz
Elemento que gera uma figura geométrica, esp. uma linha reta que gera uma superfície ao deslocar-se de uma forma específica. Também chamada **geradora**.

diretriz
Linha fixa utilizada na descrição de uma curva ou superfície.

centro
Ponto de um polígono regular, o ponto interno eqüidistante dos vértices.

aresta
A linha que forma a extremidade de uma superfície ou na qual duas superfícies de um sólido se encontram.

vértice
Em um sólido geométrico, um ponto comum a três ou mais lados.

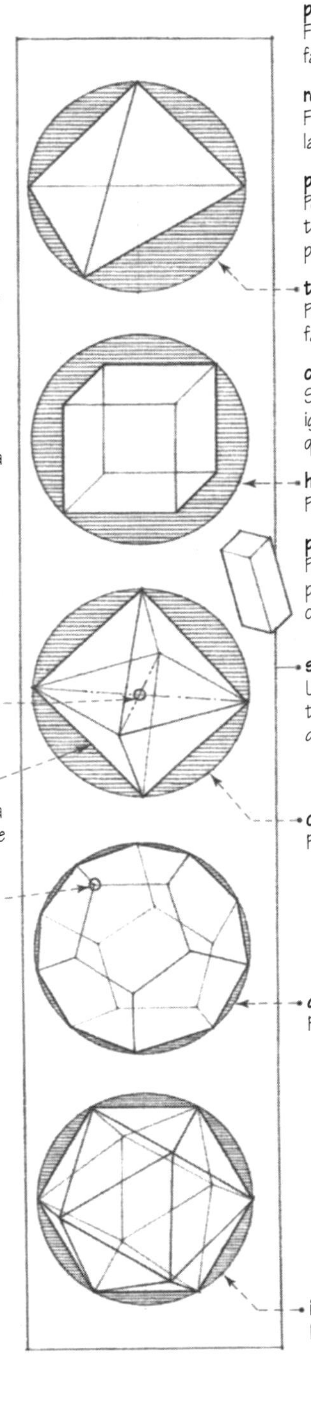

poliedro
Figura geométrica sólida delimitada por faces planas.

regular
Figura geométrica que tem todos os lados e ângulos iguais.

pirâmide
Poliedro de base poligonal e faces triangulares que se encontram em um ponto ou vértice comum.

tetraedro
Poliedro regular delimitado por quatro faces planas.

cubo
Sólido delimitado por seis lados quadrados iguais, e no qual duas faces adjacentes quaisquer formam sempre um ângulo reto.

hexaedro
Polígono regular de seis faces.

prisma
Poliedro cujas extremidades são polígonos congruentes e paralelos, e cujos lados são paralelogramos.

sólido platônico
Um dos cinco poliedros regulares: tetraedro, hexaedro, octaedro, dodecaedro ou icosaedro.

octaedro
Polígono regular de oito faces.

dodecaedro
Polígono regular de doze faces.

icosaedro
Polígono regular de vinte faces.

truncado
Que tem o topo, o vértice ou a extremidade cortados por um plano, esp. um plano paralelo à base.

tronco de cone
Parte restante de um cônico sólido depois que seu topo é cortado por um plano paralelo à base.

seção cônica
Curva plana formada pela intersecção de um cone circular reto com um plano.

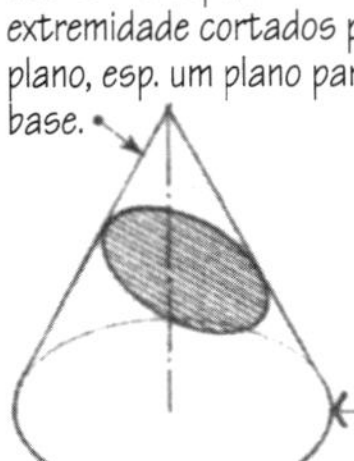

elipse
Seção cônica formada pela intersecção de um cone circular reto com um plano que o corta; o primeiro ao longo de ambos os eixos e da superfície do segundo.

parábola
Seção cônica formada pela intersecção de um cone circular reto com um plano paralelo à geratriz do cone.

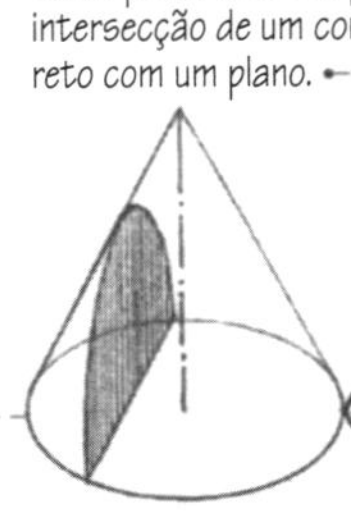

hipérbole
Seção cônica formada pela intersecção de um cone circular reto com um plano que forma com a base um ângulo maior do que aquele formado pela geratriz do cone.

Sistema de canos, válvulas, acessórios e demais aparatos de um sistema de fornecimento de água ou de esgotos.

sistema de abastecimento de água
Equipamento utilizado para suprir de água tratada uma comunidade, normalmente incluindo instalações para o armazenamento e distribuição desta, como reservatórios e canalizações.

cisterna
Reservatório ou tanque destinado a armazenar ou reter água ou outro líquido, como as águas pluviais recolhidas de um telhado, para seu uso quando necessário.

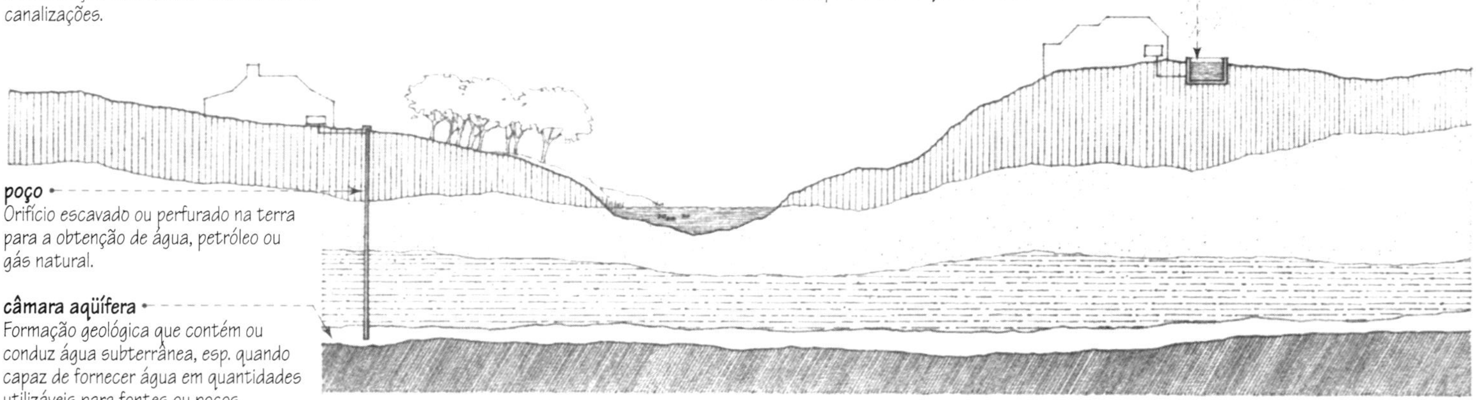

poço
Orifício escavado ou perfurado na terra para a obtenção de água, petróleo ou gás natural.

câmara aqüífera
Formação geológica que contém ou conduz água subterrânea, esp. quando capaz de fornecer água em quantidades utilizáveis para fontes ou poços.

poço artesiano
Poço no qual a água se eleva mediante a pressão exercida por um estrato permeável coberto por massas rochosas impermeáveis.

rebaixamento do nível d'água
Fenômeno que se verifica no nível d'água de superfície, por exemplo em um poço, ou, no caso da água subterrânea, em conseqüência de bombeamento.

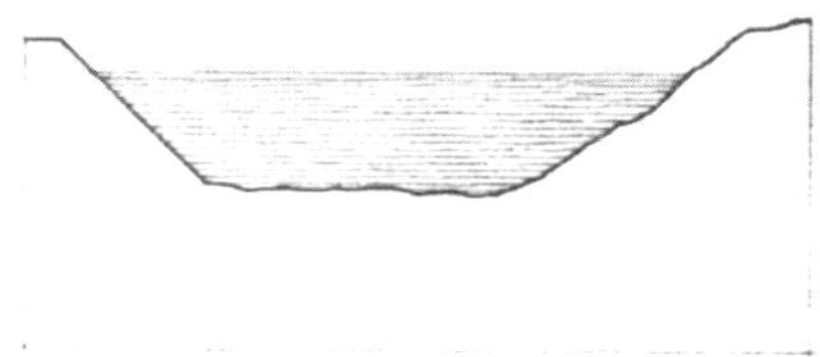

reservatório
Local natural ou artificial em que a água é recolhida e armazenada para o uso, esp. a água destinada ao suprimento de uma comunidade, à irrigação de terras ou ao fornecimento de energia.

água bruta
Água que requer tratamento antes de ser ingerida.

tratamento de água
Ato ou processo de tornar a água o mais potável ou utilizável possível – por exemplo, através de purificação, clarificação ou abrandamento.

água potável
Água própria para o consumo humano.

torre d'água
Torre para cujo interior é bombeada água a uma altura suficiente para se manter uma pressão desejada para sua distribuição a consumidores ou para o combate a incêndios.

registro de derivação
Registro que controla o fluxo de água ou gás entre um distribuidor e um ramal predial.

caixa de passeio
Compartimento vertical com um tampo removível, que dá acesso a um registro de passeio.

registro de passagem
Qualquer registro destinado a interromper o fluxo da água ou gás proveniente de um ramal predial.

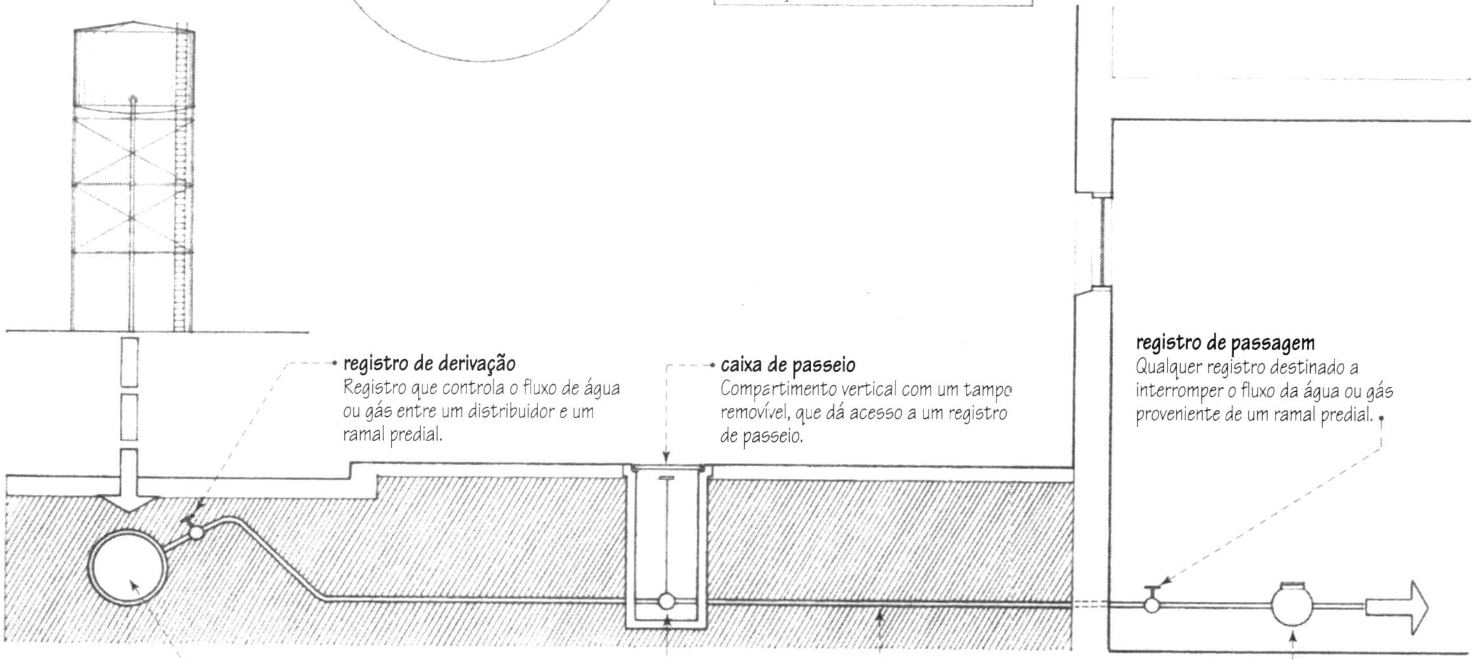

distribuidor público
Cano ou conduto principal através do qual um sistema público ou comunitário de fornecimento de água a conduz a todos os ramais prediais.

registro de passeio
Registro de controle utilizado para cortar o fornecimento de água a uma edificação em caso de emergência, instalada em um ramal predial e operado por meio de uma longa chave inserida através de uma caixa.

ramal predial
Tubo que liga uma construção a um distribuidor de água ou gás, normalmente instalado por um órgão público ou sob a jurisdição deste.

hidrômetro
Aparelho utilizado para se medir e registrar a quantidade de água que passa por um tubo.

sistema hidráulico por gravidade
Sistema de fornecimento e distribuição de água no qual a fonte situa-se em uma altura suficiente para manter uma pressão adequada de fornecimento por toda a rede de distribuição. Também chamado **sistema de distribuição descendente**.

altura de pressão
A pressão no mais baixo entre dois pontos verticais de um líquido, expressa em termos da distância entre ambos.

queda de pressão
Perda de altura de pressão de um fluido entre dois pontos de um tubo ou de um extremo a outro de uma válvula devido à pressão hidráulica.

unidade de descarga
Unidade empregada na medição da demanda provável de água por parte de uma peça sanitária ou a quantidade provável de retorno líquido proveniente de um aparelho sanitário equivalente a 28 litros por minuto.

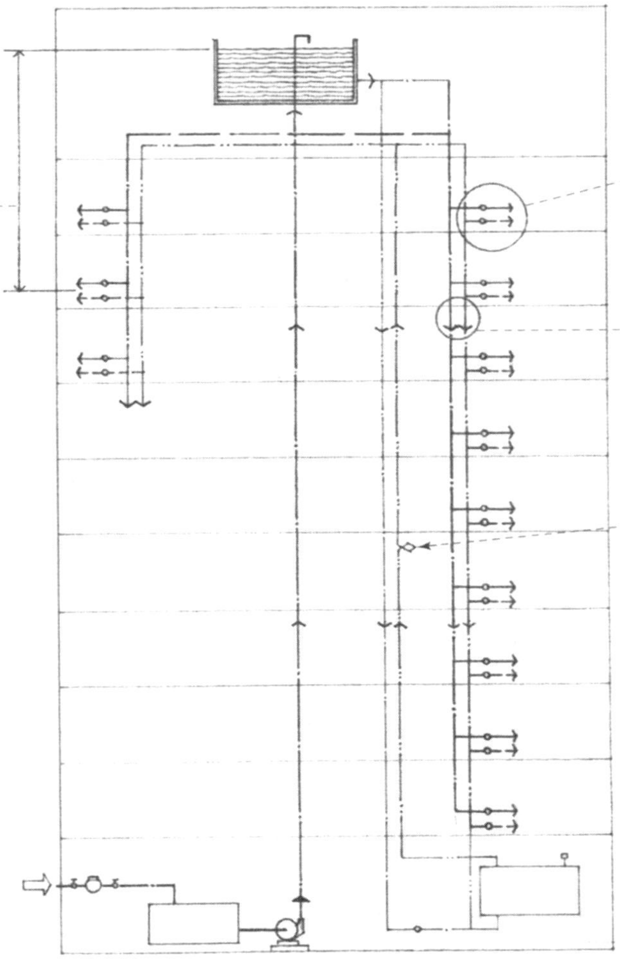

sistema hidráulico
Sistema de tubos, válvulas e acessórios utilizados na distribuição e no consumo de água em um edifício. Também **rede hidráulica**.

tubo ramal
Qualquer elemento de um sistema de encanamento que não seja um tubo mestre, um tubo ascendente ou uma chaminé. Também chamado **ramal, tubo derivado, tubo auxiliar** e **tubo secundário**.

tubo ascendente
Cano, conduto ou duto vertical de um sistema de encanamento.

tubo mestre
Tubo, conduto ou duto principal de um sistema de encanamento. Também chamado **cano principal**.

tubo compensador
Junta de expansão entre um tubo e acessórios de tubo, que permite a ocorrência da dilatação térmica em um encanamento extenso de água quente. Também chamado **curva de expansão**.

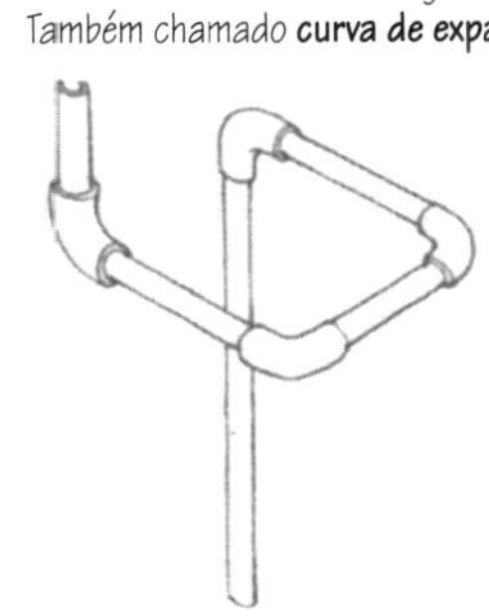

torneira de mangueira
Torneira externa provida de rosca, à qual é possível acoplar, por exemplo, uma mangueira de jardim, normalmente afixada na lateral de uma casa, aproximadamente na altura de uma soleira.

torneira
Dispositivo cuja finalidade é controlar o fluxo de um líquido proveniente de um tubo através da abertura ou o fechamento de um orifício.

pressão de fluxo
Pressão de um fluido que corre por um tubo alimentador em uma torneira ou outra saída quando estas encontram-se abertas ao máximo, dando vazão à água; expressa em psi (N/m²). Também chamada **pressão de circulação** ou **pressão dinâmica**.

fornecimento pneumático de água
Sistema de fornecimento de água no qual esta é distribuída a partir de um distribuidor ou um reservatório fechado a sob a pressão proveniente de ar comprimido. Também **sistema de distribuição ascendente**.

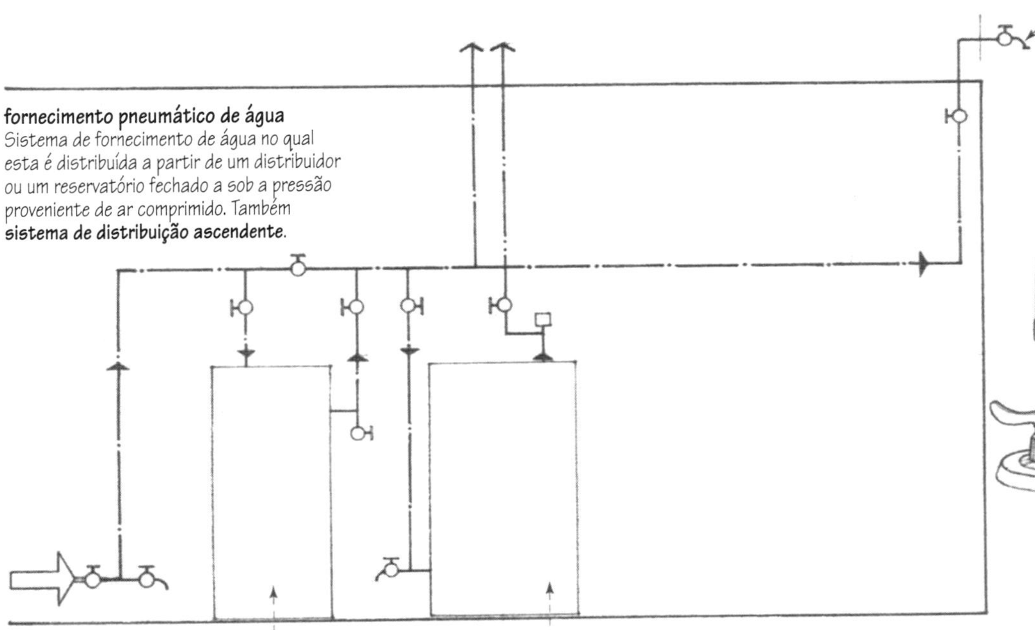

torneira misturadora
Torneira que possui uma única saída para a água, a qual provém de dois tubos, controlados separadamente por meio de chaves distintas, de água quente e água fria. Também chamada **misturador**.

aerador
Dispositivo semelhante a uma peneira, utilizado para misturar ar à água que escorre do bocal de uma torneira.

abrandador de água
Aparato que remove os sais de cálcio e magnésio da água dura através da troca de íons a fim de dotá-la de uma capacidade mais eficaz de formar espuma com o sabão. Também chamado **gerador de água doce**.

água dura
A água que contém sais dissolvidos de cálcio ou magnésio e que forma espuma de sabão com dificuldade. Também chamada **água calcária**.

aquecedor de água
Aparelho elétrico ou a gás cuja finalidade é aquecer a água a uma temperatura entre 50°C e 60°C, além de armazená-la para o uso.

torneira antiescaldadura
Torneira provida de uma válvula termostaticamente controlada para manter a temperatura desejada da água, independentemente da pressão ou do fluxo.

peça sanitária
Qualquer um dentre uma série de receptáculos, como pias e vasos sanitários, para o recolhimento da água de um sistema hidráulico e a descarga de escória líquida para um sistema de esgotamento. Podem ser feitos de louça vidrada, porcelana ou metal esmaltado. Também chamada **aparelho sanitário**.

de parede
Peça ou equipamento destinado a ser afixado a uma parede ou dependurado nesta.

torneira de bóia
Dispositivo para regular o fornecimento de água em uma caixa de descarga por meio de uma bola oca flutuante que, mediante sua subida ou descida, fecha ou abre uma válvula de abastecimento. Também chamada **válvula de flutuador** e **válvula de bóia**.

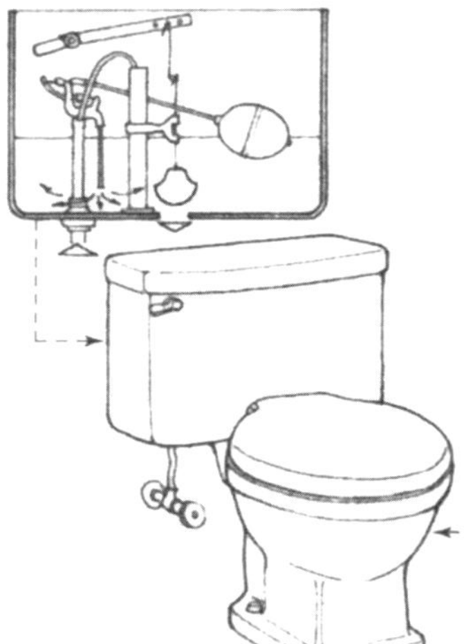

vaso sanitário
Peça sanitária que consiste em um vaso cerâmico com um assento e um tampo móveis, presos por dobradiças, e um dispositivo para descarga com água, utilizado para evacuação e micção. Também **bacia sanitária** e **privada**.

válvula de descarga
Dispositivo que fornece uma quantidade fixa de água a peças sanitárias para fins de desgarga quando ativada por pressão direta da água.

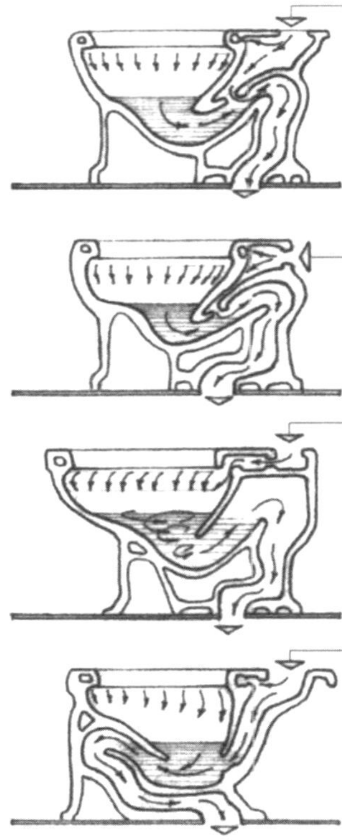

jato de sifão
Vaso sanitário no qual a água de descarga entra através do aro, e a ação sifônica deflagrada por um jato d'água impele o conteúdo do vaso ao longo do sifão.

sifão reverso
Vaso sanitário semelhante ao jato de sifão, mas com uma superfície de água e um sifão menores.

vórtice de sifão
Vaso sanitário semelhante ao jato de sifão, mas no qual a água de descarga é dirigida através do aro para criar um vórtice que promove a limpeza do vaso.

arraste
Vaso sanitário com uma ação de lavagem simples e que é esvaziado através de uma passagem pequena e irregular; proibido por alguns códigos de saúde.

bidê
Peça sanitária semelhante a uma bacia, sobre o qual se pode sentar com as pernas abertas para a lavagem da genitália e das partes posteriores do corpo.

urinol
Peça sanitária que pode ser lavada por água de descarga, utilizada para micção pelos homens.

divisória de banheiro
Painel que forma um recinto fechado em torno de um vaso sanitário, para fins de privacidade em um lavatório público.

banheira
Recipiente oblongo em que se toma banho, esp. aquele que constitui uma peça permanente de um banheiro.

chuveiro
Aparelho para banho no qual a água é lançada sobre o corpo a partir de um bocal ou crivo situado acima da cabeça.

barra de apoio
Barra afixada a uma parede, próxima a uma banheira ou chuveiro, que funciona como apoio para mão da pessoa que está se banhando.

receptor
Tanque raso no piso que define a área da cabine, ou boxe, de um chuveiro.

lavatório
Gamela ou bacia com água corrente para a lavagem do rosto e das mãos.

choque de aríete
Concussão e estampido resultante quando um volume de água que corre por um tubo se detém repentinamente ou perde impulso. Também chamado **golpe de aríete**.

câmara de ar
Compartimento de um sistema hidráulico que contém ar e que se comprime e se expande elasticamente a fim de equalizar a pressão e o fluxo da água no sistema. Também chamada **almofada de ar**.

ladrão
Saída, tubo ou receptáculo para o escoamento do excesso de líquido.

contrafluxo
Fluxo de um líquido no sentido oposto àquele desejado.

retrossifonagem
Contrafluxo de água usada ou contaminada de uma peça sanitária para um tubo destinado ao fornecimento de água potável, em razão da pressão negativa no tubo.

válvula de refluxo
Dispositivo cuja finalidade é impedir que um líquido corrente – por exemplo, um esgoto – inverta o sentido de seu fluxo. Também chamada **válvula de contrafluxo**.

proporção de escoamento
Velocidade de escoamento de uma peça sanitária expressa em unidades de descarga.

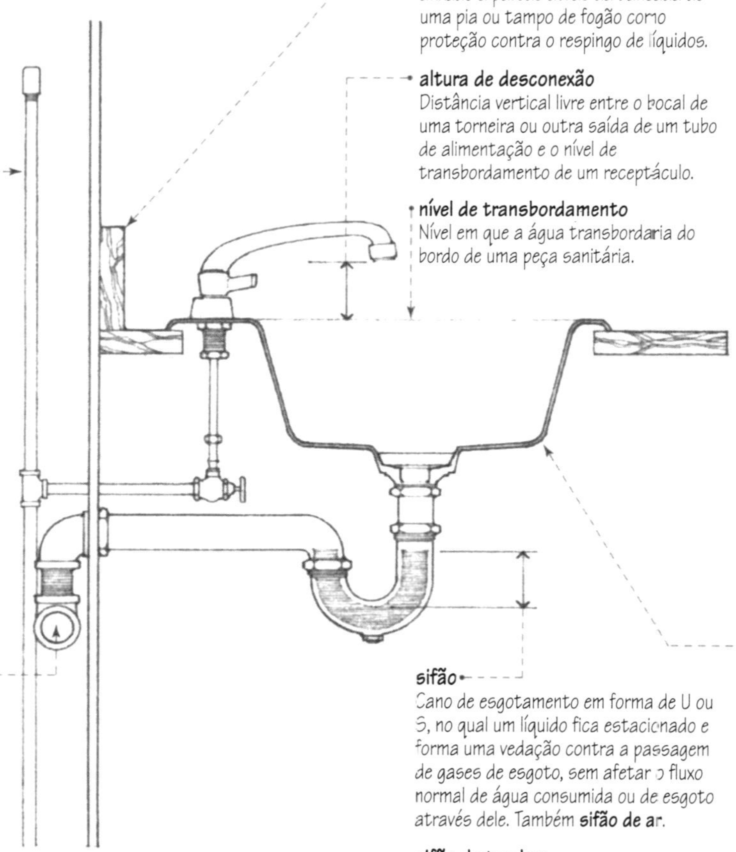

frontão
Painel vertical de material à prova d'água afixado à parede atrás da bancada de uma pia ou tampo de fogão como proteção contra o respingo de líquidos.

altura de desconexão
Distância vertical livre entre o bocal de uma torneira ou outra saída de um tubo de alimentação e o nível de transbordamento de um receptáculo.

nível de transbordamento
Nível em que a água transbordaria do bordo de uma peça sanitária.

sifão
Cano de esgotamento em forma de U ou S, no qual um líquido fica estacionado e forma uma vedação contra a passagem de gases de esgoto, sem afetar o fluxo normal de água consumida ou de esgoto através dele. Também **sifão de ar**.

sifão de tambor
Sifão cilíndrico fechado na parte inferior e provido de uma tampa que lhe dá acesso, normalmente instalado no tubo de esgotamento que sai de uma banheira.

pia
Bacia ligada a um sistema de fornecimento de água e esgotamento, utilizada para lavagem.

triturador
Dispositivo elétrico do tubo de esgotamento de uma pia destinado a triturar restos de alimento para que sejam removidos pela água que corre pelo tubo.

tanque
Pia profunda utilizada para a lavagem de roupas e tarefas domésticas.

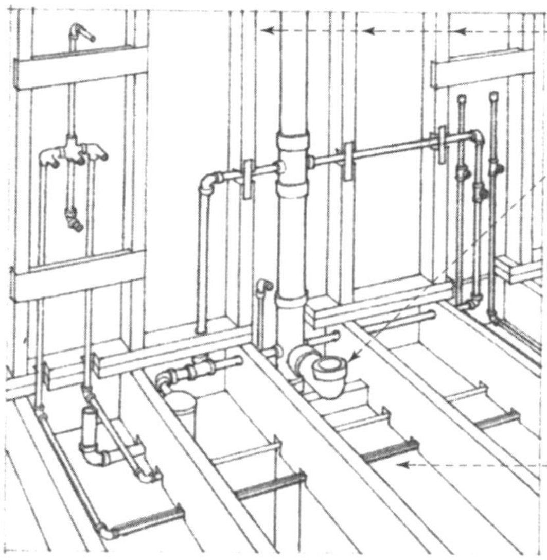

parede hidráulica
Parede ou divisória que contém espaços verticais para a instalação de encanamentos.

cotovelo de sanitário
Conexão de piso, com inclinação de 90°, instalado diretamente abaixo de um vaso sanitário.

extensão ampliada
Comprimento de um tubo, medido entre a linha central deste e as conexões.

isolamento moldado
Isolamento térmico premoldado para o encaixe em torno de tubos e conexões.

instalações embutidas
Fase do serviço de encanamento que consiste na instalação de todos os componentes de um sistema hidráulico que serão posteriormente encobertos, via de regra até o nível das conexões das peças sanitárias.

válvula
Qualquer dispositivo destinado a controlar ou deter o fluxo de um líquido ou gás por meio de uma parte móvel que se abre, obstrui parcialmente ou veda uma passagem, tubo ou abertura de entrada ou saída. Também chamado **registro**.

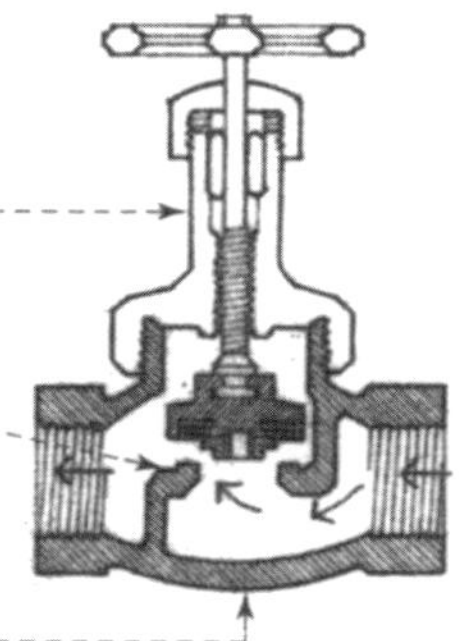

chapeleta
Parte da carcaça de uma válvula através do qual passa a haste e que forma um guia e lacre para esta. Também **tampa** ou **castelo**.

sede
Parte ou superfície de uma válvula contra as quais a haste é fechada para deter o fluxo por completo. Também chamada **base**.

válvula globular
Válvula com um corpo esférico, fechado por uma sede discóide no vão de uma parede interna. Também chamada **válvula esférica**.

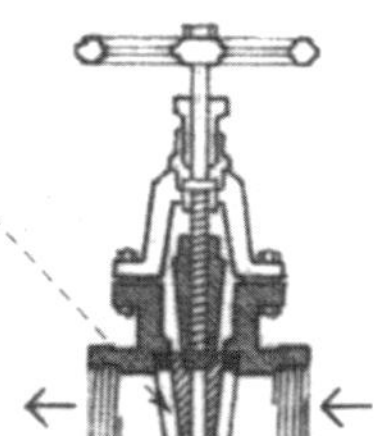

válvula de comporta
Válvula de interrupção que se fecha mediante o abaixamento de uma comporta em forma de cunha ao longo da passagem. Também chamada **válvula de gaveta**.

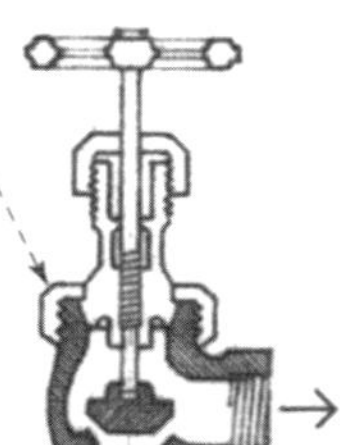

válvula angular
Válvula esférica com uma saída em ângulo reto com a entrada. Também chamada **válvula de passagem**.

válvula de alinhamento
Válvula sem arruela que se abre mediante o alinhamento de orifícios em um disco, cilindro ou esfera.

válvula misturadora
Válvula utilizada para se controlar o volume relativo de água quente e fria admitidos e que provêm de canalizações distintas.

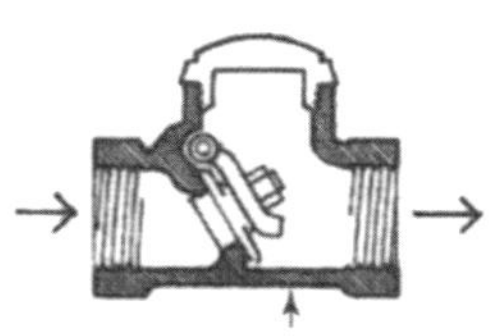

válvula de retenção
Válvula que permite a circulação de um líquido ou gás em uma única direção.

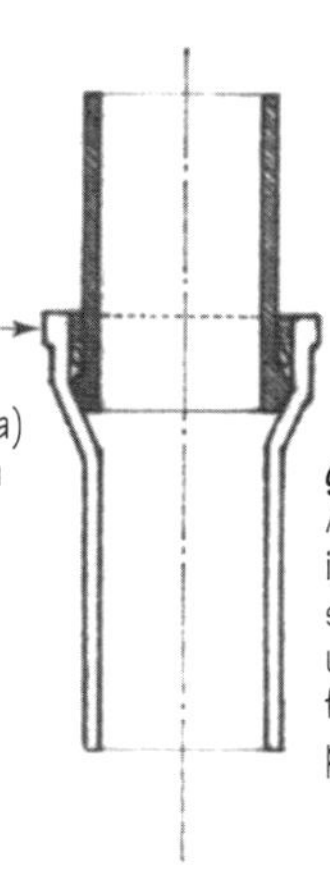

bolsa e rosca
Junção de tubos obtida através do encaixe da extremidade (rosca) de um cano na extremidade larga (bolsa) de outro, seguido da vedação com um composto de calafetagem ou um anel compressível.

gaxeta
Anel de borracha ou metal inserido entre duas superfícies que se encaixam uma na outra, cuja finalidade é tornar a junta à prova d'água.

cruz sanitária
Cruz com uma ligeira curvatura em cada uma das transições a 90° para canalizar o fluxo de tubos ramais para o tubo mestre. Também **cruzeta sanitária**.

macho
Feito para encaixar-se em uma parte correspondente aberta ou provida de um recesso.

fêmea
Que dispõe de um recesso no qual se encaixa uma parte correspondente.

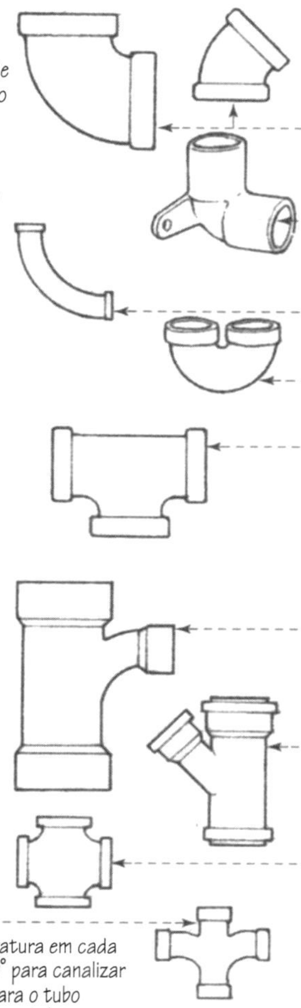

tubo
Cilindro oco, metálico ou plástico, utilizado para o transporte de água, vapor, gás ou outro material fluido. Também **cano**.

conexão
Peça padronizada, como um cotovelo, uma porca de união ou um tê, utilizada para se ligar dois ou mais tubos.

cotovelo
Conexão com uma curvatura, normalmente de 90°.

cotovelo com fixação
Cotovelo provido de abas para sua fixação a uma parede ou viga.

curva
Conexão com um raio de curvatura maior.

conexão em U
Conexão com uma curvatura de 180°.

tê
Conexão em forma de T, utilizada para se obter uma junta tríplice. Também **peça em T**.

tê com fixação
Tê provido de abas para sua fixação a uma parede ou viga.

tê sanitário
Tê com uma ligeira curvatura na transição de 90° a fim de canalizar o fluxo de um tubo ramal na direção de um tubo mestre.

junção 45°
Conexão em forma de Y utilizada para se unir um tubo ramal a um tubo mestre, normalmente a um ângulo de 45°.

cruz
Conexão utilizada para se obter uma ligação quádrupla. Também chamada **cruzeta**.

passagem
Cano em forma de U que se emprega como um desvio de outro cano.

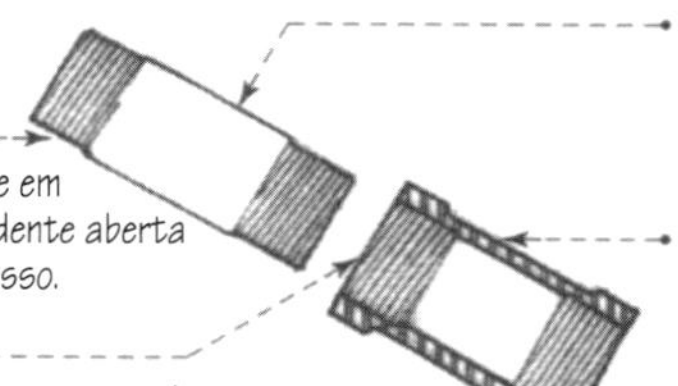

niple
Tubo de pequena extensão com roscas em cada extremidade, utilizado para se unir uniões ou outras conexões.

luva
Tubo de pequena extensão provido de roscas na parte interna de cada extremidade, utilizado para se conectar dois tubos de mesmo diâmetro.

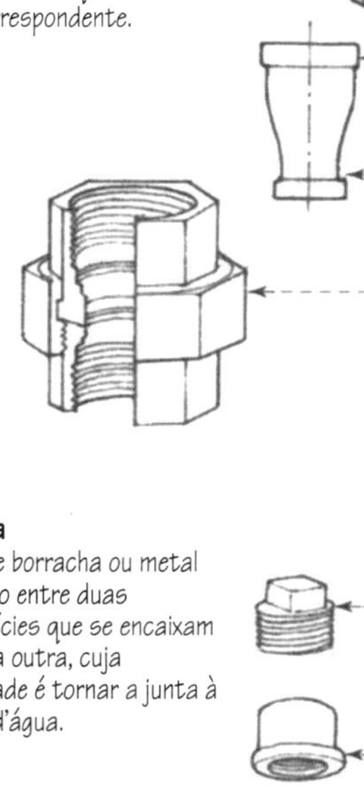

alargador
Luva cujo diâmetro é maior em uma das extremidades.

redutor
Luva cujo diâmetro é menor em uma das extremidades.

união
Luva utilizada para se conectar dois tubos dos quais nenhum pode ser rotacionado, composta por duas biqueiras com roscas na parte interna, as quais são apertadas em torno das extremidades dos tubos a serem unidos, e uma peça central, rosqueada externamente, que promove a conexão das duas peças ao ser rotacionada.

tampão
Acessório rosqueado externamente, utilizado para vedar a extremidade de um tubo. Também chamado plugue e bujão.

cap
Acessório rosqueado internamente, utilizado para envolver a extremidade de um tubo.

sistema de drenagem
Sistema de tubos, sifões e outros aparatos, destinado a conduzir esgoto, escória líquida ou águas pluviais a uma estação, pública ou particular, de tratamento de esgoto.

canalização de esgoto (1)
Qualquer tubo ou canal através dos quais é esgotado um líquido. Também chamado **dreno** e **escoadouro**.

ramal de descarga
Canalização que se estende do sifão de uma peça sanitária até junção com uma coluna de despejo ou tubo de queda.

ramal de esgoto
Canalização que liga uma ou mais peças sanitárias a uma coluna de despejo ou tubo de queda.

coluna
Cano de despejo ou de ventilação verticais que atendem a um certo número de pavimentos.

coluna de queda
Tubo de queda vertical.

tubo de queda
Qualquer cano que transporte os despejos de vasos sanitários ou urinóis até o subcoletor predial.

coluna de despejo
Cano de despejo vertical.

cano de despejo
Qualquer tubo que transporte a água servida de peças sanitárias que não vasos e urinóis.

cano de despejo indireto
Cano de despejo não conectado diretamente a um sistema de esgotamento, mas que transporta para este a água servida através de uma peça sanitária adequadamente sifonada.

intervalo de ramal
Extensão de uma coluna de queda ou de despejo correspondente à altura de um pavimento, porém nunca inferior a 2,4 m, dentro da qual os ramais de esgoto horizontais de um pavimento são conectados.

declividade
Declividade de um tubo, conduto ou canal, expressa quer em termos de percentagem, quer em centímetros por metro.

ventilação úmida
Tubulação de dimensões acima do usual, que funciona ao mesmo tempo como tubo de queda ou de despejo e respiradouro.

inspeção
Conexão provida de um tampão removível, que dá acesso a um tubo de queda ou de despejo para fins de limpeza.

bomba de limpeza
Bomba utilizada na remoção do acúmulo de líquido de uma caixa coletora.

caixa coletora
Poço ou reservatório que servem de esgoto ou receptáculo para água ou outros líquidos.

caleira
Parte mais baixa do interior de um cano de esgoto, em que o líquido se encontra em seu nível mais profundo.

sistema de ventilação
Sistema de canos que fornece uma corrente de ar para ou, proveniente de, um sistema de esgotamento, ou que propicia uma circulação de ar pelo sistema a fim de proteger os vedadores de sifão contra sifonagem e contrapressão.

tubo ventilador primário
Prolongamento de um tubo ou coluna de queda ou de despejo acima do ramal mais alto conectado à coluna.

bateria
Grupo de dois ou mais aparelhos sanitários semelhantes que descarregam em um ramal de despejo ou de queda comuns.

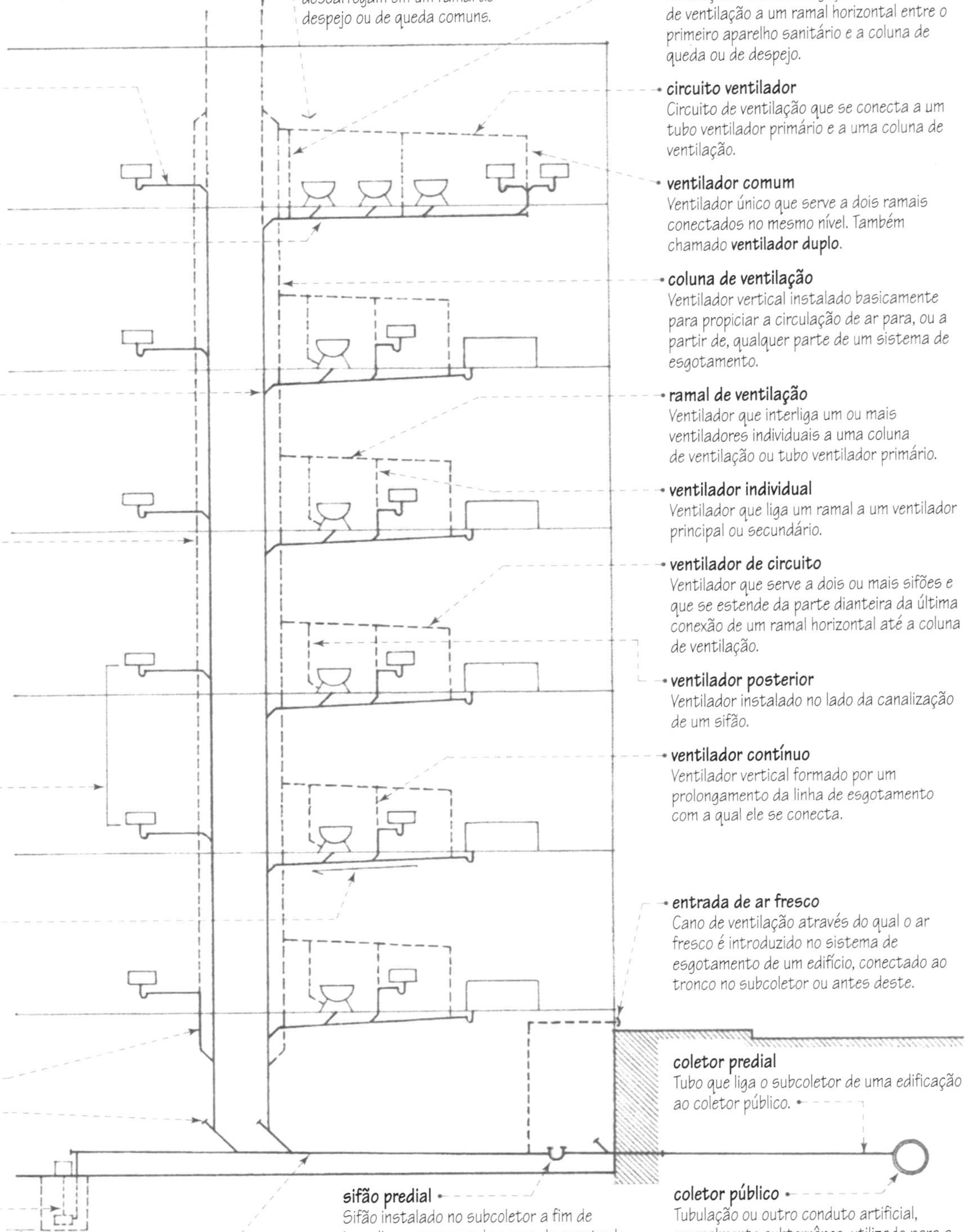

subcoletor
Parte mais baixa de um sistema de esgotamento, que recebe os despejos das colunas de queda e de despejo embutidas nas paredes de uma edificação e os transporta, através da gravidade, ao coletor.

sifão predial
Sifão instalado no subcoletor a fim de impedir a passagem de gases de esgoto do coletor para o sistema de esgotamento de uma edificação. Não são todos os códigos sanitários que exigem um sifão predial.

ventilador
Tubo que liga um ramal próximo a um ou mais sifões a uma coluna de ventilação ou tubo ventilador primário.

ventilador de alívio
Ventilador que propicia a circulação de ar entre um sistema de esgotamento e de ventilação através da ligação de uma coluna de ventilação a um ramal horizontal entre o primeiro aparelho sanitário e a coluna de queda ou de despejo.

circuito ventilador
Circuito de ventilação que se conecta a um tubo ventilador primário e a uma coluna de ventilação.

ventilador comum
Ventilador único que serve a dois ramais conectados no mesmo nível. Também chamado **ventilador duplo**.

coluna de ventilação
Ventilador vertical instalado basicamente para propiciar a circulação de ar para, ou a partir de, qualquer parte de um sistema de esgotamento.

ramal de ventilação
Ventilador que interliga um ou mais ventiladores individuais a uma coluna de ventilação ou tubo ventilador primário.

ventilador individual
Ventilador que liga um ramal a um ventilador principal ou secundário.

ventilador de circuito
Ventilador que serve a dois ou mais sifões e que se estende da parte dianteira da última conexão de um ramal horizontal até a coluna de ventilação.

ventilador posterior
Ventilador instalado no lado da canalização de um sifão.

ventilador contínuo
Ventilador vertical formado por um prolongamento da linha de esgotamento com a qual ele se conecta.

entrada de ar fresco
Cano de ventilação através do qual o ar fresco é introduzido no sistema de esgotamento de um edifício, conectado ao tronco no subcoletor ou antes deste.

coletor predial
Tubo que liga o subcoletor de uma edificação ao coletor público.

coletor público
Tubulação ou outro conduto artificial, normalmente subterrâneo, utilizado para a condução de águas servidas e outras escórias líquidas a uma estação de tratamento ou outro local de despejo.

coletor público sanitário
Tubulação que transporta exclusivamente as águas servidas de aparelhos sanitários e exclui as águas pluviais.

água servida
Escória líquida que contém matéria animal ou vegetal em suspensão ou solução, e que percorre uma canalização de esgoto.

escuma
Camada de detritos que sobe à superfície do esgoto em uma fossa séptica. Também chamada **escumalha**.

espaço livre de lodo
Distância entre o topo do lodo e a base da saída em uma fossa séptica.

estação de tratamento de esgoto
Estruturas e equipamentos utilizados no recebimento da descarga de um sistema de esgotamento sanitário e a redução do conteúdo orgânico e bacteriano dos despejos de modo a torná-los menos nocivos ou perigosos.

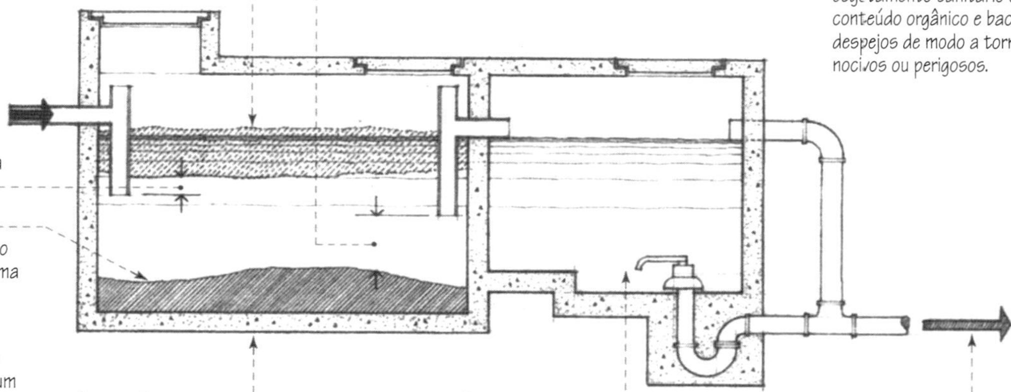

altura livre de escuma
Distância entre a base da camada de escuma e a base da saída em uma fossa séptica.

lodo
Camada de detritos que se depositam no fundo de uma fossa séptica formando uma massa semi-sólida.

fossa negra
Poço coberto no qual são despejadas as águas servidas de uma residência, com um revestimento perfurado que permite a infiltração da porção líquida da água servida pelo subsolo, ao passo que os sedimentos se mantêm ali até sua decomposição. As fossas negras não são mais aceitáveis como meio de despejo de águas servidas. Também chamado **poço negro**.

fossa séptica
Tanque coberto, impermeável à água, destinado a receber a descarga de um coletor, que separa a matéria orgânica sólida que é decomposta e purificada por bactérias anaeróbicas e permite que o líquido clarificado seja despejado para sua remoção final.

câmara de dosagem
Compartimento de uma fossa séptica de grandes dimensões, que se utiliza da ação sifônica para despejar automaticamente um grande volume de efluentes quando do acúmulo de uma quantidade predeterminada.

efluente
Águas servidas que foram tratadas em uma fossa séptica ou estação de tratamento de esgotos.

poço de absorção
Poço revestido com uma parede perfurada de concreto ou alvenaria para permitir a percolação ou a infiltração dos efluentes coletados de uma fossa séptica pelo subsolo circundante, por vezes utilizado em substituição a um campo de esgotamento. Também chamado **sumidouro**.

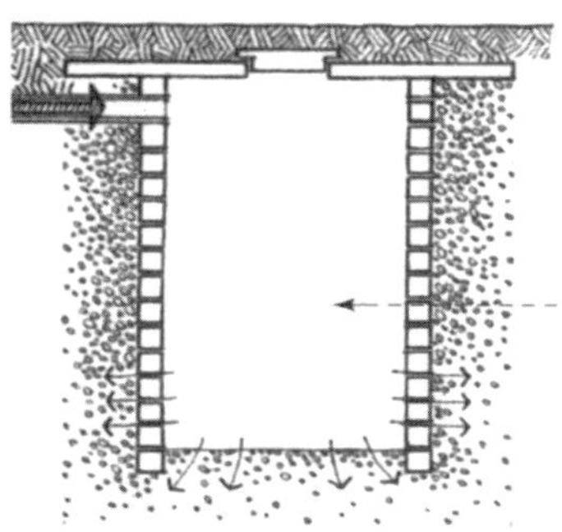

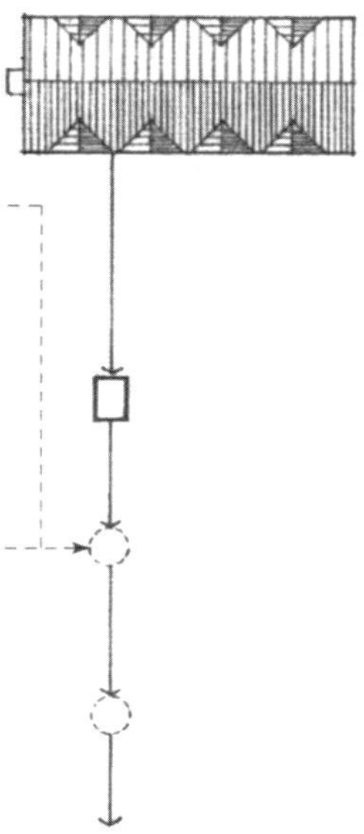

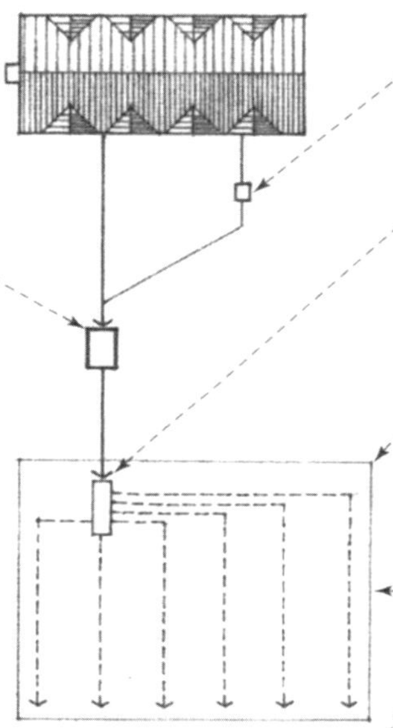

caixa de gordura
Tanque instalado entre uma pia de cozinha e um coletor, cuja finalidade é reter e remover as gorduras da escória líquida.

caixa de distribuição
Tanque através do qual o fluxo dos efluentes que provêm de uma fossa séptica é distribuído para os tubos de um campo de infiltração. Também chamada **caixa de desvio**.

campo de infiltração
Área aberta que contém um arranjo de fossos de absorção através dos quais os efluentes de uma fossa séptica podem infiltrar-se ou percolar-se pelo subsolo circundante. Também chamado **campo de absorção** e **campo de despejo**.

vala de infiltração
Fosso estreito, 30 e 90 cm de largura, contendo agregado bruto e um tubo de distribuição através do qual os efluentes de uma fossa séptica podem se infiltrar pelo subsolo.

filtro de areia
Filtro destinado à limpeza de água ou a purificação de efluentes, que consiste em camadas de pedra bruta, cascalho graúdo e areia, cada vez mais finas na direção do topo.

filtro de areia subsuperficial
Sistema de filtragem de águas servidas que consiste em um certo número de tubos de distribuição cercados por cascalho granulado, uma camada intermediária de areia bruta limpa e um sistema de escoadouros subterrâneos destinados a transportar para fora os efluentes tratados. Também chamado **filtro subterrâneo**.

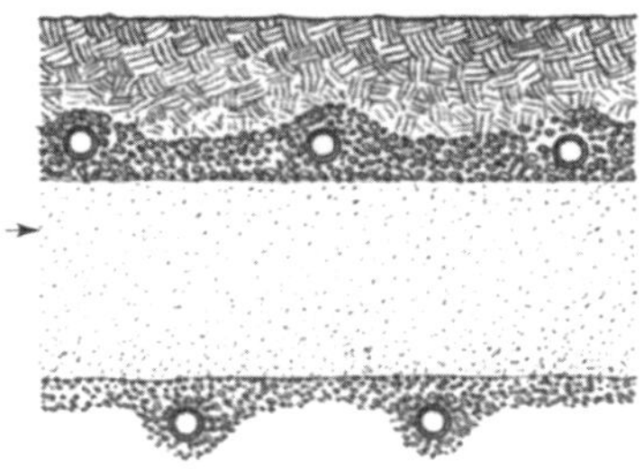

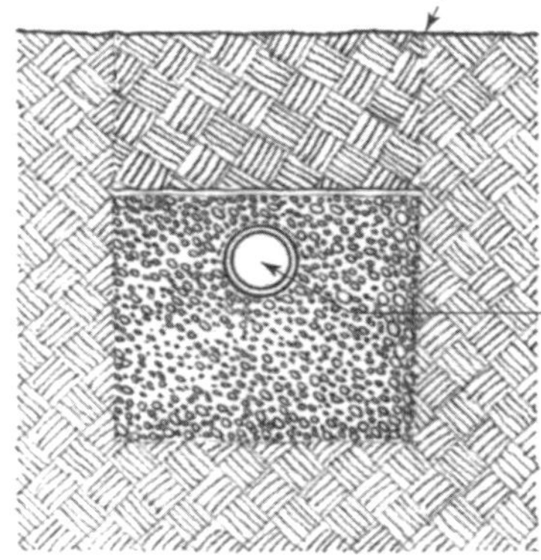

leito de absorção
Fosso com largura maior que 90 cm, que contém agregado bruto e dois ou mais tubos de distribuição através dos quais os efluentes de uma fossa séptica podem infiltrar-se pelo subsolo circundante. Também chamado **leito de percolação**.

tubo de distribuição
Manilhas de barro assentadas com juntas abertas ou um tubo perfurado com aberturas suficientes para a distribuição dos efluentes de uma fossa séptica. Também chamado **linha de distribuição**.

distribuição em série
Seqüência de fossos de absorção, leitos de absorção ou poços de absorção distribuídos de modo que a área total de absorção efetiva de um seja utilizada antes que o efluente passe para o seguinte.

teste de infiltração
Procedimento para se determinar a velocidade de absorção de efluentes pelo solo, efetuado através da medição da velocidade à qual o nível d'água cai quando é escavado um buraco no solo e o mesmo é enchido de água. Também chamado **teste de percolação**.

lixiviar
Provocar a percolação da água ou outro líquido através de algo, de modo a dissolver seus componentes solúveis.

manilha de barro
Tubulação oca assentada extremidade com extremidade e as juntas abertas, para a dispersão de efluentes em um campo de esgotamento ou para drenar um solo saturado de água.

Narrativa sistemática, via de regra cronológica, de acontecimentos significativos relacionados a um povo, país ou período particulares, normalmente incluindo uma explicação de suas causas.

civilização
Estágio avançado da sociedade humana, caracterizado por um nível relativamente elevado de desenvolvimento cultural, técnico e político.

sociedade
Comunidade duradoura, cooperativa e de longo alcance entre indivíduos possuidores de tradições, instituições e identidade comuns, cujos membros desenvolveram interesses e crenças coletivas mediante sua interação.

cultura
Padrão integrado do conhecimento, das crenças e do comportamento humanos, erigido por um grupo de seres humanos e transmitido de uma geração a outra.

estilo
Forma particular ou distintiva de expressão artística, característica de um indivíduo, povo ou período.

expressão
Modo pelo qual o significado, o espírito ou o caráter é simbolizado ou comunicado na execução de uma obra artística.

pré-histórico
Relativo ao período anterior ao registro dos acontecimentos humanos, o conhecimento acerca do qual é obtido principalmente através de descobertas, estudos e pesquisas arqueológicas.

Idade da Pedra
Período mais remoto de cultura humana conhecido, que antecede a Idade do Bronze e a Idade do Ferro, e é caracterizado pelo uso de utensílios e armas de pedra.

Neolítico
Relativo à última fase da Idade da Pedra, caracterizado pelo cultivo de grãos, a domesticação de animais, o estabelecimento de povoados, a manufatura de artefatos cerâmicos e de tecidos, e o uso de utensílios de pedra polida; imagina-se que seu início date de c. 9.000-8.000 a.C.

caverna de Lascaux
Gruta na cidade francesa de mesmo nome, contém pinturas e gravuras murais datadas, ao que se imagina, de c. 13.000-8.500 a.C.

Mesopotâmia
Antiga região do oeste asiático, situada entre os rios Tigre e Eufrates e que compreendia os territórios sumério e acadiano, ocupada sucessivamente pelos sumérios, babilônios, assírios e persas; atualmente parte do Iraque.

Crescente Fértil
Região agrícola que se estende em arco das margens orientais do mar Mediterrâneo, no oeste, ao Iraque, no leste; a localização das mais antigas culturas da humanidade.

Catal Hüyük
Vilarejo da Anatólia neolítica, de 6.500-5.000 a.C. Uma das cidades mais antigas do mundo, tinha fortificações de tijolo de barro, casas, santuários decorados com afrescos e agricultura altamente desenvolvida. Praticava amplo comércio de obsidiana, principal material para o fabrico de utensílios.

Anatólia
Vasta planície entre os mares Negro, Mediterrâneo e Egeu, sinônimo da península da Ásia Menor; compreende, na atualidade, a maior parte da Turquia.

Idade do Bronze
Período da história humana iniciado em c. 4.000-3.000 a.C., em seguida à Idade da Pedra e antes da Idade do Ferro, caracterizado pelo uso de utensílios de bronze.

Yang-shao
Cultura neolítica da China desenvolvida em torno das férteis planícies do rio Amarelo, caracterizada por moradias semi-subterrâneas e uma fina cerâmica pintada com motivos geométricos.

suméria, arquitetura
Arquitetura desenvolvida pelos sumérios, que dominaram o sul da Mesopotâmia entre o 4º e o final do 3º milênio a.C., caracterizada por templos monumentais de tijolo seco ao sol e revestidos com tijolo cozido ou vitrificado, normalmente erguidos sobre as ruínas de seus predecessores.

Suméria
Antiga região ao sul da Mesopotâmia, onde uma série de vilarejos e cidades-estado independentes se estabeleceu já em 5.000 a.C. Muitas de suas cidades, como Eridu, Uruk e Ur, são importantes sítios arqueológicos.

monte arqueológico
Elevação artifical formada a partir das ruínas de um ou mais assentamentos antigos; utilizado freqüentemente no Oriente Médio como parte do nome de uma localidade.

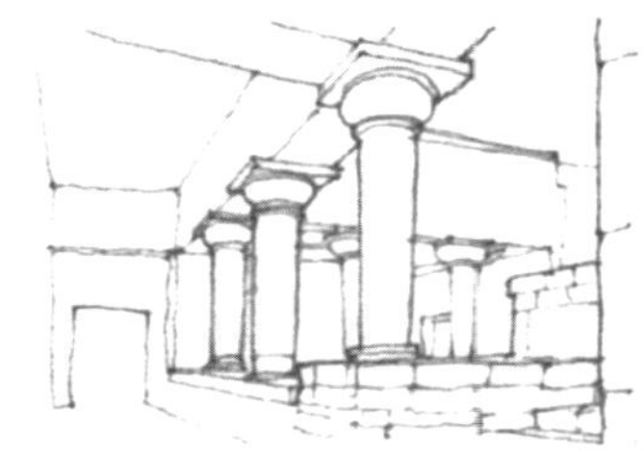

egípcia, arquitetura
Arquitetura da antiga civilização que floresceu às margens do rio Nilo, no noroeste africano, desde antes de 3.000 a.C. até sua anexação por Roma, em 30 a.C., caracterizada esp. pelo planejamento axial de maciços túmulos e templos de alvenaria, o uso da construção traveada, com cantaria precisa, e a decoração de paredes em talude com entalhaduras pictográficas em relevo. Uma preocupação com a eternidade e a vida após a morte dominava a construção desses monumentos funerários e templos, que reproduziam as características da arquitetura doméstica, porém em uma escala grandiosa, com o uso da pedra com vistas à permanência.

minóica, arquitetura
Arquitetura da civilização da Idade do Bronze florescida entre aproximadamente 3.000 e 1.100 a.C., cujo nome provém do legendário rei Mino, de Cnosso, e caracterizada por seus elaborados palácios em Cnosso e Festo.

3.000 a.C.

harappa
Cultura da Idade do Bronze que floresceu no vale do rio Indo entre c. 2.300 e 1.500 a.C.

Xia
Lendária dinastia chinesa, 2.205-1.766 a.C. Também **Hsia**.

Shang
Dinastia chinesa, c. 1.600 a.C.-1.030 a.C., marcada pela introdução da escrita, o desenvolvimento de uma civilização urbana e o domínio na fundição do bronze. Também chamada **Yin**.

chinesa, arquitetura
Arquitetura nativa de um vasto país do leste asiático cuja civilização desenvolveu-se continuamente e sobreviveu por mais tempo do que qualquer outra nação do mundo. Apesar da acentuada diversidade arquitetônica das diferentes regiões, resultante das diferenças entre suas condições geográficas e climáticas, um sistema singular de construção com estrutura de madeira foi gradativamente tomando forma no decorrer de vários milênios de inovações e sínteses, e exerceu uma profunda influência sobre a arquitetura da Coréia, do Japão e do sudeste asiático.

pré-clássico
Relativo à cultura da América Central entre 2.200 a.C. e 100 d.C.

hitita, arquitetura
Arquitetura do império hitita, que dominou a Ásia Menor e o norte da Síria entre aproximadamente 2.000 e 1.200 a.C., caracterizada por fortificações em alvenaria ciclópica e portais decorados com esculturas.

Código de Hamurabi
Código babilônio de direito instituído por Hamurabi em meados do século XVIII a.C., baseado em princípios absorvidos da cultura suméria.

micênica, arquitetura
Arquitetura da civilização egéia que disseminou sua influência a partir de Micenas, no sul da Grécia, a várias partes da região mediterrânea entre cerca de 1.600 e 1.100 a.C., caracterizada por poços funerários, monumentais túmulos circulares em forma de colméia e palácios fortificados com muralhas ciclópicas.

assíria, arquitetura
Arquitetura mesopotâmica desenvolvida durante o principado dos reis-imperadores dos séculos IX a VII a.C. Dentro das muralhas – fortalecidas por torres com ameias – das cidades, os palácios tinham precedência sobre as construções religiosas.
As estruturas arqueadas ou abobadadas tinham um papel maior do que no sul da Mesopotâmia, e a alvenaria policrômica de tijolos vitrificados revelava a influência da decoração egípcia.

grega, arquitetura
Arquitetura da civilização que floresceu na península grega, na Ásia Menor, na costa setentrional da África e no oeste do Mediterrâneo até o estabelecimento da dominação de Roma em 146 d.C., caracterizada por um sistema de construção baseado em regras de forma e proporção. Os templos de construção do tipo coluna e lintel eram continuamente refinados, em uma busca de perfeição, e seu desenho influenciou uma ampla gama de construções seculares de caráter cívico.

neobabilônia, arquitetura
Arquitetura mesopotâmica que se desenvolveu após o declínio do Império Assírio, derivada em grande parte da arquitetura assíria e decorada com desenhos de animais heráldicos em alvenaria de tijolos vitrificados.

Jardins Suspensos da Babilônia
Série de jardins ornamentais irrigados plantados nos terraços da Cidadela, o complexo palaciano da antiga Babilônia; considerados uma das Sete Maravilhas do Mundo.

helênico
Referente à história, cultura e arte da Grécia antiga, esp. antes do período de Alexandre Magno.

helenístico
Referente à história, cultura e arte gregas entre a morte de Alexandre Magno, em 323 a.C., e o século I a.C., período no qual as dinastias gregas estabeleceram-se no Egito, na Síria e na Pérsia, e a cultura grega foi modificada por elementos estrangeiros.

persa, arquitetura
Arquitetura desenvolvida durante a dinastia Aquemênida, cujos reis governaram a antiga Pérsia de 550 a.C. até sua conquista por Alexandre Magno em 331 a.C., caracterizada por uma síntese de elementos arquitetônicos dos países vizinhos, como Assíria, Egito e a Grécia jônica.

persa
Telamão representado em indumentária persa.

parta, arquitetura
Arquitetura desenvolvida sob o domínio parta no Irã e no oeste da Mesopotâmia entre o século III a.C. e o século II d.C., que combinava características clássicas e nativas.

etrusca, arquitetura
Arquitetura do povo etrusco na Itália centro-ocidental entre os séculos VIII e III a.C., antes da ascensão de Roma. Seus métodos construtivos, esp. aquele do arco verdadeiro em pedra, influenciaram a arquitetura romana posterior.

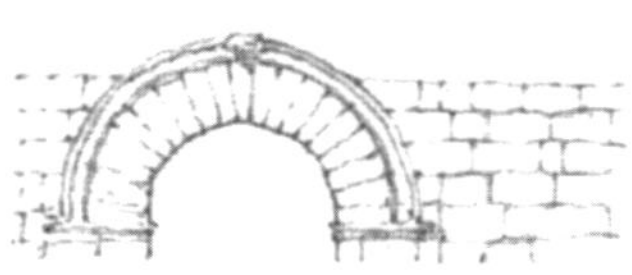

4 A.C.

indiana, arquitetura
Arquitetura do subcontinente indiano – da cultura harappa do vale do Indus ao Império Maurya e, depois, aos períodos de dominação estrangeira e de governos nativos –, caracterizada esp. por monumentos hindus e budistas, por vezes erigidos no mesmo local, a multiplicação rítmica e estratificada de motivos e a profusa ornamentação entalhada, freqüentemente combinando o religioso e o sensual.

Maurya
Membro de um antigo povo indiano que unificou a Índia setentrional e estabeleceu um império em c. 320 a.C.; a arquitetura desse período revela a influência cultural da Pérsia aquemênida e o início do uso da pedra desbastada e polida.

Zou
Dinastia chinesa, c. 1030-256 a.C., marcada pela fragmentação da China em estados feudais distintos e o surgimento do confucionismo e do taoísmo, que deram um impulso à cultura chinesa subseqüente. Também, **Chou**.

confucionismo
Filosofia que dominou a China até o início do século XX; um sistema ético baseado nos ensinamentos do filósofo chinês Confúcio, c. 551-478 a.C., que enfatizavam o amor pela humanidade, a harmonia do pensamento e da conduta, a devoção à família e a reverência aos pais, incluindo os espíritos dos ancestrais de cada um.

taoísmo
Filosofia e religião chinesas consideradas próximas ao confucionismo em importância. Baseado nos ensinamentos do filósofo chinês Lao-tzé, c. 604-531 a.C., enfatiza uma vida de simplicidade e não interferência no curso dos acontecimentos naturais com vistas à obtenção de uma existência feliz, em harmonia com o Tao. Como religião, data de 143 d.C., ganhando popularidade durante o declínio da dinastia Han e a introdução do budismo na China.

Tao
O Caminho: o princípio criativo que ordena o universo.

Grande Muralha da China
Muralha fortificada cuja construção teve início durante a dinastia Zou, destinada a proteger a China dos nômades provenientes do norte e servir de meio de comunicação. Vários trechos foram construídos e interligados até atingir, durante a dinastia Ming, 1368-1644, a extensão de 2.415 km, da província de Kansu, no sul, até a costa ocidental de Pequim. Reconstruída e reformada diversas vezes, é a única construção feita pelo homem visível do espaço sideral.

Quin
Dinastia chinesa, 221-206 a.C., marcada pelo surgimento de um governo centralizado e a construção de grande parte da Grande Muralha. Também, **Chin**.

olmeca, arquitetura
Arquitetura da civilização centro-americana que floresceu entre c. 1.200 e 500 a.C. nas planícies tropicais da costa do Golfo do México, caracterizada por templos em forma de pirâmide e grandes centros cerimoniais.

chavin
Cultura peruana que perdurou de c. 1.000 a.C. a c. 200 a.C., baseada no culto do deus-jaguar e caracterizada pela excelência de suas esculturas em pedra, elaborada ourivesaria e notáveis cerâmicas; seu nome deriva da cidade de mesmo nome na região central do Peru, onde um complexo de maciças construções de pedra com galerias subterrâneas circundam os pátios formais.

mochica
Cultura pré-incaica que floresceu na costa setentrional do Peru entre c. 200 a.C. e 700 d.C., marcada por sua elaborada cerâmica e o colossal Templo do Sol, uma pirâmide de terraços feita inteiramente de adobe. Também **moche**.

clássica, arquitetura
Arquitetura da Grécia e Roma antigas, na qual a Renascença italiana e os estilos subseqüentes, como o barroco e o neoclassicismo, basearam seu desenvolvimento.

romana, arquitetura
Arquitetura do povo romano antigo, caracterizada por construções maciças em tijolo e concreto, com o uso de elementos como o arco semicircular, as abóbadas cilíndrica e de arestas, e a cúpula, uma simplicidade e uma grandiosidade de composição, normalmente combinadas com uma riqueza de detalhes, a reelaboração das ordens gregas como motivos puramente decorativos para a ornamentação de fachadas e interiores, e o uso de revestimentos de mármore, mosaicos e estuque moldado nos interiores.

Roma
Cidade da parte central da Itália que, segundo a tradição, teria sido fundada por Rômulo e Remo em 758 a.C.; antiga capital do Império Romano e o local onde está situada a Cidade do Vaticano, a sede da autoridade da Igreja Católica Romana.

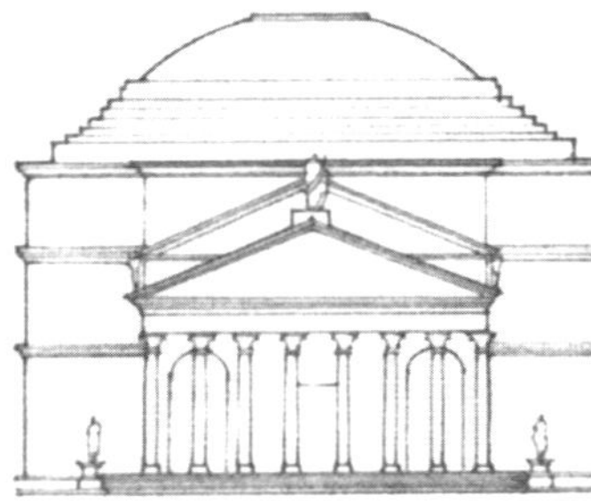

sassânida, arquitetura
Arquitetura predominante na Pérsia durante a dinastia sassânida, que governou entre 226-651 d.C., que forma um elo entre a tradição mesopotâmica mais antiga e a bizantina, e é caracterizada por palácios com abóbadas e cúpulas elípticas assentadas sobre trompas e paredes de alvenaria revestidas com estuque e articuladas por pilastras e cornijas.

cristianismo primitivo, arquitetura do
Fase final da arquitetura romana, em seguida à adoção do cristianismo como a religião oficial do Estado por Constantino em 313 d.C., e que perdurou até a coroação de Carlos Magno em 800 d.C. como imperador do Sacro Império Romano, caracterizada por igrejas planejadas para cultos congregacionais, esp. as basílicas; coincide e está relacionada com a ascensão da arquitetura bizantina.

bizantina, arquitetura
Arquitetura da parte oriental do Império Romano posterior, que se desenvolve a partir de predecessores romanos tardios e cristãos primitivos no século V e influencia a edificação de igrejas na Grécia, Itália e outras partes por mais de mil anos; caracterizada pela construção em alvenaria, o arco circular, a cúpula baixa apoiada em pendentivos e o amplo uso de exuberantes afrescos, mosaicos coloridos e o revestimento de interiores inteiros com mármore.

medieval, arquitetura
Arquitetura da Idade Média européia, que compreende as edificações dos períodos bizantino, pré-românico, românico e gótico.

Idade Média
Período da história européia compreendido entre a Antigüidade clássica e a Renascença, freqüentemente datado de 476 d.C. – quando Rômulo Augústulo, o último imperador do Império Romano do Ocidente foi deposto – a cerca de 1.500.

Idade das Trevas
Período inicial da Idade Média, entre aproximadamente 476 d.C. e c. 1.100.

100 D.C.

Gupta
Dinastia do império de Maurya, no norte da Índia, 320-540 d.C., cuja corte foi o centro da arte e da literatura clássicas indianas; os vestígios arquitetônicos substanciais mais antigos datam desse período.

Pallava
Estado hindu estabelecido no sul da Índia em aproximadamente 350 d.C.; contribuiu para a expansão da cultura indiana pelo sudeste asiático.

dravidiano
Estilo arquitetônico indiano do período dos Pallava, cujo nome deriva do idioma falado no sul da Índia.

pré-colombiano
Referente às Américas antes das expedições de Colombo.

América Central
Área que se estende do México central e a península de Yucatán a Honduras e a Nicarágua, onde as civilizações pré-colombianas floresceram. Tais culturas se destacaram na astronomia e na medição do tempo, e tinham em comum a construção de templos em forma de pirâmide e um panteão de divindades, incluindo os deuses do sol, do vento e da chuva.

clássico
Referente à cultura centro-americana entre 100 e 900 d.C.

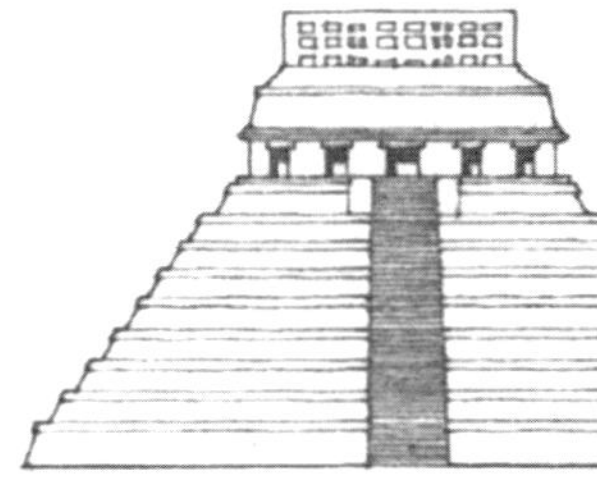

maia, arquitetura
Arquitetura da civilização centro-americana da península de Yucatán, da Guatemala e parte de Honduras, do século I d.C. ao seu apogeu, no século IX – caracterizada pelos majestosos centros cerimoniais com templos em forma de pirâmide, pátios de danças rituais, praças espaçosas e palácios com fachadas com motivos esculpidos.

zapoteca, arquitetura
Eclética arquitetura da civilização ameríndia que floresceu entre c. 500 a.C. e 1.000 d.C. no vale de Oaxaca, a grande altitude, no sul do México, que assimilou influências dos olmecas e de Teotihuacán durante o Período Clássico.

Tiahuanaco
Cidade que constituiu a sede de uma cultura pré-incaica de mesmo nome, existente entre aproximadamente 300 a.C. e 900 d.C., sobretudo no Peru e na Bolívia, caracterizada por entalhes monolíticos, cerâmicas policromáticas e artefatos de bronze.

românica, arquitetura
Estilo arquitetônico surgido na Itália e na Europa ocidental no século IX e que perdurou até o advento do gótico, no século XII, que compreende uma variedade de estilos regionais relacionados entre si e é caracterizado por construções pesadas e articuladas de alvenaria, aberturas estreitas, o uso do arco circular e da abóbada cilíndrica, o desenvolvimento da abóbada de nervuras e do pilar de abóbada, e a introdução das torres central e ocidental nas igrejas.

carolíngea, arquitetura
Arquitetura românica primitiva da dinastia franca que reinou na França de 751 a 987 d.C. e, na Alemanha, até 911 d.C., caracterizada por um renascimento das formas da Antigüidade clássica, modificadas segundo as exigências eclesiásticas.

lombarda, arquitetura
Arquitetura românica primitiva do norte da Itália durante os séculos VII e VIII, caracterizada pelo uso das formas cristãs primitivas e romanas, e o desenvolvimento da abóbada de nervuras e do pilar de abóbada.

ottoniana, arquitetura
Arquitetura românica primitiva da dinastia germânica de imperadores do Sacro Império Romano entre 962 e 1002 d.C., caracterizada pelo desenvolvimento de formas derivadas de conceitos carolíngios e bizantinos.

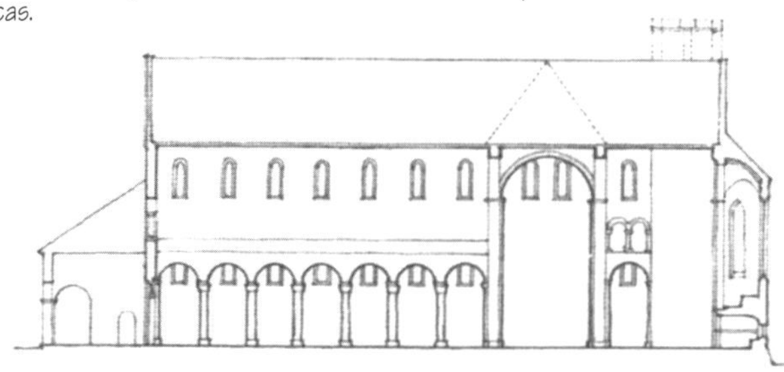

islâmica, arquitetura
Arquitetura dos povos muçulmanos a partir do século VII, que se desenvolveu no rastro das conquistas de diversos territórios por Muhammadan, desde a Espanha, no Ocidente, até a Índia, no Oriente, e que absorveu elementos da arte e da arquitetura de cada região; caracterizada pelo desenvolvimento da mesquita como um tipo particular de edificação, as cúpulas e abóbadas cilíndricas de alvenaria, os arcos circulares e em ferradura, e uma riqueza na ornamentação de superfícies, incorporando caligrafia e motivos florais a uma estrutura geométrica, devido à proibição de representações humanas e animais. Também, **arquitetura muçulmana**.

anglo-saxônica, arquitetura
Arquitetura românica primitiva da Inglaterra antes da conquista normanda em 1066, caracterizada pela criação de versões em pedra de protótipos em madeira.

normanda, arquitetura
Arquitetura românica introduzida na Inglaterra a partir da Normandia antes da conquista normanda e que floresceu até a ascensão do gótico, c. 1.200, caracterizada pela construção de grandes abadias beneditinas, a fachada de duas torres a complementar uma torre central acima do cruzamento e o uso de ornamentação geométrica.

conquista normanda
Conquista da Inglaterra pelos normandos liderados por Guilherme, o Conquistador, em 1066.

1.000

islamismo
Fé religiosa dos muçulmanos, baseada nos ensinamentos do profeta Maomé e cujas linhas-mestras são a fé em um Deus único, Alá, a existência do paraíso e do inferno, e o dia porvindouro do Julgamento Final universal. Também chamado **maometanismo**.

Maomé
Profeta árabe e fundador do islamismo, 570-632 d.C.

mourisca, arquitetura
Arquitetura islâmica do norte da África e esp. das regiões da Espanha sob o domínio mouro, caracterizada pela edificação de grandes mesquitas e elaboradas fortalezas palacianas.

mouro
Indivíduo do povo muçulmano que invadiu a Espanha no século VIII e a ocupou até 1492.

moçárabe, estilo
Estilo da arquitetura espanhola produzida entre os séculos IX e XV pelos cristãos sob a influência moura, caracterizada pelo arco em ferradura e outras características mouriscas.

Nara
Período da história japonesa, 710-794 d.C., caracterizado pela adoção da cultura e da forma de governo chinesas; nome derivado da primeira capital permanente e principal centro budista do Japão antigo.

japonesa, arquitetura
Arquitetura da civilização surgida no arquipélago japonês ao largo da costa oriental da Ásia, caracterizada por uma síntese entre as idéias seminais da China e as condições nativas, resultando em um estilo próprio, caracterizado pela leveza, a delicadeza e o refinamento.

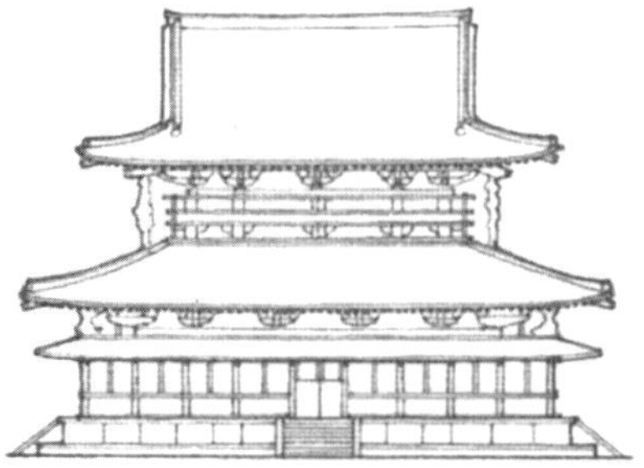

heian
Referente ao período do Japão, 785-1185 d.C., caracterizado pela modificação e a naturalização de idéias e instituições introduzidas anteriormente através da China. Durante esse período, o feudalismo nativo sobrepujou a ordem social baseada nos moldes chineses e a arquitetura japonesa desenvolveu-se independentemente da China.

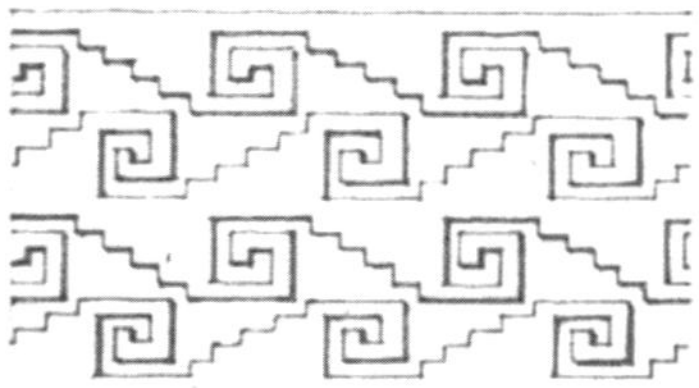

mixteca, arquitetura
Arquitetura da cultura ameríndia estabelecida no México, na região do vale de Oaxaca, de aproximadamente 800 d.C. até a conquista espanhola, caracterizada por grandes massas de pedra, o uso de colunas de pedra nos interiores e os arabescos altamente elaborados dos frisos internos e externos.

tolteca, arquitetura
Arquitetura do povo ameríndio que se estabeleceu no México central por volta de 900 d.C., ao qual geralmente é atribuído o lançamento das bases da cultura asteca; caracterizada por colossais telamões de guerreiros toltecas em basalto, colunatas com vários renques de profundidade e painéis de pedra entalhados com jaguares de cabeça humana e símbolos de Quetzatlcóatl, instalados nas superfícies planas das paredes.

Quetzatlcóatl
Rei-sacerdote do povo tolteca, deificado como o deus-serpente de plumas chamado por esse nome.

gótica, arquitetura
Estilo arquitetônico originado na França no século XII, e que existiu na Europa Ocidental até o século XVI, caracterizada pela construção de grandes catedrais, uma progressiva leveza das estruturas combinada a um aumento gradual de sua altura e o uso do arco apontado, da abóbada de nervuras e um sistema de fenestração ricamente decorado.

estilo francês primitivo
Primeira das três fases da arquitetura gótica francesa, caracterizada pelo arco apontado e o traçado geométrico na decoração das janelas.

estilo inglês primitivo
Primeira das três fases da arquitetura gótica inglesa, entre o final do século XII e o século XIII, caracterizada pela janela lanceolada e o traçado em placa na decoração desta.

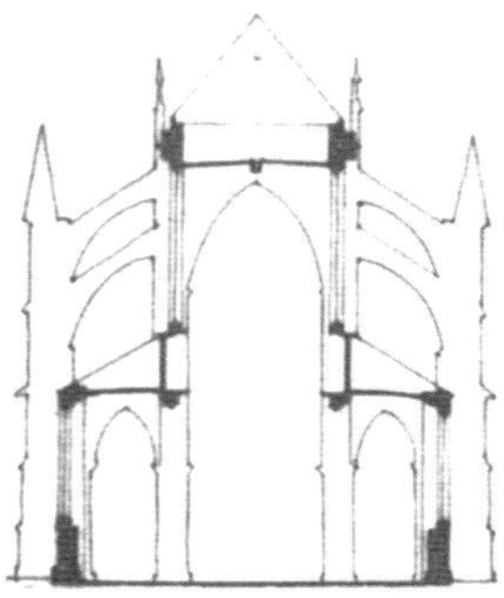

rayonnant, estilo
Fase intermediária da arquitetura gótica francesa, situada entre o final do século XIII e o final do XIV, e que se caracteriza por janelas circulares decoradas com um traçado radiado.

decorado, estilo
Segunda das três fases da arquitetura gótica inglesa, situada entre o final do século XIII e o final do XIV, e que se caracteriza pela riqueza do traçado decorativo das janelas, as elaboradas estruturas em arco e o refino das técnicas de esquadrejamento de cantaria.

geométrico, estilo
Vertente primitiva do estilo decorado, situada entre o final do século XIII e início do XIV, e caracterizada pelo uso do traçado geométrico na decoração de janelas.

curvilíneo, estilo
Vertente posterior do estilo decorado, situada na segunda metade do século XIV e caracterizada pelo uso do traçado curvilíneo na decoração de janelas.

Renascença
Atividade, espírito ou período da revivescência humanística da arte, letras e cultura clássicas, que tem início na Itália no século XIV e se estende até o século XVII, assinalando a transição do mundo medieval para o moderno. Também, **Renascimento**.

flamboyant, estilo
Última fase da arquitetura gótica francesa, situada entre o final do século XIV até meados do XVI, caracterizada pelo traçado semelhante a chamas na ornamentação de janelas, os detalhes intrincados e a freqüente complicação do espaço interno.

perpendicular, estilo
Fase final da arquitetura gótica inglesa, predominante entre o final do século XIV e início do XVI, caracterizada pelo traçado perpendicular na ornamentação de janelas, o belo e intrincado trabalho de cartaria e elaboradas abóbadas em leque.

basílica
Originalmente, a igreja de um monastério; mais tarde, qualquer igreja grande ou importante, como uma catedral ou a igreja principal de uma cidade.

estilo Renascença, arquitetura
Diversas adaptações da arquitetura renascentista italiana ocorridas por toda a Europa até o advento do maneirismo e do barroco nos séculos XVI e XVII, caracterizadas pelo uso das formas e motivos do renascimento italiano em edifícios mais ou menos tradicionais.

estilo Renascença italiano, arquitetura
Conjunto de estilos arquitetônicos surgidos na Itália nos séculos XV e XVI, caracterizados por uma ênfase na simetria, as relações matemáticas exatas entre as partes e um efeito geral de simplicidade e repouso.

Renascimento primitivo
Estilo da arte e arquitetura renascentistas italianas desenvolvido durante o século XV, caracterizado pelo desenvolvimento da perspectiva linear, do claro-escuro e, na construção, pelo uso livre e inventivo dos detalhes clássicos.

duomo
Designação italiana de uma legítima catedral.

1.100

mudéjar, arquitetura
Estilo arquitetônico espanhol produzido entre os séculos XIII e XVI por mudéjares e cristãos que trabalhavam segundo a tradição muçulmana, caracterizado por uma fusão de elementos românicos e góticos com elementos islâmicos.

mudéjar
Muçulmano com permissão para permanecer na Espanha após a reconquista cristã, esp. entre os séculos VIII e XIII.

seljuk, arquitetura
Arquitetura islâmica de várias dinastias turcas que governaram a Ásia central e ocidental entre os séculos XI e XIII, muito influenciada pela arquitetura persa.

otomana, arquitetura
A arquitetura islâmica do Império Otomano a partir do século XIV, muito influenciada pela arquitetura bizantina.

***quattrocento*, arquitetura do**
Arquitetura renascentista italiana do século XV.

chimu
Povo ameríndio que habitou a costa setentrional do Peru, possuidor de uma cultura urbana altamente desenvolvida que durou de aproximadamente 1.000 d.C. até sua destruição pelos incas.

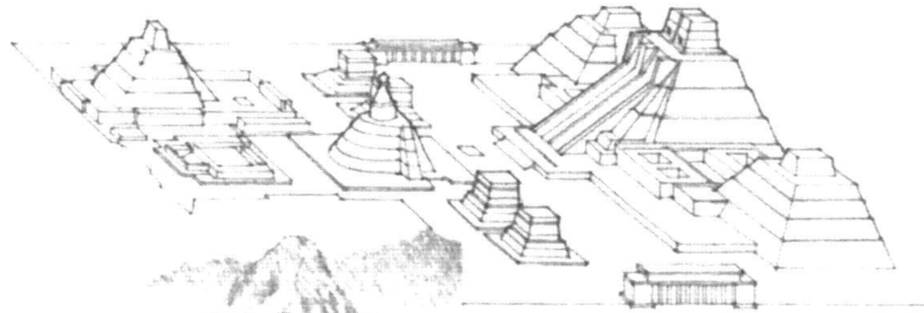

pós-clássico
Referente à cultura centro-americana entre 900 d.C. e a conquista espanhola, em 1519.

incaica, arquitetura
A arquitetura do povo quechua que migrou para a região de Cuzco por volta de 1.100 d.C. e governou o Peru até a conquista espanhola no século XVI, caracterizada esp. por suas formas sólidas e simples de cantaria lisa ou alvenaria poligonal cortada, finalizada e assentada com grande precisão sem o uso de talhadeiras de ferro.

asteca, arquitetura
Arquitetura do povo ameríndio que se estabeleceu próximo às margens do rio Texococo no México central em c. 1352 e que alcançou a hegemonia em c. 1450; caracterizado principalmente pela pirâmide que sustenta templos gêmeos em uma plataforma comum, cujo acesso se dá por escadarias paralelas. Poucos vestígios restaram da destruição da arquitetura asteca pelos conquistadores espanhóis.

Alta Renascença
Estilo da arte e da arquitetura renascentistas italianas desenvolvido no final do século XV e início do XVI, caracterizado, na pintura, por uma ênfase na elaboração das formas e a ilusão de volume escultural, e, na construção, pelo uso imitativo de ordens e arranjos inteiros no estilo clássico, com grande atenção para a formulação de normas de composição segundo os preceitos de Vitrúvio e os dados recolhidos do passado através das ruínas existentes.

Tudor, arquitetura
Estilo de transição da arquitetura inglesa desenvolvido durante o reinado da casa dos Tudor, na segunda metade do século XVI, caracterizado pelo arco Tudor e a aplicação de detalhes no estilo Renascença a construções no estilo perpendicular tardio.

swinger
Termo alemão que designa uma fortaleza urbana ou contígua a uma cidade; por extensão, um termo que se aplica a diversos palácios germânicos, ou partes destes, como em Dresden.

barroca, arquitetura
Estilo de arquitetura originado na Itália, no início do século XVII e predominante, de formas variadas, na Europa e no Novo Mundo durante um século e meio, caracterizado pelo uso livre e escultural das ordens e da ornamentação clássicas, a oposição dinâmica e a interpenetração de espaços, e o efeito dramático da combinação de arquitetura, escultura, pintura e artes decorativas.

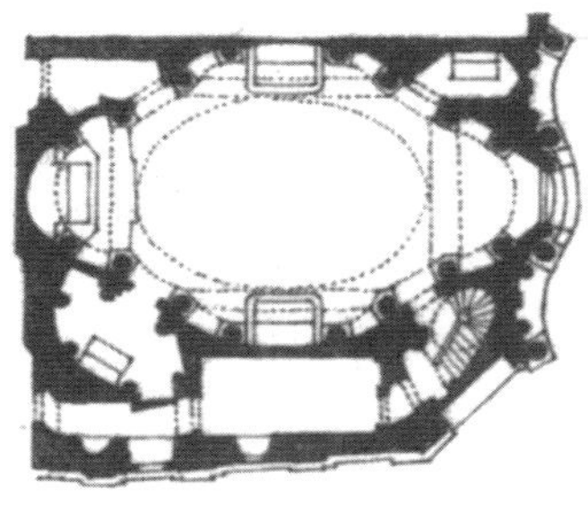

rococó
Estilo das artes decorativas desenvolvido a partir do barroco, originado na França por volta de 1720 e que se distingue pelas extravagantes formas espaciais curvilíneas e a profusão de elaborados desenhos com motivos de conchas e folhagens destinados a produzir um efeito global delicado.

classicismo
Princípios ou estilos característicos da cultura, arte e literatura da Grécia e Roma antigas.

revivescimento clássico
Arte e a arquitetura no estilo dos antigos gregos e romanos, como as da Renascença italiana e dos movimentos neoclássicos da Inglaterra e dos Estados Unidos no final do século XVIII e início do XIX.

neoclassicismo
Classicismo predominante na arquitetura da Europa, América e diversas colônias européias no final do século XVIII e início do XIX, caracterizado pela introdução e a disseminação de ordens e motivos ornamentais gregos e romanos, a subordinação do detalhe às composições simples, marcadamente geométricas, e a freqüente pouca profundidade dos relevos no tratamento decorativo das fachadas.

1.700

***cinquecento*, arquitetura do**
Arquitetura renascentista italiana do século XVI.

mongol, arquitetura
Arquitetura indo-islâmica da dinastia Mongol, 1526-1857, tipificada por palácios e mesquitas monumentais com um trabalho decorativo altamente elaborado.

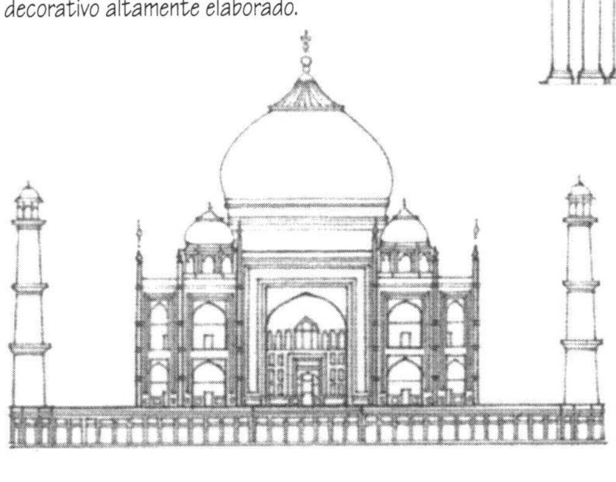

maneirismo
Estilo de transição da arquitetura européia no final do século XVI, existe particularmente na Itália e caracterizado pelo uso não convencional de elementos clássicos. Nas belas artes, o maneirismo caracterizou-se principalmente por uma distorção da perspectiva, pelo uso de formas alongadas e de cores fortes, amiúde gritantes.

chinoiserie
Estilo ornamental predominante sobretudo na Europa setecentista, caracterizado por desenhos intrincados e o amplo uso de motivos identificados como chineses. Também, **chinesice**.

georgiana, arquitetura
Estilo predominante da arquitetura, mobiliário e ofícios correntes na Inglaterra e colônias norte-americanas, esp. de 1714 a 1811, derivado das formas clássicas, renascentistas e barrocas; seu nome se deve aos quatro monarcas de nome George que reinaram sucessivamente durante esse período.

diretório, estilo
Estilo de mobiliário e decoração franceses que antecede o estilo império, caracterizado por um uso progressivamente maior de formas greco-romanas juntamente com uma introdução, em sua fase final, de motivos egípcios; seu nome deriva do Diretório, o corpo de cinco diretores que constituiu o poder executivo da França de 1795 a 1799.

colonial, arquitetura
Estilo da arquitetura, decoração e mobiliário das colônias britânicas na América nos séculos XVII e XVIII, em grande parte uma adaptação dos estilos ingleses predominantes aos materiais e necessidades locais.

federal, estilo
Estilo neoclássico corrente das artes decorativas e da arquitetura nos EUA entre c. 1780 e c. 1830.

regência, estilo
Estilo neoclássico da arquitetura, mobiliário e decoração existente durante o período da história britânica, 1811-20, em que George, Príncipe de Gales (posteriormente George IV), foi regente; semelhante aos estilos diretório e império, e caracterizado por uma imitação fiel das antigas formas gregas, bem como por adaptações menos freqüentes e mais livres de formas romanas antigas, góticas, chinesas e egípcias antigas.

império, estilo
Estilo neoclássico da arquitetura, mobiliário e decoração predominante na França e imitado em vários outros países durante o Primeiro Império francês, c. 1800-30, caracterizado pelo uso de ornamentações delicadas porém elaboradas, imitadas de exemplares gregos e romanos, e pelo uso ocasional de motivos militares e egípcios.

revivescimento gótico
Movimento com a finalidade de reviver o espírito e as formas da arquitetura gótica, originado no final do século XVIII, mas que floresceu principalmente no século XIX na França, Alemanha, Inglaterra e, em menor escala, nos EUA. O gótico permaneceu como o estilo aceito para igrejas por boa parte do século XX. Também chamado **neogótico**.

vitoriana, arquitetura
Revivescente e eclética arquitetura, decoração e mobiliários que se tornaram populares nos países de língua inglesa durante o reinado da Rainha Vitória da Inglaterra, 1837-1901, caracterizados por rápidas mudanças de estilo como conseqüência das controvérsias estéticas e inovações tecnológicas, pela presença constante de ornamentos ostensivos e por uma inclinação geral para o classicismo no início, para o romantismo e o ecletismo no meio do período, e depois para o classicismo novamente.

Beaux-Arts
Estilo arquitetônico eleito pela Escola de Belas Artes da França no final do século XIX e adotado nos EUA e em outras partes por volta de 1900, caracterizado pela simetria das plantas e o uso eclético de estilos arquitetônicos combinados de modo a produzirem um efeito grandioso, elaborado e normalmente ostensivo. O termo é freqüentemente empregado em um sentido pejorativo, para designar um formalismo excessivo em detrimento da verdade estrutural, da teoria estética mais avançada e da racionalidade, ou economia, do desenho.

gótico barco a vapor
Estilo arquitetônico acentuadamente ornamentado, utilizado em residências construídas em meados do século XIX nos vales dos rios Ohio e Mississípi, sugerindo a decoração ostentosa das embarcações do período vitoriano.

ostentoso
Profusa, vistosa e superficialmente ornamentado, esp. na arquitetura.

gótico universitário
Versão secular da arquitetura gótica, como o adotado nas faculdades mais antigas de Cambridge e Oxford.

gótico de carpintaria
Estilo da arquitetura gótica vitoriana do século XIX adaptado por construtores-artesãos aos recursos dos instrumentos e máquinas contemporâneos de carpintaria.

ecletismo
Tendência da arquitetura e das artes decorativas para misturar livremente estilos históricos diversos com o propósito de combinar as virtudes de diferentes fontes, ou de ampliar o conteúdo alusivo, particularmente durante a segunda metade do século XIX na Europa e nos EUA.

eclético
Obras arquitetônicas e das artes decorativas inspiradas em um amplo espectro de estilos históricos, sendo a escolha do estilo ditada, em cada caso, pelo que se julga adequar-se às tradições locais, à geografia ou à cultura.

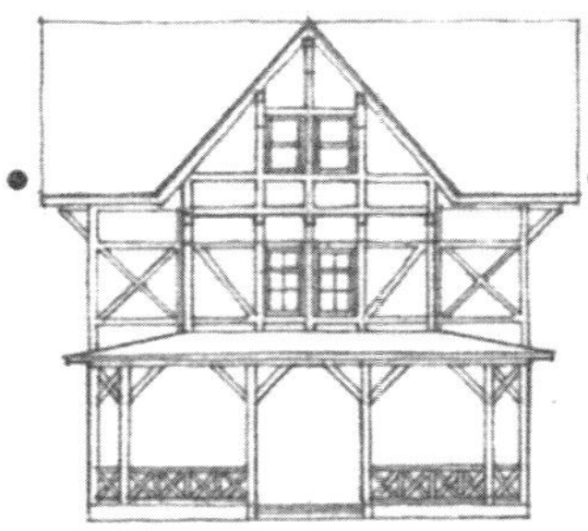

1.800

racionalismo
Movimento artístico de meados do século XIX que enfatizava o uso decorativo de materiais e texturas, e o desenvolvimento da ornamentação como parte integrante de uma estrutura e não como simples apêndice que lhe é aplicado.

Stick
Estilo eclético da arquitetura norte-americana da segunda metade do século XIX, caracterizado pelo uso de *vertical board siding* com travessas ou grades de tábuas sobre *siding* horizontal para expressar a estrutura que está por baixo.

Artes e Ofícios
Movimento originado na Inglaterra em *c.* 1860 como uma reação contra a má qualidade dos bens de produção em massa, concebendo a arte e a decoração como uma mesma entidade na manufatura de objetos tanto utilitários como decorativos.

shingle
Estilo norte-americano de arquitetura residencial durante a segunda metade do século XIX, caracterizado pelo amplo uso de telhas chatas (*shingles*) de madeira como revestimento externo sobre uma estrutura de madeira, e a distribuição freqüentemente assimétrica e fluida.

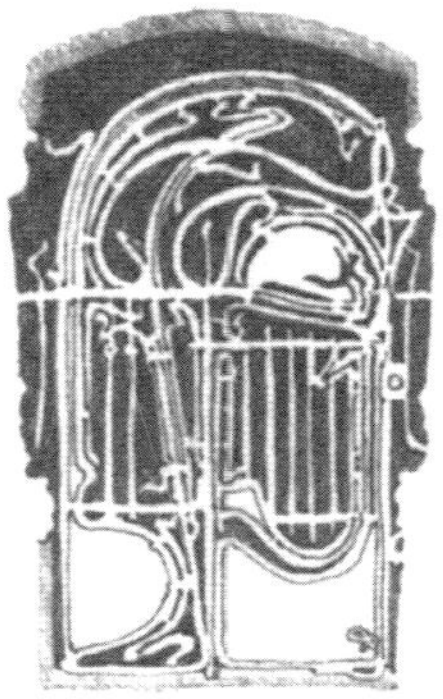

estilo missionário
Estilo arquitetônico associado àquele das antigas missões coloniais espanholas estabelecidas no México e no sudoeste dos EUA, principalmente no século XVIII.

românico richardsoniano
Revivescimento do estilo românico nos EUA através de Hobson Richardson, 1838-86, e seus seguidores, caracterizado por arcos pesados, paredes rústicas de alvenaria e dramáticos efeitos assimétricos.

rundbogenstil
Estilo arquitetônico de meados do século XIX, esp. na Alemanha, caracterizado pelo uso do motivo do arco circular e a combinação, em diferentes graus, de elementos dos estilos cristão primitivo, bizantino, românico e renascentista primitivo; nome derivado da designação alemã do estilo arco circular.

Art Nouveau
Estilo das artes plásticas e aplicadas corrente no final do século XIX e início do XX, caracterizado por motivos fluidos e ondulados, freqüentemente inspirados em formas naturais.

Stile Liberty
Versão italiana do Art Nouveau, cujo nome deriva da companhia Liberty and Co., de Londres.

Sezession
Versão austríaca do Art Nouveau, cujo nome advém do fato de seus adeptos terem rompido com a Academia de Arte oficial de Viena.

Modernismo
Versão espanhola, particularmente catalã, do Art Nouveau.

Jugendstil
Termo alemão que significa "estilo da juventude"; o Art Nouveau praticado nos países de língua germânica.

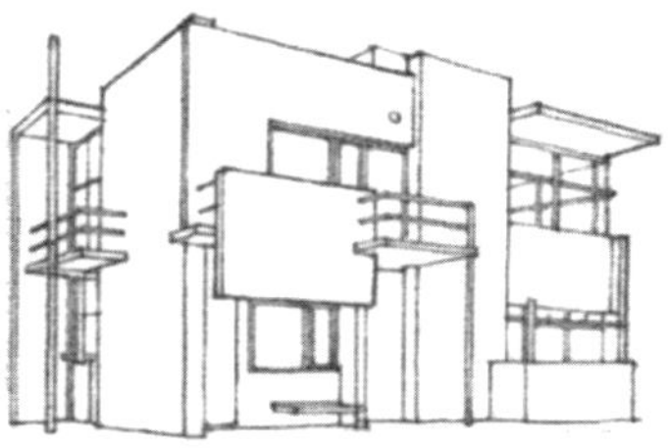

de Stijl
Escola de arte fundada na Holanda em 1917 e que compreendia pintura, escultura, arquitetura, mobiliário e artes decorativas, marcada pelo uso do branco e preto com as cores primárias, as formas retangulares e a assimetria. Termo derivado do nome de uma revista, que significa "o estilo", publicada pelos participantes do movimento.

cubismo
Estilo de pintura e escultura desenvolvido no início do século XX, caracterizado por uma ênfase na estrutura formal, a redução das formas naturais a equivalentes geométricos e a organização dos planos de um objeto representado independentemente de suas exigências figurativas.

Bauhaus
Escola de artes e ofícios fundada em Weimar, Alemanha, em 1919, por Walter Gropius, transferida para Dessau em 1926 e fechada em 1933 em conseqüência da hostilidade nazista. Os conceitos e idéias desenvolvidos na Bauhaus caracterizavam-se principalmente pela síntese entre tecnologia, ofícios e estética do desenho, com uma ênfase no desenho funcional na arquitetura e nas artes aplicadas.

expressionismo abstrato
Movimento de pintura experimental não-figurativa originado nos EUA na década de 1940, que abarcava diversos estilos individuais cujo denominador comum era a liberdade técnica, uma preferência por telas dramaticamente grandes e um desejo de dar uma expressão espontânea ao inconsciente.

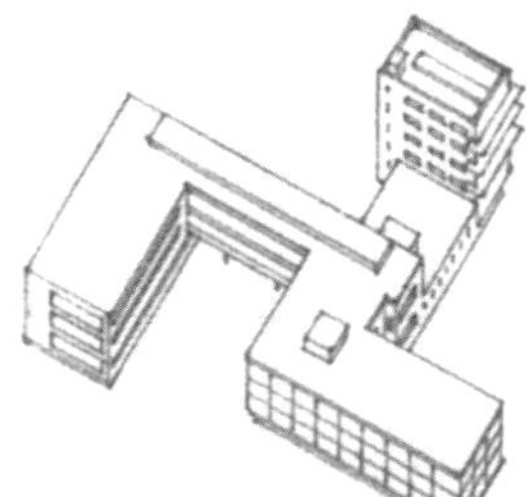

Estilo Internacional
Arquitetura funcional destituída de características regionais, desenvolvida nas décadas de 1920-30, na Europa ocidental e nos EUA e adotado no mundo todo; caracterizado pelas formas geométricas simples, as superfícies grandes, sem textura e amiúde brancas, as grandes áreas envidraçadas e o uso generalizado da construção em aço e concreto armado.

brutalismo
Movimento da arquitetura na década de 1950 que enfatizava a utilização estética de processos construtivos básicos, esp. o concreto moldado no local, sem nenhuma preocupação aparente com o aspecto visual.

modernismo
Ruptura filosófica e prática deliberada com o passado nas artes e na literatura ocorrida ao longo do século XX e que toma forma em qualquer um dos diversos movimentos e estilos inovadores.

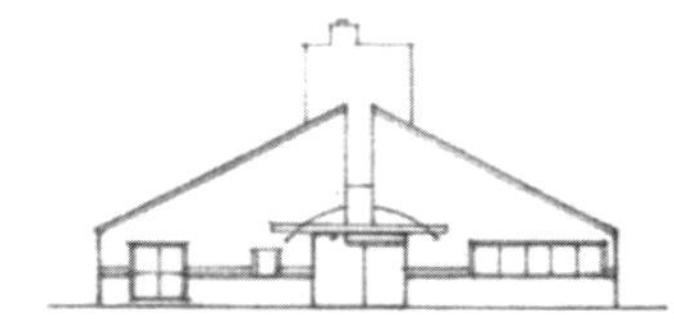

pós-modernismo
Movimento na arquitetura e nas artes decorativas desenvolvido na década de 1970 como uma reação aos princípios e práticas do modernismo, a influência do Estilo Internacional, que encorajava o uso de elementos dos estilos vernáculos históricos e freqüentemente a ilusão lúdica, o efeito decorativo e a complexidade.

galpão decorado
Conceito de projeto caracterizado por edifícios de desenho utilitário mas providos de fachadas destinadas a elevar sua importância ou enunciar suas funções.

1.900

Escola de Chicago
Grupo de arquitetos americanos atuantes entre c. 1880 e 1910, e conhecidos por importantes inovações na construção de grande porte e pelo desenvolvimento do desenho moderno na arquitetura comercial.

construtivismo
Movimento originado em Moscou após 1917, principalmente na escultura, mas com larga aplicação na arquitetura. A expressão da construção deveria constituir a base de todo o desenho arquitetônico, com ênfase na funcionalidade das partes mecânicas.

funcionalismo
Movimento de arquitetos e projetistas derivado de vários movimentos anteriores da Europa no início do século XX, para o qual o projeto de edifícios, mobiliário ou elementos afins deveria ser uma resposta direta às necessidades funcionais, com seus materiais de construção e finalidade claramente expressos, e com o efeito estético derivado principalmente das proporções e do acabamento, em detrimento ou com a subordinação dos efeitos puramente decorativos.

arquitetura orgânica
Uma filosofia do desenho arquitetônico surgida no início do século XX, segundo a qual uma edificação deveria ter uma estrutura e uma planta que atendessem a suas exigências estruturais, harmônicas com seu meio natural e que constituíssem um todo intelectualmente lúcido e integrado. As formas e contornos adotados nessas obras são freqüentemente irregulares e parecem sugerir aqueles encontrados na natureza.

Art Déco
Estilo de arte decorativa desenvolvido originalmente na década de 1920, com um revivescimento na década de 1960, marcado principalmente pelos motivos geométricos, as formas *streamlined* e curvilíneas, os contornos nitidamente definidos, as cores freqüentemente fortes e o uso de materiais sintéticos, como os plásticos; abreviação de *Exposition Internationale Des Arts Décoratifs et Industriels Modernes*, uma exposição de artes modernas e decorativas realizada em Paris, na França, em 1925.

arquitetura vernácula
Estilo arquitetônico que exemplifica as técnicas construtivas mais simples baseadas nas formas e materiais de um período histórico, região ou grupo de pessoas particulares.

vanguarda
Do francês *avant-garde*; a vertente mais avançada em qualquer campo, nas artes visuais, literárias ou musicais, cujas obras caracterizam-se sobretudo pela adoção de métodos não ortodoxos e experimentais.

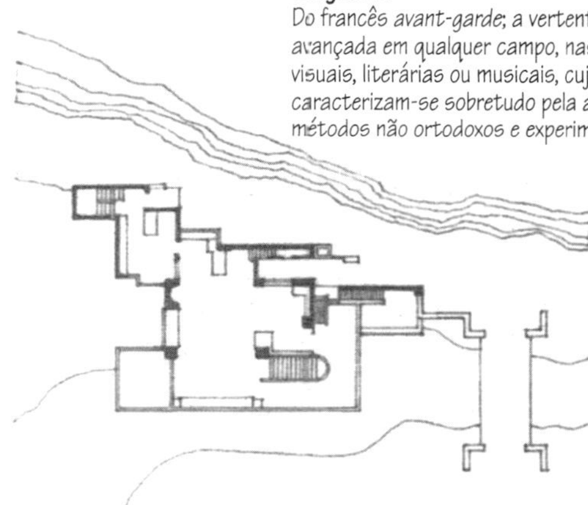

high-tech
Estilo de desenho que incorpora acessórios industriais, comerciais e institucionais, equipamentos, materiais ou outros elementos de aspecto visual utilitário, característico do desenho industrial.

desconstrução
Movimento filosófico e crítico iniciado na década de 1960, esp. no estudo da literatura, que questiona os pressupostos tradicionais acerca da capacidade da linguagem para representar a realidade, enfatizando que o texto é desprovido de qualquer referencial fixo, uma vez que, em essência, as palavras se referem unicamente a outras palavras. O leitor deve, portanto, abordar o texto mediante a supressão de qualquer raciocínio abstrato ou pressuposto etnocêntrico, assumindo um papel ativo de definir significados, por vezes recorrendo à etimologia e uma nova construção das palavras.

Edifício público destinado ao culto cristão.

cristianismo
Religião fundamentada nos ensinamentos de Jesus Cristo, incluindo as igrejas católica, protestante e do Oriente (ortodoxa).

basílica
Igreja cristã primitiva, caracterizada por uma planta retangular longa, uma nave central colunada e elevada iluminada por um clerestório, coberta por um telhado de madeira de duas águas, com duas ou quatro naves laterais mais baixas, uma abside semicircular na extremidade, um nártex e freqüentemente outros elementos, como um átrio, uma bema e pequenas absides semicirculares no final dos corredores.

átrio
Pátio à entrada de uma igreja cristã primitiva, ladeado ou circundado por pórticos.

ambulatório
Galeria coberta de um átrio ou claustro.

cântaro
Bacia para uma limpeza ritual com água no átrio de uma basílica cristã primitiva.

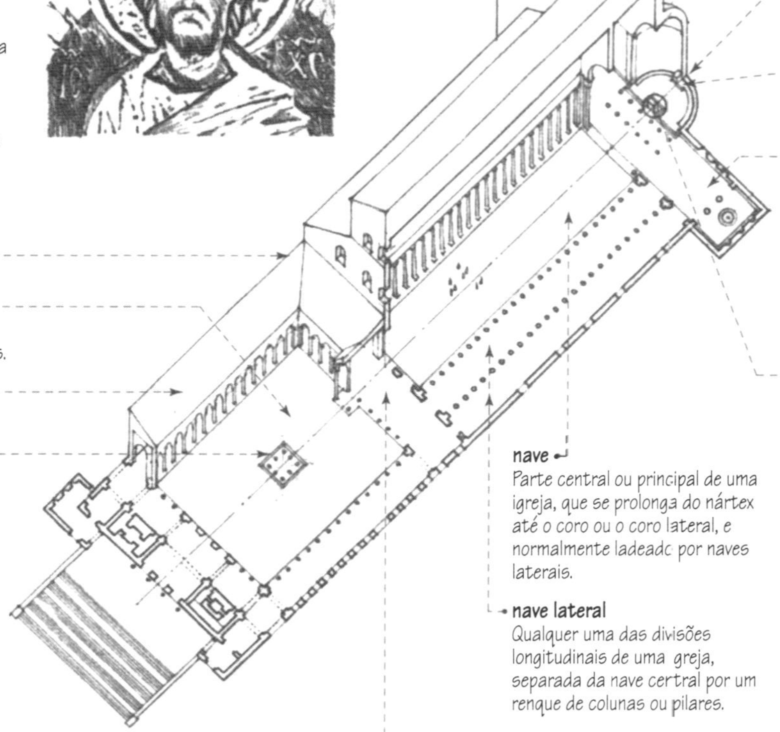

abside
Projeção semicircular ou poligonal de um edifício, normalmente abobadada e utilizada esp. no santuário ou na extremidade leste de uma igreja.

tribuna
Trono do bispo, que ocupa um recesso ou uma abside nas igrejas cristãs primitivas.

bema (1)
Espaço transversal aberto que separa a nave e a abside nas igrejas cristãs primitivas, que se converteria no transepto das igrejas cruciformes posteriores.

santuário
Local santificado, como a parte de uma igreja onde se localiza o altar principal.

altar
Mesa, em uma igreja cristã, sobre a qual é celebrada a eucaristia, o sacramento que celebra a última ceia de Cristo. Também chamado **mesa de comunhão**.

baldaquim
Sobrecéu ornamental de pedra ou madeira permanentemente colocado acima do altar de uma igreja. Também chamado **baldaquino**.

nave
Parte central ou principal de uma igreja, que se prolonga do nártex até o coro ou o coro lateral, e normalmente ladeadc por naves laterais.

nave lateral
Qualquer uma das divisões longitudinais de uma greja, separada da nave central por um renque de colunas ou pilares.

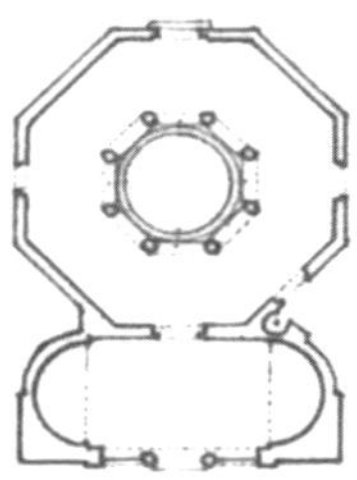

batistério
Parte de uma igreja ou construção à parte na qual são administrados os batismos.

batismo
Sacramento de iniciação no cristianismo que simboliza a regeneração espiritual e marcado por uma imersão na água, ou a aspersão desta, em caráter cerimonial.

fonte
Bacia, normalmente de pedra, que guarda a água utilizada no batismo.

nártex
Pórtico à entrada da nave de uma igreja cristã ou bizantina primitivas, própria para os penitentes.

esonártex
Nártex interno quando existem dois deles.

exonártex
Galeria coberta ou nártex externo situados à frente de um nártex interno.

ambom
Qualquer um dos dois púlpitos elevados de onde os evangelhos ou as epístolas eram idas ou cantadas nas igrejas cristãs primitivas.

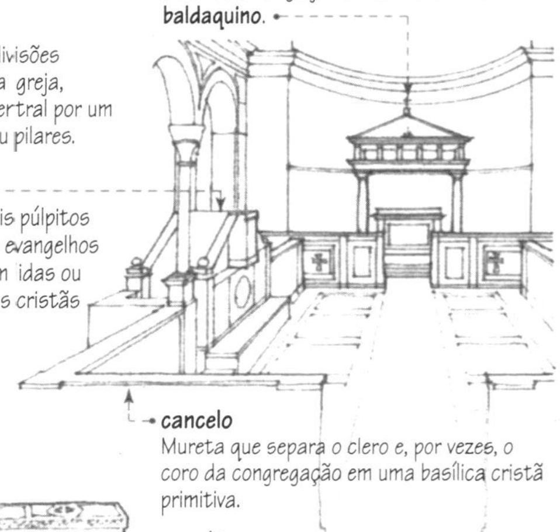

cancelo
Mureta que separa o clero e, por vezes, o coro da congregação em uma basílica cristã primitiva.

sarcófago
Túmulo de pedra, esp. aquele que guarda uma escultura ou inscrições e que é exibido como monumento.

ícone
Representação de uma personagem sagrada do cristianismo, como Jesus, um santo ou um anjo, normalmente pintada em uma superfície de madeira e venerada em si mesma como sendo sacra, esp. na tradição da Igreja do Oriente.

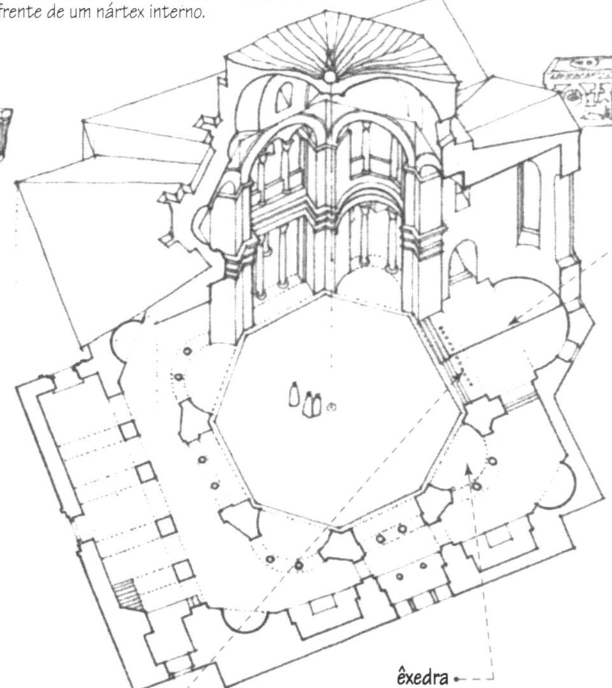

iconostase
Tabique ou divisória em que são colocados ícones e que separa a bema e a nave de uma igreja do Oriente. Também, **iconostásio**.

êxedra
Grande extensão absidal do corpo interior de uma igreja.

bema (2)
Espaço santificado que circunda o altar de uma igreja do Oriente.

diaconia
Sacristia nas primitivas igrejas cristãs ou do Oriente, normalmente localizada no lado sul da bema.

sacristia
Sala em que são mantidos os recipientes sagrados e os paramentos de culto em uma igreja.

credência
Capela onde são preparados os elementos da eucaristia em uma igreja do Oriente, normalmente situada no lado norte da bema.

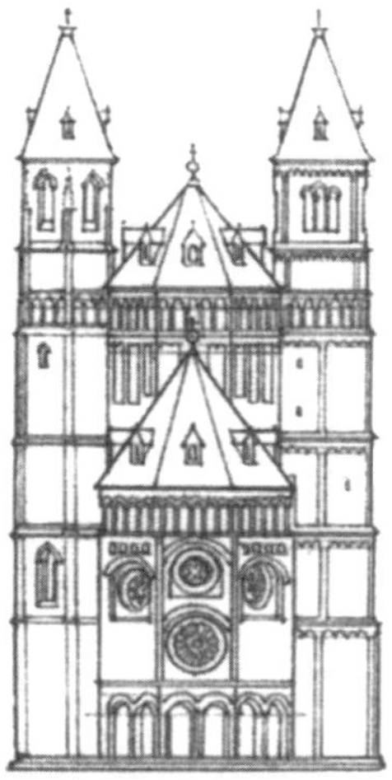

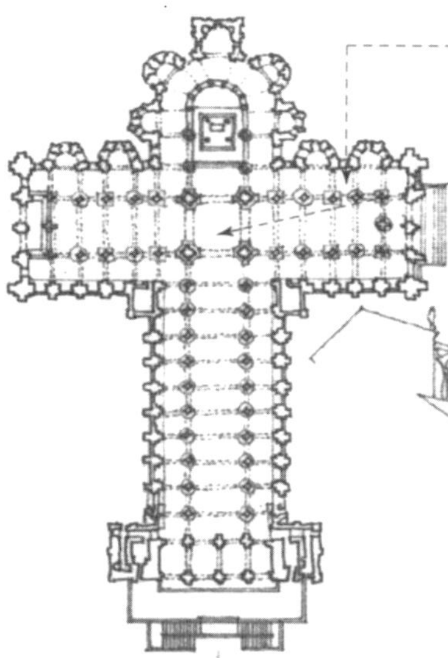

transepto
Principal ala transversal de uma igreja cruciforme, que atravessa o eixo principal segundo um ângulo reto entre a nave e o coro.

cruzamento
Intersecção entre a nave e o transepto em uma igreja cruciforme.

flecha
Estrutura piramidal ou cônica alta, que se adelgaça pronunciadamente, e que se eleva de uma torre.

frontispício
Monumental fachada oeste de uma igreja românica, tratada como uma torre ou torres, contendo um vestíbulo de pouca altura embaixo e, em cima, uma capela que dá para uma nave.

campanário
Torre de sinos, normalmente próxima mas não anexa ao corpo de uma igreja.

steeple
Termo inglês que designa uma estrutura ornamental de grande altura normalmente arrematada por uma flecha e que se eleva da torre de uma igreja ou outro edifício público.

vidraça circular
Rosácea cujos mainéis ou pilaletes são caracteristicamente radiados.

cúpula em bulbo
Cobertura em forma de cebola que termina numa ponta aguda, utilizada esp. na arquitetura das igrejas ortodoxas russas para recobrir uma cúpula ou torre.

tímpano
Espaço entre um arco e a travessa superior horizontal de uma porta ou janela abaixo, normalmente esculpido.

tremó
Coluna central que sustenta o tímpano de um portal.

tabernáculo
Recesso dosselado para uma imagem ou ícone religioso.

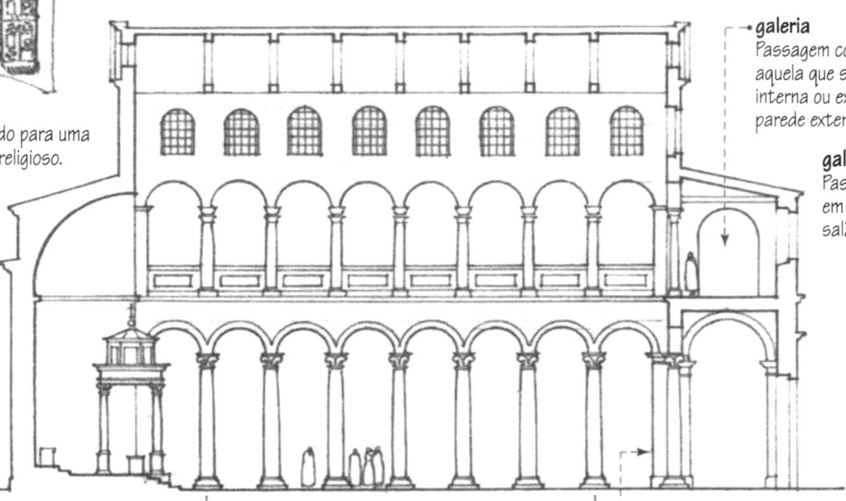

galeria
Passagem coberta, esp. aquela que se estende interna ou externamente à parede externa de um edifício.

galeria elevada
Passagem superior em uma igreja ou salão.

igreja escandinava
Típico templo nativo da Escandinávia dos séculos XII e XIII, com estrutura de madeira, paredes em pranchas do mesmo material, cobertura de grande inclinação composta por telhados dispostos em fileiras e poucas janelas.

arcada
Série de arcos sustentados por pilares ou colunas.

arqueado
Curvado como um arco: termo utilizado para descrever a estrutura, baseada no arco ou na abóbada, de uma igreja românica ou uma catedral gótica, e que a distingue da arquitetura traveada de um salão egípcio ou um templo dórico hipostilos.

coluna embutida
Elemento de sustentação que se projeta de uma parede como suporte de um arco ou lintel, esp. na terminação de uma arcada ou colunata.

dosseret
Termo francês que designa um ábaco alargado ou um capitel suplementar colocado sobre o capitel de uma coluna para receber o empuxo de um arco. Também chamado **bloco de imposta**.

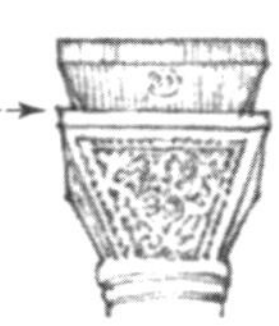

arcada entrelaçada
Arcada, esp. cega, composta por arcos que se apóiam em suportes alternados e que se sobrepõem em série ali onde se interceptam. Também chamada **arcada de intersecção**.

arcada cega
Série de arcos sobrepostos em uma parede com fins decorativos.

flèche
Termo francês que designa uma flecha delgada que se ergue da cumeeira de um telhado, esp. acima do cruzamento de uma igreja gótica.

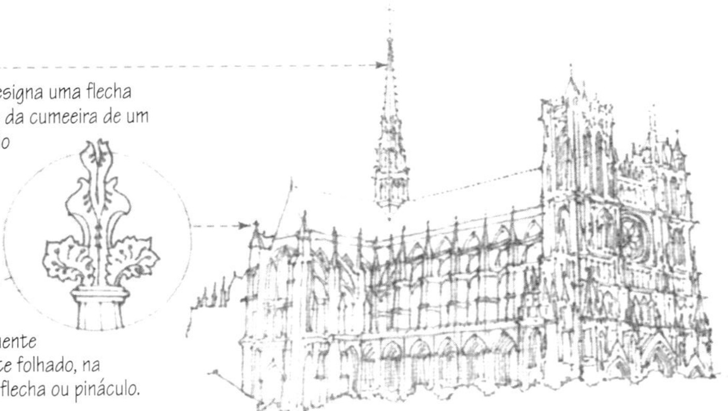

florão
Ornamento relativamente pequeno, normalmente folhado, na extremidade de uma flecha ou pináculo.

cogulho
Ornamento projetado, normalmente na forma de folhas recurvas, utilizado na arquitetura gótica para decorar os ângulos externos de pináculos, flechas e empenas.

gárgula
Figura esculpida de caráter grotesco, humana ou animal, com uma boca aberta que serve de biqueira e que se projeta de uma calha para despejar de um edifício as águas pluviais acumuladas na cobertura.

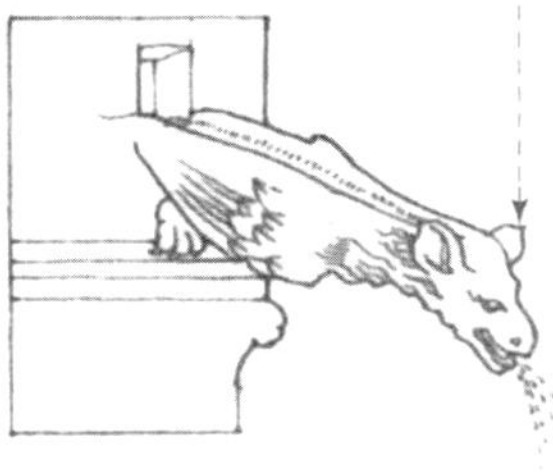

rosácea
Janela circular, normalmente com vitral e decorada com um traçado simétrico ao redor do centro.

vitral
Vidraça em que se utilizam vidros coloridos, resultantes quer da aplicação de pigmentos a sua superfície, quer da fusão de vários óxidos metálicos ao material quando ainda em estado pastoso.

trifório
Galeria superior com arcadas em uma igreja, entre os arcos da nave e o clerestório, e que corresponde ao espaço entre as abóbadas e a cobertura de uma nave lateral.

cripta
Câmara mortuária subterrânea, sob o piso principal de uma igreja.

cruzeiro
Representação em tamanho grande do madeiro em que Cristo foi pregado, colocada acima da entrada do coro central ou lateral de uma igreja medieval.

teia
Divisória, normalmente adornada com apuro e encimada por um cruzeiro, que separa o coro central ou lateral da nave em uma igreja medieval.

coro lateral
Espaço próximo ao altar de uma igreja destinado ao clero e ao coro, normalmente elevado com relação à nave e separado desta por uma grade ou uma teia.

capela do doador
Capela para a realização de missas e preces dedicadas às almas dos fundadores ou de pessoas por eles designadas.

labirinto
Desenho em forma de dédalo marchetado no piso de uma igreja medieval.

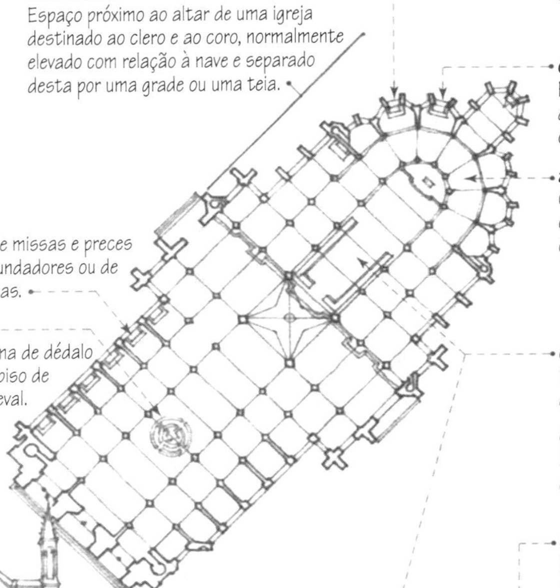

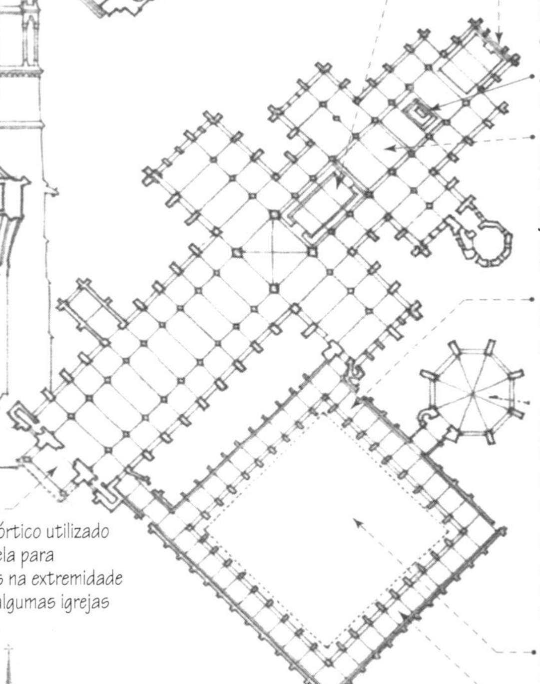

galilé
Pequeno pórtico utilizado como capela para penitentes na extremidade oeste de algumas igrejas medievais.

pátio
Área quadrangular circundada por um claustro.

allure
Termo francês que designa um corredor ou uma passagem, por exemplo ao longo de um claustro ou atrás dos parapeitos de um castelo.

catedral
Principal igreja de uma diocese, onde se localiza o trono do bispo, denominado cátedra.

capela
Área de uma igreja consagrada a atividades à parte como preces individuais, meditações ou pequenos serviços religiosos.

cabeceira
Extremidade leste, de forma arredondada, de uma catedral gótica, que inclui a abside e o ambulatório.

ambulatório
Galeria que circunda a extremidade do coro central ou lateral de uma igreja. Também chamado **deambulatório**.

coro
Parte de uma igreja reservada aos cantores do coro, normalmente parte do coro lateral.

coro posterior
Divisão separada, situada atrás do coro ou do altar-mor de uma grande igreja.

capela da Virgem
Capela consagrada à Virgem Maria, normalmente localizada atrás do altar-mor de uma catedral, na extremidade da abside.

altar-mor
Altar principal de uma igreja.

presbitério
Parte de uma igreja reservada ao clero oficiante.

jardim
Área cercada, terreno que cerca ou dos fundos de uma catedral.

passadiço
Passagem coberta, entre o transepto e a casa do capítulo de uma catedral.

casa do capítulo
Local em que o capítulo de uma catedral ou monastério se reúne, normalmente uma construção ligada à catedral ou monastério ou um salão no interior destes.

capítulo
Assembléia de monges em um monastério ou os membros de uma casa ou ordem religiosa.

paraíso
Átrio ou claustro atrás de uma igreja.

claustro
Corredor coberto provido de uma arcada ou colunata no lado que dá para um pátio.

Medidas adotadas para prevenir incêndios ou minimizar os danos à vida ou à propriedade resultantes do fogo, incluindo a ação de limitar cargas e riscos de incêndio, de confinar sua propagação através de construções resistentes ao fogo, o uso de sistemas de detecção e extinção, o estabelecimento de serviços adequados de combate ao fogo e o treinamento dos ocupantes de um edifício em procedimentos de segurança e evacuação.

perigo de incêndio
Qualquer condição que aumenta a probabilidade de um incêndio, que obstrui o acesso a equipamentos de combate ao fogo ou que retarda a saída dos ocupantes no caso de um incêndio.

carga de incêndio
Volume de material combustível em um edifício, medido em quilogramas por metro quadrado de área de piso.

combustível
Material capaz de inflamar-se e queimar.

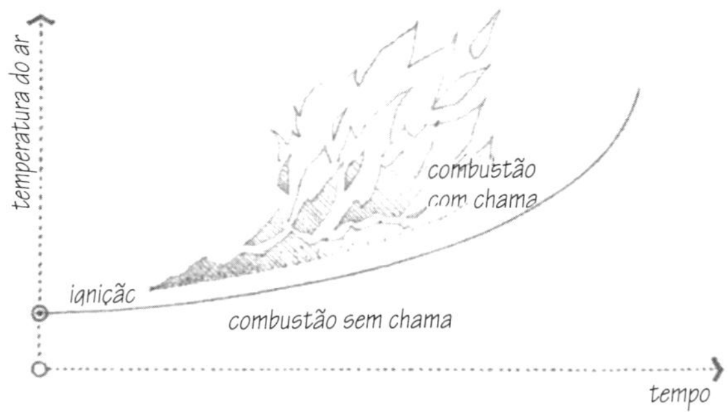

ponto de ignição
Temperatura mais baixa na qual uma substância sofrerá uma combustão espontânea e continuará a queimar-se sem a aplicação de calor externo.

ponto de centelha
Mais baixa temperatura na qual um líquido combustível irá liberar vapor suficiente para inflamar-se momentaneamente quando exposto a chamas. Também chamado **ponto de ignição**.

ensaio em túnel aerodinâmico
Teste que mede o tempo necessário para que uma chama controlada se propague pela superfície de um corpo de prova, a quantidade de combustível proporcionada pelo material ao fogo e a densidade da fumaça liberada pela combustão. Também, **ensaio em túnel aerodinâmico Steiner**.

resistente ao fogo
Material, conjunto ou construção dotados do nível de resistência ao fogo exigido por seu uso.

nível de resistência ao fogo
Tempo, medido em horas, pelo qual se pode esperar que um material ou conjunto resistam à exposição ao fogo sem ruírem – criando aberturas que permitam a passagem de chamas ou gases em alta temperatura – ou sem exceder a uma temperatura específica no lado oposto ao do incêndio; determinado mediante a submissão de um exemplar em escala natural a temperaturas que obedecem a uma curva tempo-temperatura padrão.

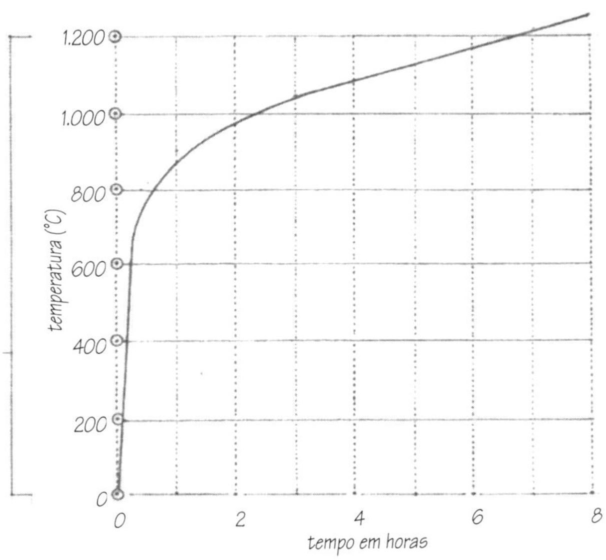

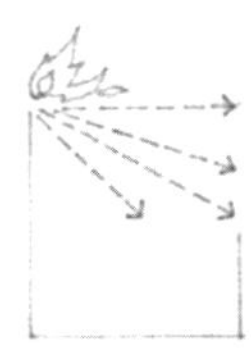

velocidade de propagação de chamas
Medida da rapidez com que um fogo pode se propagar pela superfície de um material de acabamento interior. Um piso de madeira apresenta uma velocidade de propagação de chamas equivalente a 100, enquanto o de uma placa de cimento-amianto equivale a 10.

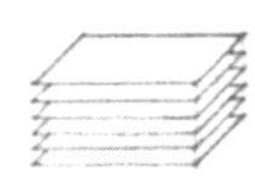

nível de contribuição de combustível
Medida da quantidade de substâncias combustíveis com que um material de acabamento interior pode contribuir para um incêndio.

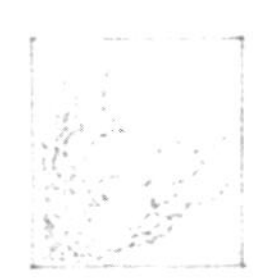

nível de fumaça produzida
Medida da quantidade de fumaça que um material de acabamento interior pode produzir ao inflamar-se. Não é permitido o uso, no interior de construções, de materiais com um nível de fumaça produzida superior a 450.

retardador de chamas
Composto utilizado para elevar o ponto de ignição de um material inflamável, tornando-o, dessa forma, mais resistente ao fogo.

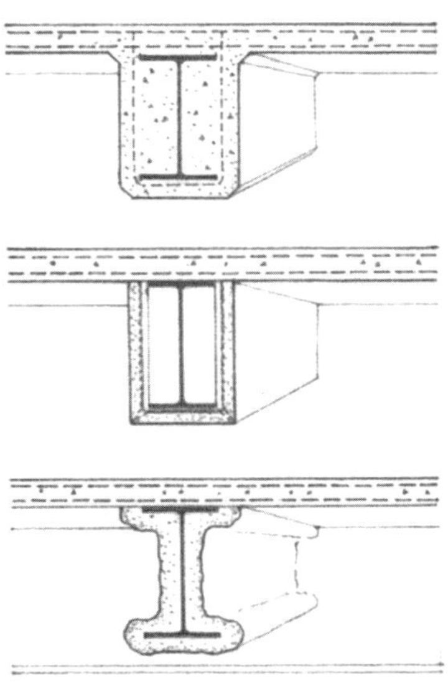

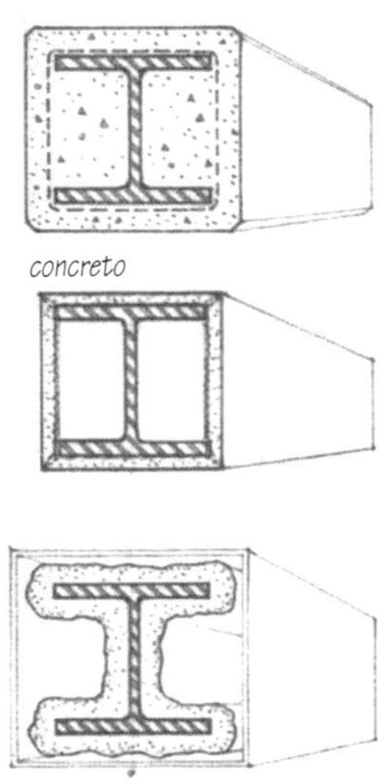

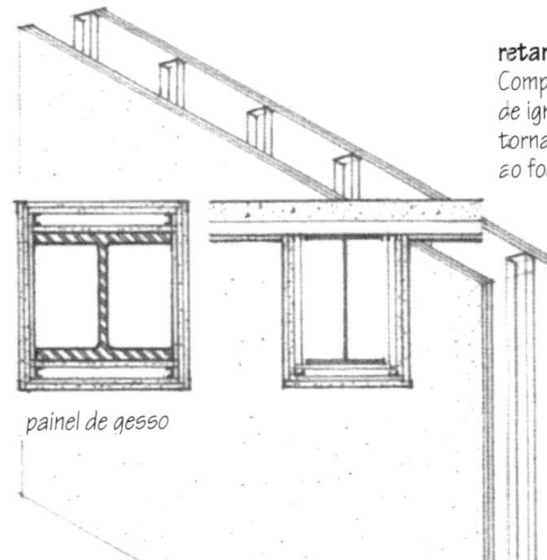

proteção por jateamento
Mistura de fibras minerais e um aglutinante inorgânico, aplicada mediante pressão do ar com uma pistola de pulverização a fim de criar uma barreira térmica ao calor de um incêndio.

tinta intumescente
Revestimento que, quando exposto ao calor de um incêndio, dilata-se de modo a criar uma espessa camada isolante de bolhas de gás inerte que retardam a propagação das chamas e a combustão.

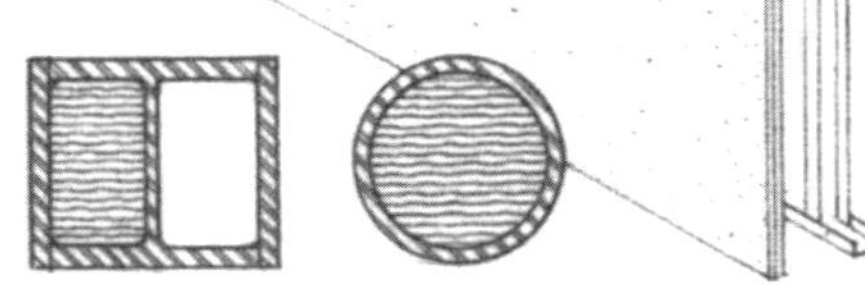

à prova de fogo
Qualquer um dos vários materiais, como concreto, gesso ou fibras minerais, utilizados na fabricação de um elemento ou sistema estrutural resistentes aos danos ou à destruição pelo fogo.

coluna de líquido
Coluna estrutural de aço oca que se enche de água para aumentar sua resistência ao fogo. Quando exposta ao fogo, a água absorve o calor, se eleva por convecção para retirar o calor e é substituída com água mais fria proveniente de um tanque de armazenamento ou da rede de abastecimento.

zona de fogo
Zona de uma cidade na qual são proibidos determinados tipos de construção em vista de riscos de incêndio ali existentes.

área de segurança
Espaço aberto criado para evitar a propagação do fogo a partir de um edifício, um grupo de edifícios, ou de uma área urbana para outra.

barreira contrafogo
Qualquer piso, parede, teto ou cobertura com a resistência ao fogo exigida para restringir a propagação de um incêndio.

barreira de ocupação
Construção vertical ou horizontal com a resistência ao fogo exigida para impedir a propagação do fogo de uma classe de ocupação para outra em um edifício de uso múltiplo.

barreira de distância
Separação exigida entre uma parede externa de uma edificação e um limite de propriedade a linha central de uma rua ou espaço público adjacentes, ou a parede externa de um edifício adjacente, medida sempre segundo um ângulo reto com a parede externa.

área de incêndio
Área de um edifício delimitada por uma construção resistente ao fogo capaz de confinar a propagação de um incêndio.

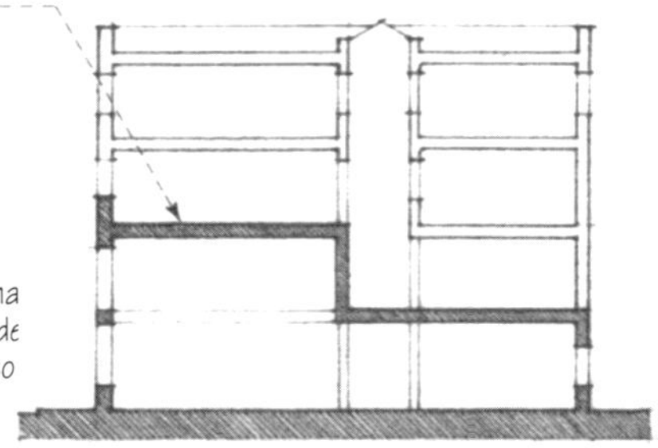

parede contrafogo
Parede com a resistência ao fogo exigida para evitar a propagação de um incêndio de uma parte de um edifício para outra, que se estende das fundações a um parapeito acima da cobertura e que tem todas as aberturas limitadas a uma determinada porcentagem da área da parede e protegidas por um aparato antifogo autocerrador ou automático. Cada parte de um edifício separado por uma ou mais paredes contrafogo pode ser considerada um edifício separado ao se calcular a área de piso e a altura permitidas por um código de edificações. Também, **parede corta-fogo**.

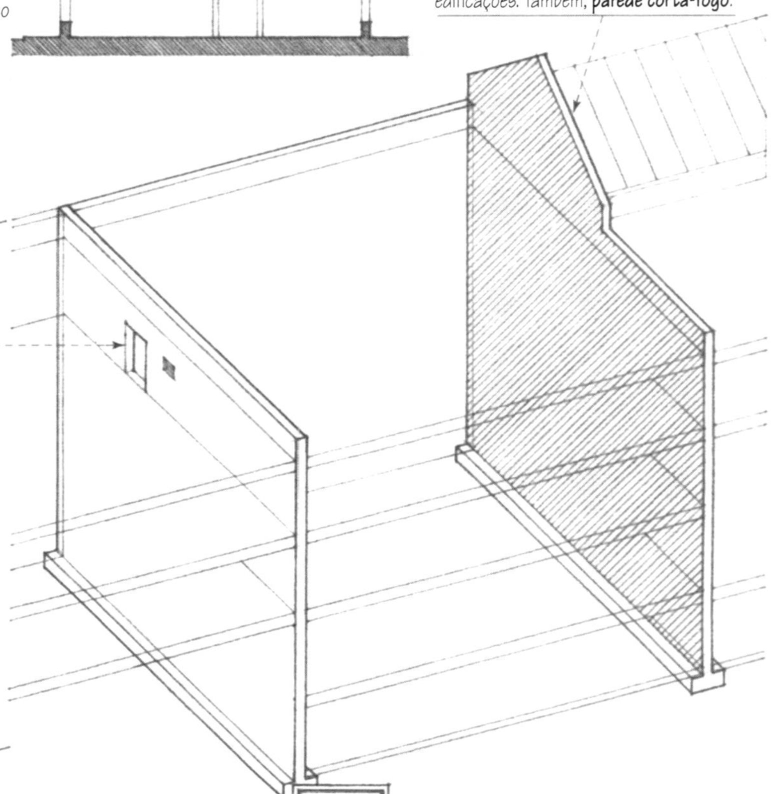

retentor de tiragem
Compartimento resistente ao fogo que divide um cômodo superior fechado de material combustível, ou o espaço oculto entre um teto rebaixado e um piso de armação de madeira situado acima deste.

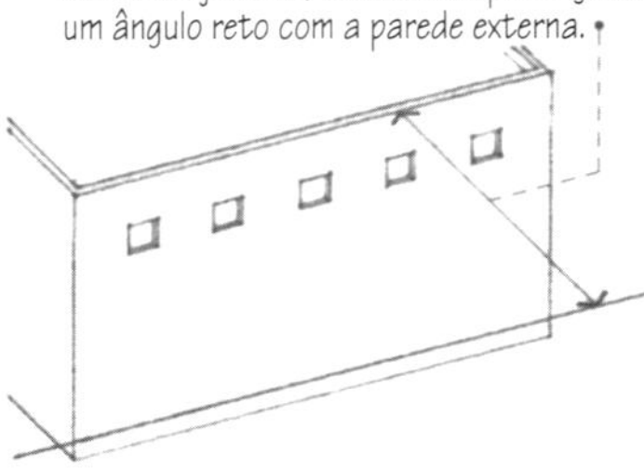

aparato antifogo
Aquele formado por uma porta contrafogo, uma janela ou registro contrafogo, incluindo todas as ferragens, travas, molduras e soleiras necessárias.

abertura protegida
Abertura em uma parede, piso, teto ou cobertura provida de um conjunto contra incêndio com a resistência ao fogo exigida para sua localização e finalidade.

aparato antifogo autocerrador
Aquele mantido normalmente em posição fechada e equipado com um dispositivo aprovado para garantir seu fechamento e travamento, após ter sido aberto para sua utilização.

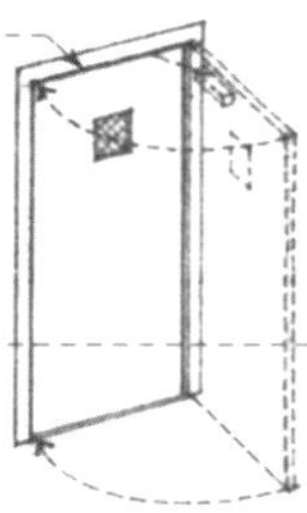

aparato antifogo automático
Aquele que pode permanecer em uma posição aberta e que se fecha automaticamente quando submetido a um acréscimo de temperatura ou impulsionado por um detector de fumaça.

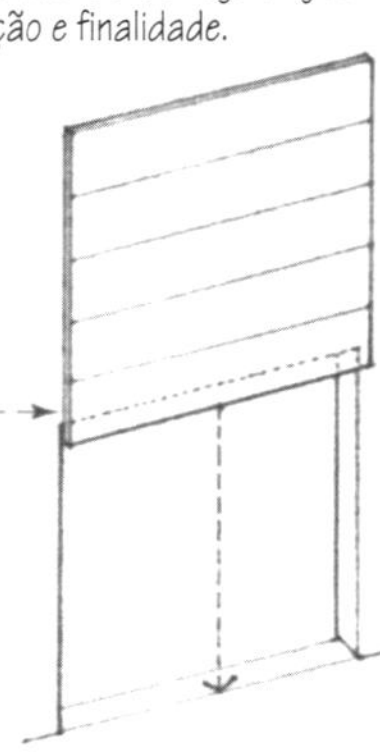

classe A
Classificação de aparato antifogo com resistência de 3 horas para proteger aberturas em paredes antifogo e barreiras de ocupação com resistência de 3 ou 4 horas.

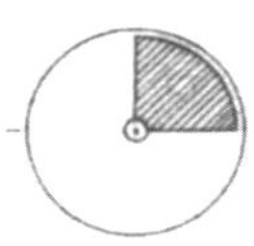

classe B
Classificação de um aparato antifogo com uma resistência ao fogo de 1 hora ou 1½ hora para proteger aberturas em barreiras contrafogo, escadas de emergência e poços com resistência de 1 hora ou 2 horas.

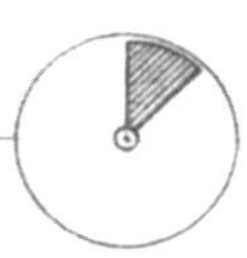

classe C
Classificação de um aparato antifogo com uma resistência ao fogo de 3/4 de hora para proteger aberturas de paredes, corredores e áreas de risco com resistência de 1 hora.

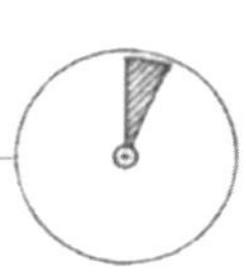

classe D
Classificação de um aparato antifogo com uma resistência ao fogo de 1½ hora para proteger aberturas em paredes externas submetidas a exposição severa a fogo proveniente do exterior do edifício.

classe E
Classificação de um aparato antifogo com uma resistência ao fogo de 3/4 de hora para proteger aberturas em paredes externas submetidas a exposição leve ou moderada de fogo proveniente do exterior do edifício.

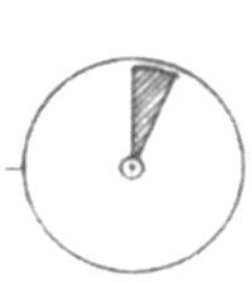

selo de garantia
Nos Estados Unidos, um timbre afixado a um material, componente ou equipamento de construção com a autorização do Underwriters' Laboratories, Inc., que indica que o produto: (a) tem um índice de resistência ao fogo determinado por ensaios de desempenho de tais produtos; (b) pertence a um lote comprovadamente fabricado com materiais e processos essencialmente idênticos àqueles de produtos representativos submetidos a ensaios de fogo, riscos elétricos ou de outra natureza; e (c), que está sujeito ao serviço de reexame do UL.

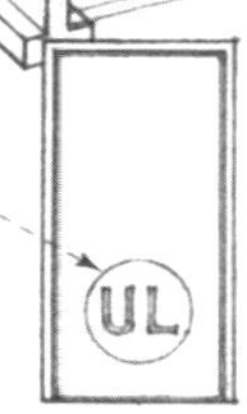

certificado
Nos Estados Unidos, diz-se do material de construção ou conjunto cujo nível de resistência ao fogo é garantido pelo Underwriters Laboratories, Inc. ou outro laboratório de ensaios reconhecido.

elo fusível
Elo feito de material fundível. Quando exposto ao calor de um incêndio, o elo se derrete causando o fechamento de uma porta ou barreira contra-fogo, ou outro dispositivo do gênero.

porta contrafogo
Conjunto de porta, incluindo todas as ferragens, travas, molduras e soleiras, com a resistência ao fogo exigido para sua localização e finalidade. Também chamada **porta corta-fogo**.

janela contrafogo
Conjunto de janela, incluindo todas as ferragens, travas, molduras e parapeitos, com a resistência ao fogo exigida para sua localização e finalidade. Também chamada **janela corta-fogo**.

saída de fumaça
Escape projetado para abrir-se automaticamente em caso de incêndio a fim de expulsar do edifício a fumaça e o calor.

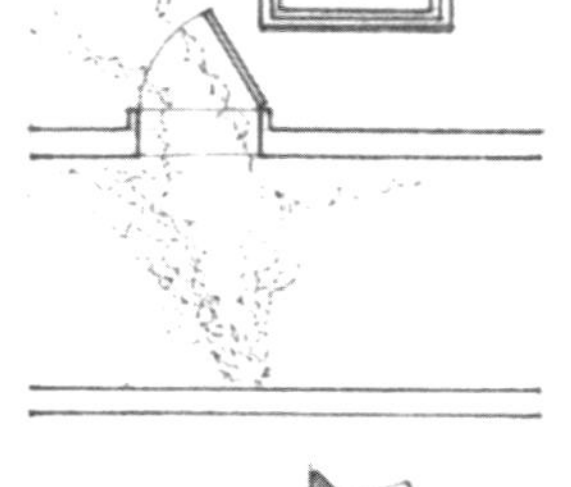

registro contrafogo
Registro que obstrui automaticamente um aeroduto em caso de incêndio a fim de restringir a passagem de fogo e fumaça, necessário quando um duto penetra uma parede contrafogo, um poço de escada ou elevador resistente ao fogo ou outro anteparo de proteção.

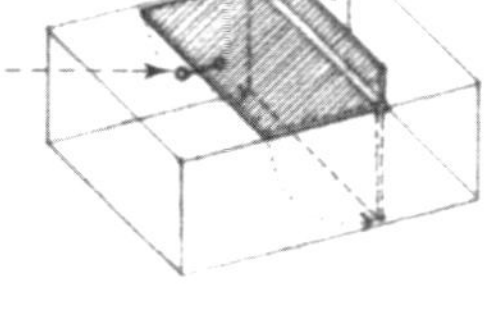

sistema de alarme de incêndio
Sistema elétrico instalado em um edifício com a finalidade de fazer soar um alarme quando acionado por um sistema de detecção de incêndio.

sistema de detecção de incêndio
Sistema de termostatos ou outros sensores apropriados, cuja finalidade é detectar a presença de fogo acionando imediatamente um alarme.

detector de fumaça
Alarme de incêndio automático que é ativado pela presença de fumaça.

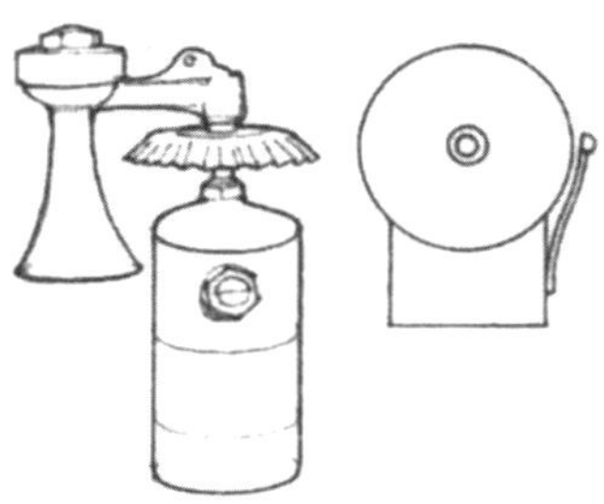

coluna de incêndio
Conduto de água que se estende verticalmente por um edifício, destinado a alimentar mangueiras de incêndio de todos os pavimentos. Também chamado **tubo vertical** e **tubo de subida**.

coluna de incêndio úmida
Aquela que contém água sob pressão e que é provida de mangueiras de incêndio para uso de emergência pelos ocupantes de um edifício.

coluna de incêndio seca
Aquela que não contém água e que é utilizada pelo corpo de bombeiros para ligar as mangueiras de incêndio a um hidrante ou carro de bombeiros.

mangueira de incêndio
Mangueira de demanda pesada utilizada no combate a chamas.

hidrante
Cano vertical com um ou mais bocais, utilizado para se extrair água de uma adutora, esp. para se combater incêndios. Também chamado **boca de incêndio**.

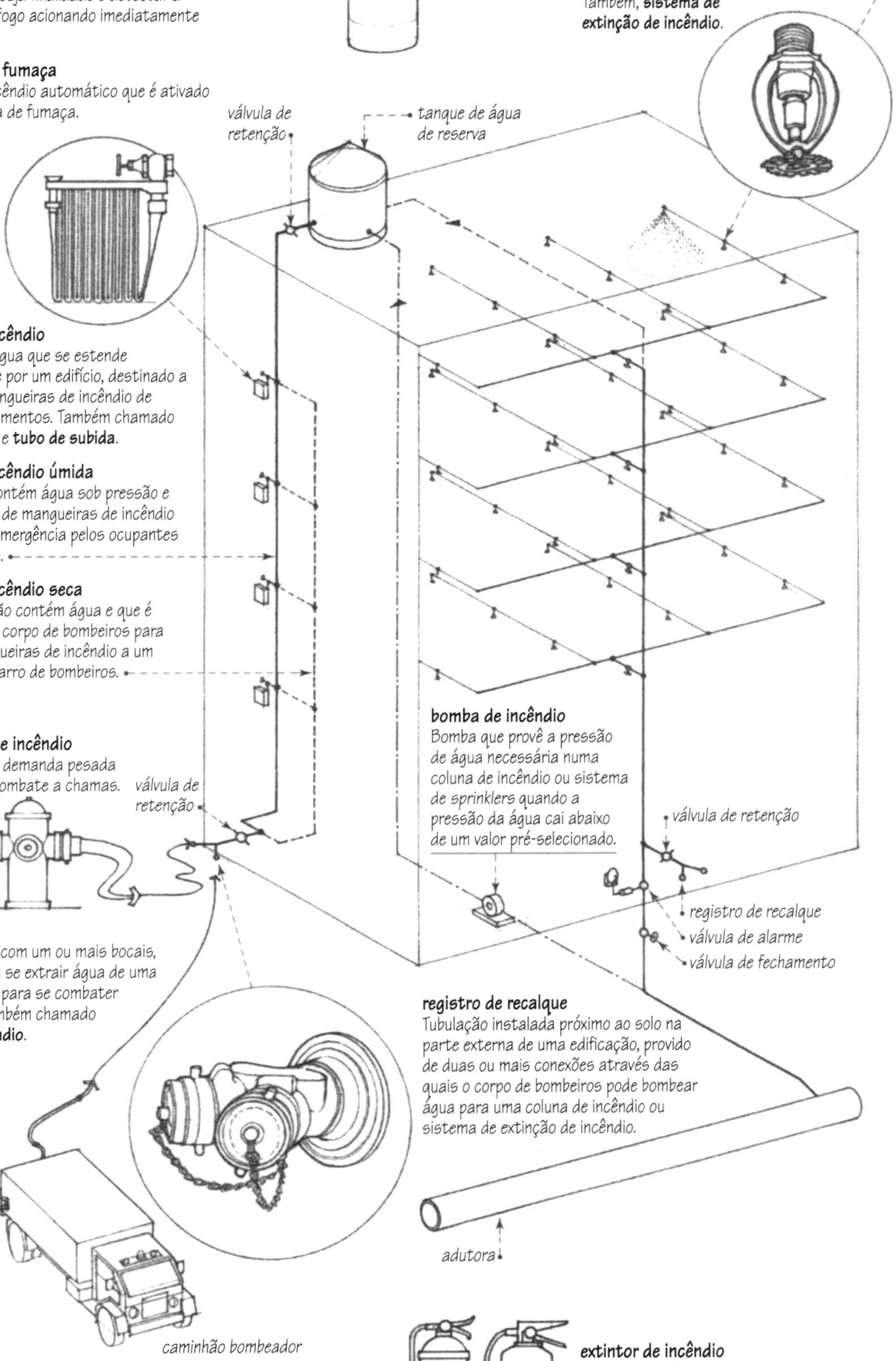

sistema de sprinklers
Aparato destinado a extinguir automaticamente um incêndio em um edifício, que consiste em um sistema de canos no teto, ou abaixo deste, ligado a um sistema adutor adequado e provido de sprinklers, ou chuveiros automáticos, projetados para se abrirem a uma determinada temperatura. Também, **sistema de extinção de incêndio**.

bomba de incêndio
Bomba que provê a pressão de água necessária numa coluna de incêndio ou sistema de sprinklers quando a pressão da água cai abaixo de um valor pré-selecionado.

registro de recalque
Tubulação instalada próximo ao solo na parte externa de uma edificação, provido de duas ou mais conexões através das quais o corpo de bombeiros pode bombear água para uma coluna de incêndio ou sistema de extinção de incêndio.

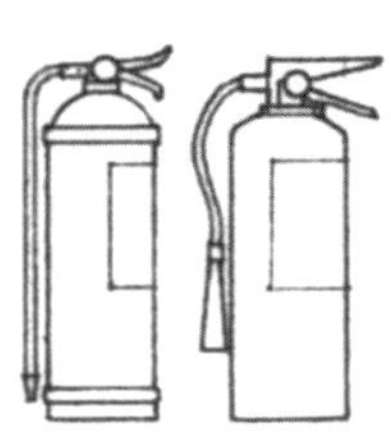

extintor de incêndio
Aparato portátil destinado a apagar um incêndio de pequenas proporções mediante a ejeção de água ou agentes químicos especiais pressurizados, classificado segundo o tipo de fogo que está apto a extinguir.

construção protegida
Edifício ou área construída dotada de, ou protegida por, um sistema de extinção de incêndio adequadamente mantido.

cabeça de sprinkler
Bocal de um sistema de sprinklers destinado a espalhar um jorro de água, normalmente controlado por um elo fusível que se derrete a uma temperatura predeterminada.

sistema de extinção de incêndio automático
Sistema de dispositivos e equipamentos apto a detectar automaticamente um incêndio e a descarregar um agente de extinção de incêndio aprovado sobre a área afetada pelo fogo.

sistema de tubo úmido
Sistema de extinção de incêndio que contém água a uma pressão suficiente para fornecer uma descarga imediata e contínua através de sprinklers, ou chuveiros, que se abrem automaticamente em caso de fogo.

sistema de tubo seco
Sistema de extinção de incêndio que contém ar pressurizado o qual é liberado mediante a abertura de um sprinkler, ou chuveiro, em caso de incêndio, permitindo o fluxo de água pela tubulação e para fora do bocal aberto. Os sistemas de tubo seco são utilizados nos casos em que a tubulação está sujeita a congelamento.

sistema de pré-ação
Sistema de extinção de incêndio de tubo seco através do qual o fluxo de água é controlado por uma válvula operada por dispositivos detectores de incêndio mais sensíveis que aqueles das cabeças de sprinklers.
A utilização dos sistemas de pré-ação se dá nos casos em que uma descarga acidental poderia danificar materiais valiosos.

sistema de inundação
Sistema de extinção de incêndio provido de cabeças de sprinklers que permanecem abertas o tempo todo e as quais têm seu fluxo de água controlado por uma válvula operada por um dispositivo sensível ao calor, à fumaça ou a chamas.

fogo categoria A
Aquele que envolve materiais combustíveis comuns, como madeira, papel e tecido, em que o efeito extintor ou resfriador da água tem importância fundamental. Também, **fogo categoria I**.

fogo categoria B
Aquele que envolve líquidos inflamáveis, como gasolina, petróleo e cera, que deve ser extinto mediante a expulsão do ar e inibindo-se a liberação de vapores combustíveis. Também, **fogo categoria II**.

fogo categoria C
Aquele que envolve equipamentos elétricos ligados e que exige um meio extintor não condutor. Também, **fogo categoria III**.

fogo categoria D
Aquele que envolve determinados metais combustíveis, como magnésio ou sódio, e que exige um meio extintor não reativo e absorvedor de calor. Também, **fogo categoria IV**.

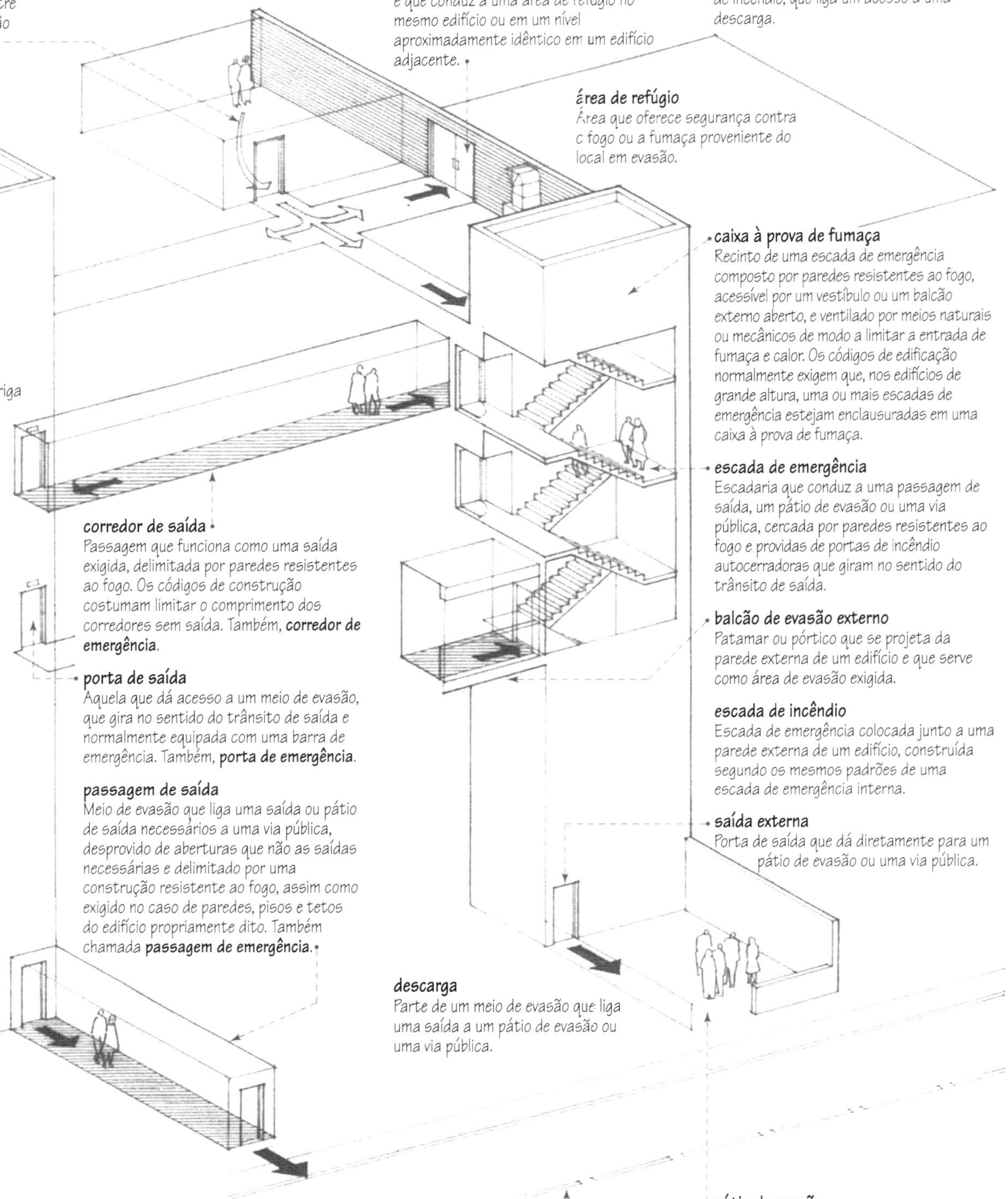

acesso
Parte de um meio de evasão que conduz a uma saída. Os códigos de edificação especificam a distância máxima de percurso até uma saída e a distância mínima entre saídas quando duas ou mais destas são necessárias.

poço
Cavidade para entrada de ar ou que abriga uma escadaria ou um elevador, que se estende verticalmente pelos pisos de um edifício.

sinalização
Letreiro luminoso que identifica uma saída de emergência.

luz de emergência
Sistema de iluminação destinado a fornecer a claridade necessária para uma evacuação segura de um edifício no caso de falta de energia.

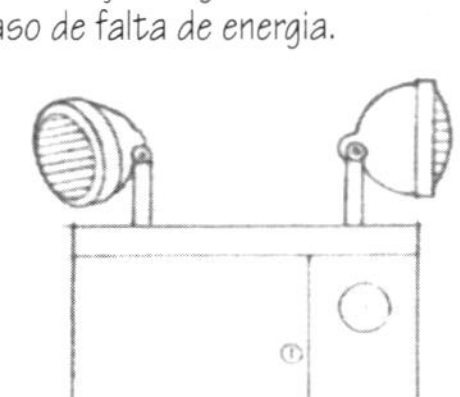

carga ocupante
O número total de pessoas que podem ocupar um edifício ou uma parte deste em um momento qualquer, determinado mediante a divisão da área de piso destinada a um uso específico pela área por ocupante permitido para tal uso. Os códigos de edificação utilizam a carga ocupante para estabelecer o número e a largura das saídas necessárias em um edifício.

saída horizontal
Passagem através ou em torno de uma parede construída segundo as exigências de uma barreira de ocupação, protegida por uma porta de incêndio de fechamento automático e que conduz a uma área de refúgio no mesmo edifício ou em um nível aproximadamente idêntico em um edifício adjacente.

área de refúgio
Área que oferece segurança contra o fogo ou a fumaça proveniente do local em evasão.

corredor de saída
Passagem que funciona como uma saída exigida, delimitada por paredes resistentes ao fogo. Os códigos de construção costumam limitar o comprimento dos corredores sem saída. Também, **corredor de emergência**.

porta de saída
Aquela que dá acesso a um meio de evasão, que gira no sentido do trânsito de saída e normalmente equipada com uma barra de emergência. Também, **porta de emergência**.

passagem de saída
Meio de evasão que liga uma saída ou pátio de saída necessários a uma via pública, desprovido de aberturas que não as saídas necessárias e delimitado por uma construção resistente ao fogo, assim como exigido no caso de paredes, pisos e tetos do edifício propriamente dito. Também chamada **passagem de emergência**.

descarga
Parte de um meio de evasão que liga uma saída a um pátio de evasão ou uma via pública.

meio de evasão
Caminho ou percurso contínuos entre um ponto qualquer de um edifício e o exterior no nível do solo.

saída
Caminho de evacuação fechado e protegido para os ocupantes de um edifício em caso de incêndio, que liga um acesso a uma descarga.

caixa à prova de fumaça
Recinto de uma escada de emergência composto por paredes resistentes ao fogo, acessível por um vestíbulo ou um balcão externo aberto, e ventilado por meios naturais ou mecânicos de modo a limitar a entrada de fumaça e calor. Os códigos de edificação normalmente exigem que, nos edifícios de grande altura, uma ou mais escadas de emergência estejam enclausuradas em uma caixa à prova de fumaça.

escada de emergência
Escadaria que conduz a uma passagem de saída, um pátio de evasão ou uma via pública, cercada por paredes resistentes ao fogo e providas de portas de incêndio autocerradoras que giram no sentido do trânsito de saída.

balcão de evasão externo
Patamar ou pórtico que se projeta da parede externa de um edifício e que serve como área de evasão exigida.

escada de incêndio
Escada de emergência colocada junto a uma parede externa de um edifício, construída segundo os mesmos padrões de uma escada de emergência interna.

saída externa
Porta de saída que dá diretamente para um pátio de evasão ou uma via pública.

pátio de evasão
Área aberta que liga uma ou mais saídas exigidas a uma via pública.

via pública
Qualquer rua, avenida ou área semelhante de terra a céu aberto e dedicadas ou permanentemente logradas para o trânsito livre e o uso do público em geral.

Abertura na parede de um edifício destinada à entrada de luz e ar, normalmente guarnecida de uma moldura na qual estão instalados caixilhos móveis contendo vidraças.

janela pré-formada
Conjunto pré-fabricado composto por um batente, um caixilho, o envidraçamento e as ferragens necessárias, que é encaixado no vão de uma janela.

caixilho
Armação fixa ou móvel de uma janela ou porta, na qual são instaladas as vidraças.

batente
Armação fixa de uma janela, que consiste em duas ombreiras, uma padieira e uma travessa inferior.

aparelhamento
Os detalhes ornamentais de uma construção, esp. a moldura em torno do vão de uma porta ou janela.

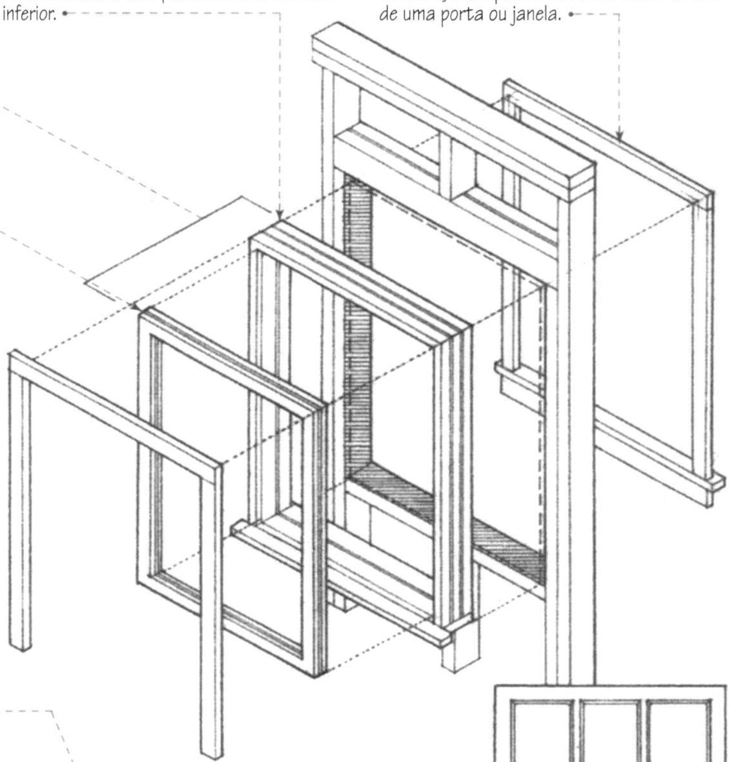

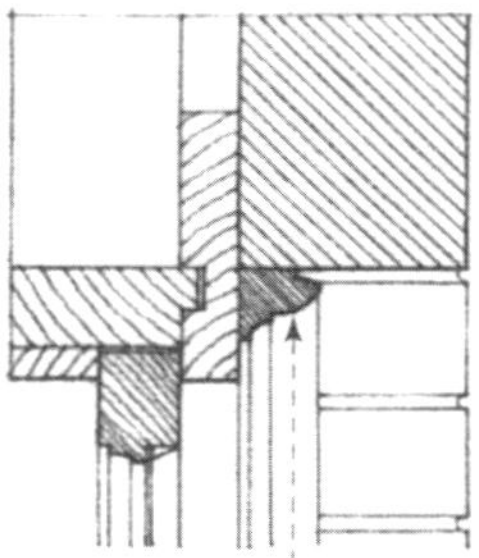

moldura
Peça de madeira que cobre o intervalo entre o batente de uma porta ou janela e a parede de alvenaria em que o mesmo é instalado.

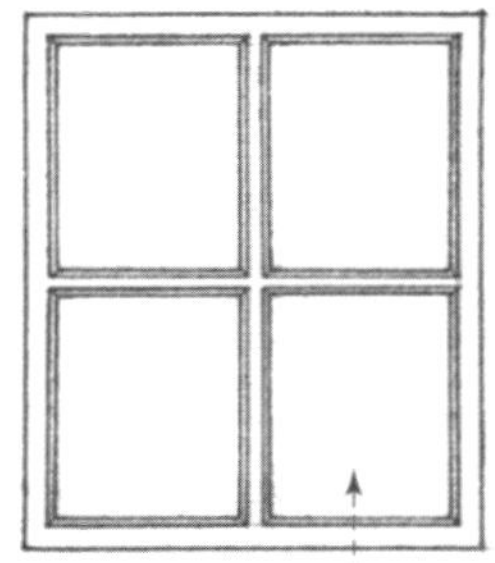

vidraça (1)
Cada uma das divisões de uma janela ou porta, que consiste em uma lâmina de vidro instalada em uma armação.

vidraça (2)
Folha de vidro que preenche um caixilho.

pinásio
Peça entalhada de modo a permitir o encaixe dos bordos das folhas de vidro em um caixilho. Também chamado **barra de envidraçamento**.

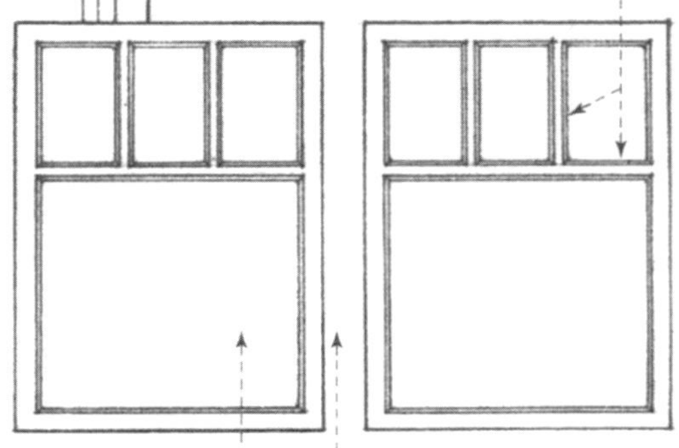

mainel
Peça vertical situada entre as luzes de uma janela.

luz
Meio de admissão de claridade – por exemplo, um compartimento de uma janela ou caixilho. Também chamado **dia**.

placa de proteção
Placa situada acima do vão de uma janela ou uma projeção em uma parede de alvenaria.

pingadeira
Qualquer dos vários dispositivos para o escoamento das águas pluviais, de modo a impedir que escorram por uma parede ou que caiam sobre o peitoril.

capitel de pingadeira
Moldura externa projetada sobre uma porta ou uma janela, cuja finalidade é recolher e escoar as águas pluviais.

guarnição
Moldura que envolve o remate no topo e nas laterais de uma porta ou janela.

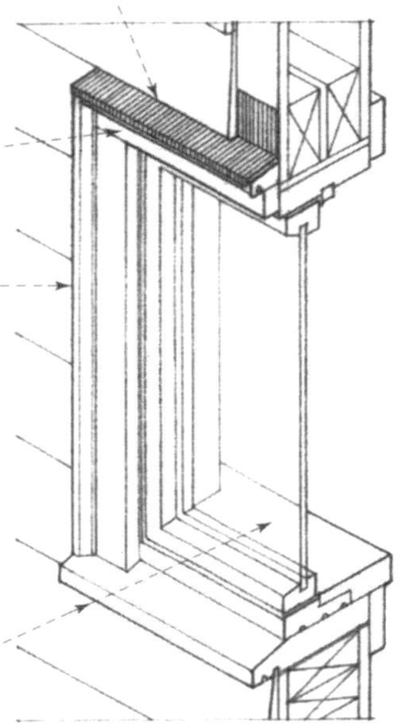

peitoril
Peça horizontal colocada na base do vão de uma janela, o ressalto formado por tal peça. Também chamado **parapeito**.

inclinação de escoamento
Superfície superior de uma peça de construção, como um peitoril, inclinada para permitir o escoamento das águas pluviais.

garganta
Sulco entalhado na face inferior de um peitoril ou outra peça horizontal, destinado a evitar o fluxo capilar das águas pluviais para a parede.

peitoril inferior
Peitoril adicional afixado ao batente de uma janela para levar as águas pluviais a escoarem a uma distância maior da superfície da parede.

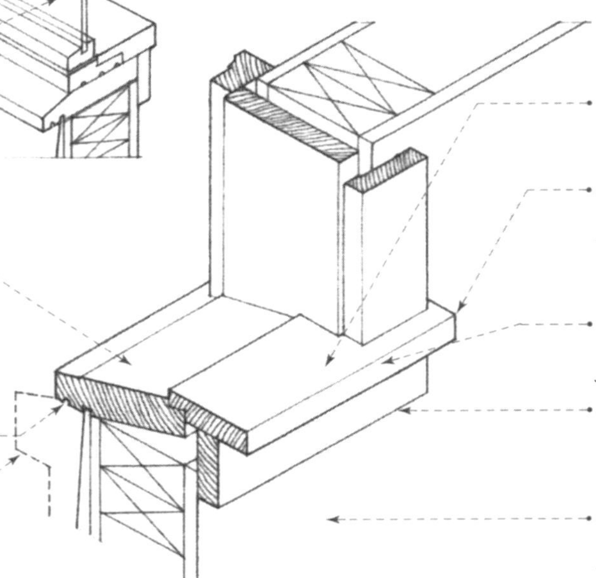

peitoril encaixado
Peitoril entalhado de modo a encaixar-se entre as ombreiras do vão de uma janela ou porta.

peitoril de aba
Peitoril que se prolonga para além do vão de uma janela e que é embutido nas ombreiras.

guampa
Parte de uma ombreira que se prolonga para além da padieira do batente de uma janela, ou o prolongamento horizontal de um peitoril para além da ombreira.

peitoril interno
Peitoril situado na parte interna de uma janela.

avental
Peça chata de remate colocada imediatamente abaixo do peitoril interno de uma janela.

dorso
Área de uma parede interna, normalmente almofadada, entre o parapeito de uma janela e o piso.

janela guilhotina
Janela com dois caixilhos que correm verticalmente, cada um em sulcos ou trilhas diferentes, e que fecham uma parte diferente de uma janela.

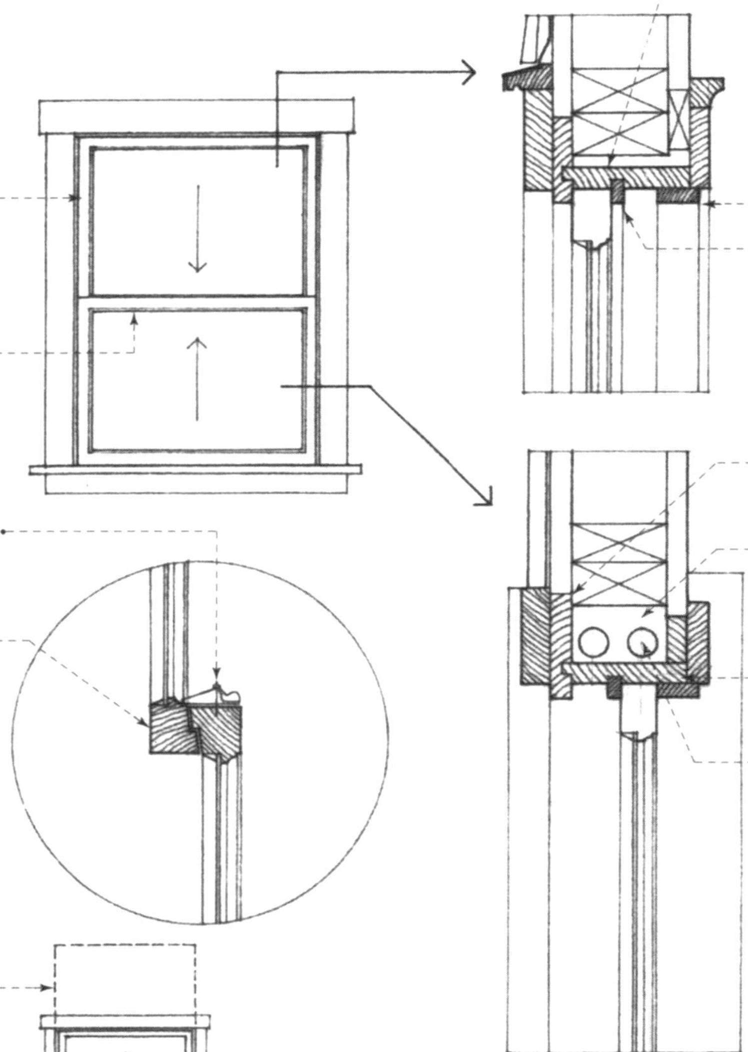

caixilho suspenso
Caixilho que corre verticalmente, equilibrado por um contrapeso ou uma mola pré-tensionada de cada lado, de modo a permitir que seja erguida ou baixada com relativamente pouco esforço.

travessa de junção
Travessa de cada caixilho de uma janela de guilhotina que encontra a travessa do outro caixilho quando a janela está fechada.

tranca
Fixação na travessa de junção de um caixilho que desliza em direção à travessa de junção de outro e se prende a esta com um aguilhão.

travessa de guia
Travessa de junção, que se fecha contra uma travessa correspondente com uma sobreposição diagonal ou chanfrada.

travessa simples
Travessa de junção cuja espessura é idêntica àquela das outras peças do batente.

estribo
Peça horizontal que forma o topo do batente de uma janela de guilhotina.

retém
Faixa de moldura ao longo da parte interna de um batente para reter um caixilho deslizante, ou contra o qual um caixilho se fecha. Também chamado **batente de caixilho**.

filete de separação
Faixa de moldura utilizada em cada lado de uma janela guilhotina para manter os caixilhos superior e inferior separados quando erguidos ou baixados. Também chamada **ripa de separação**.

caixa cega
Esquadria rústica de uma estrutura em caixão à qual está afixada a guarnição.

estrutura em caixão
Batente de janela com ombreiras ou mainéis ocos para os contrapesos.

montante suspenso
Montante do batente de uma janela contra o qual desliza um caixilho.

contrapeso
Invólucro cilíndrico de ferro ou chumbo utilizado para contrabalançar um caixilho que desliza verticalmente.

corda de caixilho
Corda ou corrente utilizada para ligar o caixilho de uma janela de deslizamento vertical a um contrapeso.

fita de caixilho
Faixa de aço ou liga de alumínio utilizada em lugar de uma corda de caixilho para ligar o caixilho de uma janela de deslizamento vertical a um contrapeso.

escaninho
Parte removível de um caixilho suspenso que permite o acesso para se inserir um contrapeso ou substituir a corda do caixilho.

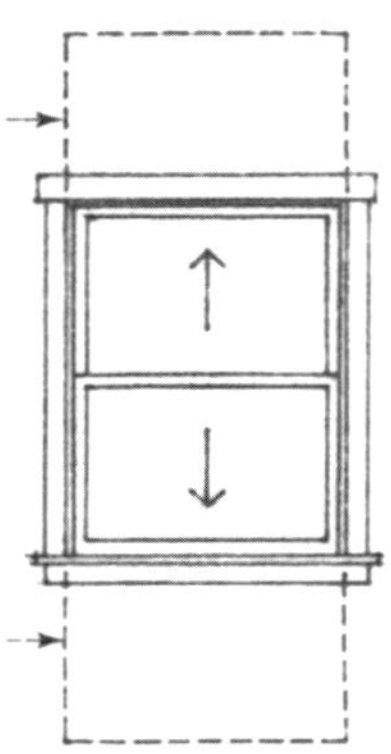

box-head window
Janela guilhotina construída com uma cavidade no topo, na qual um ou ambos os caixilhos podem introduzir-se a fim de aumentar a abertura disponível para ventilação.

drop window
Janela construída com uma cavidade abaixo do peitoril, na qual um caixilho pode introduzir-se a fim de aumentar a abertura disponível para ventilação.

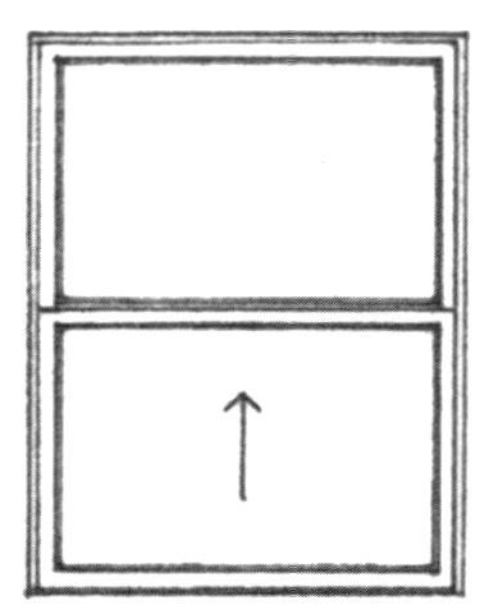

single-hung window
Janela guilhotina com dois caixilhos, dos quais somente um é móvel.

janela de deslizamento vertical
Janela com um ou mais caixilhos que se deslocam verticalmente e são mantidos em diversas posições de abertura por meio do atrito de um dispositivo de catraca em lugar de balanças de caixilho ou contrapesos.

balança de caixilho
Dispositivo armado a mola utilizado em lugar de contrapesos para contrabalançar um caixilho de uma janela de deslizamento vertical. Também chamada **balança de molas**.

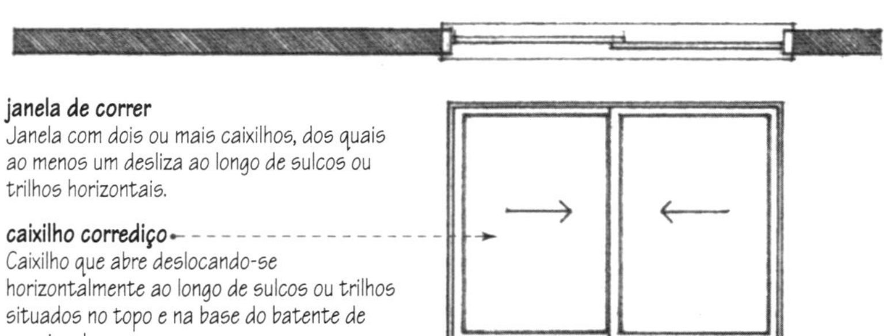

janela de correr
Janela com dois ou mais caixilhos, dos quais ao menos um desliza ao longo de sulcos ou trilhos horizontais.

caixilho corrediço
Caixilho que abre deslocando-se horizontalmente ao longo de sulcos ou trilhos situados no topo e na base do batente de uma janela.

dobradiça de extensão
Dobradiça para uma janela de batente que se abre para fora, localizada de modo a permitir a limpeza pelo lado de dentro quando a janela está aberta.

braço de caixilho
Barra para se firmar um caixilho em qualquer posição de abertura.

operador de alavanca
Dispositivo desprovido de engrenagens para se operar um caixilho e firmá-lo em uma posição de abertura.

alavanca de travamento
Cabo que tranca um caixilho provido de dobradiças em uma posição de fechamento, ao ser introduzido em uma chapa retentora. Também chamada **alavanca de frenagem**.

roto-operador
Acionador helicoidal movido a manivela para se abrir e fechar janelas de toldo, janelas de batente e persianas.

portinhola
Pequena parte corrediça ou articulada de um anteparo maior através da qual é possível se operar o caixilho de uma janela.

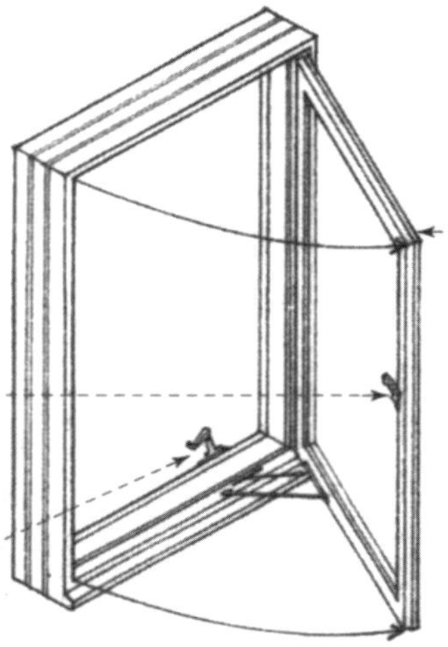

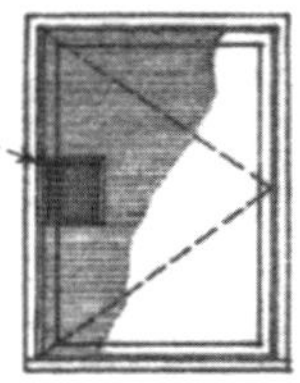

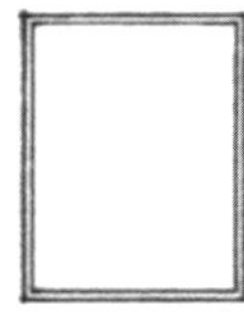

luz fixa
Janela ou caixilho de janela que não se abre para ventilação. Também, **caixilho fixo**.

janela móvel
Janela com um caixilho que pode ser aberto para fins de ventilação.

janela de batente
Janela que tem no mínimo um caixilho móvel, freqüentemente utilizada em combinação com luzes fixas.

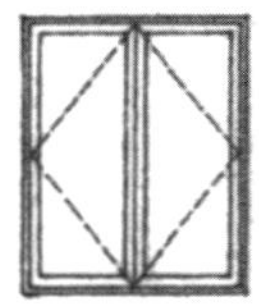

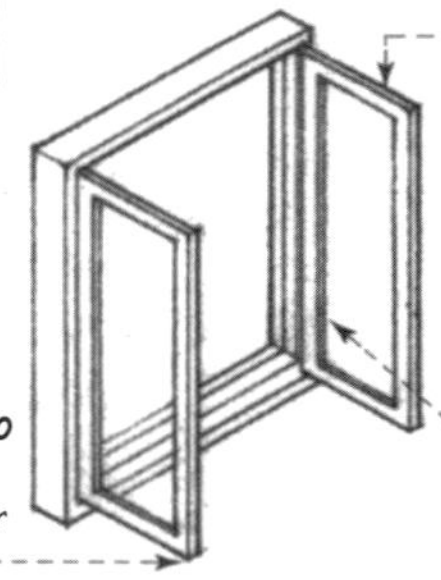

caixilho móvel
Caixilho articulado em dobradiças, geralmente preso à parte vertical de sua moldura.

caixilho dobrável
Par de caixilhos móveis provido de montantes de junção com sulcos de encaixe, preso a um batente sem mainéis.

montante de fixação
Montante do batente de uma janela em que é preso o caixilho.

montante de junção
Um dos montantes adjacentes de um par de caixilhos móveis.

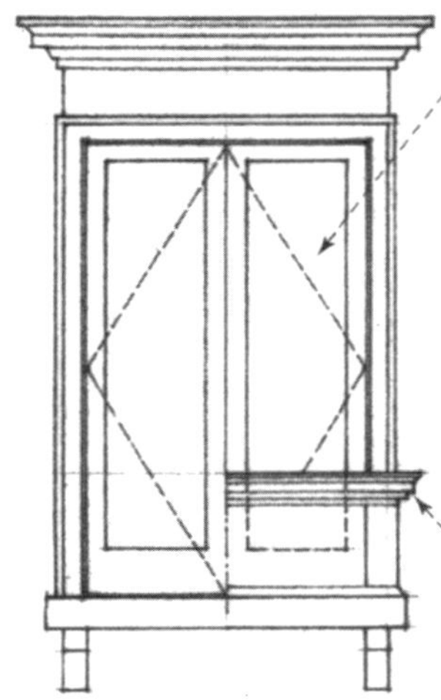

janela francesa
Par de janelas de batente que se prolonga até o piso e que serve de passagem, esp. de um cômodo para um pórtico externo ou um terraço.

cremona
Chaveta vertical utilizada em uma janela francesa ou abertura semelhante, que consiste em duas hastes que se movem por um mecanismo acionado por maçaneta, e que se prolongam para dentro de recessos no topo e na base da abertura para permitir um fechamento firme.

balconete
Balaustrada que se projeta ligeiramente para além do plano de uma janela, que chega ao piso e tem o aspecto de um balcão quando a janela está totalmente aberta.

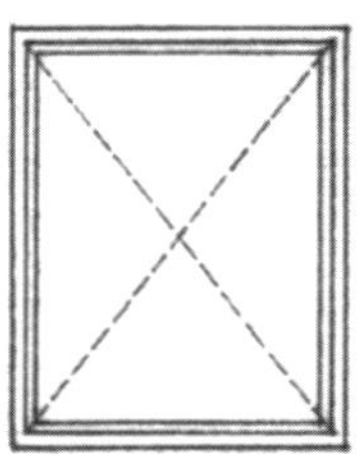

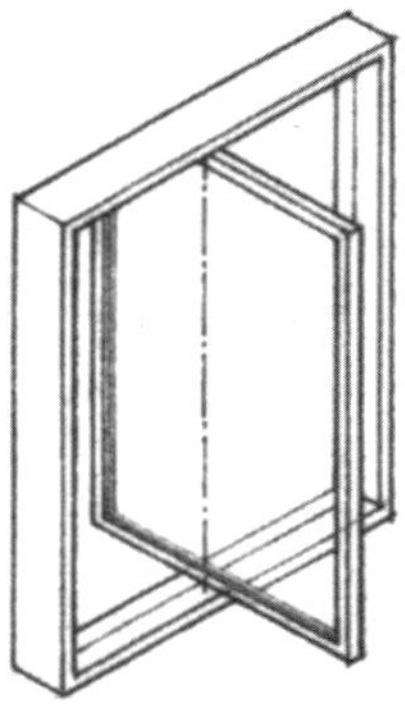

janela pivotante
Janela com um caixilho que gira 90° ou 180° em torno de um eixo vertical ou horizontal no seu centro, ou próximo a este, utilizada em edifícios de pavimentos múltiplos ou arranha-céus com ar-condicionado, e operada apenas para fins de limpeza, manutenção ou ventilação de emergência.

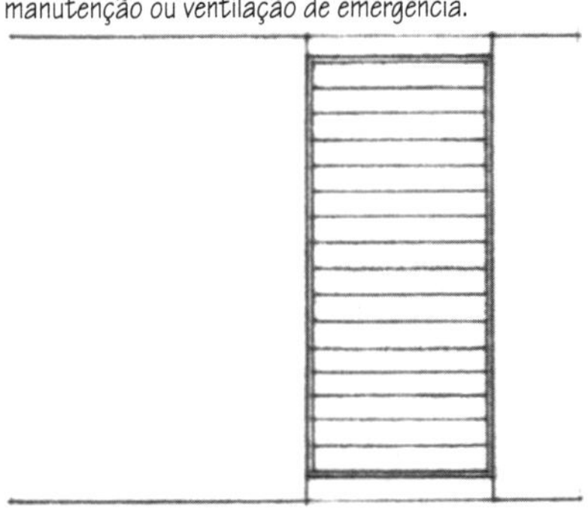

janela de persiana
Janela com adufas horizontais de vidro ou madeira que giram simultaneamente em um batente comum, utilizada principalmente nos climas temperados para o controle da ventilação e para vedar a visão pelo exterior.

persiana
Veneziana com adufas horizontais que podem ser ajustadas de modo a admitirem a luz e o ar mas vedarem o ambiente para o sol e a chuva.

ângulo de vedação
Ângulo abaixo do qual é possível se enxergar algo através de uma adufa.

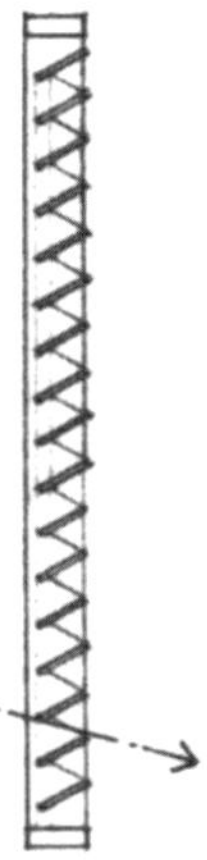

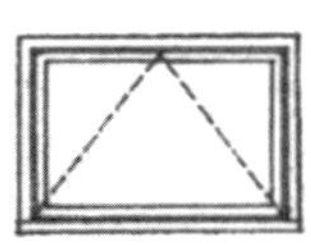

janela de toldo
Janela com um ou mais caixilhos articulados por dobradiças e que se movem para fora, geralmente afixados no topo do batente.

janela projetada
Janela de caixilho ou de toldo na qual a extremidade interna do caixilho desliza por um trilho colocado no montante ou na ombreira quando o caixilho se desloca para fora.

janela de hospital
Janela com um ou mais caixilhos que se deslocam para dentro, articulados em dobradiças geralmente presas na base.

luz de hospital
Luz de janela articulada na base e que se desloca para dentro.

hopper
Cada um dos anteparos de corrente de ar colocados nas laterais de uma luz de hospital.

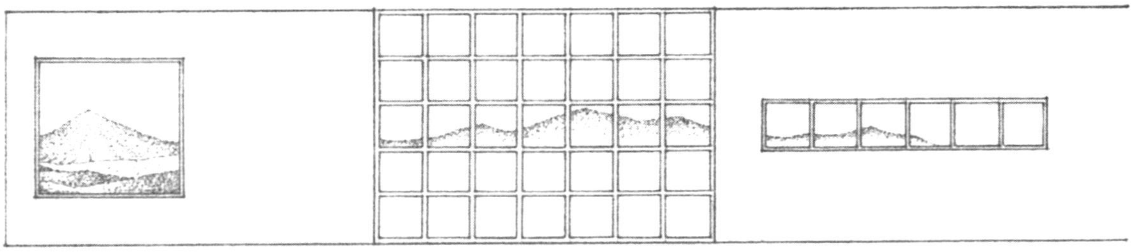

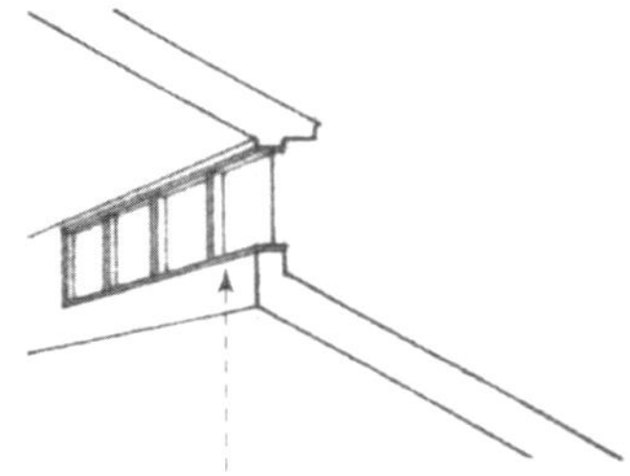

janela panorâmica
Janela grande, normalmente fixa e com uma vidraça única, localizada de modo a emoldurar uma vista externa atraente.

parede envidraçada
Parede não estrutural composta basicamente por peças horizontais e verticais de armação e que contém uma combinação de luzes fixas e caixilhos móveis.

faixa envidraçada
Faixa horizontal de janelas separadas apenas por mainéis.

clerestório
Parte de uma projeção vertical acima dos telhados adjacentes, provida de janelas para a entrada da luz solar no interior.

janela de sacada
Janela que se projeta para fora da parede principal de uma construção, formando um nicho na parte interna; têm suas próprias fundações. Também chamada **janela saliente**, **janela de ângulo** ou ***bay window***.

poial de janela
Assento embutido no recesso de uma janela entre as ombreiras. Também, **assento de janela**.

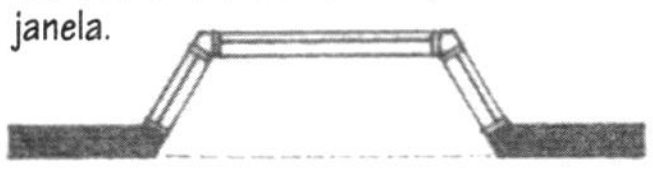

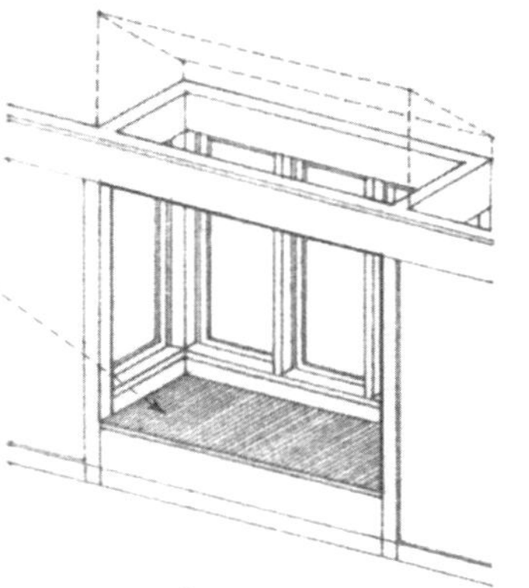

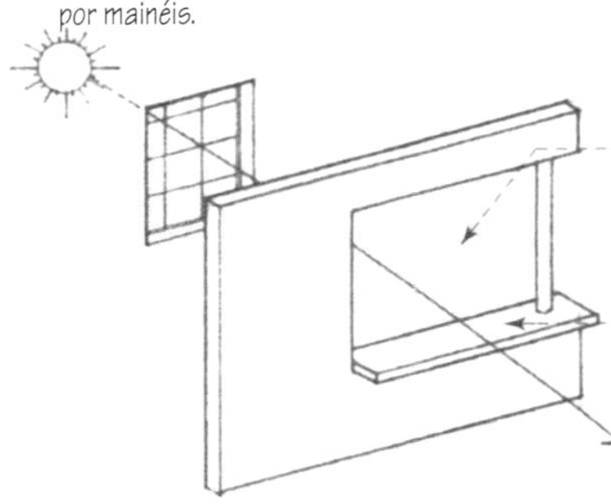

borrowed light
Vão de janela em uma divisória interna que permite a transmissão de luz de um espaço para outro.

passador
Abertura semelhante a uma janela, em uma parede ou divisória, através da qual pode-se passar coisas – por exemplo, entre uma cozinha e uma sala de jantar.

janela de sacada chanfrada
Também chamada **janela saliente chanfrada**.

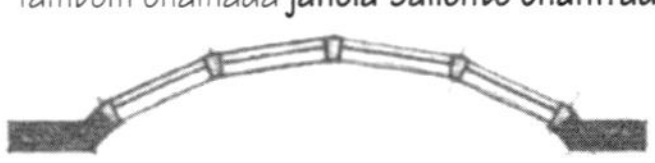

janela arredondada
Janela de sacada cuja projeção é arredondada.

janela de empena
Janela situada abaixo de uma empena.

balcão envidraçado
Janela de sacada sustentada na parte inferior por consolos.

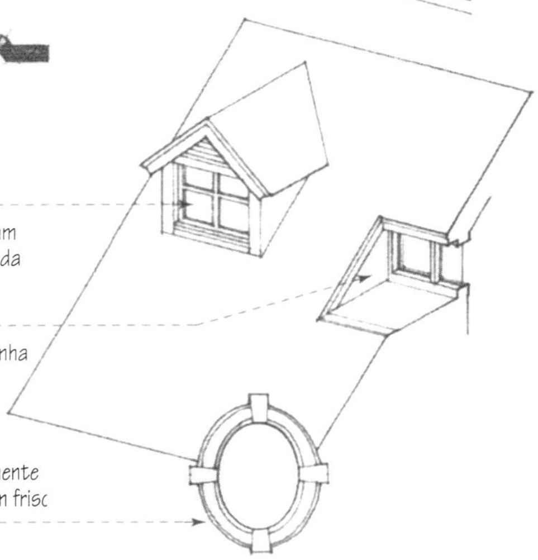

janela de lucarna
Janela vertical em uma projeção de um telhado em vertente. Também chamada **janela de trapeira** e **luneta**.

luzerna
Janela vertical instalada abaixo da linha de um telhado em vertente. Também chamada **lucarna interna**.

olho-de-boi
Janela circular ou oval comparativamente pequena, situada, por exemplo, em um frisc ou uma lucarna.

pingadeira
Moldura que se projeta por sobre o arco de uma janela ou porta, em um interior.

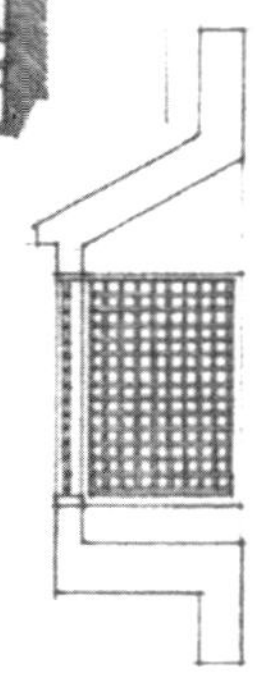

muxarabiê
Balcão envidraçado guarnecido por uma grade através da qual o ar pode entrar livremente, enquanto o interior fica protegido da visão de quem está do lado de fora, encontrado nas ruas do Cairo e outras cidades do Levante. Também chamado de **zelosia** ou **janela de rótula**.

licnoscópio
Pequena janela localizada a uma baixa altura na parede de uma igreja medieval, permitindo a visão do interior pelo exterior. Também chamada **janela baixa**.

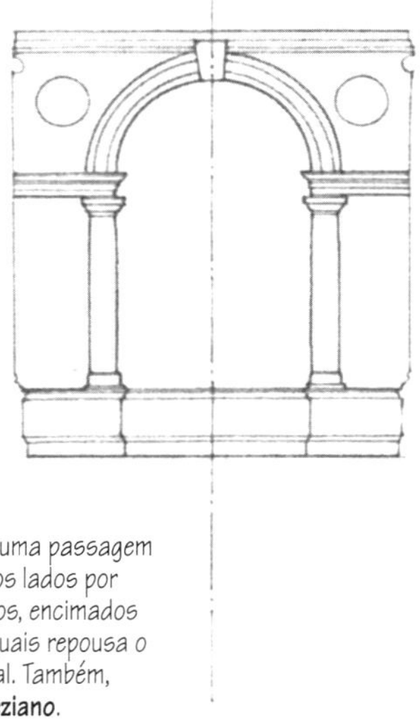

motivo paladiano
Janela ou portal em forma de uma passagem arqueada ladeada em ambos os lados por compartimentos mais estreitos, encimados por entablamentos sobre os quais repousa o arco do compartimento central. Também, **motivo serliano** e **motivo veneziano**.

toldo
Cobertura de lona ou outro material, semelhante a um telhado e que se projeta à frente de uma porta ou janela, ou sobre um piso, para oferecer proteção contra o sol ou a chuva.

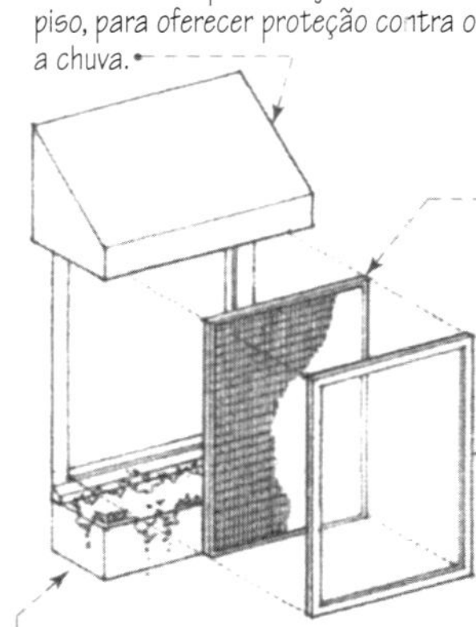

tela
Moldura em que está afixada uma fina trama de metal ou fibra de vidro, colocada em uma janela, uma porta ou um pórtico para admitir a luz mas impedir a passagem de insetos.

janela protetora
Caixilho complementar colocado na parte externa de uma parede existente como uma proteção adicional contra as intempéries severas.

jardineira
Caixa destinada a abrigar terra para o cultivo de plantas em ou sobre um peitoril. Também chamada **floreira**.

janela adaptável
Janela equipada com partes intercambiáveis de tela e vidro para uso respectivamente no verão e no inverno.

traçado ornamental
Trabalho ornamental de linhas ramificadas, o lavor entrecortado da ogiva de uma janela gótica.

traçado em placa
Traçado gótico primitivo formado por placas de pedra, vazadas de forma decorativa e cujo desenho corresponde à forma e à disposição das aberturas. Também chamado **traçado perfurado**.

traçado geométrico
Traçado gótico caracterizado por um padrão de formas geométricas, como círculos ou folhas.

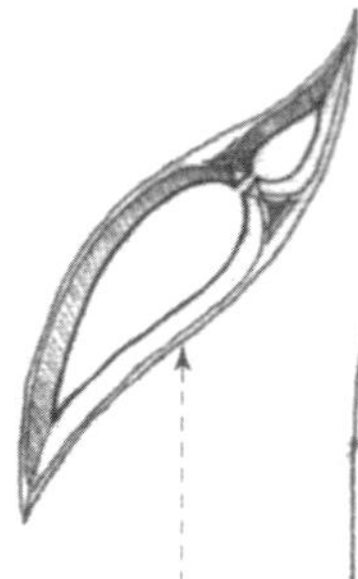

mocheta
Termo francês que designa um motivo ornamental em forma de adaga, encontrado no traçado gótico e formado por curvas elípticas e de gola.

traçado curvilíneo
Traçado gótico caracterizado por um padrão de formas irregulares de curvatura acentuada.

traçado em barra
Traçado gótico que sucedeu o traçado em placa, que consiste em mainéis de pedra modelada que se ramificam em um rendilhado que preenche o interior da ogiva.

traçado reticulado
Traçado gótico que consiste basicamente em um arranjo de figuras geométricas repetidas formando uma retícula.

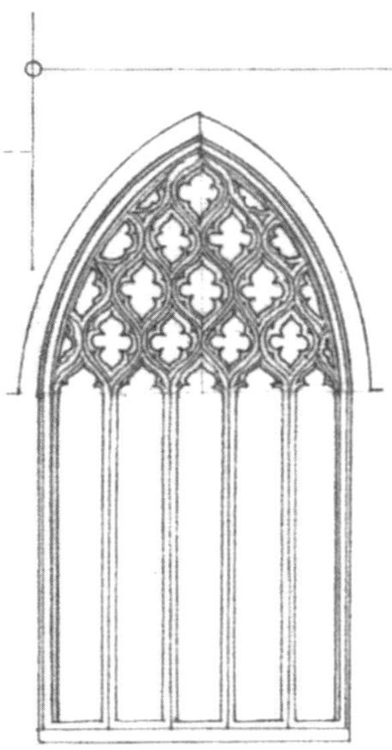

luz angélica
Luz triangular em uma janela gótica, formada pelo arco da janela, um arco de uma porção inferior do traçado e o mainel de uma porção superior do traçado.

traçado perpendicular
Traçado gótico predominantemente vertical, com mainéis que se erguem até a curva do arco e cortados a intervalos determinados por travessas horizontais. Também chamado traçado retilíneo.

folha
Qualquer um dos diversos arcos ou espaços arredondados divididos por cúspides e que tangenciam o interior de um arco maior, como um arco ou círculo.

folhagem
Ornamentação de um arco, janela ou outro vão com lóbulos ou representações de folhas.

cúspide
Projeção pontiaguda formada pela intersecção de dois arcos, utilizada para variar o contorno de intradorsos ou para formar lóbulos.

cuspidação
Decoração com cúspides.

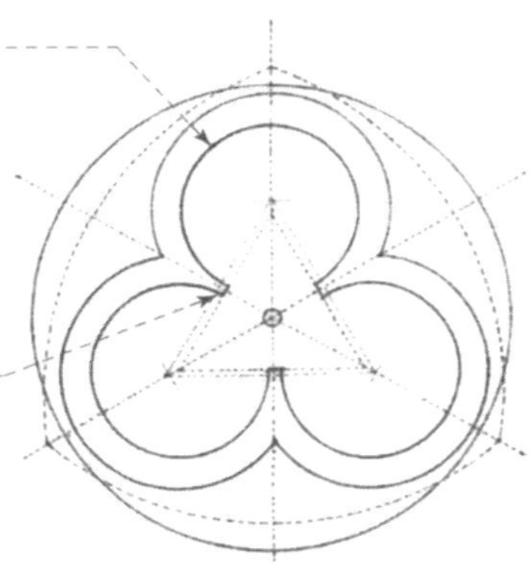

trifólio
Arranjo de três folhas dividas por cúspides e que se irradiam de um centro comum.

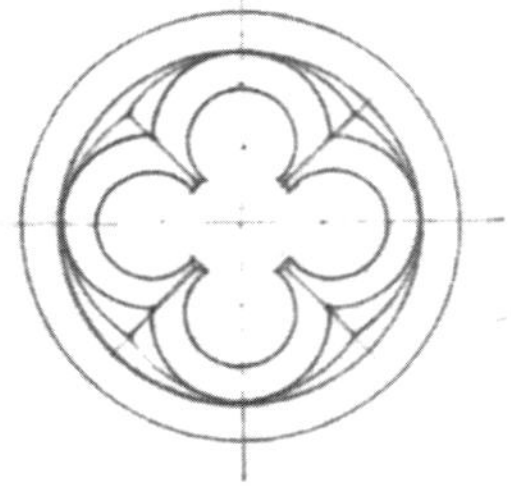

quadrifólio
Ornamento composto por quatro folhas dividas por cúspides e que se irradiam de um centro comum.

pentafólio
Desenho composto por cinco folhas divididas por cúspides e que se irradiam de um centro comum.

multifólio
Desenho composto por cinco ou mais folhas.

Vão emoldurado e aberto dotado de uma chaminé destinado a abrigar uma fogueira acesa.

coifa
Coberta para a lareira, ou um capelo ou tampo utilizado para intensificar a tiragem da chaminé. Também chamado **boné**, **chapéu** e **gorro**.

capelo
Tampo semelhante a uma coifa, utilizado para intensificar a tiragem de uma chaminé ou ventilador. Também chamado **capuz**, **cápula**, **chapéu** e **coifa**.

fagulheiro
Dispositivo que consiste em uma grade de arame ou outro material semelhante, utilizada para deter ou desviar as fagulhas ou chispas lançadas por uma lareira ou chaminé. Também chamado **pára-chispas** e **pára-centelhas**.

cano de chaminé pré-fabricado
Respiradouro metálico, montado a partir de peças industrializadas, utilizado em equipamentos movidos a combustível.

cúpula de fumaça
Câmara que cobre uma lareira metálica pré-fabricada.

cápula
Coberta ou tampo metálico para uma fornalha, lareira, chaminé ou ventilador. Também chamado **chapéu de chaminé**.

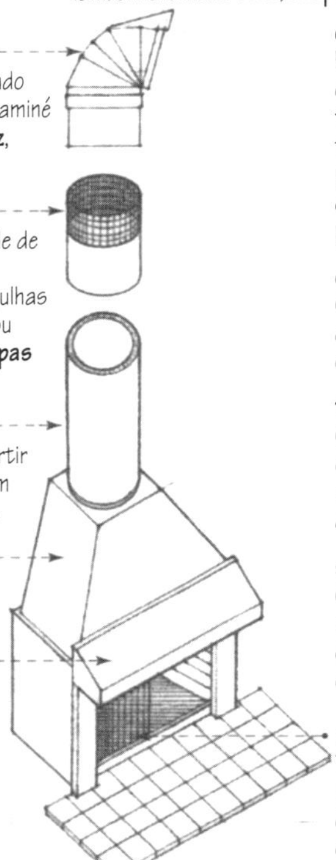

chaminé
Estrutura vertical incombustível, que contém um conduto através do qual a fumaça e os gases de uma fogueira ou fornalha são impelidos para o exterior e por meio do qual é criada uma corrente de ar; a parte dessa estrutura que se projeta acima de uma cobertura.

cano de fumaça
Conduto para o escape da fumaça ou dos gases de combustão. Também chamado **tubo de fumaça**.

tiragem
Corrente de ar existente em qualquer espaço restrito tal como um quarto, uma chaminé ou um fornalha, criada pela diferença de temperatura ou pressão.

sucção descendente
Corrente do ar em direção à base de uma chaminé ou cano, normalmente carregando fumaça consigo. Também chamada **aspiração descendente**.

pára-fogo
Tela colocada no vão de uma lareira para evitar a passagem de fagulhas ou chispas para o ambiente. Também chamado **guarda-fogo**.

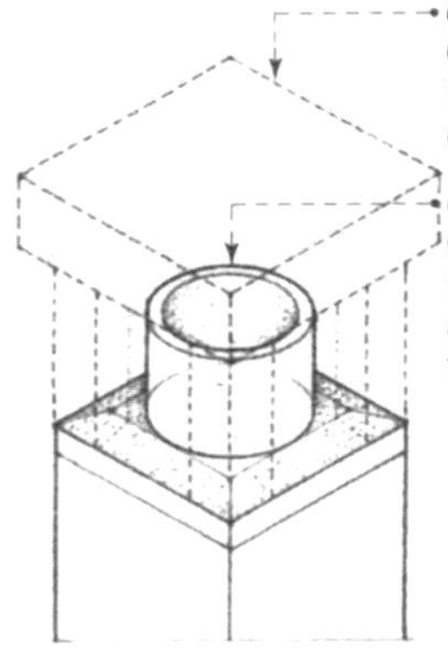

chapéu da chaminé
Cobertura elevada de uma chaminé, normalmente na forma de uma laje ou cornija.

capuz da chaminé
Conduto cilíndrico de barro ou metal, instalado no topo de uma chaminé para aumentar a tiragem e dispersar a fumaça.

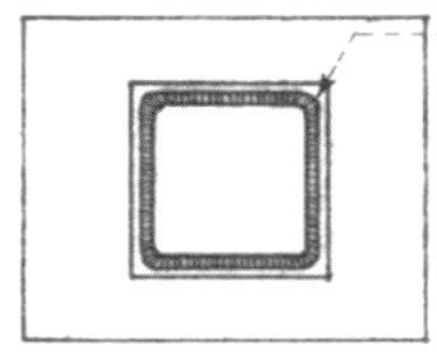

forro interno do fumeiro
Peça de cerâmica refratária ou concreto leve resistente ao calor, de superfície lisa e seção quadrada, retangular ou oval, utilizada para revestir o fumeiro de uma chaminé.

fumeiro
Passagem ou duto incombustível por onde circula a fumaça de uma chaminé. Também, **tubo de fumaça**.

consolo
Construção que emoldura o vão de uma lareira e normalmente cobre parte da chaminé de uma forma decorativa. Também chamado **consolo de lareira**.

viga de sustentação do consolo
Lintel de pedra ou madeira, ou arco de alvenaria, instalado na parte superior da abertura da lareira.

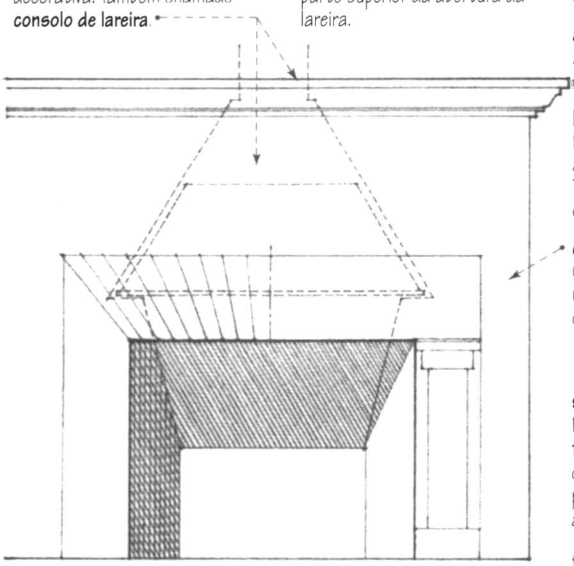

nicho da lareira
Recesso ou recanto junto a uma lareira grande, normalmente provido de assentos.

caldeira da chaminé
Parte de uma chaminé ou lareira que se projeta para fora da parede, normalmente para dentro da construção.

arco da lareira
Arco acima do vão de uma lareira e que sustenta a caldeira.

barra da lareira
Perfil de aço que sustenta a alvenaria acima do vão da lareira. Também chamada **barra de desvio** e **barra angular**.

ombreira da lareira
Cada uma das laterais do vão de uma lareira que sustentam o consolo.

soleira
Piso de uma lareira, normalmente de tijolo, ladrilho cerâmico ou pedra e que com freqüência avança a uma pequena distância pelo ambiente adentro.

soleira interna
Parte da soleira localizada no interior da própria lareira.

soleira externa
Parte da soleira que se projeta para dentro do ambiente.

arco retificador
Arco que sustenta a soleira, normalmente de tijolo e com a forma de um meio-segmento de arco, situado entre a chaminé e o tijolo de encabeçamento da estrutura do piso.

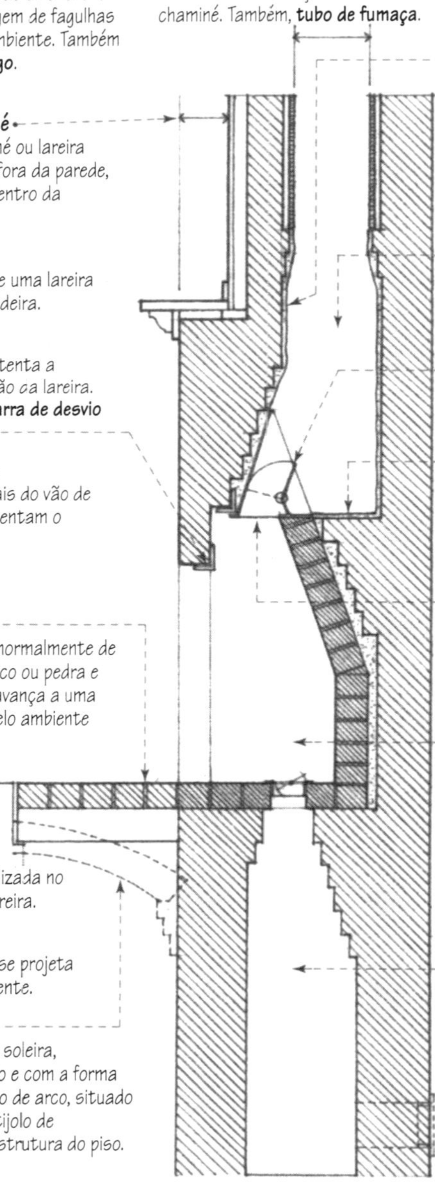

emboço
Revestimento liso de argamassa ou gesso de uma chaminé. Também, **reboco**.

regulador de tiragem
Dispositivo para regular a corrente de ar em uma fornalha ou lareira.

câmara de fumaça
Área mais espaçosa situada entre a garganta da lareira e o fumeiro da chaminé.

registro de tiragem
Placa móvel utilizada para regular a tiragem em uma lareira ou fornalha.

plataforma de fumaça
Aba localizada na parte inferior da câmara de fumaça, construída de modo a defletir ou interromper as sucções descendentes da chaminé.

garganta
Abertura estreita localizada entre a lareira e seu fumeiro ou sua câmara de fumaça, normalmente fechada por um registro de tiragem.

fornalha
Câmara que contém o fogaréu de uma lareira. Também chamada **câmara de combustão** e **caixa de fogo**.

cinzeiro
Receptáculo localizado na parte inferior de uma lareira ou de sua fornalha, utilizado para reunião e remoção das cinzas.

porta do cinzeiro
Porta de ferro fundido que dá acesso ao cinzeiro, para a remoção das cinzas, ou a uma chaminé para se remover a fuligem.

Determinação da forma, limites, extensão e localização exatos de um lote de terra por intermédio de medições lineares e angulares, bem como da aplicação dos princípios da trigonometria e da geometria.

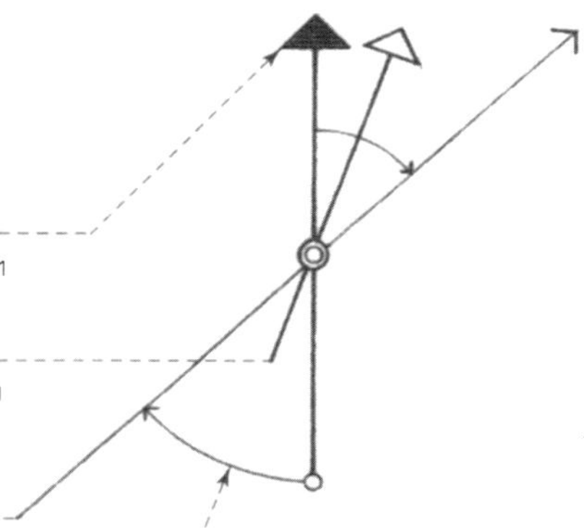

norte verdadeiro
Direção do pólo norte a partir de um determinado ponto.

norte magnético
Norte tal como indicado pela agulha magnética de uma bússola.

posição
Direção horizontal expressa em graus a leste ou a oeste de uma direção correspondente ao norte ou sul verdadeiros ou magnéticos.

azimute
Ângulo de desvio horizontal, medido em sentido horário, de uma posição relativa a uma direção padrão, como norte ou sul.

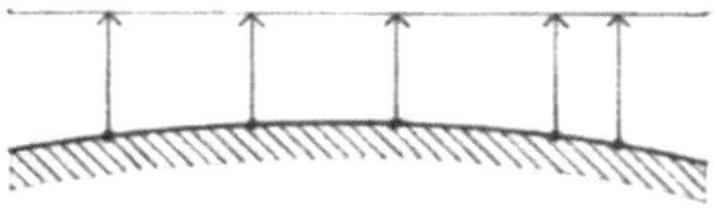

levantamento planimétrico
Levantamento no qual a curvatura da superfície da Terra é ignorada, e todas as distâncias e ângulos horizontais são admitidos como projetados sobre um plano horizontal. Também chamado **planimetria**.

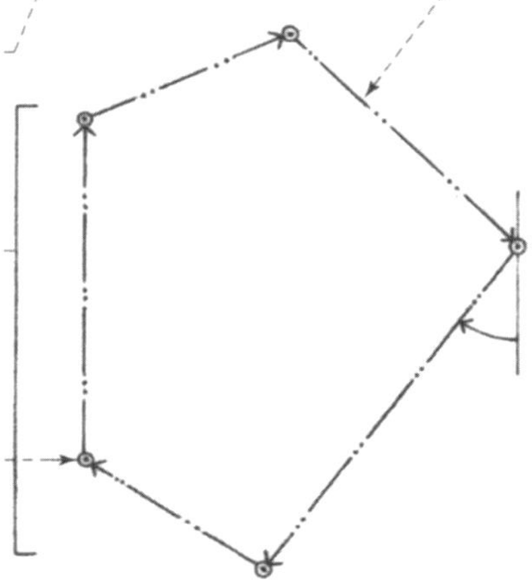

polígono
Seqüência de linhas topograficamente levantadas que se interceptam, e cujos comprimentos e ângulos de intersecção são registrados graficamente em um mapa e numericamente em uma tabela.

ponto de partida
Ponto em que tem início um levantamento de divisas.

divisas
Os limites de um lote de terra.

levantamento de divisas
Sistema de mapeamento de terreno em que a direção e a extensão de cada linha divisória de um lote de terra são marcadas sucessivamente a partir de um ponto referencial conhecido, cobrindo a periferia do lote até retornarem ao ponto de partida.

curso
A direção, indicada por uma bússola, entre um ponto referencial e o seguinte em um levantamento de divisas, expressa como um desvio angular, medido em graus, minutos e segundos, a leste ou oeste do norte ou sul magnéticos.

levantamento do terreno
Levantamento efetuado para se determinar a extensão e a posição das linhas divisórias, bem como a área do lote delimitado por estas.

pesquisa cadastral
Pesquisa indicando os limites e as linhas divisórias, normalmente efetuada com vistas à criação de lotes adequados para uma transferência de escritura.

butts and bounds
Termo legal que designa as linhas divisórias de um lote de terra, utilizado em títulos e escrituras.

planta
Mapa do terreno de uma cidade, vila, distrito ou subdistrito, que indica a localização e os limites das propriedades individuais.

planta de situação
Documento legal descrevendo a localização, os limites e dimensões de uma área, incluindo zoneamento e autorizações dos órgãos de planejamento, comodidades e restrições e, no caso de uma localidade, as linhas divisórias de ruas, quarteirões e lotes, e a numeração e as descrições de cada lote.

descrição legal
Descrição por escrito da localização e limites de um lote de terra específico, baseado em um levantamento de divisas ou um sistema retangular de levantamento, ou efetuado com referência a uma planta registrada.

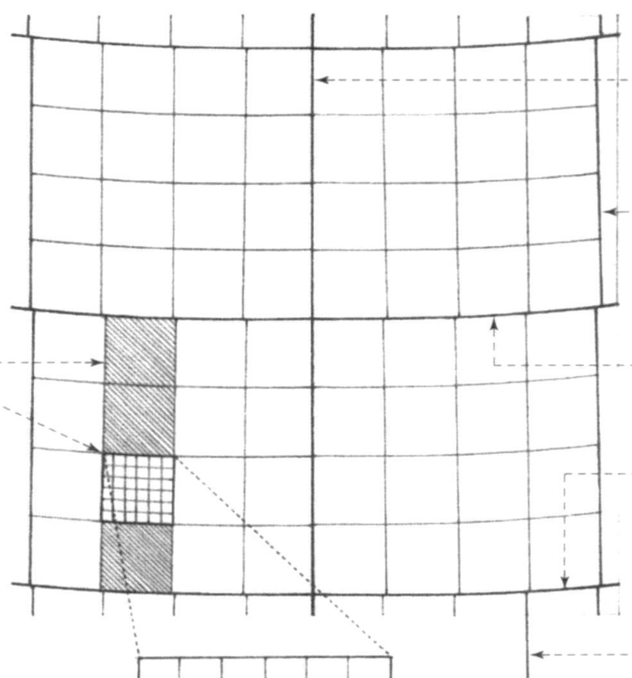

sistema retangular
Sistema de pesquisa do solo baseado em um quadriculado modificado dos meridianos norte-sul principais e das linhas-base leste-oeste principais. Também **sistema quadriculado** ou **sistema reticulado**.

intervalo
Cada uma dentre uma série de divisões numeradas no sentido leste ou oeste a partir de um meridiano referencial no sistema retangular de levantamento, e que consiste em uma fileira de distritos numerados no sentido norte ou sul a partir de uma linha-base.

distrito
Unidade de área de terreno no sistema retangular de levantamento, aproximadamente igual a 6 milhas quadradas (93,2 km²) e que contém 36 seções.

seção
Cada uma das 36 subdivisões numeradas de um distrito, cada qual medindo aproximadamente 1 milha quadrada (2,59 m²) e subdividida, por sua vez, em metades, quartos e oitavos.

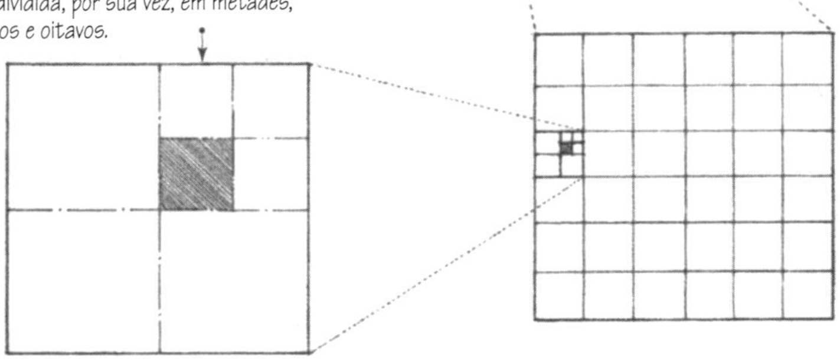

meridiano principal
No sistema retangular de levantamento, uma linha referencial norte-sul estabelecida em um ponto importante para uma extensa área de terra.

meridiano de referência
No sistema retangular de levantamento, uma linha referencial norte-sul localizada entre as linhas de correção a intervalos de 24 milhas a leste e oeste dos meridianos principais.

linha-base
Linha de referência leste-oeste principal de um sistema retangular de levantamento.

linha de correção
Linha referencial leste-oeste localizada a intervalos de 24 milhas ao norte e ao sul de uma linha-base no sistema retangular de levantamento, estabelecida para corrigir a convergência de meridianos e equalizar as distâncias leste-oeste.

linha norte-sul
No sistema retangular americano de levantamento, uma linha referencial norte-sul localizada a intervalos de 6 milhas entre os meridianos de referência.

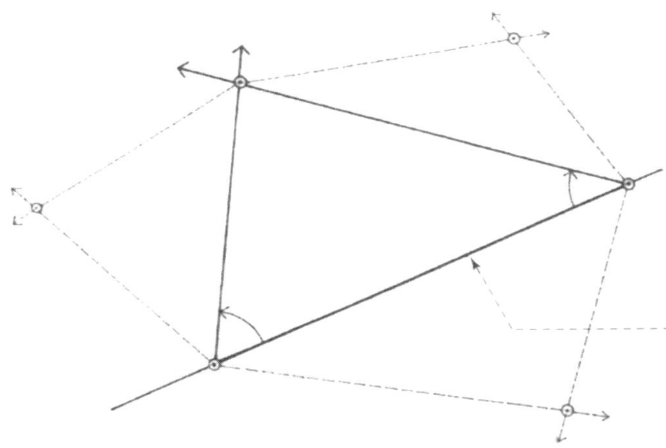

trilateração
Método para se determinar as posições relativas de três ou mais pontos mediante o tratamento destes como vértices de um ou mais triângulos cujos lados e ângulos podem ser determinados.

triangulação
Método trigonométrico para se determinar a posição de um ponto através da adoção de posições a partir dos pontos extremos de uma linha-base de comprimento conhecido ou mensurável.

linha-base
Linha de comprimento e posição conhecidos, a partir da qual é possível se estabelecer pontos ou outras linhas, como a quina de uma estrutura ou uma linha divisória.

nível
Instrumento utilizado para se determinar direções horizontais ou verticais verdadeiras através da centralização de uma bolha em um tubo de vidro ligeiramente curvo, cheio de álcool ou éter. Também chamado nível de **bolha de ar**.

horizonte artificial
Nível, como uma superfície de mercúrio.

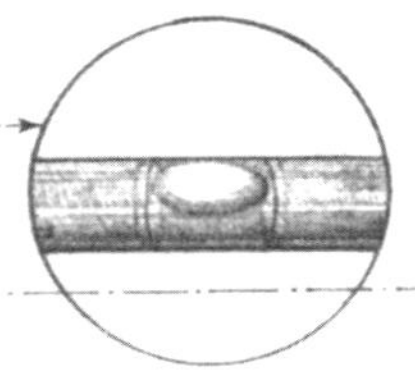

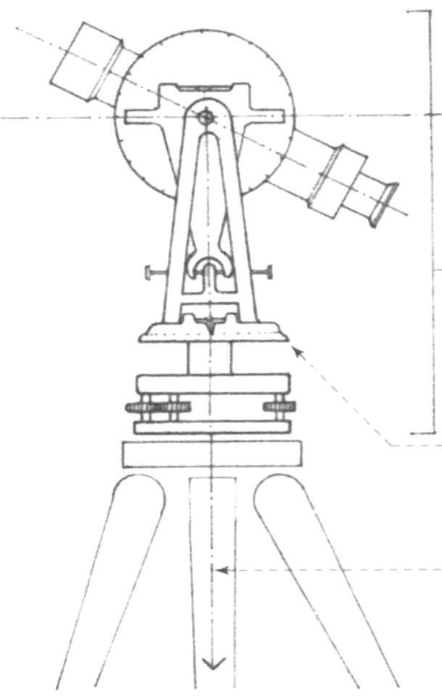

trânsito
Instrumento de levantamento, como um teodolito, cuja ocular pode ser invertida mediante seu deslocamento em um plano vertical, utilizado para medir ângulos horizontais e, por vezes, verticais. Também chamado **teodolito de trânsito**.

teodolito
Instrumento de precisão com visada telescópica, utilizado para se determinar ângulos horizontais e, por vezes, verticais.

alidade
Toda a parte superior de um trânsito ou teodolito, incluindo a ocular, seus suportes, nível de bolha de ar, círculo horizontal, dispositivos de nivelamento e o fuso. Também chamada **alidada**.

círculo horizontal
Placa circular, graduada em graus, minutos e segundos, e afixada à base de um trânsito para medir ângulos horizontais.

prumo óptico
Dispositivo com a finalidade de centralizar um trânsito ou teodolito por sobre um ponto de referência, utilizado no lugar de um peso de prumo durante ventanias fortes.

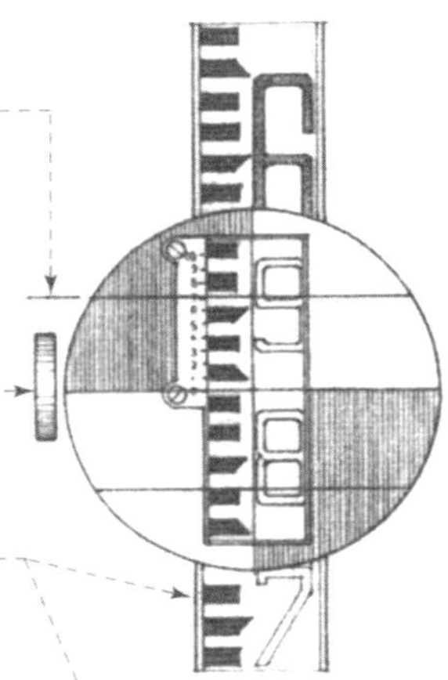

levantamento estadiométrico
Método de levantamento no qual as distâncias são determinadas através da marcação do intervalo em uma haste graduada interceptada por dois retículos horizontais de fios cruzados instalados na ocular de um instrumento de medição.

alvo
Disco branco e vermelho em uma mira de nivelamento que facilita sua visada e leitura.

mira
Barra ou haste reta, marcada com gradações bem visíveis, e utiizada para se medir a distância vertical entre um ponto no chão e a linha de mira do nível de um observador. Também chamada **mira de nivelamento**.

cadeia
Instrumento de medição de distâncias, que consiste em 100 elos metálicos de mesmo comprimento.

cadeia de agrimensor
Instrumento de medição de distâncias, que consiste em 100 elos metálicos em uma extensão total de 20 m. Também chamada **cadeia métrica, corrente métrica** e **cadeia de Gunter**.

cadeia de engenheiro
Instrumento de medição de distâncias, que consiste em 100 elos metálicos em uma extensão total de 30 metros.

nivelamento
Procedimento para se determinar a diferença de cota entre dois pontos por meio de um nível ou trânsito e uma balisa. Também chamado **nivelamento diferencial**.

elevação
A distância vertical acima ou abaixo de um referencial.

cota
A elevação de um determinado ponto relativamente a um referencial específico.

perfil
Corte vertical da superfície do solo efetuado paralelamente a uma linha de levantamento.

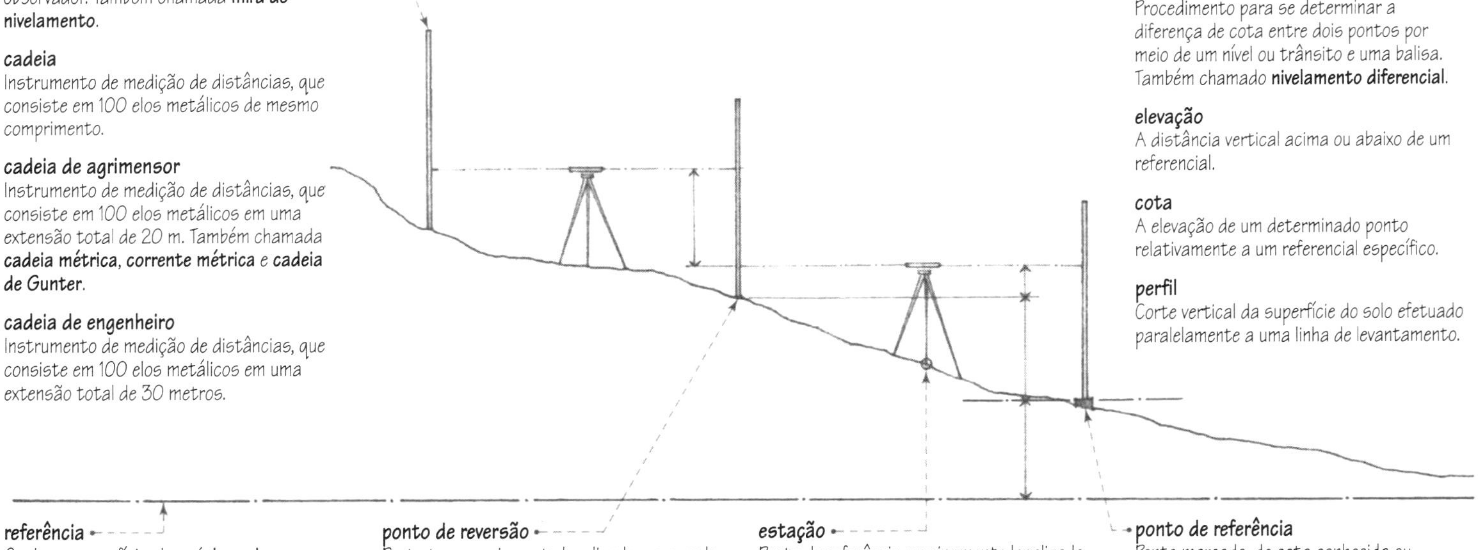

referência
Qualquer superfície plana (**plano de referência**), linha (**linha de referência**) ou ponto (**ponto de referência**) referenciais, a partir dos quais são medidas elevações.

ponto de reversão
Ponto temporariamente localizado e marcado a fim de se estabelecer a elevação ou posição de um instrumento de levantamento em uma nova estação.

estação
Ponto de referência precisamente localizado, sobre o qual é centralizado um instrumento de levantamento. Também chamada **estação de instrumento**.

ponto de referência
Ponto marcado, de cota conhecida ou admitida, normalmente situado em um objeto permanente, a partir do qual é possível se estabelecer outras elevações.

Instrumental gráfico, incluindo seus processos e técnicas, do arquiteto para representar um objeto, ambiente ou idéia através de linhas sobre uma superfície.

técnica
Método ou processo para se alcançar uma determinada meta ou cumprir determinada tarefa, como aquele empregado por um artista que exibe um alto nível de mestria ou domínio das regras fundamentais.

desenho de contornos
Técnica de desenhar linhas para representar os contornos de um objeto, sem sombreá-lo ou modelar sua forma.

contorno
Linha que delimita uma forma bi ou tridimensional.

mão livre
Arte, processo ou técnica de desenhar a mão sem a ajuda de instrumentos de desenho ou dispositivos mecânicos, esp. para a representação de percepções ou a visualização de idéias.

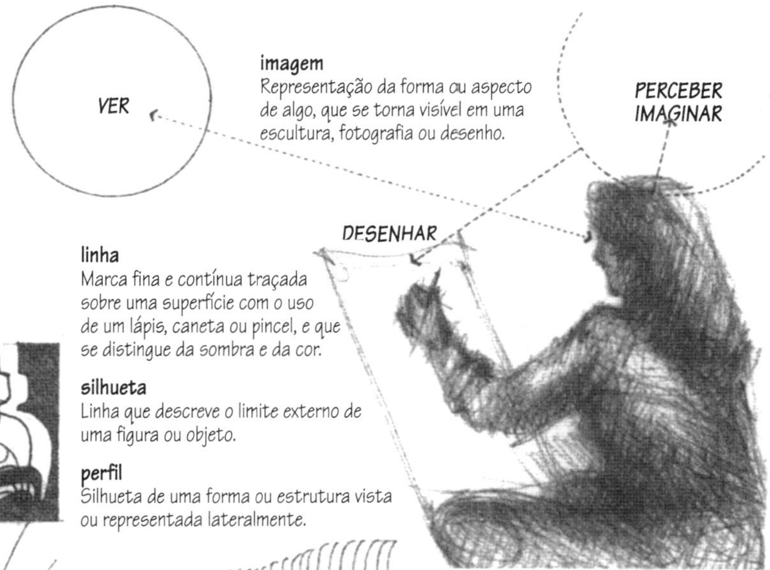

imagem
Representação da forma ou aspecto de algo, que se torna visível em uma escultura, fotografia ou desenho.

linha
Marca fina e contínua traçada sobre uma superfície com o uso de um lápis, caneta ou pincel, e que se distingue da sombra e da cor.

silhueta
Linha que descreve o limite externo de uma figura ou objeto.

perfil
Silhueta de uma forma ou estrutura vista ou representada lateralmente.

desenho gestual
Técnica de desenhar uma única ou várias linhas livre e rapidamente à medida que um tema é explorado e as percepções acerca do volume, massa, movimento e detalhes significativos são projetadas na superfície de desenho. Contrariamente ao desenho de contorno, o desenho gestual normalmente parte do todo em direção aos elementos componentes.

desenho de hachuras
Técnica de desenhar linhas que representam uma série de cortes transversais na superfície de uma forma e não os seus contornos.

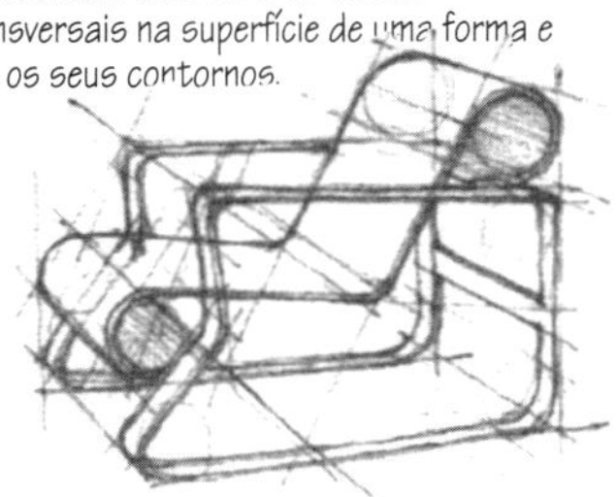

gesto
Movimento da mão, do braço, da cabeça, do rosto ou do corpo que expressa uma idéia, opinião ou emoção.

movimento
Efeito da ilusão de atividade transmitida pela relação entre os elementos estruturais de um desenho ou composição.

linha de eixo
Linha que se traça para expressar alinhamento, escala ou proporção,

traço
Linha traçada levemente para registrar alinhamento ou medida.

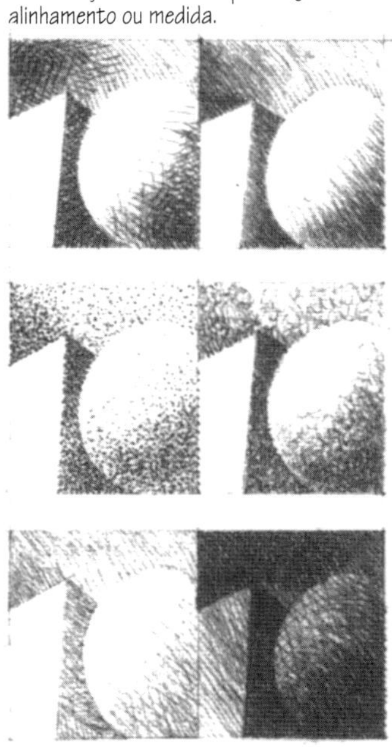

desenho analítico
Desenho de linhas que representa a estrutura e a geometria tridimensionais de uma forma, que normalmente parte do todo em direção aos elementos componentes.

modelagem
Técnica de transmitir a ilusão de volume, profundidade ou solidez em uma superfície bidimensional por intermédio do sombreado.

grisalha
Pintura monocromática em tons de cinza para produzir um efeito tridimensional.

quente
Desenho em tons predominantemente claros, com pouco contraste.

sombreado
Expressão dos valores claros e escuros em um desenho para criar a ilusão de tridimensionalidade, representar a luz e a sombra ou obter o efeito da cor.

hachura
Sombreado composto por linhas finas traçadas a grande proximidade umas das outras.

hachura cruzada
Sombreado composto por duas ou mais séries de linhas paralelas entrecruzadas.

tracejado
Sombreado obtido por uma trama de linhas aleatórias e multidirecionais.

pontilhado
Sombreado obtido através de pontos ou pequenas marcas.

tom
Valor tonal predominante de um desenho ou pintura.

frio
Desenho em tons predominantemente escuros, com pouco contraste.

esboço
Desenho executado com simplicidade ou rapidez, que representa as características essenciais de um objeto ou cena sem os seus detalhes, normalmente a título de um estudo preliminar.

estudo
Desenho executado como exercício didático, produzido a título de um preâmbulo para um trabalho final ou o registro de observações. Por vezes mencionado como **desenho de referência**.

concepção
Desenho de algo ainda não existente.

rascunho
Esboço preliminar de um desenho ou projeto, esp. aquele sujeito a revisão.

croqui
Esboço que mostra as características gerais de um desenho ou projeto.

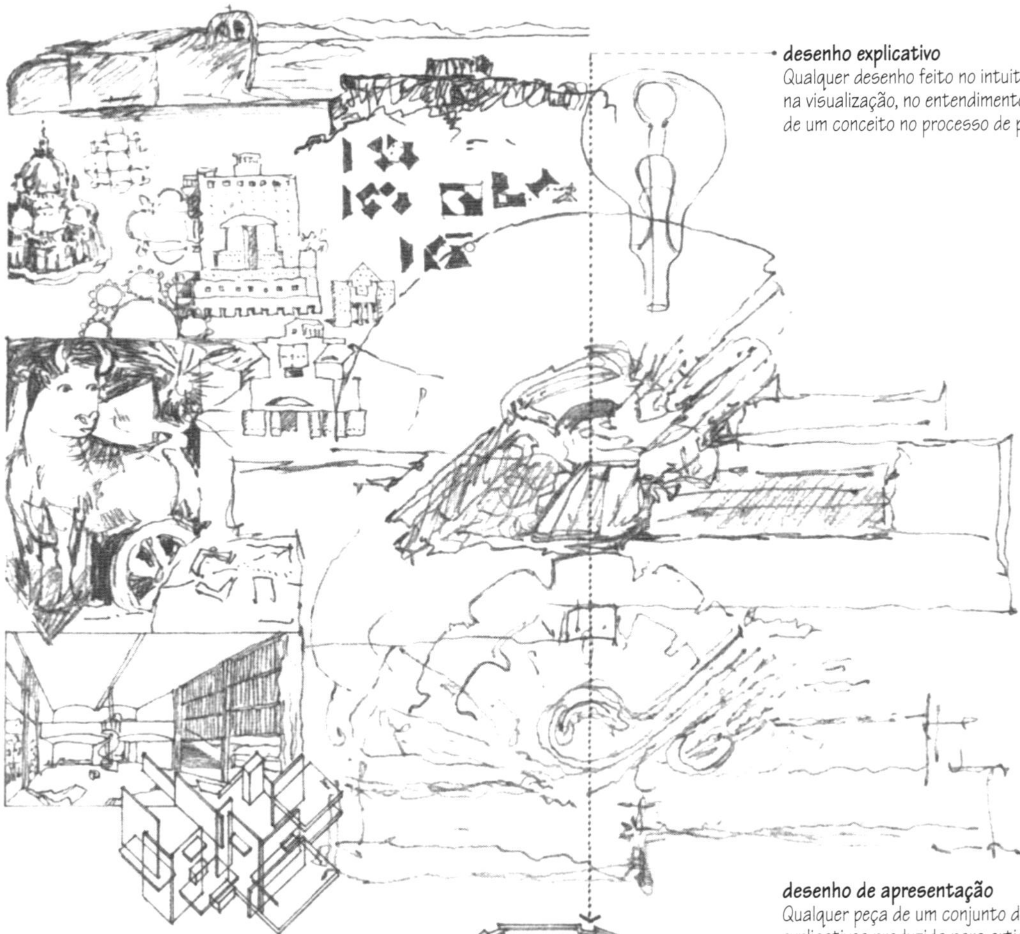

desenho explicativo
Qualquer desenho feito no intuito de auxiliar na visualização, no entendimento e avaliação de um conceito no processo de projeto.

épura
Desenho detalhado, em escala natural, feito em uma parede, piso ou outra superfície grande, no qual é traçada a configuração de vários elementos construtivos.

cartão
Desenho, em escala natural, de um motivo ou figura, a ser transferido para um afresco, mosaico ou tapeçaria.

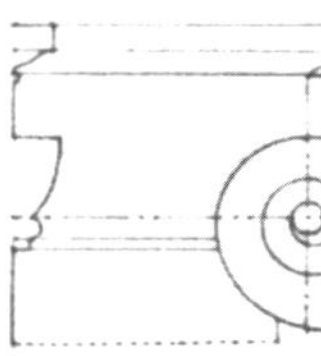

representação artística
Desenho, perspectiva, de uma construção ou espaço interno, em que os materiais e as sombras recebem um tratamento artístico; normalmente executado para fins de apresentação e persuasão.

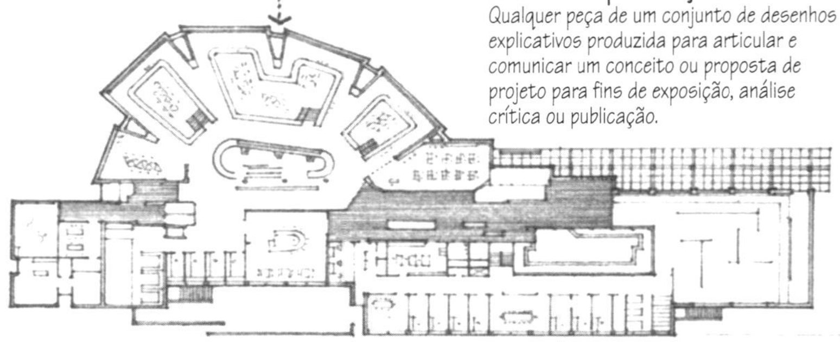

desenho de apresentação
Qualquer peça de um conjunto de desenhos explicativos produzida para articular e comunicar um conceito ou proposta de projeto para fins de exposição, análise crítica ou publicação.

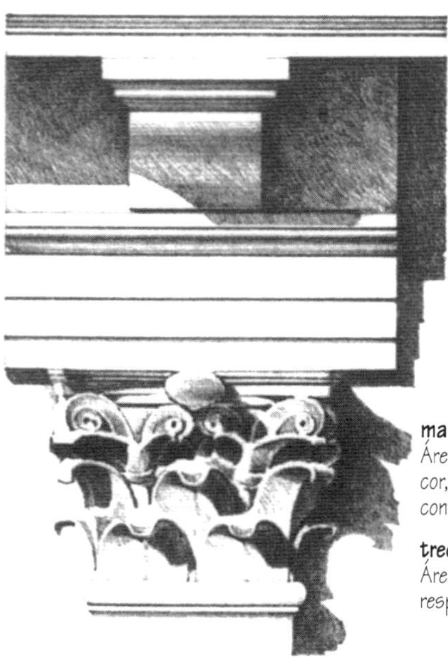

massa
Área uniforme em termos de luz, sombra ou cor, que define uma figura ou uma forma num contorno geral e não em detalhe.

trecho
Área, parte ou detalhe de um trabalho, com respeito a suas qualidades de execução.

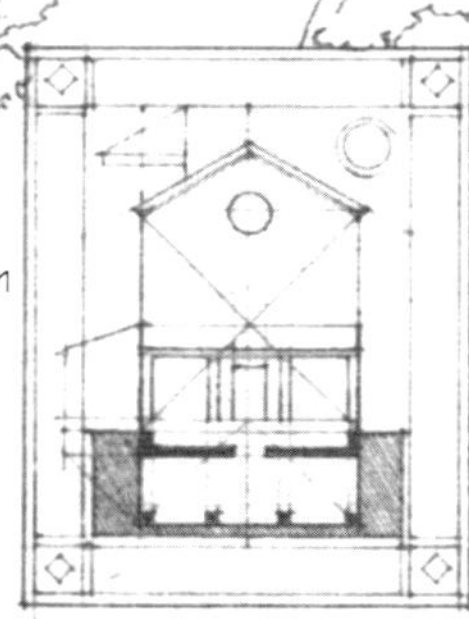

trompe l'oeil
Termo francês que designa um desenho ou pintura em que os objetos são representados em seus mínimos detalhes para enfatizar a ilusão de suas qualidades táteis e espaciais.

analytique
Termo francês que designa uma elevação de uma fachada cercada por um arranjo decorativo de desenhos de detalhes importantes e, por vezes, uma planta ou corte da fachada.

esfumado
Desenho cujos tons se diluem gradativamente no papel circundante de modo a não deixar nenhuma linha definida na margem.

projeto
Desenho elaborado com o auxílio de instrumentos como régua-T, esquadro, compasso e escala, para a representação e a especificação dimensional sistemáticas de estruturas arquitetônicas e de engenharia. Também **desenho técnico**.

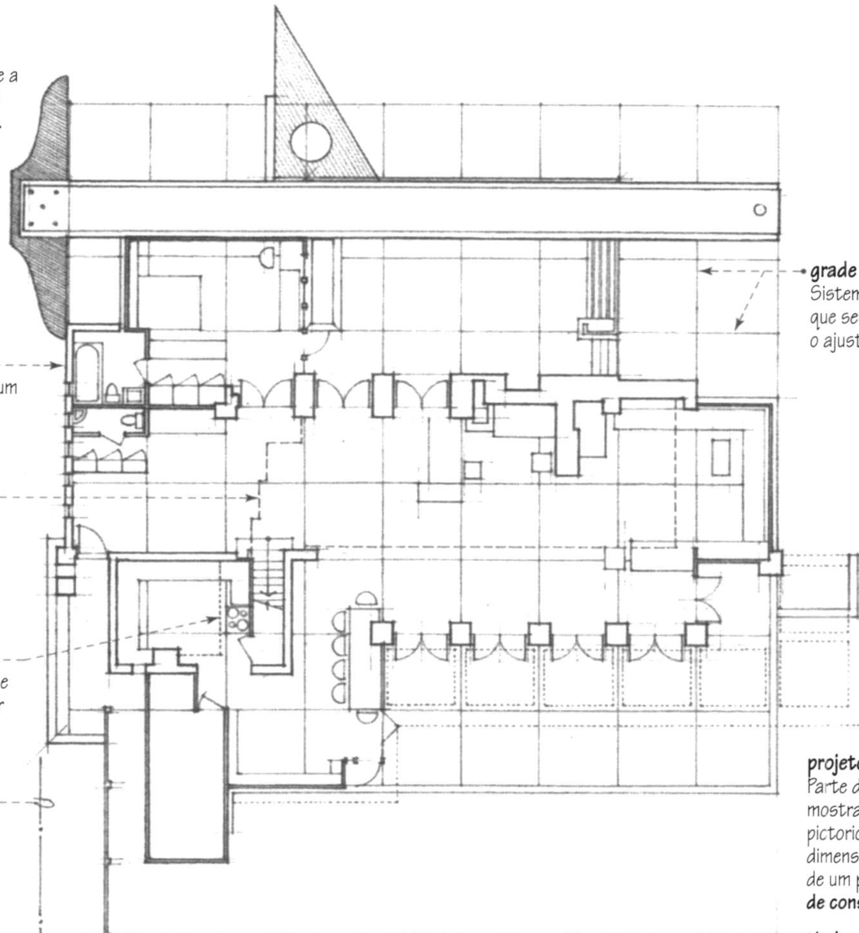

grade
Sistema retangular de linhas e coordenadas que serve de referência para a localização e o ajuste dos elementos de uma planta.

linha de contorno
Linha sólida que representa o contorno de um objeto. Também chamada **linha visível**.

linha tracejada
Linha descontínua formada por pequenos traços ligeiramente espaçados entre si, usada para representar linhas de contorno referentes a objetos ocultos ou fora do alcance da visão.

linha pontilhada
Linha descontínua formada por uma série de pontos ligeiramente espaçados entre si, por vezes utilizada em lugar de uma linha tracejada.

eixo geométrico
Linha descontínua formada por segmentos relativamente longos separados por pequenos traços ou pontos e que corresponde à reta central de um elemento ou composição simétrica.

projeto executivo
Parte da documentação contratual que mostra com precisão, gráfica ou pictoricamente, as formas, a localização, as dimensões e as relações entre os elementos de um projeto. Também chamado **desenhos de construção** e **desenhos de execução**.

timbre
Em alguns países, um carimbo utilizado por um arquiteto, engenheiro ou projetista registrados nos desenhos de construção e nas especificações a fim de atestar a regularidade do profissional junto à jurisdição onde será executada a obra.

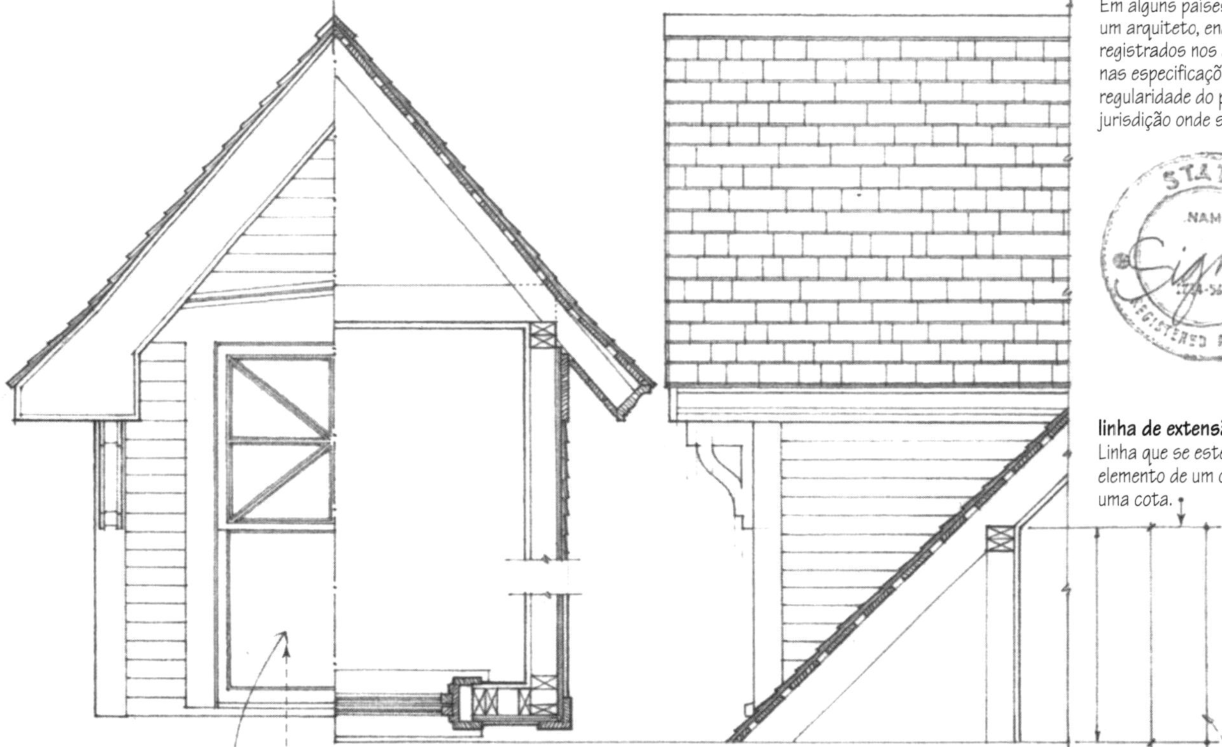

linha de extensão
Linha que se estende da extremidade ou elemento de um objeto, na qual é traçada uma cota.

pé de galinha
Sinal em forma de V cujo vértice é um ponto de referência.

linha de chamada
Linha curta que induz o olhar a se direcionar de uma nota ou dimensão para um ponto, linha ou área de referência.

interrupção
Linha descontínua formada por segmentos relativamente longos unidos por pequenos traços em ziguezague, usada para cortar uma parte de um desenho.

linha de cota
Linha delimitada por setas, pequenos traços ou pontos, indicando a extensão ou a medida de uma parte ou do todo, e junto à qual são indicadas medidas ou a escala.

geometria descritiva
Teoria da elaboração de projeções de objetos tridimensionais sobre uma superfície plana a fim de se deduzir suas propriedades e relações geométricas.

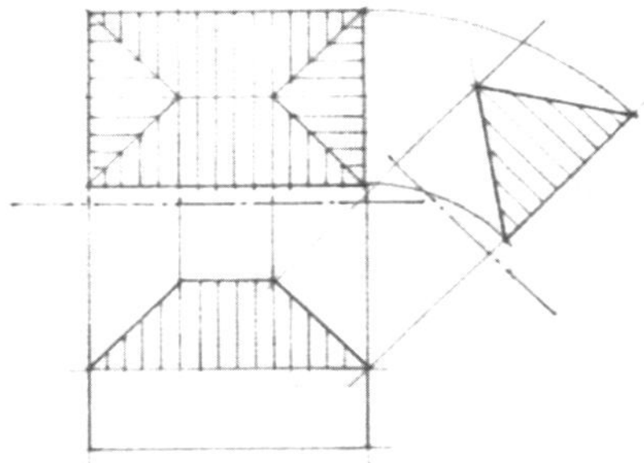

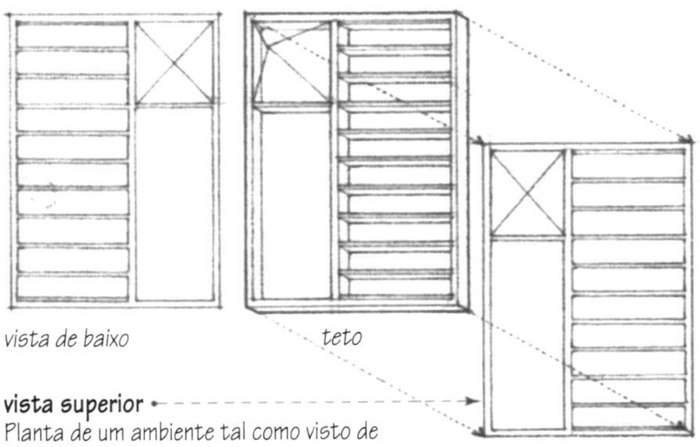

vista superior
Planta de um ambiente tal como visto de cima, mas com as superfícies e elementos do teto projetados para baixo sobre o mesmo, de modo que aquilo que pareceria estar à direita quando visto de baixo aparece, na planta, à esquerda. Também chamada **planta de teto projetado**.

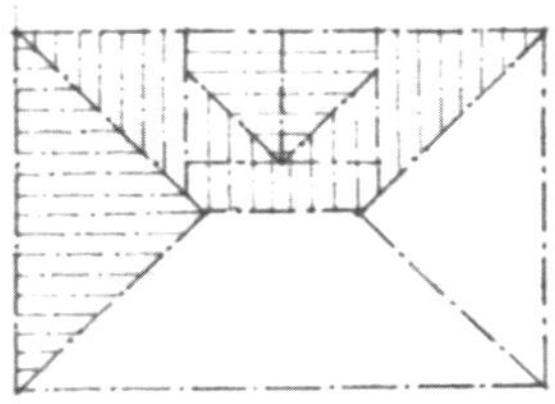

planta de armação
Planta mostrando a forma, os elementos e as conexões da estrutura do piso ou da cobertura de um edifício, utilizando um sistema de símbolos e traços.

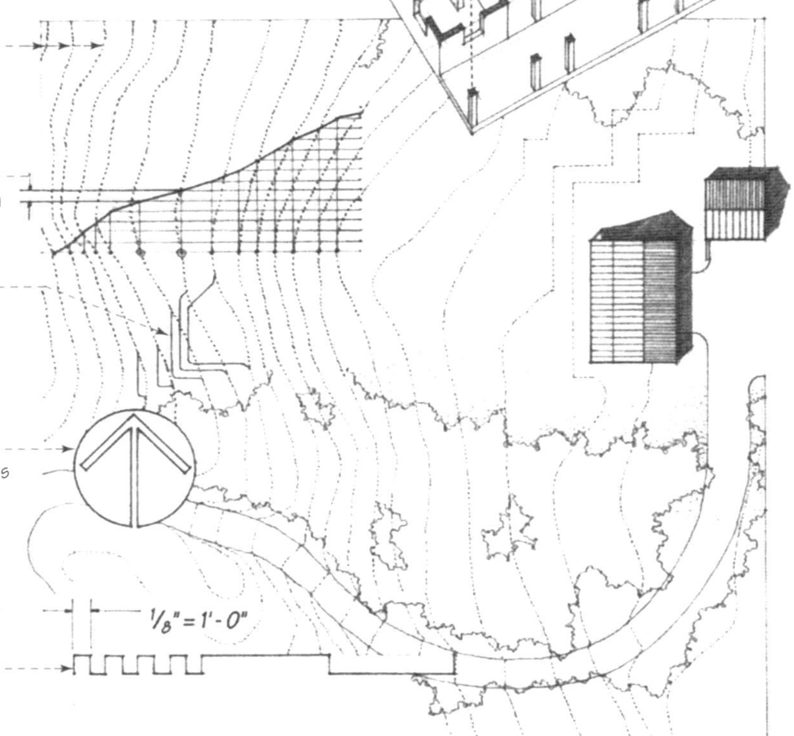

curva de nível
Linha imaginária que interliga os pontos de mesma altitude em uma superfície ou sua representação em uma planta ou mapa topográficos. Também **curva de contorno**.

intervalo de contorno vertical
Diferença de altitude representada por cada curva de nível em uma planta ou mapa topográficos.

planta topográfica
Planta que indica os contornos finais e as altitudes propostas no terreno de uma construção.

norte
Símbolo gráfico utilizado em plantas e mapas para indicar a direção do norte.

escala
Proporção que determina a relação entre uma representação e o objeto representado.

escala gráfica
Linha ou barra graduada indicando a proporção entre uma representação e o objeto representado.

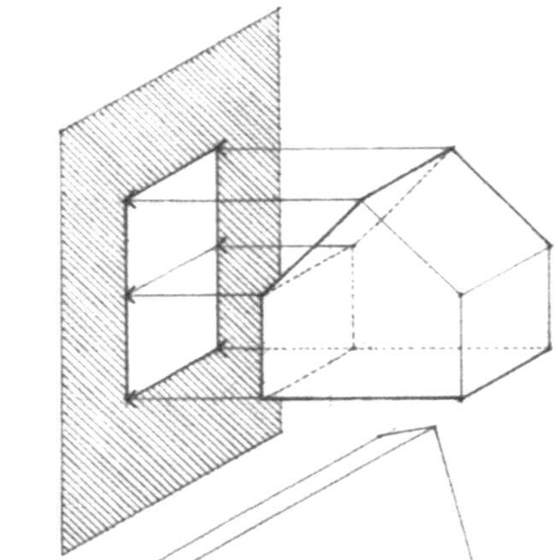

projeção
Processo ou técnica de representar um objeto tridimensional projetando-se todos os seus pontos através de linhas retas, paralelas ou convergentes, sobre um quadro.

projeção ortográfica
Método de projeção em que um objeto tridimensional é representado através de sua projeção segundo linhas perpendiculares a um quadro. Também chamada **projeção ortogonal**.

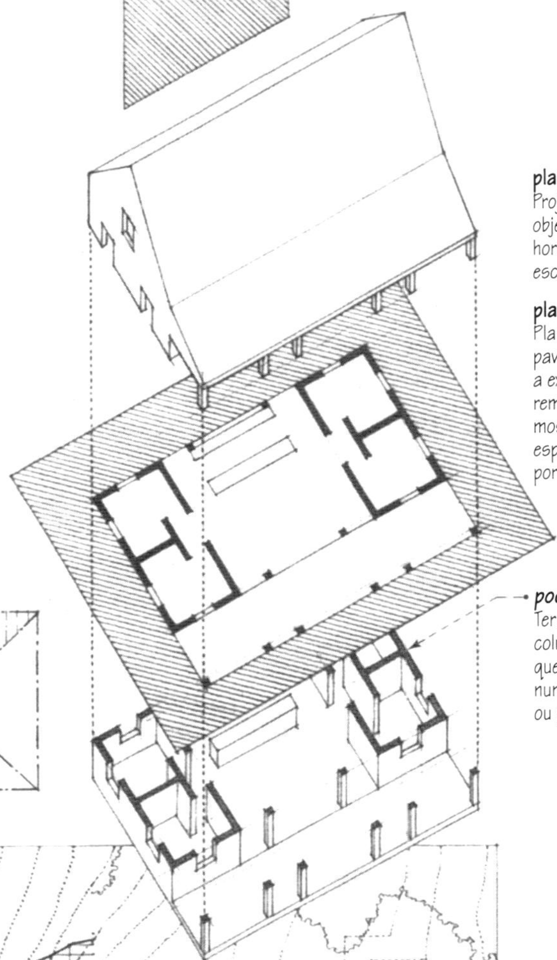

planta
Projeção ortográfica do topo ou corte de um objeto ou estrutura sobre um plano horizontal, geralmente desenhada em escala.

planta baixa
Planta de um ambiente, ala ou de todo um pavimento de um edifício vista de cima após a execução de um corte horizontal e a remoção da parte de cima, que normalmente mostra a forma e a distribuição dos espaços interiores e as paredes, janelas e portas que os delimitam.

poché
Termo francês que designa as paredes, colunas e outros sólidos de uma construção que são cortados em uma planta baixa ou num corte, indicados normalmente em preto ou por meio de hachuras.

planta de cobertura
Planta em que se vê a vista aérea de uma construção, a forma de seu telhado.

planta de localização
Planta que indica a forma, a localização e a orientação de um edifício ou grupo de edifícios em um terreno, normalmente incluindo as dimensões, contornos, elementos paisagísticos e outras características significativas do local.

planta de situação
Planta que indica os principais elementos de um projeto no contexto mais amplo do meio que o circunda.

corte
Projeção ortográfica, normalmente em escala, de um objeto ou estrutura tal como seria visto se cortado inteiramente por um plano, a fim de mostrar sua configuração interna.

corte transversal
Projeção ortográfica de uma seção efetuada transversalmente, esp. em ângulos retos com o eixo maior de um objeto. Também chamada **seção transversal**.

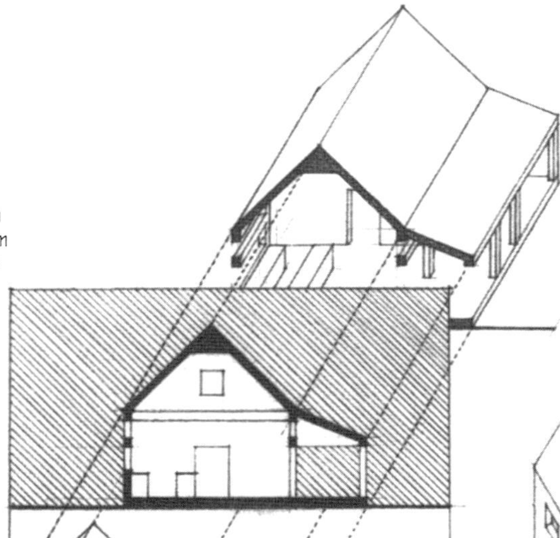

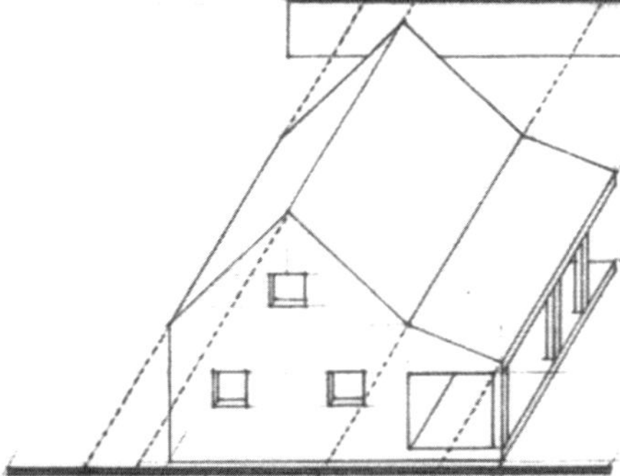

corte longitudinal
Projeção ortográfica de uma seção efetuada segundo o eixo maior de um objeto. Também chamada **seção longitudinal**.

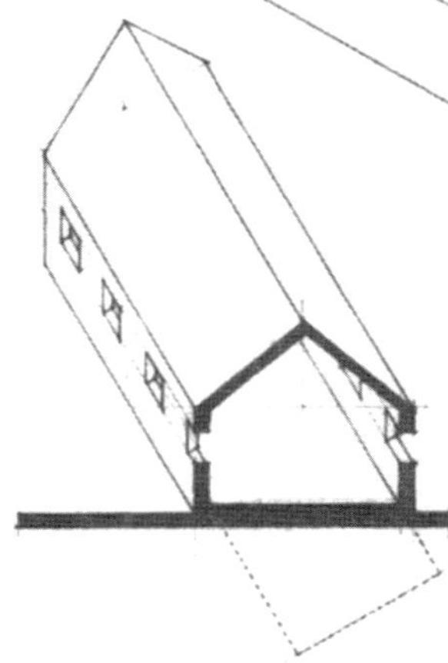

linha de corte
Eixo que termina em um segmento perpendicular com uma seta, usado para indicar o local onde é efetuado um corte em uma planta ou elevação, bem como a direção em que o mesmo deve ser visto.

corte oblíquo
Projeção ortográfica de uma seção segundo um plano que não é nem paralelo nem perpendicular ao eixo maior de um objeto. Também chamado **seção oblíqua**.

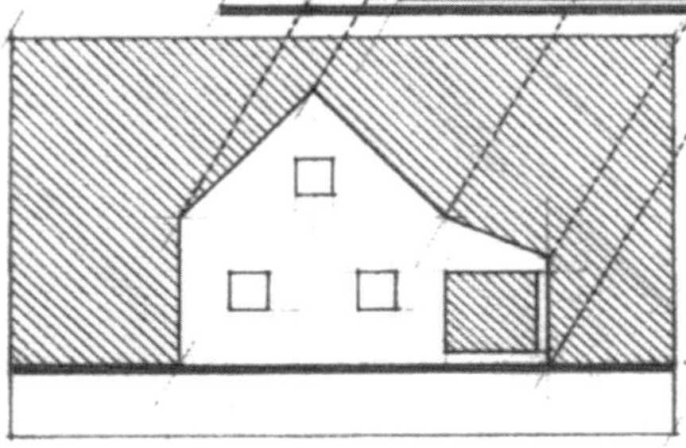

elevação
Projeção ortográfica, normalmente em escala, de um objeto ou estrutura sobre um plano vertical paralelo a um de seus lados. Também chamada **vista**.

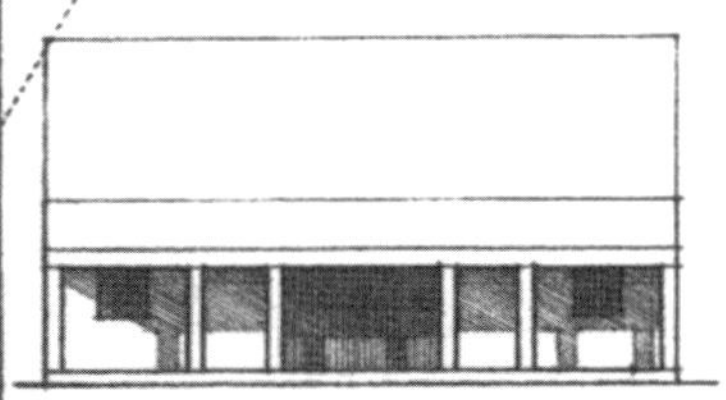

sombreado
Representação das sombras próprias e projetadas, esp. nas vistas ortográficas, a fim de expressar a luz, superfície, forma e profundidade.

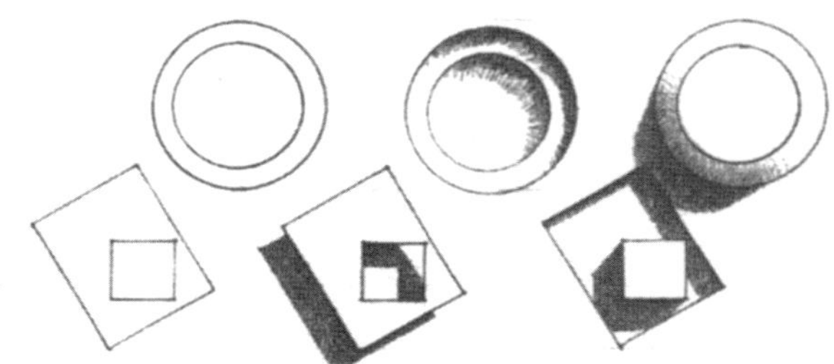

relevo
Projeção aparente a partir de um fundo plano mediante contraste, criando uma ilusão de tridimensionalidade.

sombra própria
Partes de um sólido que não recebem luz por tangenciarem ou estarem fora do alcance de uma fonte de luz hipotética.

sombra projetada
Figura escura projetada sobre uma superfície por um corpo opaco que intercepta os raios de uma fonte de luz hipotética.

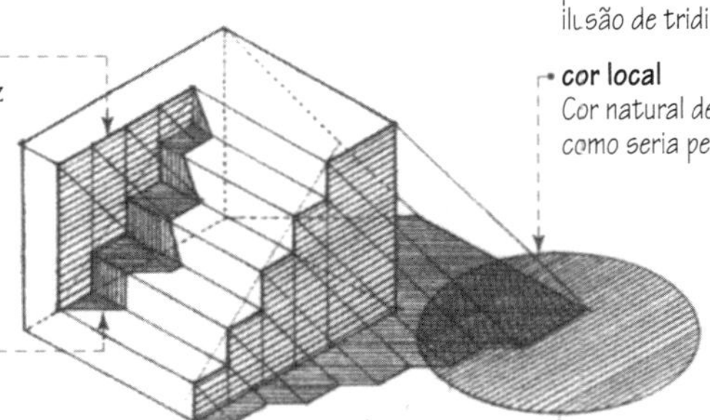

cor local
Cor natural de um objeto particular tal como seria percebida à luz branca.

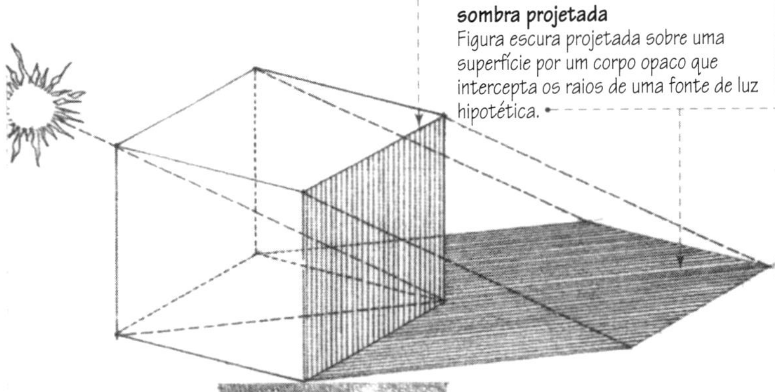

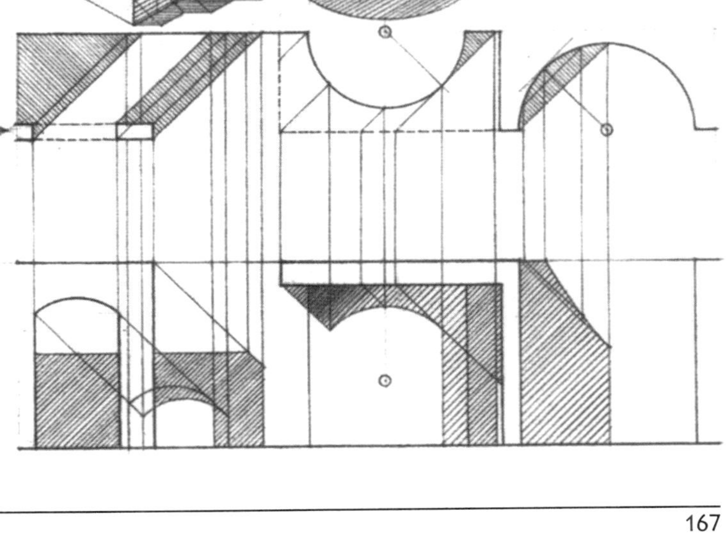

brilho
Área intensamente iluminada de um desenho modelado que aparece como uma mancha luminosa.

desenho paraline
Qualquer um dos diversos desenhos de vista única caracterizados por linhas paralelas que mantêm seu paralelismo em lugar de convergir como na perspectiva linear.

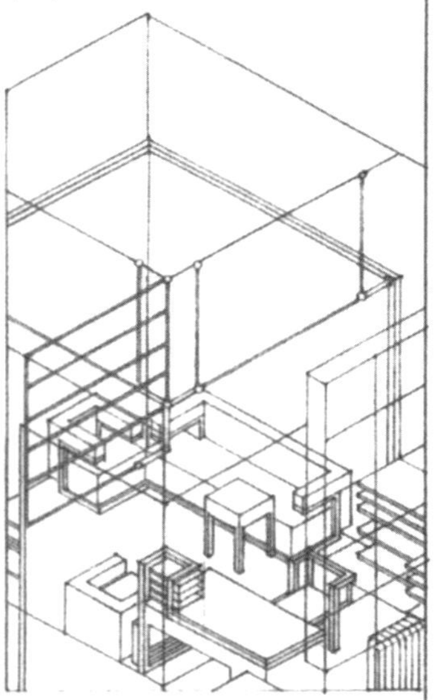

desenho de linhas invisíveis
Parte de desenho que exibe transparência para permitir a representação de detalhes que ficariam fora do alcance da visão. Também, **desenho de linhas ocultas**.

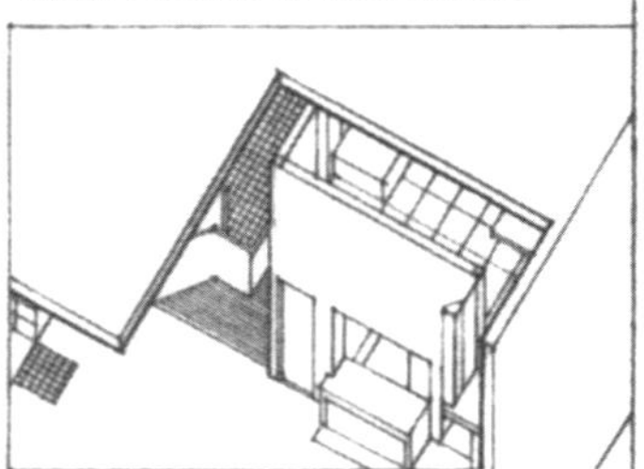

vista interna
Desenho ou maquete com uma parte externa removida a fim de revelar o interior

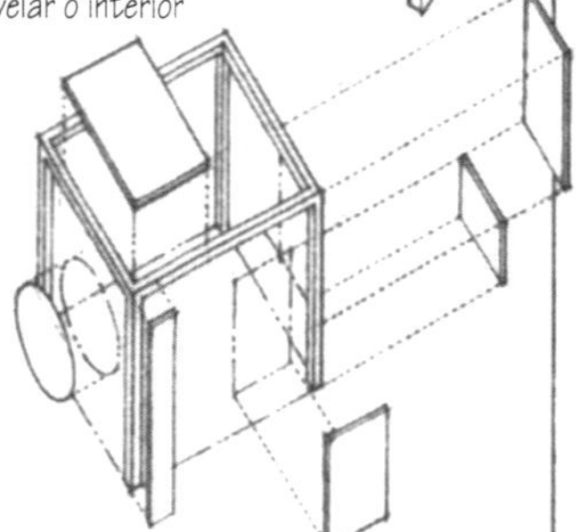

vista explodida
Desenho que mostra as partes individuais de uma estrutura ou construção separadamente, mas que indica as relações corretas destas entre si e com o todo. Também chamada **vista expandida**.

linha invisível
Linha entrecortada que consiste em segmentos relativamente longos separados por dois traços pequenos ou pontos, usada para representar uma peça de mobiliário, uma posição alternativa para parte de um objeto ou a posição relativa de uma parte ausente. Também chamada **linha oculta**.

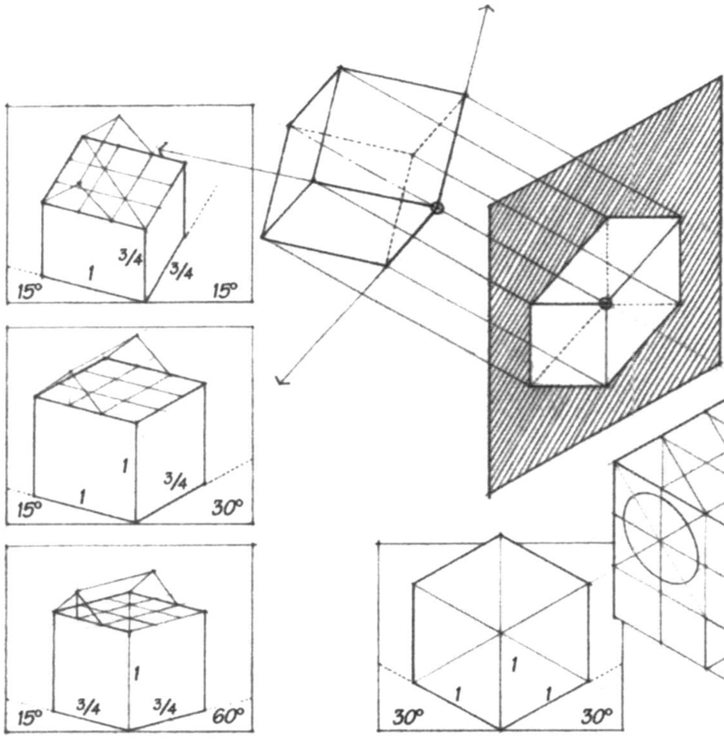

projeção axonométrica
Projeção ortográfica de um objeto tridimensional inclinado em direção ao quadro de modo que seus três eixos principais são escorçados. Também chamada **perspectiva axonométrica**.

axonometria
Desenho *paraline* de uma projeção axonométrica, em que todas as linhas paralelas aos três eixos principais são traçadas em escala, enquanto as linhas diagonais e curvas são distorcidas.

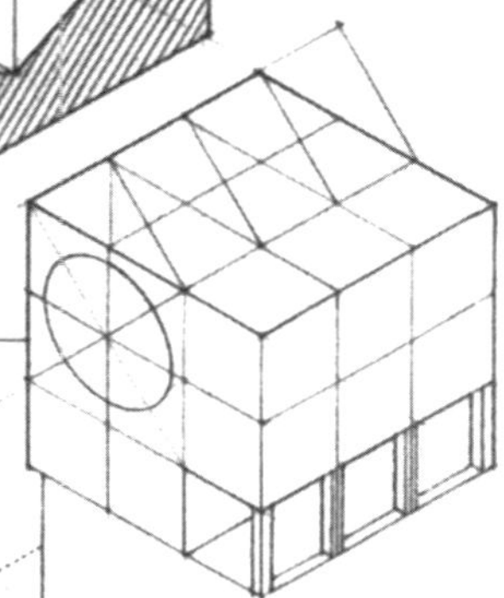

projeção dimétrica
Projeção axonométrica de um objeto tridimensional inclinada em direção ao quadro de modo que dois de seus eixos principais são escorçados na mesma proporção e o terceiro parece mais longo ou mais curto que os outros dois.

isometria
Desenho *paraline* de uma projeção isométrica, em que todas as linhas paralelas aos eixos principais são traçadas em sua real dimensão na mesma escala.

projeção isométrica
Projeção axonométrica de um objeto tridimensional em que suas faces principais estão inclinadas igualmente em direção ao quadro, de modo que seus três eixos principais são escorçados na mesma proporção.

projeção trimétrica
Projeção axonométrica de um objeto tridimensional inclinada em direção ao quadro de modo que os três eixos principais são escorçados em proporções diferentes.

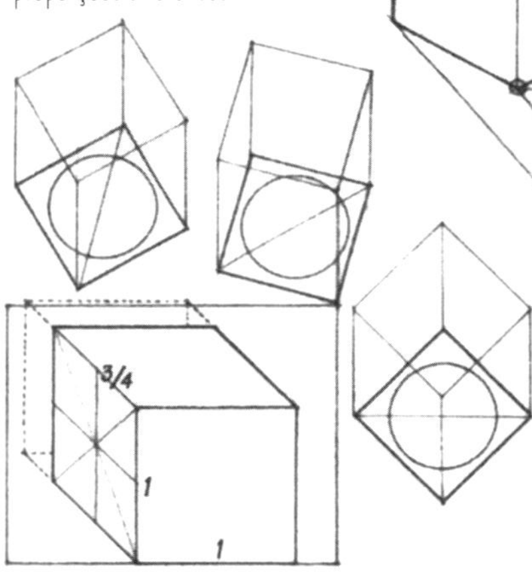

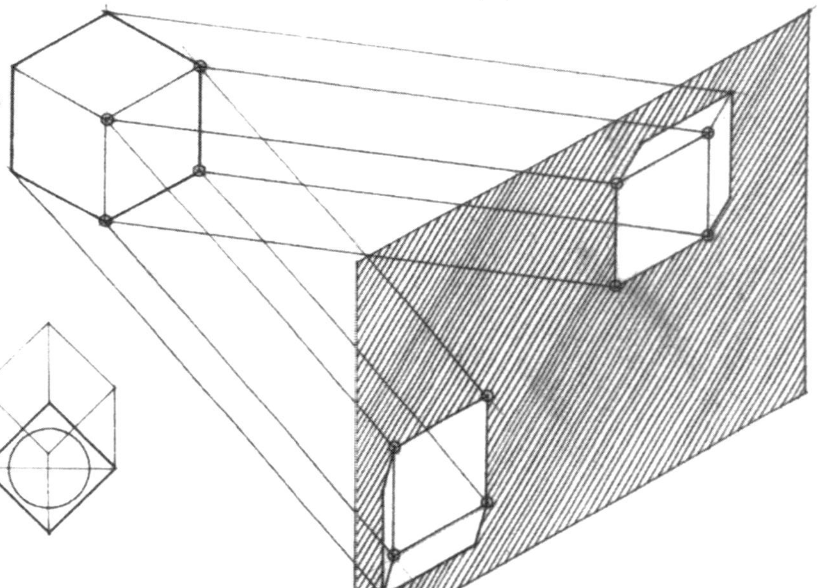

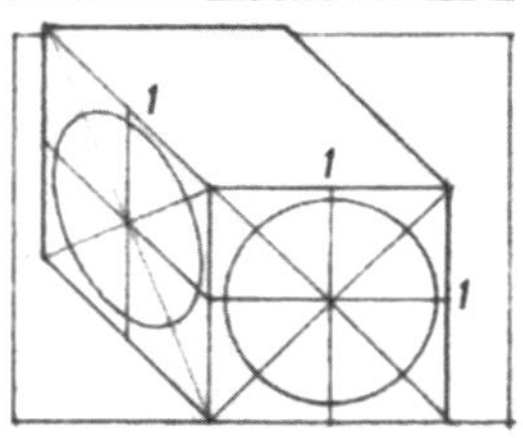

perspectiva cavaleira
Desenho *paraline* de uma projeção oblíqua, em que uma das faces é paralela ao quadro e as demais são desenhadas na mesma escala ou em escalas reduzidas em relação àquela.

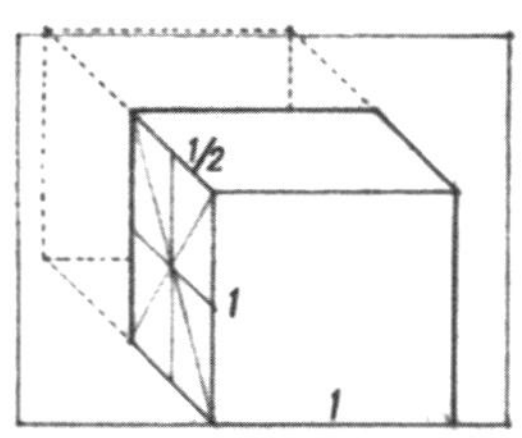

perspectiva meia cavaleira
Desenho *paraline* de uma projeção oblíqua, em que todas as linhas paralelas ao quadro são traçadas exatamente em escala e as linhas que se afastam perpendicularmente do mesmo plano são reduzidas a meia profundidade.

projeção oblíqua
Método de projeção em que um objeto tridimensional, que tem uma das faces paralela ao plano do quadro, é representado mediante a projeção de linhas paralelas a um ângulo diverso de 90° com o mesmo plano.

oblique
Desenho *paraline* de uma projeção oblíqua, em que todas as linhas e faces paralelas ao quadro são desenhadas exatamente na escala e todas as linhas que se afastam perpendicularmente do mesmo plano são mostradas em qualquer ângulo conveniente diverso de 90°, por vezes em uma escala reduzida a fim de compensar o aspecto distorcido.

perspectiva
Qualquer uma das várias técnicas de representação de objetos tridimensionais e relações espaciais em uma superfície bidimensional tal como estes poderiam se afigurar ao olho.

espaço pictórico
Ilusão de espaço ou profundidade criada em uma superfície bidimensional por meio de uma série de recursos gráficos, como a perspectiva aerial, continuidade de contorno ou locação vertical.

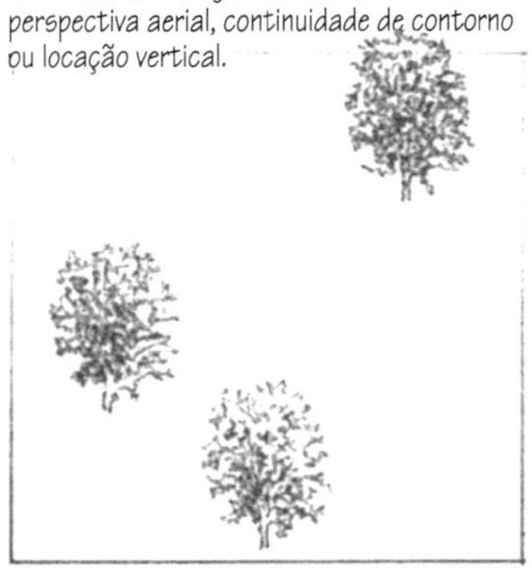

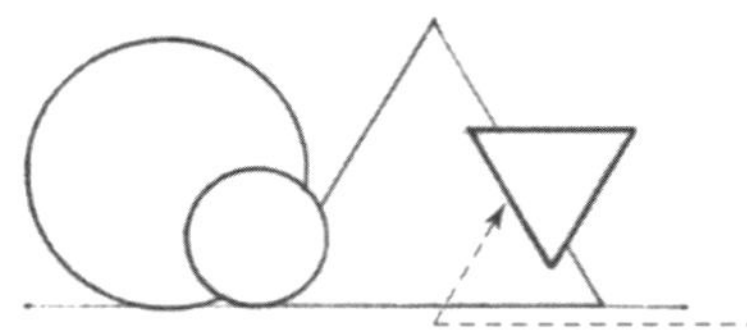

continuidade de contorno
Técnica para representar profundidade ou distância através da ênfase à continuidade do limite de uma forma percebida como estando diante de e ocultando parte de outra forma.

limite espacial
Extremidade de um objeto ou superfície separada de seu fundo por um intervalo de espaço, delineado por uma linha mais grossa ou por um forte contraste em termos de valor ou textura.

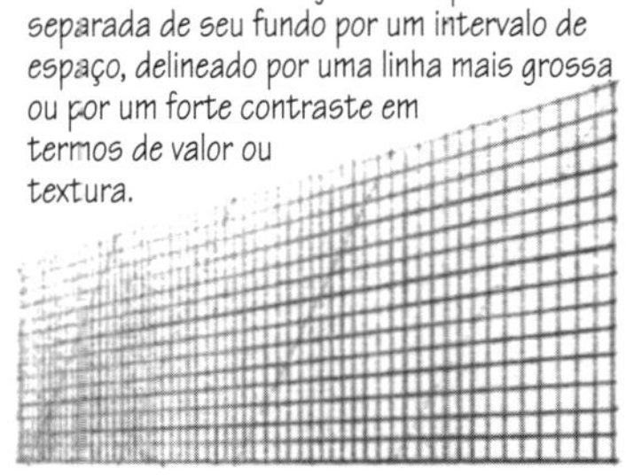

perspectiva aérea
Técnica para expressar profundidade ou distância através do esvanecimento do matiz, do tom e da particularidade de objetos percebidos como a se afastar do plano do quadro.

localização vertical
Técnica para representar profundidade ou distância ao colocar objetos distantes no lugar mais alto no plano do desenho do que os objetos percebidos como próximos.

perspectiva dimensional
Técnica para representar profundidade ou distância através da redução no tamanho dos objetos percebidos como a se afastar do quadro.

perspectiva de texturas
Técnica para representar profundidade ou distância através do aumento gradativo da densidade da textura de uma superfície percebida como a se afastar do plano do quadro.

perspectiva linear
Sistema matemático para a representação de objetos tridimensionais e relações espaciais em uma superfície bidimensional através de projeção em perspectiva.

projeção em perspectiva
Método de projeção em que um objeto tridimensional é representado mediante a projeção de todos os seus pontos em um quadro através de linhas retas que convergem em um ponto arbitrariamente determinado e que representa o olho do observador.

ponto principal
Ponto que representa a intersecção entre o eixo central de visão e o plano do quadro em uma perspectiva linear.

ponto de observação
Ponto fixo no espaço que representa um único olho do observador em uma perspectiva linear. Também chamado **ponto de vista.**

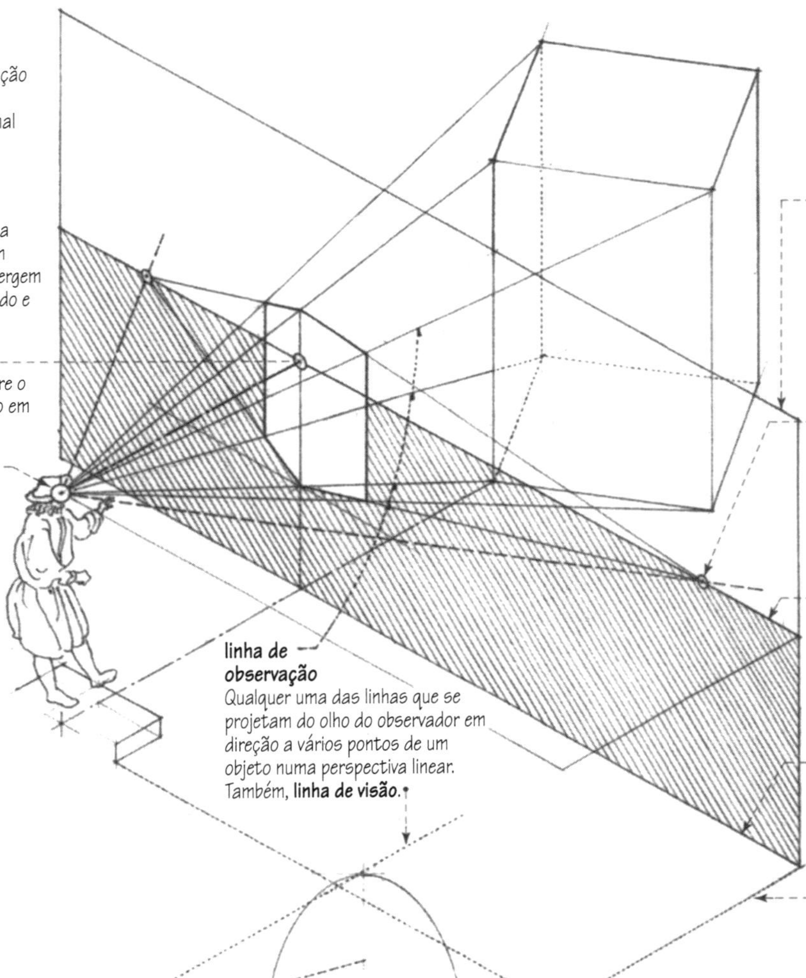

linha de observação
Qualquer uma das linhas que se projetam do olho do observador em direção a vários pontos de um objeto numa perspectiva linear. Também, **linha de visão.**

quadro
Plano transparente imaginário que coexiste com a superfície do desenho, sobre o qual é projetada a imagem do objeto tridimensional. Numa perspectiva linear, qualquer linha ou plano coincidentes com o quadro podem ser desenhados exatamente em escala. Também chamado **plano do quadro** ou **plano do desenho**.

ponto de fuga
Ponto em direção ao qual as linhas paralelas que se afastam parecem convergir numa perspectiva linear, localizado no ponto em que uma linha de observação paralela ao conjunto de linhas intercepta o plano do quadro.

linha do horizonte
Linha que representa a intersecção entre o quadro e um plano horizontal que passa pelo olho do observador em uma perspectiva linear.

linha de terra
Linha horizontal que representa a intersecção entre o plano-base e o plano do quadro numa perspectiva linear. Também chamada **linha-base**.

plano-base
Plano horizontal de referência a partir do qual é possível obter medidas verticais numa perspectiva linear, normalmente o plano que sustenta o objeto representado ou que sustenta o observador. Também chamado **plano horizontal**.

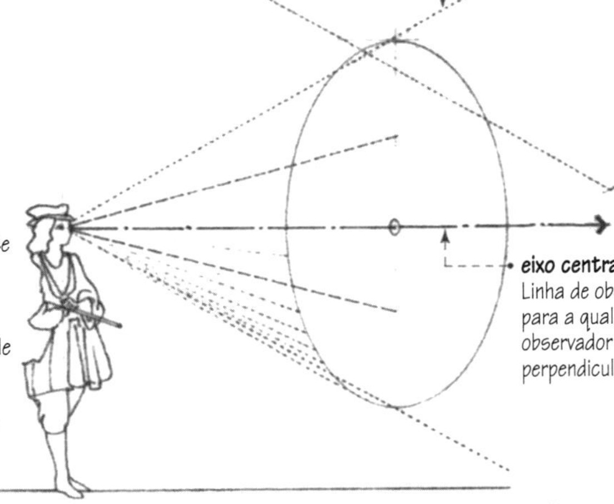

cone de visão
Campo visual que se irradia externamente a partir do olho do observador em uma perspectiva linear, definido por linhas visuais que formam um ângulo de 15° a 30° com o eixo central de visão. O cone de visão serve de guia na determinação do que pode ser desenhado numa perspectiva linear sem criar um aspecto de distorção.

eixo central de visão
Linha de observação que indica a direção para a qual está voltado o olhar do observador em uma perspectiva linear, perpendicularmente ao quadro.

convergência
Movimento aparente de linhas paralelas em direção a um ponto de fuga comum à medida que se afastam, utilizado na perspectiva linear para criar uma ilusão de espaço e profundidade.

perspectiva
Desenho da projeção em perspectiva de um objeto ou ambiente, caracterizado principalmente pela convergência e o escorço.

escorço
Aparente contração ou distorção de uma linha ou forma representada que não é paralela ao quadro, transmitindo uma ilusão de extensão ou projeção no espaço.

ponto de fuga diagonal
Ponto de fuga para um conjunto de linhas horizontais que se afastam do quadro a um ângulo de 45° em uma perspectiva linear. Também **ponto diagonal** e **ponto de distância**

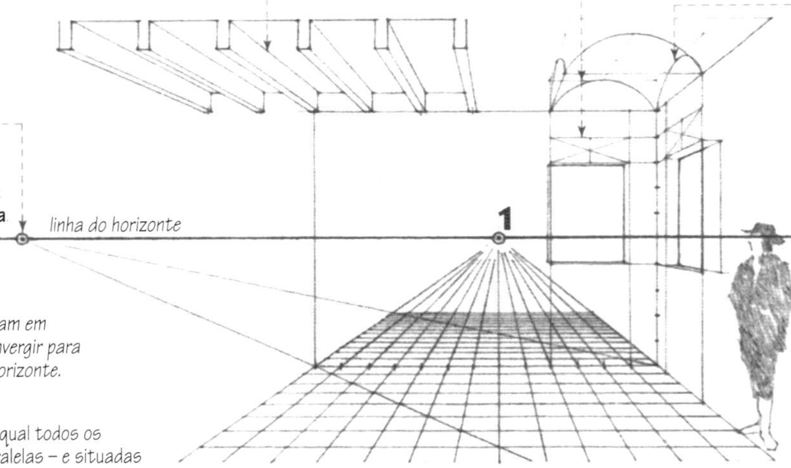

perspectiva de um ponto
Perspectiva linear de um objeto ou volume retangular cuja principal face é paralela ao plano do quadro, de modo que as linhas verticais paralelas a este plano se mantêm verticais, as linhas horizontais paralelas ao mesmo se mantêm horizontais e as linhas horizontais perpendiculares a ele parecem convergir para o centro de visão.

linha de fuga
Linha para ao longo da qual todos os conjuntos de linhas paralelas – e situadas no mesmo plano ou em planos paralelos – que se afastam parecem convergir em uma perspectiva linear.

ponto de distância
Ponto de fuga para um conjurto de linhas paralelas, usado para transferir medidas em escala no plano do quadro para as linhas que se afastam em uma perspectiva linear.

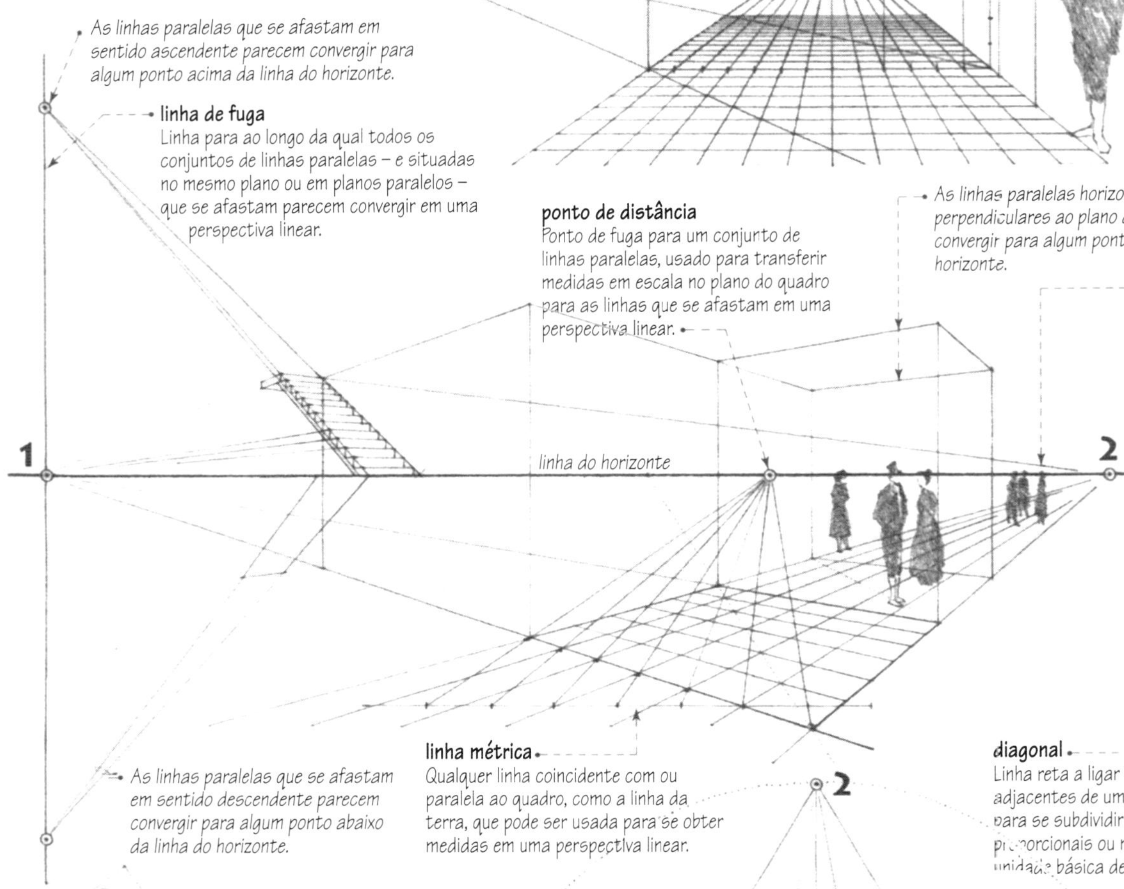

isocefálico
Desenho em que as cabeças de todas as figuras aparecem aproximadamente no mesmo nível. Também chamado **isocéfalo**.

perspectiva de dois pontos
Perspectiva linear de um objeto ou volume retangular que apresenta duas faces principais dispostas obliquamente ao plano do quadro, de modo que as linhas verticais paralelas a este se mantêm verticais, enquanto dois conjuntos horizontais de linhas paralelas oblíquas ao mesmo plano parecem convergir para dois pontos de fuga, um à esquerda e o outro à direita.

linha métrica
Qualquer linha coincidente com ou paralela ao quadro, como a linha da terra, que pode ser usada para se obter medidas em uma perspectiva linear.

diagonal
Linha reta a ligar dois ângulos não adjacentes de um retângulo, usada para se subdividir um todo em partes proporcionais ou multiplicar uma unidade básica de medida ou espaço.

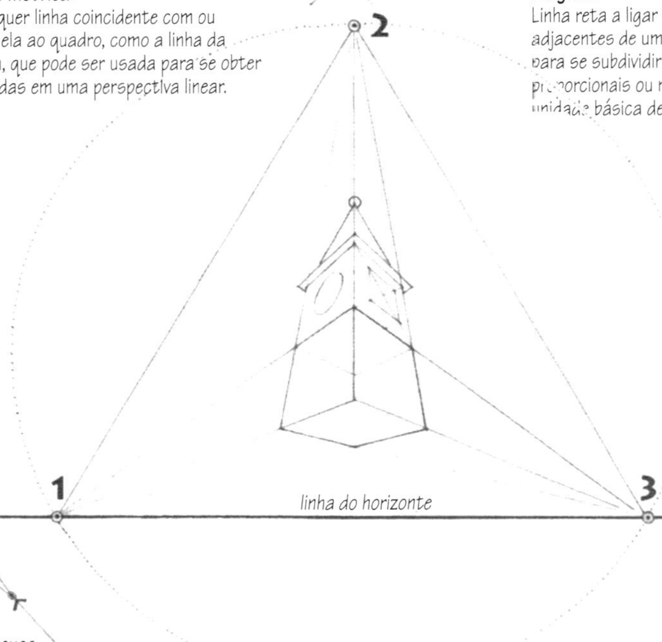

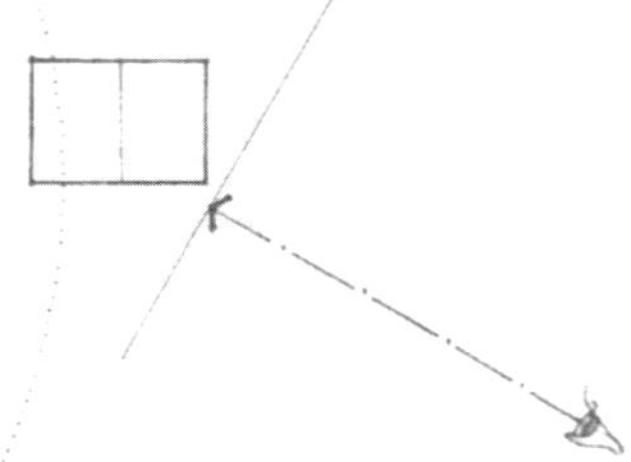

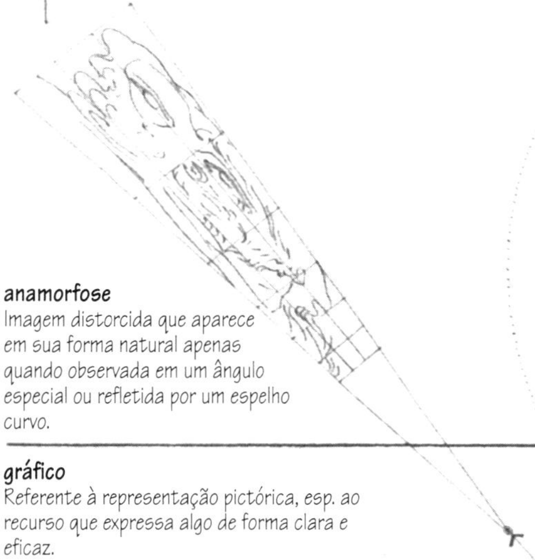

anamorfose
Imagem distorcida que aparece em sua forma natural apenas quando observada em um ângulo especial ou refletida por um espelho curvo.

gráfico
Referente à representação pictórica, esp. ao recurso que expressa algo de forma clara e eficaz.

perspectiva de três pontos
Perspectiva linear de um objeto ou volume retangular que têm todas as faces principais dispostas obliquamente ao plano do quadro, de modo que os três grupos principais de linhas paralelas parecem convergir para três pontos de fuga diferentes.

nanômetro
Unidade de comprimento igual a um bilionésimo de metro, utilizada esp. para expressar os comprimentos de onda da luz no espectro visível ou nas imediações deste. Abreviação: **nm**.

ângstron
Unidade de comprimento igual a dez bilionésimos de um metro, utilizada para expressar os comprimentos de onda de radiações. Abreviação: **Å**.

Radiação eletromagnética capaz de ser percebida pelo olho humano nu, cujo comprimento de onda varia de aproximadamente 370 a 800 nms, e que se propaga a uma velocidade de 299.972 km/seg.

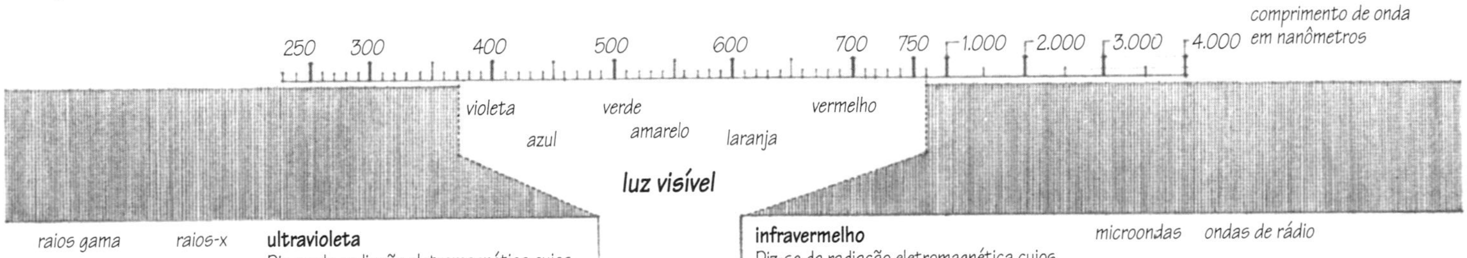

ultravioleta
Diz-se da radiação eletromagnética cujos comprimentos de onda variam de aproximadamente 370 nms, imediatamente além do violeta no espectro visível, a 10 nms, no limite da região dos raios X.

infravermelho
Diz-se da radiação eletromagnética cujos comprimentos de onda variam de aproximadamente 800 nms, contiguamente à extremidade vermelha do espectro visível, a 1 nm, no limite da região das microondas.

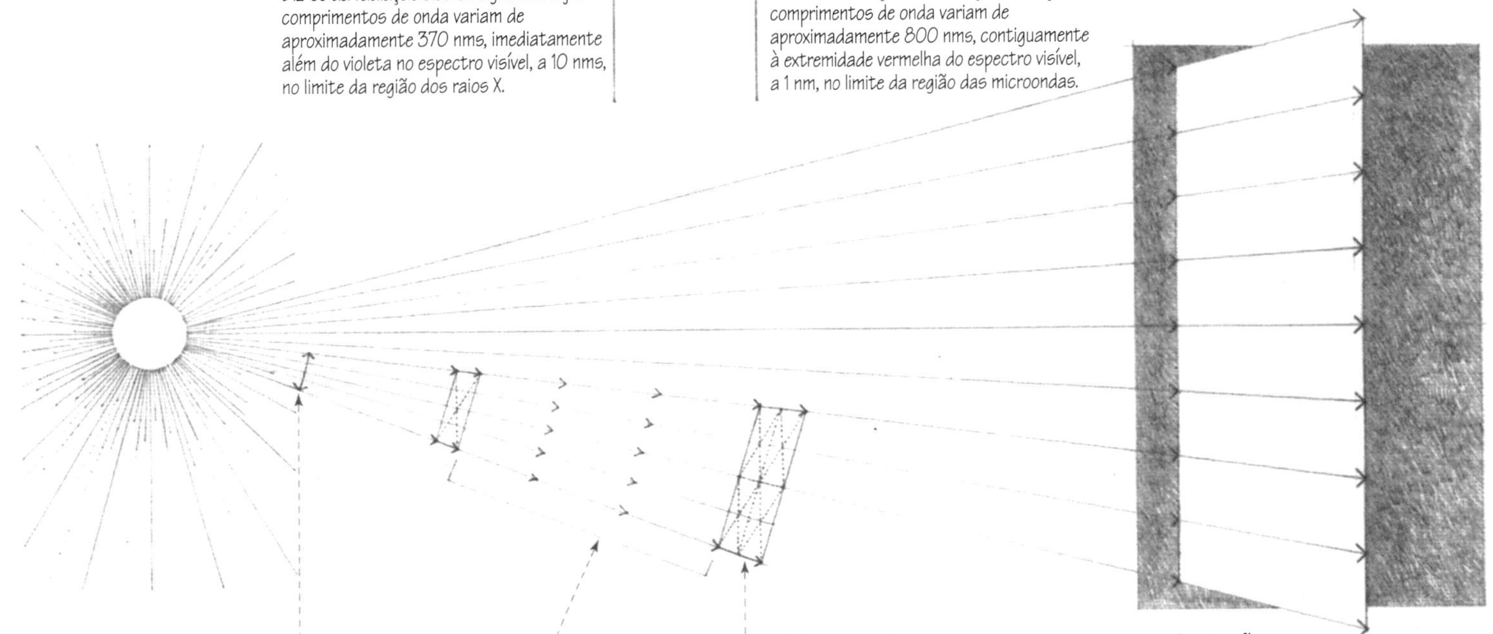

intensidade luminosa
Fluxo luminoso, em um ângulo sólido de 1 estereorradiano, emitido por uma fonte luminosa, expresso em candelas.

vela
Unidade de intensidade luminosa utilizada até 1948, equivalente a tal propriedade em uma vela de cera com especificações padrão.

candela
A unidade básica de intensidade luminosa no Sistema Internacional, equivalente a tal propriedade em uma fonte que emite uma radiação monocromática com freqüência de 540 x 10^{12} e cuja intensidade radiante é de 1/683 watts por estereorradiano. Também chamada **vela padrão**. Abreviação: **cd**.

fluxo luminoso
Intensidade do fluxo da luz visível por unidade de tempo, expressa em lúmens.

lúmen
Unidade do fluxo luminoso no Sistema Internacional, equivalente à luz emitida em um ângulo sólido de 1 estereorradiano por uma fonte pontual de intensidade de 1 candela. Abreviação: **lm**.

lei do quadrado inverso
Uma das várias leis que relacionam duas quantidades quando uma delas varia inversamente ao quadrado da outra, como a lei segundo a qual a iluminação produzida em uma superfície por uma fonte pontual varia inversamente ao quadrado da distância entre a superfície e a fonte.

iluminação
Intensidade de luz que incide sobre uma área determinada qualquer em uma superfície iluminada, igual ao fluxo luminoso incidente por unidade de área e expressa em lúmens por unidade de área. Também chamada **iluminância**.

lux
Unidade de iluminação no Sistema Internacional, igual a 1 lúmen por metro quadrado. Abreviação: **lx**.

lei do cosseno
Lei segundo a qual a luminosidade produzida em uma superfície por uma fonte pontual é proporcional ao cosseno do ângulo de incidência. Também chamada **lei de Lambert**.

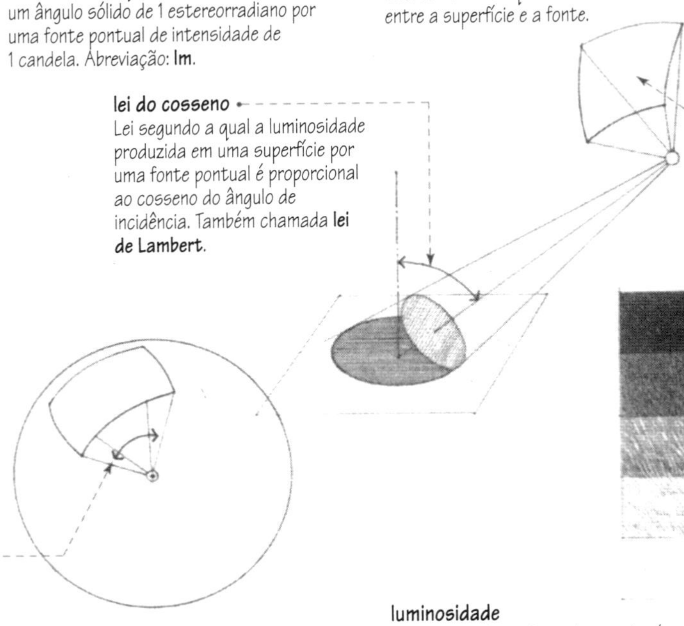

footcandle
Unidade de iluminação em uma superfície esférica que dista, em cada ponto, 1 pé de uma fonte pontual uniforme de 1 vela, equivalente a 1 lúmen incidente por pé quadrado. Equivalente a 10,76 lux. Abreviação: **FC**.

luminância
Medida quantitativa da luminosidade de uma fonte de luz ou de uma superfície iluminada, igual à intensidade luminosa por unidade de área projetada da fonte ou superfície observadas a partir de uma determinada direção.

lambert
Unidade de luminância ou luminosidade igual a 0,32 candela por centímetro quadrado. Abreviação: **L**.

foot-lambert
Unidade de luminância ou luminosidade igual a 0,32 candela por pé quadrado. Abreviação: **Fl**.

ângulo sólido
Ângulo formado por três ou mais planos que se interceptam em um ponto comum.

estereorradiano
Ângulo sólido no centro de uma esfera que subtende, na superfície, uma área equivalente ao quadrado do raio da esfera. Abreviação: **sr** ou **er**.

luminosidade
Sensação pela qual um observador é capaz de distinguir diferentes luminâncias.

incidência
Recaimento de um raio de luz ou onda sonora sobre uma superfície.

reflexão
Retorno da luz, do som ou do calor radiante após atingirem uma superfície.

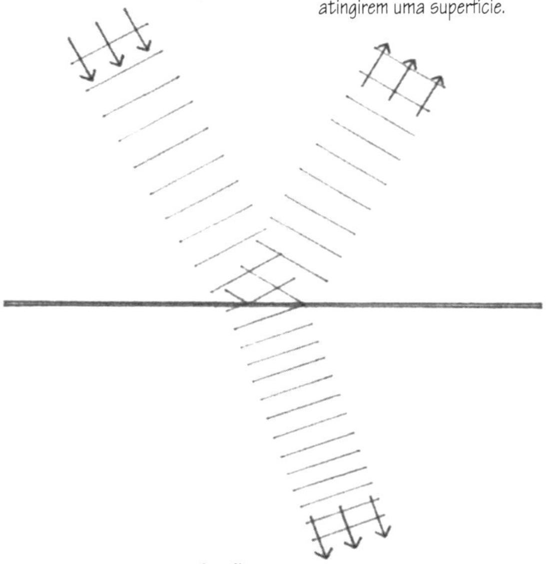

ângulo de incidência
Ângulo formado por uma linha reta, por exemplo um raio de luz que incide sobre uma superfície, e a normal àquela superfície no ponto de incidência.

ângulo de reflexão
Ângulo formado por um raio refletido e a normal a uma superfície refletora no ponto de incidência.

lei da reflexão
Princípio de que quando a luz ou o som são refletidos por uma superfície lisa, o ângulo de reflexão é igual ao ângulo de incidência, e o raio incidente, o raio refletido e a normal à superfície ficam no mesmo plano.

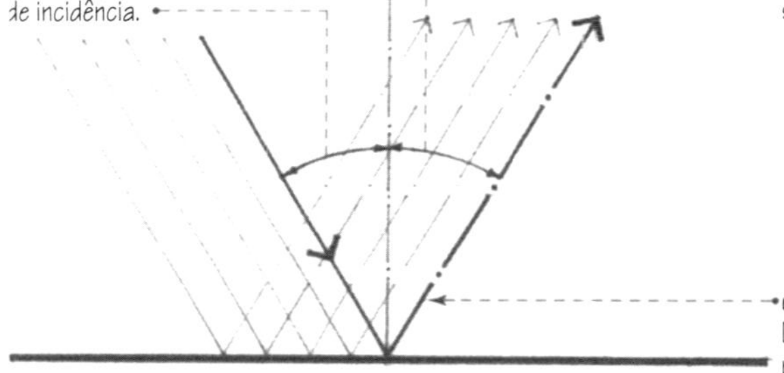

especular
Dirigido a partir de uma superfície lisa e polida.

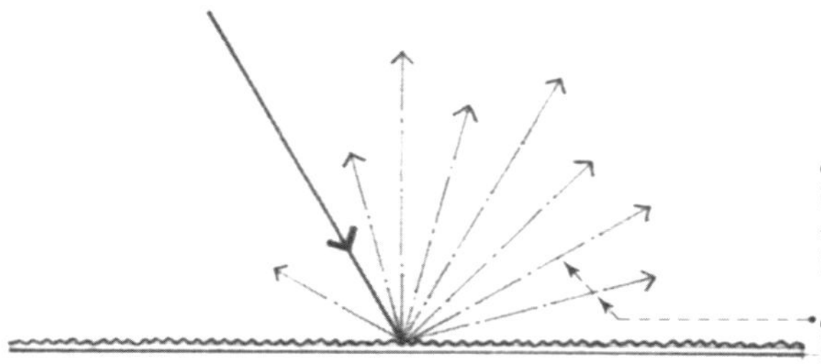

difusão
Reflexão dispersa de luz a partir de uma superfície irregular, ou uma dispersão irregular por um meio translúcido.

difuso
Disperso a partir de uma superfície irregular.

refração
Mudança de direção de um raio de luz ao passar obliquamente de um meio para outro no qual sua velocidade é diferente.

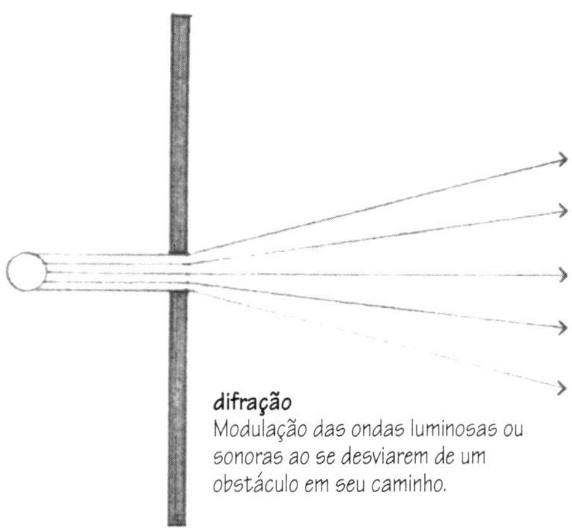

difração
Modulação das ondas luminosas ou sonoras ao se desviarem de um obstáculo em seu caminho.

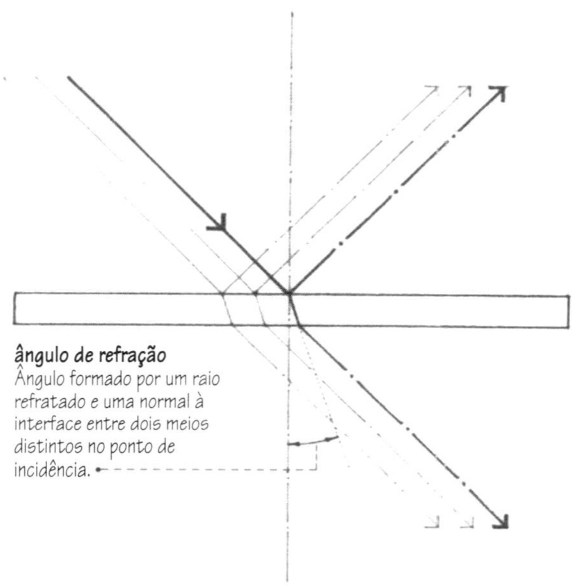

ângulo de refração
Ângulo formado por um raio refratado e uma normal à interface entre dois meios distintos no ponto de incidência.

refletância
Razão entre a radiação refletida por uma superfície e o total incidente sobre esta. Também chamada **coeficiente de reflexão**.

absortância
Razão entre a radiação absorvida por uma superfície e o total incidente sobre esta. Também chamada **coeficiente de absorção**.

transmitância
Razão entre a radiação transmitida através e que sai de um corpo e o total incidente sobre este, equivalente a 1 menos a absortância.

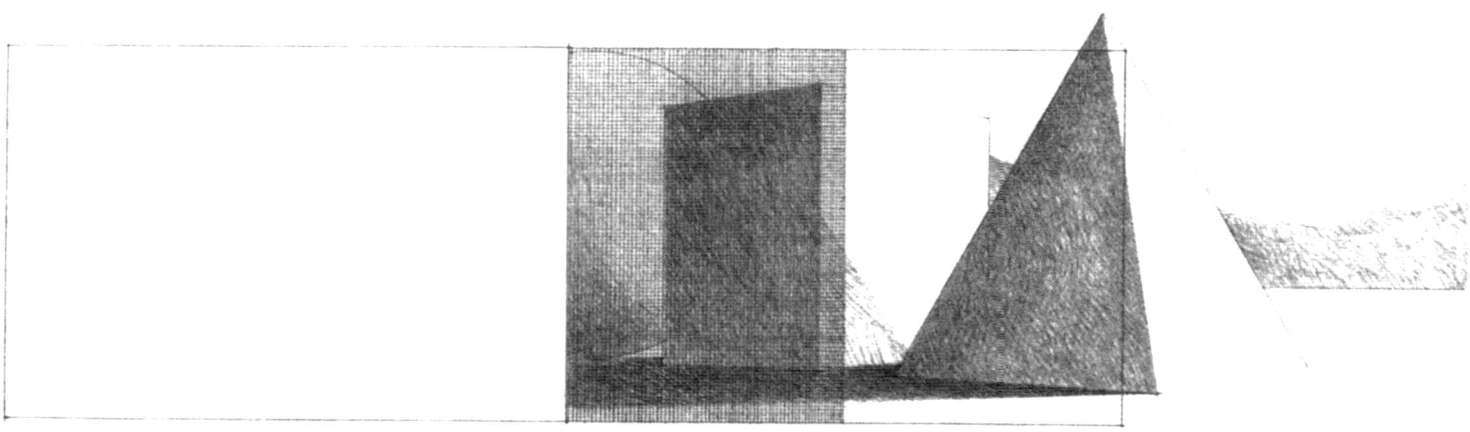

opaco
Impenetrável à luz.

translúcido
Que transmite e difunde a luz de tal modo que os corpos existentes no lado oposto não são visíveis com nitidez.

transparente
Capaz de transmitir a luz de tal modo que os corpos situados além ou atrás são nitidamente visíveis.

lâmpada
Qualquer um dentre vários dispositivos utilizados para a produção de luz ou calor, por exemplo através de gás ou eletricidade.

lâmpada de incandescência
Lâmpada na qual um filamento emite luz quando aquecido à incandescência por uma corrente elétrica. Também chamada simplesmente **lâmpada**, **lâmpada incandescente** e **lâmpada elétrica**.

filamento
Condutor delgado de uma lâmpada elétrica que é aquecido até a incandescência mediante a passagem de uma corrente elétrica.

incandescência
Emissão de luz visível por um corpo quando aquecido a uma temperatura elevada.

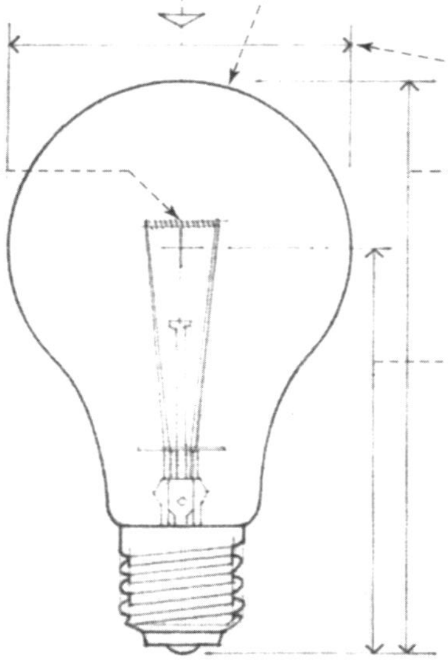

bulbo
Vidro que envolve o filamento de uma lâmpada de incandescência, preenchido com uma mistura de gases inertes, normalmente argônio e nitrogênio, para retardar a evaporação do filamento.
Seu formato é designado por uma letra, seguida de um número que indica seu diâmetro.

diâmetro de lâmpada
Diâmetro máximo do bulbo de uma lâmpada.

comprimento total máximo
Dimensão entre a base de uma lâmpada e o ponto mais afastado de seu bulbo, ou a dimensão base-a-base de uma lâmpada com uma base em cada extremidade.

distância ao centro
Distância entre o centro do filamento de uma lâmpada e um plano de referência na base da lâmpada.

lâmpada de uso prolongado
Lâmpada destinada a um consumo reduzido de energia e a uma vida mais longa do que o valor convencionalmente estabelecido para sua categoria geral. Também chamada **lâmpada de longa vida**.

eficiência luminosa
Medida da eficiência com a qual uma lâmpada converte energia elétrica em fluxo luminoso, igual à razão entre o fluxo emitido e a energia consumida e expresso em lúmens por watt.

vida útil
Durabilidade média, em termos de horas, de um determinado tipo de lâmpada, determinada por ensaios laboratoriais de um grupo representativo sob condições controladas. Também chamada **vida média nominal**.

lâmpada de três vias
Lâmpada de incandescência com dois filamentos, de modo a permitir a comutação entre três níveis sucessivos de iluminação.

lâmpada de tungstênio
Lâmpada de incandescência com um filamento de tungstênio.

lâmpada de tungstênio e halogênio
Lâmpada de tungstênio com um bulbo de quartzo contendo uma pequena quantidade de halogênio que se evapora ao ser aquecido e redeposita no filamento todas as partículas de tungstênio evaporadas. Também chamada **lâmpada halógena** e **lâmpada de quartzo**.

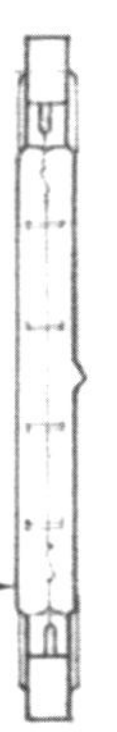

lâmpada halógena IR
Lâmpada de tungstênio e halogênio com um revestimento dicróico infravermelho para refletir a energia infravermelha de volta ao filamento, elevando o rendimento da lâmpada e reduzindo o calor radiante no feixe luminoso emitido.

lâmpada infravermelha
Lâmpada de incandescência com uma força radiante mais elevada na região infravermelha do que uma lâmpada de incandescência comum, e que normalmente possui um bulbo de vidro vermelho para reduzir a luz visível irradiada.

base de lâmpada
Parte de uma lâmpada que se conecta a um soquete.

soquete
Dispositivo com a finalidade de suster mecanicamente e conectar eletricamente uma lâmpada. Também chamado **porta-lâmpada**.

bulbo TB
Bulbo de quartzo para lâmpadas de tungstênio e halogênio, de formato semelhante ao de um bulbo A, porém com um perfil angular.

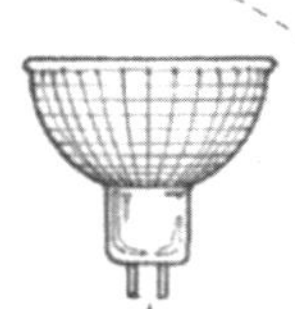

bulbo MR
Bulbo refletor multifacetado para lâmpadas de tungstênio e halogênio, provido de refletores altamente polidos, distribuídos em pequenos segmentos, a fim de proporcionarem a difusão necessária do feixe luminoso. Também chamada **lâmpada dicróica**.

bulbo A
Formato padrão arredondado dos bulbos das lâmpadas de incandescência de uso geral.

bulbo B
Bulbo em forma de chama, utilizado em lâmpadas de incandescência decorativas de baixa potência. Também **vela balão**.

bulbo C
Bulbo em forma de cone, utilizado em lâmpadas de incandescência decorativas de baixa potência.

bulbo CA
Bulbo em forma de vela, utilizado em lâmpadas de incandescência decorativas de baixa potência. Também **vela lisa**.

bulbo R
Bulbo refletor de vidro soprado para lâmpadas de incandescência e de descarga elétrica de alta intensidade, com um revestimento interno refletor e uma dianteira de vidro transparente ou fosco a fim de se obter a difusão desejada do feixe luminoso.

bulbo PAR
Bulbo refletor parabólico de vidro fundido para lâmpadas de incandescência e de descarga elétrica de alta intensidade, provido de um refletor interno de formato preciso e, na dianteira, uma lente, a fim de se obter a difusão desejada do feixe luminoso.

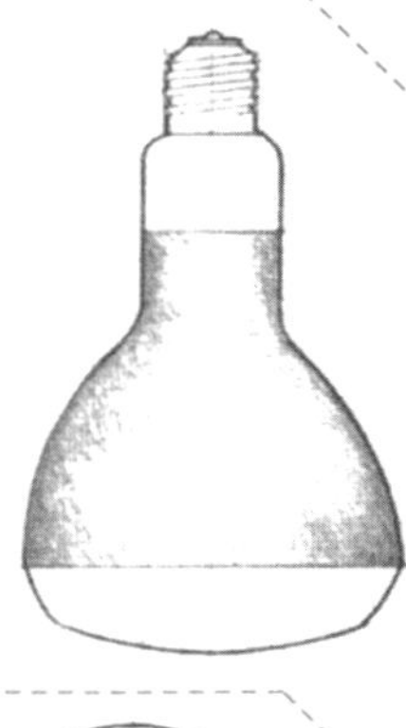

bulbo ER
Bulbo refletor elipsoidal para lâmpadas de incandescência, provido de um refletor interno de formato preciso que absorve a luz e a redireciona segundo um padrão disperso a alguma distância à frente do filamento.

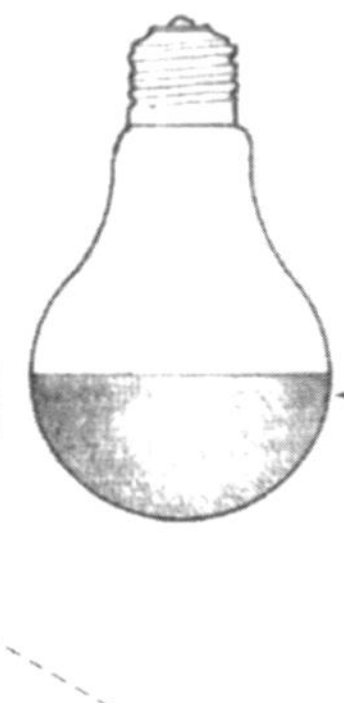

bulbo A/SB
Bulbo A com uma calota refletora semi-esférica de prata defronte à base da lâmpada para reduzir o ofuscamento. Também chamado **bulbo prateado**.

bulbo G
Bulbo em forma de globo para lâmpadas de incandescência, com baixa luminosidade, para uso em áreas desabrigadas. Também chamado **bolinha**.

bulbo PS
Bulbo em forma de pêra, próprio para lâmpadas de incandescência grandes.

bulbo S
Bulbo de lados retos, próprio para lâmpadas de incandescência decorativas de baixa potência.

lastro
Dispositivo para se manter a corrente ao longo de uma lâmpada fluorescente ou de descarga elétrica de alta densidade em um nível constante desejado e, por vezes, também para fornecer a voltagem de acendimento e a corrente necessárias.

starter
Termo inglês que designa um dispositivo utilizado com um lastro para o fornecimento da voltagem de acendimento para uma lâmpada fluorescente de preaquecimento.

bulbo T
Bulbo tubular para lâmpadas de incandescência e de descarga de alta densidade.

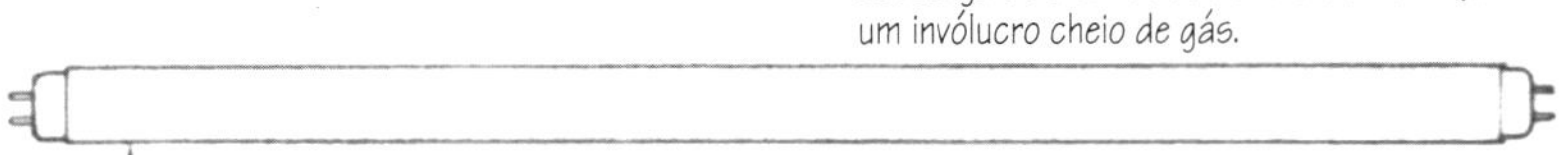

lâmpada circular
Lâmpada fluorescente cujo formato é próprio para luminárias circulares.

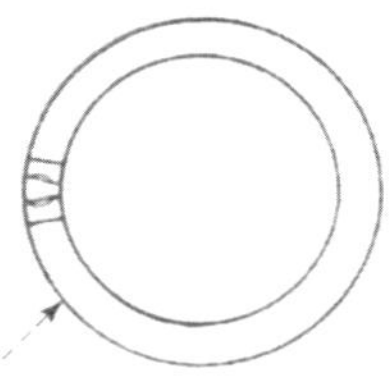

lâmpada em U
Lâmpada fluorescente em forma de U para luminárias quadradas ou retangulares.

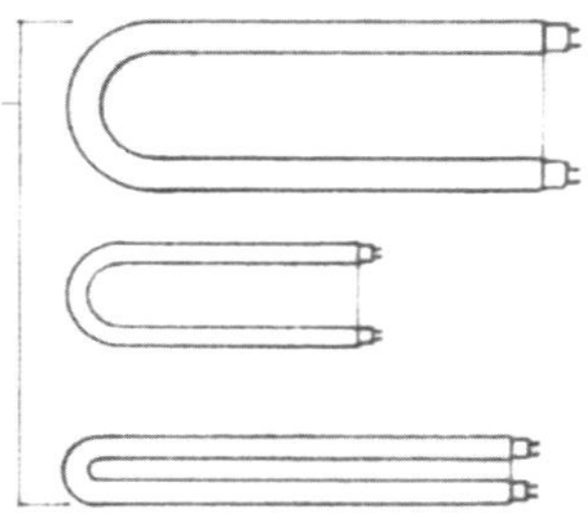

lâmpada fluorescente compacta
Qualquer uma dentre várias lâmpadas fluorescentes pequenas de alto rendimento, com tubo simples, duplo ou em U, e normalmente um adaptador para sua instalação em um soquete de lâmpada de incandescência.

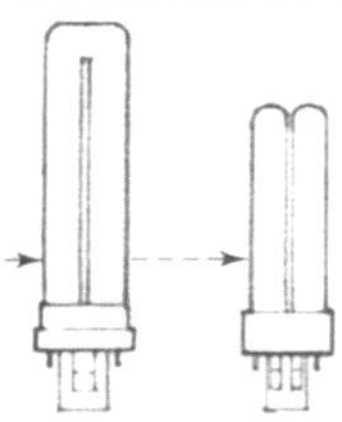

temperatura de cor
Temperatura na qual um corpo preto emite luz de uma distribuição espectral específica, utilizada na especificação da cor de uma fonte de luz.

lâmpada de descarga
Lâmpada na qual a luz é produzida pela descarga de eletricidade entre eletrodos, em um invólucro cheio de gás.

fósforo
Qualquer uma dentre uma série de substâncias que emitem luz quando ativadas por uma radiação.

trifósforo
Fósforo com crista sem três regiões cromáticas específicas – vermelho, azul e verde –, usado para melhorar a fidelidade cromática de uma lâmpada fluorescente.

curva de distribuição espectral
Curva que representa graficamente a radiação de energia para cada comprimento de onda, emitida por uma fonte de luz.

índice de reprodução de cores
Medida da capacidade de uma lâmpada elétrica em revelar as cores com precisão quando comparada a uma fonte luminosa referencial de temperatura de cor semelhante. Uma lâmpada de tungstênio operando a uma temperatura de cor de 3.200°K, a luz solar ao meio-dia com uma temperatura de cor de 4.800°K e uma luz solar média com uma temperatura de 7.000°K têm, todas, um índice igual a 100 e são consideradas fontes capazes de revelar as cores com perfeição.

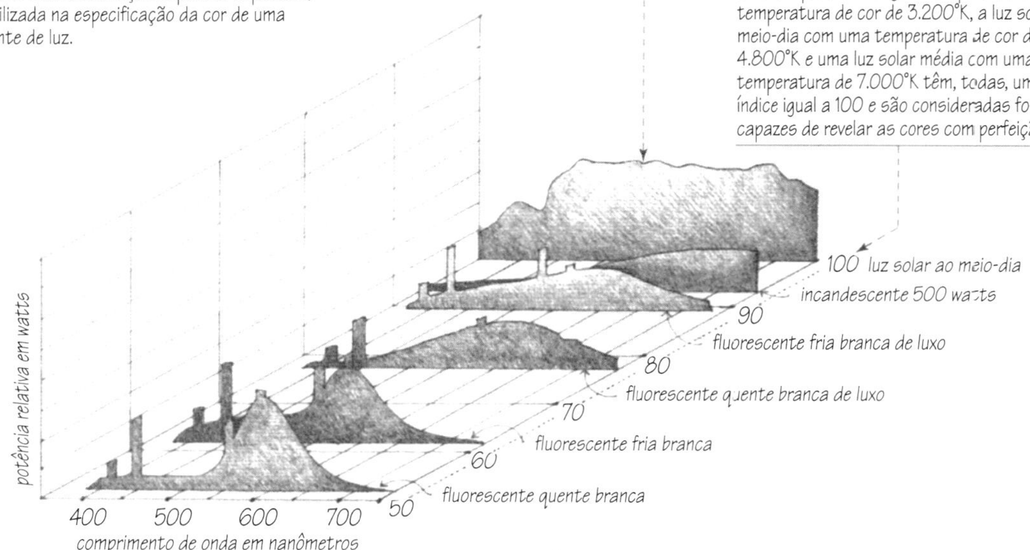

lâmpada de néon
Lâmpada de cátodo frio que emite luminosidade quando uma alta voltagem é aplicada entre dois eletrodos em um tubo de vidro contendo gás néon.

lâmpada de cátodo frio
Lâmpada de descarga provida de cátodos que emitem elétrons sem a necessidade de serem aquecidos.

bulbo BT
Bulbo tubular protuberante para lâmpadas de descarga de alta intensidade.

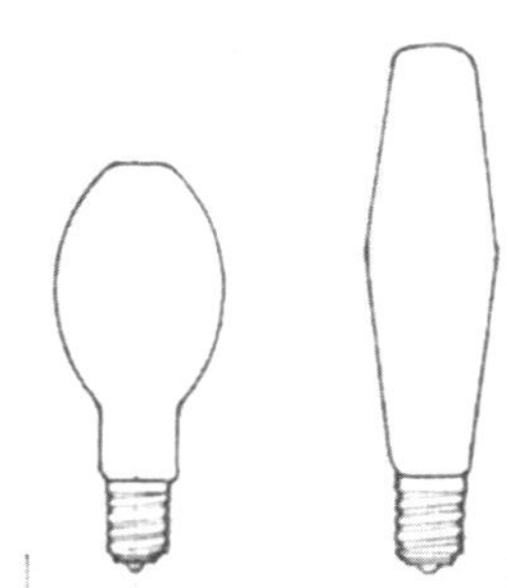

bulbo E
Bulbo elipsoidal para lâmpadas de descarga de alta intensidade.

lâmpada fluorescente
Lâmpada tubular de descarga na qual a luz é produzida pela fluorescência do fósforo que reveste o interior do tubo.

fluorescência
A emissão de radiação, esp. da luz visível, por uma substância durante a exposição à radiação externa.

lâmpada de preaquecimento
Lâmpada fluorescente que exige um starter à parte para preaquecer os cátodos antes de abrir o circuito para a voltagem de acendimento.

lâmpada de acendimento rápido
Lâmpada fluorescente destinada a funcionar com um lastro dotado de um enrolamento de baixa voltagem para um aquecimento contínuo dos cátodos, o que lhe permite um acendendimento mais rápido do que uma lâmpada de preaquecimento.

lâmpada de acendimento automático
Lâmpada fluorescente destinada a funcionar com um lastro dotado de um transformador de alta voltagem para iniciar o arco diretamente sem nenhum preaquecimento dos cátodos.

lâmpada de alta potência
Lâmpada fluorescente de acendimento rápido destinada a funcionar em uma corrente de 800 miliampères, resultando em um aumento correspondente do fluxo luminoso por unidade de comprimento da lâmpada.

lâmpada de potência muito alta
Lâmpada fluorescente de acendimento rápido destinada a funcionar em uma corrente de 1.500 miliampères, proporcionando um aumento proporcional do fluxo luminoso por unidade de comprimento da lâmpada.

lâmpada de descarga de alta intensidade
Lâmpada de descarga na qual uma quantidade significativa de luz é produzida pela descarga de eletricidade através de um vapor metálico em um envólucro lacrado de vidro.

lâmpada de mercúrio
Lâmpada de descarga de alta intensidade na qual a produção de luz se dá por meio de uma descarga elétrica no vapor de mercúrio. Também **lâmpada de vapor de mercúrio**.

lâmpada de sódio
Lâmpada de descarga de alta intensidade na qual a produção de luz se dá por meio de uma descarga elétrica no vapor de sódio. Também **lâmpada de vapor de sódio**.

lâmpada de sódio de baixa pressão
Lâmpada de sódio que produz uma luz amarela fria, utilizada esp. para iluminar rodovias. Também chamada **lâmpada LPS**.

lâmpada de sódio de alta pressão
Lâmpada de sódio que produz uma luz branco-dourada de espectro mais amplo do que uma lâmpada de sódio de baixa pressão. Também chamada **lâmpada HPS**.

lâmpada de halogeneto metálico
Lâmpada de descarga de alta intensidade, de construção semelhante à de uma lâmpada de mercúrio, mas que possui um tubo de arco elétrico ao qual vários halogenetos metálicos são acrescidos visando à produção de mais luz e ao aumento da fidelidade cromática.

luminária
Objeto de iluminação que consiste em uma ou mais lâmpadas elétricas e todas as peças e fios necessários para o seu posicionamento, proteção, ligação a uma fonte de energia, bem como para a distribuição da luz.

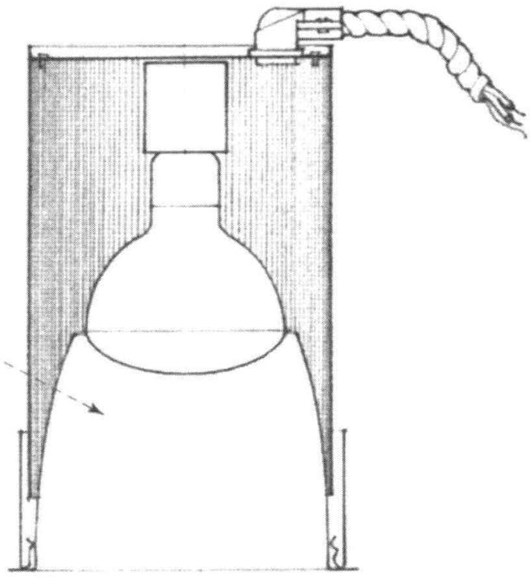

refletor
Superfície cuja finalidade é refletir a luz, o calor ou o som, esp. o dispositivo de uma luminária provido de uma superfície tal e utilizado para se controlar a distribuição da luz emitida por uma lâmpada. Também chamado **refletidor**.

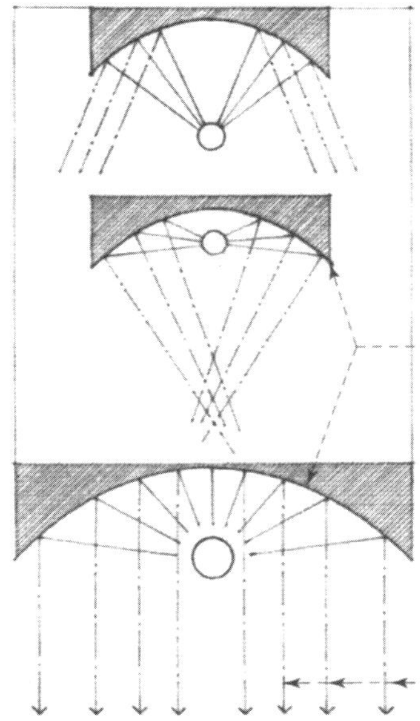

refletor parabólico
Refletor com uma superfície parabólica destinada a colimar, espalhar ou focalizar os raios emitidos por uma fonte de luz, dependendo da localização desta.

colimar
Tornar paralelos os raios de luz.

lente
Peça de material transparente, como vidro ou plástico, que tem duas superfícies opostas, uma das quais ou ambas curvas, utilizada em luminárias para focalizar, dispersar ou colimar a luz emitida.

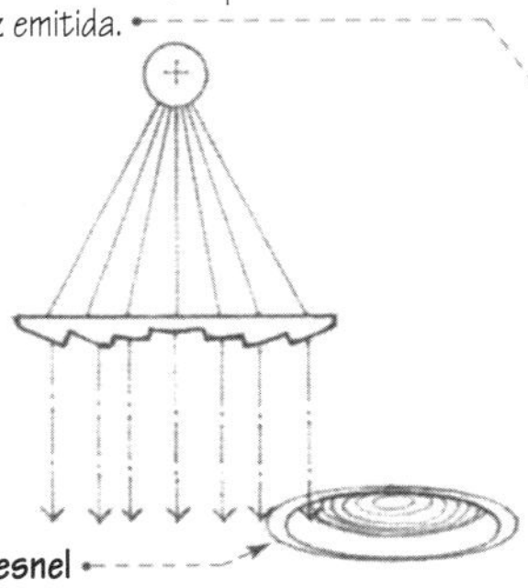

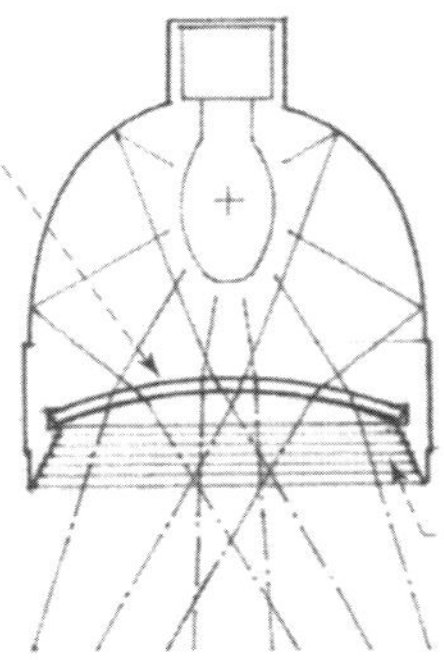

defletor em aparelho de embutir
Série de refletores circulares destinados a reduzir a luminosidade de uma fonte de luz em uma abertura.

lente de Fresnel
Lente com sulcos prismáticos e concêntricos, cuja finalidade é concentrar a luz emitida por uma fonte pequena.

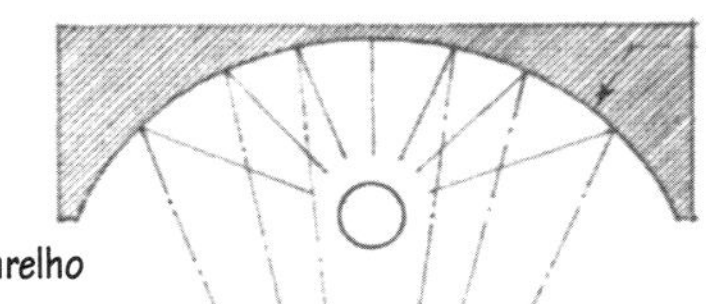

refletor elíptico
Refletor com uma superfície elíptica para focalizar os raios emitidos por uma fonte de luz.

difusor
Qualquer um dentre uma variedade de materiais translúcidos destinados a filtrar a luminosidade proveniente de uma fonte de luz e distribuí-la por uma área extensa.

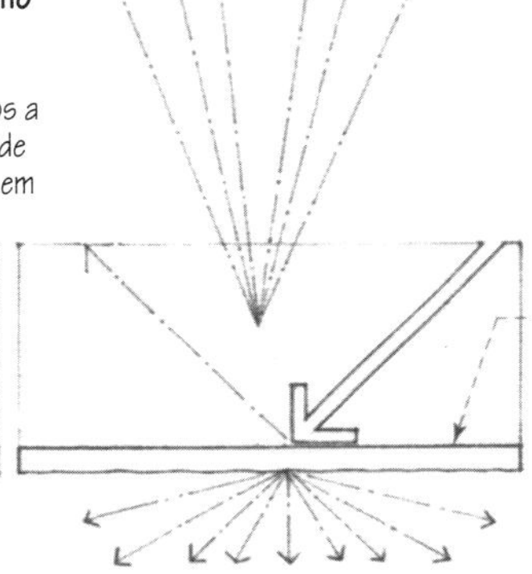

lente prismática
Lente com uma superfície multifacetada com prismas paralelos, utilizada para redirecionar os raios emitidos por uma fonte de luz.

lanternim
Dispositivo provido de lâminas ou palhetas para se controlar a irradiação de uma fonte de luz.

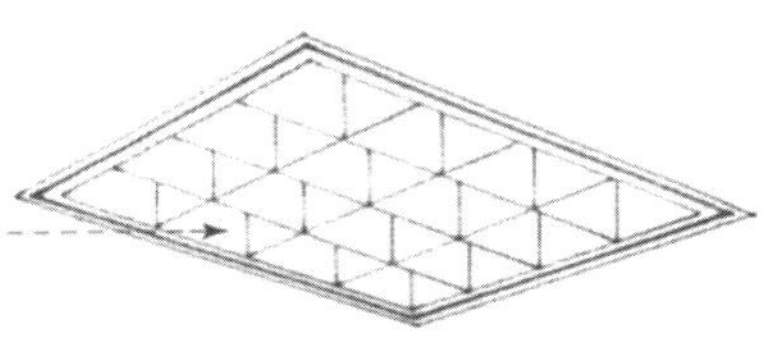

colméia
Lanternim dividido em pequenas células e utilizada para se redirecionar a luz emitida por uma fonte que está acima.

defletor
Dispositivo tipo adufa utilizado para vedar uma fonte de luz do olho humano em determinados ângulos.

ângulo de vedação
Ângulo abaixo do qual uma fonte de luz se torna visível.

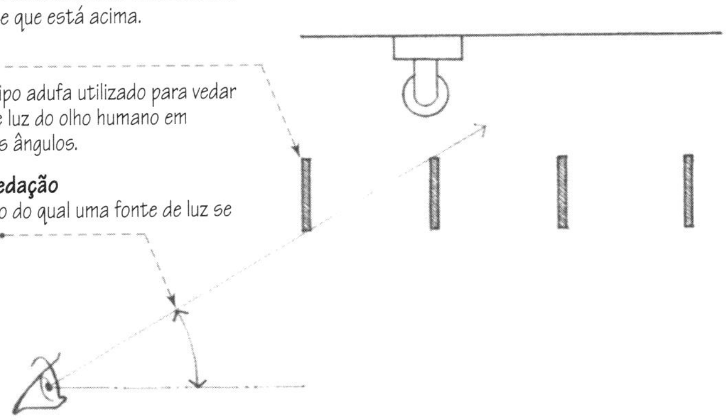

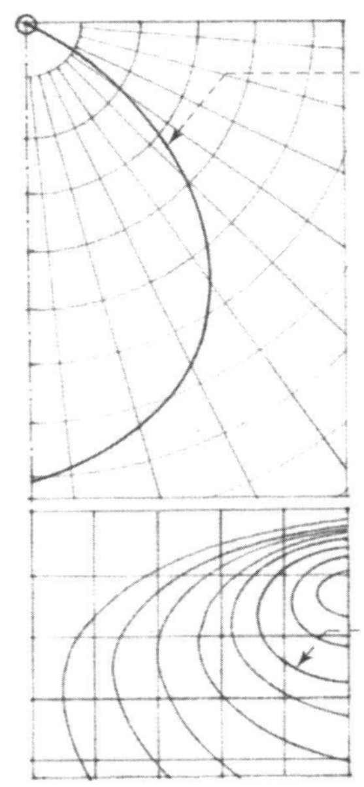

curva de distribuição de intensidade luminosa
Mapa polar da intensidade luminosa emitida por uma lâmpada, luminária ou janela em uma determinada direção a partir do centro da fonte luminosa, medida em um único plano no caso de uma fonte de luz simétrica e em um plano perpendicular, paralelo e, por vezes, a 45° no caso de uma fonte assimétrica.

mapa isolux
Representação gráfica do padrão de iluminação produzido por uma lâmpada ou luminária em uma superfície.

linha isolux
Linha que une todos os pontos de uma superfície de mesmo nível de iluminação. Chamada **linha *isofootcandle*** quando a iluminação é expressa em footcandle.

eficiência de luminária
Razão entre o fluxo luminoso emitido por uma luminária e o fluxo total emitido por suas lâmpadas.

luz de parede
Luminária descendente instalada próximo ao plano de uma parede e equipada com um refletor, um defletor ou uma lente a fim de iluminar a superfície vertical.

projetor
Luminária destinada a projetar ou difundir um nível relativamente uniforme de iluminação por uma área extensa.

luz descendente
Luminária que consiste em uma lâmpada instalada em um cilindro metálico e embutida ou afixada em um teto a fim de direcionar um feixe de luz para baixo.

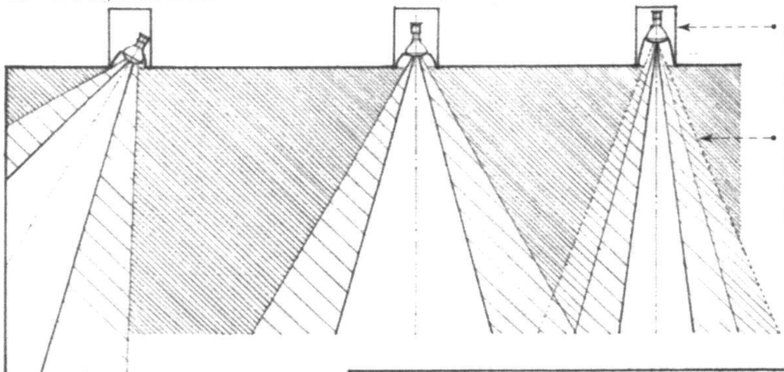

spot
Termo inglês que designa uma lâmpada destinada a projetar um raio de luz forte e concentrado sobre um objeto ou uma área.

luz perdida
Raios de luz supérfluos ou desnecessários, por exemplo de um spot ou outra fonte de luz concentrada.

fonte pontual
Fonte luminosa cuja dimensão máxima é inferior a um quinto da distância entre ela e a superfície iluminada.

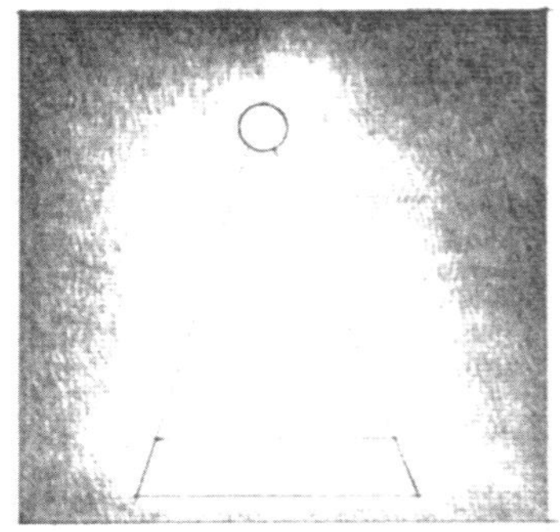

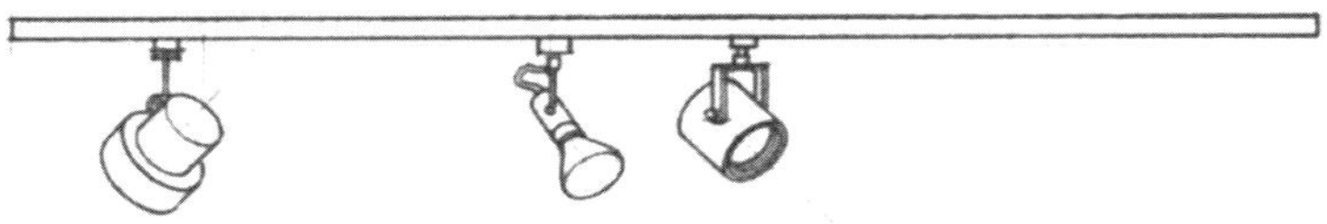

luz de trilho
A iluminação fornecida por holofotes ajustáveis instalados ao longo de um trilho estreito afixado no teto ou na parede e através do qual é conduzida a corrente elétrica.

faixa de luz
Fita rígida ou flexível com fontes de luz de baixa voltagem – de 1 a 10 watts – expostas.

sanca de iluminação
Iluminação indireta dirigida para cima a partir de uma cornija interna no canto de um teto.

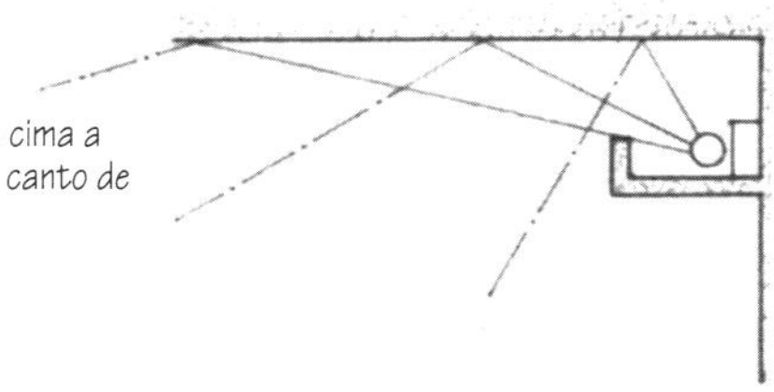

luz de sanefa
Iluminação indireta dirigida para cima ou para baixo proveniente de uma fonte de luz oculta por uma placa ou faixa horizontal.

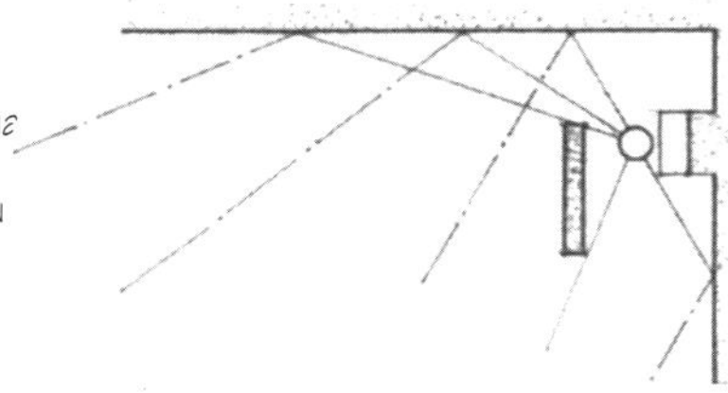

luz de cornija
Iluminação indireta dirigida para baixo a partir de uma cornija interna no canto de um teto.

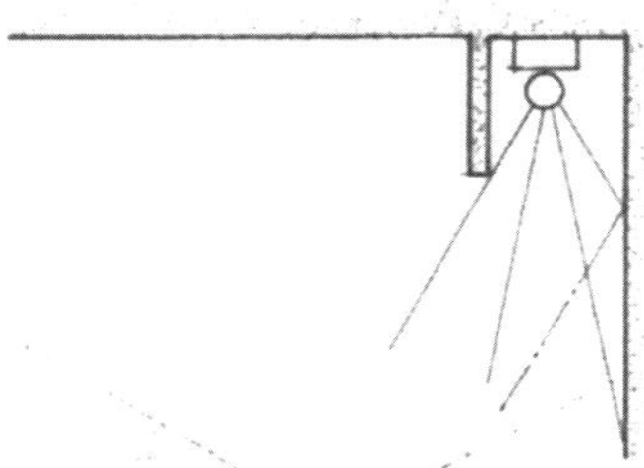

refletor para lâmpada fluorescente
Luminária com um refletor em forma de gamela que abriga uma ou mais lâmpadas fluorescentes.

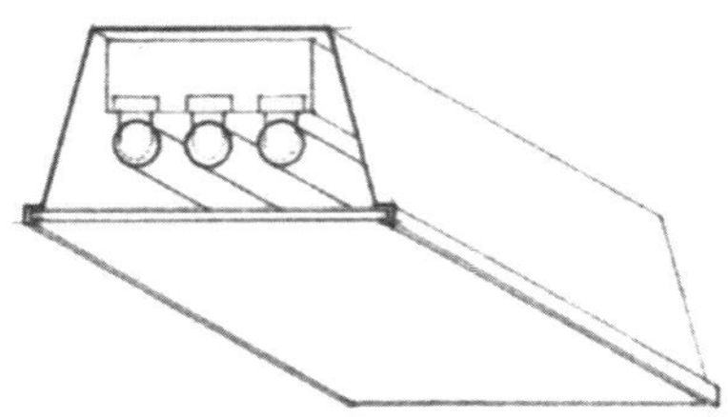

fonte linear
Fonte de luz que possui uma dimensão significativamente maior que as outras – por exemplo, uma lâmpada fluorescente.

fonte bidimensional
Fonte de luz que apresenta dimensões significativas em duas direções – por exemplo, uma janela grande ou um teto luminoso.

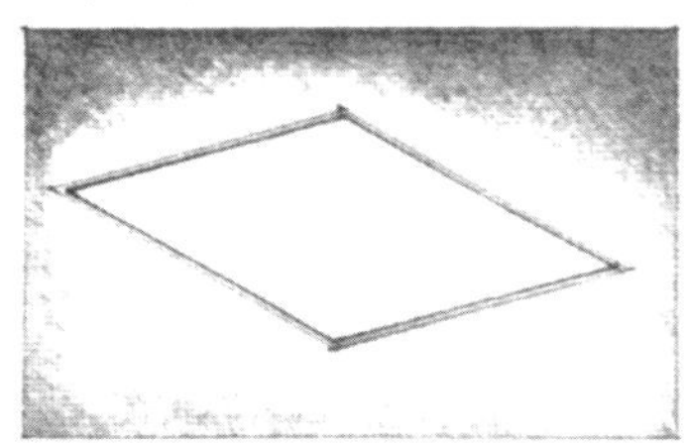

luminária pendente ajustável
Luminária que pende de um teto ou parede por um cabo flexível através do qual pode ser elevada ou baixada.

lustre (1)
Luminária suspensa em um teto.

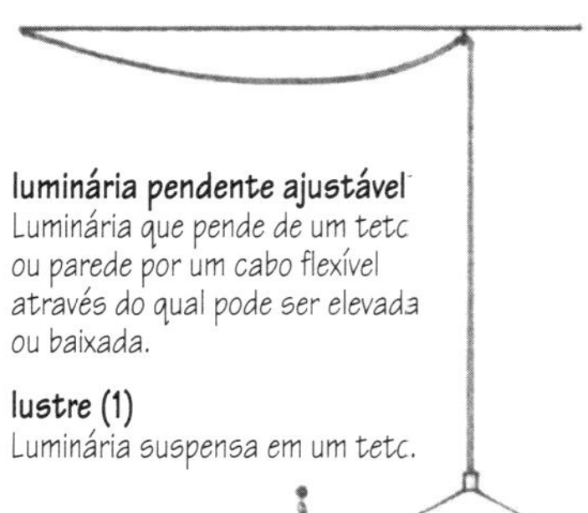

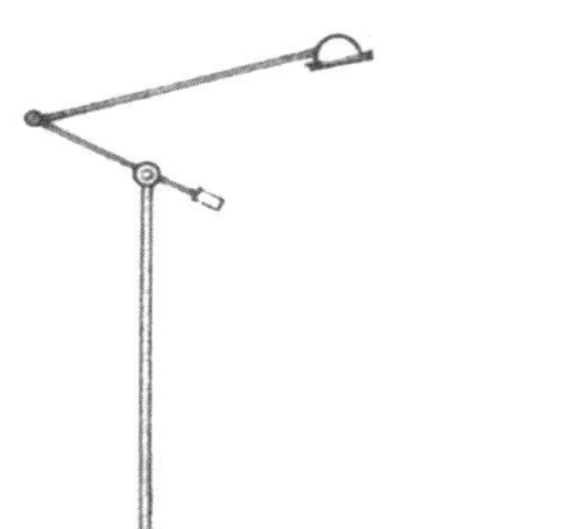

luminária tipo ponte
Luminária de pedestal com a fonte de luz situada em um braço articulado, ajustável horizontalmente.

luminária pescoço de ganso
Luminária de mesa com uma haste flexível semelhante ao pescoço de um ganso.

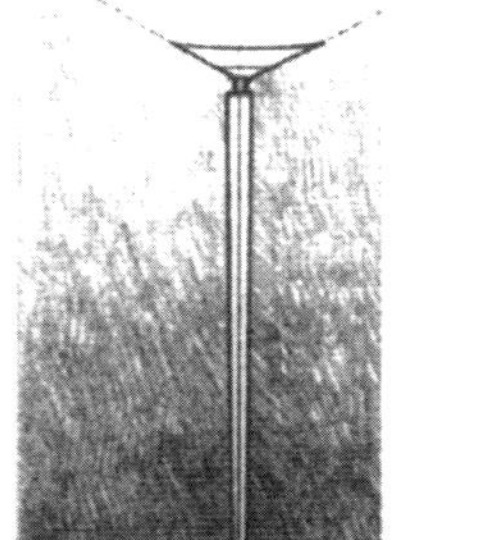

archote
Luminária de pedestal com sua fonte de luz localizada no interior de uma calota refletora que direciona a luz para o alto.

lustre (2)
Luminária decorativa suspensa em um teto, normalmente com braços para a instalação de várias lâmpadas.

candelabro de parede
Suporte decorativo de parede para velas ou outras fontes luminosas.

iluminação
Ciência, teoria ou método de iluminar através do uso de lâmpadas elétricas.

iluminação geral
Iluminação voltada para a criação de um nível uniforme de luz por toda uma área.

iluminação localizada
Iluminação que busca fornecer um nível relativamente alto de luz em uma pequena área, com uma área circundante de menor intensidade iluminada pela luz perdida.

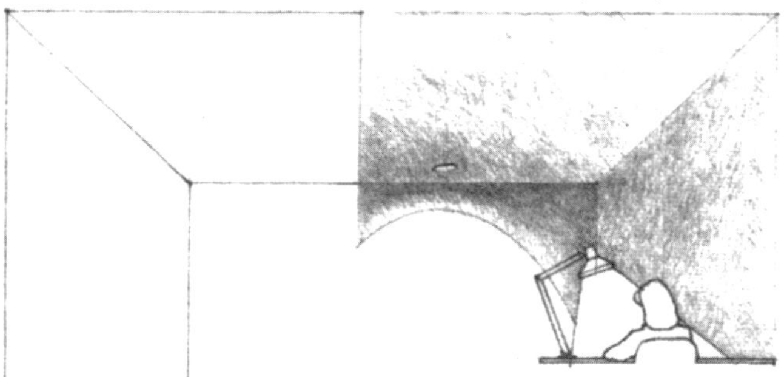

iluminação de serviço
Iluminação destinada a fornecer uma luz forte para uma atividade que envolve esforço visual, como a leitura ou o desenho.

iluminação dirigida
Iluminação que chama a atenção para um objeto ou características particulares do campo visual, ou que forma uma forma decorativa sobre uma superfície.

realçar
Enfatizar, mediante a iluminação com uma luz forte.

contraluz
Iluminação de um objeto por detrás a fim de realçar sua profundidade ou destacá-lo de seu fundo.

luz lateral
Iluminação que provém ou é produzida de uma lateral.

luz suave
Iluminação difusa que produz pouco contraste e sombras de pouca definição sobre o objeto.

luz crua
Iluminação direta que produz forte contraste e sombras nitidamente definidas sobre o objeto.

iluminação direta
Iluminação na qual as luminárias distribuem de 90% a 100% da luz emitida para baixo, sobre a superfície ou área a serem iluminadas.

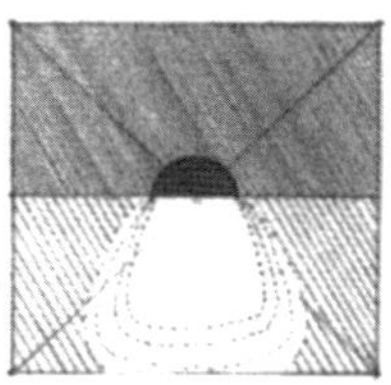

iluminação semidireta
Iluminação na qual as luminárias distribuem para baixo de 60% a 90% da luz emitida.

iluminação geral difusa
Iluminação proveniente de luminárias que emitem uma proporção aproximadamente igual de luz para cima e para baixo.

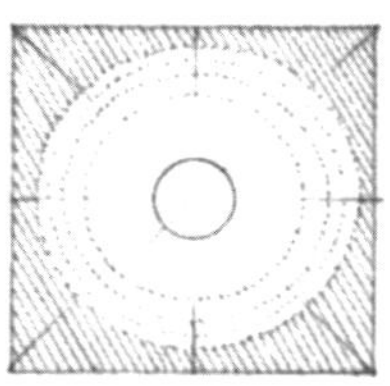

iluminação direta-indireta
Iluminação geral difusa na qual pouca luz é emitida no plano horizontal das luminárias.

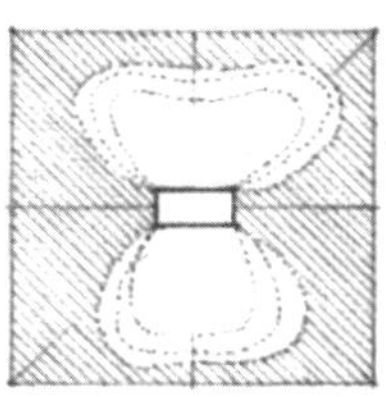

iluminação semidireta
Iluminação na qual as luminárias distribuem de 60% a 90% da luz emitida para cima.

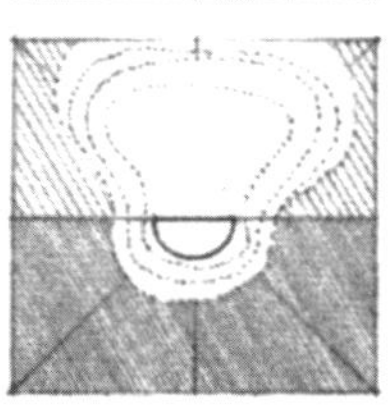

iluminação indireta
Iluminação na qual as luminárias distribuem de 90% a 100% da luz emitida para cima, esp. para evitar ofuscamentos e sombras.

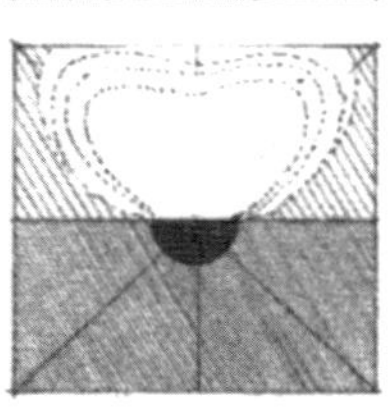

ofuscamento
Sensação produzida por qualquer luminosidade no campo visual maior o suficiente do que a luminância à qual os olhos estão adaptados para causar incômodo, desconforto ou perda de visibilidade.

adaptação
Regulação, por parte da pupila, da quantidade de luz que penetra o olho, resultando em uma mudança na sensibilidade dos fotorreceptores oculares à luz.

probabilidade de conforto visual
Índice da possibilidade de um sistema de iluminação não causar ofuscamento direto, expresso em termos da percentagem de pessoas que se pode esperar venham a experimentar um desconforto visual quando sentadas na posição visualmente menos favorável.

grau de luminosidade
Razão entre a luminância de um objeto e a de seu fundo. Também **relação de contraste**.

brilho ofuscante
Brilho tão intenso que, durante um intervalo considerável de tempo após sua remoção, a visibilidade se perde.

brilho incapacitante
Brilho que reduz a visibilidade ou prejudica o desempenho visual, normalmente acompanhado de desconforto.

brilho desconfortável
Brilho que produz desconforto, mas que não interfere necessariamente na visibilidade ou no desempenho visual.

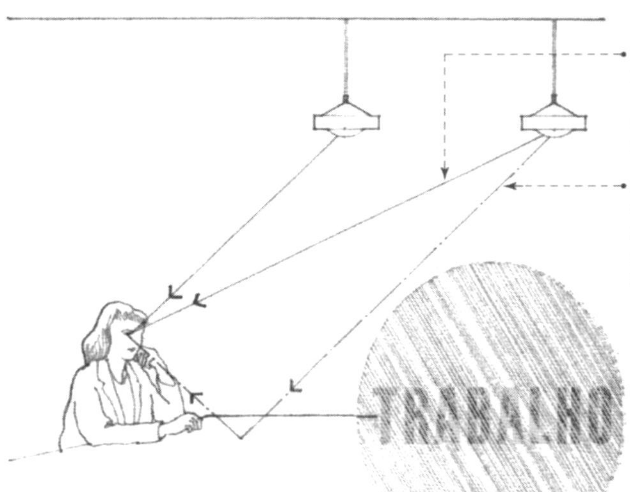

ofuscamento direto
Ofuscamento resultante de um grau de luminosidade elevado ou de uma fonte de luz insuficientemente vedada presente no campo visual.

ofuscamento refletido
Ofuscamento resultante da reflexão especular de uma fonte de luz dentro do campo visual. Também chamado **ofuscamento indireto**.

refletância de encobrimento
Ofuscamento refletido em uma superfície de trabalho, que reduz o contraste necessário para se enxergar os detalhes.

divisão de feixe luminoso
Ângulo de um feixe luminoso que intercepta a curva de distribuição de intensidade luminosa em pontos nos quais tal intensidade equivale a uma percentagem estabelecida de uma intensidade máxima referencial.

critério de espaçamento
Fórmula para se determinar a distância a que devem ser instaladas as luminárias para se obter uma iluminação uniforme de uma superfície ou área, baseada na altura de instalação.

método do ponto de luz
Processo para se calcular a iluminação produzida em uma superfície por uma fonte pontual a partir de qualquer ângulo, baseado nas leis do quadrado inverso e do cosseno.

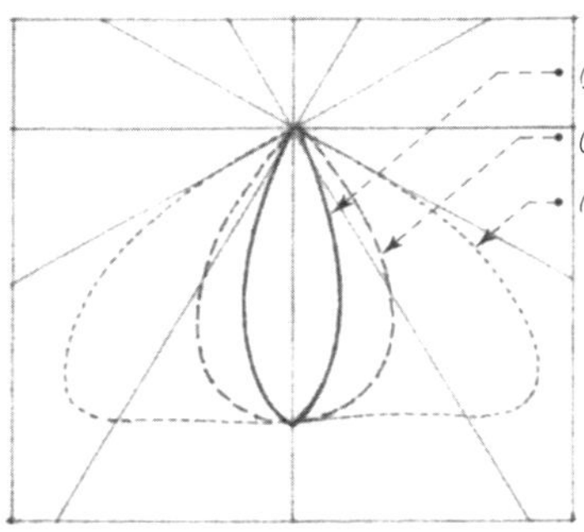

critério de espaçamento (ce) = espaçamento (e)/altura de instalação (h)

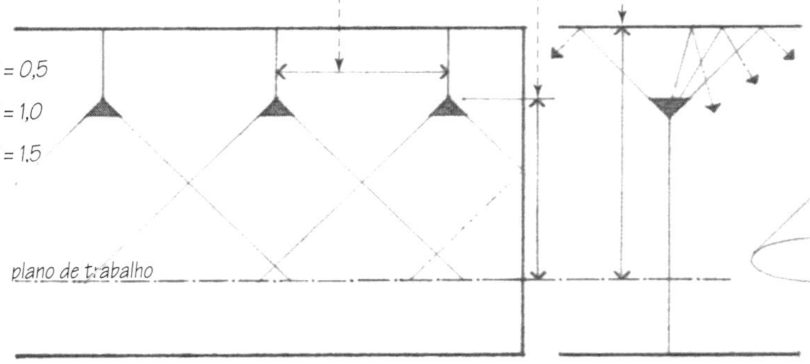

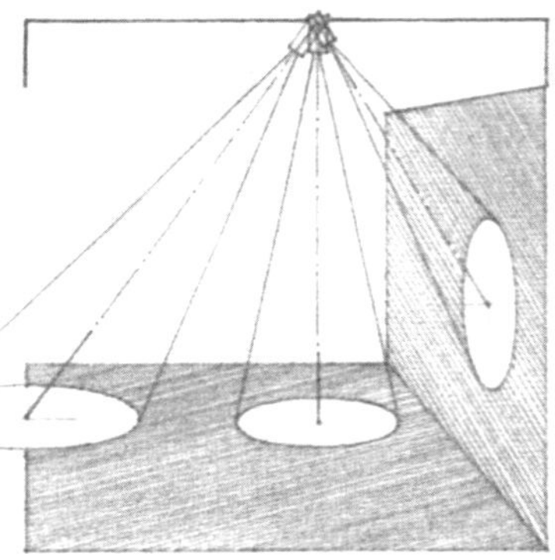

feixe luminoso
Grupo de raios de luz quase paralelos. Também chamado **feixe de luz**.

alcance
O comprimento efetivo de um feixe luminoso.

cavidade do teto
Cavidade formada pelo teto, um plano de luminárias suspensas e as superfícies das paredes situadas entre esses dois planos.

cavidade ambiente
Cavidade formada por um plano de luminárias, o plano de trabalho e as superfícies das paredes situadas entre esses dois planos.

cavidade de piso
Cavidade formada pelo plano de trabalho, o piso e as superfícies das paredes situadas entre esses dois planos.

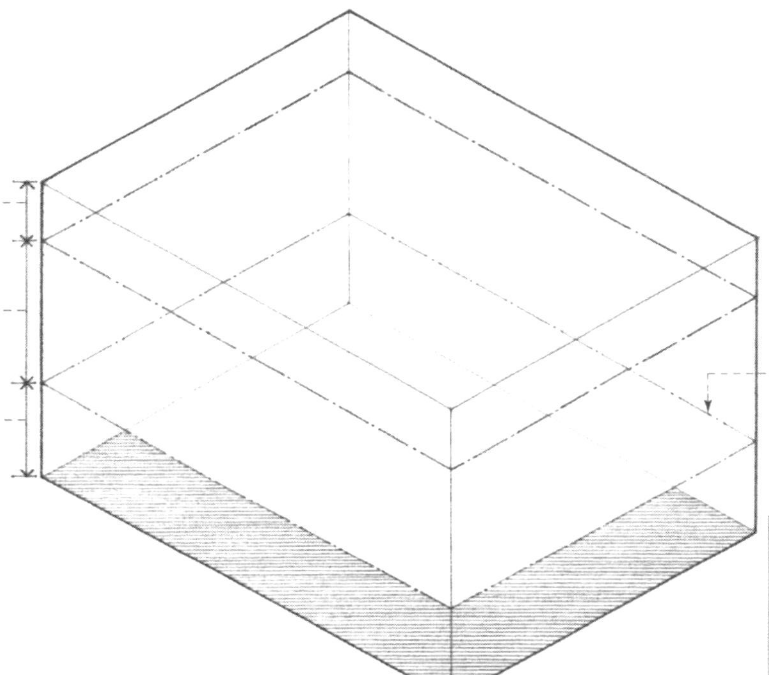

método dos lumens
Processo para se determinar o número e os tipos de lâmpadas, luminárias ou janelas necessárias para se obter um nível de iluminação uniforme sobre uma superfície de trabalho, computando-se o fluxo luminoso direto e o refletido. Também chamado **método da cavidade zonal**.

plano de trabalho
Plano horizontal em que é realizado um trabalho e sobre o qual é especificada e calculada a iluminação, normalmente admitido como situado 30 polegadas (762 mm) acima do chão.

razão de cavidade ambiente
Número simples, derivado das dimensões de uma cavidade ambiente para ser utilizado na determinação do coeficiente de utilização.

coeficiente de perda de luz
Qualquer um dos diversos coeficientes utilizados no cálculo da iluminação efetiva fornecida por um sistema de iluminação após um determinado período de tempo e sob determinadas condições. Também chamado **coeficiente de manutenção**.

deterioração de lúmen de lâmpada
Coeficiente de perda de luz que indica o decréscimo na emissão de luz de uma lâmpada durante sua vida útil, expresso em termos de uma percentagem dos lumens iniciais da mesma.

deterioração de luminária por sujeira
Coeficiente de perda de luz que indica o decréscimo na emissão de luz de uma luminária resultante de um acúmulo de sujeira em suas superfícies, expresso em termos de uma percentagem da iluminação fornecida pela mesma luminária quando nova ou limpa.

deterioração por sujeira das superfícies do ambiente
Coeficiente de perda de luz que indica o decréscimo na luz refletida resultante do acúmulo de sujeira nas superfícies de um ambiente, expresso em termos de uma percentagem da luz refletida pelas superfícies quando limpas.

coeficiente de utilização
Razão entre o fluxo luminoso que atinge um plano de trabalho específico e o total de lúmens emitidos por uma luminária, computando-se as proporções de um ambiente e as refletâncias de suas superfícies.

coeficiente de perda de luz recuperável
Coeficiente de perda de luz que pode ser recuperado pela substituição de lâmpadas ou manutenção, como deterioração de lúmen de lâmpada, deterioração de luminária por sujeira e deterioração por sujeira das superfícies ambientes.

$$\textit{iluminância constante média} = \frac{\textit{lumens iniciais da lâmpada} \times CU \times FPLR \times FPLNR}{\textit{área de trabalho}}$$

lumens iniciais por lâmpada = lumens por lâmpada x lâmpadas por luminária

coeficiente de perda de luz não recuperável
Qualquer um dos diversos coeficientes de perda de luz permanente que levam em conta os efeitos da temperatura, quedas de voltagem ou sobretensões, variações de lastro e alturas de divisórias.

iluminação natural
Ciência, teoria ou método de se iluminar por intermédio da luz natural.

luz natural
Luz proveniente diretamente do Sol ou, indiretamente, do céu.

luz celeste
Luz proveniente do céu, refletida e propagada por moléculas de ar.

luz solar
Luz direta proveniente do Sol.

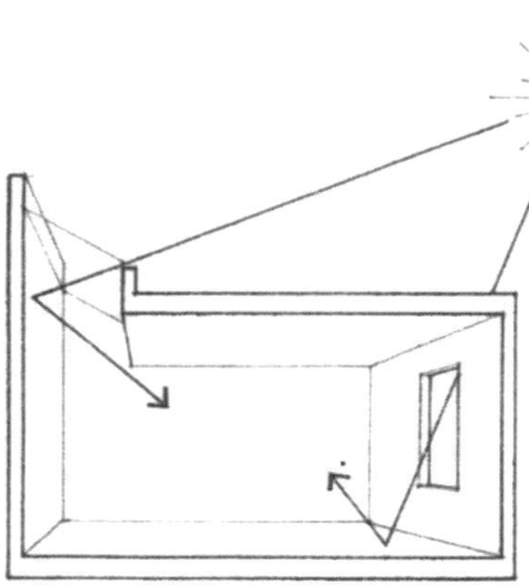

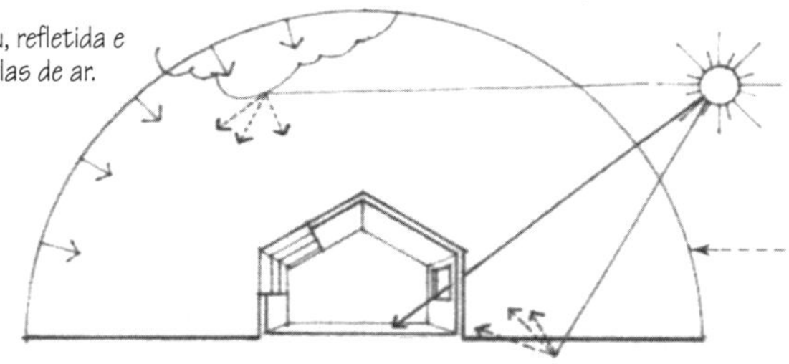

céu limpo
Céu com menos de 30% de cobertura de nuvens e o disco solar não obstruído. Também o padrão CIE para uma referência de céu livre de nuvens, com a luminância máxima próxima ao Sol e a luminância mínima a 90° deste.

luz do chão
Luz solar ou celeste refletidas por superfícies situadas abaixo do plano do horizonte.

zênite
Ponto da esfera celeste situado verticalmente acima de uma posição ou observador determinados.

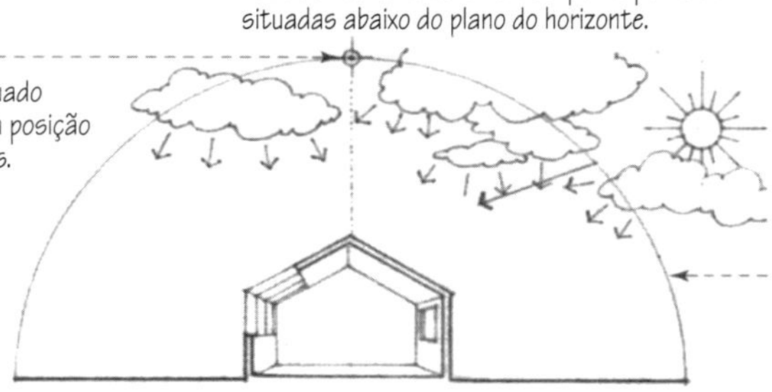

céu nublado
Céu com 30% a 70% de cobertura de nuvens, com o disco solar não obstruído.

contraluz
Luz originada de fontes situadas defronte umas às outras – por exemplo, de janelas em paredes opostas.

luz cruzada
Luz que se origina de fontes não situadas defronte umas às outras – por exemplo, de janelas em paredes adjacentes.

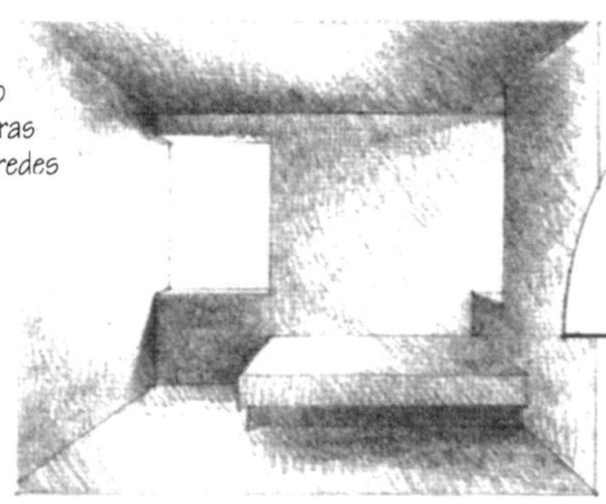

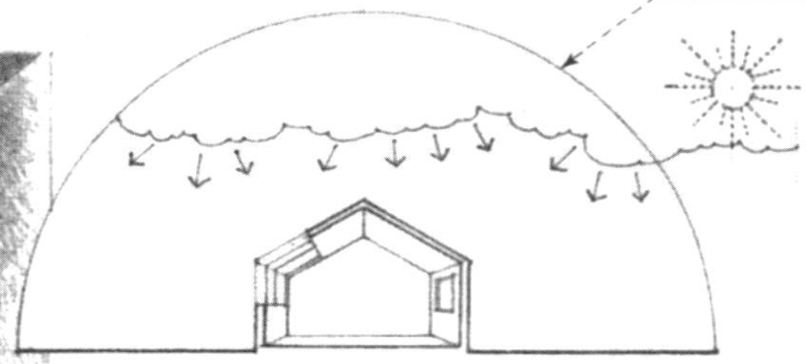

céu encoberto
Céu com 100% de cobertura de nuvens. Também o padrão CIE para um céu referencial com uma distribuição de luminância três vezes mais clara próximo ao zênite do que no horizonte.

CIE
Comission Internationale de l'Eclairage, um órgão internacional que desenvolve definições, padrões e procedimentos para a arte, ciência e tecnologia da iluminação.

IES
Illuminating Engineering Society, uma associação profissional da América do Norte dedicada ao desenvolvimento e disseminação de padrões e procedimentos relativos à arte, ciência e tecnologia da iluminação.

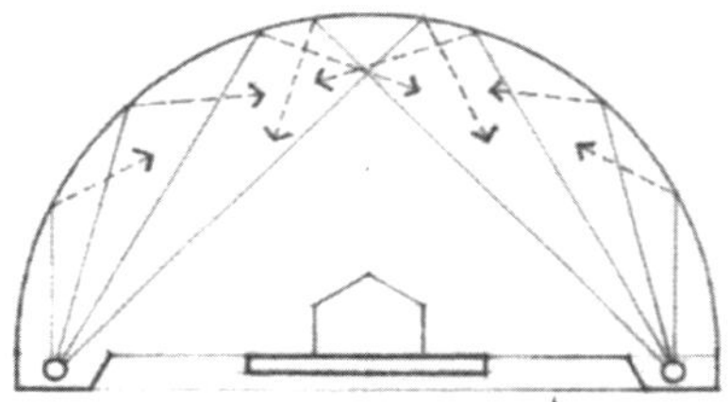

céu artificial
Cúpula semi-esférica ou um recinto semelhante iluminado por fontes luminosas ocultas que simulam a distribuição de luminância de um céu limpo ou encoberto, utilizados para estudos e ensaios de técnicas de iluminação natural em maquetes arquitetônicas colocadas próximas ao centro.

heliodon
Instrumento utilizado para se orientar uma maquete arquitetônica segundo uma fonte luminosa que representa o Sol, calibrado com respeito à latitude, hora do dia e estação do ano, e utilizado no estudo de técnicas de iluminação natural e das sombras projetadas pelo Sol.

método do coeficiente de luz natural
Método para se calcular o desempenho de um sistema de iluminação natural, baseado no coeficiente de luz natural.

coeficiente de luz natural
Medida da iluminância da luz natural, expressa em termos da razão entre a iluminação por luz natural em um ponto de um plano determinado e a iluminância medida simultaneamente em um plano horizontal de um céu limpo com uma distribuição pressuposta ou conhecida de luminância.

componente celeste
Componente do coeficiente de luz natural, equivalente à razão entre a iluminação por luz natural em um ponto de um plano determinado, recebida diretamente de um céu cuja distribuição de luminância é pressuposta ou conhecida, e a iluminância simultaneamente medida em um plano horizontal de um hemisfério limpo desse céu.

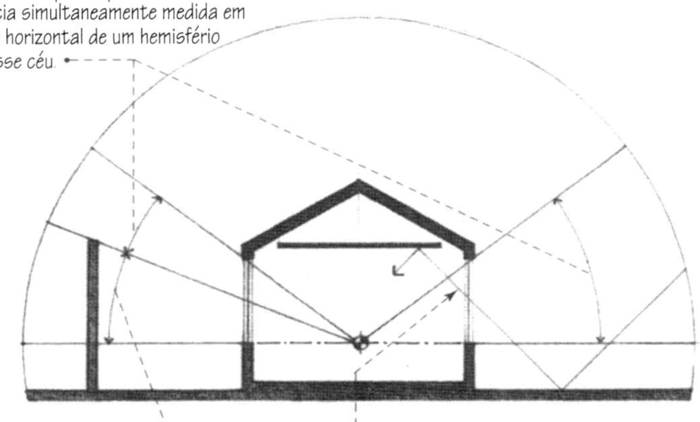

componente externo refletido
Componente do coeficiente de luz natural, equivalente à razão entre a iluminação por luz natural em um ponto de um plano determinado, recebida diretamente de superfícies refletoras externas, e a iluminância simultaneamente medida em um plano horizontal de um céu limpo, de distribuição de luminância pressuposta ou conhecida.

componente interno refletido
Componente do coeficiente de luz natural, equivalente à razão entre a iluminação por luz natural em um ponto de um determinado plano, recebida direta ou indiretamente de superfícies refletoras internas, e a iluminância medida simultaneamente em um plano horizontal de um céu limpo de distribuição de luminância pressuposta ou conhecida.

Substância celular, fibrosa e dura que forma a maior parte dos troncos e galhos das árvores abaixo da casca.

medula
Núcleo central macio em torno do qual se dá o primeiro crescimento de um caule recém-formado.

casca
Revestimento externo rígido de um tronco, galho ou raiz lenhosos, composto por uma camada interna viva chamada floema e uma casca externa de tecido cortíceo morto.

floema
Camada de tecido que transporta o alimento das folhas para as partes em crescimento de uma árvore. Também, **liber** e **entrecasca**.

câmbio
Fina camada de tecido reprodutivo situada entre o floema e o xilema, que produz novo floema na parte externa e novo xilema na parte interna de troncos, galhos e raízes.

madeira macia
Madeira de uma conífera. O termo não se refere a uma maciez efetiva da madeira. Também chamada **madeira branca**.

conífera
Qualquer uma das árvores que produzem sementes coniformes, predominantemente sempre-verdes, como o pinheiro, o abeto, a cicuta e o espruce.

sempre-verde
Diz-se da árvore cuja folhagem permanece verde e funcional durante o ano todo ou por mais de uma estação de crescimento. Também, **perene**.

copa
Folhas e galhos vivos de uma árvore.

tronco
Caule principal de uma árvore, excluindo seus galhos e raízes.

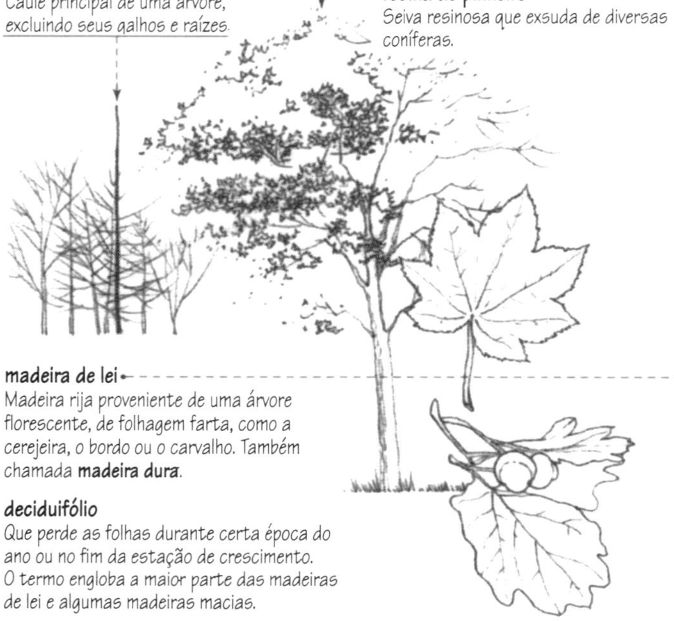

madeira de lei
Madeira rija proveniente de uma árvore florescente, de folhagem farta, como a cerejeira, o bordo ou o carvalho. Também chamada **madeira dura**.

deciduifólio
Que perde as folhas durante certa época do ano ou no fim da estação de crescimento. O termo engloba a maior parte das madeiras de lei e algumas madeiras macias.

ducto resinoso
Espaço intercelular tubular de um tronco lenhoso que secreta resinas, nas coníferas. Também chamado **canal resinoso**.

resina
Substância orgânica viscosa, entre clara e translúcida, exsudada por certos pinheiros e utilizada na fabricação de vernizes, colas e plásticos.

resina de pinheiro
Seiva resinosa que exsuda de diversas coníferas.

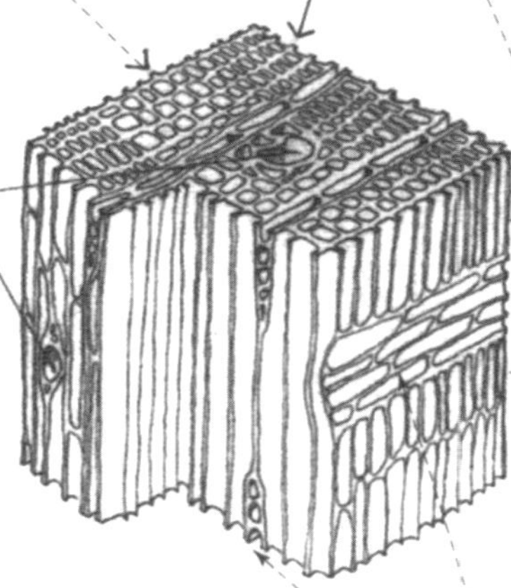

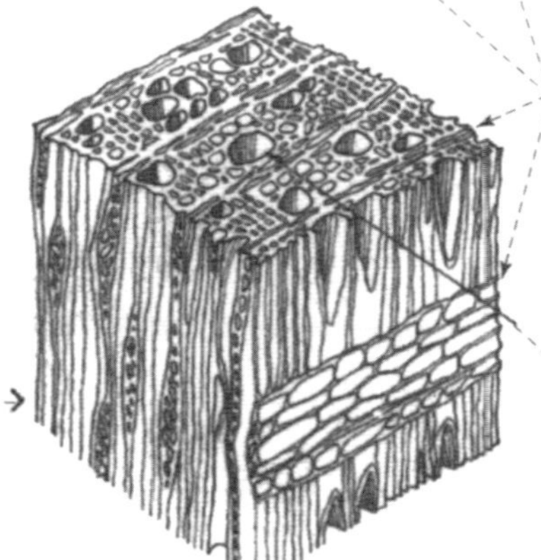

xilema
Tecido lenhoso de uma árvore que lhe dá sustentação e conduz a água e os nutrientes minerais para o alto a partir das raízes. Também chamado **lenho**.

lignina
Substância orgânica que, juntamente com a celulose, forma as paredes celulares lenhosas das plantas e o material aglutinante entre elas. Também chamada **lenhina**.

celulose
Carboidrato inerte que constitui o principal componente das paredes celulares de árvores e madeiras secas, da juta, do cânhamo e do algodão, utilizado na manufatura de uma ampla variedade de materiais de construção sintéticos.

alburno
Parte viva mais jovem e macia da madeira, entre o câmbio e o durame, comparável em rigidez a este, mas normalmente de coloração mais clara, mais permeável e menos durável.

cerne
Núcleo inativo mais velho e rijo de uma árvore, normalmente mais escuro, denso e durável do que o alburno que o envolve. Também chamado **durame**.

anel anual
Camada concêntrica de madeira produzida durante o crescimento de uma árvore de clima temperado em um único ano. Também chamado **anel de crescimento**.

springwood
Parte mais macia e porosa de um anel anual, que se desenvolve no início da estação de crescimento e é caracterizada por células de paredes delgadas. Também, ***early wood***.

summerwood
Parte mais rija e menos porosa de um anel anual, que se desenvolve no fim da estação de crescimento e é caracterizada por células compactas de paredes espessas. Também chamada ***late wood***.

traqueídeo
Cada uma das células alongadas de sustentação e condução de um tecido lenhoso, com extremidades fechadas e adelgaçadas, e paredes lignificadas orientadas paralelamente ao eixo de um tronco ou galho.

vaso
Estrutura tubular de tecido lenhoso para a condução de água e nutrientes minerais, formada pela fusão e o desaparecimento das paredes das extremidades, resultando em uma série de células interligadas.

raio
Cada uma das faixas verticais de células transversais que se irradiam entre a medula e a casca para o armazenamento e a condução horizontal de nutrientes.

seiva
Líquido vital composto por água, nitrogênio e nutrientes minerais, que circula através de uma planta.

poro
Cada uma das células verticais relativamente grandes para a condução de seiva, nas árvores de madeira de lei.

fibra
Cada uma das células delgadas, de paredes espessas, que, em seu conjunto, servem para enrijecer o tecido de uma planta. Também chamada **veio**.

madeira de construção
Madeira cujo uso é adequado como material de construção.

tora
Pedaço do tronco ou galho grosso de uma árvore cortada, pronto para ser serrado.

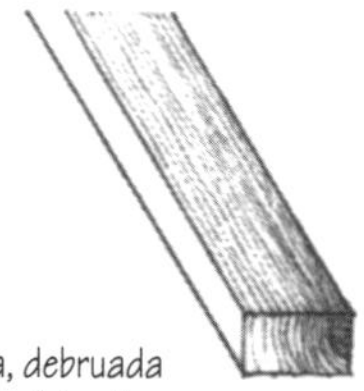

madeira
Madeira que é serrada, debruada e rematada, mas não aplainada.

madeira desbastada
Madeira que é aplainada com uma plaina mecânica a fim de se obter uma superfície lisa e um tamanho uniforme.

verde aplainada
Diz-se da madeira desbastada cujo conteúdo de umidade excede a 19% no período de sua preparação.

tábua
Produto de madeira produzido mediante serragem, resserragem, passagem no sentido longitudinal por uma plaina mecânica, corte transversal ao comprimento e classificação.

curada
Madeira que foi seca a fim de se reduzir seu conteúdo de umidade e aumentar sua resistência.

seca em estufa
Madeira curada em estufa sob condições controladas de calor, circulação do ar e umidade.

seca ao sol
Madeira curada mediante sua exposição à atmosfera.

conteúdo de umidade de equilíbrio
Conteúdo de umidade no qual a madeira não ganha nem perde umidade quando envolta por ar a uma determinada temperatura e umidade relativa.

ponto de saturação de fibra
Estágio na secagem ou umedecimento da madeira no qual as paredes das células se encontram plenamente saturadas, mas as suas cavidades estão sem água, que varia entre um conteúdo de umidade de 25% a 32% para as espécies utlizadas habitualmente. A secagem adicional resulta em contração e geralmente em aumento de rigidez e densidade da madeira.

seca aplainada
Diz-se da madeira desbastada com um conteúdo de umidade de 19% ou menos no período de sua preparação.

oven-dry
Madeira seca a um ponto no qual não é possível extrair nenhum conteúdo de umidade ao se expô-la, em estufa, a uma temperatura entre 101°C e 105°C.

conteúdo de umidade
Quantidade de água contida em uma peça de madeira, expressa em termos de uma percentagem do peso da madeira seca em estufa.

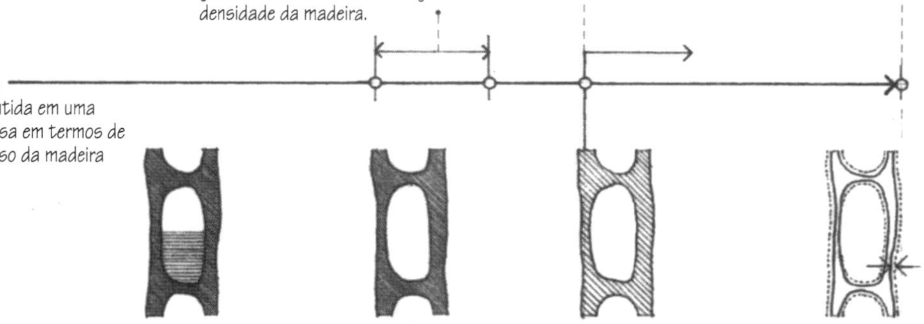

contração
Redução no tamanho de uma peça de madeira, que ocorre quando seu conteúdo de umidade cai abaixo do ponto de saturação de fibra. A contração é muito discreta ao longo da fibra, mas significativa no seu sentido transversal. Também, **retração**.

movimentação
Dilatação e contração alternadas da madeira devido a mudanças no conteúdo de umidade causadas por variações na umidade relativa do ar circundante.

aclimatação
Armazenagem de produtos de madeira, como peças de marcenaria e revestimentos de piso, em um espaço interno até a adaptação dos materiais ao conteúdo de umidade e à temperatura do novo meio.

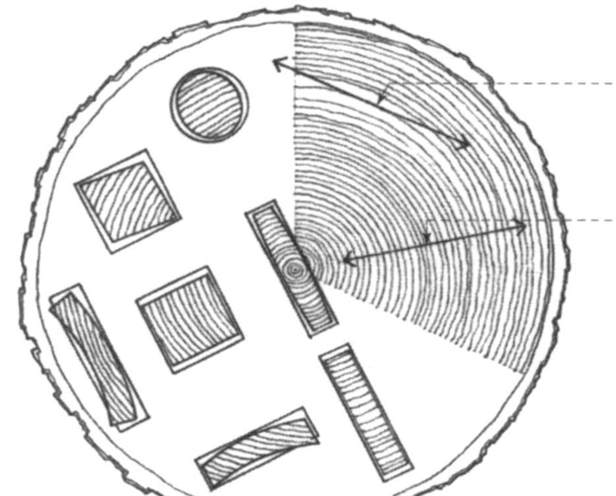

contração tangencial
Contração da madeira em uma direção tangente aos anéis de crescimento, aproximadamente o dobro da contração radial. Também, **retração tangencial**.

contração radial
Contração da madeira que se dá perpendicularmente às fibras, varando os anéis de crescimento. Também chamada **retração radial**.

contração longitudinal
Contração da madeira que se dá paralelamente às fibras e que corresponde a cerca de 2% da contração radial. Também chamada **retração longitudinal**.

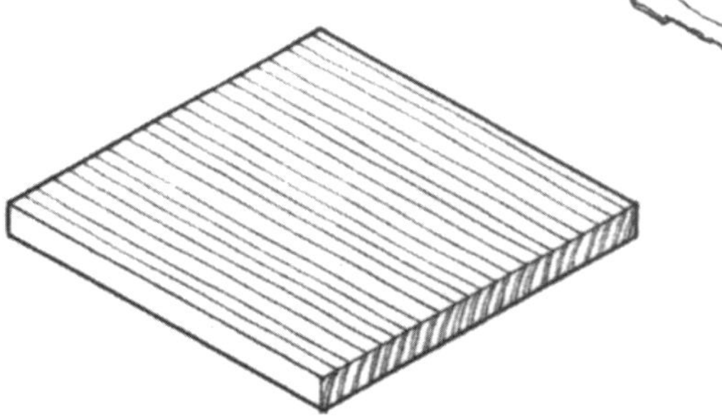

pé de madeira
Unidade de quantidade de madeira, igual ao volume de uma peça cujas dimensões nominais são 12 polegadas (304,8 mm) quadradas e 1 polegada (24,4 mm) de espessura.

medida de madeira
Medição de tábuas em pés de madeira.

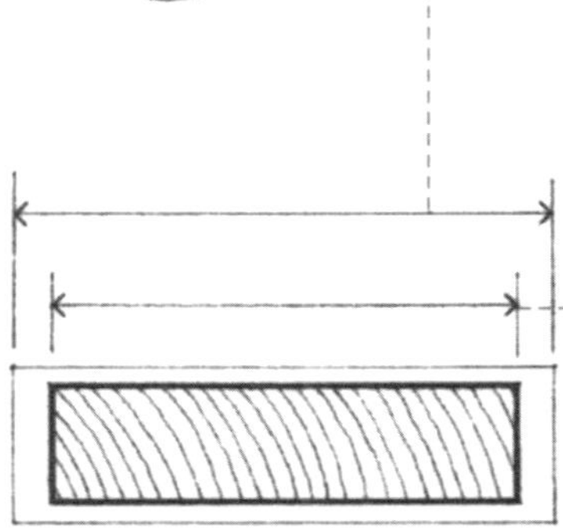

dimensão nominal
Dimensão de uma tábua antes de seca e aplainada, utilizada por uma questão de comodidade na definição de tamanhos e cálculo de quantidades. As dimensões nominais são sempre expressas sem o sinal da unidade de medida (polegadas). Também chamada **tamanho nominal**.

dimensão desbastada
Dimensão de uma tábua após curada e aplainada – entre 3/8" e 3/4" (9,5 e 19,1 mm) inferior à dimensão nominal. O tamanho desbastado é sempre expresso com o sinal de polegadas ("). Também chamada **tamanho desbastado**.

grã
Aspecto de uma peça de madeira desbastada segundo a direção, o tamanho e a disposição das fibras.

fibra marginal
Madeira resultante da serragem em quartos, cujos anéis anuais formam um ângulo de 45° ou mais com as faces largas da peça. Também chamada **fibra vertical**.

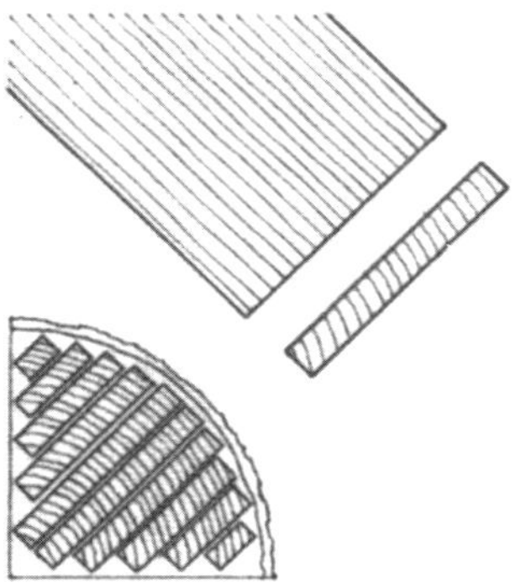

serragem em quartos
Serragem de toras em quatro partes, aproximadamente em ângulos retos com os anéis anuais.

empenamento
Desvio com relação à superfície real de uma tábua ou placa, causado por uma secagem não uniforme durante o processo de cura ou por uma alteração no conteúdo de umidade. Também chamado **empeno** e **arqueamento**.

concha
Curvatura no sentido transversal ou na face de uma peça de madeira, medida no ponto de desvio máximo com relação a uma linha reta traçada entre os bordos longitudinais da peça.

arco
Curvatura no sentido longitudinal ou na face de uma peça de madeira, medida no ponto de desvio máximo com relação a uma linha reta traçada entre os bordos transversais da peça.

arqueamento
Curvatura ao longo do bordo de uma peça de madeira, medida no ponto de desvio máximo com relação a uma linha reta traçada entre as extremidades da peça.

torção
Empenamento resultante da rotação das extremidades de uma peça de madeira em direções opostas.

racha
Abertura ao longo da grã de uma peça de madeira, normalmente entre os anéis anuais, causada por tensões atuantes sobre uma árvore quando ainda em pé ou ao ser derrubada.

bolsa de resina
Abertura bem definida entre os anéis anuais de uma peça de madeira macia, que contém ou já conteve resina sólida ou líquida.

fenda
Abertura longitudinal da madeira, transversalmente aos anéis anuais, causada por uma contração rápida ou não uniforme durante o processo de cura.

greta
Fenda que se extende completamente através de uma placa ou um revestimento de madeira.

falha
Presença de casca ou ausência de madeira na quina ou ao longo do bordo de uma peça.

fibra mista
Peça que apresenta qualquer combinação de madeiras de fibra marginal e de fibra chata.

fibra chata
Peça de madeira resultante de corte paralelo, cujos anéis anuais formam um ângulo de 45° com as suas faces mais largas.

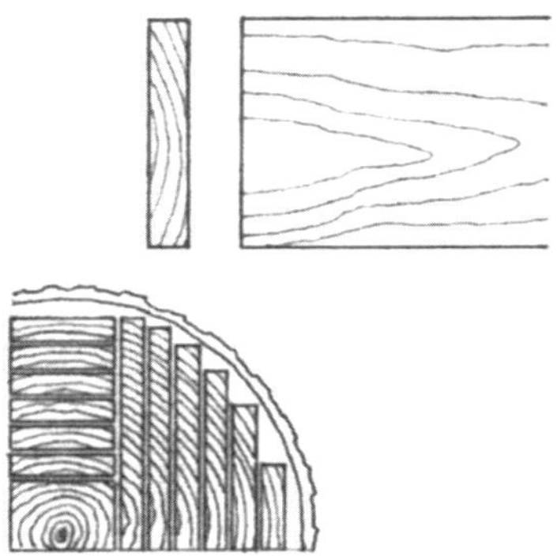

corte paralelo
Serragem de um quarto de tronco em tábuas com cortes paralelos efetuados a intervalos regulares.

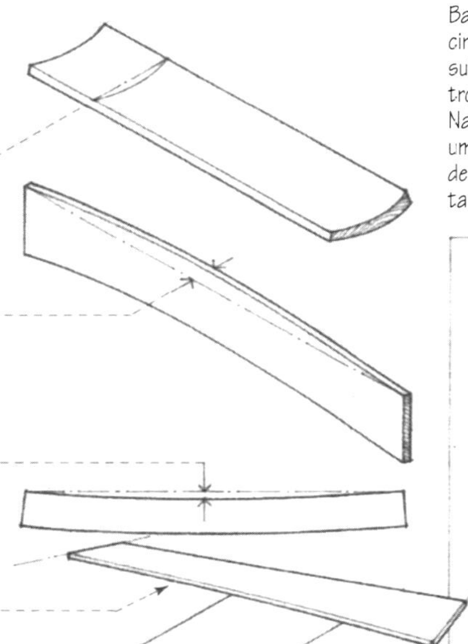

fibra terminal
Grã de uma peça de madeira resultante de um corte através dos veios.

corte transversal
Corte efetuado transversalmente aos veios da madeira.

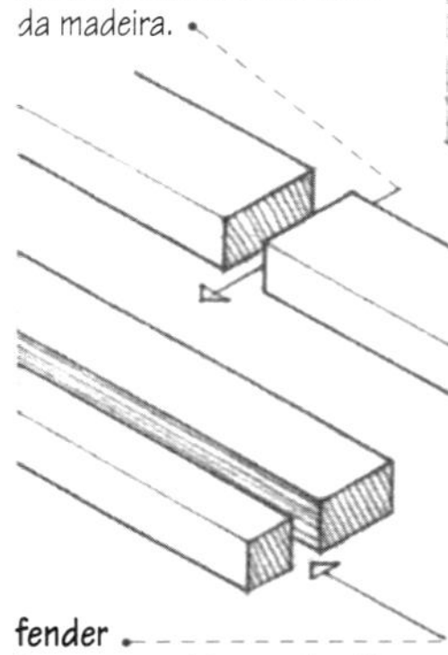

fender
Cortar a madeira na direção do veio.

nó
Base de um ramo lenhoso circundado por um crescimento subseqüente da madeira no tronco de origem.
Na classificação estrutural de uma peça de madeira, a presença de nós é restringida segundo seu tamanho e localização.

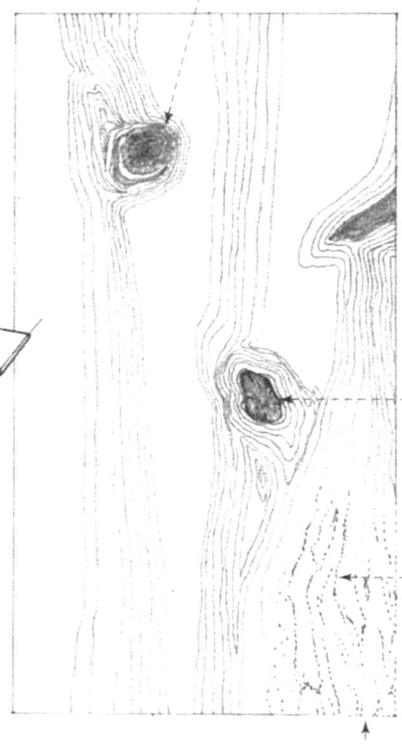

salto
Área na superfície de uma tábua ou placa que não foi alcançada por uma plaina mecânica.

queimadura por máquina
Chamuscagem causada pelo aquecimento excessivo das lâminas cortadoras ou correias abrasivas durante a usinagem ou o acabamento do material.

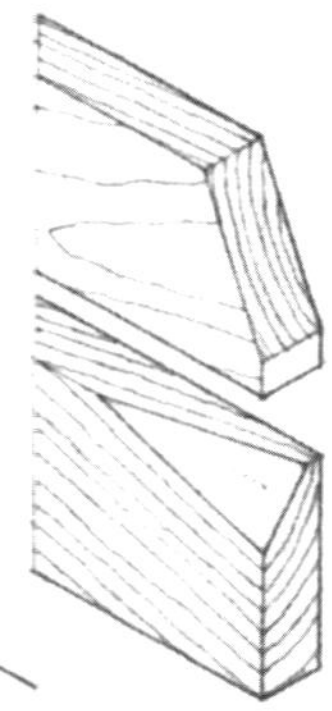

fibra diagonal
Peça de madeira cujos anéis anuais estão inclinados com relação ao comprimento da peça, como resultado da serragem oblíqua com relação ao eixo de um tronco.

fibra transversal
Peça de madeira cujos veios correm transversalmente ou diagonalmente ao seu comprimento, como resultado de serragem, ou irregularmente, como resultado de uma característica de crescimento.

fibra compacta
Grã caracterizada por anéis anuais estreitos e pouco perceptíveis, com pequena diferença no tamanho dos poros entre springwood e summerwood.

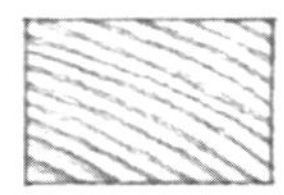

fibra grossa
Grã caracterizada por anéis anuais largos e nítidos, com um contraste considerável no tamanho dos poros entre springwood e summerwood.

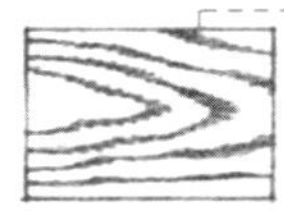

textura grossa
Grã que apresenta grandes poros. Também chamada **fibra aberta**.

textura fina
Grã que apresenta poros pequenos e pouco espaçados entre si.

fibra elevada
Superfície de madeira desbastada em que a summerwood mais densa se eleva acima da springwood, mais macia.

nó vivo
Nó com anéis anuais entrelaçados com aqueles da madeira de origem. Nas madeiras estruturais, os nós vivos são permitidos dentro de determinados limites de tamanho.

nó fixo
Nó sólido ao longo de sua face; no mínimo tão rijo quanto a madeira que o envolve, e não-apodrecido.

nó estanque
Nó mantido firmemente no lugar por crescimento ou posição.

nó morto
Nó cujos anéis anuais não estão entrelaçados com aqueles da madeira circundante. Um nó morto é considerado um defeito, uma vez que pode facilmente afrouxar-se ou desprender-se. Também chamado **nó encerrado** e **nó frouxo**.

apodrecimento
Decomposição da madeira pela ação de fungos e outros microorganismos, que resulta em amolecimento, perda de rigidez e peso e, muitas vezes, em uma mudança de textura e coloração. Também, **deterioração**.

apodrecimento seco
Deterioração da madeira curada, causada por fungos que consomem a celulose, deixando um esqueleto macio e quebradiço que rapidamente se reduz a pó.

debicado
Que apresenta pontos isolados de apodrecimento incipiente ocasionado por fungos, como cipreste debicado ou cedro debicado.

madeira de construção
Madeira macia que se presta a vários fins construtivos, incluindo tábuas, pranchões e traves.

tábua
Madeira de construção com menos de 51 mm de espessura e 51 mm ou mais de largura.

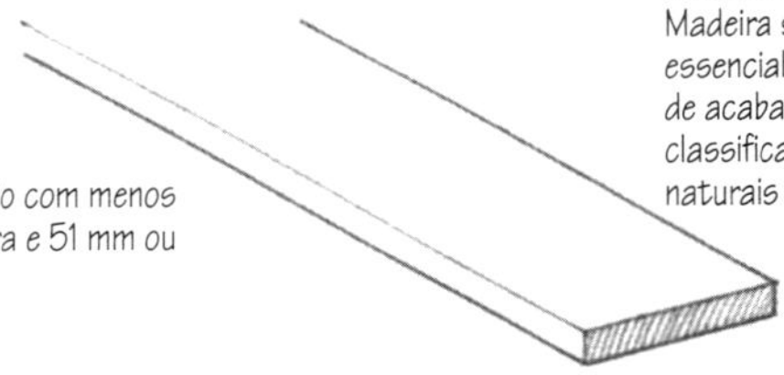

madeira decorativa
Madeira serrada ou selecionada essencialmente para utilização como material de acabamento e não por sua resistência; classificada segundo suas características naturais e imperfeições de fabricação.

pranchões
Madeira de construção com espessura entre 51 mm e 102 mm, e 51 mm ou mais de largura.

caibros e pranchas
Madeira estrutural de seção transversal retangular, com espessura entre 51 mm e 102 mm e mais de 51 mm de largura, classificada essencialmente com respeito à resistência a flexão quando carregada, quer em sua face mais estreita, como um barrote, quer em sua face mais larga, como uma prancha.

estrutura leve
Pranchas com espessura e largura entre 51 mm e 102 mm, cuja utilização se destina a estruturas em que não é necessária uma alta resistência.

tabuleiro
Pranchas com espessura entre 51 mm e 102 mm e largura de 51 mm ou mais, classificada essencialmente com respeito à resistência à flexão quando carregada na face mais larga.

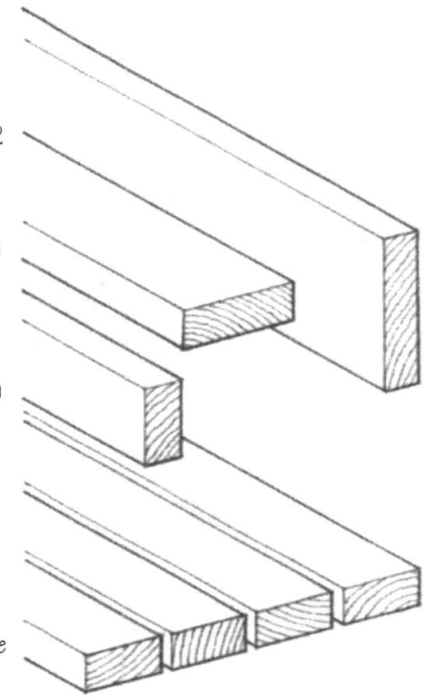

madeira estrutural
Pranchões e traves classificados quer por inspeção visual, quer mecanicamente, com base na resistência e no uso pretendido. Também, **madeira de armação**.

trave
Madeira de construção com 127 mm ou mais em sua dimensão menor.

vigas e longarinas
Madeira estrutural de seção transversal retangular, com espessura mínima de 127 mm e largura 51 mm maior que a espessura, classificada essencialmente com respeito à resistência à flexão quando carregada na face mais estreita.

pontaletes e traves
Madeira estrutural de seção transversal quadrada ou aproximadamente quadrada, de 127 mm x 127 mm ou mais, e largura não mais que 51 mm superior à espessura, classificada essencialmente para seu uso como colunas que suportam uma carga axial.

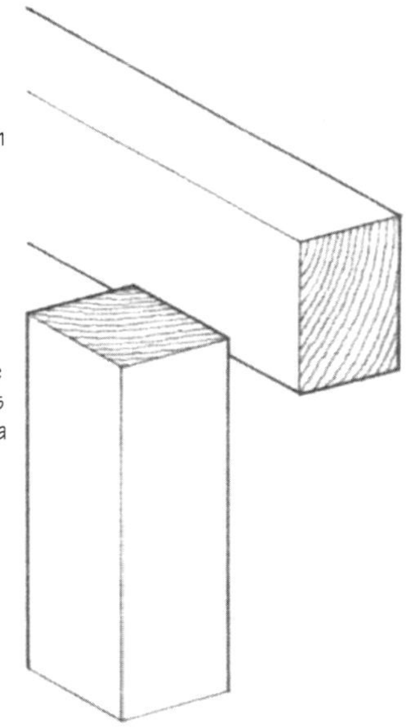

madeira industria
Madeira serrada ou selecionada primeiramente para posterior manufatura, classificada segundo a quantidade de madeira aproveitável que irá produzir cortes de um determinado tamanho e qualidade. Também chamada **madeira de oficina**.

largura frontal
Largura da face de uma peça de madeira desbastada e de encaixe ou sobreposição, excluindo a lingüeta ou a sobreposição.

tábua de encaixe
Tábua com os bordos trabalhados de modo a formarem uma junta de lingüeta e ranhura quando unidas pelos lados ou pelas extremidades.

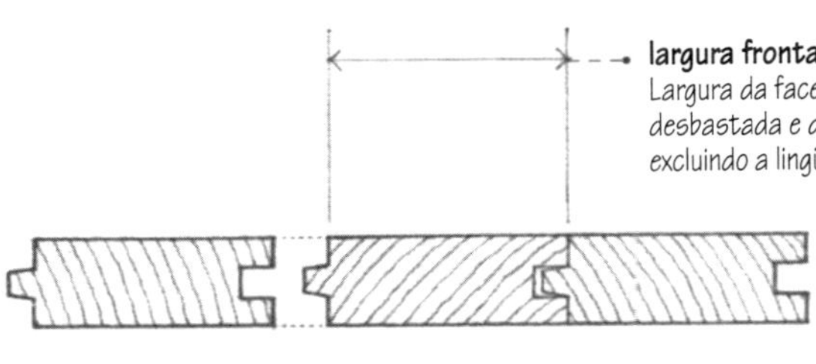

tábua padronizada
Tábua desbastada e moldada de forma a assumir uma forma padrão.

classificação visual
Exame visual e classificação da madeira estrutural por inspetores especializados, segundo características que reduzem sua qualidade e afetam sua rigidez, seu aspecto, sua durabilidade ou utilidade.

classificação mecânica
Classificação da madeira estrutural por uma máquina que flexiona um corpo de prova, mede sua resistência à flexão, calcula seu módulo de elasticidade, eletronicamente, o grau de solicitação adequado, levando em conta fatores como efeitos dos nós, ângulo de fibra, velocidade de crescimento, densidade e conteúdo de umidade.

classificação
Marca aplicada a cada peça de madeira indicando o grau de solicitação atribuído, fábrica de origem, conteúdo de umidade na época da fabricação, espécie ou grupo de espécies e o responsável pela classificação.

ângulo de fibra
Ângulo formado pelos veios relativamente a uma linha paralela ao comprimento de uma peça de madeira.

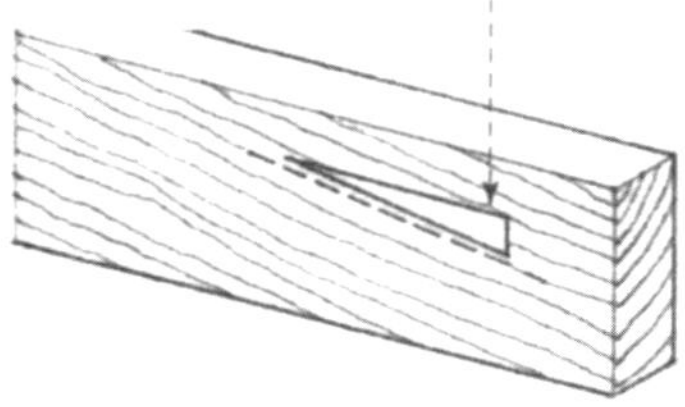

madeira tratada
Madeira que foi revestida ou impregnada com produtos químicos com vistas a aumentar sua resistência à deterioração, aos insetos ou ao fogo.

madeira tratada a pressão
Madeira impregnada com produtos químicos aplicados sob pressão, com vistas a aumentar sua resistência à deterioração e aos insetos.

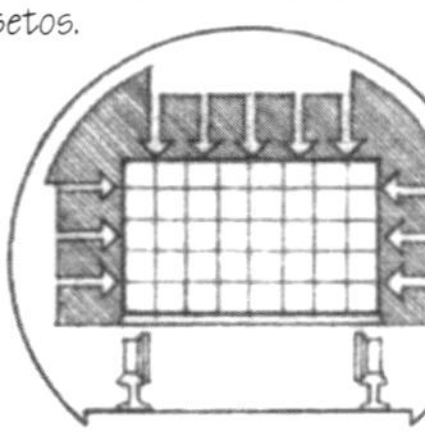

madeira tratada a pressão atmosférica
Madeira revestida ou impregnada com um conservante, ou imersa neste, sob a pressão atmosférica.

madeira retardante de fogo
Madeira tratada com sais minerais impregnados sob pressão, a fim de reduzir sua inflamabilidade ou combustibilidade. Os sais reagem quimicamente a temperaturas abaixo do ponto de combustão, levando os vapores combustíveis normalmente gerados na madeira a se decomporem em água e dióxido de carbono.

grau de solicitação
Qualquer um dos índices da madeira estrutural de uma espécie ou grupo de espécies para o qual é estabelecido um conjunto de valores básicos e o módulo de elasticidade correspondente por uma agência de classificação. Também chamado **grau de tensão** e **grau de esforço**.

valor de projeto
Qualquer uma das tensões unitárias admissíveis para uma espécie e grau de madeira estrutural obtidos mediante a modificação do valor-base por fatores relacionados ao tamanho e às condições de uso.

=

valor-base
Qualquer das tensões unitárias admissíveis para flexão, compressão perpendicular e paralela às fibras, cisalhamento horizontal e módulo de elasticidade correspondente, estabelecidas por uma agência de classificação para diferentes espécies e graus de madeira estrutural. Devem ser ajustados a partir do tamanho e conforme as condições de uso.

X

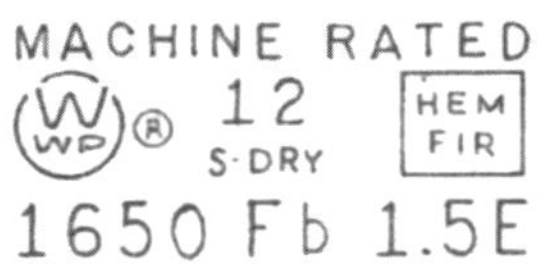

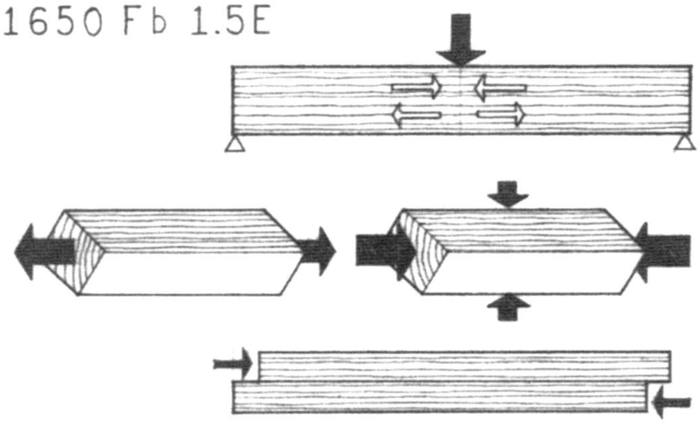

processo de célula cheia
Processo para o tratamento da madeira sob pressão no qual inicialmente é criado um vácuo para se eliminar o ar das fibras e permitir a absorção do conservante pelas paredes das células, após o que é aplicada uma pressão para impelir uma quantidade adicional de conservante para o interior das cavidades celulares. O processo de célula cheia resulta na absorção da quantidade máxima de conservante pela madeira.

processo de célula vazia
Processo para o tratamento da madeira sob pressão no qual o conservante introduzido aprisiona ar nas fibras da madeira, que se expandem quando a pressão diminui para a expulsão do excesso de conservante das cavidades celulares. O processo de célula vazia resulta em um produto mais seco garantindo, ao mesmo tempo, uma penetração profunda e uniforme do conservante.

processo a vácuo
Tratamento que não se utiliza de pressão, no qual um vácuo total ou parcial exaure o ar das células e poros da madeira, enquanto a pressão atmosférica impele o conservante para dentro da madeira.

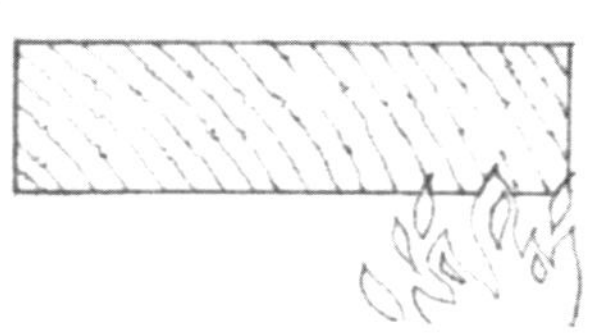

valor dimensionalmente ajustado
Valor-base para uma espécie ou grupo de espécies de madeira estrutural, ajustado para um tamanho de seção transversal.

conservante
Qualquer uma das substâncias destinadas a revestir ou impregnar a madeira a fim de protegê-la contra fungos ou insetos destruidores.

fator de tamanho
Coeficiente para se modificar os valores-base de uma espécie e grau de madeira segundo o tamanho da seção transversal da peça.

fator de elemento repetitivo
Coeficiente para aumentar os valores dimensionalmente ajustados de elementos repetitivos, uma vez que a divisão da carga pelas peças aumenta a resistência do conjunto.

elemento repetitivo
Cada um dentre uma série de elementos leves de uma armação, como barrotes ou caibros, espaçados no máximo a 610 mm entre si no centro, e unidos por uma tabeca, um tabuado ou outras peças de distribuição de carga.

fator de duração de carga
Coeficiente para se aumentar os valores dimensionalmente ajustados de uma peça de madeira submetida a uma carga atuante por um período breve, uma vez que a madeira tem a propriedade de sustentar cargas máximas substancialmente maiores para durações de carregamento curtas do que para as longas.

fator de cisalhamento horizontal
Coeficiente para se aumentar o valor dimensionalmente ajustado do cisalhamento horizontal de uma peça de madeira que apresenta rachas ou fendas quando o comprimento destas é conhecido e nenhum aumento de tamanho é previsto.

fator de uso plano
Coeficiente para aumentar o valor dimensionalmente ajustado de flexão para tabuados com uma face de largura de 102 mm ou mais.

fator de uso úmido
Coeficiente para diminuir os valores dimensionalmente ajustados de peças de madeira quando é provável que seu conteúdo de umidade exceda 19% no uso.

conservante transportado por água
Composto inorgânico, solúvel em água, como o arsenito de cobre amoniacal (ACA) ou o arsenito de cobre cromado (CCA), utilizado como conservante de madeira. O ACA e o CCA se fixam quimicamente às paredes das células e são resistentes à lixiviação. O cobre atua como fungicida, enquanto o arsenito é tóxico aos insetos destruidores de madeira. As peças tratadas com ACA e CCA são inodoras e admitem pintura.

conservante transportado em óleo
Substância química orgânica dissolvida em um óleo de petróleo que atua como condutor, como o pentaclorofenol ou o naftenato de cobre, utilizada como conservante de madeira. O pentaclorofenol, conservante transportado em óleo mais comum, tem um odor persistente, é insolúvel na água e altamente tóxico não apenas aos fungos e insetos, mas também aos seres humanos e às plantas.

creosoto
Líquido oleoso de hidrocarbonetos obtido mediante a destilação do coltar, utilizado como conservante de madeira em instalações marinhas ou nos casos de exposição severa a fungos e insetos destruidores. O creosoto e as soluções de creosoto têm um odor penetrante e impossibilitam a pintura da madeira.

virola
Anel colocado em torno da extremidade de um montante ou cabo de madeira para impedir a ocorrência de fendas.

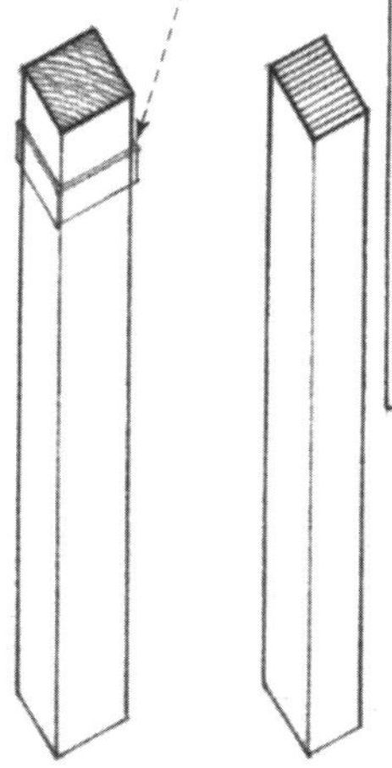

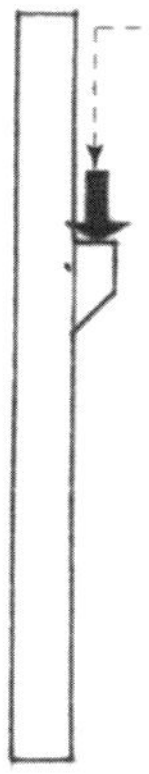

carga de consolo
Carga excêntrica aplicada em algum ponto abaixo da extremidade superior de uma coluna de madeira, cujo efeito estático é admitido como equivalente ao da mesma carga aplicada axialmente mais uma carga lateral adicional aplicada a meia-altura.

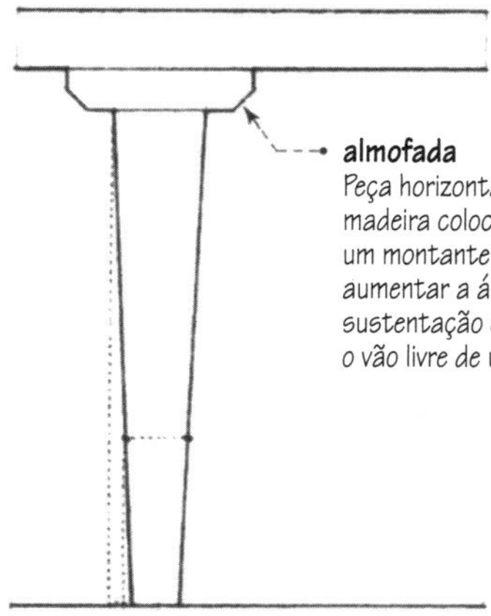

almofada
Peça horizontal de madeira colocada em um montante a fim de aumentar a área de sustentação e reduzir o vão livre de uma viga.

coluna em caixão
Coluna composta oca, que apresenta uma seção transversal, quadrada ou retangular.

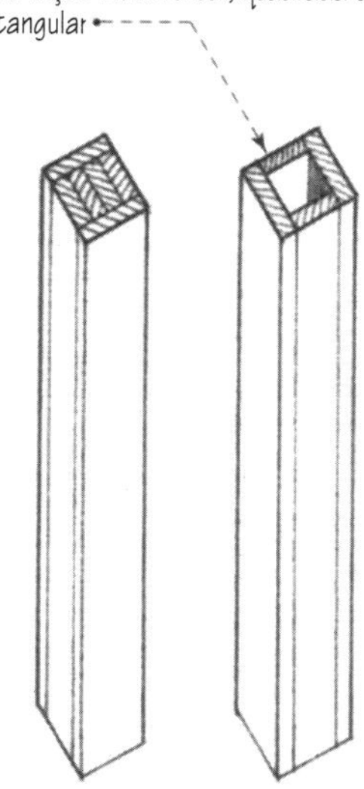

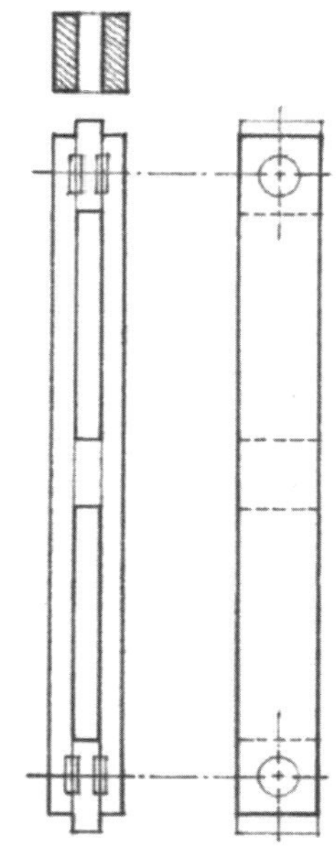

coluna sólida
Coluna de madeira que consiste em uma peça única de madeira maciça serrada ou de madeira laminada e colada, normalmente de seção transversal quadrada ou retangular.

coluna cônica
Coluna de madeira cuja seção transversal diminui ao longo de seu comprimento. Para se determinar a razão de adelgaçamento de uma coluna cônica, a dimensão menor é tomada como a soma do diâmetro mínimo ou dimensão mínima e um terço da diferença entre os diâmetros mínimo e máximo ou as dimensões mínima e máxima.

coluna composta
Coluna de madeira formada pela fixação ou colagem de chapas de revestimento a duas ou mais tábuas paralelas ou tábuas que envolvem um núcleo sólido. Uma coluna composta jamais apresenta a mesma resistência que uma coluna sólida de material e dimensões gerais semelhantes.

coluna espaçada
Coluna de madeira formada por duas ou mais peças paralelas espaçadas em suas extremidades e pontos intermediários por blocos, e unidas nas extremidades por junções de madeira capazes de desenvolver a resistência ao cisalhamento necessária.

chapa de costaneira
Chapa de aço utilizada para se reforçar uma viga de costaneira.

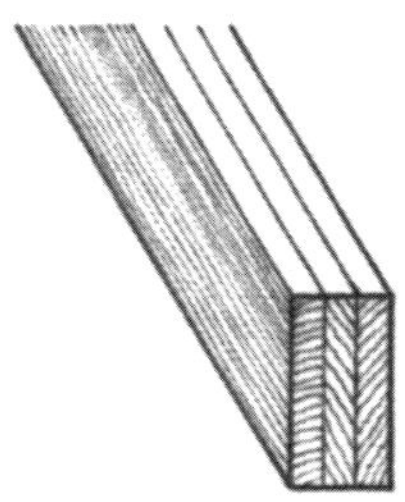

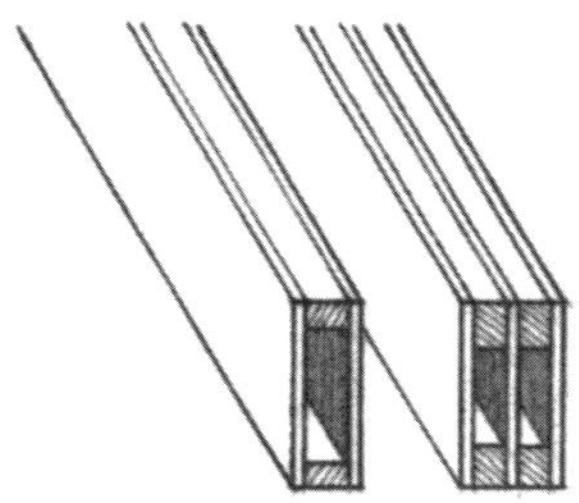

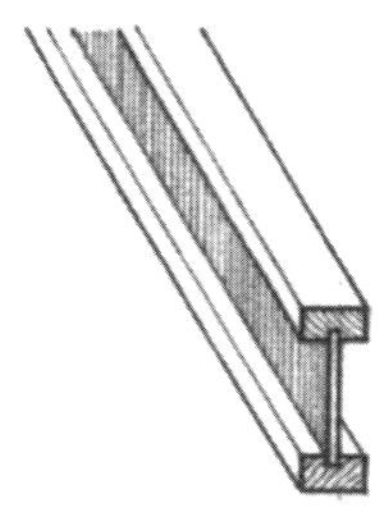

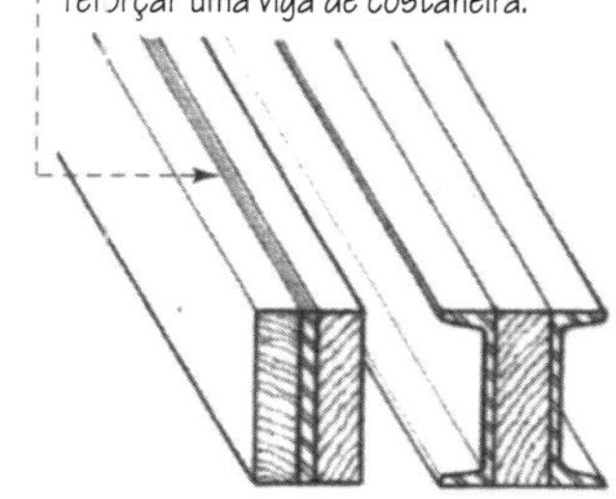

viga composta
Viga de madeira laminada verticalmente, fabricada através da junção de duas ou mais peças menores com pinos, tira-fundos ou pregos, cuja resistência é igual à soma das resistências das peças individuais quando nenhuma das peças são ensambladas.

viga em caixão
Viga com uma seção transversal retangular oca, fabricada através da colagem de duas ou mais almas de compensado a flanges de madeira serrada ou de revestimento laminado.

viga I
Viga fabricada pela colagem de flanges de madeira serrada ou de revestimento laminado ao longo dos bordos superior e inferior de uma alma de compensado. Também chamada **viga duplo T**.

viga de costaneira
Viga verticalmente laminada, que consiste em tábuas parafusadas lado a lado a placas ou perfis de aço. Também chamada **barrote de costaneira** e **viga sanduíche**.

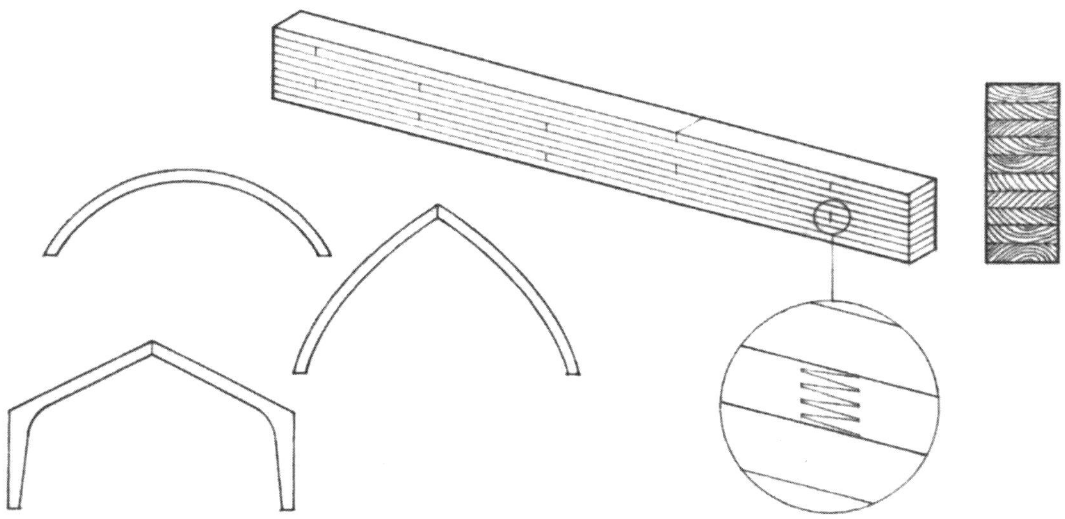

exemplos de formas em madeira laminada e colada

tábua laminada e colada
Peça de madeira estrutural fabricada através da laminação de madeira em grau de solicitação com um adesivo sob condições controladas, normalmente com os veios de todas as camadas paralelos. As vantagens da tábua laminada e colada sobre as vigas são as tensões unitárias admissíveis geralmente superiores, o aspecto melhor e a disponibilidade de várias formas de seção. As tábuas laminadas e cortadas podem ser unidas nas extremidades com sambladuras chanfradas ou juntas de dedo, em qualquer comprimento desejado, ou coladas nas extremidades com vistas a uma maior largura ou profundidade.

classificação por aparência
Cada uma das três classificações de uma tábua laminada e colada – premium, arquitetônica e industrial –, baseadas no aspecto da superfície, tal como afetado por características de crescimento, de enchimentos da madeira e operações de desbastamento.

compensado
Painel de madeira produzido através da aglutinação de folhas de madeira mediante calor e pressão, normalmente com as fibras de cada uma em ângulo reto com as fibras de outra, simetricamente com relação à folha central. Também, **madeira compensada**.

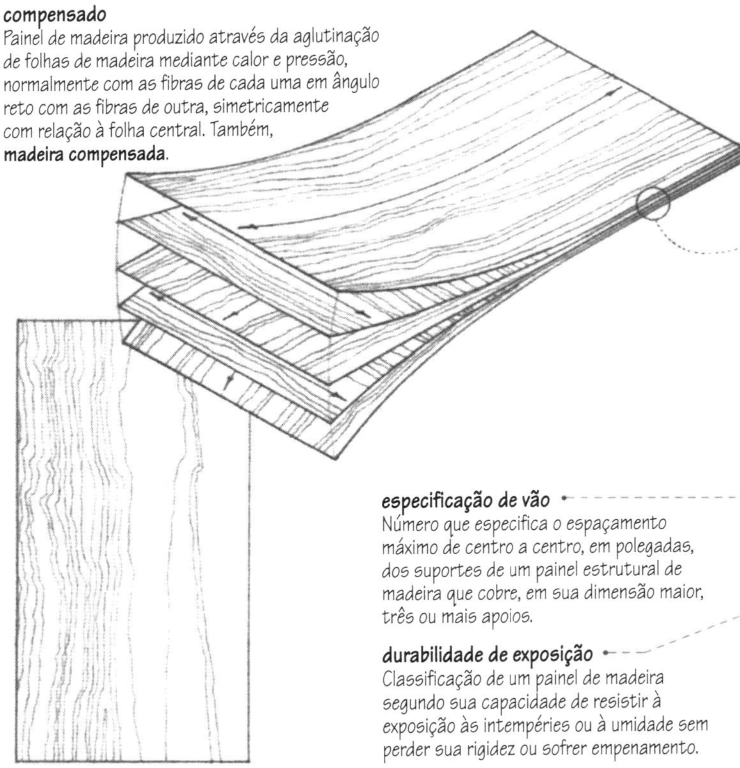

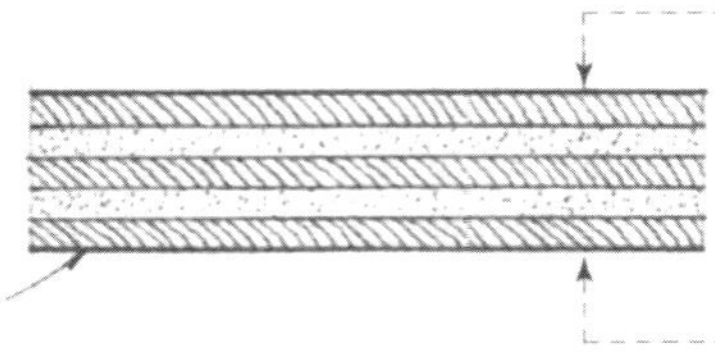

número de grupo
Número que identifica um dos cinco grupos de espécies utilizadas para as folhas frontal e traseiras de um painel de compensado, sendo as espécies classificadas com base na resistência à flexão e rigidez – o Grupo 1 contendo a espécie mais rígida e, o Grupo 5, a menos rígida.

compensado externo
Painel de compensado que consiste em folhas grau-C ou superior, aglutinadas com uma cola totalmente à prova d'água, para uma exposição permanente às intempéries ou à umidade.

compensado interno
Painel de compensado feito com folhas grau-D ou superior, aglutinadas com uma cola externa, intermediária ou interna.

revestimento de alta densidade
Painel externo de madeira com um revestimento de fibra e resina em ambos os lados, produzindo uma superfície lisa, dura e resistente à abrasão, utilizado em fôrmas de concreto, escrivaninhas e tampos de balcão. Abreviação: **RAD**.

revestimento de média densidade
Painel externo de madeira revestido com uma resina fenólica ou de melamina em um ou ambos os lados, produzindo uma base lisa para pintura. Abreviação: **RMD**.

painel especial
Cada um dentre uma série de painéis de madeira, como compensado sulcado ou serrados em bruto, destinados a utilização em revestimentos externos ou internos.

textura 1-11
Painel externo com sulcos de 6,4 mm de profundidade e 9,5 mm de largura, espaçados a 102 mm ou 203 mm no centro.

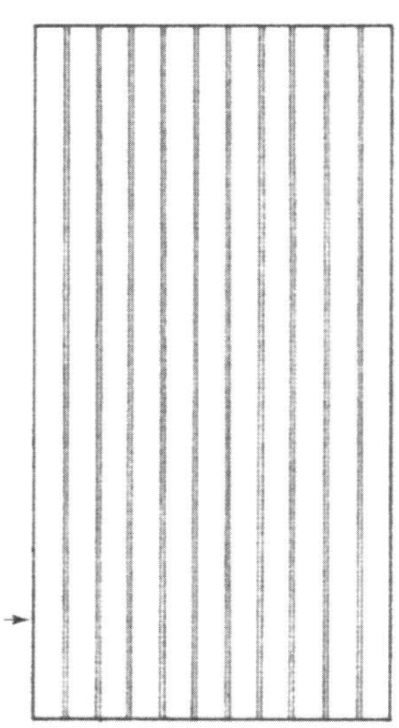

especificação de vão
Número que especifica o espaçamento máximo de centro a centro, em polegadas, dos suportes de um painel estrutural de madeira que cobre, em sua dimensão maior, três ou mais apoios.

durabilidade de exposição
Classificação de um painel de madeira segundo sua capacidade de resistir à exposição às intempéries ou à umidade sem perder sua rigidez ou sofrer empenamento.

exterior
Classificação da durabilidade de exposição de painéis estruturais de madeira fabricados com uma cola à prova d'água, para seu uso como revestimento externo ou outras aplicações que exijam uma exposição contínua.

exposição (1)
Classificação de durabilidade de exposição para painéis estruturais de madeira fabricados com uma cola exterior para uso em construções protegidas submetidas a molhaduras repetidas.

exposição (2)
Classificação de durabilidade de exposição para painéis estruturais de madeira produzidos com uma cola intermediária para uso em construções totalmente protegidas submetidas a molhaduras mínimas.

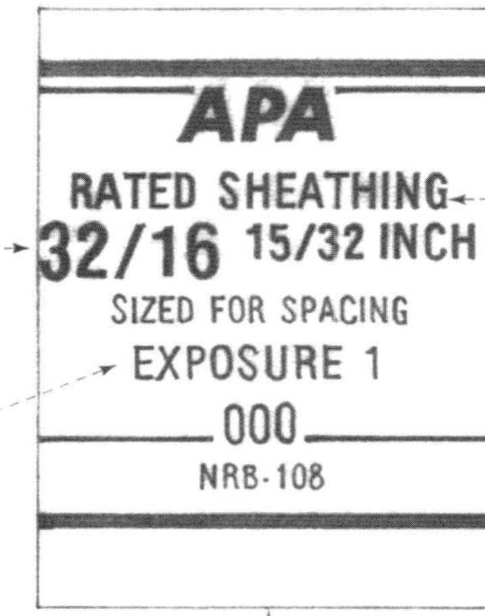

gradestamp
Marca registrada da American Plywood Association (APA), estampada no verso de um painel estrutural de madeira a fim de identificar sua graduação, espessura, especificação de vão, classificação de durabilidade de exposição, número de fábrica e número de registro no National Research Board (NRB).

grau de painel
Grau de um painel de madeira, identificado pelos graus das folhas frontal e traseira ou pelo uso a que se destina.

engineered grade
Grau de um painel estrutural de madeira, baseado no uso a que se destina – como revestimento externo, pisos, ou a fabricação de vigas em caixão e painéis de revestimento tensionado.

grau da folha
Grau que define o aspecto de uma folha de madeira em termos de características de crescimento e o número e a dimensão dos reparos que podem ser feitos durante a fabricação.

grau-N
Folha lisa de madeira macia composta totalmente de cerne ou alburno, livre de defeitos visíveis, com apenas alguns reparos bem emparelhados.

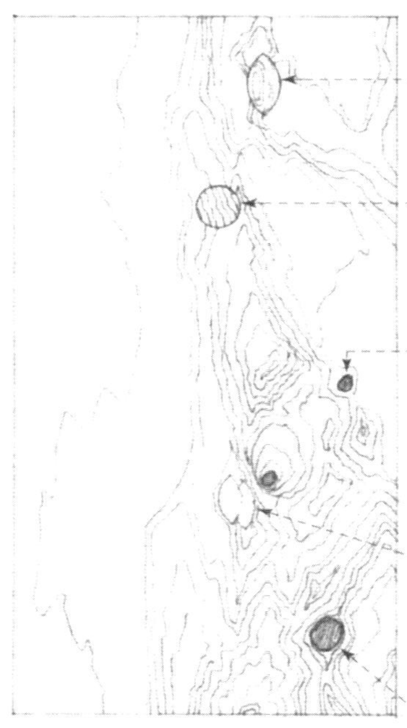

grau-A
Folha lisa de madeira macia, que admite pintura, com um número limitado de reparos bem executados, paralelamente aos veios.

grau-B
Folha de madeira macia com uma superfície sólida que apresenta tampões circulares de reparos, nós cerrados e pequenas fendas admissíveis.

grau-C
Folha de madeira macia com nós cerrados e orifícios, de tamanho admissível, resultantes de nós, reparos sintéticos ou em madeira e defeitos de descoloração e areamento que não comprometem a rigidez do painel.

grau-C tamponado
Folha de madeira macia grau-C melhorada, que apresenta nós e orifícios deixados por nós menores, algumas fibras quebradas e reparos sintéticos.

grau-D
Folha de madeira macia com grandes nós e orifícios deixados por nós menores, bolsas de resina e fendas afuniladas.

primeira qualidade
Grau mais elevado de uma folha de madeira de lei, que permite apenas alguns nós minúsculos e remendos imperceptíveis.

boa qualidade
Grau de folha de madeira de lei semelhante à primeira qualidade, salvo pela não-exigência quanto ao emparelhamento das faces das folhas.

boa condição
Folha de madeira de lei em boas condições, isenta de defeitos manifestos, mas que contém raias, descolorações, remendos e pequenos e firmes nós cerrados.

utility grade
Folha de madeira de lei que admite descolorações, raias, nós cerrados e pequenos olhos de nós e fendas.

backing grade
Grau de uma folha de madeira de lei semelhante ao *utility grade*, mas que admite defeitos maiores desde que não afetem a rigidez ou a durabilidade do painel.

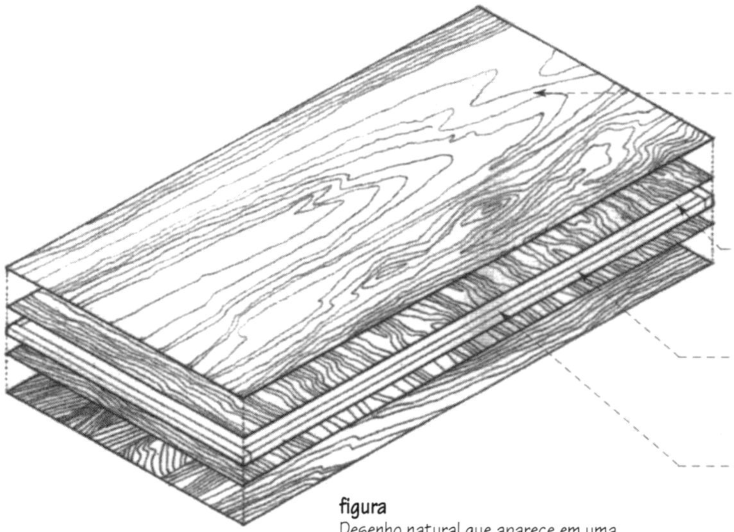

figura
Desenho natural que aparece em uma superfície de madeira serrada, produzido pela interseção de anéis anuais, nós, veios e outras características de crescimento.

compensado decorativo
Compensado revestido com madeira de lei, produzido para uso em painelamento e mobiliário.

folha
Lâmina de madeira produzida por corte rotativo, cortada ou serrada de um tronco ou costaneira, e utilizada para revestir volumes de madeira ou, em conjunto com outras, para formar um compensado.

contraplacado
Folha de madeira imediatamente adjacente e colocada em ângulo reto ao revestimento externo de um compensado.

núcleo
Centro de um painel de compensado, que consiste em folhas, uma tábua serrada ou uma placa de aglomerado.

cinta
Bloco de madeira maciça que corre pelos lados de um painel folhado, de modo a ocultar o núcleo e facilitar a moldagem dos bordos do painel.

emparelhamento
Disposição das folhas de madeira de modo a se enfatizar a cor e a figura da madeira.

emparelhamento tipo livro
Disposição das folhas de mesma costaneira, alternadamente invertidas de modo a se produzir imagens espelhadas, que se desdobram simetricamente em torno das juntas entre as folhas adjacentes.

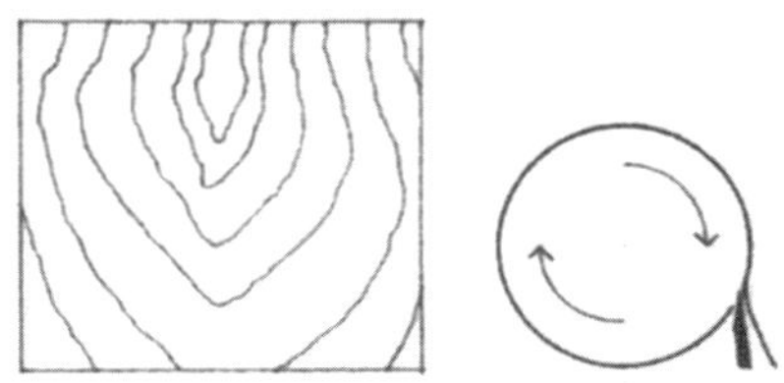

corte rotativo
Rotação de uma tora junto à extremidade cortante de uma faca em um torno mecânico, de modo a se produzir uma folha contínua com uma figura ondulada nítida e variegada.

emparelhamento tipo espinha de peixe
Emparelhamento tipo livro em que as figuras das folhas adjacentes ficam inclinadas em direções opostas.

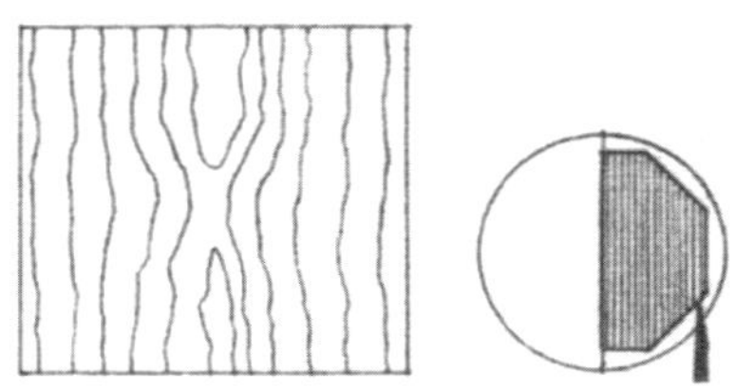

corte plano
Corte longitudinal de uma meia-tora paralelamente a uma linha que passa por seu centro, produzindo uma folha com uma figura ondulada variegada.

emparelhamento corrido
Disposição de folhas adjacentes da mesma costaneira lado a lado sem invertê-las de modo a se repetir a figura.

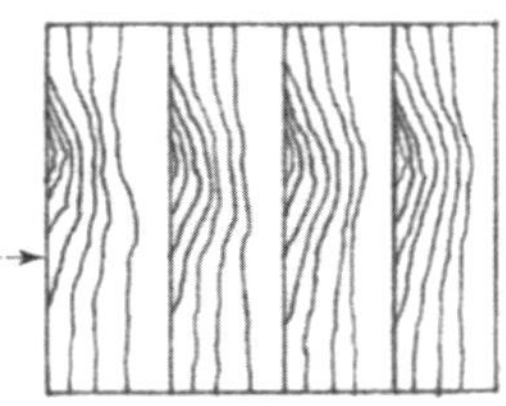

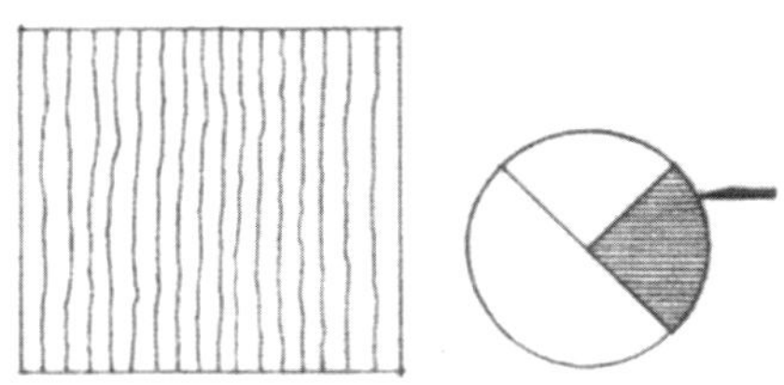

corte em quartos
Corte longitudinal de um quarto de tora, perpendicularmente aos anéis anuais, produzindo uma série de listras retas ou variadas na folha.

emparelhamento tipo diamante
Disposição de quatro folhas de madeira cortadas diagonalmente de modo a se formar uma figura de diamante em torno de um centro.

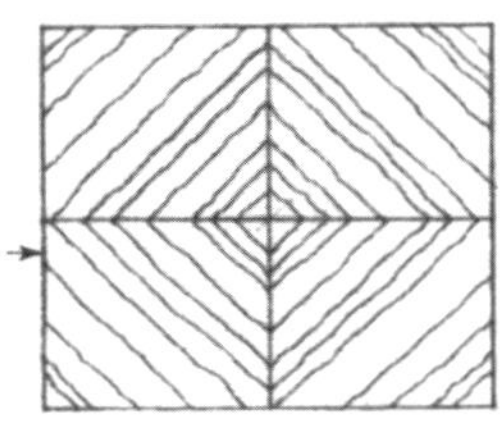

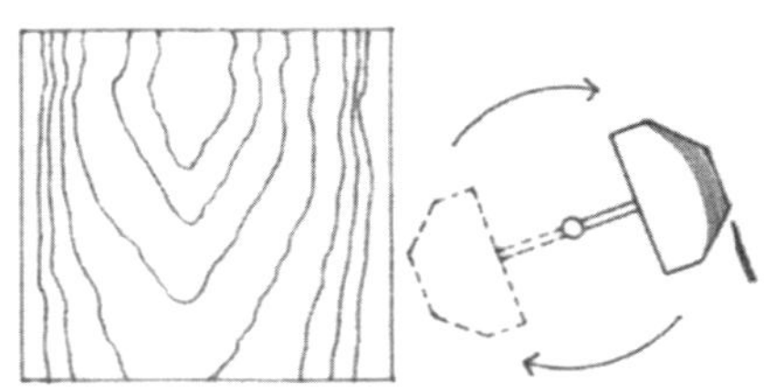

corte semicircular
Corte de uma costaneira deslocada do centro do torno mecânico, ligeiramente através dos anéis anuais, produzindo, ao mesmo tempo, características de corte rotativo e do corte plano.

costaneira
Porção longitudinal de uma tora a ser cortada em folhas.

emparelhamento aleatório
Disposição de folhas de madeira de modo a se criar, intencionalmente, um aspecto casual, de desparelhamento.

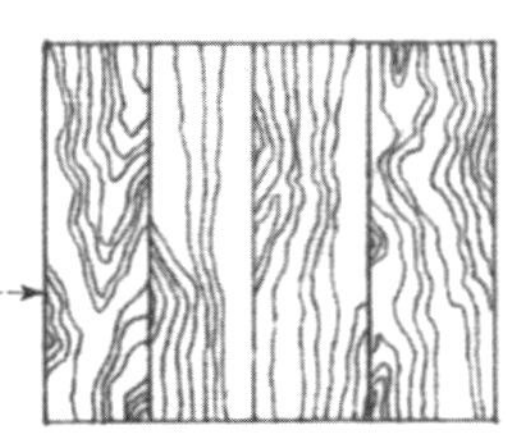

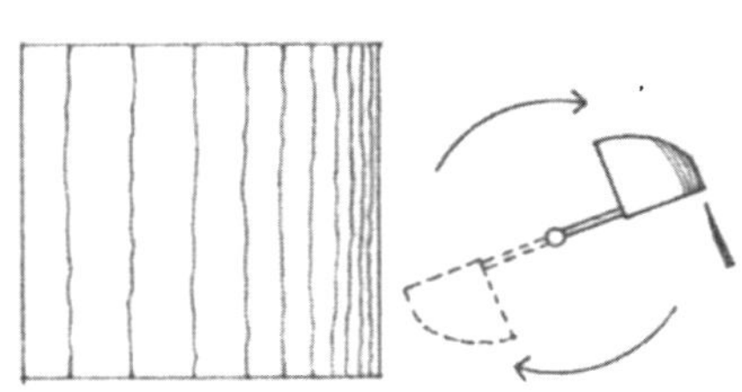

corte tipo fenda
Corte de um carvalho e espécies semelhantes perpendicularmente às raias nitidamente definidas, de modo a minimizar sua aparência.

chapa de tiras orientada
Painel de madeira não folhado, normalmente utilizado em revestimentos e bases de piso, produzido através da aglutinação de três ou cinco camadas de tiras de madeira longas e delgadas, através de calor e pressão, com o emprego de um adesivo à prova d'água. As tiras da superfície são alinhadas paralelamente ao eixo maior do painel, reforçando-o no sentido do comprimento.

chapa de tiras
Painel não folhado composto por tiras de madeira grandes e delgadas, aglutinadas sob calor e pressão com um adesivo à prova d'água. Os planos das tiras geralmente são orientados paralelamente ao plano do painel, mas as direções de suas fibras são aleatórias, resultando em um painel de rigidez e resistência aproximadamente igual em todas as direções no plano do painel.

contraplacado
Painel de madeira que consiste em duas folhas de revestimento aglutinadas a um núcleo de madeira reconstituída.

aglomerado
Painel de madeira não folhado, produzido através da aglutinação de pequenas partículas de madeira mediante calor e pressão, normalmente utilizado como núcleo de painéis decorativos e mobiliário de escritório, e como base para pisos.

madeira de fios paralelos
Peça de madeira estrutural fabricada pela aglutinação de fios de madeira longos e estreitos mediante calor e pressão, com o uso de um adesivo à prova d'água. A madeira de fios paralelos é um produto patenteado, comercializado nos Estados Unidos sob a marca **Parallam**, utilizada como viga e coluna em estruturas de colunas e vigas, e como viga, travessa e lintel em estruturas leves.

madeira folhada laminada
Peça de madeira estrutural fabricada pela aglutinação de camadas de folhas de madeira sob calor e pressão, com o uso de um adesivo à prova d'água. A disposição das fibras de todas as folhas no mesmo sentido longitudinal resulta em um produto rijo quando carregada nos bordos, como uma viga, ou carregada na face, como uma prancha. A comercialização da madeira folhada laminada se dá sob várias marcas, como **Microlam** nos Estados Unidos, sendo o produto utilizado como travessa e viga, ou como flange em vigas I de madeira pré-fabricadas.

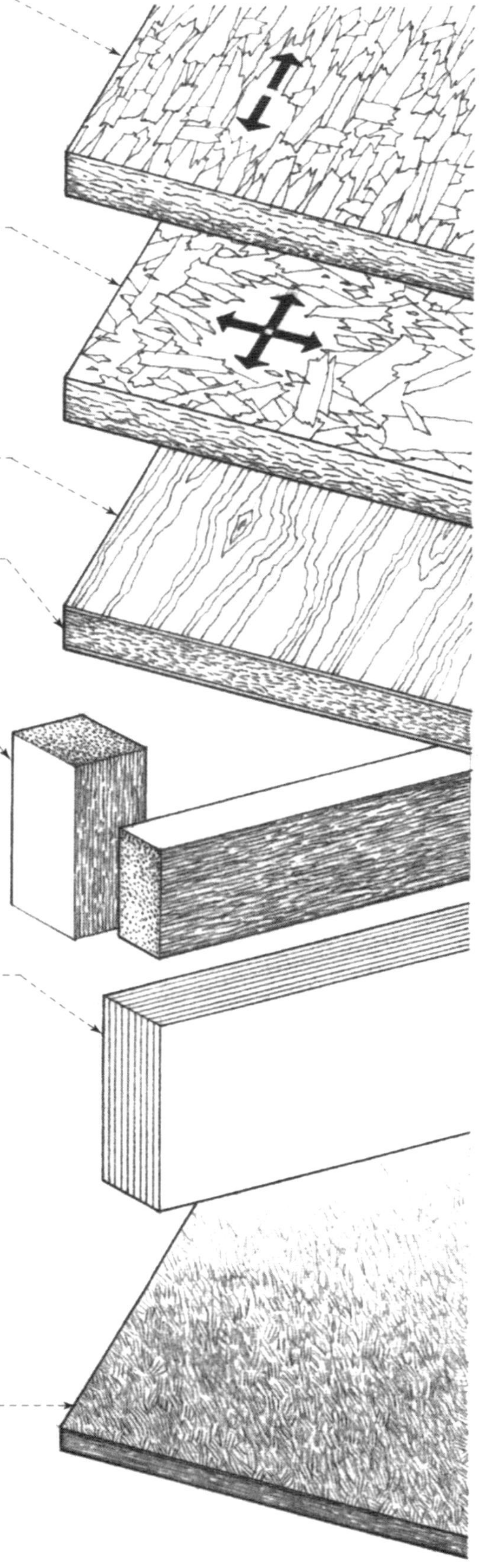

chapa de fibra curada
Chapa de fibra prensada, impregnada com um óleo secante ou outra resina oxidante, e cozida a fim de aumentar sua rigidez e resistência à umidade.

chapa de fibra
Material de construção feito de fibras de madeira ou outras fibras vegetais, comprimidas com um aglutinante de modo a formarem folhas rijas.

chapa de fibra prensada
Chapa comprimida muito densa, de fibra de madeira.

Masonite
Nome comercial de um fabricante de chapa de fibra curada.

Peg-Board
Nome comercial de um fabricante de chapa de fibra curada provida de perfurações espaçadas a intervalos regulares, nas quais é possível se introduzir ganchos para o armazenamento e a exposição de artigos.

ligação
Força de atração mediante a qual os átomos, íons ou grupos de átomos se reúnem em uma molécula ou estrutura cristalina. Também chamada **ligação química**.

ligação iônica
Ligação química característica dos sais e materiais cerâmicos, formada pela transferência completa de um ou mais elétrons de um tipo de íon para outro. Também chamada **ligadura iônica, elo iônico** e **ligação eletrovalente**.

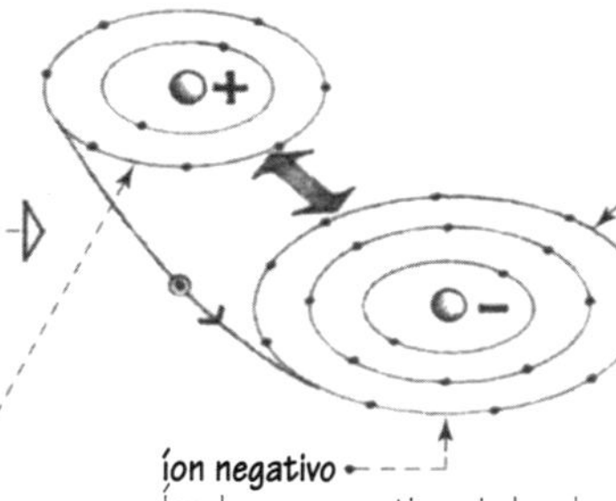

íon positivo
Íon de carga positiva criado pela perda de um ou mais elétrons. Também **cátion**.

íon
Átomo ou conjunto de átomos de carregados, formados pela perda ou o ganho de um ou mais elétrons.

íon negativo
Íon de carga negativa criado pelo ganho de um ou mais elétrons. Também chamado **aníon**.

valência
Medida da capacidade de um átomo ou grupo para se combinarem com outros átomos ou grupos, igual ao número de ligações químicas que o átomo ou o grupo podem formar.

ligação covalente
Ligação química formada pela partilha de pares de elétrons por dois átomos.

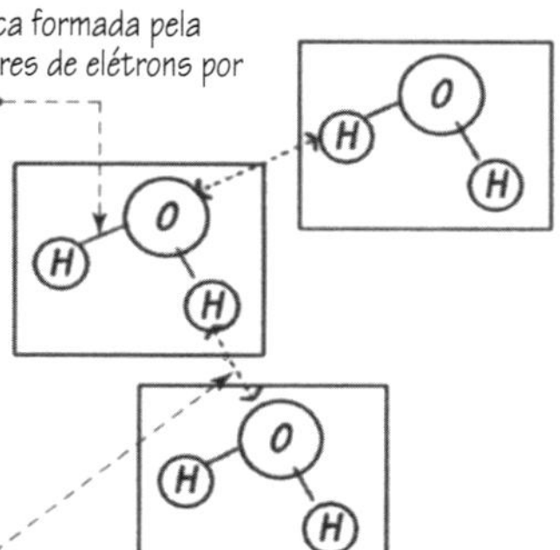

ligação de hidrogênio
Ligação eletrostática entre um átomo eletronegativo e um átomo de hidrogênio já ligado a outro átomo eletronegativo por uma ligação covalente.

molécula
Menor partícula de uma substância que exibe todas as características físicas e propriedades químicas dessa substância, composta por um ou mais átomos semelhantes em um elemento ou dois ou mais átomos diferentes em um composto.

peso molecular
Peso médio de uma molécula de um elemento ou composto, calculado como a soma dos pesos atômicos dos átomos que formam a molécula.

mole
Peso molecular de uma substância expresso em gramas; molécula-grama. Também chamado **mol**.

elétron de valência
Elétron localizado na camada externa de um átomo, que pode ser transferido ou compartilhado na formação de uma ligação química com outro átomo. Também chamado **eletrônio de valência**.

configuração de gás inerte
Configuração estável de um elemento no qual as camadas externas de seus átomos ou íons são preenchidas com o maior número possível de pares de elétrons. A natureza impele átomos e íons rumo a essa configuração obtida mediante a captura, entrega ou partilha de elétrons com átomos ou íons vizinhos, num esforço para atingir um estado relativamente inerte de baixa energia.

gás nobre
Qualquer um dos elementos gasosos quimicamente inertes: hélio, neon, argônio, criptônio, xenônio e radônio. Também **gás inerte**.

matéria
Que ocupa espaço, que pode ser percebido pelos sentidos e constitui a substância de um corpo físico.

Matéria com qualidades específicas com base nas quais é possível classificá-la.

camada
Qualquer uma dentre um máximo de sete superfícies esféricas que contêm as órbitas dos elétrons de energia aproximadamente igual em torno do núcleo de um átomo.

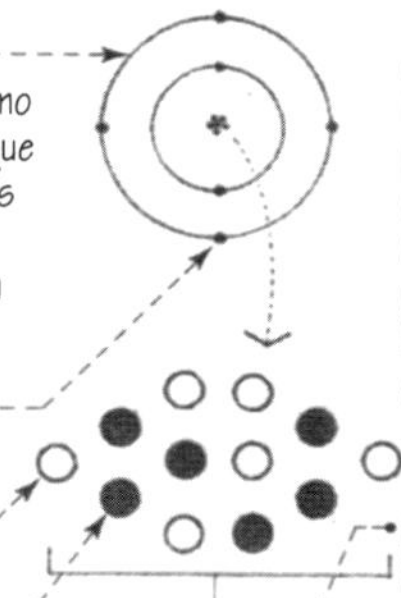

átomo
Menor unidade de um elemento passível de existir isoladamente ou em combinação, composta por um núcleo de nêutrons e prótons circundados por um ou mais elétrons ligados a esse núcleo por atração elétrica.

elétron
Partícula fundamental de matéria dotada de uma carga negativa.

nêutron
Partícula fundamental desprovida de carga.

próton
Partícula de carga positiva que é um componente fundamental de todos os núcleos atômicos.

número atômico
Número de prótons existentes no núcleo do átomo de um determinado elemento, que equivale ao número de elétrons que normalmente gravitam em torno do núcleo. Também chamado **número de prótons**.

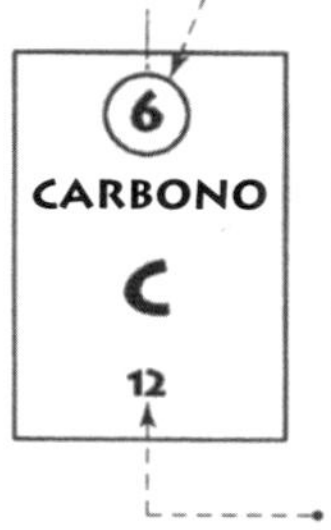

elemento
Componente de uma classe de substâncias que não podem ser decompostas em substâncias mais simples por meios químicos, formado por átomos com mesmo número de prótons em cada núcleo.

peso atômico
Peso médio do átomo de um elemento com referência à metade do peso de um átomo de carbono[12].

tabela periódica
Ordenação tabular dos elementos químicos em grupos afins, antigamente na ordem de seus pesos atômicos e hoje segundo seus números atômicos.

Ao longo de um período, os elementos se convertem gradativamente de elementos metálicos em não metálicos, passando por aqueles que se assemelham a metais.

Os elementos distribuídos em cada grupo apresentam determinadas características comuns e se comportam de modo semelhante devido à forma pela qual se organizam os elétrons em suas camadas externas.

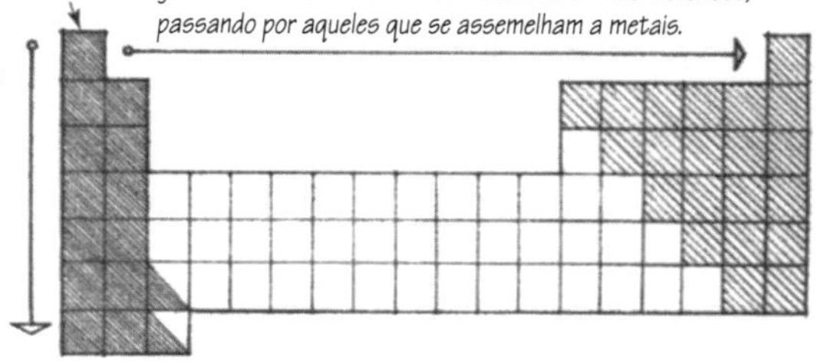

fluido
Substância, como um gás ou um líquido, capaz de fluir, que cede facilmente à pressão e conforma-se ao formato do recipiente que o contém.

gás
Matéria sem forma independente ou volume, com perfeita mobilidade molecular e tendência a se expandir indefinidamente.

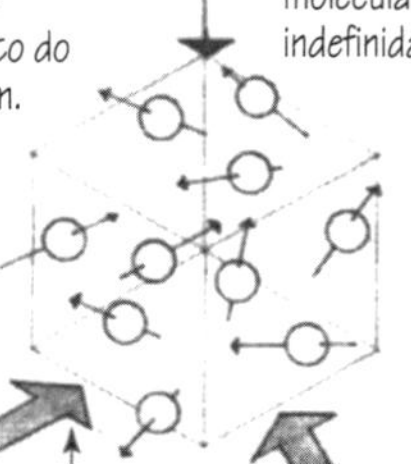

sólido
Matéria dotada de relativa firmeza, coerência de partículas e persistência de forma.

condensar
Reduzir a uma forma mais densa – por exemplo, um gás ou vapor a um estado líquido ou sólido.

evaporar
Converter-se de um estado líquido ou sólido em vapor.

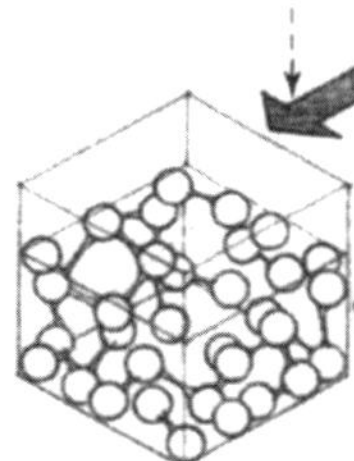

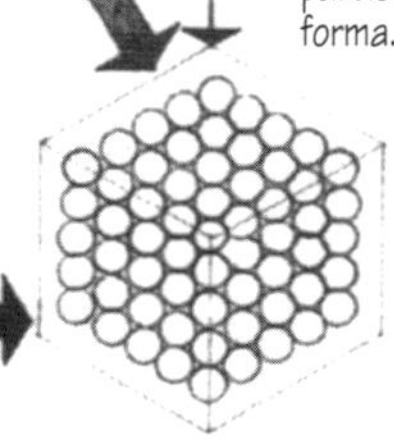

calor de condensação
Calor liberado por uma unidade de massa de gás em seu ponto de ebulição ao condensar-se em um líquido.

calor de vaporização
Quantidade de calor necessária para se converter em vapor uma unidade de massa de líquido em seu ponto de ebulição à mesma temperatura; igual ao calor de condensação.

solidificar
Converter-se de um estado líquido ou gasoso em sólido.

líquido
Matéria que se distingue dos estados sólido ou gasoso por uma prontidão característica para fluir, pouca ou nenhuma tendência a dispersar-se e uma incompressibilidade relativamente alta.

calor de solidificação
Calor liberado por uma unidade de massa de um líquido, em seu ponto de congelamento, ao solidificar-se.

calor de fusão
Quantidade de calor necessária para se converter em líquido uma unidade de massa de um sólido, em seu ponto de fusão, à mesma temperatura; igual ao calor de solidificação.

ligação metálica
Ligação química característica dos metais, produzida pela partilha de elétrons de valência que se movimentam livremente pela treliça de uma estrutura cristalina via de regra estável.

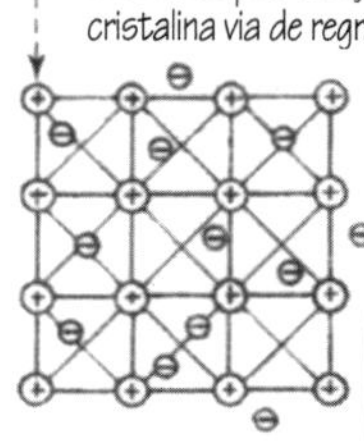

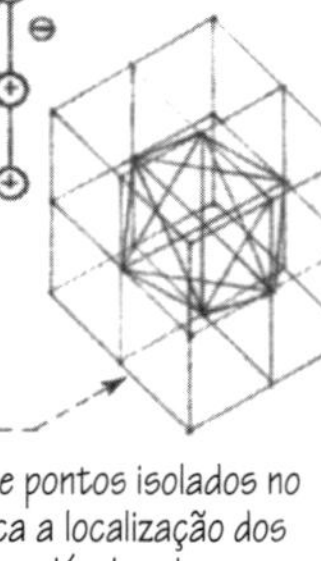

treliça
Forma regular de pontos isolados no espaço que indica a localização dos átomos, íons ou moléculas de um sólido cristalino.

cristal
Sólido que apresenta uma estrutura interna, que se repete regularmente, de átomos, íons ou moléculas, e delimitada por superfícies planas distribuídas simetricamente.

amorfo
Cuja estrutura não é cristalina.

propriedade
Atributo ou qualidade essencial ou distinta encontrada especificamente na constituição de algo ou identificado em seu comportamento.

propriedade mecânica
Qualquer uma das propriedades físicas de um material que apresenta uma resposta às forças que lhe são aplicadas.

resistência
Capacidade de um material de resistir às forças a ele impostas, capacidade de tolerar altas tensões sem se deformar ou romper.

resistência dos materiais
Estudo da relação entre as forças externas aplicadas e os efeitos internos produzidos por tais forças em um corpo.

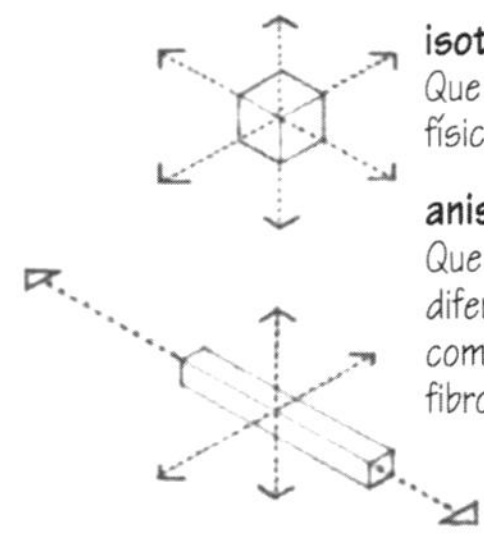

isotrópico
Que exibe as mesmas propriedades físicas ao longo de todos os eixos.

anisotrópico
Que apresenta propriedades físicas diferentes ao longo de diferentes eixos, como a madeira e outros materiais fibrosos.

tração
Estado de distender-se resultante do alongamento de um corpo elástico.

força de tração
Força aplicada que produz ou tende a produzir tensão em um corpo elástico.

força axial
Força de tração ou de compressão que atua ao longo do eixo longitudinal de um elemento estrutural e no centróide da secção transversal, produzindo esforço axial sem flexão, torção ou cisalhamento. Também chamada **carga axial**.

esforço axial
Esforço de tração ou compressão que se desenvolve para resistir a uma força axial; admite-se que se distribua de maneira uniforme, e segundo a direção da normal, pela área da secção transversal. Também chamado **tensão direta** e **tensão normal**.

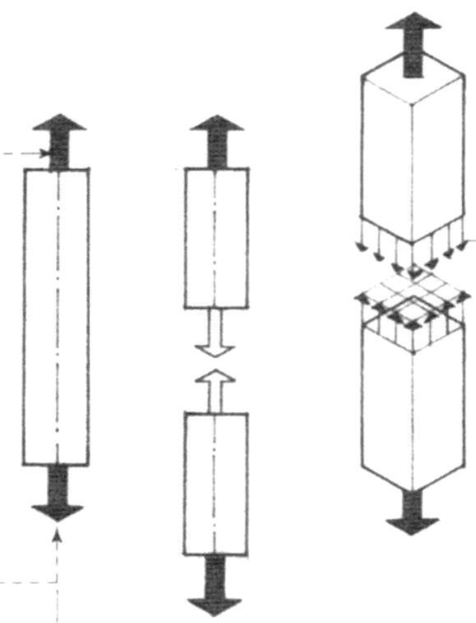

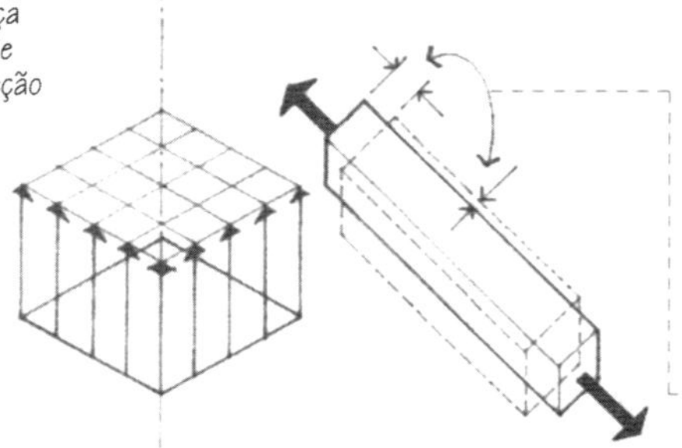

tensão
Resistência ou reação internas de um corpo elástico às forças externas a ele aplicadas, igual à razão entre a força e a área, e expressa em unidades de força por unidade de área da secção transversal. Também **tensão unitária**.

tensão de tração
Esforço axial que se desenvolve na secção transversal de um corpo elástico para resistir às forças de tração colineares que tendem a alongá-lo.

deformação de tração
Alongamento de um comprimento unitário de material produzido por uma tensão de tração.

deformação
Alteração da forma ou tamanho de um corpo sob a ação de uma força aplicada. A deformação é uma grandeza adimensional, equivalente à razão entre a mudança de forma ou tamanho e a forma ou tamanho originais de um corpo tensionado.

módulo de Young
Coeficiente de elasticidade de um material, que expressa a razão entre a tensão longitudinal e a deformação longitudinal correspondente causada por esta.

coeficiente de Poisson
Razão entre a deformação lateral e a deformação longitudinal correspondente em um corpo elástico submetido a uma tensão longitudinal.

ensaio de tração
Ensaio para se verificar o comportamento de um material submetido a uma tensão axial, no qual um corpo de prova é preso em ambas as extremidades e distendido até a ruptura; o ensaio mais comum para materiais estruturais.

resistência à tração
Resistência de um material à tensão longitudinal, medida pela intensidade mínima de tensão longitudinal necessária para romper o material.

alongamento
Medida da ductilidade de um material, expressa em termos do aumento percentual no comprimento de um corpo de prova após sua ruptura em um ensaio de tensão.

redução de área
Medida da ductilidade de um material, expressa como a redução percentual na área da secção transversal de um corpo de prova após sua ruptura em um ensaio de tensão.

compressão
Ato de ser apertado, que resulta em uma redução no tamanho ou volume de um corpo elástico.

força de compressão
Força aplicada que produz ou tende a produzir a compressão de um corpo elástico.

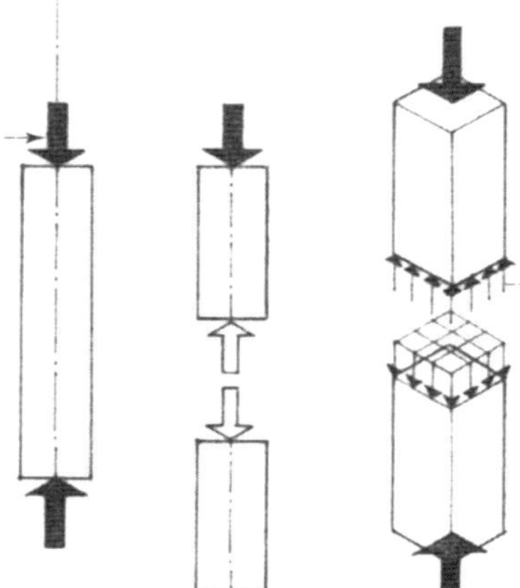

tensão de compressão
Tensão axial que se desenvolve na seção transversal de um corpo elástico para resistir às forças de compressão colineares que tendem a reduzir seu tamanho.

deformação de compressão
Redução no tamanho de um comprimento unitário de um material produzida por uma tensão de compressão.

ensaio de compressão
Teste para se verificar o comportamento de um material submetido a compressão axial, em que um corpo de prova é imprensado até sua ruptura ou desintegração. O ensaio de compressão é empregado para materiais quebradiços, uma vez que é difícil determinar com precisão sua baixa resistência à tensão.

aferidor de deformação
Instrumento utilizado para se medir as mínimas deformações de um corpo de prova causadas por tensão, compressão, flexão ou torção. Também chamado **extensômetro**.

força excêntrica
Força aplicada paralelamente ao eixo longitudinal de uma peça estrutural, mas não ao centróide da secção transversal, produzindo flexão e uma distribuição desigual das tensões na secção. Também chamada **carga excêntrica**.

módulo de elasticidade
Coeficiente da elasticidade de um material, que expressa a razão entre uma pressão e a correspondente alteração fracionária de volume produzida.

compressibilidade
Recíproca do módulo de elasticidade, igual à razão entre a alteração fracionária de volume e a pressão aplicada a uma determinada substância.

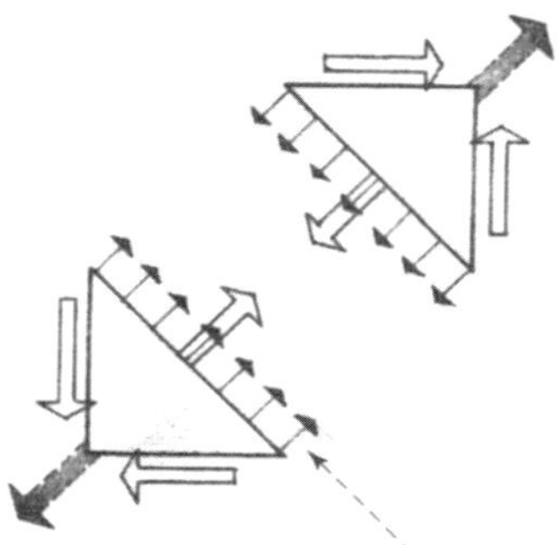

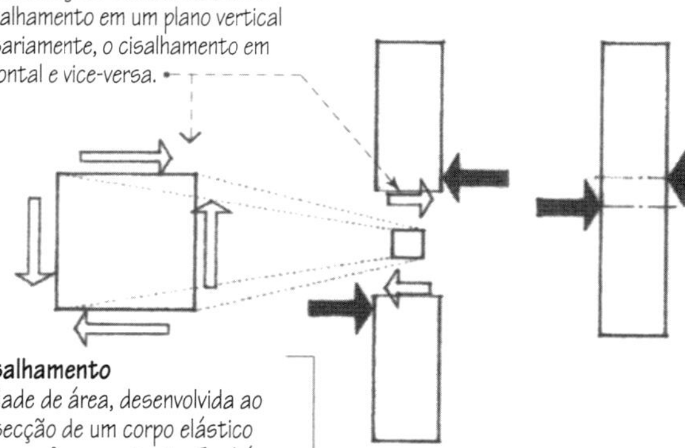

força de cisalhamento
Força interna, tangente à superfície sobre a qual atua, desenvolvida por um corpo em resposta a uma força cortante. Para o equilíbrio de um elemento retangular submetido a uma cortante, o cisalhamento em um plano vertical envolve, necessariamente, o cisalhamento em um plano horizontal e vice-versa.

cisalhamento
Deformação lateral provocada em um corpo por uma força externa que leva uma parte do corpo a deslizar, relativamente a uma parte adjacente, em uma direção paralela ao plano de contato entre as duas partes.

força cortante
Força aplicada que produz ou tende a produzir cisalhamento em um corpo.

tensão de cisalhamento
Força, por unidade de área, desenvolvida ao longo de uma secção de um corpo elástico para resistir a uma força cortante. Também **tensão cortante** e **tensão tangencial**.

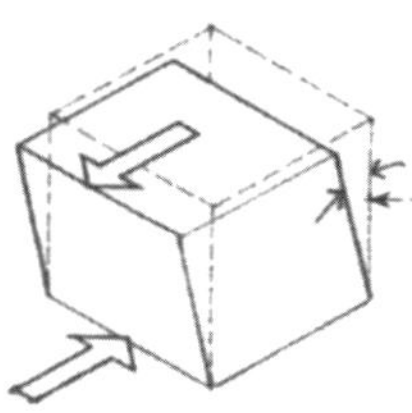

deformação de cisalhamento
Deformação lateral sofrida por um corpo em resposta a tensões de cisalhamento, definida como a tangente ao ângulo de deformação. Uma vez que esse ângulo é sempre muito pequeno, a deformação de cisalhamento é um número puro, muito próximo à medida do referido ângulo em radianos.

módulo de cisalhamento
Coeficiente da elasticidade de um material, que expressa a razão entre a tensão de cisalhamento e a deformação de cisalhamento correspondente produzida pela primeira. Também chamado **módulo de rigidez, coeficiente de rigidez, módulo de torção** e **coeficiente de torção**.

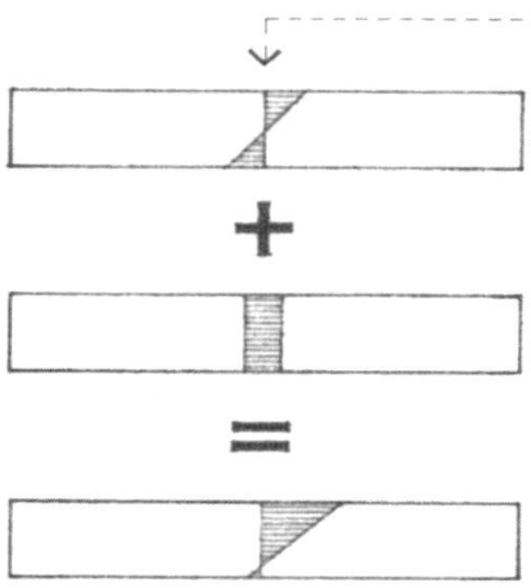

combinação de tensões
Conjunto de esforços de tração e compressão resultante da sobreposição de esforços axiais e de flexão na secção transversal de uma peça estrutural, que atua em uma única direção e é igual, em qualquer ponto, à soma algébrica dessas tensões.

flexão
O arqueamento de um corpo elástico quando submetido à ação de uma força externa aplicada transversalmente a seu comprimento. A flexão é o mecanismo estrutural que permite a transmissão de uma carga em uma direção perpendicular àquela de sua aplicação.

força transversal
Força aplicada perpendicularmente ao comprimento de uma peça estrutural, e que produz flexão e cisalhamento. Também chamada **carga transversal**.

• *Sobre esforços de flexão, ver* ***viga***.

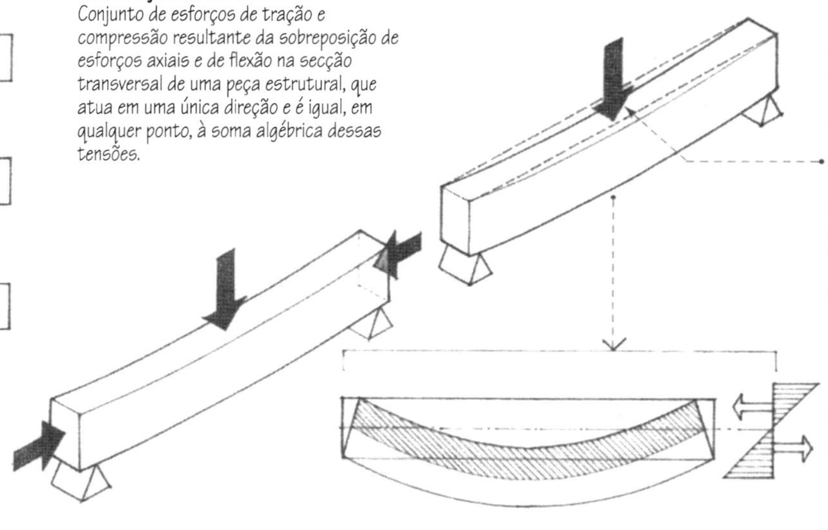

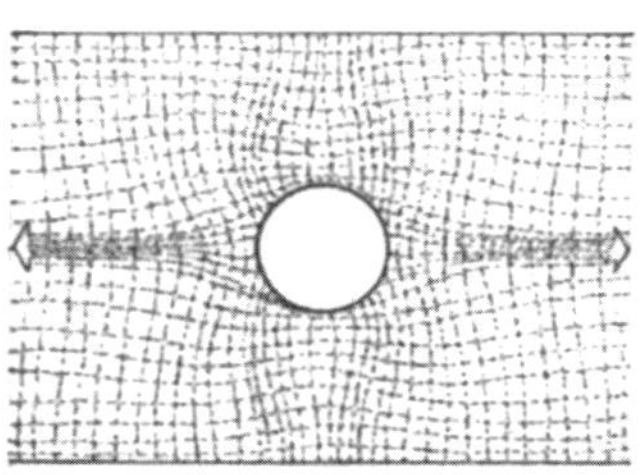

concentração de tensões
Aumento de tensão ocorrido em descontinuidades ou falhas existentes em um material. Nos materiais frágeis, as concentrações de esforços produzem rachaduras que se propagam até a ocorrência de ruptura; nos materiais dúcteis, elas produzem deformações locais que servem para redistribuir e descarregar as tensões.

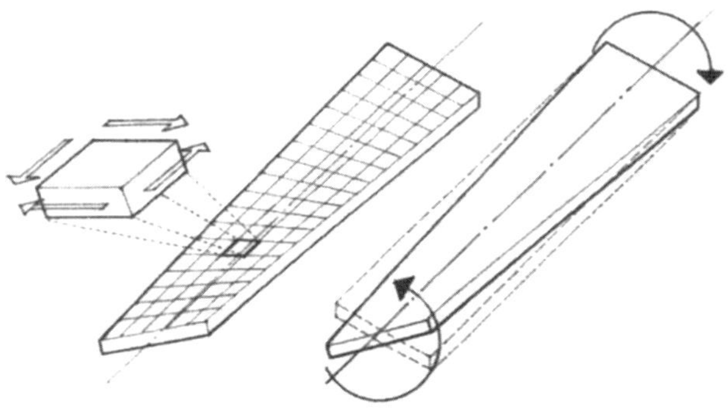

torque
Momento de um sistema de forças que produz ou tende a produzir rotação ou torção. Também chamado **rotação, esforço de rotação** e **momento de rotação**.

torção
Rotação de um corpo elástico em torno de seu eixo longitudinal, provocada por dois torques iguais e opostos, produzindo tensões de cisalhamento no corpo.

diagrama tensão-deformação
Representação gráfica da relação entre valores de tensão unitários e as unidades de deformação correspondentes para um material específico.

extensão elástica
Espectro de unidades de tensão para o qual um material apresenta deformação elástica.

deformação
Mudança na forma ou nas dimensões de um corpo ou estrutura resultante de tensões.

deformação elástica
Mudança temporária nas dimensões ou na forma de um corpo, produzida por uma tensão inferior ao limite elástico do material.

fragilidade
Propriedade de um material que o leva a um rompimento súbito quando submetido a tensão, com pequena deformação evidente. Uma vez que os materiais frágeis não possuem o comportamento plástico dos dúcteis, não conseguem dar nenhum sinal prévio de sua ruptura iminente.

limite proporcional
Tensão além da qual a razão entre tensão e deformação de um material deixa de se manter constante.

rigidez
Medida da resistência de um material à deformação quando tensionado dentro de sua amplitude elástica.

tensão admissível
Tensão máxima por unidade permitida para um material no projeto de um elemento estrutural, normalmente uma fração do limite elástico, da tensão de prova ou do limite de esforço desse material. Diversos materiais têm suas tensões admissíveis especificadas por códigos de edificação, associações de engenheiros e institutos de engenharia e arquitetura, baseadas em especificações e métodos de ensaio estabelecidos, no caso do Brasil, pela Associação Brasileira de Normas Técnicas. Também chamada **tensão admissível por unidade** e **tensão de trabalho**.

tensão de prova
Carga necessária para se produzir em um material um alongamento permanente específico e comprometedor, normalmente de 0,2% de seu comprimento original quando testado em tensão. A tensão de prova é utilizada para se determinar o limite de utilidade de um material cujo limite de resistência é de difícil definição. Também chamada **carga de prova**.

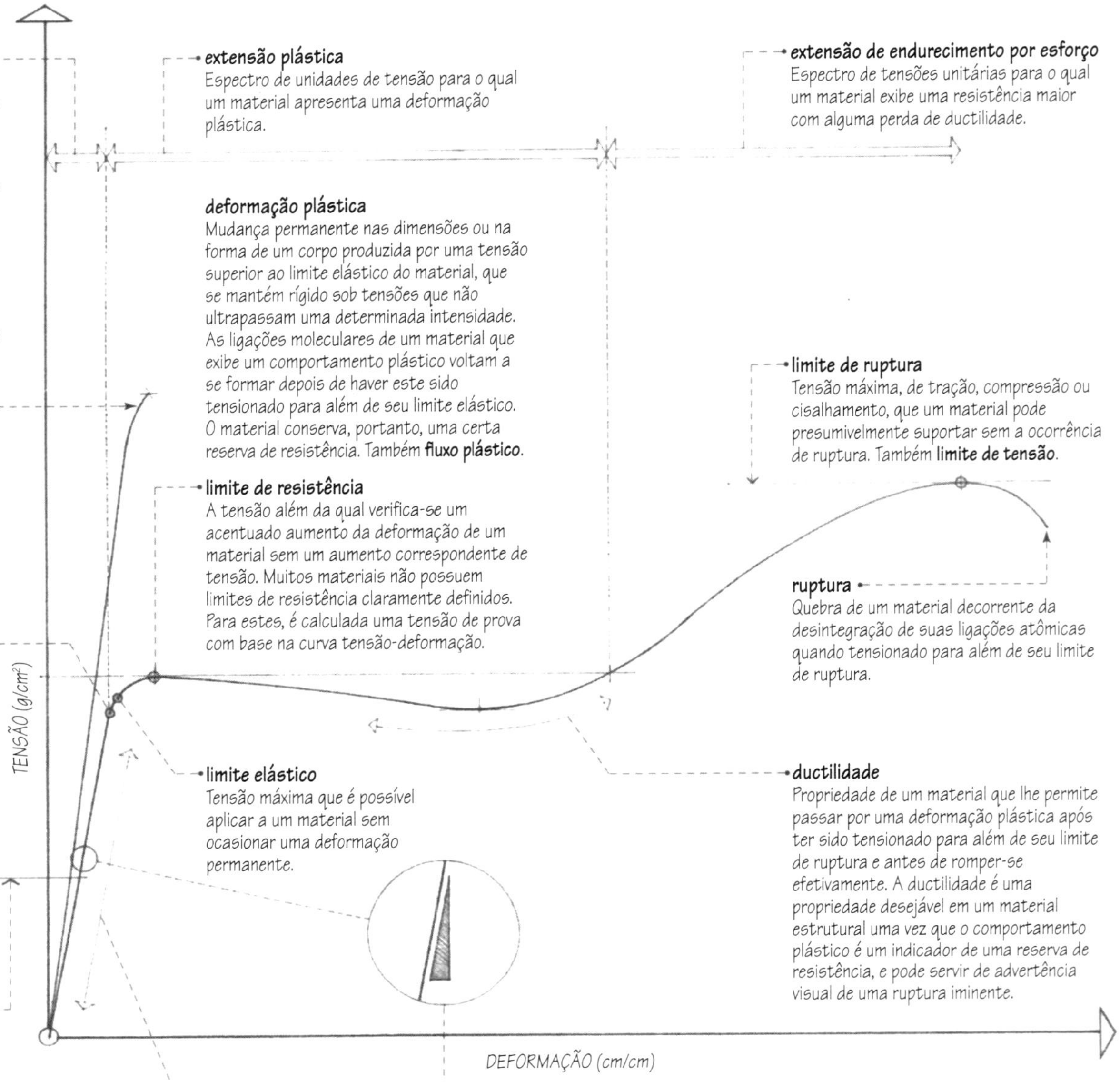

extensão plástica
Espectro de unidades de tensão para o qual um material apresenta uma deformação plástica.

deformação plástica
Mudança permanente nas dimensões ou na forma de um corpo produzida por uma tensão superior ao limite elástico do material, que se mantém rígido sob tensões que não ultrapassam uma determinada intensidade. As ligações moleculares de um material que exibe um comportamento plástico voltam a se formar depois de haver este sido tensionado para além de seu limite elástico. O material conserva, portanto, uma certa reserva de resistência. Também **fluxo plástico**.

limite de resistência
A tensão além da qual verifica-se um acentuado aumento da deformação de um material sem um aumento correspondente de tensão. Muitos materiais não possuem limites de resistência claramente definidos. Para estes, é calculada uma tensão de prova com base na curva tensão-deformação.

limite elástico
Tensão máxima que é possível aplicar a um material sem ocasionar uma deformação permanente.

elasticidade
Propriedade de um material que permite a ele deformar-se em resposta a uma força aplicada e a recuperar seu tamanho e forma originais quando da supressão da força.

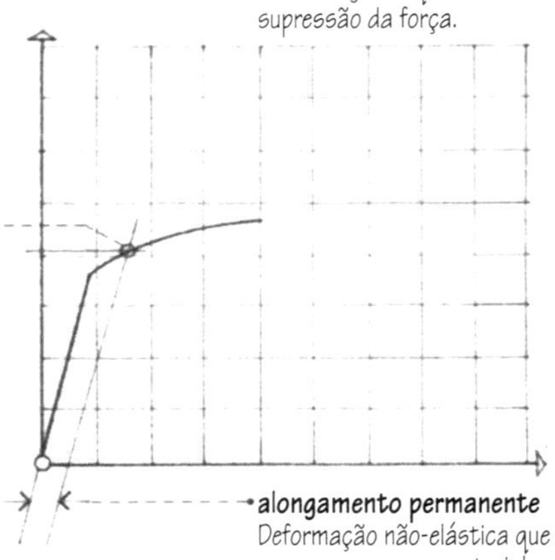

alongamento permanente
Deformação não-elástica que permanece em um material após a completa supressão da tensão que a produziu. Também **deformação permanente**.

módulo de elasticidade
Coeficiente de elasticidade de um material, que expressa a razão entre uma tensão unitária e a correspondente deformação unitária causada pela tensão, tal como deduzido da lei de Hooke e representada pela inclinação do trecho em linha reta do diagrama tensão deformação. Também **coeficiente de elasticidade** e **módulo elástico**.

extensão de endurecimento por esforço
Espectro de tensões unitárias para o qual um material exibe uma resistência maior com alguma perda de ductilidade.

limite de ruptura
Tensão máxima, de tração, compressão ou cisalhamento, que um material pode presumivelmente suportar sem a ocorrência de ruptura. Também **limite de tensão**.

ruptura
Quebra de um material decorrente da desintegração de suas ligações atômicas quando tensionado para além de seu limite de ruptura.

ductilidade
Propriedade de um material que lhe permite passar por uma deformação plástica após ter sido tensionado para além de seu limite de ruptura e antes de romper-se efetivamente. A ductilidade é uma propriedade desejável em um material estrutural uma vez que o comportamento plástico é um indicador de uma reserva de resistência, e pode servir de advertência visual de uma ruptura iminente.

lei de Hooke
Lei que estabelece que a tensão sobre um corpo é diretamente proporcional à deformação produzida, contanto que essa tensão não exceda o limite elástico do material.

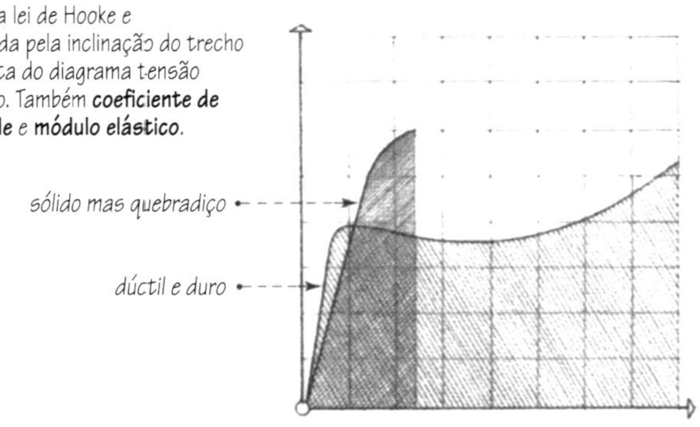

dureza
Propriedade de um material que lhe permite absorver energia antes de romper-se, representada pela área abaixo da curva tensão-deformação baseada em um ensaio de tração do material. Os materiais dúcteis são mais duros do que os quebradiços.

expansão por umidade
Aumento no volume de um material causado pela absorção de água ou vapor d'água. Também chamado **avultamento**.

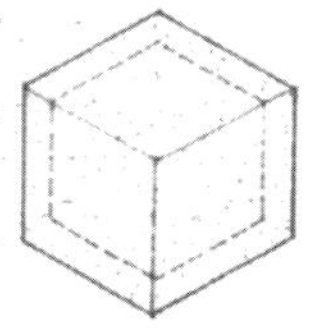

absorção
Admissão ou recepção de um gás ou líquido por meio de ação molecular ou química.

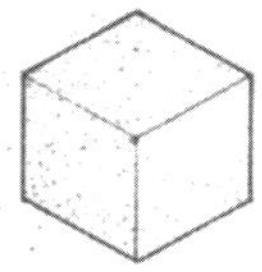

adsorção
Adesão de uma fina camada condensada de um gás, um líquido ou uma substância dissolvida à superfície de um sólido, normalmente sem nenhuma alteração física ou química do material.

resistência às intempéries
A propriedade de um material que lhe permite conservar seu aspecto e integridade quando exposto aos efeitos do sol, do vento, da umidade e das mudanças de temperatura.

câmara de intemperismo acelerado
Aparelho para determinar a resistência às intempéries de um material submetendo-se um corpo de prova a um desgaste acelerado.

intemperismo acelerado
Processo para se expor um material a raios ultravioleta, água aspergida e elementos aquecedores a fim de simular os efeitos produzidos a longo prazo pelo sol, a chuva e mudanças de temperatura. Também chamado **envelhecimento acelerado**.

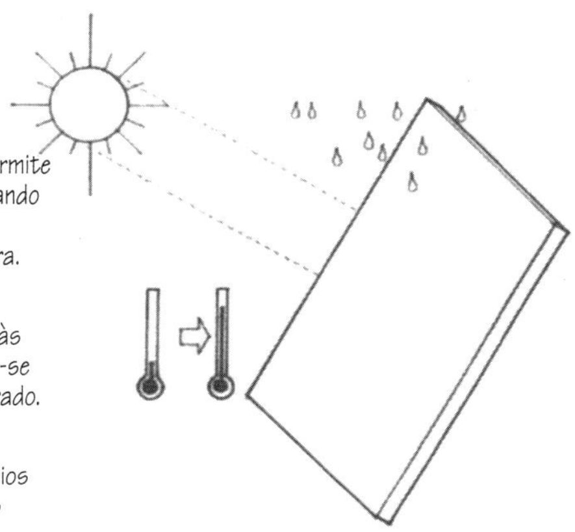

efeito de coeficiente de tensão
Comportamento frágil que um coeficiente elevado de carga aplicada pode provocar em um material normalmente dúctil.

efeito da temperatura
Comportamento frágil que as baixas temperaturas podem provocar em um material normalmente dúctil.

relaxamento de tensão
Declínio da tensão ao longo do tempo em um material submetido a uma carga constante.

deformação permanente
Deformação gradativa e definitiva de um corpo produzida por uma aplicação contínua de tensão ou a prolongada exposição ao calor. A deflexão permanente em uma estrutura de concreto prossegue ao longo do tempo e pode ser significativamente maior do que a deflexão elástica inicial.

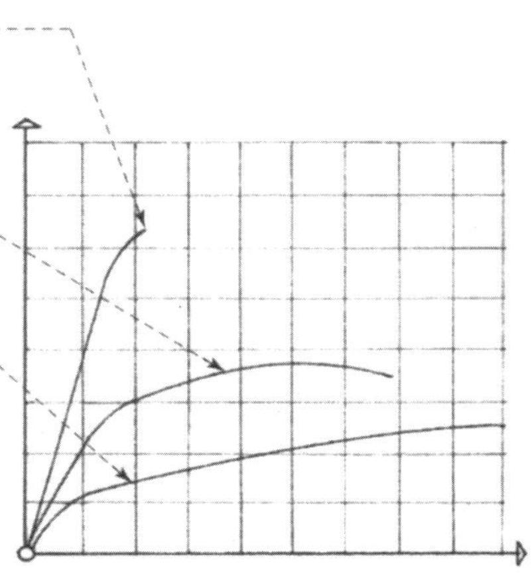

coeficiente de expansão
Alteração parcial de comprimento, área ou volume de um material por alteração unitária de temperatura a uma dada pressão constante. Também chamado **expansividade**.

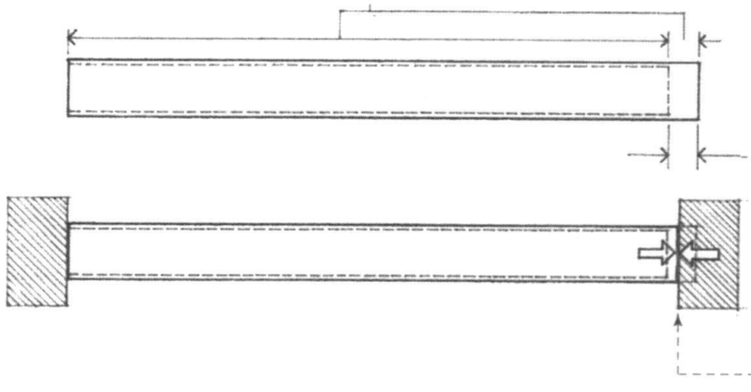

resistência à abrasão
Propriedade de um material que possibilita-lhe resistir ao desgaste quando friccionado por outro objeto. A resistência à abrasão é uma medida da dureza e não da rigidez, e constitui uma qualidade necessária dos materiais utilizados em pisos e superfícies de acabamento.

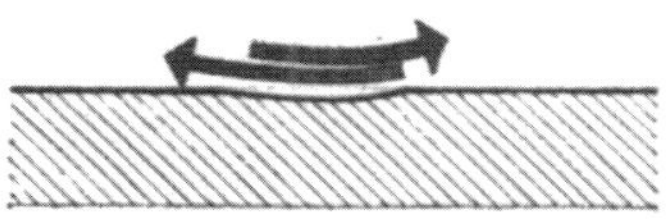

grau de resistência à abrasão
Medida da resistência à abrasão de um material, via de regra expressa em termos da profundidade de penetração ou perda de material após testá-lo com uma roda abrasiva carregada com um peso, para um número específico de ciclos.

fadiga
Enfraquecimento ou ruptura de um material tensionado abaixo de seu limite elástico quando submetido a uma série repetida de tensões.

limite de fadiga
Tensão máxima a que se pode submeter um material por um número indefinido de ciclos sem causar sua ruptura.

razão de fadiga
Razão entre o limite de fadiga e a resistência à tração de um material.

estabilidade dimensional
Propriedade de um material que permite-lhe manter sua forma e dimensões originais quando submetido a alterações de temperatura ou umidade.

teoria cinética do calor
Teoria segundo a qual a temperatura de uma substância aumenta com uma elevação da energia cinética média de suas partículas quando o calor é absorvido.

dilatação térmica
Expansão no comprimento, área ou volume de um material, provocada por uma elevação de temperatura.

contração térmica
Redução no comprimento, área ou volume de um material, provocada por uma queda de temperatura.

tensão térmica
Tensão de tração ou compressão desenvolvida em um material afixado, contra a dilatação ou contração térmicas.

choque térmico
Tensão repentina que uma mudança rápida de temperatura pode produzir em um material.

rigidez
Propriedade de um material que permite-lhe resistir à deformação por compressão, endentação ou penetração.

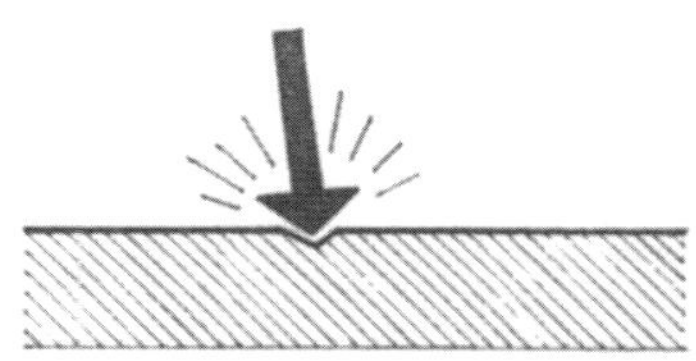

escala de Mohs
Escala utilizada para se medir a rigidez de um mineral. Seus graus, em ordem crescente de rigidez, são: 1, esteatita; 2, gipsita; 3, calcita; 4, fluorita; 5, apatita; 6, feldspato; 7, quartzo; 8, topázio; 9, safira; 10, diamante.

número de Brinell
Medida da rigidez de um material, determinada mediante a imprensagem de uma esfera-padrão de aço em um corpo de prova com a aplicação de uma força-padrão, e dividindo-se a carga pela área de endentação. Quanto maior o número, mais rígido o material.

número de Rockwell
Medida da rigidez de um material, determinada mediante a endentação de um corpo de prova com um entalhador conoidal de diamante ou com uma esfera-padrão de aço, sob duas cargas sucessivas e a medição do aumento líquido na profundidade das impressões; quanto maior o número, mais rígido o material.

número de Vickers
Medida da rigidez de um material, determinada mediante a endentação de um corpo de prova com um diamante, utilizando-se uma força conhecida e dividindo-se a carga pela área da endentação; quanto maior o número, mais rígido o material.

Unidade ou padrão utilizados para se determinar as dimensões, a quantidade ou a capacidade de algo.

sistema métrico
Sistema decimal de pesos e medidas adotado de início na França, mas largamente difundido nos dias de hoje e adotado universalmente na ciência.

Sistema Internacional de Unidades
Sistema mundialmente aceito de unidades físicas congruentes, utiliza metro, quilograma, segundo, ampère, kelvin e candela como unidades básicas de comprimento, massa, tempo, corrente elétrica, temperatura e intensidade luminosa.

comprimento
Extensão de qualquer coisa medida ao longo de sua dimensão maior.

tabela de conversão
Ordenação tabular dos valores equivalentes das unidades de peso ou medida dos diferentes sistemas.

unidade do SI
Unidade básica do Sistema Internacional de Unidades.

escala
Sistema de marcos ordenados, traçados a intervalos conhecidos, utilizado como referencial de medição.

pé
Unidade de comprimento originalmente derivada do comprimento do pé humano, que se divide em 12 polegadas e equivale a 304,8 ml.

polegada
Unidade de comprimento, igual a 1/12 de pé e equivalente a 25,4 mm.

mil
Unidade de comprimento igual a 0,001 polegadas ou 0,0254 mm, utilizada na medição do diâmetro de fios e da espessura de materiais laminados muito delgados. Também, **milipolegada**.

jarda
Unidade de comprimento igual a 3 pés ou 36 polegadas, e equivalente a 0,9144 m.

vara
Unidade de comprimento igual a 1,10 m.

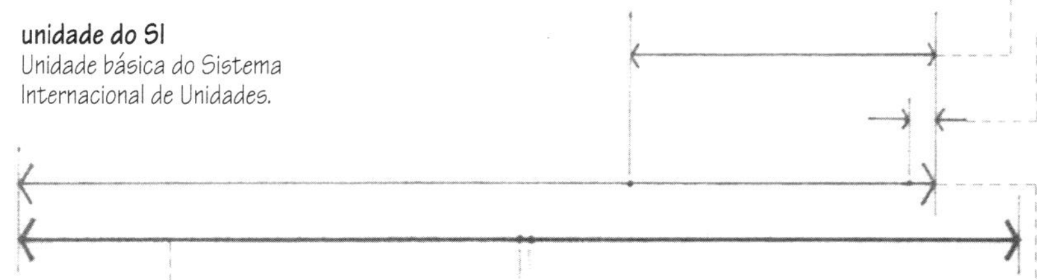

metro
Unidade básica de comprimento no sistema métrico, equivalente a 39,37 polegadas, originalmente definido como 1 decilhão da distância do equador ao pólo medida no meridiano e, mais tarde, como a distância entre duas linhas de uma barra de platinoirídio conservada no Bureau Internacional de Pesos e Medidas, próximo a Paris, e, hoje em dia, como 1/299.972.458 da distância percorrida pela luz no vácuo no intervalo de 1 segundo. Abreviação: **m**.

quilômetro
Unidade de comprimento e distância igual a 1.000 metros e equivalente a 3.280,8 pés ou 0,621 milhas. Abreviação: **km**.

centímetro
Unidade métrica de comprimento, igual a 1/100 de metro ou a 0,3937 polegadas. O uso do centímetro não é recomendado na construção. Abreviação: **cm**.

milímetro
Unidade métrica de comprimento, igual a 1/1000 de metro ou a 0,03337 polegadas. Abreviação: **mm**.

mícron
A milionésima parte do metro. Também chamado **micrômetro**. Símbolo: **mu** e **μ**.

milha
Unidade de distância itinerária utilizada em terra, igual a 1,609 km e equivalente a 5.280 pés ou 1.760 jardas. Também chamada **milha terrestre**.

milha náutica
Unidade de distância utilizada na navegação marítima ou aérea, equivalente a 1,852 km ou aproximadamente 6.076 pés. Também chamada **milha aérea**.

medida quadrada
Unidade ou sistema de unidades utilizados no dimensionamento de áreas, derivados de unidades de medidas lineares.

área
Medida quantitativa de uma superfície plana ou curva.

are
Unidade métrica de área, igual a 1/1000 de hectare, 100 m² ou 119,6 jardas quadradas. Abreviação: **a**.

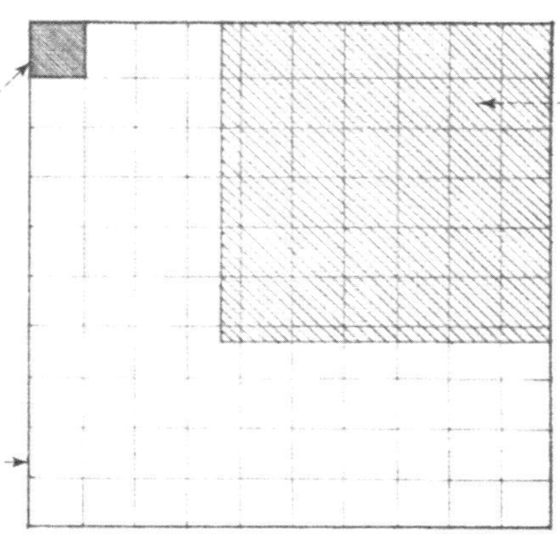

acre
Unidade de área de terra igual a 4.047 m², a 1/640 de milha quadrada, 4.840 jardas quadradas e 43.560 pés quadrados.

hectare
Unidade métrica de área, igual a 10 mil metros quadrados ou 2,47 acres. Abreviação: **ha**.

mil circular
Unidade utilizada principalmente para se medir a área de uma seção transversal de um arame, igual à área de um círculo com diâmetro de 1 mil.

medida cúbica
Unidade ou sistema de unidades utilizados no dimensionamento de volumes ou capacidades, derivados de unidades de medidas lineares.

volume
Tamanho ou extensão de um objeto ou região do espaço tridimensionais, medidos em unidades cúbicas.

litro
Unidade métrica de capacidade, igual a 1/1000 de metro cúbico ou 61,02 polegadas cúbicas. Abreviação:

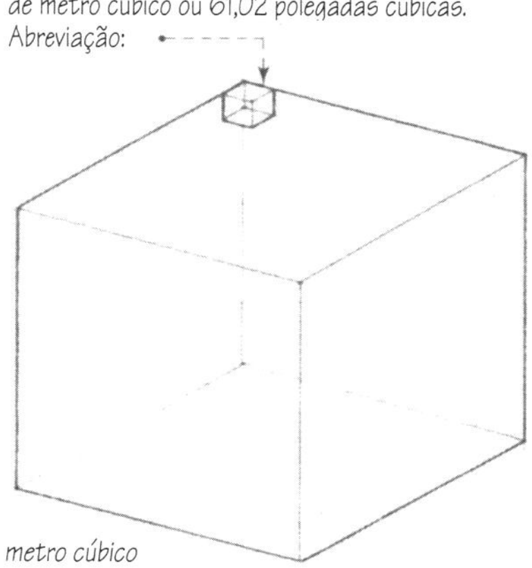

metro cúbico

mililitro
Unidade cúbica de capacidade igual a 1/1000 de litro ou 0,0162 polegada cúbica. Abreviação: **ml**.

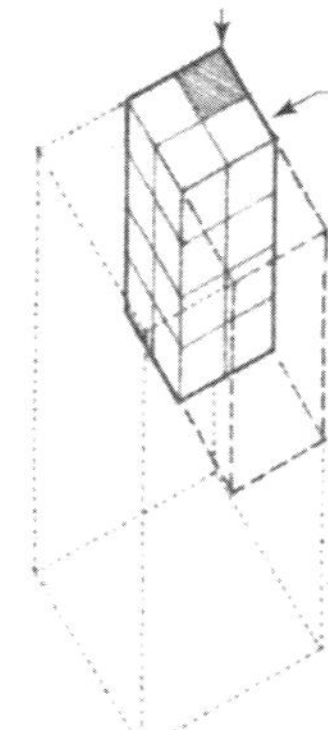

onça líquida
Unidade de capacidade líquida, igual a 29,573 ml e 1,805 polegada cúbica. Também chamada **onça fluida**.

quartilho
Medida norte-americana de capacidade (0,473 l, 16 onças líquidas e 28,875 polegadas cúbicas). Na Inglaterra, 0,568 l. Designação original: **pint**.

quarto
Unidade de capacidade líquida igual a 0,946 l, dois quartilhos norte-americanos ou 57,75 polegadas cúbicas.

galão
Unidade norte-americana de capacidade líquida (3,875 l, 4 quartos ou 231 polegadas cúbicas). Na Inglaterra, 4,546 l (galão imperial ou galão inglês).

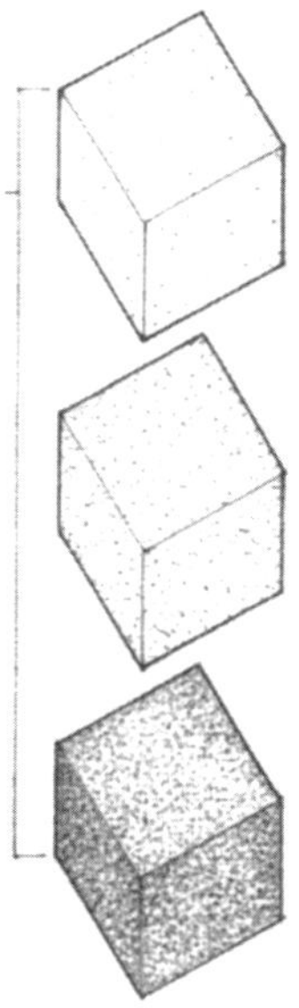

densidade
Massa de uma substância por unidade de volume.

volume específico
Recíproca da densidade, igual ao volume por unidade de massa.

gravidade específica
Razão entre a densidade de uma substância e a densidade de outra, adotada como padrão, normalmente a água destilada para os líquidos e sólidos, e o ar ou o hidrogênio para os gases.

libra
Unidade de força igual ao peso de uma massa de 1 libra submetida à aceleração da gravidade. Abreviação: **lb**.

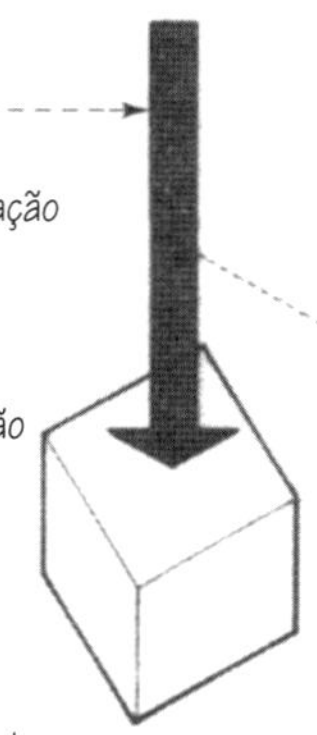

newton
Unidade de força do SI necessária para imprimir a uma massa de 1 kg uma aceleração de 1 m por segundo. Abreviação: **N**.

quilograma
Unidade de força e peso igual ao peso de uma massa de 1 kg submetida à aceleração da gravidade. Abreviação: **kg**.

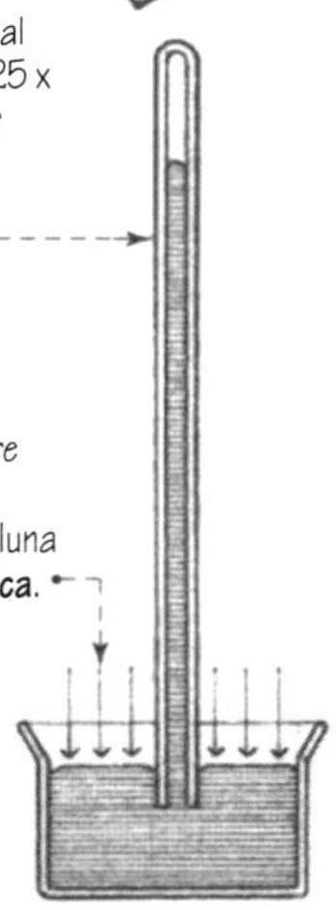

atmosfera
Unidade de pressão igual à pressão normal do ar no nível do mar, equivalente a 1,01325 x 105 N/m^2 ou aproximadamente 14,7 lb por polegada quadrada. Abreviação: **atm**.

atmosfera padrão
Unidade padrão de pressão atmosférica, com o valor de 760 mm de mercúrio.

pressão atmosférica
Pressão exercida pela atmosfera terrestre em qualquer ponto dado, normalmente expressa em termos da altura de uma coluna de mercúrio. Também, **pressão barométrica**.

barômetro
Instrumento utilizado para se medir a pressão atmosférica, utilizado na previsão do tempo e na determinação de altitudes.

cavalo-vapor
Unidade de potência igual a 550 pés-libras por segundo ou 745,7 watts. Também chamado **cavalo-força** e **cavalo**. Abraviação: **cv**.

equivalente mecânico de calor
Número de unidades de trabalho ou energia correspondentes a uma unidade de calor – por exemplo 778,2 pés-libra, que equivale a 1 Btu, ou 4,1858 joules, que equivale a 1 caloria.

tonelada
Unidade de peso igual a 1.000 quilogramas. Também chamada **tonelada métrica**.

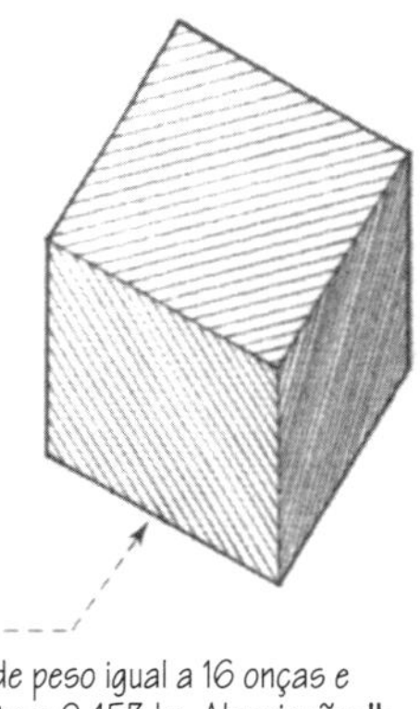

libra
Unidade de peso igual a 16 onças e equivalente a 0,453 kg. Abreviação: **lb**.

quilolibra
Unidade de peso igual a 1.000 lb ou 453,6 kg.

tonelada americana
Unidade de peso igual a 2.000 lb ou 0,907 toneladas métricas. Também, **tonelada pequena** e **tonelada curta**.

lei de Boyle
Princípio segundo o qual, a pressões relativamente baixas e a uma temperatura fixa, a pressão de um gás ideal confinado varia inversamente a seu volume.

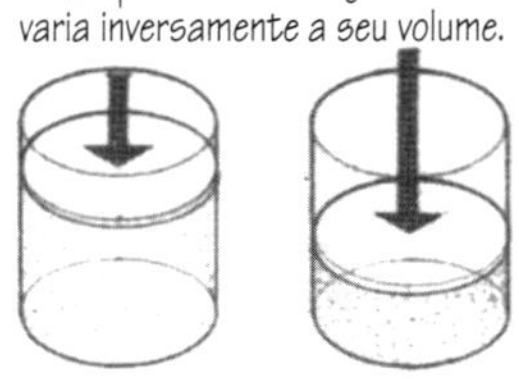

pé-libra
Unidade de energia igual ao trabalho efetuado quando o ponto de aplicação de uma força de 1 libra se desloca por uma distância de 1 pé na direção da força.

polegada-libra
Um duodécimo de um pé-libra.

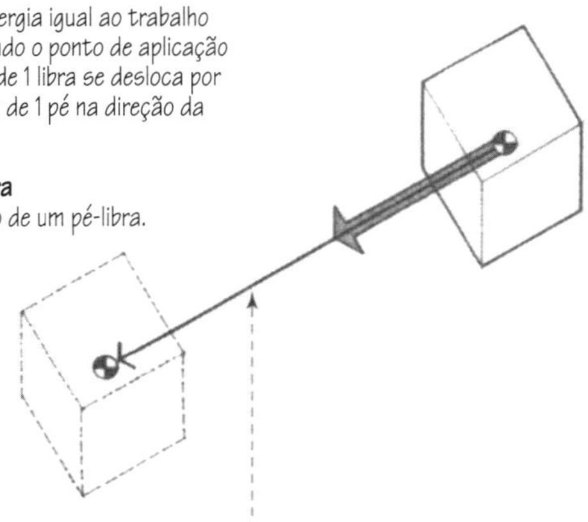

potência
Quantidade de trabalho efetuada ou a energia transferida por unidade de tempo, normalmente expressos em watts ou cavalos-vapor.

trabalho
Transferência de energia produzida pelo movimento do ponto de aplicação de uma força, igual ao produto da componente da força que atua na direção do movimento do ponto de ação pela distância percorrida pelo ponto de aplicação.

grama
Unidade métrica de massa, igual a 1/1.000 de quilograma ou 0,035 onças. Abrev.: **g**.

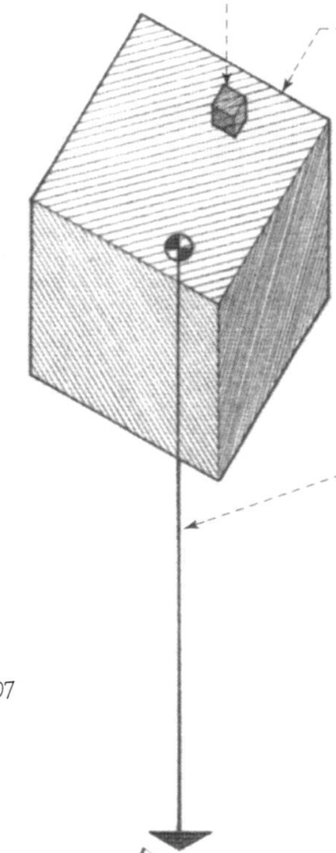

massa
Medida da inércia de um corpo, determinada pela quantidade de material que contém e seu peso em um campo de aceleração gravitacional constante. Abreviação: **M**.

quilograma
Unidade básica de massa no SI, igual à massa de um cilindro de platinoirídio guardada no Bureau Internacional de Pesos e Medidas nas proximidades de Paris. Abreviação: **kg**.

peso
Força gravitacional exercida pela Terra sobre um corpo, igual à massa do corpo vezes a aceleração local da gravidade.

gravidade
Força central de atração exercida pela massa da Terra sobre um corpo próximo à superfície desta.

aceleração da gravidade
Aceleração de um corpo em queda livre no campo gravitacional da Terra, cujo valor aproximado, no nível do mar, é de 9,8 m por segundo.

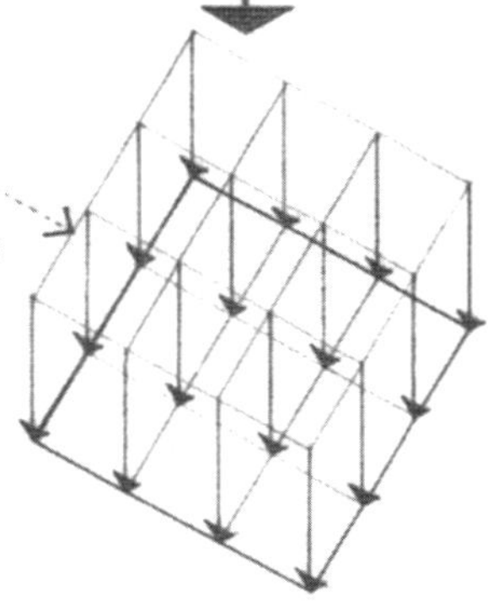

pressão
Força exercida sobre uma superfície, medida em termos de força por unidade de área.

pascal
Unidade de pressão do SI, igual a 1 N/m^2. Abreviação: **Pa**.

energia
Trabalho que um sistema físico é capaz de efetuar ao passar de seu estado efetivo para um estado referencial específico.

joule
Unidade de trabalho ou energia no SI, equivalente ao trabalho efetuado quando o ponto de aplicação de uma força de 1 newton se desloca por uma distância de 1 metro na direção da força; aproximadamente 0,7375 pés-libra. Também, **newton-metro**. Abreviação: **J**.

watt-hora
Unidade de energia igual àquela de 1 watt atuando por 1 hora, equivalente a 3.600 joules. Abreviação: **Wh**.

MEMBRANA

Superfície delgada e flexível que suporta cargas predominantemente através do desenvolvimento de tensões de tração.

estrutura tipo tenda
Membrana protendida por forças aplicadas externamente, de modo a manter-se completamente retesada sob todas as condições de carga previstas. Para evitar as forças de tensão extremamente altas, uma membrana deve apresentar curvaturas relativamente abruptas em direções opostas.

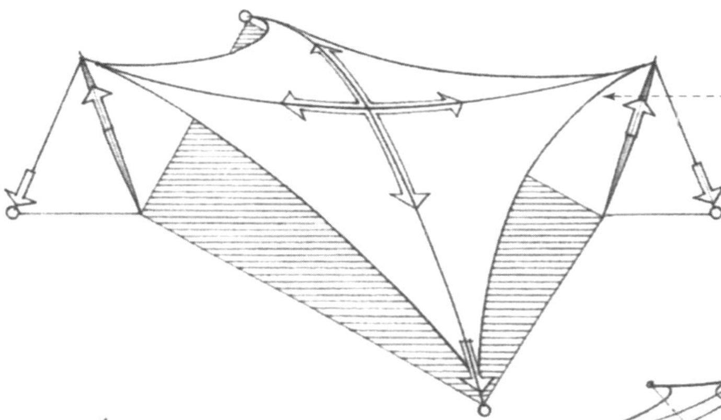

cabo de reforço
Cabo utilizado para enrijecer as extremidades livres de uma membrana protendida.

cabo circular
Cabo de reforço amarrado ao mastro que sustém uma membrana.

calota de distribuição
Extremidade alargada de um mastro a partir do qual é esticada uma membrana.

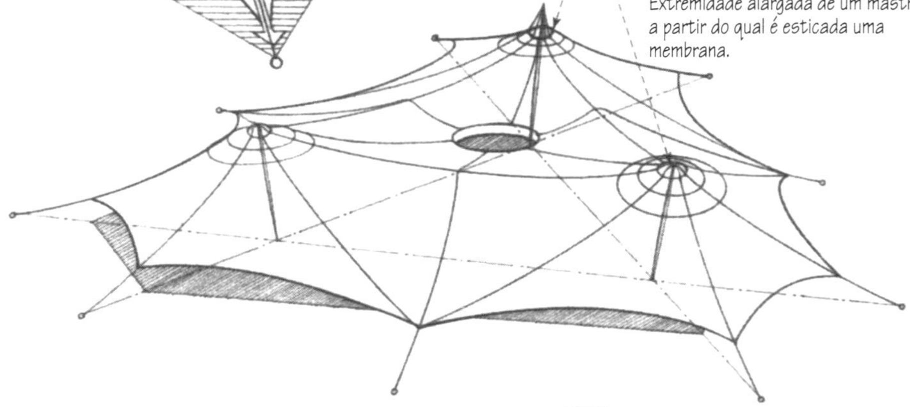

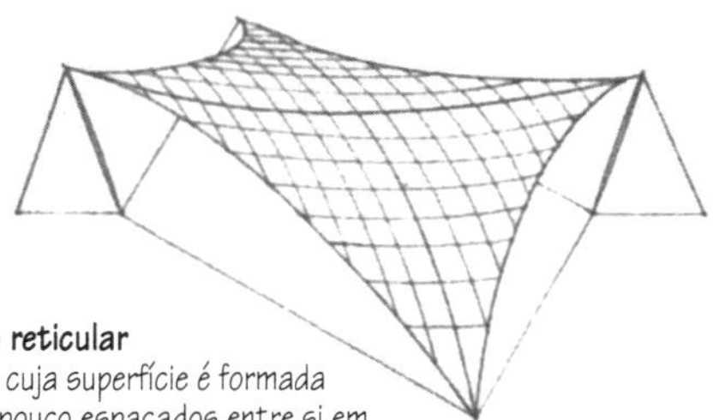

estrutura reticular
Membrana cuja superfície é formada por cabos pouco espaçados entre si em lugar de um material têxtil.

estrutura pneumática
Membrana que é tensionada e estabilizada pela pressão do ar comprimido.

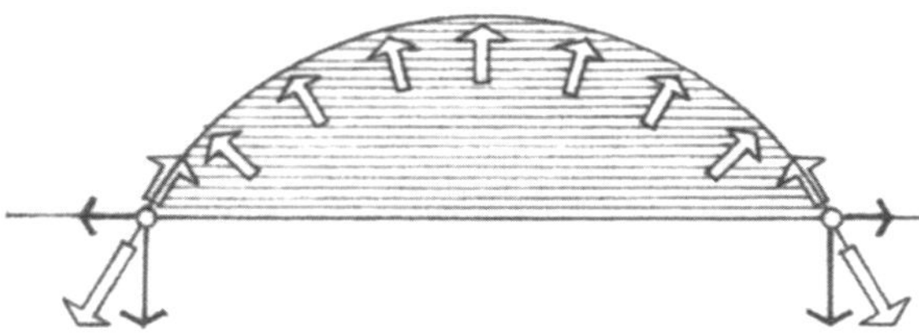

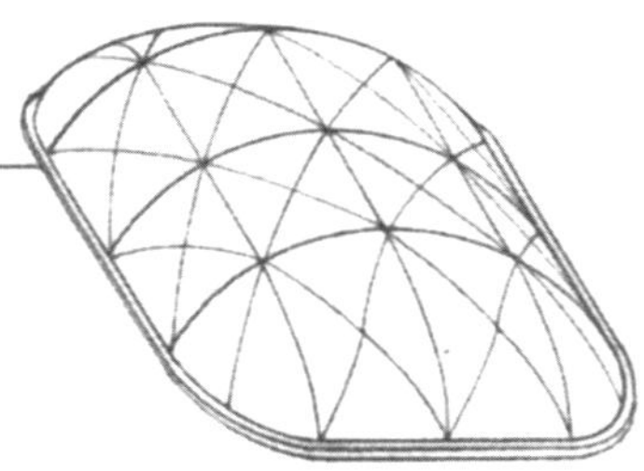

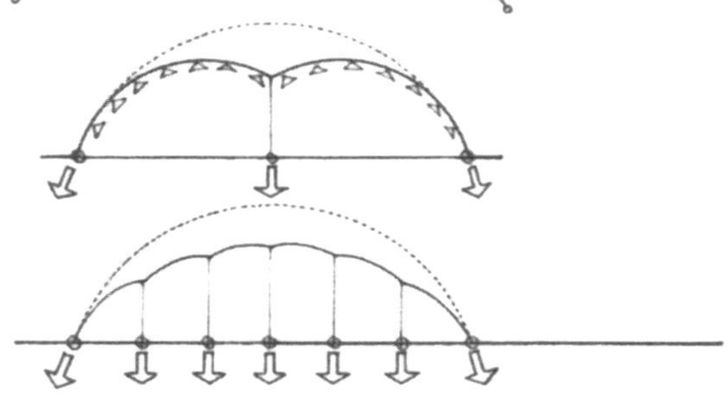

estrutura aerossustentada
Estrutura pneumática que consiste em uma única membrana sustentada por uma pressão interna do ar ligeiramente superior à pressão atmosférica normal, e firmemente ancorada e vedada ao longo de seu perímetro para evitar vazamentos. É necessário o uso de câmaras de compressão para se conservar a pressão interna do ar. Também chamada **aeroportante**.

estrutura inflável moldada a cabo
Estrutura aerossustentada que se utiliza de uma rede de cabos tensionados pela força pneumática para impedir a membrana de desenvolver seu perfil naturalmente inflado.

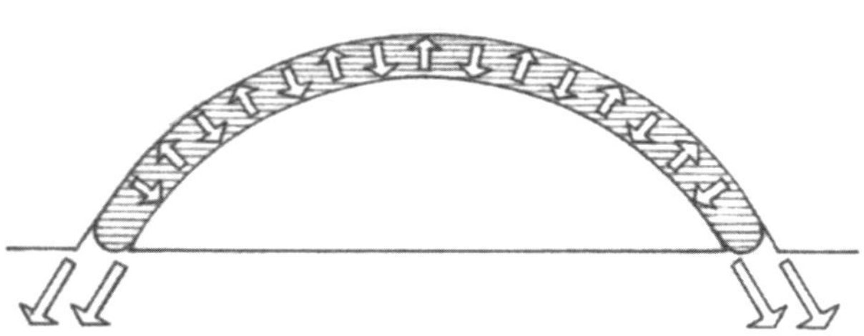

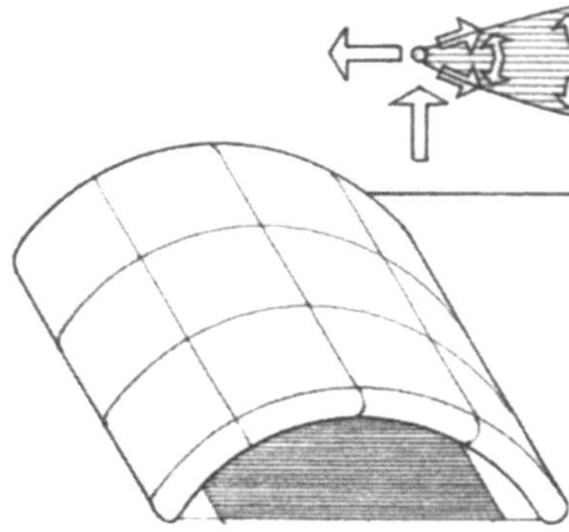

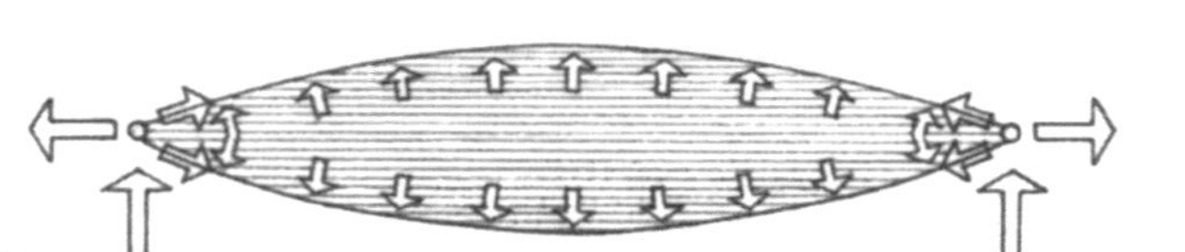

estrutura inflável
Estrutura pneumática sustentada por ar pressurizado no interior de elementos de construção inflados, os quais são moldados para suportar cargas de uma forma tradicional, enquanto o volume encerrado de ar de construção se mantém à pressão atmosférica normal. A tendência de uma estrutura de membrana dupla a abaular-se no meio é controlada por um anel de compressão ou por tirantes ou diafragmas internos.

Qualquer uma dentre um grupo de substâncias elementares, como ouro, prata ou cobre, todos cristalinos quando sólidos e muitos caracterizados pela opacidade, ductilidade, condutividade e um brilho particular quando recém-fraturados.

lingote
Massa de metal fundida em um formato conveniente para sua armazenagem ou transporte antes de seu processamento definitivo.

aço bruto
Peça de metal pronta para ser derretida, imprensada ou trabalhada em máquinas para se converter em um objeto final.

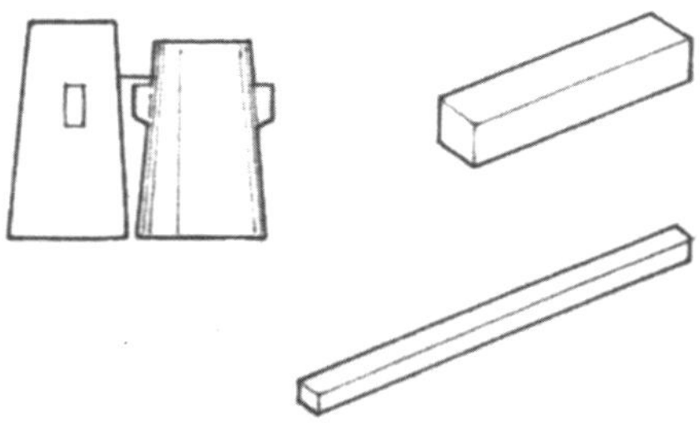

lupa
Barra de aço reduzida, a partir de um lingote, a dimensões adequadas para posterior laminação.

laminador-desbastador
Fresadora utilizada para transformar lingotes em lupas.

barra bruta
Barra de aço estreita, normalmente quadrada, forjada ou laminada a quente a partir de um lingote ou uma lupa.

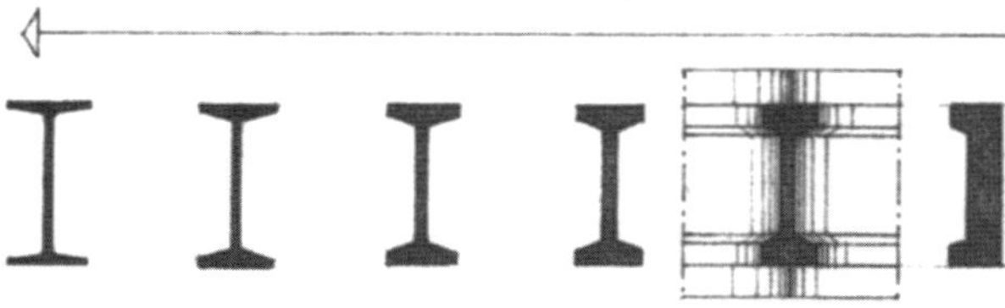

laminação a quente
Processo de laminação de metais a uma temperatura elevada o bastante para permitir a recristalização. Também chamada **fresagem a quente**.

acabamento por laminação a quente
Acabamento escuro, oxidado e relativamente bruto obtido mediante a laminação do metal enquanto quente. Também chamado **acabamento por fresagem a quente**.

escama
Oxidação que ocorre sob forma escamosa na superfície de um metal quando aquecido a uma temperatura elevada.

escama de fresagem
Revestimento solto de óxido de ferro que se forma no ferro ou no aço durante a fresagem a quente. A escama de fresagem fortalece o vínculo entre o aço e o concreto no concreto armado ou em armações de aço encerradas em concreto para fins de proteção contra incêndio.

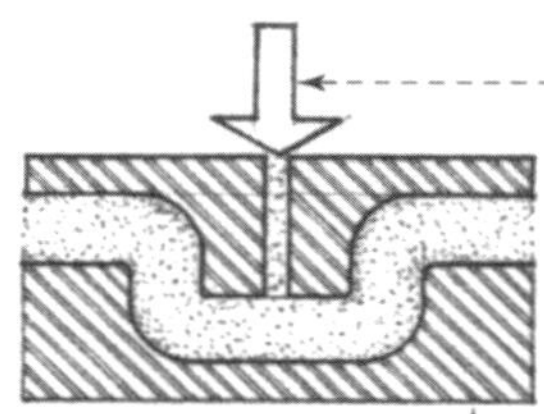

fundição em molde
Processo de jatear um metal fundido de modo a introduzi-lo em um molde metálico sob pressão hidráulica para conferir a ele um formato particular. Também chamada **fundição a jato** e **fundição sob pressão**.

fundição
Processo de conferir um formato particular a um metal vertendo-o em um molde em estado pastoso e deixando que endureça.

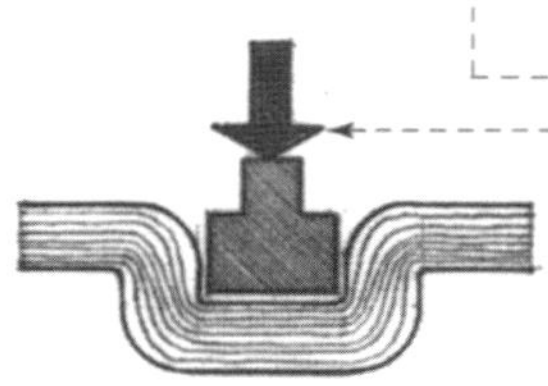

molde
Fôrma oca ou matriz, utilizada para conferir um formato particular a algum material em estado derretido ou plástico.

forjar
Dar forma a um metal através de seu aquecimento e martelagem.

trabalho a quente
Trabalho com um metal a uma temperatura elevada o bastante para permitir a recristalização.

recristalizar
Adquirir uma nova estrutura granular com novos cristais em virtude de deformação plástica, como quando trabalhado após ter sido aquecido.

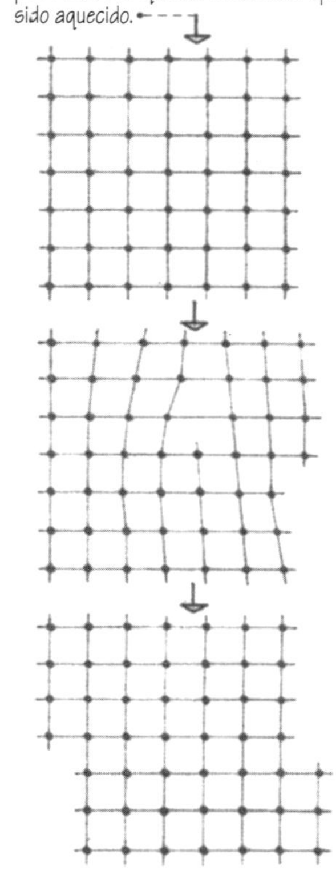

tratamento térmico
Aquecimento e resfriamento controlados de um metal a fim de que este desenvolva determinadas propriedades físicas ou mecânicas desejadas.

recozer
Eliminar a tensão interna de um metal ou vidro através de seu aquecimento a uma temperatura inferior àquela de recristalização e, em seguida, resfriando-os em um líquido ou ar, para tornar o material mais dúctil.

resfriamento rápido
Resfriamento acelerado de um metal aquecido através de sua imersão na água, esp. para aumentar sua dureza.

temperar
Aumentar a rigidez de um metal através de seu reaquecimento a uma baixa temperatura seguido de seu lento resfriamento.

libertação de tensão
Têmpera de um metal a uma temperatura elevada o suficiente para eliminar tensões residuais, seguida de seu resfriamento gradativo e uniforme.

tensão residual
Tensão microscópica existente em um metal, resultante de alterações térmicas não uniformes, deformações plásticas ou outras causas que não forças externas ou aplicações de calor.

cementação
Processo de enrijecimento da superfície externa de uma liga à base de ferro através de carburação e tratamento térmico, deixando o interior duro e dúctil.

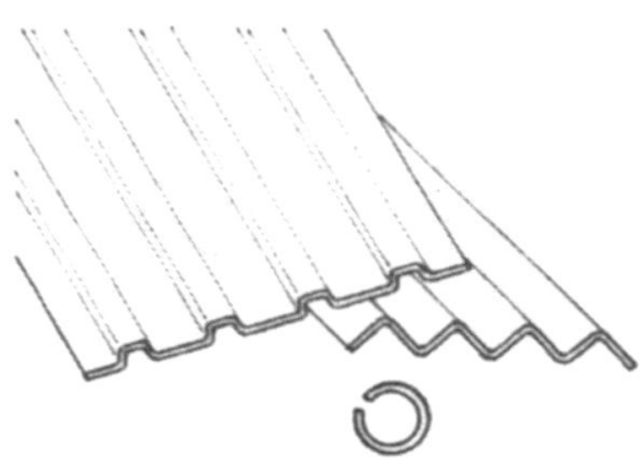

laminação a frio
Processo de laminação de metais a uma temperatura abaixo daquela em que se dá a cristalização, de modo a aumentar sua resistência à tração ou aprimorar o acabamento de sua superfície. Também chamada **fresagem a frio**.

acabamento de fresagem
Acabamento estriado que a laminação a frio ou a extrusão conferem a uma superfície metálica.

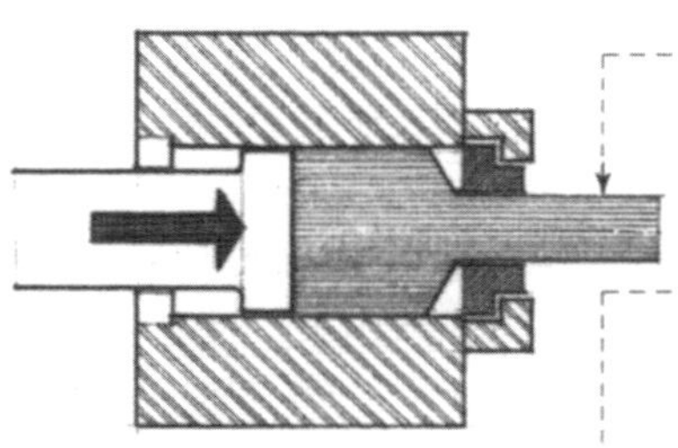

extrusão
Processo de se dar forma a um metal ou plástico com uma seção transversal desejada, impelindo-o, com êmbolo, de modo a atravessar uma matriz.

estiramento a frio
Processo de se estirar um metal por uma série de matrizes a fim de reduzir a área de sua seção transversal sem preaquecimento, como na fabricação de arames ou tubulações. Também chamado **trefilação a frio**.

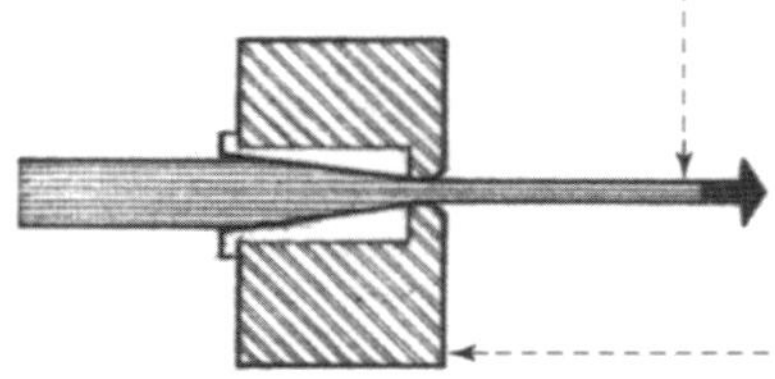

acabamento trefilado
Acabamento liso e brilhante produzido mediante o estiramento de um metal através de uma matriz.

matriz
Bloco ou chapa de aço providos de pequenos orifícios cônicos através dos quais se trefilam ou estiram um metal ou plástico para que sejam moldados.

trabalho a frio
Trabalho com um metal abaixo da temperatura em que se dá a recristalização, por exemplo na extrusão, prensagem ou estampagem.

metal ferroso
Metal contendo ferro como principal elemento.

ferro
Elemento metálico maleável, dúctil, magnético, branco-prateado, do qual são produzidos o ferro-gusa e o aço. Símbolo: **Fe**.

refinar
Derreter ou fundir um minério a fim de separar seus componentes metálicos.

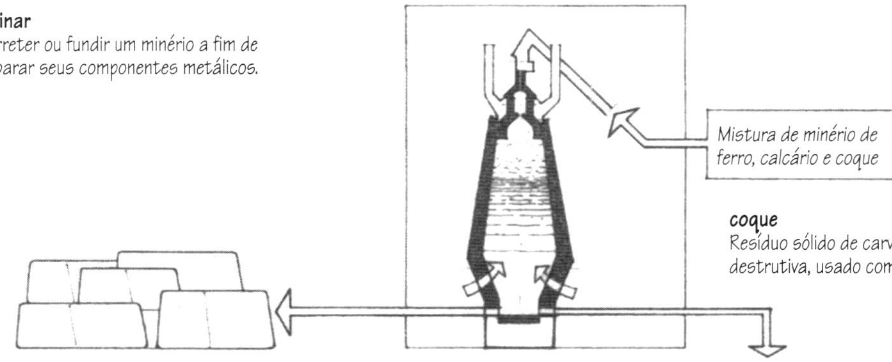

coque
Resíduo sólido de carvão após destilação destrutiva, usado como combustível.

ferro-gusa
Ferro bruto extraído de um alto-forno e moldado em linguados que serão convertidos em ferro fundido, ferro batido ou aço.

linguado
Massa oblonga de metal que foi vertida quando ainda derretida em um molde de areia, massa de ferro saída de um alto-forno.

alto-forno
Grande fornalha vertical utilizada para se extrair ferro através da fusão de minério, no qual a combustão é intensificada por uma rajada contínua de ar através do combustível.

escória de alto-forno
Resíduo deixado pela fusão de minério de ferro no alto-forno.

escória
Resíduo vítreo da fusão de minério metálico.

ferro fundido
Liga dura, quebradiça e não-maleável à base de ferro contendo de 2% a 4,5% de carbono e de 0,5% a 3% de silício, fundido em um molde de areia e fresado de modo a converter-se em uma série de produtos de construção.

ferro fundido maleável
Ferro fundido que foi temperado através da transformação de seu conteúdo de carbono em grafite ou sua remoção completa.

maleável
Capaz de ser moldado por martelagem ou pela pressão dos cilindros de um laminador.

ferro batido
Ferro duro, relativamente maleável, facilmente forjado e soldado, com uma estrutura fibrosa que contém aproximadamente 0,2% de carbono e uma pequena quantidade de escória uniformemente distribuída.

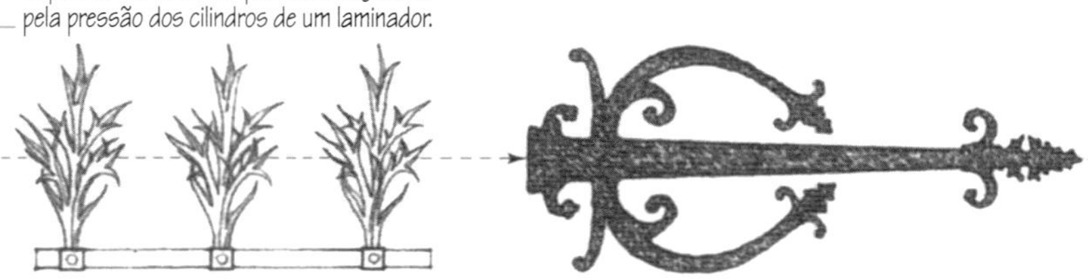

aço
Qualquer uma das várias ligas à base de ferro com um conteúdo de carbono inferior àquele do ferro fundido e maior que o do ferro batido, cujas qualidades de rigidez, dureza e elasticidade variam de acordo com a composição e o tratamento térmico.

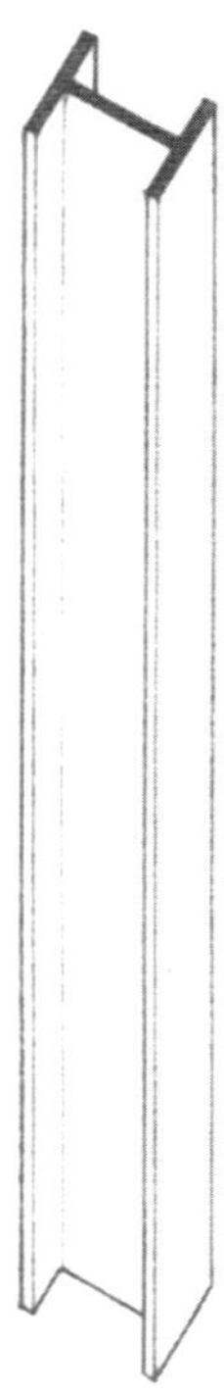

aço-carbono
De ordinário, um aço sem liga no qual os elementos residuais, como carbono, manganês, fósforo, enxofre e sílica, são controlados. Qualquer aumento no conteúdo de carbono aumenta a rigidez e a dureza do aço, porém reduz sua ductilidade e soldabilidade.

carbono
Elemento não metálico que se apresenta em estado puro como diamante e grafite, ou como componente do carvão e do petróleo. Símbolo: **C**.

aço de liga
O aço-carbono ao qual diversos elementos, como crômio, cobalto, cobre, manganês, molibdênio, níquel, tungstênio ou vanádio foram acrescidos em quantidade suficiente para a obtenção de determinadas propriedades físicas ou químicas particulares.

liga
Substância composta por dois ou mais metais, ou de um metal e um não metal, perfeitamente misturados – por exemplo, através de fusão ou eletrodeposição.

metal básico
Principal metal de uma liga ou uma peça que recebe o revestimento de outro metal.

aço doce
Aço com baixo conteúdo de carbono – de 0,15% a 0,25%. Também, **aço macio**.

aço meio doce
Aço carbônico contendo de 0,25% a 0,45% de carbono. Também, **aço meio duro**.

aço duro
Aço altamente carbônico, que contém de 0,45% a 0,85% de carbono.

aço para molas
Aço altamente carbônico, que contém de 0,85% a 1,80% de carbono.

aço inoxidável
Aço de liga que contém um mínimo de 12% de cromo, por vezes com níquel, manganês ou molibdênio como elemento de liga adicional, de modo a exibir uma alta resistência à corrosão.

aço de baixa liga e alta resistência
Qualquer um dentre um grupo de aços de baixo teor carbônico contendo menos de 2% de ligas, em uma composição química especificamente desenvolvida para aumentar a rigidez, a ductilidade e a resistência à corrosão.

aço resistente à oxidação
Aço de alta rigidez e baixa liga, que forma um revestimento de óxido quando exposto à chuva ou umidade atmosférica, que adere firmemente ao metal básico e impede sua corrosão ulterior. As estruturas que se utilizam do aço resistente à oxidação devem ser detalhadas de modo a evitar-se que as pequenas porções de óxido removidas pelas águas pluviais oxidem os materiais adjacentes.

ferrugem
Revestimento avermelhado e quebradiço que se forma na superfície do ferro, quando exposto à umidade e ao ar, que consiste essencialmente em óxido férrico hidratado formado pela oxidação.

oxidação
Processo ou resultado da combinação com o oxigênio para a formação de um óxido.

óxido
Composto binário de oxigênio com outro elemento.

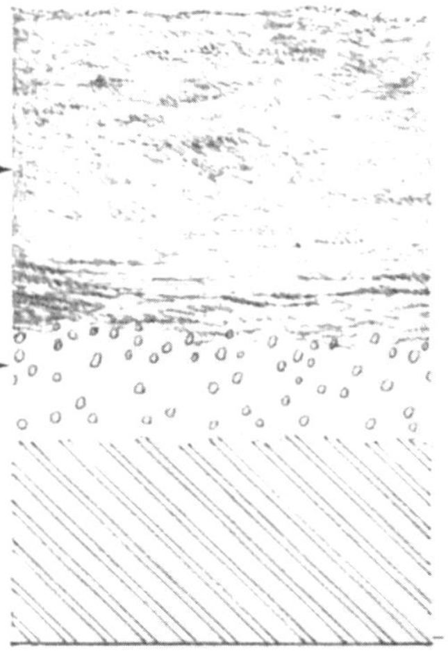

metal nobre
Metal, como ouro, prata e mercúrio, que resiste à oxidação quando aquecido no ar e à solução por ácidos inorgânicos.

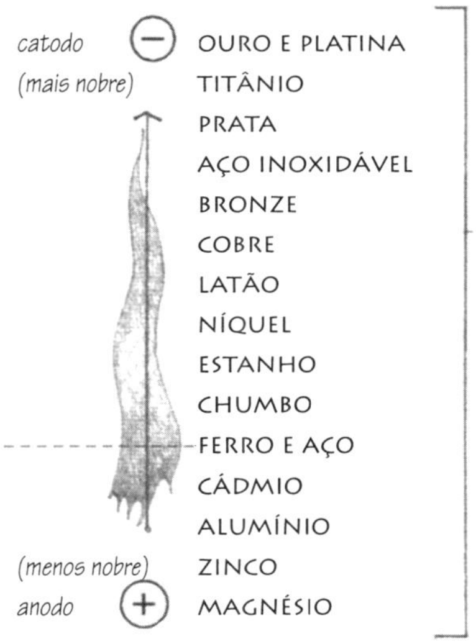

corrosão
Deterioração gradativa de um metal através de ação química — por exemplo, quando exposto a intempéries, umidade ou outros agentes corrosivos.

corrosão galvânica
Ação corrosiva acelerada que ocorre mediante o contato de metais diferentes na presença de um eletrólito.

série galvânica
Lista de metais em que estes são relacionados do menos nobre ao mais nobre. Quanto maior a distância entre dois metais na lista, mais suscetível será o menos nobre deles à deterioração corrosiva.

anodo sacrificial
Anodo que é preso a um objeto metálico submetido à eletrólise e que se decompõe no lugar do objeto.

proteção catódica
Proteção dos metais ferrosos contra a eletrólise através da fixação a eles de ânodos sacrificais. Também chamada **proteção eletrolítica**.

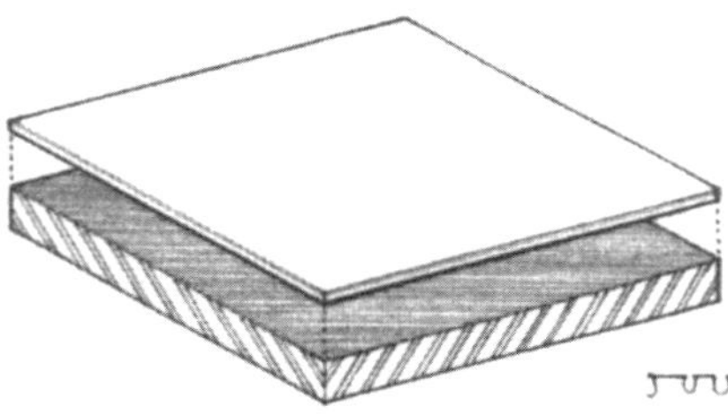

blindagem
Processo de se ligar um metal a outro, normalmente para proteger da corrosão o metal interno.

decapante
Ácido ou outra solução química na qual um objeto metálico é mergulhado a fim de remover escamas de óxido ou outras substâncias aderentes, num processo conhecido como banho de decapagem.

bonderizar
Revestir o aço com uma solução de fosfato anticorrosiva a fim de se preparar o material para a aplicação subseqüente de tinta, esmalte ou laca.

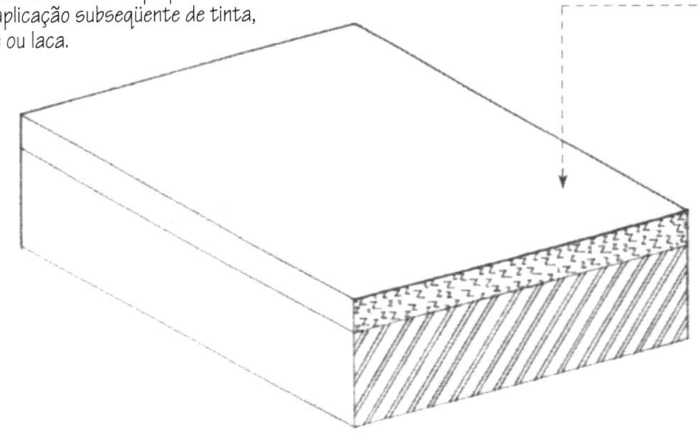

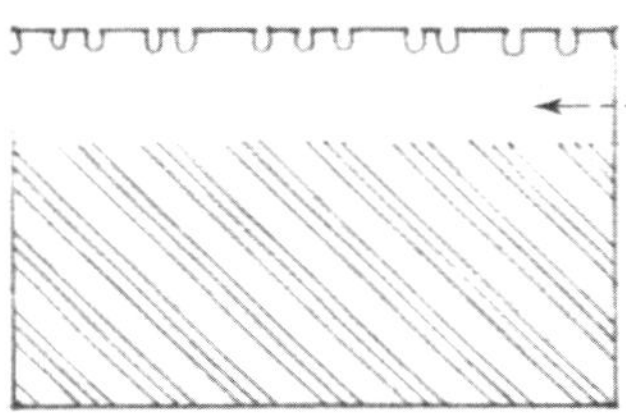

anodizar
Revestir um metal, esp. alumínio ou magnésio, com uma película rígida não corrosiva, por ação eletrolítica ou química.

cromar
Revestir ou chapear uma superfície metálica com um composto de cromo.

cromo
Elemento metálico lustroso, duro e quebradiço utilizado nos aços de liga para fins de rigidez e resistência à corrosão, bem como para a eletrogalvanização de outros metais.

galvanizar
Revestir um metal, esp. ferro ou aço, com zinco, através de sua imersão em zinco derretido para se produzir um revestimento de liga de zinco e ferro.

galvanização por imersão a quente
Revestimento protetor de um metal ferroso através de sua imersão em um banho de zinco derretido.

ferro galvanizado
Ferro revestido com zinco para evitar o surgimento de ferrugem.

zinco
Elemento metálico dúctil, cristalino e branco-azulado utilizado para se galvanizar ferro e aço, bem como na fabricação de outras ligas. Símbolo: **Zn**.

folha-de-flandres
Delgada folha de ferro ou aço chapeada de estanho para protegê-la da oxidação.

estanho
Elemento metálico lustroso, de baixa fusão e branco-azulado, maleável e dúctil a temperaturas normais e utilizado em chapeamento e na fabricação de ligas e soldas.

eletrogalvanização
Chapeamento com um revestimento metálico aderente produzido através de eletrólise, normalmente para aumentar a rigidez e a durabilidade ou melhorar o aspecto do metal básico.

eletrólise
Produção de alterações químicas através da passagem de uma corrente elétrica por um eletrólito, com a subseqüente migração de íons de carga positiva e negativa para os eletrodos negativo e positivo.

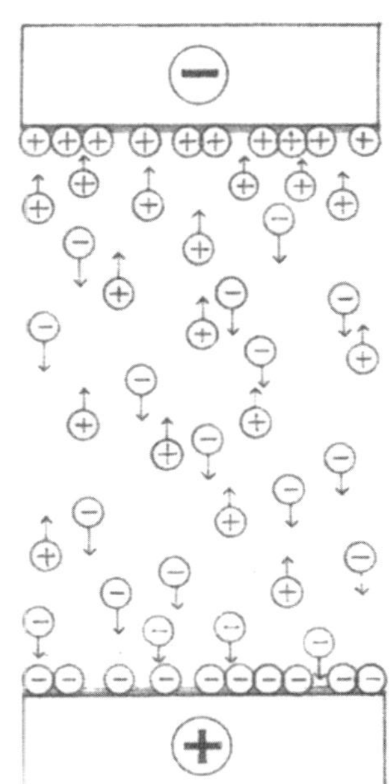

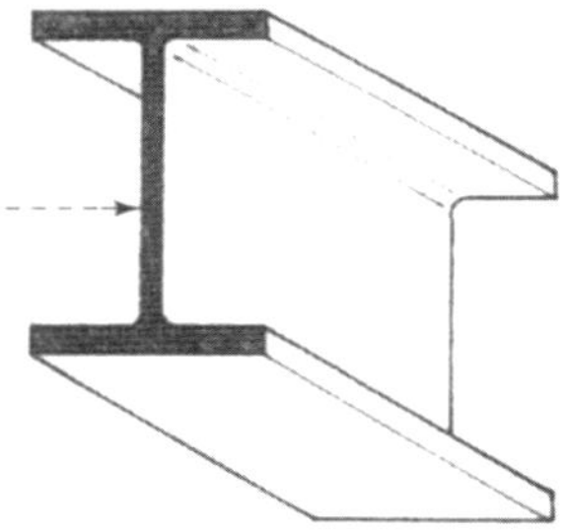

perfil H de abas paralelas
Perfil estrutural de aço, laminado a quente, em forma de H com grandes flanges paralelos, designado pelo prefixo "H de abas paralelas" seguido pela indicação do tamanho e do peso da peça.

perfil H
Perfil estrutural de aço, laminado a quente, de formato semelhante a um perfil H de abas largas, mas não classificado como tal, designado pelo prefixo H seguido pela indicação do tamanho e o peso da peça.

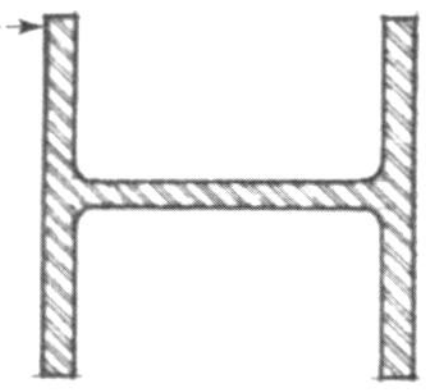

perfil HP
Perfil estrutural de aço, laminado a quente, de formato semelhante a um perfil H, mas cujas abas e alma, de mesma espessura, são normalmente utilizadas como um pilar estrutural; designado pelo prefixo HP, seguido pela indicação do tamanho e o peso da peça.

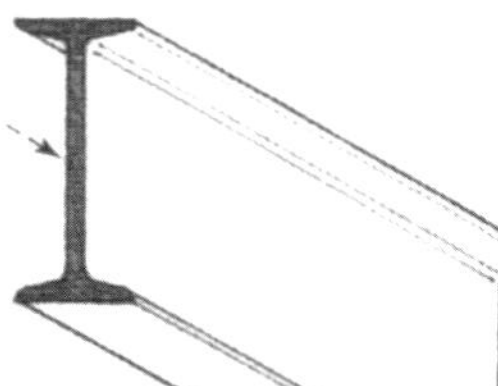

perfil I
Perfil estrutural de aço, laminado a quente, em formato de I, com as superfícies internas dos flanges inclinadas, designado pelo prefixo I, seguido pela indicação do tamanho e o peso da peça. Também chamada **viga-padrão americana**.

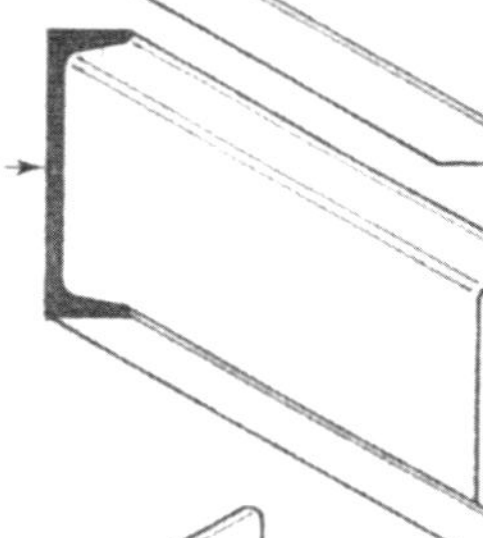

perfil U
Perfil estrutural de aço, laminado a quente, com a forma de um U retangular e as superfícies internas dos flanges inclinadas, designado pelo prefixo U, seguido pela indicação do tamanho e do peso da peça. Também chamado **canal padrão americano**.

perfil U especial
Perfil estrutural de aço, laminado a quente, de formato semelhante a um U, igualmente designado pelo prefixo U, seguido da indicação do tamanho e do peso da peça.

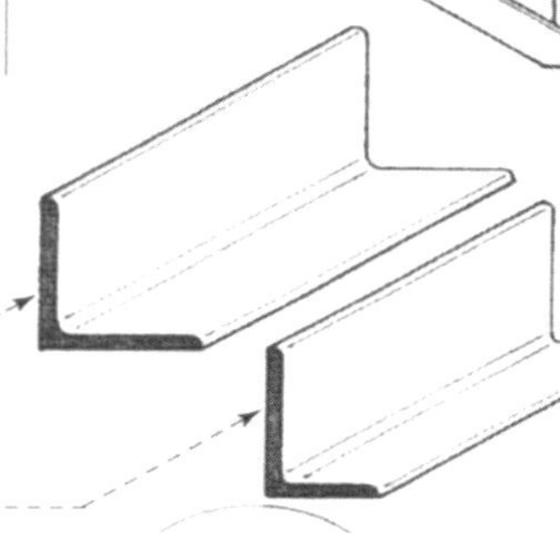

cantoneira
Perfil estrutural de aço em forma de designado pelo prefixo L, seguido pela indicação do comprimento de cada aba e da espessura destas.

cantoneira de abas iguais
Cantoneira cujas abas têm mesmo comprimento.

cantoneira de abas desiguais
Cantoneira cujas abas têm diferentes comprimentos.

cantoneira dupla
Peça estrutural composta por um par de cantoneiras unidas na parte posterior. As abas paralelas podem estar em contato ou ligeiramente afastadas.

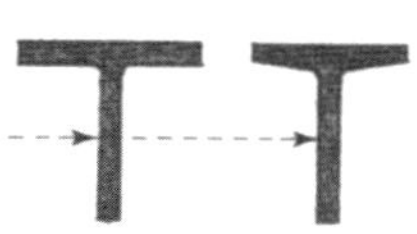

perfil T estrutural
Perfil estrutural de aço em formato de T, recortado de um perfil H ou I. É designado pelo prefixo HT ou IT, de acordo com o perfil do qual foi cortado, seguido pela indicação do tamanho e do peso da peça.

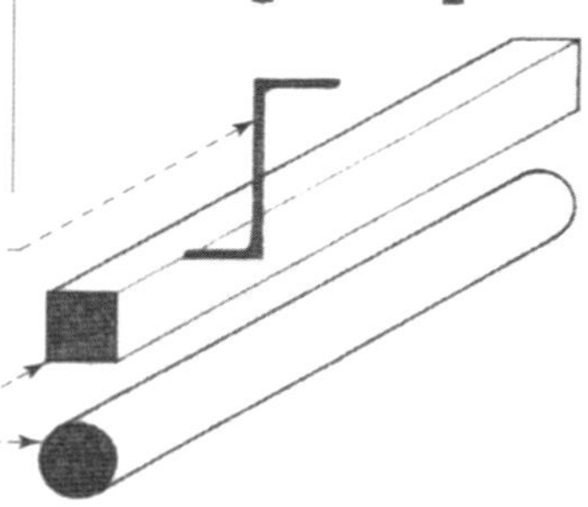

perfil T
Barra de metal laminado com seção transversal em forma de T. Também chamada **barra T**.

barra Z
Barra de metal laminado com seção transversal em forma de Z com ângulos internos retos. Também chamada **viga Z**.

barra
Peça metálica sólida e longa, esp. com seção transversal quadrada, retangular ou em outra forma simples.

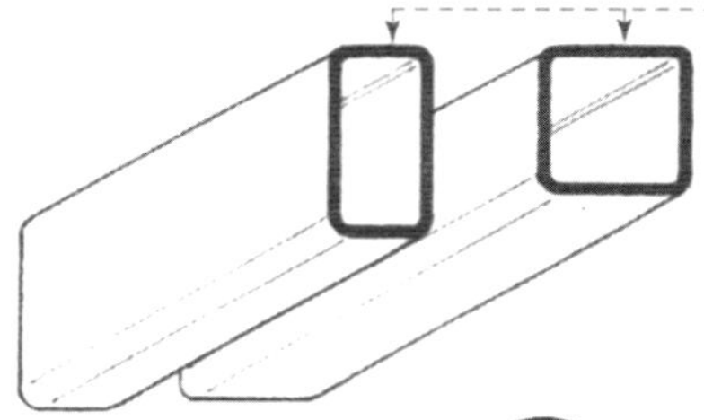

tubo estrutural
Peça estrutural oca, de seção transversal quadrada, retangular ou circular. É designada pelo prefixo TE, seguido da indicação das dimensões dos lados ou do diâmetro e da espessura das paredes.

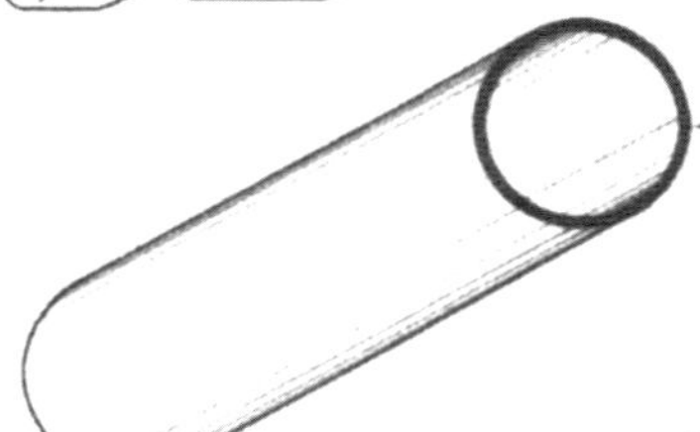

tubo padrão
Tubulação estrutural de aço, com peso e espessura da parede padronizados.

tubo extraforte
Tubulação estrutural de aço com parede mais espessa com vistas a uma maior resistência.

tubo extraforte duplo
Tubulação estrutural com parede mais espessa que aquela do tubo extraforte.

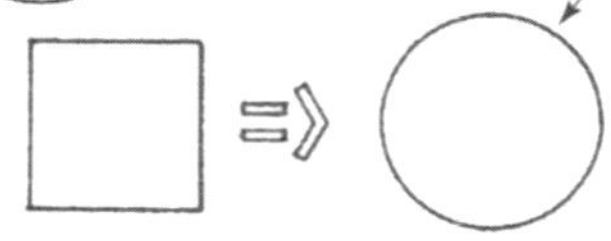

equivalente circular
Diâmetro de um círculo cujo perímetro é igual ao de um tubo não circular.

chapa
Folha metálica delgada e plana, esp. aquelas de espessura uniforme. Também, **placa**.

chapa enxadrezada
Placa de aço ou ferro fundido com um desenho em xadrez.

metal laminado
Metal em folhas ou chapas delgadas, utilizado na fabricação de tubulações, placas de proteção e telhaduras. Também chamado **metal em chapa**.

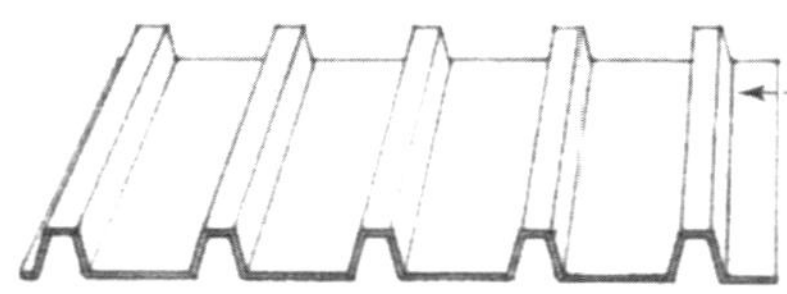

metal corrugado
Metal laminado, dobrado de modo a formar elevações e canais paralelos visando uma rigidez mecânica maior. Também chamado **metal ondulado**.

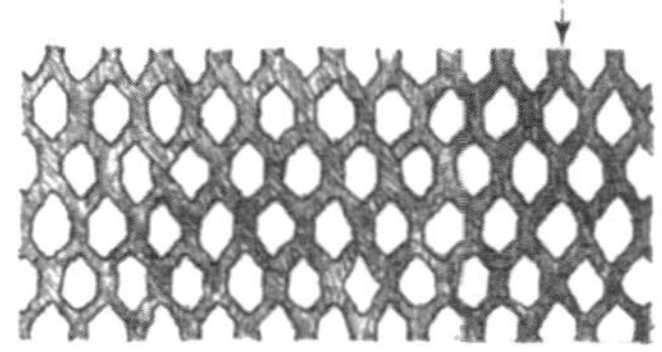

metal expandido
Metal laminado, perfurado e esticado de modo a converter-se em uma rede ou treliça aberta e rígida, utilizado como frasquia.

chapa preta
Aço laminado a frio antes de ser decapado ou limpo, utilizado para revestimento juntamente com o zinco, estanho ou folha-de-flandres.

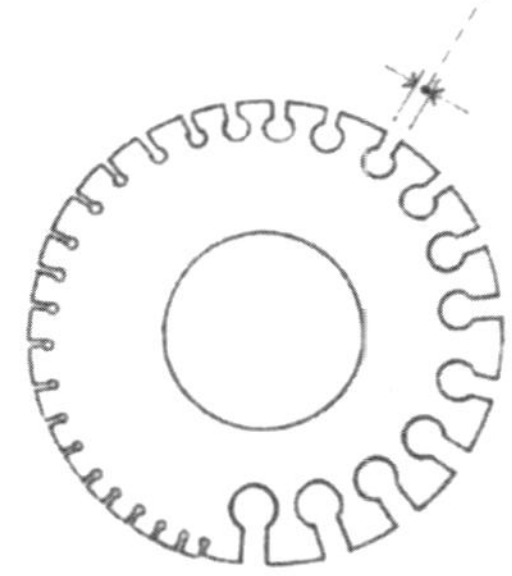

gabarito
Qualquer um dos diversos padrões para se determinar a espessura ou o diâmetro de um objeto delgado – por exemplo, a espessura de um metal laminado ou o diâmetro de um arame ou parafuso. Também, **bitola**.

medidor de arame
Gabarito calibrado para se determinar o diâmetro de um arame ou a espessura de um metal laminado, que consiste em uma chapa de aço com uma série de entalhes em tamanhos padronizados ao longo da borda.

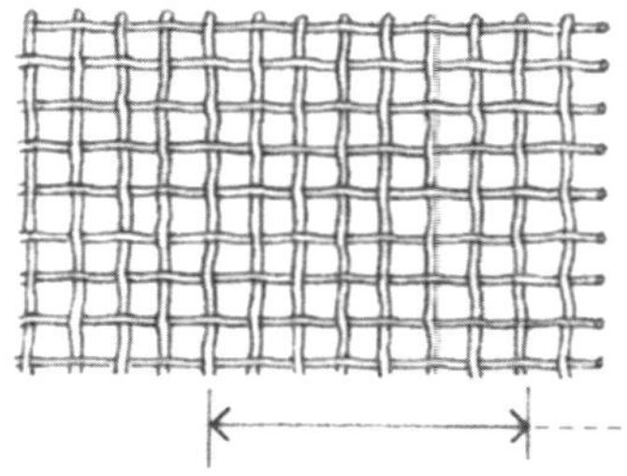

tela de arame
Trama de arames metálicos entrelaçados, utilizada em anteparos, peneiras e peças afins.

malha de aço
Trama de arames de aço galvanizado com aberturas entre 6,6 e 12,7 mm.

malha
Número de aberturas, por centímetro, em uma tela de arame.

cabo metálico
Corda pesada feita de, ou contendo, fios metálicos torcidos ao redor de um núcleo central.

flange
Aba ou par de abas largas que se projetam em ângulo reto da extremidade de uma peça estrutural a fim de fortalecê-la ou enrijecê-la. Também chamado **aba**.

viga I
Viga de metal laminado ou extrudado, cuja seção transversal se assemelha a uma letra I maiúscula. Também chamada **viga duplo T**.

aço estrutural
Aço laminado a quente ou moldado a frio em uma variedade de formas padronizadas, fabricado para utilização como partes de sustentação de peças estruturais.

viga de aço
Viga que consiste em um perfil estrutural de aço, único ou composto.

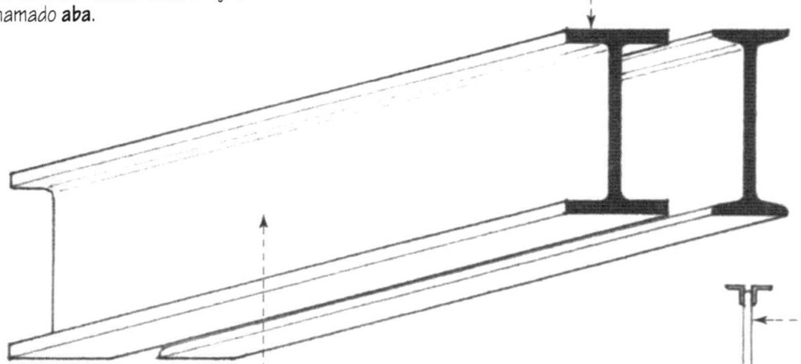

alma
Parte integrante de uma viga, que torma uma ligação rígida e plana entre duas partes paralelas mais largas, como as flanges de um perfil estrutural.

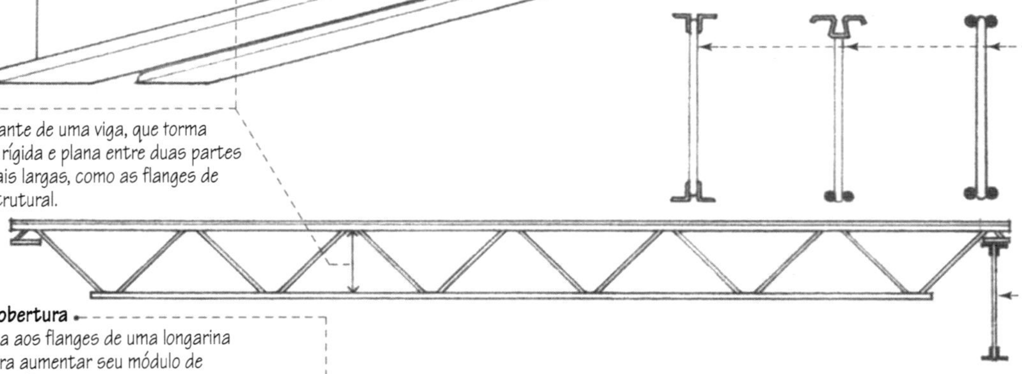

viga de aço de alma aberta
Trave leve de aço, industrialmente fabricado, cuja alma é aberta ou vazada. Uma viga série-K tem uma alma que consiste em uma barra dobrada única, que corre em ziguezague entre as cordas superior e inferior. As vigas das séries LH e DLH apresentam uma alma e cordas mais pesadas para cargas e vãos maiores.

longarina armada
Trave provida de uma armadura, utilizada para sustentar vigas de aço de alma aberta.

chapa de cobertura
Placa afixada aos flanges de uma longarina de chapa para aumentar seu módulo de resistência em áreas sujeitas a grandes esforços de flexão.

cantoneira de flange
Cada uma das cantoneiras que formam o flange superior ou inferior de uma longarina de chapa.

chapa de alma
Placa de aço que forma a alma de uma longarina de chapa.

chapa de cisalhamento
Placa afixada à alma de uma longarina de chapa a fim de aumentar sua resistência às tensões de cisalhamento.

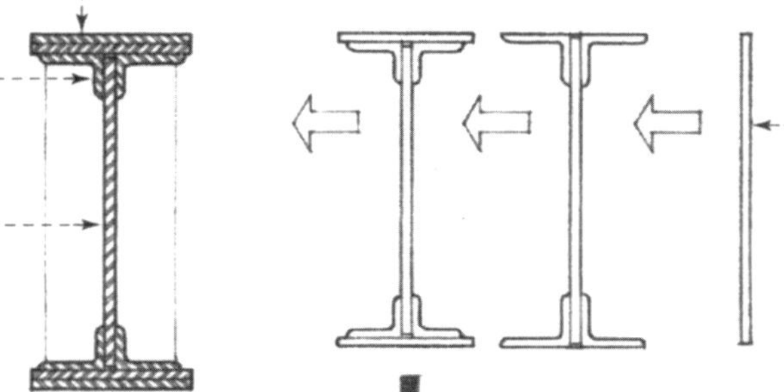

longarina de chapa
Longarina de aço construída com chapas ou perfis unidos por solda ou rebites.

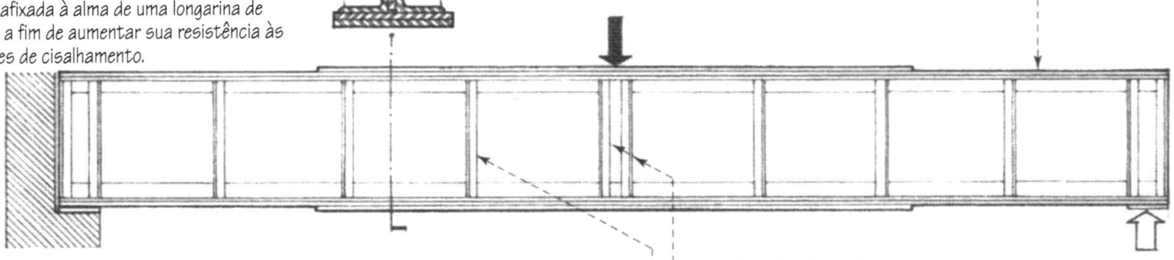

enrijecedor
Cada uma das peças de um par de cantoneiras afixadas a cada lado de uma chapa de alma a fim de enrijecê-la para resistir a empenamentos.

enrijecedor de apoio
Cantoneira enrijecedora para a alma de uma longarina de chapa, colocada em um ponto de apoio ou sob uma carga concentrada.

enrijecedor intermediário
Cantoneira enrijecedora para a alma de uma longarina de chapa, colocada entre os enrijecedores de apoio para aumentar a resistência às tensões de compressão diagonais.

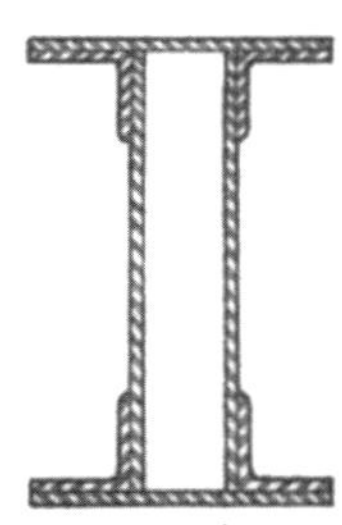

viga retangular
Viga de aço construída com perfis, com uma seção transversal retangular oca.

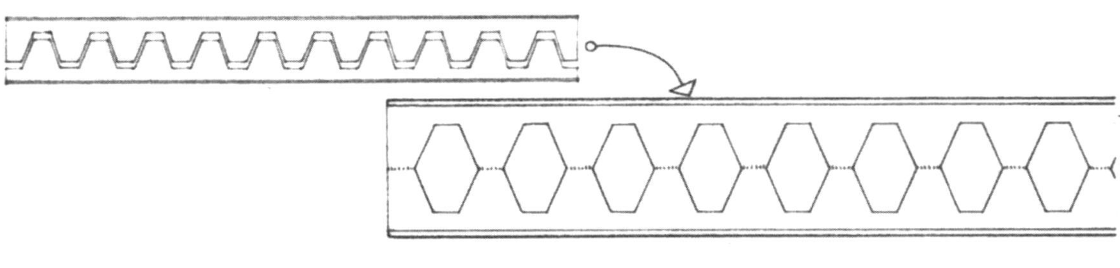

viga de alma entalhada
Viga de aço fabricada através da divisão ao meio de um perfil H de abas paralelas, cortando-o no sentido longitudinal e em ziguezague, seguida da soldagem das duas metades nas pontas, aumentando, assim, sua profundidade sem aumentar-lhe o peso.

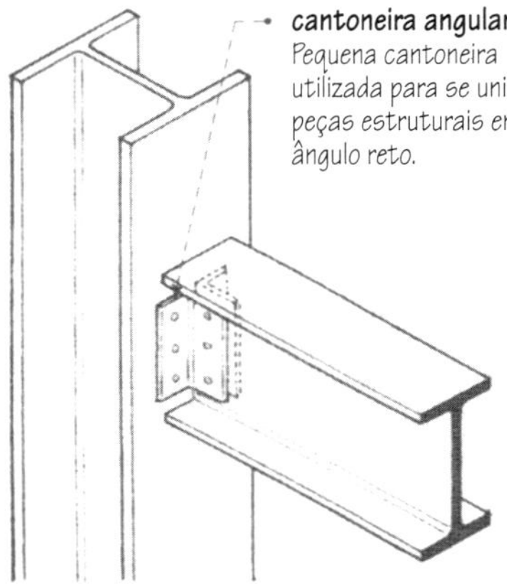

cantoneira angular
Pequena cantoneira utilizada para se unir peças estruturais em ângulo reto.

conexão emoldurada
Conexão de aço resistente ao cisalhamento, feita através da soldagem ou parafusagem da alma de uma viga à coluna ou viga de sustentação com duas cantoneiras.

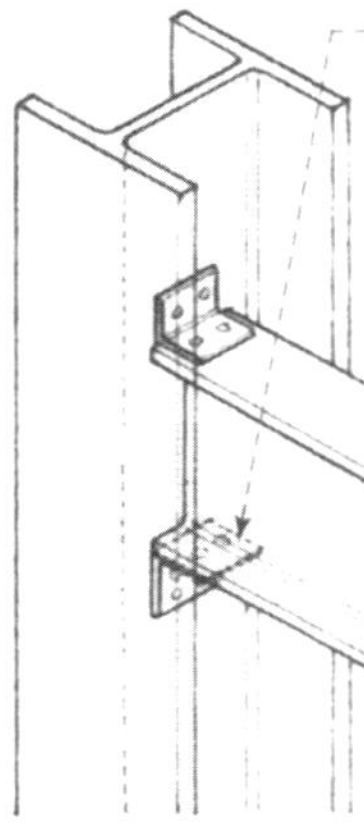

cantoneira de apoio
Pequena cantoneira utilizada para apoiar uma viga em uma conexão resistente ao cisalhamento.

conexão de apoio
Conexão de aço resistente ao cisalhamento, efetuada através da soldagem ou parafusagem dos flanges de uma viga à coluna de apoio, com uma cantoneira de apoio abaixo e uma cantoneira estabilizadora acima.

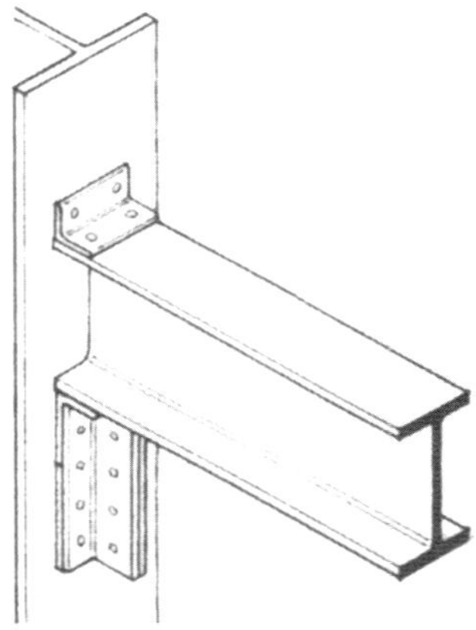

conexão de apoio enrijecida
Conexão e apoio reforçada para resistir a grandes reações de uma viga, normalmente por meio de uma chapa vertical cu um par de cantoneiras diretamente abaixo do componente horizontal da cantoneira de apoio.

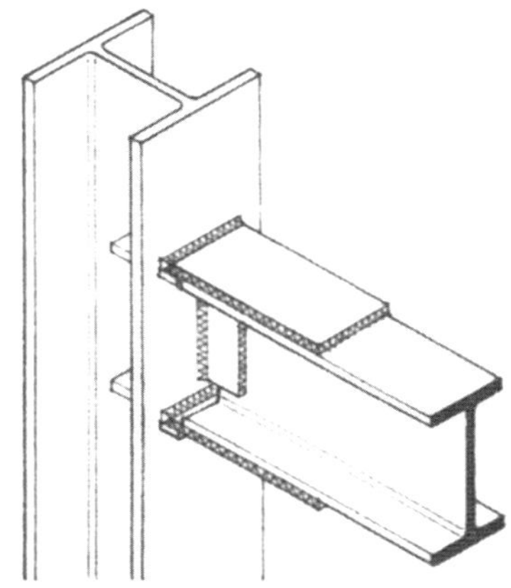

conexão de momento
Conexão de aço feita de modo a criar um momento de resistência específico, normalmente por meio de chapas soldadas ou parafusadas aos flanges da viga e à coluna de sustentação.

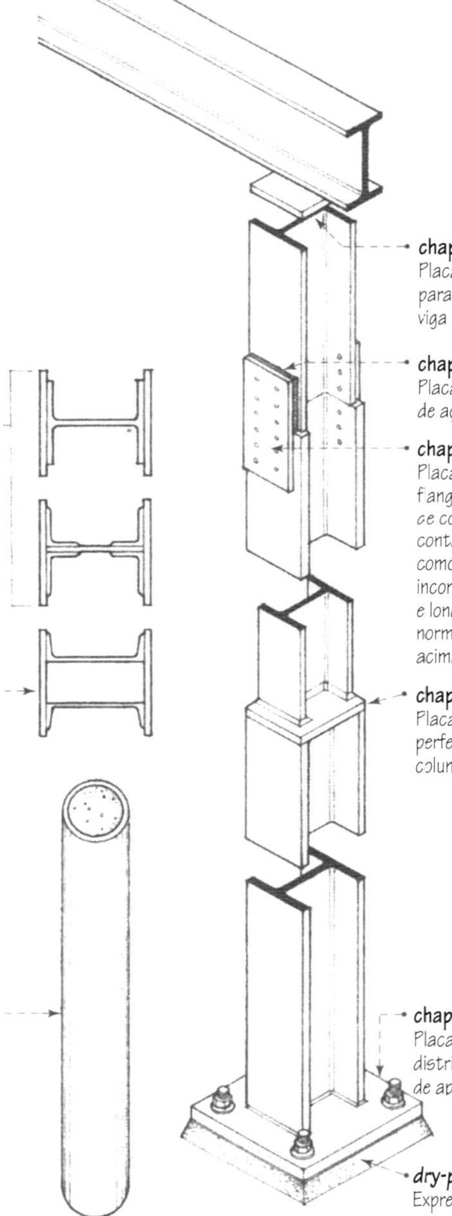

coluna de aço
Coluna que consiste em um perfil de aço único ou composto. A carga de compressão admissível sobre uma coluna de aço depende não apenas da área da seção transversal, como também de sua forma. A relação de finura de uma coluna principal geralmente não deverá ser superior a 120. Para pontaletes e outras peças secundárias, tal relação não deverá ultrapassar 200.

coluna composta
Coluna de aço fabricada com uma série de peças estruturais de aço, como perfis H, perfis U, cantoneiras e chapas. O arranjo dos elementos e a forma do corte transversal de uma coluna composta não são apenas uma resposta às condições estruturais e estéticas, mas devem oferecer o maior raio de rotação possível em resposta às condições de empenamento.

coluna em caixão
Coluna composta, que consiste em um ou mais fustes rigidamente conectados por juntas ou chapas de cobertura.

junta
Qualquer peça utilizada para unir as cantoneiras ou os flanges de uma coluna, viga ou tirante composto.

coluna tubular
Trecho de uma tubulação estrutural de aço utilizado como suporte vertical.

coluna Lally
Nome comercial de uma coluna tubular de aço, normalmente preenchida com concreto.

chapa de remate
Placa de aço afixada no topo de uma coluna para atuar como superfície de apoio a uma viga ou longarina transversais.

chapa de enchimento
Placa de aço utilizada para emendar colunas de aço com flanges de espessuras diferentes.

chapa de ligação
Placa de aço utilizada para alinhar e unir os flanges de dois perfis de aço em uma emenda de coluna. As superfícies horizontais em contato devem ser fresadas para atuarem como áreas de apoio perfeitas. Para evitar incompatibilidades com as conexões de vigas e longarinas, uma emenda de coluna é normalmente instalada de 0,6 a 0,9 m acima do nível do chão.

chapa de topo
Placa horizontal de aço que atua como uma perfeita área de apoio para um perfil de coluna menor unido a outro maior.

chapa de base
Placa de aço destinada a transmitir e distribuir a carga de uma coluna à fundação de apoio.

dry-pack
Expressão que significa socar um concreto ou pasta de cimento densa, de alta rigidez e baixa contração em um espaço restrito – por exemplo, sob uma chapa de apoio, para transmitir uma carga de compressão.

parafuso de alta resistência
Parafuso feito de aço de baixa liga e alta resistência, utilizado em conexões estruturais de aço.

parafuso de alta tensão
Parafuso de alta resistência apertado com uma chave de torção calibrada e que fornece a força de aperto necessária às superfícies das peças conectadas para transmitir a carga entre elas por atrito.

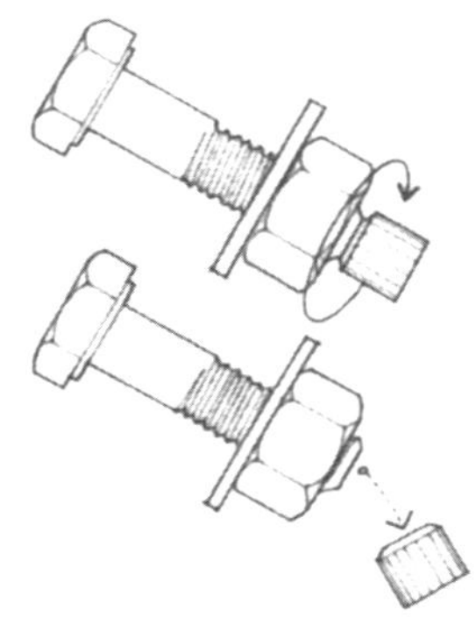

parafuso regulador da tensão
Parafuso de alta tensão com uma extremidade estriada que gira até ser expulsa quando atingido o torque necessário.

bauxita
Principal minério do alumínio, que consiste em 45% de óxido de alumínio, óxido férrico e diversas outras impurezas.

processo Bayer
Processo geralmente empregado para refinar alumina a partir da bauxita.

pátina
Película ou incrustação esverdeada produzida por oxidação na superfície do bronze e do cobre antigos, normalmente admirada por seu valor decorativo.

alumina
Óxido de alumínio natural ou sintético, utilizado no fabrico do alumínio, em cerâmicas e em isolamento elétrico. Também chamado **óxido de alumínio**.

redução
Processo de se levar ao estado metálico mediante a remoção de componentes não metálicos – por exemplo, o processo eletrolítico empregado no refino do alumínio a partir da alumina.

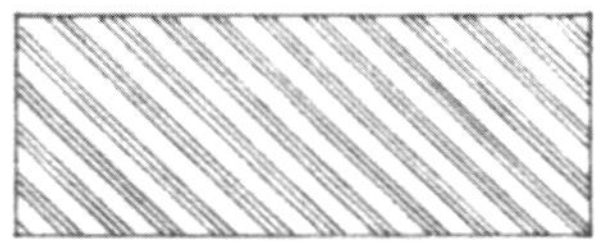

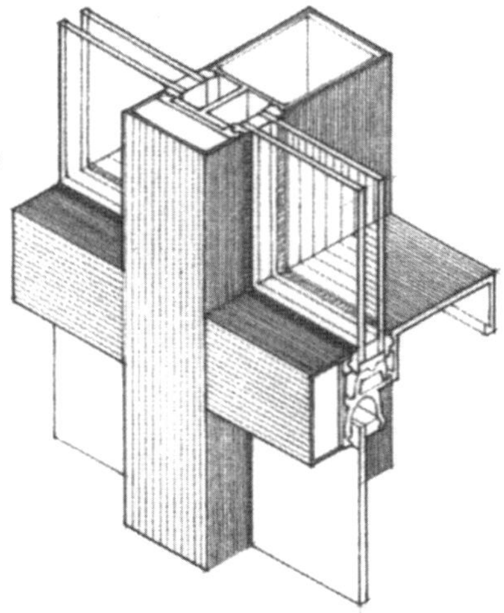

metal não ferroso
Qualquer metal com baixo ou nenhum conteúdo de ferro.

alumínio
Elemento metálico dúctil e maleável, de coloração branco-prata, utilizado na constituição de diversas ligas leves e rígidas, normalmente anodizado com vistas a sua resistência à corrosão, sua cor e rigidez superficial. Símbolo: **Al**.

liga tratável por calor
Liga de alumínio capaz de tornar-se mais resistente mediante tratamento térmico.

liga não tratável por calor
Liga de alumínio capaz de tornar-se mais resistente mediante beneficiamento a frio. Também chamada **liga comum**.

Alclad
Produto do alumínio revestido com uma liga de alumínio anódina à liga do núcleo, protegendo-a, portanto – física e eletroliticamente –, da corrosão.

duralumínio
Liga leve e resistente de alumínio, cobre, manganês e magnésio.

antimônio
Elemento metálico frágil, cristalino e branco-prata utilizado principalmente em ligas. Símbolo: **Sb**.

cádmio
Elemento metálico branco e dúctil, semelhante ao estanho, utilizado em chapeamento e na fabricação de determinadas ligas.

carbureto
Material muito duro feito de carbono e um ou mais metais pesados, como o carbureto de tungstênio, utilizado na fabricação de extremidades cortantes e matrizes. Também chamado **carboneto**.

magnésio
Elemento metálico leve, dúctil e branco-prata, utilizado em ligas leves. Símbolo: **Mg**.

manganês
Elemento metálico duro e frágil, utilizado principalmente como agente de liga para aumentar a dureza e a rigidez do aço. Símbolo: **Mn**.

níquel
Elemento metálico duro, branco-prata, maleável e dúctil, utilizado em ligas de aço e ferro fundido, bem como em metais para eletrogalvanização que exigem uma resistência à corrosão. Símbolo: **Ni**.

sílicio
Elemento não metálico de conformação amorfa ou cristalina, utilizado especialmente em instrumentos eletrônicos e para fortalecer aços de baixa liga. Símbolo: **Si**.

tungstênio
Elemento metálico pesado, quebradiço e branco-esverdeado com um alto ponto de fusão, utilizado em elementos elétricos e para o enrijecimento de ligas. Símbolo: **W**.

vanádio
Elemento metálico maleável, dúctil e esverdeado que se utiliza na formação de ligas. Símbolo: **V**.

bronze
Tradicionalmente, qualquer uma dentre uma série de ligas que consistem essencialmente em cobre, estanho e, por vezes, vestígios de outros metais. Na atualidade, qualquer uma dentre uma série de ligas com alto conteúdo de cobre e pouco ou nenhum estanho.

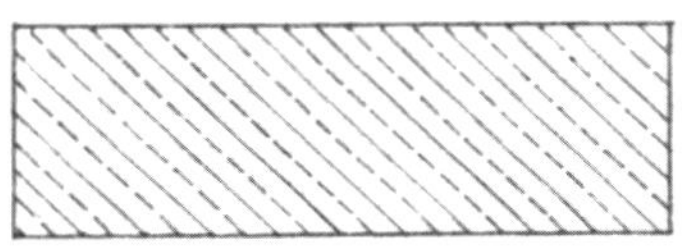

bronze ao silício
Liga com 97% de cobre e 3% de silício.

bronze de ouro
Liga com aproximadamente 90% de cobre, 5% de zinco, 3% de chumbo e 2% de estanho.

bronze fosforoso
Liga rígida, resistente à corrosão, com aproximadamente 80% de cobre, 10% de estanho, 9% de antimônio e 1% de fósforo.

bronze alumínico
Qualquer uma dentre uma série de ligas com alto teor de cobre, contendo de 5% a 11% de alumínio e percentagens variadas de ferro, níquel e manganês. Também chamado **albronze**.

latão
Qualquer uma dentre uma série de ligas compostas essencialmente de cobre e zinco, utilizadas em janelas, balaustradas, remates e ferragens de acabamento. As ligas que são latão por definição podem trazer nomes que incluem a palavra bronze – por exemplo, o bronze arquitetônico.

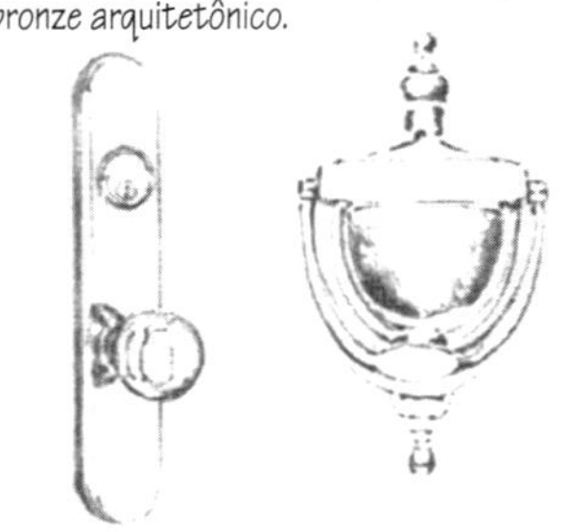

bronze comercial
Liga com aproximadamente 90% de cobre e 10% de zinco.

latão vermelho
Liga com aproximadamente 77% a 86% de cobre e o restante de zinco.

latão alumínico
Liga com aproximadamente 75% de cobre, 2% de alumínio, pequenas quantidades de outros elementos e, o restante, de zinco.

latão comum
Liga com aproximadamente 65% de cobre e 35% de zinco.

latão naval
Liga com aproximadamente 60% de cobre e 40% de zinco.

bronze arquitetônico
Liga com aproximadamente 57% de cobre, 40% de zinco, 2,75% de chumbo e 0,25% de estanho.

metal Muntz
Liga com 55% a 61% de cobre e 39% a 45% de zinco. Também chamado **latão alfa-beta**.

bronze manganês
Liga com aproximadamente 55% de cobre, 40% de zinco e até 3,5% de manganês.

cobre
Elemento metálico dúctil e maleável, de coloração marrom-avermelhada, que constitui um excelente condutor de calor e eletricidade, largamente utilizado em fios elétricos, condutos de água e na fabricação de ligas, como o bronze e o latão. Símbolo: **Cu**.

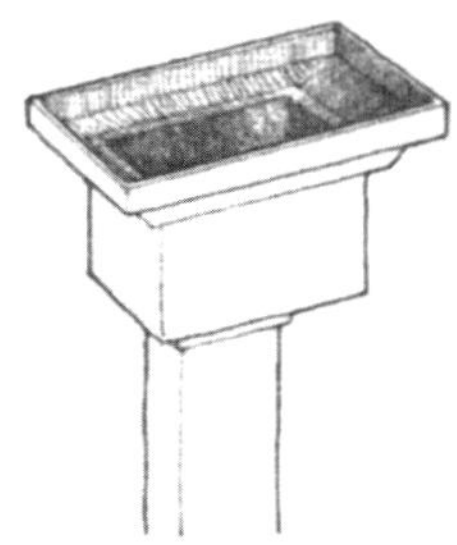

chumbo
Elemento metálico pesado e maleável, de coloração cinza-azulada, utilizado em soldas e anteparos contra radiação. Símbolo: **Pb**.

metal chumbado
Liga com aproximadamente 80% de chumbo e 20% de estanho, utilizada para chapeamento.

placa chumbada
Chapa de aço revestida com metal chumbado para uso como material de cobertura.

Muro de madeira tratada, alvenaria ou concreto, utilizado para reter no lugar uma massa de terra. Um muro de arrimo pode ceder mediante tombamento, deslizamento ou recalque. Também chamado **muro de sustentação**.

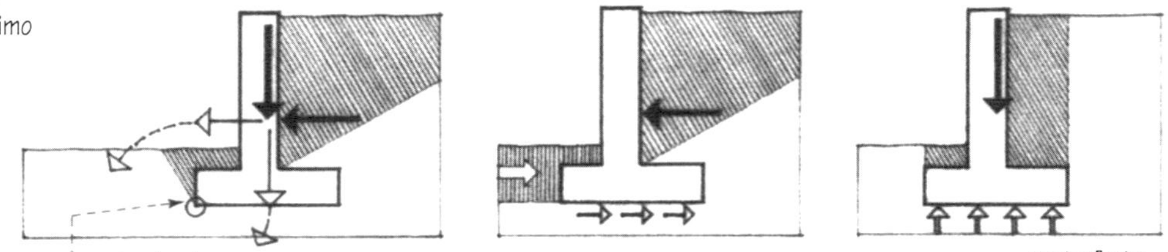

sobrecarga
Carga adicional ou excessiva – por exemplo, aquela da terra acima do nível do topo de um muro de arrimo.

ponta da aba
Extremidade frontal inferior da base de uma sapata ou muro de fundação, que se prolonga a fim de possibilitar maior sustentação e estabilidade.

contraforte
Muro transversal de forma triangular que amarra um muro de arrimo de concreto a sua base em intervalos regulares, construído no lado do material a ser retido, a fim de enrijecer a laje vertical e acrescentar peso à base.

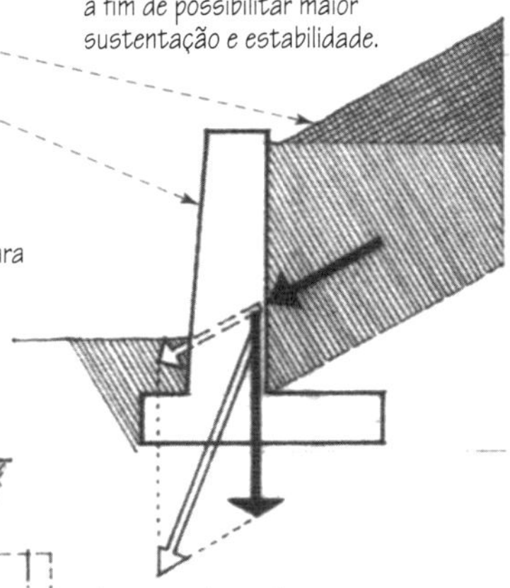

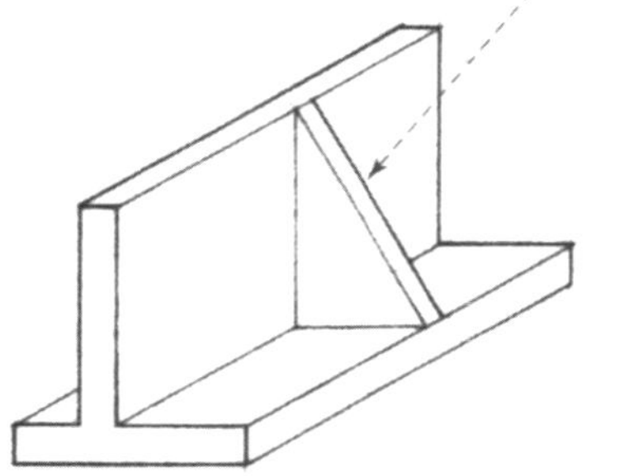

muro em balanço
Muro de arrimo de concreto armado ou de alvenaria reforçado com concreto armado, firmemente amarrado em balanço a uma sapata de alicerce cujo formato é próprio para resistir a tombamentos ou deslizamentos.

inclinação
Declividade posterior da superfície de um muro à medida que este ganha altura.

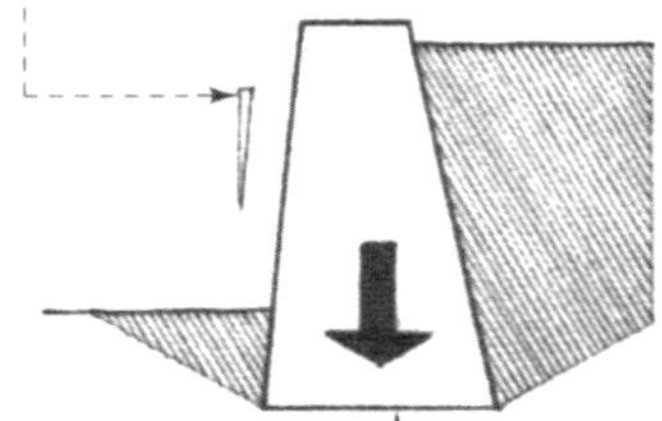

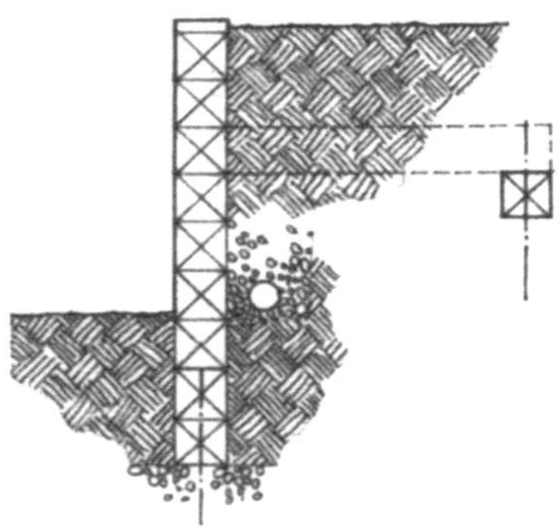

elemento de apoio
Tora, bloco de concreto ou massa semelhante enterrada no solo para fins de ancoragem.

muro de gravidade
Muro de arrimo de alvenaria ou concreto que resiste ao tombamento e o deslizamento através do simples peso e volume de sua massa.

muro celular
Tipo de muro de arrimo de gravidade formado pelo empilhamento de peças de concreto premoldadas interligadas e o preenchimento dos vazios com pedra britada ou cascalho.

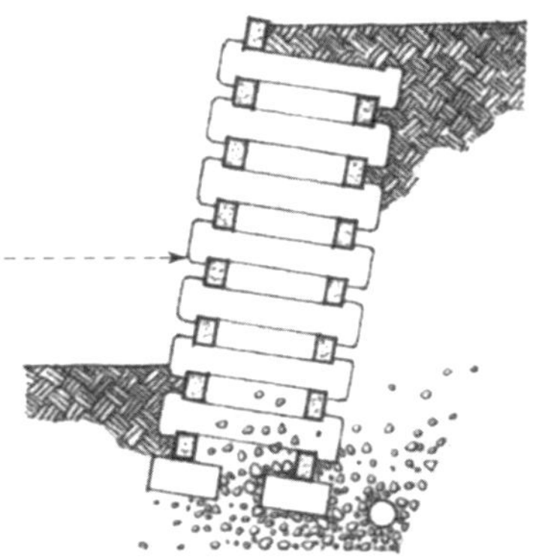

escoramento por *crib wall*
Sistema de engradados utilizado para se reter a terra, para um edifício a ser deslocado ou a reconstrução de suas fundações.

crib wall
Estrutura celular de tábuas quadradas ou peças de aço ou concreto de formato semelhante, montadas em camadas e em ângulos retos, normalmente preenchida com terra ou pedra, e utilizada na construção de fundações e muros de arrimo.

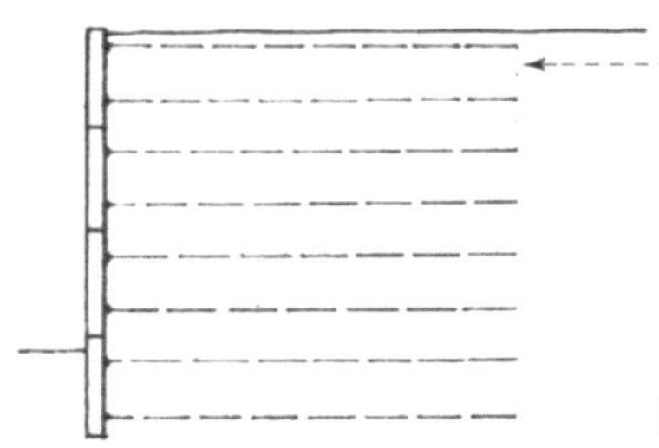

muro ancorado
Muro de arrimo que consiste em painéis de concreto premoldado presos a longas tiras de aço galvanizado que se prolongam pelo interior de um enchimento posterior de solo compactado.

altura crítica
Altura máxima na qual um corte vertical em um solo coesivo se manterá estável sem a necessidade de escoramento.

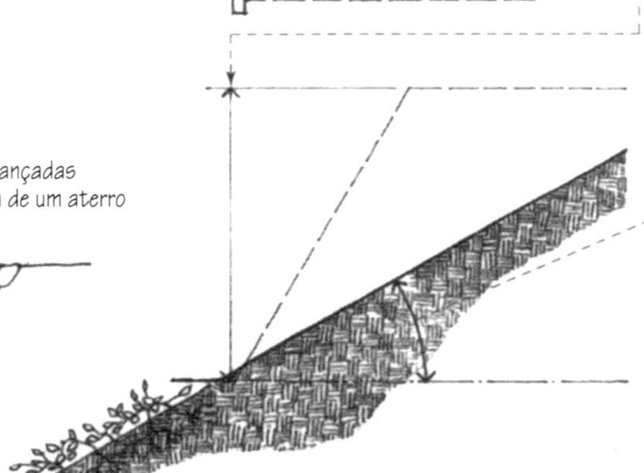

enrocamento
Camada de pedras quebradas lançadas irregularmente sobre a encosta de um aterro para evitar a erosão.

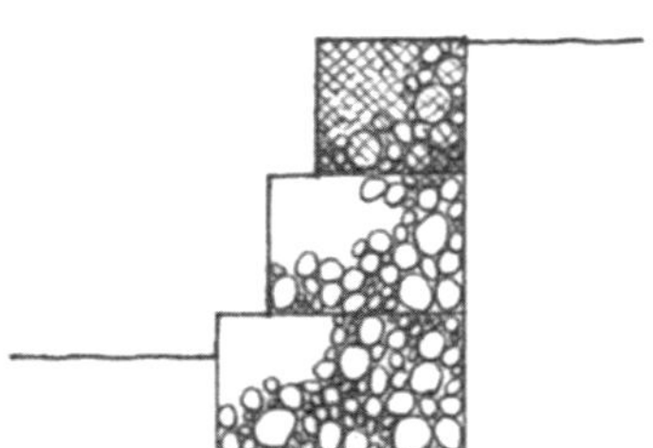

ângulo de repouso
Declividade máxima, medida em graus com relação à horizontal, na qual um material sólido solto se manterá no lugar sem deslizar.

ângulo de deslizamento
Declividade mínima, medida em graus com relação à horizontal, na qual um material sólido solto começará a deslizar ou correr.

gabião
Recipiente de arame galvanizado cheio de pedras, utilizada na construção de uma estrutura de escoramento ou contenção.

revestir
Cobrir a superfície em declive de um aterro com pedras ou outro material.

revestimento
Cobertura de alvenaria ou outro material, destinada a proteger um aterro da erosão.

proteção vegetal do solo
Planta que impede ou inibe a erosão mediante a criação de uma cobertura para o solo e a formação de uma densa rede de raízes que o sustém.

estabilizador de solo
Mistura química utilizada para se manter ou aumentar a estabilidade de uma massa de solo.

Cada um dos cinco estilos da arquitetura clássica caracterizados pelo tipo e a disposição das colunas e entablamentos adotados, como as ordens dórica, jônica, coríntia, toscana e compósita.

cimácio
Elemento que encima uma cornija clássica, normalmente uma gola reta.

coroa
Elemento projetado, semelhante a uma laje, de uma cornija clássica, apoiado na moldura em talão e encimado pelo cimácio.

moldura em talão
Moldura ou conjunto de molduras imediatamente abaixo da coroa de uma cornija.

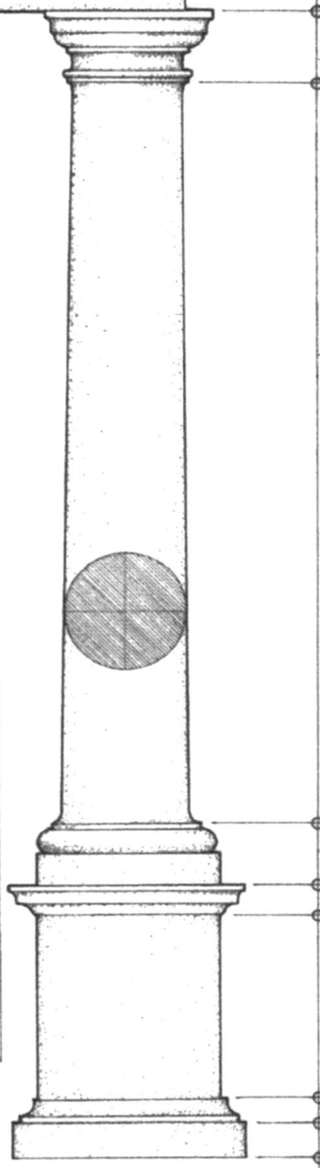

cornija
Elemento que encima um entablamento clássico, via de regra composto de um cimácio, uma coroa e uma moldura em talão.

friso
Parte horizontal de um entablamento clássico entre a cornija e a arquitrave, normalmente decorada com esculturas em baixo relevo.

arquitrave
Divisão situada na base de um entablamento clássico, que repousa diretamente sobre os capitéis das colunas e que apóia o friso.

entablamento
Parte horizontal de uma ordem clássica, apoiada sobre as colunas e normalmente composta de uma cornija, um friso e uma arquitrave.

capitel
Extremidade superior, tratada de modo característico em cada ordem, de uma coluna, pilar ou pilastra, que coroa o fuste e recebe a carga do entablamento ou da arquitrave.

fuste
Parte central de uma coluna ou pilar, compreendida entre o capitel e a base.

base
Porção inferior de uma parede, coluna, pilastra ou outro tipo de estrutura, via de regra destacada pelo tratamento e considerada uma unidade arquitetônica.

coluna
Na arquitetura clássica, um suporte cilíndrico composto por um capitel, um fuste e, normalmente, uma base, quer monolítica, quer formada por tambores de mesmo diâmetro que o fuste.

cornija

dado
Parte de um pedestal situada entre sua base e sua cornija. Também chamado **corpo**.

moldura da base

plinto
Laje, normalmente quadrada, por sob a base de uma coluna, pilar ou pedestal.

pedestal
Construção sobre a qual se ergue uma coluna, estátua, obelisco ou outro elemento do gênero, normalmente composta por uma cornija, um dado e uma base.

colunização
Uso ou disposição de colunas em uma estrutura.

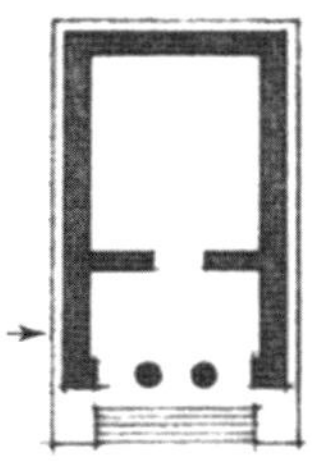

distilo
Que tem duas colunas em uma ou em cada fachada.

tristilo
Que tem três colunas em uma ou em cada fachada.

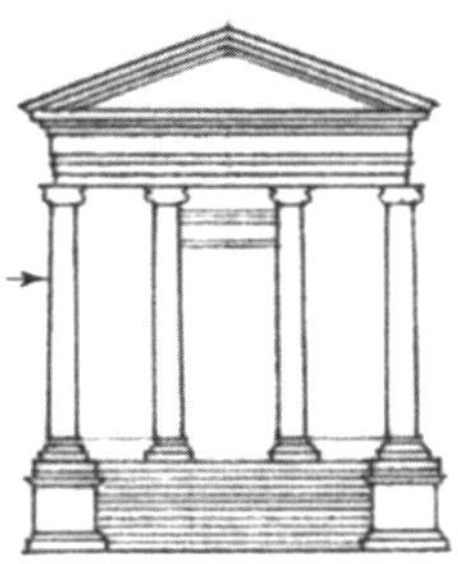

tetrastilo
Que tem quatro colunas em uma ou em cada fachada.

pentastilo
Que tem cinco colunas em uma ou em cada fachada.

hexastilo
Que tem seis colunas em uma ou em cada fachada.

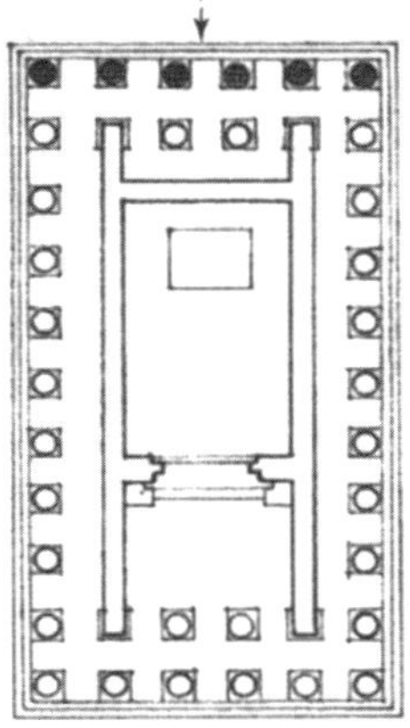

heptastilo
Que tem sete colunas em uma ou em cada fachada.

octastilo
Que tem oito colunas em uma ou em cada fachada.

eneastilo
Que tem nove colunas em uma ou em cada fachada.

decastilo
Que tem dez colunas em uma ou em cada fachada.

dodecastilo
Que tem doze colunas em uma ou em cada fachada.

intercolúnio
Espaço entre duas colunas adjacentes, normalmente o espaço livre entre as partes inferiores dos fustes, medido em diâmetros. Também um sistema para se determinar o espaçamento entre as colunas de uma colunata baseado nessa medida.

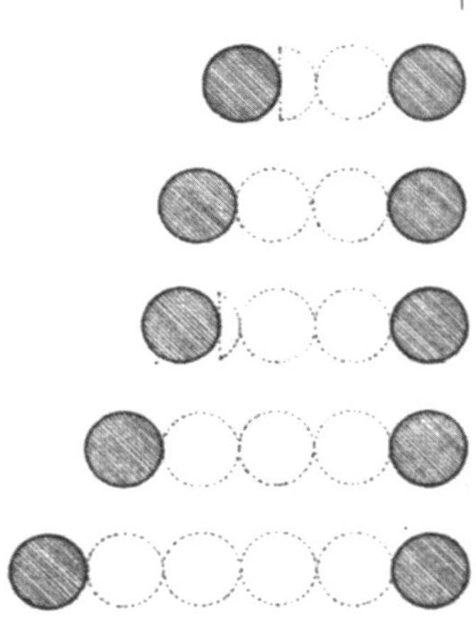

picnostilo
Que possui um intercolúnio de 1½ diâmetro.

sistilo
Que possui um intercolúnio de dois diâmetros.

eustilo
Que possui um intercolúnio de 2¼ diâmetros.

diastilo
Que possui um intercolúnio de três diâmetros.

aerostilo
Que possui um intercolúnio de quatro diâmetros.

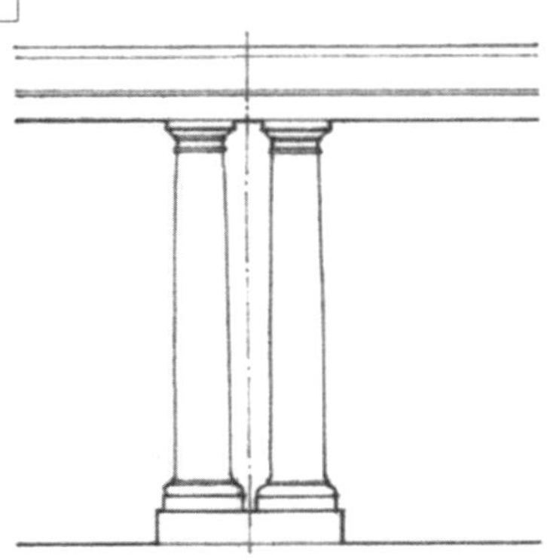

acoplamento
Colocação de duas colunas ou pilastras a grande proximidade entre si.

ordem dórica
Mais antiga e mais simples dentre as cinco ordens clássicas, desenvolvida na Grécia no século VII a.C. e posteriormente imitada pelos romanos. Caracteriza-se por uma coluna acanelada desprovida de base, um capitel sem ornatos e em forma de almofada, que sustenta um ábaco quadrado, e um entablamento composto por uma arquitrave lisa, um friso de tríglifos e métopas, além de uma cornija cuja coroa exibe mútulos em seu sófito. As colunas da ordem dórica romana são mais delgadas e normalmente assentam sobre uma base, as caneluras são por vezes alteradas ou omitidas, enquanto o capitel consiste em uma gola filetada, um equino e um ábaco emoldurado.

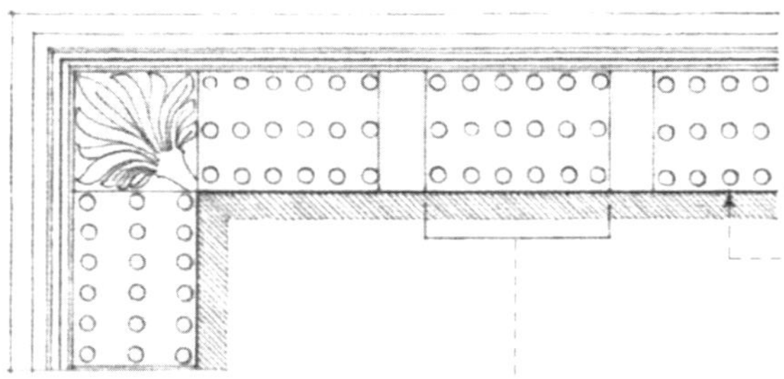

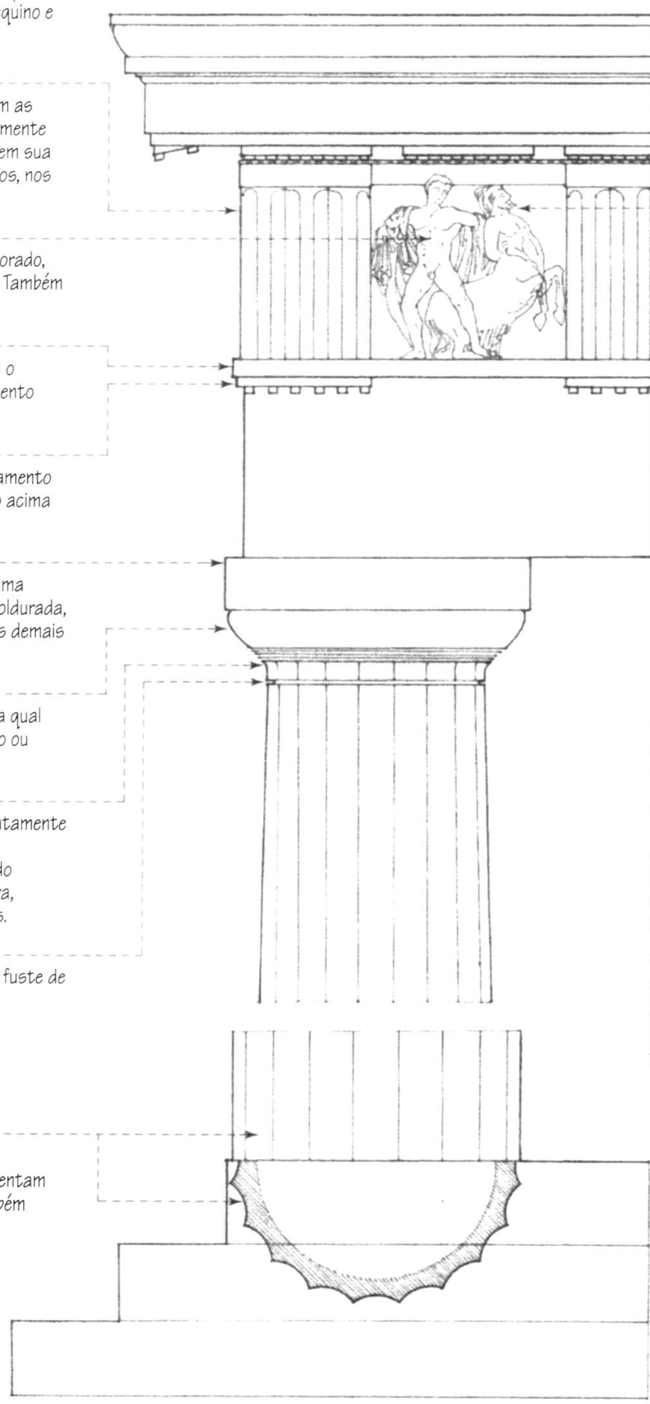

tríglifo
Um dos blocos verticais que separam as métopas em um friso dórico, normalmente com dois sulcos verticais, ou glifos, em sua face e dois meios sulcos, ou hemíglifos, nos bordos.

métopa
Qualquer um dos painéis, liso ou decorado, entre os tríglifos de um friso dórico. Também chamado **intertríglifo**.

tênia
Faixa ou filete projetado, que separa o friso e a arquitrave em um entablamento dórico.

regulete
Filete abaixo da tênia em um entablamento dórico, que corresponde a um tríglifo acima e donde pendem as gotas.

ábaco
Laje chata que encima o capitel de uma coluna, lisa no estilo dórico, mas emoldurada, ou enriquecida de outras formas, nos demais estilos.

equino
Moldura circular proeminente sobre a qual repousa o ábaco de um capitel dórico ou toscano.

filete
Parte superior de uma coluna, imediatamente acima do fuste e abaixo da parte projetada do capitel, quando diferenciada por meio de uma moldura, sulcos ou a supressão das caneluras.

colarete
Faixa, moldura ou filete no capitel ou fuste de uma coluna.

canelura
Cada um dos canais ou ranhuras arredondados e paralelos que ornamentam o fuste de uma coluna clássica. Também chamado **sulco**.

sófito
Face inferior de um elemento arquitetônico, como um arco, uma viga, uma cornija ou uma escadaria.

gota
Cada um dentre uma série de pequenos ornamentos em forma de gota afixados às faces inferiores dos mútulos e reguletes de um entablamento dórico.

mútulo
Bloco chato projetado situado abaixo da coroa de uma cornija dórica e que corresponde ao modilhão de outras ordens.

zoóforo
Friso que exibe figuras esculpidas de pessoas ou animais.

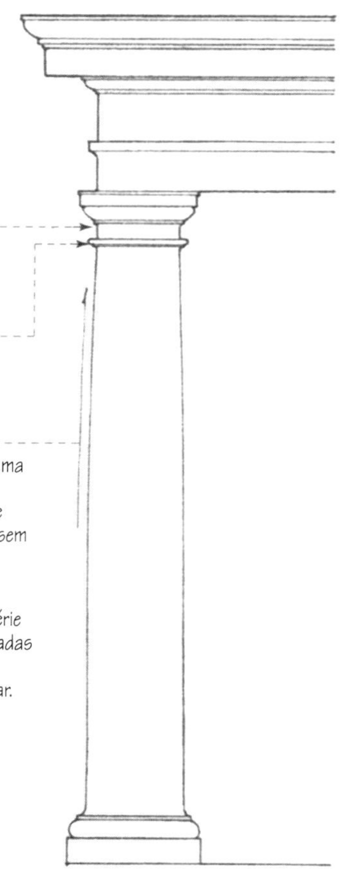

traquelo
Parte do filete entre o hipotraquélio e o capitel de uma coluna clássica.

hipotraquélio
Qualquer elemento entre o capitel e o fuste de uma coluna clássica.

êntase
Ligeira convexidade dada a uma coluna a fim de corrigir uma ilusão óptica de concavidade verificada caso os lados fossem retos.

tambor
Qualquer uma dentre uma série de pedras cilíndricas assentadas umas sobre as outras para formar uma coluna ou um pilar.

ordem toscana
Ordem clássica de origem romana, basicamente um estilo dórico romano simplificado, caracterizado por uma coluna não acanelada e uma base, um capitel e um entablamento lisos, sem nenhuma decoração afora as molduras.

ordem jônica
Ordem clássica desenvolvida nas colônias gregas da Ásia Menor no século VI a.C., caracterizada pelas volutas espiraladas de seu capitel. As colunas acaneladas tinham, via de regra, bases emolduradas e sustentavam um entablamento composto por uma arquitrave de três fácias, um friso profusamente ornamentado e uma cornija que se projeta para fora apoiada em molduras de dentículos e óvalos e dardos. Os exemplares romanos e renascentistas muitas vezes são mais elaborados, e normalmente têm as volutas dos capitéis dispostas a 45° em direção à arquitrave.

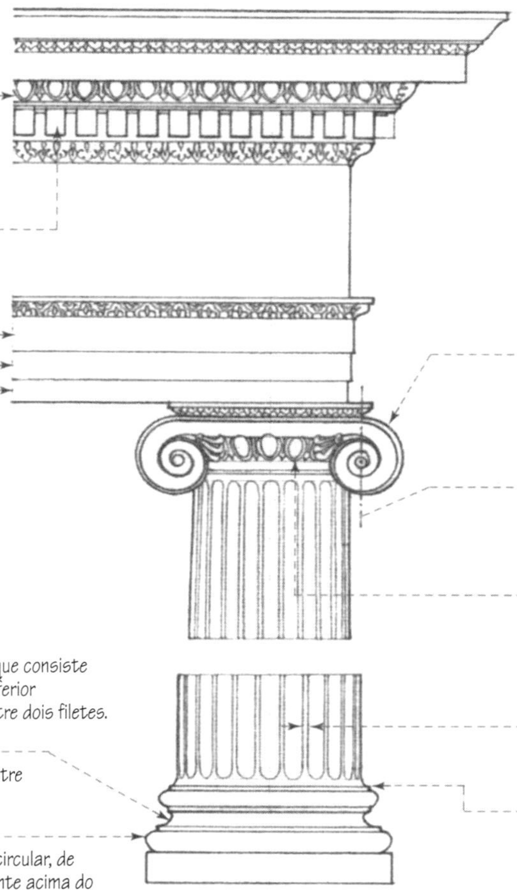

óvalo e dardo
Motivo ornamental utilizado para enriquecer um óvalo ou um equino, que consiste em uma sucessão de formas ovais e pontiagudas distribuídas alternada e contiguamente.

dentículo
Cada um dentre uma série de pequenos blocos retangulares pouco espaçados entre si, que formam uma moldura ou que se projetam por sob as coroas das cornijas coríntias e compósitas.

fácia
Cada uma das três tiras horizontais que formam uma arquitrave na ordem jônica. Também chamada **faixa**.

voluta
Ornamento em espiral, semelhante a um pergaminho enrolado, como aqueles que se vêem nos capitéis das ordens jônica, coríntia e compósita.

cateto
Coordenada vertical que passa pelo olho de uma voluta em um capitel jônico, a partir da qual é determinada sua forma em espiral.

equino
Moldura circular sob a almofada de um capitel jônico entre as volutas, normalmente entalhado com um motivo de óvalo e dardo. Também chamado **cimácio**.

base ática
Base de uma coluna clássica, que consiste em um toro superior e outro inferior separados por uma escócia entre dois filetes.

escócia
Moldura côncava e profunda entre dois filetes.

toro
Grande moldura convexa, semicircular, de ordinário encontrada diretamente acima do plinto da base de uma coluna clássica.

filete
Parte estreita da superfície de uma coluna, que separa duas caneluras adjacentes.

apófige
Pequena curva côncava que liga o fuste de uma coluna clássica à sua base.

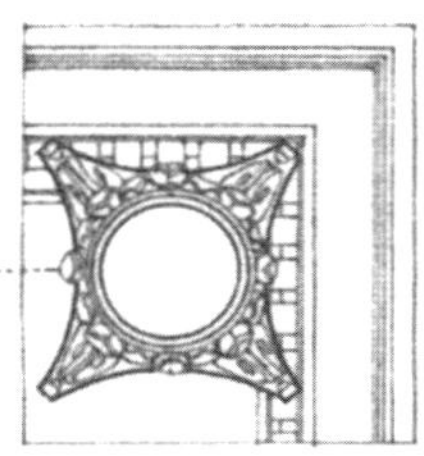

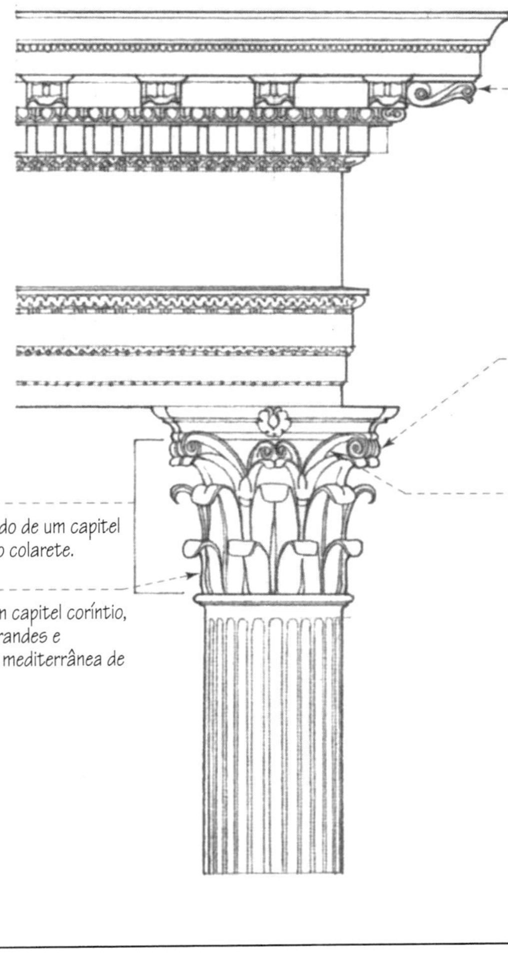

modilhão
Consolo ornamental, normalmente na forma de um rolo com acanto, utilizado em série por sob a coroa de uma cornija compósita ou jônico-romana.

ordem compósita
Uma das cinco ordens clássicas, popular a partir do início da Renascença, mas criada pelos antigos romanos, na qual a ordem coríntia é modificada pela sobreposição de quatro volutas jônicas dispostas diagonalmente em uma campânula coríntia de folhas de acanto.

campânula
Parte que constitui o fundo de um capitel folhado, entre o ábaco e o colarete.

acanto
Ornamento, como o de um capitel coríntio, que reproduz as folhas grandes e dentadas de uma planta mediterrânea de mesmo nome.

espira
Ornamento em espiral, como qualquer uma das volutas que se originam de um caulículo em um capitel coríntio.

caulículo
Qualquer um dos talos ornamentais que se erguem entre as folhas de acanto de um capitel coríntio, e de onde se originam as volutas.

ordem coríntia
Mais ornamentada das cinco ordens clássicas, desenvolvida pelos gregos no século IV a.C., porém utilizada mais intensamente na arquitetura romana; semelhante, em muitos aspectos, ao estilo jônico, mas normalmente de proporções mais delgadas e caracterizada por um profundo capitel em forma de campânula, decorado com folhas de acanto, e um ábaco de lados côncavos.

Acessório, peça ou detalhe que confere graça ou beleza a algo ao qual são acrescidos ou do qual são parte integrante.

ideograma
Signo ou símbolo gráficos. Também chamado **pictograma**.

grafito
Desenho ou inscrição antigos riscados em pedra, reboco ou outra superfície dura.

grafite
Inscrições ou desenhos pintados ou rabiscados com tinta spray em uma superfície pública, como uma calçada ou o muro de uma edificação.

esgrafito
Decoração produzida mediante cortes ou rabiscos efetuados na camada superior de tinta ou reboco, a fim de revelar uma cor contrastante de fundo.

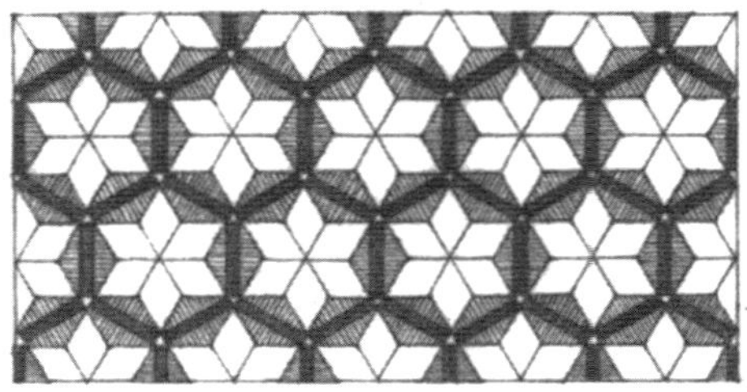

mural
Quadro de grandes dimensões pintado em uma parede ou teto, ou aplicado diretamente sobre estes.

afresco
Arte ou técnica de se pintar sobre uma superfície úmida de revestimento recém-aplicado, com pigmentos dissolvidos em água ou em uma mistura de água e cal. Também um quadro ou desenho pintado dessa maneira.

opus sectile
Qualquer mosaico formado por peças cortadas regularmente.

opus alexandrinum
Forma de opus sectile que apresenta um desenho geométrico formado com poucas cores – por exemplo, branco e preto ou verde e vermelho escuros.

mosaico
Pintura ou motivo decorativo produzido mediante a incrustação de pedaços pequenos, normalmente coloridos, de ladrilho, esmalte ou vidro em argamassa.

tessela
Um dos pequenos pedaços de mármore, vidro ou ladrilho colorido utilizados na fabricação de um mosaico.

esmalte
Vidro colorido com óxido de cobalto, na forma de minúsculos quadradinhos, utilizados na fabricação de mosaicos.

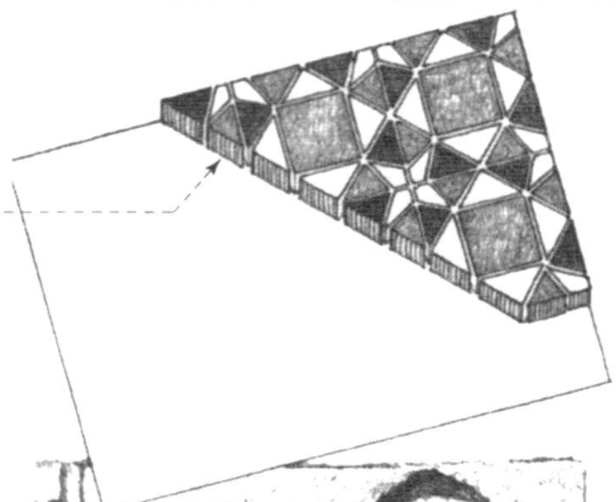

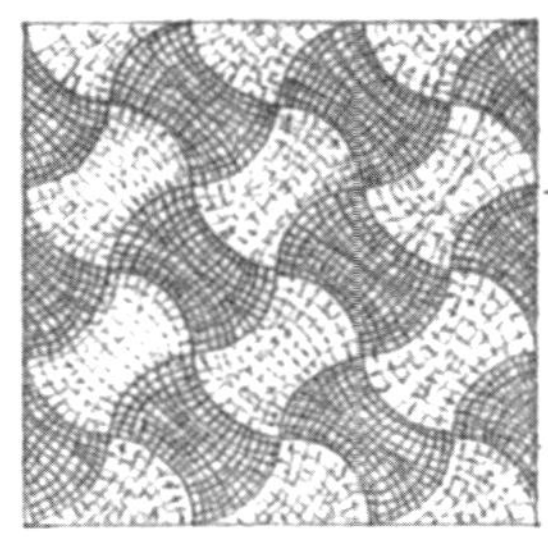

opus vermiculatum
Mosaico de tesselas dispostas em linhas ondulantes que lembram a forma ou os rastros de um verme.

mosaico florentino
Mosaico fabricado através da incrustação de pedra finas, e de cores delicadas, em uma superfície de mármore branco ou preto.

relevo
Projeção de uma figura ou forma com relação ao fundo plano no qual é formada.

cavo-relievo
Relevo esculpido no qual os pontos mais altos das formas moldadas encontram-se abaixo ou no mesmo nível da superfície original. Também chamado **relevo cavado**.

alto-relevo
Relevo esculpido no qual as formas moldadas projetam-se a partir do fundo por, no mínimo, metade de sua profundidade.

médio-relevo
Relevo esculpido, intermediário entre o alto e o baixo-relevo.

baixo-relevo
Relevo esculpido que se projeta muito discretamente com relação ao fundo.

anaglifo
Ornamento escavado ou gravado em baixo-relevo.

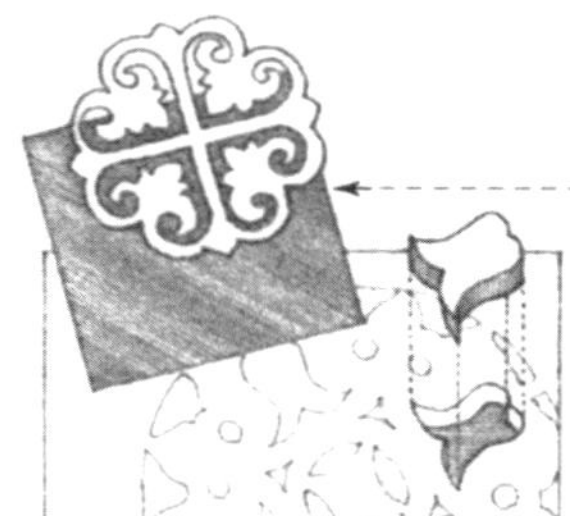

appliqué
Decoração ou ornato feitos mediante o recorte de uma forma qualquer e sua fixação a uma peça maior de material.

incrustar
Decorar através da introdução de pedaços de madeira, marfim ou outro material em uma superfície, normalmente no mesmo nível.

relevar
Realçar, moldar ou entalhar em relevo um desenho efetuado em uma superfície.

gravar
Entalhar, cortar ou cauterizar desenhos em uma superfície dura, como metal, pedra ou madeira dura.

entalho
Figura ou desenho gravado na superfície de uma pedra ou chapa metálica por meio de incisão, de modo que uma sua impressão produz uma figura em relevo.

trabalho vazado
Trabalho ornamental ou estrutural de caráter semelhante a uma grade ou que exibe aberturas ao longo de sua superfície.

filigrana
Trabalho vazado ornamental com desenho delicado ou intrincado.

pastiche
Composição artística que consiste em formas ou motivos emprestados de diferentes fontes.

posticho
Artificial, imitativo ou falso – por exemplo, um ornato arquitetônico acrescido supérflua ou inadequadamente.

estrela
Figura convencional, normalmente dotada de cinco ou mais pontas que se irradiam de um centro, de ordinário utilizada como ornato e símbolo.

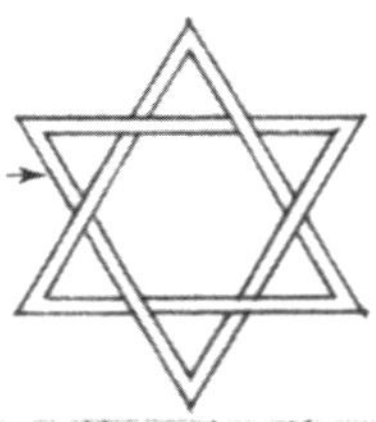

Estrela de Davi
Hexagrama utilizado como símbolo do judaísmo. Também chamada **Maguen David** e **Moguen David**.

hexagrama
Figura de seis pontas semelhante a uma estrela, formada pelo prolongamento de cada um dos lados de um hexágono regular segundo triângulos eqüiláteros.

glória
Anel, círculo ou irradiação de luz, como um halo ou auréola.

halo
Disco ou anel de luz radiante em torno ou acima da cabeça, que tradicionalmente simbolizam a santidade de uma figura divina ou sacra nas pinturas e esculturas religiosas. Também chamado **nimbo**.

auréola
Círculo de luz ou irradiação em torno da cabeça ou do corpo na representação de uma figura sacra.

vescia piscis
Figura elíptica e pontiaguda utilizada esp. na arte cristã primitiva como um emblema de Cristo. Também chamada **bexiga de peixe**.

qui-ro
Monograma e símbolo cristão formado pela sobreposição das primeiras duas letras do vocábulo grego que designa Cristo.

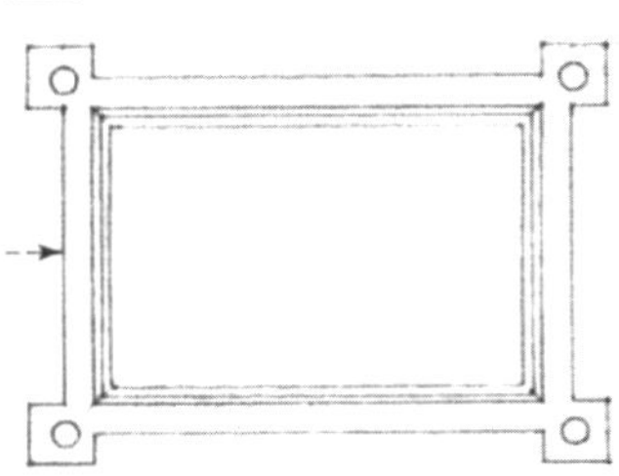

placa
Painel retangular projetado ou encovado em uma parede, tratado ou ornamentado de modo distintivo através de inscrições, pinturas ou esculturas.

tabuleta
Prancha ou placa plana cuja superfície se presta a exibir uma inscrição ou entalhe ou outra intervenção do gênero.

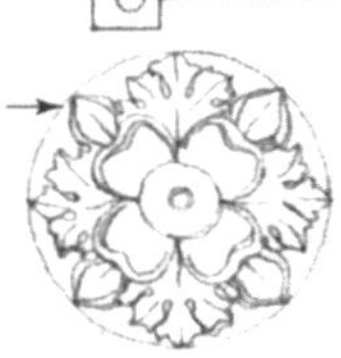

medalhão
Baixo-relevo normalmente oval ou circular, via de regra contendo uma figura ou ornamento em relevo.

cártula
Superfície oval, oblonga, ligeiramente convexa, de ordinário circundada por ornamentação em volutas, para abrigar um motivo decorativo pintado ou em baixo-relevo.

grotesco
Estilo decorativo caracterizado pela presença de figuras fantásticas e a combinação de formas humanas e animais incongruentes com folhagens ou figuras semelhantes, normalmente distorcendo o natural no sentido da caricatura ou do absurdo.

antic
Escultura grotesca de formas animais, humanas ou vegetais, como uma gárgula.

máscara
Representação, normalmente grotesca, de uma cabeça ou rosto, utilizada como ornamento arquitetônico.

grifo
Animal mitológico, normalmente representado com a cabeça e as asas de uma águia e o corpo e a cauda de um leão.

garra
Ornamento que se projeta a partir da base circular de uma coluna em direção a uma quina de um plinto poligonal.

botões
Ornamento medieval inglês que sugere uma flor de três ou quatro pétalas que encerram e ocultam parcialmente uma bola.

cruz
Objeto ou figura que consiste essencialmente em uma peça vertical e outra transversal em ângulo reto entre si; normalmente utilizado como símbolo do cristianismo.

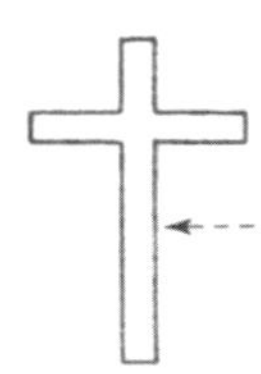

cruz latina
Cruz com uma haste vertical interceptada próximo ao topo por uma barra horizontal menor.

cruz celta
Cruz de formato semelhante ao de uma cruz latina e que apresenta um anel em torno da intersecção entre a haste e a barra.

cruz grega
Cruz composta por uma haste vertical interceptada no meio por uma barra horizontal de mesmo comprimento.

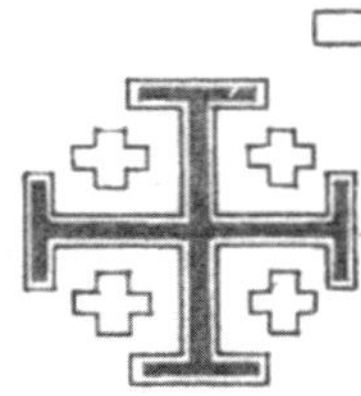

cruz de Jerusalém
Cruz cujos quatro braços terminam em uma barra transversal, normalmente com uma pequena cruz grega centralizada em cada quadrante.

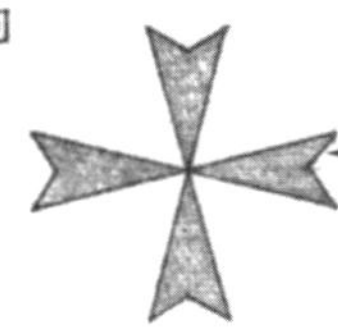

cruz dentada
Cruz de Malta com a extremidade externa de cada braço dentada em forma de V.

cruz de Malta
Cruz com braços de mesmo comprimento, cada qual se expandindo a partir do centro.

motivo
Forma, figura ou cor diferenciada e recorrente em um desenho.

quadricular
Marcar ou decorar com um padrão axadrezado.

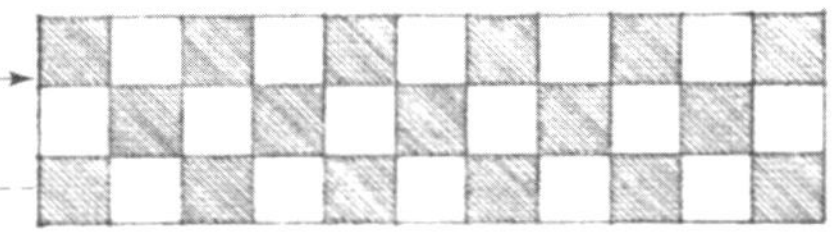

reticulado
Que se assemelha ou é coberto por uma trama de linhas que se interceptam regularmente.

textura
Padrão de pequenas figuras repetidas, interligadas entre si ou originadas umas das outras, normalmente utilizado na Idade Média em panos de seda e objetos de ouro.

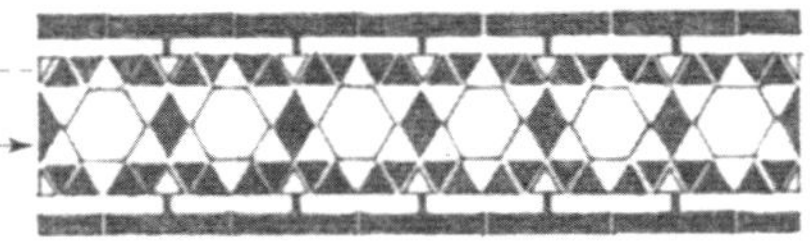

imbricação
Padrão decorativo que lembra a sobreposição regular de telhas.

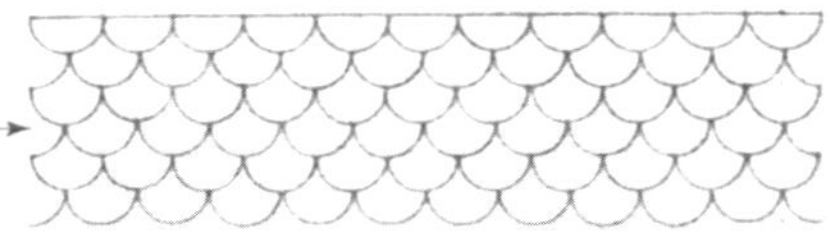

espinhaço de peixe
Padrão composto por fileiras de pequenas linhas paralelas, as linhas de cada fileira inclinadas na direção oposta à da fileira adjacente, utilizado em alvenarias, pisos de tacos e peças de tecelagem.

chevron
Termo francês que designa um padrão em forma de V, utilizado tanto em heráldica como em ornamentação.

dancette
Termo francês que designa um ziguezague ornamental – por exemplo, em uma moldura.

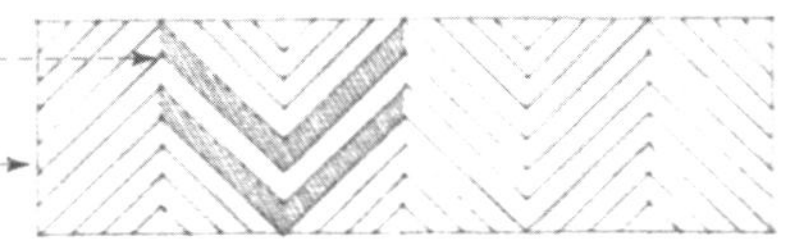

faixa grega
Motivo ornamental encerrado em uma listra e composto por figuras repetidas, normalmente geométricas. Também chamada **gregá**.

meandro
Ornamento corrido que consiste em uma variante intrincada da faixa grega.

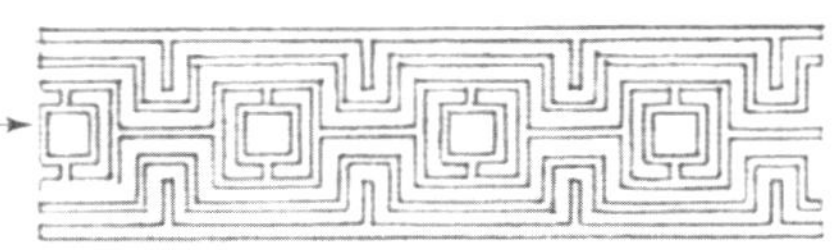

folhado
Ornamentado com folhas ou representações de folhagens. Também **foleado**.

grinalda
Faixa ornamental ou guirlanda de flores, folhagem ou outro decorativo.

festão
Representação decorativa de uma fileira ou guirlanda de flores, folhagem, fitas ou outro elemento do gênero, suspensa em uma curva entre dois pontos.

flor-de-lis
Lírio estilizado de três pétalas, amarrado na base por um anel, empregado como símbolo heráldico da família real francesa.

lótus
Representação de diversas plantas aquáticas da família do nenúfar, utilizado como motivo decorativo na arte e arquitetura do Egito antigo e da Índia.

madressilva
Ornamento em forma de folhas de madressilva ou palmeira agrupadas em leque.

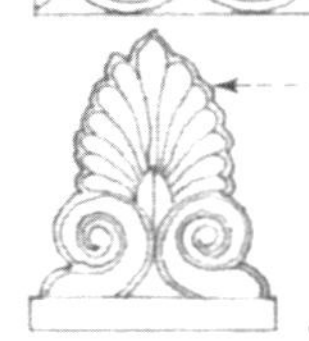

palmeta
Forma estilizada da folha de palmeira utilizada como elemento decorativo na arte e na arquitetura clássicas.

roseta
Motivo ornamental que apresenta uma combinação geralmente circular de partes e que se assemelha a uma flor ou a uma planta. Também chamada **rosa**.

guilhochê
Debrum ornamental formado por duas ou mais faixas entrelaçadas em torno de uma série de círculos. Também chamado **guilochê**.

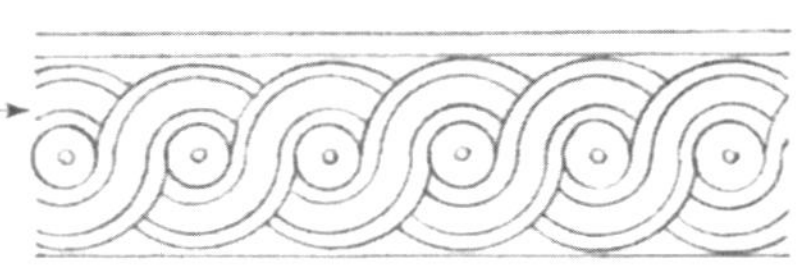

faixa denticulada
Moldura que ocupa a posição de uma fileira de dentículos, e normalmente entalhada de modo a assemelhar-se a uma destas.

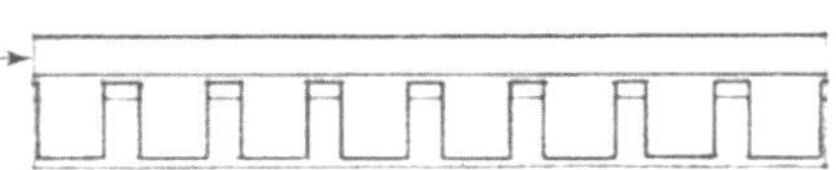

dentículo veneziano
Cada um dentre uma série de pequenos blocos retangulares que se alternam com superfícies inclinadas em uma arquivolta ou moldura.

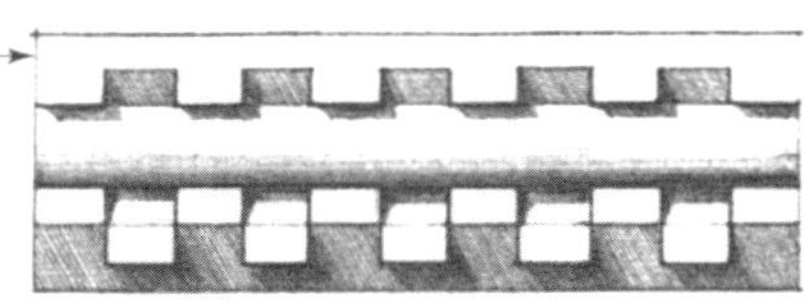

ondas
Ornamento em forma de espiral ou voluta, que lembra um pergaminho parcial ou frouxamente enrolado.

ondas de Vitrúvio
Série de volutas que formam um padrão ondulado estilizado.

bandeirola
Faixa esculpida que lembra uma longa fita ou rolo, adaptada para receber uma inscrição. Também chamada **galhardete**.

laçaria
Ornamentação composta por fitas dobradas, entrecruzadas e entrelaçadas, por vezes cortadas por motivos de folhagens.

estrela
Cada um dentre uma série de ornatos piramidais dispostos contiguamente entre si, formados por folhas esculpidas que se irradiam de um centro projetado, utilizado na arquitetura gótica inglesa primitiva.

arabesco
Desenho complexo e ornamentado que faz uso de flores, folhagem e, por vezes, de figuras animais e geométricas para produzir um padrão intrincado de linhas entrelaçadas.

língua de camelo
Moldura com elementos pendentes, semelhantes a línguas, entalhados em relevo em uma superfície plana ou curva.

concha
Cada uma dentre uma série de projeções curvas que formam um debrum ornamental.

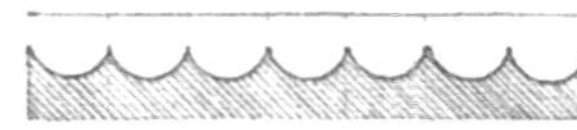

debruar
Decorar um santuário ou tabernáculo com minúsculas formas arquitetônicas, de modo a se produzir um efeito rendilhado.

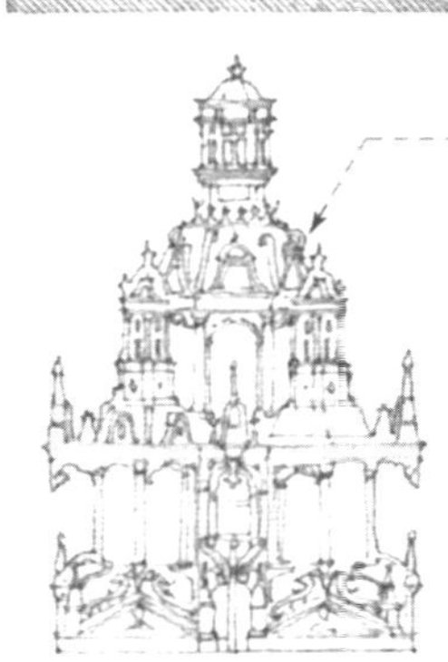

aresta
Bordo vivo formado pelo encontro de duas superfícies em uma quina externa.

focinho de boi
Quina externa arredondada ou obtusa.

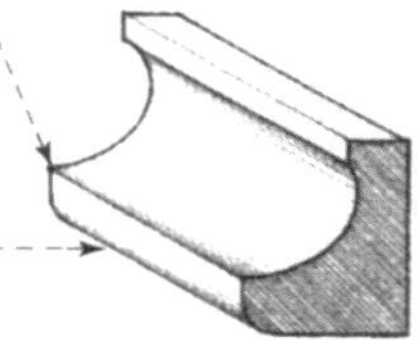

chanfro
Superfície que forma um ângulo oblíquo com outra.

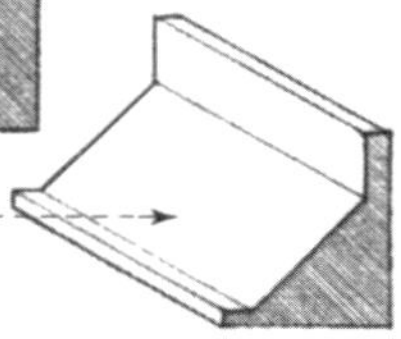

filete
Moldura ou área estreita e chata, projetada ou encovada, que se utiliza para separar molduras ou áreas maiores. Também chamado **listel**.

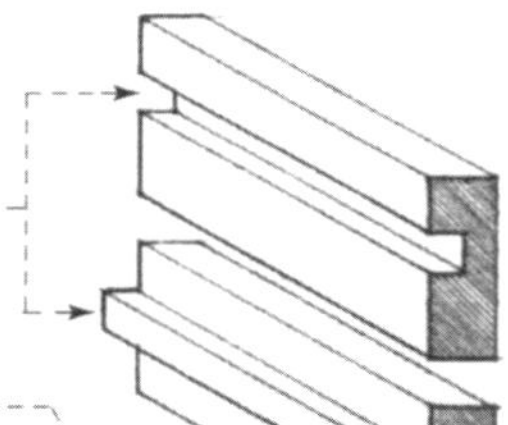

bilheta
Cada uma dentre uma série de formas cilíndricas pouco espaçadas entre si, que ornamentam uma moldura ou cornija ocas.

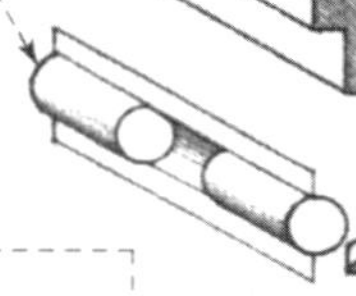

moldura côncava
Superfície utilizada esp. na transição entre uma parede e o teto.

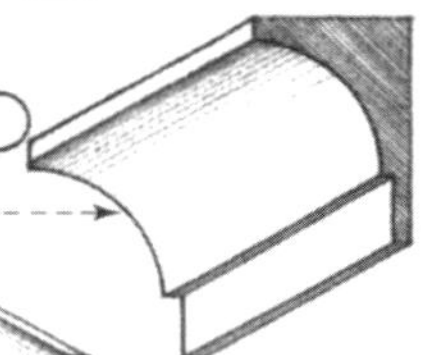

caveto
Moldura côncava cujo contorno se aproxima ao de um quarto de círculo.

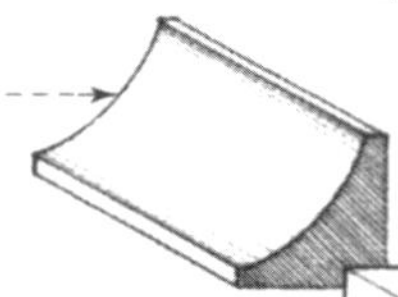

escapo
Moldura côncava com a forma de um quadrante que desce a partir de uma dada superfície e termina perpendicularmente a um filete paralelo à mesma superfície.

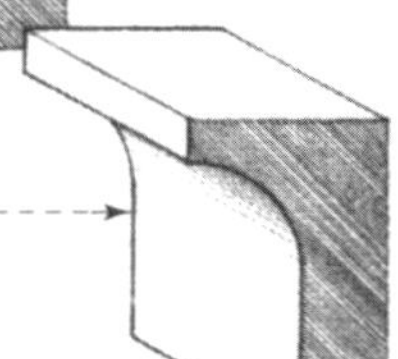

garganta
Moldura com o perfil de uma curva dupla em forma de um S alongado.

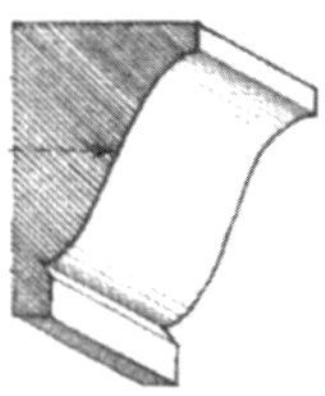

gola
Moldura projetada com o perfil de uma curva dupla formada pela união de uma linha convexa e uma linha côncava.

gola direita
Gola cuja parte côncava se projeta para além da parte convexa. Também chamada **gola dórica**.

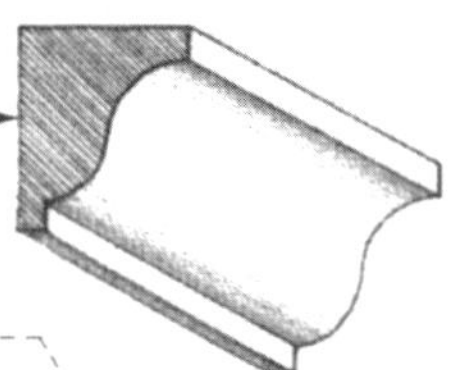

gola reversa
Gola cuja parte convexa se projeta para além da parte côncava. Também chamada **gola lésbia**.

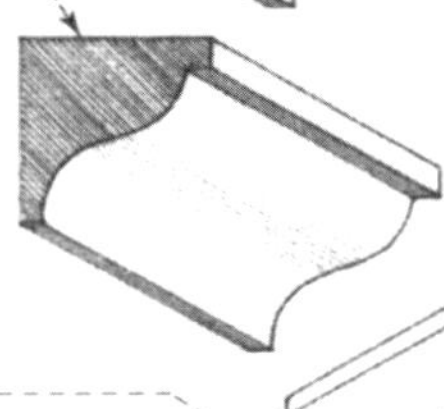

bico
Pequena moldura suspensa que forma um pingadouro e proporciona uma sombra profunda, como no sófito de uma cornija. Também chamado **bico de pássaro**.

moldura em quilha
Moldura projetada cujo perfil é formado por duas gargantas dispostas simetricamente em torno de um eixo ou filete.

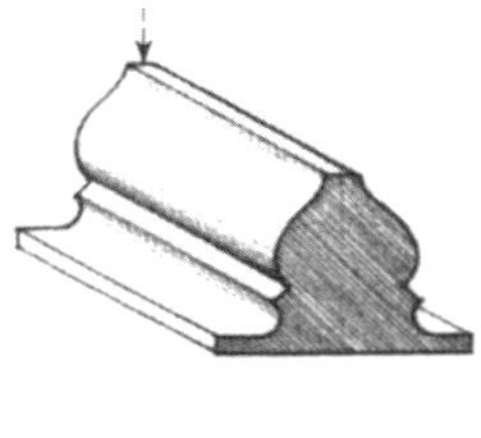

perfil
Contorno de um objeto formado em um plano vertical que corta o objeto em ângulos retos com uma de suas principais dimensões horizontais.

moldura
Qualquer uma dentre uma série de superfícies ornamentais longas e estreitas com cortes transversais uniformes e um perfil moldado para produzir modulações de luz, sombra e sombra projetada. Quase todas as molduras derivam, no mínimo em parte, de protótipos em madeira, como as da arquitetura clássica, ou protótipos em pedra, como as da arquitetura gótica. Por extensão, o termo refere-se na atualidade a uma tira delgada de madeira ou outro material com tal superfície, utilizada para fins de ornamentação e acabamento.

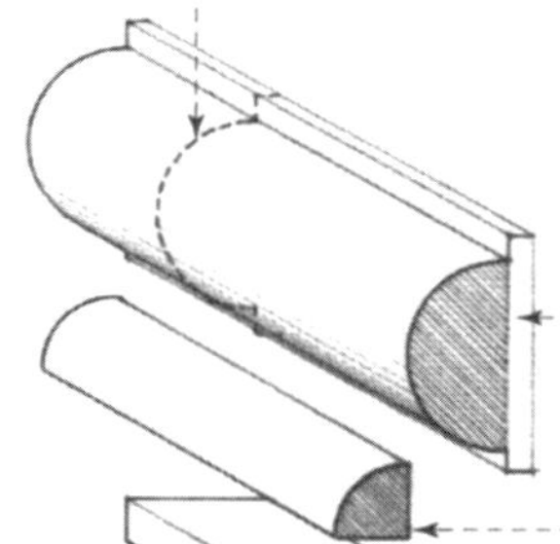

semi-redondo
Moldura com um corte transversal semicircular. Também chamado **meia-cana** e **moldura semicircular**.

quarto redondo
Moldura convexa cuja seção transversal é um quarto de círculo. Também chamado **quarto de círculo**.

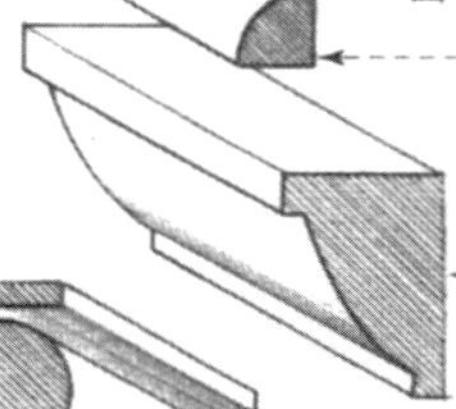

óvalo
Moldura convexa cujo perfil se aproxima a um quarto da seção de um círculo ou elipse.

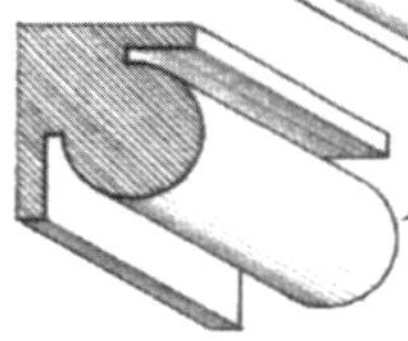

bowtell
Moldura convexa arredondada.

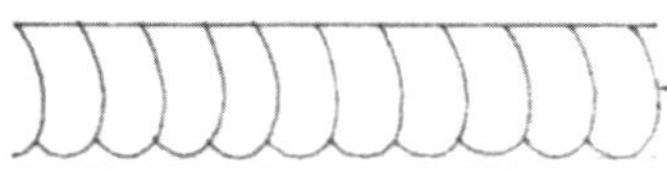

gadroon
Moldura convexa, elaboradamente entalhada em gomos semicilíndricos ou endentada com chanfraduras. Também chamado ***godroon***.

toro de Aarão
Moldura convexa com folhas pontiagudas ou arabescos que aparecem em intervalos regulares.

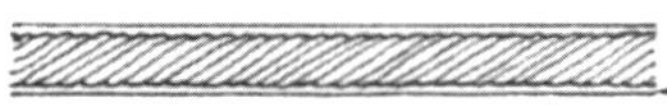

torçal
Moldura convexa que tem a forma de uma corda.

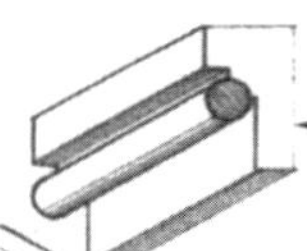

rolo
Pequena moldura convexa normalmente com uma superfície cilíndrica contínua.

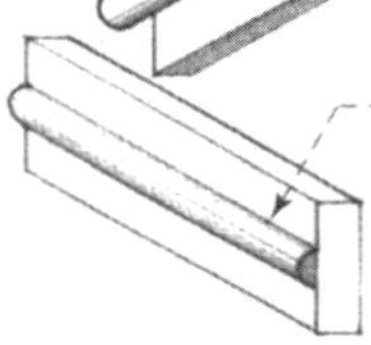

astrágalo
Pequena moldura convexa, normalmente de seção semicircular.

bagueta
Pequena moldura convexa de seção semicircular, menor que um astrágalo. Também, **baguete**.

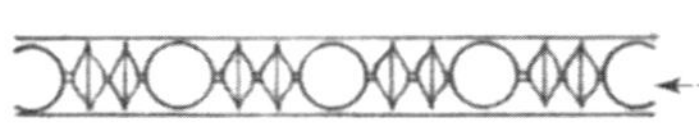

contas de rosário
Moldura convexa que tem a forma de discos alternados com contas esféricas ou alongadas.

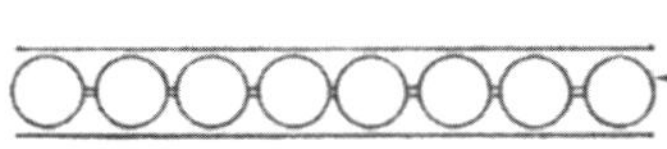

pérolas
Moldura que tem a forma de uma fileira de pérolas ou contas. Também chamada **contas** e ***Paternoster***.

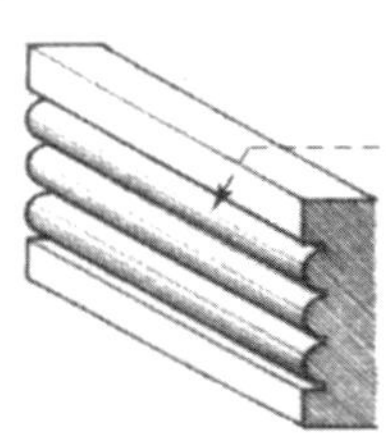

rolos
Conjunto de pequenas molduras paralelas contíguas utilizadas para ornar uma superfície plana ou curva.

remate
Trabalho final em madeira ou outro material utilizado para decorar, margear ou proteger os bordos de aberturas ou superfícies.

cornija
Projeção contínua moldada que remata uma parede ou outro elemento de uma construção, ou que a divide horizontalmente para fins de composição.

moldura de quadro
Moldura horizontal próxima a um teto, a partir da qual é possível dependurar quadros. Também chamada **trilho**.

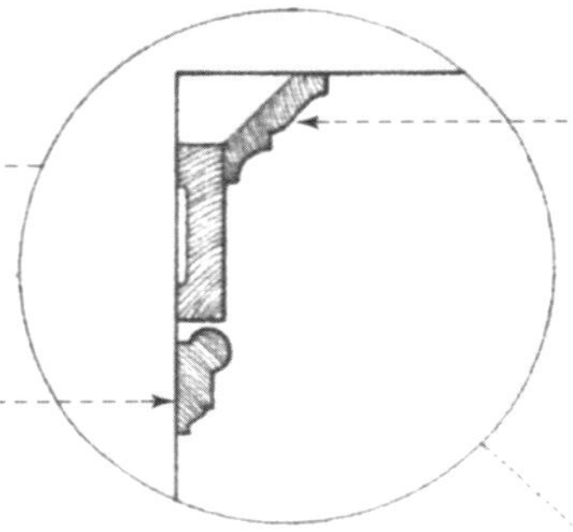

afixar
Prender uma moldura a uma superfície.

moldura de teto
Qualquer moldura ornamental que remata o topo de uma estrutura ou elemento decorativo. Também chamada **roda-teto**.

corte de serra
Cada um dentre uma série de entalhes transversais feitos com uma serra a uma certa profundidade em uma peça de madeira a fim de possibilitar sua curvatura para o lado em tais cortes que foram efetuados.

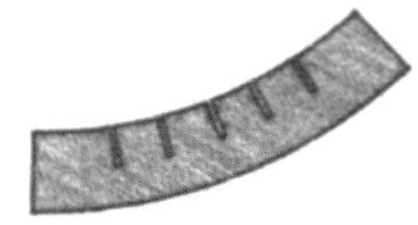

friso
Faixa decorativa – por exemplo, ao longo do topo de uma parede interna, imediatamente abaixo da cornija, ou uma faixa esculpida na cornija de uma parede externa.

guarda-louças
Peitoril ou prateleira estreita fixados ao longo de uma parede e sulcados de modo a acomodarem louças, para fins de ornamentação ou exposição.

guarda-cadeiras
Moldura horizontal em uma parede interna, destinada a impedir o atrito dos espaldares das cadeiras contra a superfície daquela, danificando-a.

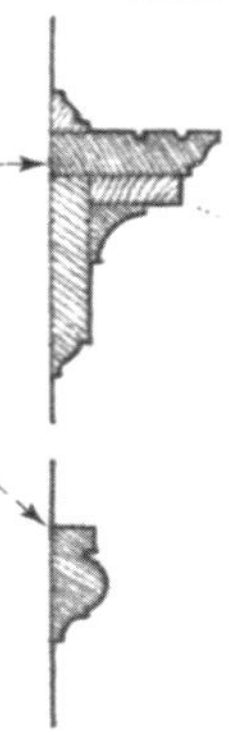

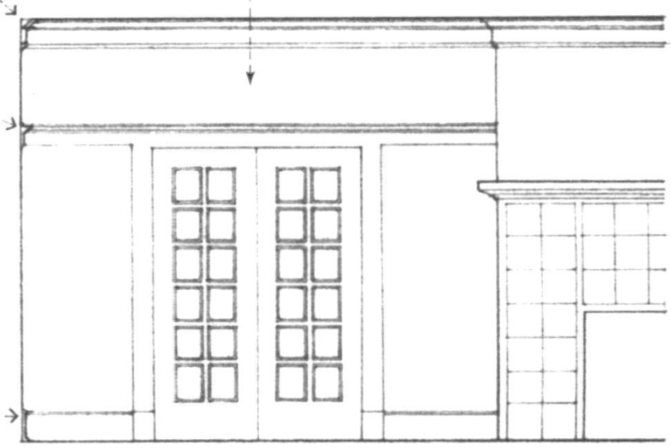

base
Moldura ornamental acima do plinto de um pedestal, pilar ou parede.

rodapé
Faixa de madeira ou moldura que recobre a junta entre uma parede interna e o piso.

cordão
Pequena moldura, como um quarto redondo, que recobre a junta entre o rodapé e o piso.

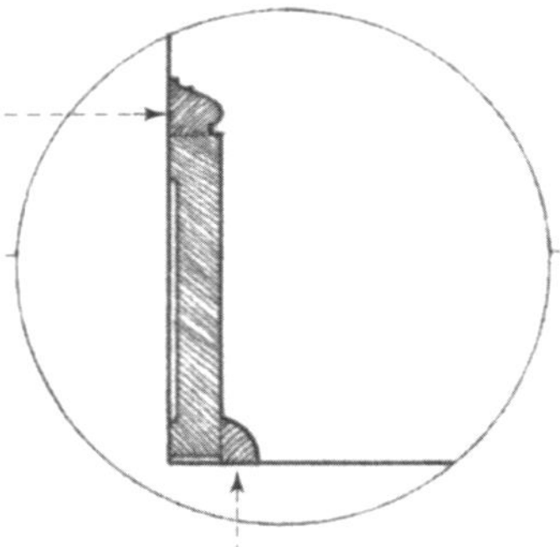

frontão aberto
Frontão que apresenta uma interrupção em suas empenas na altura da coroa ou topo, sendo tal abertura normalmente preenchida por uma urna, uma cártula ou outro ornamento. Também chamado **frontão quebrado**.

arquitrave
Faixa moldada ou decorativa que emoldura um vão retangular de porta ou janela.

retorno
Continuação de uma moldura, projeção ou outra peça, a um ângulo normalmente de 90° em relação à parte principal.

anco
Suporte ou consolo utilizado na arquitetura clássica para sustentar uma cornija ou o entablamento acima de uma porta ou janela.

consolo
Suporte ornamental, normalmente formado com volutas e mais alto que sua projeção.

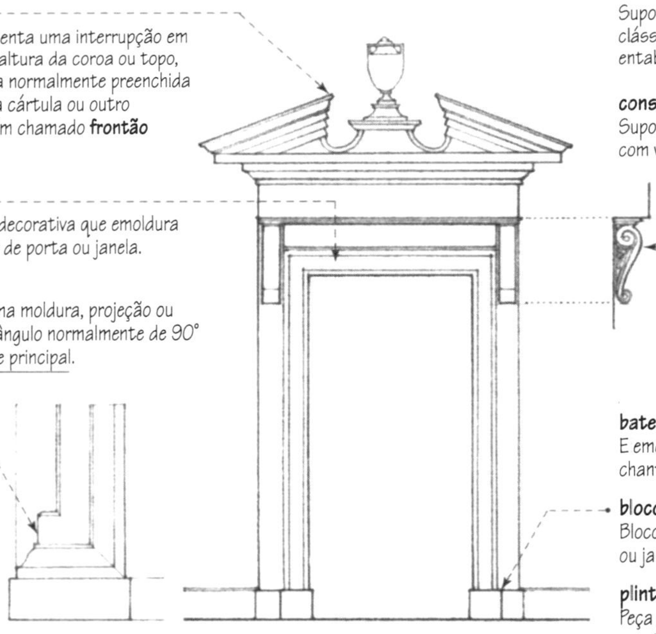

batente
Elemento que remata uma moldura ou chanfro.

bloco de plinto
Bloco que remata a arquitrave de uma porta ou janela acima do piso.

plinto
Peça chata e plana na base de uma arquitrave, dado ou rodapé.

moldura de tabernáculo
Moldura em torno de uma porta ou nicho, provida de duas colunas ou pilastras em uma base que suporta um frontão.

frontão pescoço de ganso
Frontão aberto cujo contorno é formado por um par de curvas em S que tangenciam a cornija horizontal nas extremidades do frontão e que terminam em um par de volutas em cada lado do centro, onde normalmente se ergue um remate.

coroa de porta
Ornamento em relevo, tipo frontão, acima de uma porta ou janela.

Qualquer uma dentre uma série de estruturas verticais que apresentam uma superfície contínua e que servem para delimitar, dividir ou proteger uma área.

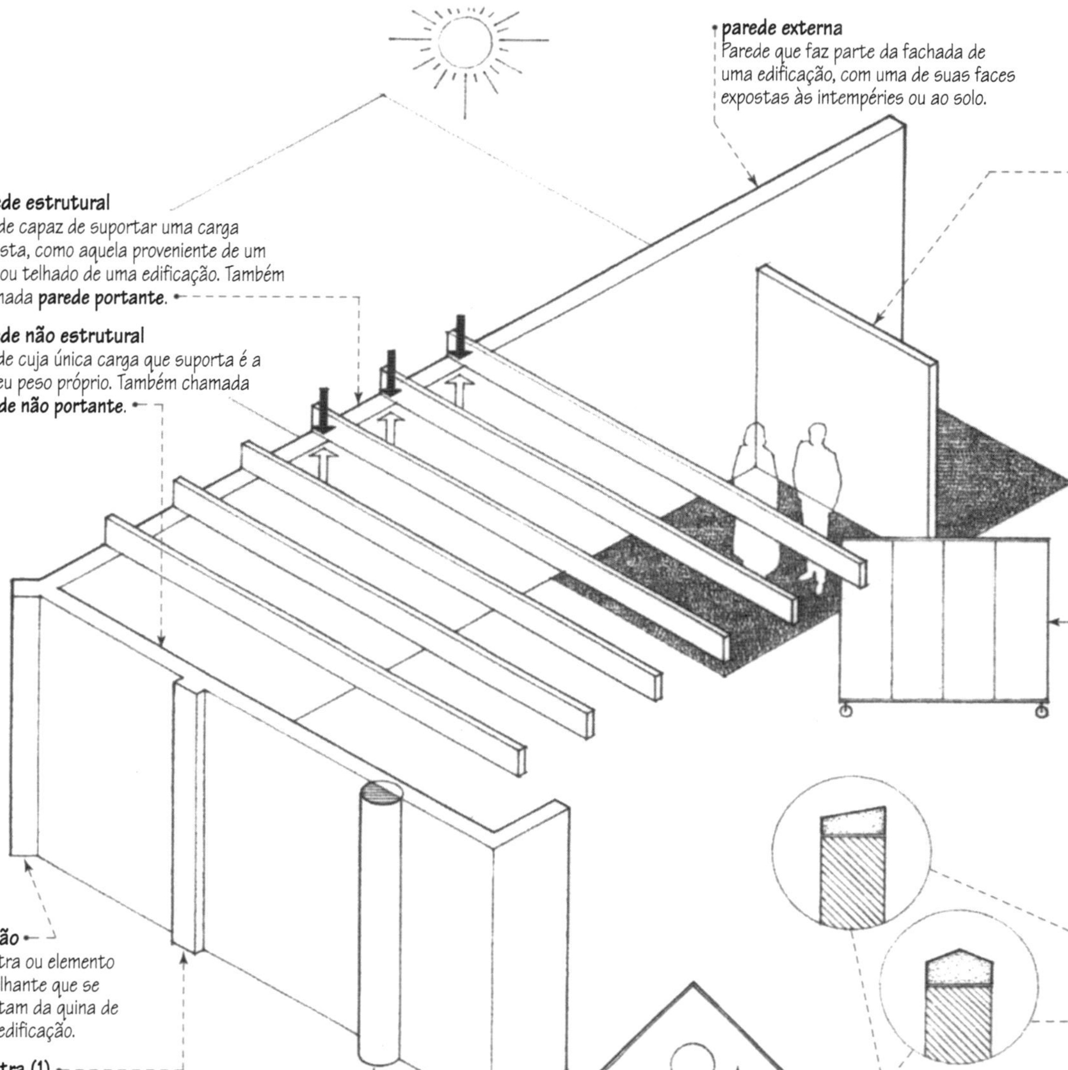

parede externa
Parede que faz parte da fachada de uma edificação, com uma de suas faces expostas às intempéries ou ao solo.

parede estrutural
Parede capaz de suportar uma carga imposta, como aquela proveniente de um piso ou telhado de uma edificação. Também chamada **parede portante**.

parede não estrutural
Parede cuja única carga que suporta é a de seu peso próprio. Também chamada **parede não portante**.

parede interna
Qualquer parede no interior de um edifício inteiramente cercada por paredes externas.

divisória
Parede interna que divide um ambiente ou parte de um ambiente em áreas distintas.

divisória estrutural
Parede interna que sustenta uma carga estrutural. Também, **divisória portante**.

divisória não estrutural
Parede interna que não sustenta nenhuma carga além de seu peso próprio. Também chamada **divisória não portante**.

anteparo
Elemento móvel ou fixo, estrutura armada, destinada a dividir, ocultar ou proteger.

divisória móvel
Divisória capaz de ser deslocada para diferentes locais. Também chamada **divisória desmontável**.

cantão
Pilastra ou elemento semelhante que se projetam da quina de uma edificação.

pilastra (1)
Elemento retangular de pouca profundidade que se projeta de uma parede, provido de uma base e um capitel, e tratado arquitetonicamente como uma coluna.

coluna embutida
Coluna construída de modo a ser verdadeira ou aparentemente ligada à parede junto a qual está colocada. Também, **meia coluna**.

aba
Pequena parede, perpendicular à extremidade de uma parede maior.

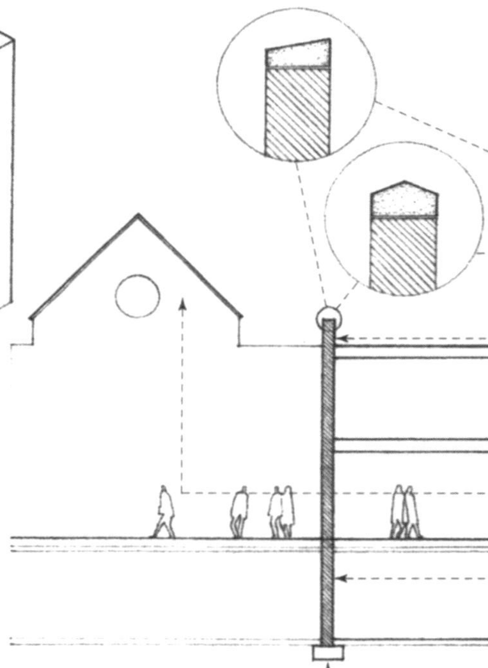

espigão de muro
Revestimento ou fiada de acabamento ou proteção de uma parede externa, normalmente inclinado ou curvo para o escoamento das águas pluviais. Também chamado **chapéu de muro** e **coroa mural**.

espigão de uma água
Espigão com uma declividade em uma única direção. Também, **espigão em cunha**.

espigão de duas águas
Espigão com duas declividades que se encontram em uma cumeeira central.

platibanda
Parede protetora baixa, na extremidade de um terraço, balcão ou cobertura, esp. aquela parte de uma parede externa, parede corta-fogo ou parede-meia que se ergue acima do telhado.

parede de empena
Parede que sustenta ou é encimada por uma empena.

parede subterrânea
Muro de fundação que delimita uma área útil sob um edifício.

parede-meia
Parede utilizada conjuntamente por estruturas contíguas, erguida na linha divisória de dois lotes de terra, cada um dos quais constitui uma propriedade isolada.

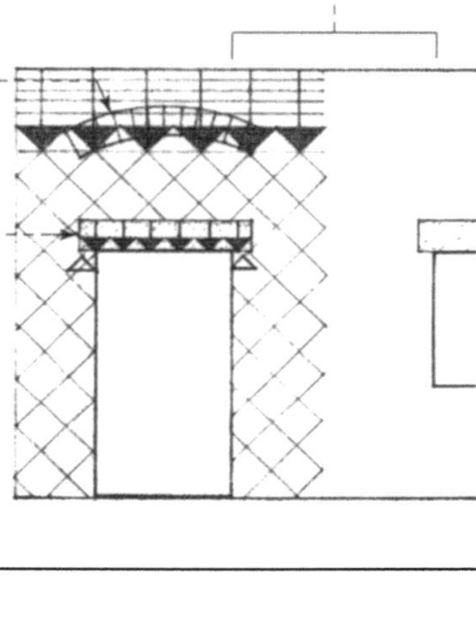

pilastra (2)
Estrutura vertical de sustentação, como a porção de uma parede entre duas aberturas ou uma porção que sustenta a extremidade de um arco ou dintel. Também, **pilarete**.

arco de descarga
Arco construído acima de outro elemento estrutural a fim de aliviar sua carga. Também chamado **arco de alívio**.

dintel
Viga que susenta o peso acima de um vão de porta ou janela. Também chamado **lintel**.

almofadão
Bloco de madeira ou pedra horizontal instalado em uma parede para receber e distribuir a pressão de uma viga ou barrote – por exemplo acima de uma abertura. Também chamado **berço**.

parede cega
Parede desprovida de janelas, portas ou outras aberturas.

casa de madeira
Casa construída com uma estrutura de madeira, normalmente revestida por tábuas ou placas de madeira.

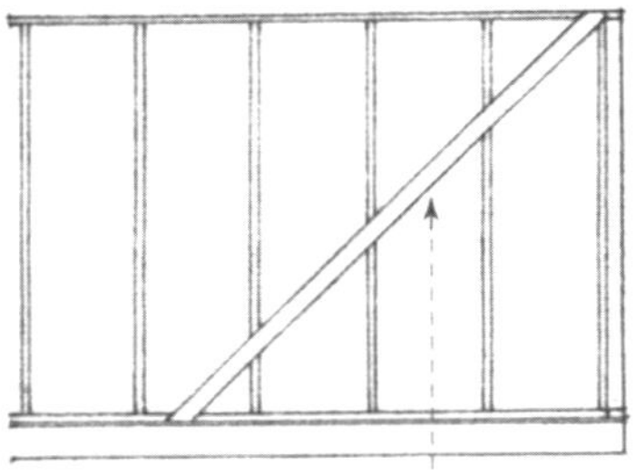

braçadeira de canto
Braçadeira diagonal que intercepta uma série de vigotas para reforçar a quina de uma armação estrutural.

inserir
Introduzir na superfície de um barrote, parede ou elemento semelhante como um acréscimo permanente.

montante angular
Conjunto de dois ou mais barrotes unidos com pregos na intersecção de duas paredes armadas, para se criar uma superfície na qual os materiais de acabamento possam ser pregados.

apoio
Ripa de madeira afixada à extremidade de uma divisória armada, na qual os materiais de acabamento podem ser pregados.

corta-fogo
Material ou peça embutida em uma estrutura para bloquear um espaço vazio encoberto através do qual um incêndio poderia se propagar de uma parte do edifício para outra.

faixa de ressalto
Peça afixada à face de uma viga em sua base e que funciona como suporte para as extremidades de traves.

faixa
Chapa fina e estreita inserida num conjunto de montantes para servir de apoio às extremidades de traves. Também chamada **ressalto**.

estrutura em balão
Estrutura de madeira com montantes que se erguem por toda a sua altura, desde a placa de soleira até a placa do telhado, com traves pregadas aos montantes e sustentadas por soleiras ou faixas inseridas nos montantes.

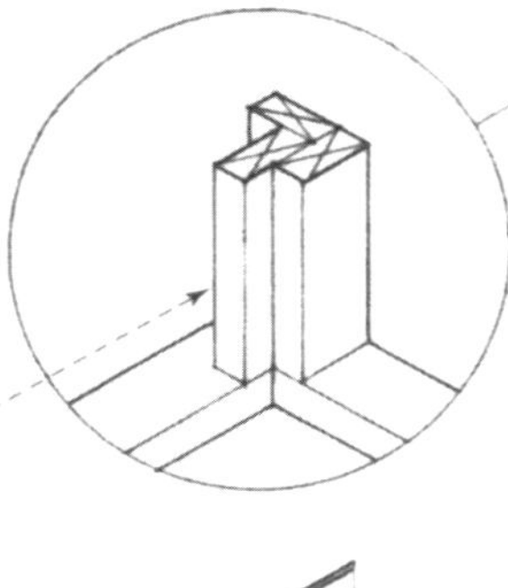

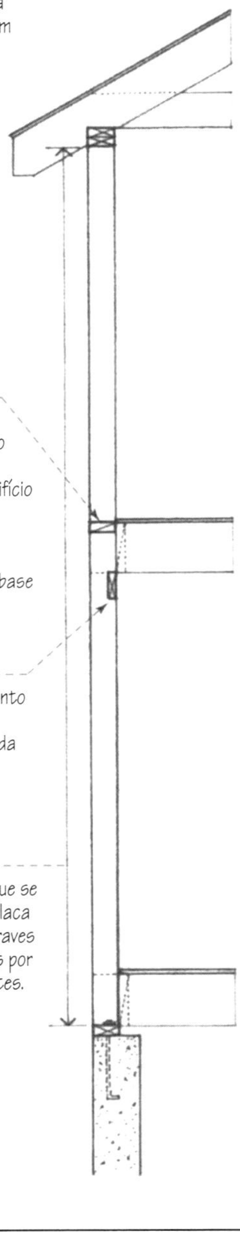

placa
Qualquer uma dentre uma série de tábuas horizontais afixadas ao longo do topo de barrotes ou sobre pisos para sustentar traves, caibros ou montantes nas extremidades ou próximo às extremidades destes.

contraplaca
Peça horizontal embutida ou afixada ao longo do topo de uma parede para sustentar e distribuir a carga proveniente de traves ou caibros. Também chamada **viga de guarnição**.

placa superior
Peça horizontal que remata a extremidade superior de uma parede armada na qual se apóiam traves ou caibros.

blocagem
Conjunto de pequenas peças de madeira inseridas para espaçar, juntar ou reforçar os elementos de uma estrutura, preencher os espaços entre estes ou servir como superfície na qual os materiais de acabamento possam ser pregados.

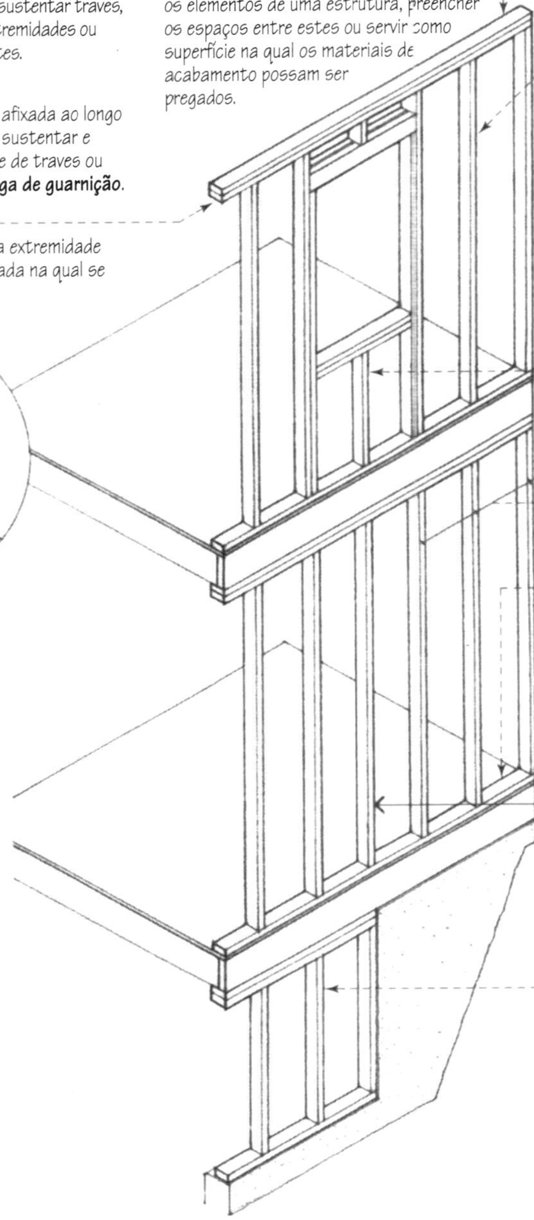

parafuso de ancoragem
Qualquer um dentre uma série de hastes ou parafusos embutidos na alvenaria ou no concreto para fixar, firmar ou apoiar uma peça estrutural.

vedante de soleira
Material fibroso e resiliente colocado entre uma soleira e um muro de fundação a fim de reduzir a infiltração de ar.

chapa anticupim
Chapa de metal instalada no topo de um muro de fundação ou em torno de tubulações a fim de evitar a passagem de cupins.

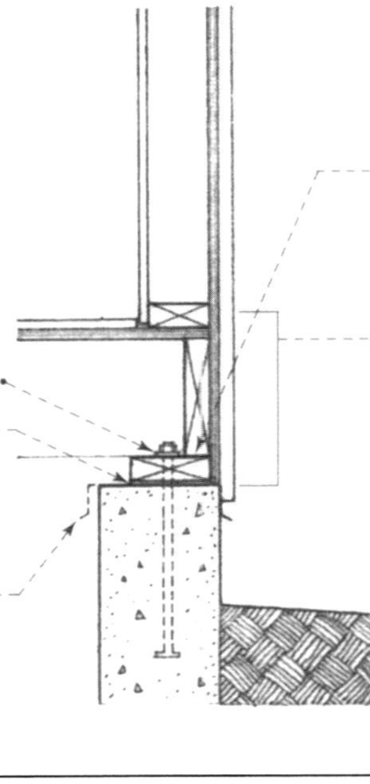

parede ripada
Parede ou divisória armada com montantes e revestida com tábuas, chapas ou argamassa. Também chamada **divisória ripada**.

montante
Qualquer uma dentre uma série de peças verticais delgadas de madeira ou metal que formam a estrutura de uma parede ou divisória.

cripple
Qualquer peça de uma armação menor que o usual, como um montante acima do vão de uma porta ou do parapeito de uma janela.

centro a centro
Da linha central de um elemento, peça ou parte à linha central do seguinte.

base
Peça horizontal situada na base de uma parede armada, sobre a qual se ergue uma fileira de montantes. Também chamada **peça-base**.

armação em plataforma
Armação em madeira cujos montantes têm apenas um pavimento de altura, independentemente dos pisos construídos, cada piso apoiado nas placas superiores do pavimento abaixo ou nas placas de soleira do muro de fundação.

mureta
Parede anã que serve de apoio às traves do piso.

parede anã
Parede cuja altura é inferior ao pé direito de um pavimento.

soleira
Peça horizontal situada na base de uma estrutura, apoiada e ancorada a um muro de fundação. Também chamada **placa da soleira**.

soleira em caixão
Soleira composta por uma placa apoiada sobre um muro de fundação e uma trave ou travessão na extremidade externa da placa, bem como uma placa da soleira para os montantes apoiados seja diretamente sobre as traves ou sobre o piso inacabado.

soleira em L
Soleira composta por uma placa apoiada em um muro de fundação e uma trave ou travessão na extremidade externa da placa.

revestimento externo
Material à prova de intempéries, como tábuas ou tabuinhas de madeira, ou chapas de metal, utilizado para cobrir as paredes da fachada de um edifício.

tábua angular
Tábua contra a qual é encaixado o revestimento externo na quina de uma estrutura armada.

vara
Pequena tábua ou ripa de madeira utilizada para diversas finalidades na construção, como cobrir as juntas entre tábuas, sustentar tabuinhas ou telhas, bem como servir de base para um ripado.

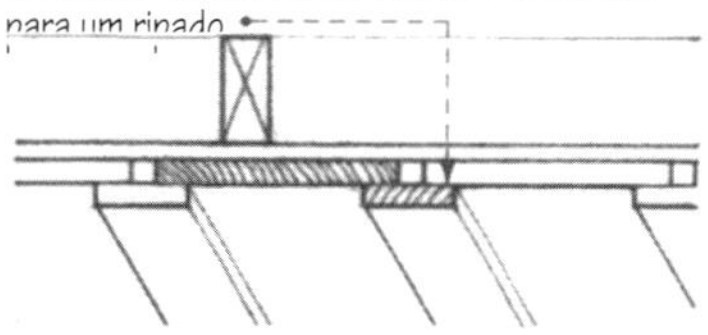

caimento
Tábua ou moldura colocada ao longo das declividades de uma empena a fim de recobrir as extremidades do revestimento externo.

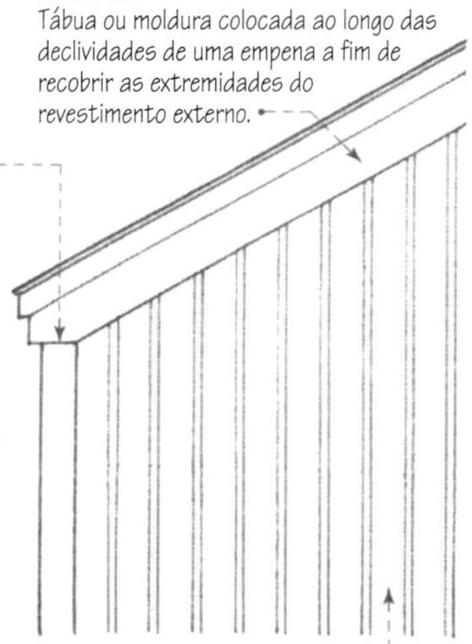

tábua e ripa
Revestimento externo que consiste em largas tábuas ou chapas de compensado afixadas verticalmente com juntas de topo cobertas por ripas.

revestimento externo vertical
Revestimento externo que consiste em tábuas encaixadas umas nas outras e aplicadas verticalmente.

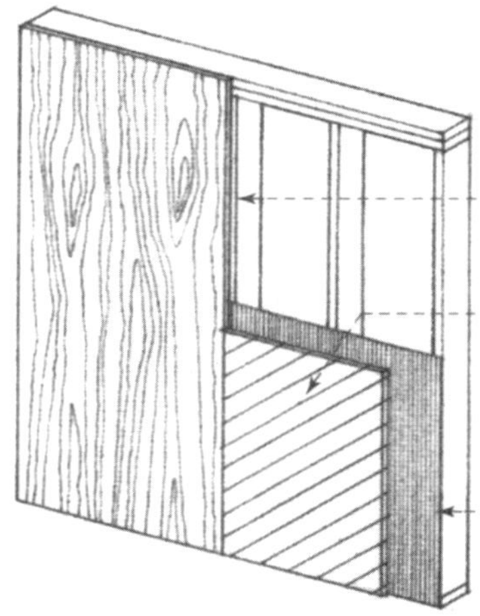

tabeca
Revestimento rústico de placas de madeira, compensado ou em chapa, aplicado a estrutura, como base para revestimento externo, de piso ou de telhado. Também chamada **armação de chapas**.

tabeca estrutural
Tabeca capaz de reforçar o plano da estrutura de uma parede ou cobertura.

tabeca diagonal
Feita de chapas aplicadas diagonalmente com vistas a uma resistência lateral.

estrutura de tábuas
Usada em tabecas ou armação de piso.

papel de construção
Papéis, feltros ou materiais laminados afins utilizados na construção para evitar a passagem de ar ou umidade.

tábua de revestimento
Tábua longa e fina com uma extremidade mais larga que a outra, afixada horizontalmente em um revestimento externo chanfrado.

shiplap
Junta de sobreposição em nível entre duas tábuas unidas extremidade com extremidade. Também as placas unidas com esse tipo de junta de sobreposição.

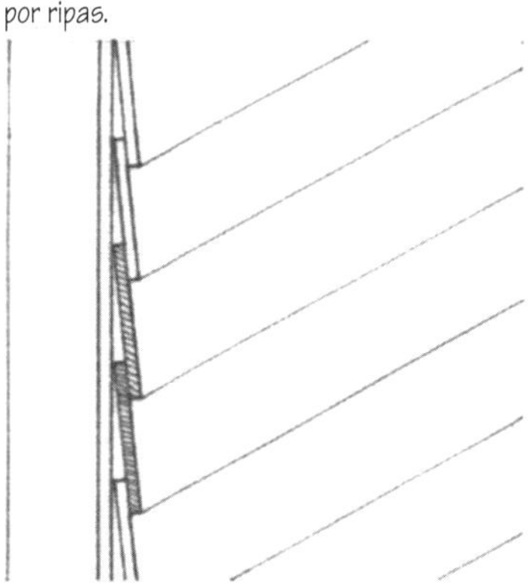

revestimento externo colonial
Revestimento externo composto por tábuas simples, de cantos quadrados, afixadas horizontalmente de modo que a de cima sobrepõe àquela que está imediatamente abaixo.

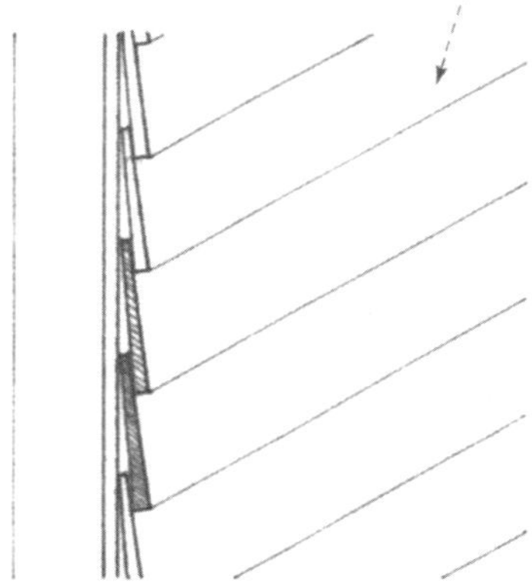

revestimento externo chanfrado
Revestimento externo composto por tábuas adelgaçadas – por exemplo, cortadas de través –, afixadas horizontalmente com a extremidade mais grossa de cada tábua sobrepondo-se à extremidade superior, mais fina, daquela imediatamente abaixo. Também, **revestimento externo de sobreposição**.

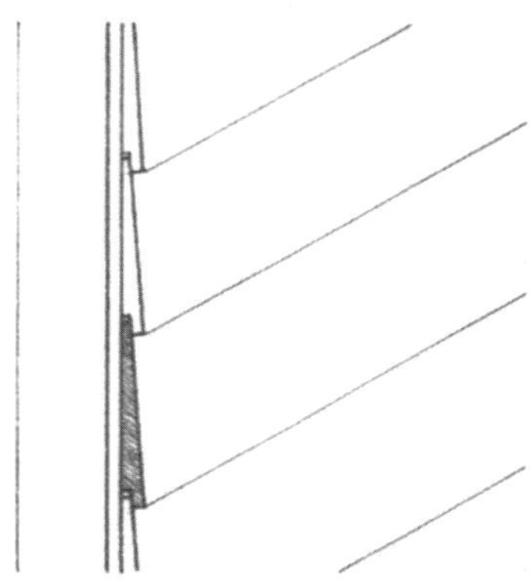

revestimento externo Dolly Varden
Revestimento externo chanfrado, entalhada ao longo da extremidade inferior, para permitir o encaixe da extremidade superior da tábua imediatamente abaixo.

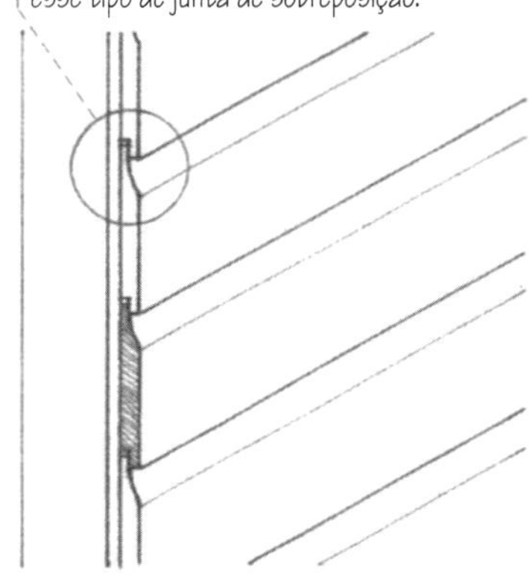

revestimento externo rústico
Revestimento externo composto por tábuas adelgaçadas ao longo de suas extremidades superiores de modo a se encaixarem em ranhuras ou sulcos existentes em suas extremidades inferiores, dispostas horizontalmente, com a parte posterior diretamente afixada na tabeca ou os montantes da parede.

almofadada
Superfície contínua guarnecida de almofadas, esp. de painéis de madeira decorativa.

filete
Área ou bordo circundantes. Também, **moldura**.

almofada
Parte, porção ou divisão distinta de uma parede, lambril, teto ou porta, de qualquer superfície recuada abaixo ou projetada para além da área circundante, ou delimitada por uma moldura ou bordo.

lambril
Painel de revestimento em madeira, almofadado, quando cobre a parte inferior de uma parede interna.

mainel
Peça vertical que separa as almofadas de um lambril.

dado
Parte inferior de uma parede interna quando esta é revestida ou tratada diferentemente da parte superior – por exemplo, com o uso de almofadas ou papel de parede.

almofada embutida
Almofada cuja superfície se encontra no mesmo plano que a moldura circundante. Também chamada **almofada à face**.

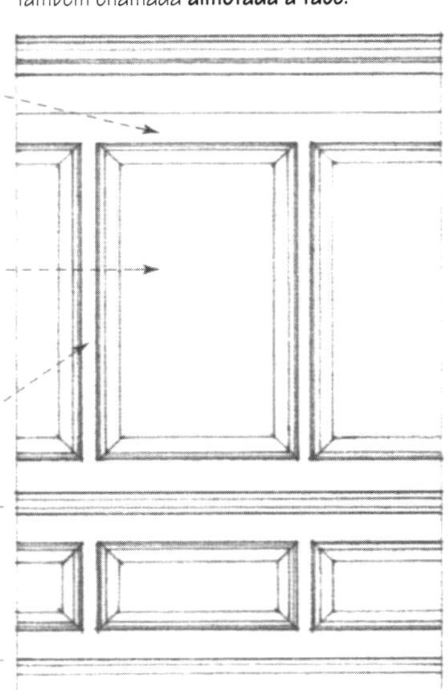

almofada elevada
Almofada com uma parte central mais espessa que as bordas, ou que se projeta para além da moldura circundante.

almofada encovada
Almofada cuja superfície está em recesso com relação à moldura ou superfície circundante.

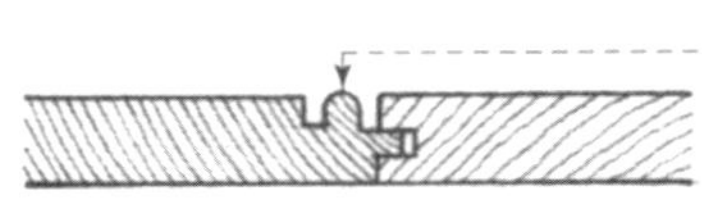

rebordo em nível
Rebordo cuja superfície externa se encontra no mesmo nível que as superfícies adjacentes.

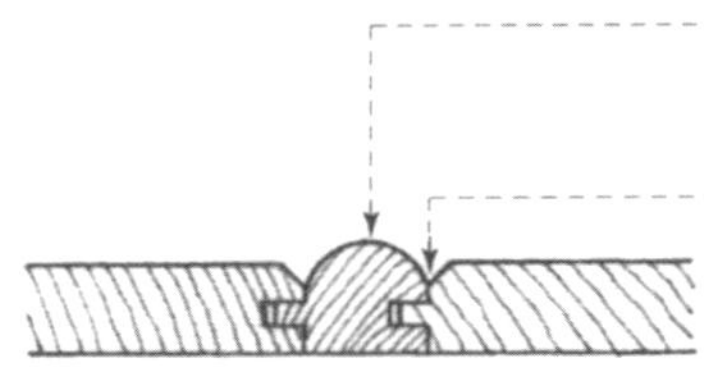

rebordo projetado
Rebordo que se projeta acima ou para além das superfícies adjacentes.

acaneladura
Sulco ou ângulo agudo que separa um rebordo ou outra moldura das peças ou superfícies adjacentes.

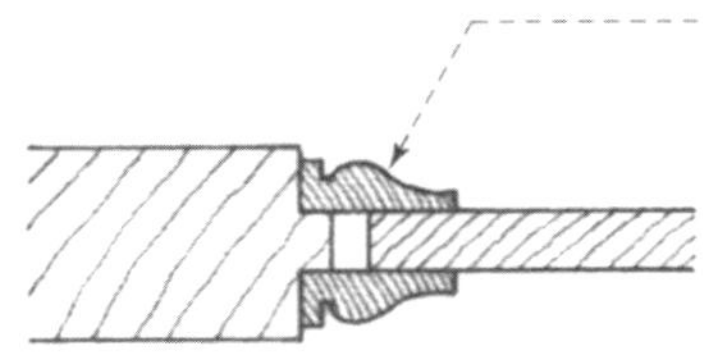

moldura boleada
Moldura projetada que guarnece um painel, uma porta ou lareira, esp. quando as superfícies que se encontram estão em níveis diferentes.

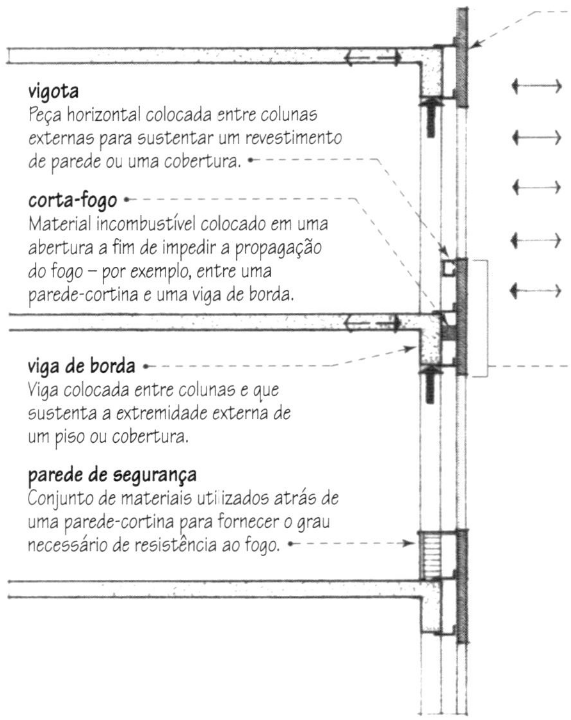

parede-cortina
Parede externa totalmente sustentada pela estrutura de um edifício e que não está submetida a nenhuma carga além de seu peso próprio e as cargas dos ventos.

vigota
Peça horizontal colocada entre colunas externas para sustentar um revestimento de parede ou uma cobertura.

corta-fogo
Material incombustível colocado em uma abertura a fim de impedir a propagação do fogo – por exemplo, entre uma parede-cortina e uma viga de borda.

viga de borda
Viga colocada entre colunas e que sustenta a extremidade externa de um piso ou cobertura.

tímpano
Área semelhante a um painel em um edifício de pavimentos múltiplos, entre o parapeito de uma janela em um nível e o topo da janela imediatamente abaixo.

parede de segurança
Conjunto de materiais utilizados atrás de uma parede-cortina para fornecer o grau necessário de resistência ao fogo.

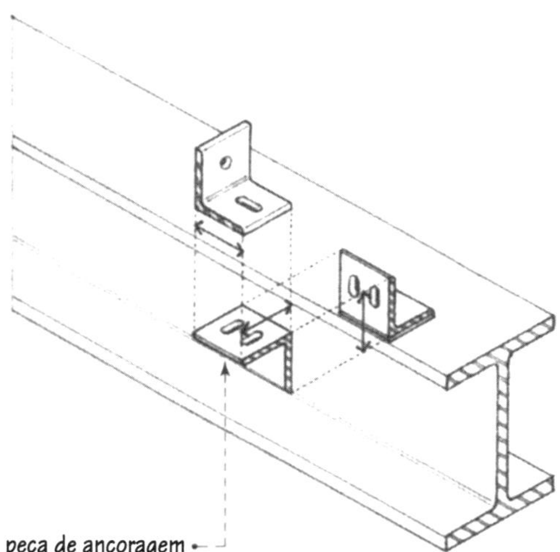

peça de ancoragem
Qualquer um dentre uma série de dispositivos metálicos utilizados em paredes-cortina para fixar uma armação ou painel à estrutura do edifício, normalmente permitindo ajustes em três dimensões.

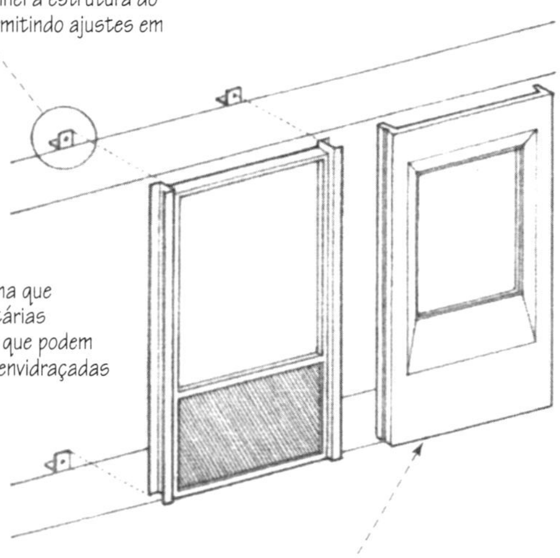

sistema unitário
Sistema de parede-cortina que consiste em paredes unitárias armadas e premontadas que podem ser pré-envidraçadas ou envidraçadas após sua instalação.

sistema de painéis
Sistema de parede-cortina que consiste em paredes unitárias de metal preformado, pedra lavrada, concreto premoldado ou alvenaria de tijolo apainelada, que podem ser pré-envidraçadas ou envidraçadas após sua instalação.

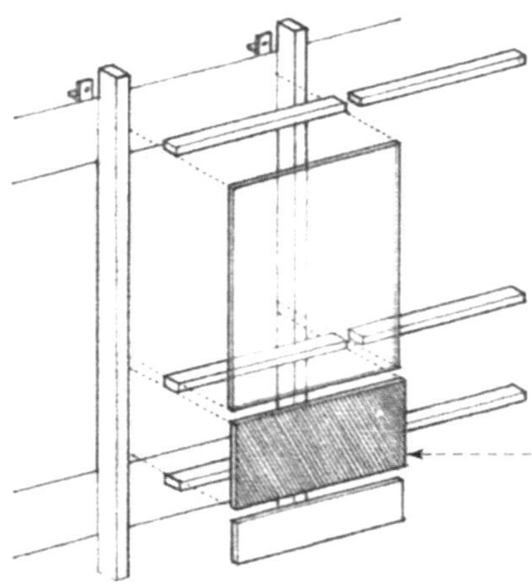

sistema tubular
Sistema de parede-cortina em que os mainéis metálicos tubulares são instalados peça por peça no local, como molduras de vidraças e tímpanos.

vidro de tímpano
Vidro opaco para encobrir os elementos estruturais de uma parede-cortina, produzido através da fusão de uma frita cerâmica à superfície interna de um vidro temperado ou enrijecido pelo calor.

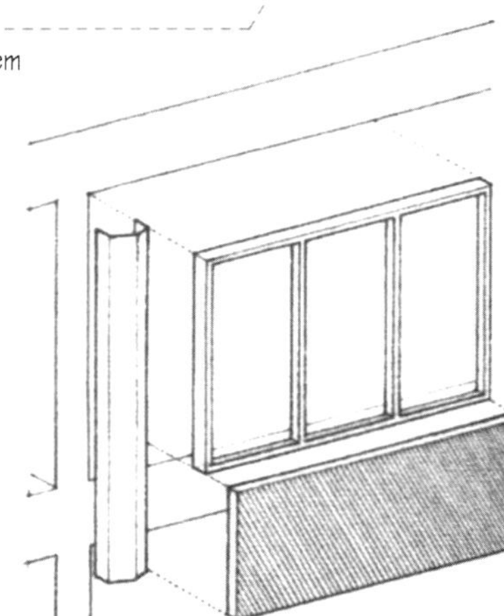

sistema cobertura-coluna-tímpano
Sistema de parede cortina no qual as unidades envidraçadas e os tímpanos são sustentados por vigas de borda colocadas entre colunas externas encimadas por coberturas individuais.

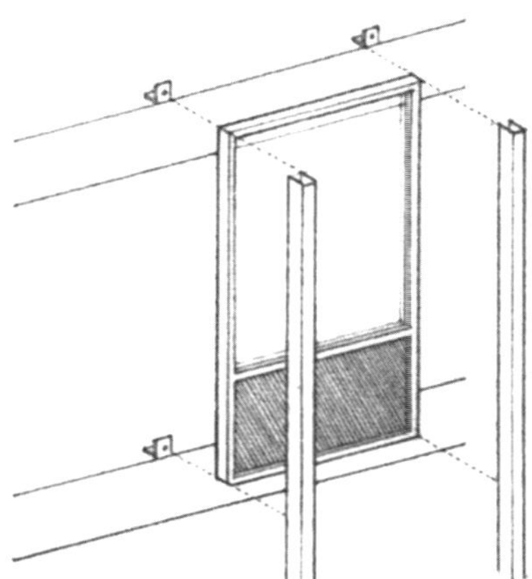

sistema parede-mainel
Sistema de parede-cortina em que mainéis com um ou dois pavimentos de altura são instalados antes que as paredes premontadas sejam baixadas até sua posição atrás dos mainéis. As paredes armadas podem ser pré-envidraçadas ou envidraçadas após sua instalação.

Rocha ou fragmento de rocha extraído e lavrado de modo a adquirir um tamanho e formato específico para uma finalidade particular.

rocha
Mineral sólido, formado naturalmente pela ação do calor ou da água e que se apresenta em fragmentos ou massas volumosas.

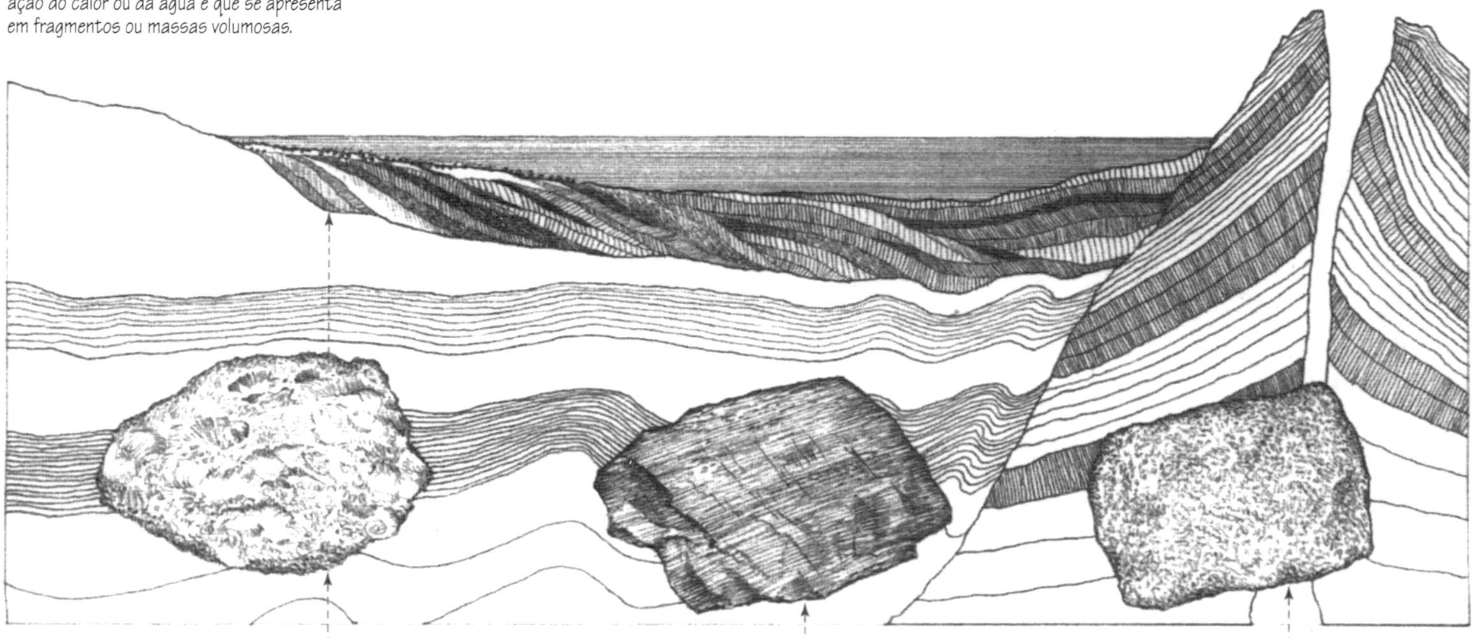

rocha sedimentar
Categoria de rocha formada pelo depósito de sedimentos, como pedra calcária, arenito ou argilito.

rocha metamórfica
Categoria de rocha que sofreu uma alteração de estrutura, textura ou composição por obra de agentes naturais, como o calor e a pressão, quando esse mineral torna-se mais duro e cristalino.

rocha ígnea
Categoria de rocha formada pela cristalização de magma derretido, como o granito.

pedra calcária
Rocha sedimentar formada basicamente pelo acúmulo de resíduos orgânicos, como conchas e corais, que consiste principalmente em carbonato de cálcio e é utilizada na construção e na fabricação da cal.

travertino
Variedade de pedra calcária depositada por águas da fonte, fontes quentes, vendida como mármore no comércio da construção.

dolomita
Pedra calcária rica em carbonato de magnésio.

oólito
Pedra calcária composta por pequenos grãos redondos e calcíferos semelhantes a uma ova de peixe.

arenito
Rocha sedimentar que consiste em areia, normalmente quartzo, aglutinados por diversas substâncias, como sílica, argila ou carbonato de cálcio. Também, **arenisca**.

arenito cinzento
Arenito denso, finamente granulado e argiloso que se parte facilmente ao longo dos planos de estratificação para formar placas delgadas.

arenito pardo
Arenito marrom-avermelhado que é lavrado e se emprega largamente como material de construção.

pedra-sabão
Rocha maciça e dúctil que contém uma alta proporção de talco, utilizada como pedra aparelhada em lareiras, tampos de mesa e ornamentos entalhados. Também, **esteatita**.

mármore
Rocha metamórfica de pedra calcária cristalizada, que consiste basicamente em calcita ou dolomita, capaz de receber um intenso polimento e utilizada na arquitetura e escultura. A presença e a distribuição de numerosos minerais respondem pelo aspecto característico e variegado exibido por muitos mármores. O termo comercial inclui várias pedras calcárias densas e algumas dolomitas de granulação grossa.

verd antique
Serpentina verde-escura mosqueada que recebe um intenso polimento e é vendida como mármore.

ardósia
Rocha metamórfica densa, finamente granulada, formada pela compressão de diversos sedimentos, como argila ou argilito, que apresenta boa clivagem ao longo dos planos paralelos.

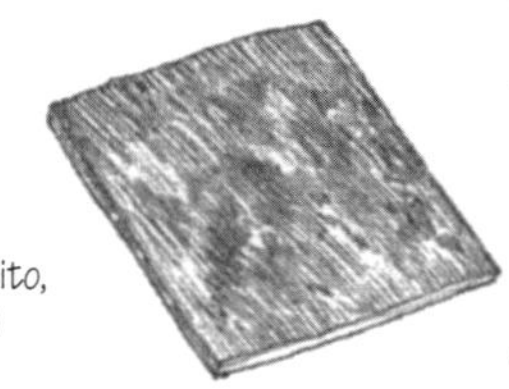

quartzito
Rocha metamórfica granular compacta, que consiste essencialmente em quartzo, derivada da pedra calcária.

gnaisse
Rocha metamórfica listrada ou folhada cuja composição corresponde à do granito, na qual os minerais são distribuídos em camadas.

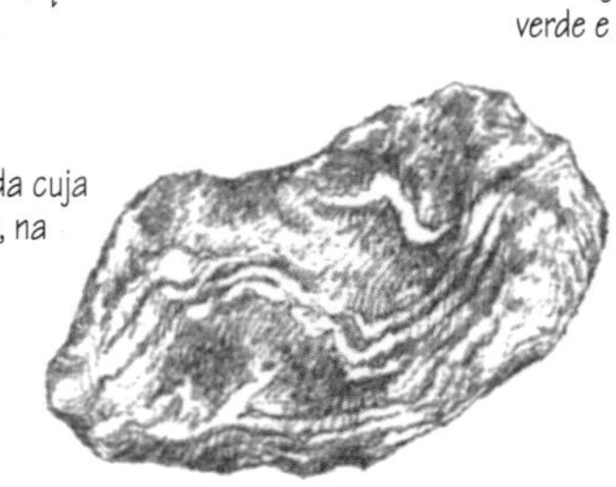

granito
Rocha ígnea muito dura, de grãos grossos, composta principalmente de quartzo, feldspato e mica ou outros minerais coloridos.

obsidiana
Vidro vulcânico de composição semelhante à do granito, normalmente preto, intensamente brilhante, e transparente quando em peças delgadas.

malaquita
Carbonato de cobre mineral de coloração entre o verde e o quase preto, utilizado como um revestimento altamente polido e na fabricação de artigos ornamentais.

serpentina
Mineral ou rocha que consiste em silicato hidratado de magnésio, normalmente de cor verde e que exibe um aspecto mosqueado.

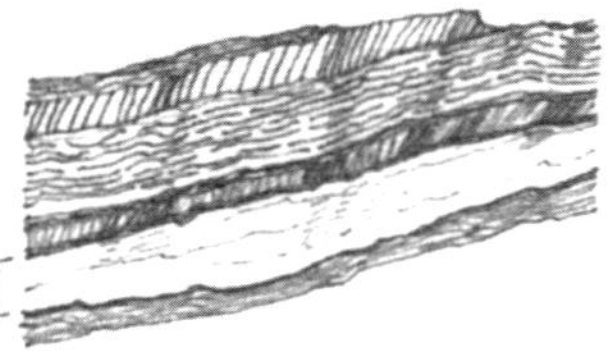

granulação
Textura granular ou aspecto de uma pedra.

plano de estratificação
Superfície que separa um estrato, ou camada de rocha estratificada, de outro estrato. Também, **plano de acamamento**.

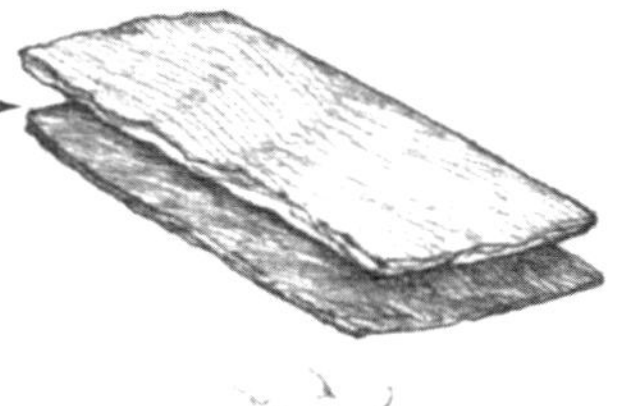

plano de clivagem
Superfície relativamente lisa ao longo da qual determinadas rochas tendem a se fragmentar.

face fendida
Acabamento bruto de uma pedra produzido por fendas de modo a revelar os planos de estratificação.

pedra de cantaria
Qualquer pedra de granulação fina, como o calcário ou a arenita, que se pode extrair ou trabalhar facilmente, aquela que permite ser bem cortada em todas as direções.

obra de talha
Formas ornamentais entalhadas manualmente numa alvenaria de tijolo ou pedra.

pedra artificial
Mistura endurecida de concreto e um fino agregado de pedra, cuja superfície é desgastada, polida ou moldada de modo a simular uma pedra natural.

pedra afeiçoada
Pedra de construção cortada ou trabalhada à máquina de modo a se obter um acabamento relativamente fino. Também, **pedra aparelhada**.

chat-sawn
Diz-se de um acabamento áspero e granulado de uma pedra, produzido pelo uso de uma mistura de um abrasivo solto e água no processo de serragem.

shot-sawn
Acabamento granulado ou ondulado de uma pedra, produzido pelo uso de uma mistura de água e pelotas de aço endurecido no processo de serragem.

acabamento por chama
Acabamento texturizado produzido em uma pedra mediante o superaquecimento da superfície de modo a provocar o desprendimento de pequenas lascas. Também chamado **acabamento térmico**.

acabamento friccionado
Acabamento liso de uma pedra, com pouco ou nenhum brilho, obtido mediante o atrito desta com um abrasivo.

trabalho polido
Face com textura cristalina de uma pedra, como o mármore ou o granito, friccionada e polida para formar uma superfície vítrea. Também, **superfície vítrea**.

pedra de construção
Qualquer pedra própria para ser utilizada na construção de um edifício, como pedra calcária, mármore ou granito.

pedra de campo
Pedra solta e sem acabamento encontrada na superfície ou no solo, quando utilizada na construção, como na alvenaria seca.

pedra de cantaria
Pedra trabalhada de modo a atingir um formato e uma dimensão específicos para seu uso na construção. Também, **cantaria**.

pedra desbastada
Pedra trabalhada de modo a atingir um formato desejado e que tem uma de suas faces alisada.

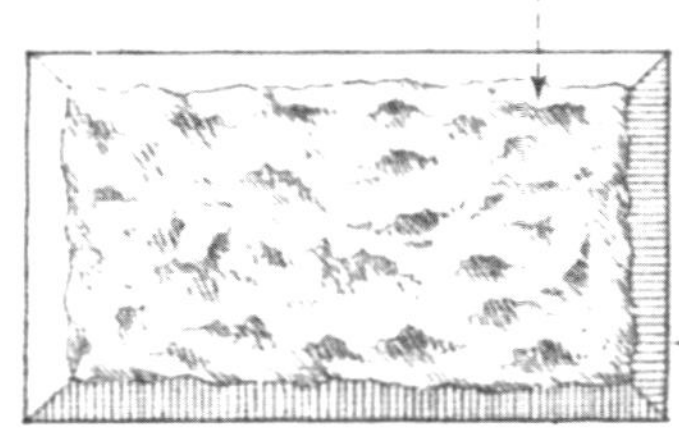

pitch-faced
Pedra na qual todas as arestas são cortadas no mesmo plano e cujas faces são grosseiramente desbastadas com uma picareta.

esboço
Linha ou borda talhada na extremidade de uma pedra para orientar o canteiro no nivelamento das superfícies.

margem esboçada
Margem lisa e uniforme trabalhada em torno da face de uma pedra.

margem afundada
Margem de uma pedra situada abaixo do restante da face.

face de canteira
Pedra ou obra em pedra cuja face visível foi desbastada com uma marreta. Também chamada **face rochosa**.

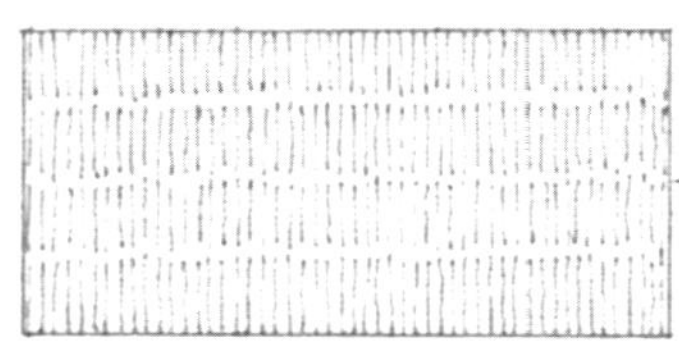

boasted surface
Acabamento de uma pedra obtido mediante o entalhe de sulcos aproximadamente paralelos ao longo da face.

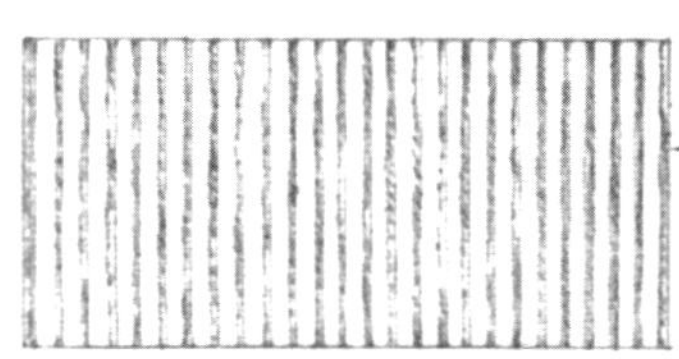

face estriada
Superfície de uma pedra marcada por estrias produzidas com uma talhadeira de pedreiro após o alisamento daquela. Também chamada **face entalhada**.

Nível, superfície que constitui a base de um cômodo e que suporta a carga dos usuários deste e dos objetos que abriga.

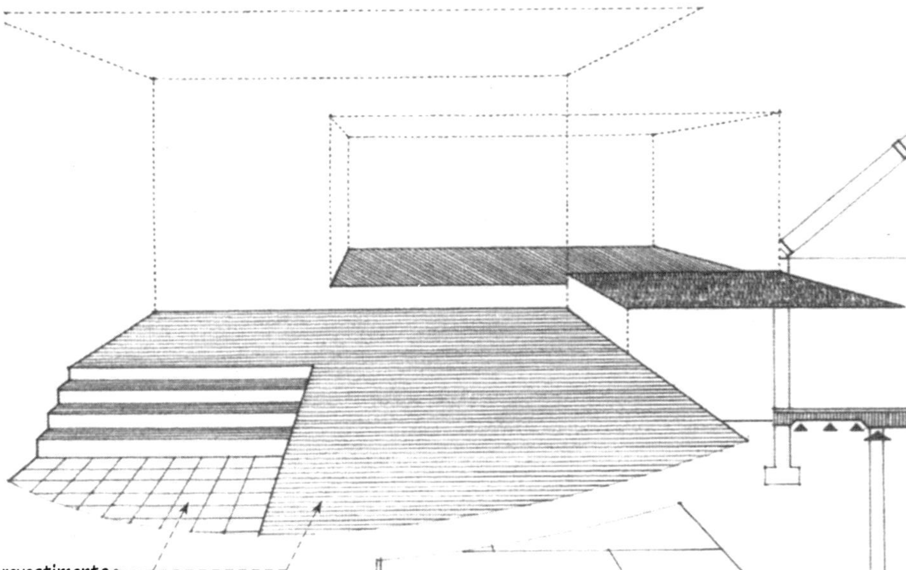

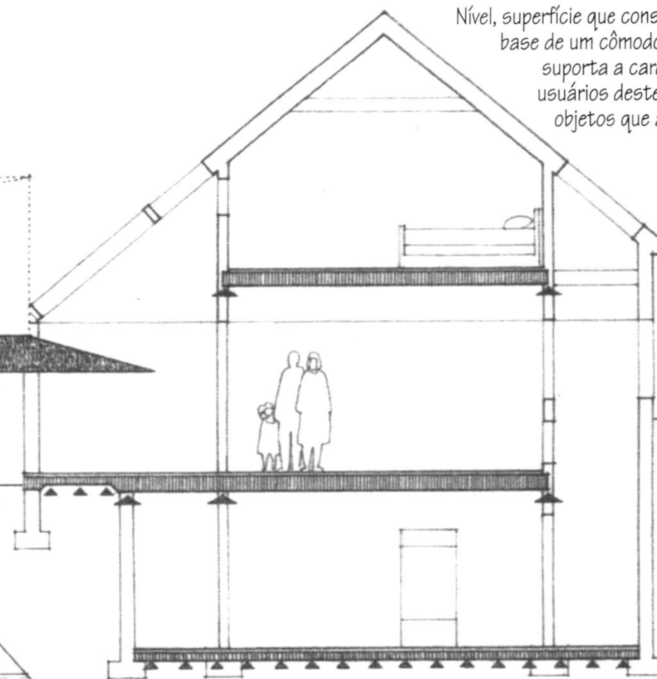

revestimento
Superfície friccionante de um piso, que normalmente assenta sobre um subpiso. Também chamado **acabamento**.

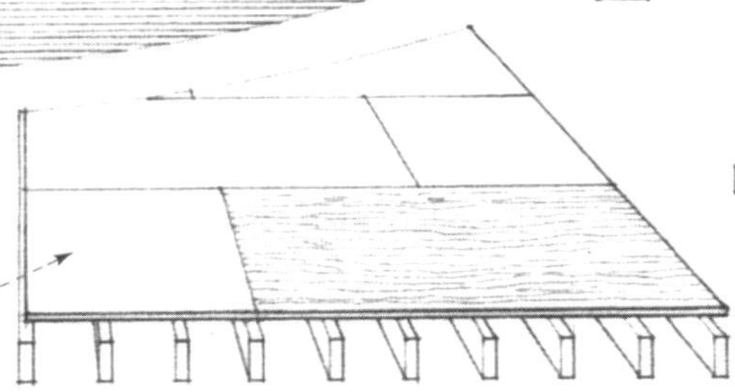

subpiso
Base de um revestimento, que consiste em tábuas, chapas de compensado ou outra cobertura estrutural colocada sobre e fixa aos barrotes do piso. O subpiso é normalmente utilizado como plataforma de trabalho durante a construção e pode também funcionar como um diafragma estrutural destinado a transferir cargas laterais às *shear walls*. Também, **contrapiso**.

armação do piso
Estrutura que forma a base de sustentação de um piso, sobre a qual assentam as tábuas, chapas e revestimentos. Também, **estrutura do piso**.

barrote
Qualquer uma dentre uma série de pequenas vigas paralelas destinadas a suportar pisos, tetos ou telhados planos. Também chamado **vigota** e **vigote**.

travessão (2)
Vigota colocada no topo da soleira e que forma o perímetro de um piso de armação de madeira.

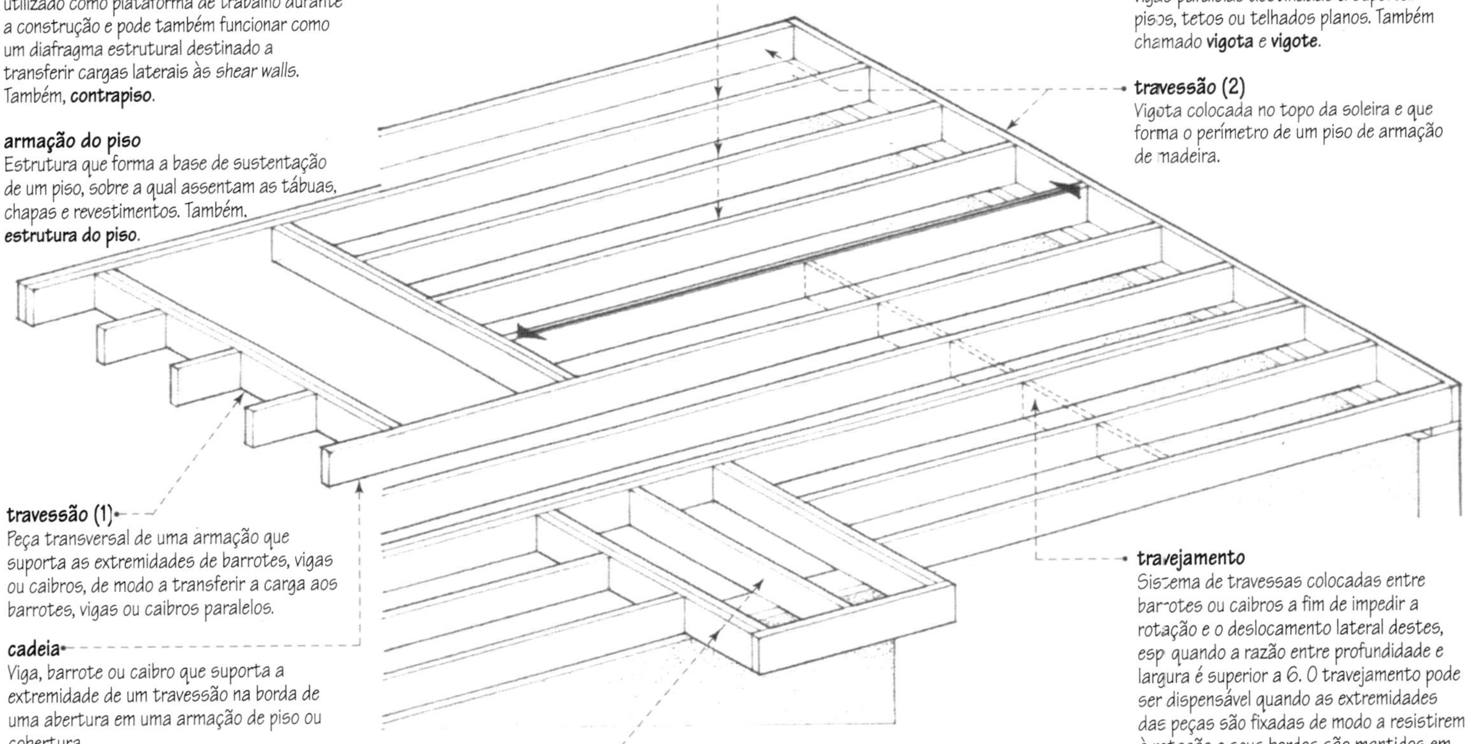

travessão (1)
Peça transversal de uma armação que suporta as extremidades de barrotes, vigas ou caibros, de modo a transferir a carga aos barrotes, vigas ou caibros paralelos.

cadeia
Viga, barrote ou caibro que suporta a extremidade de um travessão na borda de uma abertura em uma armação de piso ou cobertura.

longarina de reforço
Viga, barrote ou caibro relativamente pequeno, apoiado sobre uma parede em uma das extremidades e em um travessão na outra. Também, **reforço longitudinal**.

travejamento
Sistema de travessas colocadas entre barrotes ou caibros a fim de impedir a rotação e o deslocamento lateral destes, esp. quando a razão entre profundidade e largura é superior a 6. O travejamento pode ser dispensável quando as extremidades das peças são fixadas de modo a resistirem à rotação e seus bordos são mantidos em alinhamento por um subpiso ou um revestimento.

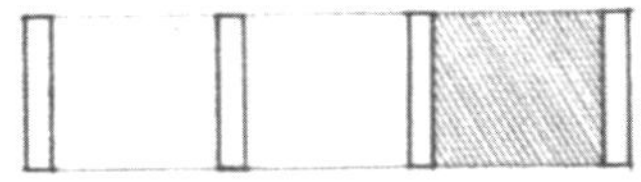

travejamento sólido
Aquele composto por pequenas tábuas fixadas verticalmente entre os barrotes de um piso ou cobertura.

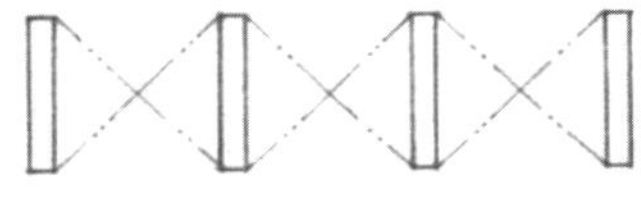

travejamento transversal
Aquele composto por travessas diagonais colocadas aos pares entre os barrotes de um piso ou cobertura.

reforço
Material, como alvenaria ou concreto, utilizado para preencher os espaços entre barrotes ou vigas em uma parede de alvenaria ou no topo desta, aumentando a rigidez e a resistência das peças.

caixa de viga
Abertura na face vertical de um elemento estrutural destinada a abrigar uma viga.

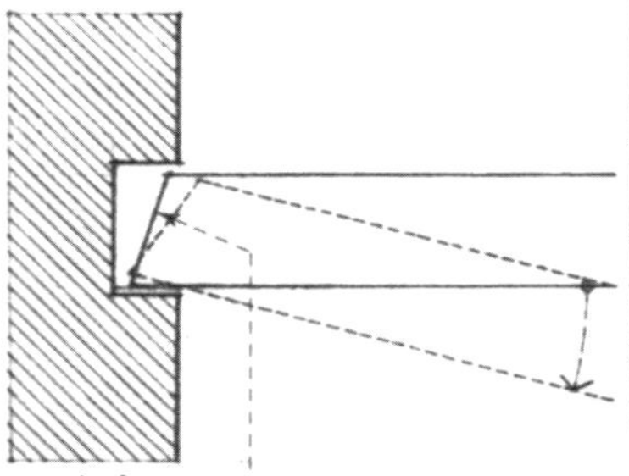

guarda-fogo
Entalhe angular na extremidade de uma viga no ponto em que esta se introduz em uma parede de alvenaria, que permite à peça cair sem danificar a parede caso venha a incendiar-se em alguma parte ao longo de sua extensão.

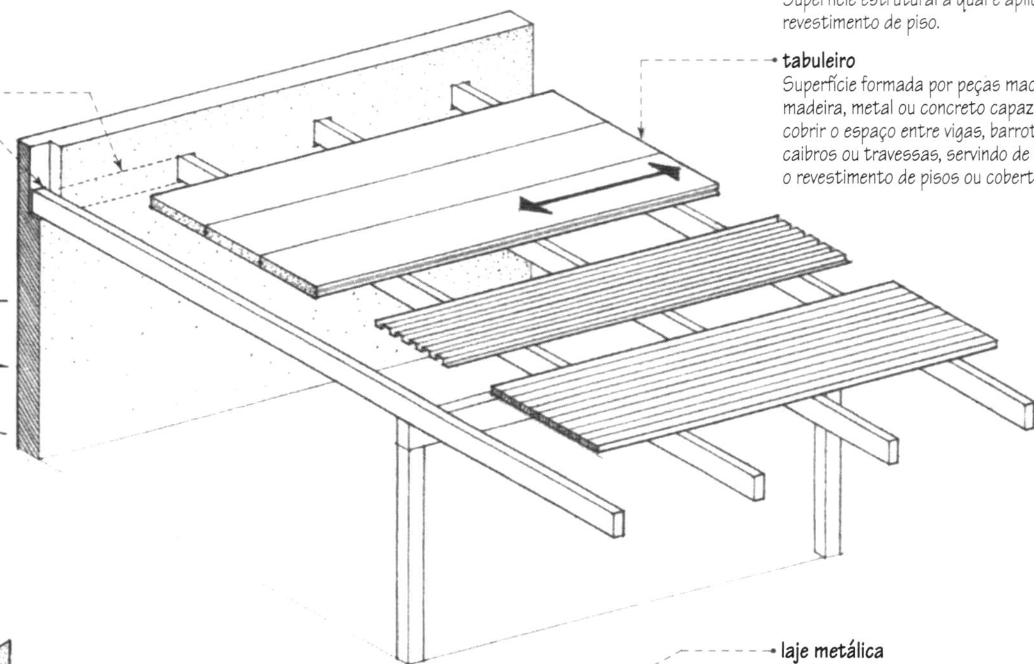

laje do piso
Superfície estrutural à qual é aplicado um revestimento de piso.

tabuleiro
Superfície formada por peças maciças de madeira, metal ou concreto capazes de cobrir o espaço entre vigas, barrotes, caibros ou travessas, servindo de base para o revestimento de pisos ou coberturas.

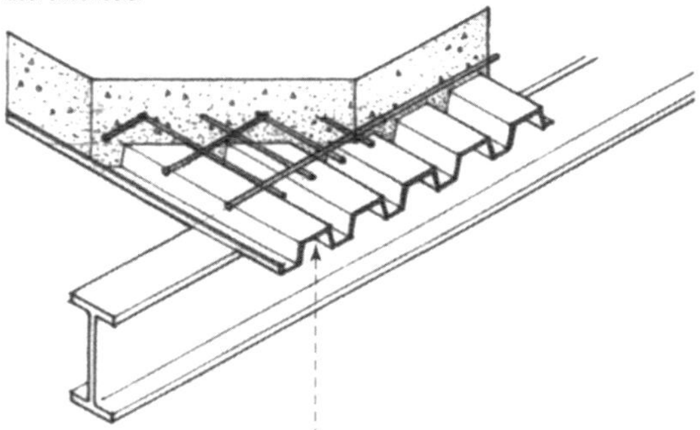

form decking
Laje metálica que funciona como uma fôrma permanente para uma laje de concreto armado até que esta consiga sustentar o próprio peso.

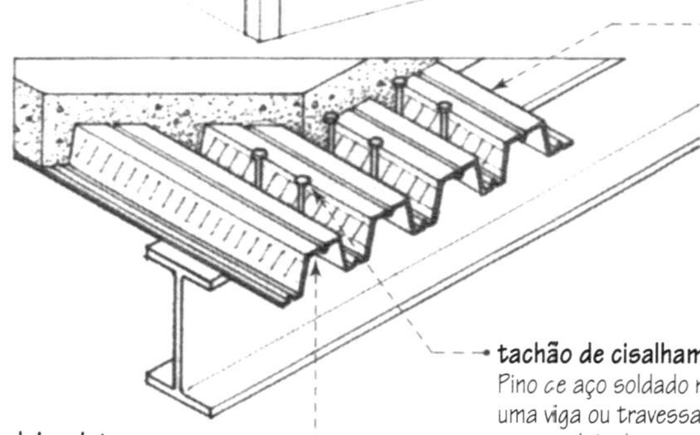

laje mista
Laje metálica que funciona como uma fôrma permanente e reforço de tração para uma laje de concreto ligada a ela por nervuras deformadas ou em cauda de andorinha.

laje metálica
Aço laminado reforçado para o uso como laje de piso ou coberturas, produzido mediante laminação a frio com a criação de uma série de nervuras ou estrias em seu interior e normalmente galvanizado para resistir à corrosão. A extensão dos vãos que uma laje metálica é capaz de cobrir depende da espessura do aço laminado e da profundidade das corrugações.

tachão de cisalhamento
Pino de aço soldado na borda superior de uma viga ou travessa de aço e enterrado em uma laje de concreto de modo a fazer com que a viga e o concreto atuem como uma unidade estrutural.

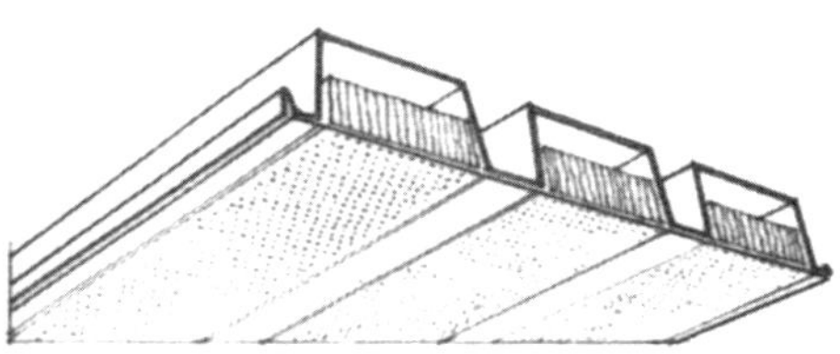

laje acústica
Laje metálica que contém fibra de vidro entre os webs perfurados de uma laje nervurada ou nas células de uma laje celular, utilizado como um forro de teto absorvente de som.

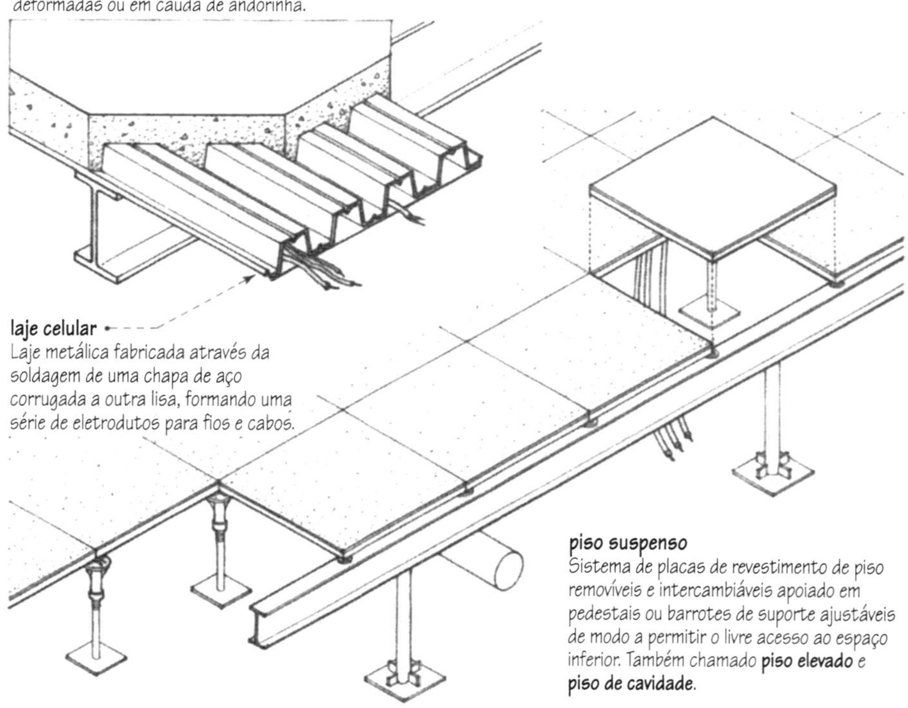

laje celular
Laje metálica fabricada através da soldagem de uma chapa de aço corrugada a outra lisa, formando uma série de eletrodutos para fios e cabos.

piso suspenso
Sistema de placas de revestimento de piso removíveis e intercambiáveis apoiado em pedestais ou barrotes de suporte ajustáveis de modo a permitir o livre acesso ao espaço inferior. Também chamado **piso elevado** e **piso de cavidade**.

revestimento de piso
Material utilizado para recobrir a superfície de um piso, como madeira de lei, terrazzo ou ladrilho cerâmico.

piso de madeira
Aquele cuja superfície é composta por tábuas corridas, pranchas ou tacos.

assoalho
Tábuas corridas, geralmente com encaixe macho e fêmea. Também, **soalho**.

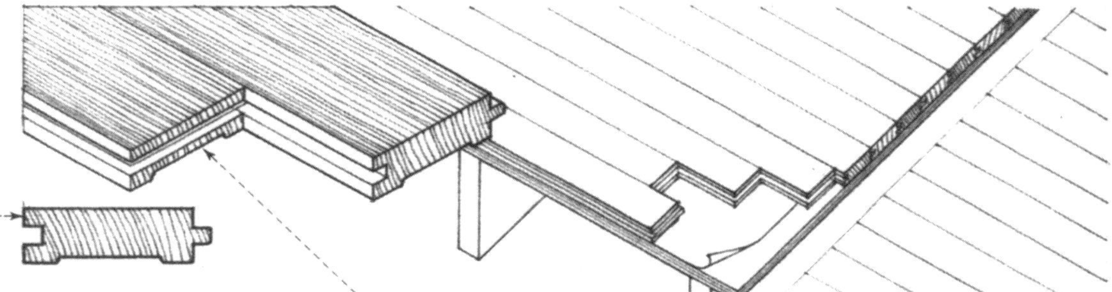

assoalho de pranchas
Piso cuja superfície é composta por placas mais largas que a tábua corrida, normalmente com encaixe no sistema macho-fêmea.

base oca
Peça de madeira ou pedra cuja face inferior é oca a fim de ajustar-se com mais firmeza a uma superfície irregular.

chulipa
Qualquer um dentre vários sarrafos de madeira assentados sobre uma laje de concreto para permitir a fixação de um tabuleiro ou um revestimento de piso. Também chamada **sulipa**.

piso de madeira maciça
Piso de longa resistência ao desgaste, composto por blocos de madeira maciça assentados sobre um adesivo e com suas fibras dispostas verticalmente.

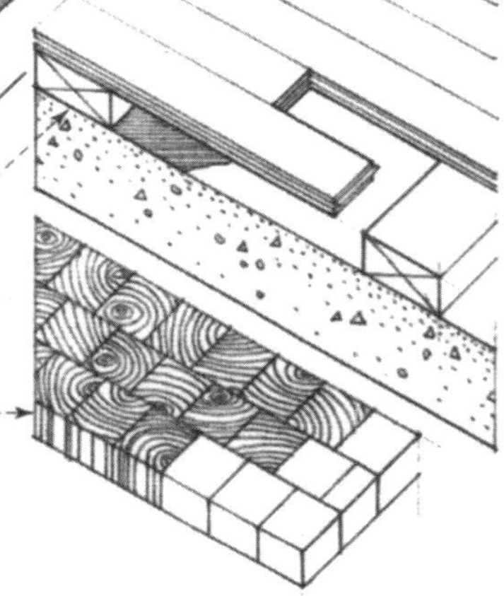

piso de tacos
Aquele cuja superfície é composta por blocos de madeira de dimensões reduzidas que formam um desenho, por vezes com outras madeiras ou materiais marchetados. Também chamado **parquete** e **parquê**.

pavimentação a parquete
Nome que se dá ao assentamento de tacos de madeira resultando num mosaico para o revestimento de pisos e lambris.

piso de blocos de madeira
Aquele cuja superfície compõe-se de unidades quadradas pré-montadas na fábrica e instaladas com uso de mástique sobre tabuleiro de madeira ou laje de concreto.

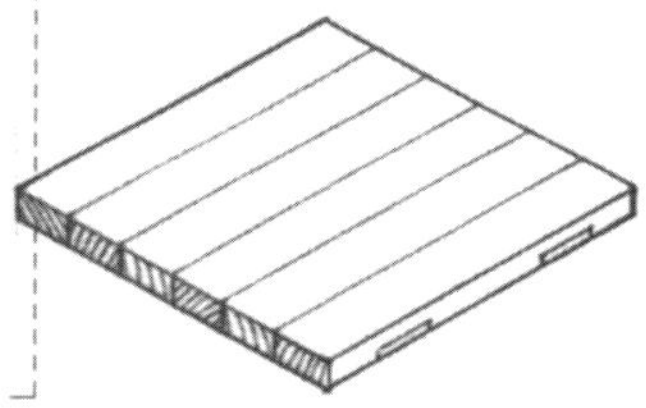

bloco unitário
Bloco de revestimento formado pela união de pequenas tábuas ao comprido, normalmente com dois lados adjacentes machos e outros dois, fêmeas, para garantir um alinhamento adequado ao ser assentado.

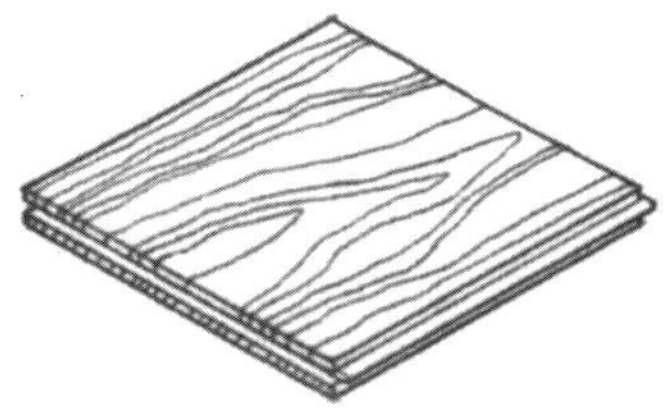

bloco laminado
Bloco de revestimento de piso composto por três ou mais folhas de madeira unidas com um adesivo resistente à umidade, normalmente com dois lados opostos machos e dois fêmeas para garantir um alinhamento adequado ao ser assentado.

bloco de ripas
Bloco de revestimento composto por ripas estreitas de madeira-de-lei unidas de modo a formarem peças maiores.

terrazzo
Acabamento de piso ou pavimentação composto por um mosaico de lascas de mármore ou outras pedras assentadas em uma massa cimentosa ou resinosa e desbastado quando seco.

terrazzo comum
Acabamento em terrazzo desbastado e polido formado por lascas relativamente pequenas de pedras.

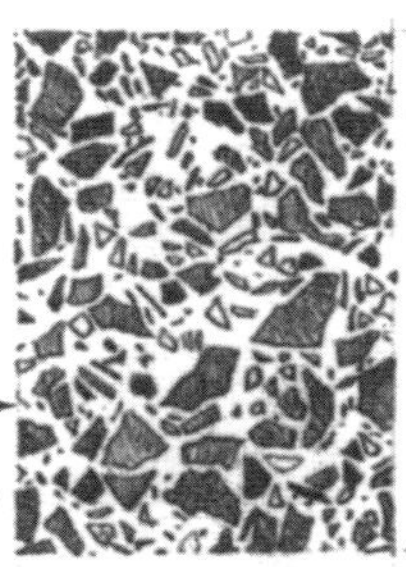

terrazzo veneziano
Acabamento em terrazzo desbastado e polido formado principalmente por lascas grandes, entremeadas por lascas menores.

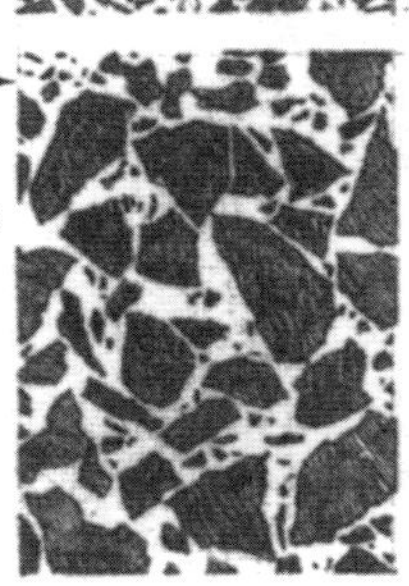

terrazzo rústico
Acabamento em terrazzo de textura uniforme produzido através da lavagem da massa de base antes do assentamento, de modo a expor as lascas, que não são desbastadas.

terrazzo paladiano
Acabamento em terrazzo composto por lascas de mármore cortadas ou quebradas, as quais são assentadas manualmente de modo a formarem o desenho pretendido, com os espaços intermediários preenchidos por lascas menores.

camada final
Mistura de lascas de pedra e massa cimentosa ou resinosa que resulta na superfície de um terrazzo.

aglutinante
Substância química aplicada a um substrato para criar uma aglutinação entre este e uma camada sucessiva, por exemplo entre a camada superior de um terrazzo e um tabuleiro.

base
A camada de argamassa sobre a qual é aplicada uma camada superior de terrazzo.

massa resinosa
Meio de aglutinação de látex, poliéster ou epóxi combinado com lascas de pedra para formar um acabamento em terrazzo particularmente resistente a agentes químicos e abrasão.

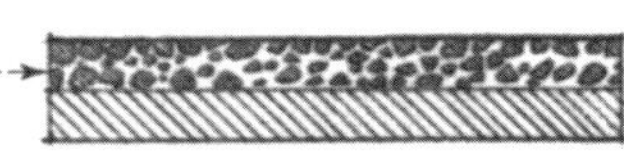

terrazzo fino
Acabamento resinoso em terrazzo de pouca espessura que assenta diretamente sobre um subpiso sólido de madeira, metal ou concreto.

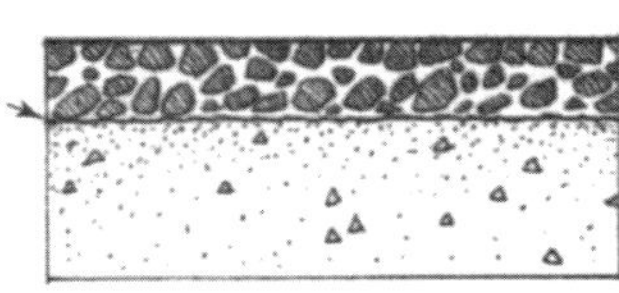

terrazzo monolítico
Terrazzo instalado diretamente sobre uma laje de concreto de acabamento tosco. Caso a superfície de concreto seja excessivamente lisa para uma aglutinação mecânica, utiliza-se um aglutinante químico.

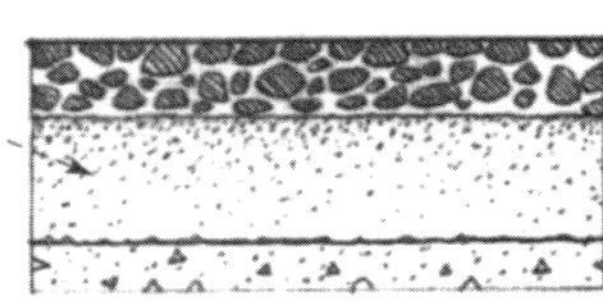

terrazzo aglutinado
Acabamento em terrazzo instalado sobre uma base de argamassa aglutinada a uma laje de concreto de acabamento tosco.

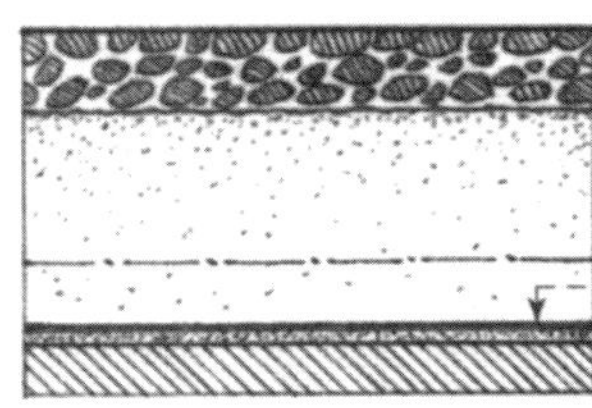

terrazzo com amortecedor de areia
Sistema de terrazzo empregado para se controlar a ocorrência de rachaduras quando há previsão de movimentos estruturais, e que consiste em uma camada superior de terrazzo instalado sobre uma base reforçada de argamassa separada do tabuleiro por uma membrana isolante e uma fina camada de areia.

linóleo
Forro de piso resiliente formado pelo revestimento de aniagem ou lona com óleo de linhaça aquecido, cortiça pulverizada e resina, com o acréscimo de pigmentos para se obter as cores e padronagens desejadas. O linóleo somente deve ser utilizado sobre um tabuleiro suspenso.

folha de vinilo
Revestimento de piso resiliente composto principalmente de cloreto de polivinilo combinado com minerais de enchimento, pigmentos e um fundo de fibras, feltro ou espuma.

placa de vinilo
Placa de revestimento de piso resiliente composta principalmente de cloreto de polivinilo combinado com fibras minerais e pigmentos.

placa de cortiça
Placa de revestimento de piso resiliente composta de cortiça granulada e aglutinantes resinosos sintéticos, que tem como acabamento uma camada protetora de cera ou uma película de cloreto de polivinilo claro. As placas de cortiça devem ser utilizadas apenas sobre um tabuleiro suspenso.

placa de borracha
Placa de revestimento de piso resiliente composta de borracha natural ou sintética e minerais de enchimento.

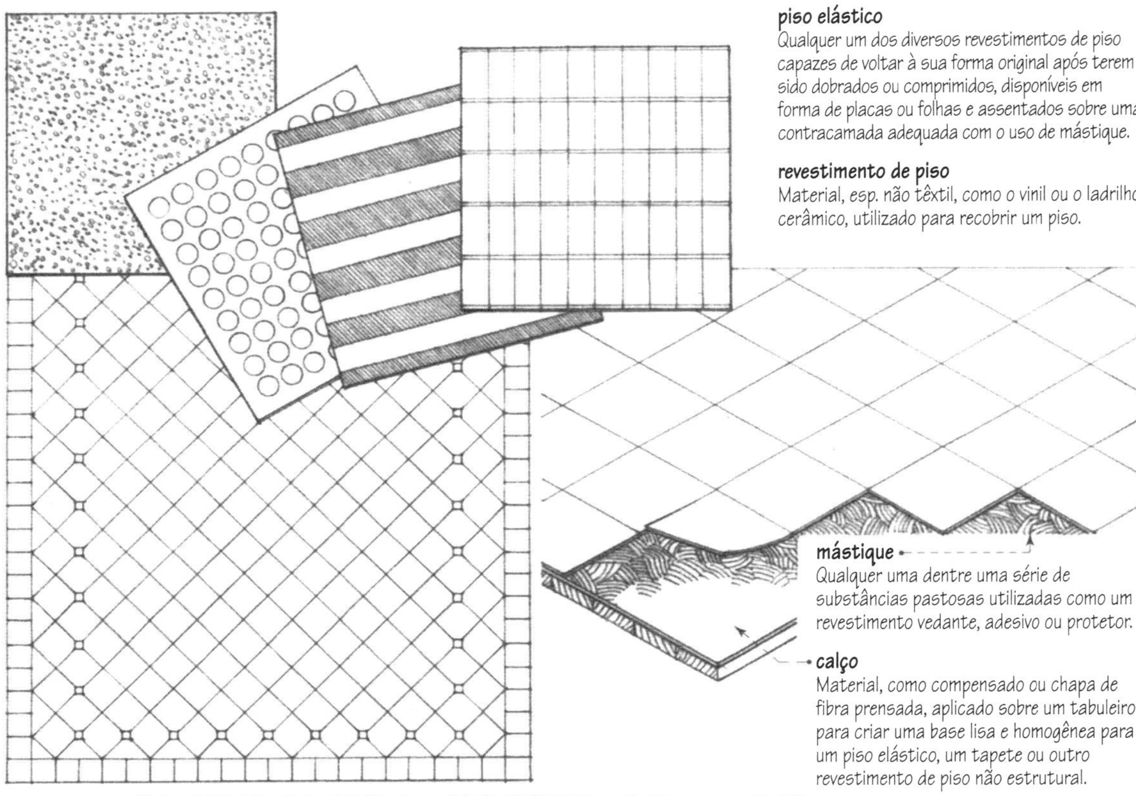

piso elástico
Qualquer um dos diversos revestimentos de piso capazes de voltar à sua forma original após terem sido dobrados ou comprimidos, disponíveis em forma de placas ou folhas e assentados sobre uma contracamada adequada com o uso de mástique.

revestimento de piso
Material, esp. não têxtil, como o vinil ou o ladrilho cerâmico, utilizado para recobrir um piso.

mástique
Qualquer uma dentre uma série de substâncias pastosas utilizadas como um revestimento vedante, adesivo ou protetor.

calço
Material, como compensado ou chapa de fibra prensada, aplicado sobre um tabuleiro para criar uma base lisa e homogênea para um piso elástico, um tapete ou outro revestimento de piso não estrutural.

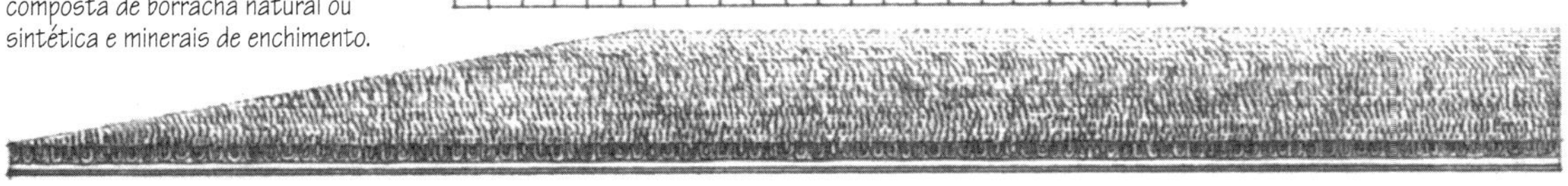

tapete
Peça têxtil pesada – tecida, de malha, tufada com agulha ou feltrada – utilizada para se revestir um piso.

peso de lanugem
Peso médio dos fios que compõem a lanugem de um tapete, expresso em gramas por milímetro quadrado.

densidade de lanugem
Peso dos fios de lanugem por unidade de volume do tapete, expresso em gramas por milímetro cúbico.

passo
Número de fios de lanugem que formam tufos, contados transversalmente em uma extensão de 686 mm de tapete tecido.

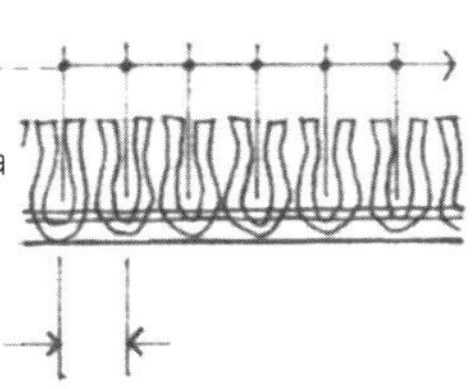

gauge
Espaçamento dos tufos pela extensão de um tapete tufado ou de malha, expresso em frações de centímetro.

tapete tecido
Aquele fabricado mediante o entrelaçamento simultâneo do avesso e dos fios de lanugem em um tear.

tapete tufado
Aquele fabricado mediante a trançagem mecânica dos fios de lanugem em um fundo de tecido principal, e que é preso com látex a um segundo fundo.

tapete de agulha
Aquele fabricado através de laçadas, pontos e fios de lanugem com três conjuntos de agulhas.

tapete armado por fusão
Aquele fabricado através da fusão a quente de fios a uma base de vinilo sustentada por outros materiais.

tapete felpado
Aquele fabricado mediante a propulsão eletrostática de pequenos fios de fibra de lanugem contra uma base revestida com uma substância adesiva.

tapete puncionado a agulha
Aquele fabricado mediante a punção de fibras de tapete para frente e para trás de uma tela de polipropileno, com o uso de agulhas farpadas para formar uma esteira feltrada de fibras.

placa de carpete
Placa de revestimento de piso feita de material utilizado na confecção de tapetes.

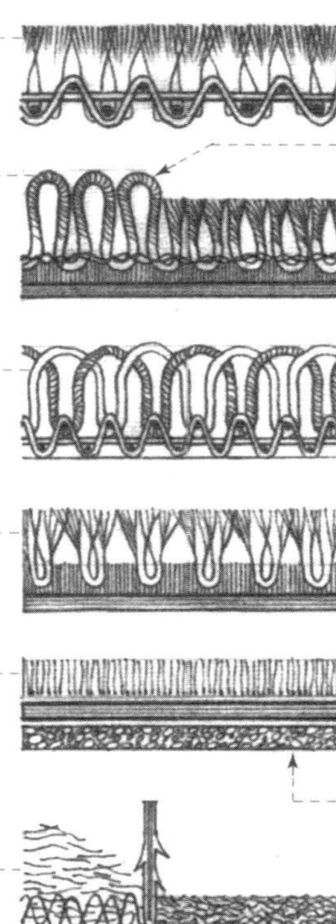

lanugem
Tufos verticais de fios que formam a superfície de um tapete ou tecido.

fio laçado
Textura de tapete criada através da tecedura dos fios de lanugem de modo a formarem laços.

fio cortado
Textura de tapete criada através do corte de cada laço de fio de lanugem, produzindo toda uma gama de texturas desde as mais ásperas àquelas de um veludo denso.

avesso
Material de fundo em que são fixados os fios de lanugem de um tapete e que lhe confere rigidez, resistência e estabilidade dimensional.

acolchoado de tapete
Acolchoado de borracha celular ou pêlo de animal feltrado, sobre o qual é instalado o tapete a fim de aumentar a resiliência e a durabilidade, bem como reduzir a transmissão dos ruídos de impacto. Também chamado **almofada de tapete**.

Estrutura rígida, de ordinário monolítica, que distribui as cargas aplicadas segundo um padrão multidirecional, em que as cargas seguem normalmente os trajetos mais breves e rígidos em direção aos apoios.

ação de placa
Modo pelo qual uma carga aplicada é transmitida aos apoios de uma placa em um padrão multidirecional.

É possível considerar uma placa como uma série de faixas, ou vigas, adjacentes, interligadas continuamente no sentido longitudinal.

Quando uma carga aplicada é transmitida aos apoios por meio da flexão de uma viga, ela é distribuída por toda a placa pelo cisalhamento vertical transmitido às vigas adjacentes.

A flexão de uma viga também provoca a torção das vigas transversais, cuja resistência torcional aumenta a rigidez global da placa. Portanto, ao mesmo tempo em que a flexão e o cisalhamento transmitem uma carga aplicada na mesma direção da viga carregada, o cisalhamento e a torção transmitem a carga perpendicularmente à viga carregada.

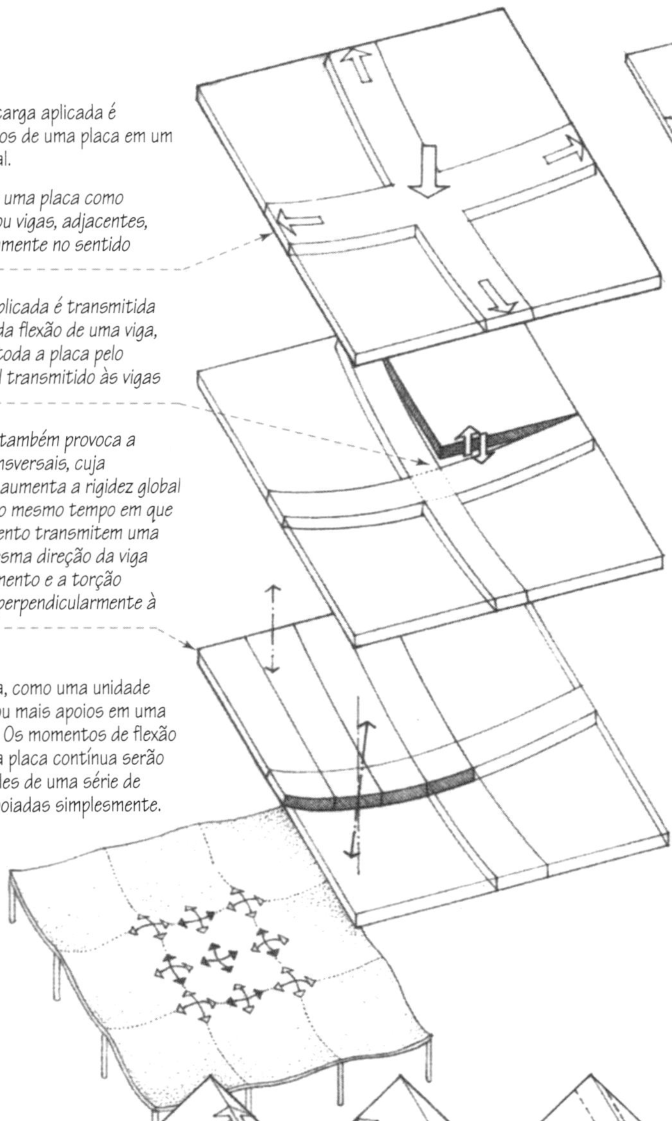

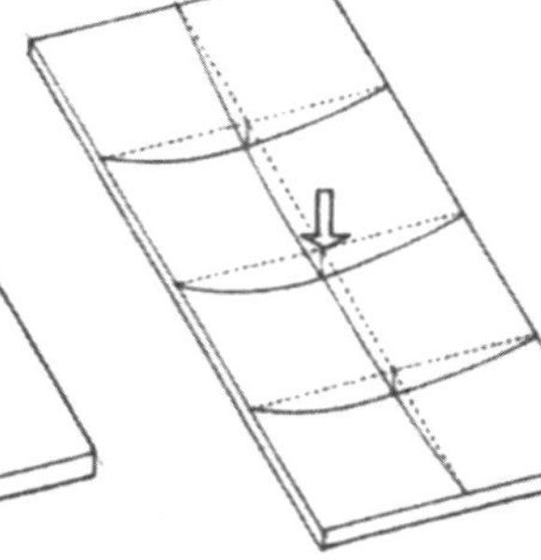

Uma placa deve ser perfeita ou aproximadamente quadrada de modo a garantir seu comportamento como uma estrutura de duplo sentido. Quando uma placa torna-se mais retangular do que quadrada, a ação em duplo sentido diminui, e desenvolve-se um sistema de sentido único que cobre a direção menor, uma vez que as vigas, ou faixas, menores da placa são mais rígidas e suportam uma porção maior da carga.

placa contínua
Placa que se prolonga, como uma unidade estrutural, por três ou mais apoios em uma determinada direção. Os momentos de flexão que atuam sobre uma placa contínua serão menores do que aqueles de uma série de placas separadas, apoiadas simplesmente.

placa isostática
Placa reforçada por uma trama de nervuras curvas, desenhadas segundo as isostáticas da estrutura.

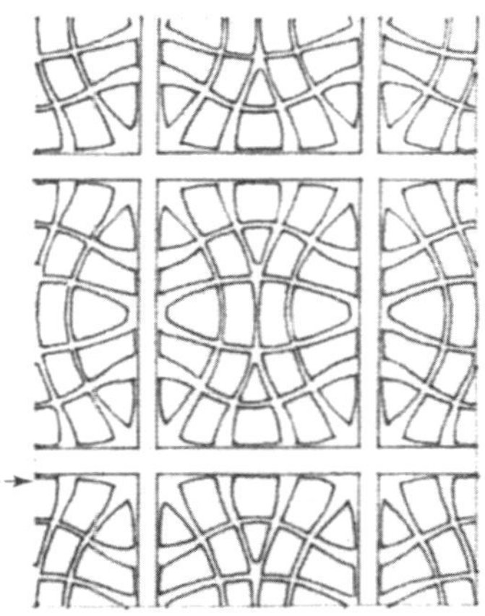

isostáticas
Linhas de tensões principais que indicam o percurso dos esforços de flexão, e ao longo das quais os cisalhamentos transversais equivalem a zero.

placa dobrada
Estrutura de placas composta por elementos delgados e profundos unidos rigidamente ao longo dos bordos e que formam ângulos pronunciados, resultando em um contraventamento mútuo contra empenamentos laterais. A rigidez resultante da seção transversal permite que uma placa dobrada cubra longos vãos.

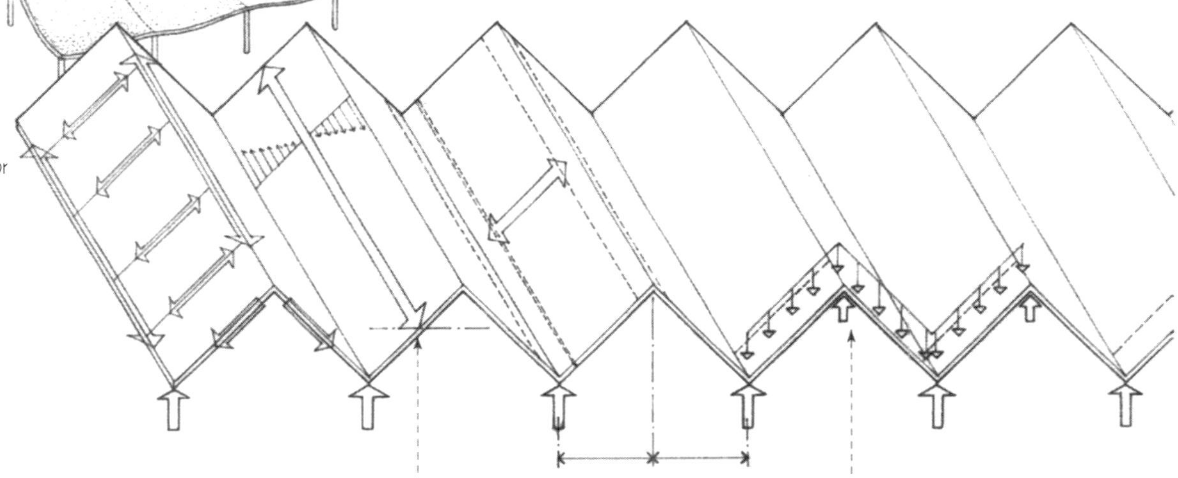

Cada plano se comporta como uma viga no sentido longitudinal.

Na direção menor, o vão é reduzido por cada dobra, que atua como um suporte rígido.

As faixas comportam-se como uma viga contínua apoiada nas dobras.

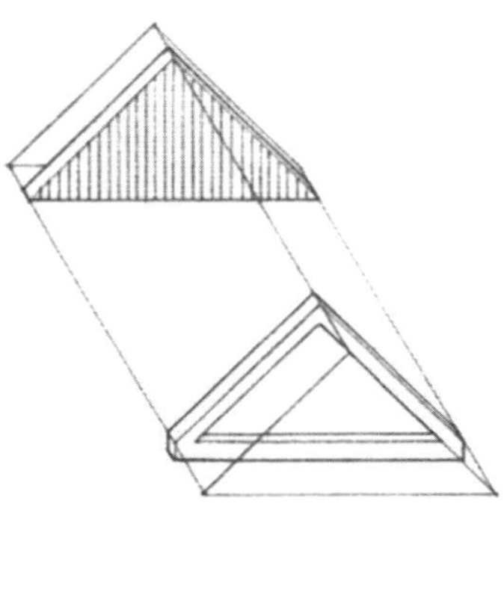

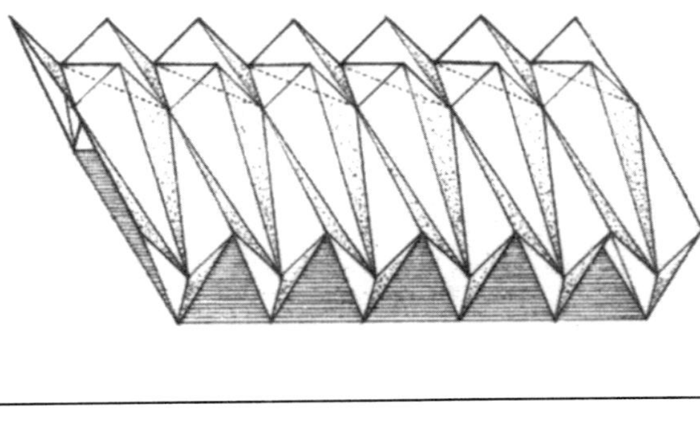

Os diafragmas verticais ou estruturas triangulares rígidas enrijecem uma placa dobrada contra a deformação do perfil dobrado.

grade oblíqua
Grade estrutural composta por vigas ou armações chatas que correm obliquamente aos lados do retângulo da base a fim de equalizar seus vãos e sua rigidez. Os vãos menores dos cantos resultam em uma rigidez adicional.

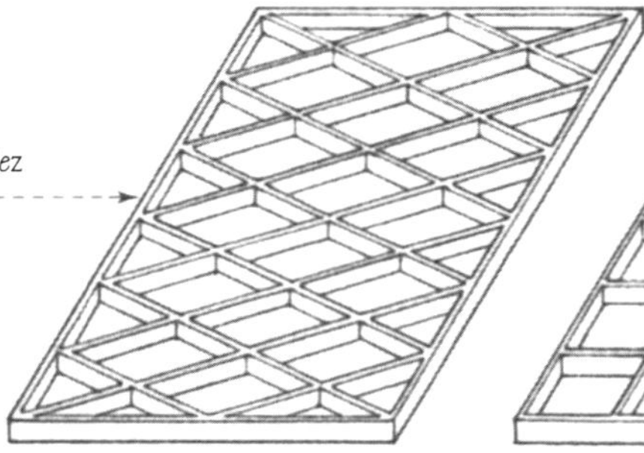

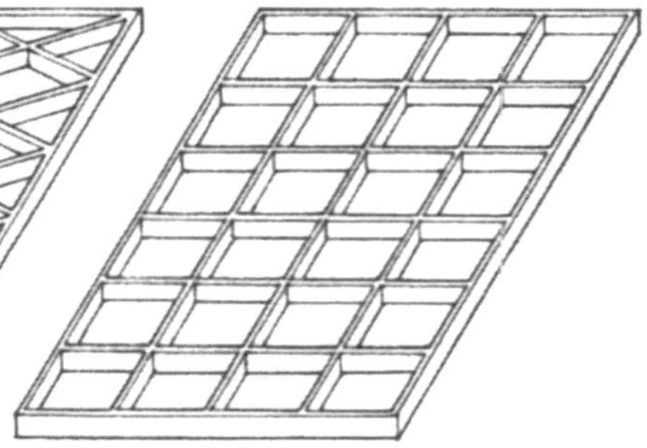

estrutura gradeada
Armação formada por vigas entrecruzadas e ligadas nas intersecções por juntas rígidas, que distribui uma carga aplicada em duas direções segundo as propriedades físicas e as dimensões das vigas componentes.

Todas as vigas componentes participam da sustentação de uma carga através de uma combinação de flexão e torção. Se duas vigas perpendiculares entre si são idênticas, elas dividem uma carga aplicada fletindo-se igualmente. Se as vigas tiverem comprimentos distintos, porém, a menor delas suportará uma parcela maior da carga, uma vez que a rigidez de uma viga é inversamente proporcional ao cubo de seu comprimento, e a carga segue, via de regra, o caminho de menor resistência até os apoios. Por exemplo, se a razão entre os vãos de duas vigas é de 1 : 2, a razão entre a rigidez de ambas será de 1 : 8. Conseqüentemente, a viga menor suportará 8/9 da carga. A resistência das vigas à torção induzida pela flexão de uma viga transversal aumenta a rigidez de uma estrutura gradeada.

cobertura lamelar
Cobertura arqueada composta por lamelas que formam um desenho entrecruzado de arcos paralelos, oblíquos com relação aos lados do espaço coberto.

lamela
Cada um dos elementos relativamente pequenos de madeira, metal ou concreto armado que compõem uma cobertura lamelar. Também chamada lâmina.

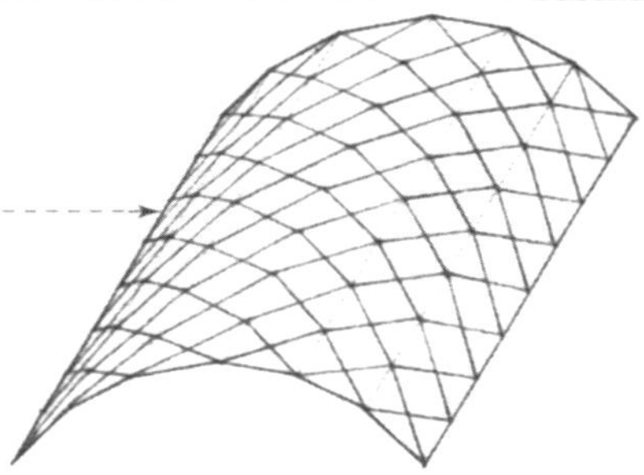

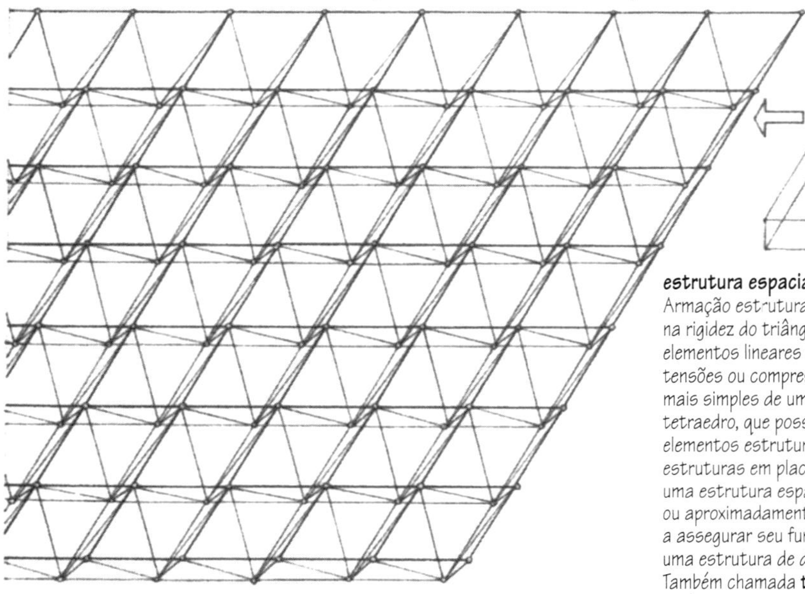

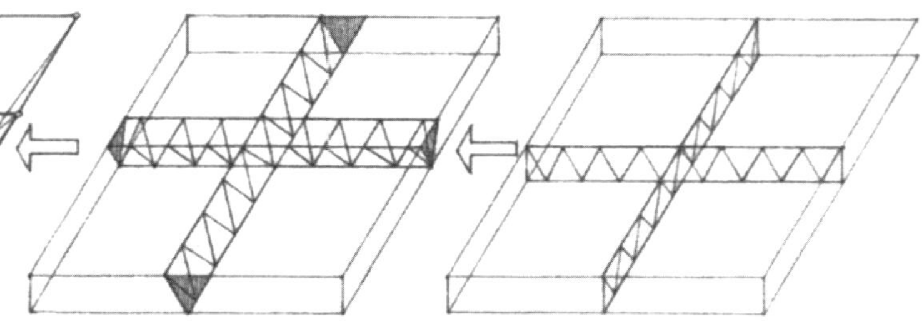

estrutura espacial
Armação estrutural tridimensional baseada na rigidez do triângulo e composta por elementos lineares submetidos apenas a tensões ou compressões axiais. A unidade mais simples de uma estrutura espacial é o tetraedro, que possui quatro juntas e seis elementos estruturais. Tal como as estruturas em placa, a área de apoio de uma estrutura espacial deve ser perfeita ou aproximadamente quadrada, de modo a assegurar seu funcionamento como uma estrutura de duplo sentido. Também chamada **tesoura espacial** e **pórtico espacial**.

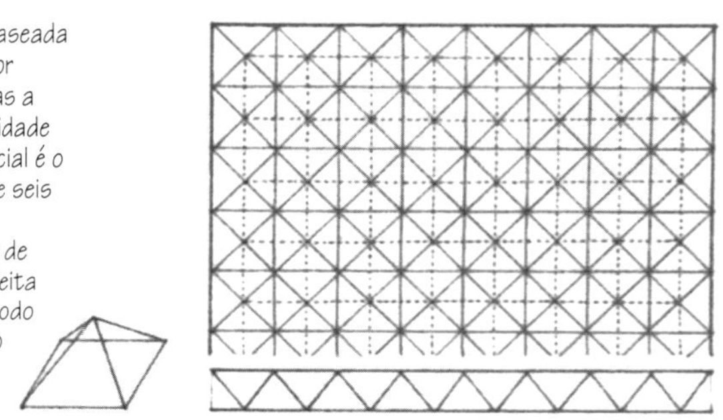

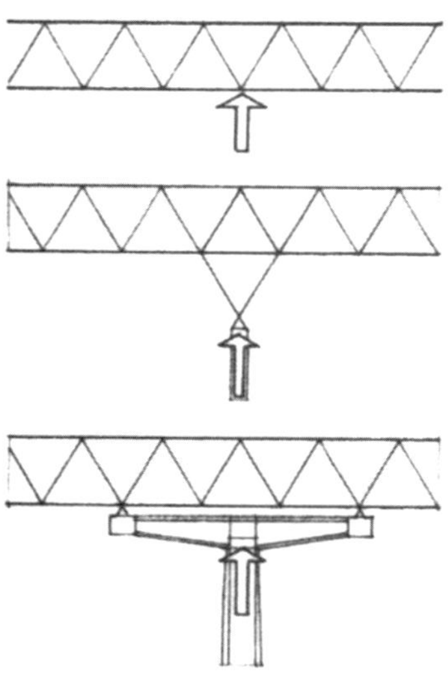

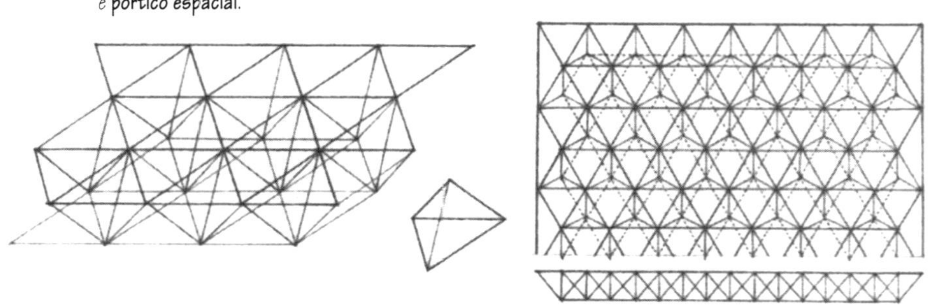

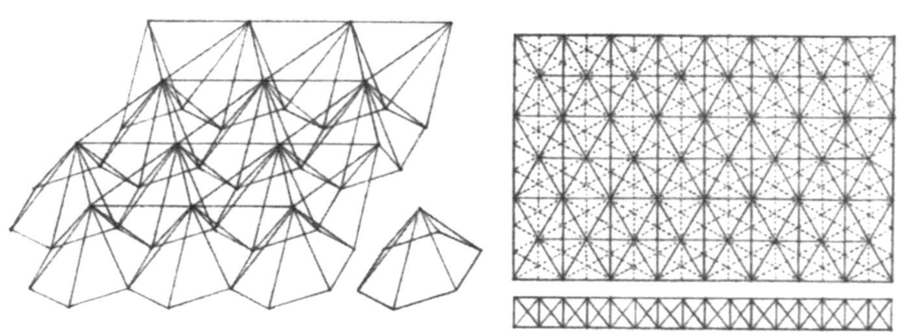

O aumento da área de sustentação dos apoios aumenta o número de elementos para os quais é transmitido o cisalhamento e reduz as forças atuantes nestes.

Qualquer um dentre uma variedade de materiais sintéticos ou naturais, que consistem, em sua maioria, em polímeros termoplásticos ou termocurados de peso molecular elevado e que podem ser moldados, perfilados ou estirados de modo a se converterem em objetos, películas ou filamentos.

polimerização
Reação química na qual as moléculas de um monômero combinam-se para formar moléculas maiores que contêm uma repetição de unidades estruturais das moléculas de origem.

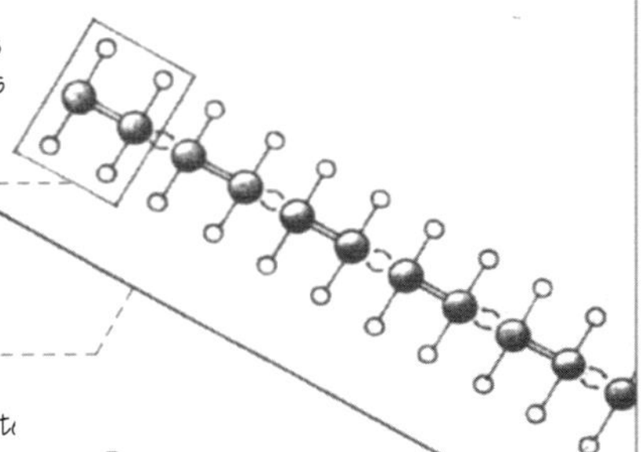

monômero
Molécula de peso molecular reduzido, que pode ligar-se quimicamente a um polímero de modo a constituir uma unidade deste.

polímero
Composto de peso molecular elevado, formado por polimerização e que consiste essencialmente em uma repetição de unidades estruturais.

alto polímero
Polímero cujas moléculas são múltiplos grandes de monômeros.

copolímero
Composto de peso molecular elevado, formado pela polimerização de dois ou mais monômeros diferentes.

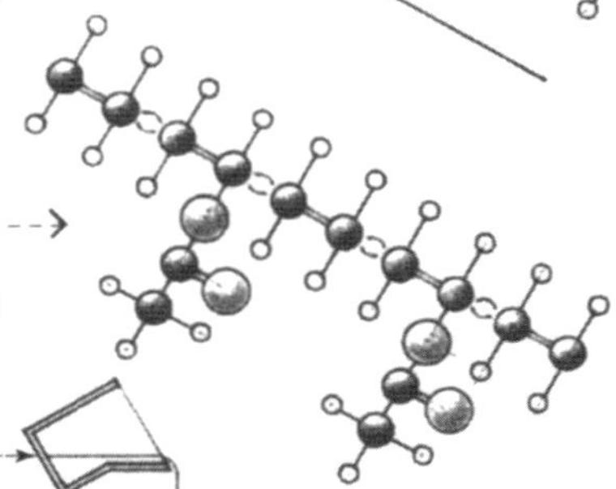

moldagem
Método para se dar forma a um objeto de plástico despejando-se o material em um molde, onde é deixado a secar sem o uso de pressão.

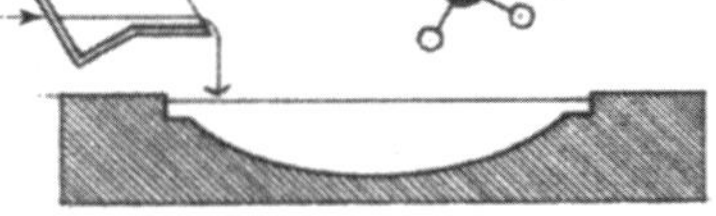

moldagem a sopro
Método para se fabricar objetos ocos mediante a injeção de ar sob pressão em uma massa derretida – por exemplo, de um termoplástico ou vidro –, a qual ganha forma dentro de um molde.

moldagem por injeção
Método para se dar forma a um material termoplástico, termocurado, metálico ou cerâmico, levando-o ao estado pastoso em uma câmara de aquecimento e impelindo-o, em seguida, sob alta pressão, ao interior de um molde fechado.

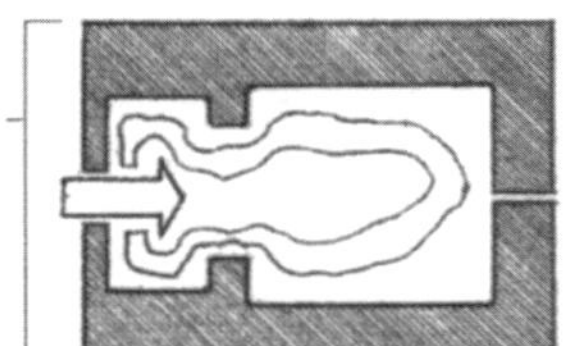

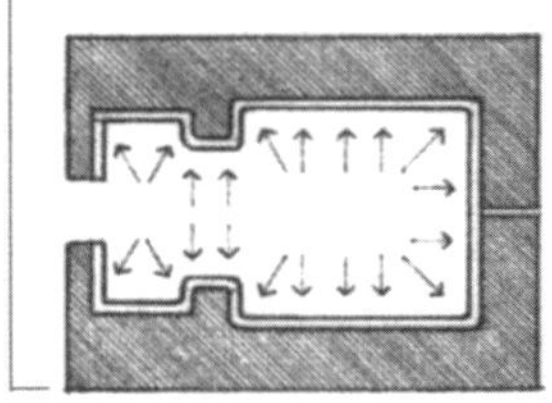

moldagem por compressão
Método para se moldar um plástico termocurado encerrando-o em um molde e dando-lhe forma mediante calor e pressão.

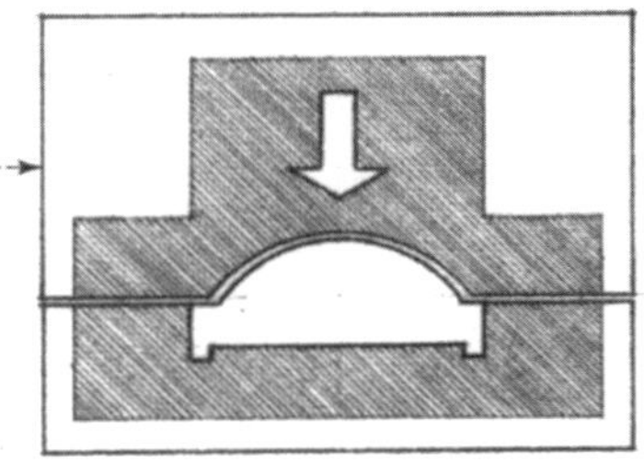

moldagem por transferência
Método para se dar forma a um plástico termocurado mediante seu amolecimento em uma câmara antes que o mesmo seja impelido para o interior de um molde adjacente, no qual é curado sob calor e pressão.

formação térmica
Método para se dar forma a uma folha termoplástica mediante seu aquecimento e sua pressão contra os contornos de um molde através de calor e pressão.

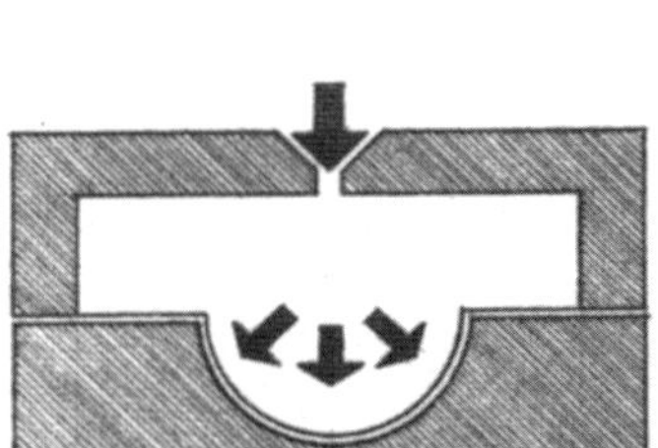

formação sob pressão
Método de formação térmica de uma folha de plástico que se dá através de seu pressionamento, com o uso de gás comprimido, contra os contornos de um molde.

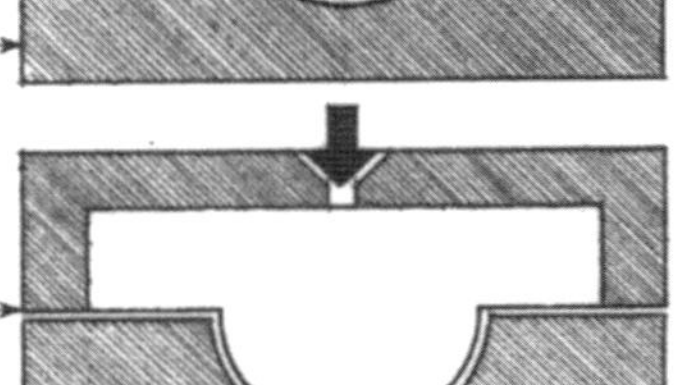

formação a vácuo
Método de formação térmica de uma folha de plástico que se dá através da evacuação do espaço entre esta e os contornos de um molde.

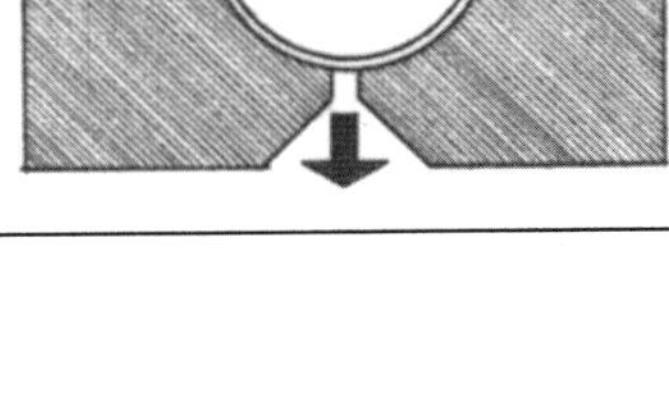

resina
Substância orgânica sólida ou semi-sólida preparada por polimerização e utilizada com enchimentos, estabilizadores e outros componentes para dar forma a plásticos.

massa de enchimento
Substância relativamente inerte, acrescentada com o intuito de modificar volume, rigidez, resistência térmica e elétrica ou propriedades de manuseio de uma resina.

estabilizador
Substância acrescentada para evitar ou retardar a deterioração de um plástico quando exposto à radiação ultravioleta ou outras condições ambientais.

plasticizante
Qualquer uma dentre uma série de substâncias misturadas a uma resina com o propósito de aumentar sua flexibilidade, facilitando seu manuseio.

catalizador
Substância que provoca ou acelera uma reação química sem que ela própria passe por uma modificação permanente em sua composição.

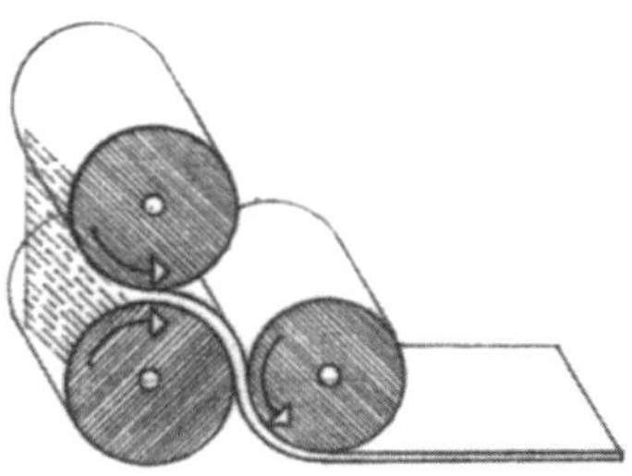

calandragem
Método para produzir películas ou laminados de plástico através da passagem do material por uma série de cilindros rotativos aquecidos.

laminado
Forma delgada de plástico, com uma espessura muito pequena em relação a seu comprimento e largura.

película
Laminado com espessura nominal inferior a 1/100 de polegada.

termoplástico
Plástico capaz de se amolecer ou derreter quando aquecido, sem a ocorrência de alteração alguma em nenhuma de suas propriedades intrínsecas, e de tornar a solidificar-se quando resfriado.

resina acrílica
Qualquer uma dentre um grupo de resinas termoplásticas utilizadas para se moldar e formar peças plásticas excepcionalmente transparentes, duras e resistentes às intempéries e a substâncias químicas, ou como ingrediente principal de revestimentos, adesivos e compostos de calafetagem.

Lucite
Nome comercial de uma resina acrílica transparente.

Plexiglas
Nome comercial de uma resina acrílica leve, transparente e resistente às intempéries.

policarbonato
Termoplástico duro e transparente, caracterizado por sua resistência a altos impactos e utilizado em aparelhos de iluminação e vedação transparentes de segurança.

Lexan
Nome comercial de um policarbonato duro utilizado em vidros inquebráveis.

polietileno
Termoplástico duro, leve e flexível utilizado na forma de laminado e película em embalagens, impermeabilização e como retardador de vapor. Também, **politeno**.

polipropileno
Termoplástico duro, resistente ao calor e a substâncias químicas, utilizado em guarnições para canos, isolamento elétrico e fibras para tapeçaria.

poliestireno
Termoplástico duro, rijo e estável, que permite ser facilmente colorido e moldado, expandido ou calandrado. Também chamado **polistireno**.

acrilonitrilo-butadieno-estireno
Termoplástico usado na fabricação de tubulações plásticas e acessórios duros, rígidos e resistentes ao calor e a substâncias químicas. Abreviação: **ABS**.

vinil
Qualquer um dentre uma série de plásticos flexíveis fabricados com resina de polivinilo. Também chamado **vinilo**.

resina de polivinilo
Qualquer uma dentre uma classe de resinas termoplásticas formadas pela polimerização ou copolimerização de um composto vinílico. Também chamada **resina de vinilo**.

cloreto de polivinilo
Termoplástico branco, insolúvel em água, amplamente utilizado na fabricação de revestimentos de piso, isolantes e tubulações. Abreviação: **PVC**.

butiral de polivinilo
Resina termoplástica utilizada sobretudo como a camada interna de vidros de segurança.

nylon
Qualquer um dentre uma classe de termoplásticos caracterizados por sua extrema dureza, rigidez e elasticidade, e que permitem ser extrudados de modo a se converterem em filamentos, fibras e folhas.

plástico termocurado
Plástico que se torna permanentemente rígido quando aquecido e que não se pode tornar a amolecer. Também chamado **plástico de termocura**.

poliuretano
Qualquer um dentre uma série de resinas termoplásticas ou termocuradas utilizadas em espumas flexíveis e rígidas, elastômeros e resinas para vedantes, adesivos e revestimentos.

poliéster
Qualquer uma dentre um grupo de resinas de termocura utilizadas na fabricação de plásticos e fibras têxteis.

plástico reforçado com fibra de vidro
Poliéster que tem fibras de vidro como reforço e que é utilizado em coberturas e clarabóias translúcidas, revestimentos para painéis sanduíche e acessórios hidráulicos.

Dacron
Nome comercial de uma fibra de poliéster dura e resistente ao enrugamento.

Mylar
Nome comercial de uma película de poliéster forte e delgada utilizada em fotografia, fitas de gravação e isolamento elétrico.

resina de epóxi
Qualquer uma dentre uma série de resinas de termocura capazes de formar estruturas poliméricas altamente coesas, caracterizadas por sua dureza, aderência firme e elevada resistência à corrosão e a agentes químicos, utilizadas em revestimentos de superfície e adesivos.

resina de melamina
Qualquer uma dentre uma classe de resinas de termocura formadas pela interação entre melamina e formaldeído, utilizadas em produtos moldados, adesivos e revestimentos de superfícies.

resina fenólica
Qualquer uma dentre um grupo de resinas de termocura duras e resistentes ao calor formadas pela condensação de fenol com formaldeído, utilizadas em produtos moldados, adesivos e revestimentos de superfície.

Bakelite
Nome comercial de uma resina fenólica escura, inventada por Leo Baekeland em 1916 e utilizada em receptores telefônicos, aparelhos de rádio, isolantes elétricos e peças de plástico moldadas.

resina de uréia-formaldeído
Qualquer uma dentre uma série de resinas sintéticas de termocura fabricadas pela condensação de uréia com formaldeído, utilizadas em caixas de ferramentas, aparelhos elétricos, adesivos e revestimentos de superfícies.

pós-formação
Método para se dar forma a um laminado total ou parcialmente termocurado por sobre um molde, com o uso de calor e pressão.

temperatura de serviço
Temperatura máxima à qual um plástico pode ser utilizado continuamente sem uma redução perceptível de nenhuma de suas propriedades intrínsecas.

ponto de amolecimento
Temperatura à qual um plástico passa de um estado rígido para um estado maleável.

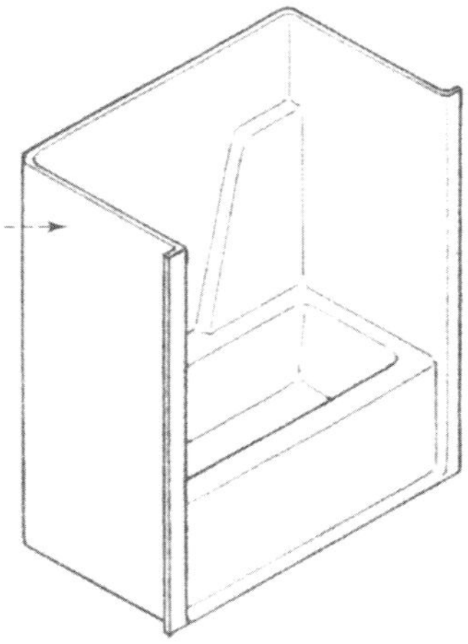

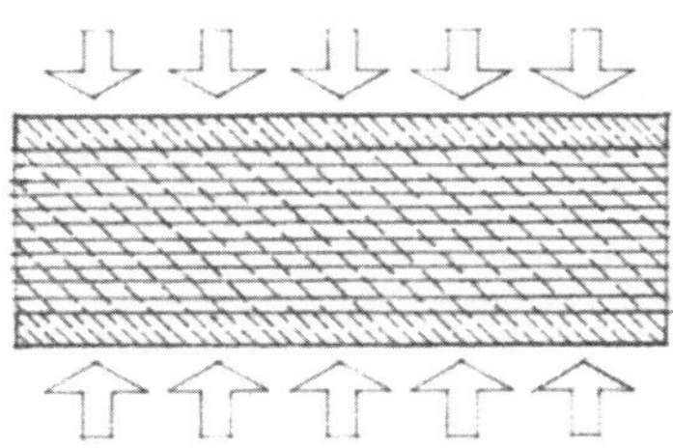

laminado
Produto resultante da união de duas ou mais camadas de material com um adesivo ou outro meio, como madeira compensada e laminado plástico.

laminado plástico
Material rijo de facejamento que consiste em camadas sobrepostas de papel impregnado de resinas de melamina e fenólica, fundidas mediante calor e pressão.

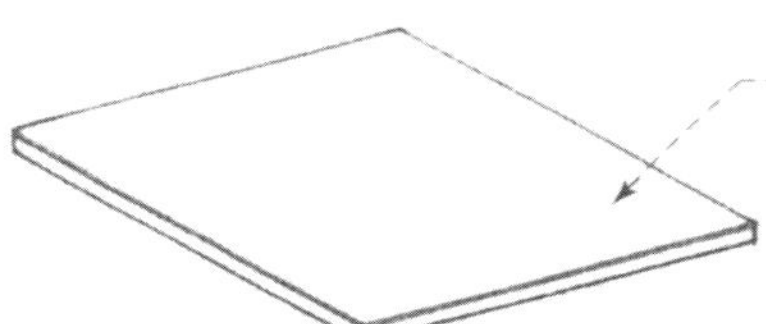

laminado de alta pressão
Laminado plástico moldado e curado com pressões que variam entre 84 e 140 kg por cm², utilizado no facejamento de countertops e peças de marcenaria.

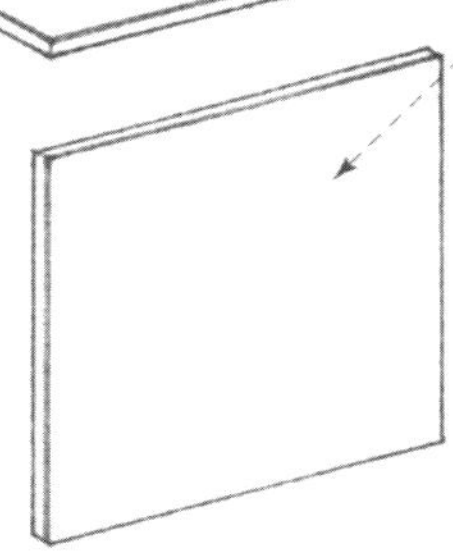

laminado de baixa pressão
Laminado plástico moldado e curado com uma pressão máxima de 28 kg por m², utilizado em aplicações verticais e que não exijam grande resistência.

Fórmica
Nome comercial de um laminado plástico produzido industrialmente.

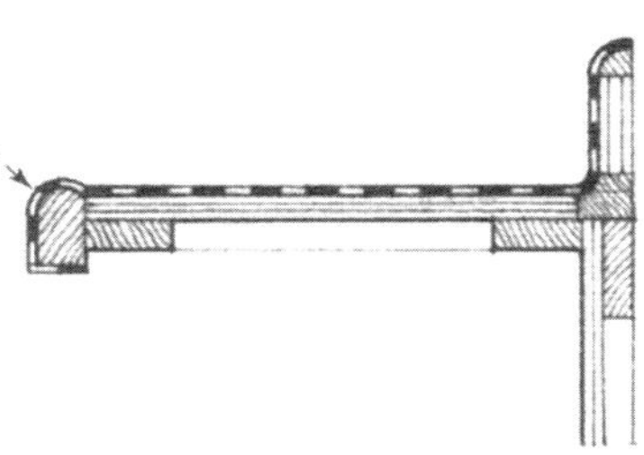

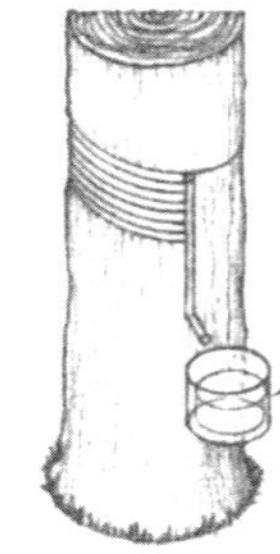

borracha
Material produzido pelo tratamento e enrijecimento químico da borracha natural, altamente considerado por sua elasticidade, não-condutividade elétrica e resistência a impactos e à umidade.

borracha natural
Substância sólida altamente elástica, essencialmente um polímero de isopreno, obtido pela coagulação da seiva leitosa das seringueiras. Também, **goma** e **goma elástica**.

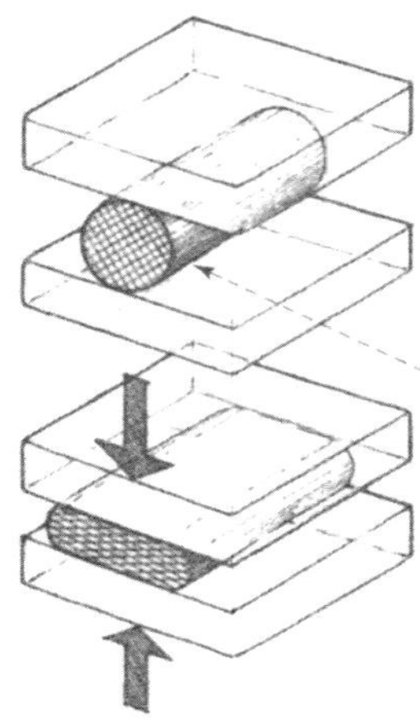

espuma de borracha
Borracha celular leve e esponjosa, obtida através da conversão da borracha em espuma antes de sua vulcanização. Também chamada **espuma esponjosa**.

vulcanização
Tratamento da borracha com enxofre e calor a fim de conferir-lhe maior elasticidade, resistência e durabilidade.

borracha sintética
Elastômero de propriedades e aplicações semelhantes às da borracha natural, produzido através da polimerização de um hidrocarboneto insaturado, como o butileno e o isopreno, ou pela copolimerização de hidrocarbonetos com estireno ou butadieno.

elastômero
Qualquer um dentre uma variedade de polímeros que apresentam as propriedades elásticas da borracha natural, como a borracha butílica ou o neoprene.

borracha butílica
Borracha sintética de resistência excepcional à luz solar e uma permeabilidade gasosa singularmente baixa, produzida pela polimerização do butileno e utilizada em membranas para cobertura e barreiras à prova de água.

Butyl
Nome comercial de uma borracha butílica.

neoprene
Borracha sintética caracterizada por sua resistência superior a óleos e à luz solar, utilizada em tintas, membranas de cobertura, placas de proteção, juntas de vedação e suportes.

silicone
Qualquer um dentre um grupo de polímeros compostos por átomos alternados de silício e oxigênio, caracterizados por sua estabilidade térmica, inércia química e extrema repelência à água, utilizados em adesivos, lubrificantes, revestimentos de proteção e borrachas sintéticas.

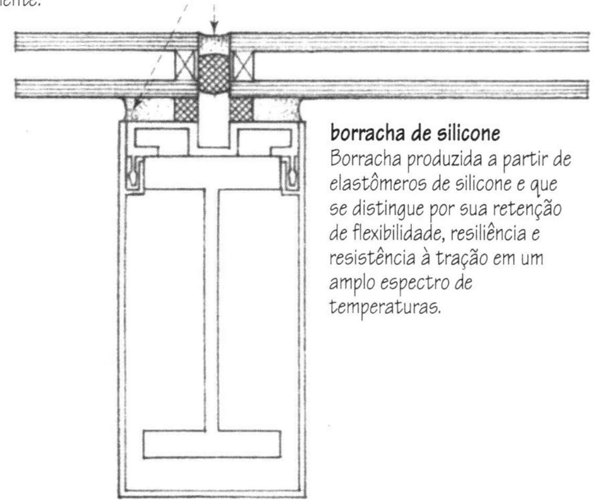

borracha de silicone
Borracha produzida a partir de elastômeros de silicone e que se distingue por sua retenção de flexibilidade, resiliência e resistência à tração em um amplo espectro de temperaturas.

Anteparo articulado, corrediço ou dobrável, feito em madeira, vidro ou metal, para se abrir e fechar a entrada para um edifício ou um ambiente.

porta de abrir
Porta que gira, quando puxada ou empurrada, em torno de um eixo vertical, através de dobradiças ou articulações localizadas em uma das extremidades.

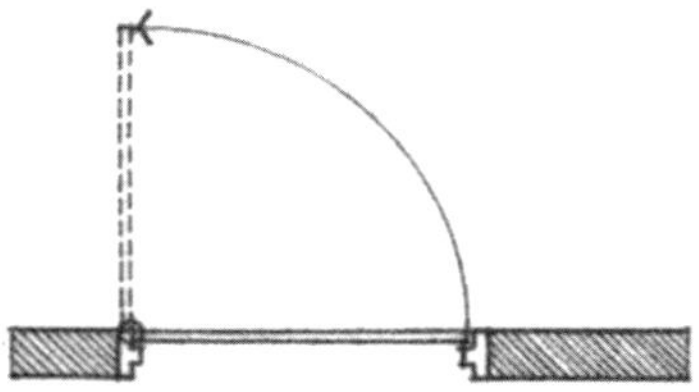

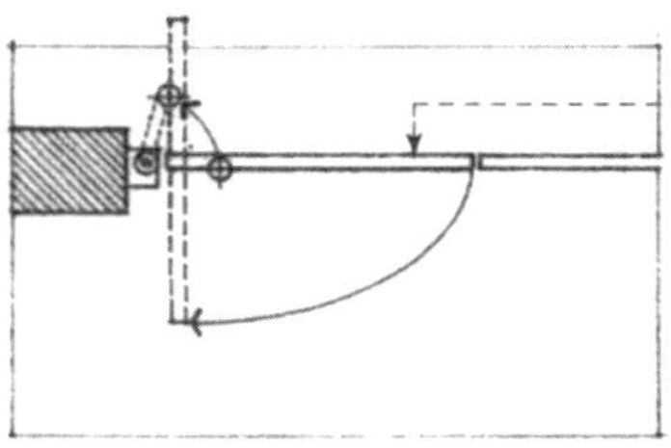

porta pivotante
Porta apoiada em uma articulação (eixo) central ou lateral e que gira em torno desta, e que se distingue de uma porta suspensa por dobradiças.

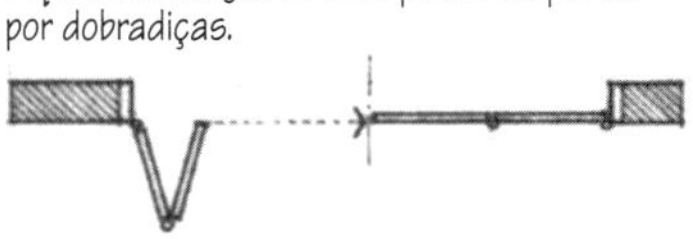

porta articulada
Porta dividida em partes articuladas permitindo que sejam dobradas umas contra as outras ao ser aberta.

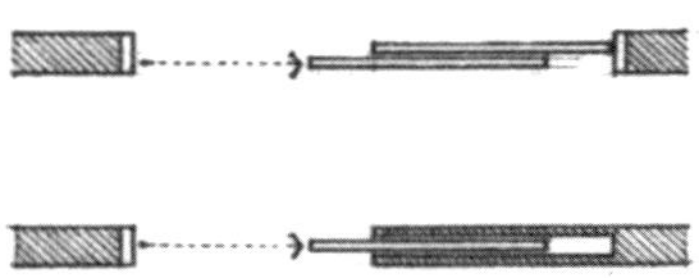

porta corrediça
Porta que se desloca, geralmente paralela à parede, deslizando sobre um trilho. Também chamada **porta de correr**.

porta de enrolar
Porta grande, formada por chapas metálicas interligadas, guiada por um trilho vertical em cada uma das laterais e que se abre enrolando-se em torno de molas colocadas na parte superior do vão.

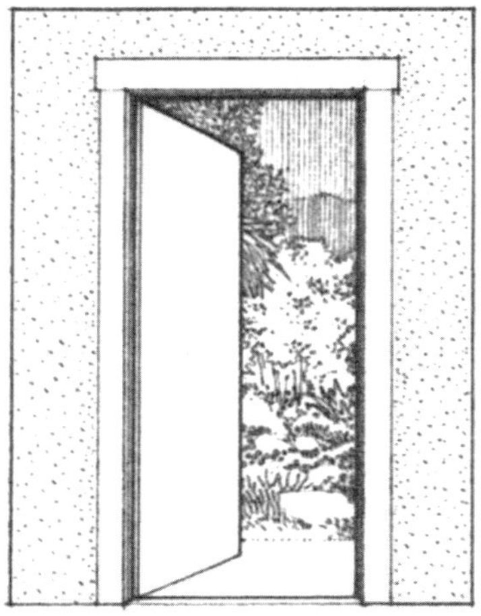

porta de contrapeso
Porta pivotante parcialmente contrabalançada para facilitar a abertura e o fechamento.

porta automática
Porta que se abre automaticamente mediante a aproximação de uma pessoa ou automóvel.

porteiro automático
Mecanismo que abre automaticamente uma porta quando acionado por um transmissor de rádio, célula fotoelétrica ou outro instrumento.

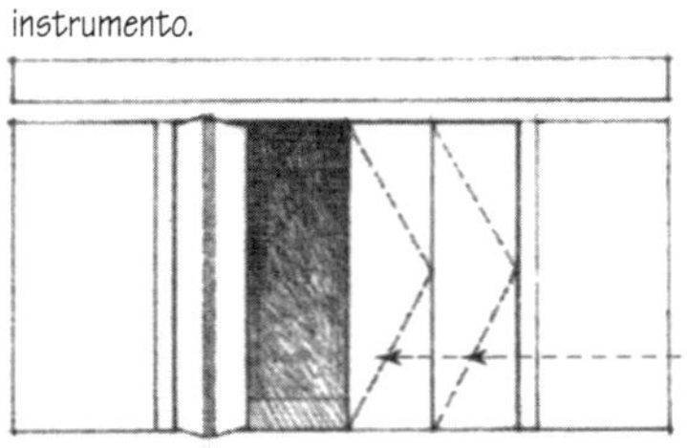

porta biarticulada
Porta articulada dividida em duas partes, tendo a folha interna de cada uma suspensa por um trilho superior e a folha externa articulada no batente.

porta sanfonada
Porta de folhas múltiplas suspensa por um trilho superior e que se abre dobrando-se à maneira de uma sanfona. Também chamada **porta de sanfona**.

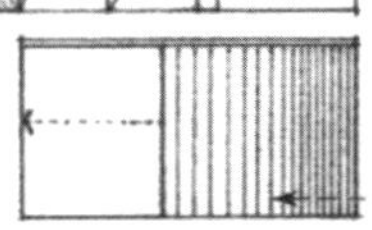

porta corrediça embutida
Porta que desliza para dentro e para fora de uma abertura na parede.

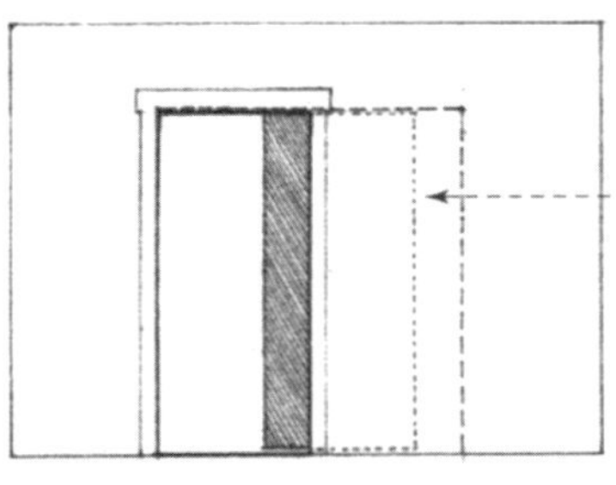

porta basculante
Porta grande formada por uma ou várias folhas, que se abre girando até uma posição horizontal acima do vão.

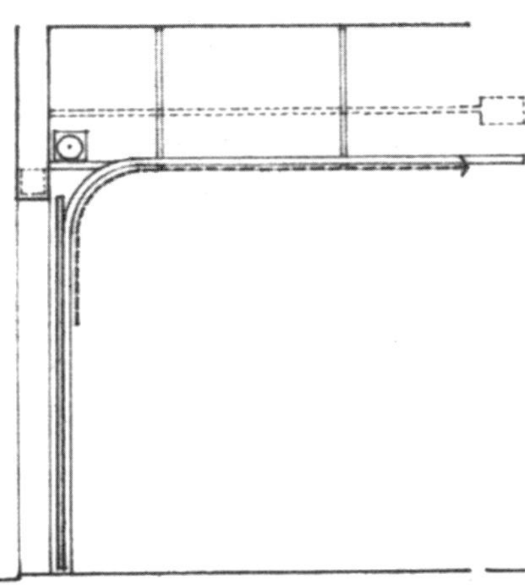

porta de sentido único
Porta fixada por dobradiças que permitem-na girar em um único sentido.

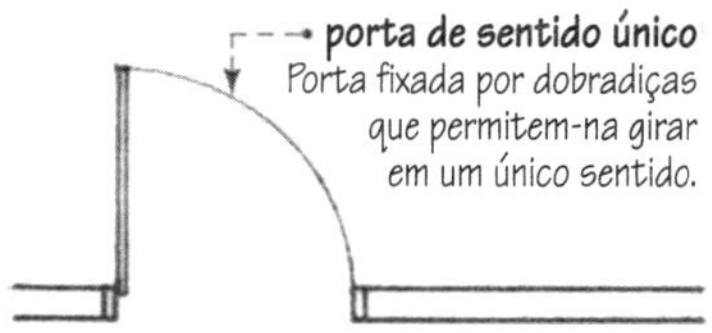

porta de duplo sentido
Porta presa por dobradiças que permitem-na girar em ambos os sentidos a partir de uma posição em que está fechada.

porta de duas folhas
Par de portas instaladas no mesmo vão.

folha
Parte móvel de uma porta, janela ou persiana.

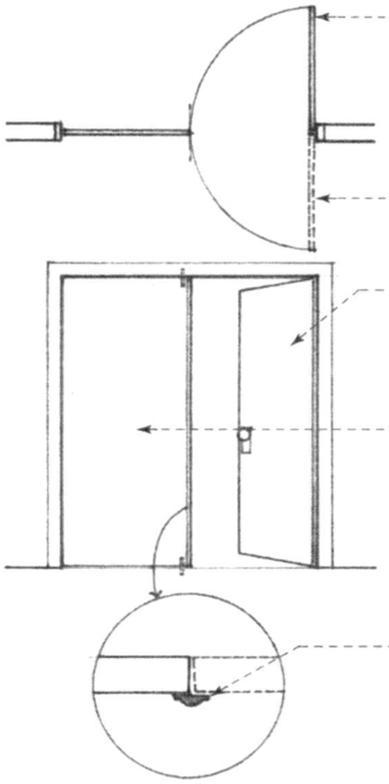

folha ativa
Folha ativa, em uma porta de duas folhas, é aquela onde está localizado o mecanismo da fechadura ou da tranca. Também chamada de **folha livre**.

folha inativa
Folha inativa, em uma porta de duas folhas, é aquela onde está embutida a trave de segurança para receber a lingüeta da folha ativa, normalmente fixa em uma posição fechada por meio de chavetas localizadas na parte superior e inferior da porta. Também chamada **folha fixa**.

astrágalo
Moldura afixada a uma ou ambas as couceiras de junção de uma porta de duas folhas para evitar correntes de ar ou a passagem de luz, ruídos ou fumaça.

mainel
Peça vertical delgada que divide o vão de uma porta de duas folhas, por vezes removível para permitir a passagem de objetos largos.

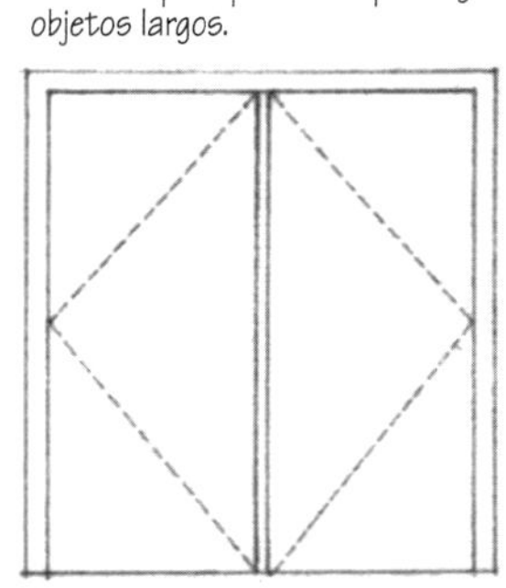

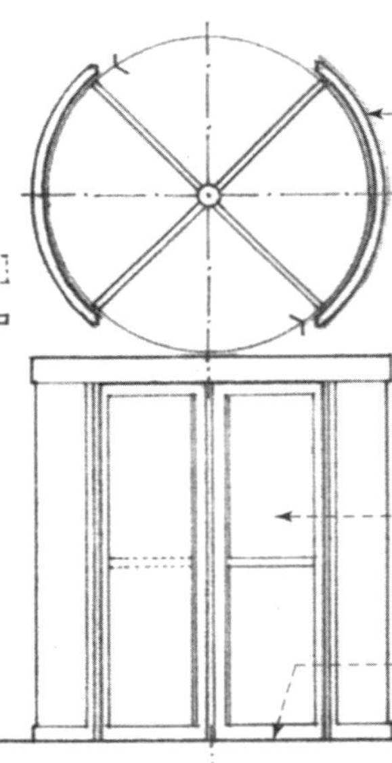

porta giratória
Porta de entrada utilizada para eliminar correntes de ar do interior de um edifício, que consiste em quatro folhas dispostas em forma de cruz localizadas no interior de um compartimento cilíndrico, e que giram em torno de um eixo vertical central. Algumas portas giratórias giram de volta automaticamente na direção de saída quando lhes é aplicada uma pressão, funcionando como uma passagem perfeita em ambos os lados da articulação.

almofada
Placa retangular, por vezes saliente, que constitui a parte central da folha de uma porta.

varredura
Tira flexível, em geral de borracha, instalada na borda inferior de uma porta giratória.

cortina de ar
Jato de ar comprimido dirigido para baixo por sobre uma entrada, de modo a formar uma barreira contra correntes de ar.

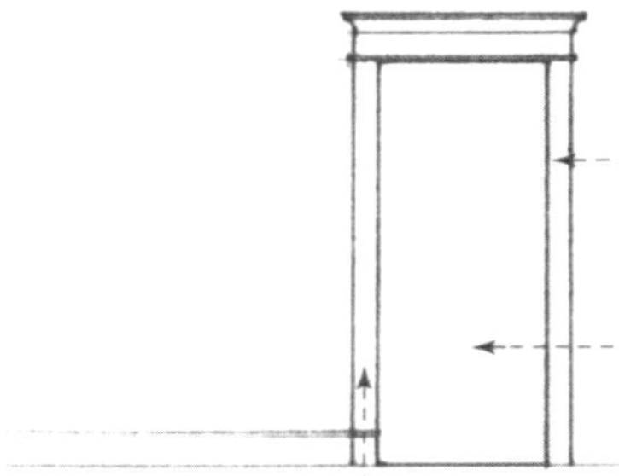

vão
Abertura em uma parede à qual é encaixada uma esquadria de porta ou janela.

umbral
Qualquer um dos lados verticais de uma passagem em arco, porta ou janela. Também chamado **ombreira**, **montante** ou **batente**.

passagem
Vão sem porta rematado com uma esquadria. Também chamada **comunicação**.

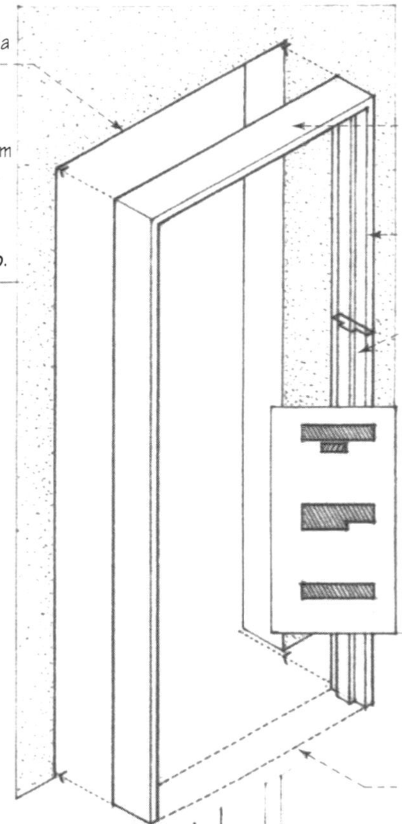

batente
Marco de um vão de porta, que consiste em dois montantes e uma travessa.

travessa
Peça superior de um batente de porta ou janela. Também chamada **padieira** ou **verga**.

montante
Duas peças verticais de um batente. Também chamado **ombreira**.

rebaixo
Parte saliente de um batente, contra o qual a porta se fecha.

rebaixo de moldura
Rebaixo formado mediante a fixação de uma moldura a um batente de porta ou janela.

rebaixo samblado
Rebaixo formado integralmente por uma sambladura no batente liso de uma porta ou janela.

montante liso
Montante desprovido de rebaixos e não preparado para receber ferragens.

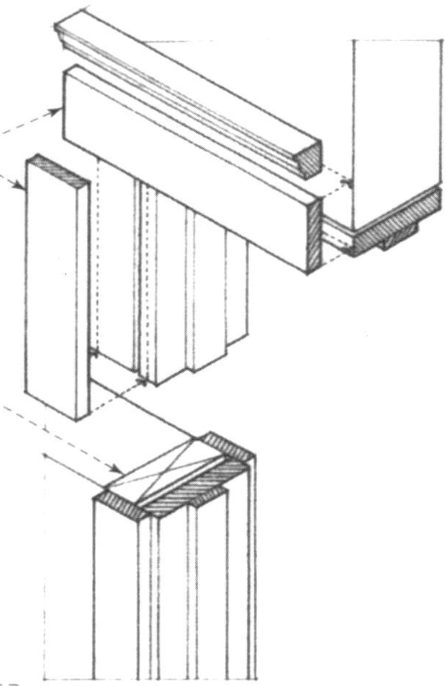

esquadria
Moldura final, normalmente decorativa, que contorna o vão de uma porta ou janela. Também chamada **guarnição**, **moldura** e **alizar**.

esquadria simples
Aquela sem finalidades decorativas mas puramente funcionais.

reforço
Subestrutura de madeira ou metal instalada em um compartimento para sustentar a estrutura final de uma porta ou janela.

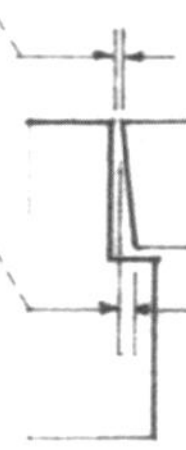

folga
Espaço livre necessário para evitar emperramentos entre a porta e o batente ou em relação ao piso acabado.

chanfro de fechamento
Ângulo do rebaixo do batente em relação ao bordo da couceira de fechamento, normalmente com uma inclinação de 3,2 mm para cada 51 mm de espessura de porta, permitindo um movimento livre desta em relação ao batente.

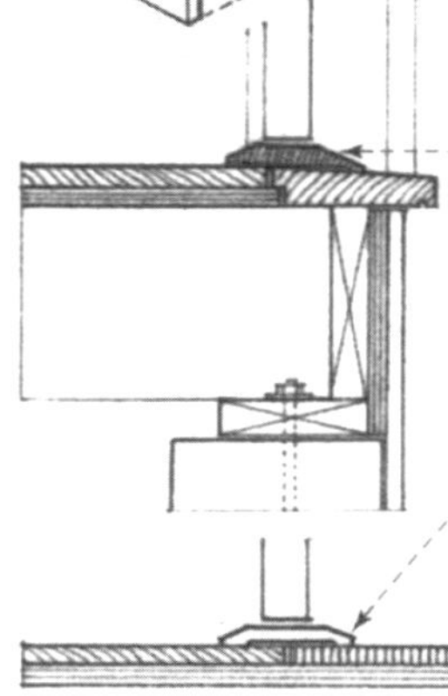

soleira (1)
Peça horizontal que corre pela parte inferior do vão de uma porta. Também chamada **limiar** ou **arrebate**.

soleira (2)
Peça horizontal de um vão de porta que cobre a junta entre dois revestimentos de piso ou que oferece proteção térmica a uma porta externa. Também chamada **limiar** ou **arrebate**.

soleira (3)
Ressalto no revestimento do piso entre os umbrais de uma porta, no qual esta se encaixa perfeitamente de modo a evitar seu emperramento ao ser aberta. Também chamada **limiar** ou **arrebate**.

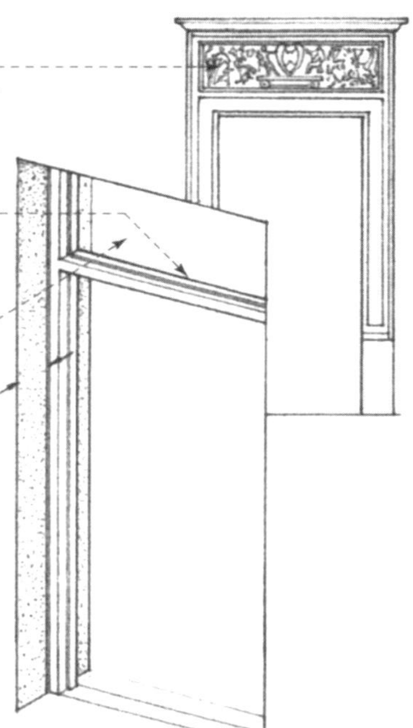

sobreporta
Peça ornamental, geralmente composta por uma pintura ou trabalhado em relevo, localizada diretamente acima do vão da porta.

travessão
Peça transversal que separa um vão de porta de uma janela ou bandeira situada acima dele.

bandeira
Janela localizada acima do vão da porta, separada deste por um travessão.

espessura anterior
Parte visível do montante de um vão de porta ou janela situado entre a face externa da parede e o batente.

espessura posterior
Espessura de um vão de porta ou janela entre o batente e a face interna da parede.

bandeira arqueada
Janela semicircular ou semi-elíptica localizada acima de uma porta ou outra janela.

luz lateral
Janela situada na lateral de uma porta ou outra janela.

porta veneziana
Porta cuja forma se assemelha à de uma janela paladiana.

abertura
Superfície que forma um ângulo oblíquo com outra, como quando um vão de porta ou janela se alarga entre o batente e a face da parede.

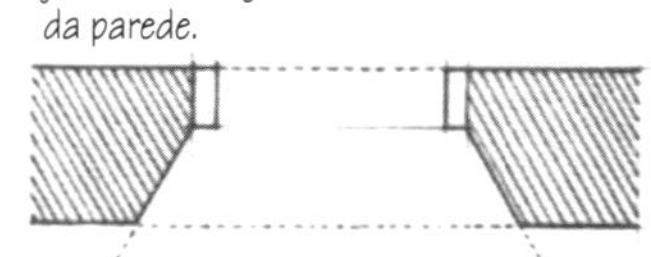

porta almofadada
Porta que apresenta um caixilho composto por couceiras, travessas e, por vezes, mainéis, e preenchido por almofadas de um material mais leve. Também chamada **porta com caixilho** ou **porta engradada**.

travessa
Qualquer uma das várias peças horizontais que emolduram almofadas em um sistema que se utiliza desse tipo de painel no caixilho de portas, janelas, vidraças ou conjuntos de gavetas. Também chamada **pinásio**.

travessa superior
Travessa que interliga as couceiras no topo do caixilho de uma porta ou janela. Também chamada **pinásio superior**.

travessa central
Travessa de uma porta que encontra a couceira de fechamento no nível da fechadura. Também chamado **travessa intermediária** ou **pinásio central**.

travessa inferior
Travessa que interliga as couceiras na base do caixilho de uma porta ou janela. Também chamada **pinásio inferior**.

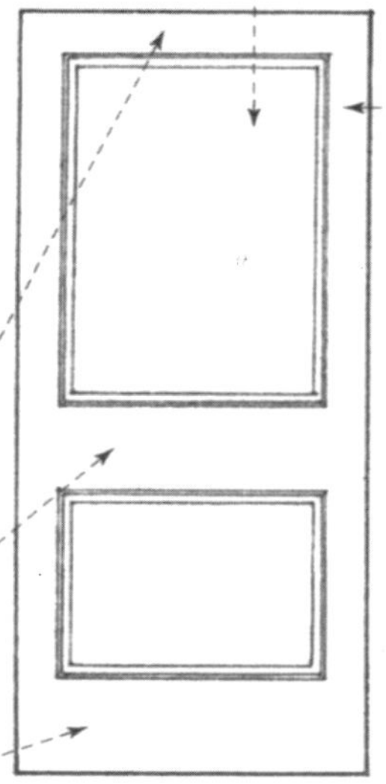

almofada
Painel que forma um trecho ou área distinta na superfície de uma porta, seja reentrante, saliente ou delimitado por uma moldura.

couceira
Qualquer uma das peças verticais que emolduram painéis em uma porta almofadada, uma vidraça ou um conjunto de gavetas. Também chamada **montante**.

couceira suspensa
Couceira a partir da qual uma porta é suspensa. Também chamado **montante suspenso**.

couceira de fechamento
Couceira da porta que se fecha contra o batente. Também chamada **montante de fechamento**.

mainel
Couceira central do caixilho de uma porta.

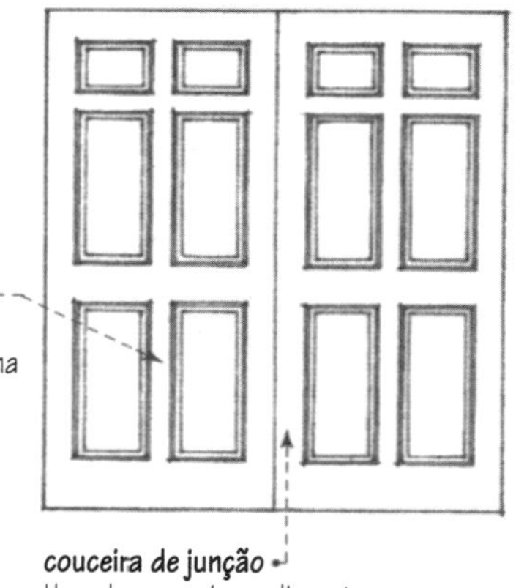

couceira de junção
Uma das couceiras adjacentes em uma porta de duas folhas.

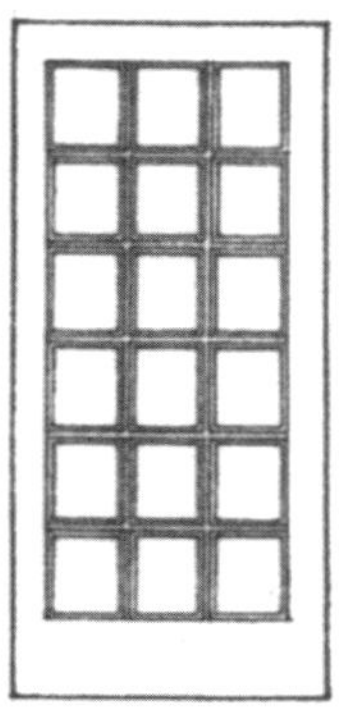

porta francesa
Porta com almofadas retangulares de vidro distribuídas por toda a sua extensão e muitas vezes utilizada na versão de duas folhas. Também, **porta envidraçada**.

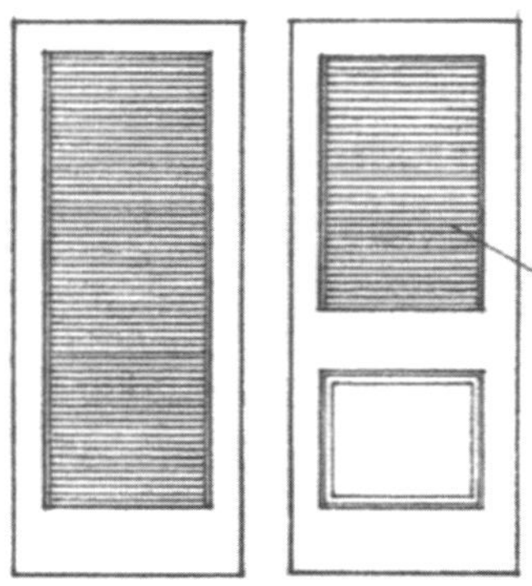

porta ventilada
Porta provida de frestas de ventilação a fim de permitir a passagem ou a circulação de ar. Também chamada **porta veneziana**.

visor
Pequena abertura envidraçada na parte superior da porta.

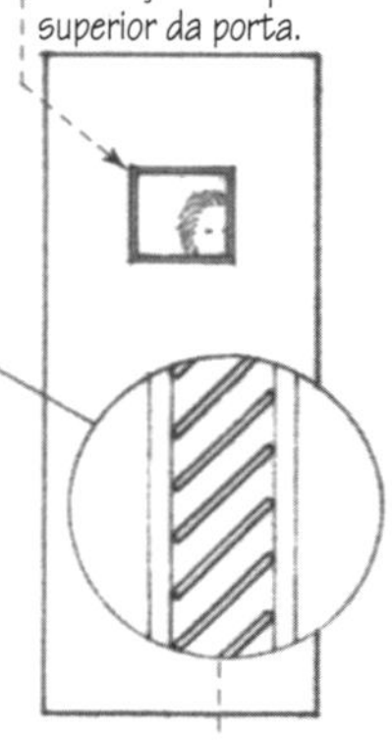

veneziana
Anteparo formado por palhetas oblíquas, fixas ou móveis, com a finalidade de admitir o ar, mas impedir a entrada de chuva e neve, ou para proporcionar privacidade.

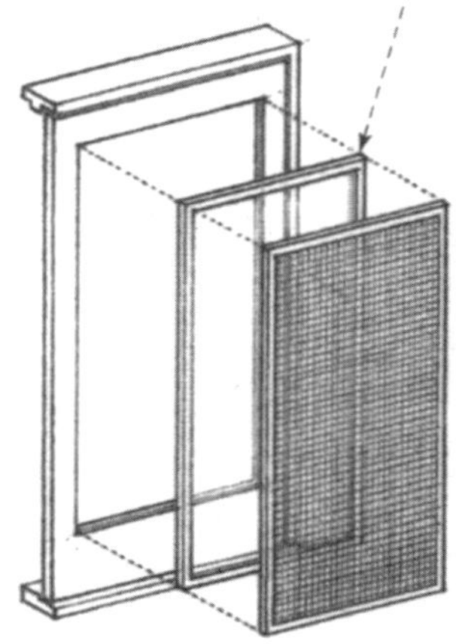

porta guarda-vento
Porta externa ou complementar, normalmente envidraçada, destinada a proteger a porta de entrada de ventos, chuvas ou de condições de tempo severas.

porta de tela
Porta externa dotada de montantes e travessas de madeira ou alumínio nas quais está presa uma tela de arame ou plástico destinada a admitir o ar e impedir a entrada de insetos.

porta adaptável
Porta externa dotada de um caixilho no qual podem ser inseridos diferentes tipos de painéis, tais como uma tela para o verão ou um caixilho de proteção para o inverno.

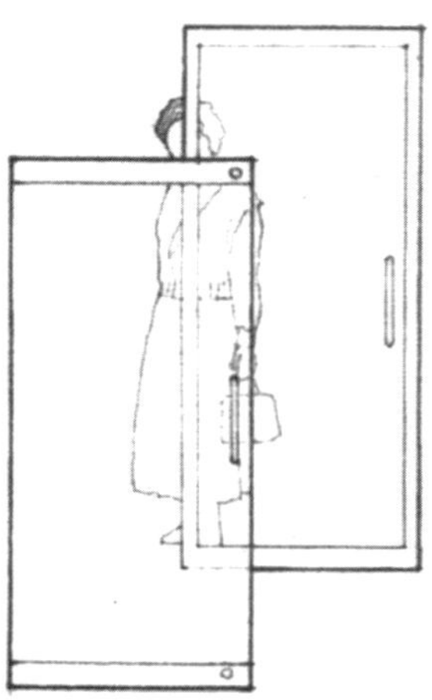

porta de vidro
Porta de vidro isolante ou temperado, com ou sem travessas e montantes, utilizada fundamentalmente como porta de entrada.

porta holandesa
Porta dividida horizontalmente de modo que as partes inferior e superior podem ser abertas de maneira independente. Também chamada **saia e blusa**.

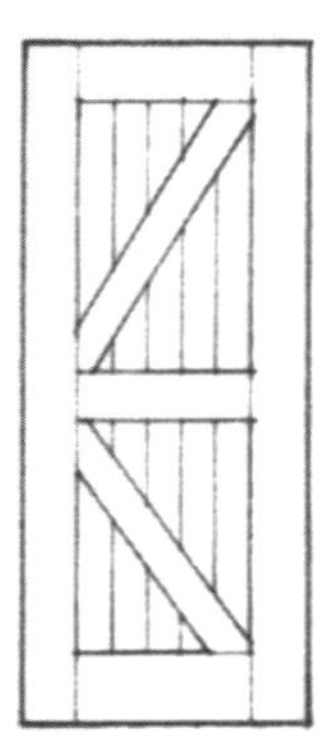

porta de ripas
Porta construída com peças verticais unidas entre si por travessas horizontais e reforços diagonais. Também chamada de **porta mexicana**.

porta secreta
Porta instalada rente à superfície de um dos lados da parede e cujo tratamento torna-a imperceptível quando fechada.

batente ajustável
Batente com travessas e montantes bipartidos, que permite sua instalação em paredes de diferentes espessuras.

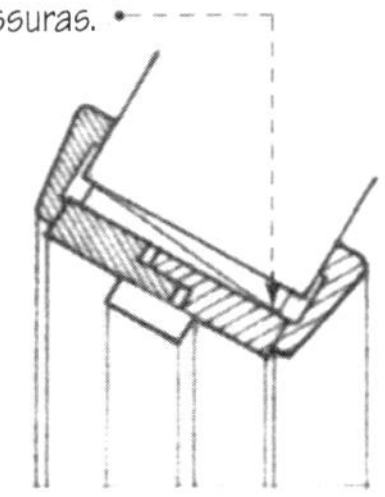

porta pré-montada
Porta montada a um batente antes da instalação deste em uma parede, por vezes pré-acabada e provida das ferragens e da esquadria.

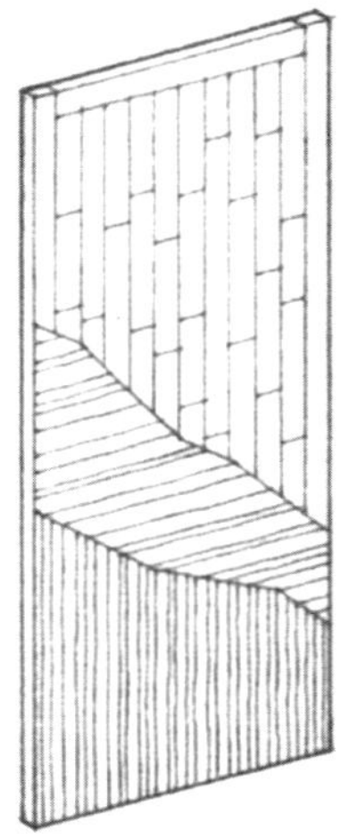

porta maciça
Porta lisa de madeira com um núcleo sólido de ripas de madeira, aglomerado ou uma composição mineral.

núcleo
Construção de madeira, por exemplo numa porta, que constitui a base para a aplicação das folhas de revestimento.

contraplacado
Folhas de madeira coladas umas por cima das outras com as fibras em cruz, imediatamente abaixo das camadas de revestimento de uma porta lisa.

revestimento
Camada superficial de uma porta lisa, em compensado, folha de fibra prensada, plástico laminado ou outro material de densidade média, colada ao contraplacado ou ao enchimento.

porta de núcleo oco
Porta lisa de madeira com um caixilho composto por montantes e travessas que encerram um núcleo alveolar expandido de chapas de fibra corrugadas ou uma grade de ripas horizontais e verticais.

porta lisa
Porta cujas folhas têm a superfície lisa.

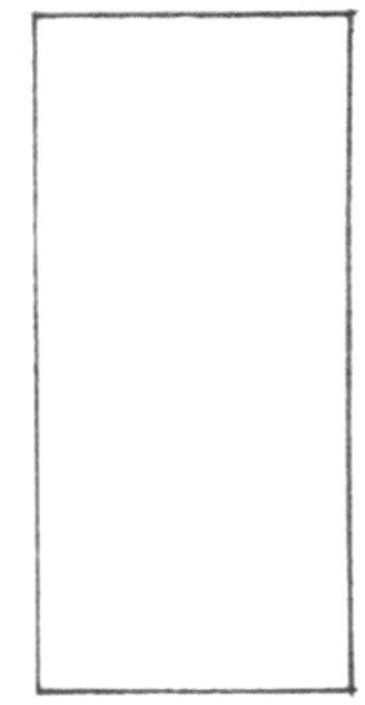

porta acústica
Porta com um núcleo amortecedor de som, juntas de vedação (gaxetas) ao longo do topo e das laterais, além de um fecho automático ao longo da base.

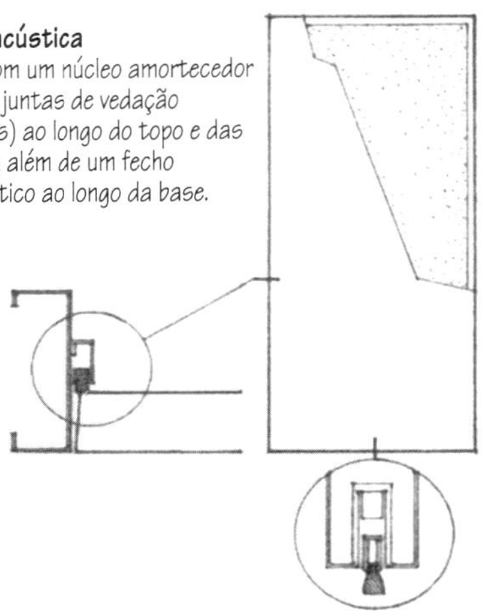

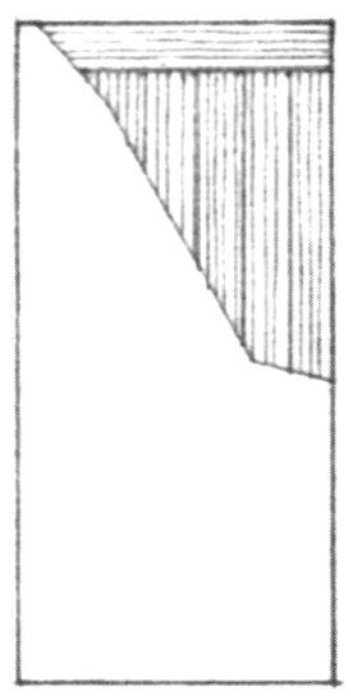

kalamein door
Porta com um enchimento estrutural de madeira revestido por chapas de metal galvanizado.

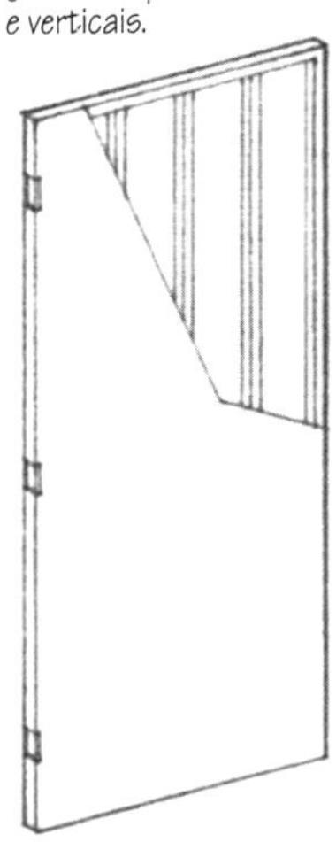

porta metálica oca
Porta com uma superfície composta por chapas delgadas de aço presas a um caixilho constituído de perfis de aço reforçado com canaletas, uma estrutura alveolar de papel kraft ou um enchimento rígido de espuma de plástico.

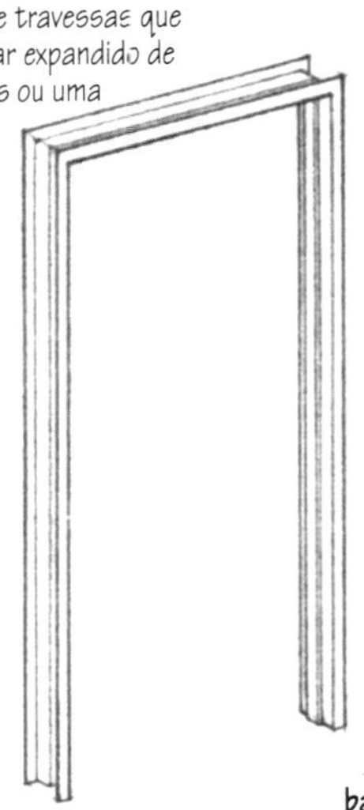

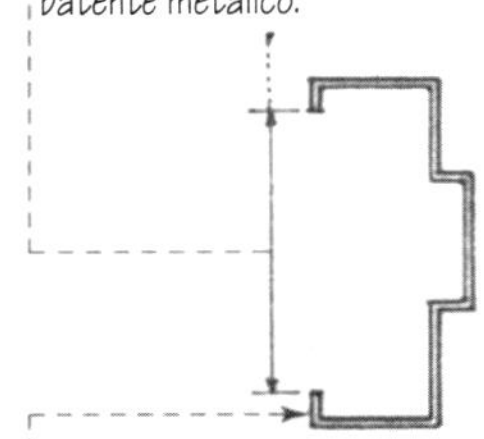

garganta
Abertura entre as abas posteriores de um batente metálico.

aba posterior
Face, na borda externa de um batente metálico, voltada para a superfície da parede.

batente metálico oco
Batente cuja travessa e montantes são formados por uma única peça de metal.

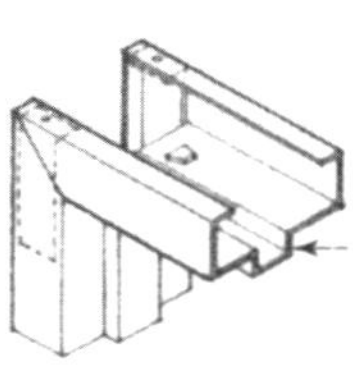

batente desmontado
Batente metálico composto por três ou mais partes a serem montadas no canteiro de obras.

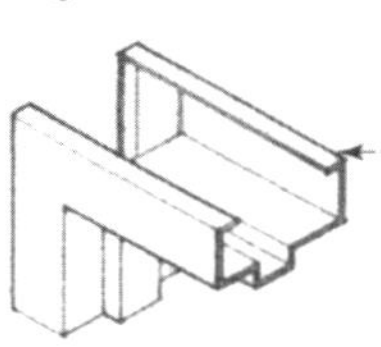

batente soldado
Batente metálico completamente montado e soldado na fábrica.

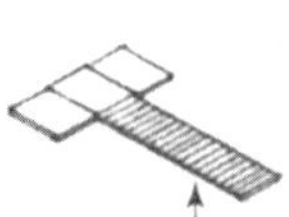

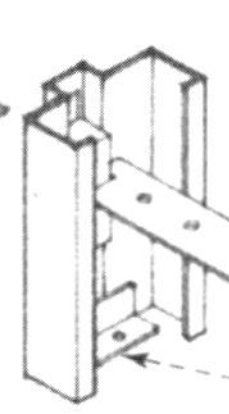

chumbador de montante
Qualquer um dos diferentes dispositivos metálicos utilizados para se fixar o montante ou o batente a uma parede de alvenaria, a uma vigota de aço ou de madeira de uma parede.

chumbador
Qualquer um dos diferentes dispositivos metálicos utilizados para fixar uma parte de uma estrutura à outra.

chumbador de piso
Presilha ou dispositivo metálico utilizado para fixar a base de um batente ao piso.

fecho recortado
Fecho com extremidade fechada e que termina acima do nível do piso a um ângulo de 45° ou 90°.

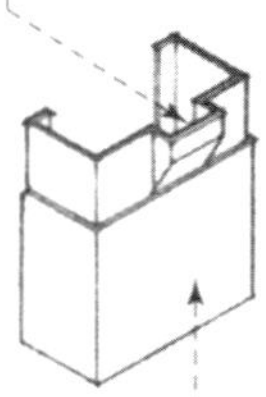

rodapé
Revestimento protetor, normalmente de aço inoxidável, instalado na base de um batente.

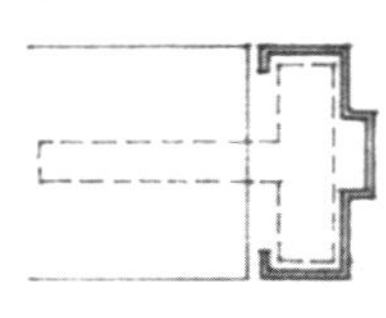

batente embutido
Batente metálico para ser instalado durante a construção de uma parede de alvenaria ou de vigotas.

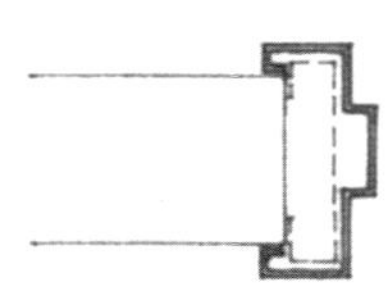

batente para parede acabada
Batente desmontável que apresenta uma dobra posterior de duplo retorno, para ser instalado em uma parede acabada.

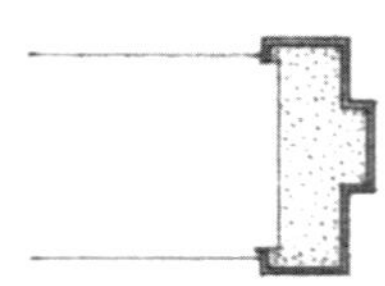

batente argamassado
Batente metálico completamente preenchido de gesso ou argamassa com vistas a uma maior rigidez estrutural e resistência ao fogo.

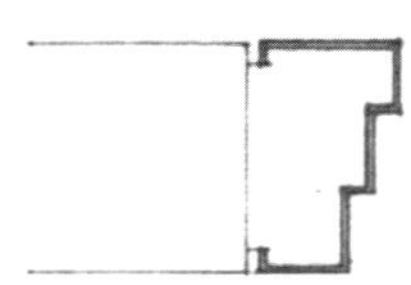

batente de rebaixo duplo
Batente metálico preparado para receber um par de portas de sentido único que giram em direções opostas.

Restrição, por meios diversos, da passagem ou migração de água ou vapor d'água através de um elemento da construção ou todo um edifício.

ar saturado
Ar que contém o volume máximo de vapor d'água possível a uma determinada temperatura.

migração de vapor
Movimento de um vapor por um meio poroso, resultante de uma diferença de pressão e temperatura do vapor.

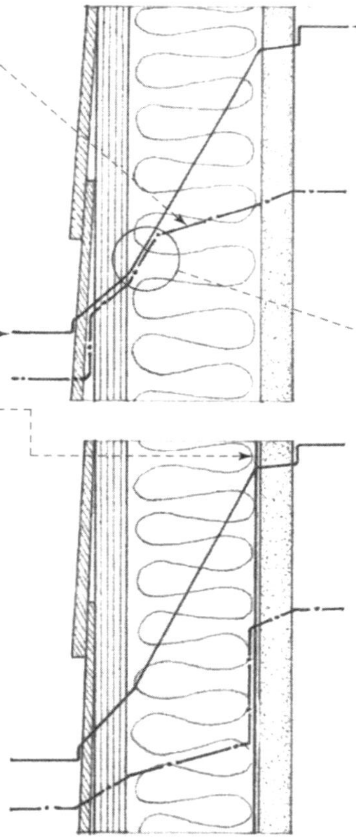

vapor d'água
Dispersão de moléculas de água pelo ar, como resultado da evaporação a temperaturas ambientes e não por ebulição.

pressão de vapor
Pressão exercida pelas moléculas de um vapor sobre uma mistura de gases – por exemplo, do vapor d'água sobre o ar.

vapor
Gás a uma temperatura inferior à sua temperatura crítica.

condensado
Líquido reduzido de um vapor ou mistura de vapores, como a água que se forma quando o ar relativamente úmido migra para uma região que se encontra no ponto de orvalho do ar ou abaixo dele.

mofo
Descoloração causada por fungos, como aquela que se apresenta em uma superfície exposta à umidade.

retardador de vapor
Material de baixa permanência, como uma película ou uma lâmina de plástico, instalado em um elemento construído para retardar a transmissão de umidade do ambiente interno até um ponto em que pode condensar-se em água. Também chamado **barreira de vapor**.

permanência
A velocidade à qual o vapor d'água, sob uma diferença unitária de pressão, é transmitido através de uma área unitária de determinada espessura.

perm
Unidade de permanência, equivalente a 1 grão de vapor d'água transmitido por pé quadrado por hora por polegada de diferença de pressão de mercúrio.

condensação superficial
Condensação que se dá quando o ar relativamente úmido entra em contato com uma superfície que se encontra no ponto de orvalho do ar ou abaixo dele.

transpiração
Acúmulo de umidade do ar circundante sobre uma superfície através da condensação.

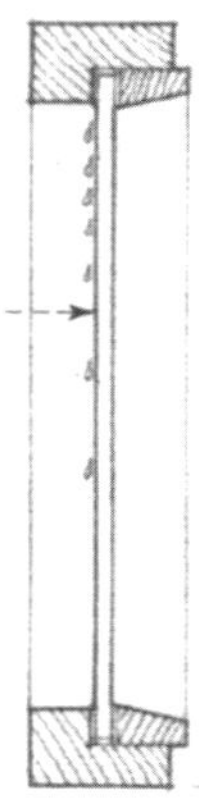

impermeabilização
Tratamento de uma superfície de concreto ou alvenaria visando retardar a absorção de água ou a penetração de vapor d'água, seja pela aplicação de um revestimento à prova d'água, seja pelo uso de uma mistura apropriada.

reboco
Fina camada de argamassa de cimento destinada a alisar a superfície da alvenaria bruta ou para vedar uma parede de alvenaria contra a umidade.

impermeabilizante
Membrana ou revestimento aplicado a fim de tornar uma superfície impermeável à água.

mástique asfáltico
Mistura de betume, um agregado mineral e uma matéria mineral fina, que pode ser vertida quando aquecida e que endurece quando exposta ao ar, utilizada como adesivo, como vedante de juntas e em impermeabilização.

mástique
Qualquer um dos diversos preparados pastosos que contêm materiais betuminosos e que se utilizam como adesivos ou vedantes. Também chamado **mástica**.

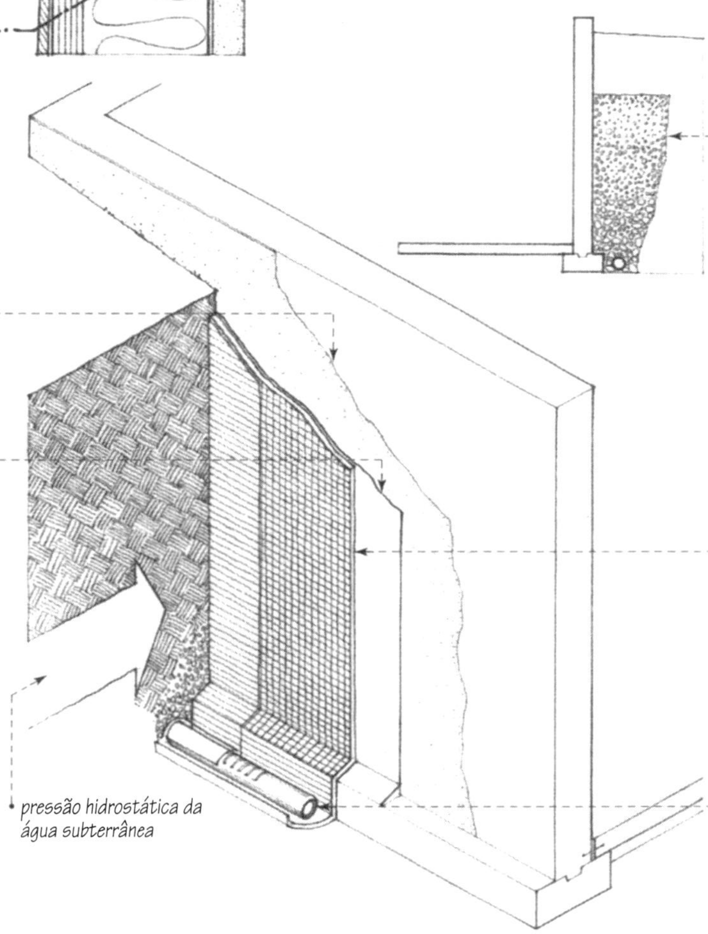

dreno de cascalho
Camada ou enchimento de pedra britada ou cascalho aplicada para garantir uma drenagem adequada da água subterrânea, impedindo, ao mesmo tempo, a entrada e o fluxo de sedimentos e lama.

esteira de drenagem
Material formado por duas partes destinado a drenar a água subterrânea – por exemplo, atrás de uma fundação ou muro de arrimo –, que consiste em um tecido sintético grosso ou um núcleo alveolar revestido em ambos os lados com uma tela de filtragem.

tela de filtragem
Tecido geotêxtil que permite a livre passagem da água para um meio de drenagem, mas impede a entrada de finas partículas de solo que poderiam obstruir o sistema.

geotêxtil
Qualquer um dentre um grupo de tecidos sintéticos utilizados para separar materiais do solo, filtrar de um meio de drenagem partículas finas de solo ou controlar a erosão deste.

dreno de fundação
Telha de junta aberta ou um cano perfurado instalado em torno da fundação de um edifício, para a coleta e o transporte da água subterrânea até um ponto de despejo.

PROTEÇÃO CONTRA UMIDADE

rufo
Tira metálica encadeada com, e que prende, um *cap flashing*.

chapa de remate
Chapa protetora dobrada para baixo para proteger a chapa de base e impedir a entrada de água na junta. Também chamada **contrachapa**.

chapa de base
Chapa destinada a cobrir e proteger a junta entre um telhado e a superfície vertical de uma parede, platibanda ou chaminé.

saia de platibanda
Cartão acaltroado para coberturas dobrado para cima, contra a parede de uma platibanda.

ripa enviesada
Ripa inclinada ou chanfrada que modifica o declive de um telhado ou arredonda a quina entre uma cobertura horizontal e uma platibanda.

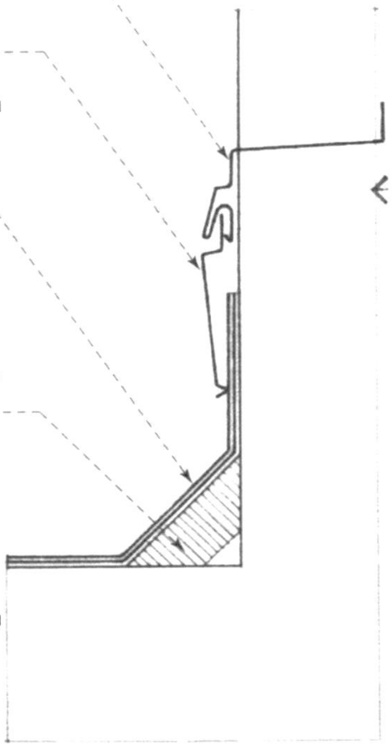

presilha
Tira de metal laminado dobrada que se utiliza como cunha para fixar uma chapa protetora em uma junta de alvenaria.

cunha de chumbo
Peça adelgaçada de chumbo utilizada para fixar uma chapa protetora em um filete.

filete
Entalhe escavado ou formado em uma superfície vertical para receber chapas protetoras.

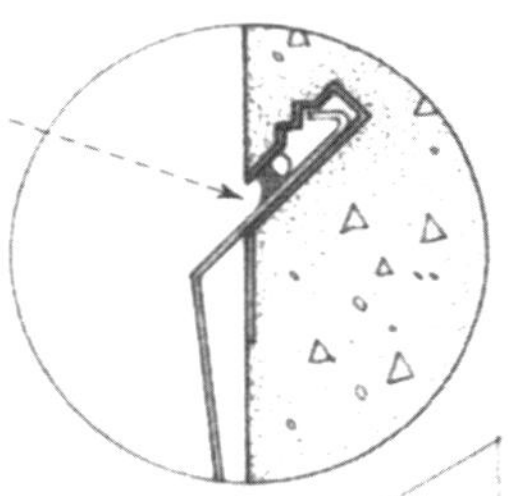

chapeamento escalonado
Revestimento e proteção da intersecção de uma parede com a parte inclinada de um telhado com chapas em forma de L distribuídas em degrau de modo a acompanharem o declive do telhado. Também chamado **chapeamento em degrau**.

passing
Extensão em que uma chapa protetora se sobrepõe a outra.

filleting
Material, como argamassa, utilizado em substituição às chapas protetoras no encontro de um telhado inclinado com uma parede.

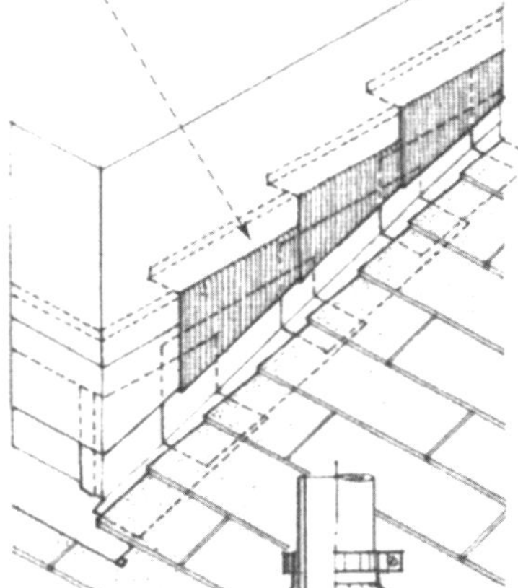

colarinho
Chapa protetora para canos de ventilação que se projetam acima de uma cobertura plana.

flange de cobertura
Flange que se encaixa em torno de um cano de ventilação atuando como uma vedação às águas pluviais, e que avança por uma cobertura plana.

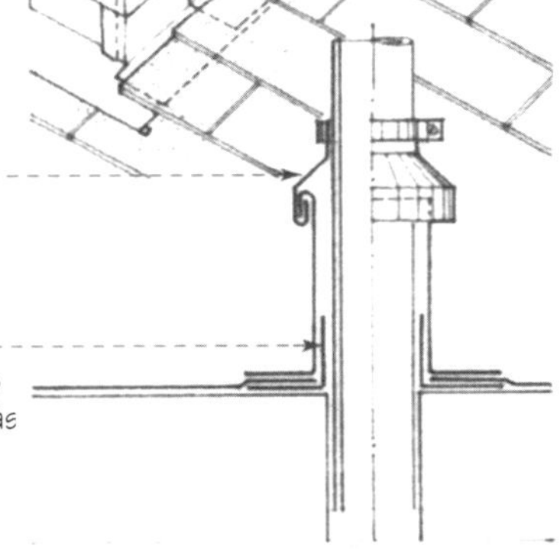

chapa protetora
Cada uma das peças de metal laminado ou outro material delgado impermeável instaladas com o propósito de evitar a entrada de água em uma estrutura a partir de uma quina ou junta. Também, **chapa**.

chapa transversal
Chapa protetora que se estende de um lado de uma parede ao outro.

feint
Ligeira curvatura na extremidade de uma chapa formando um intervalo capilar.

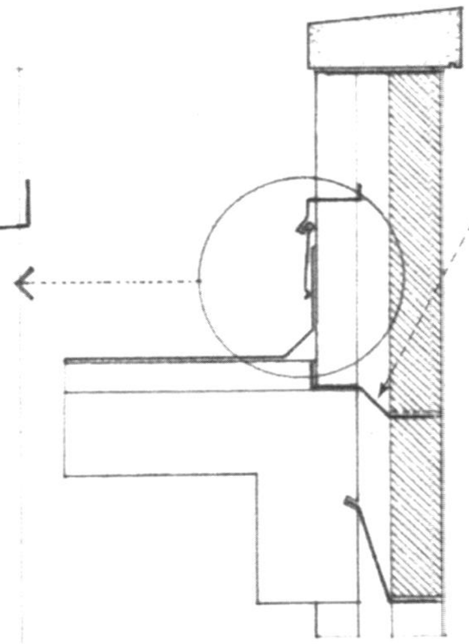

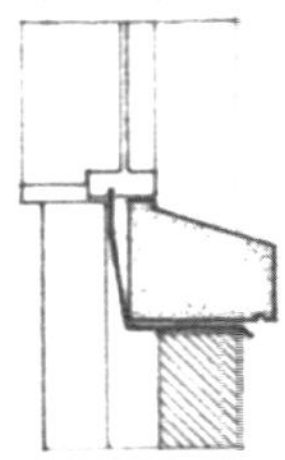

parede barometricamente equalizada
Parede construída com a utilização de um anteparo contra chuva a fim de se eliminar qualquer diferença de pressão do ar entre o ambiente externo e interno – o que poderia provocar a infiltração das águas pluviais pelas juntas da parede.

princípio do anteparo contra chuva
Conceito para se evitar a infiltração, por uma parede, da chuva carregada pelo vento, através da utilização de um anteparo contra chuva, atrás do qual encontra-se um *air space* fechado para criar uma barreira interna ali onde se localizam as principais vedações herméticas ao ar e ao vapor.

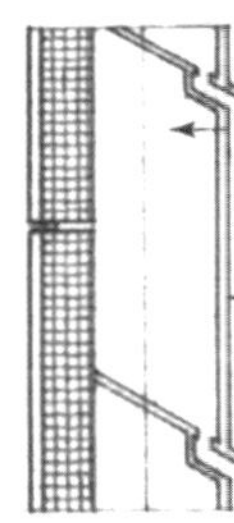

anteparo contra chuva
Camada externa e aparente de uma parede, provida de aberturas destinadas a impedir a penetração de águas pluviais e equalizar a pressão do ar nos lados opostos da fachada.

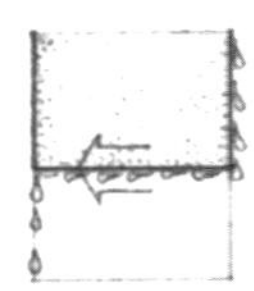

tensão superficial
Força, semelhante a uma força elástica, existente na superfície livre de um líquido, que tende a minimizar a área superficial, causada por forças intermoleculares em desequilíbrio na superfície ou próximas a ela.

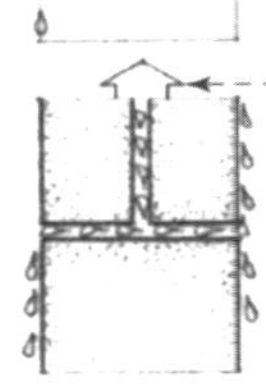

ação capilar
Manifestação da tensão superficial na qual a coesão interna de um líquido é sobrepujada pela aderência deste a uma superfície sólida, provocando sua subida por uma superfície vertical. Também chamada **capilaridade** e **atração capilar**.

wick
Provocar a decantação de um líquido por ação capilar.

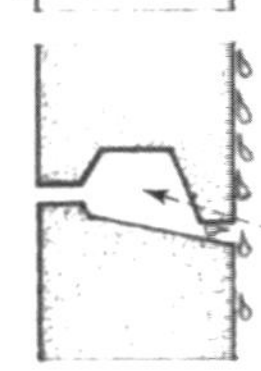

intervalo capilar
Espaço entre duas superfícies sólidas, amplo o bastante para evitar a ação capilar da umidade pelo espaço.

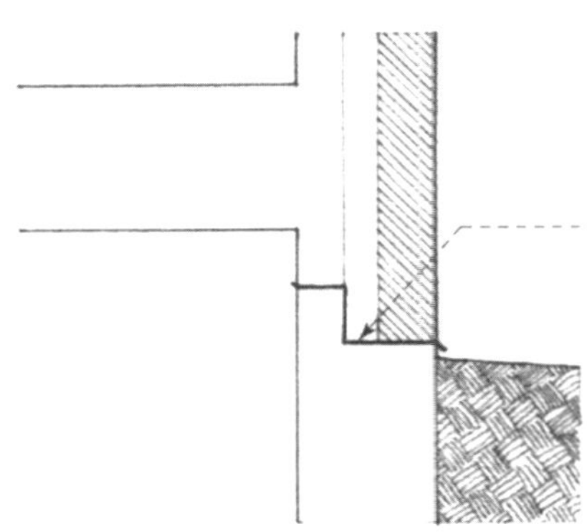

fiada impermeável
Camada horizontal de material impermeável assentada em uma parede de alvenaria para evitar a elevação capilar de umidade a partir do solo ou de uma fiada inferior. Também chamada **carreira impermeável**.

vedante de junta
Qualquer uma das diversas substâncias viscosas injetadas em uma junta de construção e que, ao secar, convertem-se em um material flexível que adere às superfícies circundantes e veda a junta à passagem de ar e água. Também chamado **calafetante de junta**.

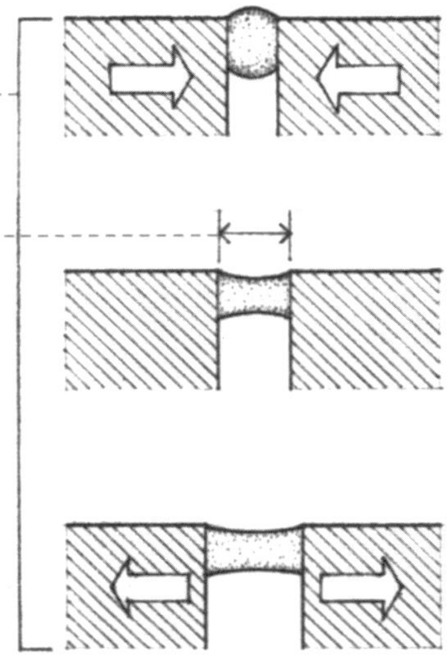

movimento de junta
Alteração na largura de uma junta de construção resultante de uma mudança de temperatura.

extensibilidade
Capacidade de um vedante estirar-se quando tensionado.

vedante de elevado alcance
Vedante de junta de polissulfeto, poliuretano ou silicone, capaz de estirar-se em até 25%, utilizado para vedar juntas em sistemas de parede-cortina. Também chamado **calafetante de elevado alcance**.

vedante de médio alcance
Vedante de junta de borracha butílica ou acrílico, capaz de estirar-se em até 10%, utilizado para vedar juntas inativas ou mecanicamente apertadas. Também chamado **calafetante de médio alcance**.

calafeto
Vedante de baixo alcance empregado para preencher ou fechar uma fenda ou rachadura, de modo a vedá-las à água e ao ar.

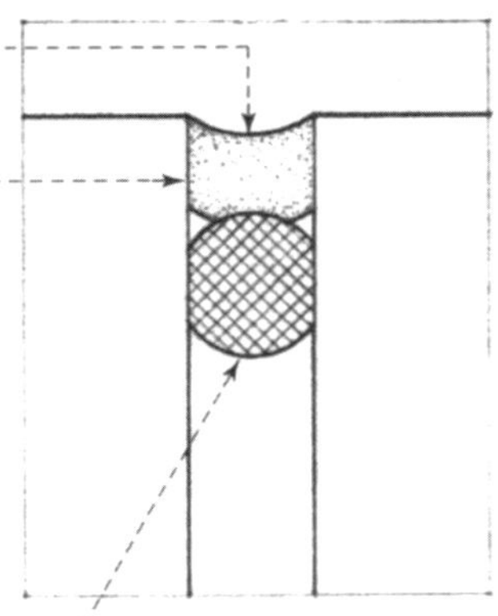

filete
Depósito estreito de vedante aplicado a uma junta de construção.

face de junção
Superfície de um componente ou junta de construção que serve de substrato para um vedante e ao qual é unido.

substrato
Qualquer material que está por baixo e serve de base ou alicerce.

base
Líquido destinado a melhorar a aderência de um vedante a um substrato.

mata-juntas
Tira, haste ou tubo de um material resiliente, como neoprene ou butilo, empregado para fechar uma junta e controlar a profundidade de um vedante.

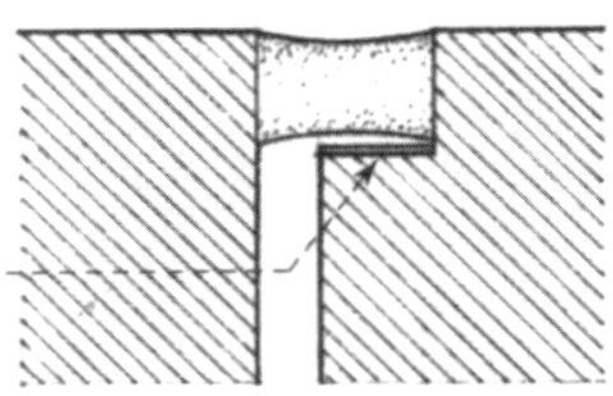

bond breaker
Qualquer um dentre uma série de materiais, como fita de polietileno, utilizados para impedir a adesão de um vedante ao fundo da junta.

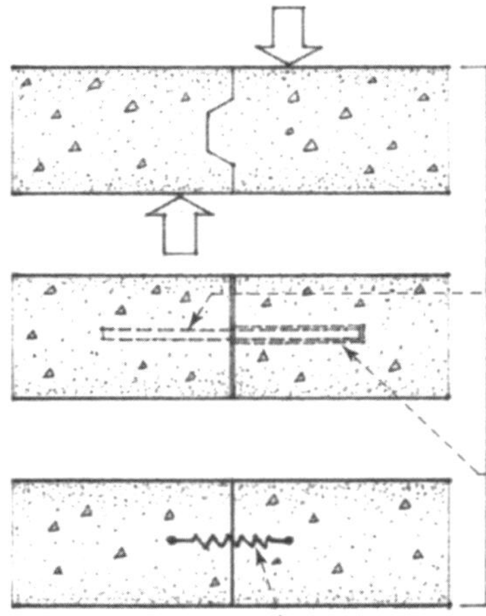

junta de construção
Junta entre dois lançamentos sucessivos de concreto, normalmente firmada com um pino ou tarugo para oferecer uma estabilidade lateral ao longo da junta.

tarugo
Barra curta de reforço, que se estende à mesma distância por duas massas adjacentes de concreto a fim de evitar o movimento diferencial.

luva de expansão
Luva de cano que permite ao elemento que abriga mover-se livremente em sentido longitudinal.

retentor de água
Tira flexível de borracha ou plástico introduzida transversalmente a uma junta de concreto ou alvenaria para impedir a infiltração de água.

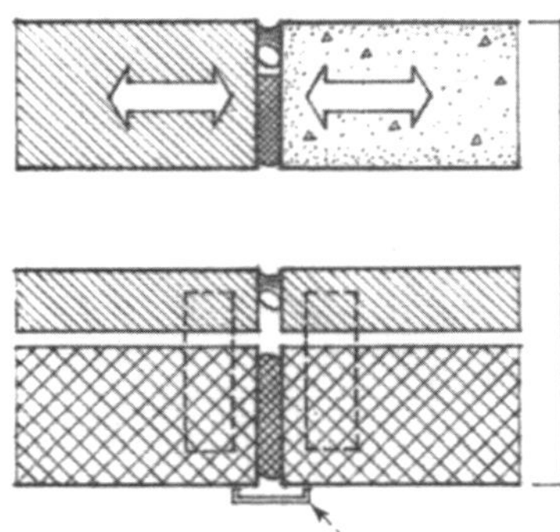

junta de expansão
Junta entre duas partes de uma edificação ou estrutura, que permite a dilatação térmica ou por umidade sem a ocorrência de danos a nenhuma das partes. As juntas de expansão funcionam também como juntas de isolamento e juntas de controle. Também chamada **junta de dilatação**.

protetor de junta de expansão
Protetor pré-fabricado para conservar uma junta de expansão, permitindo, ao mesmo tempo, o movimento relativo das duas partes ligadas.

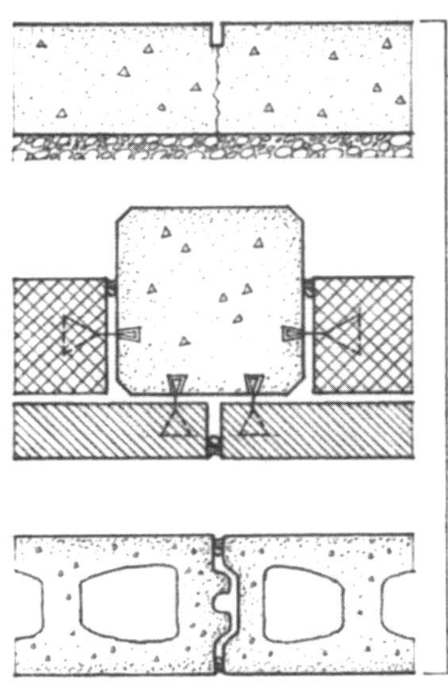

junta de controle
Sulco ou separação contínuos formados, abertos com serra ou com outra ferramenta, em uma estrutura de concreto ou alvenaria para formarem um plano de fragilidade, regulando, dessa forma, a localização e o vulto das rachaduras resultantes de retrações de secagem ou tensões térmicas.

junta de contração
Junta entre duas partes de uma estrutura, destinada a compensar a contração de qualquer uma destas.

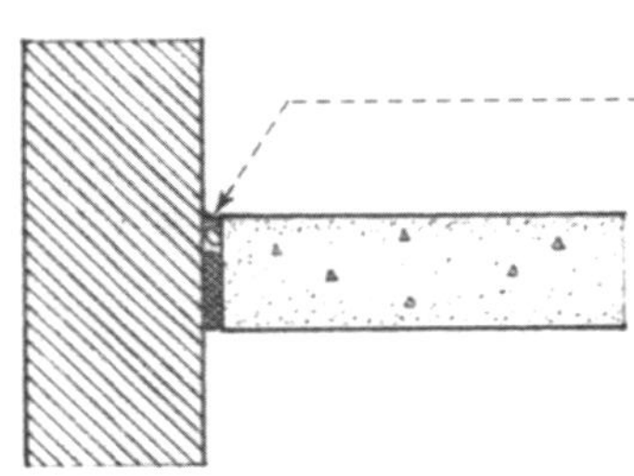

junta de isolamento
Junta que separa duas partes de uma estrutura, de modo a permitir o movimento diferencial ou a acomodação entre elas.

Argamassa de gesso ou cal, água, areia e, por vezes, pêlos ou outras fibras, aplicada às superfícies de paredes e tetos, onde é deixada a secar até seu endurecimento.

argamassa de gesso
Argamassa de base composta por gesso calcinado misturado a areia, água e diversos aditivos destinados a controlar seu endurecimento e suas propriedades funcionais. Também chamada **estuque**.

gesso calcinado
O gesso aquecido a fim de se eliminar a maior parte da água quimicamente combinada com o mesmo.

gesso de Paris
Gesso calcinado, em forma de um pó branco, isento de quaisquer aditivos para controlar o endurecimento e utilizado como base da argamassa de gesso, como aditivo na massa de cal e como material para a fabricação de peças ornamentais moldadas.

gesso
Sulfato mineral mole, de cálcio hidratado, utilizado como retardador no cimento portland e na fabricação de argamassa de gesso.

alabastro
Forma finamente granular do gesso puro, normalmente branca ou translúcida, utilizada na fabricação de objetos e obras decorativos.

argamassa de cal
Mistura de cal, areia e, por vezes, uma fibra, utilizada como revestimento básico.

têmpera de cimento
Mistura de cimento portland à argamassa de cal a fim de aumentar sua rigidez e durabilidade.

revestimento em três camadas
Revestimento de argamassa aplicado em três camadas sucessivas: um revestimento estriado, ou chapisco, seguido por um revestimento desempenado, ou emboço, e um revestimento final.

revestimento em duas camadas
Modalidade de revestimento em que a argamassa é aplicada em duas camadas, uma camada básica, ou emboço, e outra, de acabamento.

revestimento final
Última camada de argamassa de revestimento, que funciona quer como superfície final, quer como uma base para decoração.

revestimento fino
Camada fina de argamassa para nivelamento ou acabamento.

emboço
Camada de argamassa de acabamento rústico, para fins de nivelamento – a segunda camada em um revestimento em três camadas ou a camada básica em um revestimento em duas camadas –, aplicada sobre painéis ou alvenaria. Também chamado **acabamento de desempenadeira**.

revestimento básico
Qualquer camada de argamassa aplicada antes do revestimento final.

revestimento estriado
Primeira camada de um revestimento em três camadas, a qual é estriada a fim de proporcionar uma melhor aderência da camada seguinte, ou emboço.

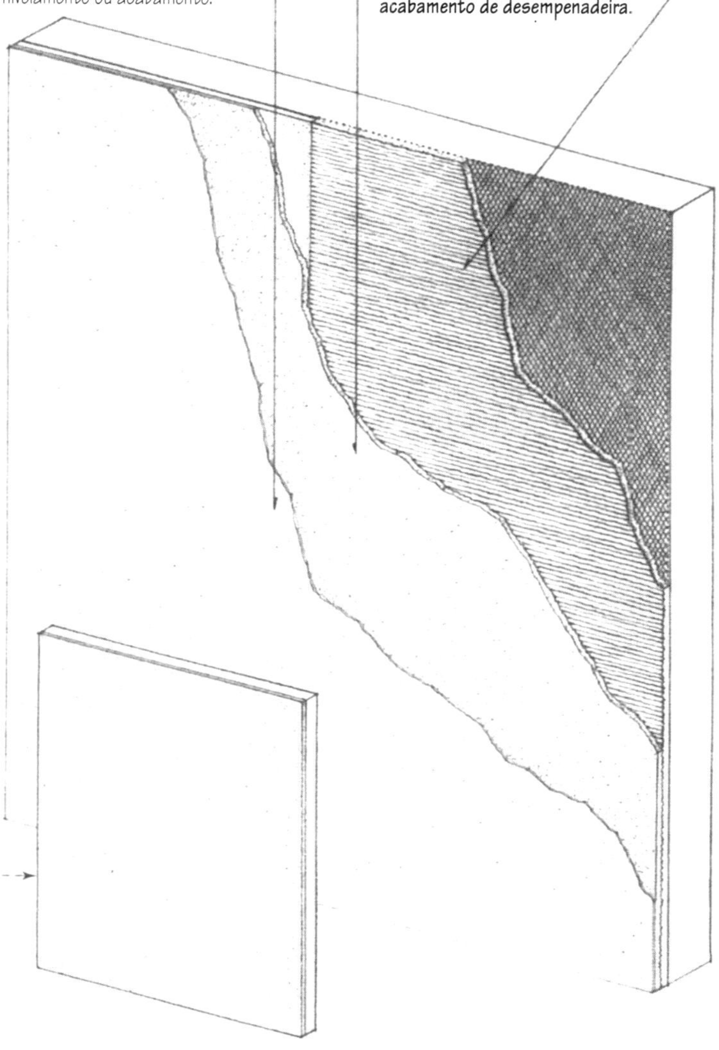

revestimento de cal e gesso preparado
Revestimento final de argamassa que consiste em potéia de cal à qual é acrescido gesso preparado para controlar o tempo de endurecimento e evitar contrações.

gesso preparado
Argamassa de gesso especialmente pulverizada para misturar-se com potéia de cal, formulada para proporcionar quer um endurecimento rápido, quer um endurecimento lento para um revestimento final de argamassa.

acabamento duro
Revestimento final de potéia de cal, cimento Keene's ou gesso preparado, alisado com colher de pedreiro de modo a resultar em um acabamento uniforme e denso.

potéia de cal
Cal viva caldeada com água em quantidade suficiente para produzir uma pasta espessa. Também chamada **pasta de cal virgem**.

cimento Keene's
Nome comercial de uma argamassa de gesso anídrica que produz um acabamento excepcionalmente rijo, denso e resistente a rachaduras.

anídrico
Que tem toda a água de cristalização removida.

revestimento branco
Revestimento final de potéia de cal e gesso preparado branco, alisado com colher de pedreiro de modo a resultar em um acabamento homogêneo e denso.

estuque de folhado
Argamassa de gesso misturada, aplicada como um acabamento muito delgado, em uma ou duas camadas, a uma base folhada. Também chamado **estuque fino**.

argamassa acústica
Argamassa de revestimento de baixa densidade que contém vermiculita ou outro material poroso para aumentar sua capacidade de absorção sonora.

gesso puro
Revestimento básico de argamassa de gesso pura.

argamassa de gesso puro
Camada básica de argamassa de gesso isenta de qualquer mistura exceto fibras, utilizada para ser misturada, em campo, com agregados.

argamassa com fibras de madeira
Argamassa básica de gesso misturada em fábrica, que contém fibras de celulose brutas com vistas a um volume, uma rigidez e resistência ao fogo maiores, utilizada em estado puro ou misturada com areia para se obter um revestimento básico mais rijo.

argamassa colante
Revestimento básico de gesso, que contém uma pequena quantidade de cal e aditivos químicos para melhorar a adesão de revestimentos sucessivos a superfícies densas e não-porosas.

argamassa de gesso e perlita
Revestimento básico de argamassa de gesso, que contém perlita como agregado a fim de reduzir seu peso e aumentar sua resistência térmica e contra incêndios.

argamassa de gesso e vermiculita
Revestimento básico de argamassa de gesso, que contém vermiculita como agregado a fim de reduzir seu peso e aumentar sua resistência térmica e contra incêndios.

argamassa pronta
Argamassa de revestimento formulada e misturada a seco pelo fabricante, exigindo apenas o acréscimo de água no local de sua utilização. Também chamada **argamassa industrializada**.

emboço
Primeira camada de argamassa que recobre uma parede de alvenaria. Também chamado **revestimento grosso**.

chapisco
Mistura úmida e rica de cimento portland e areia arremeçada em direção a uma superfície lisa de tijolo ou concreto e que, ao secar, resulta em uma ponte de aderência para uma primeira camada de argamassa.

ponte de aderência
Ranhuras ou aspereza aplicadas a uma superfície a fim de melhorar sua adesão a outra superfície.

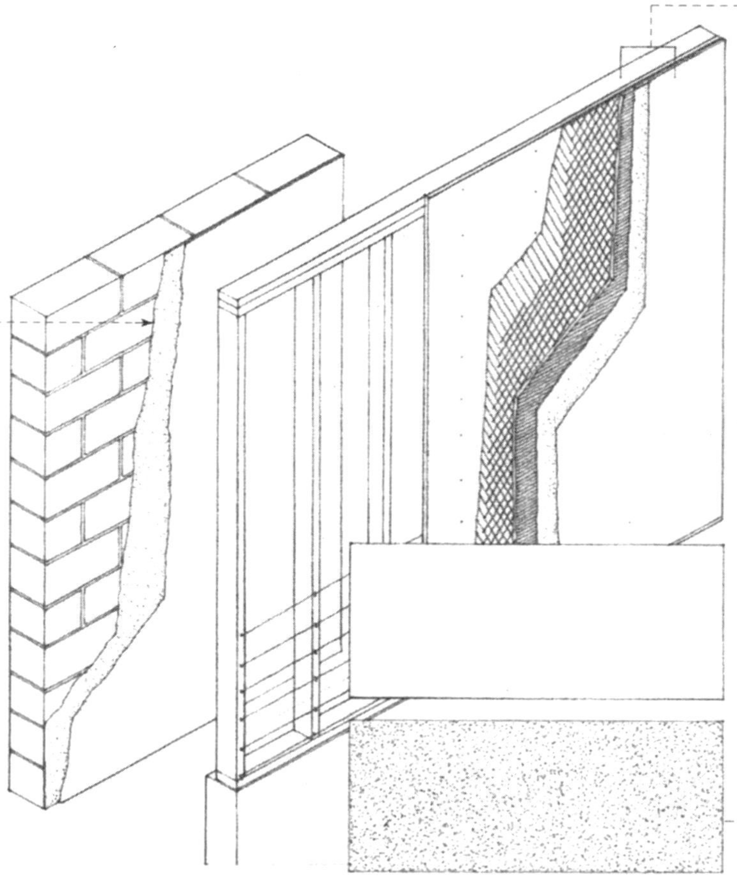

argamassa externa
Argamassa rústica, composta de cimento portland ou de alvenaria, areia e cal hidratada, misturada com água e aplicada em estado plástico para formar um revestimento rijo em paredes externas.

argamassa de cimento portland
Argamassa rústica feita com cimento de alvenaria ou cimento portland, misturados com menos de 50% por volume de cal.

argamassa de cimento portland e cal
Argamassa de cimento portland à qual é misturada cal em um volume superior a 50% por volume, a fim de se aumentar a plasticidade da mistura.

albário
Revestimento empregado na Antigüidade, feito de mármore em pó e argamassa de cal, normalmente polido.

intonaco
Acabamento feito com pó de mármore branco, para servir de base a um afresco.

escaiola
Revestimento que imita o granito ou o mármore.

acabamento de desempenadeira
Acabamento texturizado efetuado com uma argamassa que contém areia, nivelado e alisado com uma desempenadeira.

acabamento alisado
Acabamento de uma superfície de argamassa externa que exibe uma textura fina, obtida através do alisamento com uma desempenadeira com face acarpetada ou emborrachada.

acabamento penteado
Acabamento de uma superfície de argamassa externa obtido através do movimento de uma ferramenta dentada ao longo da mesma antes de seu endurecimento.

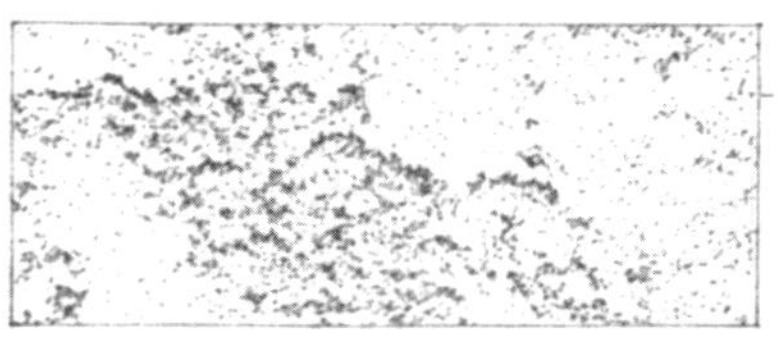

acabamento de colher de pedreiro
Acabamento de uma superfície de argamassa externa produzido mediante o alisamento das protuberâncias de uma superfície de massa arremessada antes de seu endurecimento.

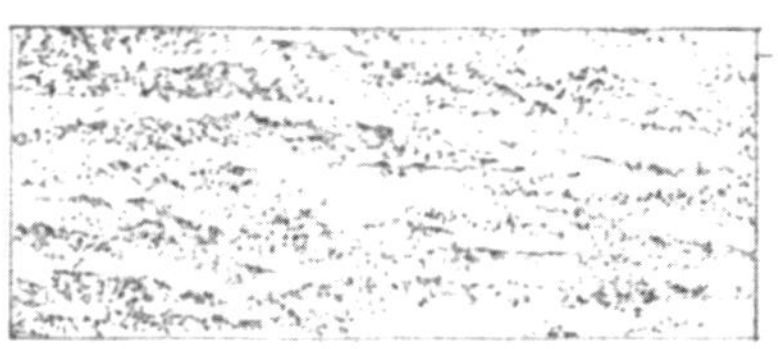

acabamento de colher de pedreiro desenhado
Acabamento obtido mediante o alisamento e desenho de uma superfície de massa arremessada antes de seu endurecimento.

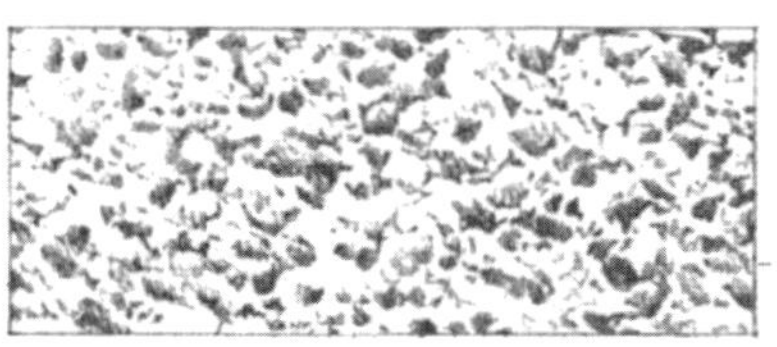

revestimento rústico
Revestimento de uma parede obtido mediante o arremesso de massa contra sua superfície.

cascalho arremessado
Acabamento de parede externa obtido mediante o arremesso e a pressão de pequenos cascalhos na massa ainda úmida.

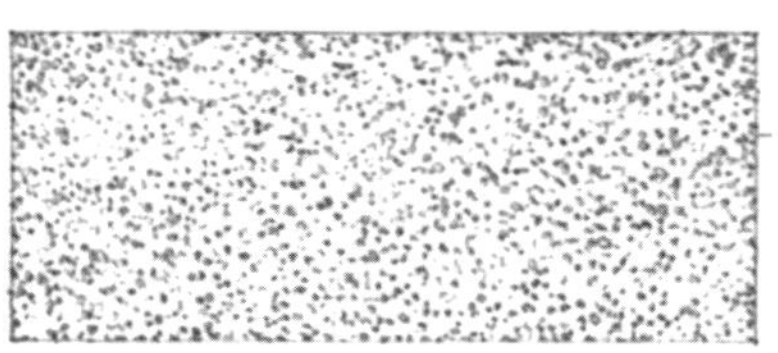

revestimento rústico moderno
Acabamento de parede externa composto por uma massa misturada com pequenos cascalhos, a qual é arremessada contra uma parede.

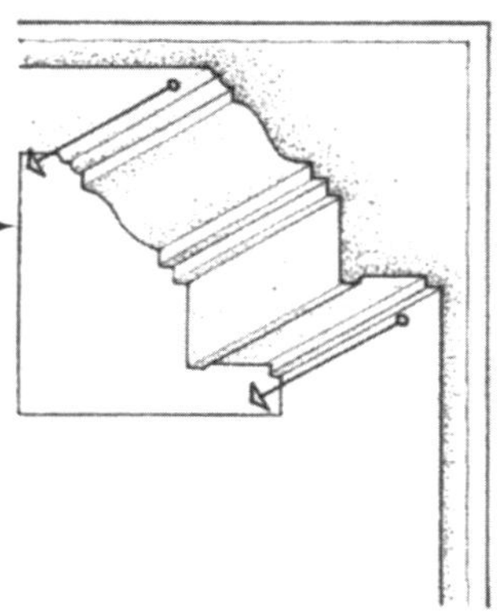

gesso de moldar
Argamassa utilizada em peças decorativas, que consiste em gesso finamente pulverizado e cal hidratada.

molde corrediço
Molde de metal laminado, recortado segundo o perfil desejado, reforçado com madeira e impelido de modo a deslocar-se para formar uma moldura de gesso ao longo da quina entre uma parede e o teto. Também chamada **molde montado** ou **molde deslizante**.

estribo
Suporte de madeira para um molde corrediço em metal laminado.

revestimento ornamental
Revestimento delicado feito em argamassa de gesso, com motivos em baixo-relevo.

tela
Qualquer uma dentre uma série de superfícies apropriadas para receberem uma argamassa de gesso, como folha de gesso, tela metálica e tela de madeira.

tela metálica
Base para argamassa, fabricada com metal expandido ou malha de arame, pintada ou galvanizada para fins de resistência à corrosão.

tela metálica expandida
Tela metálica fabricada mediante o entalhe e a expansão de uma folha de liga de aço, de modo a formar uma trama rija com orifícios em forma de diamante.

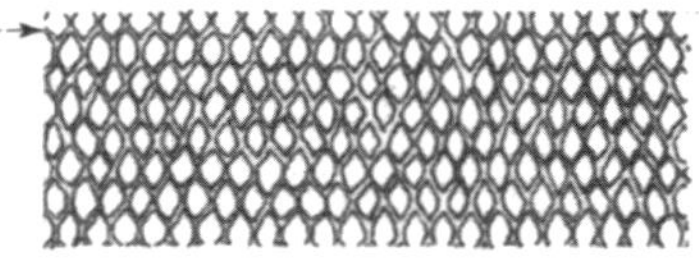

tela nervurada
Tela metálica expandida com nervuras em forma de V, com a finalidade de conferir maior rigidez e permitir um espaçamento mais largo entre as peças de sustentação da estrutura.

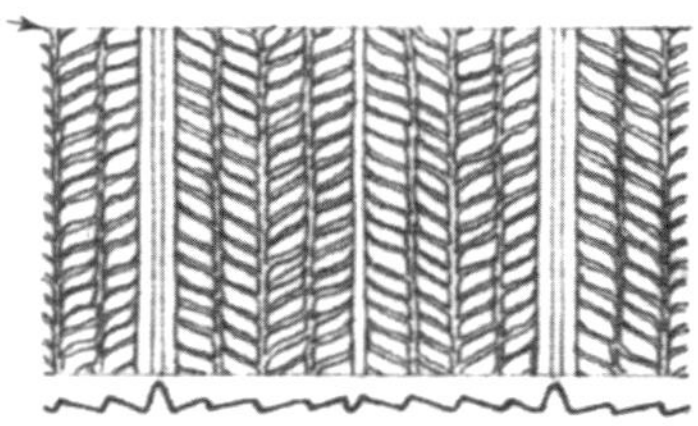

tela autocentradora
Tela nervurada colocada por sobre vigotas de aço como armadura de lajes de concreto ou como estrutura de divisórias sólidas em argamassa de revestimento.

tela autoguarnecida
Tela metálica expandida, de arame soldado ou arame trançado, que é ondulada de modo a colocar-se a uma certa distância da superfície de apoio, criando um espaço para o encaixe de uma argamassa de revestimento.

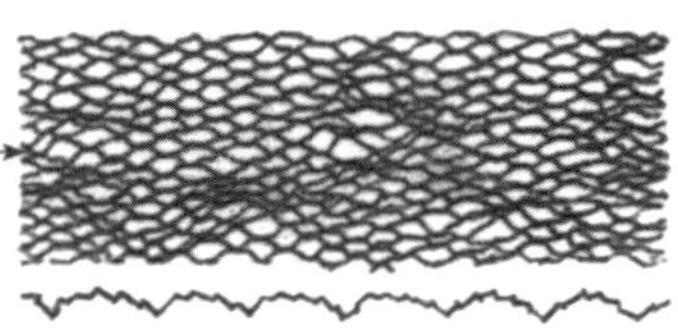

tela de arame
Trama de arame soldado ou trançado, normalmente com um verso de papel, utilizada como base para argamassas de revestimento.

tela com verso de papel
Tela metálica expandida ou de arame, com um verso de papel perfurado ou papelão, utilizada como base para argamassas de revestimento.

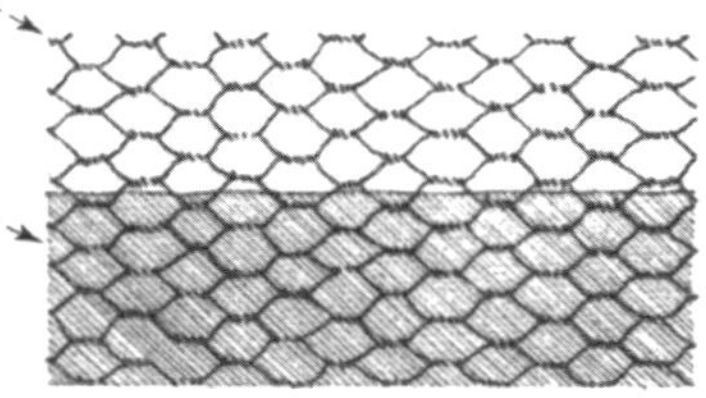

tela angular
Tira de tela metálica expandida dobrada em um ângulo de 90°, utilizada como quina interna para evitar rachaduras em um revestimento.

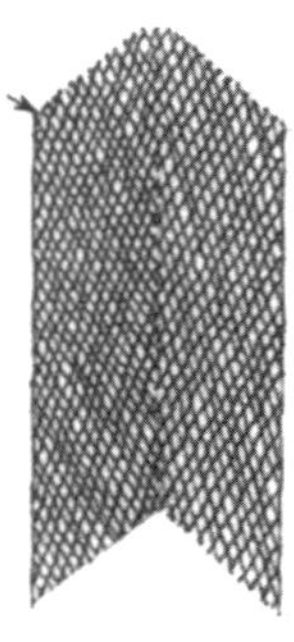

tira de tela
Faixa estreita de tela metálica expandida para o reforço de juntas em uma tela de gesso ou junções entre diferentes tipos de bases para argamassas de revestimento.

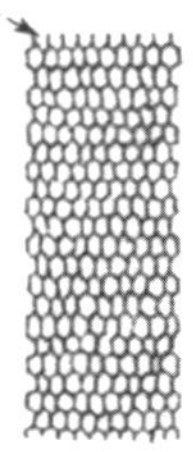

forro
Malha de algodão bruto, fibra de vidro ou metal, utilizada para preencher e reforçar uma junta, ou como base para argamassas de revestimento ou pintura.

folha de gesso
Chapa de gesso com um núcleo com ar incorporado revestido com papel absorvente, utilizado como base para argamassa de gesso.

folha de gesso perfurada
Chapa de gesso com pequenos orifícios perfurados, destinados a proporcionar uma ancoragem mecânica da argamassa.

folha de gesso isolante
Chapa de gesso com uma folha de alumínio no verso, que funciona como retardador de vapor e isolante térmico refletivo.

base de folheado
Chapa de gesso com um revestimento especial de papel para receber uma camada de revestimento em gesso.

ripa
Tira fina e estreita de madeira, utilizada com outras tiras para formar um quadriculado (madeiramento), uma base para argamassa de revestimento ou um suporte para telhas de ardósia ou outro material de cobertura. Também chamada **sarrafo**.

calço
Cada uma das ripas de madeira ou canaletas metálicas afixadas a uma parede ou outra superfície de modo a formarem uma base nivelada para uma tela ou um material de acabamento, ou para criarem uma câmara de ar entre uma parede e um material de acabamento.

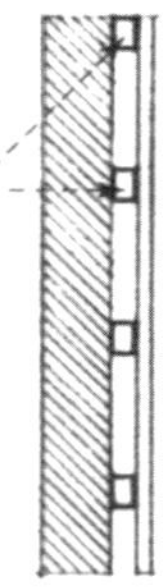

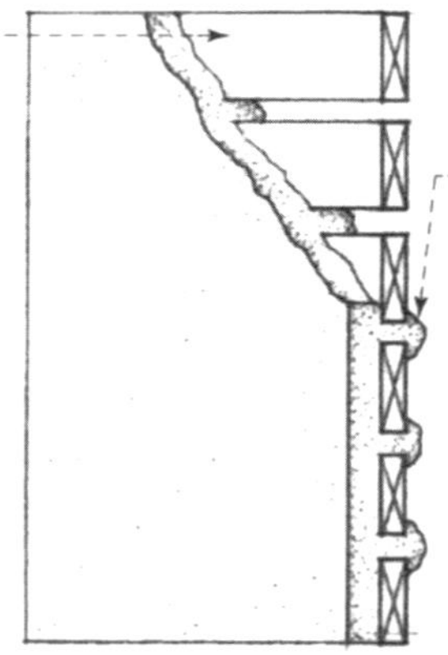

aderência
Fixação da argamassa a sua base, obtida por meios químicos ou mecânicos.

aderência mecânica
Fixação física de uma camada de argamassa a uma base ou a outra camada de argamassa encrespada através de estriamento.

adesivo
Substância química aplicada a um substrato adequado a fim de aumentar a aderência da camada subseqüente.

sucção
Absorção de água de um revestimento final de argamassa pela camada básica ou folha de gesso, resultando em uma melhor aderência.

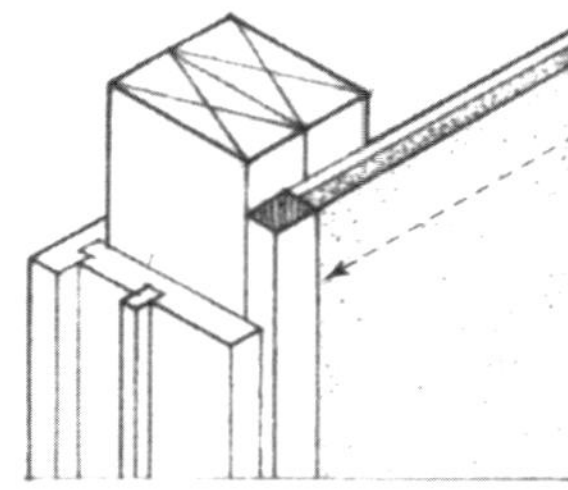

régua
Ripa de madeira ou filete metálico utilizado em um vão como guia para o rebocamento a uma dada espessura e como retentor da argamassa. Também chamada **mestra**.

guia de reboque
Tira de madeira, gesso ou metal aplicada a uma superfície a ser emboçada, de modo a servir de guia para a criação de uma superfície perfeita e um emboçamento a uma dada espessura.

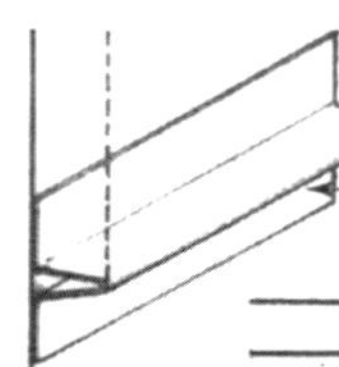

guia de base
Guia metálica pré-formada, utilizada para se separar uma superfície emboçada de outro material ao longo da base de uma parede.

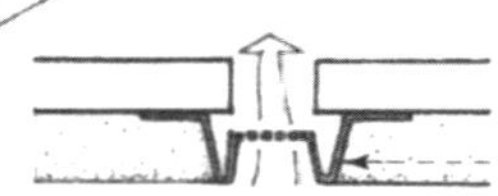

guia aberta
Guia metálica perfurada, com a finalidade de ventilar um espaço oculto atrás de uma superfície emboçada.

guia de dilatação
Guia metálica pré-formada, aplicada sobre as juntas de uma folha de gesso para o controle de rachaduras.

junta de controle
Tira metálica pré-formada, instalada para descarregar as tensões de contração, térmicas ou estruturais em uma grande área revestida com argamassa.

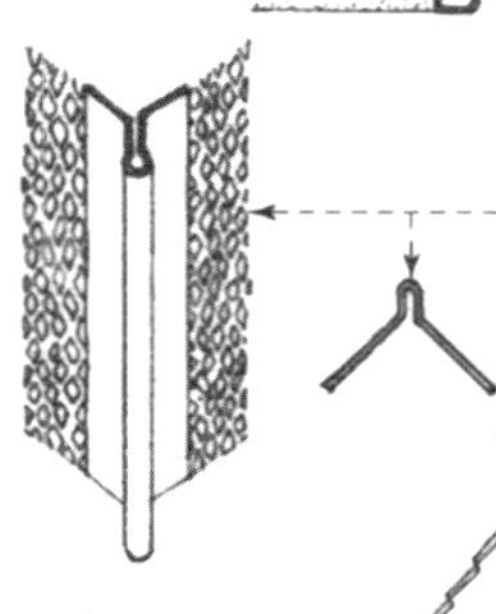

tira angular
Tira metálica pré-formada, provida de duas abas expandidas ou perfuradas, e bicos projetados de formatos diversos, utilizada como régua e para reforçar e proteger uma quina externa argamassada ou a superfície de uma placa de gesso.

tira angular em focinho de boi
Tira angular com um bordo arredondado.

tira angular arqueada
Tira angular flexível, utilizada para dar forma e reforçar a parte curva de um vão arqueado.

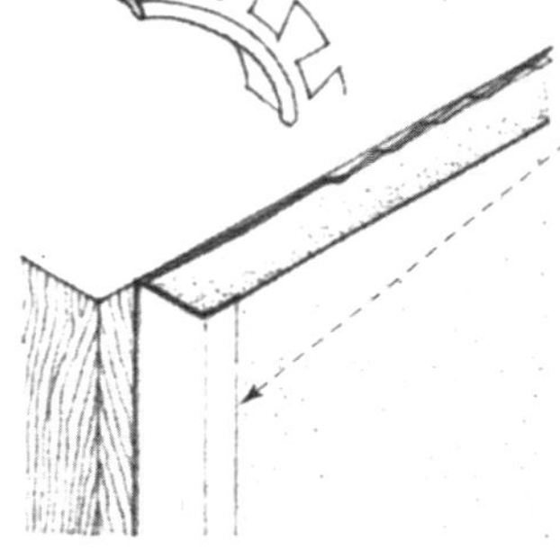

caixilho
Tira metálica pré-formada, com uma aba expandida ou perfurada, e bordos de diversos formatos, utilizada como régua e para reforçar as extremidades de uma superfície revestida ou de uma placa de gesso.

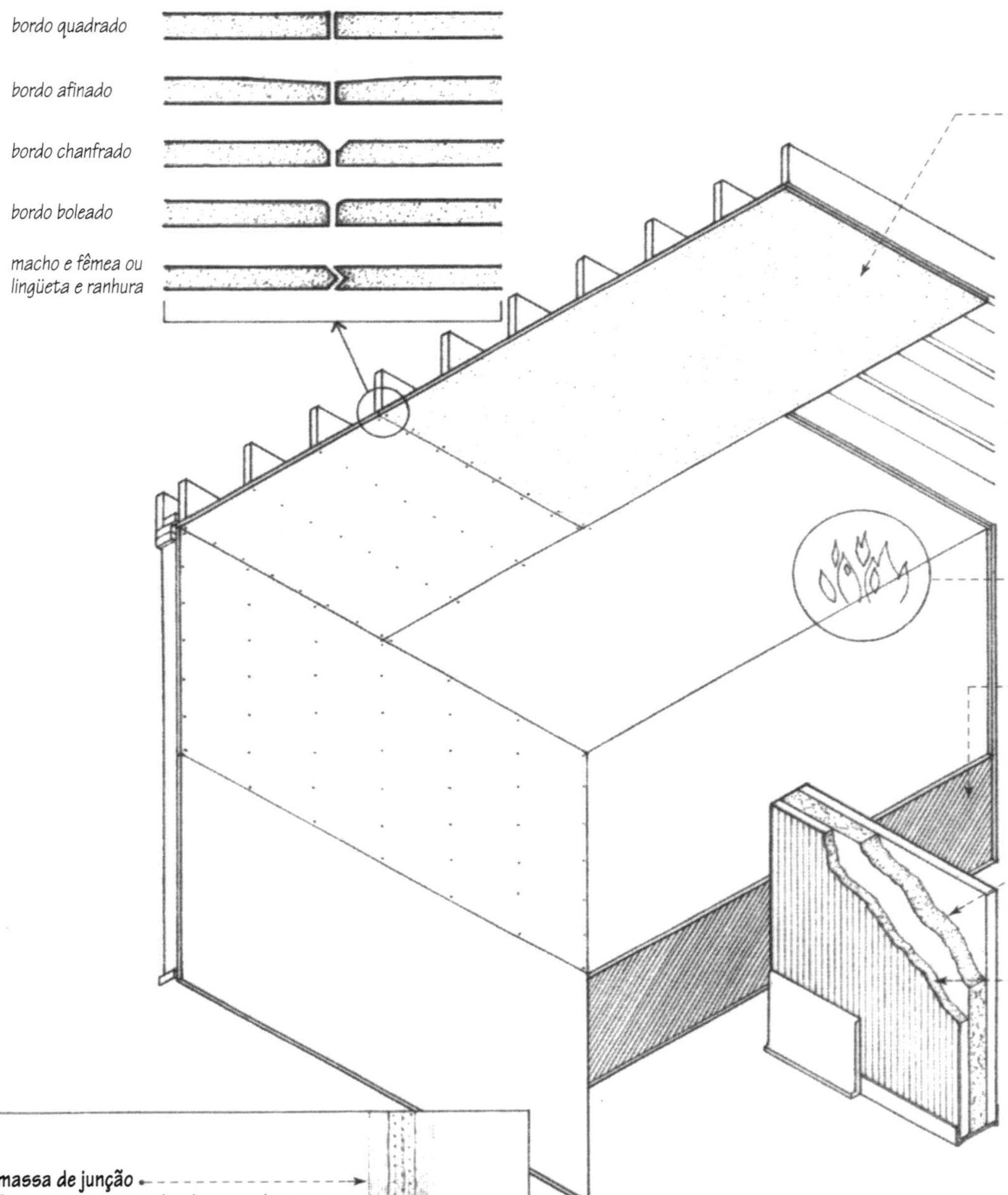

placa de revestimento
Qualquer um dentre uma série de materiais laminados que se utilizam para recobrir uma parede ou teto em lugar de argamassa ou painéis.

placa de gesso
Material laminado com um núcleo de gesso revestido de papel em ambos os lados, utilizado para recobrir paredes ou como base para a aplicação de argamassa. Também chamada parede seca.

Sheetrock
Nome comercial de uma determinada placa de gesso.

placa de gesso tipo-X
Placa de gesso com um núcleo que contém aditivos destinados a aumentar a resistência ao fogo.

placa de fundo
Placa de gesso barata, utilizada como camada básica de um conjunto de camadas múltiplas próprio para aumentar a rigidez, o isolamento sonoro e a resistência ao fogo.

núcleo
Placa de gesso com 25,4 mm de espessura, utilizada como base em divisórias sólidas ou para revestir colunas.

placa de gesso pré-acabada
Placa de gesso cuja superfície exibe uma camada decorativa de vinil ou um papel de parede.

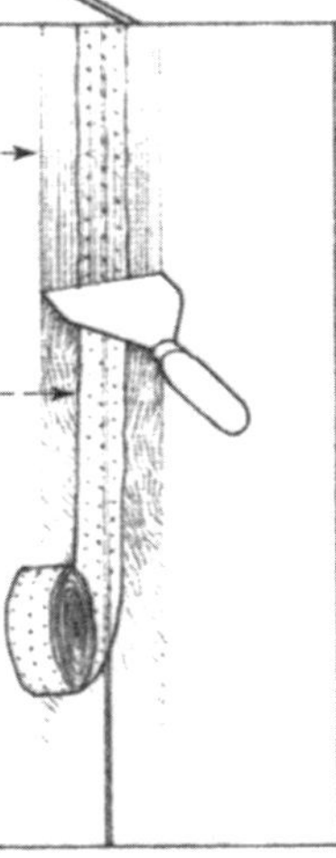

massa de junção
Composto pastoso utilizado para cobrir uma fita de junção, preencher reentrâncias e dar acabamento às juntas da superfície de uma placa de gesso.

fita de junção
Tira de papel, algodão revestido com papel, ou ainda de malha de plástico, utilizada juntamente com a massa de junção para recobrir as juntas entre as folhas de uma placa de gesso.

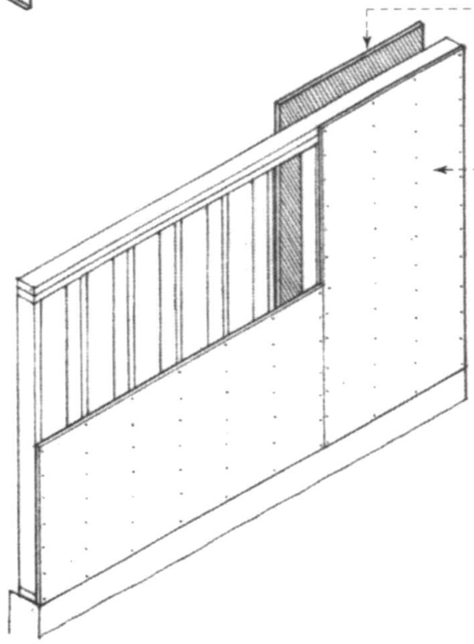

placa de gesso com verso laminado
Placa de gesso que traz no verso uma folha de alumínio que atua como retardador de vapor e como isolante térmico refletivo quando esta recobre uma câmara de ar com espessura mínima de 19 mm.

revestimento de gesso
Placa de gesso com um núcleo resistente ao fogo e revestida com um papel repelente de água, utilizada como um revestimento externo.

Ato ou ofício de criar junções, na marcenaria.

marcenaria
Arte ou ofício do marceneiro, geralmente aplicados a objetos ou partes de uma estrutura de madeira, como escadarias, mobiliário ou moldes.

sambladura de talas
Junta de prolongamento na qual as peças contíguas são mantidas em alinhamento e reforçadas por talas.

tala
Chapa metálica pregada em cada uma dentre duas peças contíguas.

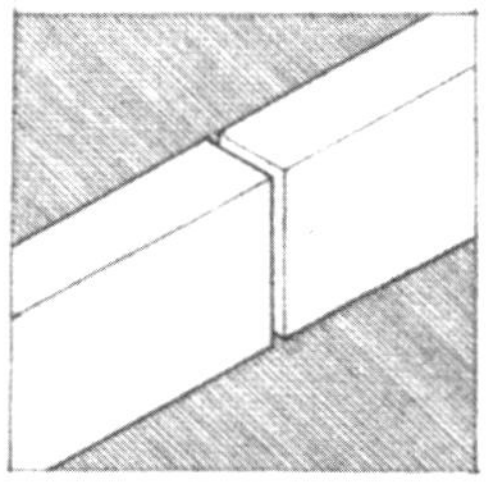

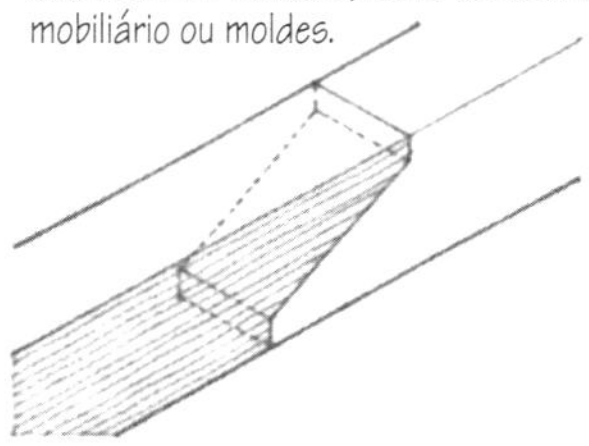

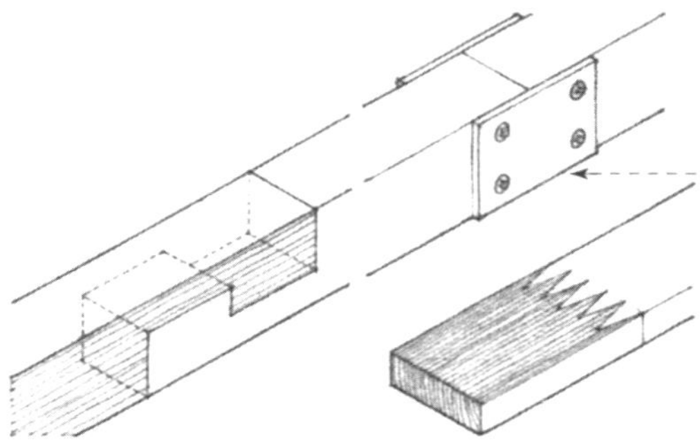

sambladura de ponta
Qualquer junta formada pela união de duas peças pelas pontas de modo a aumentar seu comprimento. Também, **junta de prolongamento**.

sambladura chanfrada
Junta de prolongamento criada pela sobreposição das extremidades adelgaçadas, chanfradas ou emalhetadas de duas peças, fixadas no lugar por parafusos, tiras, pinos ou talas, para resistirem à tensão ou compressão.

sambladura quadrada
Sambladura chanfrada emalhetada que se emprega para resistir à tensão, com uma seção mais larga e uma seção mais delgada para cada peça, a mais delgada situada na extremidade.

sambladura de dedo
Junta de prolongamento formada pelo entrelaçamento de projeções semelhantes a dedos nas extremidades das peças a serem unidas.

sambladura de topo
Qualquer uma das diversas juntas formadas pelas superfícies contíguas de duas peças reunidas em esquadria sem nenhuma sobreposição. Também chamada **sambladura topo a topo**.

sambladura em nível
Qualquer junta nivelada com as superfícies sambladas.

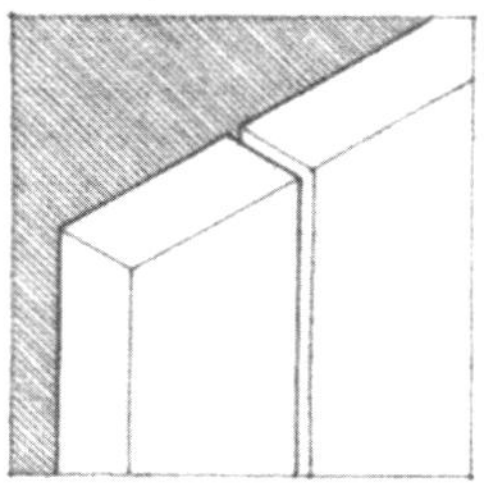

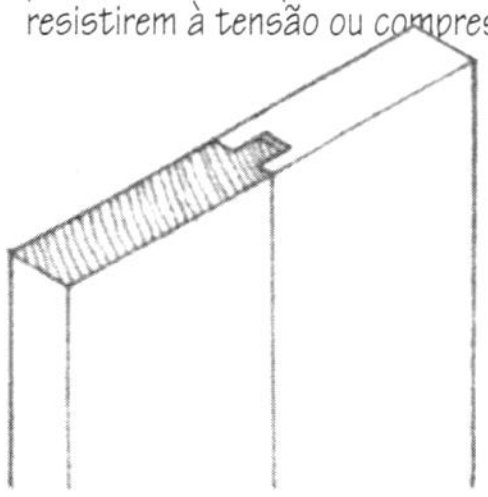

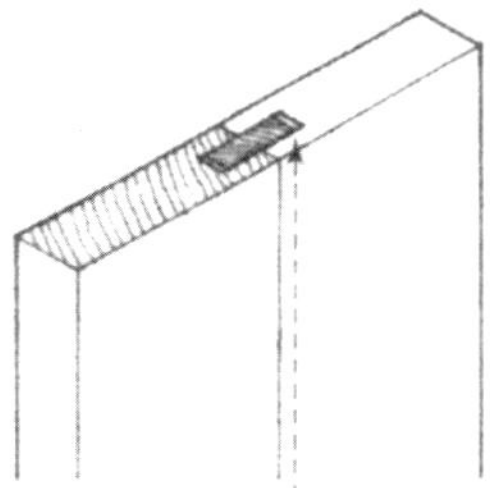

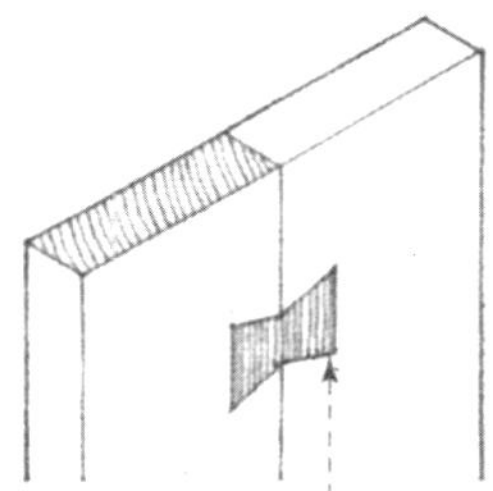

sambladura de bordo
Qualquer junta formada pela união de duas peças pelos bordos de modo a aumentar sua largura.

encaixe macho e fêmea
Junta formada mediante o encaixe de uma saliência, ou lingüeta, situada no bordo de uma peça, em um rebaixo no bordo de outra peça para se produzir uma superfície nivelada. Também chamada **lingüeta e ranhura**.

chaveta
Tira fina de metal inserida nos bordos entalhados de duas peças a fim de se criar uma junta de topo entre elas. Também chamada **feather**.

borboleta
Prendedor em forma de cauda de andorinha dupla, utilizado para juntar duas peças pelos seus bordos.

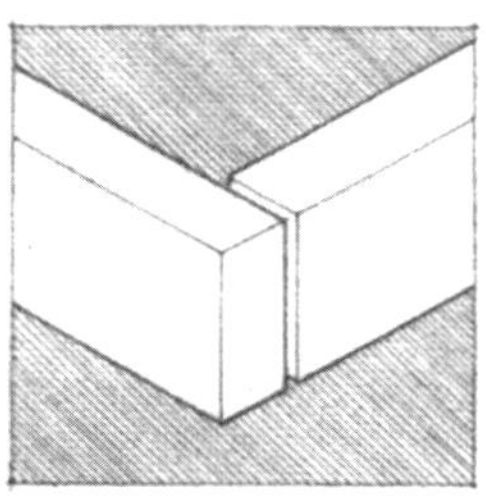

dado
Recesso retangular entalhado em uma peça para receber a extremidade de outra peça.

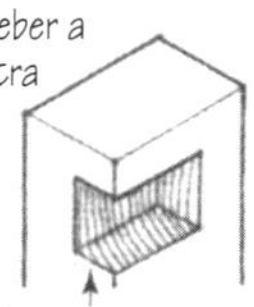

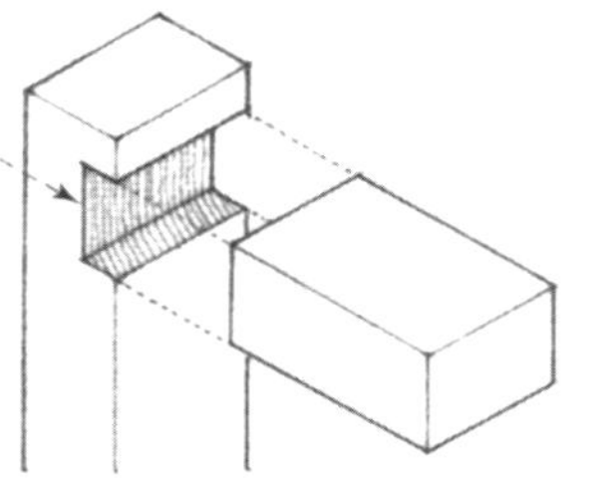

encaixe
Ranhura ou sulco entalhado ao longo ou próximo da extremidade de uma peça, de modo a permitir que algo seja encaixado ali. Também, **rebaixo**.

escavar
Entalhar ou vazar com uma goiva ou máquina.

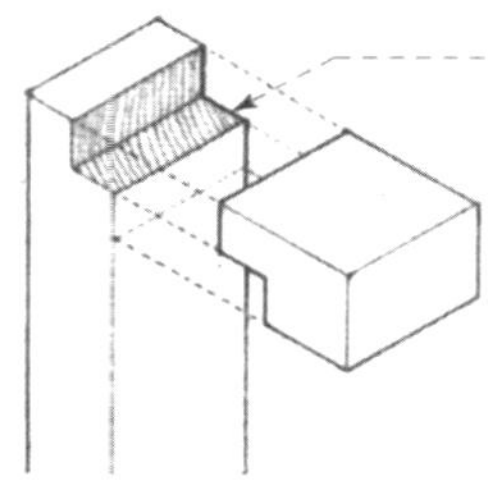

sambladura angular
Qualquer junta formada pela união de duas peças em um canto, de modo a se criar uma mudança de direção.

dado interrompido
Recesso retangular que não se estende por toda a largura de uma peça.

sambladura de dado
Junta criada pela inserção da extremidade de uma peça em um recesso na outra. Também, **junta abrigada**.

sambladura de encaixe
Junta entre duas peças entalhadas.

meia-esquadria
Superfície oblíqua formada de modo a encostar em outra superfície oblíqua à qual será encaixada.

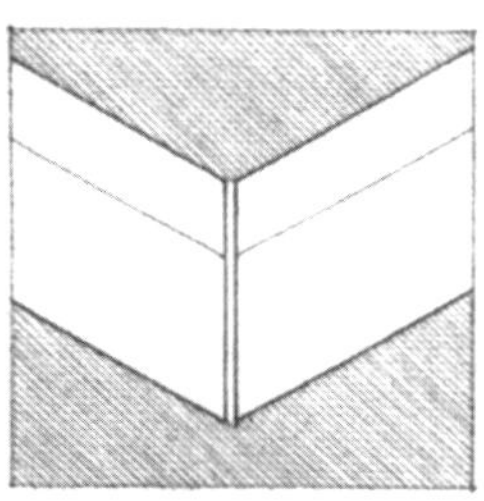

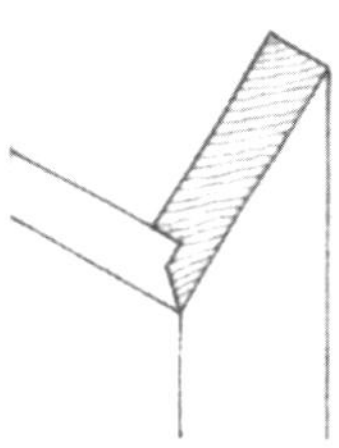

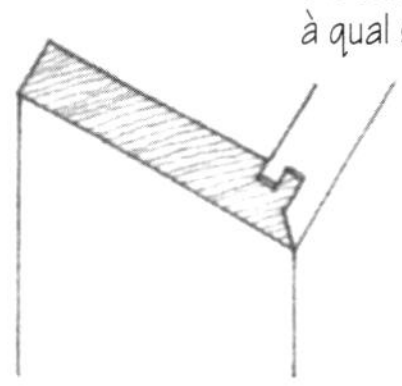

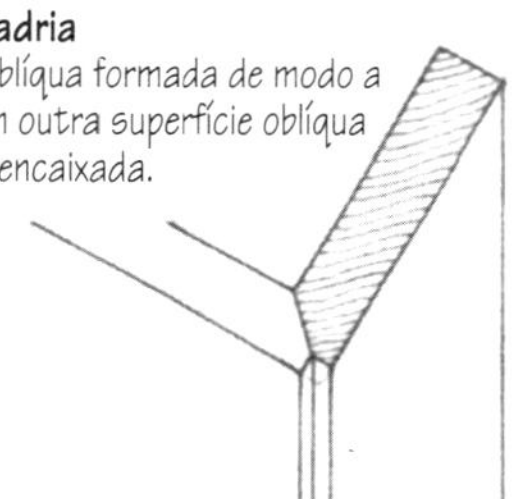

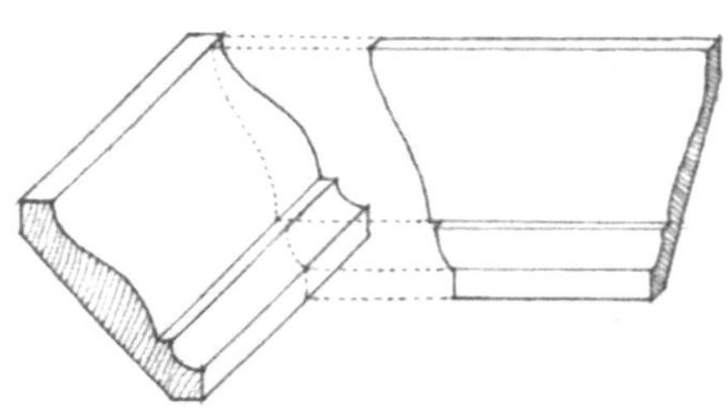

sambladura de meia-esquadria
Junta entre duas peças que se encontram em um ângulo, formada mediante o corte de cada uma das superfícies unidas a topo em um ângulo igual à metade do ângulo de junção.

meia-esquadria com ombreira
Junta de meia-esquadria com uma superfície elevada a fim de limitar o movimento entre as partes unidas.

meia-esquadria com lingüeta
Junta de meia-esquadria que incorpora um macho e fêmea.

acaneladura
Ângulo agudo ou sulco separando um elemento de outro.

sambladura recortada
Junta entre duas molduras, formada pelo corte, por baixo, da extremidade de uma delas segundo o perfil da outra. Também chamada **sambladura delineada** ou **riscada**.

curva de transição
Junta curva que forma uma transição suave entre superfícies que, de outra forma, se interceptariam em um ângulo. Também, **concordância**.

quina de transição
Quina ligeiramente curva. Também, **concordância**.

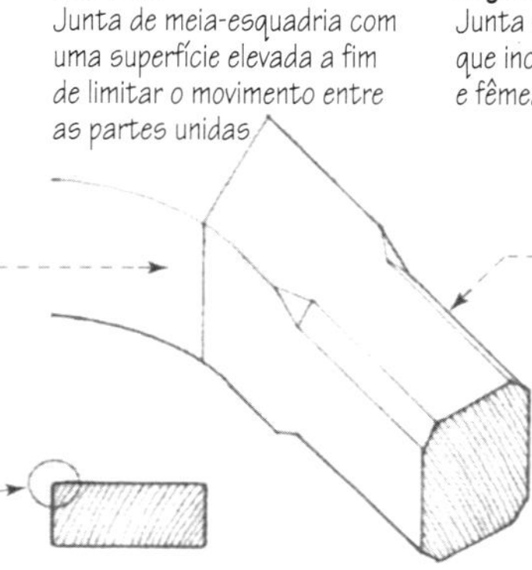

chanfro interrompido
Chanfradura que se estreita gradativamente até confundir-se com uma aresta viva.

chanfradura
Superfície oblíqua, normalmente formada ou cortada em um ângulo de 45° com as faces principais adjacentes.

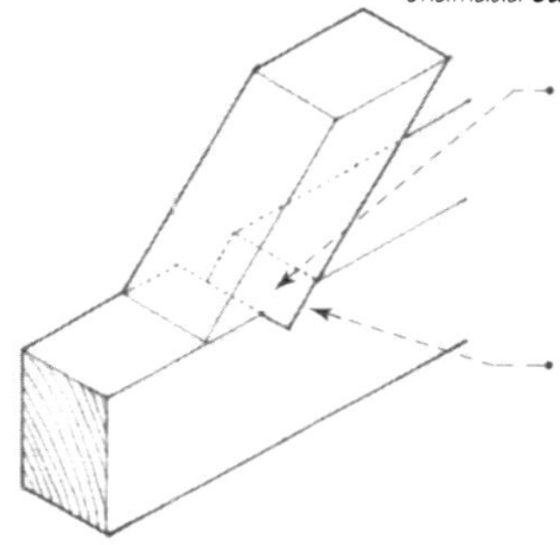

dente
Projeção de uma dentre duas peças unidas, que se encaixa em um recesso correspondente na outra peça para evitar o movimento entre elas.

ranhura
Fenda escavada em uma peça de madeira para receber um pino de ligação em madeira ou parte de outra peça do mesmo material.

sambladura emalhetada
Junta de sobreposição formada pela remoção de metade de cada peça no ponto de junção, de modo a resultar em uma superfície nivelada. Também chamada **sambladura de meia madeira**.

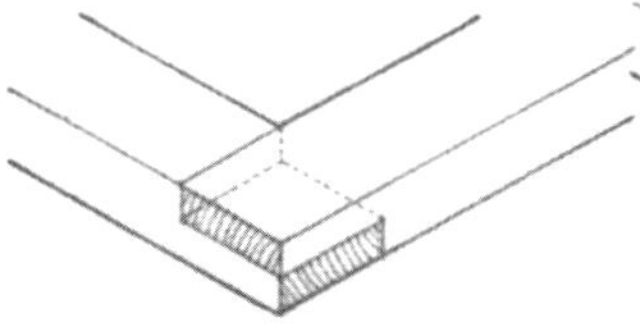

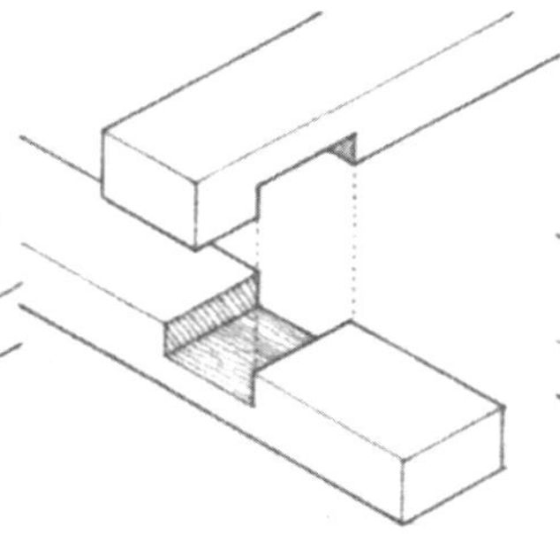

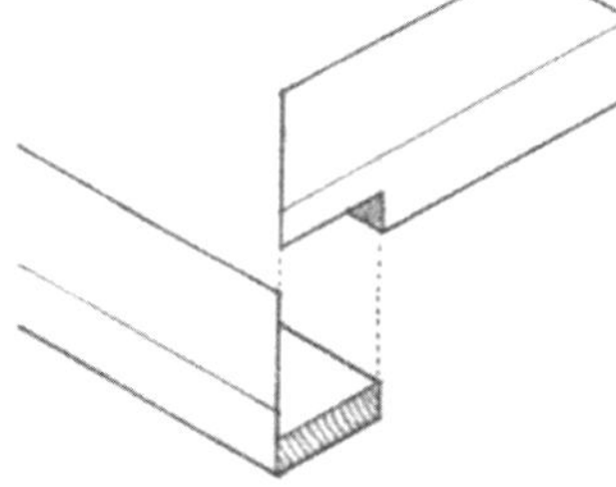

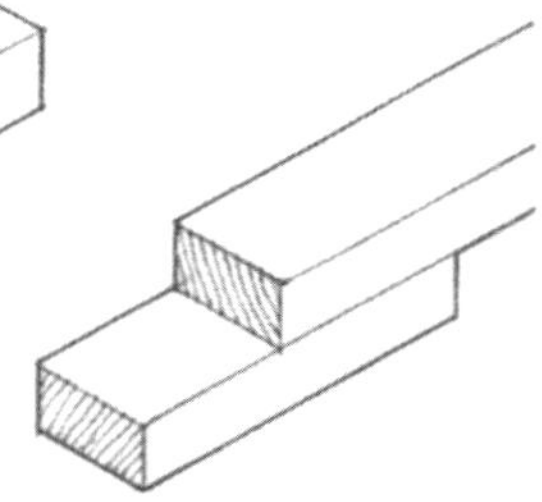

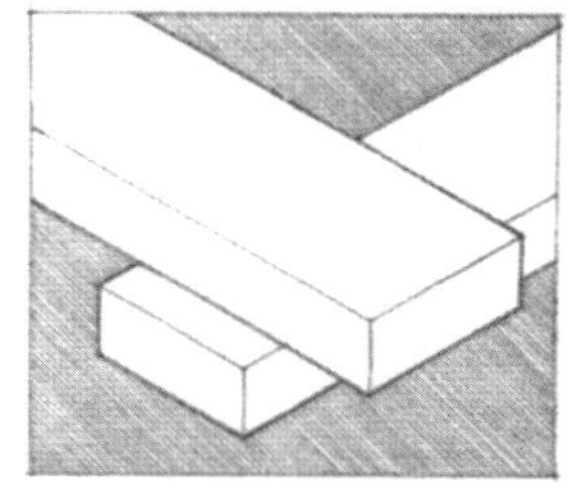

sambladura de sobreposição de ponta
Junta angular formada pela meação de cada peça em um comprimento correspondente à largura da outra peça.

sambladura de sobreposição transversal
Junta de meia-madeira formada por duas peças entrecruzadas.

meação a meia-esquadria
Sambladura de sobreposição de ponta que incorpora uma meia-esquadria em um dos lados.

imbricação simples
Sambladura formada pela sobreposição de duas peças sem que haja nenhuma modificação na forma.

cauda de andorinha
Espiga em forma de leque, mais larga na extremidade do que na base.

sambladura sobreposta
Qualquer uma das diversas juntas formadas pela sobreposição das extremidades ou bordos de duas peças. Também chamada **junta de sobreposição**.

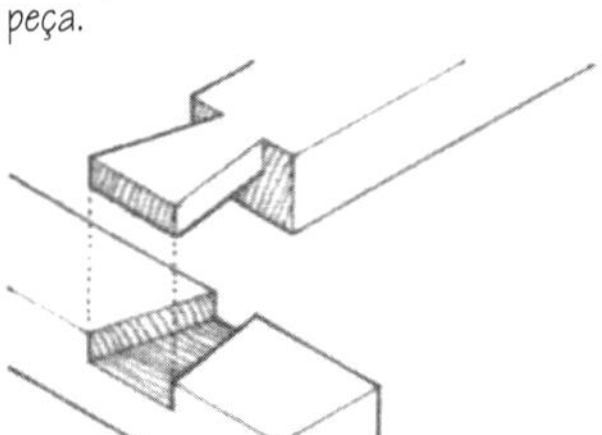

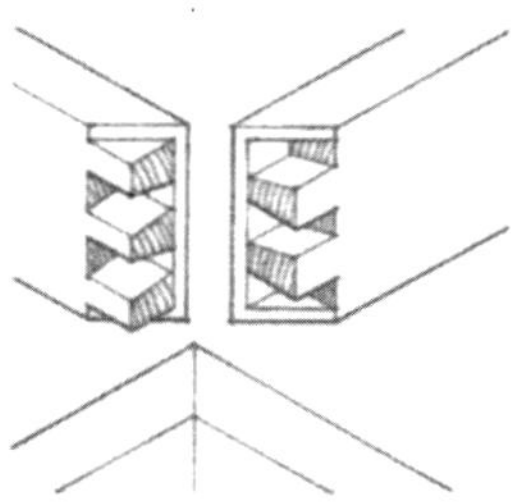

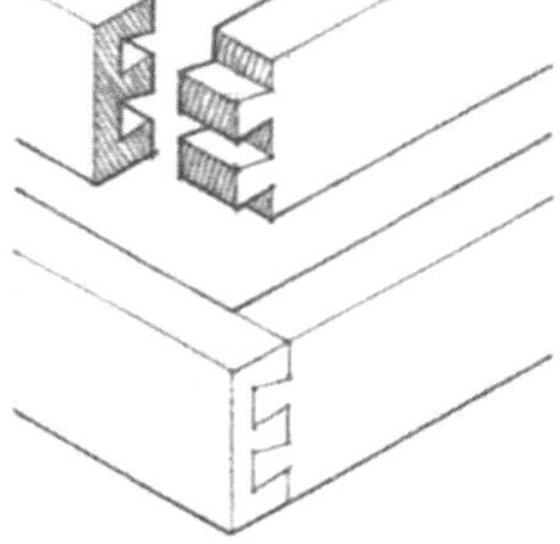

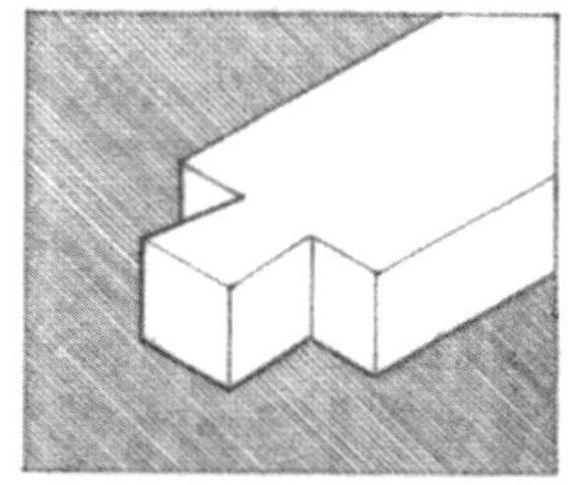

meação em cauda de andorinha
Sambladura emalhetada produzida mediante o encaixe da extremidade em cauda de andorinha de uma peça em um entalhe de outra peça. Também chamada **junta em cauda de andorinha a meia madeira**.

sambladura em cauda de andorinha oculta
Junta de canto que mostra apenas a linha de uma meia-esquadria. Também, **sambladura em cauda de andorinha a meia-esquadria**.

sambladura em cauda de andorinha sobreposta
Junta de canto em cauda de andorinha visível apenas em um dos lados. Também chamada **junta em cauda de andorinha semicega**.

cauda de andorinha comum
Cauda de andorinha de canto, visível em ambas as faces.

sambladura em cauda de andorinha
Junta formada por uma ou mais caudas de andorinha que se encaixam hermeticamente nos recessos correspondentes.

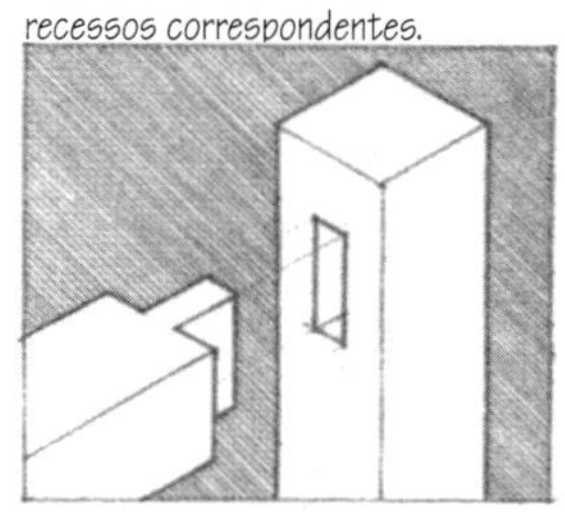

encaixe cego
Entalhe que não atravessa uma peça por completo.

encaixe caçado
Encaixe cego com um lado estreito inclinado de modo a permitir a introdução lateral de uma espiga.

encaixe aberto
Encaixe aberto em três lados. Também chamado **encaixe deslizante** e **encaixe de fenda**.

encaixe
Recesso ou orifício, normalmente retangular, entalhado em uma peça a fim de que nele seja acoplada uma espiga de mesmas dimensões.

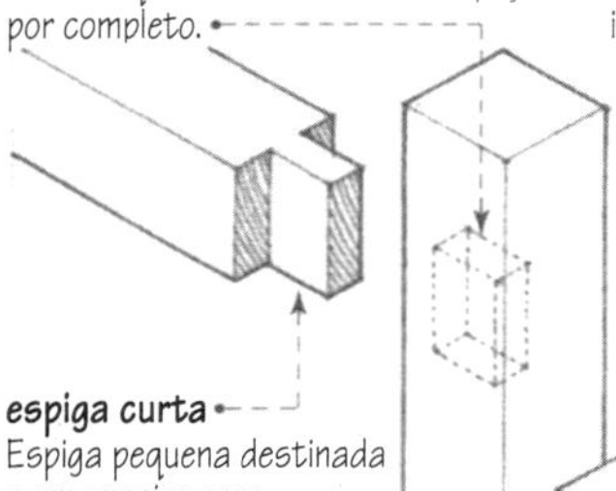

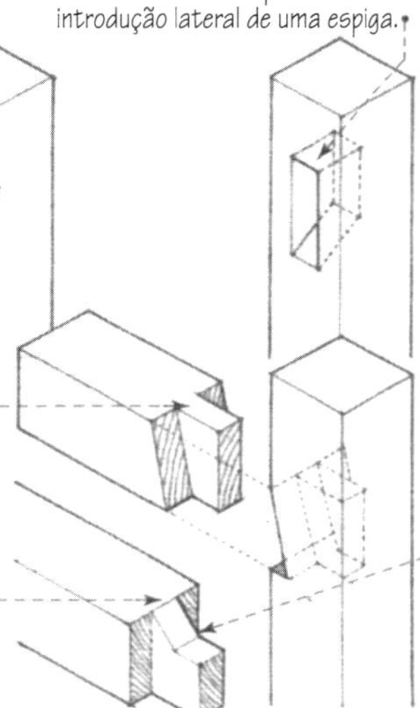

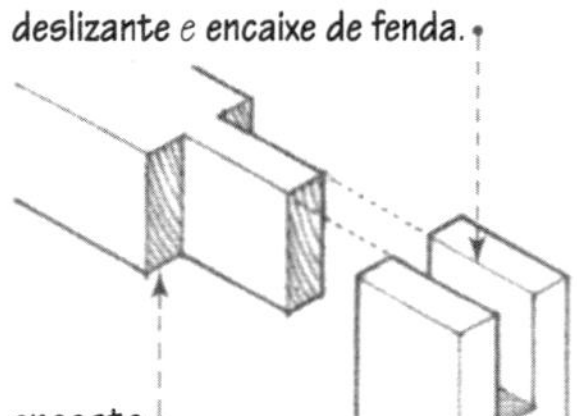

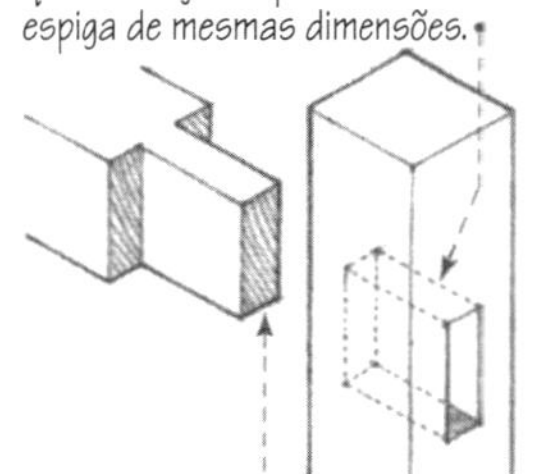

sambladura de encaixe
Junta entre duas peças, formada pelo acoplamento de uma espiga em um encaixe. Também chamada **sambladura de encaixe e espiga**.

espiga curta
Espiga pequena destinada a um encaixe cego.

encosto
Extremidade a partir da qual uma espiga se projeta.

espiga longa
Espiga que ocupa por completo a peça na qual o encaixe que lhe corresponde está entalhado, ou mesmo que se projeta para além desta.

espiga trapezoidal
Espiga cuja base é cortada angularmente para garantir que ela se apoiará na peça entalhada.

chanfro
Linha ou superfície que intercepta outra linha ou superfície em um ângulo que não seja reto.

espiga
Projeção formada na extremidade de uma peça, destinada a ser inserida em um encaixe de mesmas dimensões.

dente
Encosto chanfrado destinado a reforçar uma espiga.

espiga de cadeira
Espiga que é mais estreita em sua extremidade do que na base.

chaveta
Peça de madeira ou metal utilizada como cunha para se reforçar uma junta ou para impedir o movimento entre as peças.

raiz
Parte alargada de uma espiga no plano dos encostos.

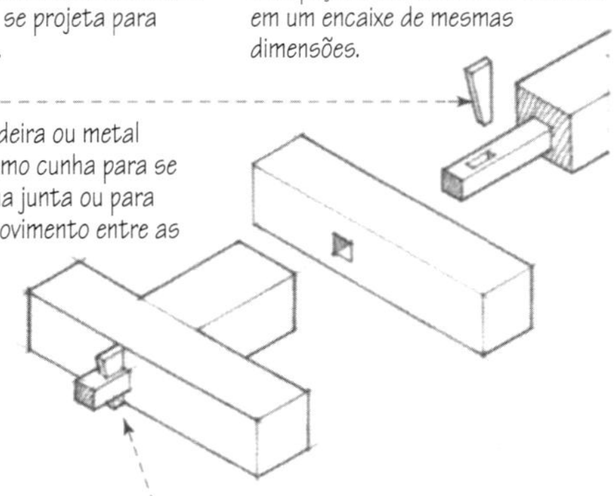

recesso
Dado ou encaixe entalhado em uma peça para receber outra peça.

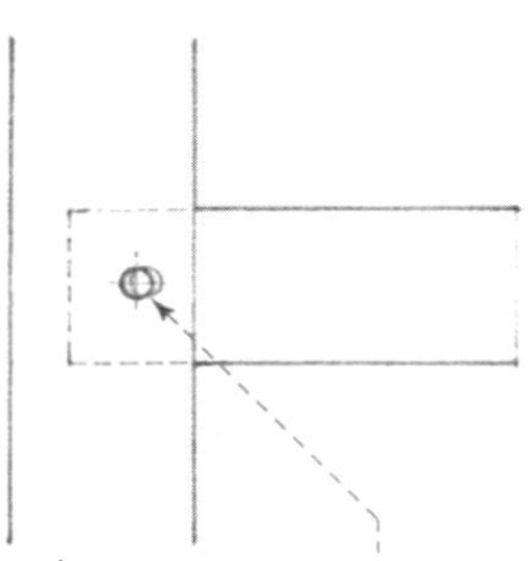

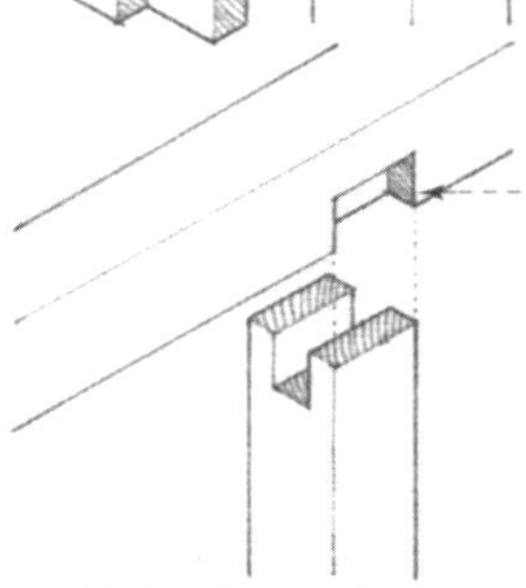

sambladura chaveada
Junta fixada por uma chaveta.

orifício de acoplamento
Orifício em uma espiga perfurado excentricamente com os orifícios no encaixe, de modo que as duas peças sambladas fiquem firmemente presas uma à outra quando a cavilha for martelada no lugar.

sambladura de controle
Junta formada pelo encaixe da extremidade de uma peça, entalhada de modo a formar duas espigas paralelas, em dois entalhes na extremidade de uma segunda peça.

cunha em cauda de raposa
Pequena cunha na extremidade fendida de uma espiga curta, destinada a alargá-la e firmá-la ao ser introduzida em um encaixe cego.

articular
Unir por meio de uma ou mais sambladuras, de modo a distinguir ou revelar de que modo as partes se congregam em um todo sistemático.

Camada superficial da crosta terrestre, que consiste em pedras desintegradas e matéria orgânica decomposta, própria para o desenvolvimento da vida vegetal.

solo arável
Camada superficial, fértil, do solo, que se distingue do subsolo. Também chamado **terra arável**.

subsolo
Leito ou camada de terra imediatamente abaixo da camada superficial.

pergelissolo
Solo permanente congelado das regiões árticas ou subárticas.

leito de rocha
Camada de rochas sólidas e inteiriças que subjaz a todos os materiais não consolidados da superfície da terra, como solo, terra argilosa, areia ou fragmentos rochosos.

análise do solo
Processo para se determinar a distribuição, por tamanho de partículas, de um agregado, solo ou sedimento.

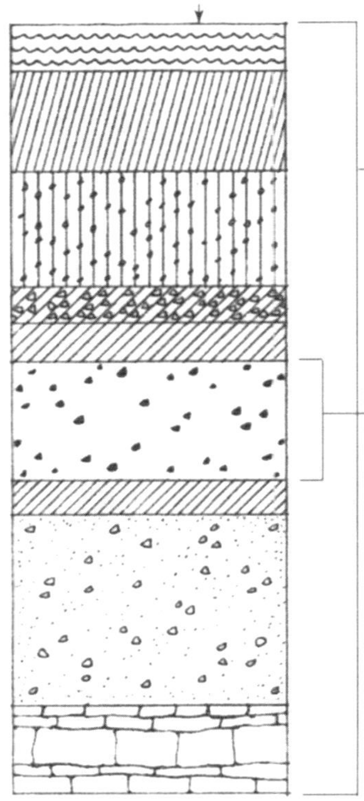

solo orgânico
O solo que contém uma grande quantidade de matéria orgânica, normalmente muito compressível e com poucas propriedades de sustentação de carga.

perfil geológico
Diagrama de uma secção vertical do solo desde a superfície do terreno até o material subjacente, que mostra uma sucessão de horizontes desenvolvidos por erosão, deposição ou ambos.

horizonte
Cada uma dentre uma série de camadas relativamente distintas de solo ou seu material subjacente encontradas em uma secção vertical de terra.

estrato
Leito ou camada isolada de terra sedimentar ou rocha que apresenta a mesma composição em toda parte, situado entre leitos de espécie diferente.

classificação dos solos
Classificação numérica dos solos segundo a textura, empregada pelo Departamento Norte-Americano de Agricultura:
1, cascalho; 2, areia; 3, argila; 4, marga; 5, marga com alguma areia; 6, sedimento; 7, argila para modelagem.

penedo
Rocha de grandes dimensões, naturalmente arredondada, que repousa sobre a superfície do solo ou encontra-se parcialmente enterrada neste.

paralelepípedo
Pedra de cantos arredondados, menor que um penedo e maior que um cascalho, utilizada na pavimentação de ruas e na construção de muros e fundações.

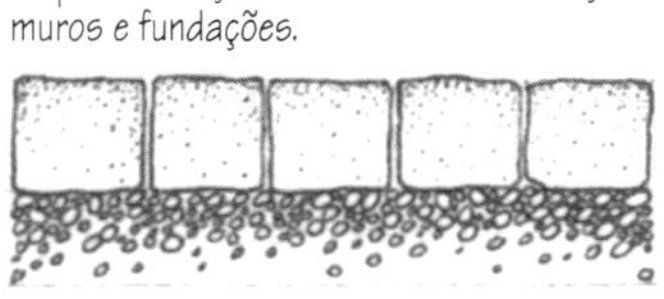

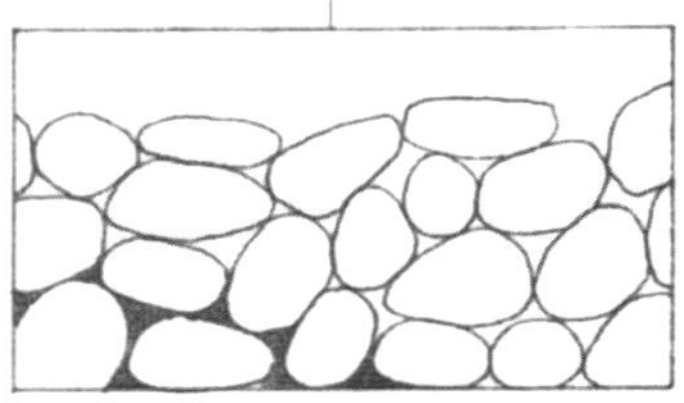

cascalho
Pequenos pedregulhos e pedras, ou uma mistura destes com areia, formada quer naturalmente, quer pelo britamento de rochas; esp. o material que passa por uma peneira nº 3 (76 mm), mas não por uma peneira nº 4 (4,8 mm).

cascalho britado
Cascalho com uma ou mais faces fragmentadas, produzidas por britamento mecânico.

pedra britada
Pedra com os bordos bem definidos, produzidos por britamento mecânico de rochas ou penedos. Também, **rocha britada**.

pea gravel
Cascalho natural, de diâmetro pequeno, normalmente com 6,4 a 9,5 mm de tamanho, peneirado segundo especificações.

pedregulho
Pedra pequena e arredondada, aquela cuja superfície foi alisada pela ação da água.

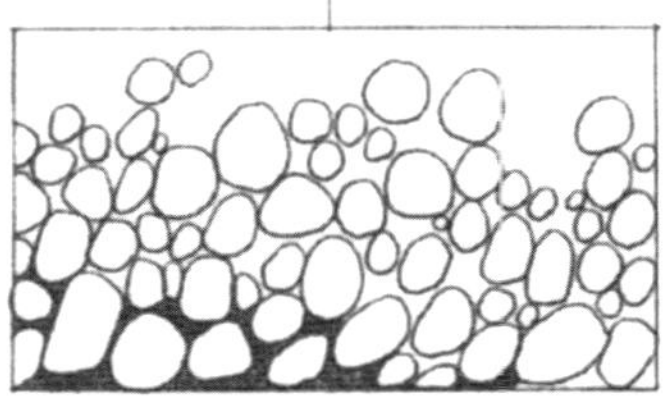

areia
Material granular fofo, resultante da desintegração de rochas, que consiste em grãos menores que o cascalho porém mais ásperos que o silte.

areia argilosa
Areia natural bastante coesa, freqüentemente utilizada como material básico ou secundário, que possui aproximadamente 10% de argila ou apenas o suficiente para permitir a aglutinação perfeita da mistura quando compactada.

silte
Material sedimentar fofo que consiste em partículas minerais finas, cujo diâmetro varia entre 0,002 mm e 0,05 mm.

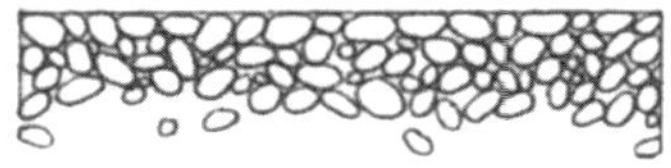

argila
Material geológico natural, plástico quando úmido porém duro quando queimado, utilizado na fabricação de tijolos, ladrilhos e cerâmicas, composto principalmente por finas partículas de silicatos hidratados de alumínio com diâmetro inferior a 0,002 mm.

argila para modelagem
O solo que contém de 27% a 40% de argila e de 20% a 45% de areia.

bentonita
Argila formada pela decomposição de cinza vulcânica, com capacidade de absorver grandes quantidades de água e expandir-se até várias vezes o seu volume natural.

marga
Solo rico que contém uma mistura relativamente igual de areia e silte, e uma proporção menor de argila e matéria orgânica. Também chamada **marna**.

loess
Material sedimentar não estratificado, coeso e margoso depositado pelo vento. Também chamado **loesse**.

geotécnico
Referente às aplicações práticas da ciência geológica na engenharia civil.

mecânica dos solos
Ramo da engenharia civil que trata do comportamento mecânico do solo quando comprimido ou cisalhado, ou quando a água corre por seu corpo.

investigação de fundação
Investigação e classificação de um solo de fundação baseadas na observação e em ensaios de materiais obtidos por sondagens ou escavações, com o propósito de se obter as informações necessárias ao projeto de um sistema de fundações, incluindo a resistência ao cisalhamento, compressividade, coesão, expansividade, permeabilidade e conteúdo de umidade do solo, a elevação do lençol freático e a acomodação total e diferencial previstas. Também chamada **investigação subsuperficial** e **investigação subterrânea**.

estrutura geológica
Distribuição e agregação de partículas de solo em uma massa deste.

amostra
Amostra cilíndrica não deformada de terra ou rocha obtida por meio de um poço de exploração e utilizada na análise e ensaios de capacidade de sustentação. Também chamado **sondagem**.

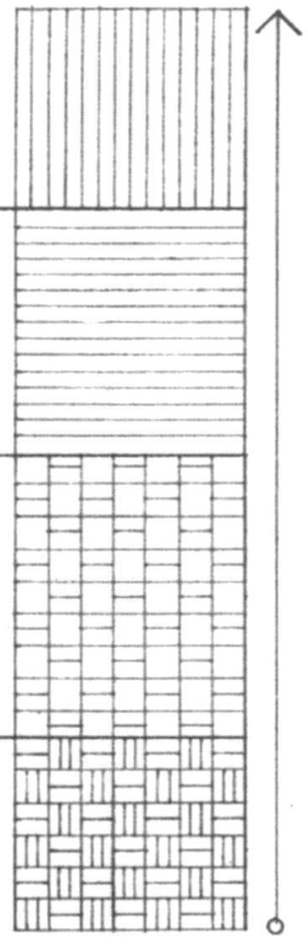

limites de Atterberg
Níveis de teor de água que definem os limites entre os diferentes estados de consistência de um solo plástico ou coeso, tal como determinados por ensaios-padrão.

limite líquido
Teor de água, expresso em termos de uma percentagem do peso seco, no qual um solo passa de um estado plástico para um estado líquido.

índice de plasticidade
Diferença numérica entre o limite líquido e o limite plástico de um solo.

limite plástico
Teor de água, expresso em termos de uma percentagem do peso seco, no qual um solo perde sua plasticidade e começa a se comportar como um sólido.

solo plástico
Solo que pode ser estirado em fios de 3,2 mm de diâmetro sem desintegrar-se.

limite de retração
Teor de água, expresso em termos de uma percentagem do peso seco, no qual uma redução do conteúdo de água não provocará uma redução adicional no volume de uma massa de solo.

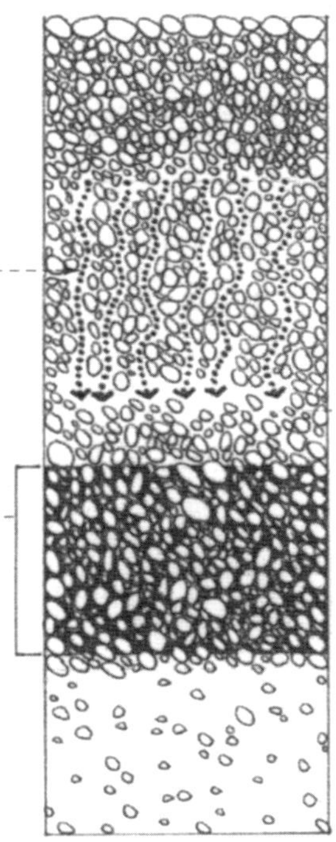

material granular
Qualquer pedregulho, areia ou silte que não apresenta coesão ou plasticidade alguma.

permeabilidade
Propriedade de um material poroso que permite a passagem de um gás ou líquido através de seus poros.

coeficiente de vazios
Razão entre o volume de espaços vazios e o volume de partículas sólidas de uma massa de solo. Também chamado **índice de vazios**.

coeficiente crítico de vazios
Coeficiente de vazios que corresponde à densidade crítica de uma massa de solo. Também chamado **índice crítico de vazios**.

densidade crítica
Peso unitário de um material granular saturado, acima do qual ele ganhará resistência e abaixo do qual perderá resistência quando submetido a uma deformação rápida.

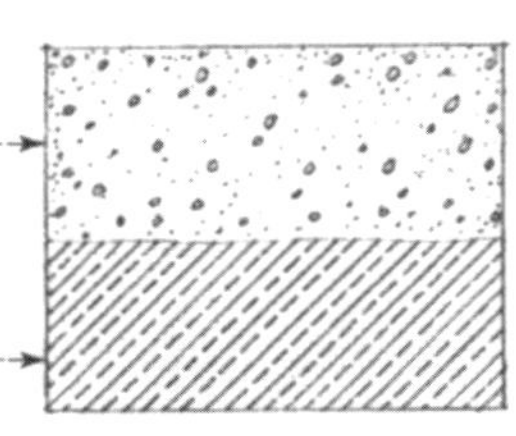

solo permeável
Qualquer solo que permite um movimento relativamente livre da água. Também chamado **solo pérvio**.

solo impermeável
Qualquer solo de granulação fina, como a argila, que possui poros por demais diminutos para permitir a passagem de água, salvo por uma ação capilar lenta.

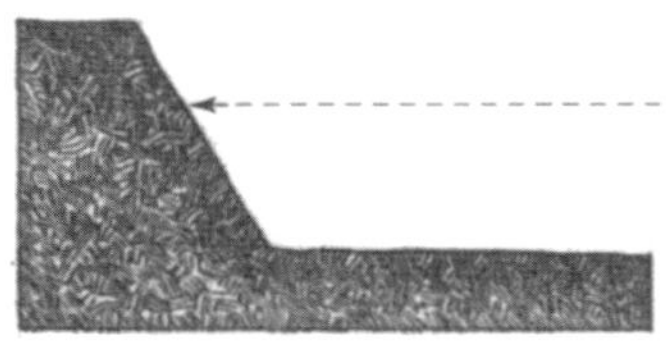

solo coesivo
Solo que possui uma rigidez considerável quando não confinado e seco ao ar, e uma coesão significativa quando submerso.

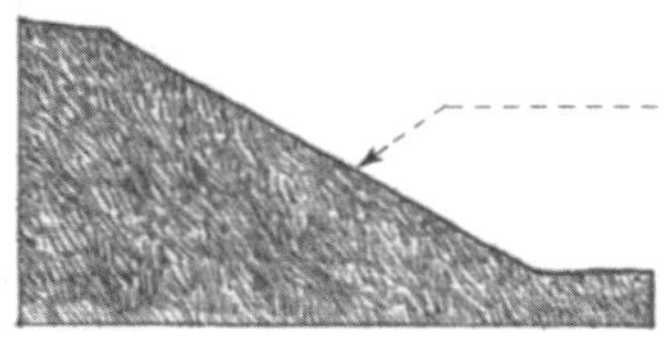

solo não coesivo
Solo que possui pouca ou nenhuma rigidez quando não confinado e seco ao ar, e pouca ou nenhuma coesão quando submerso.

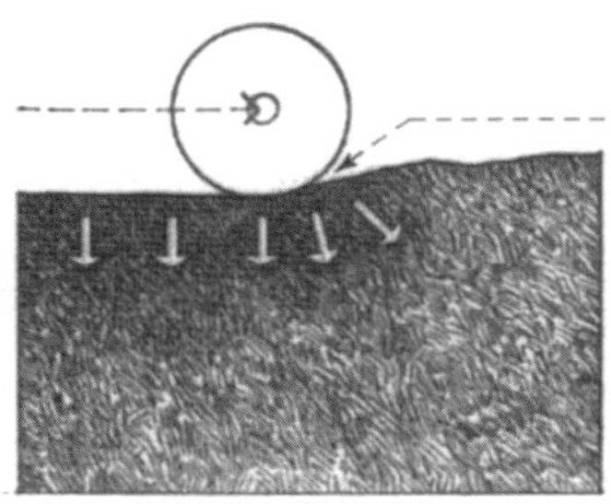

compactação
Consolidação de um sedimento através do peso ou da sobreposição de depósitos, ou uma compressão semelhante do solo, agregado ou material cimentoso por meio de cilindragem, socagem ou impregnação.

conteúdo de umidade ótimo
Teor de água de um solo no qual é possível alcançar sua densidade máxima através de compactação.

ensaio de penetração
Teste para se medir a densidade dos solos granulares e a consistência de algumas argilas na base de um poço, mediante o registro do número de golpes necessários para que um maço penetre totalmente um volume padrão de solo. Também chamado **ensaio de percussão**.

resistência à penetração
Carga unitária necessária para se produzir uma penetração específica em um solo a uma velocidade específica de penetração.

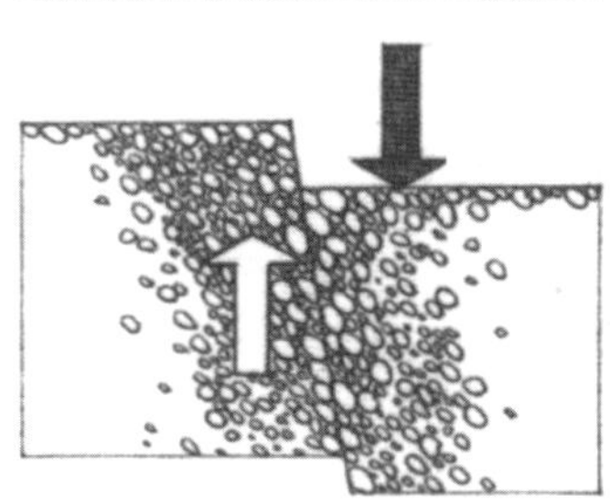

resistência ao cisalhamento
Propriedade de um solo que possibilita que suas partículas resistam ao deslocamento em relação umas às outras quando da aplicação de uma força externa, devido, em grande parte, aos efeitos combinados da coesão e do atrito interno. Também chamado **resistência à cortante**.

Sensação estimulada nos órgãos auditivos pela energia mecânica radiante transmitida como ondas de pressão longitudinais que se propagam pelo ar ou outro meio.

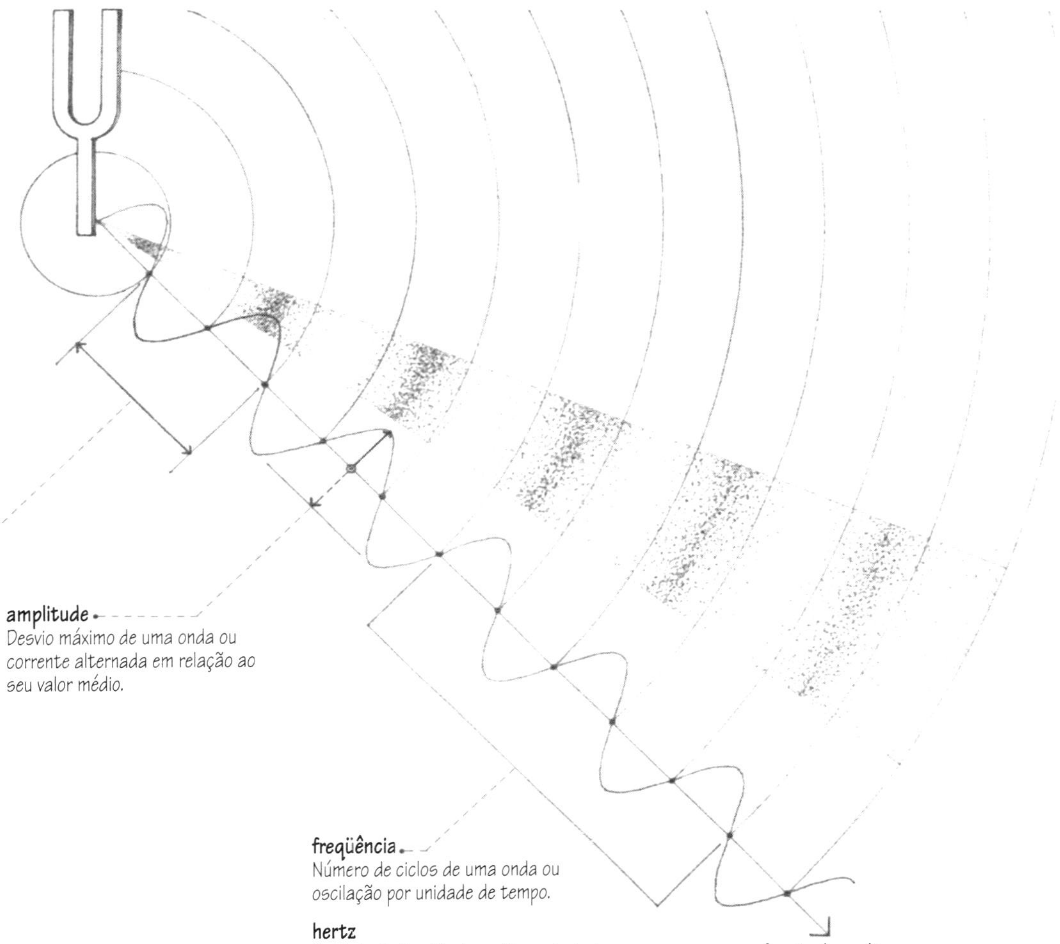

onda sonora
Onda de pressão longitudinal que se propaga no ar ou em um meio elástico, aquela que produz uma sensação auditiva.

onda
Perturbação ou oscilação que transmite energia progressivamente de ponto a ponto em um meio ou espaço sem um avanço dos próprios pontos, como na propagação do som e da luz.

perfil de onda
Representação gráfica do formato de uma onda, obtida pela plotagem do desvio em um ponto fixo em relação ao tempo. Também chamado **forma de onda**.

comprimento de onda
Distância, medida na direção de propagação de uma onda, entre um ponto qualquer e o ponto seguinte da fase correspondente.

fase
Ponto ou estágio particular de um ciclo ou processo periódico.

amplitude
Desvio máximo de uma onda ou corrente alternada em relação ao seu valor médio.

freqüência
Número de ciclos de uma onda ou oscilação por unidade de tempo.

hertz
Unidade de freqüência no SI, equivalente a 1 ciclo por segundo. Abreviação: **Hz**.

altura tonal
Freqüência predominante de um som tal como percebido pelo ouvido humano.

frente de onda
Superfície de uma onda que se propaga, composta, em um instante qualquer, por todos os pontos de fase idêntica, normalmente perpendicular à direção de propagação.

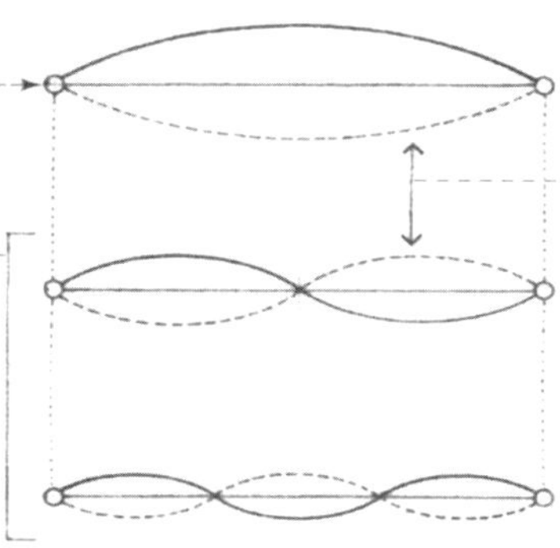

freqüência fundamental
Mais baixa freqüência na qual um elemento ou sistema vibratório pode oscilar livremente.

harmônica
Vibração cuja freqüência é um múltiplo integral da freqüência fundamental.

banda
Espectro de comprimentos de onda ou freqüências entre dois limites definidos.

oitava
Intervalo entre duas freqüências com a razão de 2 : 1 entre si.

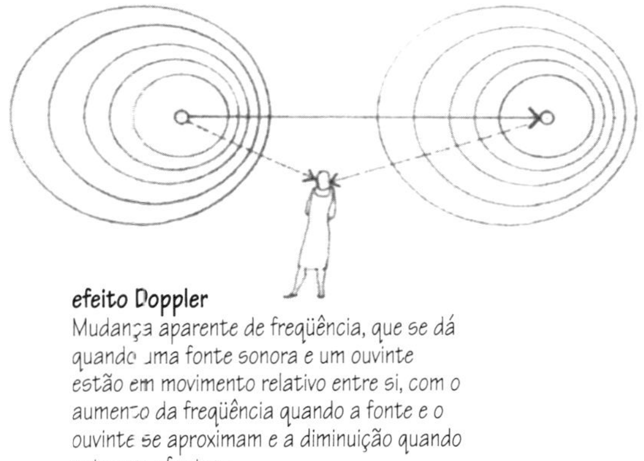

efeito Doppler
Mudança aparente de freqüência, que se dá quando uma fonte sonora e um ouvinte estão em movimento relativo entre si, com o aumento da freqüência quando a fonte e o ouvinte se aproximam e a diminuição quando estes se afastam.

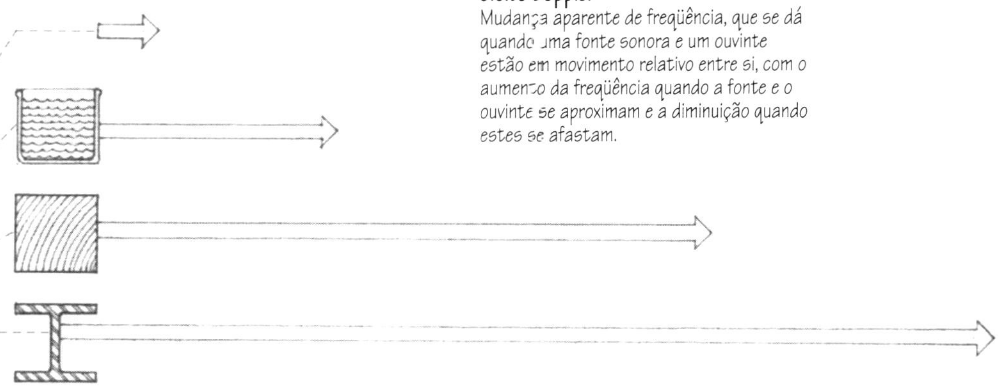

velocidade do som
Ondas sonoras se deslocam pelo ar a aproximadamente 0,3 km por segundo no nível do mar,
aproximadamente 1,4 km por segundo na água,
aproximadamente 3,6 km por segundo pela madeira e
aproximadamente 5,5 km por segundo pelo aço.

volume
Resposta subjetiva ao som, que indica a intensidade da sensação auditiva produzida pela amplitude de uma onda sonora.

fon
Unidade para se medir o volume aparente de um som, numericamente igual aos decibéis de um som referencial de 1.000 Hz julgado por um grupo de ouvintes como de mesmo volume que o som em questão.

sone
Unidade para se medir o volume aparente de um som, julgado por um grupo de ouvintes como de mesmo volume que um som referencial de 1.000 Hz com uma intensidade de 40 decibéis.

decibel
Unidade que traduz a pressão ou intensidade relativa dos sons em uma escala uniforme que varia de 0, para o som menos perceptível, a aproximadamente 130, para o limiar médio da dor. Abreviação: **dB**.

A medição em decibéis baseia-se em uma escala logarítmica, uma vez que os aumentos da pressão ou intensidade sonoras são percebidos como iguais quando a razão entre sucessivas mudanças de intensidade se mantém constante. Não é possível, portanto, somar matematicamente os níveis de decibéis de duas fontes sonoras:
e.g.: 60dB + 60dB = 63 dB, e não 120dB.

audição
Sentido pelo qual se dá a percepção do som e que envolve todo o mecanismo do ouvido interno, médio e externo, além de incluir os processos nervosos e cerebrais que traduzem as operações físicas em sinais significativos.

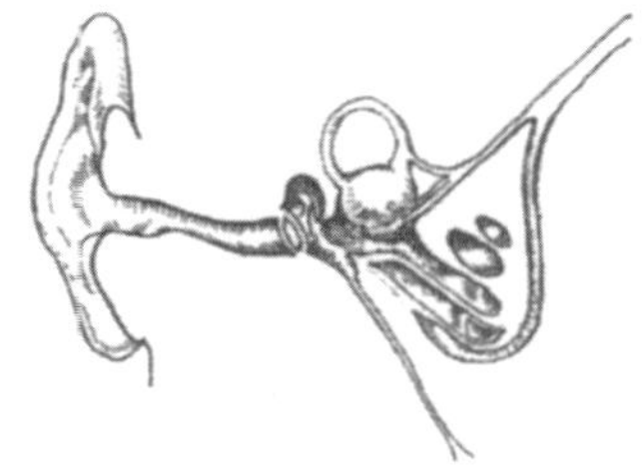

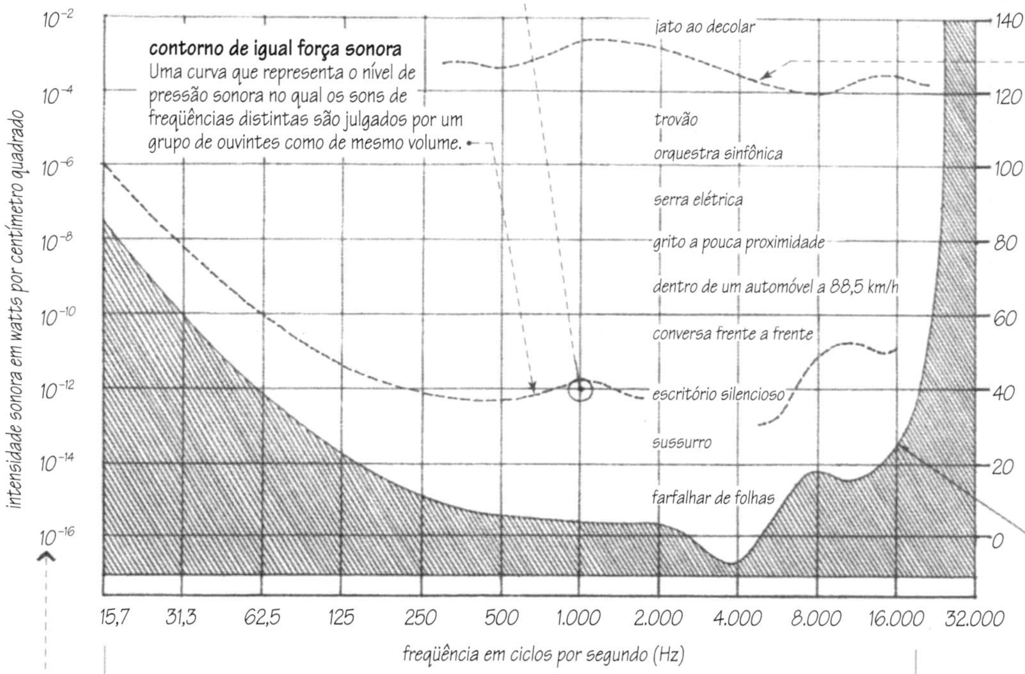

contorno de igual força sonora
Uma curva que representa o nível de pressão sonora no qual os sons de freqüências distintas são julgados por um grupo de ouvintes como de mesmo volume.

limiar da dor
Nível de intensidade sonora alto o bastante para produzir uma sensação de dor no ouvido humano, normalmente em torno de 130 dB.

fadiga auditiva
Cansaço físico ou mental causado pela exposição prolongada a ruídos em alto volume.

perda auditiva
Aumento no limiar da audibilidade, em freqüências específicas, causado pelo envelhecimento normal, enfermidades ou danos sofridos pelos órgãos de audição.

limiar da audibilidade
Pressão do som mínima capaz de estimular uma sensação auditiva, normalmente de 20 micropascais ou zero dB.

audiofreqüência
Espectro de freqüências, que varia de 15 Hz a 20.000 Hz, audíveis ao ouvido humano normal.

intensidade sonora
Velocidade na qual a energia acústica corre por um meio, expressa em watts por metro quadrado.

nível de intensidade sonora
Intensidade sonora medida na escala de decibéis, igual a 10 vezes o logaritmo comum da razão entre a intensidade sonora e uma intensidade referencial, normalmente de 10^{-12} watts por metro quadrado (10^{-16} watts por centímetro quadrado).

logaritmo
Expoente que indica a potência à qual um número deve ser elevado para atingir um número determinado.

logaritmo comum
Logaritmo cuja base é 10. Também, **logaritmo decimal** e **logaritmo de Briggs**.

pressão sonora
Diferença entre a pressão efetiva em qualquer ponto do campo de uma onda sonora e a pressão estática naquele ponto, expressa em pascais. Também chamada **pressão acústica**.

nível de pressão sonora
Pressão do som medida na escala de decibéis, igual a 10 vezes o logaritmo comum da razão entre a pressão do som e uma pressão referencial, normalmente de 20 micropascais. Também chamado **nível de pressão acústica**.

micropascal
Um milionésimo (10^{-6}) de pascal. Símbolo: **μPa**.

potência sonora
Quantidade de energia acústica irradiada por uma fonte por unidade de tempo, expressa em watts. Também chamada **potência acústica**.

nível de potência sonora
Potência sonora de uma fonte medida na escala de decibéis, igual a 10 vezes o logaritmo comum da razão entre a potência acústica e uma potência referencial, normalmente de 10^{-12} watts. Também chamado **nível de potência acústica**.

medidor de nível sonoro
Instrumento elétrico utilizado na medição dos níveis de pressão sonora. Para compensar o modo como percebemos o volume relativo de diferentes freqüências sonoras, existem três redes: A, B e C. Tais redes medem os registros de diferentes freqüências e combinam os resultados em uma leitura única. A escala da rede A, em unidades de dBAs, é a de utilização mais freqüente, uma vez que rechaça as freqüências mais baixas, tal como procede o ouvido humano nos níveis sonoros moderados. Também chamado **sonômetro** e **fonômetro**.

acústica
Ramo da física que trata da produção, controle, transmissão, recepção e efeitos do som.

acústica arquitetônica
Qualidades ou características de uma sala ou auditório que determinam a audibilidade da fala ou a fidelidade dos sons musicais ali produzidos.

prancha acústica
Estrutura colocada sobre, atrás ou acima de um orador ou orquestra para refletir o som em direção à assistência.

superfície refletora
Superfície não absorvente a partir da qual o som incidente é refletido, utilizada sobretudo para redirecionar o som em um espaço. Para ser eficaz, uma superfície refletora deve ter uma dimensão mínima equivalente ou superior ao comprimento de onda da freqüência mais baixa do som a ser refletido.

nuvem acústica
Cada um dos diversos painéis acústicos instalados próximo ao teto de uma sala de concertos com a finalidade de refletir o som para melhorar a qualidade acústica da música.

análise acústica
Estudo detalhado da utilização de um edifício, a localização e a orientação de seus espaços, possíveis fontes de ruído e o ambiente acústico necessário em cada área útil.

projeto acústico
Planejamento, desenho, execução e fornecimento de um espaço fechado com a finalidade de se criar o ambiente acústico necessário para uma qualidade sonora especial.

tratamento acústico
Aplicação de materiais absorventes ou refletores a paredes, tetos e pisos de um espaço fechado a fim de alterar ou aprimorar suas propriedades acústicas.

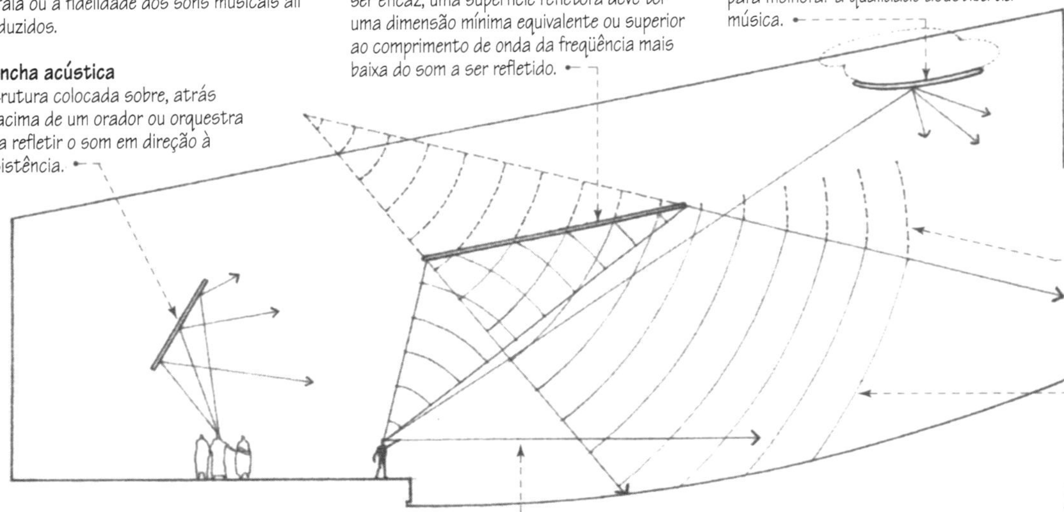

som difratado
Ondas sonoras aerotransportadas que sofrem uma inclinação em torno de um obstáculo existente em sua trajetória.

som refletido
Volta do som aerotransportado não absorvido após atingir uma superfície, em um ângulo igual ao ângulo de incidência.

som aerotransportado
Som irradiado diretamente para o ar e transmitido através deste.

vivo
Espaço altamente reverberante ou ressonante, como um auditório ou sala de concertos.

morto
Espaço sem ressonância, como uma sala livre de ecos e reverberações.

à prova de som
Impermeável ao som audível. Também, **antiacústico**.

som direto
Som aerotransportado que caminha diretamente de uma fonte ao ouvinte. Em uma sala, o ouvido humano ouve sempre o som direto antes de perceber o som refletido. À medida que o som direto perde intensidade, cresce a importância do som refletido.

atenuação
Diminuição de energia ou pressão por unidade de área de uma onda sonora, que ocorre à medida que aumenta a distância com relação à fonte como resultado de absorção, dispersão ou difusão em três dimensões.

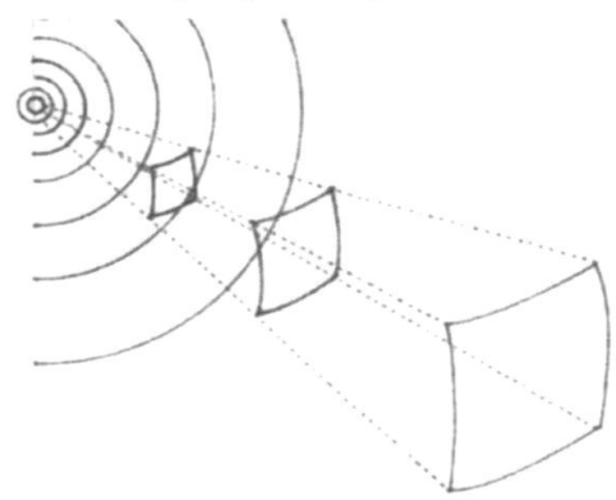

ressonância
Intensificação e prolongamento de um som produzidos por vibração simpática.

vibração simpática
Vibração induzida em um corpo pelas vibrações de período exatamente idêntico em um corpo vizinho.

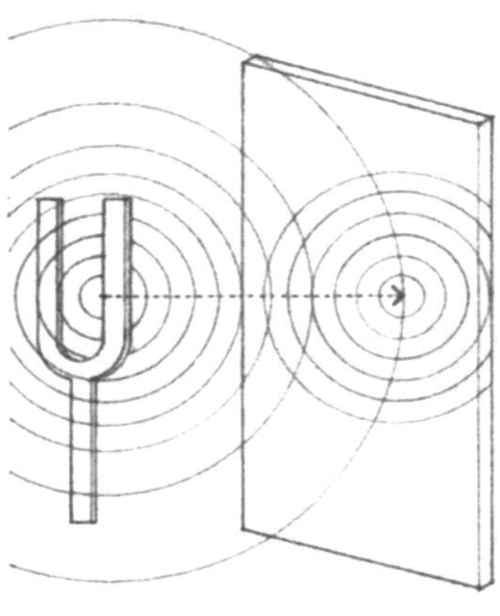

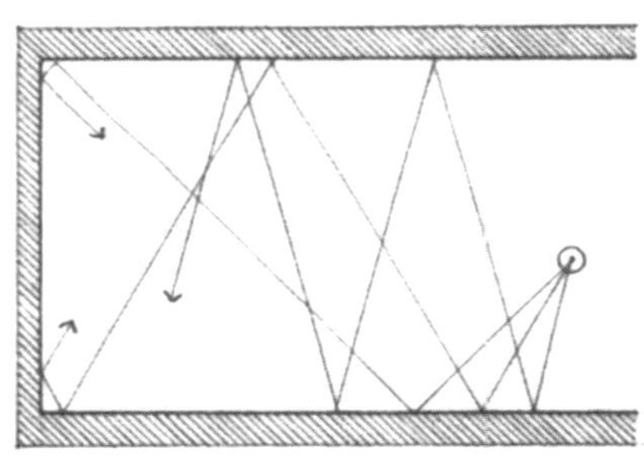

eco
Repetição de um som produzida pela reflexão das ondas sonoras por uma superfície obstrutora, cujo volume é alto o bastante, e que é percebido com um retardamento suficiente, para ser percebido como distinto daquele da fonte.

oscilação aerostática
Rápida sucessão de ecos causada pela reflexão de ondas sonoras de um lado a outro entre duas superfícies paralelas, com um intervalo suficiente entre cada reflexão para levar o ouvinte a perceber sinais distintos.

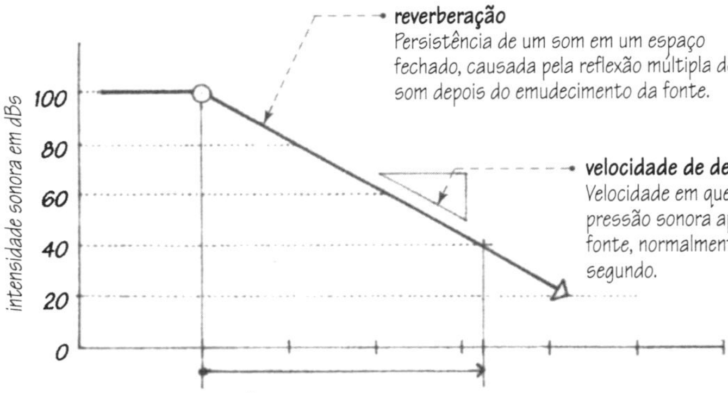

reverberação
Persistência de um som em um espaço fechado, causada pela reflexão múltipla do som depois do emudecimento da fonte.

velocidade de decaimento
Velocidade em que se dá a redução do nível de pressão sonora após o emudecimento de sua fonte, normalmente expressa em decibéis por segundo.

período de reverberação
Tempo necessário, em segundos, para que um som produzido em um espaço fechado diminua em 60 decibéis.

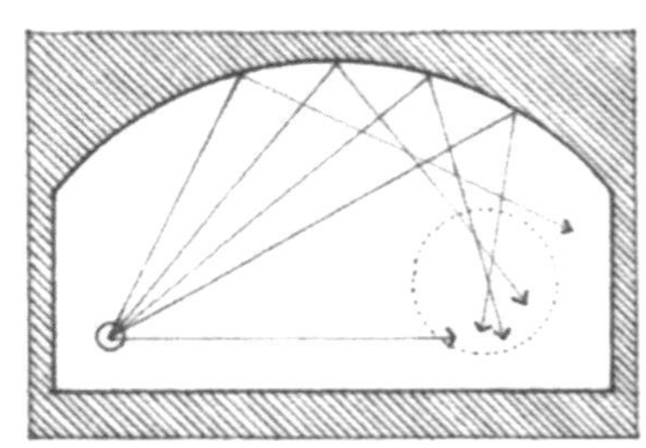

focalização
Convergência de ondas sonoras refletidas por uma superfície côncava.

curva de ruído
Cada uma dentre uma série de curvas que representam o nível de pressão sonora ao longo do espectro de ruído de fundo que não deveria ser excedido em diversos ambientes. Níveis de ruído mais elevados são permitidos nas freqüências mais baixas, uma vez que o ouvido humano é menos sensível aos sons dessa região de freqüência.

ruído
Qualquer som indesejado, desagradável ou discordante, ou que interfira na audição de outro som.

redução de ruído
Diferença percebida nos níveis de pressão sonora entre dois espaços fechados, devido às qualidades de isolamento acústico da barreira de separação, bem como à absorção existente no ambiente receptor; expressa em decibéis.

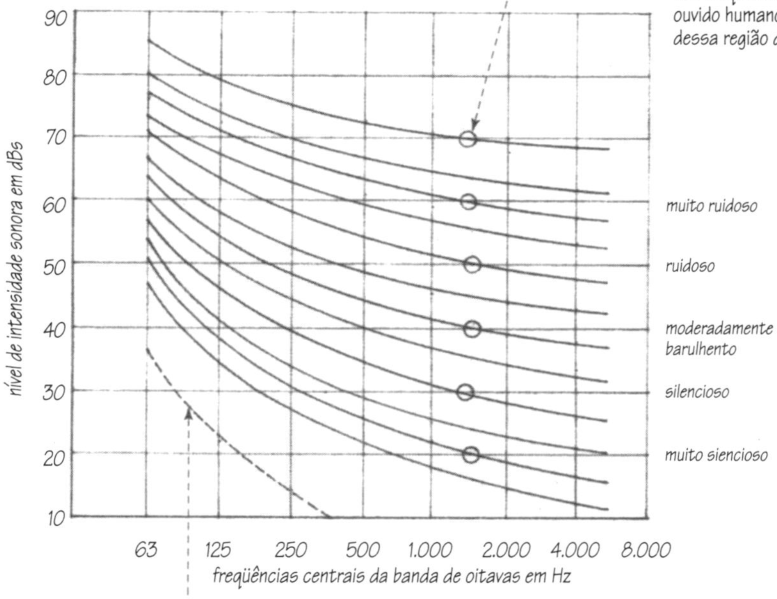

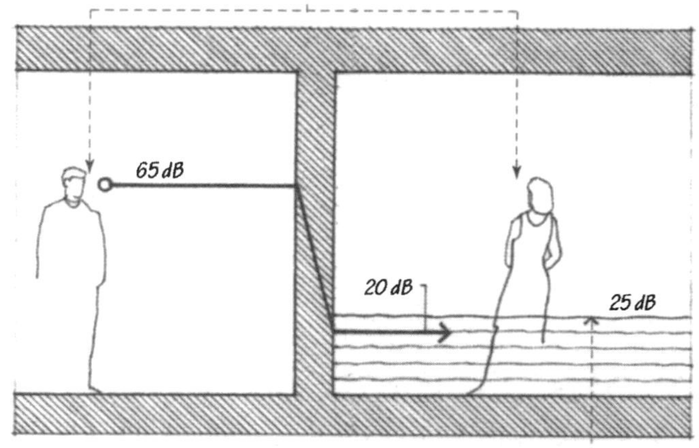

nível de ruído de fundo
Nível do som ambiente de ordinário presente em um espaço, acima do qual a fala, a música ou outros sons devem ser emitidos para que sejam ouvidos.

onda estacionária
Onda na qual a amplitude da resultante de uma onda transmitida e uma refletida é fixa no tempo e varia de zero nos nodos a um valor máximo nos antinodos.

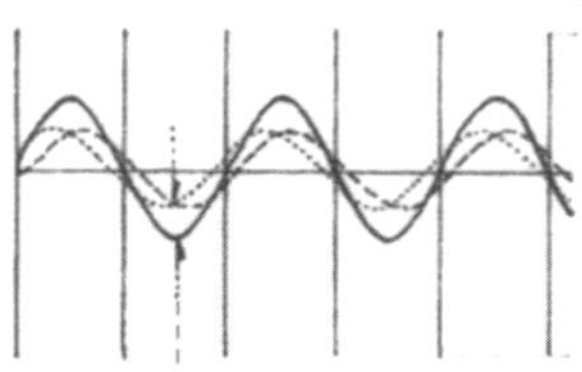

interferência
Fenômeno no qual duas ou mais ondas luminosas ou sonoras de mesma freqüência combinam-se para reforçar ou anular uma à outra, com a amplitude da onda resultante igual à soma algébrica ou vetorial das amplitudes das ondas componentes.

ruído branco
Som invariável e discreto, de mesma intensidade para todas as freqüências de uma determinada banda, utilizado para mascarar ou anular um som indesejado. Também chamado **som branco**.

ruído de fundo
Som presente de hábito em um ambiente, via de regra uma mistura de sons provenientes de fontes externas e internas, nenhum dos quais identificável pelo ouvinte. Também chamado **som ambiente**.

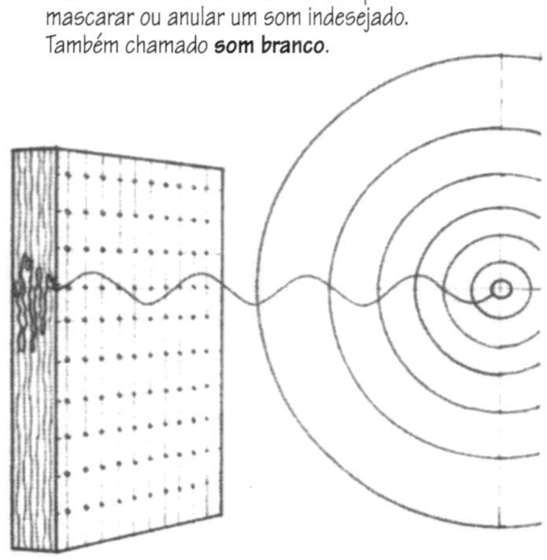

absorção
Intercepção e conversão de energia sonora em calor ou outra forma de energia pela estrutura de um material, medidos em sabins ou unidades de absorção.

sabin
Unidade de absorção sonora, equivalente a 1 pé quadrado (0,09 m^2) de uma superfície de absorção perfeita.

sabin métrico
Unidade de absorção sonora, equivalente a 1 metro quadrado de uma superfície de absorção perfeita. Também chamado **unidade de absorção**.

coeficiente de absorção
Medida da eficácia de um material para absorver o som em uma freqüência específica, igual à parte fracionária da energia do som incidente naquela freqüência absorvida pelo material.

coeficiente de redução de ruído
Medida da eficácia de um material em termos de absorção do som, igual à média dos coeficientes de absorção do material, computados para os 0,5% mais próximos em quatro freqüências: 250, 500, 1.000 e 2.000 Hz.

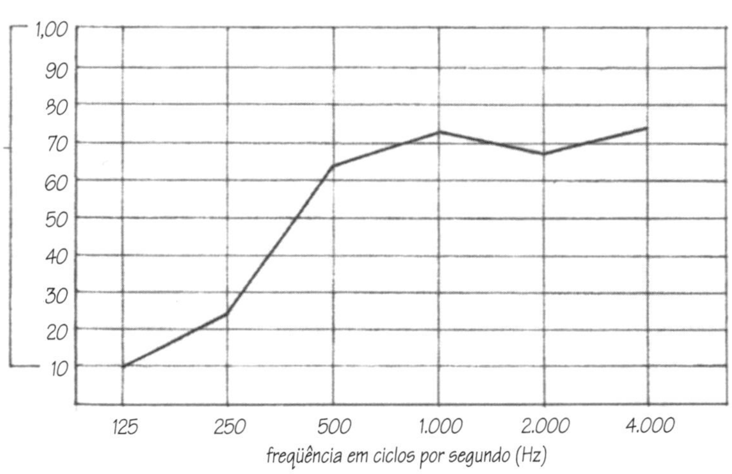

isolamento acústico
Uso de materiais e elementos de construção destinados a reduzir a transmissão do som pelo ar e através de estruturas de um ambiente para outro ou do exterior para o interior de uma edificação. Também chamado **isolamento sonoro**.

trajetória de flanco
Trajetória de transmissão sonora que não através de um piso, uma parede, estrutura de teto – por exemplo através de estruturas interligadas como canais e tubulações.

barreira plena
Barreira acústica erguida em um pleno sobre uma divisória a fim de se reduzir a transmissão sonora entre ambientes contíguos.

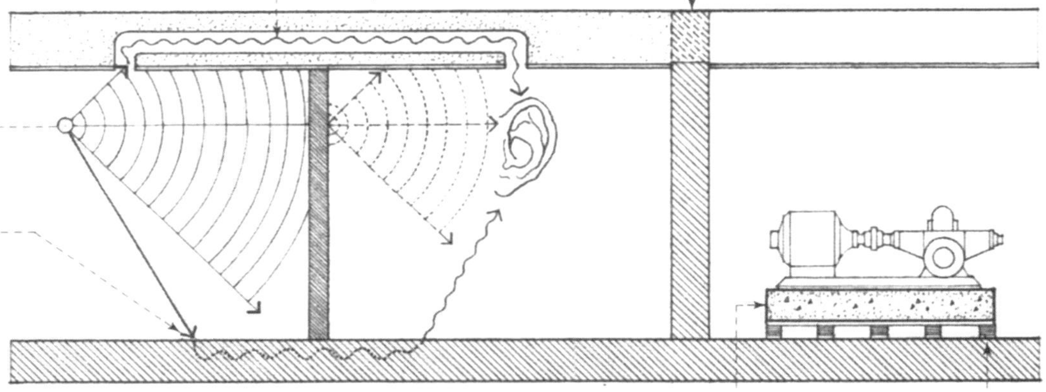

transmissão sonora pelo ar
Som transmitido quando uma superfície é posta a vibrar pelas pressões do ar alternadas das ondas sonoras incidentes.

transmissão sonora via estrutura
Som transmitido através dos meios sólidos da estrutura de uma edificação como resultado do contato ou impacto físico direto, como por equipamentos vibratórios ou pisadas.

massa acústica
Resistência à transmissão do som, provocada pela inércia e elasticidade do meio transmissor. Em geral, quanto mais pesado e denso for um corpo, maior será sua resistência à transmissão sonora.

isolador de vibração
Base resiliente para equipamentos mecânicos, instalada para reduzir a transmissão de vibrações e ruídos para a estrutura de apoio.

bloco de inércia
Base de concreto pesada para equipamentos vibráteis, utilizada conjuntamente com isoladores de vibração para aumentar a massa do equipamento e diminuir o potencial de movimento vibratório.

perda na transmissão
Medida do desempenho de material de construção ou estrutura para impedir a transmissão do som pelo ar, igual à redução de intensidade sonora pela passagem do som pelo material ou elemento quando testado em todas as freqüências centrais da banda de um terço de oitavas entre 125 e 4.000 Hz; expressa em decibéis. Abreviação: **PT**.

Elevam o índice de perda na transmissão de uma estrutura: massa, separação em camadas e capacidade de absorção.

perda média na transmissão
Índice, de dígito único, do desempenho de um material de construção ou estrutura que evite a transmissão do som pelo ar, igual à média de suas perdas na transmissão em nove freqüências de teste.

categoria de transmissão sonora
Índice, de dígito único, do desempenho de um material de construção ou estrutura que evite a transmissão do som pelo ar, obtido pela comparação da curva de perda na transmissão do material ou elemento, definida em ensaios de laboratório, com a curva de uma freqüência padrão. Abreviação: **CTS**.

Quanto maior o índice da classe de transmissão sonora, maior o valor do material ou estrutura em termos de isolamento acústico. Uma entrada aberta tem um índice de CTS igual a 10; um elemento comum têm índices que variam de 30 a 60; os índices acima de 60 exigem elementos de construção especiais.

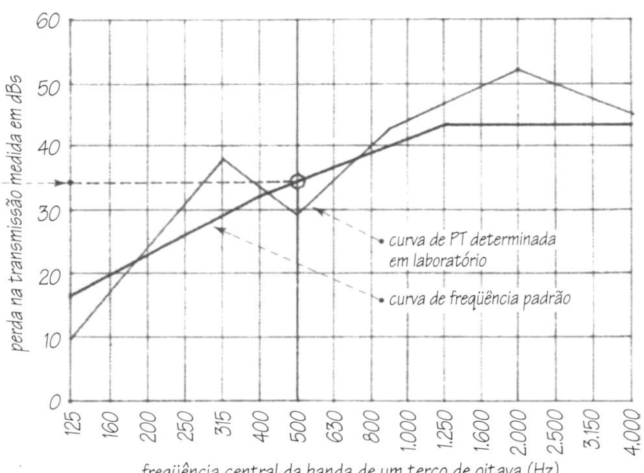

construção descontínua
Cada um dentre uma série de métodos de construção, como o uso de vigotas alternadas ou bases resilientes, cuja finalidade é romper a continuidade de um trajeto através do qual um som transmitido via estrutura pode passar de um espaço para outro.

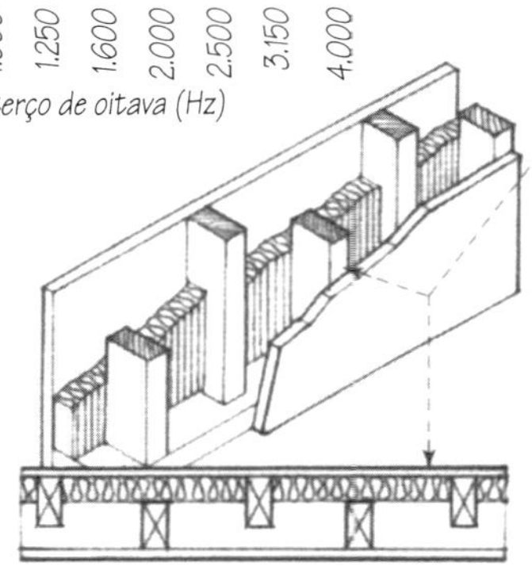

divisória de vigotas alternadas
Divisória cuja finalidade é reduzir a transmissão sonora entre ambientes, estruturada com duas fileiras separadas de vigotas dispostas em ziguezague e que servem de apoio para faces opostas da divisória, por vezes com uma manta de fibra de vidro entre elas.

montagem resiliente
Sistema de conexões ou suportes flexíveis que permite que as superfícies de um ambiente vibrem normalmente sem transmitir os movimentos vibratórios e os ruídos a eles associados à estrutura de apoio.

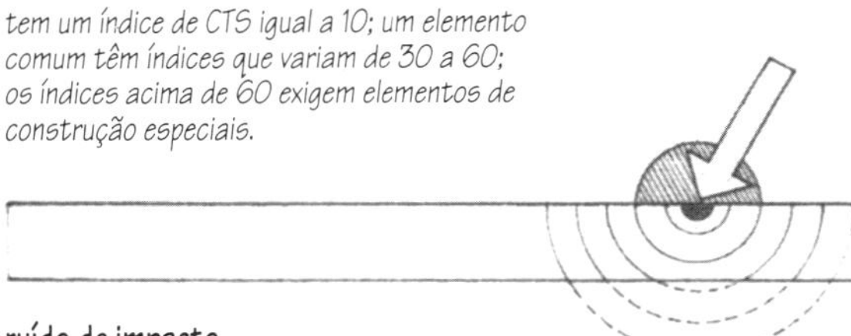

ruído de impacto
Som transmitido via estrutura gerado por impacto físico – tal como pisadas ou a movimentação de mobília.

categoria de isolamento de impacto
Índice, de dígito único, do desempenho de uma estrutura de piso/teto no sentido de impedir a transmissão de ruídos de impacto. Abreviação **CII**.

Quanto mais elevado o índice da CII, mais eficaz a estrutura no sentido de isolar os ruídos de impacto. O índice da CII substitui o Índice de Ruído de Impacto (IRI) utilizado no passado e equivale a aproximadamente o IRI + 51 dB para uma determinada estrutura.

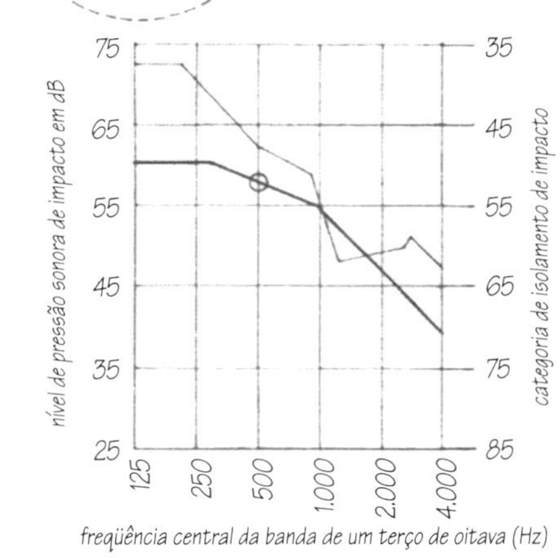

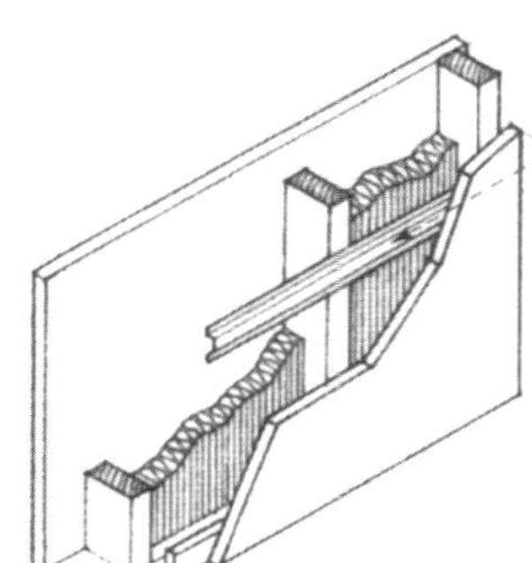

canal resiliente
Canal metálico utilizado na montagem resiliente de chapas para revestimento de paredes junto a vigotas ou barrotes, utilizado em estruturas acusticamente isolantes para reduzir a transmissão de vibrações e ruídos.

grampo resiliente
Peça metálica flexível utilizada na montagem resiliente de chapas para revestimento de paredes ou ripas metálicas junto a vigotas ou barrotes, utilizada em estruturas acusticamente isolantes para reduzir a transmissão de vibrações e ruídos.

Edifício, parte de um edifício, ou área ao ar livre destinada a abrigar apresentações dramáticas, divertimentos cênicos ou exibição de filmes.

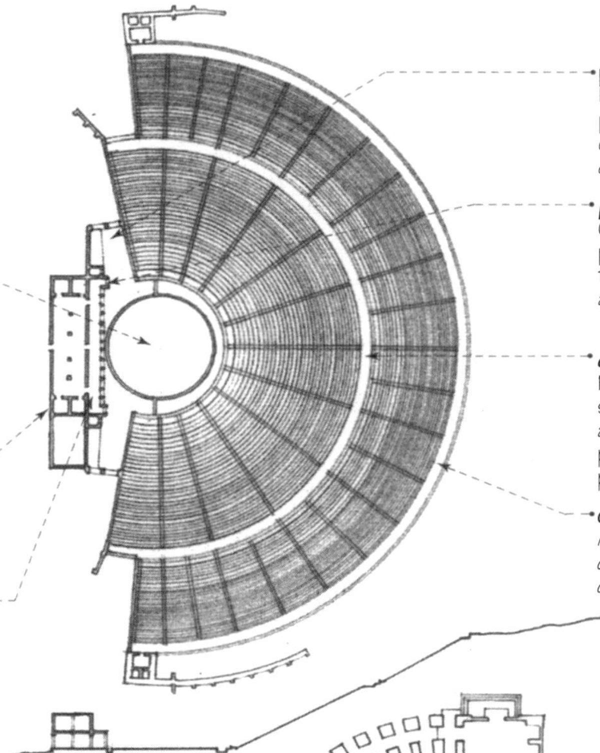

teatro grego
Teatro a céu aberto, normalmente construído sobre uma encosta, com uma área de assentos enfileirada disposta em torno e à frente de uma orquestra circular, no fundo da qual se ergue a *skene*, uma construção destinada ao uso dos atores.

orquestra
Espaço circular, destinado ao coro, à frente do palco, nos teatros da antiga Grécia.

coro
Grupo de atores, na antiga Grécia, que figurava como importante partícipe ou comentador da ação principal do drama.

skene
Estrutura defronte à platéia em um teatro da Grécia antiga, que constituía o fundo ante o qual eram efetuadas as representações.

proscênio
Parte frontal do palco de um teatro da Grécia ou Roma antiga, sobre o qual representavam os atores.

párodo
Uma das suas passagens laterais que davam para um teatro da antiga Grécia, localizada entre o palco e a platéia, através da qual se dava a entrada do coro na orquestra.

paraskene
Cada uma das duas abas laterais que se projetam da *skene* para a frente em um teatro da antiga Grécia, e que continham alojamentos para os atores.

diazoma
Passagem entre as fileiras de assentos superiores e inferiores em um teatro da antiga Grécia, concêntrica à orquestra e à parede externa, e que se comunica com as passagens radiais.

cercis
Ala de assentos em forma de cunha entre duas passagens escalonadas em um teatro da antiga Grécia.

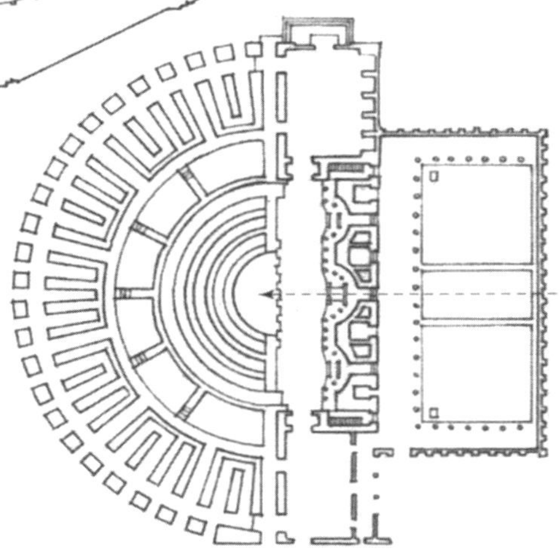

teatro romano
Teatro a céu aberto, cuja forma é baseada naquela dos gregos antigos, mas de ordinário erguido no nível do solo, com galerias colunadas, uma orquestra semicircular e um palco elevado que tem ao fundo uma elaborada estrutura arquitetônica.

orquestra
Espaço semicircular à frente do palco de um teatro da Roma antiga, reservado aos senadores e outros espectadores proeminentes.

arquibancada
Série de assentos dispostos em fileiras escalonadas, destinados a acomodar uma platéia, por exemplo em um anfiteatro.

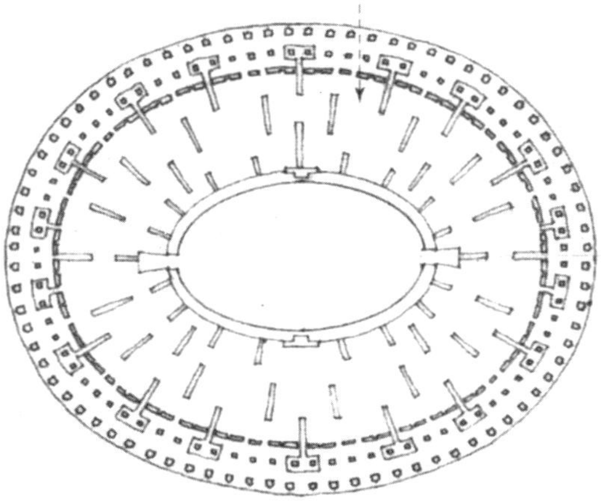

anfiteatro
Edifício oval ou circular com fileiras de assentos em torno de uma arena central, como aqueles utilizados na Roma antiga para lutas de gladiadores e espetáculos.

velário
Toldo de lona aberto sobre um anfiteatro da antiga Roma para proteger a platéia da chuva ou do sol.

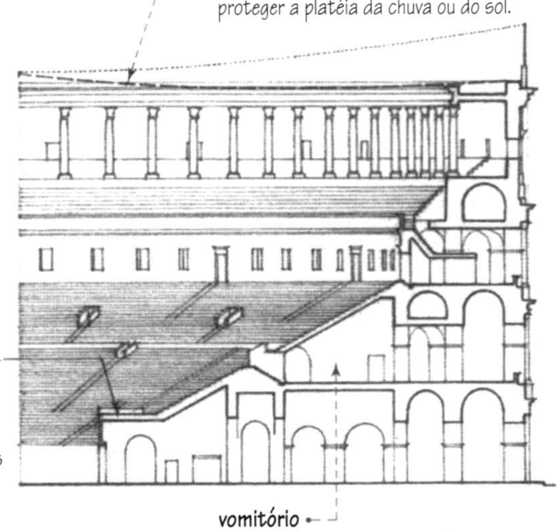

pódio
Plataforma elevada que circunda a arena de um anfiteatro da Roma antiga, provido de assentos destinados aos espectadores privilegiados.

vomitório
Grande abertura – por exemplo, em um anfiteatro ou estádio da Roma antiga – que permite a entrada e a saída de um grande número de pessoas.

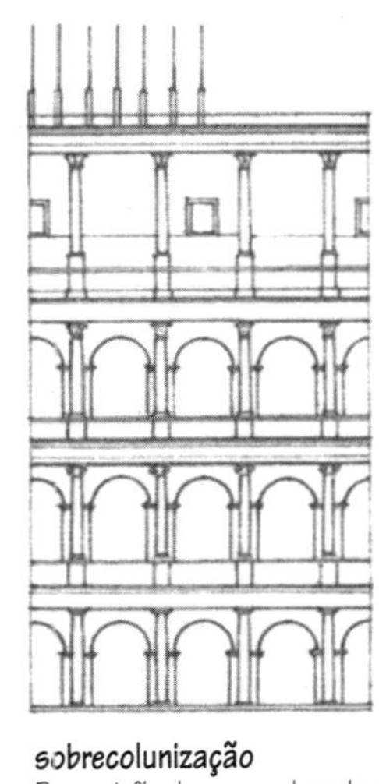

sobrecolunização
Disposição de uma ordem de colunas acima de outra, normalmente com as ordens mais elaboradas na parte superior.

palco italiano
Palco emoldurado por um arco de proscênio.

arco de proscênio
A moldura que separa o palco da platéia. Também chamado **boca de cena**.

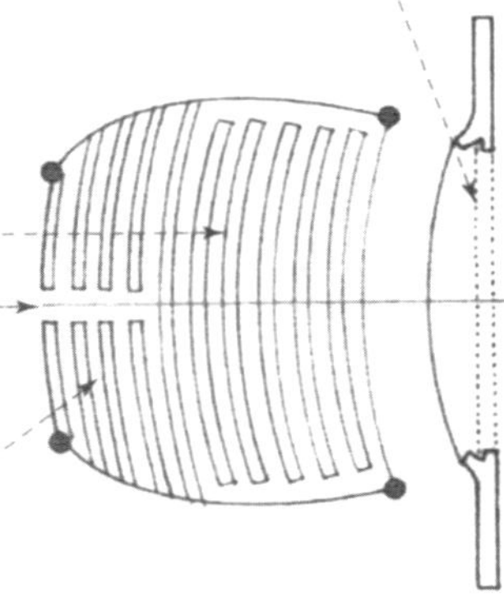

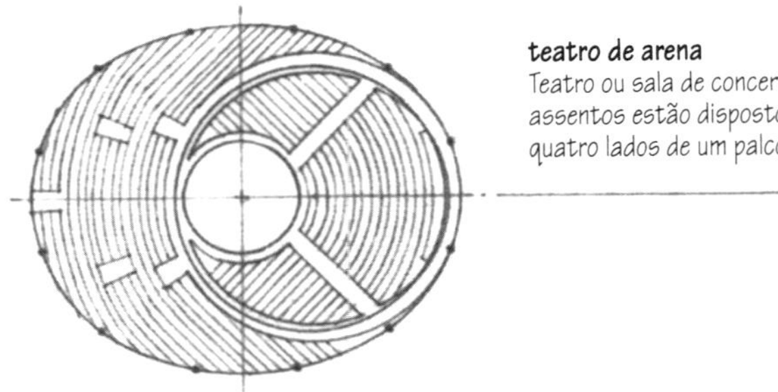

teatro de arena
Teatro ou sala de concertos em que os assentos estão dispostos ao redor ou pelos quatro lados de um palco central.

planta da platéia
Disposição dos assentos em um teatro, estádio ou outro local de reunião.

platéia continental
Planta de platéia em que não há um corredor central, mas um grande espaçamento entre cada fileira de assentos para permitir um trânsito fácil.

corredor
Passagem entre ou ao longo de áreas de assento em um teatro, auditório, igreja ou outro local de reunião.

fileira cega
Fileira de assentos em que o primeiro assento está localizado num corredor lateral e, o último, junto a uma parede lateral.

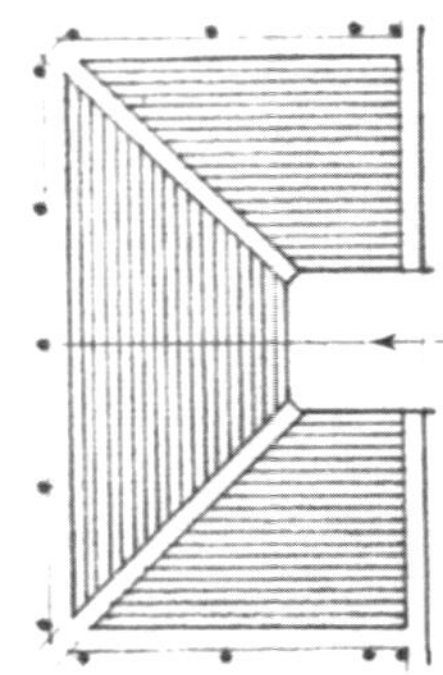

teatro elizabetano
Teatro em que os assentos estão dispostos em três lados de um palco exterior que se projeta da boca de cena.

palco exterior
Palco que se projeta para além do arco de proscênio e é normalmente cercado por assentos em três de seus lados. Também chamado **palco projetado**.

caixa
Parte de um teatro situada no lado do proscênio em que se dá uma apresentação, incluindo o palco, bastidores e áreas de armazenagem de materiais. Também chamada **caixa de cena** e **caixa de teatro**.

refletor
Equipamento de iluminação com um foco de luz intenso e focalizado que chama a atenção sobre um objeto, pessoa ou grupo sobre um palco.

luzes da platéia
Lâmpadas que iluminam um auditório ou a platéia de um teatro.

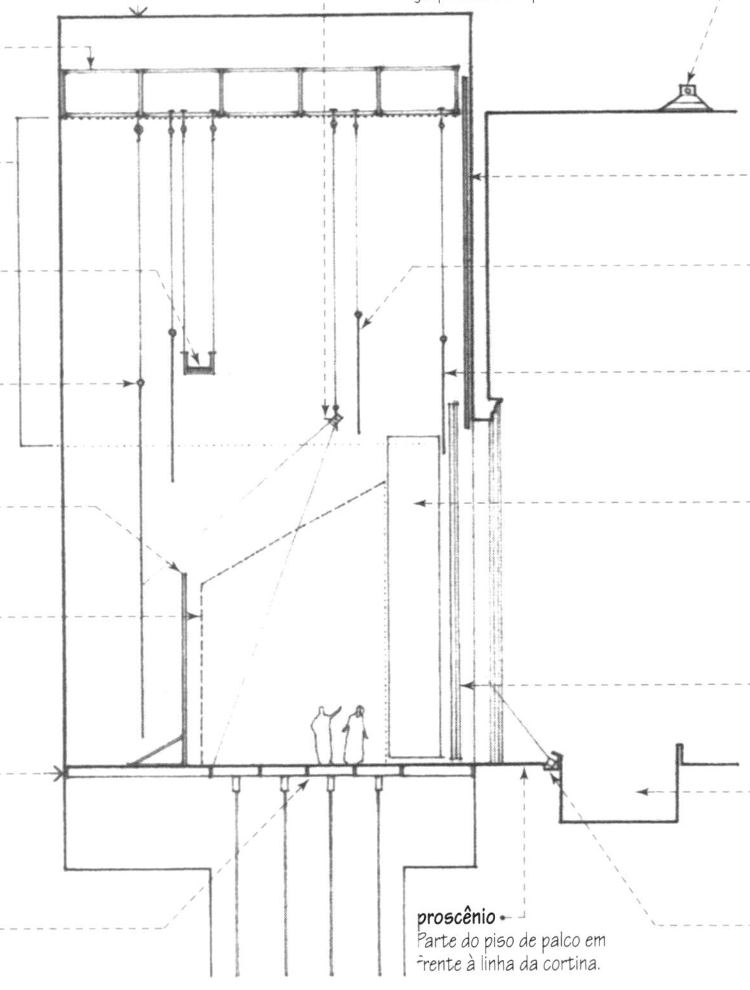

urdimento (1)
Estrutura de aço acima do palco de um teatro, na qual são dependurados cenários e de onde se manipulam equipamentos.

urdimento (2)
Espaço acima do palco, utilizado principalmente para guardar e pendurar cenários e equipamentos.

passarela de serviço
Galeria ou plataforma que pode ser elevada ou baixada sobre o palco, e que é utilizada por técnicos e manipuladores.

vara
Cano metálico que pende do urdimento, utilizado para se suspender equipamentos como telões, tapadeiras ou refletores.

tapadeira
Peça cenográfica que consiste em uma estrutura de madeira, normalmente retangular, revestida com tecido.

concha acústica
Estrutura refletora de som que isola o palco do urdimento e das coxias, de modo a formar uma área própria para execuções musicais.

palco
Plataforma, normalmente elevada, sobre a qual se dá a representação dos atores em um teatro. Também, a plataforma e todas as partes de um teatro situadas atrás do proscênio.

palco elevatório
Piso de palco que se desloca verticalmente em um elevador, normalmente de modo que um cenário possa substituir outro rapidamente.

proscênio
Parte do piso de palco em frente à linha da cortina.

cortina corta-fogo
Cortina de amianto ou outro material à prova de fogo, que pode ser baixada no arco do proscênio em caso de incêndio, vedando a caixa da platéia. Também chamada cortina de segurança.

bambolina
Cortina estreita ou faixa de tela pintada suspensa acima do palco para encobrir o urdimento e formar o topo do cenário.

bastidor horizontal
Bastidor suspenso ao longo do arco do proscênio para encobrir o urdimento e, juntamente com os bastidores verticais, emoldurar a cena.

bastidor
Estrutura emoldurada e revestida com pano utilizada diretamente atrás do proscênio em ambos os lados do palco a fim de ocultar da platéia as coxias e os refletores laterais. Quando não estruturado em madeira, é chamado **perna**.

pano de boca
Cortina para fechar o proscênio e que se abre entre os atos ou cenas. Também chamado **pano** e **cortina**.

fosso da orquestra
Espaço reservado aos músicos, normalmente a parte frontal do piso principal, por vezes total ou parcialmente abaixo da dianteira do palco.

ribalta
Fileira de luzes que corre pela beirada do palco, normalmente instaladas em uma vala, quase no nível dos pés dos intérpretes.

casa de ópera
Teatro dedicado principalmente à apresentação pública de óperas. Também chamada **ópera**.

frente
Partes de um teatro situadas no lado da platéia com relação à cortina corta-fogo.

balcão
Galeria que se projeta por sobre o piso principal de um teatro para acomodar um número adicional de espectadores.

galeria
Piso superior que se projeta sobre o piso principal de um teatro ou sala.

balcão lateral
Parte de um balcão que se estende pelas paredes laterais de um auditório.

camarote
Área de assentos privativa destinada a um pequeno grupo de espectadores em um teatro ou casa de ópera.

galeria superior
Setor de assentos mais recuada e barata no último balcão de um teatro. Também chamada **torrinha, galinheiro** e **poleiro**.

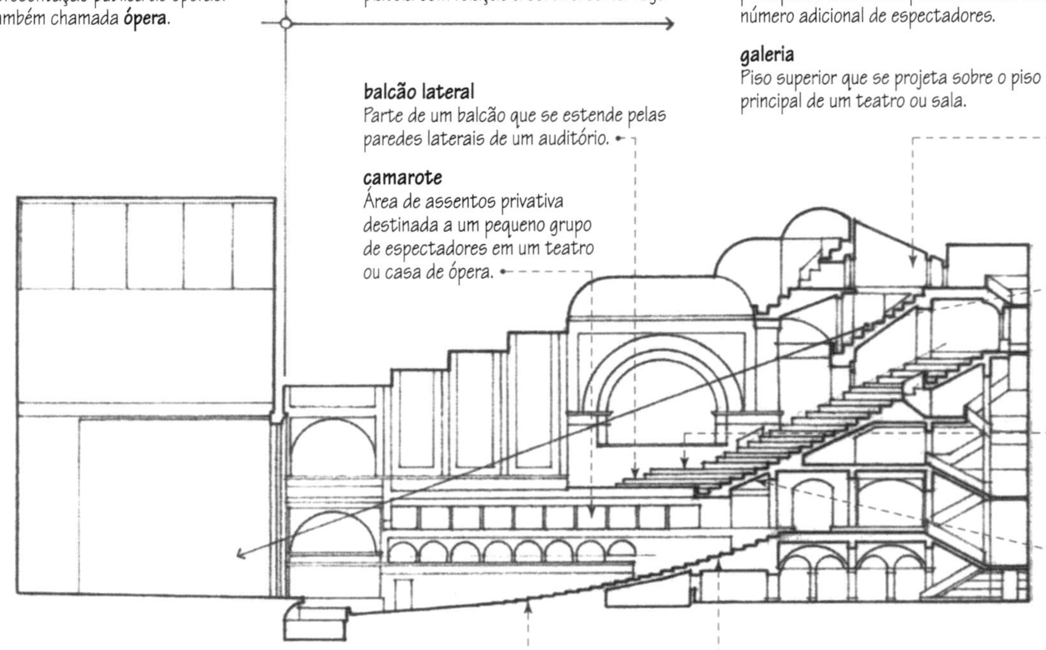

linha de visão
Cada uma das linhas entre os olhos do espectador e o palco ou gramado de um teatro ou estádio.

primeiro balcão
Setor de assentos curvo ou circular em um teatro, casa de ópera ou espaço do gênero, via de regra a primeira galeria, originalmente reservado aos espectadores em traje de gala.

mezanino
Primeiro balcão ou o setor frontal deste em um teatro.

frisas
Primeira fileira de camarotes imediatamente atrás da platéia em uma grande casa de ópera ou teatro.

setor
Cada uma dentre uma série de áreas de assentos, como as de um teatro.

orquestra
Todo o espaço do pavimento principal destinado aos espectadores em um teatro ou auditório.

platéia posterior
Setor de assentos mais afastado do palco, do piso principal de um teatro, casa de ópera ou sala de concertos.

coxia
Área situada atrás da área de representação em um teatro, incluindo os camarins. Também, **bastidores**.

auditório
Espaço reservado à audiência em um teatro ou salão de reuniões.

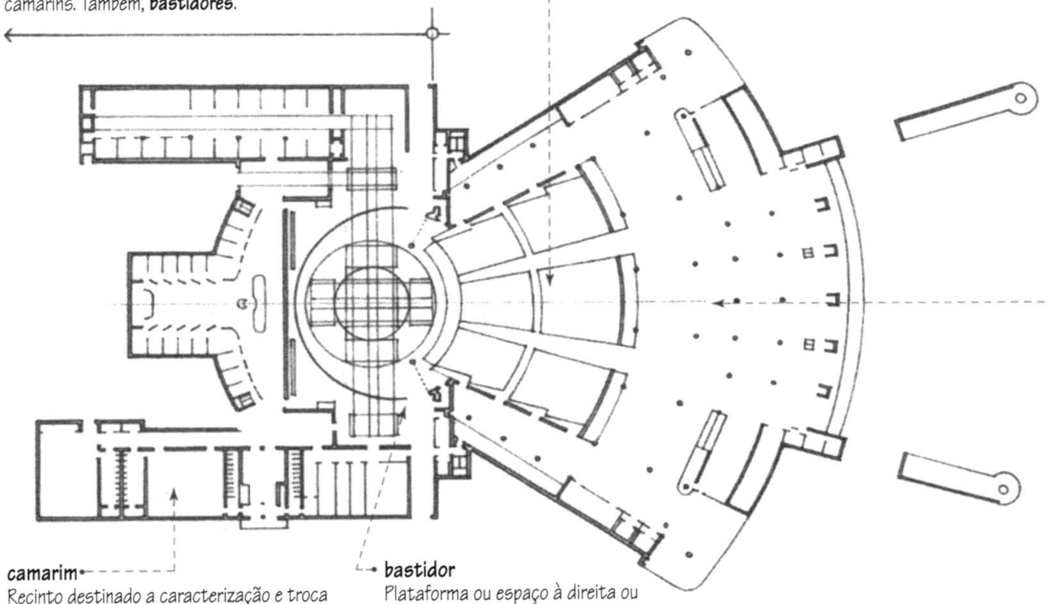

saguão
Espaço que serve de passagem ou sala de espera próximo à, ou na entrada de um teatro, hotel, edifício de apartamentos ou aeroporto, normalmente provido de lavabos. Também chamado **foyer**.

bilheteria
Local, em um teatro ou estádio, em que se dá a venda de ingressos.

marquise
Projeção alta, semelhante a uma cobertura, acima da entrada de um teatro ou cinema, normalmente contendo o nome da peça ou filme em cartaz e de suas estrelas.

camarim
Recinto destinado a caracterização e troca de roupas, aquele utilizado pelos artistas em um teatro ou estúdio de televisão.

sala de espera
Recinto em um teatro, sala de concerto ou estúdio de rádio utilizado pelos intérpretes quando não estão no palco.

bastidor
Plataforma ou espaço à direita ou à esquerda do palco propriamente dito.

passarela
Rampa ou plataforma estreita que se estende do palco para o fosso da orquestra ou para um corredor da platéia.

Cobertura externa de uma edificação, incluindo o madeiramento de sustentação da telhadura.

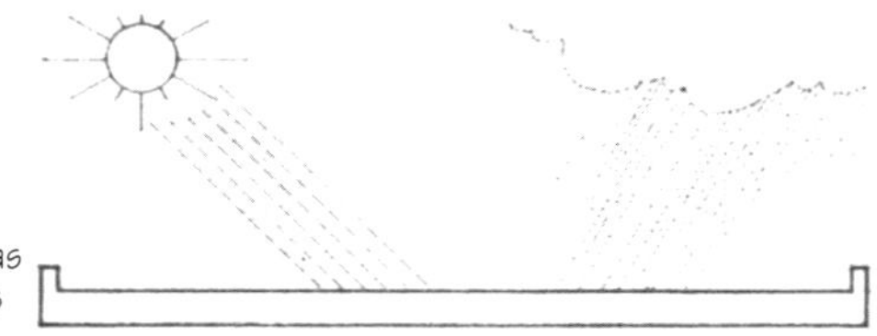

telhado horizontal
Cobertura sem declividade alguma, ou apenas uma ligeira vertente para o escoamento das águas pluviais. Também **telhado plano**.

telhado em vertente
Cobertura que apresenta uma ou mais declividades.

vertente
Inclinação de um telhado, via de regra expressa em metros de elevação por metros de caminhamento horizontal ou, mais comumente, em porcentagem. Também chamada **caimento** e **rampa**.

largura
Distância horizontal de um telhado inclinado, medida entre o beiral e a cumeeira.

run
Distância vertical entre o beiral e a cumeeira de um telhado inclinado.

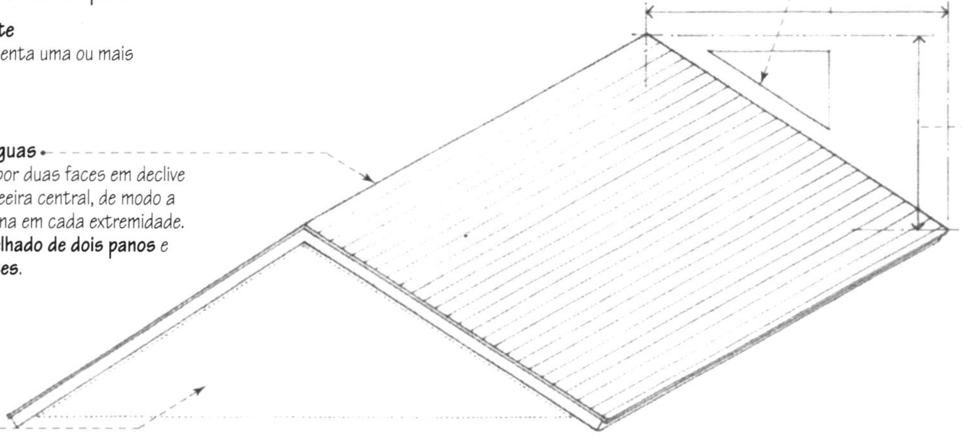

telhado de duas águas
Cobertura formada por duas faces em declive unidas por uma cumeeira central, de modo a formarem uma empena em cada extremidade. Também chamado **telhado de dois panos** e **telhado de duas faces**.

empena
Parte triangular de uma parede que intercepta a extremidade de um telhado em vertente, compreendida entre a cornija ou os beirais e a cumeeira.

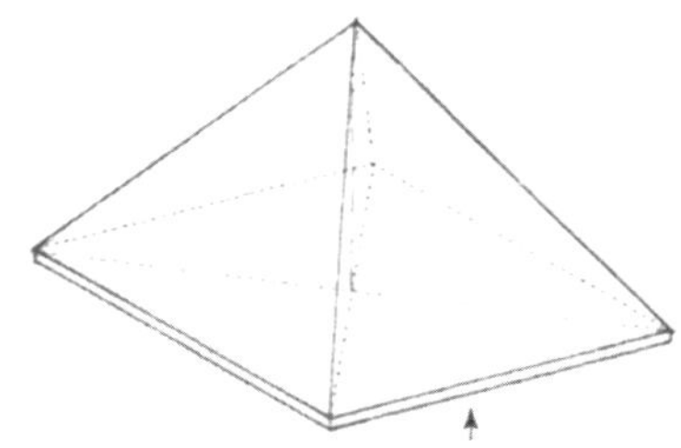

telhado de pavilhão
Telhado esconso em forma de pirâmide.

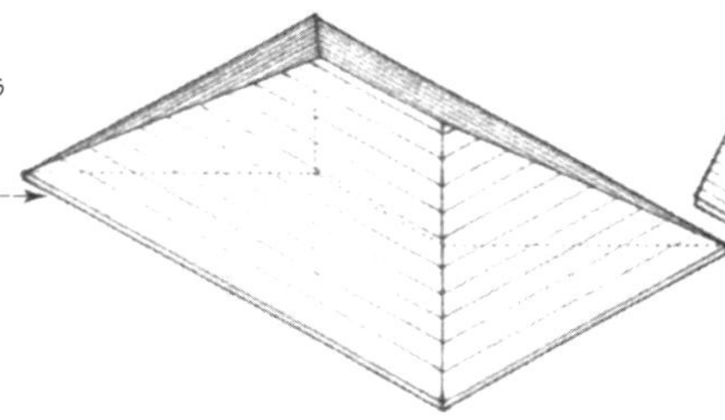

telhado esconso
Telhado com as extremidades e as faces inclinadas, que se encontram em um ângulo projetado e inclinado.

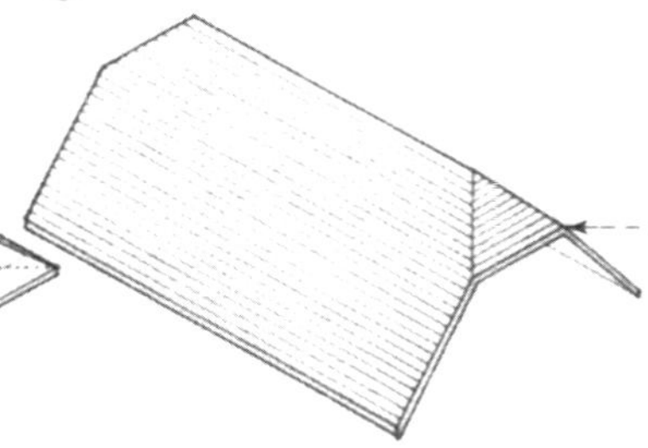

empena esconsa
Telhado com uma extremidade oblíqua que corta uma empena.

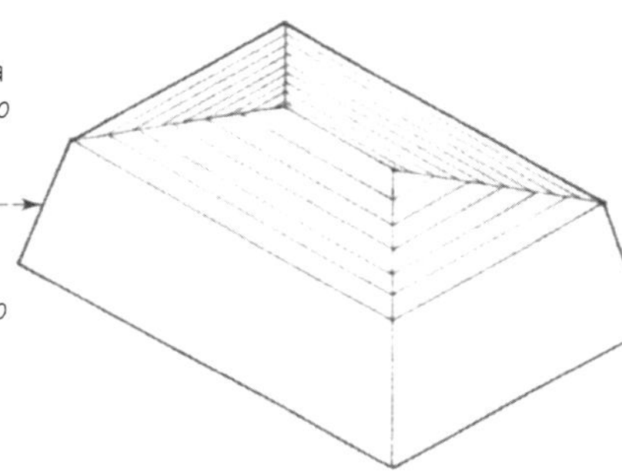

curb roof
Cobertura dividida em cada lado da cumeeira em duas ou mais vertentes, como um telhado gambrel ou de mansarda.

mansarda
Telhado que apresenta, em cada lado, uma parte inferior mais íngreme e cuja parte superior tem menor altura. Também chamado **telhado de mansarda**.

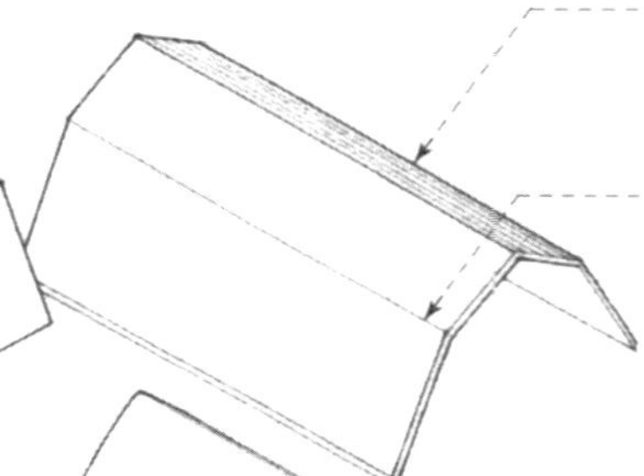

telhado gambrel
Telhado que se subdivide, em cada lado da cumeeira, em uma vertente menor encimada por outra, mais íngreme.

curb
Aresta entre uma vertente superior e uma vertente inferior em um telhado gambrel ou de mansarda.

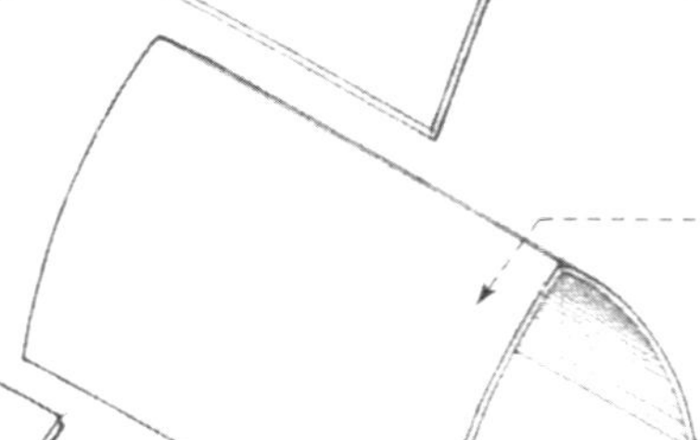

telhado ogival
Telhado de duas águas que tem a forma de um arco gótico largo, com superfícies convexas levemente inclinadas.

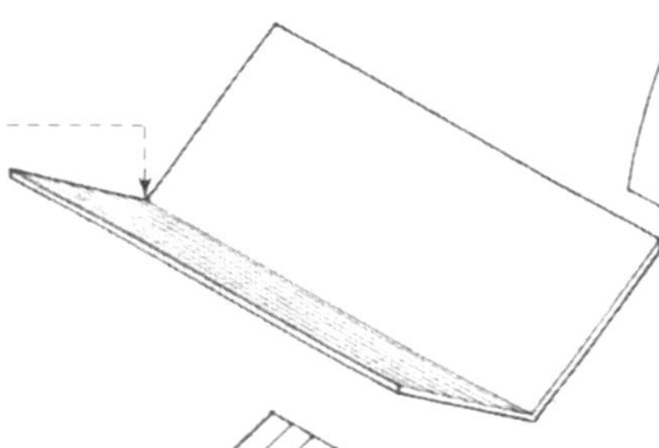

telhado borboleta
Telhado com duas vertentes, cada qual voltada para dentro a partir dos beirais.

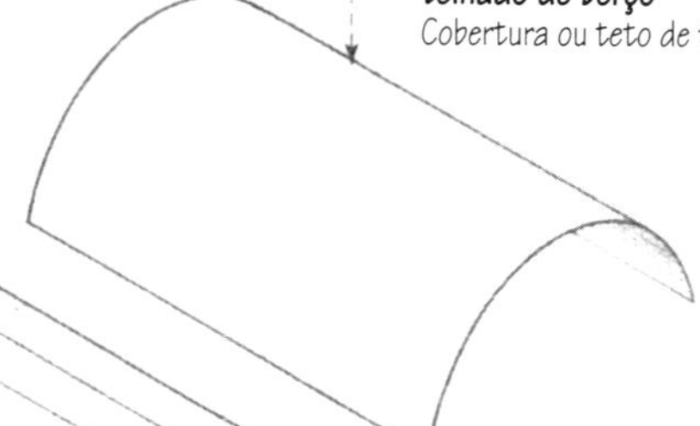

telhado de berço
Cobertura ou teto de formato semicilíndrico.

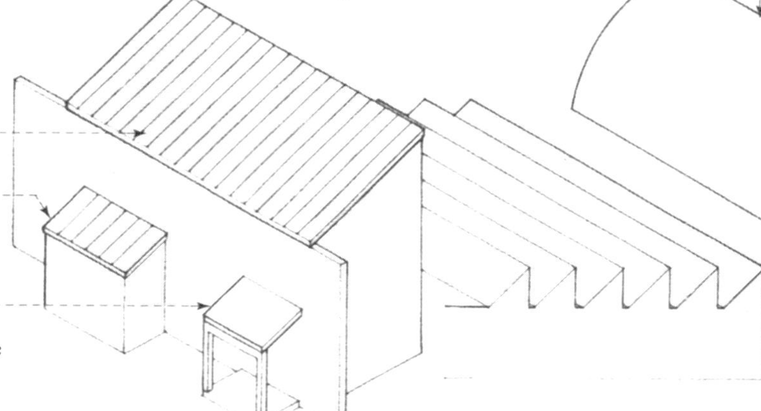

telhado de uma água
Cobertura com uma única vertente.

telhado de meia água
Telhado com uma única vertente, cuja extremidade superior é delimitada por um muro ou uma construção maior.

alpendre
Telhado de uma água que se projeta de uma parede ou da fachada de uma construção, de modo a proteger uma entrada. Também chamado **marquise** e **telheiro**.

telhado dente-de-serra
Cobertura composta por uma série de pequenas coberturas paralelas de secção transversal triangular, normalmente assimétricas e com a vertente menor envidraçada.

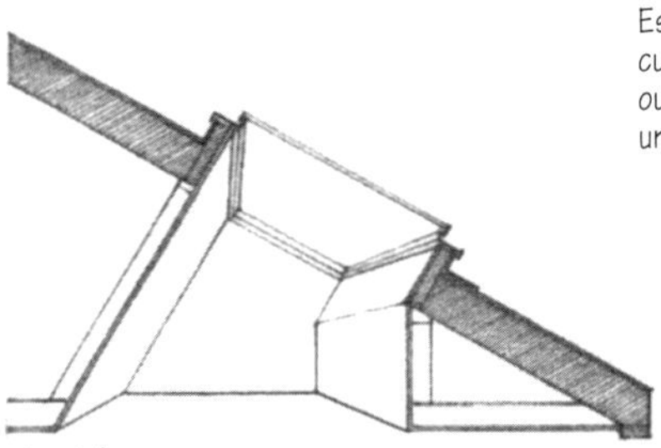

clarabóia
Abertura em um telhado ou teto, vedada com um material transparente ou translúcido para permitir a entrada da luz solar.

monitor
Estrutura elevada que corre ao longo da cumeeira de um telhado, provida de janelas ou adufas para iluminar ou ventilar uma edificação.

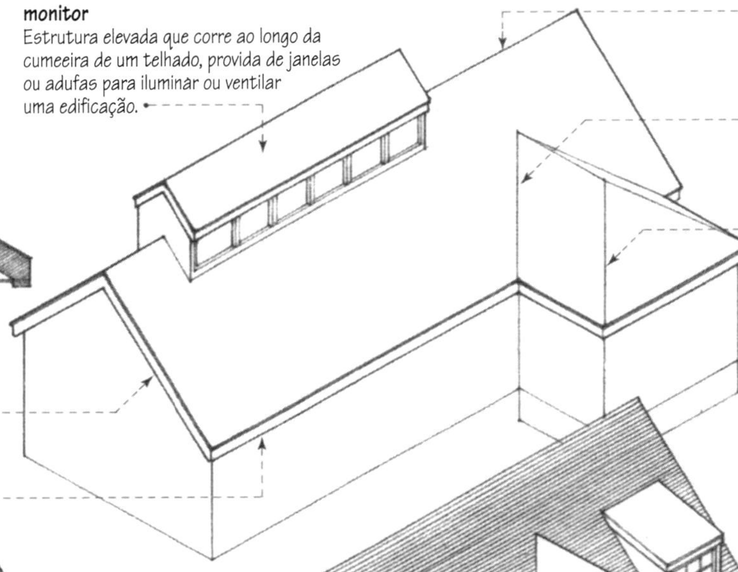

beira
Extremidade inclinada, normalmente projetada de um telhado inclinado.

beiral
Bordo inferior de um telhado, que se prolonga para além da parede.

cumeeira
Linha horizontal de intersecção entre dois planos inclinados de um telhado no topo deste.

rincão
Intersecção entre duas superfícies inclinadas de um telhado, para onde correm as águas pluviais.

espigão
Quina inclinada formada pela junção de dois lados adjacentes em declive de um telhado.

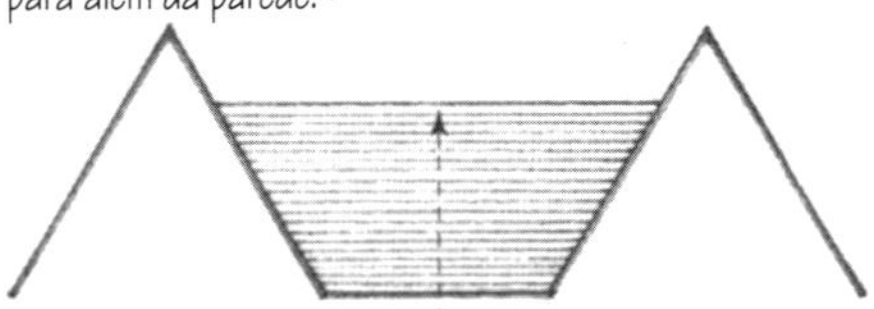

espigão de duas águas
Cumeeira que liga duas vertentes mais elevadas de um telhado.

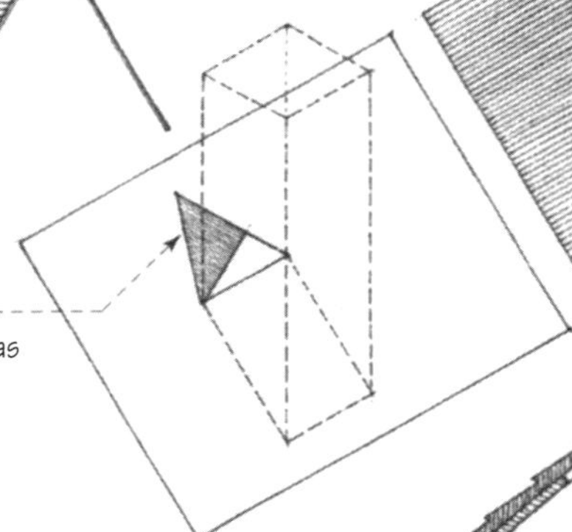

cricket
Pequeno telhado cuja finalidade é desviar as águas pluviais em torno de uma projeção, como, por exemplo, uma chaminé ou um telhado inclinado.

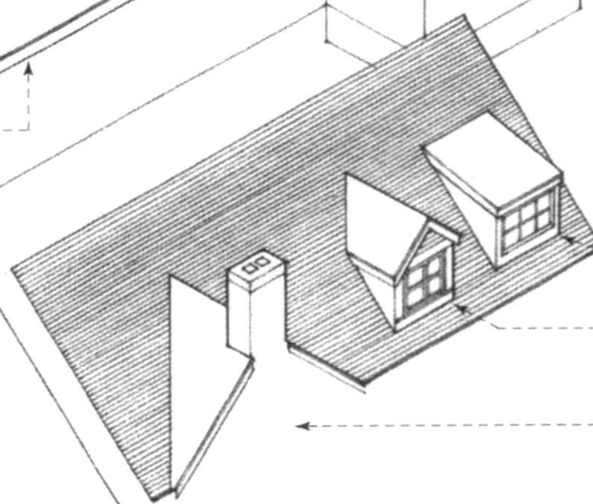

lucarna
Estrutura que se projeta de um telhado em vertente e que normalmente abriga uma janela ou veneziana de ventilação verticais. Também chamada **trapeira**.

face
Cada um dentre dois lados semelhantes de uma projeção, como uma lucarna ou um apoio.

lucarna de uma água
Lucarna coberta por um telhado de uma água.

lucarna de duas águas
Lucarna coberta por um telhado de duas águas.

link dormer
Grande lucarna que abriga uma chaminé ou liga uma parte de um telhado a outra.

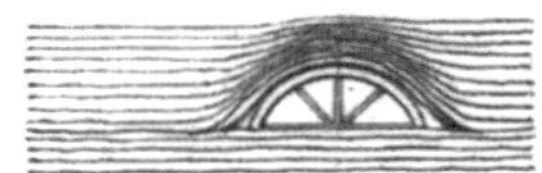

sobrancelha
Lucarna baixa cuja cobertura é uma continuação curva do plano principal do telhado.

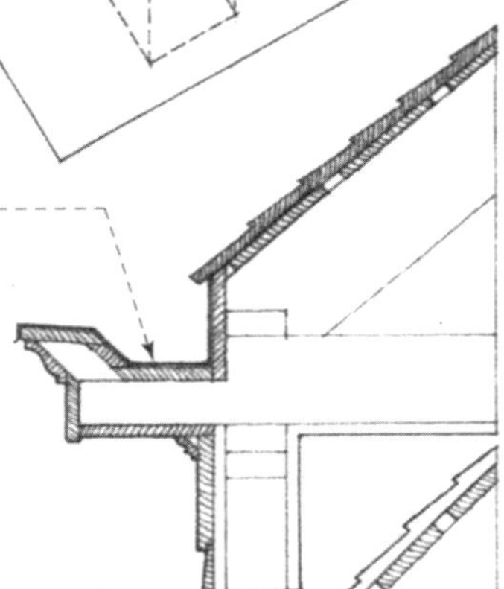

calha em caixão
Calha embutida na vertente de um telhado, acima da cornija.

lear board
Placa instalada próxima à calha de um telhado inclinado para receber a extremidade do revestimento metálico voltado para cima. Também chamada ***layer board***.

calha de aresta
Calha com secção em forma de V, afixada no beiral de uma construção.

calha suspensa
Calha presa às extremidades dos caibros ou a uma fácia no beiral de um telhado.

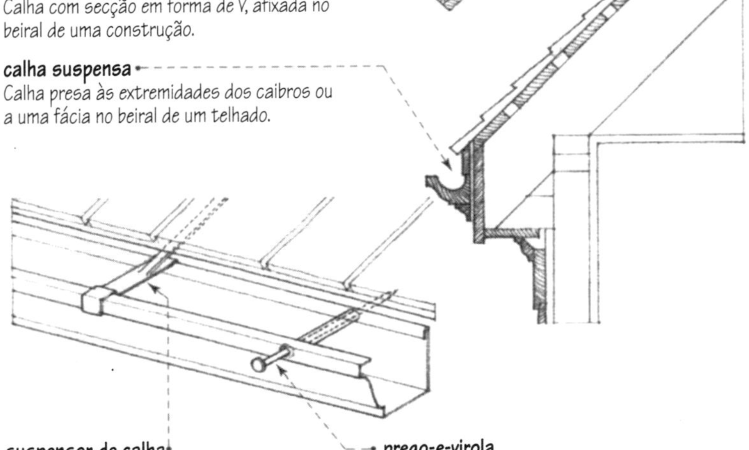

suspensor de calha
Tira ou presilha metálica com a finalidade de sustentar e firmar uma calha.

prego-e-virola
Prego longo e uma bucha de metal moldado utilizados para se fixar uma calha ao beiral de um telhado.

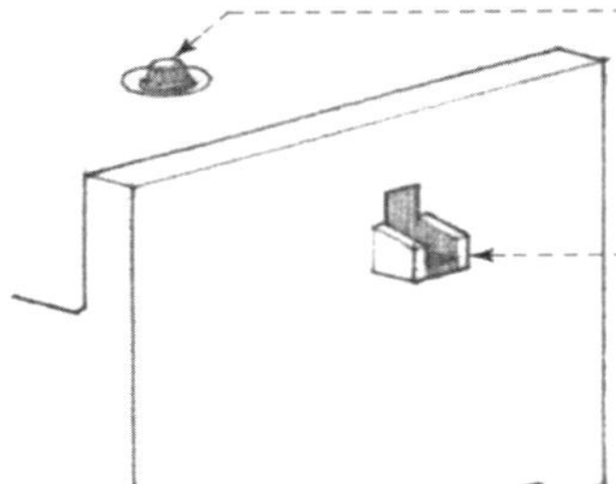

escoadouro de cobertura
Escoadouro destinado a coletar a água acumulada na superfície de um telhado e vertê-la no interior de um condutor. Também chamado **ralo com grelha hemisférica**.

bica
Abertura na parte externa de uma edificação, por exemplo em uma platibanda, para o escoamento das águas pluviais.

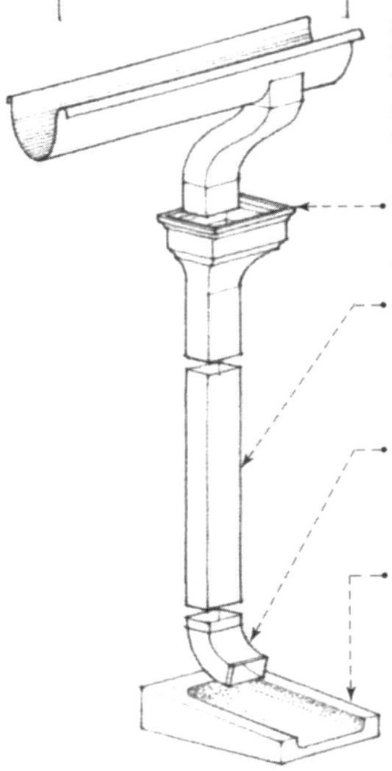

calha
Canal de metal ou madeira no beiral ou no telhado de uma edificação, destinado ao escoamento das águas pluviais. Também chamada **caleira** e **goteira**.

funil
Reservatório em forma de caixa, de um condutor ligada a uma bica ou uma calha.

condutor
Cano vertical com a finalidade de conduzir as águas pluviais de um telhado ou uma calha para o solo.

shoe
Base de um condutor, com uma curvatura para fora a fim de direcionar o fluxo para longe da parede.

caixa de desaguamento
Bloco de concreto premoldado com uma superfície encovada e aberto obliquamente, colocado na base de um condutor para espalhar as águas pluviais que, do contrário, poderiam erodir o solo.

telhado duplo
Telhado no qual as peças longitudinais, como a viga de cumeeira e as terças, são utilizadas como apoios individuais para caibros comuns. Também chamado **telhado de armação dupla**.

terça
Peça longitudinal da armação de um telhado, sobre a qual se apóiam os caibros comuns entre a cumeeira e o beiral.

subterça
Peça estrutural leve para apoiar os materiais de cobertura, sustentada pelas terças e dispostas em ângulo reto com estas.

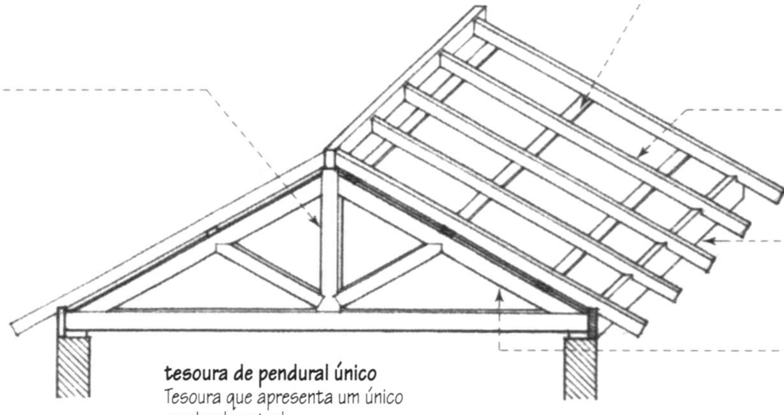

pendural
Peça vertical que vai da cumeeira ao tensor de uma tesoura. Também chamado **pontalete**.

estaca de encaixe
Pendural com entalhes ou ressaltos para acomodar e apoiar as bases das mãos francesas. Também chamada **estaca dentada**, **peça de encaixe** e **peça dentada**.

encaixe
Área maior de uma estaca, cuja finalidade é sustentar a base de um tirante ou contrafixa.

tesoura de pendural único
Tesoura que apresenta um único pendural central.

caibro comum
Caibro que se estende de uma contraplaca a uma chapa ou uma viga de cumeeira, e cuja única função é sustentar o revestimento e a telhadura de um telhado.

contrafrechal
Viga perpendicular às extremidades da linha de uma tesoura e que sustenta os caibros comuns próximo à extremidade destes.

empena
Peça diagonal da tesoura de um telhado, que normalmente faz parte de uma tesoura e sustenta as terças sobre as quais assentam os caibros comuns. Também **perna**.

caibro auxiliar
Caibro com a finalidade de reforçar um caibro principal ou uma peça diagonal de uma tesoura de pendural duplo.

principal
Peça de uma estrutura da qual outras peças adjacentes ou semelhantes dependem para fins de apoio ou reforço.

contratensor
Tirante horizontal que liga as extremidades superiores de dois contrapendurais. Também chamado **tirante tensor**.

contrapendural
Cada uma das duas peças verticais instaladas à mesma distância com relação à cumeeira de uma tesoura. Também chamado **pendural lateral**.

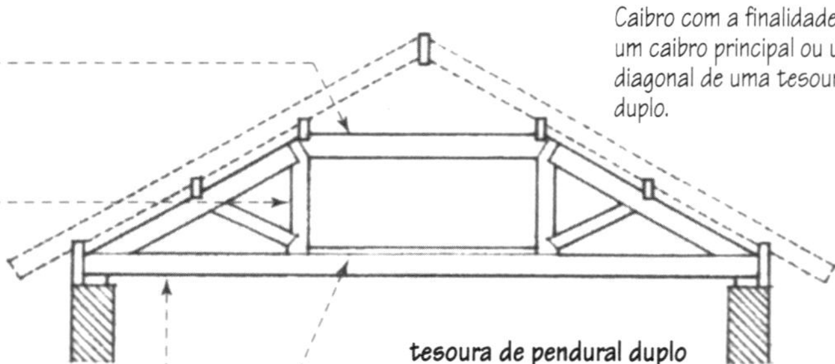

tesoura de pendural duplo
Tesoura com dois pendurais laterais unidos por um tensor.

linha
Tirante horizontal para interligar duas peças estruturais, impedindo o afastamento uma da outra, por exemplo uma viga que une as bases de dois caibros principais da tesoura de um telhado. Também chamada **tensor**.

straining sill
Peça de compressão colocada ao longo da linha de uma tesoura de pendural duplo e presa a esta, que separa as bases dos contrapendurais.

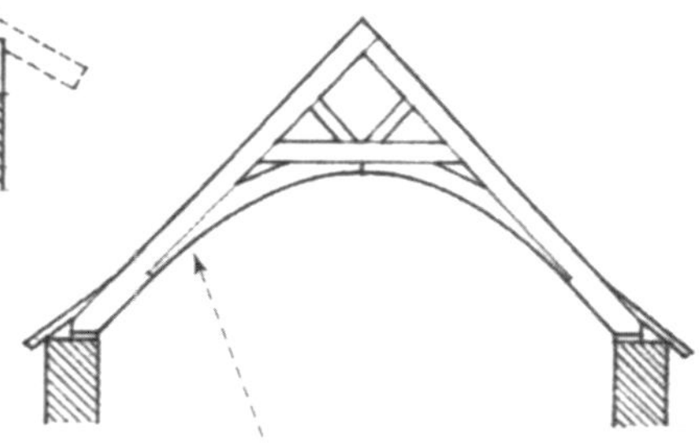

apoio em arco
Apoio curvo, normalmente utilizado aos pares para sustentar o madeiramento de um telhado e produzir o efeito de um arco.

pontalete
Peça vertical instalada na extremidade interna de uma peça de apoio e presa a uma travessa acima dela para sustentar uma terça.

peça de apoio
Cada uma dentre um par de pequenas peças horizontais afixadas à base de um caibro principal no nível da contraplaca e utilizadas em lugar de uma linha.

escora
Consolo que sustenta uma peça de apoio.

consolo
Apoio que se projeta horizontalmente de uma parede para suportar o peso de um balanço ou reforçar uma quina.

escora vertical
Peça apoiada na base por um consolo e que sustenta, em sua extremidade superior, uma peça de apoio ou uma linha.

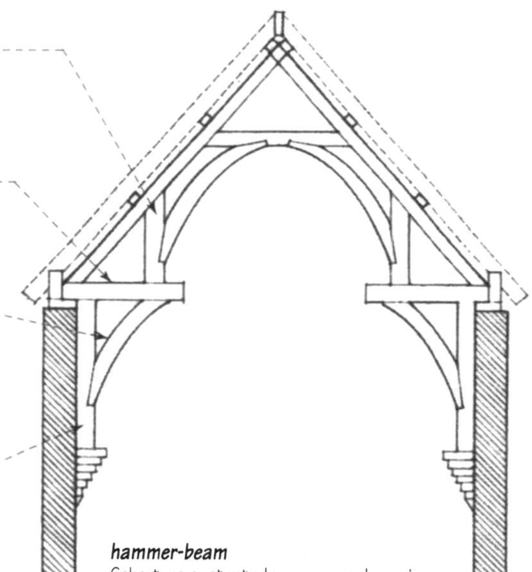

hammer-beam
Cobertura sustentada por peças de apoio.

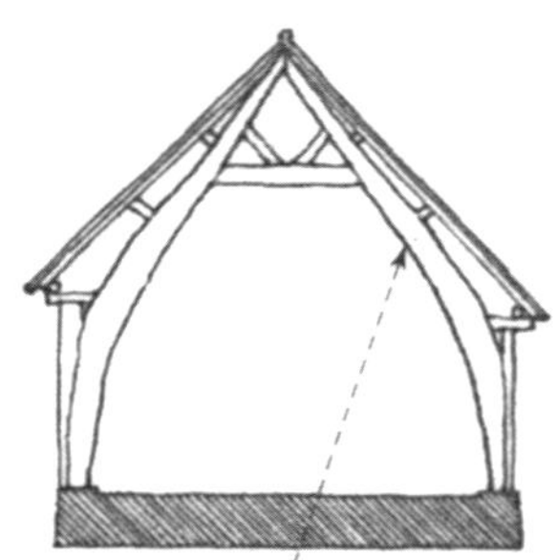

cruck
Cada um dentre um par de peças de madeira naturalmente encurvadas que compõem uma dentre uma série de estruturas arqueadas que sustentam a cobertura dos antigos chalés ou sedes de fazenda ingleses.

viga de cumeeira
Viga cuja finalidade é apoiar as extremidades superiores dos caibros na cumeeira de um telhado.

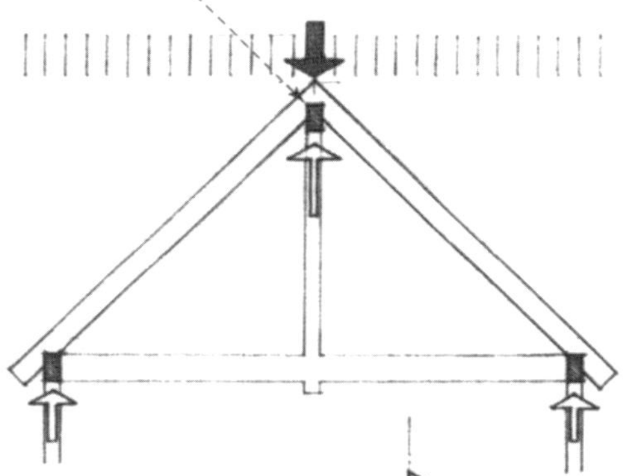

chapa de cumeeira
Tábua horizontal colocada na cumeeira de um telhado, à qual são presas as extremidades superiores dos caibros. Também chamada **viga-mestra do telhado** e **pau de cumeeira**.

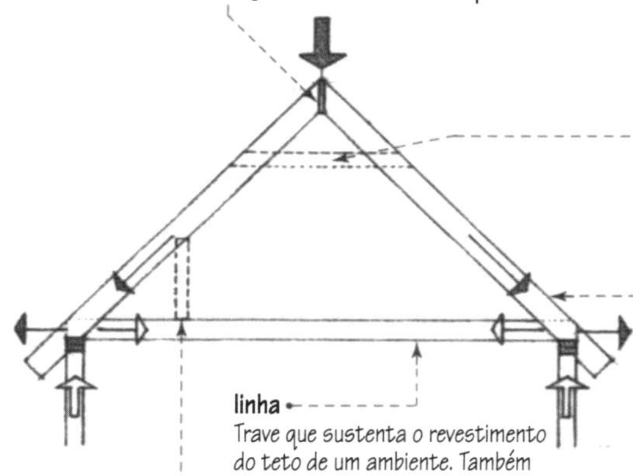

armação do telhado
A parte estrutural de uma cobertura, sobre a qual é assentado um revestimento. Também chamada **madeiramento do telhado** ou **estrutura do telhado**.

parelha
Par de caibros ligados por uma travessa ou tensor.

travessa
Viga horizontal que une dois caibros comuns colocados um à frente do outro em um ponto abaixo da cumeeira, normalmente na metade superior da extensão de cada caibro. Também chamada **barrote**.

caibro
Qualquer uma dentre uma série de vigotas paralelas que sustentam o revestimento de um telhado em vertente.

linha
Trave que sustenta o revestimento do teto de um ambiente. Também chamada **tensor**.

knee wall
Mureta que sustenta os caibros em alguma posição intermediária ao longo do comprimento destes.

corte de topo
Entalhe perpendicular na extremidade superior de um caibro, no local onde este se encontra com uma chapa de cumeeira.

escalonamento
Método para se determinar o comprimento de um caibro com o uso de um esquadro, que consiste na marcação de um incremento de comprimento angular para cada pé de distância horizontal.

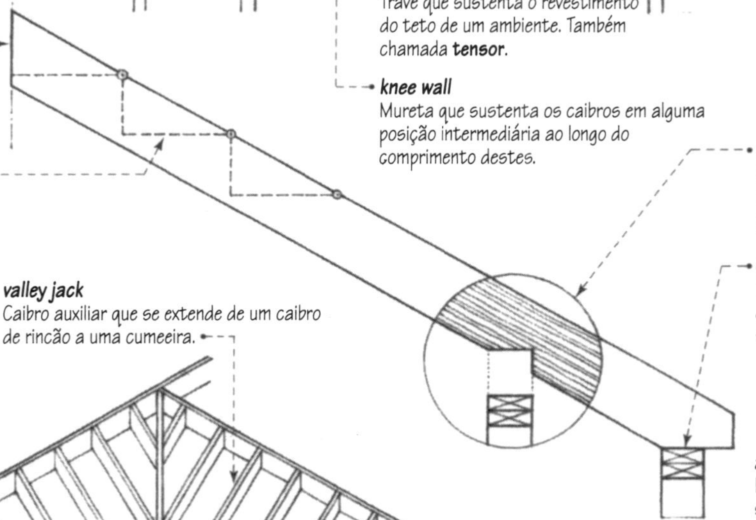

bico de pássaro
Entalhe em ângulo reto no lado inferior de um caibro para o encaixe deste sobre uma peça longitudinal, como uma contraplaca.

corte de assento
Entalhe horizontal na extremidade inferior de um caibro que permite a este assentar sobre uma contraplaca e unir-se à mesma.

valley jack
Caibro auxiliar que se extende de um caibro de rincão a uma cumeeira.

lookout
Consolo ou balanço relativamente curto para apoiar a projeção de um telhado. Também chamado ***tailpiece***.

tabeira
Cada um dos caibros de um telhado em duas águas colocados na extremidade do trecho que se projeta para além da parede.

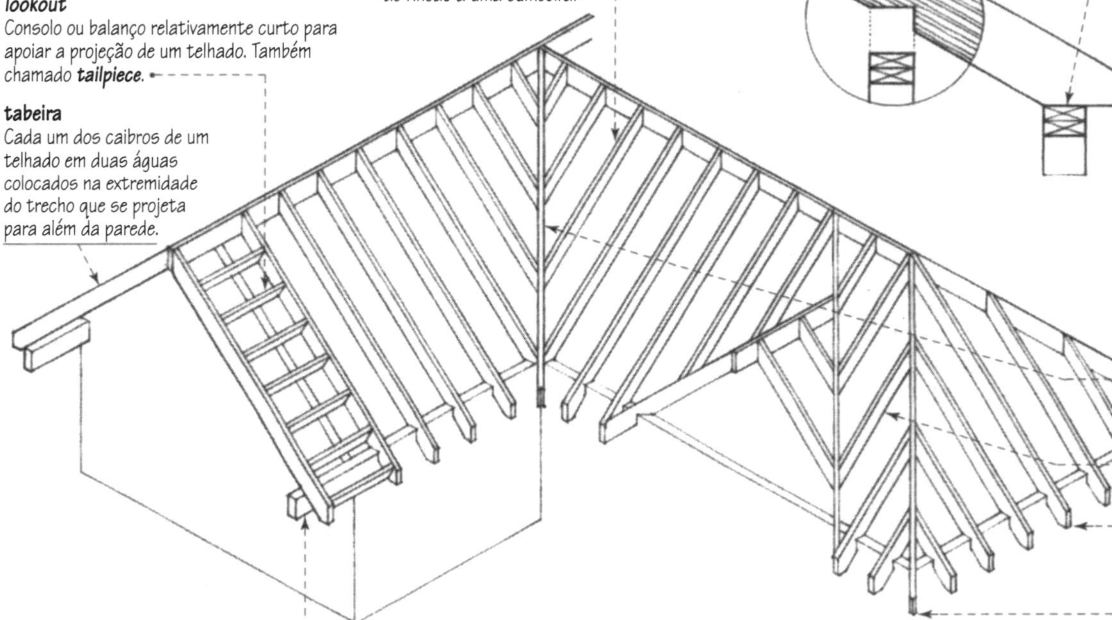

auxiliar
Diz-se da peça cujo comprimento ou altura são inferiores às demais que compõem uma estrutura, como um caibro auxiliar ou tesoura auxiliar. Também **secundário**.

caibro auxiliar
Qualquer caibro menor que o comprimento total da vertente de um telhado – por exemplo, aqueles que interceptam um espigão ou rincão. Também **caibro secundário**.

caibro de rincão
Caibro que liga a cumeeira à contraplaca ao longo de um rincão.

cripple jack
Caibro que une um espigão a um rincão.

hip jack
Caibro auxiliar que se estende da contraplaca ao caibro de espigão.

caibro de espigão
Caibro que forma a junção das faces em declive de um telhado em vertente.

empena
Par de caibros que sustentam a porção de um telhado de duas águas que se projeta para além da parede de empena. Também chamada **perna**.

tábua de empena
Tábua, normalmente com entalhes, afixada à extremidade projetada de um telhado de duas águas.

escora
Viga que se projeta de uma estrutura principal a fim de apoiar a projeção de um piso ou telhado.

talho superior
Chanfro produzido na extremidade externa e superior de um caibro de espigão a fim de permitir que a telhadura se encaixe no topo da peça sem deixar um espaço triangular entre esta e a face inferior da cobertura do telhado.

talho lateral
Corte angular oblíquo na extremidade de um caibro secundário que possibilita seu encaixe perfeito em um caibro de espigão ou caibro de rincão.

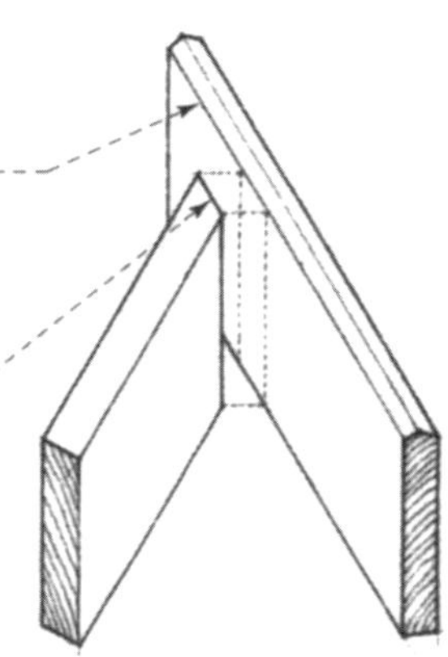

viga de encaixe
Pequena viga que recebe e sustenta a base de um caibro de espigão para anular seu empuxo. Também chamada **peça de encaixe**.

tirante de encaixe
Escora angular para sustentar uma das extremidades de uma viga de encaixe.

telhadura
Qualquer um dos diversos materiais resistentes à água, como telhas chatas, ardósia ou telhas de barro, instalados em um telhado para verter ou escoar as águas pluviais. Também **cobertura**.

telha chata
Peça delgada, normalmente oblonga, de madeira, material asfáltico, ardósia, metal ou concreto, disposta em fileiras sobrepostas para cobrir o telhado ou as paredes de uma edificação.

imbricação
Sobreposição de telhas em geral com juntas desencontradas para formar uma cobertura impermeável.

junta desencontrada
Disposição de materiais de construção, como alvenaria, telhas chatas ou tábuas de modo a assegurar que as juntas verticais não sejam contínuas nas fileiras adjacentes.

imbricação comum
Método de assentamento de telhas chatas que consiste na defasagem das sucessivas fileiras em metade do comprimento da telha.

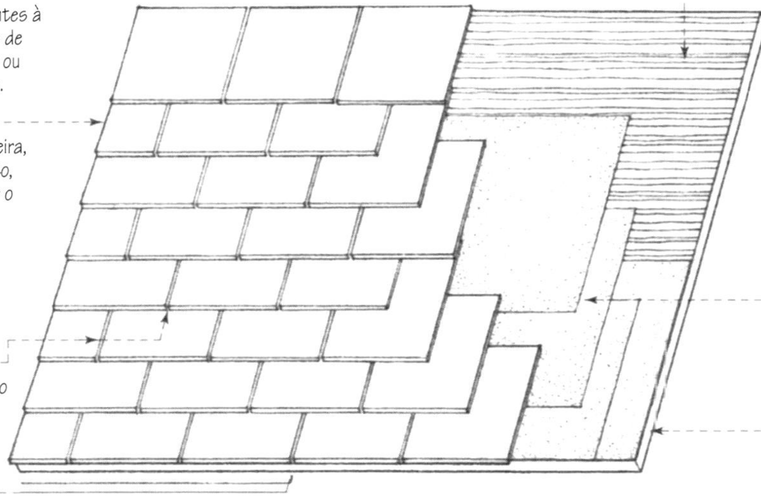

sobreposição superior
Distância na qual uma peça de revestimento se sobrepõe a outra na fileira imediatamente abaixo.

exposição
Porção do comprimento de uma telha chata ou de barro que fica exposta às intempéries depois de assentada. Também chamada **margem**.

headlap
Extensão na qual uma telha chata ou de barro se sobrepõe a outra na segunda fileira abaixo dela.

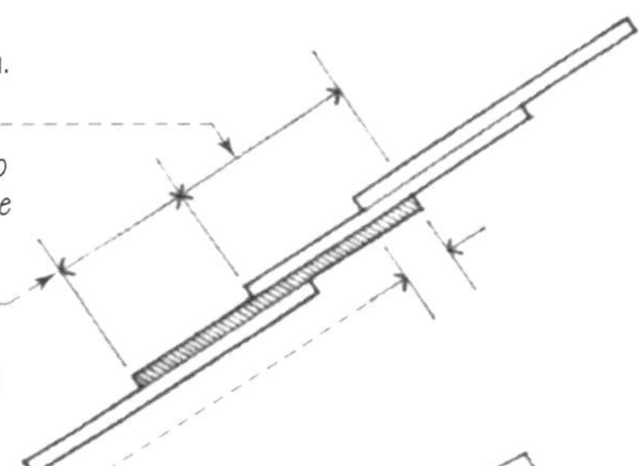

ridgecap
Fileira ou camada de telhadura que revestem a cumeeira de um telhado.

fiada de cumeeira
Fileira superior de telhas chatas ou de barro contígua a uma cumeeira, cortada na largura desejada.

fiada de telha alternada
Cada uma das fileiras alternadas de telhas chatas assentadas com exposição menor ou mais longa.

fiada desencontrada
Fileira de telhas chatas assentadas com as extremidades ligeiramente acima ou abaixo daquelas das telhas adjacentes.

fiada dupla
Camada dupla de telhas assentada na base da vertente de um telhado ou uma secção de telhas chatas dispostas na vertical.

primeira fiada
Fiada de telhas chatas ou de barro que corre pelo beiral de um telhado antes do assentamento da primeira fileira normal.

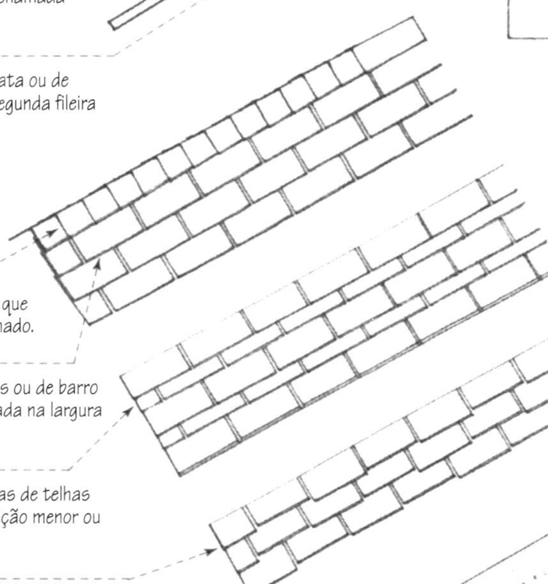

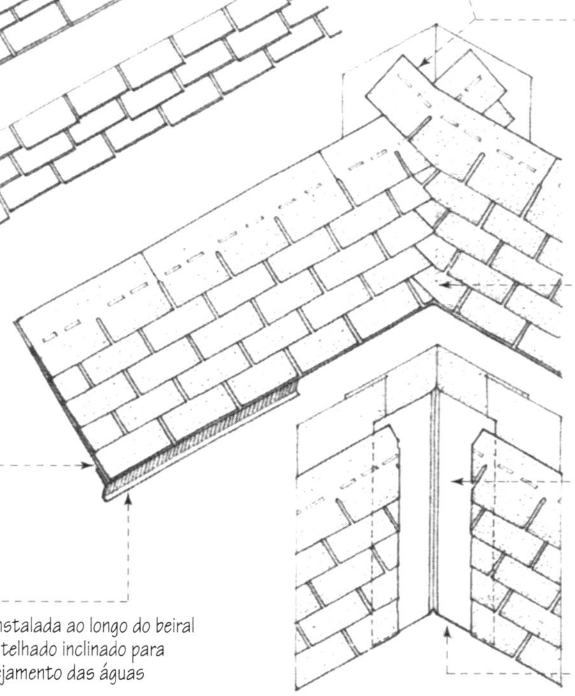

pingadeira
Moldura metálica instalada ao longo do beiral e das beiras de um telhado inclinado para permitir o livre gotejamento das águas pluviais.

tabeca
Chapas ou painéis estruturais – por exemplo, de compensado –, afixadas à estrutura de uma parede ou telhado e que servem de base para um revestimento. Também chamada **armação de chapas**.

colchete de painel
Peça de metal em forma de H para unir as placas de compensado de uma tabeca nas juntas isentas de apoios.

contracamada
Material resistente às intempéries, como papelão acaltroado, utilizado para revestir e proteger um tabuleiro de telhado antes do assentamento de telhas chatas.

proteção de beiral
Contracamada adicional argamassada ao tabuleiro de um telhado para evitar o recuo e a infiltração do gelo e a neve derretidos por sob a telhadura ao longo do beiral.

barreira de gelo
Acúmulo de neve e gelo ao longo do beiral de um telhado em vertente.

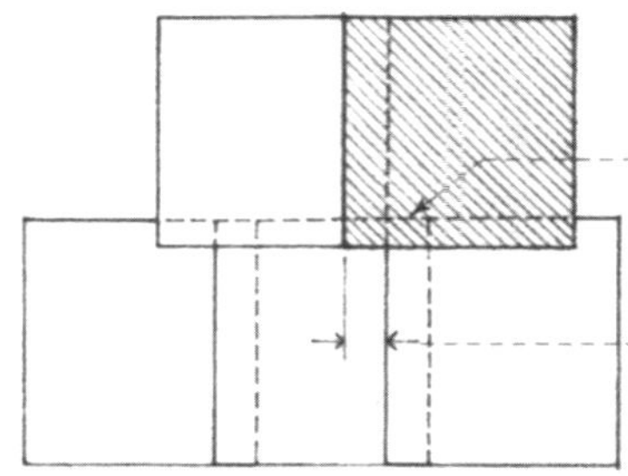

imbricação holandesa
Método de assentamento de telhas chatas que consiste na sobreposição de cada unidade a uma telha contígua e uma abaixo.

sobreposição lateral
Extensão na qual uma telha se sobrepõe a uma telha adjacente ao longo de sua extremidade lateral. Também ***endlap***.

cobertura
Quantidade de proteção contra intempéries propiciada pela imbricação de telhas chatas.

quadrado
Unidade de medida dos materiais de revestimento de telhados, igual a 100 pés quadrados (9,3 m) de cobertura.

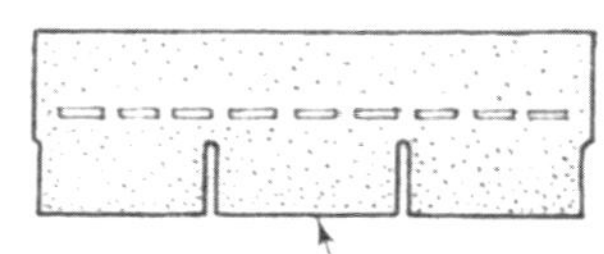

telha chata asfáltica
Telha chata composta, que apresenta uma base de feltro impregnado de asfalto e revestida, na face exposta, com grânulos minerais coloridos incrustados em um revestimento asfáltico quente.

telha chata de fibra de vidro
Telha chata composta, que apresenta uma base de fibra de vidro inorgânica, saturada com asfalto e revestida na face exposta com grânulos cerâmicos coloridos.

rincão fechado
Rincão formado pela sobreposição de fileiras sucessivas de telhas chatas em direções alternadas. Também chamado ***laced valley*** e **rincão trançado**.

rincão aberto
Rincão no qual as telhas chatas não são assentadas até sua intersecção, deixando exposto uma cobertura de metal laminado ou de rolo.

mata-junta de rincão
Tira larga de metal laminado ou papelão alcatroado para revestir o rincão de um telhado.

selo azul
Grau de qualidade atribuído a uma telha chata de cedro-vermelho de durame claro e fibras ásperas, segundo classificação americana.

selo vermelho
Grau intermediário atribuído a uma telha chata de cedro-vermelho com uma quantidade limitada de fibras chatas e alburno, segundo classificação americana.

selo preto
Grau de utilidade atribuído a uma telha chata de cedro-vermelho, segundo classificação americana.

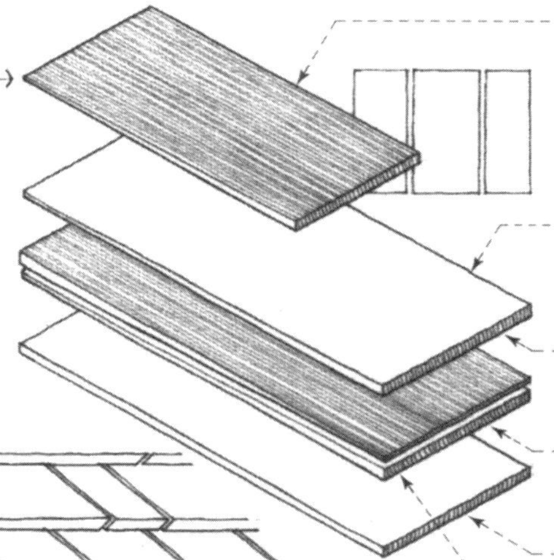

telhas chatas regulares
Telhas chatas de madeira cortadas em um tamanho uniforme.

telhas chatas irregulares
Telhas chatas de madeira de comprimento uniforme e larguras variáveis.

racha
Telha chata densa, formada pela divisão de um pequeno tronco em uma série de seções radiais adelgaçadas.

tapersplit
Racha seccionada manualmente e posteriormente adelgaçada.

handsplit-and-resawn split
Tapersplit com uma face cortada e um dorso serrado.

straightsplit
Racha de espessura uniforme seccionada manualmente.

butt
Bordo espesso, normalmente o inferior, à mostra de uma telha chata de madeira ou uma racha.

fiada de base
Fileira de telhas de madeira assentadas ao longo da beira de um telhado em vertente com as extremidades projetadas para fora a fim de conferir uma declividade no sentido interno às telhas chatas do revestimento final. Também chamada **undercloack**.

revestimento espaçado
Telhadura em chapas, assentadas a alguma distância entre si a fim de propiciar uma ventilação para telhas chatas de madeira e rachas. Também chamado **tabuado aberto**.

cumeeira de Boston
Trançado de telhas chatas no espigão ou na cumeeira de um telhado.

trançado
Método de assentamento de telhas chatas em superfícies contíguas de um telhado ou parede de modo que as telhas de cada chapa se sobrepõem umas às outras alternadamente.

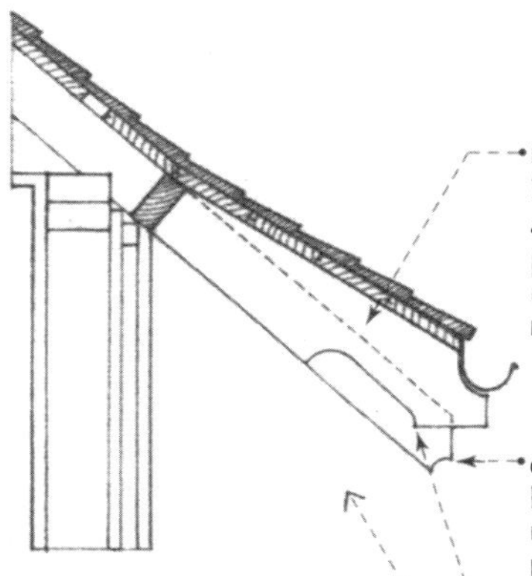

ripa de prolongamento
Ripa de madeira afixada a cada caibro na altura do beiral para permitir o prolongamento de um telhado inclinado com uma declividade menor. Também chamado **ripa de armação**.

cauda de caibro
Extremidade inferior, por vezes à mostra, de um caibro que se prolonga para além da parede.

entalhe de cauda
Entalhe, por vezes ornamental, feito na extremidade inferior da cauda de um caibro.

cornija aberta
Beiral projetado que deixa à mostra as extremidades dos caibros na face inferior do revestimento de um telhado. Também chamada **beiral aberto**.

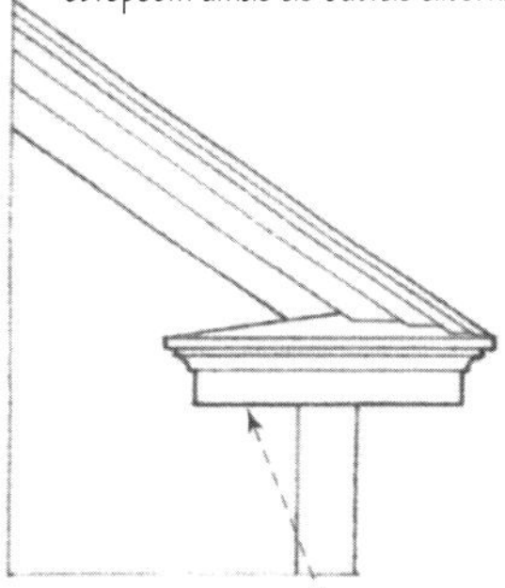

cornija de retorno
Continuação de uma cornija em torno da base da empena de uma casa.

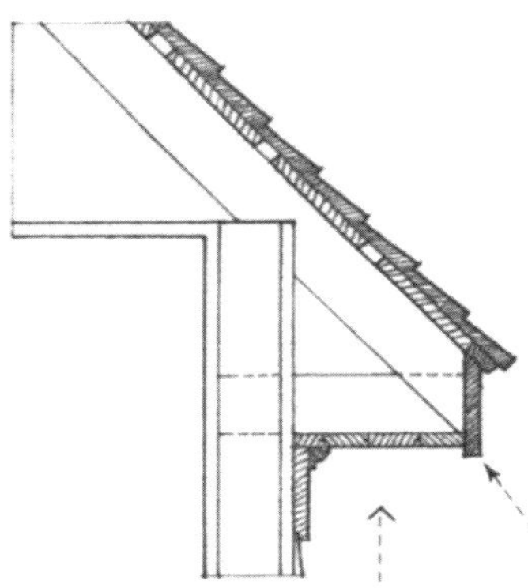

cornija em caixão
Cornija oca, ligeiramente projetada, de tábuas e molduras, pregada aos caibros e *lookouts*. Também chamada **cornija fechada**.

fácia
Qualquer superfície horizontal larga e chata, como a extremidade externa de uma cornija ou telhado. Também, **faixa**.

chapa de fácia
Tábua larga instalada verticalmente para encobrir as extremidades inferiores dos caibros ou a junta entre o topo de uma parede e o beiral projetado.

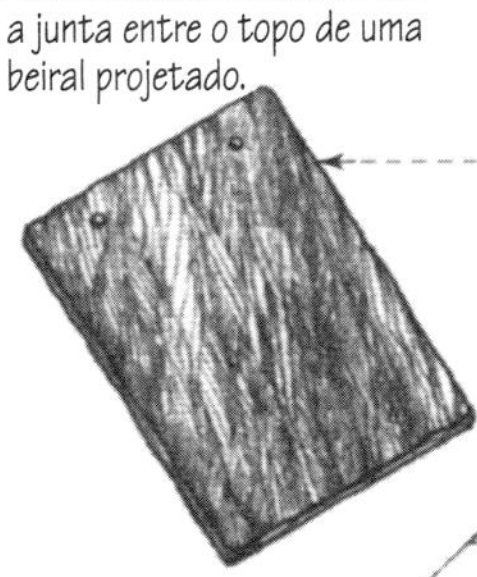

ardósias regulares
Ardósias de largura uniforme utilizadas no revestimento de telhados.

ardósias irregulares
Ardósias de largura variável, normalmente assentadas em fiadas decrescentes. Também chamadas **ardósias rústicas**.

revestimento diagonal
Método de assentamento de ardósias para o revestimento de um telhado com a diagonal de cada chapa colocada na horizontal. Também, ***drop-point slating***.

revestimento alveolar
Método de assentamento de ardósias em que as chapas têm sua extremidade traseira cortada.

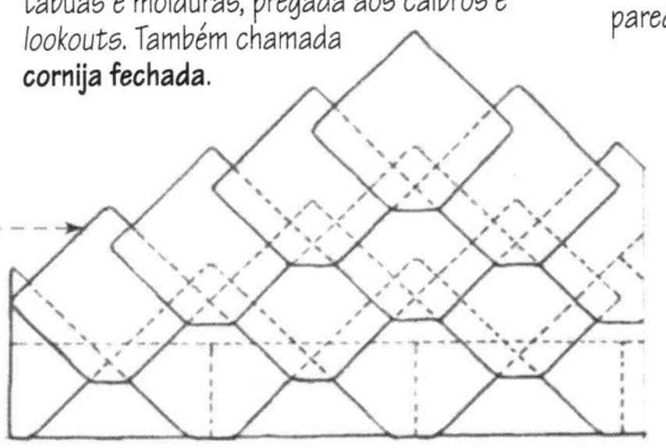

revestimento aberto
Método de assentamento de ardósias com espaços entre as chapas adjacentes de uma mesma fileira. Também chamado **revestimento espaçado**.

fileira decrescente
Cada uma dentre uma série de fileiras de ardósias cuja exposição – e, por vezes, a largura – vai diminuindo entre o beiral e a cumeeira.

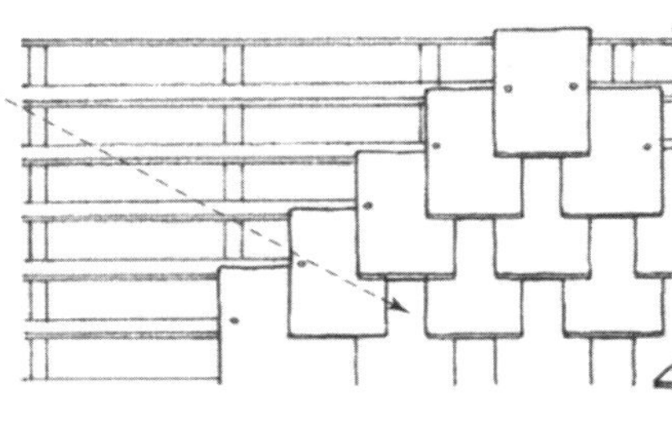

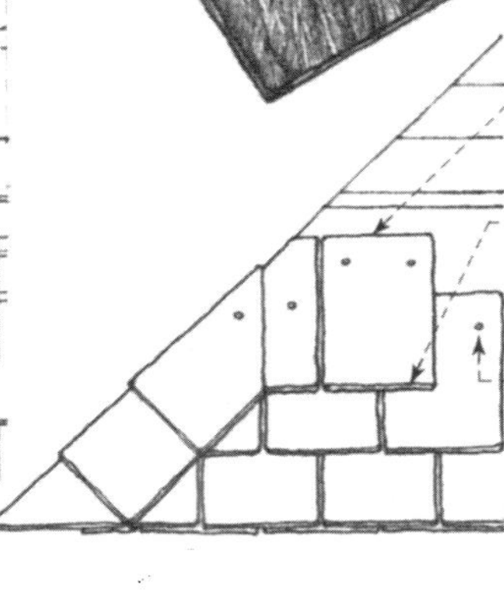

testa
Bordo superior de uma ardósia para revestimento de telhados.

cauda
Parte inferior, exposta, de uma ardósia para revestimento de telhados.

prego para ardósia
Prego de cobre com uma cabeça grande e chata, e a ponta em forma de diamante, utilizado para afixar ardósias.

telha de cobertura
Qualquer uma das diversas telhas de barro ou concreto utilizadas no revestimento de um telhado.

telha de cumeeira
Telha convexa, por vezes decorada, utilizada no revestimento da cumeeira de um telhado.

telha de campo
Cada uma das telhas que recobrem a área principal de um telhado.

telha de espigão
Telha de cobertura convexa para recobrir o espigão de um telhado.

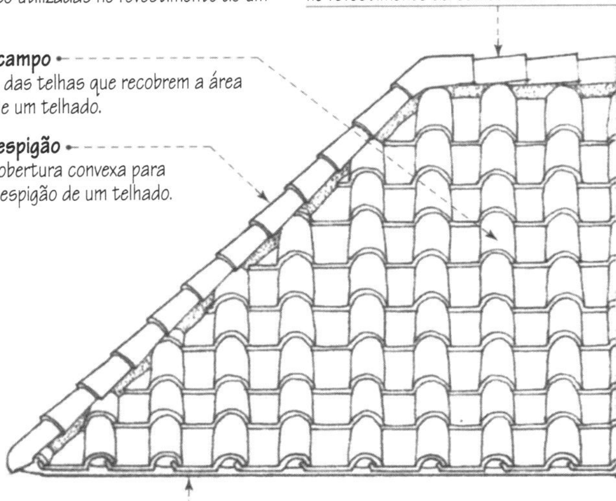

fiada do beiral
Primeira fileira de ardósias ou telhas de um telhado.

fiada da empena
Fileira de ardósias ou telhas assentadas sobre os bordos inclinados de uma empena e que se projetam sobre estas.

telha de beira
Telha de cobertura fabricada para cobrir a beira de um telhado inclinado.

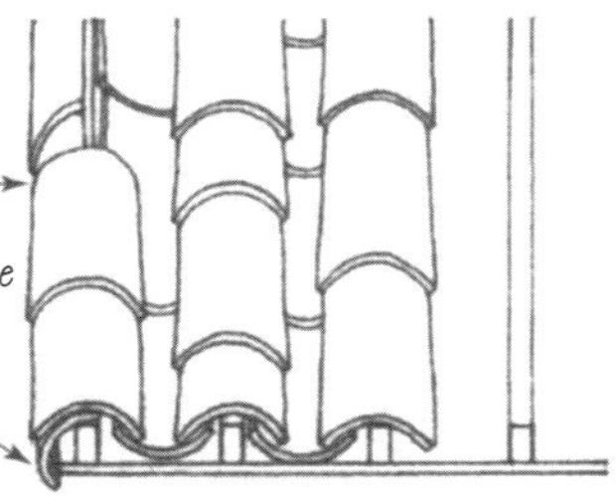

telha de aresta
Telha de cobertura em forma de L para revestir a cumeeira, o espigão ou a beira de um telhado. Também chamada **telha angular**.

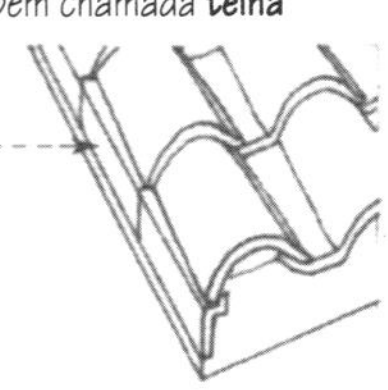

telha de elevação
Telha de cobertura, normalmente menor ou mais plana do que as telhas de campo, colocada sob a fiada do beiral a fim de conferir-lhe uma inclinação adequada.

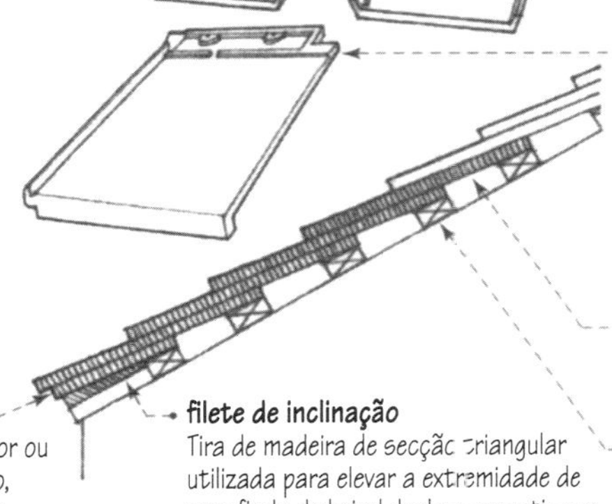

esteio de telha
Arame trançado que se estende do beiral à cumeeira de um telhado e ao qual são afixadas as telhas de cobertura.

telha canal
Telha de barro semicilíndrica, afunilada, assentada com o lado convexo para cima, de modo a ser parcialmente sobreposta por uma telha contígua semelhante mas assentada com o lado côncavo para cima.

capa
Telha semicilíndrica afunilada, assentada com o lado convexo para cima.

canal
Telha semicilíndrica afunilada, assentada com o lado côncavo para cima.

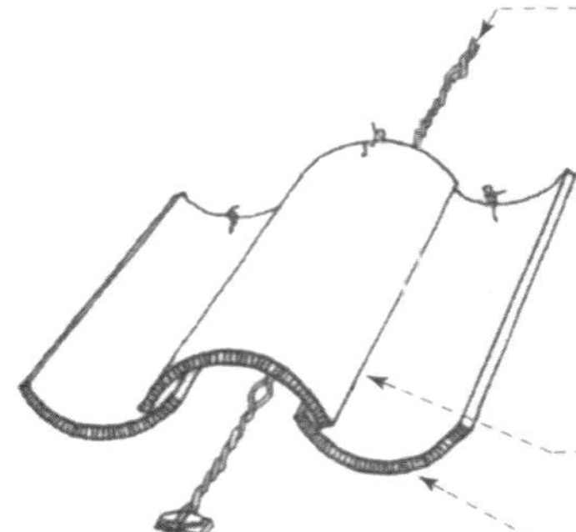

telha curva
Telha de barro com secção transversal em forma de S, assentada de modo que a curva descendente de uma se sobrepõe parcialmente à curva ascendente da seguinte na mesma fiada. Também **telha romana**.

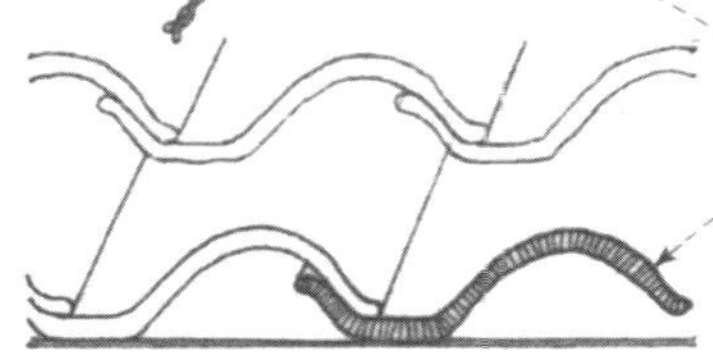

plan-e-canal
Sistema de revestimento de telhados que consiste em telhas semicilíndricas afuniladas parcialmente sobrepostas aos flanges de telhas chatas, conhecidas como telhas *plan*, na mesma fileira.

telha francesa
Telha de barro plana, retangular, com um sulco ao longo de uma das extremidades que se encaixa em um flange da telha seguinte na mesma fileira.

telha plana
Telha de barro chata, retangular, assentada em imbricação.

filete de inclinação
Tira de madeira de secção triangular utilizada para elevar a extremidade de uma fiada de beiral dupla e garantir que as caudas das telhas inferiores coincidam perfeitamente entre si. Também chamado **filete de aresta**.

ripa inferior
Ripa horizontal à qual as telhas ou ardósias do revestimento são presas.

oil-canning
Ligeira ondulação de uma superfície de metal laminado.

rolo de cumeeira
Cobertura arredondada para revestir a cumeeira de um telhado.

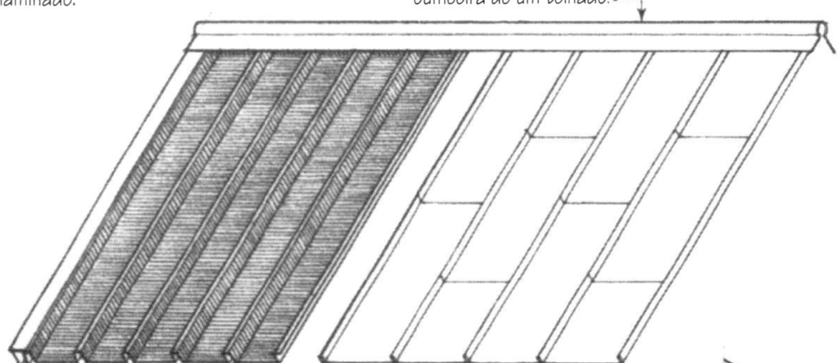

cobertura corrugada
Telhadura composta por folhas corrugadas de ferro galvanizado, aço revestido, alumínio, fibra de vidro ou plástico armado.

cobertura de cobre
Telhadura composta por folhas de cobre, unidas por juntas verticais.

cobertura de zinco
Telhadura composta por chapas de zinco.

Monel
Nome comercial de uma liga composta basicamente de níquel e cobre.

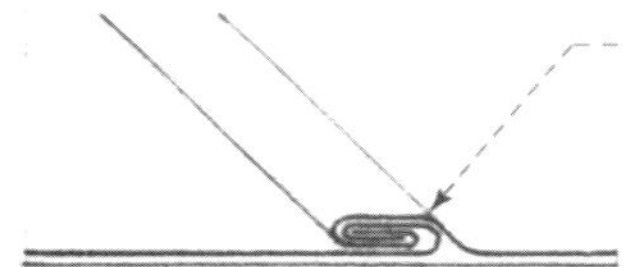

junta zipada
Junta entre duas peças de metal laminado formada pela dobradura das extremidades contíguas de modo a enganchá-las, seguida do achatamento da parte enganchada.

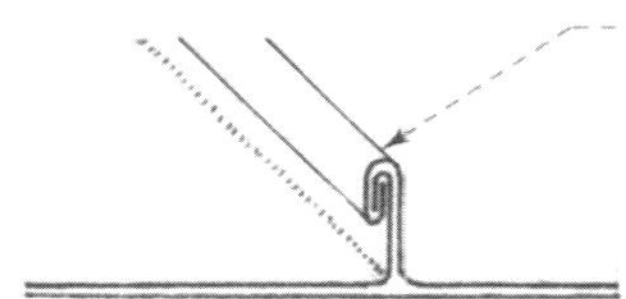

junta vertical
Junta entre duas peças de metal laminado, formada pela dobradura das extremidades contíguas de modo a enganchá-las, seguida da dobradura da parte superior na mesma direção repetidas vezes.

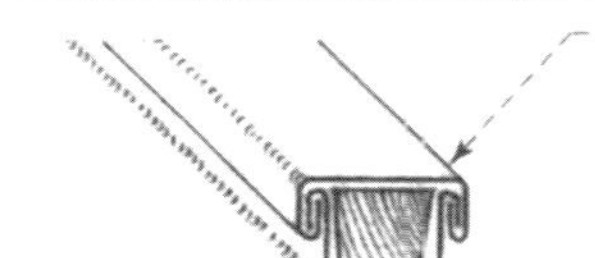

junta de ripa
Junta entre duas peças de metal laminado, feita pela dobradura das extremidades contíguas contra uma ripa e seu travamento por meio de uma tira metálica instalada sobre a ripa.

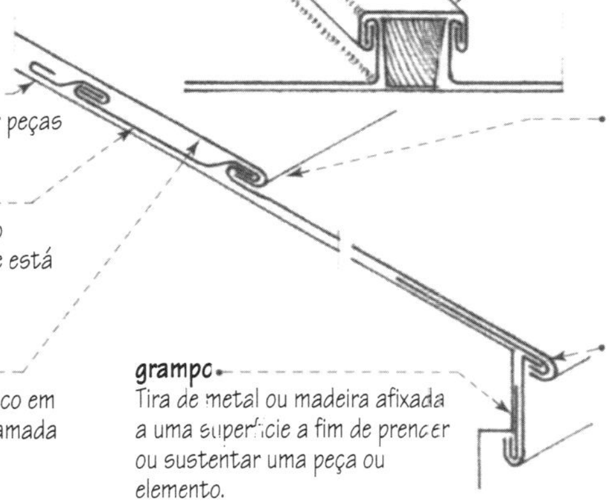

presilha de fixação
Presilha metálica utilizada para fixar peças de metal laminado.

overcloak
Porção de uma folha de revestimento metálico que se sobrepõe à folha que está embaixo em um pingadouro ou junta. Também, **telha metálica superior**.

undercloak
Folha inferior de revestimento metálico em um pingadouro ou junta. Também chamada **telha metálica inferior**.

grampo
Tira de metal ou madeira afixada a uma superfície a fim de prender ou sustentar uma peça ou elemento.

junta cilíndrica
Junta entre duas peças de metal laminado na direção da queda de uma cobertura curva ou inclinada, feita mediante a dobradura das extremidades contíguas de modo a enganchá-las, dobrando-as novamente, em seguida, de modo a formarem um cilindro.

rebordo
Extremidade de metal laminado enrijecida pela dobradura e o achatamento de uma faixa estreita ou o enrolamento da extremidade de modo a se criar uma forma tubular.

Hypalon
Nome comercial de um polietileno clorado.

EPDM
Sigla de etylene propylene diene monomer [de monômero de etileno e propileno], uma borracha sintética fabricada em folhas e utilizada como membrana de cobertura.

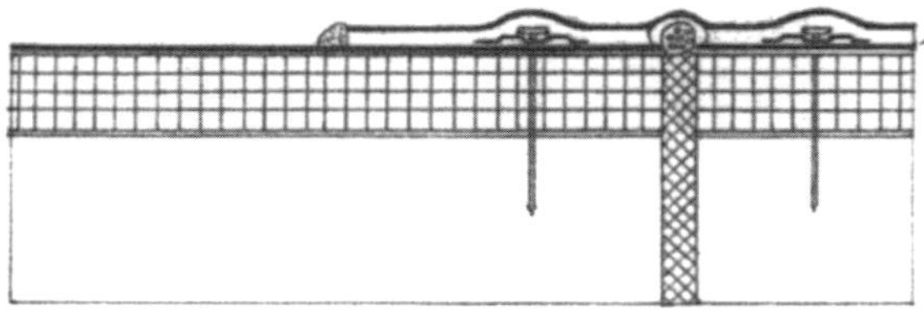

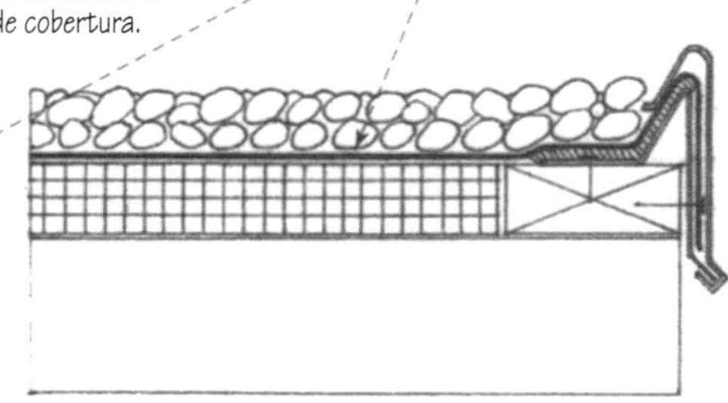

cobertura elastomérica
Folha de material elastomérico, como neoprene, EPDM ou PVC, com as juntas fundidas através de calor ou um solvente, afixada ao tabuado de um telhado com grampos mecânicos adesivos ou pelo peso de um lastro de cascalho. Também chamada **revestimento elastomérico**.

elastomérico
Substância ou material que possui as qualidades elásticas da borracha natural.

retém de cascalho
Tira metálica com um flange vertical cuja finalidade é reter o agregado que vem à tona e impedir vazamentos pela extremidade de uma cobertura composta.

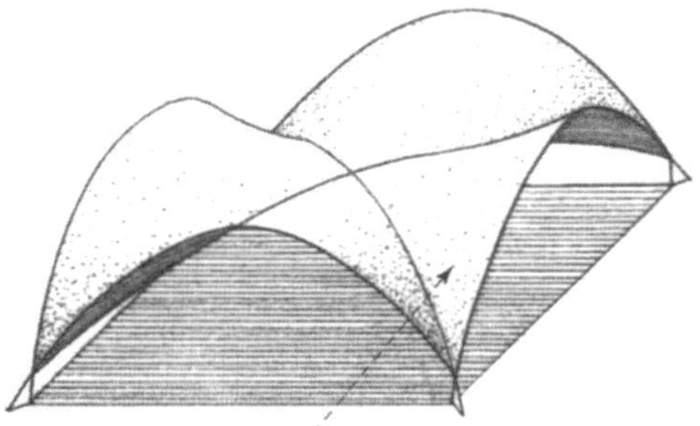

cobertura de aplicação fluida
Revestimento contínuo para coberturas de geometria complexa, que consiste em um material elastomérico, como neoprene, Hypalon ou borracha butílica, aplicado em múltiplas camadas com um rolo ou um pulverizador e curado até formar uma membrana contínua.

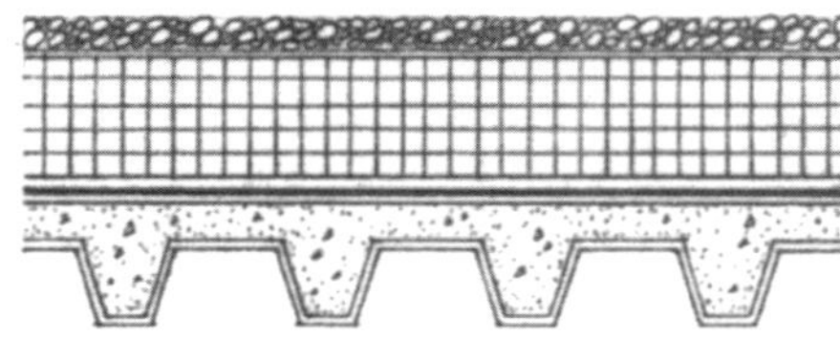

telhado de membrana protegida
Membrana de cobertura de camada única, protegida da luz solar e das temperaturas extremas por uma camada de placa isolante rígida e uma camada adicional de lastro de cascalho.

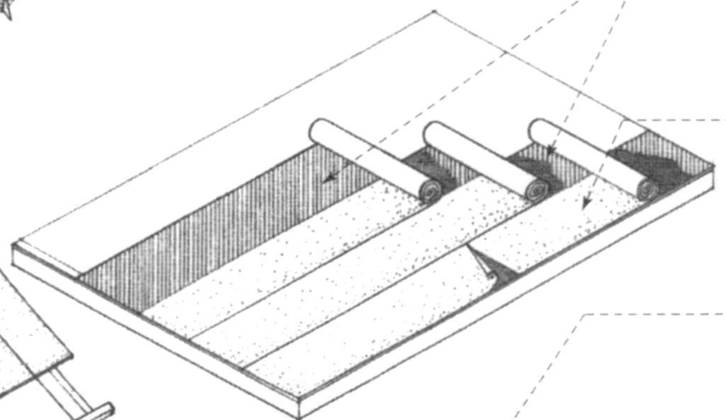

ourela
Bordo de uma folha de cobertura de rolo que está isenta de grânulos e da maior parte do revestimento asfáltico, de modo a propiciar uma melhor junção com a folha seguinte.

cobertura de rolo
Material de cobertura que consiste em feltro saturado com asfalto e revestido na face exposta com um asfalto mais rígido misturado com fibras minerais ou de vidro, revestido, por sua vez, com grânulos minerais.

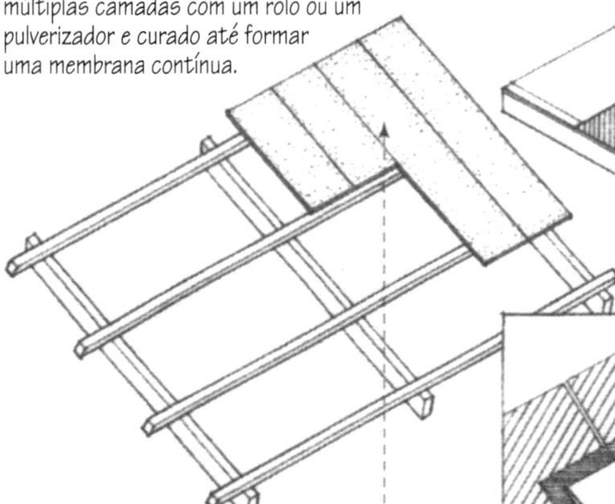

teto estrutural isolante
Chapa isolante de agregado leve ou fibras de vidro aglutinados sob pressão com cimento portland, com uma face inferior de acabamento industrial, para uso em telhados com vigas aparentes.

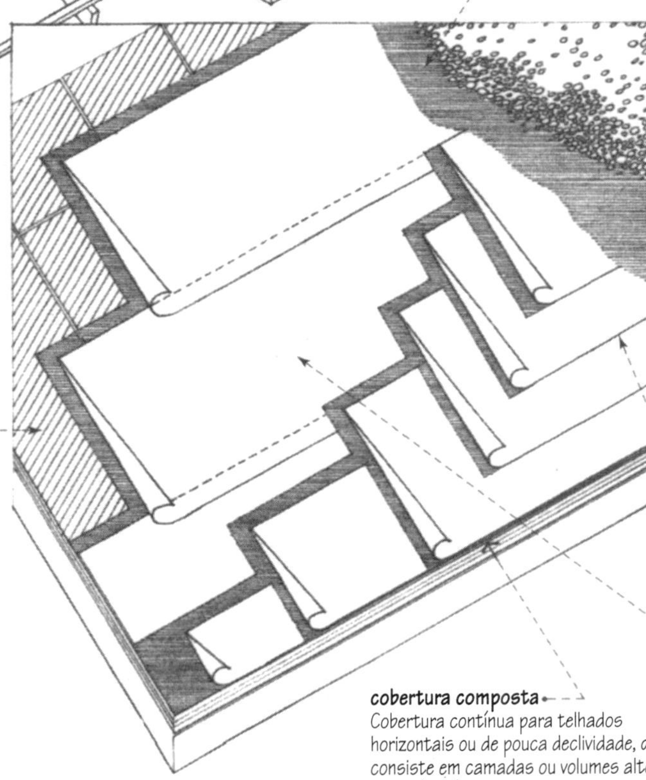

placa isolante rígida

cobertura a frio
Revestimento de telhado que consiste em camadas de papelão alcatroado ou tecido sintético unidas e vedadas com uma aplicação a frio de um mástique de asfalto ou cimento.

seguro da cobertura
Garantia, fornecida por uma companhia de seguros, de que um fabricante de materiais de cobertura irá reparar uma membrana ou revestimento sob as condições enumeradas em contrato.

cobertura composta
Cobertura contínua para telhados horizontais ou de pouca declividade, que consiste em camadas ou volumes alternados de papelão alcatroado e betume aquecido, revestidas com uma folha de remate ou uma densa camada de pedregulho ou escória incrustados em betume.

betume
Qualquer uma dentre uma série de misturas de hidrocarbonetos que ocorrem naturalmente ou que são destiladas do carvão ou petróleo, como o asfalto ou o coltar, utilizadas na pavimentação de vias públicas, impermeabilização e revestimento de coberturas. Antes da aplicação, é preciso dissolver o material semi-sólido em um solvente, emulsificá-lo ou convertê-lo ao estado líquido por meio de calor.

asfalto
Mistura preta-amarronzada de betume obtida ou de depósitos naturais ou como subproduto de petróleo, usada para pavimentação, impermeabilização e coberturas.

coltar
Líquido preto e viscoso, formado durante a destilação do carvão e utilizado em tintas, impermeabilização e coberturas. Também chamado **alcatrão de hulha**.

proteção contra o desgaste
Camada de cascalho que serve para proteger uma membrana de cobertura da abrasão e das forças de soerguimento do vento.

folha de remate
Folha de feltro com revestimento mineral utilizada como a última camada de uma cobertura composta.

folha de base
Feltro impregnado de asfalto ou coltar, utilizado como primeira camada no assentamento de uma cobertura composta.

papelão alcatroado
Material fibroso e fosco, impregnado de um material betuminoso, utilizado para conferir maior rigidez e resistência às intempéries.

TEMPLO

Edifício ou local dedicado ao culto ou à presença de uma divindade.

sagrado(a)
Diz-se dos objetos, ritos ou práticas religiosos, em oposição ao secular ou profano. Também, **sacro(a)**.

secular
Que pertence à esfera do temporal ou mundano, e não à do sagrado ou espiritual. Também, **profano**.

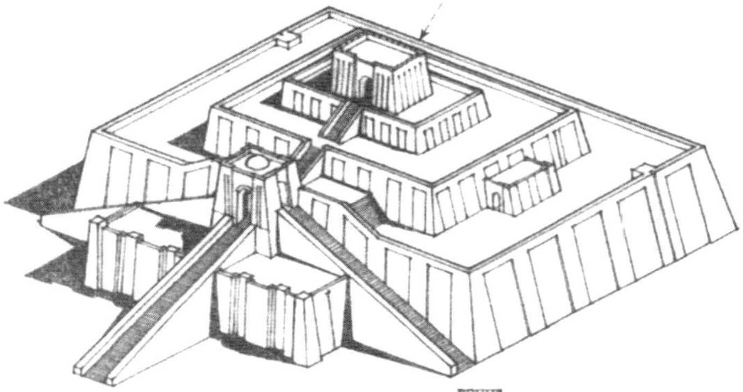

zigurate
Templo em forma de torre na arquitetura suméria e assíria, construído em andares sucessivamente menores de adobe com paredes reforçadas com contrafortes e revestidas com tijolo queimado, culminando num santuário ou templo superior cujo acesso se dá através de uma série de rampas; imagina-se que seja de origem suméria, datando do final do III milênio a.C.

Torre de Babel
Templo em forma de torre na Babilônia, presumivelmente um grande zigurate, desaparecido na atualidade, mas que foi visto e descrito pelo historiador grego Heródoto no século V a.C.:

"E disseram eles uns aos outros: 'Fabriquemos tijolos e queimemo-los por completo.' E tiveram tijolos em lugar de pedras e betume em lugar de argamassa. E disseram eles: 'Edifiquemos uma cidade e uma torre cujo cume alcance o céu; e façamo-nos um nome para que não sejamos espalhados sobre a face da Terra toda.'" – Gênese 11, 4

menir
Monumento pré-histórico que consiste em um megálito vertical, normalmente isolado, mas, por vezes, alinhado com outros.

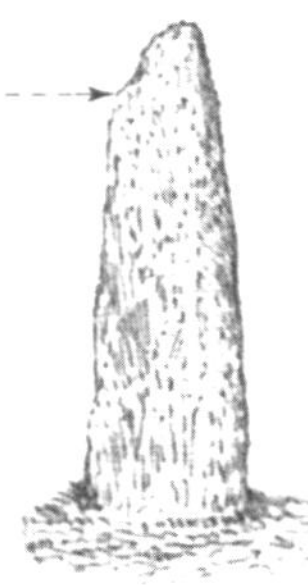

megálito
Pedra muito grande, utilizada tal como encontrada ou toscamente afeiçoada, em construções antigas. Também, **megalito**.

monólito
Bloco único de pedra de tamanho considerável, normalmente na forma de um obelisco ou coluna.

Lamassu
Monumentais esculturas de pedra de bois ou leões alados e de cabeça humana que guardavam as entradas dos palácios e templos mesopotâmicos.

cairn
Termo gaélico que designa uma pilha de pedras erigida à guisa de monumento, lápide ou marco entre os primitivos habitantes das ilhas britânicas. Também, ***carn***.

dólmen
Monumento pré-histórico que consiste em duas ou mais pedras verticais grandes que suportam uma pedra horizontal, encontrado esp. na Grã-Bretanha e na França, e via de regra considerado um túmulo.

galeria funerária
Túmulo megalítico do Neolítico e início da Idade do Bronze encontrado nas ilhas britânicas e Europa continental, que consiste em uma câmara funerária coberta e uma estreita passagem de entrada coberta por um túmulo; acredita-se que tenha sido utilizado para sepultar os membros de sucessivas famílias ou clãs ao longo de numerosas gerações. Também chamada **câmara funerária**.

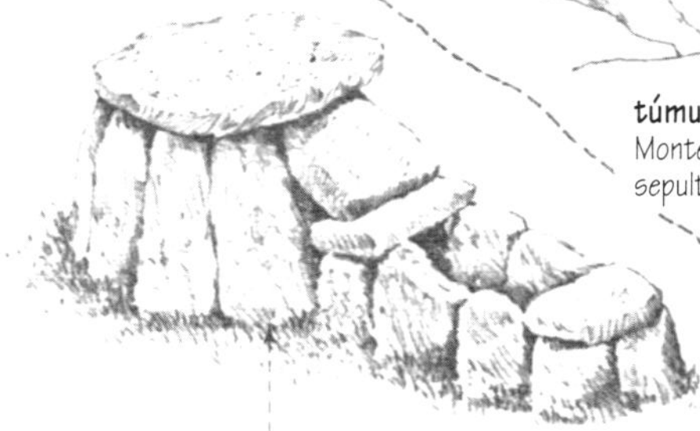

túmulo
Monte artificial de terra ou pedra, sobre uma sepultura antiga.

trílito
Dois megálitos verticais que sustentam uma pedra horizontal.

cromlech
Termo galês que designa um arranjo circular de megálitos em torno de um dólmen ou monte funerário.

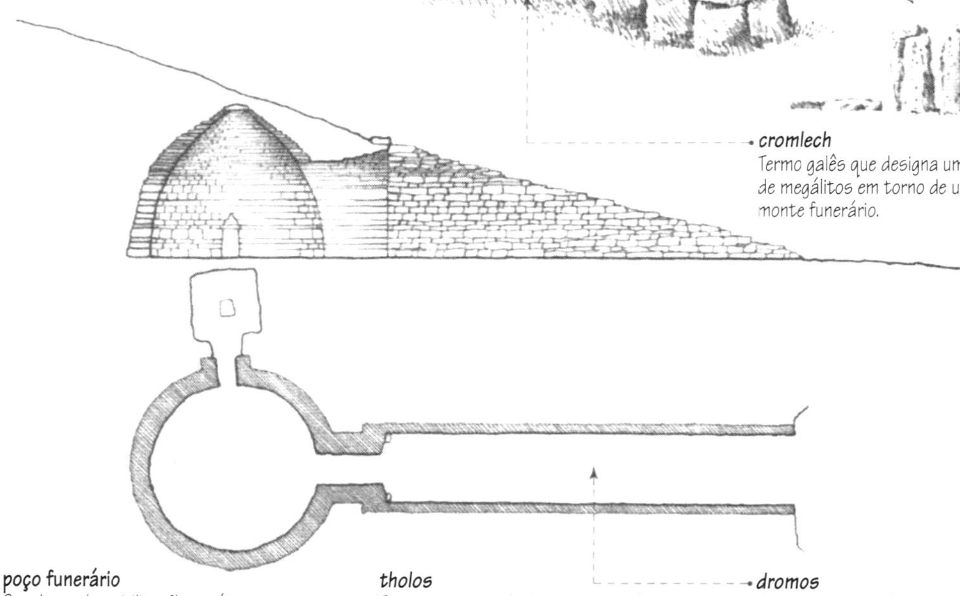

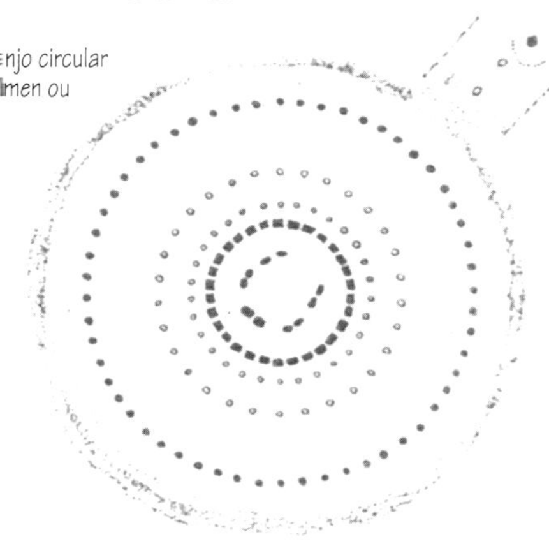

poço funerário
Sepultura das civilizações egéias, que consiste em um profundo corte retangular em uma rocha inclinada, e uma cobertura de pedra ou madeira.

tholos
Termo grego que designa uma sepultura subterrânea de pedra, típica da civilização micênica, que consiste em uma câmara circular coberta por uma cúpula sustentada em um modilhão e à qual se tem acesso através de uma passagem murada através de uma encosta.

dromos
Termo grego que designa um longo corredor que dá para uma tumba subterrânea antiga.

Stonehenge
Monumento megalítico erigido no início da Idade do Bronze, c. 2700 a.C., na planície de Salisbury, em Wiltshire, Inglaterra, que consiste em quatro anéis concêntricos de trílitos e menires que se desenvolvem em torno de um altar de pedra; acredita-se que tenha sido utilizado para cultos ao sol ou para observações astronômicas.

mastaba
Tumba do antigo Egito feito de adobe, de planta retangular, cobertura plana e lados inclinados, de onde um pequeno poço conduz a câmaras subterrâneas de sepultamento e oferendas.

serdab
Pequena câmara no interior de uma mastaba que contém uma estátua do morto.

ureus
A figura da naja sagrada, representada esp. nos toucados dos antigos governantes e divindades egípcios como um emblema do poder supremo.

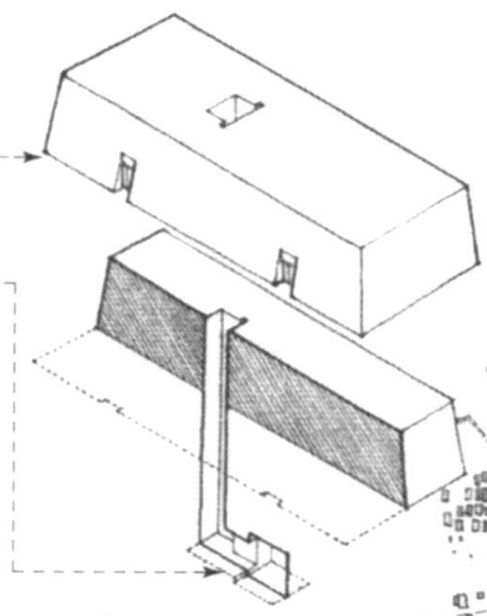

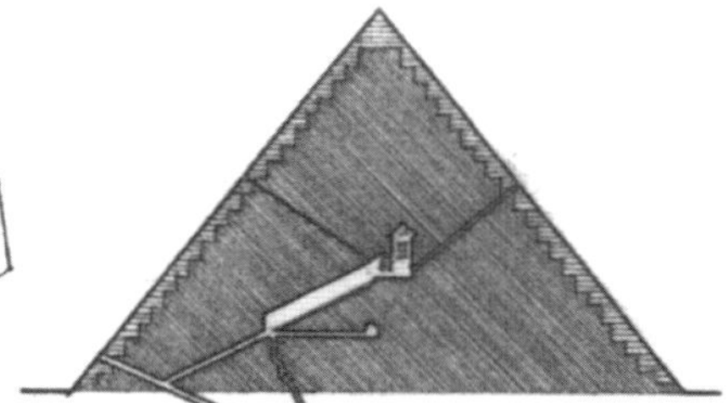

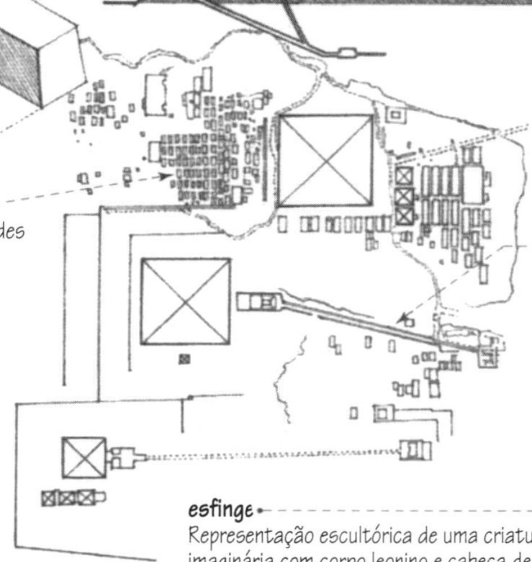

faraó
Qualquer um dos governantes do antigo Egito que eram tidos como divinos e detinham um poder absoluto.

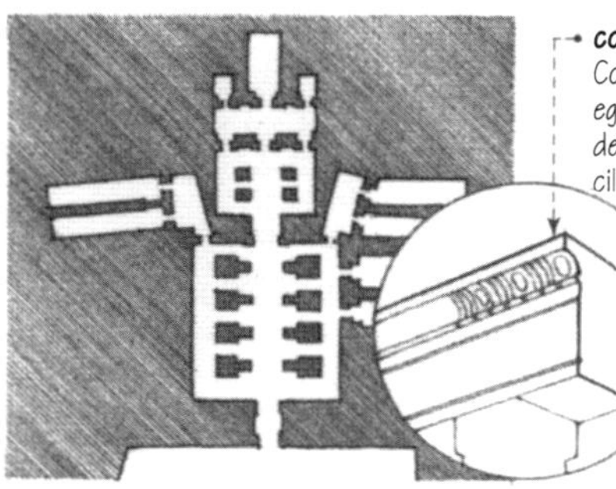

tumba talhada na rocha
Sepultura talhada em rochas nativas, que apresenta apenas uma frente arquitetônica com câmaras internas escuras, cujas partes são sustentadas por massas de pedras deixadas na forma de pilares sólidos.

obelisco
Monumento de pedra alto, quadrangular, que vai-se adelgaçando à medida que se eleva até atingir um ponto piramidal; originário do antigo Egito como um símbolo sagrado do deus solar Ra, e normalmente disposto aos pares a ladearem as entradas dos templos.

coluna de Osíris
Coluna do antigo Egito que incorpora a figura esculpida de Osíris, o deus egípcio da morte e da ressurreição.

necrópole
Cemitério histórico, de grandes dimensões, situado em uma cidade antiga.

caveto
Moldura côncava cujo contorno se aproxima ao de um quarto de círculo.

cornija em caveto
Cornija característica das edificações egípcias, que consiste em um grande caveto decorado com folhas verticais e uma moldura cilíndrica embaixo. Também, **gola egípcia**.

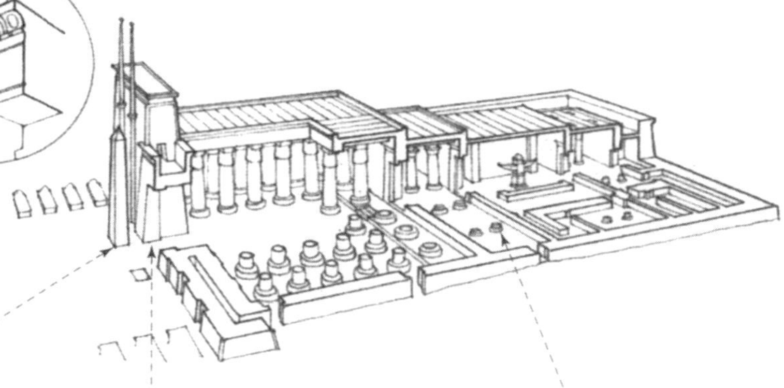

pilone
Pórtico monumental de um templo egípcio antigo, que consiste quer em um par de pirâmides altas truncadas e uma porta entre elas, quer em uma única massa piramidal de alvenaria vazada por uma porta, normalmente decoradas com relevos pintados. Também chamado **pilono**.

propileu
Pórtico livre com a forma de um pilone, situado à frente da entrada principal de um templo ou recinto sagrado no antigo Egito.

cabeça de Hathor
Diz-se de uma coluna do antigo Egito cujo capitel é a cabeça da deusa egípcia do amor e da felicidade, Hathor, representada com as feições ou os chifres de uma vaca. Também, **hathórica**.

esfinge
Representação escultórica de uma criatura imaginária com corpo leonino e cabeça de homem, carneiro ou águia, normalmente colocada ao longo de avenidas que conduziam aos templos ou tumbas do antigo Egito.

salão hipostilo
Grande salão com numerosas colunas distribuídas em renques, que sustentam uma cobertura plana e, por vezes, um clerestório; predominante na arquitetura egípcia e aquemênida antigas.

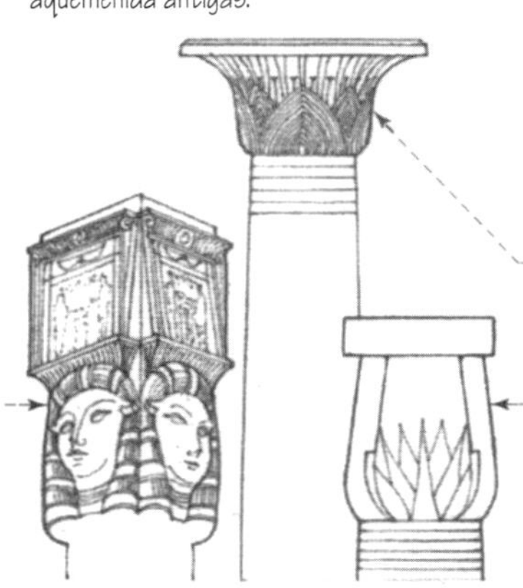

p râmide
Estrutura maciça de alvenaria que possui uma base retangular e quatro lados regulares, fortemente inclinados, voltados para os pontos cardeais e que se encontram em um ápice; utilizada no antigo Egito como tumba contendo a câmara mortuária e a múmia do faraó. A pirâmide era normalmente parte de um complexo de edificações erguidas em um recinto murado, incluindo mastabas para os membros da família real, uma capela de oferendas e um templo mortuário. Uma passagem elevada ligava o recinto até um templo situado a alguma distância abaixo, no vale do Nilo, onde eram celebrados ritos de purificação e mumificação.

s'rinx
Corredor estreito, escavado na rocha, em uma tumba do antigo Egito.

passagem elevada
Rampa ligando cerimonialmente o templo do vale a uma pirâmide no antigo Egito.

templo de culto
Templo do antigo Egito consagrado ao culto de uma divindade, enquanto contraparte de um templo mortuário.

templo mortuário
Templo do antigo Egito consagrado a oferendas e cultos dedicados a um morto, normalmente um rei deificado. No Reino Novo, os templos mortuários e de culto apresentavam diversas características comuns: uma avenida de esfinges conduzindo a um portal de grande altura guarnecido por um imenso pilone, uma planta axial com um átrio colunado e um salão hipostilo situados à frente de um santuário escuro e estreito que guardava uma estátua da divindade, e paredes ricamente decoradas com entalhes pictográficos em baixo relevo ou relevo cavado. Muitos dos principais templos foram ampliados por justaposição devido às ambições religiosas dos sucessivos faraós, que acreditavam na vida pós-morte e estavam determinados a criar uma reputação duradoura através de suas construções.

Reino Novo
O período da história do antigo Egito, entre c. 1.500 e 1.200 a.C., que compreende as dinastias 18ª a 20ª; caracterizado pelo domínio de Tebas, sua capital.

capitel em palmas
Capitel do antigo Egito com a forma da copa de uma palmeira.

capitel em lótus
Capitel do antigo Egito com a forma de um botão de lótus.

mégaron
Construção ou unidade semi-independente deste, que contém caracteristicamente uma câmara principal retangular com uma lareira central e um pórtico, via de regra com colunas *in antis*; tradicional na Grécia desde o período micênico e presumivelmente o ancestral do templo dórico.

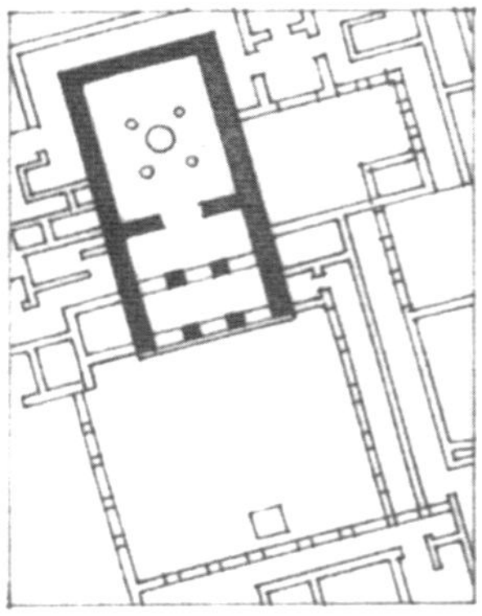

templo grego
Templo construído a título de santuário da divindade da antiga Grécia à qual era consagrado. Uma vez que o templo não se destinava a abrigar cultos em seu interior, era construído com uma atenção especial para com o efeito externo. Repousava sobre uma estilobata de três ou mais degraus, com uma cela contendo a estátua da divindade, e era guarnecida por pórticos na parte dianteira e posterior, sendo o conjunto coroado por um telhado de duas águas baixo e em madeira, revestido por telhas de terracota ou mármore.

altar
Local ou estrutura elevada no qual se dá a oferenda de sacrifícios ou a queima de incenso rituais, ou diante da qual são realizadas cerimônias religiosas.

cela
Câmara ou recinto fechado principal de um templo clássico, que abrigava a imagem da divindade cultuada. Também chamada **naos**.

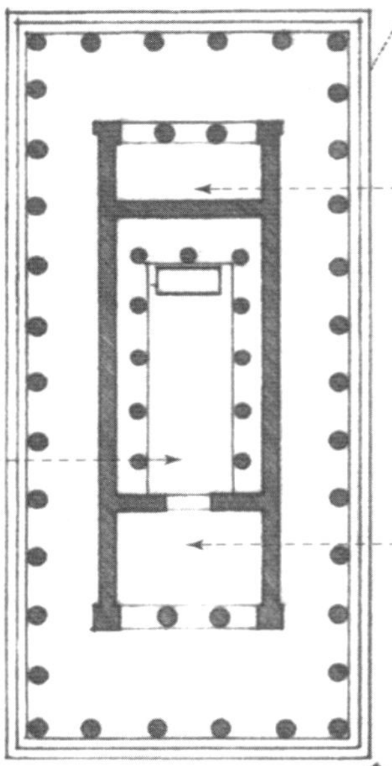

epinaos
O átrio posterior de um templo clássico. Também chamado **opistódomo** e **posticum**.

pronaos
Átrio aberto diante da cela de um templo clássico. Também chamado **anticum**.

acrotério
Pedestal para uma escultura ou ornamento no topo ou em cada um dos cantos inferiores de um frontão.

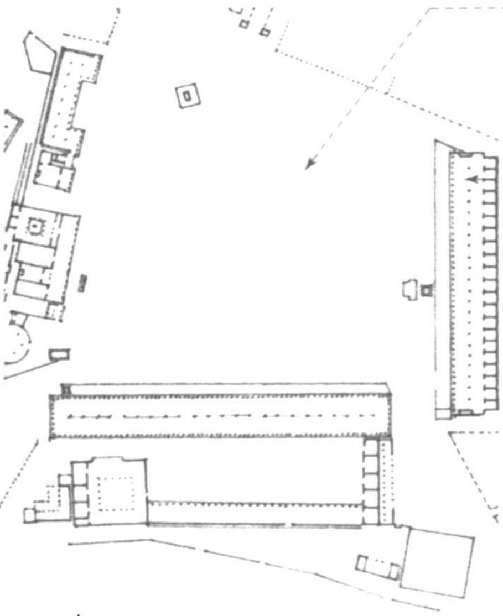

ágora
Mercado ou a praça pública de uma cidade da Grécia antiga, normalmente circundado por edifícios públicos e pórticos e utilizado, de ordinário, como local de reuniões populares ou políticas.

estoa
Pórtico da Grécia antiga, normalmente à parte e de extensão considerável, utilizado como passeio ou local de encontro em torno de locais públicos.

têmenos
Na antiga Grécia, um pedaço de terra especialmente reservado e fechado como um recinto sagrado.

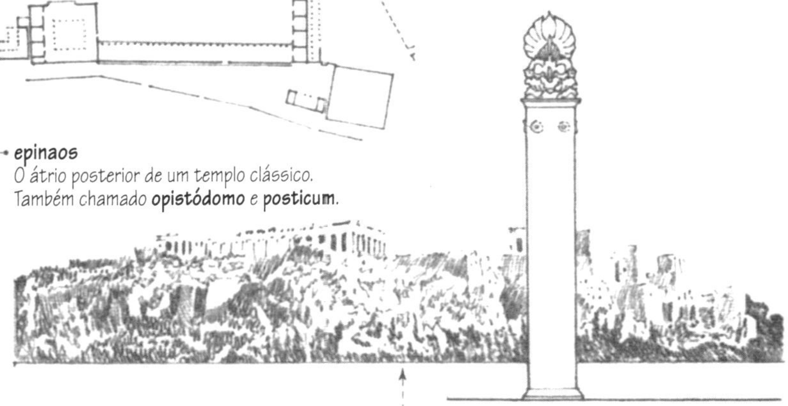

monobloco
Laje vertical de pedra ou pilar cuja superfície contém entalhes ou inscrições, utilizado como monumento ou marco, ou como placa comemorativa na fachada de um edifício.

acrópole
Área elevada e fortificada ou a cidadela de uma cidade da Grécia antiga.

frontão
Empena larga e baixa que encima uma colunata ou divisão principal de uma fachada.

tímpano
Espaço triangular delimitado pelas cornijas horizontal e inclinadas de um frontão, de ordinário recuado e decorado com esculturas.

estilobata
Fiada de alvenaria que forma o alicerce de um renque de colunas, da colunata externa de um templo clássico.

estereobata
Massa sólida de alvenaria visível acima do nível do chão e que atua como o alicerce de um edifício, a plataforma que constitui o piso e a subestrutura de um templo clássico. Também chamado **crepidoma** e **pódio**.

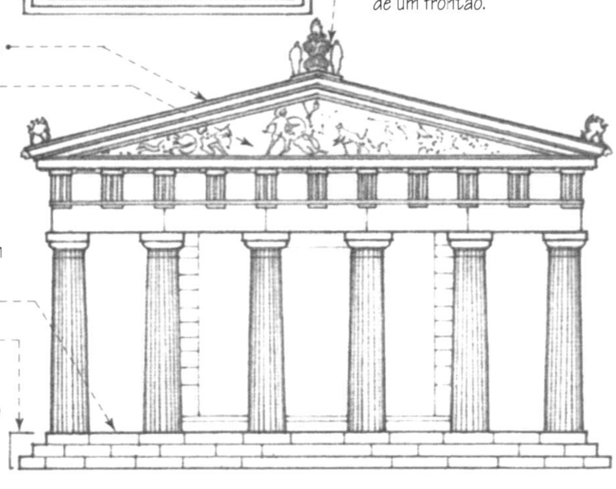

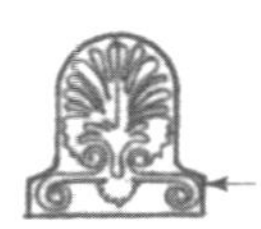

antefixa
Ornamento vertical colocado no beiral de um telhado coberto por telhas, que encobre a extremidade de uma fileira de telhas convexas que cobrem as juntas das telhas chatas.

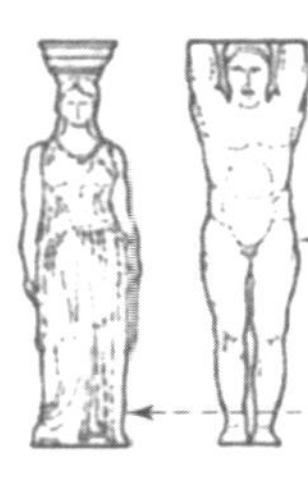

atlas
Escultura de uma figura masculina, utilizada como coluna. Também chamado **telamão**.

cariátide
Escultura de uma figura feminina, utilizada como coluna. Também chamada **canéfora**.

Tabernáculo
Santuário portátil no qual os hebreus carregavam a sagrada arca-da-aliança através do deserto até a construção do Templo de Jerusalém por Salomão.

santuário
Câmara mais recôndita do Tabernáculo bíblico e do Templo de Jerusalém, onde a arca-da-aliança ficava guardada. Também chamado **sacrário**.

arca-da-aliança
Caixa contendo duas ou mais tábuas de pedra com a inscrição dos Dez Mandamentos, transportada pelos hebreus durante suas perambulações pelo deserto após o Êxodo.

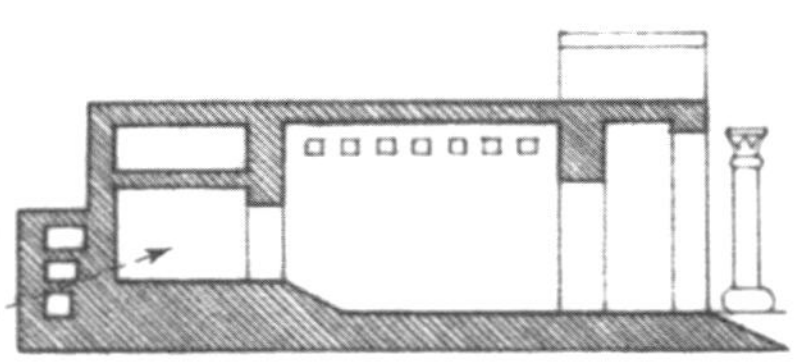

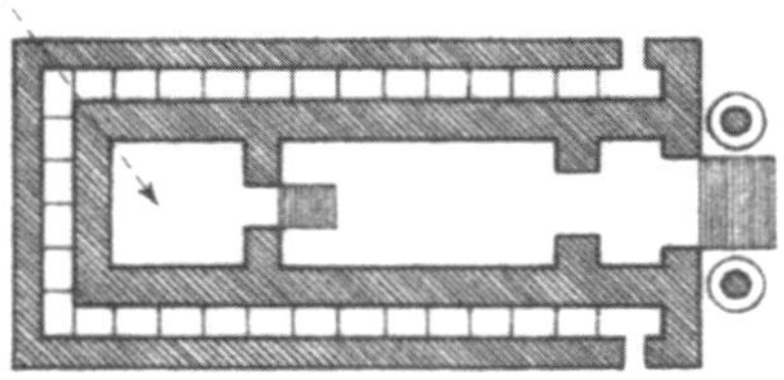

Templo de Salomão
Primeiro Templo de Jerusalém, concluído em c. 950 a.C. por artesãos fenícios sob a direção do rei Salomão, e destruído por Nabucodonosor II em 586 a.C. Baseado em protótipos cananeus e fenícios, tinha forma oblonga e consistia em três partes principais: um salão externo (*ulam*), o grande salão de cultos (*hekal*) e o santuário (*debir*), todos decorados com entalhes maciços em marfim, ouro e cedro.

sinagoga
Edifício ou local de reunião para o culto e o ensino religioso entre os judeus.

bimah
Em uma sinagoga, a plataforma de onde são conduzidos os serviços. Também chamada **almemar** e **bema**.

Arca Sagrada
O compartimento de uma sinagoga em que são guardados os rolos da Torá, instalado na parede voltada para Jerusalém ou no lado oposto desta.

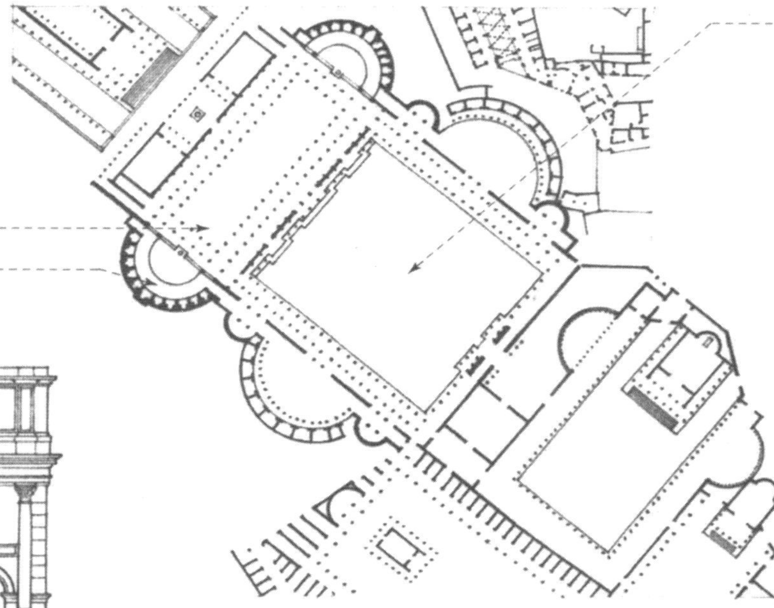

basílica
Grande edifício oblongo utilizado como corte de justiça e local de reuniões públicas na Roma antiga, apresentando caracteristicamente um espaço central de grande altura iluminado por um clerestório e coberto por treliças de madeira, e um estrado elevado em uma abside semicircular para o tribunal. A basílica romana serviu de modelo para as basílicas cristãs primitivas.

tribunal
Plataforma elevada de uma basílica da Roma antiga, onde se localizavam os assentos dos magistrados. Também chamado **tribuna**.

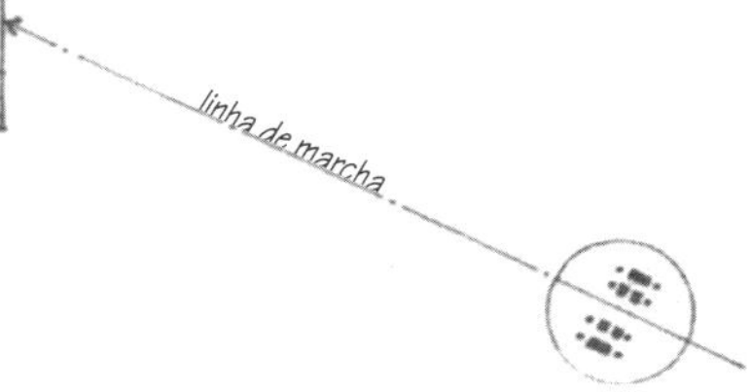

arco triunfal
Arco comemorativo monumental erguido transversalmente à linha de marcha de um exército vitorioso durante seu desfile triunfal. Também chamado **arco de triunfo**.

ordem de arco
Colunas embutidas e entablamento que emolduram um arco, por exemplo um arco triunfal.

clithral
Templo clássico coberto.

hípetro
Templo clássico total ou parcialmente a céu aberto.

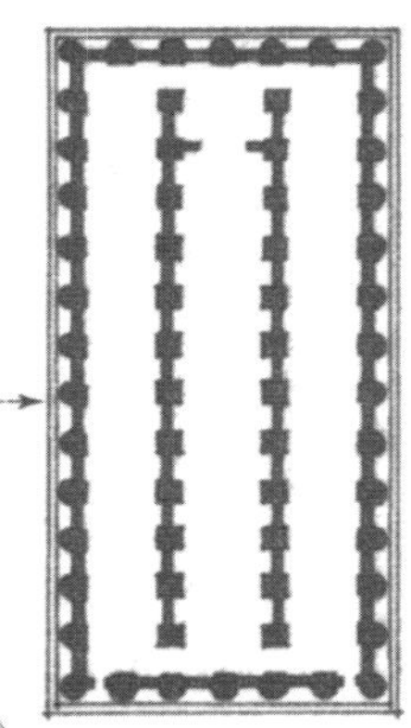

pseudoperípetro
Que tem colunas embutidas ao longo dos lados.

díptero
Que tem duas fileiras de colunas em todos os lados.

pseudodíptero
Cuja distribuição de colunas sugere uma estrutura díptera, mas sem a colunata interna.

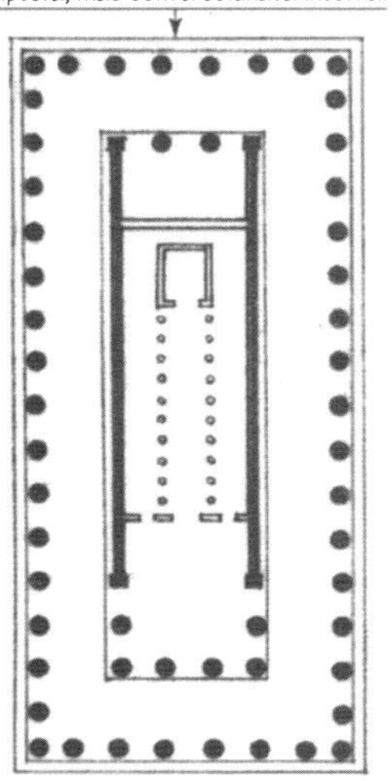

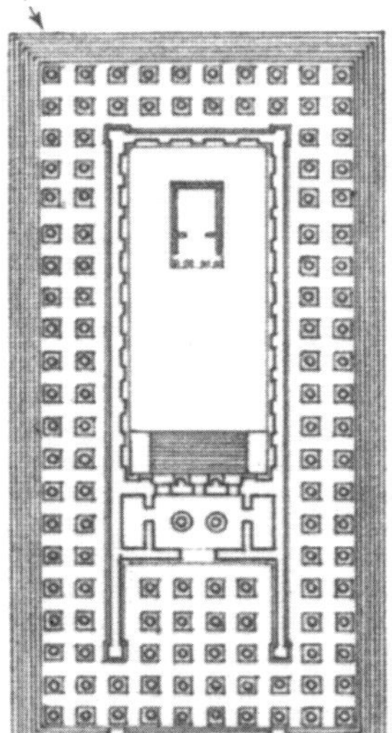

fórum
Praça pública ou mercado de uma cidade da Roma antiga, o centro da vida jurídica e comercial, além de um local de reunião popular, normalmente incluindo uma basílica e um templo.

panteon
Templo dedicado a todos os deuses de um povo. Também, **panteão**.

cenotáfio
Monumento erigido em memória de um morto cujos restos estão enterrados em outra parte.

cirtostilo
Pórtico convexo, normalmente semicircular.

ciclostilo
Colunata ou peristilo circular aberto no centro.

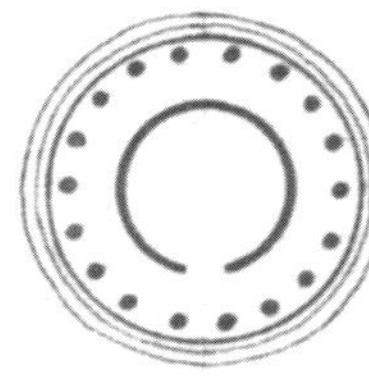

monóptero
Construção circular com um renque único de colunas a cercar uma estrutura ou pátio centrais.

distilo in antis
Que tem duas colunas entre antas na parte frontal.

anta
Pilar ou pilastra retangular formada pelo espessamento da extremidade de uma parede projetada.

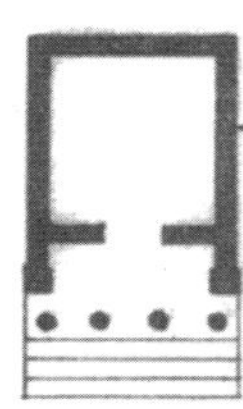

prostilo
Que possui um pórtico apenas na parte dianteira.

áptero
Que não possui colunatas nas laterais.

anfiprostilo
Prostilo em ambas as extremidades.

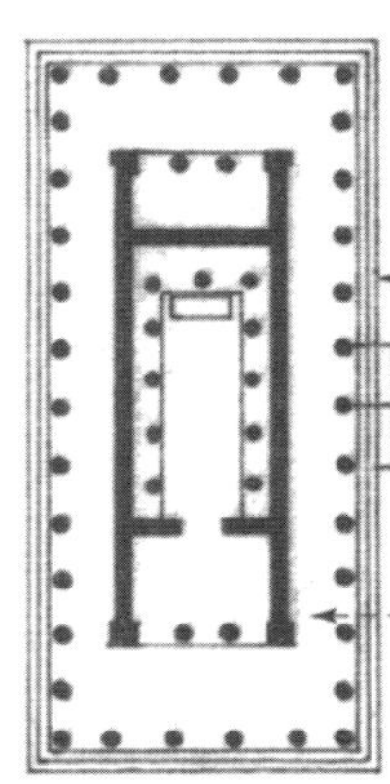

períptero
Que possui um único renque de colunas em todos os lados.

ptéron
Colunata paralela à cela, mas independente desta.

pteroma
A passagem entre o ptéron e a cela.

mesquita
Construção ou local de culto público entre os muçulmanos. Também, ***masjid*** e ***musjid***.

madrash
Escola teológica muçulmana distribuída em torno de um pátio e ligada a uma mesquita, encontrada a partir do século XI no Egito, Anatólia e Pérsia. Também, **madrasa**.

maidan
A grande praça aberta de uma cidade, utilizada como mercado ou local de paradas, na Índia. Também, ***meidan***.

ziada
Pátio ou série de pátios que servem para proteger uma mesquita do contato direto com edifícios seculares.

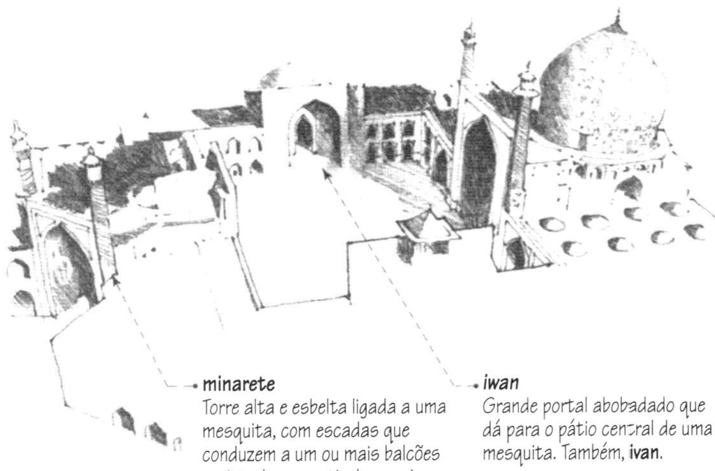

minarete
Torre alta e esbelta ligada a uma mesquita, com escadas que conduzem a um ou mais balcões projetados a partir dos quais o muezim chama o povo muçulmano para orar.

iwan
Grande portal abobadado que dá para o pátio central de uma mesquita. Também, **ivan**.

islamismo
Fé religiosa dos muçulmanos, baseada nos ensinamentos do profeta Maomé, que tem por temas centrais a crença em um Deus único, Alá, a existência do Paraíso e do Inferno, e o vindouro Dia do Juízo universal. Também chamado **islão, islã** e **maometanismo**.

muçulmano
Diz-se da lei, religião ou civilização islâmica; um fiel do islamismo.

Maomé
Profeta árabe e fundador do islamismo, 570-632 d.C.

Corão
Texto sagrado do islamismo, reverenciado como as revelações feitas por Alá a Maomé através do anjo Gabriel, e aceito como o fundamento da lei, religião, cultura e política islâmicas. Também, **Alcorão**.

mimbar
Púlpito de uma mesquita, uma alusão aos três degraus a partir dos quais Maomé se dirigia a seus seguidores.

quibla
Parede de uma mesquita em que se localiza o mihrab, e que está voltada para Meca. Também ***kibla***.

mihrab
Nicho ou painel decorativo que designa a quibla de uma mesquita.

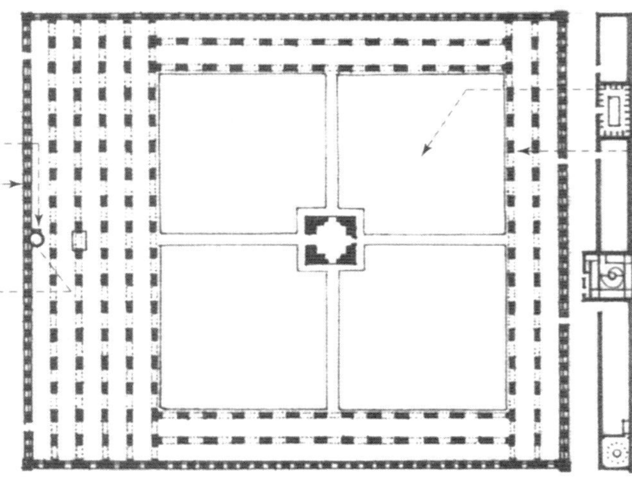

sahn
O pátio central de uma mesquita.

riwaq
Salão de uma mesquita provido de arcadas.

Meca
Cidade da Arábia Saudita, local de nascimento de Maomé e centro espiritual do islamismo.

Ka'aba
Pequena construção cúbica de pedra situada no pátio da Grande Mesquita em Meca, que contém uma sagrada pedra preta e é considerada pelos muçulmanos a Morada de Deus, o objetivo de suas peregrinações e o ponto em cuja direção se voltam ao orarem.

cúpula bulbar
Cúpula nervurada em forma de bulbo, encontrada esp. na arquitetura islâmica.

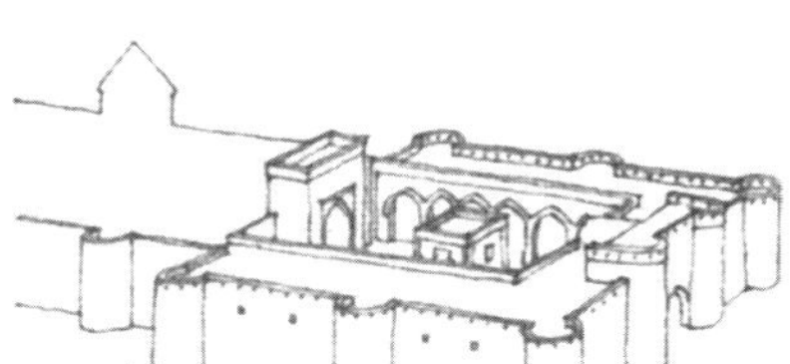

caravançará
Hospedaria no Oriente Próximo destinada ao pernoite de caravanas, normalmente provida de um grande pátio fechado por um sólido muro e cujo acesso se dá por um imponente portal. Também, **caravançarai**.

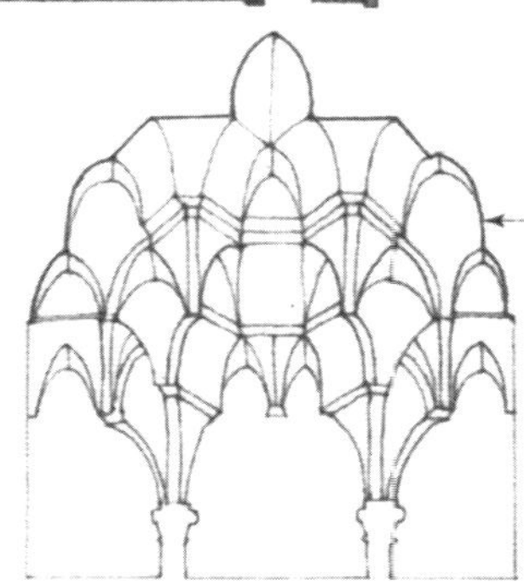

obra em estalactite
Sistema de decoração da arquitetura islâmica, formado por uma intrincada trama de arcos, consolos, trompas e pirâmides invertidas; por vezes trabalhados em pedra, porém mais usualmente em gesso. Também, **obra em colméia** e **mucarna**.

mísula pendente
Consolo com a forma geral de um pendentivo, normalmente encontrado na arquitetura moura.

maksurah
Tela ou divisória com trabalho ornamental vazado que delimita uma área de orações ou um túmulo em uma mesquita.

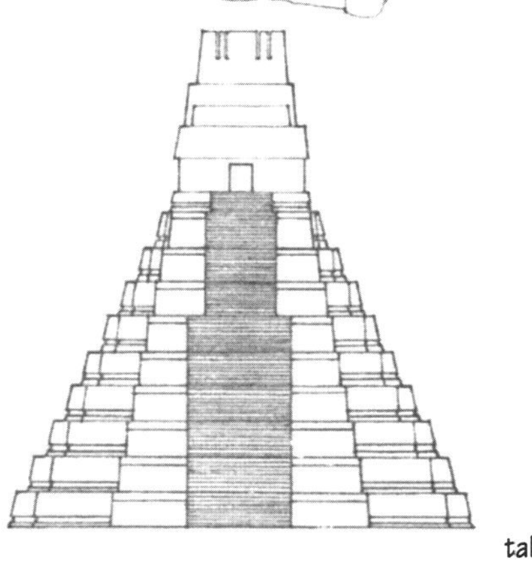

pirâmide
Massa de alvenaria com base retangular e quatro faces escalonadas e inclinadas que culminam em um mesmo ápice; utilizada no antigo Egito e na América Central pré-colombiana como tumba ou plataforma para um templo.

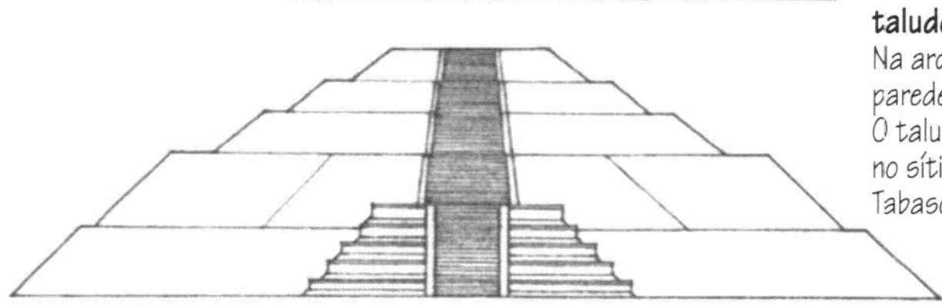

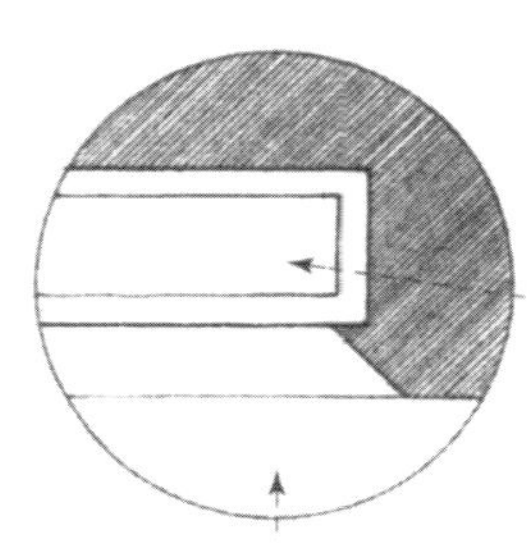

tablero
Painel retangular com uma espessa moldura que se projeta de um talude. Uma contribuição original da arquitetura de Teotihuacán, essa combinação de tablero e talude foi introduzida em c. 150 d.C. para distinguir os andares das pirâmides escalonadas e as plataformas destinadas a abrigar altares. É largamente copiada por toda a América Central, com variações regionais.

talude
Na arquitetura da América Central, uma parede externa inclinada para dentro. O talude surgiu orinalmente em c. 800 a.C. no sítio olmeca de La Venta, no estado de Tabasco, no México.

hinduísmo
A religião predominante na Índia, baseada na religião dos colonizadores arianos originais tal como exposta e desenvolvida nos Vedas, que possui um variado corpo de práticas filosóficas e culturais, diversos cultos populares e um vasto panteão simbolizando um ser supremo de múltiplas formas e naturezas. Embora não pertença à tradição hindu, o budismo é considerado uma religião afim.

panteon
Conjunto das divindades oficialmente reconhecidas de um povo. Também, **panteão**.

Vedas
Mais antigos escritos do hinduismo, compostos entre 1.500 e 800 a.C., que reúnem quatro compilações de hinos, orações e fórmulas litúrgicas: o Rig-Veda, o Yajur-Veda, o Sama-Veda e o Atharva-Veda.

stamba
Pilar livre, de caráter memorial, da arquitetura indiana, que exibe inscrições e emblemas religiosos entalhados ou uma estátua.

lât
Stamba monolítica, que se distingue daquela construída com fiadas de pedras.

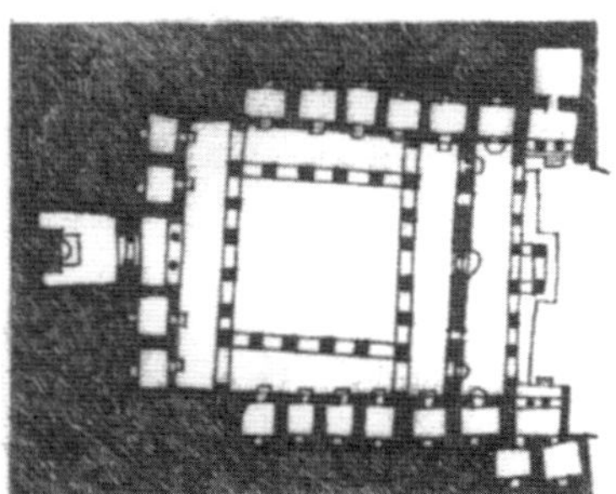

vihara
Monastério budista da arquitetura indiana, normalmente escavado em rochas sólidas e que consiste em uma câmara central provida de pilares, circundada por uma varanda para a qual se abre uma série de pequenas celas de dormir. Adjacente a este claustro havia um pátio contendo a stupa principal.

chaitya
Santuário budista da Índia, normalmente entalhado nas rochas sólidas de uma encosta e que tem a forma de uma basílica com suas naves, e uma stupa em uma das extremidades.

wat
Monastério ou templo budista da Tailândia ou do Cambodja.

khmer
Povo cambodjano que estabeleceu um império no século V d.C. e dominou a maior parte da Indochina entre os séculos IX e XII.

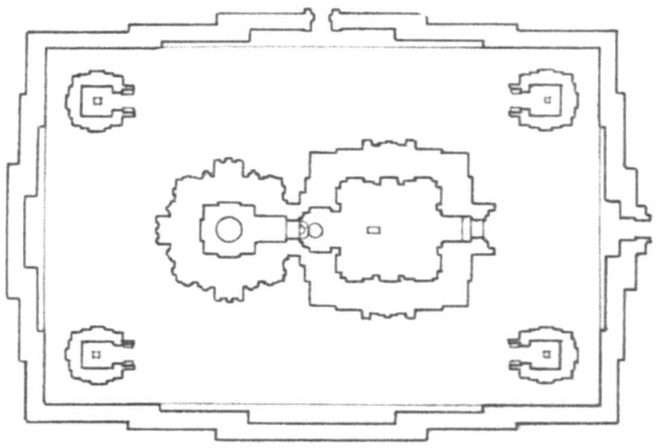

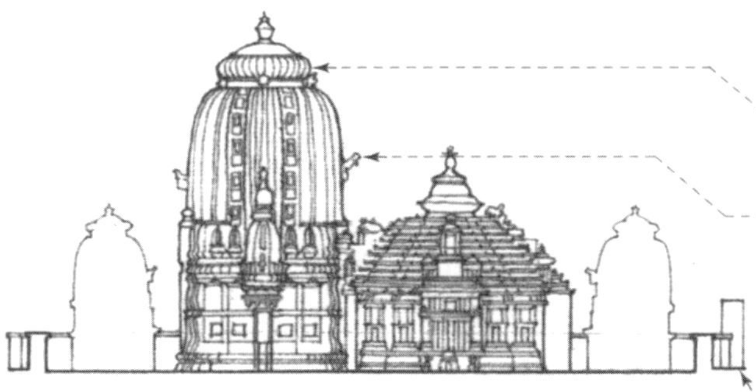

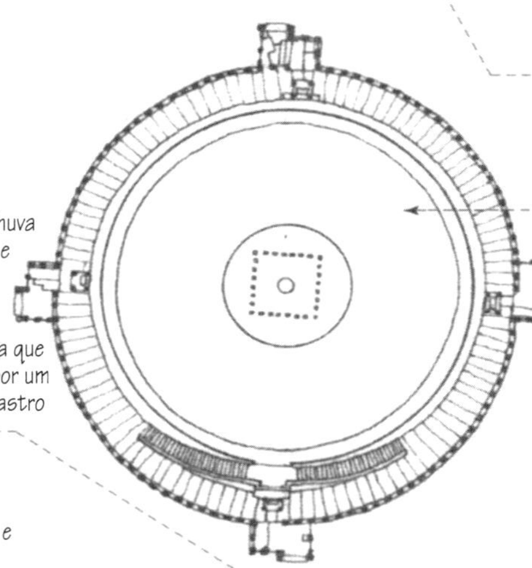

tee
Remate na forma de um guarda-chuva convencional, utilizado em stupas e pagodes.

chatri
Remate em forma de guarda-chuva que simboliza a dignidade, composto por um disco de pedra colocado em um mastro vertical.

torana
Porta cerimonial elaboradamente entalhada na arquitetura budista e hindu, que apresenta dois ou três lintéis apoiados em dois pilaretes.

vedika
Gradil que delimita uma área sagrada, como uma stupa.

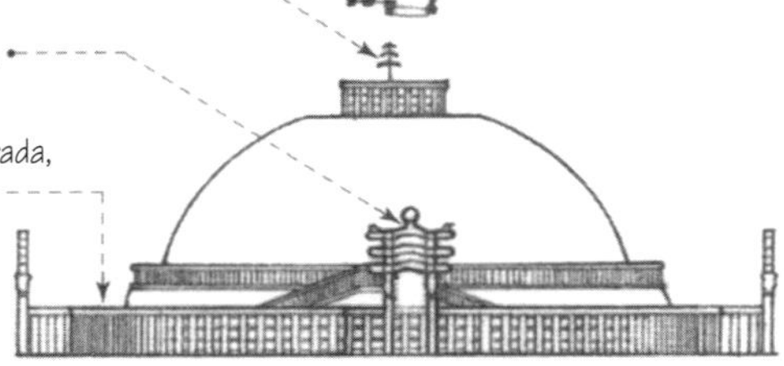

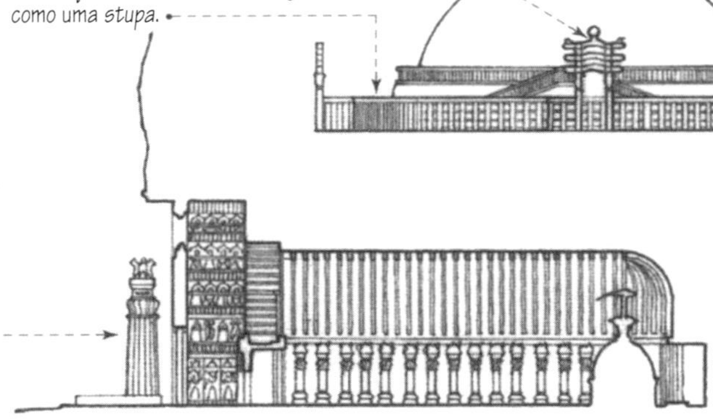

mandira
Templo hindu.

rath
Templo hindu escavado em rocha sólida e que tem o aspecto de uma carruagem. Também, **ratha**.

vimana
Santuário de um templo hindu, onde é cultuada uma divindade.

amalaka
Remate de pedra, em forma de bulbo, de uma sikhara.

sikhara
Torre de um templo hindu, normalmente afilada convexamente e coroada por uma amalaka. Também, **sikra**.

mandapa
Grande salão semelhante a um pórtico que conduz a templo hindu e é utilizado para a apresentação de danças e músicas religiosas.

gopuram
Torre monumental de entrada, normalmente ornamentada, do recinto de um templo hindu, no sul da Índia. Também, **gopura**.

stupa
Montículo erguido para abrigar uma relíquia de Buda e comemorar algum acontecimento ou marcar um lugar sagrado. Moldada em um túmulo, consiste em um monte artificial em forma de cúpula erguido sobre uma plataforma e cercada por um ambulatório externo com uma vedika de pedra, quatro toranas, e coroada por um chatri. A stupa é conhecida como **dagoba** no Ceilão e **corten**, no Tibete e Nepal. Também chamada **tope**.

budismo
Religião baseada nas Quatro Nobres Verdades, criada na Índia por Gautama Buda e disseminada posteriormente pela China, Birmânia, Japão, Tibete e partes do sudeste asiático.

Quatro Nobres Verdades
Doutrinas de Buda: toda vida é sofrimento; a causa do sofrimento é o desejo; o fim do sofrimento é possível através do Nirvana – a extinção dos desejos; é possível atingir o Nirvana através da autopurificação mental e moral.

Buda
Título de Gautama Sidarta, c. 563-c. 483 a.C. – filósofo e líder religioso indiano, fundador do budismo. Também chamado **Gautama Buda**.

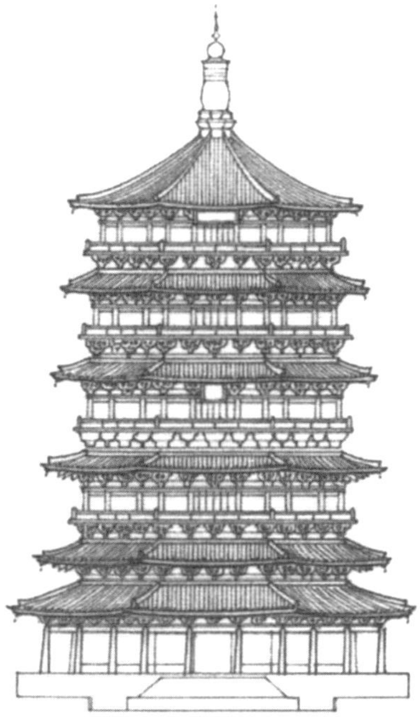

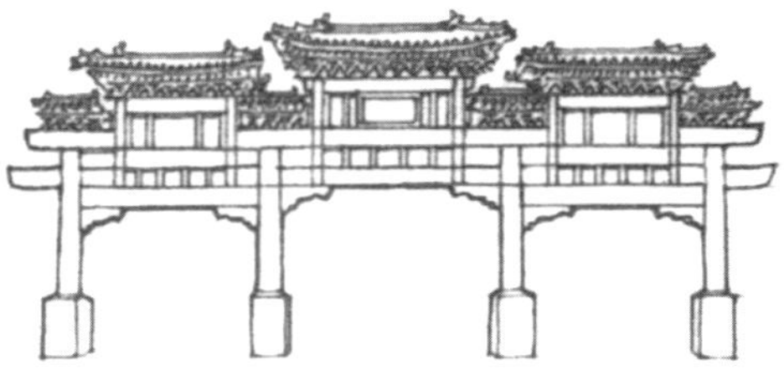

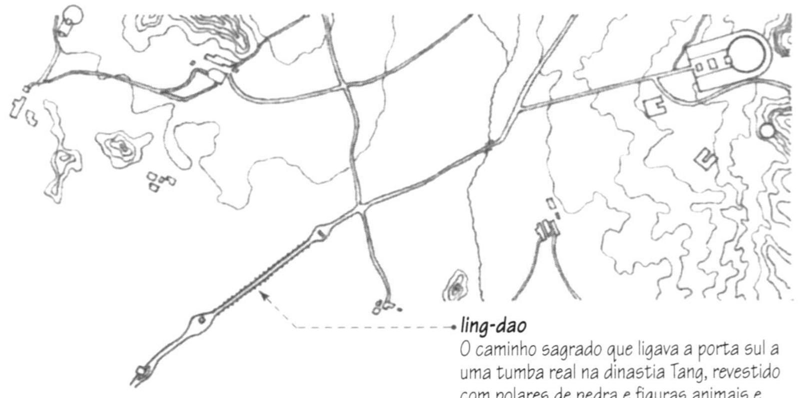

ling-dao
O caminho sagrado que ligava a porta sul a uma tumba real na dinastia Tang, revestido com polares de pedra e figuras animais e humanas esculpidas.

Tang
Dinastia chinesa que governou entre 618-907 d.C., marcada pela expansão territorial, a invenção da impressão, a prosperidade mercantil e o desenvolvimento da poesia. Também, **T'ang**.

Yun-gang
Grande centro monástico budista no noroeste da China, iniciado em 460 d.C., onde existem numerosos santuários escavados na rocha, cada qual com um interior oval de pouca profundidade com uma imagem maciça de Buda ladeada por dois Budas menores; acredita-se que o conceito de escavar escarpas tenha chegado à China originário da Índia. Também, **Yun-kang**.

pagode
Templo budista que tem a forma de uma torre quadrada ou poligonal com telhados que se projetam de cada qual de seus diversos pavimentos, erguido como um memorial ou para abrigar relíquias. Partindo da stupa, seu protótipo indiano, o pagode foi mudando gradativamente de forma até se tornar a torre de vigia de pavimentos múltiplos ao se espalhar, juntamente com o budismo, pela China e Japão. Inicialmente, os pagodes eram em madeira, mas, a partir do século VI, passaram a ser construídos em tijolo ou madeira, possivelmente devido à influência indiana.

pai-lu
Portal de proporções monumentais na arquitetura chinesa, com uma forma travejada de estrutura de pedra ou madeira com uma, três ou cinco aberturas e, normalmente, telhados bastante projetados; erguido como um memorial na entrada de um palácio, monumento funerário ou local sagrado; relacionado aos toranas indianos e aos torii japoneses.

zong-lu
Campanário ou pavilhão na arquitetura chinesa, localizado no lado direito da porta de uma cidade, da entrada de um palácio ou do átrio de um templo.

gu-lu
Grande torre destinada ao toque de tambores ou pavilhão na arquitetura chinesa, localizado no lado esquerdo da porta de uma cidade, da entrada de um palácio ou do átrio de um templo.

dugong
Sistema de consolos utilizado na construção chinesa tradicional para apoiar vigas do telhado, projetar o beiral para fora e sustentar o teto interior. A ausência de uma armação triangular travejada na arquitetura chinesa tornou necessária a multiplicação do número de apoios sob os caibros. Para reduzir o número de pilares que isso normalmente exigiria, a área de apoio proporcionada por cada pilar foi aumentada pelo dougong. Também, **tu-kung**.

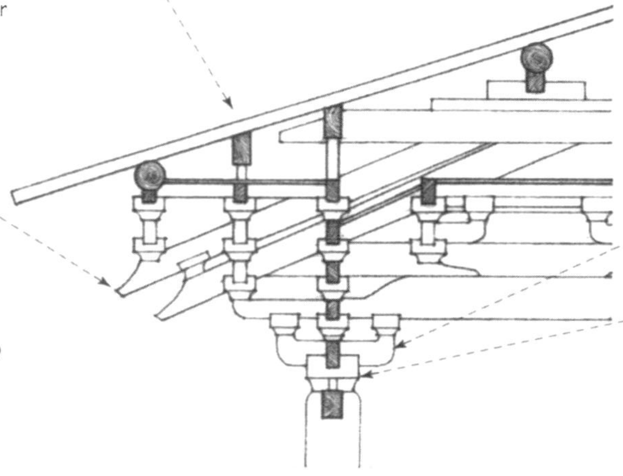

ang
Braço de alavanca na construção chinesa tradicional, colocado paralelamente aos caibros e inclinado a um ângulo próprio para contrabalançar as forças aplicadas pelas terças internas e externas. O ang sustenta a terça mais externa por meio de um consolo ou viga transversal e é pregado à terça em sua extremidade interna.

gong
Consolo em balanço na construção chinesa tradicional. Também, **kung**.

du
Bloco de apoio na construção chinesa tradicional. Também, **tu**.

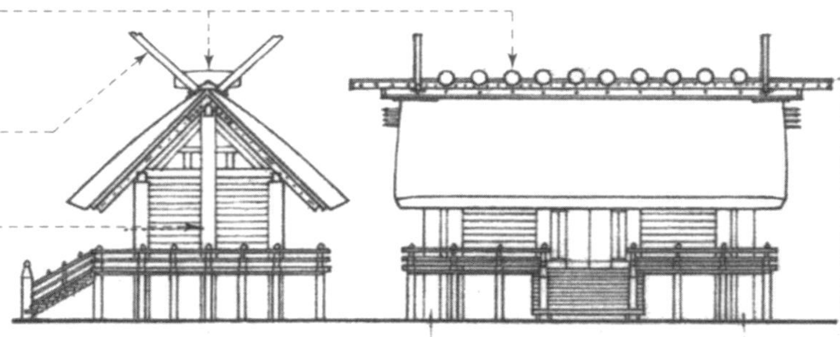

katsuogui
Pequenas toras de madeira colocadas em ângulo reto com a cumeeira de um santuário xintoísta.

chigui
Remate cruzado formado pelas tábuas de empena projetadas em cada extremidade da cumeeira de um templo xintoísta.

hashira
Pilar sagrado na arquitetura xintoísta, moldado por mãos humanas.

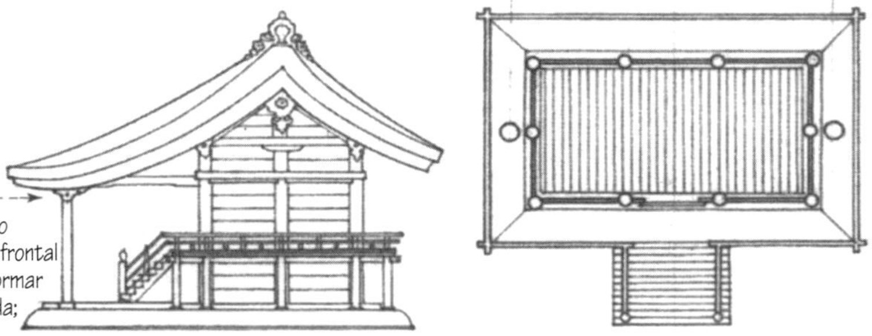

Nagare-zukuri
Estilo de santuário xintoísta baseado no protótipo de Ise, mas com a declividade frontal do telhado prolongando-se de modo a formar uma dossel sobre a escadaria de entrada; esse espaço desenvolveu-se até se converter em uma sala de oração para os fiéis.

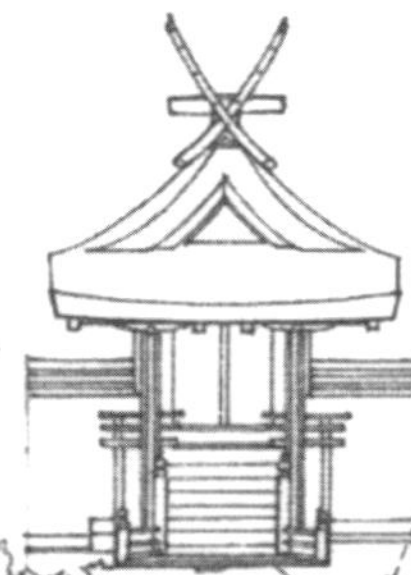

Kasuga-zukuri
Estilo de santuário xintoísta, caracterizado por um telhado em vertente que se prolonga a partir do telhado principal, sobre uma escada central de entrada em uma das extremidades da empena.

haiden
A sala de culto de um santuário xintoísta, via de regra à frente do honden.

honden
O santuário principal de um templo xintoísta.

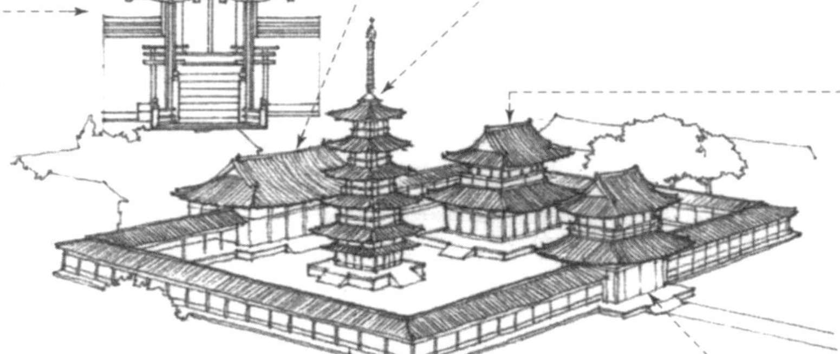

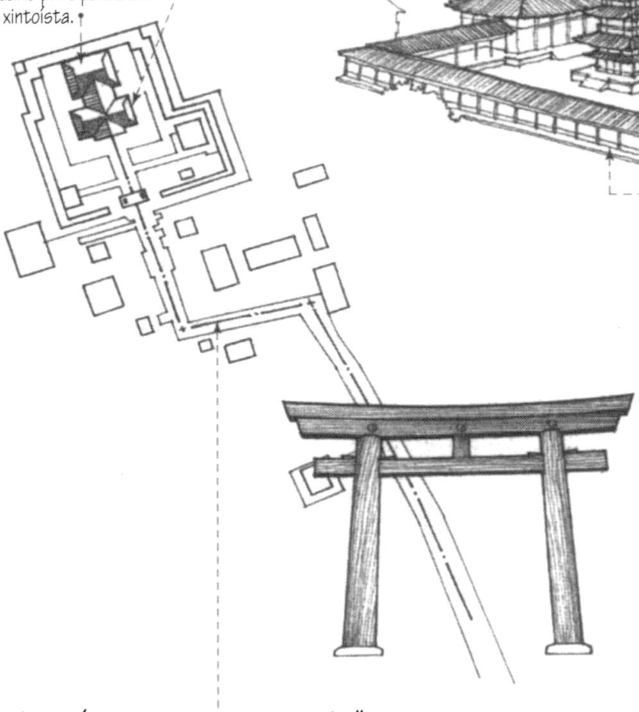

acesso descontínuo
Passagem através de dois portais não alinhados, de modo que é necessário fazer uma volta acentuada para se passar do primeiro ao segundo; utilizada para fins de privacidade em residências ou templos, ou de segurança, em fortificações.

torii
Portal livre, de dimensões monumentais, situado no acesso a um santuário xintoísta e composto por dois pilares ligados no topo por uma travessa e, acima desta, um lintel normalmente curvado para cima.

kairo
Galeria coberta que circunda o precinto de um templo ou santuário japonês.

xintoísmo
Religião nativa do Japão, marcada pelo culto devocional a divindades associadas às forças naturais, o culto aos ancestrais e a veneração do imperador como descendente de Amaterasu, a deusa do Sol.

Shimmei-zukuri
Estilo de santuário xintoísta que personifica o estilo original das construções japonesas anteriormente à introdução do budismo. Consiste ele, em essência, em uma pequena estrutura retangular não pintada, suspensa acima do nível do chão por pilaretes cravados diretamente no solo. Uma varanda guarnecida por um gradil circunda a estrutura no nível do piso, um pilarete livre em cada extremidade de empena sustenta a cumeeira, e as tábuas de empena prolongam-se para fora do telhado densamente revestido de folhas, formando chiguis em cada extremidade.

kodo
Sala de reuniões para os monges de um templo budista japonês, onde são lidos os textos sagrados.

to
Pagode japonês que abriga relíquias sagradas budistas.

sorin
Flecha de remate de um pagode japonês.

kondo
Salão Dourado: o santuário que abriga a principal imagem de culto de um templo budista japonês. As seitas budistas Jodo, Shinshu e Nicheiren empregam o termo **hondo** para designar esse santuário, as seitas Shingon e Tendai chamam-no **chudo**, enquanto a seita Zen emprega o termo **butsuden**.

nandaimon
Porta sul principal de um templo ou santuário japonês.

chumon
Porta interna para o recinto de um templo budista japonês.

shoro
Estrutura em que é suspenso o sino de um templo, como um dos dois pequenos pavilhões idênticos dispostos simetricamente em um templo budista japonês.

botsu
Representação de Buda.

daibutsu
Representação de Buda de grandes proporções.

Superfície ou revestimento superior interno de um ambiente, que normalmente oculta a face inferior do piso ou teto que está acima.

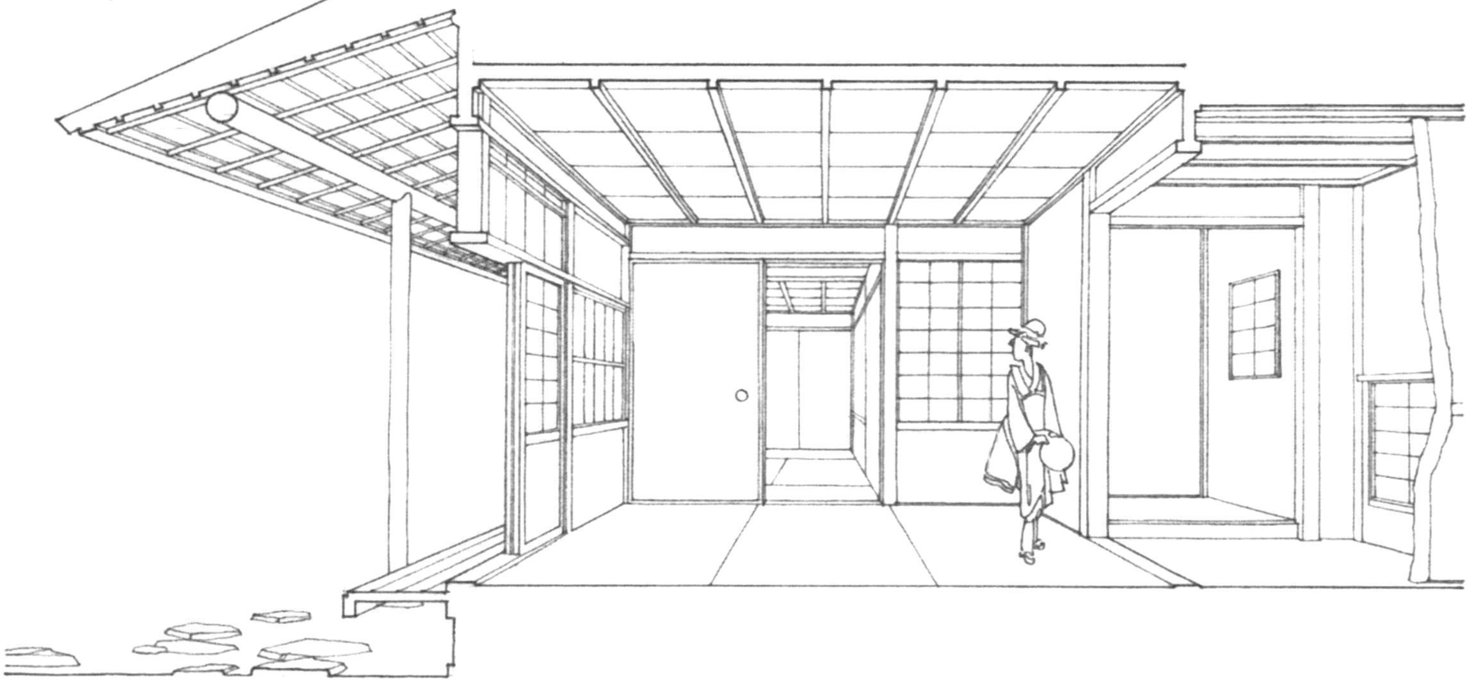

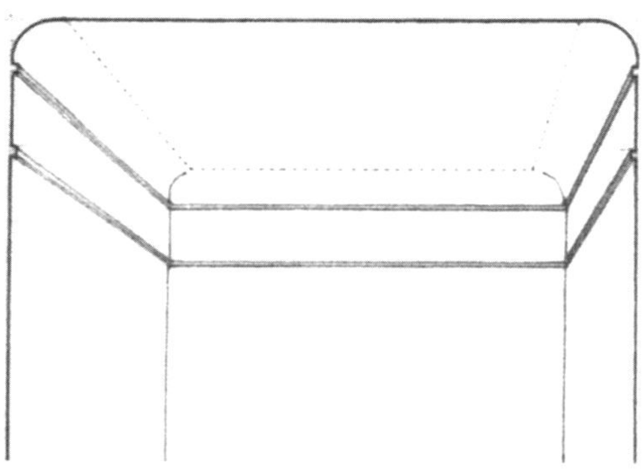

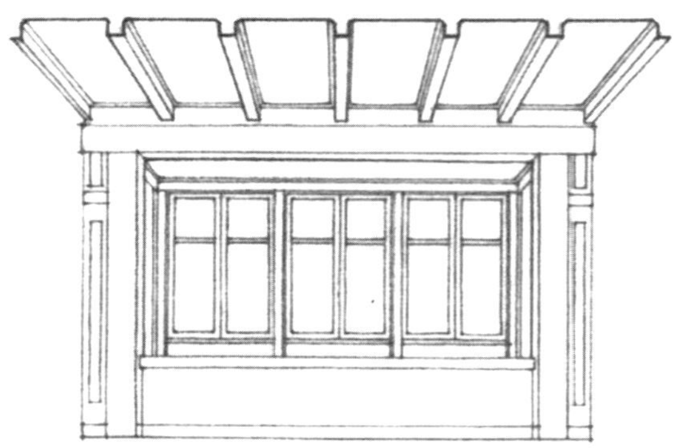

teto de vigas
Face inferior de um piso revelando as vigas de sustentação e acabado de modo a formar um teto.

teto de canto arredondado
Teto cujas extremidades consistem em molduras côncavas.

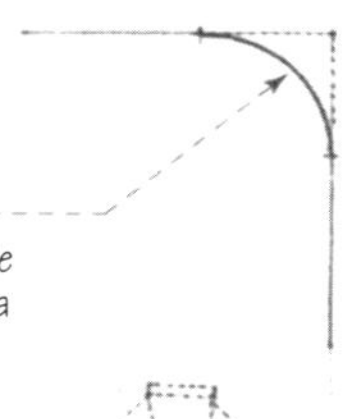

moldura côncava
Superfície arredondada que constitui parte de um teto em sua extremidade, de modo a eliminar o ângulo interior comum entre a parede e o teto.

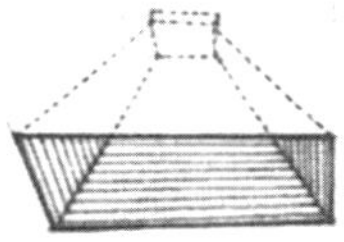

teto de campanha
Teto cuja forma é a de uma pirâmide truncada.

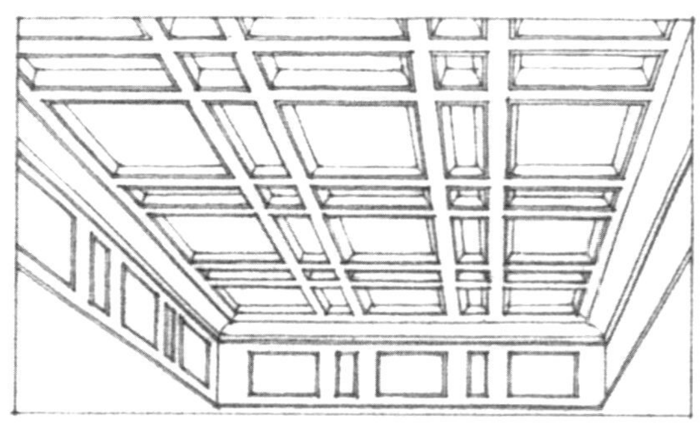

caixotão
Cada um dentre uma série de painéis recuados, normalmente quadrangulares ou octogonais, de um teto, sófito ou abóbada. Também chamado **artesão** e **caixão**.

artesoado
Diz-se de um teto, sófito ou abóbada ornamentada com um padrão de painéis recuados.

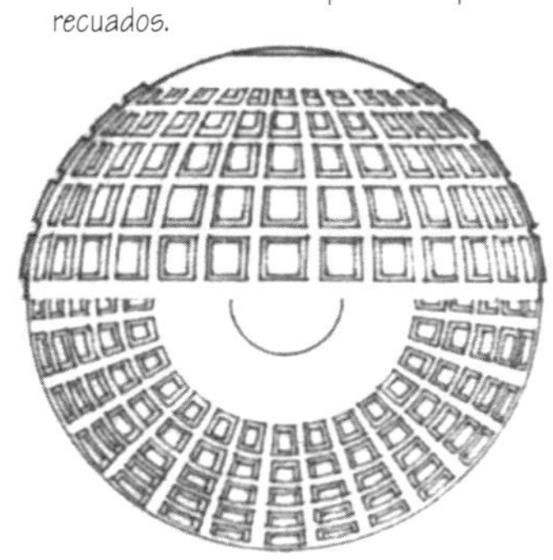

plafond
Teto plano ou abobadado de caráter decorativo.

teto rebaixado
Segundo teto formado para se criar espaço para tubulações ou eletrodutos, bem como para alterar as proporções de um ambiente.

teto rebaixado
Teto suspenso a partir de um piso superior ou de uma estrutura de cobertura, destinado a criar espaço para tubulações, eletrodutos, acessórios de iluminação e outros equipamentos.

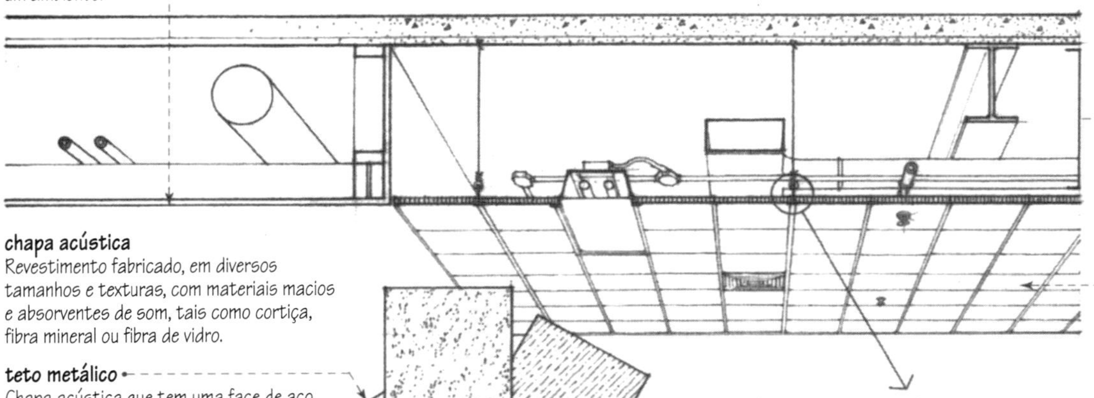

pleno
Espaço entre um teto suspenso e a estrutura do piso acima deste, o espaço que serve de câmara receptora do ar condicionado a ser distribuído aos espaços habitados ou para que o ar que retorna seja reconduzido a uma instalação central a fim de ser processado.

chapa acústica
Revestimento fabricado, em diversos tamanhos e texturas, com materiais macios e absorventes de som, tais como cortiça, fibra mineral ou fibra de vidro.

teto acústico
Teto formado por chapas acústicas ou outro material absorvente de som.

teto metálico
Chapa acústica que tem uma face de aço ou alumínio perfurado, contendo uma camada separada de material absorvente de som.

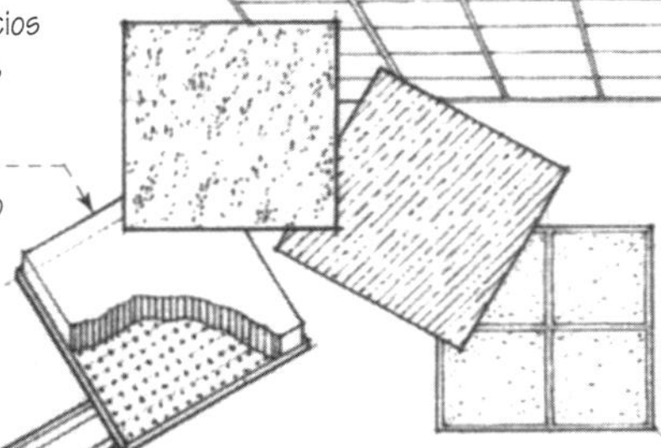

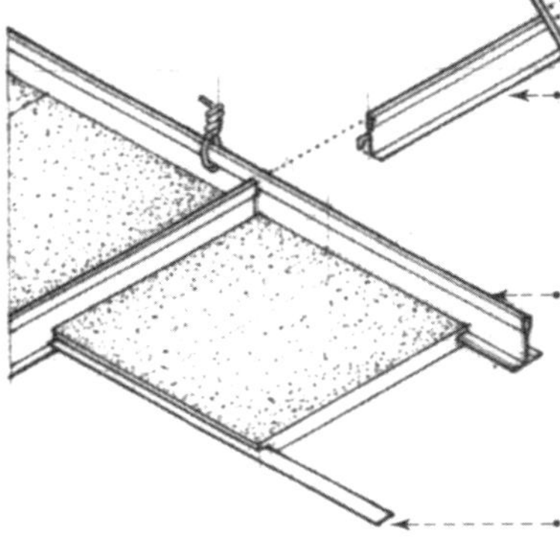

travessa em T
Elemento secundário da grade que sustenta um sistema de teto suspenso, normalmente uma travessa em T de metal laminado apoiada na canaleta principal.

vigota principal
Elemento primordial da grade que sustenta um sistema de teto suspenso, normalmente uma canaleta em T de metal laminado e suspensa por arames a partir da estrutura de cobertura.

tira de junção
Faixa metálica delgada inserida nas extremidades de duas chapas para formar uma junta de topo.

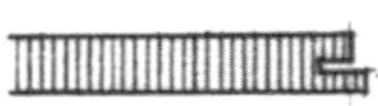

encaixe
Entalhe feito nas extremidades de uma chapa acústica de modo que a esta se possa acoplar uma tira de junção ou um elemento em T de uma grade de sustentação.

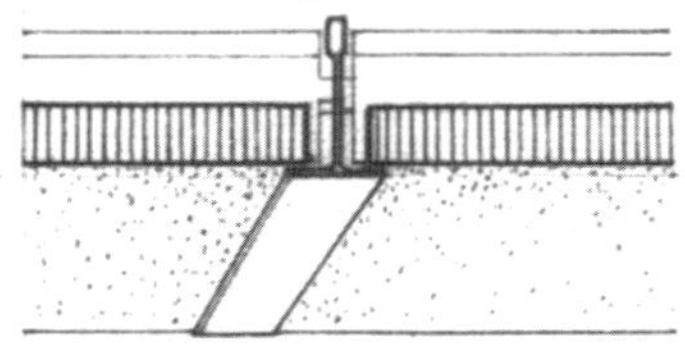

grade aparente
Grade metálica de vigotas em T invertidas que sustentam as chapas acústicas de um teto suspenso.

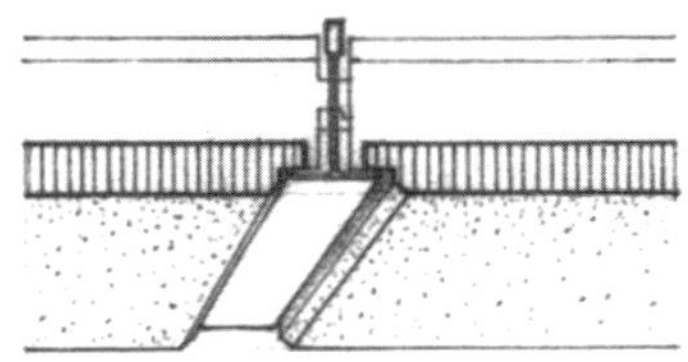

grade recuada
Grade metálica destinada a sustentar um teto suspenso de chapas acústicas de juntas recortadas.

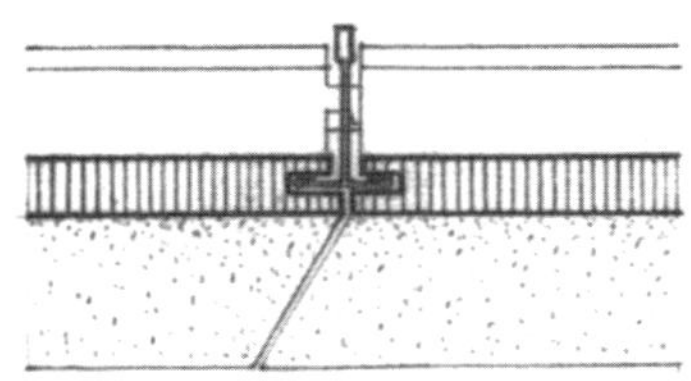

grade oculta
Grade metálica que sustenta as chapas acústicas de um teto suspenso e que fica oculta nos encaixes entalhados nas extremidades das chapas.

teto metálico linear
Sistema de teto suspenso formado por faixas metálicas estreitas, normalmente incorporando componentes de iluminação modular e de condicionamento do ar.

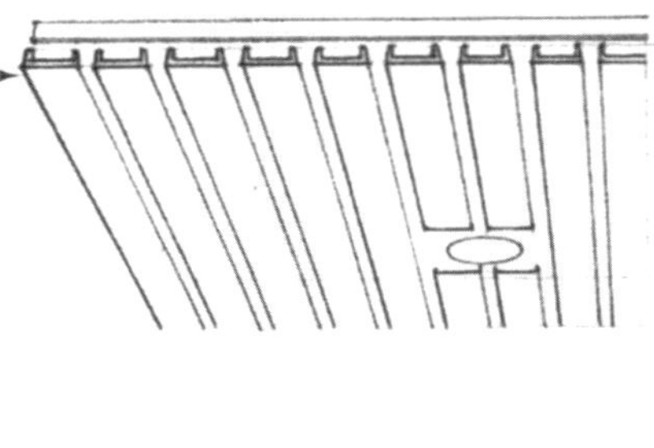

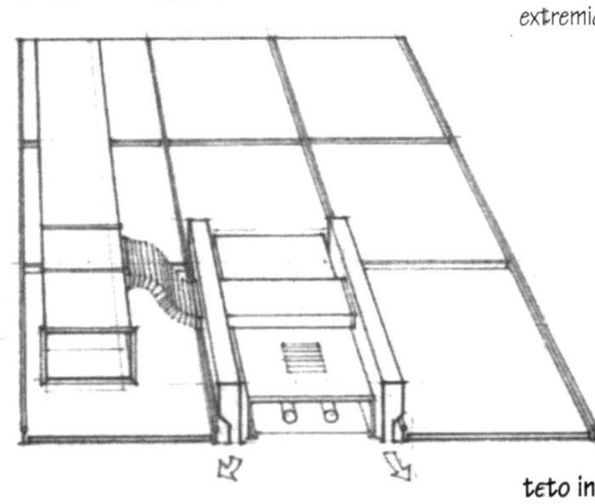

teto integrado
Sistema de teto suspenso que incorpora componentes acústicos, de iluminação e de condicionamento do ar em um todo unificado.

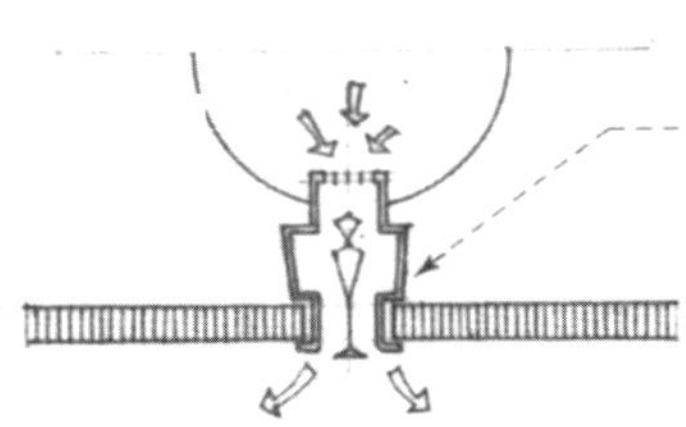

difusor linear
Difusor longo e estreito destinado a espalhar o ar através de aberturas entre as chapas de um sistema de teto integrado. Também chamado **difusor de fenda**.

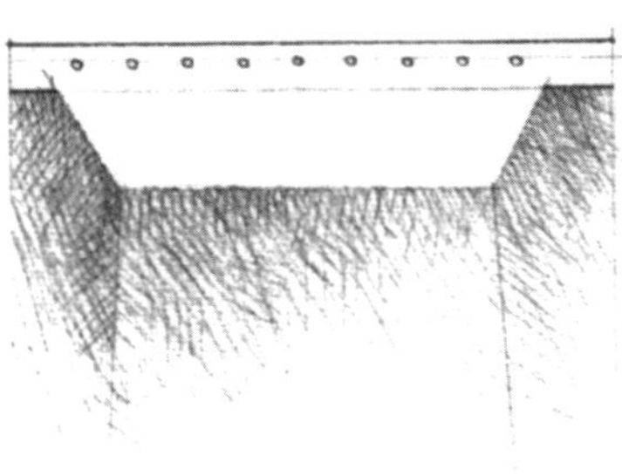

teto luminoso
Teto suspenso de painéis translúcidos para difundir a luz proveniente de luminárias instaladas acima dele.

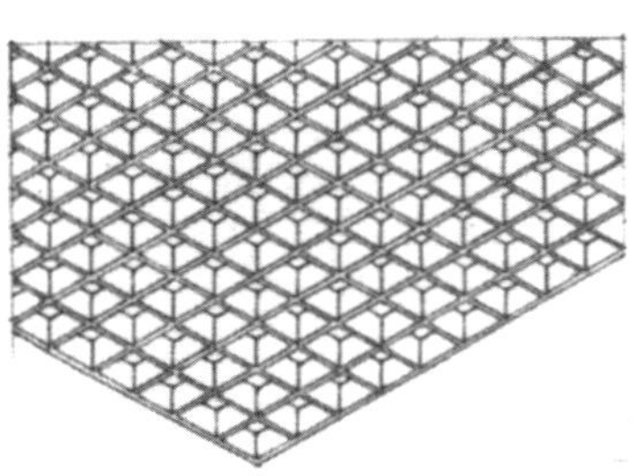

teto alveolado
Teto suspenso composto de adufas multicelulares para encobrir as fontes luminosas instaladas acima dele.

Unidade de alvenaria feita de barro, moldada na forma de um prisma retangular enquanto maleável, e seca ao sol ou mediante o cozimento em uma fornalha.

tijolo aparente
Tijolo feito de argilas especiais para o revestimento de paredes, normalmente tratado de modo a produzir a cor e a textura superficial desejadas.

tipologia dos tijolos
Classificação americana que indica as variações admissíveis em termos de tamanho, cor, trincagem e distorção em um tijolo de fachada.

TFX
Tijolo de fachada próprio para ser usado onde são necessários uma variação mínima de tamanho, um espectro cromático limitado e um elevado grau de perfeição mecânica.

TFS
Tijolo de fachada próprio para ser usado onde são permitidos um espectro cromático mais amplo e uma variação de tamanhos maior do que no tipo TFX.

TFA
Tijolo de fachada próprio para ser usado onde se desejam efeitos particulares resultantes de uma não-uniformidade, em termos de tamanho, cor e textura, das unidades individuais.

tijolo comum
Tijolo feito para fins construtivos gerais e sem nenhum tratamento específico em termos de cor e textura. Também chamado **tijolo de construção**.

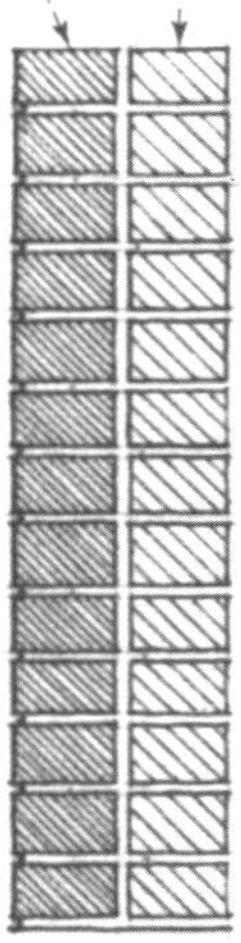

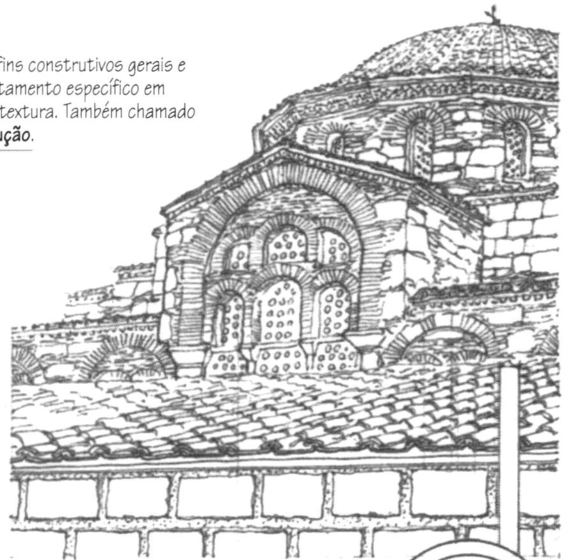

gradação dos tijolos
Classificação inglesa que indica a durabilidade de um tijolo quando exposto à intempérie. Os EUA dividem-se em três regiões meteorológicas – as de clima rigoroso, moderado e neutro – segundo a precipitação anual no inverno e o número anual de dias no ciclo de congelamento. O tijolo é classificado para uso em cada região segundo a força de compressão, a absorção máxima de água e o coeficiente de saturação máximo.

CM
Gradação de tijolo adequada para exposição a climas moderados, em superfícies pouco propensas a serem permeadas por água em temperaturas abaixo do ponto de congelamento.

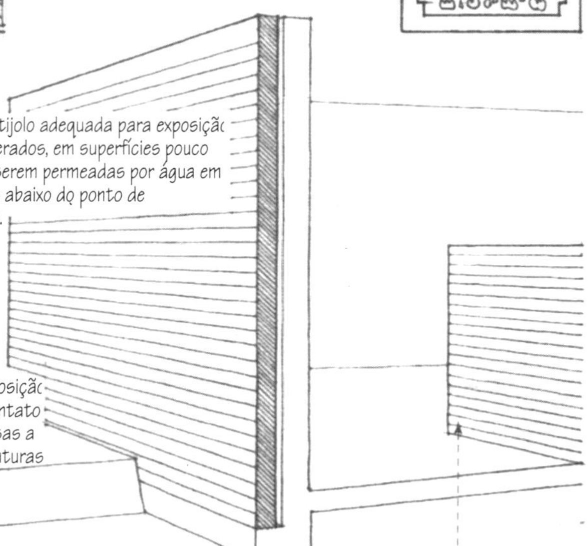

CR
Gradação dos tijolos próprios para exposição a climas rigorosos, como quando em contato com o solo ou sobre superfícies propensas a serem permeadas por água em temperaturas abaixo do ponto de congelamento.

CW
Gradação dos tijolos próprios para a exposição a climas neutros, como quando usado em parede dupla face interna ou na alvenaria de interiores.

absorção
Peso da água absorvida por uma unidade de alvenaria de barro quando imersa quer em água fria, quer em água fervente, por um intervalo de tempo estabelecido, expresso em termos de uma percentagem do peso da unidade seca.

coeficiente de saturação
Razão entre o peso da água absorvida por uma unidade de alvenaria de barro imersa em água fria e o peso absorvido quando imersa em água fervente, indicativa da resistência provável do tijolo à ação do congelamento e do degelo.

sucção
Peso da água absorvida por uma unidade de alvenaria de barro quando parcialmente imersa por 1 minuto, expresso em gramas ou onças por minuto. Também chamada **índice inicial de absorção**.

eflorescência
Depósito branco e poroso que se forma sobre uma superfície exposta de alvenaria ou concreto, causada pela lixiviação e cristalização de sais solúveis provenientes do interior do material.

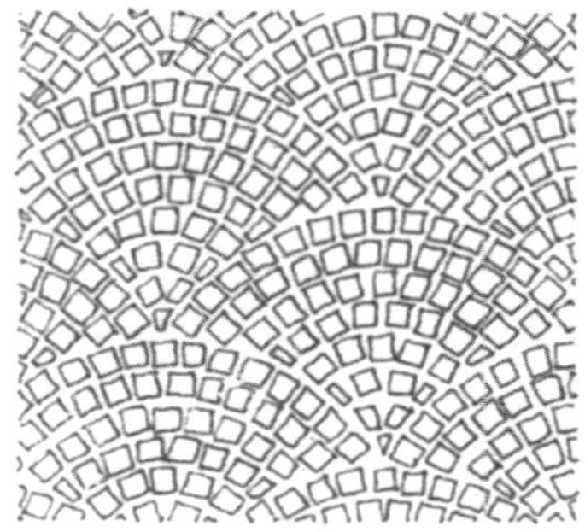

processo de lama
Processo de formar tijolos através da moldagem de barro relativamente úmido, isto é, cujo conteúdo de umidade varia entre 20% e 30%.

tijolo *sandstruck*
Tijolo formado no processo de lama com um molde revestido de areia a fim de evitar a aderência, resultando em uma superfície de textura granulada.

tijolo *waterstruck*
Tijolo formado no processo de lama com um molde lubrificado com água a fim de evitar a aderência, resultando em uma superfície lisa e densa.

processo de barro denso
Processo de formar tijolos e telhas estruturais por meio da extrusão de barro denso porém maleável – de conteúdo de umidade entre 12% e 15% – através de um molde e cortando essa extrusão no tamanho desejado com o uso de arames antes de queimá-la.

processo de prensagem a seco
Processo de formar tijolos através da moldagem de barro relativamente seco, isto é, de conteúdo de umidade entre 5% e 7%, mediante uma alta pressão, resultando em peças de arestas vivas e superfícies lisas.

forno
Equipamento destinado a queimar, cozer ou secar algo, por exemplo para queimar cerâmicas, cozer tijolos ou secar peças de madeira.

lampejamento
Queima de unidades de tijolo alternadamente com excesso ou insuficiência de ar a fim de variar sua cor superficial.

refugo
Tijolo ou madeira rejeitados por serem de qualidade inferior.

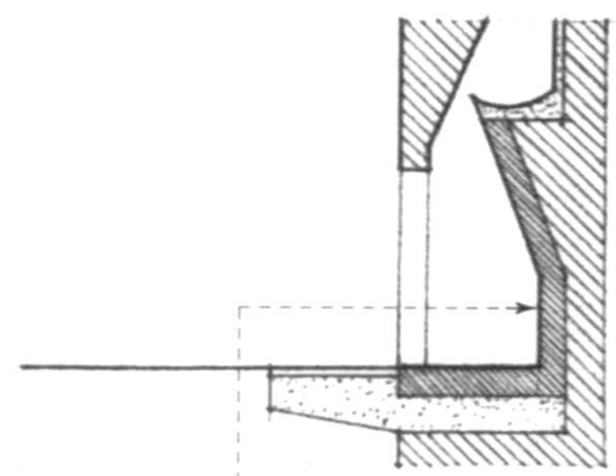

tijolo refratário
Tijolo feito de barro refratário e usado para revestir fornalhas e lareiras.

barro refratário
Material empregado na fabricação de tijolos refratários, cadinhos ou outros objetos expostos a temperaturas elevadas.

refratário
Diz-se do material que tem a capacidade de preservar sua forma física e identidade química quando submetido a temperaturas elevadas.

escória ou clínquer
Tijolo denso, bem cozido, utilizado especialmente para pavimentação.

dimensão nominal
Medida de um tijolo que ultrapassa sua dimensão real a fim de contabilizar a largura da junta de argamassa.

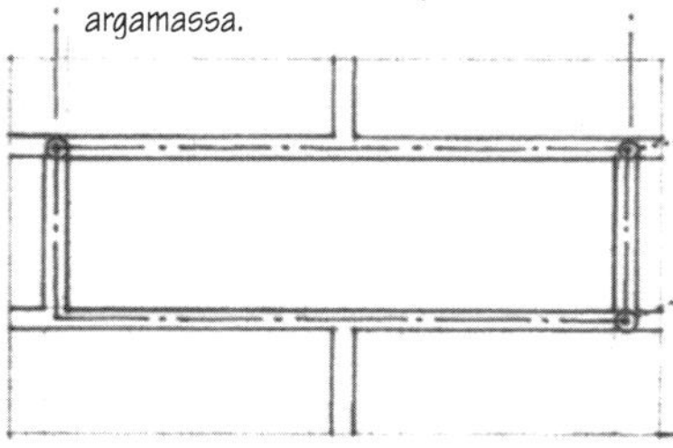

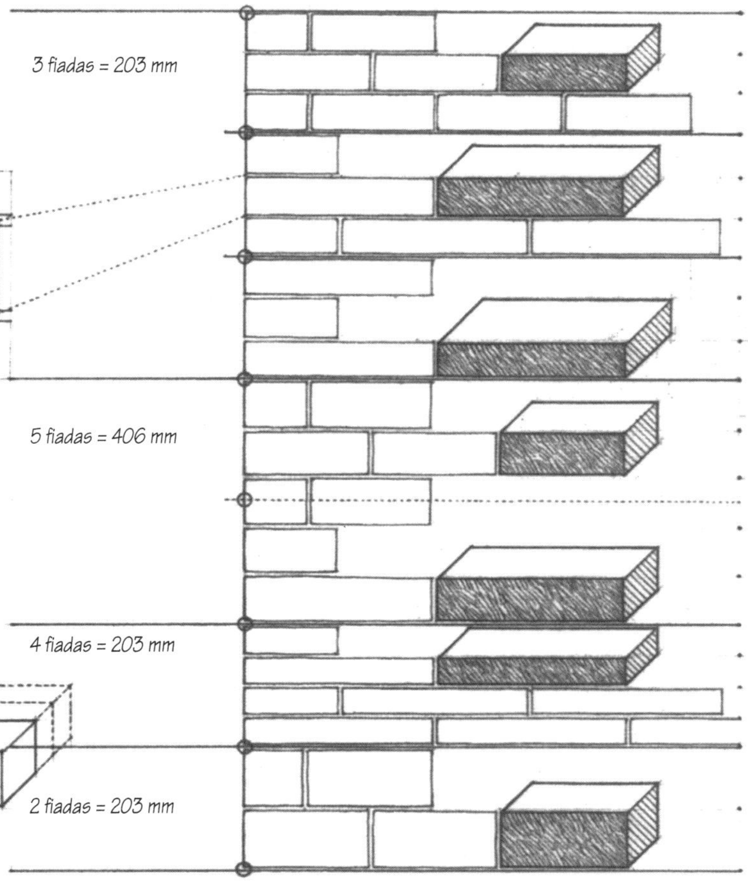

tijolo modular
Tijolo com dimensões nominais de 203 x 102 x 68 mm, segundo classificação americana.

tijolo normando
Tijolo com dimensões nominais de 305 x 102 x 68 mm, segundo classificação americana.

tijolo SCR
Tijolo com dimensões nominais de 305 x 153 x 68 mm, segundo classificação americana.

tijolo de engenheiro
Tijolo com dimensões nominais de 203 x 102 x 81 mm, segundo classificação americana.

tijolo norueguês
Tijolo com dimensões nominais de 305 x 102 x 81 mm, segundo classificação americana.

tijolo romano
Tijolo com dimensões nominais de 305 x 102 x 51 mm, segundo classificação americana.

tijolo econômico
Tijolo modular com dimensões nominais de 203 x 102 x 102 mm, segundo classificação americana.

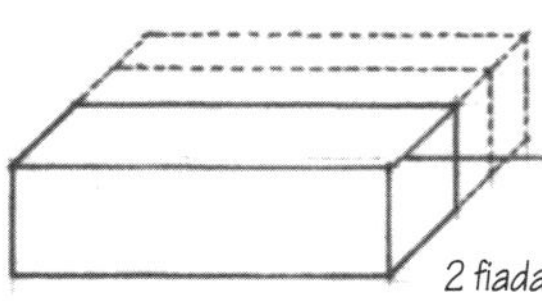

tijolo gigante
Qualquer um dos diversos tijolos extragrandes cujas dimensões nominais são estabelecidas pelo fabricante, segundo a classificação americana.

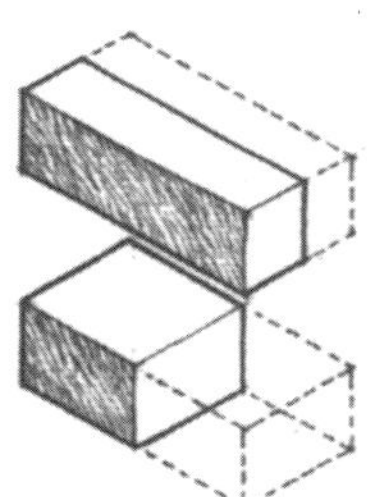

sabão
Tijolo ou telha com largura e altura normais, porém uma profundidade nominal de 51 mm.

meio tijolo
Tijolo cortado transversalmente para preencher uma extremidade.

lavrar
Raspar ou desgastar pedras ou tijolos até atingirem um determinado tamanho ou forma.

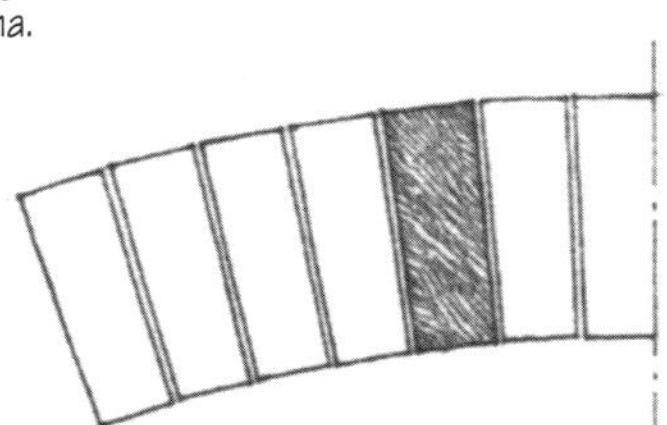

tijolo de cunha
Tijolo com uma ligeira diferença de largura ao longo do comprimento, utilizado na construção de estruturas arqueadas.

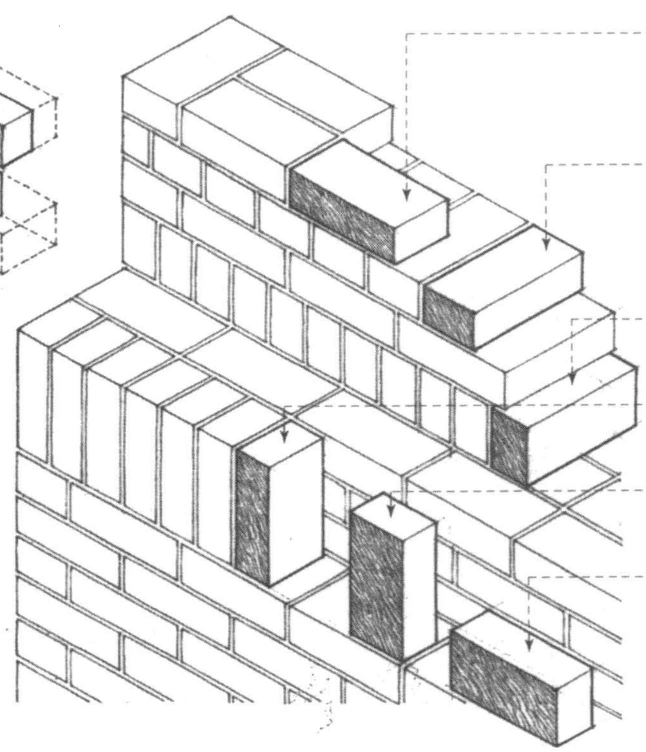

ao comprido
Diz-se do tijolo ou outro elemento da alvenaria assentado horizontalmente em uma parede e com a face maior exposta ou paralela à superfície.

peripiano
Diz-se do tijolo ou outro elemento da alvenaria assentado horizontalmente em uma parede e com a face menor exposta ou paralela à superfície. Também chamado **atravessado** e **travado**.

forqueta
Tijolo assentado horizontalmente na face maior com a face menor exposta.

soldado
Tijolo assentado verticalmente com a face menor exposta.

marinheiro
Tijolo assentado verticalmente com a face mais larga exposta.

tijolo espelho
Tijolo assentado horizontalmente sobre a extremidade mais longa com a face mais larga exposta.

amarração
Disposição dos tijolos ou pedras em uma construção de modo a obter uma junção eficaz entre eles.

aparelho
Qualquer uma das diversas formas de se dispor tijolos ou pedras em uma construção segundo um padrão regular, identificável e normalmente com as juntas desencontradas, a fim de se aumentar a solidez através de uma boa amarração, bem como contribuir para a estética da construção.

aparelho ao comprido
Aquele que é composto por fiadas de tijolos ao comprido e com as juntas desencontradas.

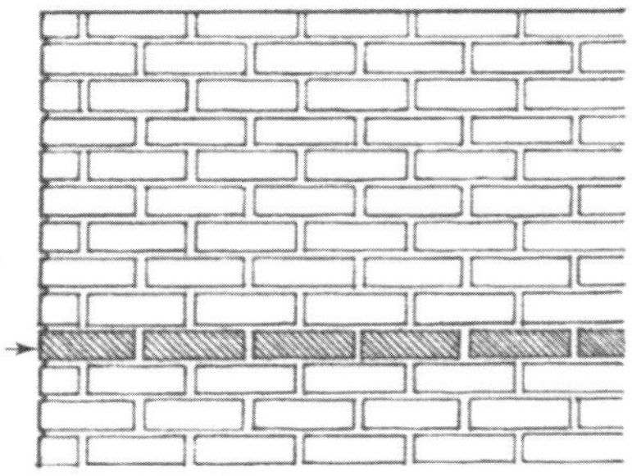

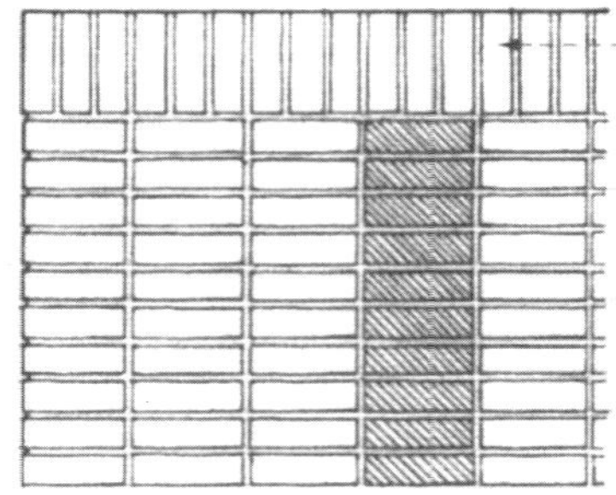

fiada de soldados
Fiada contínua de soldados em um aparelho.

stack bond
Aparelho ou amarração formado por sucessivas fiadas de tijolos ao comprido com todas as juntas laterais alinhadas verticalmente.

aparelho comum
Aquele que apresenta uma fiada de tijolos peripianos a cada cinco ou seis fiadas de tijolos ao comprido. Também chamado **aparelho americano**.

fechamento
Tijolo especialmente formado ou cortado para rematar uma fiada ou completar o aparelho na quina de uma parede.

fiada ao comprido
Fiada contínua de tijolos ao comprido em um aparelho.

fiada peripiana
Fiada contínua de tijolos peripianos em um aparelho.

fiada de amarração
Fiada contínua de tijolos peripianos ou de amarração que cobre mais de uma largura de alvenaria.

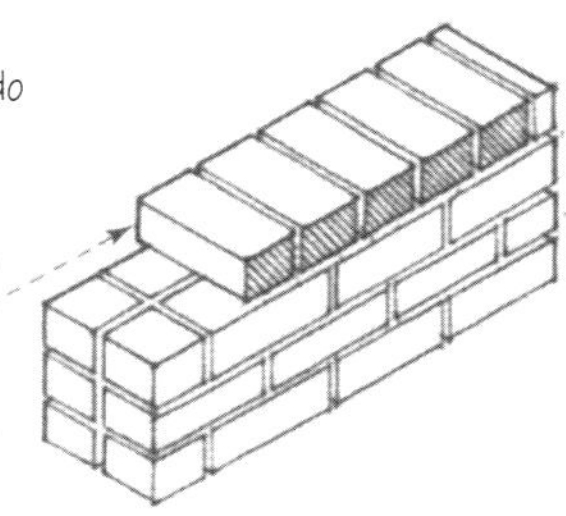

aparelho inglês
Aquele que apresenta fiadas alternadas de tijolos peripianos e ao comprido, no qual os peripianos estão centrados sobre aqueles ao comprido e as juntas entre estes estão alinhadas verticalmente em todas as fiadas.

fechamento lateral
Tijolo com metade da largura normal, usado para completar uma fiada ou para espaçar os tijolos normais.

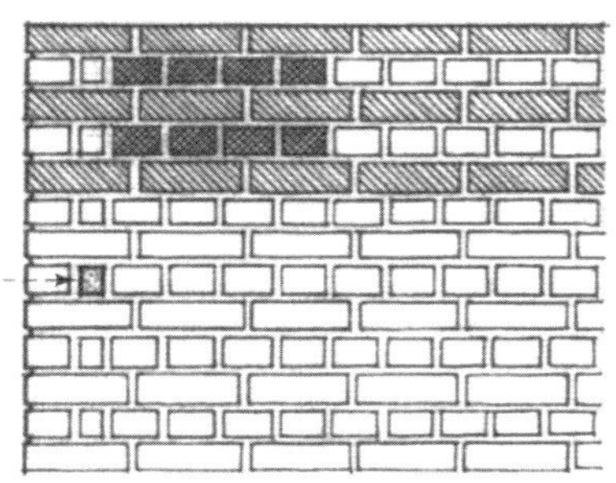

aparelho inglês transversal
Variação do aparelho inglês na qual as juntas laterais das fiadas ao comprido são desencontradas em metade do comprimento de um tijolo peripiano.

aparelho flamengo
Aquele que é composto de tijolos peripianos e ao comprido, alternadamente, em cada fiada, com cada tijolo peripiano centrado acima e abaixo em um tijolo ao comprido. Também chamado **aparelho holandês**.

fechamento lateral
Tijolo com três quartos de seu tamanho destinado a rematar uma fiada ou para espaçar tijolos normais.

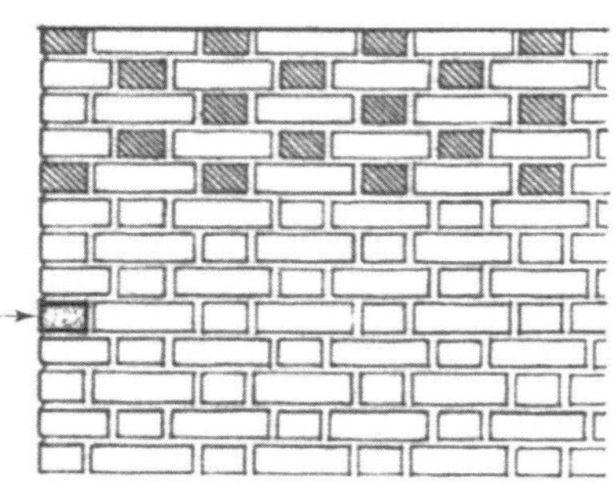

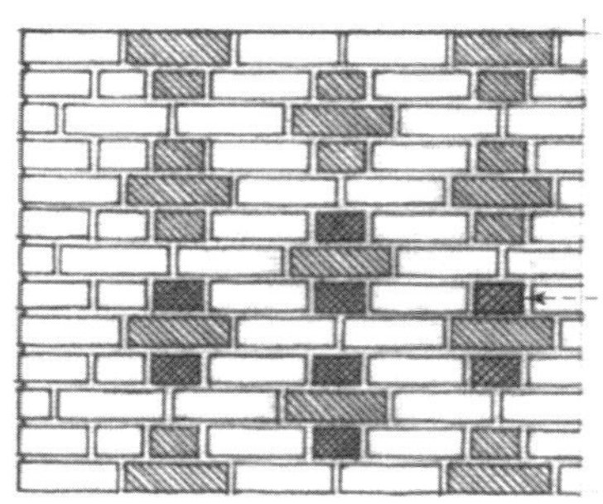

aparelho flamengo transversal
Variação do aparelho flamengo que apresenta fiadas de tijolos alternadamente peripianos e ao comprido, e que se alternam com fiadas ao comprido.

tijolo decorado
Tijolo com uma extremidade mais escura exposta como um peripiano em um aparelho decorado.

aparelho flamengo diagonal
Forma de aparelho flamengo transversal em que as fiadas são assentadas de modo a formarem o desenho de um diamante.

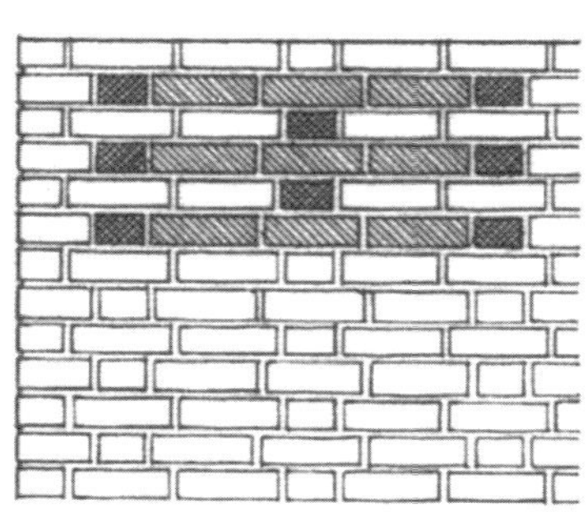

aparelho de muro de jardim
Aparelho destinado a muros não submetidos a cargas pesadas, composto, em cada fiada, por uma seqüência formada por um tijolo peripiano e três tijolos ao comprido, com cada tijolo peripiano alinhado com outro tijolo peripiano em fiadas alternadas.

brilho
Grau de lustro superficial de uma película de tinta seca, que varia em ordem decrescente do alto brilho ao opaco, passando pelo semibrilho e o grau casca de ovo.

alto brilho
Que tem um lustro intenso.

esmalte
Qualquer tinta ou verniz que, ao secar, produz um acabamento liso, duro e normalmente lustroso.

semibrilho
Que tem um lustro moderado, acetinado, produzindo um acabamento intermediário entre o alto brilho e a casca de ovo. Também, **semilustro** e **acabamento acetinado**.

casca de ovo
Que tem pouco ou nenhum lustro, produzindo um acabamento intermediário entre o semibrilho e o opaco.

opaco
Desprovido de brilho ou lustro.

firme na cor
Cuja cor não irá desbotar ao ser lavada ou pela ação do tempo e da exposição à luz, esp. a luz solar.

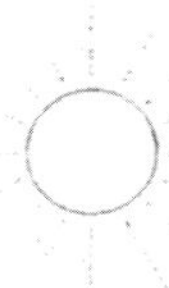

raio actínico
Raio de luz, como o ultravioleta, que pro... efeitos fotoquímicos, como o amarelamen... branqueamento e a desintegração das superfícies pintadas.

fotoquímico
Relacionado à ação química de uma energia radiante, esp. a luz.

cobertura
Medida da área sobre a qual é possível espalhar um galão de tinta a uma dada espessura, normalmente expressa em metros quadrados por galão ou por litro.

poder de mascaramento
Capacidade que uma película de tinta tem de esconder quaisquer marcas, desenhos ou cores na superfície à qual é aplicada. Também chamado **poder de cobertura**.

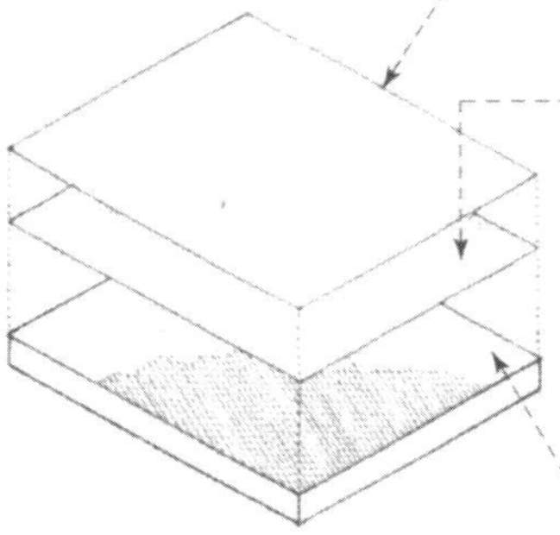

tinta anticorrosiva
Tinta ou base especialmente formulada com pigmentos inibidores de ferrugem para impedir ou redizir a corrosão de superfícies metálicas. Também, **tinta anticorrosiva**.

tinta retardante de fogo
Tinta especialmente formulada com silicone, cloreto de polivinilo ou outra substância, para reduzir a propagação das chamas de um material combustível.

tinta resistente ao calor
Tinta especialmente formulada com resinas de silicone para resistir a temperaturas elevadas. Também chamada **tinta termoestável**.

aglutinante
Parte não volátil do veículo de uma tinta, que aglutina as partículas de um pigmento em uma película coesa durante o processo de secagem.

solvente
Parte volátil do veículo de uma tinta que evapora durante o processo de secagem.

tíner
Líquido volátil utilizado para se diluir tinta ou verniz até a consistência desejada ou adequada para facilitar sua aplicação. Também chamado **dissolvente** e **diluente**.

espírito mineral
Destilação volátil de petróleo, utilizada como solvente e diluente para tintas e vernizes. Também chamado **álcool mineral**.

terebentina
Óleo incolor e volátil obtido através da destilação de oleorresina a partir de diversos coníferos, utilizado como diluente e solvente de tintas e vernizes. Também chamada **óleo de terebentina** e **aguarrás**.

sistema de tinta
Combinação de um ou mais revestimentos selecionados segundo a compatibilidade entre si e com a superfície à qual serão aplicados, bem como a adequação à exposição esperada e o efeito decorativo desejado.

revestimento esmaltado
Fina camada de cor transparente aplicada para realçar a cor de uma superfície pintada. Também chamado **revestimento vitrificado**.

mistcoat
Revestimento fino, por vezes pigmentado, aplicado a um acabamento a fim de torná-lo mais lustroso.

revestimento final
Última camada de tinta aplicada a uma superfície. Também chamado **última demão**.

undercoat
Camada inicial ou intermediária de tinta aplicada para ocultar a cor do substrato e melhorar a adesão do revestimento final.

fundo
Base ou camada inicial de tinta aplicada com a finalidade de ser visível em um revestimento final.

base
Revestimento inicial aplicado a uma superfície a fim de melhorar a adesão das camadas subseqüentes de tinta ou verniz. Também chamada **camada de base**.

vedante
Base aplicada a uma superfície com a finalidade de reduzir a absorção das camadas subseqüentes de tinta ou verniz, ou de evitar vazamentos através do revestimento final. Também, **selador**.

pigmento
Substância insolúvel, finamente pulverizada, suspensa em um veículo líquido a fim de conferir cor e opacidade a uma tinta.

+

veículo
Líquido no qual um pigmento é disperso antes de ser aplicado a uma superfície, a fim de se controlar sua consistência, adesão, lustro e durabilidade.

Mistura de pigmentos sólidos suspensos em um veículo líquido, aplicada como um revestimento delgado, normalmente opaco, sobre uma superfície, para fins de conservação e decoração.

óleo secante
Cada um dentre uma variedade de líquidos orgânicos oleosos, como o óleo de linhaça, que se oxidam e endurecem de modo a se converterem em uma película elástica firme quando expostos ao ar em uma fina camada.

tinta a óleo
Tinta cujo veículo é um óleo secante.

resina alquida
Cada uma dentre um grupo de resinas sintéticas derivadas de um álcool polivalente em reação com um ácido orgânico, utilizadas principalmente em adesivos e tintas.

tinta alquida
Tinta cujo veículo é uma resina alquida.

tinta de epóxi
Tinta que tem como aglutinante uma resina de epóxi, para aumentar sua resistência à abrasão, corrosão e a agentes químicos.

látex
Emulsão aquosa de glóbulos de borracha ou plástico, obtida mediante polimerização e utilizada em tintas e adesivos.

tinta látex
Tinta com um aglutinante de látex que se funde quando a água da emulsão se evapora. Também chamada **tinta à base de borracha** e **tinta à base de água**.

tintura
Material corante solúvel que confere cor mediante absorção.

stain
Solução de tintura ou suspensão de pigmento em um veículo, aplicado para penetrar e colorir uma superfície de madeira sem obscurecer suas fibras. Utilizado também para obtenção de efeito de manchas ou envelhecimento de superfícies de madeira.

***stain* aquoso**
Tinta penetrante, obtida através da dissolução de uma tintura em um veículo aquoso.

tintura alcoólica
Tinta penetrante, obtida através da dissolução de uma tintura em um veículo alcoólico.

***stain* penetrante**
Corante que penetra em uma superfície de madeira, deixando nela uma fina película.

***stain* a óleo**
Tinta obtida mediante a dissolução de tintura ou a suspensão de pigmento em um óleo secante ou um veículo de óleo e verniz.

***stain* pigmentado**
Tintura a óleo que contém pigmentos capazes de obscurecer as fibras e a textura de uma superfície de madeira. Também chamado **corante opaco**.

copal
Resina rija e lustrosa, obtida a partir de diversas árvores tropicais e utilizada na fabricação de vernizes. Também chamada **resina copal**.

verniz (1)
Preparado líquido que consiste em uma resina dissolvida em água (**verniz de óleo**) ou álcool (**verniz de álcool**), que, ao secar após ser espalhado, forma um revestimento duro, lustroso e de ordinário transparente.

verniz de espato
Verniz durável, resistente à água, produzido a partir de resinas duráveis e óleo de linhaça ou tungue. Também chamado **verniz marinho**.

verniz de poliuretano
Verniz excepcionalmente duro, resistente à abrasão e à ação química, produzido a partir de uma resina plástica de mesmo nome.

laca
Resina obtida a partir de diversas plantas e utilizada na fabricação da goma-laca.

goma-laca
Verniz de álcool fabricado mediante a dissolução de flocos de laca refinada em álcool desnaturado.

verniz chinês
Verniz natural obtido a partir de um sumagre asiático, utilizado na obtenção de superfícies de madeira lustrosas e altamente polidas. Também chamado **verniz japonês**.

verniz (2)
Qualquer um dentre uma série de revestimentos sintéticos transparentes ou coloridos, que consistem em nitrocelulose ou outro derivado da celulose dissolvidos em um solvente que seca por evaporação, convertendo-se em uma película de alto brilho.

Trabalho realizado em um canteiro de obras como preparação para um projeto construtivo, como escavação, instalação de pranchões, escoramento e nivelamento.

invasão
Prolongamento não autorizado de uma edificação ou parte desta, pela propriedade ou domínio de outra.

recuo
Distância mínima exigida entre cada estrutura e os limites de uma propriedade, estabelecida por uma lei de zoneamento com vistas à conveniência em termos de circulação do ar, iluminação, acesso solar e privacidade.

rampa de acesso
Depressão em uma calçada a título de um acesso para veículos ligando a rua à entrada de automóveis de uma propriedade privada.

limite contratual
Linha perimetral estabelecida nos desenhos ou em outra parte da documentação contratual, que define a área do terreno utilizável pelo contratante para fins de construção.

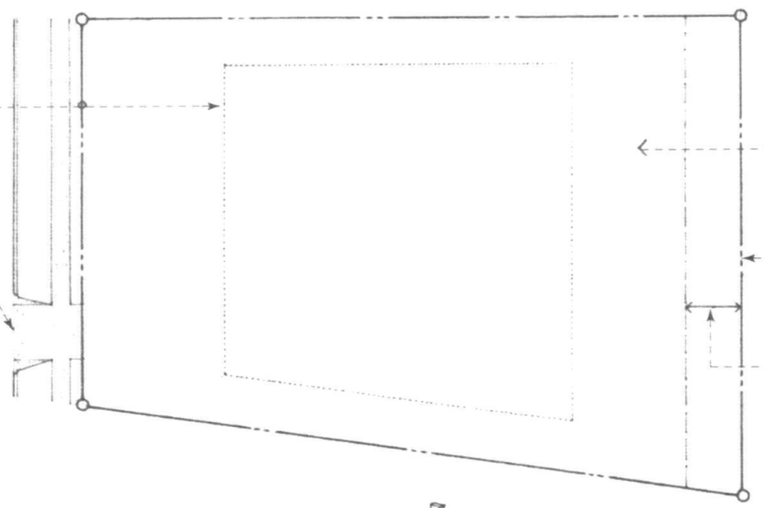

situação
Localização geográfica de um projeto imobiliário, normalmente definida por seus limites legais.

limite da propriedade
Cada uma das fronteiras legalmente definidas e registradas de um pedaço de terra.

concessão
Direito legal, concedido a indivíduos específicos ou ao público, de fazer uso limitado da terra de outrem – por exemplo, um direito de passagem.

fardo
Terra ou pedras residuais que recobrem um depósito mineral ou leito de rocha útil, ou um depósito de areia, pedregulho ou pedra necessário a uma construção. Também chamado **cobertura** e **capuz**.

gabarito
Série de tábuas fixadas horizontalmente com estacas verticais para sustentarem os fios que delimitam a área da fundação de um edifício a ser construído.

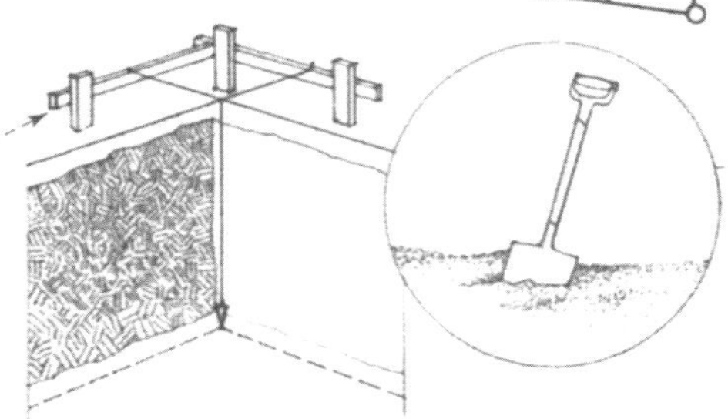

início das obras
Ato ou cerimônia de se começar as escavações de um novo empreendimento imobiliário.

regularização do terreno
Escavação e aterro de um terreno no âmbito de um empreendimento de engenharia.

poço de exploração
Pequeno poço escavado com a finalidade de se examinar as condições do solo e determinar a profundidade do lençol freático em um terreno no qual se pretende implantar uma obra.

escoramento
Sistema de escoras utilizado para reforçar ou sustentar um muro ou outra estrutura.

escora
Suporte temporário, aquele instalado obliquamente contra a face de uma escavação, fôrma ou estrutura.

escora inclinada
Escora própria para dar sustentação a um muro.

estrouca
Escora horizontal fixada entre, e que suporta, duas paredes acima do nível do chão.

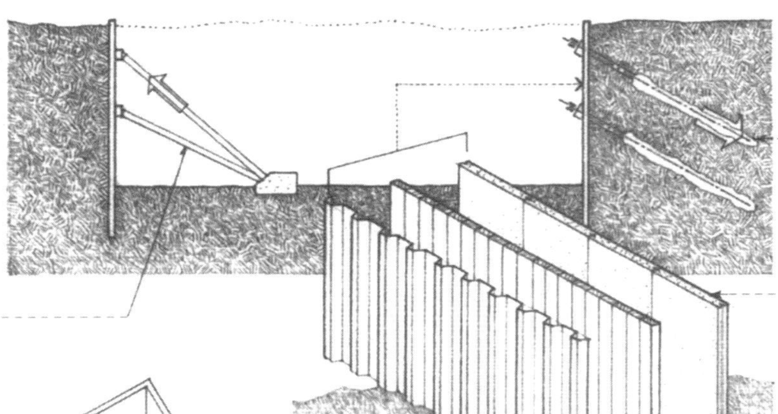

escavação
Desaterro e remoção de terra de sua posição natural, ou a cavidade resultante de tal remoção.

tirante
Haste ou cabo de aço presos a um contrapeso, uma rocha ou âncora de solo para impedir os movimentos laterais de um muro de arrimo ou uma fôrma.

pranchão
Cada uma dentre uma série de painéis de madeira, aço ou concreto premoldado colocadas lado a lado verticalmente para reter a terra ou impedir a infiltração de água em uma escavação.

prancheamento
Série de tábuas unidas lateralmente para escorar a face de uma escavação.

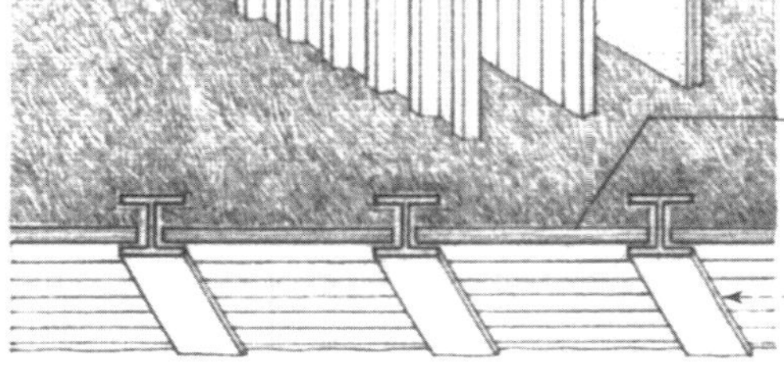

perfil metálico
Perfil de aço em H introduzido verticalmente no solo para sustentar pranchões ou tabuados horizontais.

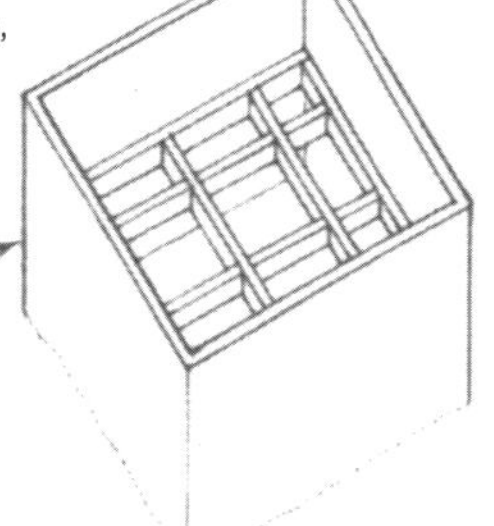

câmara estanque
Compartimento à prova d'água construído debaixo d'água ou em um terreno aqüífero, que é esgotada por bombeamento a fim de permitir o acesso para fins de construção e reparos.

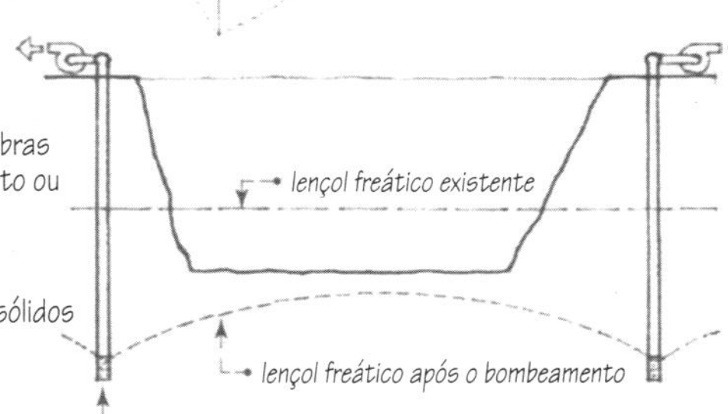

esgotamento
Remoção de água de um canteiro de obras escavado, normalmente por escoamento ou bombeamento. Também **dessecagem**.

infiltração
Fluxo indesejado de água e materiais sólidos para dentro de uma escavação, pela excessiva pressão externa da água.

poço abissínio
Tubo perfurado introduzido no solo a fim de se bombear para fora a água subterrânea acumulada.

poço filtrante
Tubo perfurado introduzido no solo para a coleta de água da área circundante, de modo a permitir que seja bombeada para fora a fim de rebaixar um lençol freático ou impedir que uma escavação seja invadida pela água subterrânea.

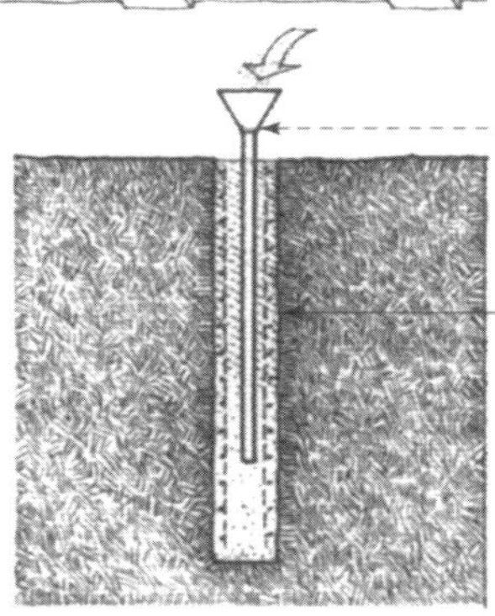

tremonha
Dispositivo cônico acoplado a um cano ou tubo para o depósito de concreto debaixo d'água.

parede diafragma
Muro de concreto moldado em um poço para servir de contenção e, freqüentemente, como muro de fundação permanente, construído através da escavação de um poço em pequenas extensões, seu preenchimento com uma pasta fluida de betonita e água para evitar o desmoronamento das paredes laterais, a instalação de uma armadura e o lançamento do concreto no poço com uma tremonha para desalojar a pasta.

aterro
Processo de se altear uma declividade existente com terra, pedras ou outro material, ou a porção de material utilizada na elevação do nível de uma área.

terreno cheio
Solo que foi erguido a um nível mais elevado através do aterro com cascalho duro, como pedra ou tijolo quebrado. Também chamado **terreno preenchido**.

empréstimo
Poço do qual são extraídos areia, pedregulho ou outro material de construção a ser utilizado em um aterro em outro local.

terraplanagem grossa
Escavações, aterros e modelagens do terreno em preparação para a declividade final.

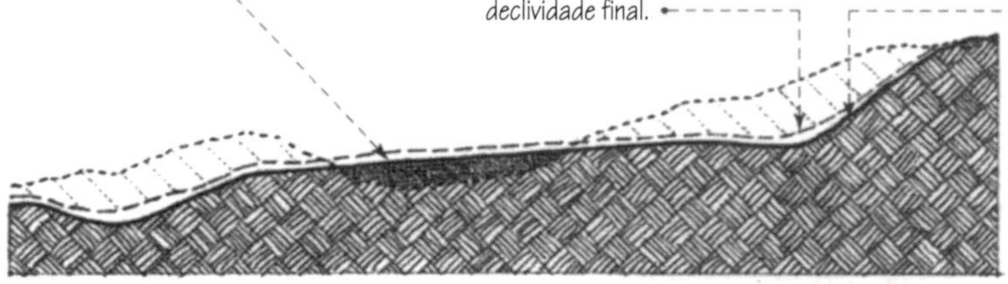

terraplanagem fina
Acerto preciso de uma área após a terraplanagem grossa, de modo a prepará-la para ser pavimentada, semeada ou cultivada.

estaca de nivelamento
Estaca que marca o volume de corte ou aterro necessário para conferir ao terreno um nível específico.

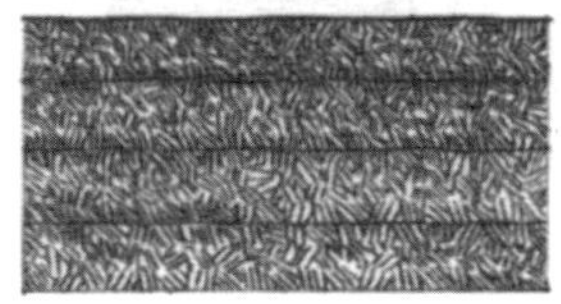

aterro controlado
Material de aterro que é assentado em camadas, compactado e testado após cada compactação em termos de conteúdo de umidade, altura de elevação e capacidade de suporte antes do assentamento das camadas subseqüentes.

corte e aterro
Operação de escavação na qual o material escavado é transportado para outro local e utilizado como aterro.

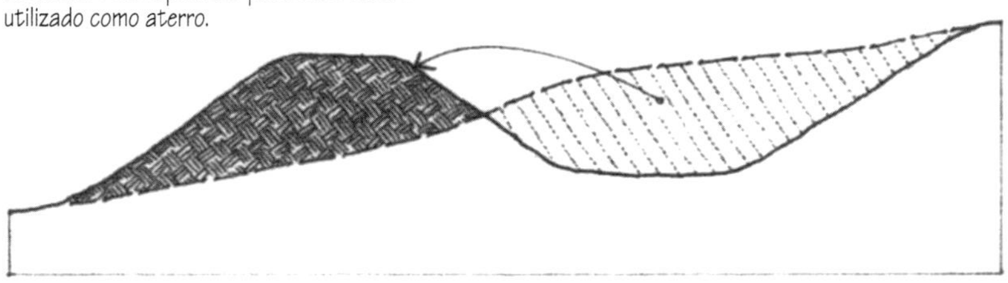

curva vertical
Ligeira curva parabólica no plano vertical para unir dois níveis de declividade diversa a fim de evitar uma transição abrupta.

terraceamento
Aterro construído ao longo de um terreno em declive com uma queda íngreme a jusante.

talude
Elevação do solo em qualquer ponto específico de um canteiro de obras, onde o solo encontra-se com a fundação de um edifício. Também, **gradiente** ou **linha de greide**.

talude natural
Elevação original da superfície do terreno antes do início das escavações e preparação do terreno. Também, **declividade natural**.

talude final
Elevação de entradas de veículos, passeios, gramados ou outras superfícies melhoradas após o término da construção ou dos trabalhos de nivelamento.

subsolo
Abaixo da superfície do solo.

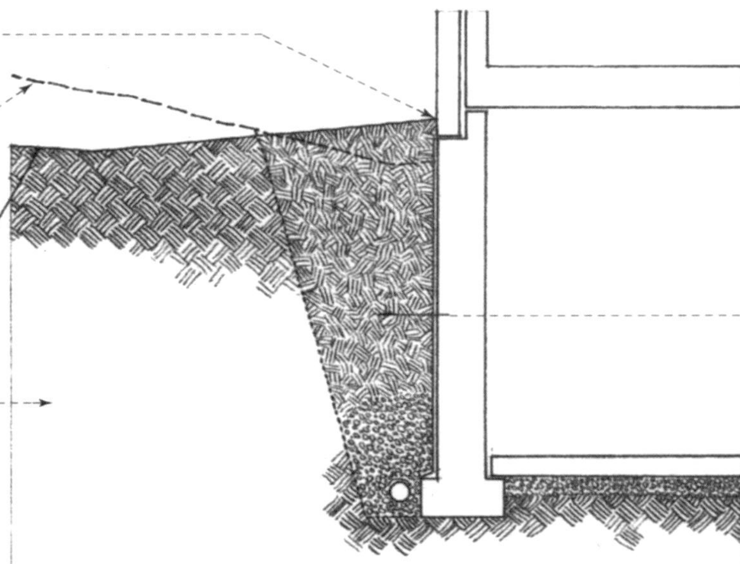

aterrar
Reencher uma cava com terra, pedra ou outros materiais, o espaço em torno dos muros de fundação externos.

terreno de fundação
Superfície de terra preparada sobre a qual uma pavimentação, laje de concreto ou fundação será construída. Um terreno de fundação deve ser estável, permitir um bom esgotamento e ser relativamente à prova de congelamentos.

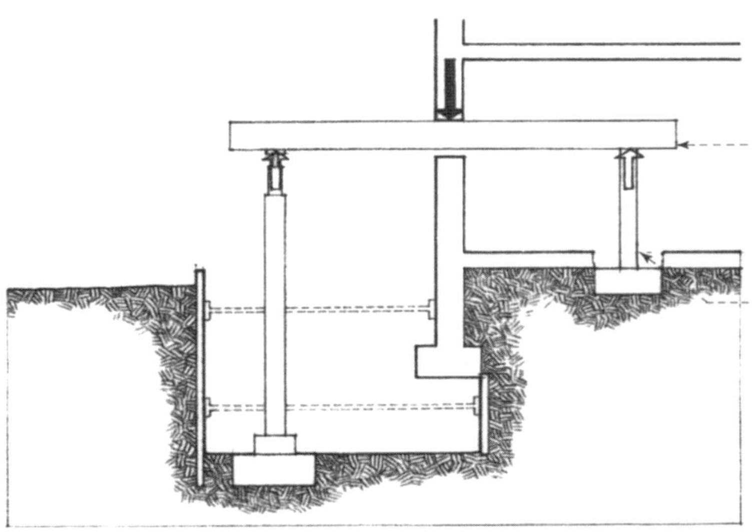

agulha
Pequena viga que é introduzida transversalmente em uma parede como um apoio temporário enquanto a fundação ou a parte que está embaixo é reparada, reformada ou reforçada.

escora morta
Tábua vertical cuja finalidade é sustentar uma carga morta durante a alteração estrutural de uma edificação; um dentre dois apoios de uma agulha.

escoramento
Sistema de suportes que possibilita a reconstrução, o reforço ou o aprofundamento de uma fundação já existente, esp. o apoio adicional necessário quando uma nova escavação em uma propriedade vizinha é mais profunda que a fundação existente. Também chamado **submuramento**.

baixada
Pequena depressão formada pela intersecção de duas declividades de um terreno, normalmente destinada a conduzir ou desviar o fluxo da água de superfície.

galeria mista
Galeria que conduz tanto dejetos como águas pluviais provenientes de telhados e superfícies pavimentadas.

drenagem do terreno
Esgotamento superficial e subsuperficial de um terreno a fim de se evitar o acúmulo excessivo de água superficial ou subterrânea.

drenagem superficial
Nivelamento e revestimento de um terreno a fim de desviar as águas pluviais e outras águas superficiais até sistemas naturais de esgotamento ou um sistema de esgotamento de águas pluviais.

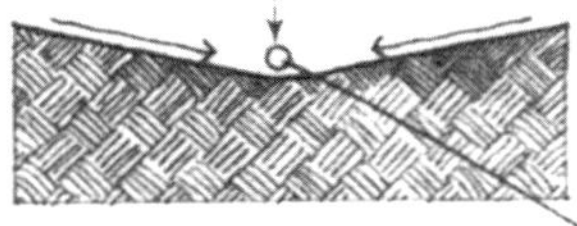

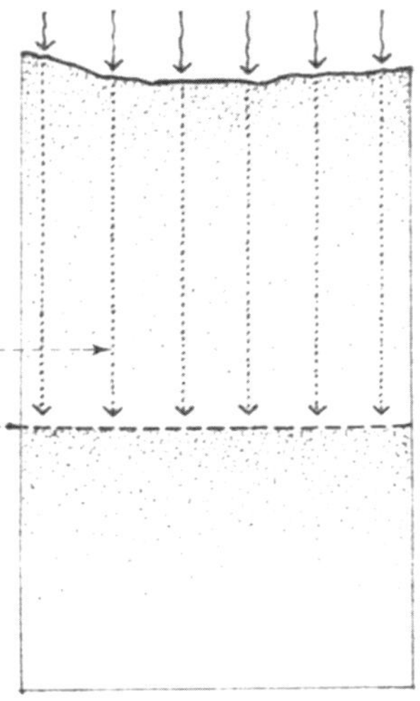

água subterrânea
Água que está por baixo da superfície do solo, que alimenta poços e fontes e consiste, em grande parte, em água superficial que se infiltrou pela terra. Também chamada **água freática**.

recarga
Processo pelo qual a água subterrânea é absorvida pelo lençol freático.

lençol freático
Superfície subterrânea abaixo da qual o solo encontra-se saturado de água.

lençol freático suspenso
Lençol freático de área limitada e que é mantido acima do lençol freático normal por uma camada impermeável.

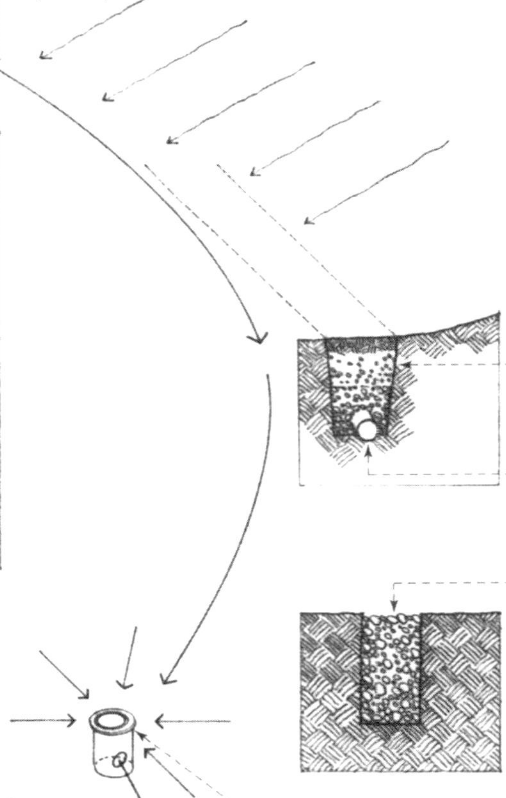

barreira
Muro ou outra estrutura destinada a eliminar ou reduzir a percolação através de um estrato poroso.

dreno cortina
Dreno instalado entre a fonte de água e a região a ser protegida. Também chamado **dreno de interceptação**.

dreno subterrâneo
Tubo perfurado instalado em um aterro poroso para a eliminação da água subterrânea.

dreno francês
Poço de escoamento preenchido até o nível do chão com pedras soltas ou fragmentos de rocha.

drenagem subsuperficial
Rede subterrânea de encanamentos destinados a conduzir a água subterrânea até um ponto de despejo, como um sistema de esgotamento de águas pluviais. A água subterrânea em excesso reduz a capacidade de sustentação de carga de um solo de fundação e aumenta a pressão hidrostática sobre os alicerces de uma edificação.

dreno de superfície
Escoadouro cuja finalidade é recolher as águas superficiais ou pluviais do piso de um porão ou de uma área pavimentada.

bueiro
Escoadouro ou canal que corre por debaixo de uma rua ou calçada. Também chamado **galeria de escoamento**.

bueiro retangular
Bueiro de concreto armado com seção transversal retangular.

muro de testa (1)
Muro de arrimo de concreto ou alvenaria na entrada de um escoadouro ou bueiro. Também chamado **testa de bueiro**.

muro de testa (2)
Muro de arrimo de concreto ou alvenaria na saída de um escoadouro ou bueiro.

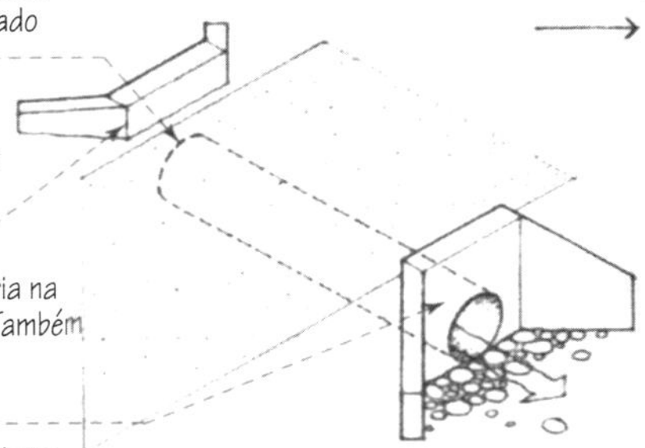

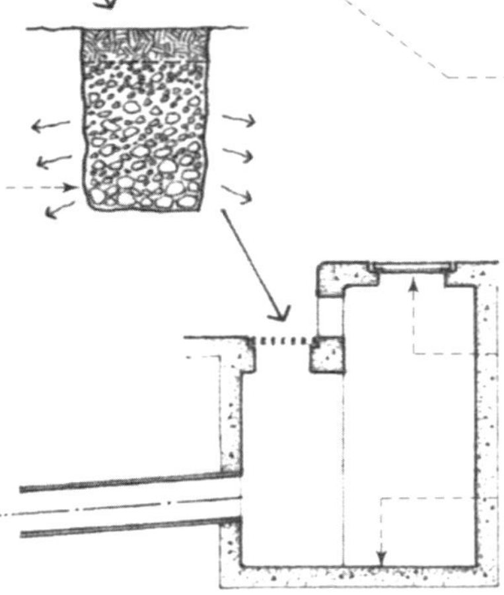

poço seco
Poço de esgotamento revestido com pedregulho ou cascalho para receber a água superficial e permitir sua infiltração pelo subsolo absorvente. Também chamado **poço de absorção**.

inspeção
Orifício coberto que permite a entrada de uma pessoa em uma galeria ou dreno. Também chamado **entrada** e **tampão**.

caixa de areia
Receptáculo para o escoamento da água superficial, provido de uma bacia que retém os sedimentos pesados antes da passagem do líquido para um tubo de esgotamento superficial.

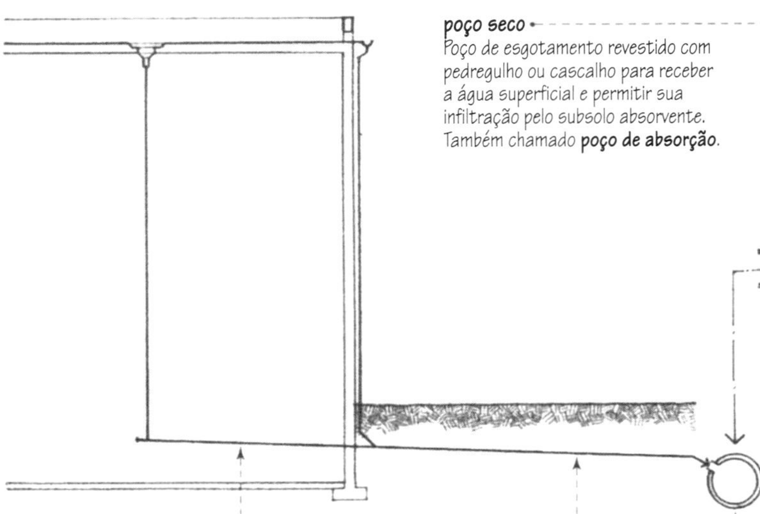

dreno
Tronco cuja finalidade é conduzir as águas pluviais, a água subterrânea ou descargas semelhantes a um condutor que as conduzirá a um destino final.

condutor
Escoadouro que liga um dreno a uma galeria, galeria mista ou outro ponto de despejo.

escoamento
Fluxo de um líquido – por exemplo, o das águas pluviais que escoam por uma corrente.

galeria pluvial
Tubulação destinada a conduzir as águas pluviais escorridas de telhados e superfícies pavimentadas.

Sistema estrutural baseado na rigidez geométrica do triângulo e composto por elementos lineares submetidos apenas a tensões e compressões axiais.

painel
Espaço no interior de uma treliça entre dois nós de um banzo e um correspondente par de nós, ou nó único de um banzo oposto.

nó
Junta entre duas ou mais barras de uma treliça. As treliças podem ser carregadas somente em seus nós quando seus elementos estiverem submetidos apenas a tensões ou compressões aximais. Também chamado **junta**.

comprimento do painel
O espaço, no banzo de uma treliça, entre dois nós adjacentes quaisquer.

banzo
Cada uma das duas peças principais de uma treliça que se estendem de ponta a ponta e que são ligadas por barras. Também chamados **banzo superior** ou **banzo inferior**, conforme sua posição na treliça.

trama
Sistema integral de barras que ligam os banzos superior e inferior de uma treliça.

treliça plana
Treliça em que todas as peças estão situadas em um único plano.

barras
Elementos rígidos que formam uma treliça, submetidos a forças axiais proporcionais à altura da estrutura. Geralmente, o empenamento governa o tamanho das peças de compressão, enquanto as forças de tração nos pontos mais fracos, normalmente nas juntas, controla o tamanho dos elementos de tração.

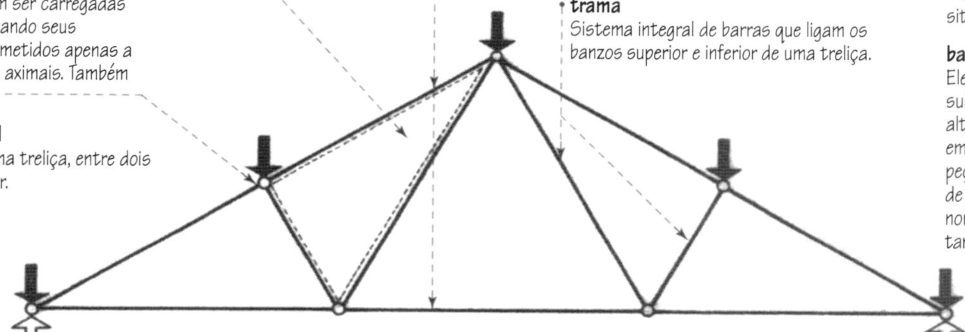

consolo
Extremidade inferior, apoiada, de uma viga de madeira, caibro ou treliça.

frechal
Viga de apoio cuja finalidade é suportar e resistir aos esforços de uma treliça ou viga.

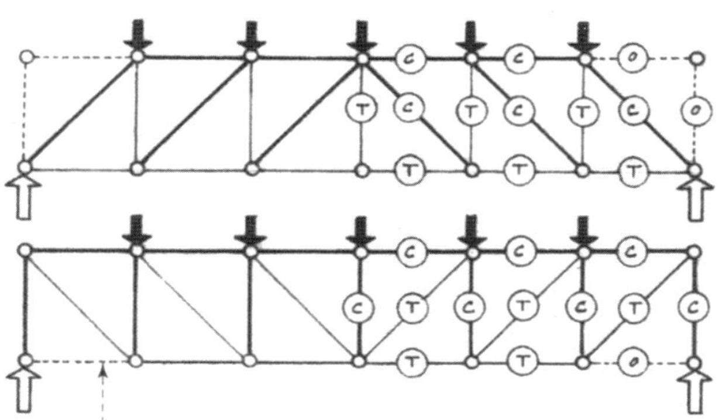

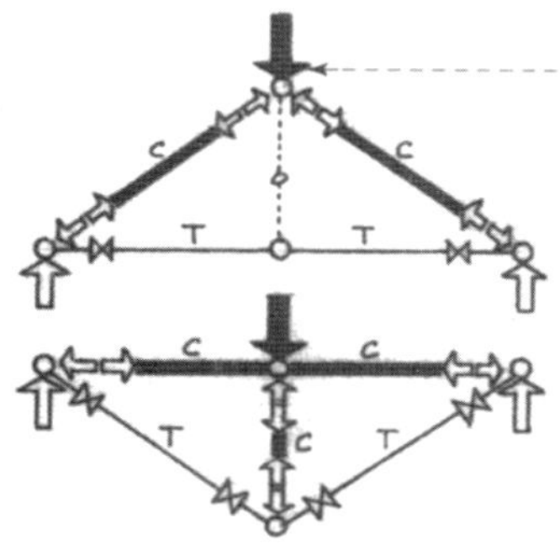

carga de nó
Carga concentrada aplicada a um nó de uma treliça. Para evitar o desenvolvimento de tensões secundárias, os eixos centroidais dos elementos da treliça e a carga em uma junta devem passar por um ponto comum.

elemento de força zero
Peça de treliça que teoricamente não está submetida a nenhuma carga direta e cuja omissão não alteraria a estabilidade da configuração da estrutura.

tensão direta
Esforço de tração ou compressão constante ao longo do comprimento de um elemento estrutural submetido a tração ou compressão axial.

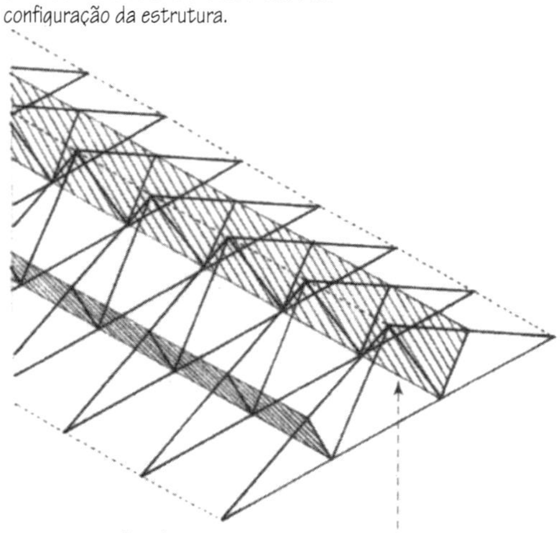

estrutura treliçada
Estrutura formada por treliças. Embora rígida em seu próprio plano, uma treliça deve ser contraventada em uma direção perpendicular, a fim de evitar o empenamento lateral.

empenamento localizado
Empenamento de uma peça delgada comprimida de um elemento estrutural, e que leva ao comprometimento do conjunto.

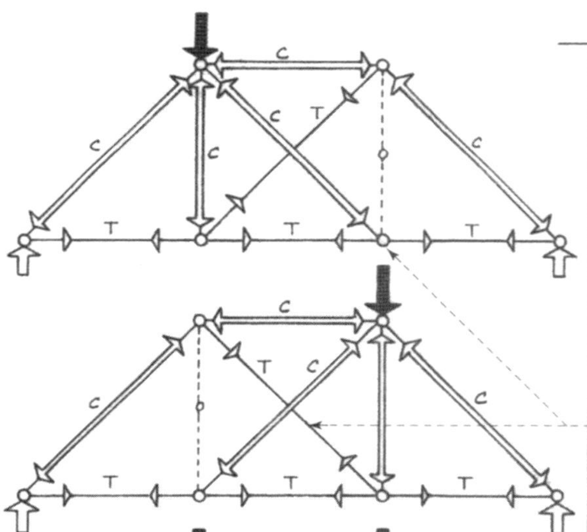

tensões secundárias
Tensões adicionais de flexão e cisalhamento que atuam sobre um elemento de uma treliça, resultantes da fixação de uma conexão excêntrica ou uma junta para resistirem à rotação relativa. Embora presuma-se que as treliças tenham juntas de pino ideais, na verdade as conexões de uma junta podem ser parafusadas, soldadas ou rebitadas, imprimindo-se um certo grau de rigidez às juntas.

inversão de tensão
Mudança na força de um elemento de uma treliça, passando de tração para compressão, ou vice-versa, causada por uma mudança no padrão de carregamento.

contraventamento
Ação de um elemento de uma treliça submetido a tração ou compressão sob condições de carregamento variáveis.

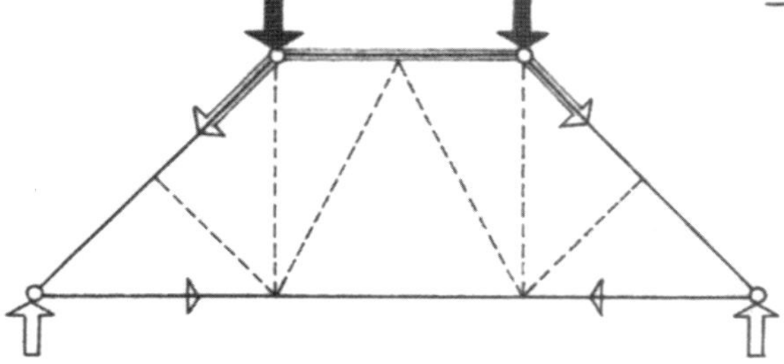

treliça funicular
Treliça cuja forma geral deriva de um formato funicular para um conjunto particular de cargas. As peças internas de uma treliça funicular são elementos de força zero, que servem unicamente para contraventar os elementos de compressão, mas são capazes de sustentar forças, caso ocorra alguma mudança no padrão ou na intensidade das cargas.

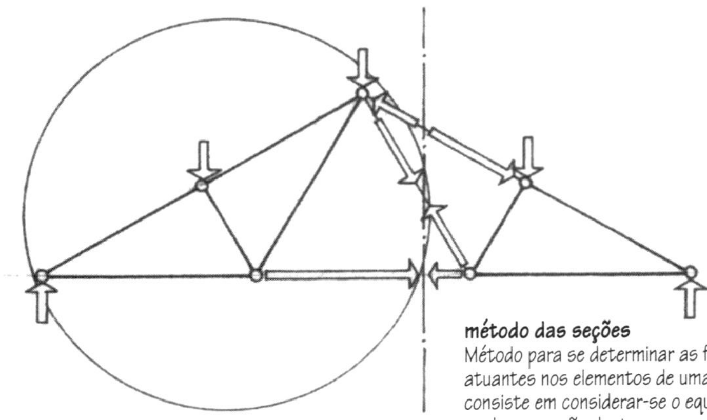

método das seções
Método para se determinar as forças atuantes nos elementos de uma treliça, que consiste em considerar-se o equilíbrio de qualquer porção desta.

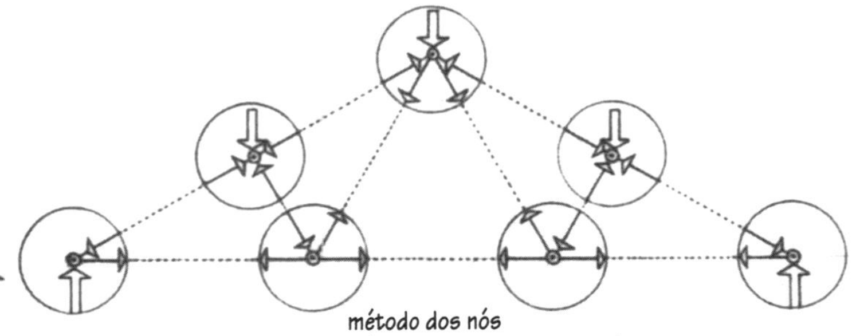

método dos nós
Método para se determinar as forças atuantes nos elementos de uma treliça, que consiste em considerar o equilíbrio dos diversos nós idealizados como pontos de diagramas de corpos livres.

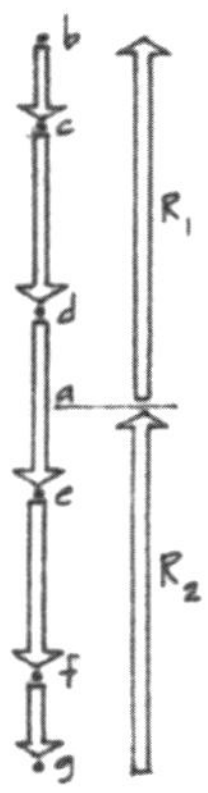

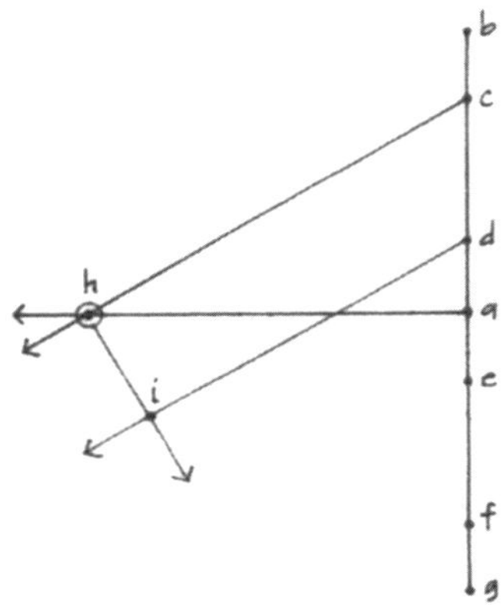

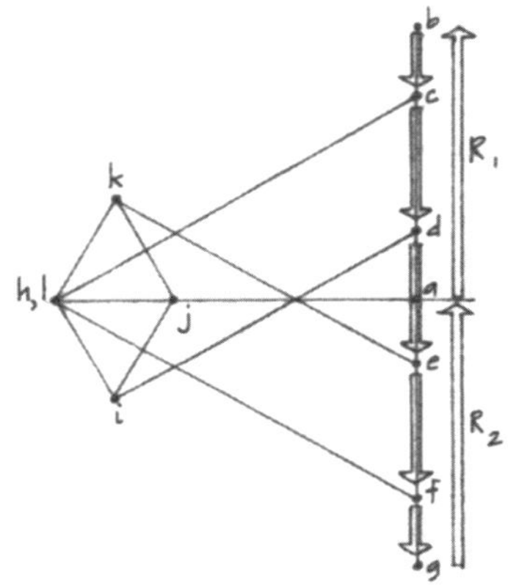

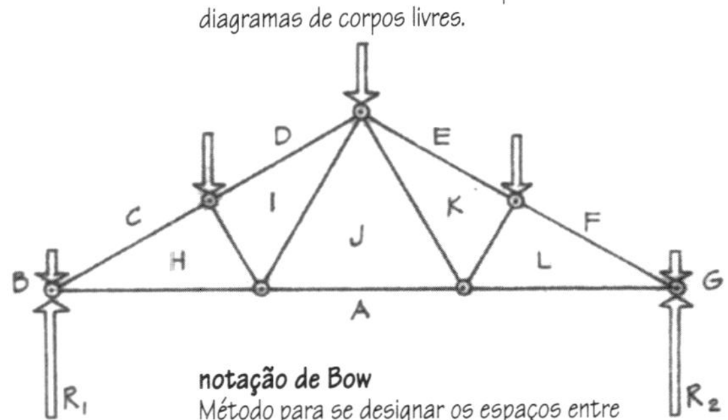

notação de Bow
Método para se designar os espaços entre as forças ou suas linhas de ação com letras, cada força sendo identificada pelas duas letras nos espaços adjacentes quando se desloca em sentido horário em torno de um nó.

Um polígono de forças referente às forças externas e reações é construído inicialmente, seguido da construção de polígonos de força referentes às forças das peças nas juntas individuais.

Uma vez que, teoricamente, somente as forças axiais são transmitidas de uma peça para outra nas juntas, a direção das forças das peças pode ser traçada paralelamente às peças da treliça. Trabalhando-se a partir de dois pontos conhecidos, é possível encontrar um terceiro ponto de intersecção, mediante a projeção de linhas de força de direção conhecida.

diagrama de Maxwell
Método gráfico para se determinar a magnitude e o caráter das tensões atuantes sobre as peças de uma tre iça.

Letras maiúsculas designam os comprimentos dos painéis, enquanto as extremidades dos vetores de força são designados por minúsculas.

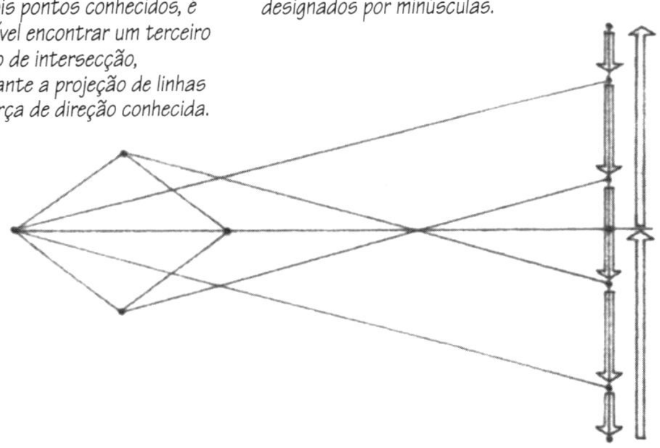

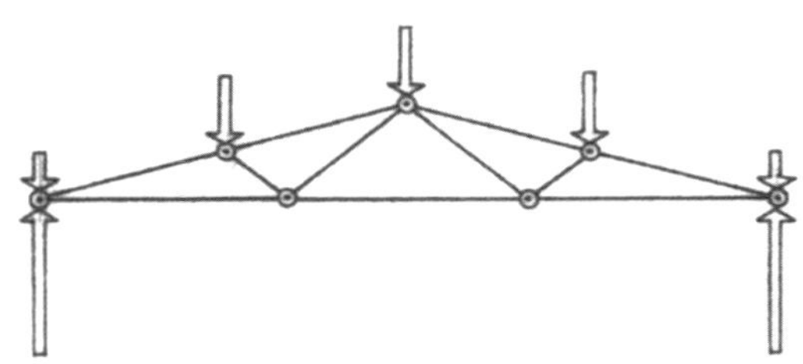

As forças atuantes nos elementos são inversamente proporcionais à altura de uma treliça.

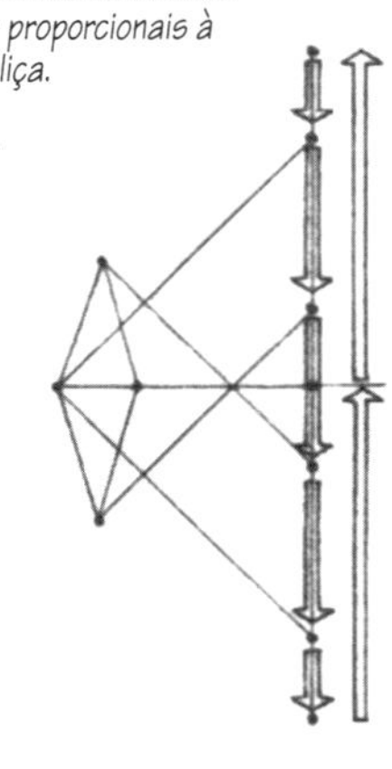

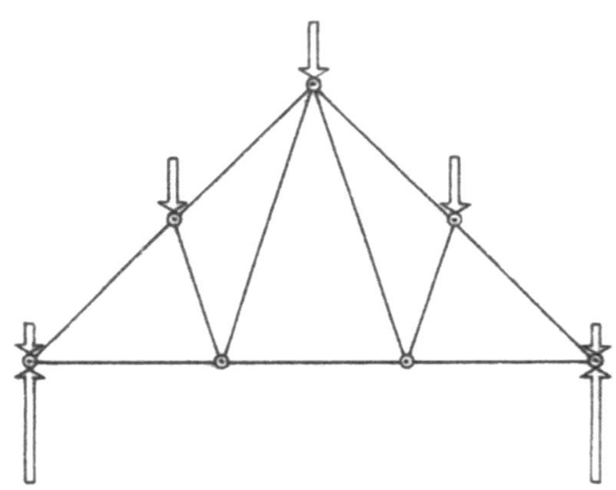

tesoura
Treliça cujos banzos superiores são inclinados.

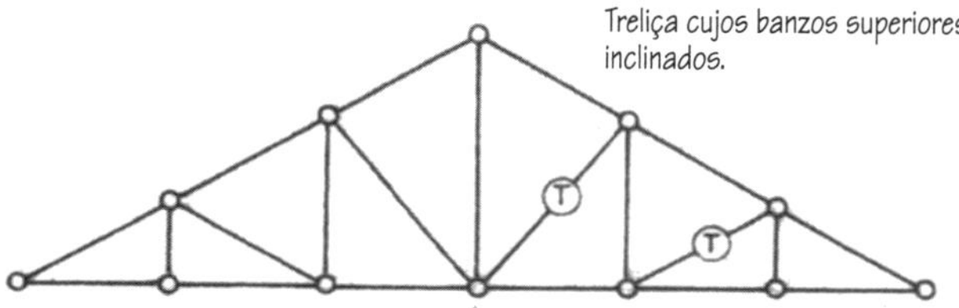

treliça horizontal
Treliça com os banzos inferior e superior paralelos. Geralmente, as treliças horizontais são menos eficazes do que as tesouras ou as treliças de berço. Também chamada **treliça de banzos paralelos**.

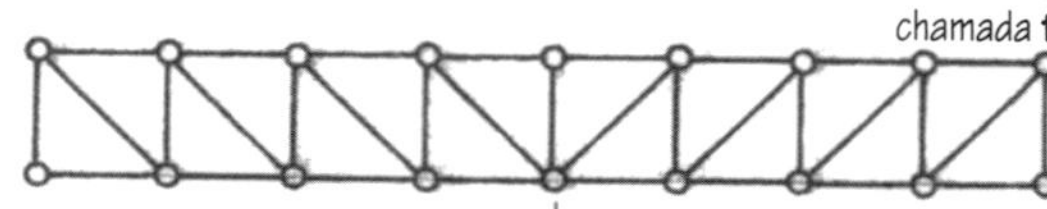

Pratt
Termo que designa uma treliça horizontal ou uma tesoura que têm os elementos verticais de sua trama submetidos a compressão e os elementos diagonais, a tração.

viga treliçada
Treliça de madeira leve utilizada no madeiramento de um telhado, normalmente pré-fabricada, com peças juntadas com conectores de placa dentada.

trave treliçada
Treliça horizontal de madeira leve utilizada na estrutura de um piso, normalmente pré-fabricada, com peças juntadas com conectores dentados de placa. Também chamada **trave armada**.

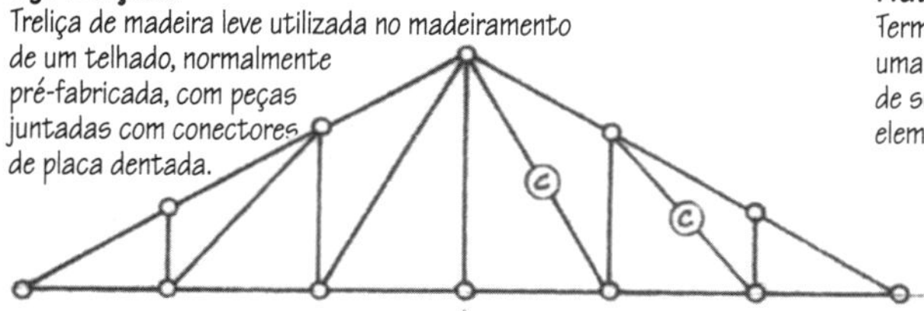

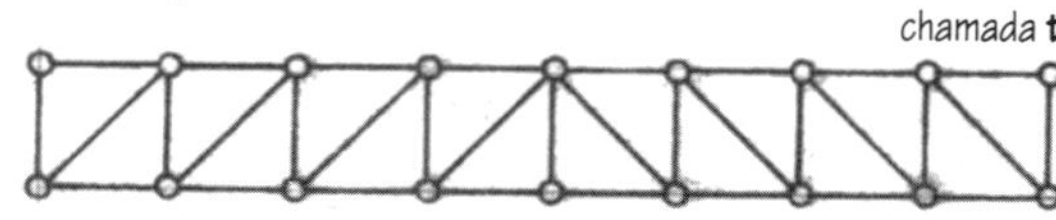

Howe
Termo que designa uma treliça horizontal ou uma tesoura que têm os elementos verticais de sua trama submetidos a tração e os diagonais, a compressão.

pendural
Barra vertical de uma tesoura, o pendural central.

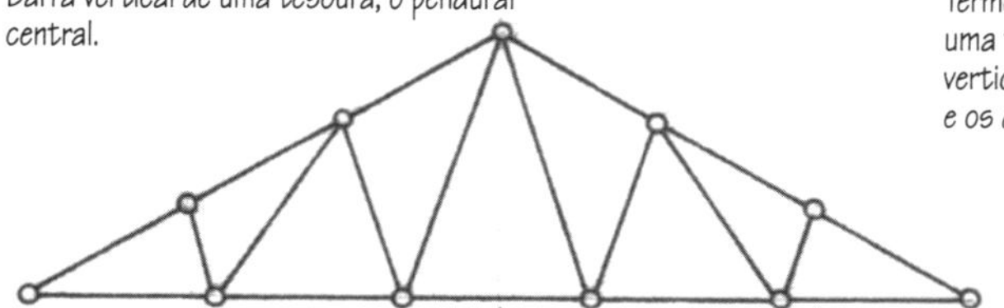

belga
Diz-se de uma tesoura em que todas as peças de sua trama são inclinadas.

Warren
Termo que designa uma treliça horizontal ou de berço em cuja trama existem peças inclinadas que formam triângulos eqüiláteros. Por vezes, são introduzidas peças verticais na trama a fim de reduzir os vãos dos tramos no banzo superior submetida a compressão.

diagonal
Peça inclinada de uma trama que liga os banzos superior e inferior de uma treliça.

subdiagonal
Peça inclinada de uma trama que liga um banzo a uma diagonal principal.

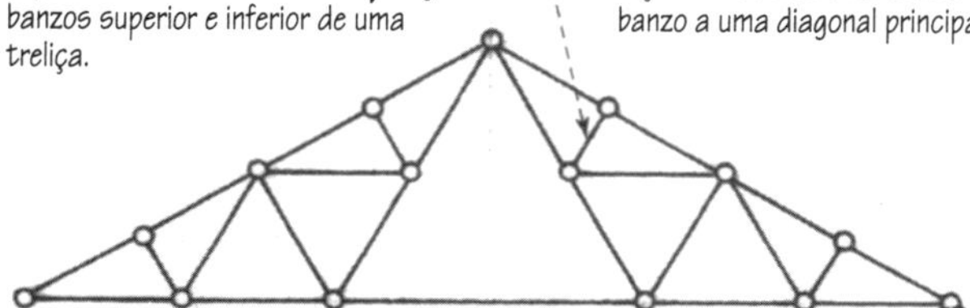

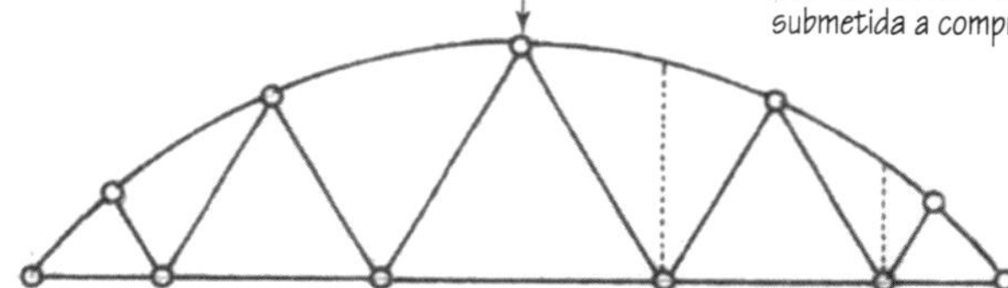

treliça tipo leque
Treliça em que mais de duas peças de sua trama irradiam-se de um ponto comum no banzo inferior.

tesoura Fink
Tesoura belga provida de subdiagonais para reduzir o comprimento das peças de compressão da trama em direção à linha central do vão.

treliça de berço
Treliça com um banzo superior curvo que intercepta um banzo inferior reto em cada extremidade. Também **treliça de gamela**.

treliça de Belfast
Treliça de berço em madeira.

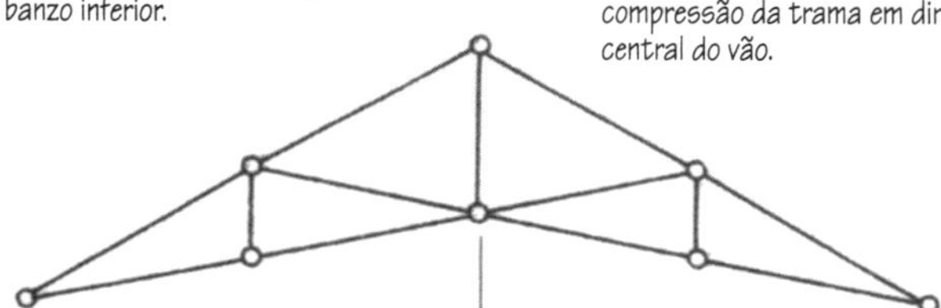

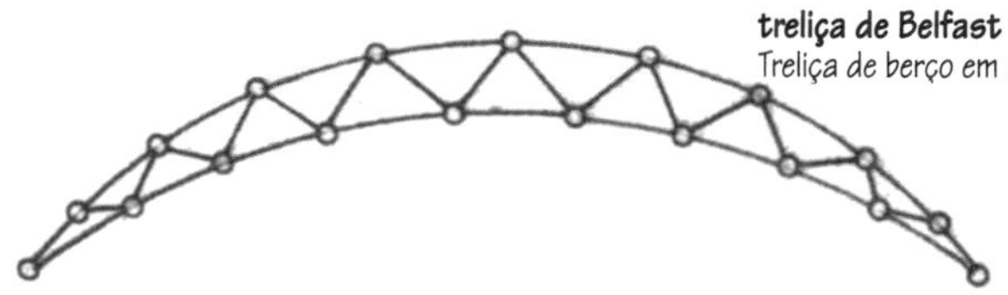

treliça de banzo suspenso
Treliça cujo banzo inferior é erguido substancialmente acima do nível dos apoios.

tesoura com banzo inferior inclinado
Tesoura cujas peças de tração se estendem do pé de cada banzo superior a um ponto intermediário no banzo superior oposto.

treliça em crescente
Treliça com as cordas superior e inferior curvadas para cima a partir de um ponto comum em cada lado.

pendural central
Haste de aço que atua como um tirante. Também **tirante central**.

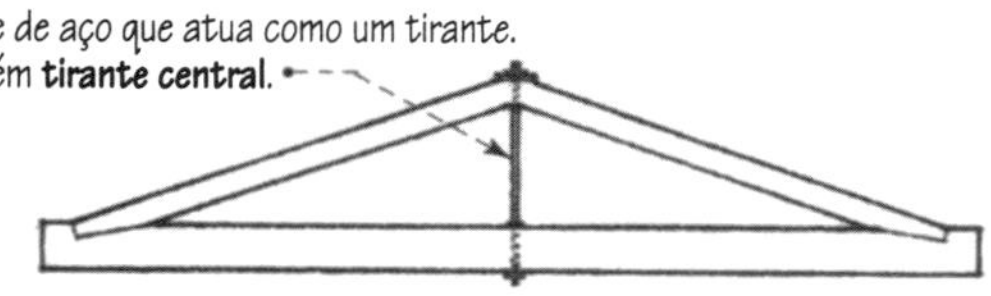

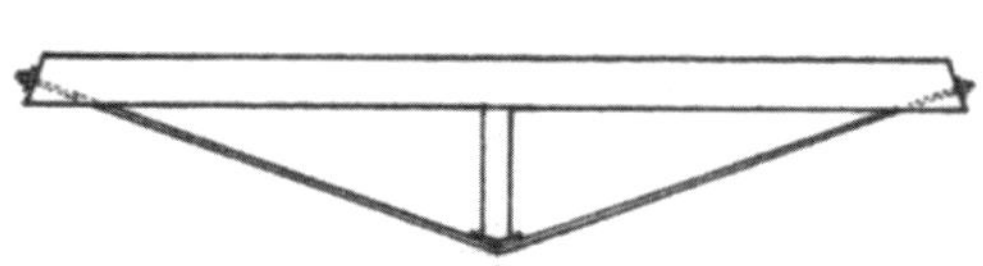

viga treliçada
Viga de madeira enrijecida por uma combinação de barras diagonais de treliça e tirantes ou hastes de suspensão.

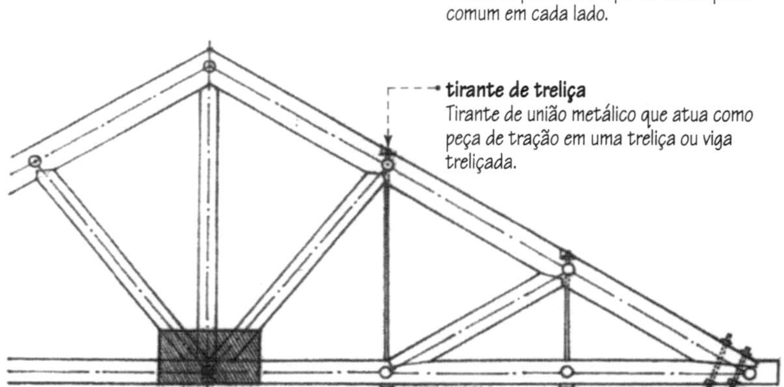

tirante de treliça
Tirante de união metálico que atua como peça de tração em uma treliça ou viga treliçada.

placa de união
Placa utilizada para se unir peças estruturais que se encontram em um mesmo plano. Também **chapa de união**.

treliça composta
Tesoura com peças de compressão em madeira e peças de tração em aço.

VIDRO

Substância dura, quebradiça, em geral translúcida, produzida pela fusão da sílica com um fundente e um estabilizador em uma massa que se resfria até se enrijecer, sem se cristalizar.

crown-glass
Termo inglês que designa uma antiga forma de vidraça, que se produz soprando e girando uma esfera oca de vidro, até convertê-la em um disco com um centro encaroçado deixado pela haste do vidreiro.

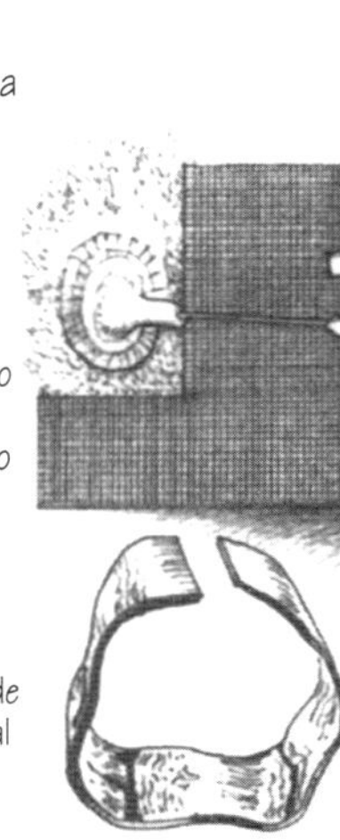

vidro laminado
Vidro plano, composto por soda, cal e sílica, fabricado pela retirada do vidro derretido de um forno (**vidro estirado**), ou pela formação de um cilindro, sua divisão no sentido longitudinal e seu achatamento (**vidro cilindrado**). As superfícies não são paralelas, resultando em distorção visual. Também, **vidro em chapa**.

chapa de vidraça plana
Vidro plano, composto por soda, cal e sílica, formado pela laminação do vidro derretido até convertê-lo em uma chapa (**vidro laminado**), a qual é desbastada e polida após seu resfriamento.

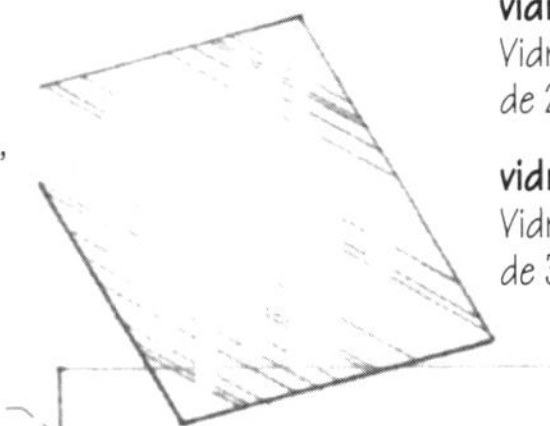

vidro de espessura simples
Vidro laminado com espessura de 2,4 mm.

vidro de espessura dupla
Vidro laminado com espessura de 3,2 mm.

vidro flutuante
Vidro plano, feito de soda, cal e sílica, liso e isento de distorções, que se produz despejando a pasta de vidro numa superfície de estanho derretido, que se resfria lentamente. O *float glass* é o sucessor da vidraça e responde pela maior parte da produção de vidros planos.

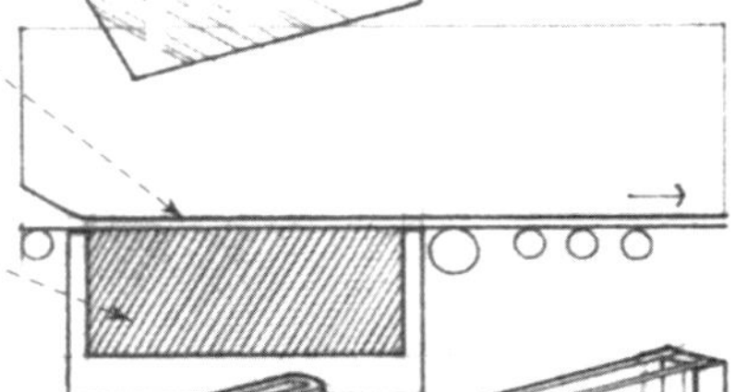

vidro isolante
Peça de vidro composta por duas ou mais chapas de vidro laminado separadas por camadas de ar hermeticamente fechadas.

hermético
Inteiramente fechado, através de fusão ou lacre, não deixando penetrar o ar.

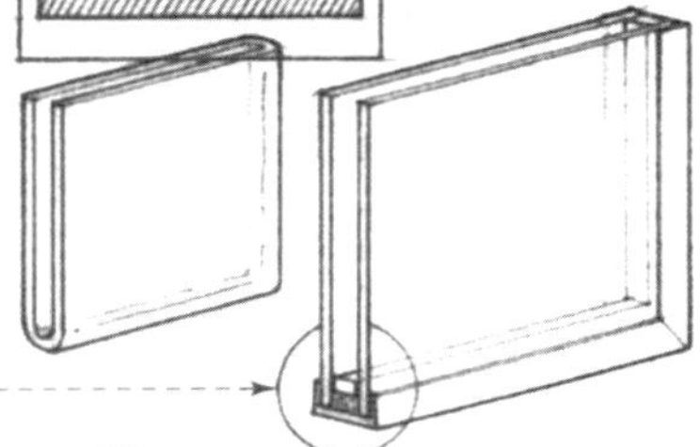

vidro corado
Aquele que possui uma mistura química para absorver uma parte do calor irradiante e da luz visível que incidem em sua superfície. O óxido de ferro confere ao vidro uma leve coloração verde-azulada; o óxido de cobalto e o níquel lhe conferem uma tonalidade acinzentada; o selênio lhe confere uma coloração brônzea. Também chamado **vidro absorvente de calor**.

vidro refletivo
Aquele com um fino revestimento metálico translúcido grudado à superfície externa ou interna a fim de refletir uma parte da luz e do calor irradiante que incidem nele.

vidro de baixa emissividade
Aquele que transmite a luz visível, ao mesmo tempo que reflete seletivamente os comprimentos de onda maiores do calor irradiante, a partir de um revestimento de baixa emissividade depositado sobre o próprio vidro, ou sobre uma película plástica transparente suspensa na camada de ar vedada de um vidro isolante.

emissividade
Capacidade relativa de uma superfície para emitir o calor irradiante, medida com relação a um corpo preto na mesma temperatura.

coeficiente de sombra
Razão entre a transmissão do calor solar através de um vidro particular e através de um vidro claro de dupla espessura.

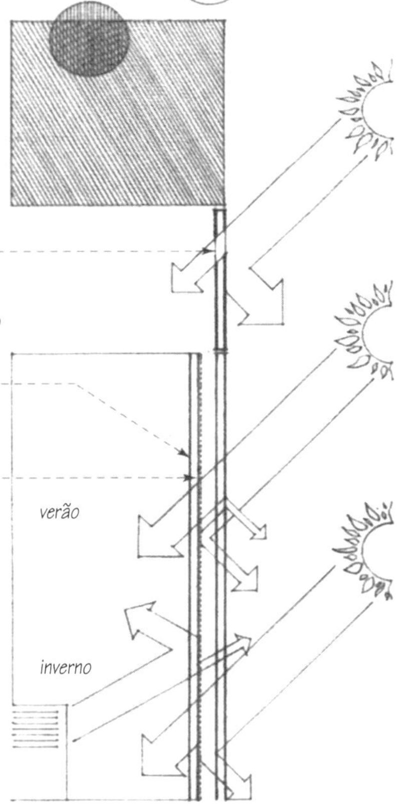

vidro recozido
Aquele que é esfriado lentamente para atenuar as tensões internas.

vidro recozido-reforçado
Vidro recozido que é parcialmente temperado por um processo de reaquecimento e súbito resfriamento. Um vidro recozido-reforçado tem aproximadamente o dobro da resistência de um vidro recozido de mesma espessura.

vidro temperado
Vidro recozido que é reaquecido à temperatura imediatamente abaixo do ponto de amolecimento e em seguida rapidamente esfriado para se induzir a formação de tensões de compressão na superfície e nos bordos do vidro, e tensões de tração no interior. O vidro temperado tem de três a cinco vezes a resistência do vidro recozido a impactos e tensões térmicas, mas não pode ser alterado após sua fabricação. Quando se quebra, é desfeito em partículas relativamente inofensivas.

vidro não estilhaçável
Dois ou mais conjuntos de vidros planos unidos, mediante calor e pressão, através de camadas intermediárias de resina de butiral de polivinilo que retêm os fragmentos caso o vidro venha a se quebrar.

vidro de segurança
Vidro não estilhaçável, com uma resistência excepcional a tensões e impactos, composto por vários conjuntos de vidros unidos, mediante calor e pressão, através de camadas intermediárias de resina de butiral de polivinila.

vidro acústico
Vidro não estilhaçável ou isolante, utilizado para controle sonoro.

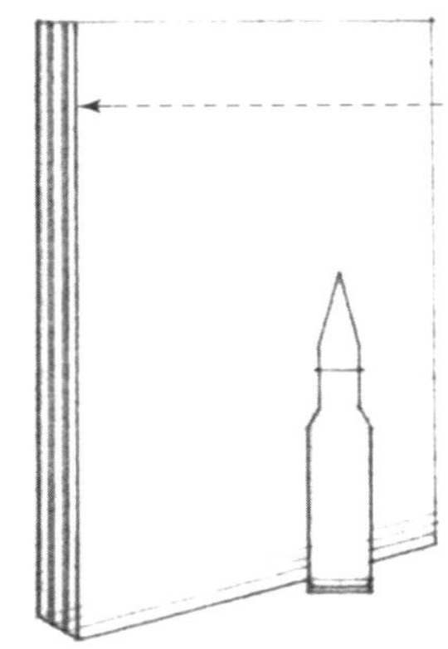

vidro armado
Vidro plano liso ou estampado que tem uma rede de arame quadrada, ou em forma de diamante, embutida em seu interior para evitar seu estilhaçamento no caso de quebrar-se ou de calor excessivo. O vidro armado é considerado um material de envidraçamento de segurança. Também chamado **vidro aramado**.

vidro estampado
Vidro de superfície irregular, formada no processo de laminação, com a finalidade de turvar a visão ou difundir a luz. Também chamado **vidro decorado**.

vidro fosco
Aquele que tem ambos os lados tratados com água-forte ou jato de areia para obscurecer a visão.

vidro de tímpano
Vidro opaco utilizado para ocultar elementos estruturais em uma parede-cortina, produzido através da fusão de uma matéria-prima cerâmica à superfície interna de um vidro temperado ou recozido-reforçado.

bloco de vidro
Bloco de vidro translúcido e oco, com superfícies transparentes, texturizadas ou estampadas, fabricado através da fusão de duas metades com um vácuo parcial no meio, e utilizado para vãos envidraçados.

tijolo de vidro
Bloco de vidro maciço, resistente a impactos, por vezes contendo um material embutido ou um revestimento para reduzir a transmissão do calor do sol.

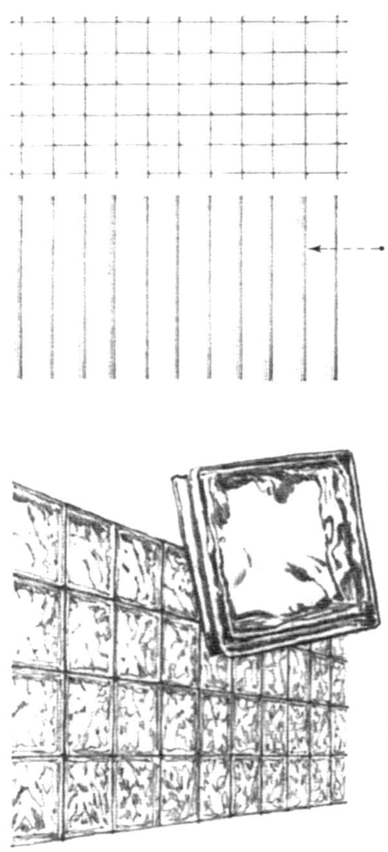

envidraçamento
Instalação de um painel de vidro em uma moldura sulcada, fixando-a com pregos de vidraceiro e vedando o conjunto com um filete chanfrado de massa de vidraceiro ou mástique.

enchimento aparente
Massa de vidraceiro ou mástique aplicada na parte externa de um painel de vidro.

base
Fina camada de massa de vidraceiro ou mástique colocada no sulco de um caixilho de janela para apoiar o vidro de forma homogênea. Também chamada **cama** ou **berço**.

prego de vidraceiro
Peça pequena e pontiaguda de metal laminado utilizada para firmar uma folha de vidro em um caixilho de madeira até o endurecimento da massa de vidraceiro. Também chamado **prego sem cabeça**.

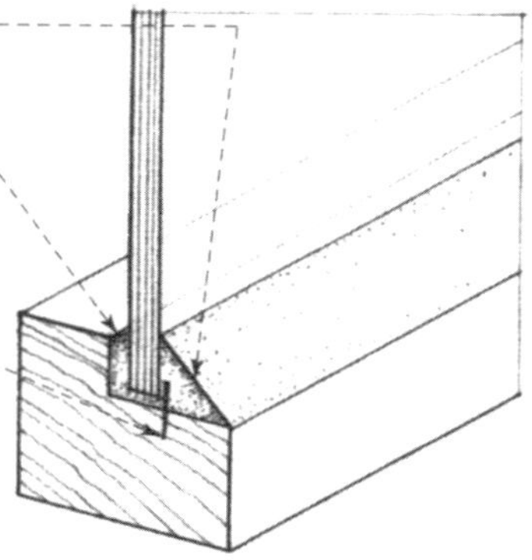

massa de vidraceiro
Composto formado por greda branca e óleo de linhaça, de consistência pastosa quando fresco, utilizado para firmar folhas de vidro ou corrigir falhas na madeira.

mastique
Composto adesivo usado como massa de vidraceiro, formulado de modo a não se tornar quebradiço com o passar do tempo.

área de vidro
Tamanho de uma folha de vidro necessário ao envidraçamento de uma abertura, contabilizando-se as folgas necessárias nos bordos. Também, **área de envidraçamento**.

centímetros unidos
Soma do comprimento e da largura de uma folha de vidro retangular, medida em centímetros.

espaçador
Pequeno bloco de borracha sintética colocado entre as bordas laterais de uma folha de vidro e sua moldura a fim de centralizá-la, manter uma largura uniforme de vedante e limitar os movimentos laterais causados pelo acúmulo de vibrações ou dilatações e contrações térmicas. Também, **separador**.

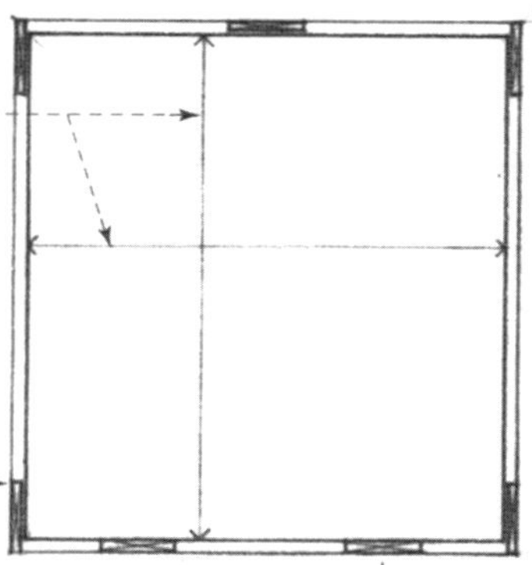

bloco de fixação
Cada um dos pequenos blocos de chumbo ou borracha sintética colocados embaixo da borda inferior de uma chapa de vidro para sustentá-la em uma moldura. Também, **calço**.

folga horizontal
Distância entre a face de uma folha de vidro e a face mais próxima de sua moldura ou batente, medida perpendicularmente à superfície do vidro.

mordente
Medida da sobreposição da borda de uma folha de vidro e o caixilho, batente ou gaxeta de fita de aperto de uma janela.

folga vertical
Distância entre a borda de uma folha de vidro e o batente da janela, medida no plano do primeiro.

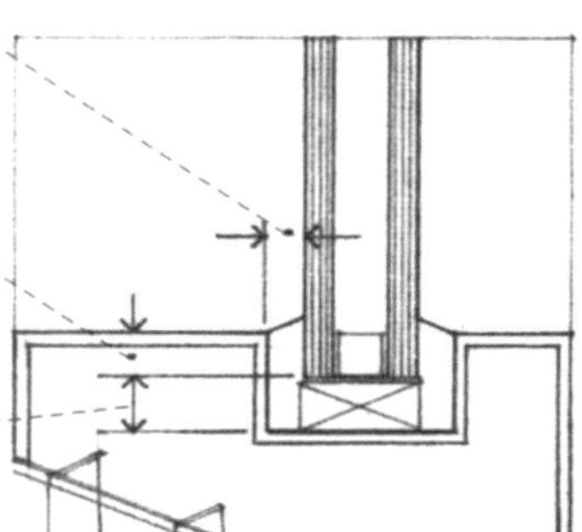

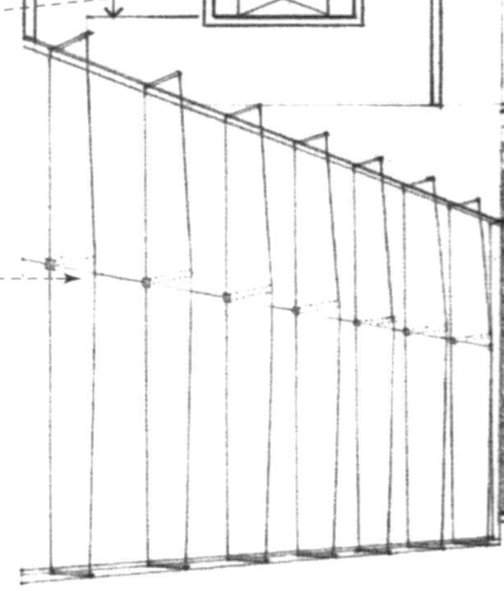

sistema de mainéis de vidro
Sistema de envidraçamento no qual folhas de vidro temperado são suspensas por presilhas especiais, estabilizados por enrijecedores perpendiculares de vidro temperado e unidas por um vedante estrutural de silicone e, ocasionalmente, por chapas metálicas de ligação.

envidraçamento duplo
Instalação de duas chapas de vidro paralelas com uma camada de ar vedada entre elas para reduzir a transmissão térmica e sonora.

vidraça
Chapas, folhas de vidro ou outro material transparente fabricados para instalação em molduras, janelas, portas e espelhos.

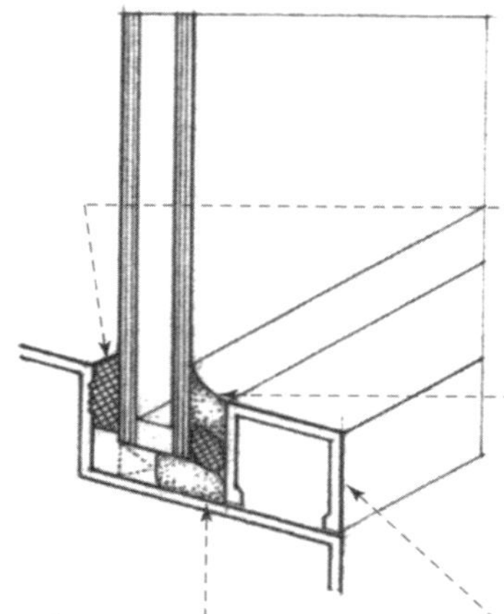

salto
Líquido adesivo ou borracha sintética injetado entre uma chapa de vidro e um filete de envidraçamento que, quando curado, se converte em um vedante estanque.

envidraçamento úmido
Colocação de vidro em um caixilho com o uso de fita de envidraçamento ou um vedante líquido.

fita de envidraçamento
Tira pré-formada de borracha sintética, com propriedades adesivas, utilizada no envidraçamento para formar um lacre à prova d'água entre o vidro e o caixilho.

vedante de remate
Líquido adesivo ou borracha sintética injetada na junta entre uma chapa de vidro e um caixilho de janela que, quando curado, se converte em um vedante à prova d'água. Também chamado **filete de remate**.

filete de envidraçamento
Moldura de madeira ou um perfil metálico apoiado contra a borda de uma chapa de vidro para firmá-la no lugar.

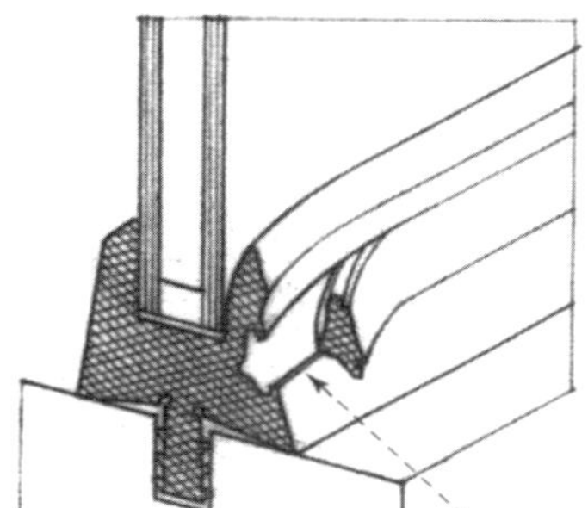

envidraçamento a seco
Instalação de um vidro em um caixilho de janela com uma gaxeta de compressão em lugar da utilização de fita de envidraçamento ou um vedante líquido.

gaxeta de compressão
Tira pré-fabricada de borracha sintética ou plástico, comprimida entre uma chapa de vidro e um caixilho de janela para formar um vedante à prova d'água e um amortecedor para o vidro.

gaxeta de fita de aperto
Gaxeta pré-fabricada de borracha sintética utilizada para firmar uma chapa de vidro em um caixilho ou uma abertura, mantida em compressão pressionando-se uma fita de aperto chavetada de modo a introduzi-la em um sulco na gaxeta.

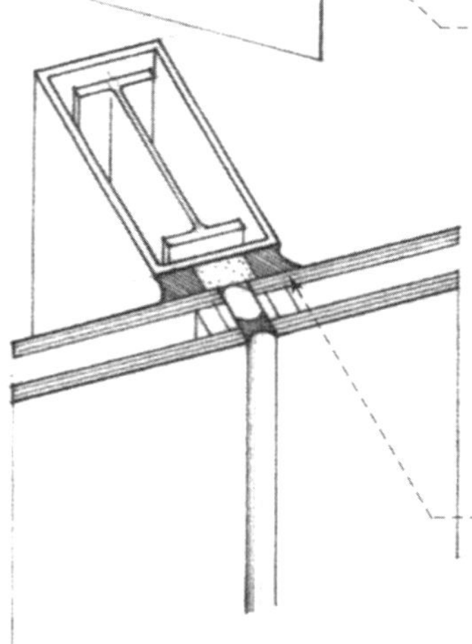

envidraçamento em nível
Sistema de envidraçamento no qual as peças de emolduração estão colocadas inteiramente atrás dos painéis ou unidades, de modo a formarem uma superfície externa nivelada, com o vidro aderindo à moldura com um vedante estrutural de silicone.

vedante estrutural
Vedante de silicone de alta resistência, capaz de promover a aderência do vidro a uma moldura de suporte.

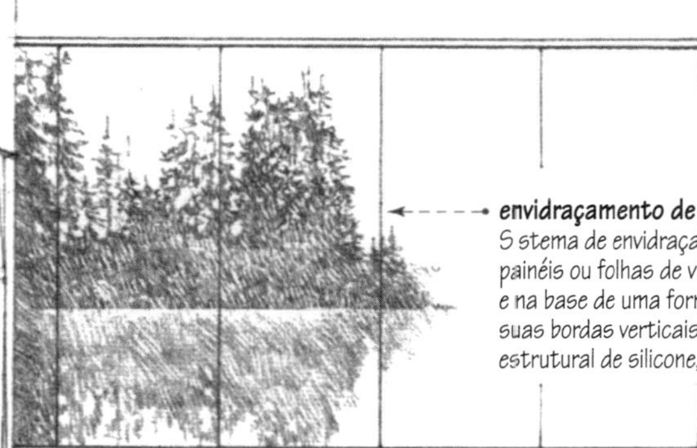

envidraçamento de junta de topo
Sistema de envidraçamento no qual os painéis ou folhas de vidro são presas no topo e na base de uma forma convencional, com suas bordas verticais unidas por um vedante estrutural de silicone, sem o uso de mainéis.

Peça estrutural rígida destinada a suportar e a transmitir, através do espaço, cargas transversais para os elementos de sustentação.

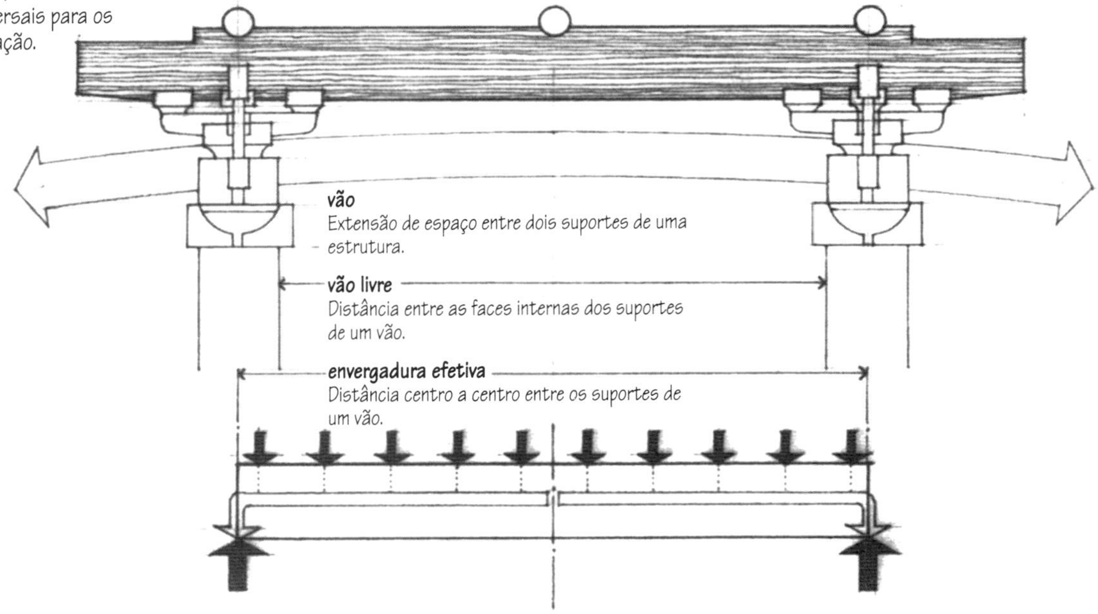

vão
Extensão de espaço entre dois suportes de uma estrutura.

vão livre
Distância entre as faces internas dos suportes de um vão.

envergadura efetiva
Distância centro a centro entre os suportes de um vão.

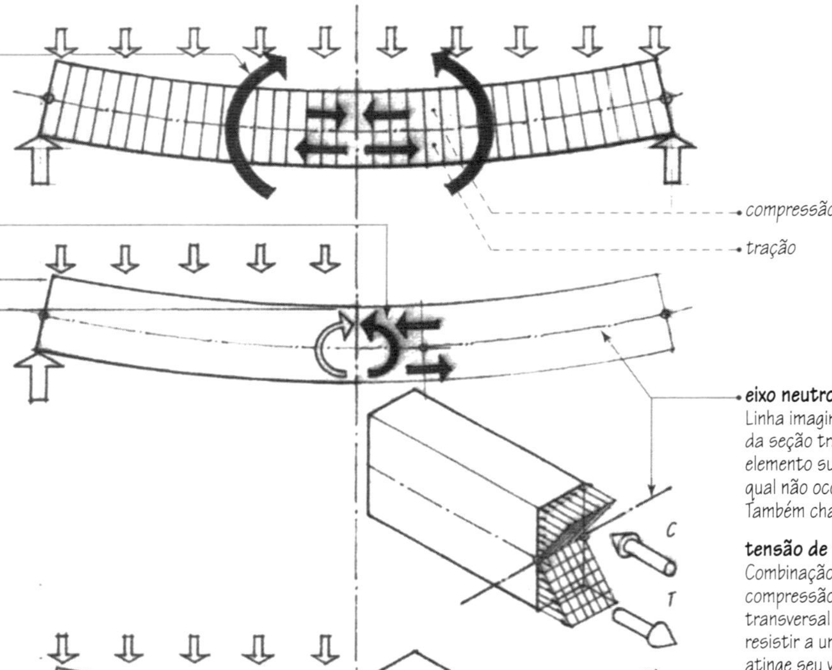

momento de flexão
Momento externo que tende a provocar a rotação ou flexão de parte de uma estrutura, equivalente à soma algébrica dos momentos em torno do eixo neutro do trecho em consideração.

momento resistente
Momento interno, equivalente e oposto a um momento de flexão, gerado por um binário de forças para manter o equilíbrio do trecho em consideração.

deflexão
Distância perpendicular a que um elemento destinado a cobrir um vão se desvia de um curso verdadeiro mediante uma carga transversal, distância essa que aumenta com a carga e o vão, e diminui com um acréscimo do momento de inércia do trecho ou o módulo de elasticidade do material. Também chamada **flecha**.

contraflecha
Ligeira curvatura côncava intencionalmente embutida em uma viga, longarina ou tesoura para compensar uma deflexão prevista.

eixo neutro
Linha imaginária que atravessa o centróide da seção transversal de uma viga ou outro elemento submetido a flexão, ao longo do qual não ocorre nenhuma tensão de flexão. Também chamada **linha neutra**.

tensão de flexão
Combinação de esforços de tração e compressão desenvolvida na seção transversal de um elemento estrutural para resistir a uma força transversal e que atinge seu valor máximo na superfície mais afastada do eixo neutro.

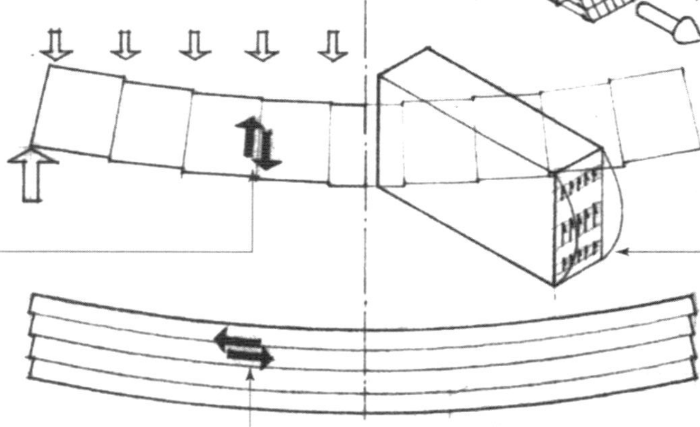

cisalhamento transversal
Tensão de cisalhamento externa em uma seção transversal de uma viga ou outro elemento sujeito a flexão, equivalente à soma algébrica das forças transversais em uma das faces da seção.

tensão de cisalhamento vertical
Tensão de cisalhamento desenvolvida ao longo da seção transversal de uma viga para resistir ao cisalhamento transversal e que atinge seu valor máximo no eixo neutro, decrescendo, de forma não linear, quanto mais próximo das faces externas.

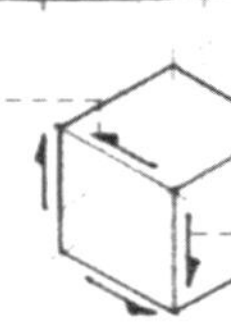

tensão de cisalhamento horizontal
Tensão de cisalhamento desenvolvida para evitar o deslizamento ao longo dos planos longitudinais de uma viga mediante uma carga transversal, equivalente, em qualquer ponto, à tensão de cisalhamento vertical naquele ponto. Também chamado **esforço de cisalhamento longitudinal**.

fórmula de flexão
Fórmula que define a relação entre momento de flexão, tensão de flexão e as propriedades das seções transversais de uma viga.
A tensão de flexão é diretamente proporcional ao momento de flexão e inversamente proporcional ao momento de inércia em um seção de uma viga.

$$f_b = Mc/I$$

onde

f_b = *tensão máxima de flexão*

M = *momento de flexão*

c = *distância do eixo neutro à superfície mais externa na flexão*

se

$$I/c = S$$

então

$$f_b = M/S$$

momento de inércia
Soma dos produtos entre cada elemento de uma área e o quadrado de sua distância a um eixo de rotação coplanar. O momento de inércia é uma propriedade geométrica que indica como é distribuída a área de seção transversal de um elemento estrutural, e não reflete as propriedades intrínsecas de um material.

módulo de resistência
Propriedade geométrica de uma seção transversal, definida como o momento de inércia da seção dividido pela distância do eixo neutro à superfície mais distante.

Enquanto a redução do vão de uma viga reduz os esforços de flexão em um fator 2, a duplicação da altura reduz os esforços de tensão em um fator 4.

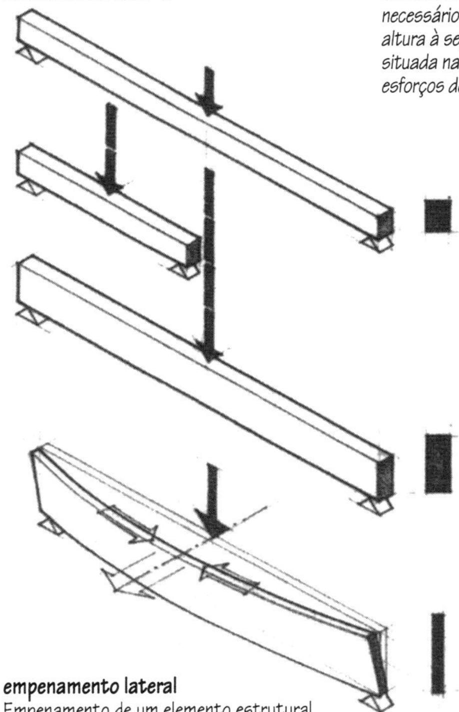

empenamento lateral
Empenamento de um elemento estrutural induzido pela ação de esforços de compressão em um trecho delgado, de rigidez insuficiente, na direção lateral.

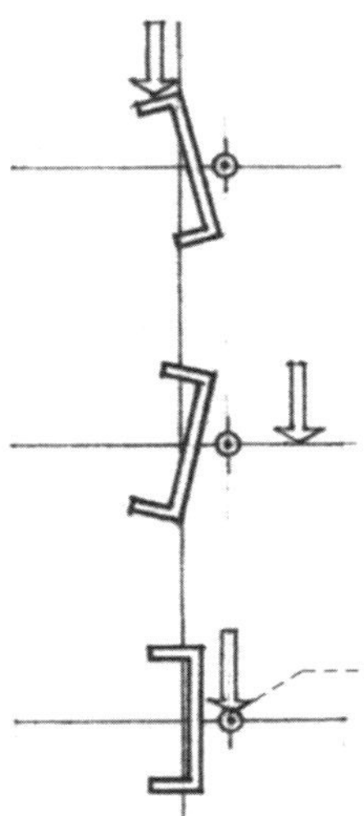

centro de cisalhamento
Ponto, no plano da seção transversal de um elemento estrutural, através do qual uma carga transversal deve passar a fim de se evitar a torção da peça em torno de um eixo longitudinal.

Normalmente pode-se aumentar a eficácia de uma viga através da configuração de sua seção transversal de modo a proporcionar o momento de inércia ou o módulo de resistência necessários na menor área possível, dando altura à seção, com a maior parte do material situada nas extremidades, onde ocorrem os esforços de tensão máximos.

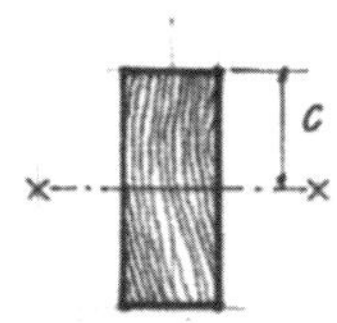

viga de madeira de 4 x 10

33,25 polegadas² = área da seção

250 polegadas⁴ = I em torno do eixo x-x

52,6 polegadas³ = S

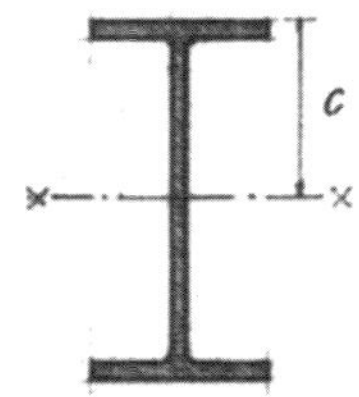

viga de aço I 14 x 38

11,20 polegadas² = área de seção

386 polegadas⁴ = I em torno do eixo x-x

54,7 polegadas³ = S

principais tensões
Tensões de tração e compressão resultantes da interação entre esforços de flexão e de cisalhamento na seção transversal de uma viga.

Nas superfícies extremas de uma viga, existem somente esforços de flexão e as tensões principais são equivalentes às tensões de tração e compressão resultantes da flexão.

No eixo neutro da seção existem somente tensões de cisalhamento, e estas podem ser reduzidas a tensões de tração e compressão atuando em ângulos de 45° com relação ao eixo neutro.

Em um elemento intermediário submetido tanto a esforços de flexão como de cisalhamento, as tensões principais têm uma inclinação determinada pelas magnitudes relativas de tais esforços.

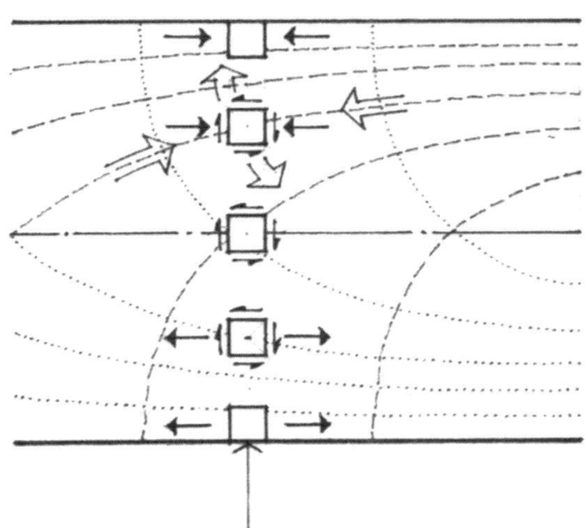

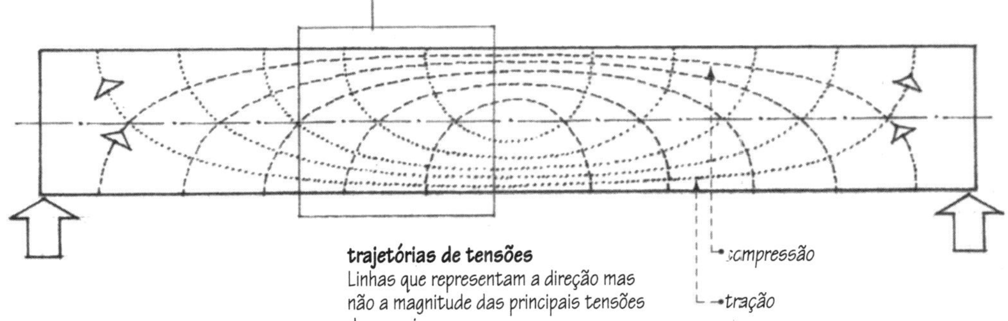

trajetórias de tensões
Linhas que representam a direção mas não a magnitude das principais tensões de uma viga.

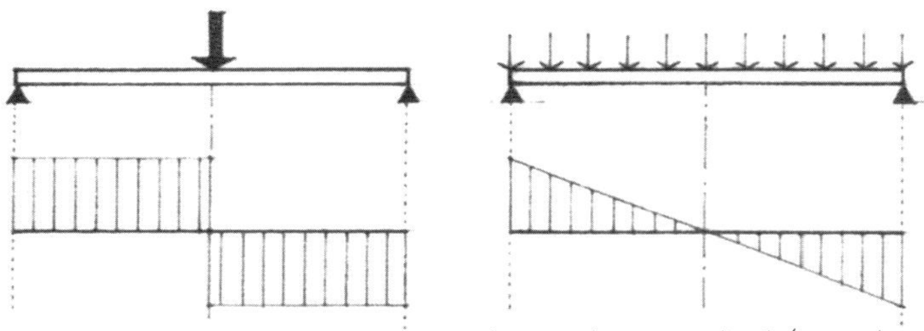

diagrama de cisalhamento
Representação gráfica da variação na magnitude dos cisalhamentos presentes em uma estrutura mediante um determinado conjunto de cargas transversais e condições de sustentação. Também chamado **diagrama de forças cortantes**.

Cargas concentradas produzem cisalhamentos externos de magnitude constante entre as cargas.

Cargas uniformemente distribuídas produzem cisalhamentos de variação linear.

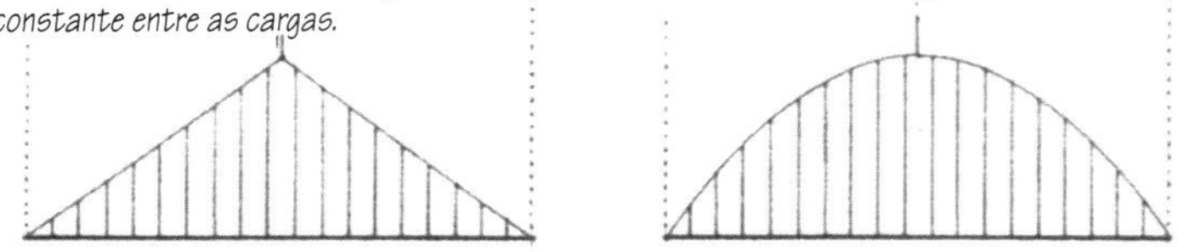

diagrama de momentos
Representação gráfica da variação na magnitude dos momentos de flexão presentes em uma estrutura mediante um determinado conjunto de cargas transversais e condições de sustentação. Freqüentemente é possível deduzir, com base na forma de seu diagrama de momentos, a forma final de uma estrutura defletida submetida à flexão.

Cargas concentradas produzem momentos de flexão que variam linearmente entre elas.

Cargas uniformemente distribuídas produzem momentos parabolicamente variáveis.

viga simples
Viga apoiada em suportes simples em ambas as extremidades, que são livres para girar e não apresentam nenhuma resistência ao momento. Tal como qualquer estrutura estaticamente determinada, os valores de todas as reações, cisalhamentos e momentos de uma viga simples independem da forma e do material de sua seção transversal. Também, **viga de apoios simples**.

viga em balanço
Viga projetada suportada por uma única extremidade fixa. Também, **viga cantilever**.

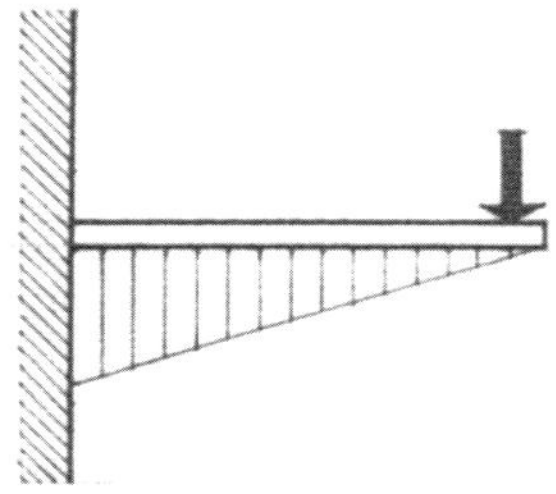

balanço
Viga ou outro elemento estrutural rígido que se projeta para além de um apoio e é suportado por um elemento de contrapeso ou uma força voltada para baixo atrás do apoio.

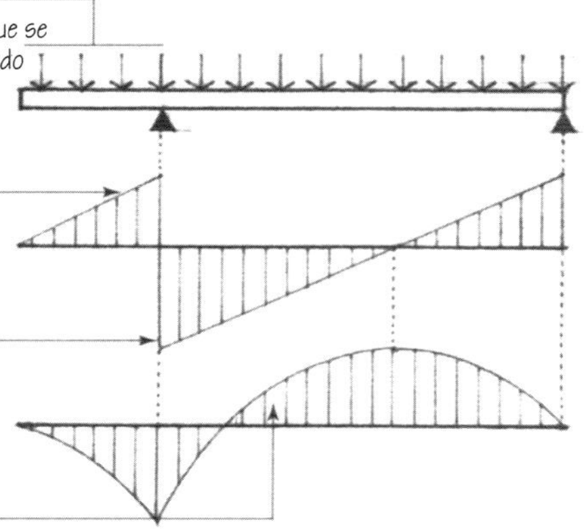

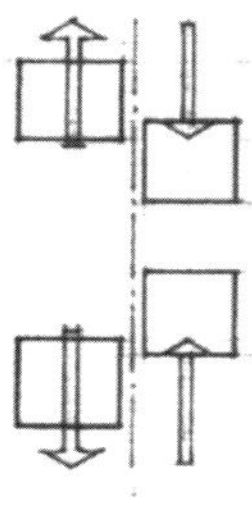

cisalhamento positivo
Resultante das forças de cisalhamento que atuam verticalmente para cima na parte esquerda da estrutura em consideração. Também, **força cortante positiva**.

cisalhamento negativo
Resultante das forças de cisalhamento que atuam verticalmente para baixo na parte esquerda da estrutura em consideração. Também chamada **força cortante negativa**.

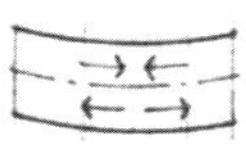

momento positivo
Momento de flexão que produz uma curvatura côncava em uma seção de determinada estrutura.

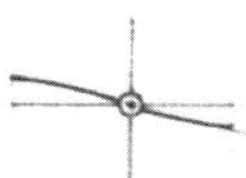

ponto de inflexão
Ponto no qual uma estrutura passa de uma curvatura convexa para uma côncava ou vice-versa ao defletir-se mediante uma carga transversal: teoricamente uma articulação interna e, portanto, um ponto de momento zero.

momento negativo
Momento de flexão que produz uma curvatura convexa em uma seção de determinada estrutura.

viga suspensa
Viga simples que se projeta para além de um de seus suportes. O ressalto reduz o momento positivo no centro do vão, ao mesmo tempo em que cria um momento negativo na base do balanço acima do suporte.

Admitindo-se uma carga uniformemente distribuída, a projeção para a qual o momento acima do suporte é igual e oposto ao momento no centro do vão é de aproximadamente 3/8 do vão.

viga suspensa dupla
Viga simples projetando-se para além de ambos os seus suportes.

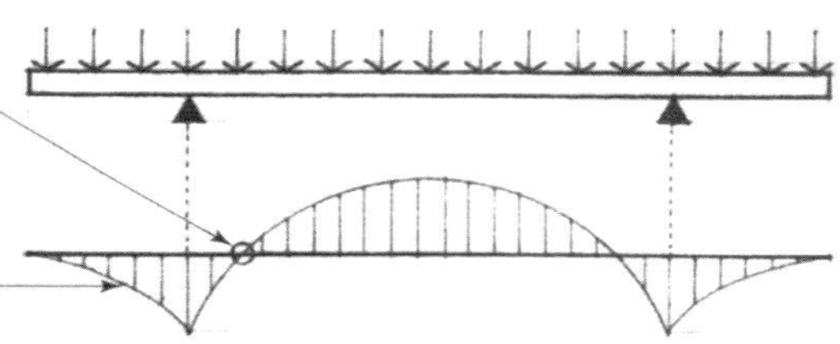

Admitindo-se uma carga uniformemente distribuída, as projeções para as quais os momentos acima dos suportes são iguais e opostos ao momento no centro do vão são de aproximadamente 1/3 do vão.

haunch
Parte de uma viga que tem sua espessura aumentada a fim de gerar maior resistência ao momento. É possível ampliar a eficácia de uma viga determinando sua largura em resposta à variação normal nos valores de momentos e cisalhamentos ao longo de seu eixo longitudinal.

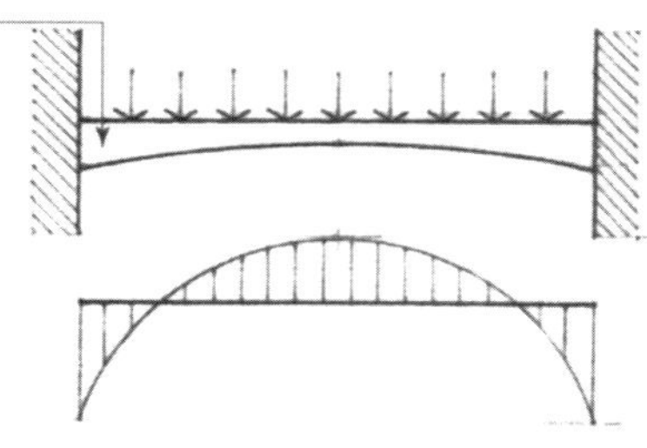

viga de extremidades fixas
Viga em que ambas as extremidades são impedidas de descrever movimentos de translação e rotação. As extremidades fixas transferem os esforços de flexão, aumentam a rigidez da viga e reduzem sua deflexão máxima. Também chamada **viga engastada.**

vão suspenso
Viga simples suportada pelos balanços de dois vãos adjacentes com juntas de construção fixas em pontos de momento zero.

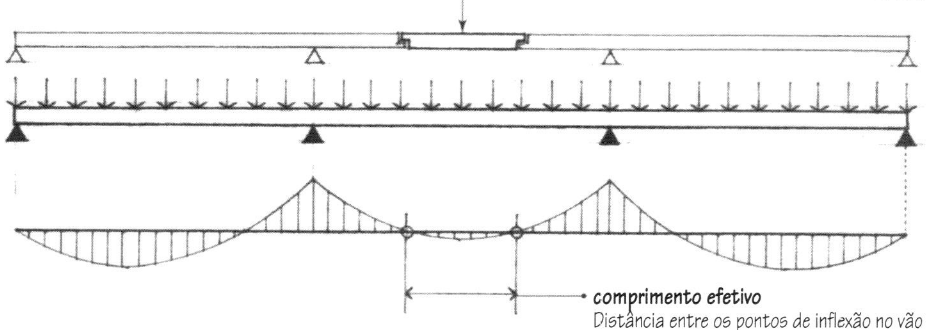

comprimento efetivo
Distância entre os pontos de inflexão no vão de uma viga de extremidades fixas ou contínua, equivalente, em sua natureza, ao comprimento real de uma viga de suportes simples.

viga contínua
Viga que se projeta sobre mais de dois apoios a fim de desenvolver maior rigidez e menores momentos que uma série de vigas simples com carga e vãos similares. Tanto as vigas de extremidades fixas como as contínuas são estruturas indeterminadas para as quais os valores de todas as reações, cisalhamentos e momentos dependem não apenas do vão e da carga, mas também da forma da seção e do material.

Ato ou capacidade de percepção através dos olhos.

ver
Perceber através dos olhos. O ato de ver é um processo dinâmico e criativo. É capaz de produzir uma percepção tridimensional estável de imagens em mutação e movimento que formam nosso mundo visual. São três as etapas envolvidas no processamento rápido e sofisticado que resulta nas imagens que percebemos.

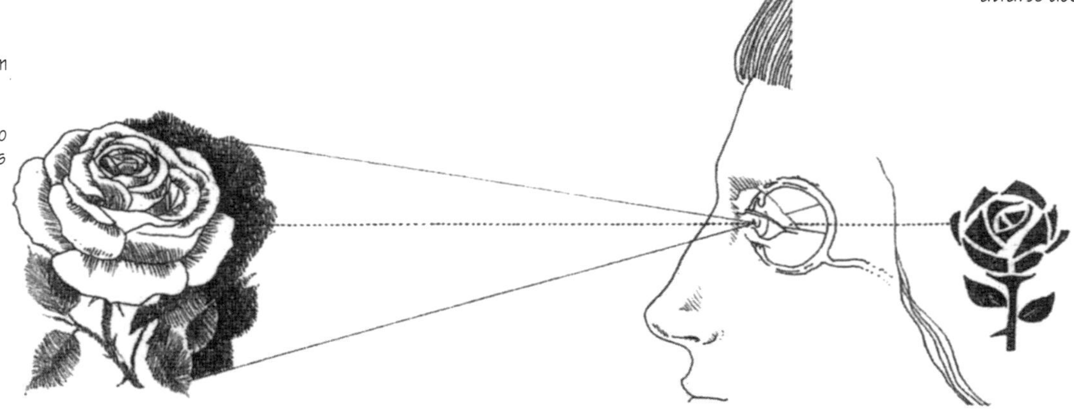

recepção: *nossos olhos são atingidos por uma energia na forma de luz.*

extração: *dessa energia recebida são extraídos os elementos visuais básicos.*

inferência: *com base nesses elementos, inferências são feitas acerca de nosso mundo.*

visão binocular
Visão estereoscópica, tridimensional, resultante do uso dos dois olhos ao mesmo tempo.

convergência
Movimento coordenado dos olhos para dentro, a fim de enfocar um ponto próximo.

acomodação
Processo pelo qual o olho humano modifica o foco para objetos a distâncias diferentes, que envolve mudanças no formato da lente do cristalino

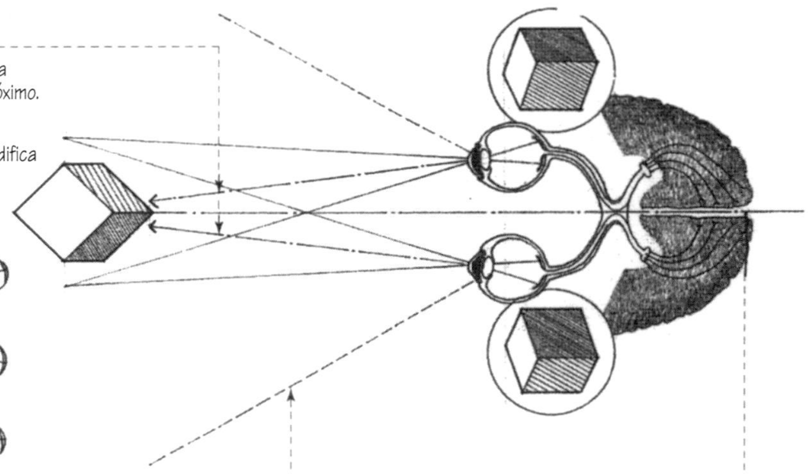

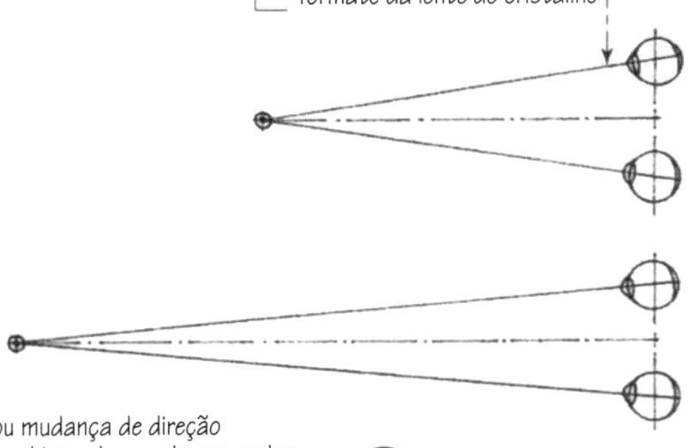

paralaxe
Deslocamento ou mudança de direção aparentes de um objeto observado, causados por uma mudança na posição do observador, resultando em uma nova linha de visão.

viso-espacial
Diz-se da percepção das relações espaciais entre os objetos dentro do campo visual.

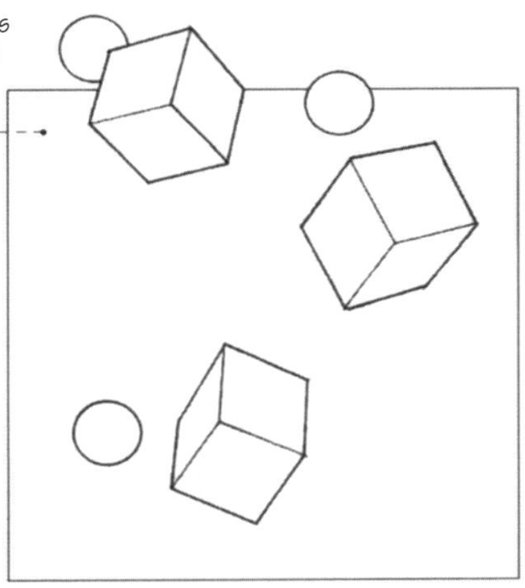

orientação
Capacidade do indivíduo para localizar-se em seu ambiente, relativamente ao tempo, ao lugar e às pessoas.

discernimento visual
Capacidade do indivíduo para apreender e interpretar quadros, desenhos ou outras imagens visuais.

observação
Percepção visual apreciativa ou discriminativa.

ilusão de óptica
Percepção de estímulos visuais que representa aquilo que é percebido de uma forma diferente de sua configuração real.

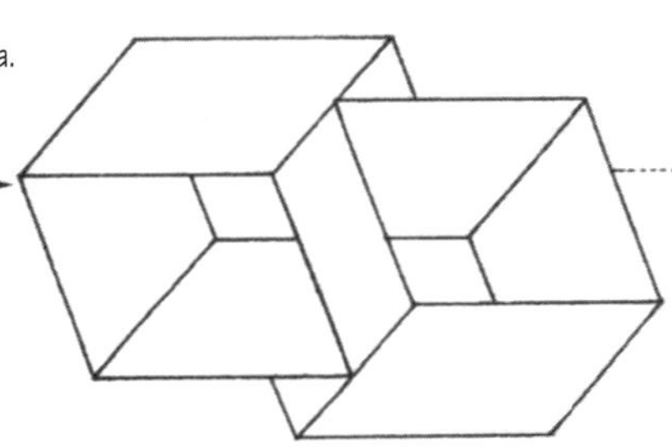

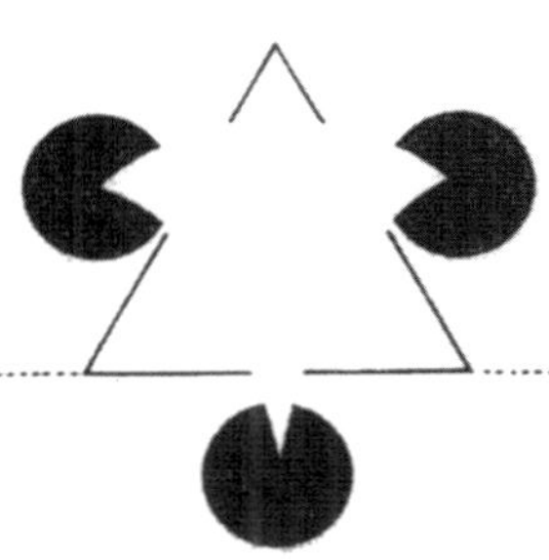

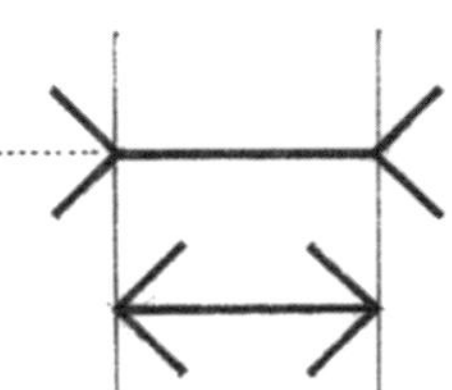

campo de visão
Totalidade do campo abarcado pelo olho humano quando voltado para qualquer direção particular. Também chamado **campo visual**.

ângulo de visão
Ângulo subtendido por um objeto ou detalhe no ponto de observação, normalmente medido em minutos de arco.

córtex visual
Parte do córtex cerebral que recebe e processa os impulsos provenientes dos nervos ópticos.

acuidade visual
Agudeza de visão definida por uma comparação com a capacidade normal do indivíduo para discernir certas letras a uma distância determinada, normalmente de 6 m.

discriminação
Capacidade ou poder de ver ou estabelecer distinções sutis.

aspecto
Aparência de um objeto ao olho ou mente humanos.

camuflagem
Obscurecimento de uma forma ou figura, que ocorre quando sua forma, motivos ornamentais, textura ou coloração se asselham àqueles do campo circundante ou do fundo.

projeção
Propriedade da percepção na qual o olho da mente busca um significado através da imaginação e da projeção de imagens conhecidas sobre formas aparentemente amorfas de uma figura até encontrar uma correspondência que faça sentido. Essa tentativa de completar uma figura incompleta, ou de encontrar uma figura dotada de sentido em uma figura maior, está de acordo com aquilo que já sabemos ou esperamos ver. Uma vez vista e compreendida, será difícil deixar de se enxergar a imagem.

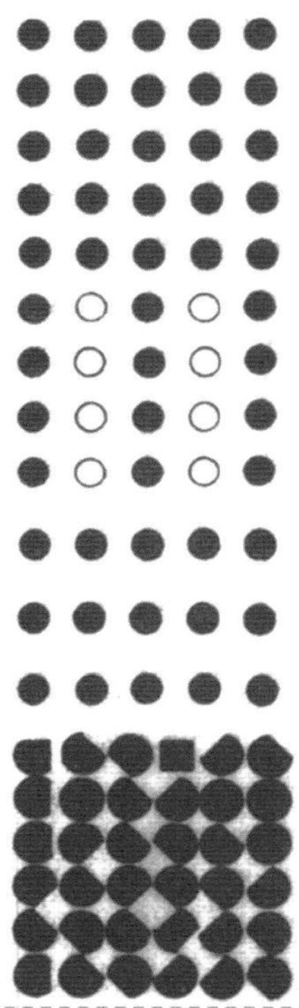

semelhança
Propriedade da percepção caracterizada por uma tendência a se agrupar coisas que possuem alguma característica visual em comum, como semelhança de forma, tamanho, cor, orientação ou detalhe.

proximidade
Propriedade da percepção caracterizada por uma tendência a se agrupar elementos que se encontram próximos entre si, com a exclusão daqueles que estão mais afastados.

continuidade
Propriedade da percepção caracterizada por uma tendência a se agrupar elementos que continuam ao longo de uma mesma linha ou na mesma direção. Essa busca pela continuidade de linha e direção pode também levar à nossa percepção das figuras ou motivos mais simples e regulares de uma composição.

constância
Fenômeno perceptivo no qual as aparentes diferenças de tamanho são ignoradas a fim de se identificar e categorizar coisas, independentemente da distância entre elas, levando à percepção de uma categoria de objetos como dotada de um tamanho uniforme e uma cor e uma textura constantes.

fechamento
Propriedade da percepção caracterizada por uma tendência a que uma figura aberta ou incompleta seja vista como uma forma fechada, completa e estável.

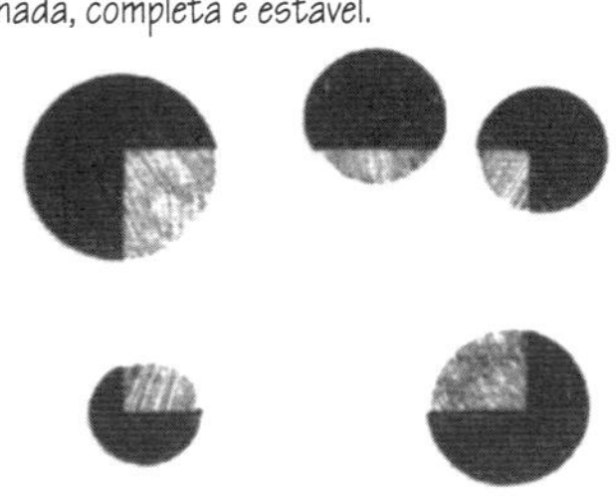

percepção
Ato ou faculdade de se apreender por intermédio dos sentidos ou da mente.

percepção visual
Consciência derivada pelo sistema visual em resposta a um estímulo externo.

figura e fundo
Propriedade da percepção caracterizada por uma tendência a se enxergar partes de um campo visual como objetos sólidos e bem definidos, que se destacam de um fundo menos diferenciado.

figura
Forma, tal como determinada por seus contornos ou superfícies externas.

fundo
Parte recuada de um campo visual, contra a qual uma figura é percebida.

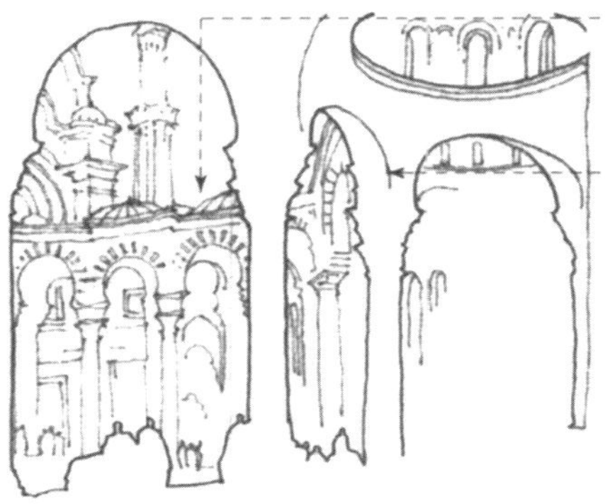

plano de fundo
Partes ou a porção de uma cena situadas no fundo, em oposição ao primeiro plano.

primeiro plano
Partes ou a porção de uma cena situadas na parte frontal, mais próxima do observador.

psicologia gestáltica
Teoria ou doutrina de que os fenômenos fisiológicos ou psicológicos não ocorrem através da soma dos elementos individuais, como reflexos ou sensações, mas através de gestalts que funcionam de forma isolada ou inter-relacionada. Também chamada **configuracionismo**.

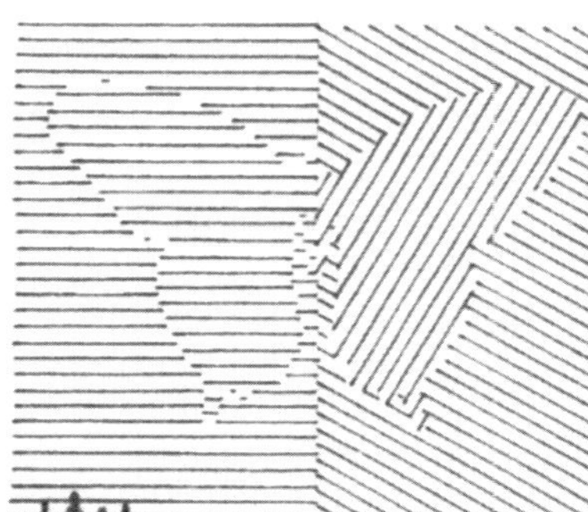

gestalt
Configuração, padrão ou campo unificado dotado de propriedades específicas que não podem ser deduzidos da soma das partes componentes.

padrão
Arranjo coerente ou característico baseado na inter-relação das partes componentes.

contraste sucessivo
Fenômeno da percepção visual no qual uma intensa exposição a uma única cor ou valor provoca a sensação de seu complemento, o qual é projetado como uma pós-imagem sobre outra cor ou superfície vista imediatamente depois.

pós-imagem
Sensação visual que persiste depois que o estímulo que o provocou não está mais ativo ou presente. Também, **imagem persistente**.

contraste simultâneo
Fenômeno da percepção visual em que o estímulo de uma determinada cor ou valor provoca a sensação de seu complemento, o qual é projetado instantaneamente sobre uma cor ou valor justapostos. O contraste simultâneo intensifica as cores complementares e altera as cores análogas no sentido do matiz complementar de cada uma, esp. quando as cores justapostas têm valores semelhantes. Quando duas cores de valores contrastantes são justapostas, a cor mais clara escurecerá a mais escura, enquanto a mais escura clareará a mais clara.

Aa

Ff

Rr

Ss

Uu

Vv

A **arquitetura** é uma arte a ser aprendida por todos, pois diz respeito a todos. – John Ruskin • **Arquitetura** depende de Ordem, Arranjo, Eurritmia, Simetria, Propriedade e Economia. Todos esses aspectos devem ser estabelecidos com a devida referência a durabilidade, conveniência e beleza. A durabilidade estará garantida quando as fundações forem assentadas no terreno sólido e os materiais forem escolhidos com prudência e liberalidade; a conveniência, quando o arranjo dos ambientes for correto e não oferecer o menor obstáculo à sua utilização, e quando cada tipo de edifício for submetido à sua exposição própria e adequada; a beleza, quando o aspecto da obra for aprazível e de bom gosto, e quando seus elementos guardarem a devida proporção de acordo com os princípios corretos da simetria. – Vitrúvio • A **arquitetura** é o jogo primoroso, correto e magnífico de massas reunidas na luz. – Le Corbusier • Todo aquele que se inicia no estudo da **arquitetura** deve compreender que, embora uma planta possa ter uma beleza abstrata no papel, as quatro fachadas possam parecer bem equilibradas e o volume total bem proporcionado, o edifício propriamente dito pode revelar-se uma **arquitetura** pobre. O espaço interno, aquele espaço que não pode ser representado por completo sob forma alguma, que somente pode ser apreendido e sentido por meio da experiência direta, é o protagonista da **arquitetura**. Apreender o espaço, saber como percebê-lo, é a chave para o entendimento do edifício. – Bruno Zevi • A **arquitetura**, a pintura e a escultura são conhecidas como as belas artes. Elas apelam aos olhos da mesma forma como a música apela aos ouvidos. Contudo, a **arquitetura** não é julgada apenas com base no apelo visual. Uma construção afeta todos os sentidos humanos – som, olfato, tato, paladar e visão. – Forrest Wilson • Tornou-se claro para nós que a **arquitetura** é geralmente tida como um sistema altamente especializado munido de um conjunto de objetivos técnicos predeterminados, e não uma arte social e sensual sensível aos legítimos desejos e sentimentos humanos. Tal limitação se manifesta de modo mais alarmante no fato de basear-se em diagramas bidimensionais que enfatizam mais os aspectos quantificáveis da organização do edifício do que as qualidades policromáticas e tridimensionais da experiência arquitetônica como um todo. – Kent Bloomer & Charles Moore • A única maneira que se tem de construir, a única maneira pela qual se pode dar origem ao edifício é através do mensurável. É preciso obedecer às leis da natureza e empregar tijolos, métodos de construção e de engenharia. No final, porém, quando o edifício torna-se parte da vida, ele evoca qualidades não-mensuráveis, e o espírito de sua existência passa a predominar. – Louis Kahn • Os espaços construídos têm uma série de finalidades: abrigar as pessoas, suas atividades e haveres contra os elementos naturais, os inimigos humanos e animais, bem como contra as forças sobrenaturais; estabelecer um local; criar uma área humanizada e segura em um mundo profano e potencialmente perigoso; acentuar uma identidade social e indicar uma posição na sociedade; e assim por diante. Portanto, é possível compreender melhor a origem da **arquitetura** se adotarmos uma perspectiva mais ampla e considerarmos que os fatores socioculturais, em seu sentido mais abrangente, são mais importantes que o clima, a tecnologia, os materiais e a economia. Seja qual for a situação, é o intercâmbio de todos esses fatores que melhor explica a forma dos edifícios. Nenhuma explicação particular será suficiente, pois os edifícios – até mesmo as moradias aparentemente humildes – são mais que objetos ou estruturas materiais. São instituições; fenômenos culturais básicos. As pessoas concebem ambientes antes de construí-los. O pensamento ordena espaço, tempo, atividade, posição social, função e comportamento. Contudo, dar expressão física a idéias é algo valioso. Codificar idéias converte-as em mnemônica útil; as idéias ajudam o comportamento ao lembrarem às pessoas como agir, como se portar e o que se espera delas. É importante enfatizar que todos os ambientes construídos – edifícios, centros urbanos e paisagens – constituem uma forma de se ordenar o mundo por meio da ação de tornar visíveis os sistemas ordenativos. O passo essencial, portanto, é a ordenação ou a organização do ambiente. – Amos Rapaport • Ruskin disse: "As grandes nações escrevem suas autobiografias em três manuscritos: o livro de seus feitos, o livro de suas palavras e o livro de sua arte. Nenhum desses livros pode ser compreendido a menos que se leiam os outros dois, mas, dos três, o único digno de confiança é o último." De modo geral, acredito que isso seja verdade. Se me fosse necessário determinar qual dos dois estaria dizendo a verdade acerca da sociedade, se o discurso de um ministro da habitação ou as construções efetivas erguidas sob sua gestão, eu me fiaria nas construções. – Kenneth Clark • Exigimos de qualquer edifício que ele funcione a contento, que cumpra as finalidades a que foi destinado da melhor maneira possível; que ele fale com eficácia e diga aquilo que foi destinado a dizer com as palavras mais adequadas possíveis; que tenha um bom aspecto e nos seja agradável por sua presença, seja lá o que tenha a fazer ou a dizer. – John Ruskin • A **arquitetura** também existe sem necessariamente a assistência de um arquiteto; e os arquitetos criam, por vezes, edifícios que não são **arquitetura**. – Norval White • A **arquitetura** é produzida por pessoas comuns e para pessoas comuns; por conseguinte, ela deve ser facilmente compreensível a todos. – Steen Eiler Rasmussen

GRÁFICA PAYM
Tel. [11] 4392-3344
paym@graficapaym.com.br